www.ingramcontent.com/pod-product-compliance
Lightning Source LLC
Chambersburg PA
CBHW061956090426
42811CB00006B/956
* 9 7 8 0 9 8 9 1 6 7 9 6 3 *

ספר

מגלה עמוקות

על א' זעירא דויקרא

שחברו מו"ר ר' נתן נטע שפירא זצוק"ל

אשר הוציא חמה מנרתיקה וגילה רזין דרזין דאורייתא

עם פירוש 'גלא עמיקתא'

בעזרת החונן לאדם דעת

איל ישראל זיידמן

איל ישראל זידמן
הארות יתקבלו בברכה בטל': 052-7621193

בעריכת בן המחבר

מרדכי זידמן הי"ו 052-7108006

עיצוב גרפי ועימוד:

יוסי גרפי

Yossi.graphi@gmail.com

054-84-31811

ברכת הקודש מכ"ק מרן אדמו"ר שליט"א מביאלא

פנחס ירמי' נפתלי רבינוביץ

בן כ"ק מרן אאמו"ר זצללה"ה

מביאלא

בית שמש

ב"ה, יז' לחודש אייר לב' למטמונים תשע"ו לפ"ק

יו"ד של הרה"ק בעל מחבר ספה"ק דגל מחנה אפרים זיע"א

הנה יד שלוחה אלי עלים לתרופה מתכריך כתבים העולים על מזבח הדפוס רמזים יקרים מפז ומפנינים, בלול מהנגלה והנסתר יחדיו יהיו תואמים, על אדני תורת אור שבעת הימים מיוסדים.

אשר ממנו יתד ופינה למדרש ציצים ופרחים, ואאלפך חכמה בסוד אלף זעירא, אשר איכא למדרש בה טעמים טובא לשבח תורה תמימה, אשר הנחיל לנו מורשה ע"י משה רעיא מהימנא בקריאה של חיבה, ונדרשת בע' פנים ואופנים כדת של תורה.

כל אלה חיברם, האי גברא רבא ויקירא ישראל אשר בך התפאר, הנכבד והמרומם הרה"ג **ישראל זידמן** שיחיה לאורך ימים ושנות חיים.

ולא עת להאריך בתושבחתא דא לגלות מליבא לפימא, של הני פטטיא דאוריתא טבי המתחדשין לאיש ישראל במתנת קל כפי שורשו למעלה, וכמו שאמר אאזמו"ר מאוסטרובא זצ"ל בעל מחבר ספה"ק תולדות אדם, דכאשר מתחדש לכל מי אשר בשם ישראל יכונה חידוש בדברי תורה, מחויב הוא להוציאו מפיו על מנת שיצא זה החידוש מן הכוח אל הפועל, והוסיף דאם הוא אדם המתבייש מלומר חידושים המתחדשים לו לרעהו פן ילעגו למו וכדומה, אזי יעמוד אצל הכותל ויוציאם מפיו אל הכותל.

וביותר תגדל המעלה כאשר נחקק בקולמוסא עלי גוילא, וכמו שפירש אדוננו המהרש"א מאמר חכמינו זכרונם לברכה אשרי מי שבא לכאן ותלמודו בידו דקאי על חקיקת דברי תורה בקני כל חרשתא.

ובעקבתא דמשיחא, אזי אמירה דכוותא, מעוררת עת פקידה, להושיע עם אשר נאנחה בגוי גלותא, בעול שעיבוד מלכותיא, בזכות גילוי טמירא וחידושא בדברי תורה.

על כן אמינא לפעלא טבא איישר חילו, הנה כי כן יבורך גבר הנותן אמרי שפר, לזכות להעלותו על מכבש הדפוס בלא שום מניעות ומכשלות, ואך טוב וחסד ירדפוהו כל ימיו, לשכון במשכנות יעקב ובאוהליו, עם כל בני ביתו והנלוים אליו וכל המסייעים בעדו בדרדא דממונא, ונזכה לקול מבשר ואומר הגיע זמן גאולתכם בשובה ובנחת השתא בעגלא ובזמן קריב.

כעתירת וברכת

פנחס ירמי' נפתלי

בן כ"ק אאמו"ר זצללה"ה מביאלא

ברכת הקודש מכ"ק מרן אדמו"ר שליט"א מבוסטון

פינחס דוד הלוי הורוויץ
בן לכ"ק אדמו"ר מבאסטאן זצוק"ל זי"ע
חתן הגה"צ ר' יהושע גרינוולד מחוסט זצוק"ל
Grand Rabbi Pinchus Dovid Horowitz
The Bostoner Rebbe-Chuster Rav

ב"ה

חודש סיון תשע"ה

לכבוד ידידי היקר, ה"ה הרבני הנכבד הרב החסיד מו"ה אייל ישראל זיידמן שליט"א מחשובי מתפללי בית מדרשנו בביתר עילית ת"ו שלומו הטוב ישגה סלה.

ראיתי כמה עלים לדוגמא מספר 'אלף ביאורים על אלף זעירא דויקרא', והוא אוצר בלום ובה ביאורים, גימטריאות ורמזים, וגם לרבות שמונים וארבע אופנים מבוססים על דברי בעל המגלה עמוקות זי"ע בענין אלף זעירא.

אמינא לפעלא טבא יישר חילו, ויהא רעוא שחפץ ד' בידו יצליח לברך על המוגמר ולהוציאו לאור, ולהגדיל תורה ולהאדירה, ויפוצו מעינותיו החוצה כאות נפשו הטהורה, מתוך הרחבת הדעת דקדושה, עדי נזכה לראות בישועתן של ישראל בב"א.

בידידות נאמנה וביקרא דאורייתא,

פינחס דוד הלוי הורוויץ

פינחס דוד הלוי הורוויץ
בלאאמו"ר מבאסטאן זצוק"ל

ברכת הקודש מכ"ק מרן אדמו"ר שליט"א מדינוב

מאיר לייפער
אבדק"ק דינוב
רח' המגיד ממעזריטש 130 ביתר עילית
****

בס"ד ג' טבת תשע"ז

תבענה שפתי הוקרה והערכה למע"כ ידידנו הנכבד

הרה"ח המפואר ר' ישראל זיידמן הי"ו

אשר משמים קא זכי ליה לברר מקחו של צדיק ה"ה הספר הקדוש מגלה עמוקות שחיברו הרה"ק גאון ישראל וקדושו מוה"ר נתן נטע שלמה שפירא זצוק"ל גאב"ד קראקא

אשר מחמת העמקות הנפלאה מועטים המה אשר יהגו בה כי לאו כל מוחא סביל להבין ולהשכיל עמקי כוונותיו ורמזיו אשר הם חתומים בה,

והנה מע"כ ברוב כשרונו אשר חננו ה' הוגה זה כמה שנים בספר קדוש זה, ומשקיע בה כל כוחו ומרצו, וזכה ומגלה עמוקות ומפענח נעלמים לברר כל חמירא, וממש פנים חדשות באו לכאן, כאשר עיני הקוראים תחזינה מישרים, עבודה נפלאה נאדר בקודש,

אשר ע"כ הנני לחזק ידיו ומצוה רבה לסעדו ולתמכו, למען יוכל בע"ה להוציא דבר שלם מתחת ידיו,

וודאי וברור שזכות המחבר הקדוש ששפתותיו יהיו דובבות ע"י ריבוי הלומדים בספרו הק' יעמוד לכל העוסקים והמסייעים להתברך בשפע ברכה והצלחה נחת דקדושה מכל יו"ח עכט"ס:

הכ"ד הכו"ח לכבודו של המחבר הק'

מאיר לייפער

ברכת הקודש מכ"ק מרן אדמו"ר שליט"א מראזלא

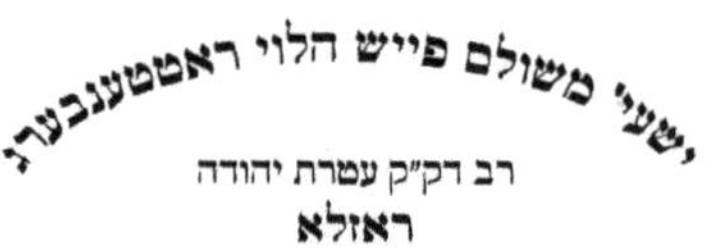

רב דק"ק עטרת יהודה
ראזלא

רחוב כנסת יחזקאל 13/5
ביתר עילית
052-711-1418 – 02-5376-434

בעזהשי"ת

יום שהוכפל בו כי טוב לסדר הנג"י ממטי"ר לכ"ם לח"ם מן השמים

י' שבט שנת ותה"י עלי"ו רר"ח הוי"ה לפ"ק.

חז"ל (ויק"ר כ"ב) אמרו שכל מה שתלמיד ותיק עתיד לחדש נמסר למשה מסיני, ועוד אמרו חז"ל (תנחומא יתרו יא) שכל הנשמות היו במעמד הר סיני וקבלו חלקם בתורתו ית"ש.

והנה רבינו המגלה עמוקות בחידושיו מגלה עמוקות כמגלה טפח ומכסה אלפיים אמה, עד שהספר הוא כספר החתום וסתום לרוב תופסי תורה בימינו, וידידי היקר רבי א"י זיידמאן הי"ו אשר נפשו קשורה בתורת רבינו המגלה עמוקות, התמסר כל כולו ל'גלא עמיקתא ומצא כפ"י מדת"ו רמזים נפלאים ורעיונות בהירים אשר סמכם על אדני חז"ל ויא"ר א"ת הליל"ה, באור בהי"ר הר"א בשחקי"ם.

וזקיני הק' מהרי"א מזידיטשוב זי"ע בהסכמתו לספה"ק של זקיני העט"צ זי"ע מביא את המדרש בפ' חיי שכל מי שמברר מקחו של צדיק כאלו מקיים עשרת הדברות.

ועל כן אמינא לפעלא טבא איישר חילו, שזכותו הגדול של רבינו המגלה עמוקות יעמוד לו שיזכה להשלים את המלאכה, מתוך בריות גופא ונהורא מעליא, שיזכה לראות נחת דקדושה מכל יוצ"ח, מתוך נחת והרחבת הדעת דקדושה ולשפע ברכה והצלחה ובכל אשר יפנה יעשה ויצליח.

כעתירת ידידו המברכו בכל חותמי הברכות

ברכת הקודש מכ"ק מרן אדמו"ר שליט"א מנדבורנה

בית כ"ק מרן אדמו"ר שליט"א
מנדבורנה ביתר
אש קודש 22 ת.ד 50034 ביתר עילית
טל: 02-6338822/1 פקס: 02-6338823

ב"ה

ד' שבט לסדר "לכל בנ"י היה אור במושבותם" תשע"ז
יו"ד של רבינו הרה"ק ר' משה לייב מסאסוב זי"ע ועכי"א

מכתב ברכה

ראה ראינו את יגיעת כפיו ומעשי ידיו, של ידידינו הנעלה **הרה"ח ר' ישראל זיידמן הי"ו**, מטובי יושבי והוגי התורה בעירנו ביתר ת"ו, אשר ידיו רב לו לגלות עמיקא וטמירא בדברי קדשו של **בעל "המגלה עמוקות" זי"ע**, כי מי יספר שבחו ומי ימלל גבורת גאונותו בנגלה ובנסתר אשר מאוד עמקו מחשבותיו, אלא שבכל דור ודור עומד הקב"ה ושותל אנשים חכמים ונבונים, הזוכים משורשם וחלקם הטוב, לפענח במעט רזא דצדיקיא קדישתא, כדי שלא תהיה דורינו דור יתום, סתום וחתום מדברי רבינו הגה"ק זי"ע.

על כן באנו בקצירת העומר לחזק מעשי פרי ידיו, שיזכה לברך על המוגמר, ופועל ידיו תרצה לעילא ולתתא, ויזכה להגדיל תורה ולהאדירה, מתוך מנוחה ושמחה, עדי תחזינה עינינו בנחמת ציון ובבניין ירושלים.

הכו"ח
בפקודת הקודש
שלמה עקשטיין
משב"ק
שלמה עקשטיין

ברכת הקודש מכ"ק מרן אדמו"ר שליט"א מסטניסלאב

משה רוזנבוים

בהרה"צ מסטניסלאב זצוק"ל

רח' דברי חיים 12/4 ביתר עילית

טל 02-5806783

בס"ד י"ט בשבט תשע"ז

מכתב ברכה

אתא לקמן איש סגולה, אשר בתורת איש האלוקים, הגאון המקובל בעל המגלה עמוקות זי"ע תמיד שגה, וברבות הימים עשה אותה לו לנזר תפארה ועטרה, הוא ידידנו אוצר כלי חמדה, הרה"ח ר' ישראל זיידמן שליט"א, ועתה אייתי מתניתא בידיה, הוא פירוש "גלא עמיקתא" ההולך סביב תורתו של האי גאון וקדוש, אשר זכה לגילוי אליהו.

והיות שבידוע, כי אך מתי מעט הם ההוגים בתורתו העמוקה של בעל המגלה עמוקות, בהיותה כספונה וחתומה, ולאו כל מוחא סביל דא מיא עמיקתא, מתעוררת התקוה, כי עתה עם הוצאת פירוש זה לאורה, בידי ידידנו הנ"ל שליט"א, שנעשה בשקידה וביגיעה רבה, ישוטטו בה רבים, ותרבה הדעת.

ולא נצרכא אלא לברכה, שחפץ ד' בידיו יצליח להשלים המלאכה הכבירה, וזכותו של רב האי גאון, הנשר הגדול, תעמוד לו לראות בכל עמלו ופעלו ברכה והצלחה, ובזכות העסק בתורתו, ובתורת הזוהר הק' המובא בו כסדר, נזכה ליפוק מן גלותא, ולראות רגלי מבשר על ההרים, בשוב השם לציון ברחמים גדולים, א"ס.

כ"ד הדורש בטובתו

משה רוזנבוים

ברכת הקודש ממו"ר המקובל הרב בניהו שמואלי שליט"א

בס"ד

BENAYAHU YSAHAR SHMUELI

Yeshivat Hamekubalim "NAHAR SHALOM"

בניהו יששכר שמואלי

ישיבת המקובלים "נהר שלום"

ר"ח   **מכתב ברכה**   אדר התשע"ה

ראיתי גליונות מהספר החשוב והנפלא
ב"אלף בינות על אלף זעירא דויקרא"
ליקירנו הרב החשוב כמה"ר אריאל ישראל ציידמן שליט"א
שעמל ושקד בכל כחו להוסיף ולגלות חן
ענין אלף זעירא מה סודה ומה הרמזים שיש
בה וזה מלמד לנו כמה כל אות וכל קוץ
בתורה יש בו תילי תילים של הלכות וסודות
ובאורים וגם יש לו שורש בעולמות העליונים וי
ה"ר שיפוצו מעינותיו חוצה ויזכה עוד
ועוד לעשות ספרים רבים לתורה ולעוסקי
הלומדים ובכל אשר יפנה ישכיל ויצליח אמן

בברכה רבה

בניהו שמואלי

בניהו יששכר שמואלי
ישיבת המקובלים "נהר שלום" ירושלים

רח' שילה 6 (פינת רח' אגריפס), ירושלים, ת.ד. 28267 טל'. 02-6221039, פקס. 02-6223001

6, Shilo st. P.O.B 28267 JERUSALEM Tel: 02-6221039, Fax: 02-6223001

מילין זעירין

"כל הנשמה תהלל יה הללויה", בשיר וקול תודה נברך לא-להינו שהחיינו וקיימנו וזיכנו לעסוק בדברי בעל מחבר הספר הקדוש 'מגלה עמוקות' הריהו מו"ר עט"ר הגאון הקדוש רבינו נתן נטע שפירא זצוק"ל זי"ע ועכ"י, אשר הוציא חמה מנרתיקה וגילה רזין דרזין דאורייתא, וכתב כלל דבריו בקיצור נמרץ וברמזין דקים כמציץ מן החרכים, ובעינא הכא להרחיב את דברי קודשו ולבארם דכולהו ברוח הקודש נאמרו, והקדים זמנו מאות בשנים דהיא כולה תורתו של משיח, סולת נקיה דבר דבור על אופניו, מיוסדים על אדני פז, דברי חז"ל וקדמונים הקדושים זי"ע דמביא מדבריהם על כל צעד ושעל, וניסינו בחיבורנו זה ללכת בדרכו של רבינו ולייסד כל דברינו על דבריהם הקדושים ז"ל לבל נהגה דבר מלבנו דאנכי תולעת ולא איש כו' ונחנו מה כו' ואנכי עפר ואפר כו', ותקצר היריעה מלספר בשבחו של רבינו קדושנו עט"ר ורק נאמר דאין לנו קצה של השגה באות אחת מדבריו וכל שכתבנו בחיבורינו "גלא עמיקתא" הוא בדרך אפשר בלבד.

כינינו חיבורינו "גלא עמיקתא", על דרך רבינו אשר כינה חיבורו "מגלה עמוקות" ומקורו בפסוק בספר דניאל העוסק רובו ככולו בעניין קץ הגלות וביאת משיח צדקנו בב"א (שם ב, כב): "הוא גלא עמיקתא מסתרא, ידע מה בחשוכא ונהורא עמה שרה" - וכן הפסוק דבחר רבינו בשם כלל חיבוריו מקורו באיוב (יב, כב) "מגלה עמקות מני חשך ויצא לאור צלמות" גימ' (2032): ב' פעמים "כל הנשמה תהלל יה הללויה" (1016) פסוקא אחרינא בספרא דדוד מלכא משיחא, וכאן כפילת ב' פעמים בחינת כפליים לתושיה כדתיקנו חז"ל בתפילת שחרית בפסוקי דזמרה לומר ב"פ "כל הנשמה תהלל יה הללויה" והוא כחושבן פסוקא מגלה עמוקות כנ"ל, וכדכתב בברכת קדשו אדמו"ר שליט"א מביאלא בתחילתו "תכריך כתבים" סליק לחושבן (1122) "מגלה עמקות מני חשך".

וחיבורנו דקראונוהו "גלא עמיקתא" סליק לחושבן במכוון (655): "הקדוש ברוך הוא" ופרש"י (שם): גלא עמיקתא: גולה עמוקות, דקאי אקודשא בריך הוא.

נשא תפילה ליושב בסתר עליון דיזכנו לסיים חיבורנו זה לטובה ולברכה, ולעשות נחת רוח לבוראנו יוצרנו עושנו השי"ת ויתעלה, דרובו ככולו עוסק בעניין א' זעירא דויקרא ומה עניינה, דלית מילתא דלא רמיזא באורייתא, דהיכא קאי האי אלף זעירתא "ויקרא אל משה" סליק לחושבן שמי.

בעזרת החונן לאדם דעת

איל ישראל זידמן

מפתח האופנים

כרך ראשון

כרך שני

אופן ל"ז: שלשה דברים ביקש משה מהקב"ה ונתן לו......... תקלה

א' זעירא סוד שכינה ניתנה למשה וכן סוד תורה שבעל פה רבי עקיבה בגימטריא אלף זעירא

עלית המלכות (תקלז) הודיעני נא את דרכיך - כי מצאתי חן בעיניך - ונפלינו אני ועמך (תקמא) ואהבת לרעך כמוך (תקלח) ענוה (131) דמשה כנגד סמא-ל (131) (תקמא) ד' לשונות של גאולה (תקמב)

אופן ל"ח: בג' דברים נתקשה משה.......................תקמה

סוד ג' יחודים יסוד תפארת דעת

פרשנו רעבתן שבדבש נתבער ונשרף לר"א אבן עזרא (תקן) תקון ליל שבועות (תקנה)

אופן ל"ט: בהאי קרא אשלים אתריה דמשה.................תקנט

אהל מועד סוד לאה במדבר, ב' מקדשות סוד רחל בארץ ישראל

אדם כי ימות באהל (תקסז) שלש משמרות הוי הלילה (תקעז) עשרה לשונות נקראה הנבואה (תקעט) המן ועשרת בניו (תקפו) מ"ב מסעות בני ישראל במדבר (תקצד)

אופן מ': יש לאלף ה' צורות.....................................תרא

בה' אורות נבראו כל היצורים ובלעומת זה ה' אומין ה' מיני חשך

ה' פעמים אור שרש לחמשה חומשי תורה (תרד) שמירת הברית (תרז) ה' שמות הנפש ומהותן (תרז) נר חנוכה ממשיך אור הגנוז (תרט) תלמוד בבלי וירושלמי גימטריא נפלאה מרבי יוסף חיים זוננפלד זצוק"ל (תרי) כל דעביד רחמנא לטב עביד (תריא) מם סתומה באמצע תיבה (תריג) זה לעומת זה משה - בלעם (תרטז)

אופן מ"א: באותו יום חזרו כ"ד קשוטי כלה .... תריט

תיקון חטא אדם וחוה ע"י משה רבינו

והנחש היה ערום וחיויא הוה חכים (תרכא) המן הרשע הוא השעיר לעזאזל (תרכב) הקדים הקב"ה תרופה למכה - ומפר"י צירוף פורי"ם (תרכג) מחית עמלק (תרכד) אני פרעה - כתר מלכות דסיטרא אחרא (תרכה) אמת דין ושלום - חוה פגמה בג' הקוין (תרכה) חוה פגמה בכללות עשרת הדברות (תרכו) כ"ד זיני דמסאבותא וי"א כתרין דילהון (תרכז) ונרגן מפריד אלוף (תרכז) המן מן התורה מנין (תרכח) כ"ד אלפין קדישין (תרכח) כל המוסיף גורע (תרכט) מש"ה גימ' א"ל שד"י - מילין לכבוד יומא דהלולא לכבוד יואם דהלולא רבה דאר"י ז"ל (תרכט) ואהבת לרעך כמוך (תרל) א-דני שפתי תפתח (תרל) באור הפסוק כתפוח בעצי היער כן דודי בין הבנים (תרלב) ספר אדם ישר - ארבעה עולמות אבי"ע (תרלב) תורה - תשובה - תפלה ג' אמוראין בריש גמרא סוכה (תרלה) נחש הנחשת (תרלו) זכתה הלבנה להמשיך פנימיות אור הגנוז בסוד לכי ומעטי את עצמך (תרלח)

אופן מ"ב: בשעת החורבן נסתלק אלף....................תרלט

ענין אהיה אשר אהיה וביחזקל היה היה דבר ה' דנסתלק האי שם א-היה

תכלית הידיעה שלא נדע (תרמא)

אופן מ"ג: זכה משה בז' ימים להשגת ז' רקיעים .... תרנג

ובהקמת המשכן א' שמעל הז' בסוד זעיר לכן א' זעירא

ז' רקיעים - מתוק הדין בשרשו (תרנה) ז' אושפיזין דחג הסוכות (תרנו) אמא דמסככא על בנין (תרנו) ד"פ כי תצא בכ"ד ספרים לקביל שם הוי' ב"ה (תרנז) תנה הודך על השמים (תרנט) י' זעירא פינחס תשי (תרנט) סוד מאה ברכות מהשל"ה הקדוש (תרס) חדושין דאורייתא עבדין שמיא וארעא חדתין (תרס) משה ויהושע שמשא וסיהרא (תרסא) תורה שבעל פה מאדירה ומגדילה את תורה שבכתב (תרסא) לו משמרין ישראל ב' שבתות מיד נגאלין (תרסב) באור מאמר הזוה"ק הנ"ל חדושין באורייתא עבדין שמים וארץ חדתין (תרסב)

אופן מ"ד: במדרש על פסוק מאשר יקרת בעיני נכבדת ...... תרסה

זיו איקונין של יעקב חקוק בכסא הכבוד ומשה אדם על הכסא וזכה להאי דרגא על עסקי אהל מועד ויקרא אל משה באלף זעירא דהוא אדם אחד מאלף

המן לקח הא' מן כסא הוי' למהוי כס י-ה (תרסז) י"ב עצות בעבודת ה' (תרסח) ג' דברים נתקשה משה מנורה שקלים החדש והן ר"ת וס"ת מש"ה (תרע) ישראל קבלו תורה דהן עזים שבאומות - עזות דקדושה, ובעמלק עזות דקליפה (תערג) תלמוד ירושלמי - חכמה, תלמוד בבלי - בינה (תרדע) חלום דניאל (תרעה) ונרגן מפריד אלוף זהו הנחש שהפריד א' מתיבה אמת ונשאר מת (תזרע)

אופן מ"ה: משה רבינו כלול מס' רבוא שהן כנגד ס' רבוא אותיות שבתורה.. תרעט

משה תיקון נשמת אדם הראשון שהיה כלול מס' ריבוא פרצופין ונתמעט, דנשמת משה כלולה ס' ריבוא נשמות ישראל וזכה מאהל מועד היא התורה דאית בה ס' רבוא אותיות

ישרא"ל ר"ת י'ש ש'שים ר'בוא א'ותיות ל'תורה (תרפא) יעקב לא מת עד שראה ששים רבוא מבניו - והם כנגד ששים רבוא מזיקים שירדו לעולם וששים רבוא כלבים שהיו בבית לבן (תרפב) זכה משה לפנימיות אור הגנוז (תרפג) אמר הקב"ה הביאו כפרה עלי על שמיעטתי את הירח (תרפו) משה הוא גואל ראשון והוא גואל אחרון (תרפט)

אופן מ"ו: נקרא הקב"ה מלך שהוא בגי' צ' .... תרצג

צ' אלפים רבבות מלאכים של מעלה, וכנגדם ס' רבוא נשמות בני ישראל

דמות דיוקנו של יעקב אבינו חקוקה בכסא הכבוד (תרחצ) ותחסרהו מעט מא-להים (שת) קודשא בריך הוא - אורייתא (תורה שבכתב) - וישראל (תורה שבעל פה) כולא חד (שבת) ט"ו דורות מאברהם עד שלמה (תשט) צדיק איקרי מאן דנטר ברית (שית) ביומוי דשלמה הוה סיהרא באשלמותא (תשט) רשות היחיד הוא יחידו של עולם ואוירו עולה עד לרקיע, רשות הרבים תמן הסיטרא אחרא אלהים אחרים ואוירו עולה עד עשרה טפחים ותו לא (תשיג)

אופן מ"ז: בכנפי יונה ג' שמות הן בג' עולמות.......................תשיה

זכה משה באותה העת של הקמת המשכן לסוד כסא כבודו של השי"ת דהוא א"ל שד"י גימ' מש"ה

ששת אלפים שנה הוי עלמא (תשיז) סוד נסיון המן (תשיט) שבירת הלוחות (תשיט) אלף השביעי גלוי אור הכתר (תשכג) אלף אורות שזכה להן משה (תשכד)

אופן מ"ח: עיין בכנפי יונה שכתב שם ג' שמות שאמרנו שבג' עולמות בי"ע...תשכז

ויקר אל משה – חזר אותו היקר אל משה על עסקי אהל מועד

ג' השמות א"ל שד"י א"ל הוי' א"ל אדנ"י וענינם (תשכט) סוד קרית ארבע (תשכט) סוד והסנ"ה (בוער) נוטריקון "סיני - נבו - הר ההר - והלבנן" גימ' ע"ה (747) "משה איש הא-להים" (תשכט) גלוי שם אהי"ה אל משה בסנה (תשכט) לעתיד לבוא כולו הטוב והמיטיב (תשל) חיות השדה אומרות ברוך הטוב והמיטיב (תשלא) עבודת ה' בחיות (תשלא) הצללים באדם (תשלד) משה ובצלאל (תשלג) משה הוא הדעת (תשלג) רציפי אומר נחמו נחמו עמי (תשלד) רמז ד"ן פרשיות התורה (תשלה)

אופן מ"ט: בהקמת המשכן נתקן קומה של אדם הראשון.....תשלז

זכה משה לא' זעירא דרגא דזעיר דמקנן ביצירה

מאה ברכות במלכות (תמש) תקון חטא חוה (תשמב) ויהי ביום כלות משה להקים את המשכן - המשכת עתיקא סתימאה (תשדמ) לעתיד לבוא יתעלו ו"ה לי"ה (תשמו)

אופן נ': בשעת החורבן פרחה א' של אהי"ה.........................תשמז

ויקרא אל משה בא' זעירא לרמוז הסתלקות הא' משם אהי"ה בשני החורבנות

פנימיות הכתר תתגלה באלף השמיני (תשמט) חשב משה שהותר לו הנדר (תשנ) דרא עקבתא דמשיחא (תשנב) ענין שמירת הברית (תשנג) תשובה תפלה צדקה (תשנד) ענין תשובה תפלה צדקה בדברי המהרש"א (תשנה) מקרה המלכים (תשנו) ישמח משה במתנת חלקו (תשנז) עשר ספירות בלימה וכ"ב אותיות יסוד (תשנז) עבודת ה' בשמחה (תשנז) אין הדין נמתק אלא בשרשו (תשנח)

אופן נ"א: דוד היה ממית בכל יום אלף בפעם אחת..............תשסא

משה ביטל אלף קליפות ולכן אלף זעירא

אלפיים ושמונה מאות גויים יאחזו בציצית של יהודי (תשסו) בשג"ם נוטריקון ש'כינה מ'דברת ב'תוך ג'רונו (של משה) (תשעג) בזכות דם פסח דם מילה נגאלו ממצרים (תשעו)

אופן נ"ב: במדרש אמר שכרן של צדיקים נקרא יקר ....תשעז

שכרן של צדיקים על מה שמחדשין בתורה על כל קוץ וקוץ תילי תילים

ש"י עולמות (תשפ) בתואל אכל את הרעל ומת (תשפא) כמים הפנים לפנים כן לב האדם לאדם - הקב"ה כביכול מאמין בנו שנעשה רצונו (תשפב) זרע אדם וזרע בהמה (תשפג)

אופן נ"ג: יש בחללו של עולם תש"ך אלפים מלאכים.........תשצא

תש"ך צירופים בחללו של עולם - וכן באדם עולם קטן

את ה' א-להיך תירא - לרבות תלמידי חכמים (תשצד) צרופי צבאו"ת (תשצז) האותות שנתן הקב"ה למשה בסנה (תשצח) החדש הזה לכם (תשצט) פרק שירה (תתב)

אופן נ"ד: ענין הקרבנות הן על ניצוצות הנשמות.............. תתה

אדם כי יקריב מכם - הנשמה שבבהמה יש להעלותה תחלה - ואז מיכאל כהן גדול מקריב אותה למעלה

רוח קודשו של רבינו (תתז) משה ואהרן סליקו לפנימיות הכתר (תתז) משר"ה נתהוו ישרא"ל (תתח) אדם שעשה מעשה בהמה רח"ל מתגלגל בבהמה (תתט) בספירת העומר מנחת שעורים מאכל בהמה, וביום החמשים מן החטים מאכל אדם (תתיא) יודע צדיק נפש בהמתו - תיקון חטא חוה (תתיב) בהעלותך את הנרות - העלאת נשמות ישראל לשרשן (תתיד) אהבה המסותרת בלב כל יהודי (תתטז)

אופן נ"ה: משה עלה אל הא-להים וכו' בשג"ם הו"א בש"ר.... תתיז

משה איש הא-להים שהמתיק שם א-להים - וחסר לו א' לכן א' זעירא

אברהם ויעקב ב' שלבים במיתוק שם א-להים (תתיט) מרדכ"י אסת"ר סוד גבי"ע דיוסף (תתכג) י"ג מדות דמשה ומיכה (תתכג) תלת קשרין קוב"ה אורייתא וישראל - שתמיד תהיה קדושה בעולם (תתכג) תכלית המיתוק - ונהפוך הוא דפורים (תתכה) ויקרא בהכאה - הארת הכתר (תתכה) כבוד הוי' (תתכו) חמס"י עליך נוטריקון ח'ונה מ'לאך י'-ה-ו-ה ס'ביב ליראיו (תתכו) בשג"ם נוטריקון ש'כינה מ'דברת ב'תוך ג'רונו (תתכז) הקמת המלכות ומחית עמלק (תתכט) ד"ן פרשיות התורה ממתקות הדין (תתלא) אמונה ובטחון (תתלד) מי לה' אלי (תתלח) משה הוא גואל ראשון והוא גואל אחרון (תתלט)

אופן נ"ו: דודי ירד לגנו ללקוט שושנים........................תתמג

קודם החורבן שור שה עז הן הקרבנות, לאחר החורבן הן נשמות הצדיקים

ל"ג בעומר הלולא דרשב"י (תתנא) קדושת ישראל עלתה במחשבה לפני כל דבר (תתנו) גלוי אור הגנוז יתגלה ע"י כ"ב אותיות התורה הקדושה (תתנז)

אופן נ"ז: הנבואה היתה בעולם אלף שמ"ה שנים..............תתסא

תחלת הנבואה מיעקב שזיו איקונין שלו חקוקה בכסא הכבוד

משה זכה לשער הנון בהסתלקותו בהר נבו - נון בו (תתסד) לעתיד לבוא אותיות ו"ה דשם הוי' ב"ה יתעלו לבחינת י"ה (תתסה)

אופן נ"ח: בשעה שהקדימו ישראל נעשה לנשמע..............תתסט

זכה משה לק"כ כתרים שנלקחו מעם ישראל בחטא העגל

משה מן התורה מנין (תתעא) ענין ד' גלויות בבל מדי יון אדום (תתעה) מיתוק יניקת עמלק בידי משה (תתעו) מן באר ענני כבוד כלולים במשה (תתפ)

כרך שלישי

אופן ע"ג: באותו יום זכה משה לחכמה.........................א'רט

והוא סוד ויקרא אל משה - יקר היא החכמה ניתנה למשה

סעודה שלישית דשבת קדש וסעודת מלוה מלכא (א'רטו) עצם הלוז (א'רטז) מצות הצדקה (א'ריח) ואהבת לרעך כמוך אני הוי' גימטריא ואהבת את ה' א-להיך (א'רכג) עצמותו יתברך קודם קריאה בשם (א'רכח) והיה טרם יקראו ואני אענה יקרא"ו צירוף ויקר"א (א'רכט)

אופן ע"ד: רמז כאן על עסקי אהל מועד דזמין לאתמשכנא.א'רלא

א' זעירא צורת יוד מרמז י' גלויות כו' דישראל נעשין זעירין

י"ב עצות בעבודת ה' (א'רלג) יבוא המלך והמן היום - צירוף שם הוי' כסדר ועניינו (א'רלה) יצר הרע לקח בשבי את יצר הטוב (א'רלז) ארור המן בגימטריא ברוך מרדכי (א'רלח) הכאת הקלי' מיניה וביה (א'רלט) השם דלפק"ט בו הכה הקב"ה את מצרים (א'רמב) הציפיה למשיח (א'רמג)

אופן ע"ה: מאחר שהראה הקב"ה למשה מאהל מועד דזמין לאתמשכנא..א'רמה

יבאר הטעם שלא נכנס משה לארץ ישראל

עשרה דברים נאמרו בכוס של ברכה (א'רנ)

אופן ע"ו: הגיהנם הוא אורך מהלך רי"ו אלפים שנה..........א'רסט

א' צורת רי"ו מרמז שכרן של הצדיקים

בסנה נרמזה למשה הגאולה העתידית (א'רעא) רמזי קריעת ים סוף (א'רבע) ת' עלמין דכסיפין (א'רדע) עבודת התפלה (א'רפ) מלכות ישראל (א'רפא) התחנן משה שלא לעבור דרך גיהנם ונענה - שנאמר עלה ראש הפסגה (א'רפב) רוח קודשו של רבינו (א'רפג)

אופן ע"ז: יש בצורת א' זעירא י"ו למעלה י"ו למטה...........א'רפה

אדם הראשון לאחר החטא נחלק לתרין בנין קין והבל סטרא רע וסטרא טוב ולכן א' נחלקה לתרין י"ו למעלה ו"י למטה ומשה זכה לתקנה - משה סוד הבל יתרו הקיני סוד קין

אין מזל לישראל (א'רפז) נר חנוכה אור הגנוז (א'רפז) משה גלגול הבל יתרו גלגול קין (א'רפח) שלמות התיקון בג' קוין (א'רפח) כ"ב אותיות וה' כפולות נרמזות והנה נער בכ"ה (א'רפח) תיקון הריגת הבל (א'רצא) הגלויות מסכים המגינים על בני ישראל מפני גלוי אורו הגדול ית' בטרם עת (א'רצו) ישראל עלה במחשבה (א'רצז) ג"פ צדקה משלים עשרת הדברות לחושבן מאה אלף סוד א"ק (א'רצט)

אופן ע"ח: צורת א' שהוא צורת י' סוד המקוה...........א'שג

ר"ם קבין במקוה ישראל נמנו ד' פעמים בתורה ד"פ ס' הרי ר"ם רבוא, במזבח ר"ם חגורי אפוד, י' עשרת ימי תשובה הן ר"ם שעות וכולהו רמיזין באלף זעירא

אתחלתא דגאולה (א'שד) עמ-רם וכנגדו עמ-לק דהוא ר"ם דקלי' (א'שו) נתן לנו את תורתו - תורה שבכתב, וחיי עולם נטע בתוכנו - תורה שבעל פה (א'שו) שם הוי' ב"ה רמיז בישראל (א'שיב) אדם

צורת י-ה-ו-ה (א'שיד) עבודת הזיכוך (א'שיד) לקליפה אין אחיזה בכתר ומכשיל האדם בכר"ת ואז יונק משם רח"ל (א'שטו) חוה היא אשת חיל עטרת בעלה (א'שטז) קריעת ים סוף - ז' לשונות של יראה (א'שיט)

אופן ע"ט: א' זעירא נרמז סוד כבוד ה' מלא את המשכן ....א'שכא

השכינה שם אדנ"י רוכבת על ת"ר מחנות שהם ק"כ צרופי שם א-להים ה' פעמים - וכאשר שכינתא בגלותא הרי א' זעירא

בשג"ם הוא בשר (א'שכג) בראשי"ת צירוף בשתי א"ר (א'שכה) מרדכי בדורו כמשה בדורו (א'שכו) חוה פגמה בד' אותיות שם הוי' ב"ה (א'שכח) משה אהרן ומרים בחינת שנים מקרא ואחד תרגום (א'שכט)

אופן פ': כתיב ה' קנני ראשית דרכו ....א'שלא

כל התורה שמותיו של הקב"ה - שם הוי' שם העצם - נרמז בא' זעירא דויקרא

משה ויהושע נקראים נער (א'שלג) דוד תיקן חטא אדם הראשון (א'שלד) משה זכה לשער הנון (א'שלו) שלמות ישראל שנקראו אדם (א'שלח) אדם הראשון לא המתין ליום השבת (א'שלט)

אופן פ"א: כנפי ד' החיות הן רנ"ו..................................א'שמא

משה אהרן כלילן רנ"ו כנפי החיות וג' חיות דמרכבה עם פני אדם ולכן השרה הקב"ה שכינתו עליהם בסוד א' זעירא י"ו ו"י מכים זה בזה הרי רנ"ו

השמחה לעתיד לבוא ונגלה כבוד ה' (א'שמג) יש להתחזק במדת האמונה והבטחון (א'שדמ) משיח בן יוסף משיח בן דוד (א'שמו) משה וישראל (א'שמט) הכנעת עמלק (א'שמט) רוח קדשו של רבינו (א'שנ)

אופן פ"ג: אות א' של אנכי היתה הולכת לד' רוחין............א'שנא

ניצוצין מאות א' דאנכי נתפשטו לד' רוחות, ובאהל מועד א' זעירא

עשרת הדברות (א'שנג) טעם האור הגנוז (א'שנד) ניצוצין נקרא מימין ומשמאל (א'שנה) אושפיזין דחג הסוכות (א'שנח)

אופן פ"ד: אלף יומין דחול ותרין משיחין..........................א'שסז

משיח בן דויד משיח בן יוסף עולים אלף רמז לאלף זעירא

בראשית ברא סוד כתר מלכות (א'שעא) ישראל אשר בך אתפאר (א'שעא) ט' ניצוצין דאזדריקו לכל עיבר (א'שעב) תקון ליל שבועות - כ"ד קשוטי כלה (א'שעג) אור הגנוז דעתידא לאתגלאה (א'שעה) אין הדין נמתק אלא בשרשו (א'שעה)

אופן פ"ה: נרמז בא' זעירא מ"ם של אפרסמון..................א'שעז

מ"ם בלוחות לקביל מסו"ה של משה שעולה אל"ף

סוד יריחו (א'שעט) בכיבוש יריחו עלתה המציאות לכתר ונתבטלו החומות (א'שפ) רוח קודשו של רבינו (א'שפא) האבות הקדושים ריחות היו - למעליותא (א'שפב) עשרת הדברות - לוחות ראשונות ולוחות שניות (א'שפג) טל תחית המתים (א'שפד)

אופן פ"ו: צירוף א-להים מלא בריבועו גימ' אלף ואחד.......א'שפז

משה זכה לאלף כוחות של א-להים להכניע ג' גוליירין בישין ולכן א' זעירא

י"פ א-להים מזכיר באופן (א'שפט) בשג"ם הו"א בש"ר גימ' י"פ א-להים חסר א' לכן א' זעירא (א'שפט) בשג"ם נוטריקון ש'כינה מ'דברת ב'תוך ג'רונו - ממו"ר הרב צבי חשין שליט"א (א'שצא) ארץ ישראל - שער השמים (א'שצב) דלפק"ט - השם בו הכה הקב"ה את המצרים - מר' שמשון מאוסטרופולי (א'ת) גאולתא תליא באהבת חנם (א'תא) עד ששמשו של משה שוקע שמשו של יהושע זורחת (א'תב) משה ואהרן תקונא דאדם הראשון (א'תב)

אופן פ"ז: איתא בסודי רזיא שי' שמות הם שמות שאינם נמחקים ונחלקים לו' ולד'.. א'תה

א' זעירא צורת יו"ד והן י' דברים שנחלקים לו' ולד'

ז' שמות שאינן נמחקין באתוון זעירין ורברבין (א'תז) משה וירמיהו (א'תח) משה לא יכול לבטל הגזירה דלא יכנס לארץ ישראל (א'תח) משה ורבי עקיבא (א'תח) מלכותא קדישא דלה ועניה דלית לה מגרמא כלום (א'תח) העולם ו' קצוות עולה לגימטריא ה"פ משיח (א'תי) משה גילה האור הגנוז ומדוע יגנז בשנית בעלותו ראש הפסגה (א'תיא) ר"ב ל"ך - ערב רב עלה לדעתך (א'תיא) בראשית המחשבה עלה שיהושע מכניס (א'תיב)

אופן פ"ח: איתא ברעיא מהימנא פרשת כי תצא שבצורת אלף נרמזים הגואלים של ישראל .... א'תיג

בצורת אלף נרמזים ג' הגואלים משיח בן דוד, משה, משיח בן יוסף והיא זעירא דאנן בגלותא

משה גואל ראשון וגואל אחרון כדברי האור החיים הקדוש (א'תטו) כ"ד קשוטי כלה (א'תיח) על ידי ג' בחינות משיח מכניעים ג' בחינות עמלק (א'תכ) ישרא"ל נוטריקון י'ש ש'שים ר'בוא א'ותיות ל'תורה (א'תכא) אבי לבן נקרא בתואל - רצה לאסור כל בתולות עלמא על יצחק (א'תכב) תלת רישין בסוד עולם-שנה-נפש: בית המקדש (861) - ראש השנה (861) והא-להים נסה את אברהם (861) (א'תכב) רל"א שערים פנים ואחור (א'תכג) הקב"ה בעצמו יחיה המתים (א'תכג) גלוי אינסוף בתחית המתים (א'תכד) ביאור שיר השירים פרק ח' (א'תכד) נתאוה הקב"ה להיות לו ית' דירה בתחתונים (א'תכה)

אופן פ"ט: איתא בספר יונת אלם פרק שישי בסוד האלף וכו' פנימי חיצון מקיף.. א'תכז

יבאר ענין ג' אורות פנימי חיצון ומקיף בעגל פגמו ומשה מסר נפשו ותיקנם - והם סוד א' זעירא

נשמת משה נמשכה מהנסתרות לה' א-להינו (א'תכט) אור חיצון על שם שמשם יניקות החיצונים (א'תכט) משה סוד אור קדמון (א'תל) מים אחרונים חובה - ג' בחינות באור (א'תלא) מים במספר כולל גימ' משה (א'תלא) כלום אדם (העליון) זורע כור ע"מ לקצור כור? (א'תל) ל"ט פעמים תיבה ע"ם ולבתר ג"פ בנ"י ישרא"ל (א'תלב) זכה משה לרב טוב הצפון לצדיקים לעתיד לבוא (א'תלה) ג' תוארים ברישא דצלותא: האל הגדול הגבור והנורא - מעשה דרבי חנינא (א'תלג) לעתיד לבוא הקב"ה מוציא חמה מנרתיקה (א'תלה) שבעת האושפיזין דסוכות מתקנים ג' האורות פנימי-מקיף-

אופן ו

בזוהר פ' בשלח לאחר עשיית העגל נסתלקו המאורות ממשה ולא נשארו אצלו רק אלף זיווין ע"ד רמז משה אמר יוסף עליכם אלף פעמים זו היא משלי ועי"ז יהי' פי' הפסוק ויקר אל משה ומה הוא היקר אלף ר"ל אלף זיווין שנתמעטו מכל האורות ולא נשארו רק אלף זיווין שהוא אלף זעירא:

אופן ו

[ה' אופנים ראשונים חסר עיין בהקדמה]

[א]בזוהר פרשת בשלח לאחר עשית העגל נסתלקו המאורות ממשה ולא נשארו אצלו רק אלף זיוון ע"ד רמז משה אמר

גלא עמיקתא

והוא בזוה"ק פרשת בשלח דף נ"ח ע"א וזלשה"ק: כיון דחבו ישראל לתתא נטל הקב"ה ממשה "אלף חולקין מההוא **זיוא**" גימ' (400) "[1][ב]**אלף זעירא**" (399) עם הכולל – דהיינו השאיר בו רשימו בשעור אחד מני אלף ומיעט שיעור אורותיו מאלף רבתי לאלף זעירא כמו שנרמז בחושבן הנ"ל.

---

1. באור על מגלה עמוקות ואתחנן אופן ה': ג'. <u>וַיִּתְעַבֵּר</u> יהוה בִּי לְמַעַנְכֶם וְלֹא שָׁמַע אֵלָי וַיֹּאמֶר יהוה אֵלַי רַב לָךְ אַל תּוֹסֶף דַּבֵּר אֵלַי עוֹד בַּדָּבָר הַזֶּה (דברים ג,כו) גימ' (3169) י"א פעמים זעיר"א (288) רמיזא א' זעירא דויקרא אל משה - דכאן ממש בטלה דכפלינן זעיר"א (288) פעמים ולא א' זעיר"א (289) ורמיזא דמדקדק הקב"ה עם הצדיק כחוט השערה כנ"ל, ונותן טעם להקטנת האי א' דויקרא בתורה הקדושה.

ויש לקשר הענין לדברי המגלה עמוקות באופן דנן דאמר משה נוציא לכם מים [משמע הקב"ה ומשה כאחד] והכליל עצמו עם הקב"ה בחדא מחתא, דלגביו הוא אמת דאיקרי איש האלהים (דברים ל"ג,א') ברם לגבי עם ישראל יכול ללמדם ישות ויטעו ויחטאו, ולכן לגביהם היה צורך לנהוג במדת "והאיש משה ענו מאד" וכו' (במדבר י"ב,ג') כדי לחנכם במדת הענוה.

לכן ויקר א' זעירא אל משה, דבספירות דאצילות הצמצום דהיינו ספירת הגבורה הוא צמצום אינסופי, וכאילו האי א' אינה במציאות כלל- ומתמן דהיינו ממלכות דמלכות דאצילות דלית לה תמן מגרמה כלום ממש ינקין הני י"א כתרין דמסאבותא בבחינת (שם כ"ג,ד') "ויקר אלהים אל בלעם"- ומהאי טעמא כפלינן י"א זימנין [ויתבאר בארוכה לקמן הערה ב'].

[א] זוהר פרשת בשלח דף נח עמוד א: ביה שעתא אזדעזע משה עד דאתקיף ביה קודשא בריך הוא במשה ואותביה קמיה ואוליף ליה אורייתא (שם ה) וחפא ליה למשה בההוא נהורא וזיוא דההוא נעם והוו אנפוי דמשה נהירין בכל אינון רקיעין, וכל חילא דשמיא הוו מזדעזעין קמיה בשעתא דהוה נחית באורייתא, כיון דחבו ישראל לתתא נטל קודשא בריך הוא ממשה אל"ף חולקין מההוא זיוא, ביה שעתא בעו מלאכין עלאין וכל אינון אכלוסין לאוקדא למשה בשעתא דא"ל קודשא בריך הוא (שמות לב) לך רד כי שחת עמך, אזדעזע משה ולא יכיל למללא עד דאסגי בצלותין ובעותין קמי קודשא בריך הוא, א"ל קודשא בריך הוא משה אתקיף בכורסייא דילי עד דגער קודשא בריך הוא בכל אינון אכלוסין בכל אינון חיילין ואתקיף משה בתרין לוחין דאבנין ואחית לון לתתא, ודא הוא דכתיב (משלי כא) עיר גבורים עלה חכם ויורד עז מבטחה, ומההוא זיוא דאשתאר ביה הוו מבהיקין אנפוי דמשה, ומה בהאי דאשתאר ביה לא הוי יכלין לאסתכלא באנפוי בההוא דאסתלק מיניה עאכ"ו. **[ב] פירוש הגר"א לספרא דצניעותא - פרק א:** וגילוי הזה אין לו זמן ידוע לבא לפומא לא גליא רק ידוע שכל אלף החמשי א"א לבא בסוד כל היום ד"ו"ה (איכה א') ולא יתגלה אלא באלף הששי שהוא יסוד לויתן הנ"ל וז"ש חד לאלף יומין ר"ל באחד מאותן אלף שנים יתגלה. ואמר יומין זעירין כי סתם ימים הוא מאלף שנים בסוד ששת ימים כנ"ל אבל יומין זעירין הוא שנה שהוא ימים של מלכות חכמה זעירא וזה ימים הנאמר בתורה ימים תהיה גאולתו. ור"ל שנה אחת יהיה כלל הגאולה והוא מוצאי שביעית שאז זמן החסד ואז יתגלה פום אמה ויבא משיח. והוא כמ"ש בזוהר דויקרא א' זעירא שהיא המלכות ששם אתוון זעירין והוא אלף חולקין דנטל ממשה ואשתאר חד והוא א' זעירא א' מאלף והוא מלכות עטרה ששם יתגלה. זה חד מאלף יומין זעירין וז"ס אדם אחד מאלף מצאתי ואשה בכל אלה לא מצאתי (קהלת ז') והוא כי כל המלכים לא אתקיימו בשביל שלא היו להם נוק' ולא אתתקנו בתקונא דאדם וכמ"ש בזוהר ויקרא דעד דלא אתנסיב לא נקרא אדם ולא אתתקנו אלא בפום אמה ששם דכר ונוק'

(דברים א׳,י״א) [ג]יוסף עליכם אלף פעמים [ד]וזו היא משלי ועי״ז יהיה פירוש הפסוק ויקרא אל משה ומה הוא היקר אלף

גלא עמיקתא

והנה האר״י הקדוש האריך מאד בענין אותן [2]אלף אורות דניתנו למשה עדיהן של ישראל שחטאו וכותב יותר מחצי עמודה [ה]בשער הכוונות דף ס״ו ע״א וחוזר ושונה דבריו הקדושים בכמה נוסחין לדייקם ולהדגישם.

ושם הוא אדם וזהו אדם אחד מאלף מצאתי ואשה בכל אלה כו׳ כידוע שכל הו״ק נקראין אלה כמ״ש כמה פעמים בזוהר ותז״ח בסוד מי ברא אלה וכלם היו בלא נוק׳ וזהו ואשה בכל אלה לא כו׳. וז״ס דבר צוה לאלף דור (תהלים ק״ה) שהיא נקראת דבר כידוע. **[ג] ספרי זוטא פרק י:** ובנחה יאמר שובה ה׳, הא כדרך שהיו נוסעין ע״פ משה היו חונין ע״פ משה: ובנחה, בהי כנגד ארבעה דגלים והארון מלמד שאף הארון לא היה נוסע אלא על פי משה: שובה י״י רבבות אלפי ישראל, ר׳ יהודה אומר אמר משה איני מניח שכינה שתרד בארץ עד שתברך את עמך ישר׳ ובמה אני רוצה שתברכם שיעשו אלפים ורבבות שוב ועשם אלפים ורבבות על כל מסע ומסע שיהו נוסעין יהו אלף נעשה רבוא לקיים מה שנאמר י״י אלהי אבותיכם יוסף עליכם ככם אלף פעמים (דברים א יא). ר׳ שמעון אומר תרד שכינה לארץ ויהי שם אלפים ורבבות שאין השכינה שורה על פחות משני אלפים ושתי רבבות כדרך שהיא שורה למעלן שנאמר רכב אלהים רבותים אלפי שנאן (תהלים סח יח) אף בארץ אינה שורה אלא בתוך אלפים ורבבות שנא׳ שובה ה׳ רבבות אלפי ישראל. **[ד] רש״י דברים פרק א פסוק יא:** מהו שוב ויברך אתכם כאשר דבר לכם, אלא אמרו לו: משה, אתה נותן קצבה לברכתנו, כבר הבטיח הקב״ה את אברהם אם יוכל איש למנות וכו׳ (בראשית י״ג,ט״ז) אמר להם: זו משלי אבל הוא יברך אתכם כאשר דבר לכם. **[ה] שער הכוונות דף ס״ו ע״א:** גם תכוין אל מה שביארנו בענין ישמח משה במתנת חלקו כי כשעלה מרע״ה אל הר סיני לקבל התורה נתנו אליו אלף חלקי אורה הנרמזים באלף רבתי דאדם שת אנוש בד״ה. וכשחטאו ישראל בעגל נסתלקו ממנו בעון ישראל ולא נשתייר בו רק חלק אחד מן האלף והיא סוד האלף זעירא דויקרא אל משה. ולפי שמשה לא אבדם ע״י חטא עצמו אלא בעון ישראל לכן הקב״ה משלים אליו אלו האלף חלקי׳ מחלקם של

2. בריתי שלום ו׳ קטיעה יעקב ועשו: א׳ זעירא דויקרא מרמז הוראה בעבודת ה׳- הקטנת היניקה לסט״א, ובזהר יתרו ״והנה תומם בבטנה וגו׳״ ובגין דהוה תמן ההוא רשע אסתלק מתמן אל״ף וכלא רזא חדא, ופרש״י על הפסוק ״ובתמר תאומים מלא לפי ששניהם צדיקים אבל כאן אחד צדיק ואחד רשע״ עכ״ל. והנה ״יעקב״ בא״ת ב״ש סליק לחושבן (351) ״אלף פעמים״ [כמו שכתבנו לעיל אופן ח׳-י״ב עצות בעבודת השי״ת אות ה׳ עיין שם] ועם הפשוט גימ׳ (533) ״כף זכות״ באבות (פ״א מ״ו) ״הוי דן וכו׳ לכף זכות״. והנה עשו בא״ת ב״ש גימ׳ (89) ״חנוכה״, זמש״כ (עובדיה א׳,י״ח) ״והיה בית יעקב אש ובית יוסף להבה ובית עשו לקש״ ובספה״ק אש דחנוכה שורפת את עשו, ובמשנה (ב״ק סוף הכונס) ״גץ שיצא מתחת הפטיש וכו׳ גמל שהיה טעון פשתן״ (היינו קש), גץ אשא דיעקב גמל דא עשו דכתיב ״הלעיטני נא״ גימ׳ (225) ״יגל יעקב״ ופרש״י (מגמ׳ שבת קנה:) מלעיטין את הגמל, ובזוה״ק ס״מ בא רכוב על גמל, ״גמל סמאל״ ע״ה גימ׳ (205) ״גץ״ בא״ת ב״ש (וכגון א׳ יתיר סניגור מקטיגור, וד״ל). ״עשו״ א״ת ב״ש ופשוט גימ׳ (465) ״בשאול מי יודה לך״ ועם ״יעקב״ א״ת ב״ש ופשוט גימ׳ (998) ״בריתי שלום״ (עי׳ לקמן אופן מ״ה בעניין י׳ זעירא דפינחס) ו׳ קטיעה, היינו ו׳ ד״עשו״ (גימ׳ ״שלום דניחא ליה בעבירותיו), ו״בריתי״ (היינו יעקב) גימ׳ (622) ״הדן לכף זכות״ כדלעיל. ג׳ אבות כנגד ע׳ש׳ו׳ ימין אברהם (עין איהי עין יעקב וכתיב ״יעקב אשר פדה את אברהם״) שמאל יצחק דאיהו גבורה, אמצע ש׳ יעקב כללות האבות. ו׳ קטיעה של שלום לקביל ו׳ דעשו דאיהו שמאל דקלי׳, והאי ו׳ דעשו היא ״שמאל שבשמאל״ גימ׳ (1044) בקום עלינו ״אדם״ היינו נפילת אדה״ר ב-א׳ רבתי אלף (בסגול), וכנ״ל ״יעקב״ בא״ת ב״ש ״אלף פעמים״ - תיקון אדה״ר כנודע, וכתיב ״פינחס״ גימ׳ ״יצחק״ שלקח ה״רמח״ גימ׳ ״אברהם״ - תיקון עשו -

שמאל, ו׳ דעשו שמאל שבשמאל על ידי שלשת האבות הקדושים. ״ו׳ קטיעה״ בא״ת ב״ש גימ׳ (577) ״על פי ה׳ ביד משה״. בפרשת בשלח (שמות י״ז, ה׳) ״ויאמר ה׳ אל משה״ - ״ויאמר ה׳ אל״ גימ׳ ״שד-י״, וכידוע מהאריז״ל ״אל שד-י״ גימ׳ ״משה״, ובמלויים גימ׳ ע״ה ״אלף״ - היינו אלף אורות שזכה להן משה, היינו א׳ זעירא. ״ויאמר ה׳ אל משה״ גימ׳ (659), ״דבר צוה לאלף דור״ ע״ה, מרמז לאלף זעירא שנמשכת לאלף דור, היינו עד ביאת משיח צדקנו בב״א, וכמה פסוקים אח״כ (פס׳ י״א) ״והיה כאשר ירים משה ידו וגבר ישראל״ גימ׳ (1924) ״ישמחו השמים ותגל הארץ ויאמרו בגוים ה׳ מלך״ היינו נותן ביד משה להמליך ה׳ בעליונים ובתחתונים, וכאמור (לקמן עיון 6) ע״י העלאת הא׳ זעירא דיליה למיהוי הכסא שלם. וכתיב ״ומטך אשר הכית בו את היאור״ ומרמז לשבירת ה-ו׳ דעשו דהיינו היאור ע״י שלוח המטה עם הא׳ זעירא להשלים כסא.

והנה הפלא ופלא ״ו׳ קטיעא״ בא״ת ב״ש (577) עם ״אלף זעירא״ פשוט (399) גימ׳ (976) ״קריעת ים סוף״, היינו ע״י קריעת המסכים ביטול הקלי׳ בסוד ״מחצתי ואני ארפא״ (דברים ל״ב, ל״ט) וקרוב הגאולה על ידי משיח צדקנו במהרה בימינו אמן.

ר״ל אלף זיווין שנתמעטו מכל האורות ולא נשארו רק אלף זיווין שהוא אלף זעירא.

גלא עמיקתא

והנה חלק מדברי קדשו של האר״י הקדוש שם:

גם תכוין [בקבלת שבת] אל מה שבארנו בענין ישמח משה [אתוון משה משי״ח גימ׳ שבת״א כנודע] במתנת חלקו כי כשעלה משה רבנו עליו השלום אל הר סיני לקבל התורה נתנו אליו אלף חלקי אורה הנרמזים ב״אלף רבתי״

ישראל שהם בחי׳ אותם האורות והעטרות והעדיים שקבלו ישראל בהר סיני ואח״כ נתנצלו ונתפרקו מהם כמש״ה ויתנצלו בני ישראל את עדיים מהר חורב ומשה נטלם ונשלם בחלקם של ישראל והנה בכל ע״ש בבוא ליל השבת חוזר מרע״ה לקחת אותם הארו׳ של אלף חלקים שלו עצמם שנאבדו ממנו ולוקחם בסוד תוס׳ קדושת שבת וכיון שלוקחם משלו הוא מחזיר לישראל אותם ההארו׳ שלקח מחלקם ואלו האורו׳ נתנים לישראל בכל ע״ש בסוד תוס׳ קדושת שבת והבן זה וז״ס ישמח משה במתנת חלקו פי׳ כי משה הוא שמח עתה ביום השבת במתנת חלקו עצמו הא׳ שנאבדו ממנו ועתה נתנו לו במתנה ביום השבת והכוונה לומר ולהגיד מעלת מרע״ה כי אעפ״י שניתנו לו בתחי׳ האורו׳ והכתרי׳ מחלק׳ של ישראל הנה הוא שמח בחלקו ודי לו בזה ותיכף מחזי׳ הארותיה׳ של ישראל להם ואינו נוטלם לעצמו כי חפץ הוא לזכות את הרבים ואינו אומר כיון שאני לא חטאתי והם חטאו בעגל ובעבורם אבדתי שלי א״כ גם עתה אעכב את שלהם בידי אמנם הוא שמח במתנת חלקו ואז מחזיר להם חלקם ונמצא כי בזה ניכר׳ מעלת מרע״ה כי עבד נאמן קראת לו כי אעפ״י שהפקיד השי״ת בידו פקדון חלקם של ישראל הנה עתה ביום שבת הוא עבד נאמן להחזיר הפקדון לבעליו והם ישראל. וביאר מה ענין מתנת חלקו הנז׳ ואמר כי היא כליל תפארת אשר בראשו נתת בעמדו לפניך על הר סיני ונאבדה ממנו ועתה חוזר השי״ת ליתנה לו במתנה. ונחזור לעניינינו כי הנה בכל ע״ש מקבלים ישראל תוספת נשמה וקדושת שבת מאותם האורות שלקח משה מישראל כנז׳ וזהו שאמר מזמור שיר ליום השבת כלומר ראוי לשורר ולזמר על יום השבת לפי שאז מחזירין חלקו של משה ועי״כ אנו לוקחים חלקינו של תוס׳ שבת כנז׳ כי מה שיש לנו תוספת קדושה בשבת הוא מה שיש למש׳ בימי החול והבן זה:: גם תכוין באותיו׳ למשה רמז אל תיקון הנשמות הבאות מן הבל המתגלגל במשה כנודע. גם תכוין באותיות למשה כי הנה מרע״ה הוא משתדל בזהירות ובזריזות גדול בכל ע״ש להעלו׳ כל ניצוצות הנשמות הניתנות בעמקי הקלי׳ ואינם יכולו׳ לעלו׳ משם וכן הנשמות של בני אדם התחתו׳ שאין בידם מע״ט הראוים לעלות בסוד תוס׳ שבת הנה מרע״ה בכל ע״ש יורד הוא וכמה רבבות נשמות צדיקים אחרי׳ עמו אשר בעו׳ הבא כל א׳ כפי בחינתו יורד ומעלה את הנשמות של התחתונים של המתים ושל החיים כל אותם שאינם יכולות לעלות מעצמן

כנז׳: טוב להודו׳ לה׳ הנה בפ׳ זה תכוין בתחי׳ בר״ת של טוב להודות שהוא ט״ל והם על דרך ג״פ באי כלה הנז׳ וגם הם סדר ג״פ הבו הנ״ל ועי״כ תעלה ג״ר דבריאה למלכו׳ דאצילות והוא סוד שם יה״ו שבבריאה אשר עולה במילואו ט״ל והוא העולה לאצילות הנק׳ לה׳ שהוא הויה דע״ב דיודין דאצילות וזהו טוב להודות לה׳ פי׳ כי הטל הנרמז בר״ת טוב להודות עולה להוי״ה שהוא האצילות כנז׳.

גלא עמיקתא

גימ׳ (723) ״יעקב ישראל״- דמשה פנימיות דיעקב ישראל בחינת [3][1]אור הגנוז- דיחד ״יעקב ישראל משה״ סליקו לחושבן (1068) י״ב פעמים ״חנוכה״ (89) בחינת אור הגנוז דעתיד להתגלות

3. באור על מגלה עמוקות ואתחנן אופן ז׳: וַיֹּאמֶר אֲנִי אַעֲבִיר כָּל טוּבִי עַל פָּנֶיךָ וְקָרָאתִי בְשֵׁם יְהוָה לְפָנֶיךָ וְחַנֹּתִי אֶת אֲשֶׁר אָחֹן וְרִחַמְתִּי אֶת אֲשֶׁר אֲרַחֵם (שמות לג,יט) גימ׳ (5463) ט׳ פעמים ״משה ואהרן״ (607) והוא חושבן ״טוב גנוז״ (83) פעמים ״חיים״ (68) והוא לעתיד לבוא תחית המתים מטלא דנטיף מפומא דעתיקא קדישא בגילוי אור הגנוז- וזכה לו משה באותו פרק ויקרא אל משה א׳ זעירא- והוא בחינת אור הגנוז [כמ״ש במקום אחר]. וכעת רב לך- דכבר זכית לרב- ולכנוס אינך כונס עתה אלא לעתיד לבוא בתחית המתים בראש כל דור המדבר [לרבי אליעזר דאמר דור המדבר יש להם חלק לעולם הבא, אבל לרבי עקיבא דור המדבר אין להם חלק לעולם הבא ואין עומדין בדין שנאמר במדבר הזה יתמו ושם ימותו (במדבר י״ד,ל״ה) יתמו - בעולם הזה, וימותו - לעולם הבא].

ואח״כ תכוין להעלות ז״ת דבריאה למע׳ ממדרגתם ע״ד הנז׳ ביצירה ובעשיה וזה ע״י שם בן מ״ב דהויה דאלפין שהם מ״ב אותיו׳ שיש בפשוטו ובמילוי ובמי׳ מילויו ולכן תכוין בזו ההויה של טוב להודו׳ לה׳ אל הויה דמילוי אלפין בבחי׳ מ״ב אותיו׳ שבה כנודע כי שם בן מ״ב דאצילות הוא מ״ב אותיו׳ שבהויה דמילוי אלפין. גם תכוין בהויה זו אל הויה דמילוי ס״ג שהוא בבריאה והוא סוד עולם הבריאה העולה עתה אל עו׳ האצילות וב׳ הכוונות האלו אעפ״י שנראי׳ סותרו׳ זו לזו צדקו יחדיו כי הס״ג דבריאה גרוע ממ״ה דאצילות ועולה זה הס״ג ע״י המ״ב של המ״ה הזה שבאצילות. ופעם אחרת שמעתי ממורי ז״ל בלשון זה כי ר״ת מזמור שיר ליום השב׳ הוא למשה לרמוז כי הוא סוד עו׳ האצילות ששם עולה המלכות ומאירה ומקבלת הארה מן נה״י דאצילות ע״כ. בפרוח רשעי׳ כמו עשב כו׳ יובן במ״ש בס״ה בפרשת תרומה דיום השבת איהו יומא דגלגולא דנשמתין כו׳ והענין הוא כי בע״ש אפילו אותם הנשמו׳ הטבועות בעמקי הקלי׳ הם עולות אל הקדש לכלול שם למעלה אבל לא כל הנשמות יכולות לעלות ואמנם אז בעת ההיא נדונים בב״ד העליון כל הראוי לעלות עולה והראוי לירד יורד וז״ס שנק׳ יומא דגלגולא דנשמתין כי אלו מתגלגלין לכאן ואלו לכאן. ונודע ענין צדיק ורע לו ורשע וטוב לו כו׳ ולכן נזכר כאן כל אלו הבחי׳ במזמור הזה כנודע כי בפרוח רשעים הוא בסוד רשע וטו״ל וכיוצא בזה כל שאר דברי המזמור ולכן הוזכר ענין הרשעים והצדיקים במזמור הזה כי הרשעים אין להם מנוחה אפי׳ ביום השבת וזהו מ״ש בפרוח רשעים כו׳ להשמדם עדי עד אבל הצדיקים פורחים כתמר ביום זה לעלות ולקבל האור המוכן לו וזמ״ש צדיק כתמר יפרח כו׳. גם יש ענין גלגולא דנשמתי׳ באופן אחר וגם זה נרמז בס״ה בפרשת תרומה ד׳ קל״ו ע״א וגם בפרשת משפטים בסבא בד׳ צ״א ע״א וז״ל כי בליל שבת יש נשמות העולות מן ג״ע הארץ אל ג״ע העליון ויש נשמות שיורדות מלמעלה למטה בעוה״ז להיות בסוד תוספת שבת אל נשמות התחתונים אשר בעוה״ז אלין סלקין ואלין נחתין וזהו הנק׳ גלגולא דנשמתין:

[1] תלמוד בבלי חגיגה דף יב עמוד א: ואור ביום ראשון איברי? והכתיב ויתן אתם אלהים ברקיע השמים וכתיב ויהי ערב ויהי בקר יום רביעי! - כדרבי אלעזר. דאמר רבי אלעזר: אור שברא הקדוש ברוך הוא ביום ראשון - אדם צופה בו מסוף העולם ועד סופו, כיון שנסתכל הקדוש ברוך הוא בדור המבול ובדור הפלגה וראה שמעשיהם מקולקלים - עמד וגנזו מהן, שנאמר וימנע מרשעים אורם. ולמי גנזו - לצדיקים לעתיד לבא שנאמר וירא אלהים את האור כי טוב, ואין טוב אלא צדיק, שנאמר אמרו צדיק כי טוב. כיון שראה אור שגנוז לצדיקים שמח, שנאמר אור צדיקים ישמח. כתנאי: אור שברא הקדוש ברוך הוא ביום ראשון אדם צופה ומביט בו מסוף העולם ועד סופו, דברי רבי יעקב. וחכמים אומרים: הן הן מאורות שנבראו ביום ראשון ולא נתלו עד יום רביעי.

גלא עמיקתא

לעתיד לבוא [ז]וכל ישראל יש להם חלק לעולם הבא, דאדם שת אנוש בדברי הימים וכשחטאו ישראל בעגל נסתלקו ממנו בעון ישראל ולא נשתייר בו אלא "חלק אחד מן האלף" [גימ' (357) "ישמח" חסר א'] והיא סוד האלף זעירא דויקרא אל משה. ולפי שמשה לא אבדם על ידי חטא עצמו אלא בעון ישראל לכן הקדוש ברוך הוא משלים אליו אלו האלף חלקים מחלקם של ישראל שהם בחי' אותם "האורות והעטרות והעדיים" [גימ' (1459) "[ח]אני מאמין באמונה שלמה בביאת המשיח" העיקר ה-י"ב מ-י"ג עיקרי האמונה לרמב"ם- וכולן פתחין אני מאמין באמונה שלמ"ה אתוון למש"ה וכמו שכתב שם גם תכוין כי ר"ת מזמור שיר ליום השבת הם אותיות למש"ה], שקבלו ישראל בהר סיני ואח"כ נתנצלו ונתפרקו מהם כמ"ש ויתנצלו בני ישראל את עדים מהר חורב, ומשה נטלם ונתנם בחלקם של ישראל ושם כותב רבנו שמואל [בנו של האר"י הקדוש וזלשה"ק: אמר שמואל מדסמך לפסוק ויתנצלו בני ישראל את עדים מהר חורב עם הפסוק ומשה יקח את האהל שמע מינה ויתנצלו בני ישראל וכו' "ומשה יקח" [עבד"ק] "ומשה יקח" סליק לחושבן (469) "הידים ידי עשו" (בראשית כ"ז,כ"ב-פרשת תולדות), ולעיל מהזוהר הקדוש "אלף חולקין מההוא זיוא" סליק לחושבן (400) "ידי עשו" כדכתיב (בראשית כ"ז,כ"ב) "הקל קול יעקב והידים ידי עשו" ובאורו כדאיתא במדרש [ט]דכשחטאו ופסק הקול קול יעקב אז והידים ידי עשו [וכדאיתא התם (זוה"ק בשלח נ"ח ע"ב) א"ר אלעזר ודאי הכי הוא, דכל זימנא דקליהון דישראל אשתמע בבתי כנסיות ובבתי מדרשות וכו' כמה דתנינא (בראשית כ"ז,כ"ב) הקול קול יעקב ואי לאו הידים ידי עשו, והא אוקימנא].

והנה בכל ערב שבת בבוא ליל שבת חוזר משה לקחת אותם האורות של אלף חלקים שלו עצמו שנאבדו ממנו ולוקחם בסוד תוספת קדושת שבת וכיון שלוקחם משלו הוא מחזיר לישראל אותם ההארות שלקח מחלקם וכו'.

וז"ס ישמח משה במתנת חלקו עצמו האלף שנאבדו ממנו ועתה נתנו לו במתנה בשבת והכונה לומר ולהגיד מעלת משה כי אע"פ שנתנו לו בתחלה האורות והכתרים מחלקם של ישראל הנה הוא שמח בחלקו ודי לו בזה ותכף מחזיר הארותיהם של ישראל להם ואינו נוטלם לעצמו כי חפץ הוא "לזכות את הרבים" [סליק לחושבן (1121) "כי יד על כס י-ה מלחמה לה' בעמלק מדור דור" על פי הקריא (שמות י"ז,ט"ז-סוף פרשת בשלח)]

מקורות

[ז] **תלמוד בבלי מסכת סנהדרין דף צ עמוד א**: כל ישראל יש להם חלק לעולם הבא, שנאמר (ישעי' ס',כ"א) ועמך כלם צדיקים לעולם יירשו ארץ נצר מטעי מעשה ידי להתפאר. [ח] **י"ג עיקרי האמונה לרמב"ם**: אני מאמין באמונה שלמה בביאת המשיח ואף על פי שיתמהמה עם כל זה אחכה לו בכל יום שיבא [ט] **בראשית רבה פרשת תולדות פרשה סה**: א"ר אבא בר כהנא לא עמדו פילוסופין בעולם כבלעם בן בעור וכאבנימוס הגרדי, נתכנסו כל עובדי כוכבים אצלו אמרו לו תאמר שאנו יכולים ליזדווג לאומה זו, אמר לכו וחזרו על בתי כנסיות ועל בתי מדרשות שלהן ואם מצאתם שם תינוקות מצפצפין בקולן אין אתם יכולים להזדווג להם שכך הבטיחן אביהן ואמר להם הקול קול יעקב בזמן שקולו של יעקב מצוי בבתי כנסיות אין הידים ידי עשו, ואם לאו הידים ידי עשו.

גלא עמיקתא

ואינו אומר כיון שאני לא חטאתי והם חטאו בעגל ובעבורם אבדתי את שלי א"כ גם עתה אעכב את שלהם וכו'. עכלשה"ק.

וכן מאריך באר"י הקדוש שם בשבחו דמשה רעיא מהימנא, עיין שם בשער הכונות דף ס"ו ע"א דבריו הקדושים, ועיין עוד בענין זה באורו הנפלא של הבני יששכר [י] בספרו אגרא דכלה פרשת ויקהל ד"ה ויקהל.

ומבוארים על נכון דברי קודשו של המגלה עמוקות דהאי אלף זיווין הן היקר אל משה, ולכן מביא בדבריו "יוסף עליכם ככם אלף פעמים"– דאמרו חז"ל ([יא]ומביאו רש"י שם) "[4]זו משלי היא"

[י] אגרא דכלה שמות פרשת ויקהל: ונ"ל עפ"י מה דאיתא בחסד לאברהם (עיין בפרי עץ חיים [שער השבת פ"ח]) עיין הקורא נהר מ"ט וז"ל:: כאשר עלה משה להר סיני לקבל התורה נתנו לו אלף חלקים אורה וכו', וכשעשו ישראל העגל נאבדו ממנו בעון ישראל וכו', ולפי שמשה לא חטא וכו' רק בעון ישראל היה זה, ולכן הקדוש ברוך הוא השלים לו משל ישראל, והם האורות והכתרים שהם עדים של ישראל שהתנצלו מהם בחורב, ונטלם משה אחר כך להשלים מה שחסר לו בעבורם, אמנם בכל ערב שבת בלילה חוזר משה לקבל אותן האלף חלקים אורה שאבד, ולוקחם בסוד תוספת שבת, ואז הוא מחזיר הכתרים של ישראל להם וכו', עיין שם.: וזהו שנ"ל לפרש ויקהל משה את כל עדת בני ישראל, עדת הוא לשון עדים, היינו שקהל וקיבץ עדיים של ישראל שהתנצלו מהר חורב להשלים חסרונו, והנה רצונו להיטיב לישראל ולהחזיר להם, אך אי אפשר זה בששת ימי החול, ואמר להם עצה טובה אלה הדברים כו' ששת ימים כו' וביום השביעי כו', אזי יוחזר לכם העדי שקבלתי, והבן.

[יא] רש"י דברים פרק א פסוק י"א: יוסף עליכם ככם אלף פעמים - מהו שוב ויברך אתכם כאשר דבר לכם, אלא אמרו לו משה אתה נותן קצבה לברכתינו, כבר הבטיח הקדוש ברוך הוא את אברהם (בראשית יג, טז) אשר אם יוכל איש למנות וגו', אמר להם זו משלי היא, אבל הוא יברך אתכם כאשר דבר לכם.

4. ז' שמות שאינן נמחקין באתוון זעירין ורברבין: בהמשך לשני האופנים הקודמים נכתוב הני ז' שמות הקדושים דאינם נמחקים רברבין וזעירין בא"ת ב"ש, ונחברם פשוט וא"ת ב"ש ונחבר לבסוף כל הארבעה אופנים דהיינו פשוט וא"ת ב"ש זעירין ורברבין בסוד "שתים שהן ארבע", דבמש' בשבועות "שבועות שתים שהן ארבע" ומונה ד' דברים שתים שהן ארבע- "שבועות" גימ' (784) כ"ח פעמים כ"ח דבספירת הכתר הוא בכח, וקוב"ה יהיב לן תורה ומצוות להוציא רצונו מהכח אל הפועל, "ידיעות הטומאה" גימ' (566) ב"פ "האור הגנוז" (283) בחי' חב"ד תמן יאיר האור הגנוז תחלה בבחי' ומלאה הארץ דעה את הוי' וכו' (ישעי' י"א,ט) "מראות נגעים" גימ' (820) "ואהבת לרעך כמוך" (ויקרא י"ט,י"ח) דצרעת נוטריקון מוציא רע, ומה הוא שרצה להפריד בין איש לאשתו - כן יעשה לו בדד ישב מחוץ למחנה מושבו (ויקרא י"ג,מ"ו) והוא לקביל חג"ת עיקר האהבה בלב - תפארת, "יציאות השבת" גימ' (1224) ב"פ "ברית" (612) ושבת איקרי ברית, והוא נמי חושבן (1224) ו"פ "צדיק" (204) - דצדיק איקרי מאן דנטר ברית, וכולהו יחד דהיינו "שבועות, ידיעות הטומאה, מראות נגעים, יציאות השבת" סליקו לחושבן (3394) ז"פ "תהלים" (485) דכל השפע נמשך אל המלכות בת שבע. "שבועות, ידיעות הטומאה, יציאות השבת, מראות נגעים שתים שהן ארבע" הכל ביחד פשוט וא"ת ב"ש סליק לחושבן (8810) י"פ "קדושים תהיו" (881) (ויקרא י"ט,ב' תחלת פרשת קדושים) ופירש"י קדושים תהיו- הוו פרושין מן העריות וכו' "כל מקום שאתה מוצא גדר ערוה אתה מוצא קדושה" גימ' (2525) ה"פ (משלי כ"ז,י"ט) "כמים הפנים לפנים" (505), והן ה' פרצופין עליונים - א"א-או"א-זו"ן לקביל ה' בחי' באדם נרנח"י וכמה שאדם מתקדש מעט מלמטה מקדשים אותו הרבה מלמעלה וכו', והמשך הפס' "כן לב האדם לאדם" גימ' (207) "אור", ונוסיף "כמים הפנים לפנים" הוא ג"כ גימ' "אור פני מלך חיים", וכל הפס' "כמים הפנים לפנים כן לב האדם לאדם" גימ' (712) ח"פ "חנוכה" (89) עניין

האור הגנוז דמתגלה בחנוכה ולקביל אלפיים תורה, אלפיים ימות המשיח וכו׳ דח״פ ״נר״ (250) גימ׳ ״אלפיים״, וכשנחבר יחדו יהיו תואמים הני ״שבועות, ידיעות הטומאה, יציאות השבת, מראות נגעים- שתים שהן ארבע״ הפשוט עם א״ת ב״ש (8810) דהוה יי״פ ״קדושים תהיו״, ועם דברי רש״י הק׳ עה״פ דהבאנו כאן לעיל ״כל מקום שאתה מוצא גדר ערוה אתה מוצא קדושה״ (2525) סליק הכל לחושבן (11335) ה״פ (דברים א׳,י״א) ״יסף עליכם ככם אלף פעמים ויברך אתכם כאשר דבר לכם״ (2267) וקשרהו להאי א׳ זעירא דאיהי אלף אורות דזכה להן משה, ומביא רש״י הק׳ את המדרש ואומר מהו שוב ״ויברך אתכם כאשר דבר לכם״ אמרו לו משה אתה נותן קצבה לברכותינו וכו׳ אמר להם זו משלי אבל הוא יברך אתכם כאשר דבר לכם וכו׳, ונרמז דדבריו הם המתקה לקטרוג הלבנה - דאמרה (חולין ס:) ״שרגא בטיהרא מאי אהני״ גימ׳ (848) ״להדליק נר של חנוכה״ וכמ״ש לעיל, דבדבריה נתנבאה דדוקא האי שרגא דחנוכה דדלק בניסא איהו אור הגנוז דיתגלה לעתיד לבוא בב״א, ואמרה זאת אחרי שניסה השי״ת לפייסה וכו׳ ולא נתפייסה, וכאן אומר מרע״ה לעם ישראל זו משלי היא ומה הם אלף ברכות א״נ אורות לגבי א״ס ב״ה וב״ש אם לא שרגא בטיהרא ואעפ״כ נותן ומשיב אותן ומייקר אותן וזהו עניינו א׳ דהיינו אלף זעירא- דאמר לה הקב״ה (שם בגמ׳ חולין דף ס:) ״לכי ומעטי את עצמך״ גימ׳ (816) ״לפני ה׳ תטהרו״ (ויקרא י״ז,ל׳) ופותח הפסוק כי ביום הזה יכפר עליכם וכו׳, וכמ״ש שם בגמ׳ ״הביאו כפרה עלי שמיעטתי את הירח״ גימ׳ (1902) ״לא תשא את שם ה׳ אלהיך לשוא״, דכביכול נשא השי״ת את שמו לשוא והירח אמרה דבר הגון וכו׳ והוא לשון נופל על לשון האי דאמרה ליה שרגא בטיהרא, והאי פסוקא לפני ה׳ תטהרו- טיהרא מתפרש הטהרה- והאי שרגא דחנוכה איהו המטהר ולכן המצוה היא לראותן בלבד, וכדאמרינן בתר הדלקת נרות חנוכה ״וכל שמונת ימי חנוכה הנרות הללו קדש הם ואין לנו רשות להשתמש בהן אלא לראותן בלבד״.

גלא עמיקתא

[גימ׳ (409) ״אלף זעירא״ עם האותיות והתיבות] ״אבל הוא יברך אתכם כאשר דבר לכם״ [גימ׳ (1555) ״והברכה אשר תשמעו״ (דברים י״א,כ״ז) בתוספת [יב]ו׳ אות אמת].

ועיין [יג]במגלה עמוקות בפירושו על ואתחנן אופן קי״ד דמבאר דהני אלף

[יב] זוהר פרשת ויקרא: שאל לך אות אות ממש דכלהו הוו נטלין ברזא דאתוון, וכן ברחב מה כתיב (יהושע ב) ונתתם לי אות אמת, דא את ו׳ דדא אקרי אות אמת, ואי תימא שאר אתוון לאו אינון אמת, אין, אלא אות דא אות אמת אקרי, העמק שאלה, דא אות ה׳ בתראה דבשמא קדישא, או הגבה למעלה דא את יו״ד, רישא דבשמא קדישא, ודא איהו רזא דכתיב שאל לך אות מעם יי׳ אלהיך אות משמא קדישא משמע דכתיב מעם יי׳ דדא איהו שמא דקודשא בריך הוא את חד דביה, ומשכנא קאים על דא, תא חזי כד סליק עננא על משכנא ושרא עלוי כל אינון רתיכין וכל [דף ב עמוד ב] אינון מאני משכנא דלעיל כלהו הוו גו עננא מה כתיב (שמות מ) ולא יכול משה לבוא אל אהל מועד כי שכן עליו הענן, וכתיב (שם כד) ויבא משה בתוך הענן ויהי משה בהר ארבעים יום וארבעים לילה, אי משה לא הוה יכיל לאעלא למשכנא אמאי הוה יתיב בטורא כל אינון ארבעין יומין, אלא (ס״א אינו) (בגין לקבלא אורייתא זמנא אחרא דהא תרין לוחין אתברו בקדמיתא השתא הוה בטורא כמלקדמין. **[יג] מגלה עמוקות על ואתחנן אופן קי״ד:** ידוע שחותם של הקב״ה הוא אמת (שבת נ״ה ע״א), מתחילת הבריאה הוצרך הקב״ה להשליך אמת ארצה (דניאל ח יב) וברא את עולמו, כי אמת אמר לא יברא שהוא מלא שקרים (כדאיתא במדרש רבה פרשה ח׳ [ב״ר פ״ח ה׳]), לכן הוצרך הקב״ה לחתום חותם של אמת ו׳ פעמים במעשה בראשית, הנה ראה משה ברוח הקודש שיבא שלמה ויבנה בית המקדש, והתפלל תפלתו ואמר שם ו׳ פעמים ואתה תשמע השמים, שכתב סודי רזא שו׳ פעמים השמים אלו שאמר שלמה, הם כנגד ו׳ ימי בראשית, והאריך שם בכל דבר שהוא כנגד אותו יום שנבראו במעשה בראשית. והנה בג׳ ימים במעשה בראשית לא נרשם בו חותם אמת, וסימנם בג״ד, דהיינו ביום ב׳ וביום ג׳ וביום ד׳ לא איתמר ביה ויברא אלהי״ם א״ת, שהוא ס״ת אמ״ת, וכתב הוא ז״ל שם הטעם על שם בגד בוגדים בגדו (ישעיה כד טז), רצה לומר מלשון בגידה שבגדו בעולם, לכן לא נרשם בבג״ד אמת.

ואני אומר לפי שאותיות בג״ד, הם שקר בא״ת ב״ש, לכן אמר יעקב דאיתמר גביה תתן אמת ליעקב (מיכה ז כ), ונתן לי לחם לאכול (בראשית כח כ), שהיא לחמו של תורה, אזי יהיה לי בג״ד ללבוש, שאתקן לבוש לאותיות בג״ד שהם שק״ר, כי תורת אמת היתה בפיהו (מלאכי ב ו), וכל כוונתו של יעקב לתקן עם הלחם שהוא תורת אמת את הבג״ד. ולכן בפעם ב׳ וג׳ וד׳, לא אמר שלמה מכון שבתך, כי אמת הוא המכון והכסא של הקדוש ברוך הוא שהעולם עומד עליו, כמו שנאמר והוכן בחסד כסאך וישב עליו באמת (ישעיה יו [טז ה]), ולפי שבג׳ ימים אלו לא איתמר אמת במעשה בראשית, לכן לא אמר גם כן שלמה מכון שבתך. ולפי שבארץ ישראל איתמר עליו אמת מארץ תצמח (תהלים פה יב), לכן פתח משה ואתחנן בו׳, על אותו התפלה שהתפלל שלמה בעת ההיא דייקא, שאמר ו׳ פעמים תשמע השמים כדי שיהיה לעולם תקומה בו׳ ימי בראשית, התפלל עתה משה עבור יסוד אמת, לכן ההוא כתיב, שזה היתה כוונתו של משה לתקן ו׳ אמת, על זה אמר אתה החלות להראו״ת, בגימטריא א״ר אמ״ת, את גדלך זה חסד, אמרתי עולם חסד יבנה (תהלים פט ג), וא״ת יד״ך בגימטריא אמ״ת, שבשתי מדות אלו גבר עלינו חסדו ואמת ה׳ לעולם (שם תהלים קיז ב), שהוצרך הקב״ה להשליך אמת ארצה, ז״ש אשר מי אל בשמים ובארץ, שבב׳ אלו נבראים שמים וארץ, לכן אמר אעברה נא, מה שיתפלל שלמה בשעת בנין המקדש, נ״א נוטריקון נ״תיב אמ״ת, אתפלל אני עכשיו, ואראה אמר ו׳ יתירא לתקן ו׳ ימי בראשית, וזה דוקא בכניסתו לארץ כי שם איתמר אמת מארץ תצמח (תילים פה), ר״ל שהוצרך הקב״ה בשעת בריאת עולם להשליך אמת ארצה, משם מארץ ישראל היא צמיחת אמת מן הארץ, לכן אראה את האר״ץ ואתקן אותה אמת, וכן גם כן הלבנון דאתמר גבייהו ״אתי ״מלבנון ״תבואי (שיר השירים [ד ח]), ר״ת אמ״ת. והשיב הקב״ה רב לן, מדת אמת היא שלך שנקראת התורה על שמך תורת אמת. וגם רמז לו במילת רב לך, על עדת קרח שאמר משה אז באותו פרק רב לכם (במדבר טז ז), אז נתאמת שהם צווחין בגיהנם משה אמת ותורתו אמת (ב״ב ע״ד ע״א), לכן אל תוסף עוד. צו את יהושע על ב׳ מדות אילו, חזקהו על מדת חסד, אמצהו על מדת אמת, וכן כתיב

גלא עמיקתא

זיוון הן דרגא דמשה[5] ובבאורנו שם.

5. באור על מגלה עמוקות ואתחנן אופן קי״ד: אקדמות מילין: הנה עוסק בכאן בענין אמ״ת ה׳ כנודע דהן ד׳ מלויי שם הוי׳ ע״ב ס״ג מ״ה ב״ן כולהו סליקו לחושבן [במספר קטן] ט׳ כמספר [קטן] אמ״ת, ובשם ב״ן חשבינן במנצפ״ך נ׳ הרי ז׳ מאות עם ב׳ הרי ט׳, דאם כתבינן נ״ב הרי ז׳ ולכן שינו קדמונינו לשם ב״ן למהוי ט׳ במספר קטן. והרי ד׳ פעמים ט׳ הן ל״ו בסוד הפסוק שרפים עומדים ממעל ל״ו (ישעי׳ ו׳,ב׳) בסוד ה׳ פעמים או״ר דיום א׳ דמעשה בראשית - כמבואר בספר בני יששכר שער חנוכה עיין שם, והוא סוד אור הגנוז דעתיד להתגלות ויחזיר עטרה ליושנה, ויקוים בנו כי גבר עלינו חסדו ואמת ה׳ לעולם הללויה, כמו שנבאר באופן דנן. ונגש לבאר הני ל״ד פסוקים באופן דנן, ורק נרמוז תיבה אמ״ת במלוי כזה: ״אלף מם תו״ גימ׳ (607) ״משה ואהרן״ כמו שאמרו בלועי קורח משה אמת ותורתו אמת (עיין בבא בתרא עד.).

ומלוי המלוי דתיבה אמ״ת דהיינו: ״אלף למד פא (266) - מם מם (160) - תיו יוד ואו (449)״ גימ׳ (875) כ״ה (25) פעמים יהוד״י (35) דיתגלה האמת לאמיתה דיהודי מושרש במחשבה העליונה דקוב״ה, וכפי שהקב״ה אמת ותורתו אמת כן יהודי הוא אמת, ולכן מקוים בנו ועשו לי מקדש ושכנתי בתוכם (שמות כ״ה,ח׳) דקוב״ה איהו אמת ויהודי אמת - דאין אמת יכול לדור עם שקר כאמרם (יבמות קיב:) אין אדם דר עם נחש בכפיפה אחת, דחיויא בישא איהו תכלית השקר ולכן החטיא את האדם ונקנסה מיתה לעולם.

וזהו ״נחש - שקר״ גימ׳ (958) ״חסד ואמת נפגשו״ (תהל׳ פ״ה,י״א) בחינת את זה לעומת זה עשה אלהים (קהלת ז׳,י״ד), ולעומת זה ״יהודי - אמת״ גימ׳ (476) כ״ח (28) פעמים טו״ב (17) כאמרם (מנחות נג:) יבא טוב ויקבל טוב מטוב לטובים, וכפלינן כ״ח פעמים דיהודי עלה במחשבה דהוא בכח, והשי״ת נתן לנו תורת אמת להוציאה מהכח אל הפועל למהוי לו יתברך דירה בתחתונים.

והנה באופן הקודם [קי״ג] הביא רבינו כמה פעמים כ״ח תרי״ג, ובכאן כאשר יהודי עוסק בתורה דנקראת טוב [כאמרם אין טוב אלא תורה שנאמר כי לקח טוב נתתי לכם וכו׳ (משלי ד׳,ב׳)] הרי מתגלה כ״ח הטו״ב דאיהו קוב״ה עצם הטוב, ומקרב ביאת משיח צדקנו דאז יתגלה כי טבע הטוב

להיטיב דלעתיד לבוא יהיה כולו הטוב והמיטיב [כמבואר בגמרא (פסחים נ.) ועיין מה שבארנו בזה בבאור פרק שירה דשם חיות השדה אומרים: ברוך הטוב והמיטיב].

וממילא נמשך מדברינו דתיבה אמ״ת [דהיא עיקר ההתבוננות באופן דנן] בפשוט (441) במלוי (607) ומלוי המלוי (875) סליקו כולהו לחושבן (1923) ג׳ פעמים אמר״ת (641), דכתב רבינו באופן הקודם [קי״ג] דהוא חושבן (641) כ״ח תרי״ג, והוא מרכב״ה שלימ״ה, והוא מלוי הוי׳ דשם מ״ה דאלפין בהכאה מיניה וביה יוד פעמים יוד, הא פעמים הא, ואו פעמים ואו, הא פעמים הא בסוד אד״ם גימ׳ מ״ה ומשה איקרי אד״ם ונחנו מ״ה (שמות ט״ז,ז׳) דזכה לשם מ״ה דזעיר, וכעת רצה לזכות לשם הכתר בכניסתו לארץ ישראל בסוד כתר - מלכות, בחינת כתר לי זעיר (איוב ל״ו,ב׳), דכעת היה לי בחינת זעיר אנפין, ורוצה אני בחינת כתר - דאמר ליה קוב״ה: ר״ב ל״ך דתזכה בהסתלקותך לרישא עילאה דכתר - ״רישא דלא אתידע״ גימ׳ (1031) ״ויהי אחר מות משה״ (תחלת ספר יהושע), וממילא הני תיבות אמ״ת - פשוט מלוי ומלוי המלוי - סליקו לחושבן (1923) ג׳ פעמים כ״ח מש״ה רבינ״ו (641), דכחו היה בבטולו המוחלט להשי״ת בחינת בטול במציאות ממש, עד כדי שרצה לכתוב ויקר בלא א׳ כלל ויק״ר בדרך מקרה, וראה בכל אחד מישראל הכח הטמון בו להיות מושיען של ישראל, ולכן בו דייקא בחר קוב״ה להיות מושיע, והוא יושיענו אף לעתיד לבוא כמו שכתב האור החיים פרשת ויחי דמשה הוא גואל ראשון והוא גואל אחרון ובלשון הזהב דרבינו האור החיים: כי משה עצמו הוא מלך המשיח עכד״ק. וזהו דאיתא בזוה״ק קוב״ה אורייתא וישראל כולא חד, דאינון תלת קשרין מתקשרין דא בדא, והצד השוה שבכולן אמת.

ולכן: ״כח הקדוש ברוך הוא (683) - כח תורה (639) - כח ישראל (569)״ גימ׳ (1891) ״אלף כשאמת מארץ תצמח, אז צדק משמים נשקף (תילים פה). ועל זה נתכוין משה אשר מי אל בשמים ובארץ, על צדק שהוא מן השמים, ועל אמת שהוא מן הארץ. ולכן אמר ואראה את הארץ, אזי יהיה ״אמת ״מארץ ״תצמח, שהוא גם כן ר״ת אמ״ת, ההר הטוב הזה שהוא ירושלים לקיים קרא צדק משמים נשקף, כי ירושלים צדק ילין בה (ישעיה א כא). והשיב הקב״ה רב לך, כבר המלאכים העידו בשעת מיתת משה צדקת ה׳ עשה (דברים לג כא, דב״ר פי״א ט׳), הרי הצדק שלך, כנגד זה אמר צו את יהושע חזקהו במדת אמת, שכן ג׳ פעמים חזק (שאמר הקב״ה ליהושע אחר מיתת משה, עולה מש״ה), שהוא דרגא דמשה שהוא אמ״ת, על ג׳ אותיות אילו שהם ראש תוך סוף של אלפ״א בית״א, לכן חותם של תורה הוא אמת, וכשנכנסו ישראל לארץ היה מספר שלהם למעלה מס׳ רבוא תשל״א, ר״ל אלף תש״ל, שהוא ר״ת של ״שפת ״אמת ״תקון ״לעד (משלי יב יט), שכן מספר אלף הוא משה, שדרשו עליו רז״ל (ויק״ר פ״ב א׳) אדם אחד מאלף מצאתי (קהלת ז כח), שזה הוא משה, ולכן כשבירך משה לישראל יוסף ה׳ עליכם ככם אלף פעמים (דברים א יא), אמרו רז״ל (ספרי דברים יא) זו משלי, שזה הוא באמת דרגא דמשה שהיה לו אלף זיוון, והיתה יניקתו מחכמה י׳ פעמים חכמה, כי משה היה גבוה עשר אמין (ברכות נ״ד ע״ב), שהם י׳ פעמים חכמה הרי תש״ל, נמצא זה החשבון של מנין ישראל שנכנסו לארץ היה הכל ממשה, כי ס׳ רבוא הוא משה (דב״ר פי״א י׳), שעליו אמרו רז״ל (חולין דף קל״ט (ע״ב]) משה מן התורה מנין, שנאמר (בראשית ו ג) בשגם הוא בשר, ר״ל משה מן התורה מנין שהוא כלול מן כל ס׳ רבוא ישראל, והשיב בשגם הוא בשר, ר״ל בשג״ם בגימטריא מש״ה, ובשג״ם הו״א בש״ר עולה ששי״ם רבו״א), שעליו אמרו רז״ל (שהש״ר פ״א ג׳) אשה אחת ילדה במצרים ס׳ רבוא בכרס אחד, שהיתה דרגא אלף זיוון, וכלול מן י׳ חכמות שבעולם שנבראו בי׳ מאמרות (אבות פ״ה מ״א), וכולם בחכמה עשית (תהלים קד כד), הרי תש״ל.

עליו אמר הקב״ה למשה רב לך, זה המספר הרב של ישראל, כמ״ש ומספר בני ישראל היו רב (שמואל א׳), הוא שלך דרגא דילך, ולכן נרמז מספר של בני ישראל בפסוק שפת אמת תכון לעד (משלי י״ב), אמת הוא משה, שהוא כלול תורת אמת בכלל, שהוא חותם של כל ס׳ רבוא צנורות שבעולם, שהם ס׳ רבוא אותיות של תורה, ובר״ת של פסוק שהם תשל״א, נרמז בהם המספר שהוא למעלה מס׳ רבוא שהוא אלף תש״ל, כנגד מדת הצדק אמר ואמצהו בכל אשר תראה שהם אמת וצדק, כמו שמסיימין בברכת הפטרה בנביאי אמת וצדק, שכן אמ״ת וצד״ק, הוא בגימטריא כ״ח מש״ה רבינ״ו, שהוא כ״ח תרי״ג שממנו יניקת כל הנביאים עד סוף כל הדורות.

[יד] תלמוד בבלי מסכת ברכות דף ס עמוד א: היתה אשתו מעוברת ואמר יהי רצון שתלד כו׳ הרי זו תפלת שוא. ולא מהני רחמי? מתיב רב יוסף: ואחר ילדה בת ותקרא את שמה דינה, מאי ואחר? אמר רב: לאחר שדנה לאה דין בעצמה ואמרה: שנים עשר שבטים עתידין לצאת מיעקב, ששה יצאו ממני, וארבעה מן השפחות - הרי עשרה, אם זה זכר - לא תהא אחותי רחל כאחת השפחות! מיד נהפכה לבת, שנאמר ותקרא את שמה דינה! - אין מזכירין מעשה נסים. ואיבעית אימא: מעשה דלאה - בתוך ארבעים יום הוה. כדתניא: שלשה ימים הראשונים - יבקש אדם רחמים שלא יסריח, משלשה ועד

גלא עמיקתא

ובפסוק הקודם (שם) "ראה אנכי נתן לפניכם היום ברכה" גימ׳ במכוון (1305) "א׳שה" ב–א׳ רבתי (תחלת דברי הימים) דהיינו אלף (1000). דכנסת ישראל לקמיה דקוב"ה איהי בחינת אשה ב–א׳ רבתי. והוא חושבן (1305) "[יד]אשה כי

(1000) נעשה ונשמע (891)" דאמר הקב"ה מי גלה לבני רז זה שמלאכי השרת משתמשין בו - דכתיב במלאכים גבורי כח עושי דברו לשמוע בקול דברו (תהל׳ ק"ג,כ׳) - קודם עשיה ואחר כך שמיעה - ואף כאן הקדימו ישראל נעשה לנשמע ובזכות זה זכו לשני כתרים - אחד כנגד נעשה ואחד כנגד נשמע וכו׳ (עיין שבת פ"ח ע"א).

והוא נמי חושבן (1891): "אלף (1000) משה אהרן מרים (891)" דהן בסוד אורייתא - משה, קוב"ה - אהרן, ישראל - מרים ונבארו במקום אחר אי"ה. ובכאן נבאר חושבן מש"ה במלוי ומלוי המלוי דההין, ונצרפו עם אמ"ת כנ"ל בסוד מש"ה אמ"ת גימ׳ (786) ו׳ פעמים ענו"ה (131). מש"ה במלוי ההין גימ׳ (450) י׳ פעמים מ"ה בסוד ונחנו מ"ה (שמות ט"ז,ז׳) ואיהו בחינת חכמ"ה נוטריקון כ"ח מ"ה, י׳ חכמה קדומה לכן י׳ פעמים מ"ה. ומלוי המלוי (ג"כ בההין) דהיינו: "מם מם - שין יוד נון - הה הה" גימ׳ (666) "א"ל אלהי"ם הוי׳ דבר ויקרא" (תהל׳ נ׳,א׳) ומרמז א׳ זעירא דויקרא.

מש"ה בפשוט (345) מלוי (450) ומלוי המלוי (666) גימ׳ (1461) ג׳ פעמים "בתהלים" (487) כנרמז מיניה וביה במלוי המלוי, דהוא חושבן א"ל אלהי"ם הוי׳ דבר ויקרא - בסוד שכינה מדברת מתוך גרונו - ובארנוהו במקום אחר דכן הוא בכל אחד מישראל דעוסק בתורה ואמירת תהלים הרי שכינה מדברת מתוך גרונו.

ועלה בידינו: "משה אמת" הפשוט גימ׳ (786) "כתר עליון" דלתמן סליק משה רישא עילאה דתלת רישין אינון בכתר, וזכה ל"רישא דלא אתידע" גימ׳ (1031) "ויהי אחר מות משה" (תחלת ספר יהושע).

"משה אמת" במלוי גימ׳ (1057) "דברתם אל הסלע לעיניהם" (במדבר כ׳,ח׳) ותחת הדיבור אל הסלע "וירם משה את ידו, ויך את הסלע במטהו פעמים, ויצאו מים רבים ותשת העדה ובעירם" (שם כ׳,י"א) גימ׳ (3899) ז׳ פעמים "דברי הפורים" (557) [כדכתיב ומאמר אסתר קים דברי הפורים האלה ונכתב בספר (אסתר ט׳,ל"ב) דמפסוק זה למדו חז"ל מגילה צריכה שרטוט כאמיתה של תורה (מגילה טז:)] דלעתיד לבוא בתחית המתים, בחינת ונהפוך הוא דפורים תתגלה התכלית דכולו הטוב והמיטיב, ואף האי בחינה דנורא עלילה על בני אדם (תהל׳ ס"ו,ה׳) תתגלה דכולו הטוב והמיטיב דהשי"ת אמת לאמיתה בתכלית, ואז יתגלה מדוע לא נכנס משה לארץ ישראל בגלוי - אם כי בסמוי נכנס דאתפשטותא דמשה בכל דרא ודרא, ויש דעה שאף נכנס על ידי המלאכים במחילות ונקבר במערת המכפלה, אך דעה זו לא נפוצה בכלל ישראל ולכן כבוד ה׳ הסתר דבר (משלי כ"ה,ב׳).

"משה אמת" במלוי דמלוי גימ׳ (1541) "אלף ישראל" דזכה בסוד א׳ זעירא ונטעה בנשמותיהן של ישראל אשר בך אתפאר (ישעי׳ מ"ט,ג׳) בצורת עסק התורה אאלפך חכמה (איוב ל"ג,ל"ג).

והנה "משה אמת" בפשוט (786) במלוי (1057) ומלוי המלוי (1541) סליק לחושבן (3384) ח׳ פעמים "ימי המשיח" (423), רמיזא אלפא תמינאה א"ז ישיר משה (שמות ט"ו,א׳) תחית המתים מן התורה, דיתגלה ענינו של משה אמת בכאו"א מישראל, דלא בכדי תפסו בלועי קורח משראו את האמת לאמיתה אל מול עיניהם הני ב׳ תיבין מש"ה אמ"ת דאומרים מעמקי השאול רח"ל, ואנן סהדי ונימרינהו בריש גלי בשמחינו בשמחת התורה ונעסוק בה אנחנו וזרענו עד סוף כל הדורות ונזכה ללמוד התורה מפי אל יבורך כל ישראל בביאת משיח צדקנו ב"ב אכי"ר.

גלא עמיקתא

תזריע וילדה זכר" (ויקרא י"ב,ב') וכן זכ"ר גימ' (227) ברכ"ה.

והנה [טו]דברי רש"י דמביא בדבריו הקדושים המדרש דהיינו "זו משלי היא (409) אבל הוא יברך אתכם כאשר דבר לכם" (1555) סליקו לחושבן (1964) ד' פעמים "[טז]אחכה לו בכל יום שיבא" (491) והוא עיקר ה-י"ב מ-י"ג עיקרי האמונה- ויש לקשרו להאי דכתב האר"י הקדוש דהבאנו לעיל בהני אלף חלקים מחלקם של ישראל שהם בחינת: "האורות והעטרות והעדיים" גימ' (1459) "אני מאמין באמונה שלמה בביאת המשיח" ועם תיבין "אחכה לו בכל יום שיבא" גימ' (1950): י' פעמים "[יז]על כס י-ה" (195) (שמות י"ז,ט"ז) [6עיין מה שבארנו פסוק זה במקום אחר] שלמות י'

6. א' זעירא בדרועיה דדוד: א' זעירא מרמזת לאלופו של עולם, כגון גולה עם אלופו של עולם גאולה ועוד רבים, ודרשו חז"ל על הפסוק (שמות י"ז,ט"ז) "כי יד על כס י-ה" (239) אין השם שלם ואין הכסא שלם עד שימחה שמו של עמלק, ולכן "אחד" (13) אותיות מהפסוק "ויקרא אל משה" מסתיים ב"יד" של וידבר, ואכן כשמוסיפים א' לפסוק הנ"ל גימ' (240) "עמלק" ומכניעו ומאבידו- להיות הכסא שלם.

והנה איתא בזהר יתרו (רזי דרזין דף עג:) וזה לשונו הקדוש: בדרועא ימינא (דדוד) ["ימינא" גימ' (111) "אלף"] הוה חקיק ורשים רשומא חדא (אחד כנ"ל) סתים מבני נשא: מגדל חקיק באריה ואלף זעירא רשים בגויה וסימנא "אלף המגן תלוי עליו" (שה"ש ד') [גימ' (771) "בן חמש למקרא" כמבואר במ"א]. כל זמנא דאגח קרבא ההוא רשימא סלקא ובלטא ועל מגדל

ארבעים - יבקש רחמים שיהא זכר, מארבעים יום ועד שלשה חדשים - יבקש רחמים שלא יהא סנדל, משלשה חדשים ועד ששה - יבקש רחמים שלא יהא נפל, מששה ועד תשעה - יבקש רחמים שיצא בשלום. - ומי מהני רחמי? והאמר רב יצחק בריה דרב אמי: איש מזריע תחלה - יולדת נקבה, אשה מזרעת תחלה - יולדת זכר, שנאמר אשה כי תזריע וילדה זכר! - הכא במאי עסקינן - כגון שהזריעו שניהם בבת אחת.

[טו] רש"י דברים פרק א' פסוק י"א: יוסף עליכם ככם אלף פעמים - מהו שוב ויברך אתכם כאשר דבר לכם, אלא אמרו לו משה אתה נותן קצבה לברכתינו, כבר הבטיח הקדוש ברוך הוא את אברהם (בראשית יג, טז) אשר אם יוכל איש למנות וגו', אמר להם זו משלי היא, אבל הוא יברך אתכם כאשר דבר לכם.

[טז] שו"ת דברי יציב חלק אורח חיים סימן רנא: ג) ויש לומר לפמ"ש הטורי אבן שם, והפלתי בסו"ס ק"י בסוף בית הספק, שהני זמנים דניסן ותשרי רק בלא זכו, אבל בזכו אחישנה בכל רגע ורגע זמנו ולכך אנו מאמינים ואומרים אחכה לו בכל יום שיבא עיין שם, ולפי"מ שהקדמנו שתקנת ריב"ז לקבל עדות כל היום כדי שלא יוגרם ח"ו עיכוב בזמן הגאולה כיון שההכרח שיהיה דוקא בר"ה מגז"ש דתקעו, וא"כ יוכל לבא ח"ו לידי טעות שביאת משיח אין באפשרות רק בר"ה, ולזה הקדים שיום הנף כולו אסור כמ"ש מהרה יבנה ביהמ"ק, ויש לדייק לשון מהרה היינו אחישנה, שנדע שעכ"פ באחישנה אחכה לו בכל יום שיבא, ואפ"ה התקין שיהיו מקבלין עדות החדש כל היום משום דדילמא ח"ו לא זכו ויוכרחו רק להקץ בעתה שזה מוכרח להיות בר"ה, וכדי שלא יתעכב ח"ו התקין עדות החדש כל היום והבן.: וכיון שאנן כאצבעתא בקירא בסברא ולפלפולא דאורייתא [עירובין נ"ג ע"א], אפשר לומר גם בהיפך מסברתם, שהני זמנים דניסן ותשרי הוא רק בזכו שאז יש זמן מוגבל, אבל בעתו באופן שלא יכלו להתמהמה בכל זמן ורגע מדלג על ההרים ומקפץ על הגבעות והבן. וא"כ הך דיום הנף כולו אסור היינו שמא ח"ו לא יהיה זכו ומחמת לא יכלו להתמהמה בכל יום זמנו, אבל חוששין נמי שיהיה זכו ומוכרח להיות דוקא בתשרי מגז"ש דתקעו, ובפרט בר"ה דהיתקע שופר בעיר ועם לא יחרדו [עמוס ג' ו'], ובהיל השטן כבירושלמי הובא בתוס' ר"ה ט"ז ע"ב בד"ה כדי לערבב, ואמנם ישובו כולם וירצה השי"ת להביא הגואל ויוכרח ח"ו להתעכב, לזה תיקן נמי שמקבלין עדות כל היום ודו"ק. **[יז] מדרש תנחומא פרשת כי תצא:** [יח] ויאמר כי יד על כס יה מלחמה לה' בעמלק (שמות יז טז), תני בשם ר' אלעזר, שבועה נשבע הקדוש ברוך הוא, ואמר

גלא עמיקתא

ספירות דמשיח צדקנו יעביד מלחמות ה' [יח]למהוי שם שלם וכסא שלם ואז ונגלה כבוד הוי' וראו כל בשר יחדו כי פי ה' דבר בגאולתא שלמתא בעגלא דידן ובזמן קריב ונאמר אמן.

ימיני ימיני, כסאי כסאי, אם יבואו גוים מכל האומות אני מקבלן, ומזרעו של עמלק איני מקבל, ואף דוד עשה כן, שנאמר ויאמר דוד אל הנער המגיד לו אי מזה אתה ויאמר בן איש גר עמלקי אנכי (שמואל ב' א יג), אמר ר' יצחק בנו של דואג האדומי היה, ויאמר לו דוד דמך על ראשך (שם פסוק טז), [דמיך כתיב], הרבה דמים שפכת בנוב עיר הכהנים. מדור דור (שמות יז טז). אמר דוד אמר הקדוש ברוך הוא מדור דור ואנא בתריהון לדרי דרין, ר' אליעזר ור' יהושע ור' יוסי, ר' אליעזר אומר מדורו של משה, ועד דורו של שמואל, ר' יהושע אומר מדורו של שמואל, ועד דורו של מרדכי ואסתר, ור' יוסי אמר מדורו של מרדכי ואסתר, עד דורו של מלך המשיח שהוא שלשה דורות, ומנין לדורו של מלך המשיח שהוא שלשה דורות, שנאמר ייראוך עם שמש ולפני ירח דור דורים (תהלים עב ה), דור חד, דורים שנים, הא תלתא. ר' ברכיה בשם ר' אבא בר כהנא [אמר] כל זמן שזרעו של עמלק קיים בעולם, כביכול כאילו כנף מכסה את הפנים, אבד זרעו של עמלק מן העולם, ניטלה הכנף, שנאמר ולא יכנף עוד (את) מוריך וגו' (ישעיה ל כ). [כי יד על כס יה]. ר' לוי בשם ר' חמא בר חנינא אמר כל זמן שזרעו של עמלק בעולם, לא השם שלם, ולא הכס שלם, אבד זרעו של עמלק מן העולם, הכס שלם, והשם שלם, מה טעם שנאמר האויב תמו חרבות לנצח וערים נתשת אבד זכרם המה (תהלים ט ז), מה כתיב אחריו וה' לעולם ישב כונן למשפט כסאו (שם שם /תהלים ט'/ ח), [הרי השם שלם והכסא שלם]. חסלת פרשת תצא. [יח] **רש"י שמות פרק יז פסוק טז:** כי יד על כס יה - ידו של הקדוש ברוך הוא הורמה לישבע בכסאו להיות לו מלחמה ואיבה בעמלק עולמית, ומהו כס, ולא נאמר כסא, ואף השם נחלק לחציו, נשבע הקדוש ברוך הוא שאין שמו שלם ואין כסאו שלם עד שימחה שמו של עמלק כולו, וכשימחה שמו יהיה השם שלם והכסא שלם, שנאמר (תהלים ט ז) האויב תמו חרבות לנצח, זהו עמלק שכתוב בו (עמוס א יא) ועברתו שמרה נצח, (תהלים שם) וערים נתשת אבד זכרם המה, מהו אומר אחריו (תהלים ט ח) וה' לעולם ישב, הרי השם שלם, (תהלים שם) כונן למשפט כסאו, הרי כסאו שלם.

מכשכשא האי אל"ף זעירא וכדין אתתקף לאגחא קרבא וגו' עיי"ש, ["מכשכשא" גימ' (681): משה במילוי דמילוי דיודין כזה: מם מם - שין יוד נון - הי יוד, והוא חושבן (681) ג"פ "ברכה" (227)], וזהו סוד א' זעירא של דוד דהות עלאת ומכנועאת עמלק, ועשתה מכס כסא שלם.

אופן ז

ידוע מ"ש בספר יצירה שג' אומות הם אמ"ש שהם א"ש מ"ים א"ויר ולשלשתן זכה משה בתחילת הבריאה מן המ"ים משיתיהו ואחר כך בסנה בלבת אש היא שין של אמש ועתה באוהל מועד זכה לאלף של אמש שהוא סוד רוח שנתבטל הנבואה באותו יום מן אומות העולם.

ויהי' פירוש הפסוק ויקר אל משה ומה הוא היקר רמז באות אלף שזכה לנבואה שסוד הרוח נברא באלף וחוזר ומפרש מה ענין אות אלף וידבר ה' אליו שהדיבור של נבואה היה אליו ביחוד ביום שהוקם המשכן ונתמעט מן האומות.

וכן נרמז באלף זעירא כשתסלק אות א' נשתיירו ויקר ליתן ב' טעמים למה לא נתבטל הנבואה מבלעם הטעם הא' שבשביל יקר של משה הטעם הב' מאוהל מועד אבל בלעם היתה נבואתו מתחלה קודם הקמת המשכן.

אופן ז

ידוע מ"ש [יט]בספר יצירה שג' אמות הן אמ"ש "אש מים אויר" ולשלשתן זכה משה בתחילת הבריאה "מן המים משתיהו"

גלא עמיקתא

והנה כאשר תחבר "משה בלעם" תמצא שעולה בגימ' (487) "[כ]נפל פחד היהודים עליהם" (אסתר ח',י"ז) ובבלעם כתיב (במדבר כ"ד,ד') "[כא]נפל וגלוי עינים" גימ' (395) ה' פעמים "בן דוד

[יט] **אוהב ישראל בראשית פרשת ויצא:** ועל ידי יעקב אבינו ע"ה נתפרסם מדת הרחמים שהוא קו האמצעי מדת האמת שזו היתה בחינתו ומדתו. ואלו ג' אבות הקדושים. הם סוד אמ"ש. ראשי תיבות אויר מים אש. ואיתא בספר יצירה ג' אמות הן והן אמ"ש וגם י"ב פשוטות היינו אותיות פשוטות שאינן כפולות כמו בג"ד כפר"ת. והי"ב פשוטות הן סוד י"ב גבולי אלכסון. [כ] **אסתר רבה פרשה י:** ומרדכי יצא מלפני המלך בלבוש מלכות וגו', רבי פנחס אומר מלך מרדכי על היהודים, מה המלך לובש פורפרין כך מרדכי לבש פורפרין, מה המלך עושה עטרה כלולה בראשו כך מרדכי לובש ועטרת זהב גדולה, מה המלך אימתו על כל הארץ כך מרדכי אימתו עליהם שנאמר כי נפל פחד מרדכי עליהם, מה המלך מוניטה שלו הולכת בכל הארץ כך מרדכי מוניטה שלו הולכת, ומה מוניטה שלו מרדכי מכאן ואסתר מכאן למה שהיה איש טוב ואיש שלום ומבקש שלום שנאמר כי מרדכי היהודי וגו' ועליו אמר הכתוב (תהלים ל"ז) שמר תם וראה ישר כי אחרית לאיש שלום. [כא] **תלמוד ירושלמי מסכת סוטה פרק ה הלכה ו:** מתני' אמר רבי יהושע מי יגלה עפר מעיניך רבן יוחנן בן זכאי שהיית דורש כל ימיך שלא עבד איוב את המקום אלא מיראה שנאמר [איוב א ח] איש תם וישר וירא אלהים וסר מרע והרי יהושע תלמיד תלמידך לימד שמאהבה עשה: גמ' אימתי היה איוב רבי שמעון בן לקיש בשם בר קפרא בימי אברהם אבינו היה הדא היא דכתיב [שם א] איש היה בארץ עוץ איוב שמו. וכתיב [בראשית כב כא] את עוץ בכורו. רבי אבא אמר בימי אבינו יעקב היה ודינה היתה אשתו הדא הוא דכתיב [איוב ב י] כדבר אחת הנבלות תדברי. וכתיב [בראשית לד ז] כי נבלה עשה בישראל. רבי לוי אמר בימי השבטים היה. הדא הוא דכתיב [איוב טו יח] אשר חכמים יגידו ולא כחדו מאבותם. רבי יוסי בן חלפתא אמר בירידתן למצרים היה ובעלייתן מת. משל לרועה שבא זאב ונזדווג לצאנו מה עשה העמיד תייש אחד לנגדו. הדא הוא דכתיב [שם טז יא] יסגירני אל עויל ועל ידי רשעים ירטני. תני ר' ישמעאל איוב מעבדי פרעה היה ומגדולי פמילייא שלו היה הדא הוא דכתיב [שמות ט כ] הירא את דבר י"י וגו'. וכתיב ביה [איוב א ח] איש תם וישר וירא אלהים וסר מרע. רבי יוסי בר יהודה אומר בימי שפוט השופטים היה. הדא הוא דכתיב [איוב כז יב] הן אתם כולכם חזיתם ולמה זה הבל תהבלו. חזיתם מעשה דורי. שהיו נוטלין מעשר בגרנות [הושע ט א] אהבת אתנן על כל גרנות דגן. רבי שמואל בר נחמן בשם רבי יונתן בימי מלכות שבא היה שנאמר [איוב א טו] ותפל שבא ותקחם. רבי נתן אמר בימי כשדים היה שנאמר [שם יז] כשדים שמו שלשה ראשים. רבי יהושע בן קרחה אמר בימי אחשורוש היה שנאמר [אסתר ב ב] יבקשו למלך נערות בתולות טובות מראה. וכתיב [איוב מב טו] ולא נמצא נשים יפות כבנות איוב. רבי יהושע בן לוי אמר מעולי גולה היה. רבי יוחנן אמר מעולי גולה היה וישראל היה. לפום כן רבי יוחנן למד ממנו הילכות אבל. [שם א כ] ויקם איוב ויקרע את מעילו. רבי יהודה בן פזי בשם ר' יוחנן מיכן שאבל צריך לקרוע מעומד. תני ר' חייה היה לי בעולמי גוי אחד צדיק ונתתי לו שכרו ופטרתיו מעולמי. רבי שמעון בן לקיש אמר איוב לא היה ולא עתיד להיות. מחלפה שיטתיה דר' שמעון בן לקיש. תמן אמר רבי שמעון בן לקיש בשם בר קפרא בימי אברהם אבינו היה והכא הוא אמר הכין אלא הוא היה וייסורין לא היו. ולמה נכתבו עליו אלא לומר שאילולי באו עליו היה יכול לעמוד בהן. דרש רבי עקיבא [שם לב ב] ויחר אף אליהוא בן ברכאל הבוזי משפחת רם אליהוא זה בלעם בן ברכאל שבא לקלל את ישראל ובירכן [דברים כג ו] ולא אבה י"י אלהיך לשמוע אל בלעם הבוזי שהיתה נבואתו בזויה [במדבר כד ד] נופל וגלוי עינים ממשפחת רם [שם כג ז] מן

[גימ' (946) י"א פעמים "אלהים" (86) ובאופן מ"ה יבאר המגלה עמוקות [כב]משה מן התורה מנין "בשגם הוא בשר" גימ' י"פ שם

גלא עמיקתא

יבא" (79) [מפיוט צור משלו אכלנו ובן דוד עבדך יבא ויגאלנו] כאמרם (עיין רש"י בראשית כ"ה,כ"ג) [כג]כשזה קם זה נופל [[1]עיין מה שבארנו בזה בבאור תהלים מזמור ח' [2]ובענין דברי תורה נמשלו למים יין וחלב].

ארם ינחני בלק אמר לו ר' אלעזר בן עזריה אין הוא הוא כבר כסה עליו המקום ואין לית הוא עתיד להתוכח עמך אלא אליהוא זה יצחק בן ברכאל בן שבירכו האל שנאמר [בראשית כו יב] ויברכהו י"י. הבוזי שביזה כל בתי ע"ז בשעה שנעקד על גבי המזבח ממשפחת רם בן אברם משה כתב חמשה ספרי תורה וחזר וכתב פרשת בלק ובלעם וכתב ספרו של איוב [איוב א ח] איש תם וישר וירא אלהים וסר מרע אמר רבי תחליפא קיסריא שהיה וותרן אמר ליה רבי זעירא ומאן דלית הוא וותרן לית הוא כשר אלא שהיה מוותר על קללתו.

[כב] תלמוד בבלי מסכת חולין דף קלט עמוד ב: אמרי ליה פפונאי לרב מתנה וכו' משה מן התורה מנין? בשגם הוא בשר (בראשית ו',ג') המן מן התורה מנין? המן העץ (בראשית ג') אסתר מן התורה מנין? ואנכי הסתר אסתיר (דברים ל"א,י"ח) מרדכי מן התורה מנין? דכתיב (שמות ל',כ"ג) מר דרור ומתרגמינן: מירא דכיא.

[כג] רש"י בראשית פרק כה פסוק כג: ויאמר ה' לה - על ידי שליח, לשם נאמר ברוח הקודש והוא אמר לה: שני גוים בבטנך - גיים כתיב אלו אנטונינוס ורבי, שלא פסקו מעל שולחנם לא צנון ולא חזרת לא בימות החמה ולא בימות הגשמים: ושני לאמים - אין לאום אלא מלכות: ממעיך יפרדו - מן המעים הם נפרדים, זה לרשעו וזה לתומו: מלאם יאמץ - לא ישוו בגדולה, כשזה קם זה נופל, וכן הוא אומר (יחזקאל כו ב) אמלאה החרבה, לא נתמלאה צור אלא מחורבנה של ירושלים.

1. באור תהלים פרק ח': הני ה' פסוקין סליקו לחושבן (12132) י"ב פעמים "ולאום מלאום יאמץ ורב יעבד צעיר" (1011) (בר' כ"ו,כ"ג-לפי הקריא עם תלת ווין) והוא בסוד מאן דאיהו זעיר איהו רב דיעקב אבינו אמר קטנתי וכו' (עי' לעיל סוף אופן ח' דכל דברי התנאים והאמוראים יחד סליקו לחושבן קטנתי פעמים הוי') ולכן הן בחושבן אלף (1000) בסוד אלף זעירא, ועשו הרשע שאמר יש לי רב איהו בחושבן י"א, והן י"א כתרין דמסאבותא, וזהו חושבן אלף י"א, והאי דכפלי' ב-י"ב לקביל י"ב שבטי י-ה שרש לנשמות כלל ישראל והן חושבן ה' פסוקין קדמאין לקביל ה' בחינות נרנח"י דכללות הקומה. ופרש"י הק' (ומובא בספה"ק) וז"ל: מלאם יאמץ: "כשזה קם זה נופל" גימ' (650): י"פ "א-דני" (65), וזהו דפרש"י ושני לאומים- אין לאום אלא מלכות.

2. דברי תורה נמשלו למים יין וחלב: בגמרא תענית ז. אמר רבי אושעיא למה נמשלו דברי תורה לשלשה משקין הללו במים, ביין ובחלב- ומביא הפסוק (ישעי' נ"ה,א') "הוי כל צמא לכו למים וכו' ולכו שברו בלא כסף ובלא מחיר יין וחלב"- לומר לך מה שלשה משקין הללו אין מתקיימין אלא בפחות שבכלים אף ד"ת אין מתקיימין אלא במי שדעתו שפלה ע"כ לשון הגמ' הקדושה. ונאמר דויקרא א' זעירא מהו היקר- א' זעירא, היינו האי בר נש דדעתו שפלה, וכאמרם (סוטה ה.) אין אני והוא יכולין לדור בכפיפה אחת- וזהו הבעל גאוה, וכשזה קם זה נופל ועוד רבים.

ורמיזא בהאי א' זעירא הני תלת: יין- יוד עילאה, ו'- מים, חלב- י' תתאה. אמנם יכולנא לסדרא באופן אחר- ד-ג' אבנים בונות ו' בתים ולתרץ כאו"א- אמנם בחרנו בהאי אופן וכדלקמן- י' עילאה עלמא דאתי, והוא יין המשומר. ו' היינו המים כדכתיב "ויבקעו המים" (שמות י"ד,כ"א) גימ' (289) "א' זעירא", ואת וו מבטאת ביקוע לתרין ווין, והן שם בקריעת ים סוף נקרעו ל-י"ב גזרים, והן וו לקביל י"ב שבטי י-ה, ועוד ויבקעו אתוון יעקב דאיהו את ו' וכמ"ש בזוה"ק ריש פרשת ויקרא ו' דא אות אמת ודאי, וכתיב תתן אמת ליעקב. י' תתאה איהו חלב דכתיב בפרשת שלח (במדבר י"ג,כ"ז ו-י"ד,ח') "ארץ אשר היא זבת חלב ודבש", וארץ איהי מלכות היינו י' תתאה דאת א' זעירא דויקרא, וכן כתיב ארץ אשר הוא וקרינן היא- דאיהי נוק'. ובדכורא כתיב (זהר בלק רג:)

אלהים חסר א׳, והיא אותה א׳ זעירא דחסרה לו והגיע לשלמותה כדכתיב משה איש האלהים, ונבארו במקומו אי״ה.

גלא עמיקתא

וכשתחבר ״ויקר אלהים אל בלעם״ (שם כ״ג,ד׳) (575=יצר הרע, וכן ״אכילה ממון משגל״) עם ״ויקרא אל משה״ (693=כתר חכמה) סליקו כולהו לחושבן (1268) ״[כד]ומלאה הארץ דעה את ה׳ כמים לים מכסים״ (ישעי׳ י״א,ט׳) [3]ועיין מה שבארנו ענין זה במקום אחר.

״אושיט פסיעה לבר״ בגימ׳ (783) ״יוסף ה׳ עליכם ככם אלף פעמים״ (דב׳ א׳,י״א) דהיינו בחי׳ דכורא דהוא משפיע ולכן כתיב הוא וקרינן היא כנ״ל, ועוד ״חלב״ ר״ת ״ח׳ם ל׳בי ב׳קרבי״ (תהלים ל״ט,ד׳) גימ׳ (404) ״יושב אהלים״, והן האמהות הק׳ רמיזא באהל, וכן לאה אתוון אהל, וכתיב איה שרה אשתך הנה באהל וכו׳, וס״ת ״ויקרא אל משה״ אה״ל ושאר אתוון גימ׳ ״אהלי תורה״, וד״ל. והאי דחלקנו ה-א׳: י׳ עילאה לקביל יין: יין המשומר גימ׳ האיש משה, דאיהו חכמה ויהב לנא אורייתא מן שמיא, דרק ביה כתיב קיבל- ״משה קבל תורה מסיני״ (תחלת פרקי אבות), גימ׳ (1258) ״אות היא ביני וביניכם״ (629) א״נ ״נחל נובע מקור חכמה״ (629) (משלי י״ח) וגם כאן אות הוא כתיב הוא וקרינן היא דלגבי הכתר החכמה היא נוק׳-מקבל, כמ״ש ״והחכמה מאין תמצא״ (איוב כ״ח) ולגבי עולמות אבי״ע היא בחי׳ דכורא וכדכתיב אורייתא מחכמה עילאה נפקת- ועי׳ לעיל אופן ט״ו, וזמש״כ ״והאיש משה ענו מאד״ (במ׳ י״ב,ג׳) ד-א׳ זעירא לקביל יעקב אבינו כדביארנו לעיל, וביה כתיב ״קטנתי מכל החסדים ומכל האמת וכו׳״ (בר׳ ל״ב,י׳), ו-י׳ תתאה לקביל דוד דאיהו המלכות-נוק׳ לגבי קוב״ה ומלך ושליט לגבי עם ישראל, דאין מלך בלא עם וכו׳- ובעניין שפלותו אין צורך להאריך- דכל ספר תהלים דיליה מלא בתחינות מתוך תחושת שפלות ונבזות עצמו.

והנה ג׳ רועים הללו- דהן הרמוזין בהאי א׳ זעירא דויקרא דהיינו ״משה, יעקב, דוד״ עולים בגימ׳ (541) ״ישראל״- דהן שרש לכללות נשמות ישראל, וכדכתיב (דב׳ ז׳,ז׳) ״כי אתם המעט מכל העמים״ ופרש״י ״ממעטין עצמכם״.

והפס׳ כולו ״לא מרבכם מכל העמים חשק ה׳ בכם ויבחר בכם, כי אתם המעט מכל העמים״ גימ׳ (2222) ב״פ ״נר ה׳ נשמת אדם״ (1111), וזהו דקוב״ה (י׳ עילאה דאות א׳) אורייתא (ו׳ דאות א׳) וישראל (י׳ תתאה) כולא חד- נר- היינו אורייתא ו׳ דאת א׳, ה׳- קוב״ה י׳ עילאה, נשמת אדם- ישראל כמ״ש (בגמ׳ יבמות סא.) אתם קרויין אדם- והיינו י׳ תתאה דאת א׳ זעירא כנ״ל.

והנה ״יין מים חלב״ פשוט (200) וא״ת ב״ש (529) גימ׳ (729) ״קרע שטן״, ודהבאנו המימרא מרבי אושעיא, ד״אושעיה״ גימ׳ ע״ה (399) ״אלף זעירא״ ועם הני ״יין מים חלב״ פשוט וא״ת ב״ש (729) סליק לחושבן (1128) ״ה׳ ישמר צאתך ובואך״ (תהלים קכ״א), ורמיזא בשמו עניין הישועה- דהשי״ת יושיענו ויגאלנו מכל הסט״א וישמרנו מהם מעתה ועד עולם, ויקויים בנו וראו כל בשר יחדו כי פי ה׳ דבר בגאולה האמיתית והשלמה, במהרה בימינו אמן.

3. באור שיר השירים פרק ה׳ - הקדמה: א׳ זעירא דויקרא אל משה רמיזא פנימיות אור הגנוז דיתגלה לעתיד לבוא וניתן למשה בחשאי- ולכן א׳ זעירא, ולעתיד לבוא א׳ רבתי דאדם- וכדכתיב (יבמות סא.) אתם קרויין אדם וכו׳ וינתן לכלל ישראל כל חד לפום מאי דמשער בליביה.

[כד] תלמוד ירושלמי מסכת סוטה פרק א הלכה ט: מתני׳ וכן לענין הטובה מרים המתינה למשה שעה אחת שנאמר [שמות ב ד] ותתצב אחותו מרחוק לפיכך נתעכבו לה כל ישראל שבעת ימים במדבר שנאמר [במדבר יב טו] והעם לא נסע עד האסף מרים: גמ׳ אמר רבי יוחנן פסוק זה ברוח הקודש נאמר ותתצב אחותו [עמוס ט א] ראיתי את יי׳ נצב על המזבח. אחותו [משלי ז ד] אמור לחכמה אחותי את. מרחוק. [ירמי׳ לא ב] מרחוק יי׳ נראה לי. לדעה [ישעי׳ יא ט] כי מלאה הארץ דעה את יי׳. מה יעשה לו. [עמוס ג ז] כי לא יעשה יי׳ אלהים דבר כי אם גלה סודו אל עבדיו הנביאים.

וכאן י"א פעמים אלהים היינו מן המים משתיהו דכבר בלידתו ניתן לו הכח להכניע [כה]**י"א כתרין דמסאבותא**

גלא עמיקתא

ובאור הענין דמשה הוא הדעת ובלעם דעת דקלי', ומחבור שניהם– דמשה מברר את בלעם [כו]**בחכמה אתבירו [עיין מה שבארנו ענין זה בפירוש שיר השירים פרק א'**[4]

[כה] שם משמואל דברים פרשת שופטים: לא תלמד לעשות וגו' לא ימצא בך מעביר בנו ובתו באש. משמע שהם שני לאוין והלימוד הוא עבירה בפני עצמה. ולא עוד אלא שעבירת הלימוד גדולה שמביאה לידי מעשה, וכך הוא הפירוש לא תלמד וכשלא תלמד ממילא לא ימצא בך, ומכלל לאו אתה שומע הן, וכמו להבדיל ת"ת כנגד כולם, שהלימוד כולל ומקיף את העשי'. והנה זה בא ללמד ונמצא למד, דכמו כאן דפרט הכתוב עשרה דברים שהם נגד עשרה כתרין דמסאבותא ואת כולם כוללת עבירת הלימוד, כן להבדיל בקדושה כל המצוות ועניני ירחא שביעאה הכל נכלל בלימוד של מסכתות הללו ר"ה ויומא וסוכה. וע"כ כל בעל נפש מחויב לגזול מעתותיו הספורות ולקבוע לימוד מסכתות הללו בימי אלול שהוא הכנה לירחא שביעאה הגדול לפי גדלו והקטון לפי קטנו:

[כו] זוהר שמות פרשת פקודי: תא חזי בגין דרבי עקיבא סליק לעילא כדקא יאות עאל בשלם ונפק בשלם, דוד שאיל שאלתא ולא אתפרש דכתיב (תהלים יז) ממתים ידך יי' ממתים מחלד חלקם בחיים (ס"א תוהא) על מה דא אלין דאתקטלו בקטולי עלמא צדיקיא זכאין דלא חאבו חובה בגין דיתענשון, תא חזי ממתים ידך יי' ממתים מחלד חלקם בחיים הכא איהו תרי סטרי ידך יי', וחלד, ידך יי' דא קודשא בריך הוא דנשמתא אתכניש לגביה, ממתים מחלד דא סטרא אחרא דגופא איהו שלטא עלוי דכתיב (ישעיה לח) לא אביט אדם עוד עם יושבי חדל, ת"ח נשמתא דאלין לאשלמותא דרוחא קדישא דלהון עשרה רוחין מתתא כדקא יאות וגופא דלהון יתמסר למלכו חייבא כל חד נטיל חולקיה ברזא דקרבנין, ותא חזי רישא שירותא דמהימנותא גו מחשבה בטש בוצינא דקרדינותא וסליק גו מחשבה (ס"א ואפיק) נצוצין נציצין זריק (ויקרא רצב ב) לתלת מאה ועשרין עיבר ובריר פסולת מגו מחשבה ואתבריר, אוף הכי כגוונא דא סליק במחשבה כמה דאתברר ביה פסולת (ס"א

וכדכתיב (ישעי' י"א,ט') "כי מלאה הארץ דעה את ה' כמים לים מכסים" גימ' (1268) ב"פ "קץ הגלות" (634), ואיהו חושבן (1268) ד"פ "ויקרא" (317) רמיזא האי חבורא יקירא ויקרא אל משה א' זעירא.

ומתחלק: "כי מלאה הארץ דעה את" גימ' (882) ב"פ "אמת" (441), ובתוספת תיבות "הוי' כמים לים" סליקו לחושבן (1098) "תורה שבעל פה".

ולשלמות הפסוק "מכסים" גימ' (170) י"פ "טוב"- דיתגלה לעתיד לבוא דכולו טוב, וכדא"ר עקיבא "כל דעביד רחמנא לטב עביד" גימ' (566) "משיח בן יוסף".

4. באור שיר השירים פרק א': פסוק ט': לססתי ברכבי פרעה דמיתיך רעיתי: גימ' (2323): "זיו" (23) פעמים "מלוכה" דמלכותו ית' בבי"ע הוא בבחי' זיו מעצמותו וכמבואר באריכות בדרושי אבי"ע בע"ח.

וזהו תיבה "דמיתיך" גימ' (484): "ימיו כצל עובר" כדכתיב (תהל' קמ"ד,ד') "אדם להבל דמה, ימיו כצל עובר" והוא ענין דמיון- כח המדמה.

ובאור הענין דשפע חיות אלהות יורד מאצי' בחי' חיצוניות הכלים דמלכות דאצי' דרך פרסא לבריאה והוא אור של תולדה בלבד ומשם דרך מסכים ופרסאות עד לעשיה הגשמית- דכל נברא נרגש בפני עצמו.

וכדהבאנו לעיל מהזוה"ק כולם במחשבה אתבירו, הנה תיבה "פרעה" גימ' (355) "מחשבה", ולכן כתיב מיד "דמיתיך" ענין כח המדמה- אינו ברור אמיתי ע"פ תורה. ופרע"ה אתוון העפ"ר בחי' מלכות דקלי' לעו"ז דמלכות בית דוד דאמרינן לעיל.

והנה כד נעביד רבוע דהאי פסוקא, כזה:

לססתי
לססתי ברכבי
לססתי ברכבי פרעה
לססתי ברכבי פרעה דמיתיך
לססתי ברכבי פרעה דמיתיך רעיתי

דאיקרו מים רבים וכו'] ואח"כ בסנה "בלבת אש" [גימ' (735) "כי טל ארות טליך" (ישעי' כ"ו,י"ט) דזכה לכח [כז]טל תחיה

גלא עמיקתא

5ופירוש שיר השירים פרק ו', נזכה לביאת משיח צדקנו וגלוי הדר כבוד ה' בעולם. וכולהו רמיזן באתוון שמיה מש"ה מ' מים ש' אש ה' [כח]את קלילא אויר– ונתבארו קצת דברי מוה"ר נתן נטע שפירא בסייעתא דשמיא.

ועיין עוד בדברי רבינו [כט]בפירושו על ואתחנן אופן פ' שמבאר תיקון קלי'

סליק לחושבן (6459): ג"פ (דהוי חזקה) "ויקרא אלהים לאור יום ולחשך קרא לילה, ויהי ערב ויהי בקר יום אחד" (2141).

וזהו הבדלה בין בחכמה אתברירו דחכמה עילאה דקדושה, לבין מחשבה גימ' פרעה חכמה דקלי' דאינו ברור אמיתי והוא דמיון בלבד.

5. באור שיר השירים פרק ו': הני ו' פסוקין יחד גימ' (15257) י"א פעמים "למרבה המשרה" (1387) ב-מ' רבתי (600) כדכתיב (ישעי' ט',ו') "למרבה המשרה ולשלום אין קץ על כסא דוד" וכו', והוא י"א פעמים דבסט"א כתיב (במ' כ"ד,כ') "ואחריתו עדי אובד". ואיהו חושבן (15257) "חוה" (19) פעמים "וחיי עולם נטע בתוכנו" (803) לקביל תורה שבעל פה, דחוה פגמה באמונת חכמים ופירשה את צווי ה' כרצונה וכרצון הנחש ונענשה, והני ו' פסוקין בתר תקונא.

ואיהו חושבן (15257) "חכמה" (73) פעמים "יד על כס י-ה" (209) (שמ' י"ז,ט"ז) דכולם בחכמה אתברירו, והוא ברורו והאבדתו מכל וכל של עמלק לעתיד לבוא בגלוי אור הגנוז בעולם "ובלע המות לנצח" (ישעי' כ"ה,ח') ותחית המתים בב"א.

ואתחבר אוף הכי אלין בהו אשתלים מאן דאצטריך ודאי כך סליק במחשבה וכלא) ויתחבר אלין די בהו אשתלים מאן דאצטריך ודאי כד סליק במחשבה סליק וכלא כמה דאצטריך וכו' [**כז**] **פתח אליהו תקו"ז הקדמה דף יז עמוד ב:** עלאין שמעו אינון דמיכין דחברון ורעיא מהימנא אתערו משנתכון הקיצו ורננו שוכני עפר אלין אינון צדיקייא דאינון מסטרא דההוא דאתמר בה אני ישנה ולבי ער ולאו אינון מתים ובגין דא אתמר בהון הקיצו ורננו וכו' רעיא מהימנא אנת ואבהן הקיצו ורננו לאתערותא דשכינתא דאיהי ישנה בגלותא דעד כען צדיקייא כלהו דמיכין ושינתא בחוריהן מיד שכינתא יהיבת תלת קלין לגבי רעיא מהימנא ויימא ליה קום רעיא מהימנא דהא עלך אתמר קול דודי דופק לגבאי בארבע אתוון דיליה ויימא בהון פתחי לי אחותי רעיתי יונתי תמתי דהא תם עונך בת ציון לא יוסיף להגלותך שראשי נמלא טל מאי נמלא טל אלא אמר קודשא בריך הוא אנת חשיבת דמיומא דאתחרב בי מקדשא דעאלנא בביתא דילי ועאלנא בישובא לאו הכי דלא עאלנא כל זמנא דאנת בגלותא הרי לך סימנא שראשי נמלא טל ה"א שכינתא בגלותא שלימו דילה וחיים דילה איהו ט"ל ודא איהו יו"ד ה"א וא"ו וה"א איהי שכינתא דלא מחושבן ט"ל אלא יו"ד ק"א וא"ו דסליקו אתוון לחשבן ט"ל מלייא לשכינתא מנביעו דכל מקורין עלאין מיד קם רעיא מהימנא ואבהן קדישין עמיה עד כאן רזא דיחודא. [**כח**] **מהרש"א חידושי אגדות מסכת סנהדרין דף מב עמוד א:** נשי דידן נמי מברכין כו'. ר"ל תפלה קצרה כזו נשי נמי תוכלו לברך בע"פ בלילה. אי נמי דהכי קאמר נשי נמי תוכלו לברך כדקאמרת ברוך מחדש ברכה זו בלא הזכרת השם בטומאת לידתן ונדתן אבל בודאי צריכה ברכה זו הזכרת השם כדמסיק ב"א ה' מחדש חדשים וק"ל. ופי' נוסח ברכה זו ברוך אשר במאמרו ברא שחקים כו'. דבי' מאמרות נברא העולם ובראשית נמי מאמר הוא כדאמרינן במסכת ר"ה פרק יום טוב וסמך לו וברוח פיו כל צבאם עש"ה בדבר ה' שמים נעשו וברוח פיו כל צבאם ואשמועינן דברוח פיו במאמר בעלמא ברא אותם כדאמרינן בה"א נברא העולם דהוא אות קלילא. ואמר חק וזמן כו'. חק הוא דבר קבוע לשמש ביום ולירח בלילה וזמן נתן להם דהיינו זמן סיבוב גלגל הלבנה בכ"ט י"ב תשצ"ג וסיבוב גלגל החמה בשס"ה יום ורביע: [**כט**] **מגלה עמוקות על ואתחנן אופן פ':** איתא בזוהר בלק ([ח"ג] עמוד שס"ח [זוהר ח"ג קצ"ט ע"ב]) על פסוק (תהלים יא ב) כי הנה הרשעים ידרכון קשת, אתחברותא דבלק ובלעם, הוא אתחברותא סמאל וסיעתו ברקיעא, בעיטא חדא עלייהו דישראל. וזה נרמז בפסוק ראשון של 'ואתחנן 'אל

י״י ׳בעת ׳ההיא, שהוא ר״ת ואיבה (בראשית ג טו), שהוא סוד ואיבה, שסמאל רוכב על הנחש, אותו אתחברותא ממש היתה בע״ת בגימטריא בלע״ם ב״ן בעו״ר, עת ההיא היא נחש, ההוא הוא סמאל. עת ההיא, תסתכל בחושבן עת ההיא, תמן תשכח סמא״ל ולילית, שכן ע״ת ההי״א בגימטריא תצ״א, ת״פ מחנות של לילית כמנין לילי״ת, י״א היתרים לחשבון תצ״א, הם מחנות של סמאל, י״א סממנים של קטורת, י״א יום של בין ימי נדה לימי נדה, י״א מעלות שהיו בהר העברים מול בית פעור, שפסען משה בפסיעה אחת י״א מעלות (סוטה י״ג ע״ב), אמר כנגדן י״א מזמורים שבספר תהלים, שכן פעו״ר עולה חשבון מש״ה, י״א יתרים עליהם הם י״א קליפות, וכן בלעם נתלבש בקל״א מחנות של סמא״ל עם י״א דרגין דיליה, הרי חשבון בלע״ם. תמצא שבמלת ע״ת ההי״א, תמן לילית עם חיילותיה חשבון ת״פ וי״א, שכן תמלא אותיות יו״ד אל״ף, בגימטריא סמא״ל והם כחות דיליה. וכן בע״ת ההי״א בגימטריא סמאל נחש, וכן בעת ההיא לאמר בגימטריא שור וחמור יחדיו (דברים כב י), כל זה זיווג אתחברותא דבלעם ובלק שדמיין לכלבים עזי נפש, והוא סוד שור וחמור דנפק כלבא בישא מאתון אמצעיתא דידהו, כמו שאמר בזוהר (פרשת בשלח [ח״ב] עמוד קי״ד [זוהר ח״ב ס״ה ע״א]) כאשר כתבתי לעיל אופן ע״א, ולכן בקש משה לכנס לארץ ישראל לזווג גם כן בארץ ישראל ולבטל אתחברותא דבלק ובלעם, לקביל בלעם שהוא מימינא אמר את גדלך, לקביל בלק שהוא משמאלא אמר ידך החזקה, שכן ידך החזקה בגימטריא כ״ח סמא״ל, וכמו שבסיטרא אחרא הם תרין בלק ובלעם, רצה משה שיכנס לארץ שיהיה הוא כיהושע לבטל תרין סיטרין בישין אילין. לכן אמר מי אל בשמים, אמר בלשון מי, על פי (המדרש פרשת אמור [ויק״ר פכ״ו ז׳]) על פסוק שאמרה בעלת אוב (לשמואל) [לשאול] את מי אעלה לך (שמואל א׳ כח יא), ר״ל ממי אתה מבקש אם מישראל שאמרו מי כמוך באלים (שמות טו יא), אם מאומות שאמרו מי ה׳ אשר אשמע בקולו (שם שמות ה ב). לכן אמר משה כמו שבלעם הרשע כחו היה מן מ״י, הם תרין בנין דיליה ׳ממרא ׳יוחנא, כך רצה גם כן שיהיו שני כרובים למטה בארץ ישראל כנגד שני נערים אילו של בלעם. זה נרמז במלת מ״י, שהוא נוטריקון ׳משה ׳יהושע, ובזה יכניעו תרין סיטרין בישין נח״ש ועקר״ב, בגימטריא מש״ה יהוש״ע. על זה אמר אעברה נא, כשאהיה בארץ ישראל עם יהושע, אז אוכל לבטל כחות בעו״ר שהוא בגימטריא אעבר״ה, ומה היה הכח שלו תרין בנין יוחנא ממרא, שהם היו בטומאה לקביל נדב ואביהוא בקדושה. מזה הטעם כשלקח אהרן מידם מן ינ״ס ומן ימברוס (תנחומא תשא סי׳ י״ט), נגזרה גזירה על נדב ואביהוא למות שנים ישלם איש לרעהו (שם שמות כב ג), וזה נרמז במלת נ״א, נוטריקון ׳נדב ׳אביהוא. והכוונה בכניסת לארץ אעברה, אעביר אני כחות בעור שהיא לקביל נדב אביהו, וכן נרמז במלת אעבר״ה בגימטריא כרובי״ם, שיהיו למטה משה ויהושע שני כרובים, לבטל דעת שני נעריו עמו (במדבר כב כב) שהיו עם בלעם. על זה השיב הקב״ה רב לך, אתה רוצה לבטל רעת ערב רב, כמ״ש אהרן אתה ידעת את העם כי ברע הוא (שמות ל״ב [לב כב]), כי רע הוא לא אמר, אלא בי ברע. וגם למה אמר כפל אתה ידעת. אבל רמז לו אתה דייקא, אתה הוא הגורם עשיית העגל שלקחת ערב רב, וזה נרמז במלת בר״ע בהיפוך אתוון ערב, שרמז על ערב רב, וכן בהיפוך אתוון בעור, שכן צריך להיות חסר ו׳ כמ״ש האר״י על פסוק (תהלים צב ז) איש בער לא ידע, היפוך מה שהתפאר ויודע דעת עליון וכו׳ (במדבר כד טז), שבניו דבעור שהוא יאניס וימברס עשו את העגל. לכן גם בכאן השיב הקב״ה אתה מתרעם על בלעם אתחברותא דיליה שהם שני נעריו עמו, שלקח כל כחות של בניו במדברה, רב הוא שלך, אתה הוא הגורם בערב רב בבניו דבעור (עיין שמו״ר פמ״ב ו׳), לכן אל תוסף, ומה שאמרת שצריך תרין כרובים לבטל תרין סיטרין בישין של בלק ובלעם שהחזיקו כח עבודה זרה בעולם, צו את יהושע, אין צו אלא עבודה זרה (סנהדרין נ״ו ע״ב), וחזקה״ו בגימטריא בלק, אמצה״ו בגימטריא בלעם, כי הוא יעבור כחו של עבודה זרה, ומתי יוכל לבטל כחות של עבודה זרה, הו״א ינחי״ל בכל אשר תראה, אם יהיה הוא ק״ך שנה כמו שהיית אתה כחושבן הו״א ינחי״ל, אז יעלו לכל ק״ך צירופי אלהים ויכניע אותם, אבל מאחר שחטא יהושע נטל הקב״ה י׳ שנים משנותיו, לכן קפד קרא בעזרא (נחמיה ח יז) על יהושע שלא ביטל עבודה זרה כמו שביטל עזרא (ערכין ל״ב ע״ב). והנה עזרא העביר רעת בעור, לכן עזר״א בגימטריא בעו״ר, והוצרך הוא בגלגולא של אהרן לתקן עבודה זרה שקילקל ועשה את העגל, בא בעל השור שהוא אהרן ממש, הוא עזרא עלה מבבל כרוך ותני, שיחסו את אהרן שאהרן הוא עזרא ממש, והנה הוא עשה עגל, לכך

[ל]תחית המתים מן התורה מנין אז ישיר משה אי נמי הנך שוכב עם אבותיך וקם כדאיתא בסנהדרין תחלת פרק חלק] היא שין של אמ"ש שהוא סוד רוב שנתבטל הנבואה באותו יום מן אומות העולם וכו' וחוזר ומפרש מה ענין אות אלף וידבר ה' אליו שהדבור של

גלא עמיקתא

בלע"ם 6ומה שבארנו דבריו הקדושים שם.

הוצרך הוא אחר כך לתקן בדורו ולבער יצרא דעבודה זרה מן העולם לגמרי, ובדידיה תליא מילתא. ולפי שהוא הוריד פני שור מהשמאל בעשיית העגל כדאיתא במדרש רבה (שמות פרשה מ"ב [שמו"ר פמ"ב ה']), לכן בימי עזרא הורידו מן השמים יצרא דעבודה זרה כדמות ארי (יומא ס"ט ע"ב), מתחילה היה פני שור מהשמאל, ועתה משנה פניו ותשלחהו ונתנו לו את הארי מצד הימין מסטרא אחרא, אבל בימי ר' חייא (כדאיתא במסכת ב"מ דף פ"ה [ע"ב]) היה דמות דוב.

[ל] **תלמוד בבלי מסכת סנהדרין דף צא עמוד ב**: תניא, אמר רבי מאיר: מניין לתחיית המתים מן התורה שנאמר (שמות ט"ו,א') אז ישיר משה ובני ישראל את השירה הזאת לה', שר לא נאמר, אלא ישיר - מכאן לתחיית המתים מן התורה. ושם בגמרא דף צ עמוד ב תניא, רבי סימאי אומר: מניין לתחיית המתים מן התורה - שנאמר וגם הקמתי את בריתי אתם לתת להם את ארץ כנען. לכם לא נאמר, אלא להם - מכאן לתחיית המתים מן התורה. (צד"ק ג"ם גש"ם ק"ם סימן). שאלו מינין את רבן גמליאל: מניין שהקדוש ברוך הוא מחייה מתים? אמר להם מן התורה, ומן הנביאים, ומן הכתובים, ולא קיבלו ממנו. מן התורה - דכתיב ויאמר ה' אל משה הנך שכב עם אבתיך וקם, אמרו לו: ודילמא וקם העם הזה וזנה

6. באור על מגלה עמוקות ואתחנן אופן פ': אקדמות מילין: באופן זה ממשיך המגלה עמוקות לעסוק ברצונו של משה רבינו להעביר קלי' בלק בלעם, וכן מבאר לעיל אופן ל"ד עיין שם. וכן עוסק בענין ואיב"ה דבארנוהו במקום אחר בפירוש פרשת והנחש היה ערום וכו' בענין כ"ד זיני דמסאבותא. וכן ממשיך דכתב באופן ע"א דיליה דבלעם ובלק בחינת קלי' חמור ושור, דבלעם בא על אתונו [כדאיתא בגמרא עבודה זרה ד:] ולכן הוא בחינת קלי' חמור, ובלק דהקריב קרבנות פרים [כמ"ש (במדבר כ"ג,ב') ויעל בלק ובלעם פר ואיל במזבח] הוא בחינת שור.

ובבאורנו שם כתבנו: נח"ש נוטריקון "נחש חמור שור" גימ' (1118) "שמע ישראל ה' אלהינו ה' אחד" עיין שם באריכות. והביא שם המג"ע מפי מו"ר אביו זצוק"ל דפנימיותם דשור וחמור [שור חמור] אתון מ"ו ו' גימ' (52) "כלב". ובכאן מאריך דבלעם ובלק דומין לכלבים עזי נפש [כדכתיב (ישעי' נ"ו,י"א) והכלבים עזי נפש וכו'].

וזהו כל"ב במלוי: "כף למד בית" גימ' (586) "שופר"- דאת זה לעומת זה עשה האלהי"ם, בתקיעת שופר כתיב (תהל' מ"ז,ו') עלה אלהים בתרועה וכו' והכלבים לעומת זה עזי נפש צווחין הב הב.

ונרמז אתון שור בשופר, ומפסיקו אות פ' היינו פה דתוקע ומכניעו. והערב רב הורידו פני שור מן המרכבה ועשו במקומו עגל הזהב, כמבואר באופן זה דהן "יונוס ויומברוס" גימ' (456) "תאנה", ויש לקשרו לחטא אדם הראשון שהיה בתאנה, ויש לקשר חטא העגל לחטא אדם הראשון ואכמ"ל. ויחד עם בלעם אביהם דהיינו: "בלעם - יונוס - יומברוס" גימ' (598) ג' פעמים "צדקה" (199) ע"ה, דהן לקביל ולעומת זה דמצות הצדקה, דכל ענינם להחריב להרוג ולקטרג.

ובמקום אחר עלה בידינו ד-ב' עשרת הדברות: דפרשת יתרו ודפרשת ואתחנן, סליקו [עם ג' פעמים צדקה והכולל] לחושבן (100,000) ק' פעמים אלף בסוד א"ק ראשי תיבות אדם קדמון. והנה כול"ל ראשי תיבות "כשור לעול וכחמור למשא" [דאיתא בגמרא (עבודה זרה ה:) לעולם יעסוק אדם בדברי תורה כשור לעול וכחמור למשא] גימ' (1313) "תחית המתים"- והוא בהכנעת קליפת שור וחמור והחזרתם לקדושה בתחית המתים, ב"ב אכי"ר.

נבואה היה אליו ביחוד ביום שהוקם המשכן ונתמעט מן האומות [בסוד (איוב כ',ט"ו) [לא]חיל בלע ויקיאנו [לב]ר"ת חב"ו] ומסיים בבאור נקודה אגב אורחא וזלשה"ק: כשתסלק אות א' ונשתיירו יקר ליתן ב' טעמים למה לא נתבטל הנבואה מבלעם הטעם הא' שבשביל יקר של משה הטעם הב' מאהל מועד אבל בלעם היתה נבואתו מתחלה קודם הקמת המשכן.

[**לא**] **ילקוט שמעוני שמואל א רמז קלא:** ימת ביום ההוא שמונים וחמשה איש נשא אפוד בד. ולא כן תני ר' חייא אין ממנין שני כהנים גדולים כאחד אלא מלמד שהיו כולם ראויין להיות כהנים גדולים א"ר לוי דואג לא נטרד אלא שהיה ממרה ב"ד, אמר לשאול אין נשאלין אלא למלך בלבד, א"ל אבנר ועמשא אמרו רבותינו נשאלין למלך ולב"ד ולמי שצורך הצבור בו ודוד צורך הצבור היה בו, והיה ממרה ואומר אין נשאלין אלא למלך בלבד אמרו לו חזור על כל הסנהדראות וחזר ואמרו לו כשם שאמרו אבנר ועמשא ולא שמע אליהם. ויסב דואג האדומי ויפגע הוא, מה הוא אלא שהם לא פגעו. אמר לו הקדוש ברוך הוא מתורתי אתה מורד עלי אני מוציאה מתוך מעיך שנאמר חיל בלע ויקיאנו שהיה משנה לתלמידיו והיו סופגין והיה שוכח ראשון ראשון, כיון שראו תלמידיו שהוא מטמא את הטהור ומטהר את הטמא נתנו חבלים ברגליו וגררוהו שנאמר גם אל יתצך לנצח יחתך ויסחך מאהל הרי העולם הזה, ושרשך מארץ חיים סלה הרי העולם הבא. וימלט בן אחד לאחימלך בן אחיטוב ושמו אביתר. א"ר יהודה אמר רב אלמלי לא נשתייר אביתר לאחימלך לא נשתייר מזרעו של דוד שריד ופליט דכתיב ועתליה אם אחזיה ראתה כי מת בנה ותקם ותאבד את כל זרע הממלכה, והתם אשתייר יואש והכא אשתייר אביתר [**לב**] **ר' צדוק הכהן מלובלין** – **פרי צדיק שמות פרשת בשלח:** ובמכילתא (בשלח הנזכר) אחר שאמר שהים נתמלא עליהם חימה מדכתיב חמה חסר אל תיקרי חומה אלא חימה אמר ומי גרם לישראל להנצל מימינם בזכות התורה וכו' מימינו אש דת למו ומשמאלם זו תפילין (כן צריך לומר עיין שם) והיינו דתורה תיקון לפגם זה וכמו שאמרנו ממה שנאמר (משלי ד', כ"ב) ולכל בשרו מרפא דתורה רפואה לפגם זה שנקרא בשר רר בשרו ובקדושה בשר קודש ובהיפך בשר חמורים ומה שמובא בזוה"ק (ח"א רי"ט ב) דתשובה אינו מועיל היינו מפני שהפגם במוח ותשובה מבינה ליבא אבל על ידי תורה שהוא מחכמה יש מרפא ועל דרך מה שאמרו בבני עלי (ראש השנה י"ח א) אבל מתכפר בתורה. וכן תפילין שמעתי מרבינו הקדוש זצוק"ל רמז במה שאמרו (בבא מציעא כ"ט ב) תפילין בי בר חבו וכו' ושם חב"ו מרומז בתפילה בתיבות יחד מארבע כנפות שאות שקודם אות אחרונה הוא חב"ו ראשי תיבות חיל בלע ויקאנו. מרמז דתפילין תיקון לפגם זה. אך תפילין צריכין גוף נקי והיינו שהגוף יהיה באמת נקי שבאם לאו מה יועילו התפילין אם יהרהר בהם דברי שטות ושבת הן גופן אות (עירובין צ"ו א) והוה כמו שכל ישראל הולכין בתפילין כל המעת לעת ואף בלילה שאינו זמן תפילין כיון ששובתין ממלאכה שרגילין בה הם כמניחין תפילין ועל כן שמירת שבת תיקון לפגם זה.

אופן ח

בסנהדרין אמר ר' יהודה א"ר מאיר מאי דכתיב ולי מה יקרו רעך אל מלמד שהראה הקב"ה למשה רבינו דורו של רבי עקיבא.

דרשו במדרש על פסוק הן כל יקר ראתה עיניו של רבי עקיבא יותר ממה שראה משרע"ה והטעם שנרמז במילת יקר סוד תפילין שנקראים יקר ורבי עקיבא זכה לכל יקר דהיינו שם של שדי בכלל אבל משה לא זכה רק לאלף זעירא שהוא סוד אות אחוריים.

יהיה פי' הפסוק שזכה משה לראות נשמתו של רבי עקיבא וכן אלף זעירא בגימ' רבי עקיבה שהראה לו הקב"ה לסוף י"ח שורות וחלש דעתו עד ששמע כך הלכה למשה מסיני אז נחה דעתו.

וטעם י"ח שורות חוזר הפסוק ופי' וידבר ה' אליו ביחוד כך הלכה מסיני לסוף י"ח שורות מאוהל מועד דבר זה זכה מי"ח פעמים כאשר צוה ה' את משה בפ' פקודי במלאכת המשכן מן אותו י"ח פעמים זכה לי"ח שורות שנחה דעתו וזכה ליקר בימי רבי עקיבא:

אופן ח

[לג]בסנהדרין (ל"ח ע"ב) אמר רב יהודה אמר רב מאי דכתיב (תהל' קל"ט,י"ז) ולי מה יקרו רעיך אל מלמד שהראה הקב"ה

גלא עמיקתא

והנה האי פסוקא (תהל' קל"ט,י"ז) דמביאו המגלה עמוקות: "[לד]ולי מה יקרו רעיך אל מה עצמו ראשיהם" סליק לחושבן (1545) י"ה (15) פעמים נחמ"ה (103)

1[לה]כאמרם (פסחים נ.) ביום ההוא יהיה ה' אחד וכו'. וזה לשון הגמרא: ביום

1. באור על מגלה עמוקות ואתחנן אופן ח': ומביא המגלה עמוקות המעשה עם ר' חנינא (ברכות לג:) דאמר לההוא דנחת לקמיה למצלייה- והרבה בתארי הקדוש ברוך הוא- וקראו: האל: "הגדול (48) הגבור (216) והנורא (268) והאדיר (226) והעזוז (101) והיראוי (238) החזק (120) והאמיץ (152) והודאי (32) והנכבד (87)" סליקו כולהו שבחים לחושבן (1488): ו' פעמים אברה"ם (248) והיא הברכה הראשונה דחתמינן מגן אברהם- כמו שהבטיח לו הקב"ה לאברהם: "ואברכך ואגדלה שמך והיה ברכה" (בראשית י"ב,ב') - בך חותמין. והוא בדברי רש"י על הפסוק ומקורו בגמרא (פסחים קיז:), וכאן כיוון אותו שליח ציבור לענין י' ספירות- י' תארים לפי סדר הספירות מחכמה (הגדול) ועד מלכות "והנכבד" גימ' (87) "לבנה" ואידך זיל גמור.

[לג] **תלמוד בבלי מסכת סנהדרין דף לח עמוד ב**: אמר רב יהודה אמר רב: אדם הראשון בלשון ארמי ספר שנאמר ולי מה יקרו רעיך אל. והיינו דאמר ריש לקיש: מאי דכתיב זה ספר תולדת אדם - מלמד שהראהו הקדוש ברוך הוא דור דור ודורשיו, דור דור וחכמיו. כיון שהגיע לדורו של רבי עקיבא שמח בתורתו ונתעצב במיתתו, אמר ולי מה יקרו רעיך אל. [לד] **ילקוט שמעוני תורה פרשת בראשית רמז מא**: אמר רב יהודה אמר רב אדם הראשון בלשון ארמי סיפר שנאמר ולי מה יקרו רעיך אל והיינו דאמר ריש לקיש מאי דכתיב זה ספר תולדות אדם [ה, א] מלמד שהראה לו הקדוש ברוך הוא לאדם הראשון דור דור ודורשיו וכו' כיון שהגיע לדורו של רבי עקיבא שמח בתורתו ונתעצב במיתתו שנאמר ולי מה יקרו רעיך אל, ד"א זה ספר תולדות אדם [ה, א] העביר לפניו כל הדורות הראהו דוד חיים חקוקין לו ג' שעות אמר לפניו רבש"ע לא תהא תקנה לזה אמר כך עלתה במחשבה לפני א"ל כמה שני חיי א"ל אלף שנים א"ל יש מתנה ברקיע א"ל הן א"ל ע' שנים משנותי יהיו למזל זה מה עשה אדם הביא את השטר וכתב עליו שטר מתנה וחתם עליו הקדוש ברוך הוא ומטטרון ואדם, אמר אדם רבש"ע יפיות זו מלכות וזמירות הללו נתונות לו במתנה ע' שנה שיחיה ויהא מזמר לפניך וזש"ה הנה באתי במגלת ספר כתוב עלי ד"א זה ספר הקדוש ברוך הוא עיבר את השנה ואח"כ מסר לאדם הראשון שנאמר זה ספר תולדות אדם [ה, א] אדם הראשון מסר לחנוך ונכנס בסוד העבור ועיבר את השנה שנאמר ויתהלך חנוך את האלהים [ה, כ"ב], חנוך מסר לנח ועיבר את השנה שנאמר עוד כל ימי הארץ וגו', נח מסר לשם ועיבר את השנה ונקרא כהן שנאמר נשבע ה' ולא ינחם אתה כהן לעולם על דברתי מלכי צדק ומלכי צדק מלך שלם וגו' וכי כהן היה אלא ע"י שהיה בכור והיה משרת לאלהיו ביום ובלילה נקרא כהן ושם מסר לאברהם ועיבר את השנה ונקרא כהן שנאמר והוא כהן לאל עליון, אברהם מסר ליצחק ועיבר את השנה לאחר מיתתו של אברהם שנא' ויהי אחרי מות אברהם ויברך וגו' ע"י שנכנס בסוד העבור ברכו ברכת עולם, יצחק מסר ליעקב יצא יעקב לחוצה לארץ ובקש לעבר את השנה א"ל הקדוש ברוך הוא ליעקב אין לך לעבר הרי יצחק אביך יעבר את השנה בארץ שנאמר וירא אלהים אל יעקב עוד למה עוד שפעם ראשונה נגלה עליו ומנעו מלעבר את השנה בח"ל וכשבא לארץ א"ל הקדוש ברוך הוא קום עבר את השנה ועל שנכנס בסוד העבור ברכו ברכת עולם, יעקב מסרו ליוסף ואחיו והיו מעברים את השנה בארץ מצרים, מת יוסף ואחיו נתמעטו העבורים וכך עתידין להתמעט בסוף מלכות רביעית וכשם שנגלה הקדוש ברוך הוא על משה ואהרן כך עתיד להגלות על מלך המשיח: [לה] **תלמוד בבלי פסחים דף נ עמוד א**: והיה ה' למלך על כל הארץ ביום ההוא יהיה ה' אחד ושמו אחד, אטו האידנא לאו אחד הוא?

למשה רבנו דורו של רבי עקיבא. [לו]דרשו במדרש על הפסוק (איוב כ"ח,י') הן כל יקר ראתה עיניו של רבי עקיבא

גלא עמיקתא

ההוא יהיה ה' אחד "ושמו אחד" (זכריה י"ד,ט') מאי אחד האידנא לאו שמו אחד הוא? ומתרץ: בעולם הזה נכתב בי"ה ונקרא א-דני, אבל לעולם הבא נקרא בי"ה ונכתב בי"ה. עד כאן לשון הגמרא.

והיינו דאתוון ו"ה דשמא קדישא יעלו לבחינת או"א י"ה ויהיה השם

מקורות

- אמר רבי אחא בר חנינא: לא כעולם הזה העולם הבא; העולם הזה, על בשורות טובות אומר ברוך הטוב והמטיב, ועל בשורות רעות אומר ברוך דיין האמת. לעולם הבא - כולו הטוב והמטיב. ושמו אחד, מאי אחד, אטו האידנא לאו שמו אחד הוא? - אמר רב נחמן בר יצחק: לא כעולם הזה העולם הבא; העולם הזה - נכתב ביו"ד ה"י ונקרא באל"ף דל"ת, אבל לעולם הבא כולו אחד - נקרא ביו"ד ה"י, ונכתב ביו"ד ה"י. סבר רבא למדרשה בפירקא. אמר ליה ההוא סבא: לעלם כתיב, רבי אבינא רמי: כתיב, זה שמי לעלם, וזה זכרי לדר דר. אמר הקדוש ברוך הוא: לא כשאני נכתב אני נקרא, נכתב אני ביו"ד ה"א, ונקרא אני באל"ף דל"ת. [לו] **חומת אנך ויקרא פרשת ויקרא:** ולפי מה שכתבו ז"ל דאל"ף זעירא רמז לשער חמשים שלא השיגו יש לרמוז כי זעיר"א ר"ת זה רבי עקיבא ישיג אותו כמ"ש רבינו האר"י זצ"ל שרבי עקיבא השיג שער החמשים. ולמ"ש הרב מהר"י צמח ז"ל דמרע"ה השיג קצת משער חמשים גם כן אתי שפיר מ"ש רז"ל הן כל יקר ראתה עינו זה רבי עקיבא ר"ל כל יקר שהוא שער החמשים כלו ראתה עינו כל דייקא.

עיונים

ואמר לו ר' חנינא: סיימתינהו לכולהו שבחי דמרך? אנן הני תלת דאמרינן אי לאו דאמרינהו משה רבינו באורייתא ואתו אנשי כנסת הגדולה ותקנינהו לא הוה אמרינן להו וכו' עיין שם באריכות מימרות ר' חנינא בענין יראת שמים.

ואם כן צריכים אנו לפסוקים מהתורה שמוזכרים בהם ג' התוארים שתיקנו חז"ל לומר בתפלה כנ"ל הגדול הגבור והנורא: ד'. כִּי יהוה אֱלֹהֵיכֶם הוּא אֱלֹהֵי הָאֱלֹהִים וַאֲדֹנֵי הָאֲדֹנִים הָאֵל הַגָּדֹל הַגִּבֹּר וְהַנּוֹרָא אֲשֶׁר לֹא יִשָּׂא פָנִים וְלֹא יִקַּח שֹׁחַד (דברים י,יז) גימ' (2538) ו' פעמים "ימי המשיח" (423) והוא בדברי הגמרא (שבת קנא:) על הפסוק בקהלת (י"ב,א'): "וזכר את בוראך בימי בחורותיך, עד שלא יבואו ימי הרעה"- אלו ימי הזקנה, "והגיעו שנים אשר תאמר אין לי בהם חפץ"- אלו ימי המשיח- שאין בהם לא זכות ולא חובה. וממשיכה הגמרא: ופליגא דשמואל- דאמר שמואל אין בין העולם הזה לימות המשיח אלא שעבוד מלכויות בלבד וכו' עיין שם. והנה האי פסוקא מכוון כנגד הני י' תארים שאמר אותו שליח ציבור בתפלתו לפני רבי חנינא- וכאן מכוון יותר וכמו שקבעו לבסוף אנשי כנסת הגדולה לומר בתפלה: דבפסוקא "כי ה' אלהיכם" וכו' אינון י"ט תיבין מכוונות למנין י"ט ברכות תפלת שמונה עשרה (יחד עם ברכה י"ט ברכת המינים כנ"ל). וממילא ו' פעמים אברה"ם [י' תארים גימ' ו' פעמים אברה"ם כנ"ל] מכוונים כנגד ו' פעמים "ימי המשיח" [בחשבון הפסוק]. והנה "אברהם (248) ימי המשיח" (423) גימ' (671): שם אדנ"י במילוי "אלף דלת נון יוד" (671) והיינו תרע"א תרגום שע"ר בחינת (תהל' קי"ח,כ'): "זה השער לה' צדיקים יבאו בו" גימ' (924): י"ב (12) פעמים ע"ז (77) ובאר"י הקדוש שער הפסוקים לסדר שמואל כתב: המלכות נקראת עז כמ"ש ושכינת עוזו וכו' ונרמז בשם אדנ"י שהוא המלכות כי אדנ"י גימ' ס"ה (65) ועם י"ב (12) אותיות המילוי הרי ע"ז (77) וז"ש (שמואל א' ב',י') ויתן עז למלכו וכו' עיין שם באריכות. ובכאן התפלה היא במלכות- וי"ל ד-י"ב אותיות המילוי כנגד י"ב ברכות אמצעיות שהן בענין בקשת צרכיו כנ"ל. וכאשר נחבר "רבי חנינא" (331=טמיר וגנוז) עם "משה רבינו" (613) סליק לחושבן (944) ח' פעמים "הדו לה' כי טוב" (118) (תהל' ק"ז,א') דלעתיד לבוא תתגלה מלכותו יתברך ויתגלה דכולו טוב ויברכו על הרעה [כלומר שנדמה להם כרעה] כמו על הטובה [היינו שנגלה שהוא טוב] הטוב והמטיב כדאיתא בגמרא (פסחים נ.). ופסוק זה אומרו לוית"ן גימ' (496) מלכו"ת- כדכתיב (תהל' ק"ג,י"ט) "ומלכותו בכל משלה" בגילוי כבוד השי"ת בגאולה השלמה.

יותר ממה שראה משה רבנו עליו השלום. והטעם נרמז במלת יקר סוד תפלין שנקראים (מגילה ט"ז ע"ב) יקר

גלא עמיקתא

בתכלית השלמות בחינת [לז]אין השם שלם ואין הכסא שלם וכו' והיינו שם שלם. וזהו דכתב המגלה עמוקות בסוף האופן שנחה דעתו של משה רבנו עליו השלום בחינת נחמה כנ"ל דנרמז בחושבן הפסוק.

והוא נמי חושבן (1545) (תהל' צ',ד') "אלף שנים בעיניך כיום אתמול כי יעבור" עם הכולל [לח]ורש"י האריך באורו שם בשני אופנים עיין שם. וכתב המגלה עמוקות דזכה משה רבנו ע"ה לראות נשמתו דרבי עקיבא– וזהו "משה עקיבא" גימ' (528) "אז ישיר" (שמות ט"ו,א') דמכאן למדו תחית המתים מן התורה [לט]2שר לא נאמר אלא ישיר וכו' (בסנהדרין ריש פרק חלק).

2. באור על מגלה עמוקות ואתחנן אופן ו':

ד'. וַיֹּאמֶר יְהֹוָה אֶל מֹשֶׁה עַד אָנָה יְנַאֲצֻנִי הָעָם הַזֶּה וְעַד אָנָה לֹא יַאֲמִינוּ בִי בְּכֹל הָאֹתוֹת אֲשֶׁר עָשִׂיתִי בְּקִרְבּוֹ (במדבר יד,יא)

גימ' (3893) טו"ב (17) פעמים בורא"ך (229) [כגון (ישעי' מ"ג,א') כה אמר ה' בוראך יעקב ויוצרך ישראל] דלעתיד לבוא יוברר למפרע דכל מאי דעבד רחמנא לטב עבד [כדברי רבי עקיבא (ברכות ס:)] ברם כעת נראה כהנהגת שמאל דוחה וימין מקרבת (סוטה מז.) ולכן לא תוכל לכנוס לארץ- אתה זכית לגלוי אור הגנוז ב-א' זעירא- וראה דכולו לטובה- דהיינו שלא תכנוס עתה אלא לעתיד לבוא- ומקושר לפסוק הבא מפרשת קרח- ואם בריאה יברא ה' וכו'. וכאמרם (סנהדרין צא:) "אז ישיר משה ובני ישראל" וכו' (שמות ט"ו,א') שר לא נאמר אלא ישיר אותו לעתיד לבוא- הרי שאומר הקב"ה למשה שלא יכנס לארץ עכשיו אלא לעתיד לבוא. ובעדת קרח אמר משה ואם בריאה יברא ה'- שינה הקב"ה מעשה בראשית והראה גבורותו- על זה אמר כגבורותיך, דהיינו:

[לז] **רש"י שמות פרק יז פסוק טז:** כי יד על כס יה - ידו של הקדוש ברוך הוא הורמה לישבע בכסאו להיות לו מלחמה ואיבה בעמלק עולמית, ומהו כס, ולא נאמר כסא, ואף השם נחלק לחציו, נשבע הקדוש ברוך הוא שאין שמו שלם ואין כסאו שלם עד שימחה שמו של עמלק כולו, וכשימחה שמו יהיה השם שלם והכסא שלם, שנאמר (תהלים ט ז) האויב תמו חרבות לנצח, זהו עמלק שכתוב בו (עמוס א יא) ועברתו שמרה נצח, (תהלים שם) וערים נתשת אבד זכרם המה, מהו אומר אחריו (תהלים ט ח) וה' לעולם ישב, הרי השם שלם, (תהלים שם) כונן למשפט כסאו, הרי כסאו שלם. [לח] **רש"י תהלים פרק צ:** כי אלף שנים בעיניך - אלף שנים של בני אדם הם כיום אחד של הקדוש ברוך הוא ועוד מן הלילה עמו כי יום א' של הקדוש ברוך הוא ומעט מן הלילה של הקדוש ברוך הוא הם אלף שנים שהרי לא אמר הכתו' שיהא יומו של הקדוש ברוך הוא אחד כאלף שנים אבל כשיצא מעט מן הלילה עמו אז יומו שלם והוי אלף שנים ולכך מת אדם הראשון תוך אלף שאם היה חי אלף היה יותר מיומו של הקדוש ברוך הוא ושמא שיעור אותה אשמורה הוא כמו שיש ממיתת אדם הראשון עד אלף שנים ואנן לא ידעינן כמה הוי אותה אשמורה כי אם מסברא: (מצאתי) כי אלף שנים בעיניך וגו' - וכשעלתה תשובה בדעתך מתחלה יפה דנת ובראת אותה וראוין היו השנים לכך לפי (שלא) היו ימי בני אדם רבים שלא היו אלף שנים בעיניך אלא כיום הולך שעבר וחלף ומעט מן הלילה עמו שהרי אמרת לאדם הראשון (בראשית ב) כי ביום אכלך ממנו מות תמות וחיה תשע מאות ושלשים שנה נמצאו אלף שנים עולים ליום שלם ומעט מן הלילה עמו: כיום אתמול כי יעבור - שכבר עבר: [לט] **תלמוד בבלי מסכת סנהדרין דף צא עמוד ב:** תניא, אמר רבי מאיר: מניין לתחיית המתים מן התורה שנאמר אז ישיר משה ובני ישראל את השירה הזאת לה', שר לא נאמר, אלא ישיר - מכאן לתחיית המתים מן התורה.

[מ]ליהודים היתה אורה זו תורה וכו׳ ויקר אלו תפלין וכו׳] אבל משה לא זכה רק לאלף זעירא שהוא סוד אות אחוריים וכן

גלא עמיקתא

וכן הוא חושבן (528) ״בגדי השרד״ (שמות מ׳,מ״א-פרשת פקודי) ודרשו חז״ל [מא]אלמלי בגדי השרד לא נשאר משונאיהן של ישראל שריד ופליט רח״ל.

ומביא המגלה עמוקות כדהבאנו לעיל: וטעם [מב]י״ח שורות לסוף י״ח שורות מאהל מועד חוזר הפסוק ופירש וידבר ה׳ אליו ביחוד כן הלכה למשה מסיני דבר זה זכה מי״ח פעמים כאשר צוה ה׳ את משה בפרשת פקודי במלאכת המשכן וכו׳.

מקורות

[מ] תלמוד בבלי מסכת מגילה דף טז עמוד ב: ליהודים היתה אורה ושמחה וששון ויקר, אמר רב יהודה: אורה - זו תורה, וכן הוא אומר כי נר מצוה ותורה אור. שמחה - זה יום טוב, וכן הוא אומר ושמחת בחגך, ששון - זו מילה, וכן הוא אומר שש אנכי על אמרתך ויקר - אלו תפלין, וכן הוא אומר וראו כל עמי הארץ כי שם ה׳ נקרא עליך ויראו ממך ותניא, רבי אליעזר הגדול אומר: אלו תפלין שבראש.

[מא] תלמוד בבלי יומא דף עב עמוד א: ואמר רבי חמא בר חנינא: מאי דכתיב (שמות ל״ה,י״ט) את בגדי השרד לשרת בקדש? אלמלי בגדי השרד לא נשתייר משונאיהן של ישראל שריד ופליט.

[מב] ספר יוחסין מאמר ראשון: והקב״ה הראהו למשה שיבא ר׳ עקיבא בסוף כמה דורות והלך משה וישב לסוף י״ח שורות ושמע דבריו וכשהיו אומרים מנין לך ואמר הלכה למשה מסיני שמח משה אז והראהו שהיה ראוי כמשה ואמר ליה מי מעכב על ידך וזה היה כשהיה הקדוש ברוך הוא קושר כתר לאותיות ושיהיה ר׳ עקיבא דורש על כל קוץ וקוץ תלי תלים של הלכות ואז אמר לו למשה חזור לאחוריך והראהו שהיו שוקלין בשרו במקולין פירש רש״י מקו׳ הקצבין שוקלין וסורקין בשרו במסרקו׳ של ברזל אמר זו תור׳ וזו שכרה ואמר כך עלתה במחשב׳ לפני. כל זה במנחות בפרק הקומץ בענין התפילין.

עיונים

ה׳. וְאִם בְּרִיאָה יִבְרָא יְהֹוָה וּפָצְתָה הָאֲדָמָה אֶת פִּיהָ וּבָלְעָה אֹתָם וְאֶת כָּל אֲשֶׁר לָהֶם וְיָרְדוּ חַיִּים שְׁאֹלָה וִידַעְתֶּם כִּי נִאֲצוּ הָאֲנָשִׁים הָאֵלֶּה אֶת יְהֹוָה (במדבר טז,ל) גימ׳ (5434) הוי׳ (26) פעמים בור״א (209) דהוכיח משה רבינו לבני ישראל דהשי״ת בורא הכל ואין עוד מלבדו כמ״ש (דברים ד׳,ל״ה) ״אתה הראת לדעת כי הוי׳ הוא האלהים אין עוד מלבדו״ [פרש״י הראת אתחזיתא על ידי אחרים והיינו על ידי משה רבינו שלימד את בני ישראל האמונה הקדושה בקב״ה]. אמור מעתה- דאמר משה רבינו לקב״ה: אם כן קידשתי את שמך ברבים- ועשית למען שמך- ועשה אף אתה למען שמך ותן לי לכנוס לארץ חמדת אבות- ואכבוש את הארץ יחד עם יהושע על הצד היותר טוב דטובים השנים מן האחד (קהלת ד׳,ט׳). והשיב לו הקב״ה: רב לך- גלוי וידוע לפני שאינך כונס שמה- רק לעתיד לבוא עם כל הדור ההוא, וכמו שהבאנו דברי הגמרא (סנהדרין צא:) ״אז ישיר משה ובני ישראל״ וכו׳ (שמות ט״ו,א׳) שר לא נאמר אלא ישר אותו לעתיד לבוא יחד עם כל ישראל בגאולה השלמה.

והנה מביא המגלה עמוקות ארבעת הפסוקים (א׳-ד׳) כרוכים יחד- ואם כן יש צורך לחברם לרמוז כללות טענתו של משה רבינו- ועולים בגימטריא (14296) ח׳ פעמים ״נתתי לפניכם את הארץ״ (1787) כמ״ש בתחלת ספר דברים (דברים א׳,ח׳): ״ראה נתתי לפניכם את הארץ, בואו ורשו את הארץ״ וכו׳. ויש לבאר דהיא גופא הטענה והתשובה: הטענה דהני ד׳ פסוקין סליקו לחושבן ח׳ פעמים ״ראה נתתי לפניכם את הארץ״ וכו׳ כלומר: ערך הממוצע דכל פסוק ב׳ פעמים ״ראה נתתי לפניכם את הארץ״. והאי דכפלינן ח׳ זימנין רמיזא התשובה דלא יזכה לכנוס אלא באלף השמיני בתחית המתים בראשם של מתי מדבר [והוא לשיטת רבי אליעזר דאמר דור המדבר יש להם חלק לעולם הבא, אבל לרבי עקיבא דור המדבר אין להם חלק לעולם הבא ואין עומדין בדין שנאמר (במדבר י״ד,ל״ה) במדבר הזה יתמו ושם ימותו- יתמו בעולם הזה, וימותו לעולם הבא (עיין סנהדרין קי:) ואכמ״ל].

״אלף זעירא״ גימ׳ ״רבי עקיבה״ וחלש דעתו עד ששמע כן הלכה למשה מסיני אז נחה דעתו. וטעם י״ח שורות [מג]לסוף י״ח

גלא עמיקתא

והני י״ח פעמים כאשר צוה ה׳ את משה בפרשת פקודי במלאכת המשכן דהיינו: י״ג פעמים ״כאשר צוה ה׳ את משה״ (1394) י״ד. ״כל אשר צוה ה׳ את משה״ (1424) ט״ו. ״ככל אשר צוה ה׳ את משה כן עשו״ (1890) ט״ז. ״ככל אשר צוה ה׳ את משה״ (1444) י״ז. ״אתה כאשר צוה ה׳ כן עשו״ (1500=ק׳ פעמים י״ה כנ״ל) י״ח. ״ככל אשר צוה ה׳ אתו כן עשה״ (1550) סליקו כל הני י״ח פעמים לחושבן (25930): י״פ ״נחם ה׳ ציון נחם כל חרבתיה וישם מדברה כעדן וערבתה כגן ה׳״ (2592) עם י׳ כוללים (ישעי׳ נ״א,ג׳) ובאור הענין דכתב המגלה עמוקות באופן ע״ח [מד]ד-א׳ זעירא צורת י׳, והן הני י׳ כוללים אלופו של עולם המנחם לכנסת ישראל[3] ועיין עוד באורנו לשיר השירים פרק ד׳ הני י״ב פסוקין יחד וכו׳.

ורמיזא עוד בתיבה נתת״י גימ׳ (860) י׳ פעמים שם אלהי״ם - ובאור הענין: דמשה זכה למתק הני ק״כ צרופי שם אלהי״ם, ואיקרי איש האלהי״ם- כמו שפותחת פרשת וזאת הברכה (דברים ל״ג,א׳): ״וזאת הברכה אשר ברך משה איש האלהי״ם את בני ישראל לפני מותו״. ברם מביא המגלה עמוקות במקום אחר דברי הגמרא (חולין קלט:) משה מן התורה מנין ודורשים מהפסוק (בראשית ו׳) ״בשג״ם הוא בשר״ גימ׳ (859) י׳ פעמים שם אלהי״ם חסר אחת. ולכן א׳ דויקרא אל משה זעירא- כמ״ש (תהלים ח׳) ותחסרהו מעט מאלהי״ם- היינו שנחסר לו א׳ מתיקון י׳ פעמים שם אלהי״ם וע״י א׳ זעירא השלים המנין. ועולה מדבריו שלא הגיע לשלמותו בגלל הפגם הדק שפגם ולכן לא יכנס לארץ ישראל דהקב״ה מדקדק עם צדיקים כחוט השערה (יבמות קכא:).

3. באור שיר השירים פרק ד׳: הני י״ב פסוקין יחד גימ׳ (38866): י״ה (15) פעמים ״נחם ה׳ ציון נחם כל חרבותיה וישם מדברה כעדן וערבתה כגן ה׳״ (2591) עם ט״ו כוללים (ישעי׳ נ״א,ג׳). וכאמרם (פסחים נ.) על הפסוק (זכריה י״ד,ט׳) ״ביום ההוא יהיה ה׳ אחד ושמו אחד״- ״ושמו אחד״- מאי אחד האידנא לאו שמו אחד הוא? בעולם הזה נכתב בי״ה ונקרא א-דני, אבל לעולם הבא נקרא בי״ה ונכתב בי״ה, עיין שם. ובאור הענין דיתעלו אתוון ו״ה לבחי׳ י״ה זו״ן בחינת או״א ולכן הם י-ה פעמים פסוקא הנ״ל דנחתא עם י-ה כוללים רמיזא יהי-ה. והוא עם הכללות בסוד א׳ זעירא אלופו של עולם עושה כל אלה.

[מג] ספר יוחסין מאמר ראשון: והקב״ה הראהו למשה שיבא ר׳ עקיבא בסוף כמה דורות והלך משה וישב לסוף י״ח שורות ושמע דבריו וכשהיו אומרים מנין לך ואמר הלכה למשה מסיני שמח משה אז והראהו שהיה ראוי כמשה ואמר ליה מי מעכב על ידך וזה היה כשהיה הקדוש ברוך הוא קושר כתר לאותיות ושיהיה ר׳ עקיבא דורש על כל קוץ וקוץ תלי תלים של הלכות ואז אמר לו למשה חזור לאחוריך והראהו שהיו שוקלין בשרו במקולין פירש רש״י מקו׳ הקצבין שוקלין וסורקין בשרו במסרקו׳ של ברזל אמר זו תור׳ וזו שכרה ואמר כך עלתה במחשב׳ לפני. כל זה במנחות בפרק הקומץ בענין התפילין. **[מד] מגלה עמוקות על א׳ זעירא דויקרא אופן ע״ח:** רמז הקב״ה בכאן בצורת א׳ שהיא צורת י׳ סוד המקוה שהוא סוד שיעור קומה בהיפך אתוון הוקם המשכן אז נשלמה המקוה של מעלה. שיש ר״ם קבין במקוה. לכן היו ישראל ד׳ פעמים ס׳ רבוא שהם ר״ם רבוא. לכן נקרא משה בן ע״מ ר״ם וכן אבינו הראשון נקרא א״ב ר״ם שהוא היה אב שזכו בניו להיות בסוד כסא שהוא מלך יושב על כסא רם. שכן במזבח של מעלה יש בכל זויות ס׳ רבוא חגורי איפוד ומיכאל כהן גדול עומד עליהם. וזה סוד ויקר אל משה מה

שורות מאהל מועד חוזר הפסוק ופי' וידבר ה' אליו ביחוד כן הלכה למשה מסיני דבר זה זכה מי"ח פעמים כאשר צוה ה' את משה בפרשת פקודי במלאכת המשכן וכו' וזכה ליקר שנחה דעתו בימי רבי עקיבא.

גלא עמיקתא

וכן חושבן (25930): "יגל" (43) פעמים "בני ישראל" (603) עם הכולל– **אלופו** של עולם המשפיע בנו גילה שמחה ונחמה בכל דור ודור והוא הנותן לך כח לעשות חיל וכו' וכדכתיב (תהל' י"ד,ז') "יגל יעקב ישמח ישראל" וכתיב (זכריה י',ז') "ובניהם יראו ושמחו יגל לבם בה'" [מה]כמבואר במדרש דקאי **אגאולתא שלמתא** [4ועיין עוד באור שיר השירים פרק ח' בסוף האופן דכל שיר השירים ל–ח' פרקיו רומז ענין הגאולה האמיתית והשלמה].

יקר חסדיך ובצורת א' שהוא י' נרמז חשבון זה בזה האופן י"פ ו' הרי ס' ד"פ ס' הרי ר"ם. והם כמנין י' ימים אחרונים שזכה בהם משה ביום כיפורים בגמר י' ימי תשובה שיש בהם ר"ם שעות. ז"ש ויקר י' אותו יקר זכה ביום הכיפורים שהוא סוד י' וכן י' נחלק על ו"ד שהם ו' ימים האמצעים שמתענין בהם אבל ד' ימים אין מתענין והם ב' ימים של ראש השנה ושבת תשובה וערב יום הכפורים ויקר זה רמז על הענין התשובה שנחלקו לג' זמנים אלו.

[מה] **משנת רבי אליעזר פרשה ה' דיבור המתחיל אמר רבי יהושע:** ר' יהושע אומר וכי איזו מדה מרובה מדת הטובה או מדת הפורענות? ומה אם מדת הפורענות שהיא מועטה נמשכו בה הבנים אחר האבות בעון האבות, מדת הטובה שהיא מרובה אינו דין שימשכו בה האבות אחר הבנים לחיי העולם הבא. וכן הוא אומר ובניהם יראו וישמחו וגו' (זכריה י' ז'), מלמד שהקב"ה מקרבן אלו אל אלו האבות אצל הבנים למחיצתו בגן עדן.

4. באור שיר השירים פרק ח': והנה כל שיר השירים ל-ח' פרקיו סליק כולהו לחושבן (354773): יראת אלהים (697) פעמים ביום ההוא יהיה ה' אחד ושמו אחד (509).

"יראת אלהים" דכתיב (ש"ב כ"ג,ג') "צדיק מושל יראת אלהים", "ביום ההוא יהיה ה' אחד ושמו אחד" (זכרי' י"ד,ט'-ועיין לעיל פסוק י"ג פשוט וא"ת ב"ש). וכדסיים שלמה המלך ע"ה את ספר קהלת "סוף דבר הכל נשמע את האלהים ירא" וכו' "כי זה כל האדם", ויראת אלהים היא המפתח למקרבא לגאולתא שלמתא.

וכדכתיב (בגמ' ברכות ל"ג ע"ב) הכל בידי שמים חוץ מיראת שמים (עיין מה שכתבנו אופן ק"נ-הכל בידי שמים חוץ מיראת שמים) וכתיב (בגמ' מועד קטן דף ט"ז ע"ב) מי מושל בי צדיק שנאמר "צדיק מושל יראת אלהים" (ש"ב כ"ג,ג').

ועם ד' התיבות גימ' (1281) "התנערי מעפר קומי" מפיוט לכה דודי להרה"ק שלמה אלקבץ זיע"א (אופן קט"ז) והוא לאקמא שכינתא מעפרא דהיא כונת חבורנו ב"ה. ויהי רצון דהשי"ת יסייענו לסיימו בשלמות ולהגביר יראת אלהים בעולם מוש"ל שלו"ם אתוון דדין כאתוון דדין דתלמידי חכמים מרבים שלו"ם בעולם. והיינו דמרבים מוש"ל יראת אלהים ומרבים הצדיקים ועמך כולם צדיקים לעולם יירשו ארץ בביאת משיח צדקנו בעגלא דידן ובזמן קריב ונאמר אמן.

אופן ט

כששכח משה הווים לא זכרן עד שבא אליו נשמתו של רבי עקיבא וטעם הדבר לפי שרבי עקיבא מסוד תורה שבע"פ שהם ו' סדרים רבי עקיבא הוא דדרש ווין לכן מן שית מילין איעתר רבי עקיבא.

זה סוד אדם אחד מאלף מצאתי רוצה לומר אדם אחד זה רבי עקיבא שיצא נשמתו באחד מאלף מצאתי כשמצא את האלף הם ווים לעמודים הוצרך לבא אליו רבי עקיבא שיצא נשמתו בא' ולפי"ז יהי' פי' הפסוק אלף זעירא רומז על אות האלף שחשדו ישראל למשה עד שבא אליו נשמתו של רבי עקיבא ז"ש ויקר אל משה רבי עקיבא ולי מה יקרו רעיך אל שבא באותו פרק אל משה ובזה זכה לאלף שעשה ווים לעמודים.

וטעם הדבר שהוצרך לבא אליו אז רבי עקיבא לזה אמר וידבר ה' אליו מאוהל מועד מיסוד תורה שבע"פ לאמר שמשם נצטוו ישראל להוראה כולהו אליבא דרבי עקיבא דתלמידייהו הוי:

אופן ט

כששכח משה הווים לא זכרן עד שבא אליו נשמתו של רבי עקיבא וטעם הדבר לפי שרבי עקיבא מסוד תורה שבעל פה

גלא עמיקתא

והאריכו בספה"ק [א]דשלמות תורה שבכתב על ידי תורה שבעל פה, וזהו "תורה שבכתב תורה שבעל פה" גימ' (2433) "חוה" (19) פעמים "ה' אלהינו" (128) עם הכולל- והבאור דפגם חוה היה בתורה שבכתב ובתורה שבעל פה כאחד- שהרי שינתה מדברי השי"ת [תורה שבכתב] ואף הוסיפה מעצמה [תורה שבעל פה] ונסתרה עם הנחש עד [ב]1שהטיל בה זוהמא רח"ל, ונקנסה מיתה לעולם- ובאו האבות הקדושים לתקן הפגם עד יעקב [ג]דמטתו היתה שלמה.

1. באור על מגלה עמוקות ואתחנן אופן ל"ט: א'. וָאֶתְחַנַּן אֶל יהוה בָּעֵת הַהִוא לֵאמֹר (דברים ג,כג) גימ' (1332) י"א פעמים י"א עם הכולל. ובאור הענין דאינון י"א כתרין דמסאבותא בסוד י"א סממני הקטרת ובסוד י"א יריעות עיזים שהיו על המשכן כמ"ש (שמות כ"ו,ז') "ועשית יריעות עיזים לאוהל על המשכן, עשתי עשרה יריעות תעשה אתם"- והן י"א בסוד כל המוסיף גורע- דבקדושה כתיב (ספר יצירה) עשר ספירות בלימה עשר ולא תשע עשר ולא אחד עשר, ולעומת זה בקלי' הן י"א דהן בחינת עזות דקלי' בבחינת אני אמלוך- רצון להתגאות על הקדושה- אמנם בקדושה הן י"ב שבטי י"ה א' יתיר עליהן. ואם יקשה לך אדם (בליעל): והרי הן י"ב בני ישמעאל? אף אתה הקהה את שיניו ואמור לו: בקדושה הן י"ג מידות הרחמים מאריך אנפין- וכאן אין לעומת זה- אמנם כנגדו יש אריך דקלי' בסוד (ישעי' י"א,ח') ושעשע יונק על חור פתן- אך לית ביה י"ג מכילן כלל- והוא עומד מאחרי אריך דפרצוף מלכות דמלכות דאצילות, ואינו מגיע לאריך דקדושה כלל דהוא בחינת כתר דאצילות דכללות בבחינת (שמות י"ד,כ') ולא קרב

[א] דגל מחנה אפרים בראשית פרשת בראשית: ויש לפרש כי ידוע תורה שבכתב ותורה שבעל פה הכל אחד ואין אחד נפרד מחבירו כלל כי אי אפשר לזה בלא זה דהיינו התורה שבכתב מתגלה צפונותיה על ידי תורה שבעל פה ותורה שבכתב בלא תורה שבעל פה אינו תורה שלימה והוא רק כמו חצי ספר עד שבאו חז"ל ודרשו התורה וגילו דברים הסתומים ופעמים הם עוקרין דבר מן התורה והיינו בענין מלקות שכתוב בתורה ארבעים ובאו רבנן ובצרו חדא (מכות כ"ב ב) והכל על ידי הופעת רוח קדשם שהופיע עליהם והיה כח בידם לעשות זה נמצא תלוי שלימות תורה שבכתב בתורה שבעל פה ולכן האומר אין קל וחומר מן התורה או שחולק על מאמר אחד מחז"ל כאילו כופר בתורת משה רבינו ע"ה (סנהדרין צ"ט א) כי הכל תלוי בדרושי חז"ל והם עיקר שלימות התורה שבכתב.

[ב] תלמוד בבלי שבת דף קמו עמוד א: שבשעה שבא נחש על חוה הטיל בה זוהמא. ישראל שעמדו על הר סיני - פסקה זוהמתן, עובדי כוכבים שלא עמדו על הר סיני - לא פסקה זוהמתן.

[ג] ספר באר מים חיים - פרשת ויצא: ותתן לו את בלהה שפחתה לאשה ויבוא אליה יעקב. מגיד הכתוב שלא חפץ יעקב לבוא עליה כי אם אחר שנתנה לו שפחתה במתנה גמורה שתהיה אשה אליו ולא יקרא עוד שמה שפחה כי ידע יעקב מה שהיה לאברהם עם שרה כשנתנה לו שפחתה שאחר כך הקל גבירתה בעיניה ואמרה לו שרה חמסי עליך עד שהוצרך עבורה לגרש האמה ובנו. ואף אברהם עשה כן על פי הדיבור כמאמר חז"ל (בראשית רבה מ"ה, ב') בפסוק (בראשית ט"ז, ב') וישמע אברהם לקול שרי לקול רוח הקודש שבה. והטעם היה בכדי שיצא פסולת אברהם אשר היה נמצא בו מתרח אביו, בהגר המצרית, שיצא ישמעאל מזה. ויצא יצחק משרה זך ונקי. מה שאין כן יעקב שלא היה צריך לזה והיה מטתו שלמה שלא נמצא פסול בזרעו ולא היה רוצה לקחת כי אם אחר שנתנה לו במתנה ונעשית אשה בת חורין ואז ויבוא אליה יעקב.

שהם ו׳ סדרים [ד]רבי עקיבא הוא דדרש ווין (סנהדרין נ״א ע״ב) לכן [ה]מן שית מלין אתער רבי עקיבא (נדרים נ׳ ע״א) ז״ס

גלא עמיקתא

ומשה- דהוא מלגו- הגדיל לעשות ופרש מן האשה בחינת שרש חוה [ו]והוא אחד מ-ג׳ הדברים שעשה משה מדעתו והקדוש ברוך הוא הסכים עמו שנאמר ואתה פה עמד עמדי (דברים ה׳,כ״ח) [ז]כמבואר בגמרא (שבת פ״ז ע״א).

עיונים

זה אל זה כל הלילה- דגלות נמשלה ללילה- ובפסוקא דנן כללות י״א פעמים י״א פעמים י״א ג׳ פעמים לרמוז על בחינה זו- הכאת אריך דקלי׳, דהוא שורשו של נחש הקדמוני כמ״ש בא ס״מ [אריך דקלי׳] רכוב על נחש בדמות גמל ובא על חוה והטיל בה זוהמא- והיא חוה הראשונה דא לילי״ת הרשעה איתתא דס״מ מאותו זמן ועד דעתידא קוב״ה למשחטיה למלאך המות (עיין סוכה נב.) ואז יקוים מאמר הנביא (ישעי׳ כ״ה,ח׳) בלע המות לנצח.

וזהו דשמות כולם יחד: ״סמא״ל - נחש - גמל - לילי״ת״ סליקו לחושבן (1042) ג׳ פעמים ״במשה״ (347) עם הכולל- כלומר שהיה בכחו של משה רבינו למתק לכל הני סיטרא אחרא, ולכן רצה להיכנס לארץ ישראל להגביר כח הקדושה למתק כל הני דינים קשים ולהביא גאולה לעולם.

והשיב לו הקב״ה: רב לך- יהושע יתחיל המיתוק על ידי כיבוש ויישוב הארץ, ודוד מלכא משיחא יסיימו בעת הגאולה- דבספר דברי הימים כתיב דויד מלא [ויברך דויד את ה׳ לעיני כל הקהל ויאמר דויד (דברי הימים א׳ כ״ט,י׳)] דסליק לחושבן כ״ד ורמיזא מיתוק כ״ד זיני דמסאבותא על ידי כ״ד קישוטי כלה דהן שמות היוצאים מתחלת ומסוף כל אחד מ-כ״ד ספרים דתורה נביאים וכתובים כמו שבארנו באריכות במקום אחר בענין תיקון ליל שבועות.

מקורות

[ד] **תלמוד בבלי מסכת סנהדרין דף נא עמוד ב:** אמר ליה רבי עקיבא: ישמעאל אחי בת ובת אני דורש. [ה] **תלמוד בבלי נדרים דף נ עמוד א:** מן שית מילי איעתר רבי עקיבא: מן כלבא שבוע; מן אילא דספינתא, דכל ספינתא עבדין ליה מין עינא, זימנא חדא אנשיוה על כיף ימא, אתא הוא אשכחיה; ומן גוווא, דזימנא חדא יהיב ארבעה זוזי לספונאי, אמר להו: אייתי לי מדעם, ולא אשכחו אלא גוווא על כיף ימא, אתיוה ליה, אמרו ליה: עביד מרנא עליה, אישתכח דהוה מלי דינרי, דזימנא חדא טבעת ספינתא וכולי עיסקא הוה מחית בההוא גוווא, ואישתכח בההוא זימנא דמן דסרוקיתא; ומן מטרוניתא, ומן אשתו של טורנוסרופוס; ומן קטיעא בר שלום. [ו] **תלמוד בבלי שבת דף פז עמוד א:** דתניא: שלשה דברים עשה משה מדעתו והסכים הקדוש ברוך הוא עמו: הוסיף יום אחד מדעתו, ופירש מן האשה, ושבר את הלוחות. הוסיף יום אחד מדעתו. מאי דריש? היום ומחר - היום כמחר, מה למחר - לילו עמו, אף היום - לילו עמו. ולילה דהאידנא נפקא ליה. שמע מינה - תרי יומי לבר מהאידנא. ומנלן דהסכים הקדוש ברוך הוא על ידו - דלא שריא שכינה עד צפרא דשבתא. ופירש מן האשה. מאי דריש? נשא קל וחומר בעצמו, אמר: ומה ישראל שלא דברה שכינה עמהן אלא שעה אחת, וקבע להן זמן, אמרה תורה והיו נכונים וגו׳ אל תגשו, אני שכל שעה ושעה שכינה מדברת עמי, ואינו קובע לי זמן - על אחת כמה וכמה! ומנלן דהסכים הקדוש ברוך הוא על ידו - דכתיב לך אמר להם שובו לכם לאהליכם וכתיב בתריה ואתה פה עמד עמדי, ואית דאמרי פה אל פה אדבר בו. שבר את הלוחות. מאי דריש? אמר: ומה פסח שהוא אחד מתרי״ג מצות, אמרה תורה וכל בן נכר לא יאכל בו, התורה כולה [כאן], וישראל משומדים - על אחת כמה וכמה! ומנלן דהסכים הקדוש ברוך הוא על ידו - שנאמר אשר שברת ואמר ריש לקיש: יישר כחך ששיברת. [ז] **תלמוד בבלי מסכת שבת דף פז עמוד א:** מיתיבי: וקדשתם היום ומחר, קשיא לרבי יוסי! - אמר לך רבי יוסי: יום אחד הוסיף משה מדעתו, דתניא: שלשה דברים עשה משה מדעתו והסכים הקדוש ברוך הוא עמו: הוסיף יום אחד מדעתו, ופירש מן האשה, ושבר את הלוחות. הוסיף יום אחד מדעתו. מאי דריש? היום ומחר - היום כמחר, מה למחר - לילו עמו, אף היום

אדם אחד מאלף מצאתי (קהלת ז',כ"ח) ר"ל אדם אחד זה רבי עקיבא [ח]שיצאה נשמתו באחד מאלף מצאתי כשמצא

גלא עמיקתא

ומבואר במהרש"א שם [ט]דהיו ליצני הדור אומרים שאי אפשר שאדם יפרוש מן האשה לגמרי, לכן חשדוהו בנשותיהם כמ"ש (תהל' ק"ו) "ויקנאו למשה במחנה".

ובגמרא (סנהדרין ק.) [י]אמר רב שמואל בר יצחק מלמד שכל אחד קנא לאשתו ממשה וזהו דכתיב (במדבר ט"ז) "וישמע משה ויפל על פניו" גימ' (1143) ג"פ "אהל משה" (381).

ומקשרו הש"ס לפרשת כי תשא– דהוא לכאורה בזמן אחר– לאחר חטא העגל (שמות ל"ג–פרשת כי תשא) "ומשה יקח את האהל ונטה לו מחוץ למחנה" והיינו דהתרחק מן המחנה שלא יחשדוהו עוד. וזהו דאין מוקדם ומאוחר בתורה, [2]ובארנוהו בפירוש תהלים מזמור י"ז דשם בתוך חמשה פסוקים י"א פעמים שרש אהל עיין שם.

2. באור תהלים פרק י"ז: ורמיזא בהאי א' זעירא כנ"ל, וכד נעביד הני תיבין דאמרינן דסליקו לחושבן אלף (1000) בריבוע כזה: "תפלה, תפלה לדוד, תפלה לדוד שמעה, תפלה לדוד שמעה ה'" גימ' (3048) ח"פ "אהל משה" (381) והוא בפסוק בשמות (ל"ג,ז') "ומשה יקח את האהל וכו' וקרא לו אהל מועד" וכו' עיין שם. והנה הוא הפלא ופלא דאינון י"א פעמים אהל (שם) בתוך ה' פסוקין, ואפשר שזהו הריכוז הגדול ביותר בכ"ד ספרים בתיבת "אהל", ורמיזא אבדם של הני י"א כתרין דמסאבותא- והאי א' דאהל איהי א' זעירא דנוק', ד"ויקרא אל משה" - ס"ת אה"ל.

- לילו עמו. ולילה דהאידנא נפקא ליה. שמע מינה - תרי יומי לבר מהאידנא. ומנלן דהסכים הקדוש ברוך הוא על ידו - דלא שריא שכינה עד צפרא דשבתא. ופירש מן האשה. מאי דריש? נשא קל וחומר בעצמו, אמר: ומה ישראל שלא דברה שכינה עמהן אלא שעה אחת, וקבע להן זמן, אמרה תורה והיו נכונים וגו' אל תגשו, אני שכל שעה ושעה שכינה מדברת עמי, ואינו קובע לי זמן - על אחת כמה וכמה! ומנלן דהסכים הקדוש ברוך הוא על ידו - דכתיב לך אמר להם שובו לכם לאהליכם וכתיב בתריה ואתה פה עמד עמדי, ואית דאמרי פה אל פה אדבר בו. שבר את הלוחות. מאי דריש? אמר: ומה פסח שהוא אחד מתרי"ג מצות, אמרה תורה וכל בן נכר לא יאכל בו, התורה כולה [כאן], וישראל משומדים - על אחת כמה וכמה! ומנלן דהסכים הקדוש ברוך הוא על ידו - שנאמר אשר שברת ואמר ריש לקיש: יישר כחך ששיברת. [ח] **תלמוד בבלי ברכות דף סא עמוד ב:** אמרו: לא היו ימים מועטים עד שתפסוהו לרבי עקיבא וחבשוהו בבית האסורים, ותפסו לפפוס בן יהודה וחבשוהו אצלו. אמר לו: פפוס! מי הביאך לכאן? אמר ליה: אשריך רבי עקיבא שנתפסת על דברי תורה, אוי לו לפפוס שנתפס על דברים בטלים. בשעה שהוציאו את רבי עקיבא להריגה זמן קריאת שמע היה, והיו סורקים את בשרו במסרקות של ברזל, והיה מקבל עליו עול מלכות שמים. אמרו לו תלמידיו: רבינו, עד כאן? אמר להם: כל ימי הייתי מצטער על פסוק זה בכל נפשך - אפילו נוטל את נשמתך, אמרתי: מתי יבא לידי ואקיימנו, ועכשיו שבא לידי לא אקיימנו? היה מאריך באחד עד שיצתה נשמתו באחד. יצתה בת קול ואמרה: אשריך רבי עקיבא שיצאה נשמתך באחד. אמרו מלאכי השרת לפני הקדוש ברוך הוא: זו תורה וזו שכרה? ממתים ידך ה' ממתים וגו'! - אמר להם: חלקם בחיים. יצתה בת קול ואמרה: אשריך רבי עקיבא שאתה מזומן לחיי העולם הבא. [ט] *מהרש"א חידושי אגדות שבת דף פז עמוד א:* ומה ישראל וכו' עיין בתוס' ובפרק הבע"י תירצו עוד דאטו משום שצוה לבטל פ"א מפריה ורביה יבטל הוא לעולם וק"ל: [י] **תלמוד בבלי מסכת סנהדרין דף קי עמוד א:** וישמע משה ויפל על פניו, מה שמועה שמע? אמר רבי שמואל בר נחמני אמר רבי יונתן: שחשדוהו מאשת איש, שנאמר ויקנאו למשה במחנה. אמר רבי שמואל בר יצחק: מלמד שכל אחד ואחד קנא את אשתו ממשה, שנאמר ומשה יקח את האהל ונטה לו מחוץ למחנה.

את האלף הם ווים לעמודים (שמות ל"ח,כ"ח) הוצרך לבוא אליו רבי עקיבא [יא]שיצא נשמתו בא' ולפי זה יהיה

[יא] **תפארת שלמה פרשת ויקרא:** ויקרא אל משה. פרש"י לכל הדברות ולכל האמירות ולכל הציווים קדמה קריאה לשון שמלאכי השרת משתמשים בו שנאמר וקרא זה אל זה ואמר קדוש. הנראה לבאר ברמז בלשון זה. כי הלשון קריאה בעצמה איננו לשון של מלאכי השרת רק הכתוב מספר שהם קוראים זה לזה. אכן הנה להלן כתיב ואת אשר חטא מן הקודש ישלם ואת חמישיתו יוסף עליו ונתן אותו לכהן וגו'. שיש לדקדק בל' מן הקודש ישלם אין לו ביאור ועיש"י. אולם הנה כל תורה ותפלה ומעש"ט אשר עושה האדם בעוה"ז הנה עיקר הכוונה בהם להעלות מ"נ למעלה למעלה עד א"ס ב"ה ועיקר הוא מס"נ ר"ת מיין נוקבין. כי כן בכל ת"ת ותפלה צריך להיות בה מס"נ להש"י להדבק באור העליון ב"ה וכמובא בזה בס' תהלים בהרבה מקומות. והנה ע"י העלאת מ"נ הנה מתעורר עי"כ היחוד העליון להשפיע כל טוב למלכות ומה גם נפש כי תחטא חלילה להש"י ופוגם למעלה במדות העליונו' הנה בתשובה צריך להיות עמה מס"נ כדי להעלות מ"נ להשב שפע הצינורות לנכון. אכן כ"ז הוא ע"י תיקון בחי' היסוד שהוא תיקון המחשבה שהוא עולה עד הדעת ע"כ צריך האדם לראות לטהר נפשו ומחשבתו כל הימים להריק מדעת העליון לנוה אפריון שפע טוב הנה זה הפי' ואת אשר חטא מן הקודש ישלם. פי' אשר חטא ופגם בעדות העליונות וזה מן הקודש כי בחי' הקדוש' הוא מס"נ כמ"ש ונקדשתי בתוך בנ"י כנודע וזהו וחמישיתו הוא בחי' ה' תתאה יוסף הוא בחי' יסוד ע"י הצי"ע גורם היחוד וכל הנהגת העולם עליו. וכן כתיב להלן ושלם אותו בראשו וחמשיתיו יוסף עליו כי צריך לתקן בחי' היסוד שעולה עד הדעת והמחשבה שבראשו להיות לו מחשבות טהורות ע"י כן יתעורר בחי' הקדושה והיחוד להשפעות טובות על בנ"י. וז"ש כאן ונתן אותו לכהן והכהן יכפר עליו ג"כ רומז על הנ"ל. והמצות. כי זהו עיקר הפעולה של הצדיקים בעולם העשיה בכוונה הראויה לאוקמי שכינתא מעפרא. וע"ז נא' וירא אלהים את כל אשר עשה והנה טוב מאד: הני"ק שבכל המאכלים אל שרשם כידוע בשם הבעש"ט בפי' הפ' (תהלים קז, ה) רעבים גם צמאים נפשם בהם תתעטף הם הני"ק העטופים במאכל. וזהו (תהלים קמו, ז) והבן. והנה אמנם תכלית כל התיקוני' בתשובה ות"ת ותפלה הכל הוא ע"י הצי"ע והוא שכ' ואם מן העוף עולה קרבנו לה' עו"ף גימט' יוס"ף. ר"ל ע"י יוסף בחי' היסוד צדיק יסוד עולם עולה קרבנו לה'. והנה כן בענין הקרבנות לרצונכם לפני ה' וכן לרצונו לפני ה'. וכדי לבאר ענין הרצון הזה מה הוא. נקדים מש"כ ששים ושמחים לעשות רצון קונם. דהנה הצדיקים הם המשרתים והם המאורות לפני הש"י ב"ה וכן כתיב צדיקים עושי רצונו. פי' הצדיקים במעשיה' הטובים ובמסירת נפשם לאהבת הש"י ב"ה מעלים מ"נ ומעוררים הרצון העליון להיחוד. וזהו ששים ושמחים לעשות רצון קונם לעשות היחוד למעלה שהוא רצון קונם הוא קנ"ו והמ"ם רומז למלכות שנעשה היחוד ביסוד ומלכות. וזהו הרמז בר' עקיבא שהיה שמו עקיב"א ב"ן יוס"ף ב"ן הוא שם במלכות יוסף הוא בחי' יסוד שע"י מס"נ של ר"ע נעשה היחוד והרצון כמ"ש יצאה נשמתו באחד הוא היחוד יסו"מ כילי"ח וזהו בחי' הקרבן שמקרב היחוד וזהו להקריב אשה לה' וזה לרצון לפני ה'. והבן. וזהו לשון קריאה שהוא לשון חיבה לשון שמלה"ש כי שורש ענין קריאה רומז על היחוד וירידת האור העליון כמובא בזוהר הקדוש לשון מקרא קודש ע"ש. והנה זהו שפרש"י ז"ל לכל הדברו' ולכל האמירות ולכל הציווים קדמה קריאה. הוא הפי' לכל אשר ידבר האדם בתפלה או בתורה או איזה אמירה של קדושה ואיזו ציווי של קדושה איש לרעהו קדמה קריאה. פי' צריך לכוון ראשונה להיחוד עליון שהוא לשון קריאה כמ"ש. והקריאה הוא היחוד לשון חיבה כנ"ל והוא שמלה"ש משתמשין בו שנאמר וקרא זה אל זה ואמר קדוש. כי יש כתות מלאכי' שנבראים בכל יום לומר קדוש ואח"כ נשרפים ועולים כמובא כ"ז בזוהר הקדוש

ונעביד חושבן דהני י"א "אהל", דהיינו: "האהל אהל אהל (שמות ל"ג,ז') האהל אהלו האהלה (פס' ח') האהלה האהל (פס' ט') האהל אהלו (פס' י') האהל (פס' י"א)" גימ' (453) "מלך המשיח" והוא נפלא דדוד מלכא משיחא ימגר ויאביד לנצח הני י"א קלי' דלקביל להון הני י"א אהל- ואינון י"א יריעות עזים מעל האהל וכדכתיב "וסרח העדף בירעת האהל" (שמות כ"ו,י"ב) גימ' (1166) כ"ב (אתוון דאורייתא קדישא) פעמים ג"ן (פרשיות התורה), וד"ל.

3. עשרת הדברות: ונעביד להני י' דבריא דפרשת ואתחנן בצורת חנוכיה: ובחנוכיה נבאר דמש"ה בא"ל ב"ם אתוון בי"ע- ענין עולמות בריאה יצירה עשיה דמשה הוריד תורה לישראל מעולם האצילות לעולמות התחתונים- בי"ע. והוא שלמות אבי"ע ר"ת אצילות בריאה יצירה עשיה.

ובספרים. והנה המלאכים האלו אף על פי שיודעים שיאבדו אח"כ אעפ"כ אומרים הקדושה במס"נ הגדולה. כן ילמוד האדם להיות במס"נ לכל ת"ת ותפלה להמשיך האור העליון למטה בה' להיות בבחי' הקריאה היקרה הזאת כיל"ח. והבן: תורת חסד על לשונה. זהו תורת כהנים שנקראים חסד. וזהו על לשונה. כי גם בזמה"ז שאין לנו קרבן ולא אישים וניחוחים מ"מ כתיב ונשלמה פרים שפתינו. שיהיו אמרינו לרצון לפני אדון כל באמיר' הקרבנו':

[יב] זוהר פרשת בראשית דף לז עמוד ב: ויאמר ה' לא ידון רוחי באדם לעולם בשגם הוא בשר וכו' רבי אחא אמר בההוא זמנא הוה ההוא נהרא דנגיד ונפיק אפיק רוחא עלאה מאילנא דחיי ואריק באילנא (דשרייא ביה מותא) (מאילנא דמותא) ואתמשכן רוחין בגווייהו דבני נשא יומין (זמנין) סגיאין עד דסלקו בישין ואתעתדו לפתח, כדין אסתלק רוחא עלאה מהוא אילנא בשעתא דפרח נשמתין בבני (מבני) נשא הדא הוא דכתיב לא ידון רוחי באדם לעולם למיהב לעולם בשעתא דפרחו נשמתין בבני נשא, בשגם הוא בשר רבי אלעזר אמר (לקמן צח.) בשגם דא משה דאיהו נהיר לסיהרא ומחילא דא קיימין בני נשא בעלמא יומין (זמנין) סגיאין, והיו ימיו מאה ועשרים שנה רמז למשה דעל ידיה תורה אתיהיבת וכדין יריק (ס"א זריק) חיין לבני נשא מההוא אילנא דחיין וכך הוה אלמלא דחבו ישראל הדא הוא דכתיב (שמות ל"ב) חרות על הלחות חרות ממלאך המות, דהא אילנא דחיי הוה משיך לתתא ועל דא בשג"ם דאיהו בשר קיימא מלה לארקא (לאתרחקא) רוחא דחיי בשגם אחיד לתתא אחיד לעילא, ועל דא תנינן משה לא מית אלא אתכניש מעלמא והוה נהיר לסיהרא וכו' **[יג] רש"י במדבר פרק טז:** ואם בריאה - חדשה:

פירוש הפסוק אלף זעירא רמיזא על אות האלף שחרדו ישראל למשה עד שבא אליו נשמתו של רבי עקיבא ז"ש ויקר אל משה רבי

גלא עמיקתא

וכאן נוסיף דהני תיבין "ומשה יקח את האהל ונטה לו מחוץ למחנה" גימ' (1294) "מלכות שבמלכות" דהראה לכלל ישראל שהוא נבדל מהם ואינו כמותם דכתיב ביה איש האלהים ועלה למדרגה גבוהה כדכתיב לגביה בזוה"ק [יב]אתכניש לעילא ואנהיר לסיהרא מתמן.

ולא כמו שהיה מתחלה בשג"ם הוא בשר [כדאיתא בחולין קלט: משה מן התורה מנין? בשג"ם הוא בשר בשג"ם גימ' מש"ה עיין שם בגמרא] ככל בשר ודם דנשא את צפורה והוליד שני בנים וכו' אלא דפירש מן האשה.

ולכן הוא נרמז בחושבן "מלכות שבמלכות" שמשם נבראים עולמות בי"ע יש מאין, וכדרמזינא[3] במקום אחר מש"ה בא"ל ב"ם אתוון בי"ע.

דנתעלה עד פנימיות מלכות דאצילות שרש הבריאה– ומשם אמר לקרח ועדתו (במדבר ט"ז) "ואם בריאה יברא ה' ופצתה האדמה את פיה" וכו' ופרש"י [יג]ואני מפי הגבורה אמרתי וכו' דש'כינה מ'דברת ב'תוך ג'רונו ראשי תיבות בשג"ם.

וכשנוסיף האי דכתב המגלה עמוקות דנגלה לו למשה נשמת רבי עקיבא, א"כ נוסיף ל"תורה שבכתב תורה שבעל פה" (2433) "משה עקיבא" (528).

סליקו לחושבן (2961) ג"פ דהוי חזקה "ואתם הדבקים בה' אלהיכם חיים כולכם היום" (987) (דברים ד',ד'–פרשת ואתחנן).

עקיבא [יד]ולי מה יקרו רעיך אל שבא באותו פרק אל משה ובזה זכה לאלף שעשה ווים לעמודים וטעם הדבר שהוצרך לבוא אליו אז רבי עקיבא לז"א

גלא עמיקתא

והתקשר אז לנשמת "אדם קדמון" גימ' (245) "חיים כולכם היום" בחינת שרש הקו, ומתמן מיתקן הדין דעד שם עלו קרח ועדתו [טו]ואין הדין נמתק אלא בשרשו. **ואלמלא** מיתק משה בשרש הגבוה ביותר היה חוזר ח"ו הכל תהו, והיה המיתוק ע"י שלמות תורה שבכתב ע"י תורה שבעל פה כנ"ל.

והוא השלמות של משה רבנו עם רבי עקיבא– דכאו"א בפני עצמו אינו ממתק, וכגון [טז]דמתו כ"ד אלף תלמידי רבי עקיבא, והדין לא נמתק עד ל"ג בעומר דעתידא למהוי יומא דהלולא דרשב"י בחינת משה. וזהו שלימו דכולהו דאז הקדושה מחזירה הנצוץ הקדוש שנבלע ע"י הקלי' בשרשו העליון ביותר [יז]א"א דקלי' ואף למעלה מכך [יח]בלובן העליון דמתמן יניקת הכתר דקלי'– 4י"א כתרין דמסאבותא בסוד המן ועשרת בניו כמ"ש

יברא ה' - להמית אותם במיתה שלא מת בה אדם עד הנה, ומה היא הבריאה, ופצתה האדמה את פיה ותבלעם, אז וידעתם כי נאצו הם את ה', ואני מפי הגבורה אמרתי. [יד] **תלמוד בבלי מסכת סנהדרין דף לח עמוד ב:** והיינו דאמר ריש לקיש: מאי דכתיב זה ספר תולדת אדם - מלמד שהראהו הקדוש ברוך הוא דור דור ודורשיו, דור דור וחכמיו. כיון שהגיע לדורו של רבי עקיבא שמח בתורתו ונתעצב במיתתו, אמר ולי מה יקרו רעיך אל. [טו] **ליקוטי מוהר"ן תורה מא:** ואין דין נמתק אלא בשרשו, ושרש הדינים בבינה, כמ"ש (בזוהר ויקרא י' ע"ב) בינה דינין מתערין מינה, אני בינה לי גבורה (משלי ח'). ושם מ"ב בבינה. נמצא כשממשיך שם מ"ב לתוך עמודים, אזי הדינין נמתקין בשרשם. וזה פי' (שמות כ"ז) ווי עמודים וחשוקיהם כסף, פי' ע"י חשיקה והתחברות ווי עם עמודים, נעשה פשר, חסד, שנמתקין הדינין. [טז] **תלמוד בבלי מסכת יבמות דף סב עמוד ב:** אמרו: שנים עשר אלף זוגים תלמידים היו לו לרבי עקיבא, מגבת עד אנטיפרס, וכולן מתו בפרק אחד מפני שלא נהגו כבוד זה לזה, והיה העולם שמם, עד שבא ר"ע אצל רבותינו שבדרום, ושנאה להם ר"מ ור' יהודה ור' יוסי ורבי שמעון ורבי אלעזר בן שמוע, והם הם העמידו תורה אותה שעה. תנא: כולם מתו מפסח ועד עצרת. אמר רב חמא בר אבא, ואיתימא ר' חייא בר אבין: כולם מתו מיתה רעה. מאי היא? אמר רב נחמן: אסכרה. [יז] **ר' צדוק הכהן מלובלין - פרי צדיק - ויקרא - פרשת שמיני:** דשלמים מורה שהגוף קדוש שיוכל לאכול מקדשי שמים, כמו שזכו אחר מכה עשירית, שהיה להם לפי שעה התגלות מכתר עליון, זכו לאכילת פסח, שאכילה בקדושה מורה שתיקנו שורש הפגם של הנחש שהיה באכילה, וזה יכפר על מעשה שור, שהיה חטא בשורש כפי כוונת הערב רב וימירו את כבודם בתבנית שור קליפת שור אריך אנפין דקליפה, וזה הכפרה לא הוצרך אהרן שכיון שהקריב העגל חטאת שלו, כבר זכה לאכילה בקדושה דכהנים אוכלים מבשר החטאת. [יח] **נועם אלימלך בראשית פרשת וישלח:** עם לבן גרתי ואחר עד עתה: דהנה לבן אותיות נבל, דהיינו היצר הרע נקרא נבל. ואחר שיזכה האדם לעבוד בשני יצרים כאמור בכל לבבך (דברים ו, ה) בשני יצריך (ברכות נד א), אזי היצר הרע נהפך ללבן, דהיינו לובן העליון.

4. באור על מגלה עמוקות ואתחנן אופן כ"א: ב'. וָאֶתְחַנַּן אֶל יהוה בָּעֵת הַהִוא לֵאמֹר (דברים ג,כג) גימ' (1332) י"ב (12) פעמים אל"ף (111) דהן י' פעמים י"א פעמים י"ב (עם הכולל) - דהן י' ספירות דקדושה, י"ב גבולי אלכסון י"ב שבטי י-ה, וביניהן י"א כתרין דמסאבותא דמנסים להפסיד הקדושה ד-י' ספירות דהן בכללות לקביל י"ה דשם הוי', י"ב גבולי אלכסון לקביל בכללות לקביל ו"ה דשם הוי', ועמלק מנסה להפריד המוחין מהמידות, דלא ירד למעשה בפועל- ובא בטענה שהוא עיקר- שכן הוא י"א כתרין

וידבר ה׳ אליו מאהל מועד מיסוד תורה שבעל פה לאמר שמשם נצטוו ישראל להוראה [יט]כולהו אליבא דרבי עקיבא דתלמידייהו הוי.

גלא עמיקתא

הבני יששכר בספרו [כ]אגרא דכלה פרשת לך לך, [ועיין עוד מה שמבואר אצלנו 5במקום אחר בענין המן ועשרת בניו לקביל י״א כתרין דמסאבותא].

דמסאבותא ואתוון י״ה גימ׳ י״א- אך לא כך היא המידה- ונשבע הקב״ה שאין השם שלם ואין הכסא שלם עד שימחה שמו של עמלק מן העולם, שנאמר (שמות י״ז,ט״ז) ״כי יד על כס י-ה מלחמה לה׳ בעמלק מדר דר״.

וזהו שמביא המגלה עמוקות דשם הקלי׳ הוא חנ״ם- חנ״ם במילוי ״חית נון מם״ גימ׳ (604) אגר״ת- שיהא שם של קלי׳ כמבואר בספה״ק נעמה ואגרת וכו׳.

והמילוי לבד גימ׳ (506) י״א פעמים חבדל״ה (46) - רמיזא דיש להבדיל עצמנו מהן, ומשה רעיא מהימנא נתן לנו הכח לכך- ולכן תיקנו הבדלה בחונן הדעת דאם דעת אין הבדלה מנין.

5. י׳ ספירות דקלי׳ לקביל עשרת בני המן: א׳ זעירא דויקרא לקביל י׳ היינו מה שכתוב ״עשרת בני המן בן המדתא צרר היהודים״ (אסתר ט׳,י׳) גימ׳ (2199) ״רחם נא ה׳ אלהינו על ישראל עמך ועל ירושלים עירך״ (ברכת המזון) ע״ה, והם י׳ ספירות דקלי׳.

והנה כל אחד מהם לקביל ולעומת זה דקדושה, וכדלקמן:א׳. ״פרשנדתא״ גימ׳ (1035) ה״פ ״אור״ דמע״ב - לקביל חכמה.ב׳. ״דלפון״ גימ׳ (170) י״פ ״טוב״ דמע״ב - בינה.ג׳. ״אספתא״ גימ׳ (542) ישראל ע״ה - דעת.ושלשתם יחד, בסוד חב״ד, גימ׳ (1747) ״דעת קנית מה חסרת״.ד׳. ״פורתא״ גימ׳ (687) רל״ב-תנ״ה מלויי הוי׳ ואהי-ה וכן ״פרדשקא״ - חסד.ה׳. ״אדליא״ גימ׳ (46) מלוי דשם ע״ב - גבורה.ו׳. ״ארידתא״ גימ׳ (616) התורה - תפארת.ושלשתם יחד, בסוד חג״ת גימ׳ (1349) ״ה׳ צב-אות עמנו משגב לנו אלהי יעקב״.ז׳.

[יט] תלמוד בבלי מסכת סנהדרין דף פו עמוד א: תני תנא קמיה דרב ששת. אמר ליה: אני שונה, רבי שמעון אומר: מאחיו - עד שיוציאנו מרשות אחיו, ואת אמרת חייב? תני פטור. - מאי קושיא? דילמא הא רבי שמעון, הא רבנן! - לא סלקא דעתך, דאמר רבי יוחנן: סתם מתניתין רבי מאיר, סתם תוספתא רבי נחמיה, סתם ספרא רבי יהודה, סתם ספרי רבי שמעון, וכולהו אליבא דרבי עקיבא.

[כ] אגרא דכלה בראשית פרשת לך לך: ויאמר עוד, ונברכו ב״ך בגימטריא תק״ב בהחשב הך׳ רבתי דאותיות מנצפ״ך לת״ק כנודע, כמו מנין שנות האבות, והנה כתוב אצלינו בפסוק תהלת ד׳ ידבר פי ויברך כל בשר [תהלים קמה כא], דהנה אמרו רז״ל חייב אדם לבסומי בפוריא עד דלא ידע בין ארור המן לברוך מרדכי [מגילה ז ב], והנה כתבו התוס׳ דלא ידע לחשוב החשבון כי המספר שוה ארו״ר המ״ן, ברו״ך מרדכ״י, כל אחד בגימטריא תק״ב, והנה כתב האר״י ז״ל להיות המן ובניו הם י״א כתרין דמסאבותא, ושם גם כן גנוז ניצוץ הק׳ המחיה את כולם, וצריכין אנחנו להחיות את ניצוץ הק׳ הלז, ואם כן צריכין אנחנו לומר בדרך השילוח גם לשם ברוך, אך אי אפשר לומר כן בדיעה מיושבת, כי הנה הוא מברך הקליפה, וצריך לומר זה בלא דעת רק בשכרות. והנה ברו״ך מרדכ״י שהוא בגימטריא בש״ר קודש (וידוע דבחינת היסוד נקרא כל בשר [תיקו״ז מ״א ע״ב] והבן), ובהיפך בסט״א ארו״ר המ״ן בגימטריא בש״ר טמא, ולעתיד במהרה בימינו ימלא כבוד השם את כל הארץ, והניצוצות הקדושות שבקליפות יתפרדו ויוכללו בקדושה והס״א תתבטל, ואז תהלת השם ידבר פי, דיבור ממש בדיעה שלימה, ויברך כל בשר שם קדשו, והבן כי אי אפשר להרחיב הביאור בזה. וכמנין זה היו שני חיי האבות, להיותן עיקר היחוד בעולם, וזה יבואר ונברכו מלשון הברכ״ה, ב״ך כמנין תק״ב בהחשב הך׳ לת״ק בגימטריא דאי״ק בכ״ר שהוא בגימטריא בש״ר, כל משפחות האדמה אפילו מה שהוא בבחינת אדמה תוקף הדין של הקליפות יתבטל, רק מה שהוא משפחות האדמה, ר״ל שמחובר לאדמה היינו הניצוץ המחיה, משפחות לשון חיבור מלשון ונספחו על בית יעקב [ישעיה יד א] יוכללו בקדושה על ידי זרע אברהם אוהבו.

גלא עמיקתא

וזהו (בראשית ל״א) ״ויגנב יעקב את לב לבן הארמי״ גימ׳ (994) ״מ׳שה ע׳קיבא ש׳מעון״ ראשי תיבות שמ״ע ש׳או מ׳רום ע׳יניכם (ישעי׳ מ׳,כ״ו), והוא נוטריקון (תהל׳ ס״ח,י״ט) ע׳לית למ׳רום ש׳בית שב״י [כא]ראשי תיבות שמעון בר יוחאי דהוה בין ה׳ תלמידי רבי עקיבא דנותרו לפליטה בחסדי השי״ת לאחר שמתו כ״ד אלף תלמידיו, ומהם נתחדשה כל התורה שבעל פה עד הגאולה [6ועיין מה שכתבנו בענין זה במקום אחר בפירוש ענין שמושה של תורה].

מקורות

[כא] בספר סמיכות חכמים להמקובל האלוקי רבי נפתלי כץ זי״ע (הקדמה דף קמ.) מביא בשם המקובלים, שמשה רבינו בשעת עלייתו זכה לנשמת רבי שמעון בן יוחאי, והרמז הוא ״עלית למרום שבית שבי״ - שב״י נוטירקון שמעון בן יוחאי.

עיונים

״פרמשתא״ גימ׳ (1021) ״ביאת משיח צדקנו״ - נצח.ח׳. ״אריסי״ גימ׳ (281) ״אפר״ - הוד.ט׳. ״ארידי״ גימ׳ (225) ״גדול ה׳ ומהלל מאד״ (תהלים קמ״ה, ג׳) - יסוד.י׳. ״ויזתא״ גימ׳ (424) ״משיח בן דוד״ - לקביל מלכות. וארבעתם יחד בסוד נהי״מ סליקו לחושבן (1951) ״ותעביר ממשלת זדון מן הארץ״ כדאמרינן בתפלת ראש השנה.

המן (95) עם עשרת בניו כנ״ל (5047) סליקו לחושבן (5142) ו׳ פעמים ״ואנחנו קמנו ונתעודד״ (857) (תהל׳ כ׳,ט׳) בסוד תחית המתים.

והנה א׳ זעירא נהפכת לי׳ מרמזת עניין הגאולה בב״א במחית זרעו של עמלק מיוצג בי׳ בני המן והוא כתר ע״ג, וכדלקמן: ״אלף זעירא״ במלוי [אלף למד פא, זין עין יוד ריש אלף] גימ׳ (1104) ״כאור שבעת הימים״ (ישעי׳ ל׳) פסוק המבשר את הגאולה לעתיד לבוא, י׳ במלוי, מלוי דמלוי, ומלוי דמלוי דמלוי גימ׳ (1970) ״הנה ברכו את ה׳ כל עבדי ה׳ העמדים בבית ה׳ בלילות״ (תהלים קל״ד) ובמזמור הזה רמז ברור לגאולה - במזמור ג׳ פסוקים - תיבה ראשונה ואחרונה דבכל פסוק, דהיינו: ״שיר-בלילות, שאו-ה׳, יברכך-וארץ״ גימ׳ (1870) ״שור הבר (גימ׳ ״תשובה״) לויתן (גימ׳ ״מלכות״) יין המשומר (גימ׳ ״האיש משה״), וזהו כאמרם מרדכי בדורו כמשה בדורו, ומרומז ג׳ העניינים ״תשובה״, ״מלכות״ -היינו קבלת עומ״ש, הכוללת ג׳ הקוים תורה עבודה וגמ״ח, והתקשרות ל״האיש משה״ שבדור, הוא הצנור אותיות רצון מבואר באופן ט״ו היטב, וזהו ״ויקרא״ במלוי גימ׳ (829) ״צמצום הראשון״ ע״ה, והוא גימ׳ ״היטיבו נגן בתרועה״ (תהלים ל״ג,ג׳) שרש הנגון בסתר עליון בחביון עז עצמותו יתברך ויתעלה לעד ולנצח נצחים, ויגלה משיח צדקינו דילחם מלחמות ה׳ ויסיר מעלינו קליפת המן-עמלק שבדורינו, ויבנה את בית מקדשנו בגאולה האמיתית והשלמה וביאת משיח צדקנו, בב״א.

6. שמושה של תורה: ויקרא א׳ זעירא מרמז שמושה של תורה, ובגמ׳ (ברכות ז:) ואמר רבי יוחנן משום רבי שמעון בר יוחאי גדולה שמושה של תורה יותר מלמודה ומביא שם האי פסוקא (מ״ב ג׳,י״א) ״פה אלישע בן שפט אשר יצק מים על ידי אליהו״ גימ׳ ע״ה (1819) מספר פעמים שם הוי׳ בתורה חסר אחת, דלכאורה הוא להפך- כי בתורה כולה מופיע שם הוי׳ 1820 פעמים- וזהו דהתורה כולה שמותיו דקוב״ה- ובפסוק שמוכיחה הגמרא שגדול שמושה יותר מלמודה - ״פה אלישע וכו׳״ - הוא גימ׳ אחד פחות, לרמוז דלמודה הוא זה שיותר גדול משמושה, כדכתיב ״ותלמוד תורה כנגד כולם״ (פאה א׳,א׳) [גימ׳ (1258) ״משה קיבל תורה מסיני״ (תחלת אבות)].

והתירוץ, דכתיב (אבות פ״ד) ״הלומד על מנת לעשות, מספיקין בידו ללמוד וללמד לשמור ולעשות״, וכתיב גדול תלמוד שמביא לידי מעשה, וכן לא המדרש עיקר אלא המעשה. וחזינן- שתלמוד תורה גדול, אך למדנו מקוב״ה דכתיב ״אשר ברא אלהים לעשות״ דתכלית הכונה לעשות לו יתברך דירה בתחתונים [כמו שביארנו לעיל אופן י״א] וצדיק ות״ח דהוא בדבקות תמידית בהקב״ה- הוא בחינת השראת השכינה, וזהו דגדול שמושו. והאי מימרא א״ר יוחנן בשם רשב״י ״רבי יוחנן רבי שמעון בר יוחאי״ גימ׳ (עם המלים והכולל) ״תלמוד תורה כנגד כולם״ (1258), ודווקא הם אמרו האי מימרא- דהלולא דרשב״י בל״ג בעומר והוא בחינת הוד- חנוכה, ו״רבי יוחנן״ גימ׳ ״פורים״, והם כנגד נצח והוד עניין הרגלין דהיינו המעשה.

ושם (אבות ספ"א) "ולא המדרש עקר אלא המעשה" גימ' ע"ה (1409) "אברהם יצחק יעקב משה אהרן יוסף דוד"- אבותינו הק' דלמדונו דהמעשה הוא העיקר, וזהו דמקשר ל"אלף זעירא"- ג"פ "אלף זעירא" (דהוי חזקה) לקביל ג' אבהן גימ' ע"ה (1198) "רעה צאן עבדיך גם אנחנו גם אבתינו" (בראשית מ"ז,ג') ענין המעשה, וכתיב במשה "ומשה היה רעה את צאן יתרו" [כנ"ל ענין המעשה] גימ' (1804) "משה ותורתו אמת", וחזינן דתלמוד תורה ושמוש ת"ח הא בהא תליא, כמ"ש בגמ' אפילו קרא ושנה ולא שמש ת"ח הרי זה עם הארץ. וחזינן בזבולון ויששכר (דברים ל"ג,י"ח) "שמח זבולון בצאתך ויששכר באהליך" ופרש"י הק' שם דזבולון ויששכר עשו ביניהם שותפות- זבולון לחוף ימים ישכון ויוצא לפרקמטיא בספינות ומשתכר, ונותן לתוך פיו של יששכר והם יושבים ועוסקים בתורה, לפיכך הקדים זבולון ליששכר שתורתו של יששכר [יודעי בינה לעתים] ע"י זבולון היתה, עיי"ש, ורואים שוב דהא בהא תליא עם קדימה לשמושה של תורה. שמח זבולון בצאתך ס"ת גימ' "לחם" ויששכר באהליך ס"ת גימ' י"פ כ"ב אותיות התורה. וזהו דהפס' הנ"ל כולו "ולזבולן אמר שמח זבולן בצאתך ויששכר באהליך" גימ' ע"ה (2233) "הנסתרות לה' אלהינו והנגלות לנו ולבנינו עד עולם" (דברים כ"ט,כ"ח) וידוע דהוא שם שלם, דהנסתרות הן י-ה, והנגלות הן ו-ה ("וה-נגלות"), וממילא גם הכסא שלם, דשם ה'- בחי' תלמוד תורה דשמיא, וכסא שלם- בחי' גדול מעשה דהארץ הדום רגלי וכו', וממשיך הפס' הנ"ל הנסתרות וכו' "לעשות את כל דברי התורה הזאת" סליק לחושבן פס' (2502) "ונקדשתי בתוך בני ישראל אני ה' מקדישכם" (ויקרא כ"ג,ל"ב) וחזינן דגדולה שמושה של תורה יחד עם גדול תלמוד שמביא לידי מעשה מביא ל"ונקדשתי בתוך בני ישראל".

והנה כתיב (שמות ל"ג,י"א) "ומשרתו יהושע בו נון נער לא ימיש מתוך האהל" גימ' (2719) "יברכך ה' וישמרך יאר ה' פני אליך ויחונך ישא ה' פניו אליך וישם לך שלום" ע"ה והוא כדאמרינן דיחוד ברכה קדושה בזכות ומשרתו וכו', וכתיב "לא ימיש עמוד הענן ועמוד האש" עולה גימ' "שמע ישראל ה' אלהינו ה' אחד" (1118), והיתה עמם תמיד אחדות ה', ובעל הטורים הק' מקשר הני תרי ב' "לא ימיש" כאן וביהושע, ואומר וז"ל "כן עשה יהושע משכים בבקר בעוד עמד עמוד האש ללמוד, ולערב הקדים ולמד בעוד עמד עמוד הענן, והיינו לא ימיש- כמו שהעננים לא משו כך יהושע לא מש מהאהל וע"כ זכה לילך לפני העם" עכ"ל. והנה "לא ימיש" גימ' (391) "יהושע", והוה הראשון לקיים האי דאמר רבי יוחנן משמיה דרשב"י גדולה שמושה וכו', "לא ימיש" עם האותיות ושתי המלים גימ' (399) "אלף זעירא" וזהו דאמרו (בזוה"ק) "פני משה כפני חמה ופני יהושע כפני לבנה, והלבנה היא המלכות דלית לה מגרמה כלום, ואזעירת גרמה כמ"ש "לכי ומעטי את עצמך" (חולין ס:), והיינו דא' זעירא דויקרא רמיזא יהושע פני לבנה, וזהו דתרגום ומשרתו "ומשומשניה" גימ' יהושע כזה- "י יה יהו יהוש יהושע" (757) וכמו כן גימ' (דברים א',י"א) "יוסף עליכם ככם אלף פעמים" ורמיזא אלף לאלף בזכותיה דיהושע משרת משה, וכן באלישע ואליהו כתיב "ויהי נא פי שנים ברוחך אלי" גימ' (849) "שויתי ה' (לנגדי) תמיד" (תהלים ט"ז,ח') "שנים" בגימ' (400) "אלף זעירא" עם הכולל.

והנה כאשר נחבר "משה רבינו (תרי"ג) יהושע בן נון אליהו אלישע בן שפט" גימ' (2066) "היתה כאניות סוחר ממרחק תביא לחמה" (משלי ל"א,י"ד) ופירש"י הק' "מביאה היא ללומדיה ברכה ומזון" והיא השכינה הק' המשמשת, כביכול, את לומדיה, וכמ"ש לא ימיש עמוד הענן יומם, ומשרתו נער לא ימיש, כביכול משמשת השכינה הק' את בני ישראל צדיקים ותלמידי חכמים, וכאשר נוסיף לארבעת הצדיקים "זבולן יששכר" (925) יעלה הכל גימ' (2990) דהיינו י"פ "א' זעירא"- עם י' כוללים דהני צדיקיא, והשי"ת יזכנו לשמש תלמידי חכמים כדרך אבותינו הק' דקבלו זה מזה ע"י ששמשו זה את זה, וכמ"ש הרמב"ם בהקדמה לספרו היד החזקה אלישע מאליהו, אליהו מאחיה השילוני וכו' יהושע ממשה רבינו ע"ה, משה רבינו ע"ה מהקדוש ברוך הוא דשמשו נאמנה כל ימיו כמ"ש "עבדי משה" (במדבר י"ב,ז') "עבדי" גימ' "אלהים"- משה איש האלהים, "עבדי משה" בא"ת ב"ש גימ' (549) "אמת ואמונה" ומתחלק "משה" בא"ת ב"ש גימ' "אמונה", "עבדי" גימ' "ואמת", ויחד עם הפשוט "עבדי משה" בא"ת ב"ש ופשוט גימ' (980) "לא יוכלו לכבות את האהבה" (שיר השירים ח',ז'), דהיינו אהבתם עד בלי די דבני ישראל לאביהם שבשמים, ויגלה יקר כבוד מלכותו עלינו ועל כל עמו ישראל, במהרה בימינו אמן.

אופן י

חשדוהו ישראל למשה ב׳ דברים א׳ על חשבון הווים הב׳ והביטו אחרי משה מלמד שחשדוהו באשת איש ועל שניהם הביטו אחר משה.

ועל זה אמר אדם אחד מאלף מצאתי האדם אחד זה משה מאלף מצאתי שעשה מהם ווים לעמודים.

מה שחשדתם באשת איש ואשה בכל אלה לא מצאתי כמ״ש ויקר אל משה מה הוא היקר אלף זעירא דהיינו שמצא את האלף.

ועל השנית מלמד שחשדוהו באשת איש לזה אמר וידבר ה׳ אליו מאוהל מועד וכתיב ולא יראה בך ערות דבר ושב מאחריך.

ועתה זכה אדרבה ליקח את האוהל ז״ש עד בואו האוהלה שאז נתבטלו שניהם:

אופן י

חשדוהו ישראל למשה ב׳ דברים: א׳ [א]על חשבון הווים (בכורות ה.) ב׳ והביטו אחרי

גלא עמיקתא

והנה אופן זה הוא המשך דברי רבינו [ב]באופן ט׳ – אמנם באופן ט׳ נזקק לבאר בענין ראית נשמת רבי עקיבא, וכאן הוא בזכות עצמו דמשה רבינו. וזהו דמביא הפסוק ״והביטו אחרי משה״ גימ׳ (602) ״בני ישראל״ חסר א׳ והיינו דחסרו בשלמותם דהביטו לרעה על הצדיק,[1] וכמבואר הענין במקום אחר.

ברם משה לא נטר בלבו – אלא רצה להחזירה להם – כדי שיהיו בחושבן ״בני ישראל״ בשלמות (603) ורצה לכתוב ויקר אל משה ו–א׳ להוסיפה להם, ואמר לו הקב״ה לכתוב ויקרא [דאפשר להם עם הכולל]. וממשיך (שם) ״עד באו האהלה״ גימ׳ (129) ״[ג]ה׳ הוא האלהים״ [2עיין מה שכתבנו בפירוש

[א] **תלמוד בבלי בכורות דף ה עמוד א:** שאל קונטרוקוס השר את רבן יוחנן בן זכאי: בפרטן של לוים אתה מוצא עשרים ושנים אלף ושלש מאות, בכללן אתה מוצא עשרים ושנים אלף, ושלש מאות להיכן הלכו? א״ל: אותן שלש מאות בכורות היו, ואין בכור מפקיע בכור. מאי טעמא? אמר אביי: דיו לבכור שיפקיע קדושת עצמו. ועוד שאלו: בגיבוי כסף אתה מוצא מאתים ואחת ככר ואחת עשרה מנה, דכתיב: בקע לגלגלת מחצית השקל בשקל הקדש וגו׳, ובנתינת הכסף אתה מוצא מאת ככר, דכתיב: ויהי מאת ככר הכסף לצקת וגו׳. משה רבכם גנב היה, או קוביוסטוס היה, או אינו בקי בחשבונות! נתן מחצה ונטל מחצה, ומחצה שלם לא החזיר! אמר לו: משה רבינו גיזבר נאמן היה, ובקי בחשבונות היה, ומנה של קודש כפול היה. [ב] **מגלה עמוקות על א׳ זעירא דויקרא אופן ט׳:** כששכח משה הווים לא זכרן עד שבא אליו נשמתו של רבי עקיבא. וטעם הדבר לפי שרבי עקיבא מסוד תורה שבעל פה שהם ו׳ סדרים רבי עקיבא הוא דדרש ווין (סנהדרין נ״א ע״ב) לכן מן שית מלין אתער רבי עקיבא (נדרים נ׳ ע״א). ז״ס אדם אחד מאלף מצאתי (קהלת ז׳,כ״ח) ר״ל אדם אחד זה רבי עקיבא שיצאה נשמתו באחד מאלף מצאתי כשמצא את האלף הם ווים לעמודים הוצרך לבוא אליו רבי עקיבא שיצא נשמתו בא׳. ולפי זה יהיה פירוש הפסוק אלף זעירא רמיזא על אות האלף שחרדו ישראל למשה עד שבא אליו נשמתו של רבי עקיבא ז״ש ויקר אל משה רבי עקיבא. ולי מה יקרו רעיך אל שבא באותו פרק אל משה ובזה זכה לאלף שעשה ווים לעמודים וטעם הדבר שהוצרך לבוא אליו אז רבי עקיבא. לז״א וידבר ה׳ אליו מאהל מועד מיסוד תורה שבעל פה לאמר שמשם נצטוו ישראל להוראה כולהו אליבא דרבי עקיבא דתלמידייהו הוי. [ג] **דברים רבה פרשת ואתחנן פרשה ב:** כה כתיב למעלה מן הענין וידעת היום והשבות אל לבבך מהו והשבות אל לבבך אמר ר׳ מאיר אמר הקדוש ברוך הוא את ולבך יודעים מעשים שעשית ויסורין שהבאתי אליך

1. באור על מגלה עמוקות ויקרא אופן נ״ח: ומביא הפסוק השני: ומשה יקח את האהל ונטה לו מחוץ למחנה הרחק מן המחנה וקרא לו אהל מועד, והיה כל מבקש ה׳ יצא אל אהל מועד אשר מחוץ למחנה (שמות ל״ג,ז׳) גימ׳ (3914) ״חוה״ (19) פעמים ״בן עולם הבא״ (206). והוא תיקון חטא חוה- דאחר שחשדוהו ומשה יקח את האהל. תרוויהו יחד גימ׳ (5369) ז״פ ״ומי כעמך כישראל״ (767) (שמואל ב׳ ז׳,כ״ג) דכתיב בתפלין דמרי עלמא (ברכות ו׳ ע״א). וכפלינן ז״פ לקביל כללות נשמות ישראל מז״ת דז״א דמלכות דאצילות, א״נ לקביל שלשה אבות וארבעה אמהות מרכבה שלמה חגת״ם.

2. באור תהלים פרק ט׳: פסוק י״ז: נודע ה׳ משפט עשה, בפעל כפיו נוקש רשע, הגיון סלה גימ׳ (2453) י״א פעמים ״אין עוד מלבדו״ (223) מהפסוק (דב׳ ד׳,ל״ה) ״אתה הראת לדעת כי ה׳ הוא האלהים אין עוד מלבדו״ וזוהי מפלת הרשעים דיחזו שה׳ הוא האלהים ואין עוד מלבדו, וכדפרש״י הק׳ (שם) הראת: כתרגומו אתחזיתא כשנתן הקב״ה את התורה פתח להם ז׳

משה [ד]מלמד שחשדוהו באשת איש (סנהדרין קי.) ועל שניהם והביטו אחרי משה (שמות ל"ג,ח') ועל זה אמר (קהלת

גלא עמיקתא

תהלים מזמור ט' פסוק י"ז] דהראה להם שהשי"ת מלובש בתוך הטבע ואין עוד מלבדו, ונתן להם לטעום מטעם אור הגנוז ומלאה הארץ דעה את ה' וראו כל בשר יחדו כי פי ה' דבר, וכדכתיב (שם) "וראה כל העם את עמוד הענן עמד פתח האהל" גימ' (1716) י"ב פעמים "אל אלהים הוי'" (143) ג' קוין ימין שמאל אמצע וכמו שכתוב (תהל' נ',א') "[ה]אל אלהים הוי' דבר ויקרא ארץ" ורמיזא בתיבה ויקר"א א' זעירא דויקרא אל משה דבה עסקינן. וכן בראובן גד וחצי שבט המנשה כתיב (יהושע כ"ב) "אל אלהים הוי' הוא יודע" [3עיין באור תהלים פרק כ"ב פסוק ל'] וכאן כאו"א

רקיעים וכשם שקרע את העליונים כך קרע את התחתונים וראו שהוא יחידי לכך נאמר אתה הראת לדעת. עכד"ק. וזהו "נודע ה' משפט עשה" וכו' ידיעת והתגלות ה' היא גופא המשפט, וכפלינן בי"א לקביל כל בחי' י"א כתרין דמסאבותא. והאי פסוקא "אתה הראת לדעת כי ה' הוא האלהים אין עוד מלבדו" גימ' (1898): "כי בא גואל" (73) פעמים הוי' (26)- והוא יושיענו ויגאלנו בקרוב בגאולה האמיתית והשלמה וביאת משיח צדקנו במהרה בימינו אמן.

3. באור תהלים פרק כ"ב - אלי אלי למה עזבתני: פסוק ל': אכלו וישתחוו כל דשני ארץ לפניו יכרעו כל יורדי עפר ונפשו לא חיה גימ' (3106): ב"פ "זה ה' קוינו לו נגילה ונשמחה בישועתו" (ישעי' כ"ה,ט').

וכפלינן ב"פ דאינון שני ימות המשיח (כדאמרינן בצלותא), ואז תהוה מלחמה לה' בעמלק דאין השם שלם ואין הכסא שלם עד שימחה זרעו של עמלק מתחת השמים שנאמר "כי יד על כס י-ה" (שמ' י"ז,ט"ז).

והנה הוא הפלא ופלא, דבהאי פסוקא י"ג תיבין, והוא סליק לחושבן (3107): י"ג פעמים "כי יד על כס י-ה" (שמ' י"ז,ט"ז) ע"ה, וחזינן דמפלתו דעמלק תהיה מהכתר די"ג ת"ד דא"א ימולאו בהאי חושבן ויאבידו לו מהאי עלמא. ומוספינן א' הכולל- דהוא פנימיות עתיקא דמשם יומשך האי שפע ל-י"ג ת"ד דא"א ולהאבידו להאי עמלק מעל פני האדמה, והוא נפלא מאד. ובפסוק ג', דהוא מקביל לפסוקא דנן דהוא ג' פסוקין מהסיפא ו-ג' מהרישא אינון ט' תיבין לקביל ט' ת"ד דז"א די"ג ת"ד דא"א מתלבשין ביה כנודע מכתבי האר"י הק'.

שלא כנגד מעשיך הבאתי עליך, ד"א כי ה' הוא האלהים רבנן אמרי יתרו נתן ממש בעבודת כוכבים שנא' (שמות יח) עתה ידעתי כי גדול ה' מכל האלהים, נעמן הודה במקצת ממנה שנא' (מלכים ב ה) הנה נא ידעתי כי אין אלהים בכל הארץ כי אם בישראל, רחב שמתהו בשמים ובארץ שנא' (יהושע ב) כי ה' אלהיכם הוא אלהים בשמים ממעל ועל הארץ מתחת, משה שמו אף בחללו של עולם שנא' כי ה' הוא האלהים בשמים ממעל ועל הארץ מתחת אין עוד מהו אין עוד אפילו בחללו של עולם, א"ר אושעיא אמר הקדוש ברוך הוא תנו לה מפרי ידיה אתה העדות עלי ואין עוד ואף אני מעיד עליך (דברים לד) ולא קם נביא עוד בישראל כמשה מה כתיב למען ייטב לך והארכת ימים אמרו ישראל לפני הקדוש ברוך הוא רבש"ע זו היא אריכות ימים אדם הורג נפש בשגגה וגואל הדם רודף אחריו להורגו והכל מתים שלא בעונתם אמר הקדוש ברוך הוא למשה חייך יפה הן מדברין לך ותפרוש להן ערי מקלט שנא' אז יבדיל משה. [ד] **תלמוד בבלי מסכת סנהדרין דף קי עמוד א:** וישמע משה ויפל על פניו, מה שמועה שמע? אמר רבי שמואל בר נחמני אמר רבי יונתן: שחשדוהו מאשת איש, שנאמר ויקנאו למשה במחנה. אמר רבי שמואל בר יצחק: מלמד שכל אחד ואחד קנא את אשתו ממשה, שנאמר ומשה יקח את האהל ונטה לו מחוץ למחנה. [ה] **בראשית רבה פרשת בראשית פרשה ח:** שאלו המינים את רבי שמלאי כמה אלהות בראו את העולם אמר להם אני ואתם נשאל לימים הראשונים, הה"ד (דברים ד) כי שאל נא לימים ראשונים למן היום אשר ברא אלהים אדם,

אשר בראו אין כתיב כאן אלא אשר ברא, חזרו ושאלו אותו אמרו לו מה הוא דין דכתיב בראשית ברא אלהים אמר להם בראו אלהים אין כתיב כאן אלא ברא אלהים, אמר רבי שמלאי בכל מקום שאתה מוצא פתחון פה למינין, אתה מוצא תשובה בצדה, חזרו ושאלו אותו, אמרו לו מה הוא דין דכתיב נעשה אדם בצלמנו כדמותנו, אמר להון קראון מה דבתריה ויבראו אלהים את האדם בצלמיהם לא נאמר, אלא ויברא אלהים את האדם בצלמו, וכיון שיצאו אמרו לו תלמידיו רבי לאלו דחית בקנה, לנו מה את משיב, אמר להם לשעבר אדם נברא מן האדמה חוה נבראת מן האדם, מכאן ואילך בצלמנו כדמותנו לא איש בלא אשה ולא אשה בלא איש ולא שניהם בלא שכינה, חזרו ושאלו אותו אמרו ליה מה דין דכתיב (יהושע כב) אל אלהים ה' וגו', אמר להם הם יודעים אין כתיב כאן אלא הוא יודע, אמרו לו תלמידיו לאלו דחית בקנה, לנו מה אתה משיב, אמר להם שלשתן שם אלהים הן, כאינש דאמר בסילוגוס קיסר, אגוסטוס קיסר, חזרו ושאלו לו א"ל מה הוא דין דכתיב (שם /יהושע/ כד) כי אלהים קדושים הוא, אמר להן קדושים המה אין כתיב אלא קדושים הוא.

ופסוקא דנן ל' גימ' "יהיה", כדאמרינן לעיל כמה פעמים דאתוון ו-ה דשמא קדישא סליקו לעתיד לבוא למהוי אתוון י-ה לבחי' או"א, ואו"א יסתלקו לבחי' כתרא קדישא ה' בחי' א"א ו-י' בחי' עתיק. ונעביד בעזהי"ת חושבן די"ג מכילן דרחמי עם י"ג תיבין דפס' דנן, דחזינן דיש לקשרן כד סליקו ל-י"ג פעמים כי יד על כס י-ה להכניע לעמלק, תיבה תיבה על סדר הפסוק עם אותו תקון מי"ג תקונין ונבארו כגון תקון א' אל תיבה א' אכלו תקון ב' רחום תיבה ב' וישתחוו וכן על זה הדרך, ואי"ה בסוף נעביד חושבן של כולם יחד:

אל (31) - אכלו (57) גימ' (88): "לכבוד ה'" א"נ "טוב הגנוז", והנה רמיזא בתיבה "אכלו" אל עם כ"ו דהיינו הוי' דאינון תרין שמהן דרחמי, ורמיזא ח"פ באי"ק בכ"ר דהיינו ח"פ לאלפא תמינאה כדכתיב (איכה ג',כ"ב) חסדי ה' כי לא תמנ"ו אתוון מתנ"ו היינו תחה"מ ובלע המות לנצח בגאולתא שלמתא בב"א.

רחום (254) - וישתחוו (736) גימ' (990): "מלך מלכי המלכים הקדוש ברוך הוא" "רחום" גימ' (254) "נחם ציון"- וכשיתגלה בב"א אור הגנוז דאמרינן בתקונא קדמאה "טוב הגנוז" תהיה זו נחמת ציון וכולם ישתחוו לפני ממ"ה הקב"ה בב"א. וחנון (120) - כל (50) גימ' (170): י"פ "טוב" ובי"ג ת"ד דמיכה [עיין אופן ס"ד] "ועובר על פשע" דיתגלה לעתיד לבוא דכל דעביד רחמנא לטב עביד [דאמרו ר"ע] ועברות יהפכו לזכויות בתשובה מעומקא דלבא. ארך (221) - דשני (364) גימ' (585): ה"פ "אל אלהים (הוי')" (תהל' נ',א') אכללא שמאלא בימינא, ורמיזא דביום הכפורים לית שולטנא להאי שטנא כדאמרו חז"ל [יומא כ. עיין לעיל אופן כ"ב] שס"ד יום אית ליה שולטנא כמנין "השטן" ובההוא יומא (דהיינו יום הכפורים) לית ליה שולטנא, ורמיזא "דשני" גימ' (364) שס"ד- "השטן". והוא תקון "ארך" בחי' חסדא אריכא ממתקא ליה, וזהו וישתחוו כל "דשני" לשון הכנעה- ומסיימא ונפשו לא חיה- נפשו דשטנא- דלא יהיב ליה חיות.

אפים (131) - ארץ (291) גימ' (422) "מלחמה לה' בעמלק" (שמ' י"ז,ט"ז) (ע"ה), והוא נפלא דתקונא חמישאה מתקנא להאי "סמאל" (131) "אפים" דהאי תקונא. ויחד עם תיבה "ארץ" ממזמורא דנן (תיבה חמישאה) סליק לחושבן "מלחמה לה' בעמלק"- והוא נפלא רמיזא "ארץ" גימ' (291) "אנו מדליקים".

והיינו דאמרינן "הנרות הללו אנו מדליקים" וכו' בתר הדלקת נרות חנוכה, ורמיזא אלפא תמינאה ח' נרות חנוכה, והוא בתקונא חמישאה רמיזא מפלת הס"מ בה' בחי' בה' עולמות דאינון אבי"ע וא"א דקלי' בסוד מאן דאיהו רב איהו זעיר.

ובמיכה (ז',י"ח) התקון המקביל- "לא החזיק לעד אפו"- דהסט"א לא יוחזקו לעד, ואינון ב' פתחי באף והיינו שר האפי"ם וכו'.

ורב חסד (280) - לפניו (176) גימ' (456) "חי לעד וקים לנצח" (ברוך שאמר) רמיזא דבתחה"מ ולאחר מפלת הס"מ וחילותיו נחיה לעד חיים נצחיים בהתפשטות הגשמיות ועלית העולמות לבחי' העשירית כרמיזא בנבל עשור עיין לעיל הני ט' פסוקין וכו' דהבאנו דברי הכלי יקר פרשת שמיני עיין שם.

"רב חסד" גימ' (274) "מרדכי" כנודע מהאר"י הק' דהמשיך אור רב מיסוד אבא ונהפוך הוא- ואור זה יאיר בגלוי לע"ל- ולכן "ורב חסד" הוא עם תיבה "לפניו"- דתימשך הארת אור הגנוז מפנימיות הכתר בטל תחיה.

ז׳,כ״ח) אדם א׳ מאלף מצאתי האדם הא׳ זה משה מאלף מצאתי שעשה מהם ווים לעמודים (שם ל״ח,כ״ח) מה שחשדתם באשת איש ואשה בכל אלה לא מצאתי כמ״ש ויקר אל משה מה הוא היקר אלף זעירא דהיינו שמצא את האלף ועל השנית מלמד שחשדוהו באשת איש לזה

גלא עמיקתא

מישראל ראו וידעו ומהאי טעמא כפלינן י״ב זימנין לקביל י״ב שבטי י״ה.

והנה באופן זה מבאר רבינו שחשדו ישראל את משה באשת איש, ובמקום אחר ([1]מגלה עמוקות על ואתחנן אופן פ״ז) מבאר רבינו סוד צפורה דחשדוה הרועים שעברה על איסור אשת איש

ואמת (447) - יכרעו (306) גימ׳ (753): ״וידעתם כי אני ה׳ אלהיכם״- ובפסוקא דנן פרש״י הק׳ יכרעו: הרשעים וכו׳ דהיינו הלעו״ז של תקון ואמת. דהוא יעקב ״איש אמת״ גימ׳ ע״ה ״ואמת יכרעו״ האי תקונא- והוא תקונא שביעאה מרכז י״ג ת״ד- שית מהאי גיסא ושית מהאי גיסא- וכגון שבת קודש אמציעיתא לז׳ ימי השבוע כצורת המנורה- ימים ד׳ה׳ו׳ פניהם בצפיה לשבת קודש, וימים דלאחר מכן א׳ב׳ג׳ פניהם אחורנית- דקשה פרידתן משבת קודש.

נצר חסד (412) - כל (50) גימ׳ (462): ״מקללה לברכה״ והוא תקונא תמינאה מזלא עילאה- דאמרו חז״ל [בגמ׳ מ״ק כח. עיין לעיל אופן ק״ס- בני חיי ומזוני וכו׳] בני חיי ומזוני לא בזכותא תליא מילתא אלא במזלא תליא מלתא.

והוא מזלא תמינאה ורמיזא לאלפא תמינאה דבלע המות לנצח- ואין או״ש לע״ל, ולא יצטרכו לבני חיי ומזוני- ומלאה הארץ דעה את ה׳ כמים לים מכסים וכו׳.

ונצר חסד במלוי כזה: ״נון צדי ריש חית סמך דלת״ גימ׳ (1692): ״וקבצנו יחד מהרה מארבע כנפות הארץ״ ע״ה- דאמרינן קדם קריאת שמע דשחרית, ואחזין לד׳ כנפות הציצית יחד, לאמשכא אור המקיף בטלית לז״א בחי׳ בחי׳ המתפלל.

והמשכת האי מזלא עילאה עד ליסודא רמיזא בתיבה ״כל״ מפסוקא דין- יסוד, כדכתיב (דה״א כ״ט,י״א) ״כי כל בשמים ובארץ״ ות״י דאחיד בשמיא וארעא. לאלפים (191) - יורדי (230) גימ׳ (421) ״מלחמה לה׳ בעמלק״ (שמ׳ י״ז,ט״ז) ובמיכה (ז׳,י״ט) דאמרינן בתשליך ברה״ש ״ותשליך במצולות ים כל חטאתם״.

[ו] **מגלה עמוקות על ואתחנן אופן פ״ז:** אמרו רז״ל בפרק ערבי פסחים (דף קי״ח [ע״ב]) ואמת ה׳ לעולם (תהלים קיז ב), אמרו דגים שבים כשפרע הקב״ה לשר של ים מה שלקה ממנו במרכבות פרעה וחילו שהיו שש מאות רכב, אחר כך נתן לו לשר של ים תשע מאות רכב ברזל בימי סיסרא (שופטים ד יג), והוסיף לו שליש מלבר ונחל קישון היה ערב, ומבואר בפסוק ענין זה מה שכתוב אחר כך ושלישם על כלו (שמות יד [ז]), ר״ל שהקב״ה פרע לים שליש מלבר. וטעם הענין שנפרע באותו דור, רזא עילאה הוא ורזא דגלגולא שנתהפך האופן, בסוד ויסר את אופן מרכבותיו (שם שם שמות יד כה), יועץ נעשה מלך והמלך שר צבא, ונתקיימה באותו דור אש״ת חבר כחב״ר (שבועות ל׳ ע״ב), ז״ש (שופטים ד [כא]) ותקח יעל אשת חבר. וסוד זה מבואר במלת ותכסהו בשמיכה (שופטים ד׳ [יח]), חזרנו על כל התורה ולא מצינו עוד מלת שמיכה (ילקו״ש שופטים רמז מ״ד). אבל רזא דמלה נאמן רוח מכסה דבר (משלי יא יג), ומלת שמי״כה הוא בגימטריא צפר״ה שנתנה למש״ה (שמות ב כא), והוא סוד אל הבל ואל מנחתו שע״ה (בראשית ד ה), אחר שלוחיה היה שלוחים הרבה, והוא סוד אפס כי לא יהיה תפארתך על הדרך (שופטים ד׳ [ט]), כי אשת חבר כחבר. והמבין סוד זה, יבין למה יתרו נקרא חבר הקני נפרד מקין, ולכן אמר למה עזבתן האיש (שמות ב כ), הצדיק על עצמו דין שמים שחטא בזה בגלגולא קדמאה שהרג את הבל עבור התאומה יתירה (ב״ר פכ״ב ז׳), שהיתה עתה בתו ועבר על דין אשת איש, מזה הטעם השליכו הרועים את בתו למים (שמו״ר

אמר וידבר ה' אליו מאהל מועד וכתיב (דברים כ"ג,ט"ו) ולא יראה בך ערות דבר ושב מאחריך. ועתה זכה אדרבה

פ"א ל"ב), כי הרועים היו סבורים שצפורה לא היה ראוי להיות בחלקו של הבל, רק בחלקו של קין, ולכן השליכוה למים שנתחייבה חנק כדין אשת איש (קידושין י"ד ע"א), אבל המסבב הסיבות סיבב באותו פרק שבא בעל אבידה בעצמו והציל אבידתו. וזה שאמר הכתוב ויקם ויושיען, וכתיב התם בשדה מצאה ואין מושיע לה (דברים כ"ב [כב כז]), ובקין אתמר (בראשית ד ח) ויהי בהיותם בשדה ויקם קין ויהרגהו, לכן אמר קראן לו ויאכל לחם, ליתן לו אבידתו מה שלקח ממנו תחלה, ויתן לו את צפור"רה בתו למשה, בתו דייקא שנתהפכה עתה להיות בתו, והמבין דבר זה יצדיק דין שמים ויסכים עם דגים שבים שעשו ישראל כמצולה שאין בו דגים (ברכות ט' ע"ב), ושבחוהו כל האמים ויראו בעיניהם כי גבר עלינו חסדו, במלת גבר הן הן תלת גלגולין שבאים מג' אבות העולם כמ"ש לעיל, ואז יאמרו אמת ה' לעולם. על זה אמר משה ואתחנן אל ה', שראה ברוח הקודש שבימי סיסרא ישלם גמול ה' לאויביו, ז"ש בעת ההיא לאמר, רמז על אותו פסוק (שופטים ד ד) והיא שפטה את ישראל בעת ההיא, וכתיב ההוא, שהיא היתה אחת משבע נביאות שעמדו לישראל (מגילה י"ד ע"א) לקביל ז' דרגין דקדושה, ודבורה היא לקביל דרגא דמשה שהוא תפארת, לכן אמרה אפס כי לא יהיה תפארתך על הדרך (שופטים שם), לכן כתיב ההוא, שהיא היתה לקביל דרגא דמשה. ועל זה התפלל משה למהר ולהחיש ולראות נקמה בשונאיו, ז"ש מאחר שאתה החלות להראות בשעת קריעת ים סוף את גדלך, כמ"ש (שמות יד לא) וירא ישראל את היד הגדולה, ואת ידך החזקה, כמ"ש ימינך ה' תרעץ אויב (שמות ט"ו [טו ו]), אשר מי אל בשמים ובארץ אשר יעשה כמעשך, שבפעם אחת יצאו מכולם נשמותיהם כמו שנאמר (שם שם שמות טו י) נשפת ברוחך, שבכח אחד שיצא מפיו, יצא מכולם נשמותיהם, וכן בסנחרב, וכן לעתיד בגוג ומגוג. וזה נרמז כמעשך בימי סנחרב, גבורתיך בימי גוג ומגוג, לכן אמר יעשה בלשון עתיד. ועל זה ביקש מאחר שהחלות להראות לי נקמה בפרעה וחילו ועדיין לא שלמת, אעברה נא, ובמלת אעבר"ה בהיפך אתוון נרמז שם ענין הערב"ות, שנתן הקב"ה נחל קדומים, שנעשה הנחל קישון ערב בדבר, ורצה משה לאמת הערבות וליתן לשר של ים מה שנתחייב לו, הפוך אעבר"ה תמצא תמן ערב, אעבר"ה נא רוצה אני לשלם עתה הערבות, ועל ידי יתקיים תשלומין של ערבות מאחר שהחלות להראות לי, ומלת להרא"ת בגימטריא תרמ"ב, שהוא סוד מרכב"ה שלמ"ה, ומאחר שהחלות להראות לי מרכבה שלמה דאיתמר תמן ויסר את אופן מרכבותיו, לא אמר אופני מרכבותיו, אבל אמר אופן בלשון יחיד, שבאותו אופן תלוין כל המרכבות, והוא תרמ"ב חשבון מרכב"ה שלמ"ה של סיטרא אחרא, במלת תרמ"ב נוטריקון ת"שע מ"אות ר"כב ב"חור שנפרע בימי סיסרא. השיב הקב"ה רב לך, אותו ניצוץ של ברק הוא שלך, ולכן נקרא בן אבינועם שהוא היה ענין מן נביאים של ישראל שתיקן לישראל ויהי נועם (תהלים צ יז, עיין ב"ב י"ד ע"ב), וגרם לנו לחזות בנועם ה', לכן אל תוסף דבר.

ובכונות "להמשיך הארה משם ע"ב שבנוצר חסד לתקון לאלפים, ד"אלפים" גימ' (161) שם קנ"א (א-היה דההין) עם י' אותיות שרש הדינים בבינה. והוא חושב "אלהים א-דני" שמות הדין- והאי תקונא לאלפים ממתקא לכולהו וכן לש"ך ופ"ר דינים- וזוהי תיבת "יורדי" במזמורא דנן רמיזא מפלתם והכנעתם. נשא עון (477) - עפר (350) גימ' (827) "אל ישועתי" כדכתיב ואמרינן בהבדלה (ישעי' י"ב) "הנה אל ישועתי אבטח ולא אפחד כי עזי וזמרת י-ה ה' ויהי לי לישועה" ואיהו חושבן "אשרי האיש" דפתח בו דוד מלכא משיחא ספר תהלים.

והוא נפלא דתקונא תנינא דמיכה (ז',י"ח) הוא ג"כ "נושא עון"- וזהו ב"פ "נושא עון" (דמשה ודמיכה) סליקו לחושבן (954): "אילת השחר" מפסוקא קדמאה דמזמורא.

והוא נפלא- דסליק ג"כ לחושבן "נחמת ציון עירך" [בברכת המזון בשבת רצה והחליצנו וכו' והראנו ה' אלהינו בנחמת ציון עירך ובבנין ירושלים עיר קדשך וכו']. ורמז נוסף "נשא" גימ' (351) "עפר" ע"ה- תיבה עשירית מפסוקא דנן.

ופשע (456) - ונפשו (442) גימ' (898): "להביא לימות המשיח" ע"ה כדאמרינן בהגדה של פסח ימי

חייך העולם הזה כל ימי חייך להביא לימות המשיח. והוא תקון י"א רמיזא י"א כתרין דמסאבותא דאמרו חז"ל אם אין עוזרו אינו יכול לו, וזהו דהאי חושבן סליק (898) "בסיעתא דשמיא"- והוא מקביל "ופשע" ל"ונפשו" והוא נפשו דרשע א"נ דס"מ דפשע, ויה"ר דנזכה לגאולה האמיתית והשלמה בב"א. וחטאה (29) - לא (31) גימ' (60) "גאל ה'" והוא בישעי' (מ"ד,כ"ג) "רנו שמים כי עשה ה' הריעו תחתיות ארץ וכו' כי גאל ה' יעקב ובישראל יתפאר" וכו' בב"א. ונקה (161) - חיה (23) גימ' (184): "לעולם הבא"- ויה"ר דנזכה כולנו לשני ימות המשיח ולחיי העולם הבא בגאולה האמיתית והשלמה בב"א. וכולי הני י"ג מכילן דרחמי "אל רחום וחנון ארך וכו' עד ונקה" סליקו לחושבן (3210): "יהיה" (30) פעמים "אנכי ה'" (107) - דגאולתא תהיה מכתרא אנכי, והוא ל"פ רמיזא דמופיע בפסוקא דנן פסוק ל'. ויחד עם י"ג תיבין דפסוקא דהיינו כל הנ"ל "אל-אכלו, רחום-וישתחוו, וחנון-כל וכו' עד ונקה-חיה" דהיינו כל י"ג מכילן דרחמי עם פסוקא דנן סליקו כולהו לחושבן (6316): ד"פ "נורא תהלת עשה פלא" (שמ' ט"ו,י"א-שירת הים).

ורמיזא פלא- אלופו ש"ע דיאיר חשכת גלותנו, ורמיזא ג"כ דפלא אתוון אל"ף והיינו א' זעירא דויקרא אל משה דיהיב לן הני י"ג מכילן דרחמי ודוד מלכא משיחא דיהיב לן ספרא דתהלים ובתוכו נמי האי פסוקא דנן עם י"ג תיבין לקביל י"ג מכילן דרחמי- ובזכותא דהני צדיקיא נקבלא פני "משיחא" גימ' (359) "משה-דוד" במהרה בימינו אמן.

ליקח את האהל ז"ש עד בואו האהלה (שמות ל"ג,ח') שאז נתבטלו שניהם.

גלא עמיקתא

ולכן רצו להשליכה למים כדין אשת איש שמיתתה בחנק, רק שמסובב כל הסיבות – הקב"ה – סיבב שיבוא בעל האבידה – משה רבינו – וימצא את אבידתו, עיין שם[4] ובמה שכתבנו בבאור דבריו הקדושים שם.

4. באור על מגלה עמוקות ואתחנן אופן פ"ז: אקדמות מילין: הנה מבאר המגלה עמוקות באופן דנן [פ"ז] ובאופן הבא [פ"ח] ענין יעל וסיסרא, ובאופן הבא מקשר יציאת יעל ליציאת לאה ליעקב, מתמן יצא יששכר חמור גרם, ומיעל וסיסרא יצא רבי עקיבא שהיה מבני יששכר יודע בינה לעתים (דה"א י"ב,ל"ג). וזהו "יעל - סיסרא" גימ' (441) אמ"ת, דאמרו חז"ל (נזיר כג:) גדולה עבירה לשם שמים ממצוה שלא לשם שמים, וזו יעל שיצאה לקראת סיסרא וסופו שתקעה היתד ברקתו ועל ידי זה היה הצלה לישראל. ולהבדיל "לאה יעקב" גימ' (218) "הוא בן העולם הבא". וכולם יחד: "יעל סיסרא - לאה יעקב" גימ' (659) ב' פעמים "ולאם מלאם יאמץ" (329) ע"ה, בסוד כשזה קם זה נופל, ובסיסרא כתיב כרע נפל וכו' באשר כרע שם נפל שדוד וכו' (שופטים ה',כ"ז), וכן כתיב ביה מדוע בשש רכבו לבוא (שם פסוק כ"ח), ולעומת זה בקדושה כתיב במשה וירא העם כי בשש משה לרדת מן ההר (שמות ל"ב,א'), ונמשך דהם ג"כ זה לעומת זה "משה - סיסרא" גימ' (676) הוי' (26) פעמים הוי' (26), ועם ב' פעמים "בשש" דכתיב בתרוויהו סליקו לחושבן (1880) ה' פעמים "שלום" (376) דיהא לעתיד לבוא שלום אמת בעולם בגלוי כבוד הוי' כדכתיב בגאולה בלע המות לנצח (ישעי' כ"ה,ח'), וממילא לא יהא מצב מלחמה ומיתה בעולם, ויהי רצון דהשי"ת יקרב קץ גאולתנו כדכתיב הקטן יהיה לאלף והצעיר לגוי עצום, אני הוי' בעתה אחישנה (ישעי' ס',כ"ב).

אופן יא

בסנהדרין אדם הראשון בלשון ארמי סיפר שנאמר לי מה יקרו רעיך אל ר"ת למפרע ארמי לשון תרגום כדאית' בפ"ק דמגילה א"ר נחמן בר יצחק תרגום שכתבו מקרא וכל הנשים יתנו יקר לבעליהן יקר זה תרגום.

הענין ארמי היא קליפת נוגה שגרם בחטאו שנכנס רובו בטומאה וקודם חטא העגל נטהרו ובהקמת המשכן נתקנו קליפות נוגה ונכנסו בקדושה ולכן אלף זעירא כשתסלק אות א' נשתייר ויקר אל משה לקיים קרא מה יקרו רעיך וסיפר בלשון ארמי מה יקרו רעך אל ר"ת ארמי וכן משם רועה אבן ישראל ר"ת ארמי.

וכן קליפת נוגה היא קליפה א' זעירא נהורא דקיק שממנו היתה יניקת בלעם בזוהר יתרו דאיתמר גבי ויקר אלהים אל בלעם.

נמצא במלת ויקרא נרמזין ביה תרין סטרין נבואת משה לשון שמלאכי השרת משתמשין ביה גם נבואות בלעם ויקר עם נהורא דקיק שהיא א' זעירא:

אופן יא

בסנהדרין אדם הראשון בלשון ארמי סיפר שנאמר (תהל' קל"ט, י"ז) ולי מ'ה י'קרו ר'עיך א'ל ראשי תיבות למפרע ארמ"י לשון תרגום ([א]גמרא סנהדרין לח:) כדאיתא בפ"ק דמגילה (ט' ע"א) [ב]אמר רב נחמן בר יצחק תרגום שכתבו

גלא עמיקתא

והנה מביא המגלה עמוקות "מה יקרו רעיך אל" ר"ת למפרע ארמ"י והוא גימ' (692) "ויקר אל משה", דלכן ביקש לשמוט ה-א' דיהא החושבן מכוון לפסוק "מה יקרו רעיך אל" (עיין [ג]סנהדרין קה.) ויתקן לשון ארמ"י בר"ת, ויתקן יניקת בלעם דהוא לבן הארמ"י וכנבאר להלן, וכן הוא חושבן ב' פעמים "רצון" (346) כדאיתא בספה"ק [ד]מש"ה עומד בין שמ"ד לרצו"ן דחושבן מש"ה (345) הוא בין חושבן שמ"ד (344) לרצו"ן (346). וכידוע רצון הוא ענין

[א] **תלמוד בבלי מסכת סנהדרין דף לח עמוד ב:** אמר רב יהודה אמר רב: אדם הראשון בלשון ארמי ספר שנאמר (תהל' קל"ט, י"ז) ולי מה יקרו רעיך אל. והיינו דאמר ריש לקיש: מאי דכתיב (בראשית ה',א') זה ספר תולדת אדם - מלמד שהראהו הקדוש ברוך הוא דור דור ודורשיו, דור דור וחכמיו. כיון שהגיע לדורו של רבי עקיבא שמח בתורתו ונתעצב במיתתו, אמר ולי מה יקרו רעיך אל. [ב] **תלמוד בבלי מגילה דף ח עמוד ב:** משנה. אין בין ספרים לתפלין ומזוזות אלא שהספרים נכתבין בכל לשון, ותפלין ומזוזות אינן נכתבות אלא אשורית. רבן שמעון בן גמליאל אומר: אף בספרים לא התירו שיכתבו אלא יוונית. גמרא. הא לתופרן בגידין ולטמא את הידים - זה וזה שוין. וספרים נכתבין בכל לשון וכו'. ורמינהו: מקרא שכתבו תרגום, ותרגום שכתבו מקרא, וכתב עברי - אינו מטמא את הידים, עד שיכתבנו בכתב אשורית, על הספר, ובדיו. [ג] **תלמוד בבלי מסכת סנהדרין דף קה עמוד א:** ארבעה הדיוטות בלעם ודואג ואחיתופל וגחזי. בלעם - בלא עם, דבר אחר: בלעם - שבלה עם. בן בעור - שבא על בעיר. תנא: הוא בעור, הוא כושן רשעתים הוא לבן הארמי. בעור - שבא על בעיר, כושן רשעתים - דעבד שתי רשעיות בישראל, אחת בימי יעקב ואחת בימי שפוט השופטים. ומה שמו - לבן הארמי שמו. כתיב בן בעור וכתיב בנו בער, אמר רבי יוחנן: אביו בנו הוא לו בנביאות. בלעם הוא דלא אתי לעלמא דאתי, הא אחריני - אתו. מתניתין מני - רבי יהושע היא. דתניא, רבי אליעזר אומר: ישובו רשעים לשאולה כל גוים שכחי אלהים, ישובו רשעים לשאולה - אלו פושעי ישראל, כל גוים שכחי אלהים, אלו פושעי גויים, דברי רבי אליעזר. אמר לו רבי יהושע: וכי נאמר בכל גוים והלא לא נאמר אלא כל גוים שכחי אלהים. אלא: ישובו רשעים לשאולה מאן נינהו - כל גוים שכחי אלהים. ואף אותו רשע נתן סימן בעצמו, אמר תמת נפשי מות ישרים, אם תמות נפשי מות ישרים - תהא אחריתי כמוהו, ואם לאו - הנני הולך לעמי. וילכו זקני מואב וזקני מדין תנא: מדין ומואב לא היה להם שלום מעולם. משל לשני כלבים שהיו בעדר והיו צהובין זה לזה, בא זאב על האחד, אמר האחד: אם איני עוזרו - היום הורג אותו, ולמחר בא עלי. הלכו שניהם והרגו הזאב. אמר רב פפא, היינו דאמרי אינשי: כרכושתא ושונרא עבדו הלולא מתרבא דביש גדא. וישבו שרי מואב עם בלעם. ושרי מדין להיכן אזול? - כיון דאמר להו לינו פה הלילה והשיבתי אתכם דבר אמרו: כלום יש אב ששונא את בנו? אמר רב נחמן: חוצפא, אפילו כלפי שמיא מהני. מעיקרא כתיב לא תלך עמהם ולבסוף כתיב קום לך אתם. אמר רב ששת: חוצפא מלכותא בלא תאגא היא, דכתיב ואנכי היום רך ומשוח מלך והאנשים האלה בני צרויה קשים ממני וגו'. [ד] **ליקוטי מוהר"ן חלק א' תורה רי"ד:** ועל כן משה עומד בין שמד לרצון, כי מספר משה הוא ממצע בין מספר שמד למספר רצון וכו'.

מקרא אינו מטמא את הידים. וכתיב (אסתר א׳,כ׳) וכל הנשים יתנו יקר לבעליהן יקר זה כבוד בלשון תרגום. ענין

גלא עמיקתא

הכתר [ה]דתלת רישין אינון בכתר אמונה–תענוג–רצון [[1]עיין מה שבארנו ענין זה במקום אחר בפירוש ענין אסתלק יקרא דקוב״ה בכולהו עלמין], ומשה הוא בחינת חכמ״ה נוטריקון כ״ח מ״ה ואמר ונחנו מ״ה (שמות ט״ז,ז׳) וכתיב (איוב כ״ח,י״ב) והחכמה מאין תמצא דהיינו מבחינת כתר.

תיבין ״מה יקרו רעיך״ גימ׳ (661) ״האיש משה״ דכתיב ביה (במדבר י״ב,ג׳) ״והאיש משה ענו מאד מכל האדם אשר על פני האדמה״.

וכשנוציא מתיבין ״מה יקרו רעיך אל״ (692) את הגלוי ארמ״י בחינת הקליפה ישאר החושבן (441) ״אמת״ כנודע מענין עלמא דשיקרא הגלוי ועלמא דאתי דהוא עלמא דקשוט ([ו]זוה״ק פרשת וישב דף קצ״ב ע״ב)

[ה] זוהר - האדרא זוטא פרשת האזינו דף רפח עמוד א: תלת רישין אתגלפן דא לגו מן דא, ודא לעילא מן דא, רישא חדא חכמתא סתימאה דאתכסייא ולאו מתפתחא וחכמתא דא סתימאה רישא לכל רישיה דשאר חכמות, רישא עלאה עתיקא קדישא סתימא דכל סתימין, רישא דכל רישא וכו׳. **[ו] זוהר בראשית פרשת וישב דף קצב עמוד ב:** רבי יהודה פתח (תהלים נ״א) לב טהור ברא לי אלהים ורוח נכון חדש בקרבי, האי קרא אוקמוה אבל לב טהור כמה דאת אמר (מלכים א׳ ג) ונתת לעבדך לב שומע וגו׳ וכתיב (משלי ט״ו) וטוב לב משתה תמיד ובגין כך לב טהור ודאי, ורוח נכון חדש בקרבי דא הוא רוח נכון ודאי כמה דאת אמר (בראשית א׳) ורוח אלהים מרחפת על פני המים ואתערו זה רוחו של משיח ואתערו (יחזקאל י״א) ורוח חדשה אתן בקרבכם וצלי דוד ההוא רוח נכון חדש בקרבי בגין דאית מסטרא אחרא לב טמא ורוח עועים דאסטי לבני עלמא ודא הוא רוח טומאה דאקרי רוח עועים כמה דאת אמר (ישעיה י״ט) יי׳ מסך בקרבה רוח עועים ועל דא ורוח נכון חדש בקרבי, מאי חדש דא חדושא דסיהרא בשעתא דאתחדש סיהרא דוד מלך ישראל חי וקיים ובגין כך חדש, רבי אלעזר ורבי יוסי הוו אזלי בארחא אמר ר׳ יוסי לר׳ אלעזר האי דכתיב (מ״א כ״ב) ויצא הרוח ויעמוד לפני יי׳ ויאמר אני אפתנו ויאמר יי׳ אליו במה ויאמר אצא והייתי רוח שקר בפי כל נביאיו ויאמר תפתה וגם תוכל צא ועשה כן, ותנינן דהוה רוח נבות היזרעאלי, וכי נשמתין כיון דסלקין וקיימין לעילא אינון יכלין לאתבא בהאי עלמא, ומלה תמיהה דאמר אצא והייתי רוח שקר בפי וגו׳ ותו מ״ט אתענש עליה אחאב דהא דינא דאורייתא דשוי שמואל קמייהו דישראל הכי הוא דכתיב (שמואל א׳ ח) את שדותיכם וכרמיכם וזיתיכם הטובים יקח, ואי אחאב נטל ההוא כרם בנבות דינא הוה, ותו דהוה יהיב ליה כרמא אחרא או דהבא ולא בעא, א״ל יאות שאלת, ת״ח האי רוח דקאמרו דאיהו רוח דנבות הכא אית לאסתכלא וכי רוחא דנבות יכיל לסלקא ולקיימא קמיה דקודשא בריך הוא למתבע שקרא דכתיב ויצא הרוח, ואי

1. אסתלק יקרא דקוב״ה בכולהו עלמין: והנה ״כד אתכפיא סטרא אחרא״ גימ׳ (1016) ״בראשית ברא״ היינו מחזירים הכל שרשו ושם מתמתק (וכמ״ש אין הדין נמתק אלא בשרשו, עיין לעיל אופן ל״ח,מ״א) דהיינו לאדה״ר קודם החטא, ושאר המילים ״אסתלק יקרא דקודשא בריך הוא בכולהו עלמין״ גימ׳ (1830) ״אלה תולדות השמים והארץ בהבראם״ (בר׳ ב׳) ומרמז הסתלקות ארץ ו-ז׳ רקיעים, וד״ל. ומרמז בזוה״ק שם ואסתלקותא דא יתיר מכלא, ״יתיר״ גימ׳ ״כתר״ ובו תלת רישין כנ״ל לקביל ״אמונה תענוג רצון״ גימ׳ (977) ״קריעת ים סוף״ ע״ה שע״י אתכפיא סט״א, שקשרו את הטלה לכרעי המיטה, נקרעו הרקיעים בקי״ס ונתגלה אור הכתר, וזהו דכתיב (ישעי׳ מ׳,ה׳) ״ונגלה כבוד ה׳ וראו כל בשר יחדיו כי פי ה׳ דיבר״ גימ׳ (1317) ״אסתלק יקרא דקודשא״, ונזכה לראותו עין בעין בביאת משיח צדקנו ובנין בית המקדש, ב״ב אכי״ר.

[לשון] ארמי היא קלי׳ נגה שגרם [אדה"ר] בחטאו, שנכנסו

גלא עמיקתא

דהוא סמוי. וכנודע דיעקב אבינו תקון אדם הראשון [ז]דשופריה דיעקב כשופריה דאדם קדמאה (ב"ב נ"ח ע"א ובזוה"ק בכמה מקומות), ולכן הלך לתקן חטאו דאדם הראשון אצל לבן הארמ"י ולהוציא בלעו מפיו. וכדכתיב (דברים כ"ו,ה׳) "ארמי אבד אבי" גימ׳ (271) "טובו אהליך יעקב" (במדבר כ"ד,ה׳) דאת כלל ישראל הוציא יעקב מלבן הארמי– דלקח שתי בנותיו ושפחותיהן והולידו לו י"ב שבטי י"ה שרש לנשמות כלל ישראל ותקונא שלים לחטא אדם הראשון.

ואחריו "משה ואהרן" גימ׳ (607) "אדם הראשון" תקנו חטא אדם הראשון בפנימיות דיעקב מלבר משה מלגו, ומשה לקח רישא דארמי אות א׳ והקטינה לא׳ זעירא ונותר רמ"י סליק לחושבן (250) נ"ר. והוא כדכתיב (משלי כ׳,כ"ז) "נר ה׳ נשמת אדם" ואדם בחטאו נתגשם ונתמעט ונתפרקה אות נ׳ ל–מ"י כגון דאמר אחשורוש (אסתר ז׳,ה׳) מי הוא זה ואי זה הוא, ונתוספה אות א׳ בחינת ישות אני לאות ר׳ ונהיה מספר בלשון ארמ"י כנ"ל בגמרא.

ואמרו חז"ל דאדם הראשון [ח]ק"ל שנה בנהר גיחון הוליד שדין ולילין

צדיקא הוא איך יבעי שקרא בההוא עלמא. דאיהו עלמא דקשוט ומה בהאי עלמא לא בעי זכאה שקרא בההוא עלמא. לא כ"ש, ואי לאו זכאה איהו היך יכיל לקיימא קמי קודשא בריך הוא, אלא ודאי נבות לאו זכאה הוה כ"כ לקיימא קמי קודשא בריך הוא אלא רוחא אחרא הוה דשלטא בעלמא דדא הוא רוחא דקיימא תדיר וסלקא קמי קודשא בריך הוא ודא הוא דאסטי לבני עלמא בשקרא ומאן דאיהו רגיל בשקרא אשתדל תדיר בשקרא ועל דא אמר אצא והייתי רוח שקר וגו׳ ועל דא קודשא בריך הוא א"ל צא ועשה כן פוק מהכא כמה דאוקמוה דכתיב (תהלים ק"א) דובר שקרים לא יכון לנגד עיני ובג"ד איהו רוח שקר ודאי ותו על מה דקטל ליה לנבות ונטל כרמא דיליה קטולא אמאי קטיל ליה אלא על דקטיל ליה בלא דינא אתענש, קטל ליה בלא דינא ונסיב כרמא דיליה, ובגין כך כתיב (מ"א כ"א) הרצחת וגם ירשת ועל דא אתענש ותא חזי כמה אינון בני נשא בעלמא דאסטי לון האי רוח שקרא בשקרא ושליט איהו בעלמא בכמה סטרין ובכמה עובדין והא אוקימנא מלי, ועל דא דוד מלכא בעא לאסתמרא מניה ובעא לאפקא מגו מסאבו דכתיב (תהלים נ"א) לב טהור ברא לי אלהים ורוח נכון חדש בקרבי דא הוא רוח נכון ואחרא איהו רוח שקר ועל דא תרין דרגין אינון חד קדישא וחד מסאבא, פתח ואמר (יואל ב׳) ויי׳ נתן קולו לפני חילו כי רב מאד מחנהו וכי עצום עושה דברו וגו׳, האי קרא אוקמוה, אבל ויי׳ בכל אתר הוא ובי דיניה, נתן קולו דא הוא קלא דכתיב (דברים ד׳) קול דברים וכתיב התם (שמות ד׳) לא איש דברים מאן איש דברים כמה דאת אמר (דברים ל"ג) איש האלהים, לפני חילו, אלין אינון ישראל

[ז] **תלמוד בבלי בבא בתרא דף נח עמוד א:** אמר רבי בנאה: נסתכלתי בשני עקיביו, ודומים לשני גלגלי חמה; הכל בפני שרה כקוף בפני אדם, שרה בפני חוה - כקוף בפני אדם, חוה בפני אדם - כקוף בפני שכינה, אדם בפני שכינה - כקוף בפני אדם. שופריה דרב כהנא (מעין שופריה דרב, שופריה דרב) מעין שופריה דרבי אבהו, שופריה דר׳ אבהו מעין שופריה דיעקב אבינו, שופריה דיעקב אבינו מעין שופריה דאדם הראשון.

[ח] **תלמוד בבלי מסכת עירובין דף יח עמוד ב:** ואמר רבי ירמיה בן אלעזר: כל אותן השנים שהיה אדם הראשון בנידוי הוליד רוחין ושידין ולילין, שנאמר ויחי אדם שלשים ומאת שנה ויולד בדמותו כצלמו, מכלל דעד האידנא לאו כצלמו אוליד. מיתיבי, היה רבי מאיר אומר: אדם הראשון חסיד גדול היה, כיון שראה שנקנסה מיתה על ידו ישב בתענית מאה

רובו בטומאה. וקודם חטא העגל נטהרו ובהקמת המשכן נתקן קלי' נגה ונכנסו בקדושה.

גלא עמיקתא

[ט]ומשוך בערלתו היה, וביעקב עיקר תולדות יעקב יוסף כדכתיב (בראשית ל"ז,ב' – פרשת וישב) "אלה תולדות יעקב יוסף בן שבע עשרה שנה היה רעה את אחיו" [י]וכלשון המדרש שעיקר תולדות של יעקב היו בזכותו של יוסף ובשבילו], וכתיב ביוסף (בראשית מ"ט,כ"ד) מידי אביר יעקב "משם רעה אבן ישראל" [2ועיין עוד מה שבארנו פסוק זה באריכות במקום אחר בפירוש ענין ל"ג בעומר – רשב"י ובנו – אבן אב

ושלשים שנה, ופירש מן האשה מאה ושלשים שנה והעלה זרזי תאנים על בשרו מאה ושלשים שנה? כי קאמרינן ההוא - בשכבת זרע דחזא לאונסיה. ואמר רבי ירמיה בן אלעזר: מקצת שבחו של אדם אומרים בפניו, וכולו שלא בפניו. מקצת שבחו בפניו - דכתיב כי אתך ראיתי צדיק לפני בדור הזה, כולו שלא בפניו - דכתיב נח איש צדיק תמים היה בדרתיו. ואמר רבי ירמיה בן אלעזר: מאי דכתיב והנה עלה זית טרף בפיה - אמרה יונה לפני הקדוש ברוך הוא: רבונו של עולם, יהיו מזונותי מרורין כזית ומסורין בידך, ואל יהיו מתוקין כדבש ותלוין ביד בשר ודם. כתיב הכא טרף, וכתיב התם הטריפני לחם חקי. ואמר רבי ירמיה בן אלעזר: כל בית שנשמעין בו דברי תורה בלילה - שוב אינו נחרב, שנאמר ולא אמר איה אלוה עושי נתן זמירות בלילה. ואמר רבי ירמיה בן אלעזר: מיום שחרב בית המקדש דיו לעולם שישתמש בשתי אותיות, שנאמר כל הנשמה תהלל יה הללויה. **[ט] תלמוד בבלי מסכת סנהדרין דף לח עמוד ב:** ואמר רב יהודה אמר רב: אדם הראשון בלשון ארמי ספר שנאמר ולי מה יקרו רעיך אל. והיינו דאמר ריש לקיש: מאי דכתיב זה ספר תולדת אדם - מלמד שהראהו הקדוש ברוך הוא דור דור ודורשיו, דור דור וחכמיו. כיון שהגיע לדורו של רבי עקיבא שמח בתורתו ונתעצב במיתתו, אמר ולי מה יקרו רעיך אל. ואמר רב יהודה אמר רב: אדם הראשון מין היה, שנאמר ויקרא ה' אלהים אל האדם ויאמר לו איכה - אן נטה לבך. רבי יצחק אמר: מושך בערלתו היה, כתיב הכא והמה כאדם עברו ברית וכתיב התם את בריתי הפר. רב נחמן אמר: כופר בעיקר היה, כתיב הכא עברו ברית וכתיב התם (את בריתי הפר) ואמרו על אשר עזבו (את) ברית ה' אלהיהם. **[י] בראשית רבה פרשת וישב פרשה פד:** ה מה

---

2. ל"ג בעומר - רשב"י ובנו - אבן אב ובן: ויקרא א' זעירא מרמז הלולא דרשב"י בל"ג בעמר. "בעומר" מלא דהיינו "בית עין ויו מם ריש" גימ' (1154) ד"פ א' זעירא ע"ה, "ל"ג בעומר" מלא גימ' (1311) "ונסלח לכל עדת בני ישראל" (במ' ט"ו,כ"ו) דאמרינן בתפלת יום כפור, וכשנוסיף "רבי שמעון בר יוחאי (915) רבי אלעזר (520) על ל"ג בעומר מלא (1311) גימ' (2746) "ותשובה ותפלה וצדקה מעבירין את רוע הגזרה" יחד עם כ"ב אותיות התורה הק', דאמרינן במוסף דתפלת יום כפור, וכנודע דהלולא דרשב"י גרמה דפסקו מלמות תלמידי ר"ע בזכות ההלולא דעתידה להיות, דא"ר שמעון "יכול אני לפטור את כל העולם כולו מן הדין" (סוכה מה:) גימ' (1275) "ברבבות אלפי ישראל" (במ' י"א,ל"ו) ופרש"י מגיד שאין השכינה שורה בישראל פחותין משתי אלפים ומרמז לאלפים כנ"ל ד-א' זעירא, דרשב"י ובנו הוו משרים השכינה, וחזינן- דרשב"י בעל ההילולא מעיד בעצמו דיכל לפעול מה שפועל יום הכפורים.

והאי דאמרינן במקום אחר בעניין השבת "וקראת לשבת ענג" (ישעי' נ"ח,י"ג) גימ' (399) "אלף זעירא", והא ממשיך האי פסוקא "לקדוש ה' מכובד"- הנה "לקדוש ה'" גימ' (466) "שמעון", ודרשו (באדרא רבא סוף פרשת נשא ע"ש) מאן הוא קדוש ה' "דא רבי שמעון בר יוחאי" (דאיקרי מכובד בעלמא דין ובעלמא דאתי) גימ' (920) "ואל המקדש לא תבא" (ויק' י"ב,ד'), וזהו פס' בתחלת פרשת תזריע, ומרומז שם עניין ל"ג בעומר- שכן פותחת הפרשה אשה "כי תזריע וילדה זכר" גימ' (999) דאמר המג"ע הק' אדם אחד מאלף מצאתי דא משה, וזהו אל"ף חסר אחד הגימ' כנ"ל, "אשה כי תזריע וילדה זכר" גימ' (1305) א'שה, בסוד אלף אל"ף זעירא. ובפסוק הבא "וביום השמיני ימול

ולכן א' זעירא כשתסלק אות א' נשתייר ויקר אל משה לקיים קרא מה יקרו רעיך אל ר"ת ארמ"י וסיפר בלשון ארמי. וכן

גלא עמיקתא

ובן] גימ' (1249) "שכנתי בתוכם" עם הכולל (שמות כ"ה,ח' – פרשת תרומה) [כדכתיב ועשו לי מקדש ושכנתי בתוכם (שמות כ"ה,ח')] והוא תקון לשון הארמ"י ענין הקדושה.

בשר ערלתו" ומרמז "ביום השמיני" גימ' (475) "דעת" ע"ה, א' מעל ד' והוא ר"ת א' ז'עירא, וכגון א"ז ישיר משה ועוד רבים. ובפסוק הבא "ושלשים יום ושלשת ימים" (תשב בדמי טהרה) גימ' (1878) "זרעא די לא יפסוק ודי לא יבטול מפתגמי אורייתא" דאמרינן בתר קריאת התורה בשבת ביקום פורקן מן שמיא וכו', וזהו רמז מובהק שכתוב להדיא ל"ג "ושלשים ושלשת" ומיד לאחר מכן האי דאמרנו "ואל המקדש לא תבוא" גימ' "דא רבי שמעון בר יוחאי" כדלעיל. וזהו דאמר רשב"י שלא תשתכח תורה (בגמ' שבת קלח: ע"ש) שנאמר "כי לא תשכח מפי זרעו" (דב' ל"א,כ"א) ומביא בהק' ללקוטי מוהר"ן ס"ת "יוחאי", והיינו דלא תשכח מפי זרעו דיוחאי, ודא הוא רבי שמעון עצמו- דהביא האי פסוקא, והוא בגימ' (1202) "בראשית ברא אלהים" דרשב"י בלמוד תורתו ולמוד זכות על דורו ועל הדורות הבאים, ובפרט בהלולת ל"ג בעומר דהוא גם יום הולדתו בדומה למרע"ה דנולד ונסתלק באותו היום- ז' אדר- הריהו מחזיר הכל לשרש להשי"ת, ל"בראשית" ולקודם הבריאה, וזהו ד"בראשית ברא אלהים" בחלוף סדר אתוון "אלהים ברא את רשב"י" והוא נפלא ונורא. וכשנחבר הני תרי הלולא רבה דמרע"ה ודרשב"י (דנשמת משה בגויה) עם הספירה ל"ג בעומר, דהיינו "ז' אדר, ח"י אייר, ל"ג בעומר" גימ' (802) "אלף זעירא אלף זעירא" עם ד' כוללים, והיינו האי א' זעירא דויקרא איהי בגויה דרשב"י, ורמיזא לכך- "רבי שמעון" גימ' עם האותיות ו-ב' כוללים (688) "א' זעירא אלף זעירא", ומרמז בחי' הכתר דהשיג רשב"י בחי' חיותו כדאמרינן לעיל אופן נ"ז- א' היינו דאנכי, "אלף" היינו "לא יהיה לך", דהני ב' דבריא הן התפשטות דהאי א' בסוד "מאן דאיהו רב איהו זעיר"- בזוה"ק תחלת פרשת חיי שרה. וכשנחבר רשב"י עם אלעזר בנו דהוא יסוד ושרש לקיום עם ישראל עד ביאת משיח צדקנו בב"א עניין אב ובן, כדכתיב "משם רעה אבן ישראל" (בר' מ"ט,כ"ד) אבן- אב ובן, וזהו דיעקב דהוא בחיר האבות- בו מופיע מספר גדול מאד יותר ממק"א בכ"ד ספרים עניין אבן- ונחבר הני אבנים:

כתיב למעלה מן הענין ואלה המלכים וגו' וכתיב הכא וישב יעקב, א"ר חוניא משל לאחד שהיה מהלך בדרך וראה כת של כלבים ונתיירא מהם וישב לו ביניהם, כך כיון שראה אבינו יעקב עשו ואלופיו נתיירא מהם וישב לו ביניהם, א"ר לוי משל לנפח שהיה פתוח באמצע פלטיא ופתח בנו זהבי פתוח כנגדו וראה חבילות חבילות של קוצים ונכנסו למדינה אמר אנה יכנסו כל החבילות הללו והיה שם פקח אחד א"ל מאלו אתה מתיירא גץ אחד יוצא משלך וגץ אחד משל בנך ואתה שורפן, כך כיון שראה אבינו יעקב עשו ואלופיו נתיירא, א"ל הקדוש ברוך הוא מאלו אתה מתיירא גץ אחד משלך וגץ א' משל בנך ואתם שורפים אותם כולם, הה"ד (עובדיה א) והיה בית יעקב אש ובית יוסף להבה, וישב יעקב, כך אמרו חכמים אלה תולדות יעקב יוסף, התולדות הללו לא באו אלא בזכותו של יוסף ובשבילו, כלום הלך יעקב אצל לבן אלא בשביל רחל, התולדות הללו היו ממתינות עד שנולד יוסף, הה"ד (בראשית ל) ויהי כאשר ילדה רחל את יוסף, כיון שנולד שטנו של אותו רשע ויאמר יעקב אל לבן שלחני ואלכה, מי מורידן למצרים יוסף, מי מכלכלן יוסף, הים לא נקרע אלא בזכותו של יוסף, הה"ד (תהלים עז) ראוך מים אלהים ראוך מים יחילו נתן תהום קולו, גאלת בזרוע עמך בני יעקב ויוסף, א"ר יודן ב"ר שמעון אף הירדן לא נקרע אלא בזכותו של יוסף, ד"א וישב יעקב, כך אמרו חכמים לא נהנה יעקב אבינו ממושב עד שגר במגורי אבותיו ואיזו זו, זו ארץ כנען ששם גר יצחק אביו, ד"א מגורי בגימטריא מאתן וחמשין ותשע מיום שאמר הקדוש ברוך הוא לאברהם ידוע תדע עד שעה שנתיישב יעקב אבינו בארץ מגורי אביו.

מ'שם ר'עה א'בן י'שראל (בראשית מ"ט,כ"ד) ראשי תיבות ארמ"י וכן קלי' נגה היא קלי' א' זעירא נהורא דקיק

גלא עמיקתא

וזהו דמביא בסוף אופן י"א נמצא במלת ויקרא נרמזין ב' סטרין "נבואת משה" גימ' (804) "בית דוד משיחך" [כדאמרינן בברכת המזון רחם נא ה' אלהינו עלינו ועל ישראל עמך ועל ירושלים עירך ועל מלכות בית דוד משיחך] דמתמן גאולתא שלמתא.

"נבואות בלעם" גימ' (607) "אדם הראשון" דבלעם נמשך מהארמ"י של אדם הראשון חלקו הרע ומשה להבדיל מחלקו הטוב. והוא נפלא האי דכתב המגלה עמוקות "נבואת משה נבואות בלעם" סליקו לחושבן (1411) טו"ב (17) פעמים אבי"ע (83) ראשי תיבות [יא]א'צילות ב'ריאה י'צירה ע'שיה. דמשה ע"י תקון נבואות בלעם תיקן פגם אדם הראשון והשבירה בכל ד' עולמות אבי"ע דכללות, וכדאמרינן דמש"ה בא"ל ב"ם בי"ע. והפשוט משה בחינת חכמה אצילות [יב]כדאיתא בזוה"ק בחכמה אתברירו.

[יא] **אור החיים בראשית פרק א:** עוד ירמוז בתיבת בראשית על דרך אומרם ז"ל (מדרש שמואל אבות פ"ו) כי ה' ברא ד' עולמות ויחסו להם שמות אצילות בריאה יצירה עשיה, ורמזום בפסוק (ישעי' מ"ג) כל הנקרא בשמי ולכבודי בראתיו יצרתיו אף עשיתיו, והוא שרמז כאן באומרו בראשית הוא עולם הכבוד שהוא האצילות והוא יקרא ראשית לכל, ברא הוא עולם הבריאה, אלהים רמז לעולם היצירה כי יש שם דינים, את השמים ואת הארץ הוא עולם העשיה כי הוא זה שמים וארץ כאמור בדבריהם הנעימים.

[יב] **זוהר שמות פרשת פקודי:** ת"ח בגין דרבי עקיבא סליק לעילא כדקא יאות עאל בשלם ונפק בשלם, דוד שאיל שאלתא ולא אתפרש דכתיב (תהלים יז) ממתים ידך יי' ממתים מחלד חלקם בחיים (ס"א תוהא) על מה דא אלין דאתקטלו בקטולי עלמא צדיקיא זכאין דלא חאבו חובה בגין דיתענשון, תא חזי ממתים ידך יי' ממתים מחלד חלקם בחיים הכא איהו תרי סטרי ידך יי', וחלד, ידך יי' דא קודשא בריך הוא דנשמתא אתכניש לגביה, ממתים מחלד דא סטרא אחרא דגופא איהו שלטא עלוי דכתיב (ישעיה לח) לא אביט אדם עוד עם יושבי חדל, ת"ח נשמתא דאלין לאשלמותא דרוחא קדישא דלהון עשרה רוחין מתתא כדקא יאות וגופא דלהון יתמסר למלכו חייבא כל חד נטיל חולקיה ברזא דקרבנין, ותא חזי רישא שירותא דמהימנותא גו מחשבה בטש בוצינא

"ויקח מאבני המקום [כ"ח,י"א] ויקח את האבן [כ"ח,י"ח] והאבן הזאת [כ"ח,כ"ג] והאבן גדלה על פי הבאר [כ"ט,ב'] וגללו את האבן והשיבו את האבן [כ"ט,ג'] וגללו את האבן [כ"ט,ח'] ויגל את האבן [כ"ט,י']"

והנה בתוך כמה פסוקים ח"פ אבן, בסוד אב-בן, דמשה קבל תורה מסיני ומסרה ליהושע וכך מאב לבנו לדורי דורות, עד ביאת משיח צדקנו,בב"א. והני ח"פ אבן כמו שכתובים שם בפסוקים, דהיינו- "מאבני, האבן, והאבן, והאבן, האבן, האבן, האבן, האבן" גימ' "שמעון בן" עם ב' המלים והכללות, וחזינן דכתיב שמעון בן יוחאי, וכן אלעזר בן שמעון- בן מהאי גיסא ומהאי גיסא דרשב"י הקדוש.

וכשנצרף הני ח' אבנים עם המלים שסביבותיהם, וכדכתבנו לעיל- "ויקח מאבני, ויקח את האבן, והאבן הזאת, והאבן גדלה, וגללו את האבן, והשיבו את האבן, וגללו את האבן, ויגל את האבן" סליק לחושבן (3757) י"ג פעמים "א' זעירא" (289) דהיינו כל הני י"ג מכילן דרחמי דכתר א"א מלאים ב-א' זעירא, ומקשר משה יעקב שמעון אלעזר, והאי חושבן (3757) גימ' י"ז פעמים "אייר" דהוא י"ז אייר ערב הלולת התנא הקדוש רשב"י דאז כלל ישראל עולים לרגל למירון לציונו הקדוש כעין העליה לביהמ"ק, ולאחר חצות היום מתחילה הארת ל"ג בעומר, וזהו "טוב" (י"ז) פעמים "אייר", היינו דכתיב (ישעי' ג',י') "אמרו צדיק כי טוב" גימ'

שממנו היתה יניקת בלעם. [יג]ובזוהר יתרו דאיתמר גבי ויקר אלהים אל בלעם (במדבר כ"ג,ד') נמצא דמלת ויקרא

גלא עמיקתא

והנה הביא הש"ס (בבא בתרא עג.) כ"א מעשיות קצרות דרובן מרבה בר בר חנה והן בסוד הוצאת ניצוצות הקדושה הבלועים בקלי' בסוד שם קדוש חב"ו ר"ת חיל בלע ויקיאנו ומתחלקין בסוד שם יה"ו י' מעשיות ה' מעשיות ו' מעשיות ונבארן לקמן בס"ד ונקשרן לאופן דנן, בסוד דכתב האדמו"ר מקאמארנא זצוק"ל לגבי שעירים דיוהכ"פ שעיר לה' שעיר לעזאזל וכתב לעזאזל נוטריקון "את זה לעומת זה עשה" וכן הוא במעשיות לקמן דמביא רבה בר בר חנה צד הקדושה וכיצד מוציא הניצוצות מהקלי' וכן נסכם כל מעשיה בעצה היוצאת ממנה וכדעבדינן באופן ס' בסופו בביאורינו למעשה דסבא דבי אתונא ורבי יהושע בר חנניה ובכאן נבאר דכ"א מעשיות דנן ומעשיות דשם דבר אחד הם.

(500) "פרו ורבו" והוא המצוה הראשונה בתוה"ק- עניין הבנים כנ"ל. והוא יום ל"ב בעומר דאמר (אבות פ"ב) רבי אלעזר בן ערך "לב טוב" [בעניין איזו היא דרך ישרה שיבור לו האדם ואמר להם ריב"ז רואה אני את דברי אלעזר בן ערך מדבריכם, שבכלל דבריו דבריכם, ונבארו אי"ה באופנים הבאים] והוא ד-י"ז באייר ל"ב בעומר ו-י"ז גימ' "טוב". וזהו "ל"ג בעומר" במלוי הקטן "למד גימל בית עין, למד מם ריש" גימ' (1301) "יעקב, משה, שמעון, אלעזר" ר"ת שמא"י ס"ת ברנ"ה, וכשיצאו מן המערה לאחר י"ב שנה כל מקום שנתנו עיניהם בו מיד נשרף, יצתה בת קול ואמרה וכי לשרוף עולמי באתם, ואז נכנסו למערה שנה נוספת וכו'- ולכן ר"ת שמאי ענין הדין, לאחר י"ב שנה לקביל י"ב שבטי י-ה, י-ה ענין הדין, ויוסף על גביהן לקביל השנה ה-י"ג ונהפך ל-י"ג מדות הרחמים וכנ"ל מלאים כ"א ב-א' זעירא גימ' כל הני ח' אבנין דיעקב, כשבא לחרן למקום הקלי' למצוא את האמהות הק' דמהן יבנה עם ישראל, בסוד אבן אב-בן, ומרומז ה-א' זעירא צורת י', ובזוה"ק י' איהי אבן, ופשוט [ועיין לקמן אופן צ"ב].

דקרדינותא וסליק גו מחשבה (ס"א ואפיק) נצוצין נציצין זריק (ויקרא רצב ב) לתלת מאה ועשרין עיבר ובריר פסולת מגו מחשבה ואתבריר, אוף הכי כגוונא דא סליק במחשבה כמה דאתברר ביה פסולת (ס"א ואתברר אוף הכי אלין בהו אשתלים מאן דאצטריך ודאי כך סליק במחשבה וכלא) ויתברר אלין די בהו אשתלים מאן דאצטריך ודאי כד סליק במחשבה סליק וכלא כמה דאצטריך וכו'

[יג] זוהר שמות פרשת ויקהל דף קצה עמוד א: כמין הוה לעילא לסאבא מקדשא, וכמין הוה לתתא לסאבא לישראל, מנלן דכתיב (דברים כה) אשר קרך בדרך, כתיב הכא אשר קרך, וכתיב התם (שם כג) כי יהיה בך איש אשר לא יהיה טהור מקרה לילה, ועל דא בבלעם כתיב (במדבר כג) ויקר אלהים אל בלעם, ויקר לישנא דמסאבא נקט, ואי תימא הא כתיב אלהים, אלא קודשא בריך הוא אזמין ליה ההוא אתר דמסאבא לאסתאבא ביה בההוא דרגא דאיהו אתדבק לאסתאבא ביה, מה עבד בלעם, איהו חשיב באינון קרבנין לסלקא לעילא מיד זמין ליה קודשא בריך הוא ההוא אתר, א"ל הא מסאבו לגבך כמה דאתחזי לך ועל דא ויקר אלהים אל בלעם, כגוונא דא אשר קרך בדרך וגו', אזמין לגבך ההוא חויא בישא לעילא לסאבא לך בכל סטרין, ואלמלא דאתתקף משה לעילא ויהושע לתתא לא יכילו ישראל ליה, ובגין כך נטיר קודשא בריך הוא ההוא דבבו לדרי דרין, מ"ט בגין דחשיב לאעקרא את קיימא מאתריה, ובגין כך פקדתי בפקידה דהא תמן (ויצא קנט ב) אתרמיז רזא דאת קיימא קדישא, ת"ח מה כתיב ויאמר שאול אל הקיני, מאן קני דא יתרו וכי מאן יהיב בני יתרו הכא למהוי דיוריהון בעמלק, והא ביריחו הוו שריין, אלא הא כתיב (שופטים א) ובני קיני חתן משה עלו מעיר התמרים את בני יהודה מדבר יהודה וגו',

וכד עלו מתמן שרו בתחומא דעמלק עד ההוא זמנא דאתא שאול מלכא דכתיב ויסר קני מתוך עמלק, בגין דהא בזמנא דחייביא אשתכחו (נ"א אתענשו) אינון חסידי וזכאי דמשתכחין בינייהו מתפסן בחוביהון והא אוקמוה, כגוונא דא אלמלא ההוא ערבוביא דאתחברו בהו בישראל לא אתענשו ישראל על עובדא דעגלא, ות"ח מה כתיב (קצז רכד א) בקדמיתא (שמות כה) מאת כל איש אשר ידבנו לבו לאכללא כלא בגין דבעא קודשא בריך הוא למעבד עובדא דמשכנא מכל סטרין במוחא וקליפה, ובגין דהוו אינון ערב רב בגווייהו אתמר מאת כל איש אשר ידבנו לבו לאכללא לון בינייהו דישראל דאינון מוחא, וכלהו אתפקדו, לבתר סטא זינא לזיניה ואתו אינון ערב רב ועבדו ית עגלא וסטו אבתרייהו אינון דמיתו וגרמו לון לישראל מותא וקטולא, אמר קודשא בריך הוא מכאן ולהלאה עובדא דמשכנא לא יהא אלא (קצז א) מסטרא דישראל בלחודייהו, מיד ויקהל משה את כל עדת בני ישראל וגו', וכתיב בתריה קחו מאתכם תרומה ליי', מאתכם ודאי ולא כקדמיתא דכתיב מאת כל איש אשר ידבנו לבו, ויקהל משה וגו', מאן אתר כניש לון אלא בגין דהוו אינון ערב רב בינייהו אצטריך משה לאתכנשא לון וליחדא לון מבינייהו:

נרמזין ביה תרין סטרין נבואת משה לשון שמלאכי השרת משתמשין בו וגם נבואת בלעם נהורא דקיק שהוא א' זעירא.

גלא עמיקתא

מעשה ראשון: "**האי גלא דמטבע לספינה מיתחזי כי צוציתא דנורא חיוורתא ברישא**" גימ' (2917): ד"פ "קרע שטן" (729) ע"ה, וכדפרש"י צוציתא דנורא חיוורתא: "אש לבנה ומלאך מזיק הוא" גימ' (654) "ראש הפסגה" לתמן סליק משה כדכתיב עלה ראש הפסגה (דברים ג',כ"ז), ונרמז בכאן בתיבה אחריתי "ברישא" גימ' (513) "מדת הדין" דמשה איש הא–להים זכה למתק מדת הדין מעל בני ישראל בק"כ שנותיו ובק"כ ימים בהר סיני דהן לקביל ק"כ צרופי שם א–להים בדין, וכן תיבין "האי גלא דמטבע לספינה מתחזי כי צוציתא" גימ' (1512) "ברישא" ב–א' רבתי, רמיזא גבהות הקלי' דהן נ' שערי טומאה "האי גלא" גימ' (50) נ', היינו טומאה כנ"ל [ויש רמז בפסוק ונרגן מפריד אלוף (משלי ט"ז,כ"ח) נו"ן סופית זעירא] והפצם של הקלי' להסיר ולהוריד ולהטביע את הקדושה שכן "האי גלא דמטבע לספינה" גימ' (410) "קדוש" – ומיד "מתחזי" דהן כקוף בפני אדם לגבי הקדושה, כההוא חזיר הפושט טלפיו ואומר טהור אני [עיין ויקרא רבה פרשת שמיני פי"ג,ס"ה] והן גסי רוח "מתחזי" גימ' (475) "גדלות לב" לשלילה.

והנה משה רבינו זכה באותו הפרק ל–א' זעירא בסוד פנימיות אור הגנוז, דאות א' עיקר שרש אור, וזכה לקירון פנים כדכתיב (שמות ל"ד,ל"ה) "וראו בני ישראל את פני משה כי קרן עור פני משה, והשיב משה את המסוה על פניו עד באו לדבר אתו" סליק לחושבן (5000) ה' אלפים דהן ה"פ או"ר דיומא קדמאה דמעשה בראשית, שרש ל–ה' פרצופים דאתבריאו – והאי פסוקא איהו פסוקא יחידאה ב–כ"ד ספרים תמן מוזכר שם מש"ה ג' זמנין בחד פסוקא – וזהו ג"פ מש"ה גימ' במכוון (1035) ה"פ או"ר (207), והרי הוא כפתור ופרח, דאותו פסוק דמדבר ג"פ מש"ה סליק לחושבן (5000) ה' אלפים לא פחות ולא יותר, והלא דבר הוא.

וממילא נמשך בכאן בענייננו חושבן תיבין "מיתחזי כי צוציתא דנורא חיוורתא" סליק לחושבן ע"ה (1995): ה"פ "אלף זעירא" (399) דזכה לה משה ויקרא אל משה (ריש

ספר ויקרא) תמן האי א' זעירתא דעסקינן ביה בחבורא דנן.

ובקדושה רמיזא שכר הצדיקים בגן עדן, דתיבין "האי גלא דמטבע לספינה מתחזי" גימ' (885) ה"פ "גן עדן" (177) גלא דקדושה בחינת גל עיני ואביטה נפלאות מתורתך (תהל' קי"ט,י"ח), ואף בלשון תרגום מתחזי, כדכתיב ונגלה כבוד הוי' וראו כל בשר יחדו כי פי הוי' דבר (ישעי מ',ה'), וממילא "גלא - מתחזי" גימ' (509): "ביום ההוא יהיה הוי' אחד ושמו אחד" (זכרי' י"ד,ט') דיחזו את הא-להים, ויכלו הקלי' והרשעה כולה כעשן תכלה מן הארץ בב"א.

והתיקון כדממשיך בסיפור ומחינן ליה באלוותא דחקיק עליה "א-היה אשר א-היה י-ה ה' צבאו-ת אמן אמן סלה" גימ' (1360) כ' (20) פעמים "חיים" (68) - דעל ידי התדבקות בשמות הקדושים החקוקים על המטה וכדוגמת שמות הקודש דהוו חקוקים על מטה משה שקרע בו את הים בחינת קר"ע שט"ן כנ"ל, זכו לחיים ולא טבעו בהני מים הזידונים - דהן חכמות דטבע כנרמז האי גלא דמטבע כפשוטו - גלא שמאמין רק במה שרואה בעיניו כדוגמת גולית ואפיקורסים לזיניהון, דמטבע - שמאמין בטבע ולא בנסתרות כלל, וכל ענינו להביא הבריאה כולה לאבדון ולמדת הדין דהן כ"ד אלף בתי דינין דחציפין - הרי שתיבין כל המאמר הנ"ל בלא תיבת ברישא, דהיינו: "האי גלא דמטבע לספינה מיתחזי כי צוציתא דנורא חיוורתא" סליקו לחושבן במכוון (2404): ב"פ "בראשית ברא א-להים" (1202), דהן ב' ראשית בעבור ישראל ובעבור התורה נברא העולם כמבואר בחז"ל (מובא ברש"י בראשית א',א') והאי גלא דמטבע - בתורה רק

הגלוי כאותם צדוקים דמאמינים רק בתורה שבכתב, ולא בנסתר היוצא מחז"ל בתורה שבעל פה דכולו ברוח הקודש והן שתי תורות - דאלמלא תורה שבעל פה לא מצאנו ידינו ורגלינו כיצד לקיים המצוות וכו' - וזהו גלא, לבטל התורה שבעל פה וממילא תורה שבכתב כלה מאליה כאותן כותים שהפכו במראם והתנהגותיהם הנלוזות כישמעאלים ממש, ותיבה דמטבע לקביל ישראל - דיטבעו בהבלי העולם הזה עולם הטבע ולא יהיו שליחיו ועדיו של הקב"ה בעולם כאמרם שלשה מעידים זה על זה הקב"ה שבת וישראל [במדרש מובא בתוס' חגיגה ג: ד"ה ומי כעמך] ובארנוהו במקום אחר.

וממילא כד עבדינן לתיבין הנ"ל דמעשה קדמאה באחוריים דכל סודם של הקלי' ויניקתם הוא אך מהאחוריים, דהיינו:

"האי - האי גלא - האי גלא דמטבע - האי גלא דמטבע לספינה - האי גלא דמטבע לספינה מיתחזי - האי גלא דמטבע לספינה מיתחזי כי - האי גלא דמטבע לספינה מיתחזי כי צוציתא - האי גלא דמטבע לספינה מיתחזי כי צוציתא דנורא - האי גלא דמטבע לספינה מיתחזי כי צוציתא דנורא חיוורתא - האי גלא דמטבע לספינה מיתחזי כי צוציתא דנורא חיוורתא ברישא" סליקו הני אחוריים דמתמן יניקת הקלי' לחושבן (11,057): "מודה" (55) פעמים "בצדקה" (201) הרי הוא הפלא ופלא דבכל הני אחוריים יחד אית "מודה" (55) תיבין, דערך הממוצע דכל תיבה הוא "בצדקה" (201) דהוא בצדקה כנגד שער א"ר לישנא דקללה וארור כדשלח בלק אל בלעם הרשע (במדבר כ"ד,ו') ועתה לכה **ארה** לי את העם הזה וגו' הרי הנותן צדקה בעין יפה

מגלה דעתו דמאמין בהשי״ת דממנו כספו והרי הוא נותן ומחיה את הזולת דהשי״ת אוהב צדקות כמפורש בפסוק [אוהב צדקה ומשפט וכו׳ (תהל׳ ל״ג,ה׳)] – וממילא מחושבן הנ״ל מודה פ׳ בצדקה מכלים הקלי׳ ומקיימים רצון ה׳, דתיבה ראשונה דאומר יהודי בקומו משנתו מודה אני לפניך וגו׳ דיהודי על שם ההודאה נקרא, ואב מלמד את בנו תחילה תורה צוה לנו משה וכו׳ שמע ישראל ה׳ א–להינו ה׳ אחד, ולעתיד לבוא הקלי׳ בעצמם יודו ויכירו בגדולת השי״ת ובגדולת ישראל דהן חלק א–לוה ממעל (איוב ל״א,ב׳) ממש, ועל ידי אמונתנו נעשה דין ברשעים דאת זה לעומת זה עשה הא–להים [עיין קהלת ז׳,י״ד] וכרמז האדמו״ר מקאמרנא זצוק״ל דשני השעירים דיום הכפורים שוים בקומה ובמראה וכו׳ אחד לה׳ ואחד לעזאז״ל נוטריקון ״את זה לעומת זה עשה״ (הא–להים) גימ׳ (1346) ״אלף (1000) רצון (346)״ דכן עלה ברצונו דתהא הקדושה ולעומתה הטומאה, ובעבודתנו ובבחירתנו בקדושה כדכתיב ובחרת בחיים (דברים ל׳,י״ט) תתעלה הקדושה על הטומאה, וממילא נרמז לחושבן הנ״ל עם ב׳ הכוללים דזה לעומת זה הרי ב׳ כוללים לחושבן שמו של בעל המימרא (1348) ב״פ ״רבה בר בר חנה״ (674).

וכן ב׳ הפסוקים בריש פרשת בלק – ומבלי להאריך בפרטי פרטים – דרצוננו להגיע לעיקר, דהיינו (במדבר כ״ב ה׳–ו׳): ״וישלח מלאכים אל בלעם בן בעור פתורה אשר על הנהר ארץ בני עמו לקרא לו לאמר הנה עם יצא ממצרים הנה כסה את עין הארץ והוא ישב ממלי (5770 = י״פ ״ה׳ לנגדי תמיד״ 577], ועתה לכה נא **ארה** לי את העם הזה כי עצום הוא ממני אולי אוכל נכה בו ואגרשנו מן הארץ, כי ידעתי את אשר תברך מברך ואשר תאר יואר [6528 = ל״ב פעמים צדי״ק]״ סליקו ב׳ הפסוקים דהן כנגד ב׳ הרשעים בלק ובלעם לחושבן (12299): י״א פעמים ״שמע ישראל ה׳ א–להינו ה׳ אחד״ (1118), י״א פעמים דייקא כנגד י״א כתרין דמסאבותא דהן לקביל י״א סממני הקטרת המסמאין עיניהן ומאבידים אותם דלא למגנא שבחו קמאי אמירת פרשת הקטרת מתוך הקלף – ולעתיד לבוא הם עצמם יוכנסו בסוד האמונה הקדושה דכעת הן מנגדים לה, ויאבדו דעכו״ם נמשלו לכלי חרס דשבירתן זו היא תקנתם, וישראל לכלי זכוכית שתוכו כברו – ואם נטמא ונשבר יוצרים כלי חדש וטומאתו אינה חוזרת [עיין בדברי רבינו המגלה עמוקות בפרשת בא וזלשה״ק: ענין שמעתתא דיומא, הקדרין והזגגין שהיו מהלכין זה אחר זה, ונתקל הראשון ונפל השני בראשון, ראשון חייב בנזקי השני, הענין הגוים נמשלו לכלי חרס, וישראל הם הזגגין, כי הם יש להם תקנה כמו כלי זכוכית שמתקנין אותם בנפיחה, וכן איתא במדרש על פסוק (תהלים ב), ככלי יוצר תנפצם, שהמין רצה לדייק שאין תחיית המתים, שהרי כלי חרס אין להם תקנה, והשיב, ככלי יוצר תנפצם, שבכלי זכוכית יש תקנה, וכן ישראל נדמו לזכוכית, שהם דומיא דמראה שמראין בה כן כל מה שאדם עושה כן עושין למעלה, אם אדם פותח פיו בתפלה, כן פותחין לו למעלה, וכן מי שעוצם ידו עוצמין לו מלמעלה. ע״כ לשון קדוש של רבינו].

וממילא ב׳ הפסוקים הנ״ל [עם ב׳ הכוללים] סליקו לחושבן (12,300): ק״פ ״ענג״ (123) וכפי שיהיה לעתיד לבוא ענג רצוף תוכו רצוף אהבה עת יהיה יחוד

הבורא ית' בגוף הגשמי של איש ישראל יכונה - ויקוים בנו מבשרי אחזה א-לוה (איוב י"ט,כ"ו) כפשוטו ממש בגלוי אור הכתר העליון דחושבן הנ"ל (12,300) הוא נמי חושבן כ' (20) פעמים "מבשרי אחזה א-לוה" (615) כנ"ל -לית כתר בלא כף כמו שאמרו הני דרדקי (שבת קד.) ויומתק עוד דלא יתקיימו הקלי' בעלמא דאתי דהן הבל ורעות רוח כדהבאנו בפתיחה לפירושנו למאמר הגמרא (בכורות ח.) "סבי דבי אתונא" גימ' (546) "הבל בני אדם כזב בני איש" והוא בתהלים ס"ב פסוק י' הרי סב"י דהן תולדה דאדם הראשון דחטא והוליד שדין ולילין, ותולדה של עשו **איש** יודע ציד **איש** שדה הרי "הבל כזב" גימ' (66) "גלגל" סובב בעולם, ואמרו חז"ל מאי ביום ההוא יהיה ה' אחד ושמו אחד והאידנא לאו אחד הוא וכו' (פסחים נ.) ובארנוהו במקום אחר.

ובכאן רק נמתק דחיבור אחוריים דמעשה כנ"ל בסוד יניקת הקלי' (11057) עם ב' הפסוקים כנ"ל דבלק אל בלעם הרשע (11098 = י"א פעמים שמע ישראל וכו') סליקו יחד לחושבן (23355): י"ה (15) פעמים "בעלמא דאתי" (1557) ב-א' רבתי (1557), דאז תחזור א' רבתי לשם אדם, אתם קרויין אדם ואין עכו"ם קרויין אדם כדהוה מתחילה, ונזכה לאורו ית' וללמוד תורה מפיהו בביאת משיח צדקנו בב"א.

ובכאן נותר למתק ולחבר האחוריים כנ"ל (11057) עם שמות הקדושים דהוו חקיקי על **אלוותא** (1360) סליקו יחד לחושבן (12417) י"ג פעמים "ויהפוך (ה' א-להיך לך) את הקללה לברכה" (955) (דברים כ"ג,ו') עם ב' הכוללים, הרי שממתקים הקלי' ונהפוך הוא בלעם בא לקלל ונמצא על כרחו מברך - דהרבה שלוחים למקום.

והעצה היוצאת מבאורנו למעשה ראשונה: הודאה להשי"ת וצדקה ותרוויהו מיד בקומו משנתו - יאמר מודה אני לפניך וכו' יפנה ויטול וישים מיד צדקה בקופת הצדקה ולא ימתין לגבאי הצדקה בבית הכנסת וכו'.

וממילא יקיים בזה הכתוב במעשה - ומחינן ליה באלוותא דכתב האריז"ל דבמתן צדקה מקיים שם שלם י' מטבע ה' עילאה ה' אצבעות יד הנותן ו' יד הנותן ה' תתאה ה' אצבעות יד המקבל, וזהו "ומחינן ליה באלוותא" גימ' (655) "הקדוש ברוך הוא" ומקיים שמא שלים כנ"ל - והן השמות דחקיק על אלוותא כנ"ל, וזהו תמצית המעשה: "האי גלא דמטבע לספינה מיתחזי כי צוציתא דנורא חיוורא ברישא (2917) - אהיה אשר אהיה י-ה ה' צב-אות אמן סלה (1360)" סליקו לחושבן (4277): ז"פ "תורה" (611), דמעשה הראשון **במלכות** דתפארת היא התורה דהתפארת משפיע בה השפע דרך היסוד, והיא השביעית בת שבע לכן ז' פעמים תורה דייקא, וכן הוא חושבן (4278): ו"פ "תשובה" (713) דהיא המלכות בעת דודים שבה אל בעלה ז"א, ועולים לאבא ואמא, ומתיחדים בין כתפוי דאריך.

מעשה שני: "בין גלא לגלא תלת מאה פרסי" גימ' (1386): ב"פ "ויקרא אל משה" (693) תמן א' זעירא כנ"ל במעשה הקודם, ובכאן ב' פעמים בחינת כפלים לתושיה (איוב י"א,ו'), וכדאמרו חז"ל (פרקי דרבי אליעזר פרק מ"ה) דנקבר משה מול בית פעור, כשעולה להאביד את שונאי ישראל עולה כנגדו קברו של משה, ומשרואהו רץ למקום מרבצו - וכן בכאן הרים הגל לנחותי ימא להחריבם, וזהו בין גלא "לגלא" גימ' (64) "דין" - דהיא מדת הדין הבא להחריב העולם.

וממשיך "**ורומא דגלא תלת מאה פרסי**" גימ' ע"ה (1518) ב"פ "עלה ראש הפסגה" (759) דאמר השי"ת למשה בהסתלקותו - הרי בין גלא לגלא וכו' סליק ב"פ ויקרא אל משה תמן א' זעירא - וכלל הוא (זוה"ק פרשת חיי שרה) מאן דאיהו זעיר איהו רב ר"ת ז' אד"ר - והאי שמשה ענו מאד מכל האדם וכו' לכן זכה לעלה ראש הפסגה דאיהו חושבן רומא דגלא כו' וגם כן ב' פעמים כפלים לתושיה - ויחד דהיינו "**בין גלא לגלא תלת מאה פרסי** (1386) - **ורומא דגלא תלת מאה פרסי** (1518)" סליקו יחד לחושבן (2904): י"א פעמים "אז ידלג כאיל פסח" (264) (ישעי' ל"ה,ו') דקאי אביאת המשיח והגאולה האמיתית והשלמה תהיה בדילוג כדוגמת פסח אך ללא שעור נעלה יותר כדכתיב כימי צאתך מארץ מצרים אראנו נפלאות (מיכה ז',ט"ו) - וכפילת י"א פעמים דייקא כנגד י"א קלי' שידלג עליהם ויכניעם דהן הן הגלים הללו דמעשה דנן החפצים להחריב את העולם.

ופעם הגביהם הגל כל כך "עד דחזינן בי מרבעתיה דכוכבא זוטא" גימ' (1202) "בראשית ברא א-להים" דבהתגברות על גלי הים ועל הנסיונות דמעמידנו השי"ת בקלי' מזדכך בר נש וזוכה לחזות סודות הבריאה ממש, וממילא אובדים הקלי' דאין בהן ממש - ומש שרוצים להחריב מעשה בראשית בכאן נרמז בראשית ברא א-להים הריהו הבל ורעות רוח דילהון - אמנם ינקין מז' מלכין קדמאין דאתחריבו - ואנן מתקנים להון ומחזירים הניצוצות הנפולים לשרשם בקדושה - וממשיך במעשה דאם הגביהו יותר היה נשרף מחומו של הכוכב דהן תאוות זרות המכלות כל חלקה טובה בבחינת חרבוני קיץ סלה (תהל' ל"ב,ד') - ותיקונם בעבודת השם בחום ודביקות עד שנשרף כביכול באש הקדושה דאמרו חז"ל (יומא כ"א ע"ב) ששה אישות הן - דקלי' ודקדושה זה לעומת זה - והמשובח ביניהן אש אוכלת אש - היינו אש הקדושה אוכלת אש התאוות זרות דקלי', וזהו "**ואי דלינן טפי הוה מקלינן הבליה**" גימ' (648): ה"פ "אנכי" (81) גלוי אור הכתר תמן בפנימיותו אור הגנוז הנרמז "הוה מקלינן" גימ' (556): ב"פ "אור הגנוז" (278) פנימיותו והיצוניותו.

ויוצאת ממעשה זה **העצה** לעסוק **בתורה בקדושה וטהרה** תמן מאיר אור הגנוז, כדכתב בעל הטורים (בראשית א',ד') "את האור" גימ' (613) "בתורה" ואז ממילא לא מתקיימים בבר נש הני משברי ים ומתגלה אדיר במרום הוי' (תהל' צ"ג,ד') דזכה נעשית לו סם חיים (עיין יומא עב:), וכדמסיים המעשה "**פוק חזי גבורתא דמריך**" גימ' (1097): ד"פ "מרדכי" (274) ע"ה לקביל ד' אתוון דשם הוי' - "גבורתא" גימ' (612) "ברית" רמיזא דבשמירת הברית קדש ברית הלשון וברית המעור תליא מילתא, ובארנוהו במקום אחר, והוא חושבן (1097) ד"פ "רב חסד" (274) ע"ה, דבעשותו כדין מושפע על בר נש בכל העולמות רב חסד ומקרב גאולתא שלמתא בב"א.

הרי ג' הדברים דאמרינן לעיל דהיינו: "**בין גלא לגלא תלת מאה פרסי ורומא דגלא תלת מאה פרסי - ואי דלינן טפי הוה מקלינן הבליה - פוק חזי גבורתא דמריך**" סליקו יחד בתיקון לחושבן ע"ה (4650): "יהיה" (30) פעמים "צח ואדום" (155) בגלוי שמו הגדול דיתעלו אתוון ו-ה לבחינת אתוון י-ה יתעבד דינא בגויים ושפע דקדושה בבני ישראל בסוד דודי צח ואדום (שה"ש ה',י') אם צח כיצד אדום

אלא פירשו חז"ל (שה"ש רבה פרשה ה') על הים אדום למצרים וצח לישראל וכו' בסוד ונגף ה' את מצרים נגוף ורפוא (ישעי' י"ט,כ"ב) נגוף למצרים ורפוא לישראל (זוה"ק פרשת בא דף ל"ו ע"א) – והחכם עיניו בראשו יכין את עצמו ליום ה' הגדול והנורא – דכל תכלית משך אריכות הגלות היא הכנה לאותו יום נוראה עת יוציא הקב"ה חמה מנרתיקה צדיקים נהנים ורשעים נידונים בה [עיין עבודה זרה ג' ע"ב], וכן הצדיקים גופא זה נכוה מחופתו של חבירו (עיין בסוגיא בבא בתרא דף ע"ה ע"א) בחינת "הוה מקלינן מהבליה" גימ' (388) "ה' ימלוך לעולם ועד" בב"א.

והוא בספירת **יסוד** דעולה עד לדעת ובוקע ברזא דאינסוף **והעצה** שמירת ברית הלשון וברית המעור, דיוסף גדר עצמו מן הערוה ונגדרו כל ישראל עמו [עיין ויקרא רבה פרשת אמור פרשה ל"ב, וזה לשון המדרש: ר' הונא בשם ר' חייא בר אבא שרה ירדה למצרים וגדרה עצמה מן הערוה ונגדרו כל הנשים בזכותה. יוסף ירד למצרים וגדר עצמו מן הערוה ונגדרו כל האנשים בזכותו. אמר ר' חייה בר אבא כדאי היה גדור ערוה שיגאלו ישראל בזכותו. ע"כ לשון המדרש].

מעשה שלישי: "הורמין בר לילית" ר"ת הב"ל והוא עולה לחושבן ע"ה (994) "ויגנב יעקב את **לב לבן** **הארמי**" (בראשית ל"א,כ') [נוטריקון הב"ל] והוא נמי חושבן (994) ז"פ בק"ם (142) [והוא גימ' (142) בלע"ם כנגד זה בקלי'] ס"ת דשמות האבות הקדושים אברה**ם** יצח**ק** ויעק**ב**, הרי להתגבר על הורמין הנ"ל ע"י התקשרות ב–ז' מדותינו לאבותינו הקדושים – ולהתנהג עמו בערמה, וכגון יעקב שגנב את הבכורה ואת הברכה [אתוון דדין כאתוון דדין (בכרה כתיב חסר)] מעשו הרשע – ובכאן האי "הורמין" סליק לחושבן (311) "איש" מקושר לעשו איש שדה וכו', וכדביארנו לעיל "סבי דבי אתונא" סליקו לחושבן "הבל בני אדם כזב בני איש" הרי תיבה קמאה בכאן הב"ל כר"ת הורמין בר לילית, ותיבה אחריתי "איש" כחושבן "הורמין".

וכן "הורמין בר" גימ' (513) "מדת הדין", והוא ככל הסט"א מנסה לעורר קטרוג ודינים על בני ישראל – וכגון בכאן עושה מעשי ליצנות לפתותם ולהדיחם מדרך הישר. וכן "בר לילית" גימ' (682) י"א פעמים "בבלי" (62) דהן י"א כתרין דמסאבותא, דעכו"ם נמשלו לכלי חרס דשבירתם זו היא תקנתם, ומקבלים טומאת שרץ מאוירם – דהן טמאים בעצם, ודי לו לשרץ להיכנס לאוירם ומיד מקבלים טומאתו דאין להם תקנה.

ובכאן מספר רבה בר בר חנה שתי מעשיות מאותו הורמין – ה–א' "**רהיט אקופיא דשורא דמחוזא**" גימ' (999) א"ל שד"י במלוי כזה: "אלף למד, שין דלת יוד" והוא כנגד מש"ה גימ' (314) א"ל שד"י, יוצאת **העצה** כדי להתגבר על הסיטרא אחרא שהם כדוגמתו מתעתעים ומכזבים בהבליהם הוא על ידי התקשרות למש"ה הוא הצדיק שבדור איש האמת – בכאן "פרשא" גימ' (581) "גואל ישראל" – הצדיק דממשיך כללות תפלותיהן של ישראל להשי"ת פרישאן בצלו לישנא דתפלה [כמ"ש ויהי ידיו **אמונה** (שמות י"ז,י"ב) פרש"י ידיו פרושות בתפלה, ובתרגום שם: פרישן בצלו], וכן "פרשא" גימ' (581) תפל"ה במלוי ההין, כזה: "תיו פא למד הה" – והוא כנגד הורמין הנ"ל.

ומספר רבה בר בר חנה "**כי רכיב חיוא מתתאיה ולא יכיל ליה**" גימ'

(1695): י״א פעמים ״עולם הבא״ (154) ע״ה, דישראל יזכו בב״א לעולם הבא עולם התחיה, והקלי׳ דהן י״א כתרין לדראון עולם. וזהו ״כי רכיב חיותא״ גימ׳ (687) ד׳ מלויי הוי׳ (232) עם ג׳ מלויי אהי״ה (455), בחינת יחודא שלים.

וכן בכאן החושבן (1695): י״א פעמים ״ה׳ א–להינו ה׳״ (154) ע״ה ענין נטיעת האמונה באחדות הבורא בלבנו ואז אותם כוזבים והבלי רוח כלים מאליהם.

ורש״י פירש על הפסוק (דברים ו׳,ד׳) (שמע ישראל) ה׳ א–להינו ה׳ אחד: ה׳ שהוא א–להינו עתה ולא א–להי העובדי כוכבים הוא עתיד להיות ה׳ אחד שנאמר אז אהפוך אל עמים שפה ברורה לקרוא כולם בשם ה׳ ונאמר ביום ההוא יהיה ה׳ אחד ושמו אחד עכלש״ק – ובלשון הזהב: ״הוא עתיד להיות ה׳ אחד״ גימ׳ (986) ״טוב״ (17) פעמים ״כבוד הוי׳״ (58) – דאז תתגלה מלכות ה׳ בעולם ויתגלה אף טבע הטוב שבו, וכדמביא רש״י בפסוק השני ביום ההוא יהיה ה׳ אחד ושמו אחד ודרשו חז״ל (פסחים נ.) והאידנא לאו אחד איהו – אלא לעתיד לבוא יברכו הטוב והמטיב על הטובה ואף על הרעה, וקשה דלעתיד לבוא יתמו חטאים מן הארץ ובלע המות לנצח וכו׳ דיוסרו הדברים הבלתי רצויים ומאי יברכו הטוב והמיטיב על הרעה – אלא על מה שנראה בעבר כרע גלויות מחלות נגעים וכיו״ב – יראו שהכל היה לטובה ממש ואז יברכו עליהם הטוב והמיטיב – וזהו דכתב רש״י ״הוא עתיד״ גימ׳ (496) ״מלכות״ קאי אמלכותו ית׳ דתתגלה בבריאה כולה בב״א.

וזהו מעשה שלישי דספירת **הוד** מתתא לעילא, דתמצית המעשה: ״הורמין בר לילית (994) – רהיט אקופיא דשורא דמחוזא (999) – פרשא (581) – כי רכיב חיותא מתתאיה ולא יכיל ליה (1695)״ סליקו לחושבן ע״ה (4270): י״פ ״ההודאות״ (427) דמסיימינן מודים דרבנן ברוך א–ל ההודאות, וכן בישתבח א–ל ההודאות אדון הנפלאות בורא כל הנשמות וגו׳ הרי בספירת **הוד והעצה** בפשטות להודות על הרעה כמו על הטובה כבר בהאי עלמא ויפעל ישועות בס״ד ויודה על הטובה ממש.

מעשה רביעי: ״אורזילא בר יומיה״ גימ׳ (528) י״א פעמים ״מח״ (48) דהן מוחין דקלי׳ ד–י״א כתרין דמסאבותא – ולעומתם מוחין דקדושה נרמזים בכאן אור–זילא, ״זילא״ גימ׳ (48) מ״ח, מצורף עם אור, וידוע מוחין דקדושה אור ומוחין דקליפה חשך, לכן במכות שלקו המצרים סליקו י׳ המכות לחושבן (3280) י״פ ״חשך״ (328) דערך הממוצע דכל מכה הוא חשך, היות דהקלי׳ לא ראי זה כראי זה צד השוה שבהן שהן חשך – ובישראל המקימים מצות בוראם ועוסקים בנר מצוה ותורה אור מתברר האור מן החשך – ולכן ״ישראל״ גימ׳ (541) ״אור וחשך״ דאמרו חז״ל (עיין רש״י בראשית א׳,ד׳) בתחלה היו אור וחשך משתמשים בערבוביה וכו׳ וישראל מבררים כיתרון האור הבא מן החשך, וכדוגמת צור החלמיש דניצוץ האש שבו הוא בהעלם שאינו במציאות כלל, דהרי אבן החלמיש קרה, ובהכאתה זו בזו מתגלה הניצוץ ואוחז בקש ומבעירו כן כתיב והיה בית יעקב אש ובית יוסף להבה ובית עשו לקש (עובדיה א׳,י״ח) וכאותו פחמי וגמל טעון פשתן עובר, ניצוץ אחד שלו מבעיר כל הפשתן, וכן נפסק להלכה היה נר חנוכה דולק (מבחוץ) ועבר גמל טעון קש ונשרף (הגמל עם הקש נשרפו יחדו) פטור דהוה לו לבעל הקש להיזהר [עיין בבא קמא ס״ב ע״ב], וממילא

בכאן אורזילא יתבאר למעליותא אור-זילא היינו אור-מח בחושבן, זיל"א צירוף אזי"ל הן צדיקים דאין להם מנוחה שנאמר ילכו מחיל אל חיל (תהל' פ"ד,ח' ובגמרא ברכות ס"ד ע"א), וממילא סליק "בר יומיה" לחושבן (273) "אור גנוז" דהשי"ת גנז האור בתורה כמבואר בבעל הטורים "את האור" גימ' (613) "בתורה", ומבואר בדברי רבינו דהוא חושבן (613) "משה רבינו" - דהוא נשמת כלל ישראל דאית להון אות בתורה כדמאריך באופן קפ"ו לואתחנן ועיין שם הגהה נפלאה מבנו ר' שלמה זצוק"ל, דודאי הוה ליה להגיה טובא אך צמצם עצמו להגיה רק בצורך גדול וחזינן דבריו הנפלאים בכל הגהותיו וקיצוריו בסוף הספר לכל האופנים בלשון קצרה - מעט המחזיק את המרובה, ולואי והיה מאריך ומגיה יותר - ואנן נאריך כיד ה' הטובה עלינו.

נמשיך בחושבן "אורזילא בר יומיה" בחושבן (528) "אור - מח - אור גנוז" והוא חושבן (528) י"א פעמים "זילא" (48) - כדאמרינן בקדושה אזיל - ילכו מחיל אל חיל - חי"ל גימ' מ"ח (48) כנ"ל, דהוא חושבן (528) י"א פעמים חי"ל (48) בסוד אשת חי"ל עטרת בעלה, ובקלי' אזיל לאבדון כדפרש"י בסוף מעשה דסבי דבי אתונא שמיט כתפייהו ודלי להו ואזיל, פרש"י דלו והלכו לאבדון, כן יכלו כל אויביך ה' ונזכה להיגאל בב"א.

והנה אמרינן דהאי אורזילא בר יומיה איהו זה לעומת זה כאור וחשך כנ"ל, והוא הפלא ופלא ומכוון מפי עליון, דאמרי תמן דהוה כהר תבור, הרי "**הר תבור**" גימ' (813) "ויבדל א-להים בין האור ובין החשך" (בראשית א',ד'), וממילא בפסוק שלפניו (ג') דהוא פסוק שלם גם כן חושבן (813) "ויאמר א-להים יהי אור ויהי אור" ומפסיק בינתיים (פסוק ד' בתחלתו) "וירא א-להים את האור כי טוב" גימ' (963) תור"ה במלוי יודין דחכמה כזה: "תיו ויו ריש הי" וכן אח"ד במלוי כזה: "אלף חית דלת" והרי הוא הפלא ופלא וכיתרון האור מן החשך ממש - דבהני ב' פסוקים הן ד' פעמים או"ר ופעם א' תיבה חשך, ולהדגיש ההבדלה בין הקודש [אור] ובין החול [חשך], כגון חושך העולם הזה המסתיר על אור הקדושה בסוד קליפה קדמה לפרי [ואכמ"ל], הרי תיבין "אור ויהי אור, וירא א-להים את האור כי טוב, ויבדל א-להים בין האור" סליקו לחושבן (1820) אלף תת"כ - דהן מספר הפעמים המופיע שם י-ה-ו-ה ב"ה וב"ש בתורה כולה, והוא סוד ה' ליראיו (תהל' כ"ה,י"ד) היינו (1820) סו"ד (70) פעמים י-ה-ו-ה (26), וממילא "ובין החשך" גימ' (401) "ידי עשו" ע"ה, ומשה איקרי "איש הא-להים" דהוא בחושבן (402) א' יותר מהני תיבין "ובין החשך" כנ"ל וממתקם, וכדכתב רבינו במקום אחר, דמשה (345) הוא א' יתיר משמד (344) דהן ד"פ א-להים.

זכינו לדין דשני הפסוקים הנ"ל מבריאת האור ולהבדיל החשך דהיינו (בראשית א' ג'-ד'): "ויאמר א-להים יהי אור ויהי אור - וירא א-להים את האור כי טוב ויבדל א-להים בין האור ובין החשך" סליקו יחד לחושבן (2589) ג"פ "מדת הדין" פשוט (513) וא"ת ב"ש (350) [863] דהיינו מתוק הדין ב-ג' קוין ע"י עסק התורה והמצוות באופן של ביטול עצמי כדאמר משה ונחנו מ"ה (שמות ט"ז,ז') דהוא ר"ת מ'דת ה'דין ונחנ"ו נקרא מימין ומשמאל רומז פשוט וא"ת ב"ש כנ"ל.

וכתב הר תבור כמה הוי - ארבע פרסי - מרמז ד' פעמים אור בב' הפסוקים הנ"ל המקדימים תיבת חשך כנ"ל, והוא

שם בן ד' י-ה-ו-ה כנ"ל דרמז סוד ה' ליראיו, ומה עביד האי אורזילא בר יומיה, "**רמא כופתא וסכר לה לירדנא**" גימ' (1374) ב"פ תרפ"ז (687) דהן ד' מלויי הוי' רל"ב עם ג' מלויי אהי"ה תנ"ה בסוד יהודא שלים דאבות ואמהות דכאן בהיפוך בסוד חותם המתהפך דהן ג' אבות ו-ד' אמהות וכאן מלויי ד' הוי' דכר ו-ג' אהי"ה נוק', והאי מעשה בכללות לקביל **נצח**, ובמעשה הקודם לקביל הוד חזינן "כי רכיב חיותא" גימ' (687) תרפ"ז מילויי הוי' ואהי"ה כנ"ל, ומקבילות הלולאות דנצח והוד כחדא אזלין, וממילא תיבין "רמא כופתא וסכר לה לירדנא" סליקו בקדושה לחושבן ע"ה (1375): "וירא א-להים את האור כי טוב, ויבדל א-להים בין האור".

וזהו "**כופתא**" גימ' (507) "בית המן" והוא פלא דהוא נמי חושבן זר"ש (507) אשתו של המן זו ביתו, דניתן למרדכי [כדכתיב במגילת אסתר: ויאמר המלך הנה בית המן נתתי לאסתר וכו' ותשם אסתר את מרדכי על בית המן (אסתר ח',ז')] כיתרון האור מן החשך ממש כנ"ל, "רמי כופתא" גימ' (748) יעק"ב מלא כזה: "יוד - עין - קוף - בית" והוא חושבן "משה איש הא-להים" ע"ה, ובלעומת זה "נון שערי טומאה" ע"ה דמשה הוא גואל ראשון והוא גואל אחרון הוציאנו ממצרים מנון שערי טומאה לקבלת התורה דנפקת מ"נון שערי בינה" גימ' (753) ג"פ "רזא דה' אחד" (251) ר"ת אד"ר החדש בו נולד משה, והוא ג' פעמים דייקא בסוד מתוק ג' קוים של מדת הדין כנ"ל - וממילא "נון שערי טומאה (747) - נון שערי בינה (753)" סליקו (1500): נ' (50) פעמים יהי"ה (30) בסוד ביום ההוא - היינו בגלוי אור הגנוז משער הנון בב"א - יהיה ה' אחד ושמו אחד ויתעלה רזא דשבת ביום שכולו שבת רזא דה' אחד ושמו אחד בב"א, והוא נמי חושבן ק"פ הו"ד (15).

וכד נחברא תלת ענינים בהאי עובדא, דהיינו: "אורזילא בר יומיה (528) - הר תבור (813) - רמא כופתא וסכר ליה לירדנא (1374)" סליקו לחושבן (2715): ה"פ "בישראל" (543) דבישראל תליא מילתא דמקיימים תורה ומצוות ומבררים האור מתוך החושך ומקרבים העולם לתכלית לגאולה האמיתית והשלמה, וממילא הוא גם כן (2715) ה"פ "א-היה אשר א-היה" (543) (שמות ג',י"ד) שם הבינה כמבואר באר"י הק' אשר בבינה ראש בחכמה, מתמן נפקא אורייתא נובלות חכמה שלמעלה תורה לכן נרמז בכאן בכופתא בסוד נובלות פרש דהאי אורזילא, ונרמוז "כופתא" גימ' (507) ג"פ "טבע הטוב להיטיב" (169) ומשפיע שפעו ב-ג' קוין בסוד ג' אבהן קדישין אברהם איהו צנור החסד קו הימין, יצחק קו השמאל דגבורה, ויעקב רחימא קו האמצעי קו הרחמים, כדאמרינן לעיל "מדת הרחמים" ע"ה גימ' (748) "יעקב" מלא, וממילא האי "כופתא" דאורזילא ממתק "בית המן" כנ"ל - חושבנא דדין כחושבנא דדין (507) עד דיכלו הקלי' יהיו כמוץ לפני רוח ומלאך ה' דוחה (תהל' ל"ה,ה') בביאת משיח צדקנו בב"א.

וכולא מעשה דספירת **נצח** מתתא לעילא, וכדכתיב (שמואל א' ט"ו,כ"ט) וגם נצח ישראל לא ישקר ולא ינחם, ובקלי' הני סבי דבי אתונא כולהו שקר וכזב ולכן ביקשו מרבי יהושע בר חנניא לימא לן מילי דכדיבי וכו', **והעצה** בזה - ישמור לשונו בחינת מדבר שקר תרחק (שמות כ"ג,ז') בקלות כבחמורות, דהיצר נכנס בדבר קל של מה בכך, שקר קטן, וממשיך בשקרים גדולים עד שחי כולו בשקר -

ויעסוק בתורה יממא ולילא דהיא תורת אמת, וממילא לכל הפחות כשעוסק בתורה הריהו דובר אמת לאמיתה ומרגיל לשונו בדברי אמת, וכן צדיקים נהגו לתבל דבריהם בפסוקים מן התורה ומאמרי חז״ל דתהיה דבר ה׳ על לשונם וידברו אמת.

מעשה חמישי: ״ההיא אקרוקתא״ גימ׳ (829) ״גלות השכינה״, דהיא שכינתא בגלותא ההי״א צירוף אהי״ה כדאמר השי״ת למשה אהי״ה אשר אהי״ה (שמות ג׳,י״ד) – אהיה עמם בצרה זו ואף בצרה אחרת (עיין ברכות ט׳ ע״ב) בסוד גלות השכינה כאמרם ז״ל (עיין תענית ט״ז ע״א) בכל צרתם לו צר – כביכול צר לו השי״ת אף בצרותינו ובגלותינו דאינו מיוחד עם שכינתו ית׳ כביכול, ואנן אע״פ שבגלות ובחשיכה אזלינן מאמינים בני מאמינים ועוסקים בתורה ובמצוות והגית בו יומם ולילה (יהושע א׳,ח׳) ומבררים הרפ״ח ניצוצין הנפולין ממקרה המלכים ומחטא אדם הראשון כדבארנו בכמה מקומות בחיבורנו, וממילא ״ההיא אקרוקתא״ גימ׳ (829) ״ישראל – רפ״ח״ בסוד בירור כנ״ל.

ומה היה גודלה של אותה צפרדע [באר״י הק׳ צפרדע נוטריקון צפור דעה בסוד הדעת דקדושה – משה – ולעומתה דעת דקליפה – בלעם] – **״כי אקרא דהגרוניא״** גימ׳ (611) תור״ה, דקאי אדעת דקדושה תורה אור כנ״ל ובקליפה הן ״עשו ישמעאל״ עם ב׳ השמות סליקו לחושבן (829): ״ההיא אקרוקתא״ היינו דעת דקליפה, והוא נפלא מאד.

וממילא ״ההיא אקרוקתא (829) – כי אקרא דהגרוניא (611)״ גימ׳ (1440) ״אמת״ ב–א׳ רבתי, דהיא תורת אמת דאמרי בלועי דקורח – כדמביא לקמן במעשה הארבעה עשר – משה אמת ותורתו אמת והן בדאין, והרי האדמה בלעתם וכגון בהאי עובדא בכאן דאתא תנינא בלעה ואתא פושקנצא ובלעה לתנינא וכו׳ והוא כעין הפייט הקדוש חד גדיא דבארנוהו במקום אחר תמן האי חד גדיא הוא הנצחיות דעם ישראל דלאחר כל הבליעות ממשיכים ומזמרים חד גדיא חד גדיא – ורמזינן תמן דהוא בסוד תחית המתים וכן הוא בכאן אמרינן ״ההיא אקרוקתא״ גימ׳ (829) ״ישראל רפ״ח״ בעבודת הבירורים של בני ישראל עם קדוש בשית אלפי שנין דהאי עלמא, ובכאן ״ההיא אקרוקתא – כי אקרא דהגרוניא״ גימ׳ (1440) ה״פ רפ״ח והוא נפלא מאד, דהבירורים מחזירים לשרשם הניצוצות השייכים ל–ה׳ פרצופים עליונים בסוד שם הוי׳ ב״ה עם קוצו של יו״ד, ומחיים העולמות כולם בסוד צדיק ח״י עלמין, דהוא חושבן (1440) ח״י (18) פעמים יסו״ד (80), והוא סוד עסק התורה והתפלה עם שמירת הברית קדש לבל יפגום בתורה דכל לימודו ילך לחיות לקלי׳ ח״ו ולבל תהיה תפלתו תועבה, הרי שומר על קדושת שם היסוד שד״י – והוא הפלא ופלא בכאן ״ההיא אקרוקתא – כי אקרא דהגרוניא״ גימ׳ (1440) ״ש–די – תורה – תפלה״ דהן בא״ת ב״ש (בק״מ – אפג״צ – אוכ״צ) גימ׳ (433) ״בעבדי משה״ (במדבר י״ח,ב׳) בסוד התקשרות למשה שבדור דבעבורו יראה מילתא זוטרתא היא [עיין ברכות לג:], וממילא פשוט (1440) וא״ת ב״ש (433) סליקו לחושבן (1873) ״אז ישיר משה״ (שמות ט״ו,א׳) ב–א׳ רבתי עם הכולל, דאמרו חז״ל (סנהדרין צא:) מכאן לתחית המתים מן התורה, והוא חושבן (1873) ״חסד״ (72) פעמים הוי׳ (26) ע״ה דיתגלה לעתיד לבוא חסד א״ל כל היום (תהל׳ נ״ב,ג׳) בב״א.

ונבא לבאר בס"ד סוד הבליעות שבכאן ונקשרן לקמן במעשה ארבעה עשר לבלועי דקורח בס"ד, דלא בכדי בכאן תנינא בלעה פושקנצא בלעה וכו' ולקמן תא אחוי לך בלועי דקורח והלא דבר הוא עניני הבליעה, כנודע דהקלי' בולעים ניצוצי הקדושה ועתידים להוציא בלעם מפיהם בסוד שם קדוש חב"ו ר"ת ח'יל ב'לע ו'יקיאנו (איוב כ',ט"ו) ובמעשה הקודמת "אורזילא בר יומיה" גימ' (528) י"א פעמים חי"ל, רמיזא י"א כתרין מסאבין פעמים חי"ל שבכאן: "חיל בלע ויקיאנו" גימ' (333) "החשך" (בראשית א',ד') דהארכנו בביאורו במעשה הרביעי בסוד ויבדל א–להים בין האור ובין החשך – ורק נאמר "בלועי דקורח" גימ' (436) "וצדיק יסוד עולם" (משלי י',כ"ה), ומה הם ניסו לערער צדקתו דמשה ולבלוע הניצוץ הקדוש ולקחתו לעצמם במעשה הליצנות הרי מדה כנגד מדה בלעה אותם האדמה וירדו חיים שאולה כנודע. ונחזור לעניננו – ובכאן נחזה **דמעשיות דרבה בר בר חנה ומעשה דסבי דבי אתונא אחד הם** בסוד הוצאת ניצוצי הקדושה מבטן הקלי' כנ"ל, דכתב בכאן והוא יסוד לדברינו – אקרא דהגרוניא כמה הויא **שיתין בתי** – ובגמרא תמן (בכורות ח:) שאל רבי יהושע בן חנניא לקיסר לגבי סבי דבי אתונא כמה הוו ענה לו **שיתין גברי** אמר ליה עביד לי ספינתא דאית בה **שיתין בתי** הרי הן אותן תיבין כאן ושם, ועוד במעשים הבאים וכן בקודמין קא אזלין בספינתא היא היא הספינתא דהביא רבי יהושע בן חנניא לשיתין סבי דבי אתונא לקיסר – יש לומר בהצד השוה דספינתא קאי אגוף דאיש הישראלי היורד להאי עלמא שפילא להעלות הניצוצין שנפלו, והקיסר קאי אמלכו של עולם דמשיח צדקנו עתיד לבוא במשפט מול ע' שרים ד–ע' עממין לפני מלכו של עולם ויגלה לפניו עזות פניהם והכלבים עזי נפש (ישעי' נ"ו,י"א) ומלכו של עולם יכלה אותם כמסיים שם המעשה "שמיט כתפיהו" גימ' (890) י"פ חנוכ"ה (89) רמיזא עשר ספירות הגנוזות במאצילן דהן מלכות דאינסוף יתגלו בהאי עלמא למטה מעשרה טפחים מה דלא הוה עד כאן דלא ירדה שכינה למטה מעשרה קאי אמלכות דאינסוף כנ"ל ובביאת משיחא תתגלה ויכלו הקלי' מאליהן כדמסיים שם בלו להו ואזול ופרש"י דלו והלכו לאבדון, ובארנוהו שם. בכאן "שמיט" גימ' "משיחא", וד"ל.

ויסוד נוסף בין מעשה חמישי שבכאן למעשה סבי דבי אתונא כאן הבליעות תנינא בלעה פושקנצא בלעה וכו' כדנבאר לקמן בס"ד, ותמן כי מטי לבי בליעי מלא כוזא דמיא – אף שם ענין הבליעה המים הבולעים, ונתן מהם מלוא הדלי ומלאו ובלעו המים בדלי את המים שהוסיפו הסבי, דהיינו הוציאו בולעם מפיהם בראותם הקדושה עד שנותרו כפגרים מתים, וכדהוה במעשה דצבא סנחריב כמ"ש (מ"ב י"ט,ל"ה) ויהי בלילה ההוא ויצא מלאך ה' ויך במחנה אשור מאה שמונים וחמשה אלף, וישיכמו בבוקר והנה כולם פגרים מתים, והלא דבר הוא ב' הענינים – **שיתין בתי** וענין **הבליעה**. ומסיים המעשה תא חזי כמה נפיש חילא דאילנא. הרי נמתק ונאמר "שיתין בתי" גימ' (1183) "אילן" (91) פעמים "אחד" (13) דכתיב אילנא היינו אילן א' – כנודע אילן קאי אקוב"ה דהוא יחוד הוי' אדנ"י גימ' (91) איל"ן ויומתק כמה נפיש חילא דאילנא דהוי' המיוחד בשכינתא אדנ"י לאחר שיסתיימו

הבירורים כנ"ל דרפ"ח ניצוצין ממלכין קדמאין דאתבירו, ולא תהא עוד שכינתא בגלותא דהיא "גלות השכינה" גימ' (829) "ההיא אקרוקתא" כנ"ל, ומדוע היא בגלותא כי אתא תנינא ובלעה – דהוא פרעה התנין הגדול הרובץ בתוך יאוריו ואומר לי יאורי ואני עשיתיני (יחזקאל כ"ט,ג'), וזהו "תנינא" גימ' (511) ז"פ חכמ"ה (73) דהן ז' חכמות החיצוניות מהן ינקין ע' עממין ומולידין ז' המידות הרעות חסד דקלי' ישמעאל כנגד אברהם בקדושה, גבורה דקלי' עשו כנגד יצחק, תפארת דקלי' לבן הארמי כנגד יעקב, נצח דקלי' בלעם כנגד משה, הוד דקלי' קרח כנגד אהרן, יסוד דקלי' פרעה כנגד יוסף, מלכות דקלי' גלית כנגד דוד – הרי שמהן ד–ז' קליפין דהיינו "ישמעאל (451) – עשו (376) – לבן (82) – בלעם (142) – קרח (308) – פרעה (355) – גלית (443)" סליקו יחד לחושבן (2157): ז"פ "קרח" (308) ע"ה, חזינן דהוה קרח כנגד כלם דערך ממוצע דכל קלי' הוא קרח – וקל להבין דקורח בא וניצב כנגד משה דהוא כנגד ז' רועים כדמעיד עליו הכתוב "ולא קם נביא עוד בישראל כמשה, אשר ידעו ה' פנים אל פנים" (דברים ל"ד,י') גימ' (2236) ב"פ "שמע ישראל ה' א–להינו ה' אחד" (1118), ההעלה יחודא תתאה ברוך שם כבוד מלכותו לעולם ועד לבחינת יחודא עילאה למהוי אחדים, ובלעומת זה בקלי' הנ"ל, שמהן עד קרח ועד בכלל דהיינו "ישמעאל – עשו – לבן – בלעם – קרח" סליקו לחושבן (1359) "ברוך שם כבוד מלכותו לעולם ועד" – דהן עומדים כנגד יחודא תתאה כנ"ל בסוד דעת תחתון ובבלעם כתיב דהוא יודע דעת עליון (במדבר כ"ד,ט"ז) – ובהני ז' קלי' לא ראי זה כראי זה צד השוה שבהן פגם הברית וניאוף דבלעם בא על אתונו, וגלית נולד מביאה של מאה איש וכלב דבאו על אמו ערפה צירוף פרעה וכיו"ב ואין צורך להאריך ההדברים ידועים, וכנגד ז' הקלי' כנ"ל הן ז' הרועים דקדושה "אברהם יצחק יעקב משה אהרן יוסף דוד" גימ' (1409) ז"פ "בצדקה" (201) עם ב' הכוללים, וכן ז"פ "פה אל פה" (201) עם ב' הכוללים פה דקוב"ה עם פה דמשה בסוד נשיקין ישקני מנשיקות פיהו [ואכמ"ל] – הרי רמיזא פה אל פה דמשה וקוב"ה וערך ממוצע דכל שם דקדושה שבכאן הוא פה אל פה, וקלי' ערך ממוצע דכל שם הוא קרח כנ"ל – דהן זה לעומת זה משה וקרח, וכדאמרו חז"ל אבות איזוהי מחלוקת שאינה לשם שמים זוהי מחלקת קרח ועדתו, ולא מדבר משה, ובקדושה איזוהי מחלקת לשם שמים זו "מחלקת שמאי הלל" ר"ת מש"ה וסליק לחושבן (1000) אל"ף דהן אלף אורות דזכה להן משה מחורב, ובארנוהו בכמה מקומות.

ויחד ז' רועין קדישין עם ז' קליפין כנ"ל בסוד ברור דא מן דא וכיתרון האור הבא מן החושך דייקא, סליקו לחושבן (3566) ה"פ תשוב"ה (713) ע"ה, והוא נפלא מאד דזכינו לדין דבכח התשובה מבררים הניצוצין הבלועים ב–ז' קלי' כנ"ל ומעלים אותן לקדושה, וממי יהיבנן הכח למעבד תשובה הרי הן ז' הרועים דקדושה אברהם אמר ואנכי עפר ואפר ויצחק שם עצמו על המוקד במסירות נפש ויעקב עבד תשובה בבית לבן הארמי גרתי ותרי"ג מצות שמרתי (רש"י) ומשה אמר ונחנו מה ואהרן מה הוא וידם אהרן וכו' ויוסף אמר את הא–להים אני ירא ונס מאשת פוטיפר בחי' סור מרע ואמר הא לכם זרע וזרעתם– בחי' ועשה טוב ודוד אמר ואנכי תולעת ולא איש וכו' דעבד תשובה,

ובמעשה הראשון לעיל סליק תמציתו לחושבן ו"פ תשוב"ה עיי"ש בסופו וקשרהו לכאן.

ובתר דא במעשה אתא פושקנצא ובלעה ללתנינא, הרי "פושקנצא" גימ' (627) ג"פ "כי יד על כס י–ה" (209) (שמות י"ז,ט"ז) דהן הקלי' עמלק המפריד כביכול שם ה' דלא יהא שמא שלים ואף לא כסא שלים וזהו הפושקנצא היינו עור"ב נוטריקון "רע בו" ומסתיר ומעלים ומחשיך על "אור הגנוז" חושבנא דדין כחושבנא דדין, ו–ב' הלשונות דהיינו "פושקנצא (627) עורב (278)" גימ' (905) ה"פ "יהיו כמץ" (181) (תהל' ל"ה,ה') בסוד ביעור הקלי' מן העולם לעתיד לבא עלינו בב"א, וכן במעשה הרביעי לעיל תמצית המעשה דהיינו "אורזילא בר יומיה (528) – הר תבור (813) – רמא כופתא וסכר ליה לירדנא (1374)" סליקו לחושבן (2715): ג"פ "פושקנצא – עורב" (905) שבכאן בסוד הקלי' דהן לעומת הקדושה ב–ג' קוין כנ"ל, בסוד קשה ליצנות אחת ממאה תוכחות [עיין מסילת ישרים פרק ה'] ודי למבין.

ולהיכא סליק האי פושקנצא-עורב אאילנא כאותו חזיר הפושט טלפיו ואומר טהור אני [עיין ויקרא רבה פרשת שמיני פי"ג,ס"ה] דסליק אאילנא להתלות בהוי' א–דני כביכול בסוד התרחקו מן הצבועים וד"ל.

הרי תמצית המעשה החמישי ומה רמיזא לן "ההיא אקרוקתא – כי אקרא דהגרוניא – תנינא – פושקנצא – אילנא" סליקו לחושבן (2670): יהי"ה (30) פעמים חנוכ"ה (89) בסוד גלוי אור הגנוז מלכות דאינסוף למטה מעשרה טפחים כנ"ל, וכדכתיב ביום ההוא יהיה ה' אחד ושמו אחד – לכן בכאן כפילת יהי"ה (30) פעמים חנוכ"ה (89) דייקא, ובמכוון בס"ד ומתקן הפגם דהוה בעינים כמבואר באר"י הק' לכן פתח לדידי חזיא לי ענין הראיה דקדושה, ומסיים תא חזי "כמה נפיש חיליה דאילנא" גימ' (664) "כי תאוה הוא לעינים" (בראשית ג',ו') ויביא באופן מיוחד עדות ראיה דאמר רב פפא בר שמואל "**אי לא הואי התם לא הימני**" גימ' (655) "הקדוש ברוך הוא" – ובכך חותם המעשה בסוד תיקון הראיה כדאמרו חז"ל תרין סרסורי אינון עין רואה ולב חומד (עיין רש"י במדבר ט"ו,ל"ט) – הרי בכאן **העצה**: עוצם עיניו מראות ברע (ישעי' ל"ג,ט"ו) עצימת העינים מחיזו דהאי עלמא, כדעבדינן בקריאת שמע כהאי עולימתא שפירתא דלית לה עיינין (זוה"ק ח"ב דף צ"ה ע"א) ונהפוך הוא הסתכלות דקדושה במעשיהם ודרכם של צדיקים ואנשי אמת, ובעיקר בלימוד התורה הקדושה דאותיות מחכימות דקוב"ה אסתכל באורייתא וברא עלמא כל רגע ורגע מחדש יש מאין המוחלט, וכן נחזה ונגלה כבוד הוי' וראו כל בשר יחדו – היינו בעיני הבשר – כי פי הוי' דבר (ישעי' מ',ה') ב"ב אמן ואמן.

והוא בספירת **תפארת** ישראל אשר בך אתפאר (שם מ"ט,ג') דמעיינים בתורה הקדושה ומתקנים פגם העיניים כנ"ל.

מעשה שישי: "**ההוא כוורא**" גימ' (250): ה"פ נ' (50), בסוד שער הנו"ן משם נמשך השפע לעולם בסוד נשמה אור בתוך כלי "כוורא" גימ' (233) "אור הוי'" וגימ' (233) "עץ החיים" היא תורתנו הקדושה עץ חיים היא למחזיקים בה (משלי ג',י"ח), נשמה לנשמת אפינו, "ההוא" גימ' (17) "טוב" אמרו צדיק כי טוב (ישעי' ג',י') הוא הצדיק הכולל בחינת משה שבדור המשפיע חיות בכלל ישראל

בתורה ובמצוות שעוסק בהן לשמה מעלה את התורה ומצוות של כלל ישראל אע"פ שאינן לשמה כאמרם ז"ל פושעי ישראל מלאים מצוות כרימון שנאמר כפלח הרימון רקתך אפילו ריקנין שבך וכו' (שה"ש ד',ג' וברכות נ"ז ע"א) והן מצוות שלא לשמה, ומשה שבדור דאיקרי טוב מעלה אותן לשרשן בסוד הדעת ההו"א צירוף אהו"ה שהוא שם הדעת היוצא מראשי תיבות "את השמים ואת הארץ" (תחלת התורה) גימ' (1499) ת"ק בין רקיע ורקיע וכן עובי כל רקיע ת"ק שנה והוא בחזרת האלף (1000) ל–א' (1) ירדף אחד אלף – ונעביד במקום תיבת ההו"א התיבין דר"ת דהיינו "את השמים ואת הארץ" (1499) – כוורא (233)" גימ' (1732) ד"פ "בעבדי משה" (433) הוא הצדיק הכולל והדעת דקדושה וממשיך אור ה' כחושבן כוורא להאי עלמא דכתיב במשה ותרא אותו כי טוב הוא (שמות ב',ב') וכתיב וירא א–להים את האור כי טוב (בראשית א',ד') – "את האור" גימ' (613) "משה רבינו" כדכתב רבינו במקום אחר.

וממילא "ההוא כוורא" הוא בסוד יחוד נר דחנוכה – דהאי יחודא אמשיך אור הגנוז להאי עלמא מתחת לעשרה טפחים – ולכן מצוה להניח החנוכיה מתחת לעשרה טפחים – דיחוד נר חנוכה בכללות ג' יחודים כנגד חב"ד חג"ת נה"י העולים נ"ר, דהיינו הוי' אהי"ה (47) – הוי' אלהי"ם (112) – הוי' אדנ"י (91)" סליקו לחושבן (250) נ"ר, ולעניננו לחושבן (250) "ההוא כוורא" אשר במילויו דיודין כזה: "הי הי ויו אלף (163) – כף ויו ויו ריש אלף (765)" סליק לחושבן (928) ד"פ רל"ב דהן ד' מלויי שם הוי' ב"ה ע"ב ס"ג מ"ה ב"ן מתכללאן דא בדא, והוא גימ' (928) "והוצאת להם מים מן הסלע" (במדבר כ',ח') דנצטוה משה לדבר אל הסלע ותחת זאת היכה ולכן נענשו הוא ואהרן שלא להיכנס לארץ ישראל.

ובמעשה דנן התישב לו שרץ קטן בנחיריו – ומת ושטפוהו המים אל היבשה – היינו מי מריבה דגרמו לכך שימות משה במדבר ולא יכנס עם בני ישראל לארץ ישראל – וזהו האי שרץ איקרי כאן "**אכלה טינא**" גימ' (126) "ענו" דכתיב והאיש משה ענו מכל האדם אשר על פני האדמה (במדבר י"ב,ג') ענו כתיב חסר יוד, ואף על פי שגרמו לו מי מריבה שלא יכנס לארץ היינו הכניסו טינה בינו לבין בני ישראל בסוד אכלה טינא דכתיב (במדבר כ',י"ג) המה מי מריבה וכו' ואין מריבה בלא טינה. ונרמז ויאמר להם שמעו נא המורים וכו' "להם (75) – נא (51)" גימ' (126) "אכלה טינא" [וכן הוא בגימ' (126) נמל"ה כדכתיב לך אל נמלה עצל ראה דרכיה וחכם, בסוד מש"כ בזוהר שבפה הסיטרא אחרא יש נמל"ה – ואפשר לקשר לכאן שהיה לו שרץ קטן בנחיריו וכו'].

ובגמרא (שבת עז:) איקרי האי שרץ "**כילבית**" גימ' (472) "בלעם בן בעור" – דהוא כנגד משה רבינו דכתיב ביה יודע דעת עליון (במדבר כ"ד,ט"ז), וכתיב ולא קם נביא עוד בישראל כמשה (דברים ל"ד,י') וכו' ודרשו חז"ל (עיין במדבר רבה פרשת נשא פרשה י"ד סימן כ') בישראל הוא דלא קם ובאומות קם ומנו בלעם בן בעור הרי הוא הוא הכלבית כחושבן שמו היושב בנחיר הצדיק הכולל דמורח ודאין רוח אפינו משיח ה' (איכה ד',כ') דהוא כנשמה באפינו ומפיו אנו חיים וכו' וזהו "כילבית – אכלה טינא" גימ' (598) ב"פ "רחמנא" (299) בחינת זה לעומת זה [כדכתיב גם את זה לעומת זה עשה הא–להים (קהלת ז',י"ד)] וד"ל.

ויחד בסוד בירור, דהיינו "ההוא כוורא - כילבית אכלה טינא" סליק לחושבן (848) "להדליק נר של חנוכה" (עיין שבת כג.) בסוד המשכת האור הגנוז וביעור הקלי' מן העולם עד דתכלה רגלא דתרמודאי - והוא נפלא דאמרינן ההוא כוורא גימ' (250) נ"ר, ונמשך "כלבית אכלה טינא" גימ' (598) "להדליק (נר) של חנוכה" היינו להדליק ולבער הקלי' מן העולם דמחלוקת בית הלל ובית שמאי בענין אופן הביעור בית הלל יום ראשון נר א' וכו' היינו לבער בהדרגה ובית שמאי בהיפוך ביום ראשון שמונה נרות ביום שני שבע וכו' - בחינת ביעורם לכתחילה, וכן בלעם איקרי בן בעור שעתיד הוא וזרעו להיות מתבערים מן העולם והרשעה כעשן תכלה בב"א.

וממשיך במעשה דאדחוהו מיא ושדיוהו לגודא - וחרוב מיניה שיתין מחוזי, ומחזירנו כדהוה במעשה חמישי לקשרו למעשה דסבי דבי אתונא דמספרם הוו שיתין, ובכאן כולהו בסוד שיתין, דהיינו: "חרוב (210) - אכול (57) - מלחו (84) - מיניה (115) - שיתין (770) - מחוזי (71)" גימ' (1313) "תחית המתים" כדאמרו חז"ל שית אלפי שנין הוי עלמא וחד חרוב, ואין אכילה ושתיה לעתיד לבוא [כמ"ש מרגלא בפומיה דרב עולם הבא אין בו לא אכילה ולא שתיה וכו' (ברכות יז.)] הרי כל המעשה בכאן הוא סוד תחית המתים והמשכת האור הגנוז להאי עלמא - וזהו "**חרוב - אכול - מלחו מיניה**" גימ' (472) "כילבית", וכנגד ממשיך "שיתין מחוזי" גימ' (841) "בני בכורי ישראל" דהן כנגד הכילבית - וכדכתיב ביציאת מצרים (שמות י"א,ז') ולכל בני ישראל לא יחרץ כלב לשונו.

ולבתר "**מנסרי מגרמייהו מטללתא**" גימ' (1163) "ויהי ידיו אמונה" ע"ה (שמות י"ז,י"ב) באלף רבתי דמעצם הדג יזכו לשבת בסוכה מעורו של לויתן ולאכול בשר שור הבר ולשתות יין המשומר בב"א, וזהו תמצית המעשה, דהיינו: "ההוא כוורא (250) - אכלא טינא כילבית (598) - חרוב אכול מלחו מיניה שיתין מחוזי (1313) - מנסרי מגרמייהו מטללתא (1163)" סליקו לחושבן ע"ה (3325) ז"פ "א-להי המשפט" (475) [כדכתיב כי א-להי משפט ה' (ישעי' ל',י"ח)] והוא בספירת **גבורה**.

מעשה שביעי (וכל השביעין חביבין): "**ההוא כוורא**" גימ' (250) נ"ר כנ"ל במעשה השישי בסוד המשכת אור הגנוז - והן ב' נרות דמעשה ששי נר חנוכה כנ"ל באורך, ודמעשה שביעי דכל השביעין חביבין נר שבת קודש דעדיף כאמרם ז"ל (שבת כ"ג ע"ב) אמר רבא פשיטא לי נר ביתו ונר חנוכה נר ביתו עדיף משום שלום, וזהו "נר ביתו ונר חנוכה" ע"ה גימ' (1008) ג"פ פוריי"ם (336) בסוד תחית המתים ונהפוך הוא דהארכנו בבאורנו על מגילת אסתר דיצאו ממיתה לחיים, ובכאן הוא כוורא - כד חם גביה אתהפיך, בחי' ונהפוך הוא כנ"ל, הרי הוא שלימות אחת "שבת - חנוכה - פורים" גימ' (1127) "תורה - תפלה" עם הכולל, דהוא א' אלופו של עולם המשפיע עצמותו יתברך בתורה, ונותן בנו בני ישראל כוחנו להתפלל אליו - והוא שלמות אור ישר - תורה - חנוכה ופורים ואור חוזר - שבת ותפלה, ושקולים כחדא כאיש ואשה אשתו כגופו דתורה בלא תפלה נאמר עוסקים בתורה ושכחו מנותן התורה ותפלה בלא תורה גם כן חסר כדכתיב מסיר אזנו משמוע תורה גם תפלתו תועבה (משלי כ"ח,ט') אם כן צדיק איהו

תלמיד חכם העוסק כל היום בתורה כדכתיב והגית בו יומם ולילה (יהושע א׳,ח׳), ועוסק כל היום כולו בתפלה כדא״ר יוחנן הלואי ויתפלל אדם כל היום כולו (עיין ברכות כ״א ע״א) – וכיצד יקיימם יחדו ויהיו תואמים – דאם עוסק בתורה אינו מתפלל ואם מתפלל אינו עוסק בתורה – אלא יעביד מתורה תפלה ומתפלה תורה, וכדעביד מו״ר רבי נתן לקוטי תפלות מתורות רבו רבי נחמן מברסלב בספרו הק׳ לקוטי מוהר״ן כנודע.

והנה ג׳ התפלות של שבת קודש דהן ג׳ תפילות בסוד ג׳ רישין שבכתר בתפלת מעריב גלוי אור הבינה אמא עילאה – תמן נ׳ שערי בינה, בשחרית גילוי אור החכמה ל״ב נתיבות חכמה, ומוסיף וביתר שאת במנחה דשבת קודש גילוי אור הכתר עצמו רעוא דרעוין הרי ״נ׳ – ל״ב – כתר״ סליקו לחושבן (702) שב״ת.

והארכנו בביאור ג׳ סעודות דבכל סעודתא אכלין נהמא ומטבילין הלחם במלח ג׳ פעמים כדביאר האריז״ל לח״ם גימ׳ (78) ג׳ פעמים הוי׳, וממתק הדינים דמלח על ידי הלחם דהוא חסדים, ואמרינן בכל סעודה ג״פ לח״ם (78) הרי ט׳ פעמים לח״ם (78) גימ׳ (702) שב״ת – וכן הוא בבני יששכר דאינון כ״ב אתוון עם ה׳ מנצפ״ך דשם הוי׳ מתנוצץ בהן בשבת הרי כ״ז פעמים הוי׳ (26) גימ׳ (702) שב״ת עיין אריכות דבריו הנפלאים בשער השבת.

ונחזור לעניננו דאמרינן דמעשה הששי והשביעי הן בסוד המשכת אור הגנוז וביעור הקלי׳ מן העולם ותחית המתים.

ומסיים המעשה אתהפיך ואי לאו דהוה מקרבא ספינתא הוה טבעינן, בסוד ונהפוך הוא כנ״ל הנס דפורים דיצאו ממיתה לחיים כנ״ל, דקשרו נפשם למרדכי היהודי ובבך ניצלו – וכן בכאן **״ואי לאו דהוה מקרבא ספינתא הוה טבעינן״** גימ׳ (1225) ״יהודי״ (35) פעמים ״יהודי״ (35) בסוד האהבה המסותרת בפנימיות לבו של כל יהודי כמבואר בספר התניא קדישא דכל יהודי באשר הוא שייך בענין הזה של גילוי האור הגנוז ותחית המתים ברם שאור שבעיסה מעכב וכו׳ כמבואר בחז״ל (ברכות י״ז ע״א) גלוי וידוע שרצוננו לעשות רצונך אבל שאור שבעיסה מעכב.

ובכאן במעשה – שאור שבעיסה הוא החול שהצטבר על גבו של הכוורא הדג היינו הצדיק שבדור, ובלשונו הזהב דרבה בר בר חנה **״דיתבה ליה חלתא אגביה״** גימ׳ (922) ״זרע אברהם יצחק ויעקב״ ע״ה [כמ״ש מקחת מזרעו מושלים אל זרע אברהם יצחק ויעקב (ירמי׳ ל״ג,כ״ו)] דהוא שאור שבעיסה המעכב ביאת משיח צדקנו כאמרם (שבת קי״ח ע״ב) אלמלא היו משמרין ישראל ב׳ שבתות מיד היו נגאלין, ומבואר דהוא לאו דוקא ב׳ שבתות אלא אפילו שבת אחת – שבת לעילא ולתתא דהן בחינת ב׳ שבתות דשבת כל מעשיה כפולין בסוד כפליים לתושיה (איוב י״א,ו׳), דמחיה את השבע שלפניה ושלאחריה כאחד כמבואר באר״י הק׳ ימים ד׳ ה׳ ו׳ פניהם אל השבת הבאה וימים א׳ ב׳ ג׳ פניהם אל השבת שעברה דינקין ממנה.

ומאי הוה תמן אחלתא **״קדח אגמא עילויה״** גימ׳ (288) רפ״ח דהן רפ״ח נצוצין דמבררים בני ישראל בעסק התורה והמצוות עד ביאת משיח צדקנו בב״א, דהן העשבים השוטים והקוצים דאנו מנכשים ומכינים לו ית׳ דירה נאה בתחתונים, ועושים לו ית׳ כלים נאים, ומקשטים עצמנו בתורה ומעשים טובים

להיות לו ית' אשה נאה, וכדאמרו חז"ל אשה נאה דירה נאה וכלים נאים מרחיבים דעתו של אדם – היינו אדם העליון הבורא יתברך ויתעלה.

ובתר דא סלקינן ואפינן ובשלינן אגביה – היינו ביעור הקוצים והמזיקים וכגון ביעור חמץ בערב פסח – ובכאן וסלקינן דייקא, כאשר יהודי עולה בקדושה הרי ממילא כל הקוצים והמזיקים שסביבו מתבערים באש קדושתו המתגברת – "אגביה" גימ' (21) אהי"ה שם הבינה תמן מתמתקין הדינים בשרשם דאין הדין נמתק אלא בשרשו – והן כ"א מעשיות שבכאן בסוד אהי"ה כנ"ל בהקדמה דמבערים הסיטרא אחרא כדעסקינן בהון ומקרבא למשיחא בב"א.

וזהו "**וסלקינן ואפינן ובשלינן אגביה**" גימ' (972) י"ב פעמים אנכ"י (81) דן י"ב שבטי י"ה בני ישראל דבעסק התורה והמצוות דבקים בקוב"ה דאמר אנכי בהר סיני כאמרם (זוה"ק אחרי מות ע"ג ע"א) קוב"ה אורייתא וישראל כולא חד, והסטרין אחרנין מתבערין מאיליהן.

וממשיך ומתאר לנו רבה בר בר חנה תהליך הגאולה, דבני ישראל הולכים ומתקדשים ומתעלין עד שחם גביה היינו של ההוא כוורא תמן חלתא דהוא שאור שבעיסה – ואז חל המהפך ונהפוך הוא וכד חם גביה אתהפיך ומתגלה אור דקדושה כדכתיב ונגלה כבוד הוי' וראו כל בשר וכו' וכתיב באותו היום (זכרי' י"ד, י"ג) והיה ביום ההוא תהיה מהומת ה' רבה בהם, והחזיקו איש יד רעהו וכו' **ביום ההוא** דייקא בסוד **ההוא כוורא** שבכאן, ואומר (שם פסוק כ') ביום ההוא יהיה על מצילות הסוס קדש לה' וכו' וחותם "ולא יהיה כנעני עוד בבית ה' ביום **ההוא**" (שם כ"א) בסוד **ההוא כוורא** שבכאן – ולקמן במלאכי (ג',י"ט) "כי הנה היום בא בוער כתנור והיו כל זדים וכל עשה רשעה קש ולהט אותם היום הבא אמר ה' צבאות אשר לא יעזב להם שרש וענף" גימ' (5684) י"ה (15) פעמים "כסא רחמים" (379) דהיינו בגלוי האור הגנוז דהן אבא ואמא עילאין יהא דין בגויים ורחמים בישראל, וכדממשיך בפסוק הבא וזרחה לכם יראי שמי שמש צדקה ומרפא בכנפיה וכו'.

ונרמז בפסוקא הנ"ל (דמלאכי) טובא ואין כאן מקומו להאריך, ונאמר אך זאת לענייננו דהאי מעשה בסוד חנוכה ופורים גלוי אור הגנוז ותחית המתים, והרשעה כולה כעשן תכלה וכו' בדרך ממילא – הרי תיבין היום הבא אמר ה' צבאות אשר לא יעזב להם שרש וענף – "היום הבא אמר ה'" גימ' (336) פורי"ם, "צבאו"ת אשר" גימ' (1000) אל"ף – הן אלף אורות דזכה להן משה מחורב והוא סוד אלף זעירא דויקרא אל משה, מאן דאיהו זעיר איהו רב, (לא) "יעזב" גימ' (89) חנוכ"ה גלוי אור הגנוז כנ"ל [וחנוכה ופורים אזלין כחדא חנוכה בהוד ופורים בנצח], "לא יעזב" גימ' (120) ק"כ היינו מיתוק ק"כ צרופי שם אלהי"ם, דזכה משה למתקם ב–ק"כ שנותיו וב–ק"כ ימיו על הר סיני, ולכן אמר ליה השי"ת רב לך (דברים ג',כ"ו) – זכית לרב מכולא.

וממשיך במעשה בלשונו הזהב: "וכד חם גביה אתהפיך" גימ' (614) "בברית", דהיינו בשמירת הברית קדש תליא מילתא – אם צדיק מוטב ויזכה וזרחה לכם יראי שמי שמש צדקה, דברית קדש איקרי שמש כנ"ל מכוונות המילה בשער הכוונות וכו' ואם לאו ח"ו כל עושה רשעה קש ולהט אותם היום בא בוער כתנור רח"ל.

וזהו דאמרו חז"ל אלמלא התפלל משה תפלה אחת נוספת על תקט"ו תפלותיו כמנין ואתחנ"ן וכמנין תפל"ה היה נכנס לארץ ישראל, ולא ביארו מדוע תפלה א' דייקא בנוסף על תקט"ו היתה מכניסתו, בחינת תן לחכם ויחכם עוד (משלי ט',ט') ונאמר אך ברמז דמי ירד לסוף דעתם דקדמונינו הקדושים ד-א' על תקט"ו הרי חושבן (516) "יבנה המקדש" כנ"ל, ואמר ליה השי"ת ר"ב ל"ך – דמעשה ידי משה נצחיים, ואם יבנה בית המקדש הנצחי הרי גלוי וידוע לפניו ית' שעתידין לחטוא, ובמי יכלה זעמו בשונאיהן של ישראל, ומוטב דיכלה זעמו בעצים ואבנים – והלא מובן דאם היה נכנס משה היה מסיר כל הדברים הבלתי רצויים – והדרא קושיא לדוכתיה דאם אין הדברים המזיקים היינו השאור שבעיסה והרשעה כעשן תכלה מהיכי תיתי דיחטאו לפניו ית', וכדיהיה לעתיד לבוא ואת רוח הטומאה אעביר מן הארץ (זכירי' י"ג,ב') ובלע המות לנצח (ישעי' כ"ה,ח') דאז לא יהיה יצר הרע כלל ויהיה גלוי א-להותו ית' בגופים הגשמיים דבני ישראל ובכל הבריאה כולה כל חד לפי מעמדו בהאי עלמא בחינת דומם-צומח-חי-מדבר, הרי שבדומם תתגלה ה' תתאה דשם הוי' ובצומח ו' דשם הוי' ובחי' ה' עילאה דשם הוי' הן חיות המרכבה וב-י' דשם הוי' מדבר היינו חי מדבר האינו יהודי דהיום, ובקוצו של יו"ד דכולל שם הוי' שלם דכולהו אתוון אתכלילו בכתר יתגלה באיש הישראלי שומר הברית, וכן באיש ישראל כל חד לפום מאי דמשער בליביה בהאי עלמא, דהאי עלמא בסוד התכללות הרי שאף באיש הישראלי אית דומם צומח חי מדבר וכגון ארבעת המינים דסוכות דהן ד' בחינות בבני ישראל – ערבה דלית להון תורה ומצוות הרי דומם כאבן שאין לה הופכין כאלם, לולב עם טעם ואין ריח דאית להון תורה טעמו וראו כי טוב הוי' ולית להון מצוות בחינת צומח, דהלולב צומח לגובה בחינת צדיק כתמר יפרח מתקן הרפ"ח בתורה שלומדים, הדסים דאית להון ריח ולית להון טעם בעלי מצוות וללא תורה בחינת חי, דמצוות גבוהים מתורה כנודע בסוד אור פנימי – תורתך בתוך מעי (תהל' מ',ט') ואור מקיף הן המצוות דלית בהון טעם ודעת לכן הם בהדסים – חי, ואתרוג דאית להו טעם וריח הן צדיקים דאית להון תורה ומצוות והן צדיקי האמת שראה הקב"ה שהן מועטים עמד ושתלן בכל דור ודור – הרי הם מורמים ומובדלים מעם ולכן האתרוג מובדל ואינו נקשר יחד עם ג' המינים, ברם בזמן ברכה ונענועים מצמידים אותו אליהם בסוד דבקות כדאמר משה שש מאות אלף רגלי העם אשר אנכי בקרבו (שמות י"ב,ל"ז).

הרי הן ד' בחינות בעם ישראל דבכללות הבריאה הן בקוצו של יו"ד דשם הוי' דתתגלה לעתיד לבוא בחינת הכתר – תמן תלת רישין בכתר רישא דאריך רישא תתאה רישא דאין רישא אמצעיתא ורישא דלא אתידע רישא עילאה מכולהו בסוד נקודת היו"ד קוץ עליון וקוץ תחתון – דאות י' דשם הוי' מורכבת במילואה יו'ד' הרי ד-י' דחכמה עילאה הוא בחינת ו'ד' דמשפעת לזעיר ו' ולנוקבא ד', ועצם ה-י' היא כתרא עילאה המכונה קוצו של יו"ד, ותמן גוף היו"ד קוץ עליון וקוץ תחתון כנ"ל – ולכן והחכמה מאין תמצא (איוב כ"ח,י"ב), דכתר וחכמה דבוקים יחד וכתר משפיע בחכמה בסוד דבקות דהן בכללות י' כתרא ו"ד היא היו"ד דחכמה – אמנם בלשון קצרה אין מפרטים כל דא אלא

אמרין י–ה–ו–ה, אלא שה–י' נחלקת יו"ד, ו"ד חכמה עילאה, י' קוצו של יוד. וישראל בהאי עלמא עבדינן "תשובה" גימ' (713) "יבשתא" – דבתשובה תליא מילתא.

ומעתה נצרף כל הנ"ל דהיינו: "ההוא כוורא (250) – דיתבה ליה חלתא אגביה (922) – קדח אגמא עילויה (288) – יבשתא (713) – וסלקינן ואפינן ובשלינן אגביה (972) – וכד חם גביה אתהפיך (614)" סליק לחושבן (3759) אהי"ה (21) פעמים "ונהפוך הוא" (179) בסוד תחית המתים לעתיד לבוא בגילוי אור הגנוז משם אהי"ה, כדאמר הקב"ה למשה אהי"ה אשר אהי"ה (שמות ג', י"ד) אהיה עמם בצרה זו ואהיה עמם בצאה אחרת – צרה אחרת היינו צה"ר בהארת אור הגנוז דאז תהיה גם כן בחינה של צרה עת צדיק נכוה מחופתו של חבירו – והיא צרה למעליותא דתהיה השתוקקות להדבק לעליון יותר ויכווה וירד חזרה למדרגתו דאין עליות לעתיד לבוא אלא בזכותיה דתורה ומצוות ומעשים טובים דעביד בר נש בהאי עלמא – דאז כל ישראל בחינת פרצוף שלם ראש יד רגל וכו' ומבשרי אחזה א–לוה (איוב י"ט, כ"ו) כפי שרגל גשמית לא יכולה להפוך עצמה ולהיות ראש כך אותה בחינה של יהודי לעתיד לבוא דהוא רגל של הקומה אינו יכול להתעלות לראש דנכוה ויורד למדרגתו.

וזהו דמסיים **"ואי לאו דהוה מקרבא ספינתא הוה טבעינן"** סליק לחושבן (1225) ב"פ "ברית" (612) ע"ה, דהוא צדיק עליון וצדיק תחתון כמבואר בזוה"ק (ח"ג רמ"ב ע"ב) כדביארנו לעיל דספינתא הוא הצדיק כדכתיב במשה ושם חלקת מחוקק ספון (דברים ל"ג, כ"א) לישנא דספינתא, והצדיק הוא מרכבה לשכינה הקדושה, לכן בכאן "ספינתא" גימ' (601) "שכינה" במלוי יודין כזה: "שין כף יוד נון הי", ובמלוי יודין דייקא דאות י' הוא הצדיק העושה הכל על פי תורת אמת כדרשו חז"ל יכול בדברי תורה תלמוד לומר צדק תדברון (חולין פט.) ולכן איכרי צדיק – צדק עם י' תמן, וזהו "ספינתא" גימ' (601) "משה אהרן" דשריין כחדא הוא משה ואהרן הוא אהרן ומשה וכו' (שמות ו', כ"ו) והנה כתיב נח איש צדיק (ר"פ נח) – אמנם רבי שמעון בר יוחאי, דאנו בעיצומו של יום הל"ג בעומר ה'תשע"ט יומא דהילולא רבא דיליה – מכנהו בזוה"ק (זוהר חדש נח דף ל"ח ע"ב וממשיך בדף ל"ט ע"א) "רעיא שטיא" דסליק גם כן לחושבן (601) "ספינתא" דספן ותמן עצמו בתיבה והניח העולם להיחרב, ובתר דנחרב יצא והתפלל – וכותב (שם) דנשמת משה רעיא מהימנא היתה בתוך נח, וחזר כמושיען של ישראל וגאלם, ומסר נפשו עת עבידו עגלא דדהבא ואמר אם אין מחני' נא מחני' צירוף מ"י נ"ח – וכן מסיים רבה בר בר חנה העובדא השביעית ואי לאו דהוה מקרבא ספינתא הוה טבעינן – דהיינו כמו במבול דמי נח דכל היקום טבעו במי המבול כנ"ל.

וזהו תמצית מעשה השביעי, דהיינו: "ההוא כוורא (250) – דיתבא ליה חלתא אגביה (922) – קדח אגמא עילויה (288) – יבשתא (713) – וסלקינן ואפינן ובשלינן אגביה (972) – וכד חם גביה אתהפיך (614) – ואי לאו דהוה מקרבא ספינתא הוה טבעינן (1225)" סליק לחושבן (4984): ג"פ "אלף (1000) האיש משה (661)" (1661) ע"ה, דהוא הצדיק הכולל דכלל ישראל בכל הזמנים, דשאלו חז"ל (חולין קל"ט ע"ב) משה מן התורה מנין, והלא התורה כולה מלאה בשם משה וידבר ה' אל משה וכו' ומאי מן התורה מנין, ואלא

עוד בטרם נולד מנין שהוא בתורה, ומתרצינן בשג"ם הוא בשר והיו ימיו מאה ועשרים שנה, ורמיזנן בשג"ם גימ' (345) מש"ה וכנודע חי ק"כ שנה דמיתק ק"כ צרופי שם אלהי"ם ואמרינן בשג"ם ר"ת "ש'כינה מ'דברת ב'תוך ג'רונו" גימ' ע"ה (1725) ה"פ מש"ה (345) א' בגלוי בראשי תיבות, ועוד ד' סמויין בחושבן שאר האותיות, דכתב רבינו במקום אחר דמש"ה הוא א' יותר משמ"ד (344) דהן ד"פ אלהי"ם, וממתיק ומהפך הדין לרחמי כדאמרו חז"ל עה"פ ויעתר יצחק וכו' (בראשית כ"ה,כ"א) מה עתר זה מהפך וכו' אף הצדיקים מהפכים וכו' (סוכה י"ד ע"א) וכן כתב במקום אחר "בשגם הוא בשר" גימ' (859) א' פחות מ-י"פ אלהי"ם (86) ולכן א' זעירא עיי"ש.

ובכאן כל מעשיו דרבה בר בר חנה הן בסוד לעתיד לבוא ולכן מצטרף לחושבן האיש משה אלף רבתי בסוד אלף אורות דזכה להן מחורב, וכפי שנקרא לעתיד לבוא אד"ם ב-א' רבתי (תחלת דברי הימים) אתם קרויין אדם בסוד אדמה לעליון (ישעי' י"ד,י"ד) - בביאת משיח צדקנו בב"א.

והעצה: דבקות לצדיקים שבדור עיני העדה - והליכה בדרכיהם ובעצתם בעת שיצר הרע מתגבר בעולם, ודו"ל.

והוא בספירת **חסד** מתתא לעילא דלעתיד לבוא חסד א"ל כל היום (תהל' נ"ב,ג') בב"א.

מעשה שמיני: **"גילדנא"** (שם הדג למסקנא) צירוף: "יגדל נא" כדכתיב (במדבר י"ד,י"ז) "ועתה יגדל נא כח אדנ"י כאשר דברת לאמר" גימ' (2070) י"פ "אור" בסוד י' ספירות הגנוזות במאצילן מלכות דאינסוף - כדכתב האריז"ל בתחלת אוצרות חיים וזלש"ק: וכשעלה ברצונו הפשוט להאציל הנאצלים וכו' צמצם עצמו באמצע האור שלו בנקודת המרכז האמצעית שבו ושם צמצם עצמו אל הצדדין והסביבות ונשאר חלל בינתיים וכו' והיא היא נקודת מלכות דאינסוף, ומשה בתפלתו ביקש להגדיל מלכות דאינסוף ולהביא לגאולה האמיתית והשלמה ולכן בהאי פסוקא י'גדל ביו"ד רבתי וקשה מאי יו"ד רבתי הרי יוד היא נקודה בלא אורך ורוחב, דמכמה וכמה נקודות עבדינן קו, ומכמה קוין עבדינן שטח, ומאי יוד רבתי? ובארנוהו במקום אחר - כאן רק נאמר דיוד היינו יהודי, וכשהכל הולך למישרין ומושפע לו שפע רב מפי עליון ונהיה רבתי נשאר ביהדותו- וזוהי יוד רבתי על דרך המוסר בס"ד. ואנן בספירת **בינה** דחכמה היא נקודה בהיכלא בבינה, ובעת דודים נהיית י' רבתי.

ובכאן ביקש משה להגדיל כח האדנ"י היינו מלכות דאינסוף כנ"ל מלכותו בכל משלה, ולהביא לגלוי א-להותו ית' בגופים דבני ישראל אז יאמרו בגויים הגדיל ה' לעשות עם אלה וכו' בחינת ונהפוך הוא דפורים כנ"ל במעשים הקודמים ויביא לתחית המתים, ולכן הוא בכאן במכוון "ועתה יגדל נא כח אדנ"י" גימ' (672) ב"פ פורי"ם (336) דהן ב' שלבים בתחית המתים - יקומו במומן כל חד לפי מצוות שהחסיר בגלגוליו השונים, ימותו ושוב יקומו שלמים כל חד לפי בחינתו קומה השלמה של אדם אדמ"ה לעליון - וכדהארכנו בסוף המעשה הקודם, ו-ב' התיבין הבאים בפסוקא דהיינו "כאשר דברת" סליקו לחושבן (1127) "שבת חנוכה פורים" כנ"ל בתחלת מעשה שביעי ואמרינן דהוא חושבן (1127) "תורה תפלה" עם הכולל,

וכדהארכנו שם, בסוד אור ישר ואור חוזר.

וכן בכאן במעשה אזלינן בספינתא בין שיצא לשיצא דכוארא איהו בזקיפא בחינת אור ישר המזדקף כחויא ונחית לתתא, ואנן בשיפולא בסוד מקימי מעפר דל מאשפות ירים אביון (תהל' קי"ג,ז') אור חוזר דעבדינן לצלותא בשפלות רוח תפלה לעני כי יעטף ולפני ה' ישפוך שיחו (שם ק"ב,א') זו מעולה מכולן – נמצא דהדג בכאן גילדנ"א צירוף יגד"ל נ"א כנ"ל קאי אקוב"ה, ואזלינן בין שיצא לשיצא דכוארא – היינו הצמצום הראשון דסילק אורו הגדול אל הצדדין ובתווך בין צד לצד ברא ית' עולמו להיקרא רחום וחנון וכיוצא וכו' ומשה רעיא מהימנא זכה לגלוי דלעתיד לבוא בחיי חיותו ממש ארבעים יום וארבעים לילה לחם לא אכל ומים לא שתה בחינת תחית המתים ממש, וזכה לסוד א' זעירא סוד אור הגנוז כנ"ל מלכות דאינסוף, וזהו: "כאשר דברת לאמר" גימ' (1398) "אלף זעירא" באלף רבתי, מאן דאיהו זעיר איהו רב (זוה"ק תחלת פרשת חי שרה) ר"ת ז' אד"ר יום לידתו ויום הסתלקותו דמשה.

אף אנן נגדיל את גילדנ"א בסוד יגדל נא, דהיינו: "גימל יוד למד דלת נון אלף" גימ' (828) ד"פ או"ר (207) וממילא ב"פ "אור אינסוף" (414) בסוד אור אינסוף המשפיע לארץ ולדרים עליה ברחמים מעילא לתתא אור ישר ומתתא לעילא אור חוזר וכגון האי כוארא דסגאי בזקיפא אור ישר וספינתא בשיפולא אור חוזר כנ"ל.

ובמלוי הרי: "גימל יוד למד" גימ' (177) "גן עדן" לצדיקים לעתיד לבוא, "גימל יוד למד דלת" גימ' (611) "תורה" – וממילא באחוריים דמלוי כזה: "גימל (83) – גימל יוד (103) – גימל יוד למד (177) – גימל יוד למד דלת (611) – גימל למד דלת נון (717) – גימל יוד למד דלת נון אלף (828)" סליק לחושבן ע"ה (2520) אי"ה (21) פעמים ק"ב (120) – בסוד מיתוק ק"ב צרופי שם אלהי"ם בשרשם בשם אהי"ה דאין הדין נמתק אלא בשרשו, והוא חושבן (2519) י"א פעמים "יראה אהבה" בעבודת השי"ת ביראה ואהבה דאינון תרין גדפין (עיין תקו"ז כ"ה ע"ב) מכניעים ומבערין י"א כתרין מסאבין דקלי' ומקרבים הגאולה האמיתית והשלמה בב"א.

והנה גם במעשה השמיני מקשר אל סבי דבי אתונא דהוו **שיתין** – כי אתא רב דימי אמר (לגבי מהירות הספינה) – כמיחם קומקומא דמיא מסגיא **שיתין** פרסי – כנגד אותן **שיתין** סבי דבי אתונא, ופשוט. ושדי גירא וקדמה ליה.

הרי "**קומקומא**" גימ' (293) "טוב ורע", דבאכילת עץ הדעת טוב ורע התערבו הטוב והרע יחד באדם, ובעבודת הבירורים להפריד ולהבדיל מהרע האור מהחושך וכו' דאמרינן "אור וחשך" גימ' (541) "ישראל", דהוא תכליתם בעולם – וכדאמרינן בנוסח ההבדלה המבדיל וכו' "קדש (404) חול (44) – אור (207) – חשך (328) – ישראל (541) עמים (160) – יום השביעי (453) ששת ימי המעשה (1480)" סליקו לחושבן (3617) ה"פ "יעקב ישראל" (723) עם ב' הכוללים והוא ה' פעמים דייקא לקביל כללות הקומה ה' פרצופים דהן לקביל ה"פ או"ר דיומא קמאה דמעשה בראשית, וכן פסוקא דהבאנו ברישא "ועתה יגדל נא כח א–דני כאשר דברת לאמר" גימ' (2070) ה"פ "אור אינסוף" (414) לקביל ה' פרצופים כנ"ל (עתיק יומין, אריך ונוק', אבא ואמא, ישסו"ת, זו"ן ואכמ"ל) דהן ה' דברים

להבדילם זה מזה וסליקו לחושבן ה' פעמים "יעקב ישראל" כנ"ל, דערך ממוצע דכל זוג להבדיל הוא יעקב ישראל וכרמז אתכלית קיומם והויתם דבני ישראל בשית אלפי שנין, וכד מוספינן ל־ה' הבדלות הנ"ל (3617) חושבן "טוב ורע" (293=קומקומא) סליקו לחושבן (3910) "טוב" (17) פעמים "ה' צדיק" (230) כדאמר פרעה (שמות ט',כ"ז) ה' הצדיק ואני ועמי הרשעים, כן יהיה לעתיד לבוא דהקליפה בעצמה תודה על האמת והוא לפני שכעשן תכלה דנמשלו עכו"ם לכלי חרס דשבירתן זו היא תקנתן, תמן פסוקא דמכת ברד "וישלח פרעה ויקרא למשה ולאהרן ויאמר אליהם חטאתי הפעם ה' הצדיק ואני ועמי הרשעים" גימ' (3702) י"א פעמים פורי"ם (336) עם ה' האותיות והכולל, והושבן האי פסוקא עם פסוקא דהבאנו לעיל ועתה יגדל נא כח אדנ"י וכו' (2070) סליקו ב' הפסוקים לחושבן (5772) י"ב פעמים תפל"ה במלוי אלפין כזה: "תיו פא למד הא" (577) עם ב' הכוללים בסוד תפלתן של צדיקים בני ישראל ועמך כולם צדיקים, דמהפכת הדין לרחמים ומקרבת הגאולה האמיתית והשלמה בב"א.

ולבתר בסיפא מביא רב דימי עוד לגבי מהירות הספינה "**שאדי פרשא גירא**" (וקדמה ליה) גימ' (1110) י"פ אל"ף (111) בסוד השכינה הקדושה י' ספירות הגנוזות כנ"ל דרצה משה להגדילן בסוד י' רבתי דאמר יגדל נא כח אדנ"י, דזכה לסוד א' זעירא ובהגדלת ה־י' ל־י' רבתי הוה מגדיל אף להאי א' זעירא בסוד כנסת ישראל דנמשלו ללבנה דאמר לה הקב"ה לכי ומעטי את עצמך (עיין חולין ס' ע"ב) – היה מגדילם ל־א' רבתי דאדם ומשלים התכלית אתם קרויים אדם בסוד אדמה לעליון (ישעי' י"ד,י"ד) – יחוד בורא ונברא בגוף איש הישראלי בגשמיות – ואמר ליה השי"ת רב לך, עוד לא הגיעה העת לכך – ברם אתה כבר זכית, ולכן עלה ראש הפסגה לרישא עילא מכולא, וזהו דפתח ספר יהושע (א',א') "ויהי אחרי מות משה" גימ' (1041) "רישא דלא אתיידע" דלתמן סליק משה, ויהושע זכה אף הוא לסוד אור הגנוז ותחית המתים דאמר השי"ת למשה חזקהו ואמצהו וכו' דתמן הבדלות הנ"ל עד טוב ורע סליקו לחושבן (3910) י"פ יהוש"ע (391).

הרי תמצית כל המעשה, דהיינו: "א'. גילדנא (98) – ב. גימל יוד למד דלת נון אלף (828) ג'. גימל – גימל יוד – גימל יוד למד – גימל יוד למ דלת – גימל יוד למד דלת נון – גימל יוד למד דלת נון אלף (2520) – ד'. בין שיצא לשיצא (894) – ה'. תלתא יומי ותלתא לילוותא (2217) – ו'. זקיפא (298) – ז'. שיפולא (427) – ח'. כמיחם קומקומא דמיא (466) – ט'. שאדי פרשא גירא (1110)" סליקו לחושבן (8758) ט"פ "לב נתיבות חכמה" (973) ע"ה – ובכאן אינון ט' דברים, דערך הממוצע דכל דבר הוא ל"ב נתיבות חכמה – ו־ט' הדברים בסוד זעיר אנפין דהוא כליל מ־ט' ספיראן, ומלכותא קדישא הספירה העשירית – בסוד נקודה על היסוד דז"א, ואנן במעשה השמיני בספירת **בינה** דהיא השמינית מתתא לעילא, אמא כתרא לז"א שבגדלות הוא ט' ספיראן, ולכן בכאן הן ט' דברים דסליקו לחושבן ט"פ "לב נתיבות חכמה" דאבא היינו חכמה מלובש בבינה מתגלה דרכה ומשפיע מחכמתו בז"א.

וממילא עם ב' הכוללים סליק לחושבן (8760) י"ב פעמים חכמ"ה (73) בסוד חכמת בני ישראל דהן הן ההוא גילדנא דאית ליה תרי שייצי דהן אהבה ויראה

אל השי"ת והיא כל כך עצומה דסגיא ספינתא בין שיצא לשיצא "תלת יומי ותלתא לילוותא" גימ' (2217) ג"פ "ליראה את ה' א-להיך" (דברים י',ב') (739), בסוד ג' קוין.

והנה גילדא כנ"ל דהוא "בפשוט (98) במלוי (828) ובאחוריים דמלוי (2217)" סליקו יחד לחושבן ע"ה (3149): כ"ד פעמים ענו"ה (131) דקאי אמשה האיש משה ענו מאד מכל האדם אשר על פני האדמה (במדבר י"ב,ג'), כ"ד פעמים דייקא בסוד כ"ד קשוטי כלה ביחוד העליון וכדוגמת יחוד דיום טוב דשבועות, ומשה הוא בעלה דשכינה העליונה כדאמר ליה השי"ת ואתה פה עמוד עמדי (דברים ה',כ"ח), ופירש מן האשה והסכימה דעת המקום עמו (שבת פז.), הרי דאמר ליה השי"ת רב לך אל תוסף דבר אלי עוד בדבר הזה, בסוד דבור דקדושה דהוא יחוד איש ואשתו כגון משמרה שלישית אשה מספרת עם בעלה, ובלעומת זה מנה הכתוב את שלומית בת דברי שהיתה מדברת אל כל אחד שלום עלך שלום עלך והוא בלשון נקיה וכו' הרי שאמר ליה השי"ת למשה רב לך אל תוסף דבר אלי עוד בדבר הזה - היינו בעת ההיא, אבל לעתיד לבוא ביחוד הגדול דקוב"ה וכנסת ישראל בתחית המתים - אתה מוסיף ומדבר אלי בסוד תורה חדשה מאתי תצא [ישעי' נ"א,ד' בפסוקא כתיב כי תורה מאתי תצא אבל במדרש (ויקרא רבה שמיני פי"א,ס"ג) מובא הלשון כי תורה חדשה מאתי תצא ועיין במפרשים] בב"א.

מעשה תשיעי: "**ההוא ציפרא**" גימ' (398) ב"פ צדק"ה (199) דהוא הצדיק הכולל דכל מהותו נתינה ובכאן ב' פעמים צדק"ה א' בגלוי ו-א' בסתר בסוד שמאל דוחה וימין מקרבת - וכן בכן פתח ההו"א דיקא בסוד שם הדעת היוצא מר"ת "את השמים ואת הארץ" כנ"ל במעשה דההוא כוורא - ובכאן הוא במכוון דממשיך מיד המעשה דקאים עד קרסוליה במיא היינו בארץ רישיה ברקיע בשמים - דהוא הצדיק המחבר עולמות הרוחניים שמים וגשמיים ארץ בסוד פור"ת יוסף צירוף תופ"ר עולמות.

וזהו "**קרצוליה במיא**" גימ' (494) "בטוב" (19) פעמים הוי' (26), "קרצוליה" גימ' (441) "אמת", "במיא" גימ' (53) ג"ן, דהן ג"ן פרשיות התורה תורת אמת. וחלקו -הא' דהיינו "**ההוא ציפרא דקאים עד קרצוליה במיא**" סליק לחושבן (1121) "בטוב" (19) פעמים "כי טוב הוא" (59) דכתיב במשה שהוא הצדיק הכולל עד עולם ותרא אותו כי טוב הוא (שמות ב',ב') וכפילת בטו"ב הן ב' טוב - טוב לעילא וטוב לתתא, והוא חושבן (1121) "תפארתם" דהן ישראל עם קדוש [וכדכתיב משוש תפארתם (יחזקאל כ"ד,כ"ה)], והוא חושבן (1121) "קריאת שמע" יסוד האמונה הטהורה דאדם קורא קריאת שמע שחרית וערבית ויוצא בהן - ואין מורין כן לעם הארץ, אדרבה שיטרח בעסק התורה, וממילא הוא חושבן (1121) "כי יד על כס י-ה מלחמה לה' בעמלק מדור דור" ע"ה - דהיא מלחמה לה' דייקא בעמלק ולכן אמר למשה רב לך - אינה מלחמה לך אלא לי לכן אל תוסף דבר וכו'.

"**ורישיה ברקיע**" גימ' (913) "בראשית", דהצדיק הכולל מקיים יעוד העולם מלשון העלם להחזיר הכל לבראשית דיהא בגלוי כדכתיב ונגלה כבוד הוי' וראו כל בשר יחדו כי פי ה' דבר (ישעי' מ',ה'), וכנגלה ה' אל יעקב

בחלום הלילה והנה סולם מוצב ארצה בחינת קרצוליה במיא וראשו מגיע השמימה (בראשית כ"ח,י"ב) רישיה ברקיע שבכאן.

וזהו כולהו דהיינו: "**החוא ציפרא דקאים עד קרצוליה במיא** (1121) – **ורישיה ברקיע** (913)" סליק לחושבן ע"ה (2035): י"א פעמים "הפנים" (185) דבגלוי אור פני הוי' יכלו מאליהם הקלי' דהן י"א כתרין דמסאבותא, והמשכת האי אור הפנים על ידי הצדיק הכולל משה שבדור אשר בדבקותו מחבר שמים וארץ בחינת קרצוליה במיא ורישיה ברקיע.

ואמרינן ליכא מיא, דהצדיק נראה כאחד האדם אוכל וישן ככל אדם אבל לאמיתו של דבר אינו כן – ובעינן לאקורי נפשין להגיע למקומו ולאכול ולנהוג כמותו, עד שיצאה בת קול דנפלה לה חציצא דנגרא שב שנין לא מטא לארעא דנפלה גרזן של נגר ולא הגיע לקרקעית לא מרבוי המים אלא דרדפי מיא דהמים סוערים וגועשים תמן הן המים הזידונים דהקליפות, והצדיק גודע אותן אחת לאחת בגרזנו החד דהוא כח התפלה והתורה שלו, ולכן אמרי שבע שנין דייקא דהן שבע מידות הרעות דקליפה, ומסיים אמר רב אשי ההוא זיז שדי הוא [כדכתיב וזיז שדי ירענה (תהל' פ',י"ד)] היינו שם היסוד דצדיק איקרי מאן דנטר ברית, וזהו "זיז שדי" גימ' (338) "יעקב יוסף" עמודא דאמצעיתא דתפארת ישראל המתקשר בצדיק יסוד עולם, דכל תכלית הליכתו של יעקב אל לבן הארמי דהוא לעומת זה דלובן העליון לא היה אלא להמשיך נשמת יוסף הצדיק להאי עלמא ולכן וישק יעקב לרחל וכו' (בראשית כ"ט,י"א) קל שבקלים אינו עושה כן וכו' ועבד בה שבע ושבע שנים כגון האי חציצא לבר נגרא דשב שנין לא מטא לארעא. והנה הוא הפלא ופלא – "**חציצא**" גימ' (199) "צדקה", דאמרינן בריש המעשה "ההוא ציפרא" גימ' (398) ב"פ "צדקה" (199) וממילא הוא ג"כ גימ' ב"פ "חציצא" (199) ב' הגרזנים – א' דיעקב דהשתחוה לעשו שבע פעמים ונתבאר דלא נשתחוה לעשו ממש דמרדכי לא יכרע ולא ישתחוה וכו' אלא לשכינה הקדושה, ושבע הפעמים ניסה להסיר ז' הקליפות ז' המדות הרעות דעשו הרשע ונשאר ברשעותו וימשיך אורות דתוהו דיליה ד–ז' מלכין קדמאין לכלים רחבים דתיקון דעבד ברחל שבע ושבע שנים ואמר עם לבן גרת"י צירוף תרי"ג במכוון, וחציצא ה–ב' דיוסף דעמד בנסיון עם אשת פוטיפרע דשנה שלמה שדלתו בגדים שלבשה שחרית לא לבשה ערבית וכו' ועמד בנסיון כאמרם (ויקרא רבה פרשת אמור פרשה ל"ב הובא לעיל) יוסף גדר עצמו מן הערוה ונגדרו כל ישראל עמו.

"**בר נגרא**" גימ' (456) "אברהם יצחק" דהתכללו דא בדא כדכתיב בפסוקא קמאה דפרשת תולדות "אלה תולדות יצחק בן אברהם אברהם הוליד את יצחק" הרי יצחק אברהם אברהם יצחק בהדיא דאחליפו דוכתייהו בסוד התכללות, ובתווך "הוליד את" גימ' (456) "אברהם יצחק" דהיא עצם ההתכללות עד דליכא שמהן אלא החושבן בלבד, וברמז "הוליד" גימ' (55) "אב בן", וחושבן כולהו פסוקא ואלה תולדות יצחק בן אברהם וכו' סליק (2302) י"ג פעמים "גן עדן" (177) ע"ה בסוד י"ג מכילן דרחמי וכו'. ומתחלק: "ואלה תולדות יצחק בן אברהם" גימ' (1390) ה"פ "אור הגנוז" (278) דהן ה"פ אור דיומא קמאה דמעשה בראשית, דהמשיכו להאי עלמא אברהם ויצחק בנסיון העקידה

דכתב האר"י הק' בענין העקידה דהמשיך אורות דעקודים מדבר תמן עקידת יצחק, ושאר תיבין "אברהם הוליד את יצחק" ע"ה גימ' (913) "בראשית" וכדאמרינן לעיל דסליקו לחושבן (913) "ורישיה ברקיע". והמשיכו הארה דתחית התמים דיצחק פרחה נשמתו וחזרה אליו בחינת תחית המתים, לכן בכאן "ההוא ציפרא דקאים" גימ' (553) "מחיה מתים" וממילא הוא חושבן (553) "בלע המות" דעתיד קוב"ה למשחטיה למלאך המות ולהקים מתיא לתחיה בסוד הקיצו ורננו שוכני עפר (ישעי' כ"ו,י"ט), ובכאן הוא חושבן (553) "משה – יצחק" דתרוויהו הוו בסוד תחית המתים – יצחק בעקידה כנ"ל ומשה מ' יום על הר סיני לחם לא אכל ומים לא שתה וכו' דהטעימו הקב"ה טעם תחית המתים ביציאת מצרים ובני ישראל יוצאים ביד רמה (שמות י"ד,ח') תרגם אונקלוס ב"ריש גלי" גימ' (553) "מחיה מתים" כנ"ל.

וכן נפק תמן "בת קלא" גימ' (553) "האדם לנפש חיה" (בראשית ב',ז') דהוא ס"ת מש"ה, "קלא" גימ' (131) "ענוה" דאיתמר במשה, הרי דתמצית המעשה: "ההוא ציפרא דקאים עד קרצוליה במיא ורישיה ברקיע (2034) – בת קלא (533) – בר נגרא (456) – זיז שדי (338)" סליקו יחד לחושבן (3361) י"פ "פורים" (336) ע"ה בסוד ונהפוך הוא דתחית המתים – מתים קמים לתחיה הוא תכלית הונהפוך הוא, וכפילת י' פעמים דייקא רמיזא גלוי אור הגנוז בהאי עלמא דהן עשר ספירות הגנוזות במאצילן, ומספינן הכולל לרמוז עצמותו ית' המשפיע חיות בכל הבריאה והמציאות כולה, ובכאן הוא בספירת **חכמה** אות י' דשם הוי' דמהאי טעמא חושבן י' פעמים פורים דייקא, והכולל דמוספינן רמיזא קוצו של יו"ד היינו הכתר – לקמן במעשה העשירי.

מעשה עשירי: "**הנהו אוווזי**" גימ' (96) "סוד הוי'" דהוא **בכתר** סתים מכולהו דכולהו מעשה הוא בסוד הוי' ליראיו דאמינא להו אית לן בגוויהו חלקא לעלמא דאתי חדא דלי גופא וחדא דלי אטמא הרי ברור דאית תמן סוד ה' ליראיו, והוא כמגלה טפח ומכסה אלפיים.

והנה הנהו אווזי שמטי גדפייהו משמנייהו דהיינו שהיו מלאים שומן בסוד שמן משחת קדש (שמות ל',כ"ה) דאבות ריחות היו ואנן שמן תורק שמך (שה"ש רבה א',ג') אף אנו נמלא אותן בשומן במלוי הגדול כזה: "הי נון הי ויו (158) – אלף ויו ויו זין יוד (242)" סליקו לחושבן הנהו אווזי המלאים שומן (400) "ידי עשו" דהן כנגד ידי עשו דהן שעירות והן ק"ש ככדתיב והיה בית יעקב אש ובית יוסף להבה ובית עשו לקש להבה דיוסף שורפת קש דעשו, דהנהו המלא גימ' (158) "ביוסף".

וממשיך בתמצית המעשה "**גדפייהו**" גימ' (118) "הדו לה' כי טוב" (תהל' ק"ז,א') דלעתיד לבוא הן ימי הודאה, דכולא מעשה הוא לעתיד לבוא, ומסיים הסדרה הראשונה של המעשיות שהן עשר מעשיות כנגד עשר ספירות מתתא לעילא, וכדמפסיק הש"ס ל–י"א המעשיות הנוספות הרי המעשיות הן י' ספירות פרצוף שלם מתתא לעילא, ומעשה דנן הוא בספירת הכתר בסוד תחית המתים עלמא דאתי.

"**שמנייהו**" גימ' (421) "מלחמה לה' בעמלק" (שמות י"ז,ט"ז) ובמעשה התשיעי "ההוא ציפרא דקאים קרסלויה במיא" סליק לחושבן (1121) "כי יד על כס י"ה מלחמה לה' בעמלק מדור דור" ע"ה (ע"פ הקריא).

"**נחלי דמשחא**" גימ' (451) "ישמעאל" דהוא בקלי' כנגד שמן משחת קדש שבכאן דהן נחלי דמשחא ובישמעאל בשר חמורים בשרם וזרמת סוסים זרמתם (יחזקאל כ"ג,כ') - וממשיך: "חלקא לעלמא דאתי" גימ' (725) "ועץ החיים בתוך הגן" (בראשית ב',ט') בסוד תחית המתים ואכל וחי לעולם (בראשית ג',כ"ב) דכתיב תמן במעשה אדם וחוה והנחש ח"י פעמים שרש אכל ועוד ד' לפני כן בסוד ג' ריישין ועצמותו יתברך המצוה על לבלתי אכול לכן הראשון הוא השרשי אכל (בראשית ב',ט"ז) הרי הן ח"י עם ד' ברישא כ"ב פעמים שרש "אכל" (51) גימ' (1122) ו"פ "חיי העולם הבא" (187) במכוון, ו' פעמים דייקא בסוד המשכת חיי עולם הבא לעולם הזה הגשמי דאין למטה ממנו, דהוא תכלית הכונה דהשי"ת דסוף מעשה במחשבה תחלה, והני כ"ב אכילות כפי שמופיעים שם בפסוקים, דהיינו: "א'. אכל (51) - ב'. תאכל (451) - ג'. תאכל (451) - ד'. אכלך (71) - ה'. תאכלו (457) - ו'. נאכל (101) - ז'. תאכלו (457) - אכלכם (111) - ט'. למאכל (121) - י'. ותאכל (457) - כ'. ויאכל (67) - ל'. אכל (51) - מ'. אכלת (451) - נ'. ואכל (57) - ס'. ואכל (57) - ע'. ותאכל (451) - פ'. ותאכל (457) - צ'. תאכל (451) - ק'. תאכלנה (506) - ר'. ואכלת (457) - ש'. תאכל (451) - ת'. ואכל (57)" סליקו יחד לחושבן (6241) הוי' (26) פעמים "עמלק" (240) ע"ה דהיא מלחמה **לחוי' בעמלק** דייקא דנגע בבבת עינו של הקב"ה בני בכורי ישראל וזרק מילותיהן כלפי שמיא דא-להיהם של אלו שונא זימה ועמלק פגע בנקודה ההיא דייקא לכן מלחמה לה' בעמלק - וכל דא נמשך על ידי נורא עלילה לבני אדם בידי מלכו של עולם הקב"ה דהעמידו בנסיון שלא יכל לעמוד בו והן כל האכילות כנ"ל, וכן מאן דאמר דעץ הדעת חטה הוה, הרי "חטה" גימ' (22) כ"ב דהן כ"ב אותיות התורה, ובאכילתו האסורה פגם בכל כ"ב אותיות התורה, רח"ל. לכן בכאן הן כ"ב פעמים שרש אכל.

ונחזור לעניננו - "**דלי גדפא**" גימ' (132) י"ב פעמים י"א דהן י"ב שבטי י"ה שרש לנשמות ישראל נלחמים ב-י"א כתרין דמסאבותא, "**דלי אטמא**" גימ' (95) המ"ן דהוא המן עמלק משרש נחש **יצא צפע** [גימ' עמל"ק (240)] (ישעי' י"ד,כ"ט).

הרי תמצית כל המעשה דהיינו: "הנהו אווזי (96) - הי נון הי וו - **אלף** ויו ויו זין יוד (400) - גדפייהו (118) שמנייהו (421) - נחלי דמשחא (451) - דלי גדפא (132) - דלי אטמא (95)" סליקו לחושבן (1713): "אלף (1000) תשובה (713) - דבתשובה תליא מילתא, וכששאלו לציפרתא "אית לן בגוייכו חלקא לעלמא דאתי" נענו שהשרשעים ידונו שהרשעים על פתחה של גיהנום אינם שבים בתשובה - א"ר אליעזר עתידין ליתן עליהן את הדין.

וזהו דתשובה מגיעה עד הכתר ובוקעת אותו בסוד אדם קדמון לכל הקדומים ולכן "אדם קדמון" בא"ת ב"ש [דא"ת ב"ש הוא סוד אור חוזר] גימ' (713) "תשובה" עד כאן הן י' מעשיות ראשונות בסוד אות י' דשם יה"ו, דהוא עיקרו של שם הוי', ד-ה' אחרונה היא המלכות אליה נמשך כל השפע.

דחכמה אות י' מלה בגרמיה, דהיא מוגדלת משאר הספירות ונמצאת בדביקות תמידית עם הכתר בחי' והחכמה מאין תמצא (איוב כ"ח,י"ב) בחינת י' וקוצו של יו"ד, וכן הוה במשה דאמר ליה קוב"ה

ואתה פה עמוד עמדי (דברים ה׳,כ״ח), וברמז: חכמה במלוי יודין (דחכמה) כזה: ״חית כף מם הי״ גימ׳ (613) ״משה רבינו״, דאמר ונחנו מ״ה, דחכמה היא צירוף כ״ח מ״ה כנודע.

והנה סיכום חושבן עשר המעשיות הראשונים כנ״ל בסוד אות י׳ דשם יה״ו, דהוא עיקר שם הוי׳ ב״ה, סליקו לחושבן (40,722): ״הבל–כזב״ (66) פ׳ ״הברית״ (617) דאמרינן בבאורנו לסבי דבי אתונא דהן הבל וכזב, וכדסליק מחושבן ״סבי דבי אתונא״ גימ׳ (546) ״**הבל** בני אדם **כזב** בני איש״ והוא בתהלים ס״ב פס׳ י׳ מרמז סב״י.

וכפלינן הברי״ת פעמים, דהן זה לעומת זה – שמירת הברית דהצדיק ובישראל כתיב ועמך כולם צדיקים וכו׳ (ישעי׳ ס׳,כ״א) ולעומתו הבל וכזב דעכו״ם – וכולהו חושבן דאות י׳ דשם יה״ו דייקא, דבברית המילה מתגלה ה–י׳ דשם שד״י כדכתב בזוה״ק דבר נש עד דלא נימול ידיו וראשו כאות ש׳, גוף ויד אחת מושטת הרי אות ד׳, והוא ש״ד, וכאשר מתגלה העטרה דברית קדש בחינת אות י׳ מתמלא ונהיה שם שד״י, דהוא שם היסוד, כנודע.

וממילא הוא נמי חושבן (40,722): ״יסוד״ (80) פעמים ״ביום ההוא יהיה ה׳ אחד ושמו אחד״ (509) (זכריה י״ד,ט׳) (עם ב׳ הכוללים) דבשמירת היסוד ברית קדש וברית הלשון וכדמאריך מרן החפץ חיים בספרו הק׳ שמירת הלשון, ואף לפניו ר׳ יהונתן וואלינער בקונטרס מרגניתא טבא דיליה ובה הנהגות טובות וקדושות וכו׳ כדכתב מרן החפץ חיים בהקדמתו (למרגניתא טבא) ופירסמה בצורת ספר (ניסן ה׳תשע״ד) הגה״צ ר׳ מרדכי גרוס שליט״א עם ביאור ופירוש בצידו, בעמקות מופלאה כדרכו בקודש, אשרי המעיין בספר הקדוש ובביאורו הנפלא דהוא בחינת עין לא ראתה א–להים זולתך ממש.

ונעביד סימנים לעשר מעשיות הראשונות, דהיינו: ״גלא (44) גבורתא (612) – הורמין (311) – אורזילא (255) – אילנא (92) – טינא (70) – יבשתא (713) – שיצא (401) – ציפרא (381) – אווזי (30)״ סליקו יחד לחושבן ע״ה (2910): י״פ ״ארץ״ (291), והן עשר מעשיות בחכמה בסוד אות י׳ דכתיב אבא יסד ברתא (זוהר פנחס רנ״ח ע״א) היינו המלכות היא הארץ העליונה, דערך הממוצע דכל סימן הוא ארץ, ופשוט.

ובכאן יביא סימן ל–ה׳ מעשיות הבאות בסוד ה׳ דשם יה״ו כנ״ל דהיינו: ״כעפרא (371) – דתכילתא (861=בית המקדש, שהוא התכלית) – טרקתיה (724) – עקרבא (373) – לסלתיה (535)״ סליק לחושבן (2864): ח״פ ״משיח״ (358) בסוד א״ז ישיר משה (שמות ט״ו,א׳) מכאן לתחית המתים מן התורה (סנהדרין צ״א ע״ב), וחזינן דלא בכדי הן הני סימנים אלא אית בהון רמזים וסודות לאין קץ ואין מספר ומפסיקים בין י׳ מעשיות ראשונות לבין **ה׳ ו׳** הבאות אחריהן.

והנה הוא פלא בהאי ה׳ סימנים הסימן השלישי טרתקיה שפירושו עקיצה (עקצו) ליכא ב–ה׳ מעשיות שבכאן ואף לא ב–ו׳ מעשיות שלאחריהן – ברם בחושבן סליק ח״פ משי״ח (358) כנ״ל, והרי הוא פלא דהש״ס הכניס סימן דאינו במעשיות כלל וכלל, ויצא הגימטריא בעלת משמעות רבה, וצריך עיון גדול.

מעשה האחד עשר: ״ההוא טייעא״ גימ (117) ״תפלה״ בא״ת ב״ש (אוכ״צ) דההוא טייעא בחינת משיח

דמורה ודאין [ישעי' י"א,ג' ובגמרא סנהדרין צ"ג ע"ב] דלכן הוה שקיל עפרא ומורח ליה וכו' דנשמת משיח מנוקבא דפרדשקא (אכמ"ל) ולכן כל ענינו בריח. [אולי כעפרא רומז לביעור חמץ דאמרינן ביה הנוסח: ליבטל ולהוי הפקר **כעפרא** דארעא - שזה רמז לביעור היצר הרע כנודע, וכן יהיה לעתיד לבוא וגם את הנביאים ואת רוח הטומאה אעביר מן הארץ (זכרי' י"ג,ב')].

"**עפרא**" גימ' (351) "נקה לא ינקה" (שמות ל"ד,ז') וכדרשו בגמרא הרי זו סתירה ומפרקינן נקה לשבים ולא ינקה לשאינן שבין (שבועות ל"ט ע"א) - וגם כאן עפרא מרמז לצדיק העליון שהוא שכן לעפר [כמ"ש הקיצו ורננו שוכני עפר (ישעי' כ"ו,י"ט) ודרשו חז"ל (סוטה ה' ע"א) מי שנעשה שכן לעפר].

"**אורחא לדוכתא פלן**" גימ' (837) "יחודא תתאה" עם ב' התיבות, דהוא דעת תחתון שלמטה יש ולמעלה אין, והרי שהכל נברא כאן יש מאין - והתבוננות נוראה זו נקראת דעת תחתון בחינת יראה תתאה יראת העונש וכו' "אורחא" גימ' (216) "יראה" ובמשיח כתיב (ישעי' י"א,ג') והריחו ביראת ה' דעל זה דרשו (סנהדרין צ"ג ע"ב) מורח ודאין בב' פירושים כנ"ל.

"**והא אורחא לדוכתא פלן**" גימ' (849) ז' מרגלאן היוצאים משם י"ה יה"ו דהיינו: "הוי'; הוי'; מצפצ; י-ה א-דני; א-ל; א-להים; מצפצ", והוא נמי חושבן (849) ג"פ "האור הגנוז" (283) בסוד תלת רישין דאינון בכתר רישא דאריך רישא דאין רישא דלא אתידע בחינת אמונה תענוג רצון, ובכללות הוא ענין יחודא עילאה ויראת הרוממות, דלמעלה הוא היש האמיתי ולמטה היינו הנבראים קרוצי חומר הוא האין.

וזהו דהראה להם הצדיק דאיהו בעל התפלה כדכתיב לבעל החוטם אני מתפלל (עיין זוהר אדרא רבא פרשת נשא דף ק"ל ע"ב) ב' בחינות היראה מתתא לעילא ומעילא לתתא דהן ב' דרכים בעבודת ה' ה-א' להיות מעורב בכל הנעשה כאן בארץ ולקדשו ולהעלותו זהו מתתא לעילא וה-ב' דלא כל חד סביל דא דרך הפרישות והסגפנות וכו' דקבלו צדיקים קדמוניים והוא בטול העולם הזה והוו בדבקות נפלאה ותמידית - ופסק הרמב"ם בכל ענין נקוט דרך המיצוע לבד מענוה בה נקוט עד הקצה האחרון.

"**תמני פרסי**" גימ' (850) "והוא אורחא לדוכתא פלן" ע"ה בחינת **יחודא עילאה** כנ"ל, דתמניא רמיזא עלמא דאתי הבינה תמן שער הנו"ן עולם שכולו טוב, לכן הוא חושבן (850) נ' פעמים טו"ב (17).

"**דמרחקינן תלתא פרסי**" גימ' ע"ה (1644): ד"פ "יש מאין" (411) בחינת יחודא תתאה דהאי עלמא יש ונברא מאין העליון באופן של יש מאין שאין כל בריה יכולה לתפוס כיצד הוא אלא כד סליק ליחודא עילאה.

הרי דתמצית המעשה האחד עשר דהיינו: "ההוא טייעא (117) - עפרא (351) - אורחא לדוכתא פלן (837) - והא אורחא לדוכתא פלן (849) - תמניא פרסי (850) - דמרחקינן תלתא פרסי (1643)" סליקו לחושבן ע"ה (4648): ח"פ "תפלה" במלוי ההין כזה: "תיו פא למד הה" (581) דההוא טייעא בחינת משיח דכל מעשהו יעשה בכח התפלה כדהארכנו ברישא דההוא טייעא דהיא שמינית מתתא לעילא והיא ה' עילאה דשם הוי' בחינת יראה עילאה, ולכן בכאן כפילת ח' פעמים תפלה במלוי ההין דייקא, אמנם כפילת ח"פ תפלה בא"ת ב"ש דהיינו "ההוא טייעא" (117)

סליק לחושבן (936) י"ג ע"ב בסוד מרדכ"י אסת"ר ע"ה בנס דפורים ונהפוך הוא דיצאו ממיתה לחיים והוא סוד תחית המתים וסוד גבי"ע דיוסף כמבואר בדברי רבינו במקום אחר.

ויחד היינו ח"פ תפל"ה בא"ת ב"ש (936) עם ח"פ תפל"ה במלוי ההין כנ"ל (4647) סליקו לחושבן (5583): ג"פ "אלף (1000) בית המקדש (861)" (1861) דהוא תכלית הכל, כדהביאה הגמרא הקדושה בראשי פרקים ה' המעשיות שבכאן כעפרא - תכילתא - טרקתיה וכו' אמרינן "תכילתא" הוא בגימ' (861) "בית המקדש" שהוא תכלית הכל - ורצה משה להיכנס לארץ ישראל להשיג התכלית והתפלל תקט"ו תפילות כמנין ואתחנ"ן וכמנין תפל"ה ואמרו חז"ל דאלמלא התפלל תפלה א' נוספת היה נכנס ולא פרכו דאין הכי נמי שיתפלל ויכנס אלא יש לומר דהוו מגלים טפח ומכסים טפחיים דאלמלא היה מתפלל תפלה א' נוספת היה עולה מנין תפלותיו לחושבן תקט"ז שהוא (516) "יבנה המקדש" - והיה נכנס ובונה בית המקדש הנצחי דמעשה ידיו דמשה נצחיים וגלוי וידוע לפניו יתברך שעתידים בניו לחטוא והיה ח"ו מכלה בהם זעמו - ומשלא נכנס משה כילה השי"ת זעמו בעצים ואבנים ולא בהם, דהיינו חורבנות בתי המקדש רח"ל, אמנם יש לעיין דאם היה משה נכנס ובונה בית המקדש ודאי שהיה מסיר קודם לכן כל הענינים הבלתי רצויים ומבער כל הקוצים והחוחים ומהיכי תיתי שיחטאו אם אין יצר הרע בעולם כלל והדרא קושיא לדוכתיה דאין הכי נמי שיתפלל התפלה ה-א' הנוספת ויכנס - אלא דאמר ליה השי"ת (ומובא בדברי רבינו במקום אחר) לך יש ראיה אחת ולי יש שתי ראיות, דאף על פי כן עתידין לחטוא לפני, וקיבל משה ולא התפלל התפלה הנוספת ב"ה.

מעשה שנים עשר: "**מתי מדבר**" גימ' (696) "עתיק יומין" דמתי מדבר הוו מדור דעה אוכלי המן דהוה ג"ר דעתיק יומין שהתגשם בהאי עלמא ולא באופן של תמורות וצירופים ולכן כל אוכלי המן קיבלו ממנו דעת גבוהה וכדוגמת הדעת שתהא לעתיד לבוא בתחית המתים אמנם בהבדל דבזמן של מתי מדבר היה יצר הרע במלוא תוקפו ולכן חטאו בחטא העגל וחטא המרגלים אמנם לעתיד לבוא עתיד הקב"ה למשחטיה למלאך המות ותהיה הדעת הגבוהה והזכה ללא כל מונעים ומעכבים וידעו את ה' למקטנם ועד גדולם (ירמי' ל"א,ל"ג).

"**דמו כמאן כמיבסמי**" גימ' (333) "וירב העם" (שמות י"ז,ב') והוא ברפידים מיד לאחר שקיבלו מן לאכול ויחנו ברפידים דרשו חז"ל שרפו ידיהם מן התורה (תנחומא בשלח סימן כ"ה) הרי דמו כמאן דמיבסמי כשיכורים דאין אדם עובר עבירה אלא אם כן נכנס בו רוח שטות - ואותו דור דעה ניסו את ה' זה עשר פעמים - והרי אין לנו כל השגה באותו הדור דכמעט והגיעו לשלילת הבחירה דקרע להם השי"ת ז' הרקיעים וראו את כבודו כדהאריכו בכך חז"ל מה שראתה שפחה על הים וכו' ובהר סיני נדמה להן כזקן שזקנו לבנה וכו' ואכלו את המן כנ"ל בחינת ג"ר דעתיק יומין ממש לכן בכאן ציין דמו כמאן דמיבסמי, ולא דמיבסמי ממש. ואמר השי"ת למשה (שמות י"ז,ו') "הנני עמד לפניך שם על הצור בחרב והכית בצור ויצאו ממנו מים ושתה העם, ויעש כן משה לעיני זקני ישראל" גימ' ע"ה (4956) ו"פ "סתר עליון" (826)

דקאי אעתיק יומין כנ"ל וקרא למקום מסה ומריבה, ובפעם ה-ב' אמר השי"ת למשה ודברתם אל הסלע ותחת זאת הכה משה בסלע ויצאו מים ונענש דלא יכנס לארץ ישראל, דהכאת הסלע שבכאן בחינת יהודא תתאה כדפרש"י המטה עשוי היה מסנפיריון ונבקע הסלע מפניו, ובמי מריבה נתבקש רק לדבר אל הסלע עולם הדבור בחינת עלמא דאתי, דאין אכילה ושתיה ותשמיש וכו' לעתיד לבוא בתחית המתים אלא ילמדו תורה מפי השי"ת והוא עולם המחשבה והדיבור ובהכות משה חטא דגילה שוב את עולם המעשה ולא עלמא דאתי כנ"ל.

וזהו "מתי מדבר (696) - דמו כמאן דמיבסמי (333)" גימ' ע"ה (1030): ב"פ תפל"ה (515) כדהארכנו במעשה הקודם דקאי אתפלה דלתתא ותפלה דלעילא בחינת יראה תתאה ויראת הרוממות.

"**גנד אפרקיד**" גימ' (454) ב"פ "ברכה" (227) והוא לקביל ב"פ תפל"ה דהן ב' בחינות יראה כנ"ל, דכל חדא אמשיכה ברכה מסוגה - יראה תתאה ברכה בגשמיות דהוו להו מן ובאר, יראה עילאה ברכה ברוחניות דהוו להו ענני הכבוד דהן ז' עננים לקביל ז' רקיעים - ובכללות המשכת אור פנימי מן ובאר ואור מקיף ענני כבוד, ומיד כתיב במעשה זקיפא ברכיה דחד מינייהו - ברכיה לישנא דברכה כנ"ל. וזהו:

"**זקיפא ברכיה דחד מינייהו**" גימ' (582) ג"פ "צדק" (194) היינו המשכה ב-ג' קוין להאי עלמא את הברכה הנ"ל.

ברכיה מלשון הברכה, כמבריך את הגמל. ומיד: "**וזקיפא רומחיה**" גימ' (473) י"א פעמים "טוב הוי"" (43) דלעתיד לבוא יודו אף הקלי' י"א כתרין מסאבין בטובו של השי"ת, כאשר יראו הניסים שיעשה הצדיק מלך המשיח, ובכאן "וזקיפא" גימ' (204) "צדיק" - ומכניע הקלי'.

"ולא נגע ביה" גימ' (177) "גן עדן" דבהתקשרותנו לצדיק הכולל בחינת משיח שבדור זוכין לגן עדן תמן לא נוגעת מלכות בחברתה, דאם נוגעת הרי צדיקים זה נכוה מחופתו של זה.

"**קרנא דתכלתא**" גימ' (1206) ב"פ "בני ישראל" (603) דכל ישראל יש להם חלק לעולם הבא וכו' והוא התכלית בסוד תכלתא, ונשמות ישראל קשורות זו בזו בקשר אמיץ והוא פרצוף שלם של עם ישראל בכללות רמ"ח ושס"ה כאברי האדם, דכל נשמה מקושרת עם הנשמות שבאותו אבר וכן כל הנשמות מקושרות ביניהן לגוף אחד - ובכלל זה הן נשמות מן העבר שכבר נסתלקו זה עידן ועידנים ועדיין מקושרות זו בזו ובישראל החיים בכל עת ומקום - לכן בכאן קרנא דתכלתא סליק לחושבן ב"פ בני ישראל א' כנגד החיים ו-א' כנגד שאינם חיים - וברגע דנפסק חד מינייהו ולקח אותה עימו רבה בר בר חנה, לא יכלו להמשיך כי פגמו בשלמות הפרצוף אלא להחזיר מה שלקח - וכן הוא בכל עת וזמן כאשר יהודי באשר. הוא מנותק מיהדותו לא ניתן להמשיך במהלך הגאולה והחשת ביאת משיח צדקנו כי אם לקרב את אותו יהודי ולהחזירו לאביו שבשמים והוא מצות קירוב רחוקים דהן תנוקות שנשבו הרי זוהי מצוות פדיון שבויים ממש דקדמונים מסרו נפשם עליה, וכיום בדרך כלל הוא בנקל לסייע בידי אחינו בני ישראל לשוב לאביהם שבשמים, אי נמי הוא חושבן ב"פ בני ישראל הקשורים לאבינו שבשמים ושעדיין אינם קשורים כדכתיב שלום שלום לרחוק ולקרוב אמר ה' (ישעי' נ"ז, י"ט).

ומקשרא לסבא דבי אתונא דשאלו את רבי יהושע בן חנניא מישרא דסכיני במה קטלינן ליה וענה "בקרנא דחמרא" דהוא בגימ' (606) "עצמות" הרי היא ההתקשרות לעצמותו ומהותו היא על ידי התשובה, דהמתעלם מחבירו ואינו משתדל להשיבו לאביו שבשמים כאילו נוטל נפשו ממש.

ובמעשה החזיר הציצית למת המדבר, ואמרו לו שוטה היית מונה החוטים והחוליות והיינו יודעים כמו מי עבדו בני ישראל במדבר כבית הלל **או** כבית שמאי, הרי שכינוהו **חמרא**, ובספור דסבי דבי אתונא משרא-דסכיני קטלינן דקרנא **דחמרא** - הרי קרנא הן קרנות הציצית, כנגד התורה כולה וראיתם אותו וזכרתם את כל מצוות ה' וכו' [ומכאן ששקולה ציצית כנגד כל המצוות (נדרים כ"ה ע"א)], "חמרא" גימ' (249) "אדם צדיק" דישראל איקרי אדם וכו' וכל ישראל יש לו בכח להיות צדיק וכדכתיב ועמך כולם צדיקים (ישעי' ס',כ"א) דבתוכו נקודת הא-להות חלק א-לוה ממעל (איוב ל"א,ב') ממש.

ואמרו לו לרבה בר בר חנה "**חמרא - סיכסא** (שוטה)" גימ' (400) "ידי עשו" כנ"ל במעשה העשירי בתחלתו, דהיינו האי בר נש דאינו מסייע להחזיר היהודים לאביהם שבשמים הרי הוא בבחינת ידי עשו, דעוסק רק במלוי תאוותיו ואף תורתו ותפלתו הן מתוך אנוכיות ולא מתוך חשיבה על כלל ישראל וקירוב הגאולה, והוא בבחינת העיקר חסר מן הספר.

והנה תמצית כל הסיפור כנ"ל, דהיינו: "מתי מדבר (696) - דמן כמאן דמיבסמי (333) - **גנו אפרקיד** (454) - זקיפא ברכיה דחד מינייהו (582) - וזקיפא רומחיה (473) - קרנא דתכלתא (1206) - חמרא סיכסא (400)" סליקו לחושבן ע"ה (4145): ה"פ "גלות השכינה" (829), כנ"ל במעשה החמישי "ההיא **אקרוקתא**" גימ' (829) "גלות השכינה", והארכנו בביאורו שם. ובכאן רק נזכיר כפילת ה' פעמים כנגד ה"פ אור דיומא קמאה דמעשה בראשית והוא כנגד ה' פרצופים דכללות הבריאה, דהשכינה דהיא מלכות ד-ה' פרצופים כנ"ל - היא בגלותא, ואנו פועלים בפרטות וכללות לקרב הגאולה ולגאול את עצמנו ואת השכינה הקדושה מגו גלותא בביאת משיח צדקנו בב"א.

מעשה השלושה עשר: "**הר סיני**" גימ' (335) "מלך מלכי המלכים" דאמר שם במעשה אוי לי שנשבעתי (להגלות את עמי) ועכשיו שנשבעתי מי מפר לי, ומסקינו דאמרו ליה חמרא-סיכסא היה לך לומר "**מופר לך**" גימ' (376) "שלום" דהיה מביא הגאולה לעולם והיה עושה שלום בפמליא של מעלה ושל מטה - דלעתיד לבוא יהיה שלום בעולם - יהא יחודא שלים דקוב"ה ושכינתיה בחינת שלום בית - שלום בביתו של הקב"ה בב"א.

"**עקרבי**" גימ' (382) "בלעם עמלק" כדאמר רבה בר בר חנה במעשה **אזלן** חזאי דהדרן ליה עקרבי - דבכל מקום שיש קדושה תמן סחרין ליה הקליפות דינקין מיניה, וכאותו זבוב בבית מטבחיא ולעתיד לבוא עת תתגלה מלכותו ית' בעולם יכלו הני עקרבי מן העולם כלא היו דאין להם מציאות ממשית בעולם אלא לנסות את היהודי הילך בדרך אמונת השי"ת אם לאו ח"ו, וזהו "עקרבי" גימ' (382) "ה' ימלך לעולם ועד", אמנם כפי שהוא בקרא בלא ו' דהיינו "ה' ימלך לעלם ועד" כחושבן (376) "שלום" וכחשבון "מופר לך" כנ"ל.

ובחסידות נתבאר מאמר נחש כרוך בעקבו לא יפסיק מתפלה עקרב בעקבו יפסיק [עיין בסוגיא ברכות ל"ג ע"א דכתיב במשנה אפילו נחש כרוך על עקבו לא יפסיק ומבארת הגמ' אמר רב ששת לא שנו אלא נחש אבל עקרב יפסיק] ומבואר בדרך החסידות עקר"ב צירוף ק"ר ע"ב דמקרר שם ע"ב הוי' דיודין שבנפשו של המתפלל ובאופן כזה יפסיק - וכן בעמלק כתיב אשר קרך בדרך (דברים כ"ה,י"ח) ומשלו משל כאותו שקפץ לאמבטי רותח ובלבד לצננו ולא אכפת ליה דיכוה כן הוא עמלק ולכן בכאן "עקרבי" גימ' (382) "בלעם עמלק" כנ"ל, כנודע מצרופי האותיות דהן משלימים זה לזה ב"ל מבלעם עם ע"ם דעמלק הרי בלעם ע"מ דמבלעם עם ל"ק דעמל"ק הרי עמלק. ובקדושה הן הצירוף ירא"ה אהב"ה באותו האופן י"ר דיראה עם א"ה דאהבה הרי ירא"ה א"ה דירא"ה עם ב"ה דאהבה הרי אהבה.

ואת זה לעומת זה עשה הא–להים (קהלת ז',י"ד), יש לומר יראה דקדושה כנגד עמלק דכתיב ביה ולא ירא א–להים (דברים כ"ה,י"ח) ופרש"י עמלק, ואהבה דקדושה כנגד בלעם דהוא אהבות הנפולות אשר בא על אתונו רח"ל.

וכיצד היו נוצרים אותם עקרבי - כי "חמרי חיוורתי" גימ' (888) י"ב פעמים "בחסד" (74), כמבואר בסוגיית החיוורתיה לאריז"ל דהן שמות הוי' גבוהים דמהם נמשכים הנימין והשפע לדיקנא קדישא דאריך והוא בקדושה, ובלעומת זה לבן הארמי הרמאי, וכן בכאן "חמרי" גימ' (258) "חרן" הקלי' המעלים חרון אף של מקום.

ואמרו ליה כל רבה חמרא כל בר בר חנה סיכסא, הרי "**חמרא - סיכסא**" גימ' (400) "א–ל מלא רחמים" - והוא כנגד "ידי עשו" הרשע דמלא דינים מניאוף ורציחה וכו' - והצדיק הכולל מעורר רחמי השי"ת על עמו ישראל וה' ח"ס עליהם ר"ת ח'מרא-ס'יכסא וגואלם מיד ממש, אכי"ר.

והנה תמצית המעשה כולו, דהיינו: "הר סיני (335) - מופר לך (376) - עקרבי (382) - חמרי חוורתי (888) - חמרא סיכסא (400)" סליקו יחד לחושבן (2381) י"פ "חסד עליון" (238) ע"ה, דחסדי ה' דנתן לנו את תורתו בהר סיני להצילנו מן המקטרגים עקרבי הנ"ל ולהנחילנו חיים נצחיים באורו ית' והוא תמצית המעשה ה–י"ג דייקא בסוד י"ג מכילן דרחמי.

המעשה הארבע עשרה:

"**בלועי דקרח**" גימ' (430) "צדיק יסוד עולם" (משלי י',כ"ה) דהם כפרו במשה רבינו ונענשו כמבואר כאן במעשה דכל תלתין יומי מהדר להו גיהנם להכא "**כבשר בקלחת**" [ומקורו בפסוק ואשר אכלו שאר עמי וכו' וכבשר בתוך קלחת (מיכה ג',ג')] גימ' (1062) ו"פ "גן עדן" (177) דהמקושר ומודה לצדיק יסוד עולם הוא בחינת משה רבינו שבדור נוחל גן עדן אף בהאי עלמא דכפילת ו' פעמים בסוד המשכה כידוע משם הוי' י–ה–ו–ה הרי אות ו' היא המשכת השפע למלכות כנסת ישראל היא ה' תתאה דשם ה', דכל העולם לא נברא אלא בשביל ישראל שיעסקו בתורה, ואילו הן שכפרו הרי הן בגיהנם כבשר בקלחת תחת אשר ירשו גן עדן כנ"ל בחושבן.

קר"ח צירוף חק"ר דכתיב בספר הקדוש לקוטי מוהר"ן לרבינו נחמן מברסלב דעמלק היה מחק"ר גדול [עיין לקוטי מוהר"ן תנינא תורה י"ט] - וכן קרח חקר ולגלג בית מלא ספרים צריך מזוזה טלית שכולה תכלת צריכה ציצית [עיין

במדבר רבה פרשת קרח פרשה י"ח סימן ג'] כאומר - אני התכלית ולא אהרן וכן אני הלמדן בחי' בית מלא ספרים ולא אתה משה רבינו - דאיני צריך מזוזה דהיינו שמירה והגנה ואפילו לא מפניך אני ירא וצחקו ממשה רבינו ופצתה האדמה את פיה ובלעתם.

וזהו דשמע רבה בר בר חנה מבעד לתרי ביזעי דמודים למשה, וזהו "תרי ביזעי" גימ' (709) י"ב פעמים "כי טוב הוא" (59) ע"ה, דאיתמר במשה בלידתו ותרא אותו כי טוב הוא (שמות ב',ב'), דנתמלא הבית כולו אורה, וכן מודים לו ממקומם בגיהנם כל ל' יום ואמרין "**משה ותורתו אמת והן בדאין**" גימ' (1932) ג"פ "אברהם יצחק ויעקב" (644) דמתכללאן דא בדא לכן ג' פעמים בסוד התכללות תלת גו תלת, ומשה כליל מ-ג' אבהן בסוד ש' רבתי דשיר השירים - דמשה סוד האמונה בא"ת ב"ש (יב"צ) גימ' (102) אמונ"ה, ואיקרי רעיא מהימנא לאפוקי מנח דאיקרי רעיא שטיא, וממילא קרח שרצה ההנהגה לידיו הוא גם כן בחינת רעיא שטיא, אמנם בנח כתיב איש צדיק, וקרח איקרי רשע בסוד שם רשעים ירקב - דהלך אחר שכלו וחקירותיו ונפלו חיים לשאול תחתית, ולכן הוא ג"כ חושבן (1932) "יעקב איש תם" (בראשית כ"ה,כ"ז) ב-א' רבתי - דהולך אחר השי"ת בתמימות ולא בחקירות וספיקות - והיא דרך בעבודת ה' ללכת אחריו בתמימות ואמונה פשוטה כנודע מהדרך שהוריד הבעל שם טוב הקדוש לעולם, וזהו "אמונה - תמימות" גימ' (998) "בריתי שלום" דאיתמר בפנחס בתר עביד מעשה זמרי וכזבי והציל את בני ישראל מדראון עולם ח"ו ובארנוהו במקום אחר.

ובמעשה בתרי ביזעי "קא מפקי קוטרא" גימ' (670) "וכי תאוה הוא לעינים" דאמרה חוה לעצמה וחטאה והחטיאה, וכן הם הלכו אחרי עיניהם והשבירה היתה בעינים כנודע, ובקדושה עוצם עיניו מראות ברע (ישעי' ל"ג,ט"ו) בסוד עולימתא שפירתא דלית לה עינין (זוה"ק ח"ב דף צ"ה ע"א). ומה עשה אותו טייעא: שקל "גבבא דעמרא (323) - מיא (51) - רומחא (255) - איחרך איחרוכי (494)" גימ' (1123): י"א פעמים אמונ"ה (102) ע"ה, דהראה לרבה בר בר חנה סוד האמונה בצדיק וכיצד הרשעים בגיהנם דהן כפילת י"א פעמים בכאן בסוד י"א כתרין דמסאבותא - מודים לצדיק יסוד עולם דהוא ותורתו אמת והן עצמם בדאין, דהוא מורה ודאין והן בדאין זה לעומת זה.

והן כל תלתין יומין מחזירן הגיהנם לכאן לומר כן, "**גהינם**" גימ' (108) "חקי" דמי שאינו הולך בחוקי התורה דהיא מהותו ורצונו של השי"ת הרי נוחל גיהנם [ורמז פסוק (ישעי' ה',י"ד): על כן הרחיבה שאול (היינו גיהנם) נפשה ופערה פיה (כמו בלועי קרח שבלעה אותם הארץ) לבלי חק (בגלל שלא שמרו את חוקי התורה)].

וזהו תמצית המעשה דהיינו: "בלועי דקרח (430) - כבשר בקלחת (1062) - תרי ביזעי (709) - משה ותורתו אמת והן בדאין (1932) - והוו קא מפקי קוטרא (670) - גיהנם (108)" סליקו לחושבן (4911) ה"פ "משה ידבר והא-להים יעננו בקול" (982) (שמות י"ט,י"ט) ע"ה, דמשה רבינו זכה למדרגה הנשגבה הנרמזת בתורה עוד בטרם נולד - כאמרם (חולין קלט.) משה מן התורה מנין בשגם הוא בשר (בראשית ו',ג'), בשג"ם גימ' מש"ה עד כאן. והרי בשג"ם הוא נוטריקון "שכינה מדברת בתוך גרונו" דהוא חושבן

ע"ה (1725) ה"פ מש"ה (345) א' בהדיא בר"ת ו–ד' אחרים בחושבן שאר האותיות דהן ד' תיבין, הרי דערך הממוצע דכל תיבה בלא הר"ת הוא מש"ה – והוא נפלא מאד – ותמן כתיב בשגם הוא **בשר**, וכאן במעשה מהדר להו קרח לגיהנם **כבשר** בקלחת – דעמד כנגד משה הצדיק יסוד עולם דכתיב ביה בשגם הוא בשר, והרי הוא מדה כנגד מדה כבשר בקלחת, "בשר" גימ' (502) "ברוך מרדכי" והוא גם כן חושבן "ארור המן" כמבואר בסוד חייב איניש לבסומי וכו' ובכאן בשר דמשה הוא ברוך מרדכי כאמרם (אסתר רבה ו',ב') מרדכי בדורו כמשה בדורו, ובשר בקלחת דקרח הוא בחינת ארור המן, ופשוט. וכן השי"ת יגאלנו מהרשעים שבכל דור ויקשרנו לצדיק הכולל משה שבדור, ויקרב ביאת משיח צדקנו בקרוב ממש אכי"ר.

המעשה החמשה עשר: "דנשקי ארעא ורקיע" גימ' (1123) י"א פעמים אמונ"ה (102) ע"ה, והוא הפלא ופלא ומכוון מפי עליון לחושבן דהוה במעשה הקודם דכללות מעשיו של הטייעא דהוא הצדיק יסוד עולם דלימד לרבה בר בר חנה כל המעשים והמופתים דהיינו: "(שקל) גבבא דעמרא – (ואמשינה ב)מיא – (ודעציתה בראשה ד)רומחא – (ועייליה התם וכי אפיק הוה) איחרך איחרוכי" סליק לחושבן במכוון (1123) "דנשקי ארעא ורקיע" ברישא דמעשה דילן – והרי הוא הפלא ופלא – דקאי אצדיק עליון דמחבר ארעא ורקיע וכגון יעקב אבינו דחלם אסולם דמוצב ארצה וראשו מגיע לרקיע וכן בן פורת יוסף פות"ר חלומות ותופ"ר עולמות [עיין חומת אנך (לחיד"א) פרשת ויחי אות ז'], ובכאן הלשון **"היכא דנשקי ארעא ורקיעא אהדדי"** סליק לחושבן (1183) ז"פ "טבע הטוב להיטיב" (169) דלא ברא קוב"ה שמים וארץ וכל אשר בם אלא להיטיב לברואיו, דכל הנראה כרע אינו אלא נסיון מאתו יתברך לראות הילכו בדרכיו ויעשו רצונו אם לאו ולעתיד לבוא ונגלה כבוד הוי' (ישעי' מ',א') ויברכו על הרעה כמו על הטובה, וכדביארנו בפרק שירה דיוסד על ידי דוד המלך ושלמה המלך בהדי הדדי ברוח קודשם כתיב חיות השדה אומרות ברוך הטוב והמיטיב, "חיות השדה" גימ' (738) "ברוך דין האמת", והוא חושבן (738) ו"פ "ענג" (123), דכאשר יהודי מתגבר על הנסיון באמונה הריהו גורם בשמיא עונג עליון דאין למעלה מעונג (ספר יצירה) וממשיכו להאי עלמא בסוד אות ו' שבכאן כפילת ו' פעמים ענ"ג וזהו "ברוך הטוב והמיטיב" גימ' (322) "יצר הטוב" דהטוב כתיב בהדיא, ברוך הטוב והמיטיב גימ' יצ"ר, וזהו "ברוך הטוב והמיטיב – ברוך דין האמת" גימ' (1060) ה"פ "לחיי העולם הבא" (212) כאמרם (סנהדרין ר"פ חלק) כל ישראל יש להם חלק לחיי העולם הבא שנאמר וכו' והוא בעת שעומדים בנסיון, ואמנם גם משלא עמדו בנסיון הרי הם בגדר תינוק שנשבה לבין הגויים (עיין שבת ס"ח ע"ב) דהן הקלי' והשי"ת יגאלנו משם דלא ידח ממנו נדח (שמואל ב' י"ד,י"ד) בביאת משיח צדקנו בב"א.

ובמעשה אזל וחזאי דעביד "כוי כוי" גימ' (72) חס"ד דהן לחונים ברקיע מתמן ממשיך הקב"ה חסדו להאי עלמא בסוד טבע הטוב להיטיב כנ"ל.

"**לסילתא**" גימ' (541) ישראל" דהן י"ב חלונים ברקיע לקביל י"ב שבטי י"ה עדות לישראל המעידים על הקב"ה שהוא יחיד בעולמו דאמרי השכם והערב שמע ישראל ה' א–להינו ה' אחד, ואף הקב"ה

מעיד בהם בישראל שהם יחידים באומות שנאמר ומי כעמך ישראל גוי אחד בארץ וכו' (שמואל ב' ז',כ"ג) דכתיב בתפלין דמרי עלמא וכו' (עיין ברכות ו' ע"א) וכמובא בתוספות (חגיגה דף ג' ע"ב ד"ה ומי כעמך), הרי שלקח רבה בר בר חנה את סל הלחם שלו הסילתא, דהוא חושבן ישרא"ל כנ"ל, ושם אותו שם ליד החלונים הללו היכא דנשקי ארעא ורקיע אהדדי, ונעמד לתפלה - דהצדיק הכולל מעלה תפלותיהן של ישראל, ומשסיים לא מצא את הסל - בסוד אין מזל לישראל, דישראל מושרשים בעצמותו ית' ויתע', ובדעת תחתון דלמטה יש ולמעלה אין הרי הן בחינת אין - דהאומות מושלים בהם ומתעללים בהם באריכות הגלות כדחזינן וכו' וברם לעתיד לבוא עת יתגלה דעת עליון דאז למעלה הוא יש האמיתי - תמן מושרשים ישראל דהן חלק א-לוה ממעל (איוב ל"א,ב') ממש, ולמטה בהאי עלמא הוא האין, הרי כל הגויים הנ"ל ידונו ויאבדו, וכדמסקינן במעשה דסבי דבי אתונא, דאזול ואבדו לדראון עולם.

הרי שהצדיק תמן דהוא רבה בר בר חנה בכל המעשה, בתפלתו העלה את ישראל דהן לסילתא כנ"ל לדעת עליון וכששב לכאן לדעת תחתון כדאמרי (ספר יצירה פרק א' אות מ"ח) אם רץ לבך שוב לאחור כדרבי עקיבא נכנס בשלום ויצא בשלום לאפוקי מה-ג' אחרים כדמאריך בש"ס המעשה [עיין חגיגה י"ד ע"ב] התפלא לראות דהסילתאי נעלם, וכדעביד משה דהוא הדעת הכולל דכלל ישראל דהעלה דעת תחתון ברוך שם כבוד מלכותו לעולם ועד לבחינת דעת עליון ממש דהוא שמע ישראל ה' א-להינו ה' אחד, וכדמסיים התורה הקדושה (דברים ל"ד,י') "ולא קם נביא עוד בישראל כמשה אשר ידעו ה' פנים אל פנים" גימ' (2236) ב"פ "שמע ישראל ה' א-להינו ה' אחד" (1118), דדעת תחתון סליק לגבי דעת עליון כדלעתיד ביום ההוא יהיה ה' אחד וכו' דאתוון ו"ה דעת תחתון יתעלו לגבי אתוון י"ה דעת עליון דמתיחדאן בין כתפוי דאריך וכו' דעת עליון בכתר - דלכן כשסופרים בעשר ספיראן כתר לא סופרים דעת, דכתר סתם היינו דעת עליון, ודעת סתם היינו דעת תחתון, ומכלל מאתיים מנה. ובכאן חזינן במעשה דנן ובכל שאר המעשיות דכל אות מכוונת, ובכאן לסילתאי גימ' ישראל כנ"ל, דעבדין להשי"ת דירה בתחתונים בהאי עלמא דאין תחתון הימנו דנתאוה הקב"ה להיות לו ית' דירה בתחתונים.

וכתב שקלתא לסלתאי - דאות ל' משותפת דהיא אות השימוש - הרי "שקלתא ל" גימ' (861) "בית המקדש" - ומיד "לסלתאי" גימ' (541) "ישראל" כנ"ל, ובאות ל' דייקא הגבוהה באותיות מלשון לימוד ואולפנא [כמ"ש ואאלפך חכמה (איוב ל"ג,ל"ג)] דעתיד הקב"ה להגביה את ישראל מעלה מעלה לתלת רישין שבכתר רישא דאריך רישא דאין ורישא דלא אתידע בסוד רצון - תענוג - אמונה, ומשה זכה כבר באותה העת לרישא עילאה מן כולהו, וכדפתח ספר יהושע (א',א') "ויהי אחרי מות משה" גימ' (1041) "רישא דלא אתיידע" [כן הוא בכתבי האריז"ל ב-ב' יודין] - ולכן אמר ליה השי"ת רב לך, אל תוסף דבר אלי עוד בדבר הזה (דברים ג',כ"ו).

ובמעשה הניחו רבה בר בר חנה "**בכוותא דרקיע**" גימ' (820) "ואהבת לרעך כמוך" (ויקרא י"ט,י"ח) דא"ר עקיבה זה כלל גדול בתורה [עיין בראשית רבה

בראשית כ"ד,ז'] וגורם עונג עליון ויוצר חיבור בין ארעא לרקיע, דבכל יהודי חלק א-לוה ממעל (איוב ל"א,ב') ממש, וכאשר היודי אוהב בלבו ובמעשיו יהודי שני הריהו כאוהב להשי"ת ממש - דאוהב למה שהשי"ת אוהב, ומקיים אף מצות ואהבת את ה' א-להיך בכל לבבך ובכל נפשך ובכל מאדך זהו ממון היינו צדקה שנותן ליהודי השני ומחייהו דיקיים תורה ומצוות ברווח ובשמחה ולא בצער ויגון מחוסר כל, דהשי"ת אוהב צדקה [כמ"ש אוהב צדקה ומשפט חסד הוי' מלאה הארץ (תהל' ל"ג,ה')].

וצירוף "לסילתאי (541=ישראל כנ"ל) - בכוותא דרקיע (820=ואהבת לרעך כמוך כנ"ל) גימ' (1361) טו"ב (17) פעמים יסו"ד (80) ע"ה דהוא הצדיק דאיקרי טוב אמרו צדיק כי טוב (ישעי' ג,י'), וצדיק איקרי מאן דנטר ברית (הקדמת תקו"ז י"א,א') היינו יסוד ברית קדש, והוא התכללות דישראל יאהבו זה לזה, ובזכות אהבת חנם יבנה "בית המקדש" כחושבן "שקלתא ל" כנ"ל, בב"א.

ומשנעלם לו הסל שאל רבה בר בר חנה את הטייעא דהראה לו הנפלאות "**איכא גנבי הכא**" גימ' (123) "ענג" דישראל עבדינן תורה ומצוות וגמילות חסדים, ומקיימים ואהבת לרעך כמוך כנ"ל וגורמים ענג עליון לבורא יתברך כאמרם (עיין ברכות ס"ג ע"א) גנבא אפום מחתרתא רחמנא קא קריא ומיחדים שמו יתברך השכם והערב בשמע ישראל וכו' **אחד**, הרי נרמז בכאן דאמר איכא **גנבי** גימ' (65) אדנ"י **הכא** גימ' (26) הוי' הרי הוא יחוד שלים דהוי' אדנ"י, והוא בסוד לב טוב איכא גימ' (32) ל"ב דהן לב נתיבות חכמה המושפעים בהאי עלמא ביחוד הוי' ואדנ"י דעבדינן ישראל בסוד כמים הפנים לפנים וכו' כדהארכנו במקום אחר.

והוסיף ואמר לו הטייעא: "**גלגלא דרקיעא**" גימ' (452) "עולה מן המדבר" [כדכתיב מי זאת עולה מן המדבר (שה"ש ג,ו')] דהוא הגלגל רקיע שכינה במערב אשר ירד עם הסל ויעלה מחר בחזרה עם הסל בסוד ישראל לעתים למעלה ולעתים בגלות רח"ל למטה, ולעתיד לבוא למחר ליום שכולו ארוך ושכולו טוב הבטיחו דיעלו למעלה ולא ירדו בסוד מי זאת עולה מן המדבר - מי היא הבינה אמא עילאה אם הבנים שמחה תמן נשמות ישראל חצובות תחת כסא הכבוד, זאת היא המלכות השכינה הקדושה כנסת ישראל דנקראת שכינה על שם ושכנתי בתוכם (שמות כ"ה,ח') -ומקבילות הלולאות דכל המעשה דקרח ועדתו הוה במדבר, וכאן החושבן גלגלא דרקיעא סליק עולה מן המדבר, ותחילתו דפסוקא מי זאת כנ"ל דהיא השכינה שעתידה לעלות לאמא עילאה ליחוד הגדול, וכגון היחוד במתן תורה וכדיהא לעתיד לבוא בב"א, דאנן ערב חג השבועות ה'תשע"ט בס"ד ומתכוננים לקבלת התורה בפנימיות ובשמחה וטוב לבב, הרי "גלגלא" גימ' (67) "בינה" בסוד מ"י שער הנון דכתיב וספרתם לכם חמשים יום וכו' (ויקרא כ"ג,ט"ז) "דרקיע" גימ' (385) "שכינה" בסוד זאת - ומה חושבנן "עולה מן המדבר" תמן בלועי דקרח ירדו חיים שאולה רח"ל, ולדונו מוסר להידבק לצדיק האמת ולא להרהר אחריו כלל ועיקר ובכך נגאלין בב"א.

הרי דתמצית המעשה כולו דהיינו: "היכא דנשקי ארעא ורקיעא הדדי (1183) - כוי כוי (72) לסילתאי (541) - בכוותא דרקיע (820) - איכא גנבי הכא (123) -

גלגלא דרקיע (452)" סליקו לחושבן (3191) ה"פ "אברהם יצחק יעקב" (638) ע"ה, דהן כללות נשמות ישראל ותכלית הכל כמבואר בסוד שמע ישראל ה' א-להינו ה' אחד דראשי תיבות ה' א-להינו ה' הרי הן ראשי תיבות שמות האבות:

"י-ה-ו-ה יעקב, **א**-להינו **א**ברהם, י-ה-ו-ה **יצחק**" סליק לחושבן (792) י"א פעמים חס"ד (72) דיתגלה לעתיד לבוא דחסד א"ל כל היום, דכולו חסד גמור, ואף הקלי' יודו בכך דלכן בכאן כפילת י"א פעמים כנגד י"א קלי' כתרין מסאבין – אמנם כשיודו בכך ישתברו דעכו"ם נמשלו לכלי חרס דשבירתן זו היא תקנתם, וכדהוה בים סוף סוס ורוכבו רמה בים כן יאבדו אויביך ה' וינסו משנאיך מפניך בב"א.

הרי שסיכום חושבן ה' המעשיות כנ"ל דהן לקביל ה' דשם יה"ו, סליקו יחד לחושבן (19,274): כ"ד פעמים "וחיי עולם נטע בתוכנו" (803) דאמרינן בברכת התורה אשר נתן לנו תורת אמת לקביל תורה שבכתב וחיי עולם נטע בתוכנו לקביל תורה שבעל פה – ואנו בכללות ב-ה' מעשיות שבכאן כנגד ה' עילאה דשם הוי' ב"ה וב"ש – דבכללות חכמה היא תורה שבכתב כנשמה בגוף, והוא כפילת כ"ד פעמים דייקא דהן כ"ד קשוטי כלה, והלא הן כ"ד ספרים דתנ"ך היינו תורה שבכתב – לא קשיא, אכן הם תורה שבכתב המלובשים בבינה מצטיירים באופן של תורה שבעל פה דאמא מציירת הולד.

והנה י"ה הן תרין ריעין דלא מתפרשין לעלמין הרי כד נחברא חושבן י' מעשיות ראשונות י' דשם הוי' (40722) עם ה' מעשיות שבכאן ה' דשם הוי' (19274) סליקו יחד עם ד' אתוון לחושבן (60,000): ו' ריבוא, וכדחושבן שמיה דמשה בהכאה כזו מ' פעמים ש' הרי י"ב אלפים, י"ב אלפים פ' ה' הרי ו' רבוא ומשה כמה הוה י' אמין הרי בכללות שמיה דמשה כלולים ס' רבוא נשמות ישראל ו-ס' ריבוא אותיות התורה, ועל זה הדרך נאמר אף בכאן דתמצית י"ה המעשיות כפי שהן כלולות מ-י' דהן בסוד י' ספיראן סליקו לחושבן ס' ריבוא – והוא נפלא מאד.

ומעתה נעביד סימן ו' מעשיות האחרונות, דהן לקביל אות ו' דשם יה"ו כנ"ל, דהיינו: "סיהרי (285) – קרני (360) – קרטליתא (750) – אבן טבא (65) – לויתן (496) – בשרא (503)" סליקו לחושבן ע"ה (2460) כ"פ "ענג" (123), דיסודא סליק לכתרא תמן תלת כתרין בסוד אמונה – תענוג – רצון, הרי כפילת כ' פעמים בסוד כתר [עיין בסוגיא שבת קד. כ' הקב"ה קושר לך כתר לעולם הבא] פעמים ענ"ג – והוא בחושבן ו' מעשיות אחרונות דהן ו' דשם יה"ו.

הרי סימנים דכל המעשיות דהיינו י' מעשיות ראשונות (2090) אות י' דשם, עם סימן ה' מעשיות לקביל אות ה' דשם (2864), עם סימן ו' מעשיות אחרונות לקביל אות ו' דשם (2459), סליקו יחד לחושבן (8232): י"ב פעמים "ובחרת בחיים" (686) (דברים ל', י"ט) דהקב"ה מהוה ומחיה העולמות יש מאין המוחלט בכל רגע ורגע, והבחירה בחיים היא הבחירה בתורה ובמצוות ובאהבת ה' ויראתו דהן חיים האמיתיים לאפוקי מחיים כבהמה דאינם חיים כלל כאמרם (עיין ירושלמי ברכות פרק ב' הלכה ג') רשעים בחייהם קרויים מתים והא חזינן דחיים המה, אלא דאינם מחוברים לחי החיים למחיה האמיתי וחיים אך את

חייהם הזמניים של שבעים שנה ולא זוכין לחיי נצח לאור באור החיים בקב"ה ית' ויתע', ונקראים חי מדבר ואינם קרויין אדם כלל, וצדיקים במיתתן קרויין חיים דעולים מחיל אל חיל בעולמות דהשאירו בנים ובנות ותלמידים הממשיכים את דרכם בסוד דובב שפתי ישנים, דנקראים ישנים ולא מתים כלל, כאמרם (תענית ה' ע"ב) יעקב אבינו לא מת וכו'.

המעשה הששה עשר: "**ההוא כוורא**" גימ' (250) "דרך הוי'" [כדכתיב ושמרו דרך הוי' לעשות צדקה ומשפט (בראשית י"ח,י"ט)] וכדכתיב דרך אניה בלב ים וכו' (משלי ל',י"ט) דההוא כוורא הוא הצדיק הכולל דמראה לעמו ישראל דרך הוי' אשר ילכו בה, והוא משה רבינו שקיבל תורה מסיני והראה לנו הדרך נלך בה, דבלעדי התורה היינו לומדים צניעות מחתול גזל מנמלה עריות מיונה (עיין עירובין דף ק' ע"ב), וחוזר ומקשר למעשה השישי מההוא כוורא גם כן תמן אמרינן דחושבן (250) ה"פ נון (50) בסוד שער הנון – ובכאן גבוה יותר המעשה בסוד תחית המתים דפורים ונגלה כבוד הוי' (ישעי' מ',ה') דכעת הוא בהעלם דברא עולמו עולם מלשון העלם והוא עלמא דאתכסיא הן מימי הים, ואיהו "**דאפקיה לרישיה ממיא**" גימ' (846) ב"פ "אריך אנפין" ע"ה (423) דהוא רישא תתאה מתלת רישין דאינון בכתר רישא דאריך שבכאן, רישא דאין ורישא דלא אתידע, והכתר בכללות הוא עלמא דאתכסיא בחינת כמים הפנים לפנים דקאי אאריך ואזעיר כדביארנו במקום אחר, והוא דנגלה כבוד הוי' כנ"ל מיד נהיה יחוד "הוי' אדנ"י" גימ' (91) מימ"א, ובגלוי הגדול בעין זה כל המציאות מתהפכת ונהיית לגלוי א-להות בסוד הנס דפורים עת

נתגלה האריך בתוך הסתרת העולם כדהאריך האריז"ל מרדכ"י אסת"ר גימ' ע"ה (936) י"ג ע"ב ד–י"ג מכילן דאריך היו מלאים בשם ע"ב הוא הוי' במלוי יודין שם הרחמים – ויצאו ממיתה לחיים בסוד ונהפוך הוא, דלעתיד לבוא הוא תכלית הכל וכדהביאו הרמב"ם בעיקר ה–י"ג דיליה אמונת תחית המתים וכו', ונרמז בשמיה דבעל המימרא במעשה דנן "רבי יוחנן" גימ' (336) פורי"ם, ודו"ק.

ודמיין עיניה כ"**תרי סיהרי**" גימ' (895) "הבוחר בעמו ישראל באהבה" דאמרינן קדם קריאת שמע, דישראל נמשלו ללבנה, ובכאן תרי סיהרי, ה–א' בגו גלותא לכי ומעטי את עצמך, הביאו עלי כפרה וכו' (חולין ס:) ולעתיד לבוא סיהרא באשלמותא, והוה ביומוי דשלמה מלכא כעין לעתיד לבוא.

ונפוץ מיא וכו' כ"**תרי מברי דסורא**" גימ' (1133) י"א פעמים נחמ"ה (103) – לעתיד לבוא ונגלה כבוד הוי' כנ"ל נראה במפלתן של הקלי' דהן י"א כתרין דמסאבותא עת ינקם בהם השי"ת והיא נחמתנו כדכפל הנביא נחמו נחמו עמי וכו' (ישעי' מ',א') ובכאן י"א פעמים נחמ"ה בסוד מפלת הקלי' כנ"ל, וכדהוה בנס דפורים כנ"ל.

וזה תמצית המעשה "ההוא כוורא (250) – דאפקיה לרישיה מימא (846) – תרי סיהרי (895) – תרי מברי דסורא (1133)" סליקו לחושבן (3124): ד"פ "תורה מסיני" (781) כאמרם (תחלת אבות פ"א מ"א) משה קיבל תורה מסיני ומסרה ליהושע, ואמרו חז"ל (עיין ילקו"ש כי תשא רמז שצ"א) דהאבות קיימו כל התורה עוד בטרם שניתנה, והוה ברוח קודשם, הרי דהוא חושבן (3124) כ"ב פעמים בק"ם (142) דהן סופי תיבות דשמהן דאבהן

קדישין **אברהם** **יצחק** **יעקב** [בק"ם] וכפילת כ"ב פעמים לקביל כ"ב אותיות תורתנו הקדושה, וממילא הוא חושבן (3124) י"א פעמים "מה רב טובך" (284) דלעתיד לבוא אף הקלי' דהן י"א כתרין דמסאבותא [דכפלינן הכא י"א זימנין] יודו על טוב ה', וישתברו כחרס הנשבר דשבירתן זו היא תקנתן (עיין זוה"ק בהעלותך קנ"ג ע"א).

וזהו דתמצית המעשה (3124) עם שם בעל המעשה רבי יוחנן (336) סליקו לחושבן (3460) י"פ "רצון" (346) שלימו דכולהו - דכל המציאות תעשה רצונו של השי"ת בגלוי כדכתיב כי אז אהפוך אל עמים שפה ברורה לקרוא כולם בשם הוי' לעבדו שכם אחד (צפניה ג',ט') דלא יהא יצר הרע עוד, וקוב"ה עתיד למשחטיה למלאך המות, ונהפוך הוא יקומו המתים לתחיה כדכתיב הקיצו ורננו שוכני עפר (ישעי' כ"ו,י"ט) בסוד שמיה דבעל המעשה רבי יוחנן דחושבניה (336) פורי"ם כנ"ל, הרי דהוא חושבן (3460) כ"פ "נהפוך הוא" (173) כ' בסוד כתר [כנ"ל משבת קד.] בגלוי הכתר ותחית המתים יהא הנהפוך הוא בתכלית בלא ירידה עוד לעולם ולעלמי עלמיא אכי"ר.

המעשה השבעה עשר: "ההוא **כוורא**" גימ' (250) "אור גדול" [כדכתיב העם ההולכים בחושך ראו אור גדול (ישעי' ט',א')] דהוא אור הקדושה דאיברי ביומא קמאה דמעשה בראשית והוא אור התורה חרות על הלוחות אותיות חקיקה מזה ומזה הם כתובים (שמות ל"ב,ט"ו) ואף בכאן בקרני דכוורא הוה חקיק עליה "**אנא בריה קלה שבים**" גימ' (756) ד"פ "חכמה עילאה" (189) היא חכמתו יתברך ויתעלה דהמשיכה וחקקה בלוחות תמן כת"ר אותיות (620) כנגד תרי"ג מצוות דאורייתא עם ז' דרבנן, כדכתב ר' סעדיה גאון וכן נתבאר ע"י אדמו"ר מקאמרנא זצוק"ל (בספרו הק' אוצר החיים) כל מצוה ומצוה כפי שהיא נמשכת באותה האות שבלוחות ומה טעם מאותה האות נמשכה וכו' אשרי מי שטעם מתורתם זיע"א.

וממילא "ההוא כוורא (250) - אנא בריה קלה שבים (756)" סליקו לחושבן (1006): "ישראל" פשוט (541) וא"ת ב"ש (מבגתכ=465) דבכללות ההוא כוורא הוא הצדיק העליון משה רבינו הכולל ס' ריבוא נשמות ישראל, כדכתב רבינו דנרמז בשמיה משה מ"פ ש' רבבה ואלפיים (12000), רבבה ואלפיים פעמים ה' הרי ו' רבבות (60,000) ומשה כמה הוי י' אמין הרי ס' ריבוא, וכן כתב רבינו במקום אחר ישרא"ל נוטריקון י"ש ש'שים ר'יבוא א'ותיות ל'תורה [ע"כ], וכתבו חז"ל כשם שפרצופיהן שונים כך דעותיהן שונות, הרי שחושבן "יש ששים ריבוא אותיות לתורה" סליק ע"ה (2634) ג"פ משי"ח במלוי כזה: " מם שין יוד חית" (878), וכדביארנו חושבן הסימן שנתנה הגמרא ל-ה' המעשיות מ-י"א עד ט"ו "כעפרא - תכילתא - טרקתיה - עקרבא - לסלתיה" גימ' (2864) ח"פ משי"ח (358) להפסיק עשר המעשיות הראשונות דהן בסוד עשר ספירות, ובתר דא ה' המעשיות דנתן סימן, ונותרו לבסוף ו' המעשיות האחרונות הרי דכללות המעשיות הן בסוד הוי' י'-ה'-ו' והוא נפלא מאד ומכוון בס"ד.

ובמעשה דנן חזינן ההוא כוורא "**דאפקיה לרישיה ממיא**" גימ' (846) ו"פ "נאמן" (141) דכתיב במשה בכל ביתי נאמן הוא וכו' (במדבר י"ב,ז') ואיקרי עבד נאמן [עיין זוה"ק משפטים קט"ו ע"א וזלשה"ק: עבד ונער הוה שמך בקדמיתא

והנה נער בוכה עבד נאמן הה"ד בכל ביתי נאמן הוא ע"כ] והוא בסוד אות ו' דא אות אמת ודאי [זוהר ויקרא דף ב' ע"א] ואיהו ראש כלל ישראל דירד להאי עלמא מכתר עליון מעלמא דאתכסיא כדאמרה בתיה ותקרא שמו משה ותאמר כי מן המים משיתיהו (שמות ב',י'), והוא בסוד מי"ם במספר קדמי דהיינו אותיות מ-א' עד מ' מ-א' עד י' מ-א' עד מ' גימ' (345) מש"ה וכן אמרינן לעיל במעשה הששה עשר "דאפקיה לרישיה מימא" גימ' (846) ב"פ "אריך אנפין" ע"ה (423) בסוד כתרא תתאה, ובערוב ימיו אמר ליה השי"ת רב לך וכו' עלה ראש הפסגה היינו רישא עילאה מכולהו תלת רישין שבכתר דפתח ספר יהושע (א',א') "ויהי אחרי מות משה" גימ' (1041) "רישא דלא אתיידע" כנ"ל, ריש"א עם ל' דלא הרי צירוף ישרא"ל, ושאר אתוון "דא אתיידע" גימ' (500) מלוי שד"י שם היסוד כזה "שין דלת יוד" דכתב האריז"ל א"ל שד"י גימ' (345) מש"ה, ובמילואו אלף למד - שין דלת יוד ע"ה גימ' (1000) "אלף" דהן אלף אורות דזכה להן משה מהר סיני ונותן לבני ישראל בכל שבת בסוד ישמח משה במתנת חלקו דהאריך בו האריז"ל דכל שמחתו הוא משנתן להני אורות לבני ישראל בשבת קודש בסוד תוספת נשמה.

וימשיך במעשה: "**והו ליה קרני**" גימ' (427) "רעיא מהימנא" דקאי אמשה רבינו דאיקרי בזוה"ק רעיא מהימנא כדאמרינן לעיל דאפקיה לרישא מימא גימ' ו"פ נאמן וכו' הרי יחד "דאפקיה לרישיה מימא (846) - והוה ליה קרני (427)" גימ' (1273) "אלף (1000) אור גנוז (273)" דמשה הוריד התורה מחכמה של מעלה ללוחות ולכתב ולמכתב תמן טמן קוב"ה את אורו וגנזו כדכתב בעל הטורים "את האור" גימ' (613) "בתורה".

והוה ליה קרני - "והוה" גימ' (22) כ"ב דהן כ"ב אותיות התורה, "והוה ליה" גימ' (67) "בינה" מתמן נפקת אורייתא, "ליה" גימ' (45) "אדם" דכל העוסק בתורה איקרי אדם דכתיב אדם כי ימות באהל (במדבר י"ט,י"ד) ודרשו חז"ל דאין התורה מתקיימת אלא במי שממית עצמו עליה (עיין שבת פ"ג ע"ב).

"**וחקיק עליה**" גימ' ע"ה (340) "מים לים מכסים" בסוד עלמא דאתכסיא דהיא חכמה עילאה דחקוקה בתורה.

ובתר דא "**פומא דלויתן**" גימ' (627) ג"פ "בורא" (209) דלויתן הוא מלכות דאצילות דמינה נבראים עולמות בריאה יצירה עשיה יש מאין ממש כמבואר בספה"ק, ובכאן ג"פ לקביל ג' קוין ימין שמאל ואמצע א"נ לקביל ג' עולמות נבראים בריאה יצירה עשיה דלא ראי זה כראי זה צד השוה שבהן דנבראים יש מאין ממש, דהכל לא ברא אלא לכבודו ית' "פומא" גימ' (127) "מלך הכבוד".

ומסיים אמר רב אשי ההוא "**עיזא דימא**" גימ' (143) "א-ל א-להים הוי'" דהן ג' הקוין ימין-שמאל-אמצע דבורא הקב"ה עולמות וממשיך אורו בהנהגות ימין שמאל ואמצע חסד דין רחמים וכו'.

הרי שתמצית המעשה השבע שערה גימ' (17) טו"ב אמרו צדיק כי טוב (ישעי' ג',י'), ודייק **ההוא** כוורא **ההוא** עיזא דימא - "ההוא" גימ' (17) טו"ב, דהיינו: "ההוא כוורא (250) - **אנא בריה קלה שבים** (756) - דאפקיה לרישא מימא (846) - והוה ליה קרני (427) - וחקיק עליה (339) - פומא דלויתן (627) - עיזא דימא (143)" סליקו לחושבן (3388): י"א פעמים "אנכי אהיה להם לא-להים" (308) (ירמי' י"א,ד' ועוד מקומות) דכפילת י"א פעמים דייקא בסוד

י"א כתרין דמסאבותא דכל מהותם לנסות את היהודי ואין להם מציאות לעצמם כלל ולכן לעתיד לבוא בתחיה ובגלוי כבוד הוי' וראו כל בשר כתיב בהו יהיו כמץ לפני רוח ומלאך ה' דוחה (תהל' ל"ה,ה') - יפוצו כענין שאין בו ממש - וכן פרש"י שמע שיראל ה' א-להינו ה' אחד ה' שהוא א-להינו כעת יהיה א-לוה לכל העממין לעתיד לבוא - ולכן בכאן הוא בסוד הנחמה דאנכי אהיה להם לא-להים בגוף איש הישראלי ויקוים מבשרי אחזה א-לוה ממש, מה שאין כן בגוף דעכו"ם יהיה גלוי במקיף בבחינת הגלות וברם מבשרי אחזה א-לוה לא יקוים בהם דועשו לי מקדש ושכנתי בתוכם (שמות כ"ה,ח') קאי איהודי בלחודוי.

המעשה השמונה עשרה:

"**ההיא קרטליתא**" גימ' (771) ה"פ "עולם הבא" (154) ע"ה, והוא ג"כ (771) ב"פ "שכינה" (385) ע"ה, דהצדיק מעלה נשמותיהן של ישראל ותפלותיהן לעלמא דאתי בינה תמן שם אהי"ה צירוף ההי"א, ומזכה את הדבקים בו לחיי העולם הבא, ולכן הוא בכאן גם כן מעשה מ"רבי יוחנן" דאמרינן דחושבן שמיה סליק (336) פורי"ם בסוד ונהפוך הוא, דהוא תכלית עולם הזה לקדשו ולהפכו עוד בגשמיותו לרוחני וקדוש. וזהו "רבי יוחנן משתעי" גימ' (1156) "טוב" (17) פעמים "חיים" (68) דהצדיק איקרי טוב כמ"ש אמרו צדיק כי טוב (ישעי' ג',י') ובדבקותו בחי החיים הקב"ה ממשיך חיות בעבודתם של בני ישראל בתורה תפלה וגמילות חסדים, וממשיך השכינה הקדושה לנשמותיהם דשכינה נקראת על שם ושכנתי בתוכם - דכל יהודי הוא בחינת ההיא קרטליתא כאמרם כפלח הרימון רקתך אפילו ריקנין שבך מלאים מצוות כרימון (שה"ש ד',ג' וברכות נ"ז ע"א), ויהודי משובץ באבנים טובות ומרגליות דהן תורה מוצוות ומעשים טובים דעסיק בהון, ומוקף בהאי "כרשא" גימ' (521) "אהל העדות" וכתיב ששם עלו שבטים שבטי י"ה עדות בישראל (תהל' קכ"ב,ד') והביאו בתוספות [חגיגה ג: ד"ה ומי כעמך] המדרש שלשה מעידין זה על זה הקב"ה שבת וישראל.

וזהו "**אבנים טובות ומרגליות**" גימ' (1221) ג"פ "אור קדמון" (407) הנמשך לתורה ומצוות של יהודי כאמרם (תנא דבי אליהו רבה פרק י"ח) דאדם היושב ועוסק בתורה הקב"ה יושב ושונה כנגדו, ושלשתם: "ההיא קרטליתא (771) - אבנים טובות ומרגליות (1221) - כרשא (521)" סליקו לחושבן (2513): ז"פ "משיחא" (359) דהארת משיח תחלה ב-ז' מדות דבר נש ובתר דא ילמדו תורה מפיהו בחינת תיקון וזיכוך המוחין כדכתיב תורה חדשה מאתי תצא (ישעי' נ"א,ד') ושאלו הבעל שם טוב למשיח מתי קאתי מר וענהו לכשיפוצו מעינותיך חוצה.

"**בר אמוראי**" גימ' (460) "ה' איש מלחמה" דכתיב בקריעת ים סוף ובחז"ל נגלה להם על הים כגיבור ושערו שחור, ובא במדת הדין למעבד דינא בהאי בר נש דהוא בחינת קרטליתא כנ"ל והזדעזע אחד הדגים כידוע דגים הם הצדיקים - הרי שאחד הצדיקים מסר נפש לבל יטלו נפשו של אותו יהודי בטרם עת אפילו שהוא בדין שמא יעשה תשובה, וכאן בר אמוראי הוא שליח של מדת הדין, דהיינו מלאך המות שבא ליטול הקרטליתא נפשו של אותו יהודי וכו'.

"**שדא זיקא דחלא**" גימ' (472) "א-ל אמת" דהאמוראי דהוא מלאך המות כנ"ל שבא ליטול נפשו של היהודי משובץ

באבנים טובות ומרגליות זרק החומץ בדג - הצדיק שמסר נפשו בעדו - דהוא א-ל אמת - כאומר בדין באתי לקחתו - וברח הצדיק למעמקים היינו לדבקותו הראשונה - דהיא טענה שאין עליה תשובה. ויצאה בת קול מאי אית לכי בהדי "**קרטליתא דדביתהו דרבי חנינא בן דוסא**" גימ' (1639) י"א פעמים "אנא אמלוך" (149) בסוד הקלי' דהן י"א כתרין דמסאבותא דאמרין אנא אמלוך - אמנם שרשם גבוה ובא ממקום המלכים קדמאין דאיתבירו, דהן ז' מלכין קדמאין - וכנגדם חושבן "ההיא קרטליתא - אבנים טובות ומרגליות - כרשא" דסליק לחושבן (2513) ז"פ משיח"א (359) כנ"ל דעתיד להמשיך אורות הכבירים דתוהו לכלים רחבים דתיקון - וכדמעשה דרבי חנינא בן דוסא עם הערוד דשם רגלו על חור ביתו של הערוד עקצו ומת (הערוד) - והביאו לבית המדרש ואמר אוי לו לערוד שפגע ברבי חנינא בן דוסא, דלא ערוד ממית אלא החטא ממית.

וכאן נמשך דהאי קרטליתא היא נשמתו של רבי חנינא בן דוסא דבתו היא בחינת נשמתו דאבא יסד ברתא, וכן אמרו חז"ל (בבא בתרא טז:) [עה"פ וה' ברך את אברהם בכל (בראשית כ"ד,א')] בת היתה לאברהם בכל שמה. ובכאן שאלה הבת קול מיהו זה שבא לקחת את הארגז של בתו של רבי חנינא בן דוסא - היינו נשמתו ופנימיותו, דעתידה להטיל צצית בבגדיהם של צדיקים לעתיד לבוא. "**דשדיא תכלתא**" גימ' (1170) "שמיני עצרת" דהוא חג דלעתיד לבוא עלמא דאתי דהיא בינה השמינית מתתא לעילא ואמרו חז"ל אמר הקב"ה לישראל המתינו ואעשה סעודה קטנה רק עמכם והיא היא הסעודה דעתיד לערוך הקב"ה עם הצדיקים סעודת שור הבר ולויתן ויין המשומר, ובארנוהו במקום אחר, וממילא הוא חושבן (1170) הוי' (26) פעמים אד"ם (45), דישראל נקראו אדם בסוד אדם אתם (יחזקאל ל"ד,ל"א) אתם קרויין אדם ואין עכו"ם קרויין אדם [עיין יבמות ס"א ע"א] (אלא חי מדבר) ועתיד הקב"ה לגלות עצמו בגוף הגשמי של היהודי בסוד ומבשרי אחזה א-לוה (איוב י"ט,כ"ו). וזהו דשדיא תכילתא דעתידה בתו של רבי חנינא בן דוסא להמשיך האור הגדול בחינת תכלת להאי עלמא בתפילתה כדהביאה את רחב"ד לקיים הנס מי שאמר לשמן וידלוק יאמר לחומץ וידלוק ודלק (עיין תענית כ"ה ע"א).

והנה תמצית כל המעשה הח"י, דהיינו: "ההיא קרטליתא (771) - כרשא (521) - אבנים טובות ומרגליות (1221) - בר אמוראי (460) - ושדא זיקא בכולה (472) - קרטליתא דדביתהו דרבי חנינא בן דוסא (1639) - דשדיא תכלתא (1170)" סליקו לחושבן (6254): י"ב פעמים "כרשא" (521) עם ב' הכוללים, דהן הדגים הצדיקים בני ישראל דכתיב בהו ועמך כולם צדיקים לעולם יירשו ארץ, בביאת משיח צדקנו בב"א.

מעשה תשע עשרה: "**ההוא אבן טבא**" גימ' (82) בי"ע דהוא ר"ת בריאה יצירה עשיה דלא בראן הקב"ה אלא לכבודו, ויהודי העוסק בתורה ומצוות הן הן האבנים הטובות של הקב"ה בעולמו - ובכאן רמיזא טובא "ההוא" גימ' (17) "טוב" דהוא הצדיק - אמרו צדיק כי טוב (ישעי' ג',י'), "ההוא אבן" גימ' (70) ע' נפש יוצאי ירך יעקב, אבן סוד אב-בן משם רועה אבן ישראל (בראשית מ"ט,כ"ד), טב"א גימ' (12) י"ב, דהן י"ב שבטי י"ה שרש לנשמות ישראל, ובאו כל

מיני מרעין בישין לבלוע האבן טבא דהוא עם ישראל, והוא בדומה לפיוט חד גדיא, דבארנוהו תמן בסוד תחית המתים, וכן הוא בכאן.

"**תנינא**" גימ' (511) "א–ל דעות", דתנינא הוא כתר דקלי' ורצה לבלוע את עם ישראל, וכדוגמת פרעה דהוא התנין הגדול הרובץ בתוך יאוריו ואמר לי יאורי ואני עשיתיני (יחזקאל כ"ט,ג').

"**בר אמוראי**" גימ' (460) ה"פ חסד"ך (92) דהן ה' חסדים היורדים מן הדעת להיטיב עם עמו ישראל ולהצילם משונאיהם.

"**פושקנצא**" גימ' (631) "גבורתך" דהשי"ת הציל את עמו ופסק לרישיה דתנינא ע"י שליחו הפושקנצא דהוא עורב וכן היה בימי אליהו כמ"ש ואת העורבים צויתי לכלכך וכו' (מלכים א' י"ז,ד').

"**אתהפיכו מיא והוו דמא**" גימ' (641) "ימלא שחוק פינו" (תהל' קכ"ו,ב') דהוא לעתיד לבוא עת ינקם הקב"ה מעכו"ם דהתעללו בבני ישראל ושפכו דמם כמים, הרי ישפוך השי"ת דמם כמים – וזהו אתהפיכו מיא והוו דמא עת ינקם ה' מאויביהם של ישראל, כדכתיב מי זה בא מאדום חמוץ בגדים וכו' (ישעי' ס"ג,א').

"**תנינא תבריה**" גימ' (736) "משה – יהושע" דהן כנגד התנין הגדול פרעה, וכנגד הקלי' בכניסה לארץ וכו'.

"**ציפרא**" גימ' (381) "אהל משה" דהוא הצדיק הכולל ואשתו דמשה מה הות שמה ציפורה לכן ציפרא גימ' אהל משה דאשתו זו היא ביתו.

"**ציפרי מליחי**" גימ' (488) ח"פ "אין" (61) דבזכותם דהגיעו למדרגת א"ל וזהו מליחי מלשון מלכות דממליכים את הקב"ה בעולם.

והנה תמצית המעשה התשע עשרה דהיינו: "ההוא אבן טבא (82) – תנינא (511) – בר אמוראי (460) – פושקנצא (631) – אתהפיכו מיא והוו דמא (641) – תנינא תבריה (736) – ציפרא (381) – ציפרי מליחי (488)" סליקו יחד לחושבן [עם ח' הכוללים והכללות] (3939): ג' פעמים (דהוי חזקה) "תחית המתים" (1313) בסוד ונהפוך הוא בנס דפורים דתכלית הונהפוך הוא דמתים קמים לתחיה ומביא לתכלית של אתם קרויין אדם (יבמות סא.) ולכן בכאן אתהפיכו מיא והוו דמא, דמ"א צירוף אד"ם.

מעשה עשרים: "**מאור גדול**" גימ' (290) טו"ב (17) פעמים טו"ב (17) ע"ה, דהוא הצדיק אמרו צדיק כי טוב (ישעי' ג',י'), דהן ב' מאורות המאור הגדול והמאור הקטן דהקטין הקב"ה ללבנה בתחלה הוו שני המאורות הגדולים כדהאריך בסוגיא בגמרא (חולין ס:) וכן האריך האריז"ל בעץ חיים שער מיעוט הירח – שער שלם בענין. ואמרו חז"ל (בבא בתרא עה.) פני משה כפני חמה פני יהושע כפני לבנה, הרי מאור גדול קאי אפני משה כפני חמה, וחשובניה "מאור גדול" (290) י"פ "טוב הוא" (29) דאיתמר במשה ותרא אותו כי טוב הוא (שמות ב',ב') ומשה כמה הוי י' אמין הרי י"פ טוב הוא – ורבי יהושע דהוא לקביל יהושע בן נון דהוא בכללות פני לבנה הוא דנזדעזע דמיעוט הלבנה הוא השכינתא בגלותא דבכללות הן חכמים עיני העדה בחינת הלבנה בחינת הלבנה דממעיטין את עצמם לפני ונזדעזע שמא ראה בעיני הבשר [כמ"ש העיני בשר לך וכו' (איוב י',ד')] או על כל פנים בעיני רוחו בהשגה רוחנית את בעלה דמטרוניתא המאור הגדול, ואמר ליה (שמא) "**עיניו של לויתן**" (ראית) גימ' (972) "עין בעין יראו

בשוב ה' ציון" ע"ה (ישעי' נ"ב,ח') הרי הן עיני "לויתן" גימ' (496) "מלכות" דיראו בשוב ה' ציון וכדכתיב וראו כל בשר יחדו כי פי ה' דבר (ישעי' מ',ה').

הרי שניהם: "מאור גדול (290) עיניו של לויתן (972)" סליקו לחושבן (1262) י"ג פעמים מ"ה ב"ן (97) דמאור גדול בחינת שם מ"ה שמברר לשם ב"ן שהוא "לויתן" גימ' (496) "מלכות".

וכן תרי תנאי רבי אליעזר בחינת שם מ"ה דמאור גדול מברר לשם ב"ן כגון יהוש"ע ב"ן נון דהוא פני לבנה - "רבי אליעזר" גימ' (530) "פני השכינה", דהיינו שהוא מברר הבירורים ומוריד השפע לשכינה הקדושה במלכות, וכן "רבי אליעזר" ע"ה גימ' (531) "פני יהושע" דאמרו חז"ל דהן כפני לבנה כנ"ל, והוא סוד התכללות דכר בנוקבא ונוקבא בדכר, כגון בקידושי אשה הוא נותן הטבעת דאית בה נקב, דנקב"ה נקראת על שם הנק"ב מתמן יציאת הולד וכו' היינו דהנותן דכר נותן הנקבות שלו אליה לעשותה כלי והיא נותנת לו זכרותה דמושיטה לו אצבעה, וכל דא בסוד אחליפו דוכתייהו בכתבי האריז"ל - וכן בכאן רבי אליעזר דהוא בחינת דכר ומשפיע לגבי רבי יהושע דרבי אליעזר אומר בתשרי נברא העולם דהוא בעולם המחשבה המוחין דהן דכר לגבי המדות נוקבא, ורבי יהושע אומר בניסן נברא העולם בחינת מעשה דנשי מברכאן שעשני כרצונו.

וזהו "רבי יהושע" גימ' (603) "בני ישראל" דהן בחינת נוקבא לגבי קוב"ה דהוא כחתן יוצא מחופתו (תהל' י"ט,ו') ויקדשם בלוחות ראשונים בקדושי שליח דהוא משה רבינו, דראה דעבידו עגל הזהב ושיבר הלוחות דלא תהא מקודשת בחינת כלה שזינתה תחת חופתה, ובלוחות השניים נתקדשו קדושין מלאים, ובחג הסוכות שבע ברכות שבע ימי המשתה ובשמיני עצרת היחוד בפועל דאמרו חז"ל בלשון נקיה אמר הקב"ה בואו אעשה לכם עוד סעודה קטנה (עיין רש"י במדבר ל',ל"ו).

"**רבי אליעזר** (530) **רבי יהושע** (603)" גימ' (1133) י"א פעמים נחמ"ה (103) בגמר הבירור וביאת משיח צדקנו בב"א, וכן הוא חושבן במעשה הששה עשר "תרי מברי דסורא" (1133) עיין שם, ומקבילות הלולאות.

ומסיים בפסוקא (איוב מ"א,י'): "**עטישתיו תהל אור ועיניו כעפעפי שחר**" גימ' (2437): כ"ח (28) פ' לבנ"ה (87) ע"ה, דבני ישראל נמשלו ללבנה וכן לתולעת כדכתיב תולעת יעקב (ישעי' מ"א,י"ד) דכוחם בפיהם [עיין בתנחומא בשלח סימן ט' מה תולעת זו אין כוחה אלא בפה אף ישראל וכו'] בתורה ותפלה בוראים שמים וארץ חדשים ומהפכים גזרותיו של הקב"ה מדין לרחמים כמבואר בחז"ל ובכאן כ"ח הלבנה להמשיך פנימיות אור החמה להאי עלמא בחשכת הגלות שנמשלה ללילה - ולמגר הקליפות טיפין טיפין בשית אלפי שנין דהאי עלמא עד לביאת משיח צדקנו בגאולה האמיתית והשלמה במהרה בימינו ממש.

ומאריך בספרו מאמר שני המאורות לר' אייזיק האמלער דהחמה מכה בקליפות מכה ניצחת משוזרחת, ובלילה בעת ששוקעת הן ננערים ומזיקים מחדש, ומשתמש בלשון דהקליפות ביום נהיים בבחינת אדם ישן - ולכן בכאן במעשה רבי אליעזר דהוא המאור הגדול כנ"ל, היה ישן - ורבי יהושע דהוא הלבנה המאור הקטן היה נעור, דלא איברי לילה

אלא לגירסא (עירובין סה.) והגלות נמשלה ללילה, אם כן מעתה אמור לא איברי גלותא אלא לגירסא בבחינת והגית בו יומם ולילה, דבזמן הגלות יום ולילה אחד הם בחינת חשכות ואפלה ולכן הקפידו קדמונים לצאת בכי טוב ולחזור בכי טוב, היינו דכניסתו לעולם בברית המילה מקריאין אותו שמע ישראל הרי נכנס בכי טוב בסוד האמונה ובצאתו מקריאין אותו שמע ישראל דיצא בכי טוב, ודרשו חז"ל עה"פ אני ישנה ולבי ער (שה"ש ה,ב') אני ישנה בגו גלותא ולבי ער להשי"ת (תקו"ז הקדמה דף י"ז ע"א) צד השוה שבהם עסקין בתורה ובמצוות ומצפים לישועה, וזהו "ישן - נעור" גימ' (686) "ובחרת בחיים" (דברים ל', י"ט) והוא בזמן הגלות כי כשנגלה כבוד הוי' מאי קא משמע לן ובחרת בחיים - וראו כל בשר - תהיה שלילת הבחירה דתראה א-להותו יתברך בגוף איש הישראלי בחי' ומבשרי אחזה א-לוה ממש, אבל בגלות היא מעלת ובחרת בחיים בין ישן בין ניעור.

"רבי אליעזר ישן" גימ' (890) י"פ חנוכ"ה (89) בחינת גלוי אור הגנוז לעתיד לבוא, דיהא מאור הגדול במלוא תוקפו ואז וחפרה הלבנה ובושה החמה (ישעי' כ"ד,כ"ג).

"**רבי יהושע נעור**" גימ' (929) "חדותא דמלכא קדישא" דבחצות הלילה יוצא הקב"ה לגן עדן ומשתעשע בחדוה עם הצדיקים העוסקים בתורה ואז מתבער "רוח השטות" מן העולם, חושבנא דדין כחושבנא דדין.

"**רבי אליעזר ישן** (890) - **רבי יהושע נעור** (929)" גימ' (1819): טו"ב (17) פעמים "אנכי הוי'" (107) דקוב"ה הוא עצם הטוב וטבע הטוב להיטיב הרי שהוריד נשמות הצדיקים להאי עלמא להאיר לנו מחשכת גלותנו ולעוררנו לתשובה מאהבה ולקרב הגאולה בב"א.

הרי שתמצית מעשה העשרים, דהיינו: "רבי אליעזר ישן - רבי יהושע נעור (1819) - מאור גדול (290) - עיניו של לויתן (972) - עטישתיו תהל אור ועיניו כעפעפי שחר (2437)" סליקו יחד לחושבן (5518): ט"פ "משה רבינו" (613) ע"ה דהוא גואל ראשון והוא גואל אחרון, וכל מה שמחדש תלמיד ותיק כבר ניתן למשה בסיני והכל מכחו של משה הרי ט' פעמים במכפלה היא חזקה כפולה ג' פעמים ג', דהוא מאור גדול כנ"ל בריש המעשה, וממילא הוא חושבן (5518) ג"פ (דהוי חזקה) "גל עיני ואביטה נפלאות מתורתך" (1839) (תהל' קי"ט,י"ח) דאמר ליה רבי אליעזר לרבי יהושע שמא עיניו של לויתן ראית בחינת גל עיני כנ"ל, וממילא הוא גם כן חושבן (5518) ג"פ "תורה - תפלה - תשובה" (1839) וכדהארכנו במקום אחר בענין מחלוקת ג' אמוראין בריש מסכת סוכה דהן קו ימין תורת חסד על לשונה (משלי ל"א,כ"ו) - קו שמאל תפלה דעולה מתתא לעילא - ותשובה בריח התיכון המבריח מן הקצה אל הקצה וסליק ברזא דאינסוף, כמ"ש (מובא בתניא לקוטי אמרים פרק כ"ז) כד אתכפיא סיטרא אחרא אסתלק יקרא דקוב"ה בכולהו עלמין, כן נזכה לשוב בתשובה מאהבה אליו ית' אכי"ר.

מעשה עשרים ואחת: "**אטמא דבשרא**" גימ' (558) "בעלמא דאתי" דהוא מעשה האחרון ה-כ"א בסוד י-ה-ו, דפתח עשר מעשיות בסוד עשר ספירות אות י' שבשם הוי', וסיים ב-ו' מעשיות אחרונות בסוד ו' דשם הוי' ב"ה - דאות ו' היא ו' אותיות היורדות מעילא לתתא להמשיך הטיפה במלכות ה' תתאה דהיא

מקבל וכל המעשיות הן בעבודה כרב המעביר לתלמידו עומק שכלו במעשיות ומשלים ומלביש בהן עצמותו ומהותו, ותכלית הכל הוא עלמא דאתי, לכן בכאן החושבן "אטמא דבשרא" סליק "בעלמא דאתי" דאז נזכה להיות "באור פני מלך חיים" (משלי ט"ז,ט"ו) גימ' (507) "דבשרא".

"**פתחנא ונקרינא**" גימ' (956) "תורה משה" דמשה קיבל תורה מסיני ופתח לנו פתח לחיי עלמא דאתי ונקרינא דבעסק התורה אדם מנקר מעל עצמו כל הענינים הבלתי רצויים ומזכך עצמו לקראת בואו לעלמא דאתי.

"**ואנחנא אעשבי**" גימ' (499) שמות הקדש דבריאה–יצירה–עשיה דהיינו "א"ל שד"י ; א"ל–הוי' ; א"ל אדנ"י" ע"ה גימ' (499) בסוד צמצומי השי"ת אל עולם האצילות ומשם בהעלמות והסתרים בלי קץ לעולמות הנבראים בריאה–יצירה–עשיה.

דהניחו את אטמא דבשרא אמונתם בעלמא דאתי אעשבי – הורידוהו להאי עלמא דעוסקים בתורה ובמצוות ומאמינים ומצפים בכל יום שיבא גואל ויגלאנו מגלותנו.

"**ההוא עישבא סמתרי הוה**" גימ' (1126) "תורה – תפלה" דהן אשר יביאו את האדם אם זכה לעלמא דאתי ליושב בסתר עליון סמתר"י צירוף סת"ר מ"י וכו'.

"**הנהו גומרי דריתמא הוו**" גימ' (997) "אברהם יצחק ישראל" אבותינו הקדושים, ובכאן ישראל בחינת גדלות כדאמר ליה המלאך (ס"מ) לא יעקב יקרא שמך כי אם ישראל (בראשית ל"ב,כ"ט) – הרי קוב"ה אורייתא וישראל חד, "דריתמא" גימ' (655) "קודשא בריך הוא", "הוו" גימ' (17) טו"ב הרי דתיבין אחרנין ד–כ"א מעשיות בסוד שם י–ה–ו כנ"ל הן "דריתמא הוו" היינו כחושבן "הקדוש ברוך הוא – טוב" ולעיל ההוא עישבא סמתרי הוה דסליק לחושבן תורה–תפלה – הרי נתקיים במעשה האחרון תכלית הכל בעלמא דאתי יתגלה דקוב"ה אורייתא וישראל כולא חד.

הרי דתמצית המעשה העשרים ואחת, דהיינו: "אטמא דבשרא (558) – פתחנא ונקרינא (956) – ואנחנא אעישבי (499) – ההוא עישבא סמתרי הוה (1126) – הנו גומרי דריתמא הוו (997)" סליקו יחד לחושבן (4136): י"א פעמים "שלום" (376) דלעתיד לבוא אף הקלי' בכאן כפילת י"א פעמים כנגד י"א כתרין דמסאבותא יודו להשי"ת ויכירו במעלתן של ישראל ויכלו מן העולם דנסתיימה תפקידם דלא הוה להו מציואת באור ה' אלא לנסות את היהודי הילך בדרכי ה' ובגלוי אורו הגדול ית' בעלמא דאתי יכלו מאליהן כמוץ אשר תדפנו רוח ואז יהא שלום בעולם דשמיה דקוב"ה הוא שלים [עיין זוה"ק יתרו דף פ"ח ע"ב וזלשה"ק שמא דקוב"ה דאיהו שלים מכל סטרוי וכו' ע"כ].

ומעתה חושבן ו' המעשיות כנ"ל לקביל אות ו' דשם יה"ו סליק לחושבן (26,350): נ' פעמים "שפע החסד" (527), דאות ו' דשם הוא היסוד דסליק עד אבא ואמא ובוקע לכתר כנ"ל וממשיך משם שפע החסד עד למכותא קדישא דהיא כנסת ישראל ולכן אינן בעיקר שם הוי' דכל השפע הוא בשבילם וכן הוא בסוד נענועי הלולב ומיניו דעבדינן ו' צרופי יה"ו ל–ד' רוחות השמים ומעלה ומטה לכל כיוון צירוף א', ובהכאות על החזה, דבר נש המנענע הוא כדוגמת ז"א, מועבר שפע החסד דאיקרי שפע רב בכתבי האריז"ל מפלגותא דשערי דאריך אל הנוקבא דרך

נקב בחזה דז"א, והיא עומדת פנים באחור מאחורי חזה דז"א, והוא שפע מצומצם דרך נקב כדי שיתקבל בטוב בכלי הנוקבא, וכן בכאן המשיך רבה בר בר חנה ואמוראין שעמו השפע באופן הנ"ל אלינו המקבלים שאנו בחינת נוקבא דז"א באופן של ספורי מעשיות כדי שיתקבל בטוב, דלא כל מוחא מוחא סביל דא היינו השפע בעצמו, ולכן באופן של סיפורי מעשיות כנ"ל.

והנה כללות חושבן כ"א המעשיות כנ"ל בסוד שם יה"ו, דהיינו י' מעשיות הראשונות (40,722) ה' מעשיות לאחריהן (19,274) ו' מעשיות אחרונות (26,350) סליקו יחד (עם ד' אתוון דשם הוי' ב"ה) לחושבן (86,350): נ' פעמים "ל"ב נתיבות חכמה - נ' שערי בינה" ע"ה (1727), והוא נפלא מאד דאמשיך שפע דאבא ואמא עילאין דהן י"ה דכללות אל הזעיר אנפין דהוא שם יה"ו דרך הני כ"א מעשיות ועד להוא בר נש העוסק בהן ומשפיע שפעם בעולם כולו דכתב באריז"ל דאבא ואמא עילאין י"ה הן תרין רעין דלא מתפרשין לעולם, ושפע דילהון אית ביה חיצוניות השפע דהוא לחיות העולמות וקיומם, ופנימיות השפע הוא לישראל דפנימיות אבא פנימיות עתיק וכו' הוא טל תחיה ממש, דהעוסק בתורה לשמה ובעיקר בפנימיות התורה והחסידות כפי שהמשיכה לעולם קדושינו הבעל שם טוב זיע"א הרי טל תורה מ"חיה"ו [מוסיף מ"ח ב-יה"ו וכאמרם (אבות פ"ו,מ"ה) במ"ח דברים התורה נקנית וכו'] ומקרב ביאת משיח צדקנו במהרה בימינו ממש.

אופן יב

בשעת קבלת התורה עיר גבורים עלה חכם שהיה ברזא דדכורא ובעגל פגמו בדרגא דמשה תש רוחו כנקיבה, אח"כ בהקמת המשכן חזר משה לרזא דא' שהיא חדא דכורא והוא סוד ויבואו האנשים על הנשים סיטרא דרחמי גבר על סיטרא דדינא.

ופירוש הפסוק ויקר אל משה מה הוא היקר אות א' שהוא דרגא דיוסף בזוהר מקץ שנים עשר אחים אנחנו בא' זה נרמז וידבר ה' אליו מאוהל מועד לאמר, אה"ל מוע"ד בגימ' יוס"ף וזה שכתוב אדם כי יקריב מכם יוסף נקרא אדם ברבה פ' בשלח:

אופן יב

בשעת קבלת התורה (משלי כ״א,כ״ב) עיר גיבורים עלה חכם שהיה ברזא דדכורא [א]כדאיתא בזוה״ק פרשת יתרו

גלא עמיקתא

והנה הפסוק דמביא המגלה עמוקות (משלי כ״א,כ״ב) ״[ב]עיר גברים עלה חכם״ גימ׳ (708) ד׳ פעמים ״גן עדן״ (177) והן ד׳ תיבין כלומר דערך הממוצע דכל תיבה ״גן עדן״ [[1]עיין מה שכתבנו בענין זה במקום אחר].

1. ד׳ שמות שאינן נמחקין: ויקרא א׳ זעירא רמיזא אלופו של עולם ושמותיו הקדושים אשר אינם נמחקים, ובארנום לעיל אופן פ״ג ופ״ד וכעת נבארם בא״ת ב״ש בסוד הפסוק ״שמן ומגן הוי׳ אלהים״ (תהל׳ פ״ד) והאי אופן פ״ו גימ׳ ״אלהים״, והנה באורו באתוון זעירין: עיין באופן פ״ג בהתאמה השמות הק׳, ובא״ת ב״ש, לא נפרטם שוב ומבואר שם (דהיינו-פינחס, בהבראם, לשוא בהבראם לקביל שם הוי׳ דאתוון זעירין וכד׳ לשאר השמות) אלא נכתוב מיד הגימ׳ בא״ת ב״ש ובאורה: י-ה-ו-ה: גימ׳ (2831) ״בואי כלה בואי כלה״ ע״ה (149) פעמים ״חוה״ (19). באתוון זעירין הפשוט סליק (1045) ״אלף אדם״, והוא פלא. אל: גימ׳ (1027) ע״ה ״קדשנו במצותיך״ מיעוט רבים שנים, וכתיב ״לעבדה ולשמרה״ גימ׳ (702) ״שבת״, דאדה״ר היה בעולם שכולו שבת קודם המעוט והחטא, וכל עבודתו היתה רוחנית ״לעבדה״ שרש לרמ״ח עשה, ו״לשמרה״ שרש לשס״ה מצוות ל״ת, וזהו דאל בפשוט סליק ב״פ ״גן עדן״ וכל הפס׳ הנ״ל (בר׳ ב׳) ״ויקח ה׳ אלהים את האדם ויניחהו בגן עדן לעבדה ולשמרה״ עולה גימ׳ (1653) ״שמירת שבת״ ע״ה, ובספה״ק שבת שקולה כנגד התורה כולה, ומובא בדברות קדש לאדמו״ר מבעלזא שליט״א בדרוש לשבועות. אל-ה-ים: גימ׳ (2537) ״(ו)אנחנו כורעים ומשתחוים ומודים לפני מלך מלכי המלכים הקדוש ברוך הוא״ שתיקן יהושע בעלינו לשבח.

צ-ב-א-ו-ת: גימ׳ (2071) ״שבתותי תשמורו״ (ויק׳ י״ט) ע״ה, ובפשוט ה״פ ״אמת״ דשבת איהי אות אמת כמ״ש ״ביני ובין בני ישראל אות היא לעולם״ (שמ׳ ל״א).

ש-ד-י: גימ׳ (1059) ״ויקח אברהם את עצי העולה״ (בר׳ כ״ב) דבזכות אמונתו בהשי״ת זכה דמעצי האשל שנטע נעשו עצי שטים עומדים, וכלל ישראל חי וקים לנצח נצחים, וזהו בפשוט סליק ״ישראל

[א] זוהר פרשת יתרו דף צב עמוד ב: זכור רזא דדכורא איהו, רזא דדכורא דנקיט כל שייפי דעלמא עלאה, את יום השבת לאסגא׳ מעלי שבתא דאיהו לילה ודא איהו את לקדשו דאצטריך קדושה מגו עמא קדישא ולאתעטרא בהו כדקא חזי, זכור אתר דלית ליה שכחה ולא קיימא ביה שכחה דהא לית שכחה (בראשית קצג ב) באתר דברית עלאה וכ״ש לעילא, ולתתא אית שכחה אתר דאצטריך לאדכרא ועל דא כתיב (תהלים קט) יזכר עון אבותיו וגו׳, ואית תמן ממנן דאדכרן זכיין דבר נש וחובוי ולית שכחה קמי כרסייא קדישא מה דאיהו קמיה, ומאן איהו קמיה, זכור, וכ״ש לעילא, בגין דכלא רזא דדכורא איהו ותמן אתגליף רזא דשמא קדישא יד״ו, ולתתא אצטריך לאתקדשא ובמה אתקדש בזכור דהא מניה נטיל כל קדושן וכל ברכאן, ודא כד מתעטרי מעלי שבתא על עמא קדישא כדקא יאות בצלותין ובבעותין ובסדורא דחדוה, ואי תימא זכור לא אצטריך לאתקדשא דהא מניה נפקין כל קדושין דעלמא, לאו הכי דהא דא אצטריך לאתקדשא ביממא ודא אצטריך לאתקדשא בליליא וכל קדושין נטלין לון ישראל לבתר ואתקדשן בקדושי דקודשא בריך הוא. **[ב] קהלת רבה פרשה ח:** דבר אחר מי כהחכם זה משה דכתיב ביה עיר גבורים עלה חכם ומי יודע פשר דבר שפשר תורה לישראל, ר׳ מנא דשאב בשם ר׳ יהושע בן לוי אמר על כל דבר ודבר שהיה הקדוש ברוך הוא אומר למשה היה אומר לו טומאתו וטהרתו, וכיון שהגיע לפרשת (ויקרא כ״א) אמור אל הכהנים, אמר לפניו רבונו של עולם ואם נטמאו אלו במה היא טהרתן לא השיבו דבר, אותה שעה נשתנו פניו של משה, וכיון שהגיעו לפרשת פרה אדומה, אמר לו הקדוש ברוך הוא למשה משה אותה אמירה שאמרתי לך אמר אל הכהנים, ואמרת לי אם נטמאו במה היא טהרתן, ולא אמרתי לך דבר זו היא טהרתן ולקחו לטמא מעפר שרפת החטאת,

זכור דעשרת הדברות רזא דדכורא איהו] ובעגל פגמו בדרגא [ג]דמשה תש כחו

גלא עמיקתא

ותיבין (שהיה) "ברזא דדכורא" גימ' (445) ה' פעמים "חנוכה" (89) רמיזא [ד]2אור הגנוז לצדיקים לעתיד לבוא

אמר לפניו רבש"ע וכי טהרה היא, אמר הקדוש ברוך הוא משה חקה היא וגזירה גזרתי ואין בריה יכולה לעמוד על גזירתי דכתיב (במדבר י"ט) זאת חקת התורה. [ג] **רש"י דברים פרק ה פסוק כד:** ואת תדבר אלינו - התשתפי את כחי כנקבה שנצטערתי עליכם ורפיתם את ידיכ כי ראיתי שאינכם חרדים להתקרב אליו מאהבה. וכי לא היה יפה לכם ללמוד מפי הגבורה ולא ללמוד ממני. [ד] **תלמוד בבלי חגיגה דף יב עמוד א:**

שוכן לשבטיו" (במ' כ"ד) כנ"ל באופן פ"ג. א-ה-י-ה: גימ' (2856) ח"פ "משיח" ע"ה (358) והוא באהי-ה היינו עלמא דחירותא [ועיין לקמן אופן קמ"ב-תהלים י"ב פסוק ב']. א-ד-נ-י: גימ' (1461) "שבת שבתון" (ויק' כ"ג,ל"ב) ע"ה, בסוד מלכות- ובפשוט: "וייצר את האדם" (בר' ב',ז') כנ"ל, כדי שישמור שבת- לעבדה ולשמרה ברוחניות. וכשנחבר כל הני ז' שמות קדושים בא"ת ב"ש בסוד אור חוזר- סליק לחושבן (13842) י"פ הפס' "ואלהים פקד יפקוד אתכם והעלה אתכם מן הארץ הזאת" (בראשית נ',כ"ד) דאמר יוסף לאחיו לפני מותו והוא י"פ דאנן עסקינן באתוון זעירין בסוד זעיר אנפין דהוא ו"ק, ויוסף דאמר דא איהו היסוד דמקבץ לכל הו"ק, ופשוט. והנה ה-ז' שמות כמו שעולים בא"ת ב"ש באתוון רברבין, ועי' במקביל באופן פ"ד כי לא נפרטם אלא בגימ': י-ה-ו-ה: גימ' ע"ה (1771) הפס' "שמח נפש עבדך כי אליך א-דני נפשי אשא" (תהלים פ"ו,ד'). אל: גימ' (732) הפס' "כמים הפנים לפנים כן לב האדם לאדם" (משלי כ"ז,י"ט) דעסקינן ביה באופן פ"ה בעניין שתין שהן ארבע, עיין שם. אל-ה-י-ם: גימ' (1574) הפס' "לא ימיש עמוד הענן יומם ועמוד האש לילה לפני העם" והוא אהבת הקב"ה לעם ישראל, ובפשוט "אהבת ישראל". צ-ב-א-ו-ת: גימ' (2390) י"פ "כי יד על כס י-ה" (שמות י"ז,ט"ז) ובפשוט "וקשרתם לאות על ידך וכו'" עניין התפילין, וכמ"ש באופנים הקודמים "והיה כאשר ירים משה ידו וגבר ישראל" בסוד א' זעירא דמשה ודדוד. ש-ד-י: גימ' (965) "והייתם לי לעם ואנכי אהיה לכם לאלהים" (ירמיהו כ"ד,ז') ובפשוט "תפלין" מרמז הקשר דקוב"ה וישראל בסוד מלך אסור ברהטים, ואכמ"ל. א-ה-י-ה: גימ' (1690) י"פ "מום אין בך" (שה"ש ד',ז') ובא-היה אתוון רברבין הפשוט סליק גימ' "טהר", וכאן בא"ת ב"ש הוא י"פ לקביל כל הקומה די"ס, והפס' כולו "כלך יפה רעיתי ומום אין בך" גימ' (1030) ע"ה "כי קדוש אני ה' מקדשכם" (ויקרא כ"א,ח') והוא ית' קדש את ישראל כמו שמקדש חתן לכלה. א-ד-נ-י: גימ' (1507) "קדשים תהיו כי קדוש אני ה' אלהיכם", ובארנוהו לעיל באריכות באופן פ"ה "שבועות, ידיעות הטומאה, יציאות השבת, מראות נגעים- שתים שהן ארבע" פשוט וא"ת ב"ש גימ' (8810) י"פ "קדושים תהיו" (ויק' י"ט,ב') והרחבנו הבאור, עיין שם [ועיין אופן ק"ט-זוה"ק משפטים-ישראל אקרון קדש]. והנה כשנחבר יחד כל הני ז' שמות דאינם נמחקים באתוון רברבין סליק לחושבן (10629) ט"פ (תהלים צ"א,ז') "יפול מצדך אלף ורבבה מימינך, אליך לא יגש" ורמיזא האי א' זעירא באתוון רברבין בא"ת ב"ש וזהו דרברבין באו"ח הפכין לזעירין, והוא ט"פ לקביל ט' ת"ד דז"א [עיין לעיל אופן מ"ג-חלום דניאל]. וכשנחבר אתוון זעירין (13842) בא"ת ב"ש עם אותן השמות באתוון רברבין (10629) סליק לחושבן (24471) ט"פ "הנני שולח לכם את אליה הנביא (לפני בא יום ה' הגדול וכו') והשיב לב אבות על בנים ולב בנים על אבותם" [סוף מלאכי- עם שינוי קטן ברישא, דכתיב "הנה אנכי" וכאן כתיב "הנני"] לקביל ט' ת"ד דז"א. ונוסיף על האי חושבן דכולהו שמהן בא"ת ב"ש (24471) האי חושבן דכולהו אתוון זעירין ורברבין הפשוט (מאופנים פ"ג,פ"ד) סליק כולא, בסוד שתים שהן ארבע, גימ' ע"ה (36960) כ"ב פעמים "והקימתי את בריתי" (בראשית ז',י"ח), והן לקביל כ"ב אותיות התוה"ק, דערך ממוצע דכל אות ואות היא "והקימתי את בריתי", ופירש"י הק' בעניין "והקימתי את בריתי" בין הקב"ה לנח לאחר המבול "ושלא יהרגוהו רשעים שבדור" גימ' (1704) "שומרי שבת וקוראי עונג"- וחזינן דבשבת כללות כלא דשמא קדישא, ומרומז כלא בא' זעירא, רישא לכל אתוון.

2. באור על מגלה עמוקות ואתחנן אופן ח': ב'. אֲדֹנָי יהוה אַתָּה הַחִלּוֹתָ לְהַרְאוֹת אֶת עַבְדְּךָ אֶת גָּדְלְךָ וְאֶת

כנקבה. אח"כ בהקמת המשכן חזר משה לרזא דא' שהיא חדא דכורא וה"ס (שמות ל"ה,כ"ב) ויבאו האנשים על הנשים

גלא עמיקתא

והחל להתגלות בזוהר הקדוש דהוריד רשב"י לעולם כמ"ש [ה]עלית למרום שבית שב"י ר"ת שמעון בר יוחאי. והומשך ע"י האר"י הקדוש והמגלה עמוקות ובני דורם, ועד למטה מעשרה טפחים בירידת נשמתו הטהורה של הבעש"ט רבי "ישראל בעל שם טוב" גימ' (1000) "אלף"– דהיינו אלף רבתי דאדם (תחלת דברי הימים).

והנה מזכיר רבינו תיבה תיבת רז"א ב' פעמים: א' הנ"ל, ו–ב' (אח"כ בהקמת המשכן) "חזר משה לרזא דאלף" גימ' (913) בראשי"ת, ובהשגחה פרטית אנן בפרשת "ואתה תצוה" גימ' (913) בראשי"ת כנודע. ומתחלק בי"ת רא"ש גימ' ואת"ה תצו"ה, סופי תיבות בית ראש ת"ש, כדממשיך המגלה עמוקות שם ובעגל פגמו בדרגא דמשה ת"ש כחו כנקבה. וכשנחבר הני תרי רז"א בדברי קדשו דהיינו: "ברזא דדכורא (445) חזר משה לרזא דאלף" (913) סליקו תרוויהו לחושבן (1358) "ברוך שם כבוד מלכותו לעולם ועד". והיינו דהמשיך משה דהוא בחינת [ו]יחודא עילאה שמע ישראל עד לבחינת ברוך שם בחינת [ז]יחודא תתאה ומיתקן הדינים מעל כלל ישראל. וכל מיתוקיו נעשו

יָדְךָ הַחֲזָקָה אֲשֶׁר מִי אֵל בַּשָּׁמַיִם וּבָאָרֶץ אֲשֶׁר יַעֲשֶׂה כְמַעֲשֶׂיךָ וְכִגְבוּרֹתֶךָ (דברים ג,כד) גימ' (6385) ה' פעמים "אור הגנוז" (1277) ב-א' רבתי דהיינו אלף (1000) באור הענין: דאומר הקב"ה למשה- אתה עדיין בחינת א' זעירא דויקרא אל משה- ועדיין לא הגיעה העת לכנוס עד לעתיד לבוא בתחית המתים דאז אדם ב-א' רבתי (תחלת דברי הימים) ואז תכנוס בראש כל הדור ההוא מתי המדבר כאמרם (סנהדרין צא:) "אז ישיר משה" (שמות ט"ו,א') שר לא נאמר אלא ישיר אותו לעתיד לבוא- ושם כתיב "אז ישיר משה ובני ישראל"- הרי שיקום משה וכל הדור ההוא לעתיד לבוא בתחית המתים ויאמרו שירה.

ואור ביום ראשון איברי? והכתיב ויתן אתם אלהים ברקיע השמים וכתיב ויהי ערב ויהי בקר יום רביעי! - כדרבי אלעזר. דאמר רבי אלעזר: אור שברא הקדוש ברוך הוא ביום ראשון - אדם צופה בו מסוף העולם ועד סופו, כיון שנסתכל הקדוש ברוך הוא בדור המבול ובדור הפלגה וראה שמעשיהם מקולקלים - עמד וגנזו מהן, שנאמר וימנע מרשעים אורם. ולמי גנזו - לצדיקים לעתיד לבא שנאמר וירא אלהים את האור כי טוב, ואין טוב אלא צדיק, שנאמר אמרו צדיק כי טוב. כיון שראה אור שגנזו לצדיקים שמח, שנאמר אור צדיקים ישמח. כתנאי: אור שברא הקדוש ברוך הוא ביום ראשון אדם צופה ומביט בו מסוף העולם ועד סופו, דברי רבי יעקב. וחכמים אומרים: הן הן מאורות שנבראו ביום ראשון ולא נתלו עד יום רביעי. [ה] בספר סמיכות חכמים להמקובל האלוקי רבי נפתלי כץ זי"ע (הקדמה דף קמ.) מביא בשם המקובלים, שמשה רבינו בשעת עלייתו זכה לנשמת רבי שמעון בן יוחאי, והרמז הוא "עלית למרום שבית שבי" - שב"י נוטירקון שמעון בן יוחאי. [ו] **ריקאנטי דברים פרק ו:** ספר הזוהר [ח"א יח ע"א וב] יי' אחד ושמו אחד [זכריה יד, ט], תרין ייחודין, יחודא תתאה אתייחד לפום יחודא דאתייחד יחודא דלעילא. יי' אלהינו יי', גוונין סתימין דלא אתחזיין ואתקשרו אל מקום אחד ייחודא חדא עילאה, גוונין דקשת לתתאה דאתייחדת בהו חיו"ר וסומ"ק וירו"ק כגוונא דגוונין סתימין ואינון יחודא אחרא רזא ושמו אחד ברוך שם כבוד מלכותו לעולם ועד יחודא דלתתאה. יחודא עילאה שמע ישראל יי' אלהינו יי' אחד דא לקבל דא. יקוו המים מדידו דקו ומשחתא, הכא שית תיבין והכא שית תיבין משחתא בוציצא דקרדינותא כתיב [ישעיה מ, יב] מי מדד בשעלו מים ודא איהו יקוו המים. [ז] **של"ה תולדות אדם בית ישראל (תליתאה):** וכמה נפלא, כי נקודה הראשונה מהאצילות סוד הרצון, והכתר הוא הרצון,

סטרא דרחמי גבר על סטרא דדינא. ופי' הפסוק ויקר אל משה מה היא היקר אות א' שהוא דרגא דיוסף [ח]בזוהר מקץ שנים עשר אחים אנחנו

גלא עמיקתא

[3]בדרגא דיוסף הצדיק כדכתיב (שמות י"ג) ויקח משה את עצמות יוסף עמו וכו' [ט]דרגא דצדיק, וכדמסיים האופן "אהל מועד" גימ' (156) "יוסף". ולכן מודגש י'

כמו שכתבתי לעיל (אות נז), ונקודה האחרונה דהיינו הארץ, נקרא 'ארץ' על שם רצון, כמבואר בזהר פרשת בראשית (ח"א דף י"ב ע"א) 'ויקרא אלהים ליבשה ארץ' (בראשית א, י), זה לשונו: ומה דהוות יבשה אתעבידת ארץ, למעבד פירין ואיבין ולנטעא אילנין, והיינו דכתיב (שם) 'ויקרא אלהים ליבשה ארץ', בההוא יחודא דלתתא, ארעא רעוא שלים כדקא יאות, ועל דא 'כי טוב' ['כי טוב'] תרי זימני, חד יחודא עילאה וחד יחודא תתאה, כיון דאתאחיד בתרין סטרין, מכאן ולהלאה 'תדשא הארץ דשא' (שם שם, יא), אתתקנת למעבד פירין ואיבין כדקא יאות, עכ"ל. ובנוסח 'ומפני חטאינו גלינו מארצנו ונתרחקנו מאדמתנו' (בתפלת המוספין) כתב מוה"ר משה קורדוורו ז"ל (בסידור תפלה למשה), כי מלכות נקרא 'ארץ' מלשון 'רצון' בשפע, 'שבע רצון' (דברים לג, כג), ונקראת 'אדמה' מלשון אדומה, בקבלתה דין, ואפילו מזה נתרחקנו (עכ"ד). הרי 'ארץ' מלשון 'רצון'. הגם שכל הנזכר לעיל רומז על הארץ העליונה, מכל מקום גם התחתונה הארץ הגשמית הזו נקרא 'ארץ' מלשון רצון. הרי סוד חותם הרצון, מנקודה ראשונה עד אחרונה, הרי הרצון בהקדוש ברוך הוא.

[ח] זוהר פרשת מקץ דף ר עמוד א: אמר ההוא יודאי ודאי שמענא דיוסף איהו בעלמא דדכורא וכלהו שבטין בעלמא דנוקבא אינון ועל דא לא אתכליל יוסף עמהון בגין דאיהו בעלמא דדכורא עמהון (נ"א ל"ג עמהון) מה כתיב כלנו בני איש אחד נחנו, נחנו אנחנו מיבעי ליה אמאי חסר א' אלא בגין דרזא דברית לא אשתכח עמהון אסתלק מתמן א' דהא א' דכורא איהו ועל דא ב' איהי נוקבא א' דכורא, ובגין דא אסתלק א' מתמן ואשתארו אינון נוקבי לגבי שכינתא ולבתר אמרו כנים אנחנו אתוסף א' אמרו ולא ידעי מה קאמרו בגין דיוסף אשתכח תמן ואשלימו מלה ואמרו אנחנו מנלן דכתיב ויאמרו שנים עשר עבדיך אחים אנחנו ויוסף איהו בחושבנא, כד עאל בחושבנא אמרו אנחנו וכד לא עאל בחושבנא אמרו נחנו. **[ט] זוהר בראשית פרשת ויחי דף רכ עמוד ב:** ורב המנונא סבא פריש וערבי נחל אינון תרין קיימין דקאמרן דמייא נפקי מנייהו ושפיר אבל תא חזי הא חזינן דתרין דרגין

3. באור על מגלה עמוקות ואתחנן אופן י"ז: ד'. אִמְרוּ צַדִּיק כִּי טוֹב כִּי פְרִי מַעַלְלֵיהֶם יֹאכֵלוּ (ישעיהו ג,י) גימ' (1110) י' פעמים אל"ף (111) ובהאי חושבן רמיזא לן טובא: ראשית דכפלינן י' פעמים אל"ף רמז למה שכתב המגלה עמוקות (ויקרא אופן ע"ח) ד-א' זעירא צורת י'. ועוד נרמז דבאופן זה מביא המגלה עמוקות הפסוק הראשון ויאמר כי אהיה עמך וכו' גימ' ב' פעמים חו"ה פעמים אל"ף כנ"ל.

ושני הפסוקים לקביל דרגא דיוסף הצדיק [דאיהו ביסודא כדכתיב וצדיק יסוד עולם (משלי י',כ"ה)] דהוא בחינת אלף דיסודא סליק לבחינת כתר ואף בוקע לבחינת עצמותו ומהותו יתברך לפשטות האינסוף ב"ה לכן כפלינן באלף בחינת אלופו של עולם.

וי"ל דאומר משה רבינו לקב"ה: זכיתי להאי דרגא באותו פרק שנתת לי א' זעירא- וא"כ יכנסו עצמותי לכל הפחות להיקבר בארץ ישראל כעצמות יוסף- שהרי עצמות יוסף העליתי ממצרים לקברם בארץ ישראל כדכתיב (שמות י"ג,י"ט) "ויקח משה את עצמות יוסף עמו כי השבע השביע את בני ישראל לאמר פקד יפקד אלהים אתכם והעליתם את עצמותי מזה אתכם"- לכן ראוי שגם עצמותי יקברו בארץ.

והשיב לו הקב"ה: רב לך- מעלתך רבה יותר ממעלת יוסף הצדיק- לכן אין לך להיכנס לארץ ישראל- דחושבן ב' בפסוקין א' עם ד' דהיינו: "ויאמר כי אהיה עמך וכו' (4218) עם אמרו צדיק כי טוב וכו' (1110)" סליקו לחושבן (5328) גדול"ה (48) פעמים אל"ף (111) וכמו שמביא בסוף האופן מהרקנטי שזכה משה למדרגה גדולה בחייו, וכן זכה לאלף זעירא בזכות ענותנותו- לפנימיות הכתר- לכן כפלינן גדול"ה פעמים אל"ף.

(בראשית מ"ב,י"ג) ב–א' זה נרמז וידבר ה' אליו מאהל מועד לאמר. אה"ל מוע"ד בגימ' יוסף וז"ש אדם כי יקריב מכם (ויקרא א',ב') [י]יוסף נקרא אדם [יא]כדאיתא בגמרא (סוכה כה.) דכתיב (במדבר ט',ו') ויהי

גלא עמיקתא

פעמים לקיחת משה את האהל בתוך ד' פסוקים (שמות ל"ג ז'–י') ופסוק י"א לקביל יהושע (ל"ג,י"א) ומשרתו יהושע בן נון נער לא ימיש מתוך האהל דלא מש משלמות ענין הקדושה בשלמות ב–י' בחינות. י' פעמים "אהל" (36) גימ' (360) "כמים לים מכסים" (ישעי' י"א,ט') שלמות הקדושה– דהפגם ע"י ע' עכו"ם דהצד השוה שבהם פגם הברית ונקראים בשיר השירים (ח',ז') "מים רבים לא יוכלו לכבות את האהבה". והיינו אהבת עם ישראל לקוב"ה ואהבתו אליהם כמים הפנים לפנים כן לב האדם לאדם וכן עד רזא דאינסוף עד לבחינת מיניה וביה בקוב"ה עצמו. דישראל עלו במחשבה לפני כל דבר ובמי נמלך בנשמותיהן של צדיקים אינון ישראל ועמך כולם צדיקים לעולם יירשו ארץ היא ארץ העליונה. ואח"כ בהקמת המשכן חזר משה לרזא ד–א' הה"ד (שמות ל"ה,כ"ב) "ויבאו האנשים על הנשים" גימ' (936) י"ג ע"ב דהיינו "מרדכי אסתר" ע"ה.

אלין דקיימי על דרגא דצדיק איבא וכנישו רברבא (ס"א דברכאן) נפקי מנייהו וערבי נחל לא נפקי מנייהו איבא ולא טעמא ולא ריחא והא אוקימנא וכלא שפיר. [י] **בגמרא סוכה כה. וזה לשון הגמרא:** והעוסק במצוה פטור מן המצוה מהכא נפקא? מהתם נפקא, דתניא: ויהי אנשים אשר היו טמאים לנפש אדם וכו' אותם אנשים מי היו? נושאי ארונו של יוסף היו, דברי רבי יוסי הגלילי ומובא בדברי השם משמואל במדבר פרשת בהעלותך אנחנו טמאים לנפש אדם למה נגרע. אור החיים ז"ל הקשה הלוא טעמם בפיהם אנחנו טמאים, ומה מבקשים ליתן להם תורה חדשה. ונראה דהנה יש לדקדק למה האריכו לומר לנפש אדם, כי לנפש סתם משמעותו נפש אדם כמ"ש לקמן כי יהי' טמא לנפש. ונראה עפ"י מאמרם ז"ל (סוכה כ"ה סוע"א) לנפש אדם זה יוסף, והטעם כי שם אדם הוא כולל, אות ד' מורה על ד' היסודות הגשמיים, ואות מ"ם סתומה מורה על ד' היסודות הרוחניים שכל אחד כפול עשרה והם נגד ארבעים יום של יצירת הולד שבארבעים יום קונה הולד כחות הנפש שהם במספר ארבעים כמ"ש מהר"ל (בגור ארי' פ' תצא) בטעם מלקות ארבעים, ואות א' רומזת לאלופו של עולם שמחבר כל

ההפכים, וע"כ כשנסתלקה האל"ף מתפרדים החלקים ונשאר דם, ובאשר יוסף הי' צדיק יסוד עולם כנישו דכל נהורין יצדק בו שם הכולל בהחלט זהו שם אדם, וזכה לזה מפני שמירת הברית שהוא כולל כל שייפי גופא. והנה הם פירשו דבריהם שאינם טמאים לאיש פרטי אלא לאדם, והטיבו לראות [שאלת חכם היא חצי תשובה] שאיש נדחה ואין ציבור נדחין אלא יעבדו בטומאה. והיתה טענתם שמאחר שיש חילוק בין כלל לפרט, אולי יש חילוק גם באיכות הטומאה, והם שנטמאו לאיש כללי ג"כ יהיו רשאים לעשות בטומאה: **[יא] תלמוד בבלי מסכת סוכה דף כה עמוד א:** משנה. שלוחי מצוה פטורין מן הסוכה. חולין ומשמשיהן פטורין מן הסוכה. אוכלין ושותין עראי חוץ לסוכה. גמרא. מנא הני מילי? דתנו רבנן: בשבתך בביתך - פרט לעוסק במצוה, ובלכתך בדרך - פרט לחתן. מכאן אמרו: הכונס את הבתולה - פטור, ואת האלמנה - חייב. מאי משמע? - אמר רב הונא: כדרך, מה דרך רשות - אף כל רשות, לאפוקי האי דבמצוה עסוק. - מי לא עסקינן דקאזיל לדבר מצוה, וקא אמר רחמנא ליקרי! - אם כן לימא קרא בשבת ובלכת, מאי בשבתך ובלכתך - בלכת דידך הוא דמיחייבת, הא

אנשים אשר היו טמאים לנפש אדם אלו נושאי ארונו של יוסף] ברבה פרשת בשלח.

גלא עמיקתא

וזהו דכתב המגלה עמוקות בלשון קצרה חזר משה לרזא ד–א' דהיינו רזא ד"אחד" גימ' י"ג והן שלמות הארת פורים י"ג פעמים ע"ב בסוד גבי"ע דיוסף [יב]כמו שמבאר הבני יששכר [וראה זה פלא שמביא את דברי רבינו המגלה עמוקות גופיה] ומקורו [יג]באר"י הקדוש ספר מחברת הקודש שער הפורים עיין שם.

וזהו י"ג חסד הארת א"א בכל קומתו מלא חסד, דהן י"ג מכילן דרחמי כנודע דיקנא דאריך אנפין, ויובן מעתה דכתב המגלה עמוקות "סיטרא דרחמי" (542) גבר על "סיטרא דדינא" (349) סליקו תרוויהו לחושבן (891) י' פעמים חנוכ"ה (89) עם הכולל דהיינו א' יותר והיא הא' זעירא פנימיות אור הגנוז המשפעת י' ספירות הגנוזות לעלמא בגאולה האמיתית והשלמה בעגלא דידן ובזמן קריב אכי"ר.

בלכת דמצוה - פטירת. - אי הכי, אפילו כונס את האלמנה נמי! - כונס את הבתולה - טריד, כונס אלמנה - לא טריד. - וכל היכא דטריד הכי נמי דפטור? אלא מעתה טבעה ספינתו בים דטריד, הכי נמי דפטור? וכי תימא הכי נמי - והאמר רבי אבא בר זבדא אמר רב: אבל חייב בכל המצות האמורות בתורה, חוץ מן התפילין, שהרי נאמר בהן פאר! - הכא טריד טירדא דמצוה, התם - טריד טרדא דרשות. והעוסק במצוה פטור מן המצוה מהכא נפקא? מהתם נפקא, דתניא: ויהי אנשים אשר היו טמאים לנפש אדם וכו' אותם אנשים מי היו? נושאי ארונו של יוסף היו, דברי רבי יוסי הגלילי וכו'. **[יב] בני יששכר מאמרי חודש אדר מאמר ב - שקל הקודש, דרוש ו:** ואפשר לומר שזה היה כוונת יוסף בצוותו להשים הגביע באמתחת בנימין [בראשית מד ב], והוא עפ"י מה שכתב הרב הקדוש במגלה עמוקות [עה"ת פר' ויגש, ובואתחנן אופן קע"ב] לדרכו גבי"ע הוא י"ג ע"ב, היינו י"ג מדות חס"ד ורחמים, הנה יש לומר לרמז זה צוה להשים גבי"ע באמתחת בנימין שממנו יצא חוטר ב' גואלים הנ"ל מרדכ"י אסת"ר מספרן גבי"ע היינו י"ג ע"ב, וזהו שאמרו במדרש [ב"ר פצ"ב ט'] בשעה שאמר יוסף ואתם עלו לשלום יצתה בת קול ואמרה שלום רב לאוהבי תורתך [תהלים קיט קסה], והוא ג"כ כמו שכתב הרב הקדוש במגלה עמוקות [אופן קע"ב שם] לדרכו, אית שלום ואית שלום רב, שלום רב היינו בהחשב המ"ם סתומה במספר רבתי היינו ס' דאי"ק

בכ"ר שהוא מספר ת"ר, אז יהיה מספר שלו"ם תתקל"ו, י"ג ע"ב (הנרמז בגבי"ע), וזה לדרכינו, שלום רב (כנ"ל יהיה) לאוהבי תורתך, היינו כשיאמרו רק תורת י"ג מדות אפילו ח"ו לא יקיימו בפועל והלכת בדרכיו, רק יזכירו באהבה את הדברי תורה א"ל רחום וחנון וכו', אזי יושפע עליהם שלום רב כנ"ל, ואין למו מכשול. **[יג] ספר מחברת הקודש (לאר"י הקדוש) - שער פורים:** מהר"ן זלה"ה נלע"ד מה שהביא הרב זלה"ה שמרדכי היה משורש נשמת מרע"ה וזה רמז ואתה קח לך בשמים ראש מר דרור שהוא מרדכי שיהיה ממדרגה שלך וזהו קח לך דייקא ונודע כי שורש נשמת משה היה מסוד אחוריים דיסוד אבא ומפנים דאבא שעולים קפ"ד קס"א גימטריא משה. והנה המן הרשע הפיל פור לידע באיזה חודש איתרא מזלא לשורש נשמתו דמשה שהוא מרדכי שהוא משרשו ואז מצא בחודש אדר שמת משה ואיתרא מזליא לכן ג"כ רצה להמית את מרדכי בחודש אדר וזה היה כדי לבטל הארת יסוד או"א שלא יוכלו לבנות פרצופ' דנוקבא דז"א והמאציל עליון נתן כח להתפשט נה"י דאו"א בתוך נוקבא עד שיצא יסוד אבא מחוץ ליסוד נוקבא בסוד פנים ואחור שהוא ע"ב קפ"ד ואז ויצא הגורל וז"ש הוא הגורל ע"ב קפ"ד גימטריא אהר"ן שהוא שושבינא דמטרוניתא וז"ס באבא יסד ברתא בחכמה יסד ארץ ר"נ ע"י יסוד אבא נתייסד הנוקבא כי הוא מגרש כל החיצונים ואז באה הגאולה לישראל וז"ס מה שאמרו

גלא עמיקתא

ומסיים רבינו דבריו הקדושים: וזה שכתוב "[יד]אדם כי יקריב מכם" (ויקרא א׳,ב׳) סליק לחושבן (487) בתהלי"ם– והוא עצה דע"י שמירה בתכלית דרגא ד"יוסף הצדיק" גימ׳ שס"ה (לא תעשה) ושירות ותשבחות והלל להשי"ת מלכות דוד מלכא משיחא ע"י רבוי אמירת תהלים מקרבים הגאולה והוא לזכות להקרא אדם ב–א׳ רבתי [4עיין עוד מה שבארנו ענין זה במקום אחר], וכדמסיים

השבטים אל יוסף האלקים מצא עון עבדיך ממה שאנו חוטאים בברית עליון ע"י מכיר׳ שלך למצרים בתוך הקליפות לכן הננו עתה עבדים לאדוני ר"ל אנו מוכנים לעבוד ולתקן זה הפגם גם אנחנו גם אשר נמצא הגביע בידו. ויאמר יוסף חלילה לי מעשות זאת שאניח לכם לתקן הפגם הזה כי אין קטיגור נעשה סניגור אלא האיש שהוא מרדכי שהוא נקרא איש יהודי אשר נמצא הגביע בידו ר"ל כי גביע אותיות י"ג ע"ב שהם מתגלים ביסוד אבא שהוא נקרא אות יוד מהשם הוא יהיה לי עבד ר"ל הוא יתקן אותו שגם באותו זמן שהוא דורו של מרדכי נתעורר עליהם זה העון של ברית עליון כמ"ש לקמן וע"י אותו התיקון שיעשה הוא יתוקן ג"כ פגם שלכם ובזה ואתם עלו לשלום אל אביכם שתצאו מהגלות של בבל ותחזרו לא"י כבראשונה ויבנה לכם בב"א.

4. שור שהקריב אדם הראשון קרן אחת היתה לו במצחו: עיין מה שכתבנו בבאור חלום דניאל- דחזה ד׳ חיות עולות מן הים והן ראשי תיבות אדנ"י: אריה דב נמר חיוה רביעאה דחילה אימתני ותקיפה יתירה וכו׳ וקרנין עשר לה וכו׳ קרן אחרי זעירה סלקת ביניהון (והיינו י׳ גימ׳ (5228) ד"פ "שומר עמו ישראל לעד" (1307) דהשי"ת שומר עמו ישראל והוא עמם בגלותם. והנה איתא בגמרא (שבת כח:) "שור שהקריב אדם הראשון קרן אחת היתה לו במצחו" גימ׳ (3090) י"פ "זמרו לה׳" (309 ע"ה) (תהלים ל׳,ה׳), דהיינו ע"י שהקריב האי תורא זימר לשון כריתה לסט"א בי"ס דיליה- והנה בפס׳ הבא (שם) כתיב "בערב ילין בכי"- וזהו דהבאנו לעיל אופן ק׳ ע"ש "ואדם ביקר בל ילין" (תהלים מ"ט,י"ג) היינו דאדה"ר לא לן באותה לילה ראשונה שלו בגן עדן- היקר, רק נטרד משם- וכמו שהבאנו שם הגמ׳ (סנהד׳ לח:), וזהו "בערב ילין בכי" גימ׳ (406) "כי לא יראני האדם וחי" (שמות ל"ג) ומרמז אדה"ר דחטא ונקנסה מיתה לעולם, וד"ל. ושם בגמ׳ (שבת כח:) "תחש שהיה בימי משה בריה בפני עצמה היה וכו׳ וקרן אחת היתה לו במצחו, ולפי שעה נזדמן לו למשה ועשה ממנו כסוי למשכן ונגנז וכו׳ דכתיב ועשית מכסה לאהל עורות אילים מאדמים, "ומכסה עורות תחשים מלמעלה" (שמות כ"ו) ומתחלק- "ומכסה" גימ׳ (131) "סמאל", "ערת תחשים" (כתיב חסר ווין) גימ׳ (1428) "אות ברית קדש" (ע"ה), "ומכסה ערת תחשים מלמעלה" (1774) גימ׳ "והאיש משה ענו מאד מכל האדם אשר על פני האדמה"- (במ׳ י"ב,ג׳) דהתחש נברא לכבודו, וחזינן דהאי תחש מקושר עם זמור עריצים. ויש לקשר האי תורא דהקריב אדה"ר להאי תחש דנברא לשעתו למכסה האהל, דקרן אחת היתה לו במצחו, והגמ׳ לומדת (שם) דהוה חיה טהורה, להאי חיוה תקיפה דחזה דניאל ולה קרנא זעירא [עי׳ לעיל אופן מ"ג], ופירש שם המלבי"ם הק׳ דזהו מוחמד דהתחיל קטן

[יד] **שמות רבה פרשת בא פרשה יז:** [יב, כב - כח] ולקחתם אגודת אזוב, הה"ד (משלי טז) כל פעל ה׳ למענהו, אתה מוצא שכל מה שברא הקדוש ברוך הוא בששת ימי בראשית לא ברא אלא לכבודו ולעשות בהן רצונו, ביום הראשון ברא שמים וארץ אף הם לכבודו בראם, שנא׳ (ישעיה סו) כה אמר ה׳ השמים כסאי, ואומר (תהלים יט) השמים מספרים כבוד אל, וכן האור שברא לכבודו הוא, דכתיב (שם /תהלים/ קד) עוטה אור כשלמה, מה נברא ביום שני, רקיע לכבודו בראו שיעמדו שם המלאכים ויהיו מקלסין אותו, שנאמר (שם /תהלים/ קנ) הללוהו ברקיע עזו, מה ברא ביום ג׳, דשאים ואילנות ומצינו שהדשאין מקלסין להקב"ה, שנאמר (שם /תהלים/ סה) יתרועעו אף ישירו, ומנין אף האילנות, שנאמר (דברי הימים א טז) אז ירננו עצי היער מלפני ה׳, אתה מוצא שצוה הקדוש ברוך הוא מן האילנות לעשות מהן מצות, בפרה אדומה צוה להשליך בשריפתה עץ ארז ואזוב, והזאת מי נדה צוה לעשות באזוב, וטהרת המצורע צוה לעשות בעץ ארז ואזוב, וכן במצרים צוה להגיע הדם אל המשקוף ואל שתי המזוזות באזוב, שנאמר ולקחתם

אגודת אזוב, וכן ברא המים ביום ג׳ שכינסן מעל הארץ, ומשם קלוסו עולה, שנאמר (תהלים צג) מקולות מים רבים אדירים משברי ים, מה נברא ביום רביעי מאורות לכבודו בראם, שנאמר (שם /תהלים/ קמח) הללוהו שמש וירח, ביום ה׳ ברא עופות לכבודו להקריב מהן קרבן שנאמר (ויקרא א) אם מן העוף עולה קרבנו, מה נברא ביום ו׳ בהמות לכבודו וצוה להקריב מהם קרבן שנאמר (שם /ויקרא א׳/) אדם כי יקריב מכם קרבן לה׳ מן הבהמה מן הבקר, וברא בו אדם לכבודו, שנאמר (תהלים קמח) הללו את ה׳ מן הארץ תנינים וגו׳, הוי כל פעל ה׳ למענהו. **[טו] זוהר פרשת נח דף נט עמוד ב:** אלה תולדות נח רבי חייא פתח (ישעיה ס׳) ועמך כלם צדיקים לעולם יירשו ארץ נצר מטעי מעשה ידי להתפאר זכאין אינון ישראל דמשתדלי באורייתא וידעי ארחין דאורייתא דבגינה יזכון לעלמא דאתי, ת״ח כל ישראל אית לון חולקא לעלמא דאתי מאי טעמא בגין דנטרין ברית דעלמא אתקיים עליה כמה דאת אמר (ירמיה ל״ג) אם לא בריתי יומם ולילה חקות שמים וארץ לא שמתי, ועל דא ישראל דנטרי ברית וקבילו ליה אית לון חולקא בעלמא דאתי, ולא עוד אלא בגין כך אקרון צדיקים, מכאן אוליפנא כל מאן דנטיר האי ברית דעלמא אתקיים עליה, אקרי צדיק, מנא לן מיוסף בגין דנטר ליה לברית עלמא זכה דאקרי צדיק ועל כך ועמך כלם צדיקים לעולם יירשו ארץ.

גלא עמיקתא

נעים זמירות ישראל ספרו ״כל הנשמה תהלל י-ה הללוי-ה״ גימ׳ (1016) ״ברית קדש״, [טו]ובזוה״ק צדיק איקרי מאן דנטר ברית.

והתעצם במאד, וזו גלות ישמעאל. ויש לקשר הני תלת חיון- פר דאדם קדמאה, תחש דמשה, האי חיוה דדניאל, עם האי ״בהמות בהררי אלף״ (תהלים נ׳,י׳) ות״י (שם) ותור בר דרעי בכל יומא בטורין אלפא- והוא ״שור הבר״ גימ׳ (713) ״תשובה״- ופה נעוץ סופן בתחילתן- מה״תשובה״ בעומקא דלבא דאדה״ר נשתלשלו כל הגלויות, ולבסוף ״שור הבר״ חושבנא דדין כחושבנא דדין, דת״י (שם לגבי השור) ״ועתדת לצדיקיא בגן עדן״- והן הן השעשועים העצמיים לפניו יתברך, דנשאר עניין שעשועי המלך בעצמותו בחלק ה-ד׳ דחבורינו בעזהשי״ת. וכן ״בהמות בהררי אלף״- מרמז האי א׳ זעירא דלע״ל תהוה א׳ רבתי- דפרש״י עה״פ- ״שור שהוא רועה אלף הרים ליום וכל יום ויום הם צומחים״ גימ׳ (1964) ״ואתה ה׳ תשחק למו תלעג לכל גוים״ (תהלים נ״ט,ט׳), וד״ל. והנה ״בהמות בהררי אלף״ גימ׳ (981) ״ואתם הדבקים בה׳ אלהיכם חיים כלכם היום״ (דברים ד׳,ד׳) - דהאי בר נש דאשתדל באורייתא יממא ולילא, ובצלותא, ובעובדין טבין ואיהו בדבקות בקב״ה - הוא בחינת עולם הבא, ואכילתו הגשמית והרוחנית בבחי׳ בהמות בהררי אלף, ואחדותו ית׳ מתבטאת בכל הני ג׳- דהיינו חד-קרן במצחו, תורא דאדה״ר, תחש דמשה, ומסתמא איל דהקריב אברהם - ג״כ חד-קרן הוה כמו הנ״ל, שכן ״שור הבר, יין המשומר, לויתן״ בגימ׳ (1870) (בר׳ כ״ב) ״ויאמר אברהם אלהים יראה לו השה לעולה בני וילכו שניהם יחדו״ ע״ה, ובחיה דדניאל כתיב ״וקרנין עשר לה וכו׳ קרן אחרי זעירה סלקת ביניהון״ והן לקביל י״א כתרין דמסאבותא, ובקדושה הן י׳ כדכתיב (ס״י פ״א מ״ד) ״עשר ספירות בלימה עשר ולא תשע עשר ולא אחת עשרה״ עולה בגימ׳ (4381) י״פ (438) ״בית ה׳״ (יהושע ו׳,כ״ד) (ע״ה), וזהו עם הכולל- דהיינו אלופו ש״ע דשוכן בתוך ביתו. ושם ״בית ה׳״ בסוף הפס׳ מחובר ו׳ החבור ״ואת רחב״ - מרמז האי דהיתה אתתיה דיהושע- דאשתו זו ביתו (עי׳ במש׳ תחלת יומא), וזהו דגימ׳ של ״בית ה׳, ואת רחב״ (יהושע ו׳,כ״ד-כ״ה) הוא (1056) ״סיהרא באשלמותא״ ע״ה. והני י״פ ״בית ה׳״ דיתגלו לע״ל וראו כל בשר יחדו וכו׳ הן לקביל ״שור שהקריב אדה״ר קרן אחת היתה לו במצחו״ דאמרינן לעיל בתחלת האופן דסליק לחושבן י״פ ״זמרו לה׳״ (תהל׳ ל׳,ה׳) דמשמע תרי זמרו - בגלות לשון כריתה כדכתיב (ישעי׳ כ״ה,ה׳) ״זמיר עריצים יענה״, ולע״ל לשון זמרה בפה ובכלי שיר כמ״ש (תהל׳ ע״א,כ״ב) ״אזמרה לך בכנור״. והנה ״שור שהקריב אדם הראשון-תחש-בהמות בהררי אלף״ סליק לחושבן ע״ה (3420) י״פ ״ה׳ מלך עולם ועד״ (תהלים י׳) וממשיך הפסוק- ״אבדו גוים מארצו״ ופרש״י הק׳- ה׳ מלך עולם ועד מאחר שאבדו גוים מארצו- והוסיף רש״י הק׳ את התיבה ״מאחר״ גימ׳ (249) ״בזמר״, והוא ב׳ זמר כדאמרינן לעיל ״זמיר עריצים יענה (812) אזמרה לך בכנור (581)״ גימ׳ (1393) ״חמשים שערי קדושה״ ר״ת חש״ק, וכדכתיב (דב׳ ז׳,ז׳) ״חשק ה׳ בכם״ גימ׳ (496) ״מלכות״ דעם ישראל הן בני מלכים ויתגלה לע״ל, והפסוק כולו (דב׳ ז׳,ז׳) דהיינו ״לא

מרבכם מכל העמים חשק ה' בכם ויבחר בכם, כי אתם המעט מכל העמים" - סליק לחושבן (2222) ב"פ "נר ה' נשמת אדם" (1111) והוא עניין א' זעירא דויקרא דהוא היקר- דבזמן הגלות היא א' ולע"ל יתגלה אלף, וזהו אל"ף אלף ב"פ כדוגמת הדלקת ב' נרות בשב"ק היינו באלף השביעי- אחד בידי הקב"ה דכרא ואחד בידי כנס"י בת זוגו- ויגלה מלכותו עלינו, ונגלה כבוד ה' וראו כל בשר כי פי ה' דבר, ויהי רצון דנזכה לגאולה האמיתית והשלמה ולשבת בסוכת עורו של לויתן ולסעוד יחד עם הקב"ה בראשנו בסעודת שור הבר ויין המשומר, אמן נצח סלה ועד.

אופן יג

בסודי רזא אות א׳ היא סוד סוף תוך ראש כזה אות א׳ היא מן הגרון אחה״ע ל׳ היא מן מוצא דטלנ״ת באמצע הפה פ׳ הוא מן בומ״ף שהוא בשפתים תחלת הפה ובאותו היום שהוקם המשכן תיקן משה יושב בסתר עליון ס״ת״ר דייקא שהיא סוף תוך ראש.

וזה פי׳ הפסוק ויקר אל משה ומה הוא היקר אות אלף שזכה משה באותו היום לג׳ קטרין סוף תוך ראש הנרמזים במלת אלף.

זה שכתוב וידבר ה׳ אליו שבן ג״כ שם של ה׳ התחלתו בסוף המספר שהיא י׳ ונרמז ג״כ בו סוף תוך ראש כדאיתא בסודי רזא בארוכה ששם של הויה נרמז בו סוף תוך ראש:

אופן יג

[א]בסודי רזא אות א׳ היא סוד סוף תוך ראש כזה: אות א׳ היא מן הגרון [ב]אחה״ע ל׳ מן מוצא דטלנ״ת באמצע הפה פ׳ הוא

גלא עמיקתא

והנה אופן י״ג גימ׳ (13) אח״ד וייחד רבינו כל האופן לענין הגיית אות אלף והביאו מהספר הקדוש סודי רזא לרבי אלעזר מגרמיזא בעל הרוקח– ורבינו מרבה להביאו באופנים ובספרים השונים. וכאן הביאו בלשון קצרה מאד בחינת תן לחכם ויחכם עוד (משלי ט׳,ט׳).

ומלבד זאת עת לעשות לה׳ הפרו תורתך (תהל׳ קי״ט,קכ״ו) דהדור שלנו כבר בשער ה–נ׳ דטומאה רח״ל ורק משיח צדקנו יוכל לחלצנו. ולכן נרחיב מעט בדבריו הקדושים דר׳ אלעזר מגרמיזא– ובודאי יהיה זה נחת רוח לבורא עולם ולרבינו בודאי שהיה חפץ להרחיב דבריו. ומפאת קוצר זמנו ועסקנותו הרבה בעניני צבור כנודע דהיה איש חסד והחיה נפשות רבות בגשמיות וברוחניות ורבו המעשים אודותיו כגון פגישתו עם הט״ז ואכמ״ל.

והנה כותב בספרו הקדוש סודי רזיא ספר האלפא ביתא: [ג]אות א׳ זה הקב״ה שהוא ראשון ואחרון והוא אחד והוא מלך על כל העולם ואין דומה לו כשם שא׳ ראש לאותיות כך הקב״ה ראש למלאכים א׳ הוא אחד חשבון מועט

מקורות

[**א**] **ספר סודי רזיא חלק א אות א**: א׳ הוא אחד שהוא חשבון מועט שאין פחות ממנו, ריבוא הוא חשבון גדול, א׳ בראש תיבת אחד וא׳ בסוף ריבוא. ויאמר מאחד חד ומריבוא ריבו, דכתיב ביחזקאל (לג, ל) ודבר חד אל אחד, ובדניאל (ז, י) כתיב וריבו ריבבן קדמוהי יקומון. הרי נופל האל״ף שהיא בראש המינוי אחד שיאמר חד, ויפול הא׳ שבסוף המינוי ריבוא ויאמר ריבו. להודיע לבני אדם כי הוא אחד ואין שני לו והוא ראשון והוא אחרון, כמו א׳ שהוא בראש החשבון ובסוף החשבון. ועוד א׳ בראש א״ב ג״ד וא׳ בסוף תשר״ק. וקריאת א׳ בג׳ אותיות אל״ף, א׳ אותיות הגרון, ל׳ אותיות בראש הלשון ובאמצע החיך, ף׳ אותיות השפתים, הרי בראש בית הבליעה הוא הגרון ובאמצע החיך והלשון ובסוף השפתים קריאת אלף, להודיע שה׳ אחד ראשון ואמצע ואחרון.

[**ב**] **זוהר - סתרי תורה - בראשית - פרשת לך לך דף פ עמוד א**: ובדוגמא דא ברא גופא מארבע יסודות אש ורוח ועפר ומים כגוונא דהוא נשמתא לנשמתא נשמה ורוח ונפש, מים דא דכר ודא הוא מים מתיקי דקדוש׳ ואית מים המאררים דאינון יצר הרע, אית אשא קדישא נוקבא ואית אשא נוכראה אש זרה ועל דא כתיב ואל יבא בכל עת אל הקדש דאיהי נוקבתא מן יצר הרע, רוח קדישא איהו דכר, אית רוח מסאבא דא יצר הרע שנאמר (ישעיה יד) כי משרש נחש יצא צפע, אית עפר קדישא ואית עפר מסאבא ועל דא נשמתא דאיהי תשוב״ה אתקיפת ביה בההוא נחש לתברא ליה בשעבודא דתשובה ואמשיך ליה לבתי כנסיות ולבתי מדרשות ואינון ארבע יסודי מתפשטין לכ״ב אתוון אחה״ע בומ״ף גיכ״ק דטלנ״ת זסשר״ץ:

[ג] **ספר סודי רזיא חלק א אות א**: א׳ זה הקדוש ברוך הוא שהוא ראשון והוא אחרון, והוא אחד, והוא מלך על כל העולם ואין דומה לו. כשם שהא׳ ראש לאותיות כך הקדוש ברוך הוא ראש לכל המלאכים. א׳ הוא אחד שהוא חשבון מועט שאין פחות ממנו, ריבוא הוא חשבון גדול, א׳ בראש תיבת אחד וא׳ בסוף ריבוא. ויאמר מאחד חד ומריבוא ריבו, דכתיב ביחזקאל (לג, ל) ודבר חד אל אחד, ובדניאל (ז, י) כתיב וריבו ריבבן קדמוהי יקומון. הרי נופל האל״ף שהיא בראש המינוי אחד שיאמר חד, ויפול הא׳ שבסוף המינוי ריבוא ויאמר ריבו. להודיע לבני אדם כי הוא אחד ואין שני לו והוא ראשון והוא אחרון, כמו א׳ שהוא בראש החשבון ובסוף החשבון. ועוד א׳ בראש א״ב ג״ד וא׳ בסוף תשר״ק.

מן בומ"ף שהוא בשפתיים תחלת הפה. ובאותו היום שהוקם המשכן תיקן משה (תהלים צ"א,א') יושב בסתר עליון סת"ר דייקא שהוא סוף תוך ראש. וזה פירוש הפסוק

גלא עמיקתא

שאין פחות ממנו, ריבוא חשבון גדול (הגדול ביותר בתורה). א' בראש תיבת אחד ו-א' בסוף ריבוא "אחד ריבוא" גימ' (232) רל"ב ד' מלויי הוי'. ועוד א' בראש א"ב ג"ד ו-א' בסוף תשר"ק וקריאת א' בג' אותיות אלף א' אות הגרון ל' אות בראש הלשון ובאמצע החיך פ' אות השפתיים.

["גרון לשון שפתיים" גימ' (1485) "אלף תהלים" להורות שאמירת הלל והודאה שירות ותשבחות דיסד ברוח קדשו דוד מלכא משיחא הן ראש ויסוד לשמוש במלכות-פה. וכן באי"ק בכ"ר גל"ש ר"ת גרון לשון שפתיים וד"ל].

וממשיך בספרו הקדוש אלפא ביתא וזה לשונו הקדוש:

[ד]הנפש מתחלקת לג' חלקים פנימי ותיכוני וחיצון: פנימי- הלב, התיכונה- הלשון, מגיד סתרי פנימיות הלב בין טוב ובין רע שנאמר (תהל' מ"ה,ב') "רחש לבי דבר טוב" גימ' (773) ב' פעמים "דוד בן ישי" (386) ע"ה דהוא חושבן "לשון".

והטביע אמירת תהלים שירות ותשבחות לכלל ישראל עד שהוא בחינת וחושבן לשון דכלל ישראל עם קדוש ומהללים ומשבחים לבוראם.

ומביא המגלה עמוקות מהמדרש שבאותו היום שהוקם המשכן אמר משה מזמור צ"א "ישב בסתר עליון בצל ש-די יתלונן" גימ' (2122) "מלוכה" (101) פעמים "א-היה" (21) עם הכולל ד-א' זעירא פנימיות הכתר ניתן למשה[1] ובארנוהו במקום אחר בהרחבה. וכתב סת"ר ר"ת סוף תוך ראש, נעביד סת"ר בא"ת ב"ש הא"ג

[ד] **ספר סודי רזיא חלק א אות א:** הנפש מתחלקת לג' חלקים פנימי ותיכוני וחיצוני. פנימי. הלב המקבל ממנה כל חפצה שאם רואה חפץ נאה ותתאוה, אם בעלה יוכל לעשות רצונה תגיל הלב במילוי שמחה וימלא הפה שחוק מעשתונות הלב על החפץ ונעשה רצונו. ואם לא יוכל בעלה לעשות רצונה תאניך הלב ויכעס בקצף חימה ולא יהרהר כי אם על אותו חפץ, היא האהבה היא השנאה וכל חכמה ודעת ומזימה ומחשבה והרהור ממנה. ובזה הדבר תבין כי היא יושבת במלונה בתוך המוח ואז הלב שקט ושואל ממנה דיעה ובינה ויותר דברים עמוקים וימצא חפצו ממנה, וכשאדם יגע ועיף מיד תרדימה נופלת עליו, והחלום מתרבה ואינו יודע אם הוא ער או ישן. והתיכוני הוא הלשון. והחיצוני הוא היד. וקול ודבור ישנו ויעפו, אך הפנימי אינה ישינה. ואם תצא מן הנדן הנפש, ואולם האדם שישן ומקיצים אותו בבהלה יתבהל הגוף וכל לבו נודדת כצפור קטנה היא הנפש ששבה, ואם היא תשוב מרצונה יעיר בלי בהלה כמו קרוב לשחרית אז הנפש במלונה. ולפי שכל תחילת חכמה ובינה בטוחי הלב נקראת פנימית.

1. ויהי ביום השמיני קרא משה לאהרן - המשכה מפנימיות הכתר לבינה: ויקרא א' זעירא פנימיות הכתר- ובמאמרו הכביר של מוהר"ר שלום דובער זיע"א בשעה שהקדימו ח"ב פרשת שמיני כתב וזלשה"ק דהנה משה ואהרן הן חו"ב וכו' ומה שכתוב קרא משה וכו' הוא בחי' המשכת האור וכמו ויקרא אל משה וכמו "וקרא זה אל זה (ואמר)" (ישעי' ו',ג') גימ' (362) ב"פ "ובן דוד עבדך יבא" (181) מהפיוט צור משלו אכלנו, והתרגום "ומקבלין דין מן דין" גימ' (456) ב"פ "עץ חיים" (228) דאיהי פנימיות התורה וכדכתיב "עץ חיים היא למחזיקים בה" (משלי ג',י"ח).

2. באור על מגלה עמוקות ואתחנן אופן ס"ו: ב'. הוֹדִינוּ לְּךָ אֱלֹהִים הוֹדִינוּ וְקָרוֹב שְׁמֶךָ סִפְּרוּ נִפְלְאוֹתֶיךָ (תהלים עה,ב) גימ' (1915) ג' פעמים "אברהם יצחק יעקב" (638) ע"ה, דכתב המגלה עמוקות דהוא סוד נצח והוד שהיא הספירה השמינית מעילא לתתא, והוא ג' פעמים בסוד תלת כלילן מתלת. ובחנוכה הן ימי הודאה- כן יהיה לעתיד לבוא- דיברכו על הרעה כמו על הטובה. וזהו דפסוקא מתחלק כדלקמן: "הודינו לך" גימ' (131) "ענוה". תיבה "וקרוב" גימ' שד"י שם הברית קודש, וממילא תיבין דפסוקא: "הודינו לך אלהים, הודינו וקרוב" גימ' (612) "ברית". והנה "הודינו לך אלהים הודינו וקרוב שמך" גימ' (972) י"ב פעמים "הודינו" (81) ובאור הענין דלעתיד לבוא י"ב שבטי י"ה יודו [הודינו] לקב"ה על כל אשר גמלם- והיא הודאה ב-ב' פירושים: תודה על שגמלנו טוב, והודאה על האמת- דיבינו דכולו טוב, אלא שהיה בהסתרה כמ"ש ואנכי הסתר אסתיר פני מהם ביום ההוא (דברים ל"א,י"ז), והוא בסוד האמונה, דקוב"ה מקדים רפואה למכה- ושלח לנו את משה רעיא מהימנא ללמדנו סוד האמונה- דשמיה מש"ה בא"ת ב"ש [יב"צ] גימ' (102) אמונ"ה. והנה תיבה "נפלאותיך" גימ' (597) ג' פעמים "צדקה", ויש לקשרו לה שחידשנו במקום אחר דעשרת הדברות דיתרו ודואתחנן יחד עולים בגימ' א"ק [מאה אלף] - והוא לכשתוסיף להם ג' פעמים צדק"ה, בסוד ג' פרוטות שנוהגין לתת לצדקה בכל בוקר בתפלה בעת אמירת "ויברך דוד".

גלא עמיקתא

גימ' י"ב (שבטים) דנרמז יש"ב נוטריקון י"ב שבטים והיינו [ה]2 י"ב שבטי י"ה כדכתיב (תהל' קכ"ב,ד') "[ו]ששם עלו שבטים שבטי י"ה, להודות לשם הוי""

[ה] **ספר ישועות משיחו לאברבנאל - חלק ב - עיון שלישי - פרק ד:** וכבר הביאו חז"ל ענין שלשת הבתים הא' והב' והעתיד להיות בדבריהם פעמים רבות. אמרו ב(פסיקתא) [ילקו"ש ישעיה שצא] "אל בית אלהי יעקב" (ישעיה ב, ג) משל למלך שהיה לו ג' אוהבים וביקש לעשות פלטרין, הביא הראשון אמר זכורני אותו הר מתחילה, הביא השני אמר זכורני אותו שדה מתחילה, הביא הג' אמר זכורני אותו בית. א"ל חייך שאתה בונה אותה פלטרין וקורא אותה על שמך. כך אברהם אמר "בהר ה' יראה" (בראשית כב, יד), יצחק אמר "לשוח בשדה" (שם כד, סג), יעקב אמר "אין זה כי אם בית אלהים" (שם כח, יז), לכך נאמר "אל בית אלקי יעקב". וכן הוא אומר (ירמיה ל, יח) "הנני שב שבות אהלי יעקב", ע"כ. כיוונו לבאר ענין האלהי, והוא שג' הבתים א' וב' והעתיד להיות הם כנגד ג' אבות אברהם יצחק ויעקב. כי כמו שנמצא באברהם הגדולה והגבורה העושר והכבוד וקדושת אלהים כך כל זה נמצא בבית ראשון, וכמו שנמרוד מלך בבל הצר לאברהם כך נבוכדנאצר מלך בבל הצר לישראל בבית א'. ולפי שמזרע אברהם בני קטורה יצאו האשורים שהחריבו בית המקדש לכן אמרו שאברהם ראה אותו הר ר"ל שמזרעו יצא מי שעשה אותו הר חרב, ושעליו התפלל ואמר "ה' יראה אשר יאמר היום בהר ה' יראה" כלומר ישגיח וישמור היעודים אשר הוא מיעד אותי היום הזה, שיהיו נזכרים לפניו סילוק בית המקדש הר חרב: והנה יצחק כנגד בית שני. ולכן כהו עיניו מראות כי כן בבית שני לא היתה ליהודים אורה ושמחה מהנביאים ורוח הקודש הארון והכרובים, ולפי שמזרע יצחק בני עשו באו הרומיים שהחריבו בית שני לכן אמרו שיצחק קרה אותו שדה כמ"ש הנביא על זה (ירמיה כו, יח) "ציון שדה תחרש", ושעליו אמר "ויצא יצחק לשוח בשדה" שהתפלל על בהמ"ק כשיהיה שדה נחרב: והנה יעקב מורה על הבית הג' העתיד. ולכן היתה מטתו שלימה שלא נמצא בו פסול כי כל בניו היו זרע ברך ה', ויעקב נלחם עם שרו של עשו וישר אל מלאך ויוכל, לרמוז שבזמן הגאולה יעלו מושיעים בהר ציון לשפוט את הר עשו ויהיה נקמה לה' באדום, ולפי שהיה ליעקב י"ב בנים שבטי י"ה לכן לבית העתיד יתקבצו כולם. ולהיות הדבר קונה בו שם מן התכלית וחלק היותר נבחר שבו, לכן לא נקראה האומה בשם אברהם ויצחק כ"א בשם יעקב ובשם ישראל יכונה. ולפי שהבית העתיד לא יחרב לכן אמרו שיקרא הבית מיושב מיוחס ליעקב לקבוץ בניו, ולזה אמר עוד "וכן הוא אומר הנני שב שבות אהלי יעקב". [ו] **בראשית רבה פרשת וישלח פרשה עט:** [לג, יט] ויקן את חלקת השדה אשר נטה שם אהלו וגו' במאה קשיטה, א"ר יודן בר סימון זה אחד משלשה מקומות שאין אומות העולם יכולין להונות את ישראל לומר גזולים הן בידכם ואלו הן, מערת המכפלה, ובית

ויקר משה ומה היא היקר אות אלף שזכה משה באותו היום לג׳ קטרין סוף תוך ראש הנרמזים במלה אלף. ז״ש

גלא עמיקתא

[3]עיין מה שבארנו בזה במקום אחר בפירוש ענין קהלת – י״ב שבטי י״ה].

וכן מלוי סת״ר סמך תיו ריש בא״ת ב״ש [כי הוא נסתר] דהיינו ״חיל אמפ גמב״ גימ׳ (214) ״אוהב צדקה״ עם הכולל [כדכתיב (תהל׳ ל״ג,ה׳) אוהב צדקה ומשפט וכו׳].

ועם המלוי הפשוט (1046) סליקו לחושבן (1260) כ׳ פעמים ס״ג הוי׳ דבינה בחינת [ז]כתרא דז״א רמיזא דכפלינן כ׳ זימנין וד״ל.

ומסיים המגלה עמוקות שזכה משה באותו היום לג׳ קטרין גימ׳ (369) ג׳

המקדש, וקבורתו של יוסף, מערת המכפלה, דכתיב (בראשית כג) וישמע אברהם אל עפרון וישקול אברהם לעפרון, בית המקדש, דכתיב (דברי הימים א כא) ויתן דוד לארנן במקום וגו׳, וקבורתו של יוסף (בראשית לג) ויקן את חלקת השדה, יעקב קנה שכם, ר׳ חייא רבה ור׳ שמעון בר ר׳ ור׳ שמעון בר חלפתא שכחון מילין מן התרגום ואתון להדא תגרא דערביא למלפיניה מן תמן, שמע קליה דאמר לחבריה תלי הדין יהבא עלי, שמעון מיניה יהבא משוי, שנא׳ (תהלים נה) השלך על ה׳ יהבך והוא יכלכלך, ועוד שמע קליה דערבי דאמר לחבריה מה את מכסה בי והיה רוצה לומר מה את מעשה בי, דכתיב (מלאכי ג) ועסותם רשעים כי יהיו אפר, ועוד שמעון שאמרה איתתא לחברתא אתון סחיא והיא השיבה ואני שכולה גלמודא, גלמודא אנא נדה, שוב שמע איתתא אחרת אומרת אשאיל לי מבנייך ואמרה שאילי לי מטאטיך, שנאמר (ישעיה יד) וטאטאתיה במטאטא השמד נאם ה׳ צבאות, אתון מעוררה ללויתך, (איוב ג) העתידים עורר לויתן, השאילי לי כסיתתך אפיק הדה כסיתא למרעיא, במאה קשיטה, אמר רבי אבא בר כהנא במאה אונקיות במאה טלאים במאה סלעים, א״ר סימון קו״ף קמיליא סמ״ך סלעים טי״ת טריון, יו״ד ה״א מה עבדית הכא, ר׳ יהושע דסכנין בשם ר׳ לוי אלו חליות ודייקניתא שדרכן להנתן בנזמים, ומי כותב את האונה, א״ר ברכיה יו״ד ה״א כותב את האונה, ומי מעיד על האונה י״ה מעיד על האונה הוא יו״ד ה״א של קשיטה, הה״ד (תהלים קכב) ששם עלו שבטים שבטי יה עדות לישראל להודות לשם ה׳, י״ה מעיד עליהם שהן בני אבותיהן אף כאן העיד. [ז] **פירוש שעת רצון על הזוהר ח״ג דף ס״ו ע״ב:** פי׳ הנה נודע שת״ת דאימא נעשה כתר על ז״א ועל גבי כתר דז״א מאירין למ״ד מ״ם דצלם דאימא, הנה הלמ״ד מ״ם בגי׳ שבעין. ועוד שבשער דרושי הצלם דרוש א׳ כתב רבינו ז״ל שהמ״ם דצלם היא ד׳ יודי״ן דע״ב והלמ״ד דצלם היא שלשה יודין דקס״א והם שבעין מאירין על גבי כתר דז״א. ובשעת התפילה מקיפין הללו נכנסין בכתר דז״א כמ״ש רבינו ז״ל בברכת כהנים ז״ל, ונמצא כי בברכת אבות נכנסין המקיפין דמצד אימא במילת אלהינו ואלהי אבותינו יע״ש. ונמצא מעטר ה׳ שהיא אימא לז׳ שהוא ז״א שת״ת שלה נעשה כתר בראשו ומאיר בו בשבעין אלף שלהיותם בכתר עולין לחשבון אלפים ובפרט כי הם מקיפין ע״ג הכתר ונכנסין בכתר, וה׳ מאה הוא סוד הדעת דז״א דמצד אימא דמתעטרן בחד כתרא הוא ת״ת דאימא הנעשה כתר על זעיר אנפין הה״ד בעטרה שעטרה לו אמו.

3. קהלת - י״ב שבטי י-ה - א״ט ב״ח: במגלה עמוקות א׳ זעירא צורת י׳. והנה חלופי אותיות דסליקו תמיד ל-י׳ היינו א״ט ב״ח (10) ג״ז (10) ד״ו (10) י״צ (100) כ״פ (100) ל״ע (100) מ״ס (100) ק״ץ (1000) ר״ף (1000) ש״ן (1000) ת״ם (1000), הנ״ך (555) במאות הן י׳ כלול מ-י׳, ובאלפים י׳ כלול מ-י׳ כלול מ-י׳, ו-ג׳ אתוון אחרנין הנ״ך משתמשין ה״נ גימ׳ י׳ במספר קטן או נ״ך י׳ במספר קטן, והנה סליקו כולהו זוגין ל-י׳ ורמיזא א׳ זעירא דצורתה י׳. והן י״ב זוגות לקביל י״ב גבולי אלכסון והן י״ב שבטי י-ה, והאי תלת אחרנין (הנ״ך) רמיזא יוסף אפרים מנשה, וד״ל.

והנה בספר קהלת י״ב פרקים, והאי אתוון דברישא דכל פרקא - דהיינו ״דברי (216) אמרתי (651) לכל (80) ושבתי (718) אל (31) יש (310) טוב (17) מי

וידבר ה' אליו שכן ג"כ שם של השם התחלתו בסוף המספר שהיא י' ג"כ בו סוף תוך ראש כדאיתא בסודי רזיא בארוכה

גלא עמיקתא

פעמים "ענג" דהוא תכלית ופנימיות הכתר ובסוד (זוה"ק חיי שרה) [ח]מאן

(50) כי (30) זבובי (27) שלח (338) וזכר (233)" סליקו כולהו לחושבן (2701) "בראשית ברא אלהים את השמים ואת הארץ" הפסוק הפותח את תורתינו הק', וזהו דכתיב (ס"י פ"א מ"ד) עשר ספירות בלימה (מרמז האי י' בא"ט ב"ח) "נעוץ סופן בתחלתן ותחלתן בסופן" גימ' (2394) מ"ב (מסעות) פעמים "אל הוי'" (57) שמות החסד והרחמים, דמ"ב המסעות העוברים על האדם בימי חייו, וכן בכל עת ועת הן בחסדי ורחמי ה'. ואמנם היה מן הראוי לקחת אתוון אחרונין דכלא פרקא בקהלת ופסוקא אחרינא בתוה"ק, אולם תן לחכם ויחכם עוד וכו'. וכשנכתוב הני י"ב מלין קדמאין בספר קהלת בא"ת ב"ש סליקו לחושבן (3457) י"ב פעמים רפ"ח (288) עם הכללות, והאי פסוקא דאיהו אותה גימ' "בראשית ברא אלהים את השמים ואת הארץ" בא"ת ב"ש סליק (3542) כ"ב פעמים קס"א (161) דהני י' מאמרות אפיקו מפומא דאמא עילאה, דאיהי שרש האותיות, ואכמ"ל.

ונחבר הני י"ב אתוון בקהלת בא"ת ב"ש (3456) עם ז' אתוון דפסוקא קדמאה דתוה"ק בא"ת ב"ש (3542) סליקו לחושבן עם ב' הכוללים: ז"פ אלף (7000) דהן כללות הבריאה- ששת אלפי שתין הוי עלמא וחד חרוב, והאלף השמיני רמיזא א' זעירא ר"ת א' ז'. וזהו דאדם בעל ז' מדות להשלים ל-י' עם חב"ד, ולהמליך לקב"ה בעליונים ובתחתונים, עד שמלאה הארץ דעה את ה' כמים לים מכסים, ולא כמו שהוא עתה בגלות בעה"ר הוא וחבירו (היינו יצה"ר) אוכלים מאבוס אחד, וזהו דהפסוק הבא אחרי "ויקרא אל משה" - א' זעירא - דיזעיר וישפיל עצמו, ומיד- "אדם כי יקריב מכם קרבן לה'", יקריב יצרו ותאוותיו לה'- דהיינו יהפכם לקדושה- לעבוד ה' בתפלה ולמוד התוה"ק ברשפי אש שלהבת י-ה, וקרירות- מן הגשמיות, דחמרא בירחא דתמוז- דהיינו שיא התאוות- קרירא ליה. והנה הוא פלא, שמותיהן די"ב שבטי י-ה, דיעקב אבינו מטתו שלמה וכו', ומה זרעו בחיים אף הוא בחיים ואין חיים אלא תורה שנא' עץ חיים וכו', סליקו כולהו לחושבן, דהיינו "ראובן (259) שמעון (466) לוי (46) יהודה (30) ישכר (830) זבלון (95) דן (54) נפתלי (570) גד (7) אשר (501) יוסף (156) בנימין (162)" גימ' (3176) ח"פ "אדם כי יקריב" ותרגם אונקלוס "אנש ארי יקריב" גימ' (884) "יחד שבטי ישראל" וסליק לחושבן "ומלאה הארץ דעה את ה'" (ישעיהו י"א,ט') רמיזא לאלף השמיני תחית המתים ובלע המות לנצח, ולכן כפלינן אדם כי יקריב מכם ח"פ, א"נ רמיזא לספירת הבינה עלמא דחירו דאיהי תמניא מתתא, וד"ל. "אדם כי יקריב" עם המלים גימ' (400) "אלף זעירא" ע"ה. וזהו דכתיב "אדם אתם" (יחזקאל ל"ד,ל"א) אתוון "אדם אמת", וגימ' (486) "והיו לי לעם ואנכי אהיה להם לאלהים" (ירמיהו כ"ד,ז'). ודרשו חז"ל עה"פ ביחזקאל (בגמ' יבמות סא.) "אתם קרויין אדם ואין עכו"ם קרויין אדם", והפסוק כולו ביחזקאל (ל"ד,ל"א) דהיינו "ואתן צאני צאן מרעיתי אדם אתם, אני אלהיכם נאם א-דני י-ה-ו-ה (בנקוד הוא אלהים)" גימ' (2314) (ישעי' ד',ב') "והיה באחרית הימים נכון יהיה הר בית ה' בראש ההרים" פי' המצודות בימי המשיח- והוא "חנוכה" פעמים הוי', רמיזא אור הגנוז דיתגלה באלף השמיני, בביאת משיח צדקנו, בב"א. וכשנחבר האי פסוקא עם י"ב שבטי י-ה דהיינו: י"ב שמות השבטים (3176) עם "ואתם צאני צאן מרעיתי אדם אתם, אני אלהיכם נאם א-דני הוי'" (שם) עולה גימ' (5490) י"פ "אמת ואמונה" דאיהו אמת ואנן אמונה מאמינים בו ית' דיגאלנו בב"א, וכשנוסיף את ז' הרועים, דהיינו "אברהם, יצחק, יעקב, משה, אהרן, יוסף, דוד" (1410) (ע"ה), והאמהות

[ח] זוהר - בראשית - פרשת חיי שרה דף קכ"ב ע"ב: זכאה איהו מאן דאזער גרמיה בהאי עלמא כמה איהו רב ועלאה בההוא עלמא. והכי פתח רב מתיבתא, מאן דאיהו זעיר איהו רב, ומאן דאיהו רב איהו זעיר, דכתיב (בראשית כג) ויהיו חיי שרה מאה שנה ועשרים שנה ושבע שנים, מאה דאיהי חשבון רב כתיב ביה שנה זעירו דשנין חד אזעיר ליה, שבע דאיהו חשבון זעיר אסגי ליה ורבי ליה דכתיב שבע שנים, ת"ח דלא רבי קודשא בריך הוא אלא לדאזעיר לא אזעיר אלא לדרבי, זכאה איהו מאן דאזעיר גרמיה בהאי עלמא כמה איהו רב בעלויא בההוא עלמא.

הקדושות, דהיינו "שרה, רבקה, רחל, לאה, בלהה, זלפה" (1250) סליק לחושבן (8150) י"פ (815) "היום הזה נהיית לעם לה' אלהיך" (דברים כ"ז,ט') ופרש"י הק' שם "בכל יום יהיו בעיניך כאילו היום באת עמו בברית" גימ' (1562) "אל גואל" (71) פעמים שם הוי' ב"ה, וזהו דדברי רש"י הק' הם עקר אמונתינו בהשי"ת דמשיח צדקנו יתגלה בב"א, והני "אמת ואמונה" (י"ב שמות השבטים סליקו לחושבן י"ב פעמים "אמת ואמונה") בא"ט ב"ח גימ' (1296) "דת משה וישראל"- דאומר האיש בשעת הקדושין לאשתו "הרי את מקודשת לי בטבעת זו כדת משה וישראל" גימ' (3317) ב"פ (בר' ב',ט') "עץ החיים בתוך הגן ועץ הדעת טוב ורע" (1657) בתוספת ב' הכוללים והכללות, והוא בנשואי איש ואשה הן תקון חטא אדה"ר וחוה עד סוף כל הדורות וקץ הגלות, וזהו "איש אשה" פשוט וא"ת ב"ש גימ' (1551) "אשת חיל עטרת בעלה" עם האותיות- דכנסת ישראל קרויה אשתו דקוב"ה ועושה רצון בעלה כמו שכתוב (קדושין לו.) בזמן שעושין רצונו של מקום וכו' בפי' העמוק דאיהו לחוד רעותא דיליה, ויהי רצון דנזכה לגאולה האמיתית והשלמה וביאת משיח צדקנו, בב"א.

4. ג' ידות ביציאת מצרים: הנה בגאולת מצרים מוזכרים ג' ידות: א'. "היד הגדולה"- [(שמ' י"ד,ל"א) גימ' (72) "חסד"- לקביל י' עילאה]. ב'. "היד החזקה"- [(דב' ל"ד,י') גימ' (144) ב"פ "חסד" דריבוי חסד הוא גבורה כגון ג"פ חסד גימ' גבורה וכו']. ג'. "ביד רמה"- [(שמ' י"ד,ח') גימ' (261) ענו מכל אדם-משה מלגו-בקו האמצעי]. ושלשתם יחד גימ' ע"ה (478) "בין גזרי ים סוף" דאמרינן בתר "אמת ואמונה" בתר ק"ש דערבית בחול, וגימ' (478) ב"פ (239) "כי יד על כס י-ה" (שמ' י"ז) ומרומז הני ג' ידות להכניע עמלק שכן "כי" במ"ק ג', וזהו "כי יד (על כס י-ה)"- היינו ג' יד. וכן מצינו (ירמי' כ"א,ה') "ונלחמתי אני אתכם ביד נטויה וכו'", והוא לקביל רגל רביעית דמיהוי הכסא שלם, דהני ג' ידות דלעיל גדולה-חזקה-רמה לקביל ג' אבות, והאי "ביד נטויה" גימ' (96) "חסדי דוד" - רגל רביעית - לקביל ספי' מלכות, וסליק לחושבן- "היד הגדולה, היד החזקה, ביד רמה, ביד נטויה" (574) "במשיח צדקך"- אולם מעיקרא בגאולת מצרים הוו ג' ידות כנ"ל, ולקביל האי "ביד נטויה" אמר הקב"ה למשה (שמ' י"ד,ט"ז) "ואתה הרם את מטך ונטה את ידך על הים ובקעהו" גימ' (1976) "עבד" פעמים "ה'" הה"ד (בסוף התורה הק') "וימת שם משה עבד ה'" גימ' (1243) "שבעים פנים לתורה"- והוא ר"ת שפ"ל, כאמרם (תענית ז.) אף דברי תורה אינן מתקיימין אלא במי שדעתו שפלה [והבאנו דבריהם בהרחבה לעיל אופן צ"ח, ע"ש]. והאי א' זעירא דרמיזא אלופו ש"ע בסוד (זוהר חיי שרה) מאן דאיהו זעיר איהו רב- וזהו הקב"ה, דא"ר יוחנן במקום שאתה מוצא גדולתו שם אתה מוצא ענותנותו [עיין לעיל אופן ע"ז-במקום שאתה מוצא גדולתו וכו'].

ופרש"י עה"פ דלעיל וימת שם משה וזלשה"ק "הקדוש ברוך הוא אומר ומשה כותב בדמע" גימ' במכוון (1797) ג"פ- דהוי חזקה- "אלופו של עולם" (599) ורמיזא כדאמרינן לעיל ג' ידות דהשי"ת גאלנו במו (ג') ידיו- כביכול- ממצרים, ומייד בפסוק הבא "ויקבר אתו בגי מול בית פעור"- מו"ל ס"ת אלופו של עולם.

וזהו דמנהג חסידים אחר מנחה בשב"ק דלא מברכים זה את זה א גוט שבת, כי בהאי שעתא אסתלק משה רעיא מהימנא. ובתפלת מנחה אנו אומרים ג"פ "צדקתך" לקביל הני ג' ידות, ובכונות האריז"ל יקבל ד' מיתות בי"ד בכל אחת ואחת מה-"צדקתך", והם ג"כ לקביל האי א' זעירא, דכתיב בפסוק "ויקבר אתו בגי" ללא א' מרמז א' זעירא דנעלמא, וגימ' (740) "רבונו של עולם" והוא ר"ת רש"ע רח"ל, דהני רשעים מכסים ומסתירים הקליפה וכמסך המבדיל על רבונו של עולם ח"ו, וס"ת מו"ל כנ"ל, וזהו דהני ג' "צדקתך" דהיינו: א'. "צדקתך כהררי אל, משפטיך תהום רבה, אדם ובהמה תושיע ה'" [תהלים ל"ו] (3112) לקביל "היד הגדולה". ב'. "וצדקתך אלהים עד מרום אשר עשית גדלות, אלהים מי כמוך" [שם ע"א] (3012)

ששם של הוי' נרמז בו סוף תוך ראש.

גלא עמיקתא

דאיהו זעיר איהו רב [4עיין באורנו בזה במקום אחר בפירוש ענין ג' ידות דיציאת מצרים] ויהי רצון דהשי"ת יחיש גאולתנו ונזכה לגאולתא שלמתא במהרה בימינו אכי"ר.

לקביל "היד החזקה". ג'. "צדקתך צדק לעולם ותורתך אמת" [שם קי"ט] (2461) לקביל "ביד רמה".

סליקו כולהו לחושבן (8585) ה"פ (1717) "יתמו חטאים מן הארץ ורשעים עוד אינם" (שם ק"ד,ל"ה) ולא תהיה עוד הסתרה כמ"ש "ומלאה הארץ דעה את ה' כמים לים מכסים" (ישעי' י"א,ט'), ולא כמו שהוא עתה בגלותנו דהם המים הזידונים, ומים רבים לא יוכלו לכבות את האהבה וכו'. א'. והנה הוא פלא-הפס' הראשון דלעיל לקביל יד הגדולה י' עילאה ובכוונות לקביל יוסף גימ' (3112) כ"פ (156) "יוסף" עם ד' אותיותיו, היינו י' עילאה רמיזא כתר, דיסודא סליק עד או"א ובוקע להו עד לפנימיות הכתר. ב'. פסוקא מציעא לקביל ו'- משה, ולכן פותח "וצדקתך אלהים" כנ"ל ב-ו', סליק לחושבן (3012) ד"פ "הודו, לגוזר ים סוף לגזרים" (תהלים קל"ו,י"ג) וכדאמרינן לעיל אופן צ"ב ד-ו"ו לקביל מים כדכתיב "ויבקעו המים" (שמ' י"ד,כ"א) עיין שם. ג'. ופסוקא בתראה "צדקתך צדק לעולם ותורתך אמת" לקביל י' תתאה-דוד, דכתיב (פתח אליהו תקוני זוהר דף י"ז ע"ב) צדק מלכותא קדישא.

והני תלת צדיקיא הנ"ל דהיינו "משה, יוסף, דוד" סליקו לחושבן (515) "תפלה", ושמותיהן בא"ת ב"ש (516) ג"כ "תפלה" (ע"ה), פשוט וא"ת ב"ש גימ' (1031) "הודו, לגזר ים סוף לגזרים כי לעולם חסדו" (תהלים קל"ו,י"ג), והוא בהתגלות פנימיות עתיקא סתימאה דמלובש ביה א"ק דהיינו אדם קדמון נקרעו הרקיעים והמסכים ונתגלה כתר עליון במלא הדר עוזו וגאלנו, וכך יהיה שבעתיים לעתיד לבא דיוסיף תוספת שבת ויקבל שבת בשמחה ויגאלנו בב"א, וזהו דהאי תלת פסוקים- "צדקתך כהררי אל וכו', וצדקתך אלהים עד מרום וכו', צדקתך צדק לעולם וכו'"- סליקו כולהו לחושבן (8585) א"ק (101) פעמים "פה" (85), כדאיתא בע"ח בשער העקודים שער ו' פ"א וזלשה"ק "כי לבן הוא סוד לובן העליון אשר הוא קודם כל האצילות הזה, והוא העושה כל אלו הבחי' שהם עקודים נקודים ברודים לצורך האצילות שיאציל אחריהם אשר הוא נקרא בשם יעקב, והתחיל בעקודים כי הם האור היוצאים מפה דא"ק אשר מהם התחיל גלוי הויות הכלים להיות י' אורות פנימיים ומקיפים מקושרים ומחוברים יחד בתוך כלי אחד אשר מסיבה זו נקרא עקודים מלשון "ויעקד את יצחק" וכו' לכן בצאתם יחד חוץ לפה קשורים יחד הם מכים זב"ז ומבטשים זב"ז ומהכאת שלהם אתיליד הויות בחי' כלים, לכן נקרא המקום הזה פה כי פה גימ' ס"ג וכ"ב אתוון וכו', עד כאן לשונו, ולכן כפלינן א"ק פעמים "פה" והוא עניין הכאה, וכידוע ד-ס"ג עצמו גימ' "אוזן" ע"ה, וזהו בסוגיין בברכות לאחת השיטות אם לא השמיע (ק"ש) לאזנו לא יצא- כדי לעשות חבור ס"ג-אוזן עם פה-כ"ב אותיות מ-ה' מוצאות הפה, ודו"ל.

וכשנחבר כעת הני כולהו "צדקתך וכו'" (8585), עם ג' הידות (478) בתחלת האי אופן, עם הני תלת צדיקיא- "יוסף, משה, דוד" פשוט וא"ת ב"ש (1031) סליק כולהו לחושבן ע"ה (10095) י"ה פעמים "אלף שנים בעיניך" (673) ורמיזא א' זעירא דאיהי אלופו ש"ע, והאי דכפלינן ב-י"ה דהן הנסתרות לה' אלהינו, והוא "קדוש ונורא" - חושבנא דדין כחושבנא דדין, ויתגלה עלינו במלוא הדר עוזו ותפארתו, ויהא השם שלם י-ה-ו-ה, בגאולה האמיתית והשלמה, במהרה בימינו אמן.

קצור: בגאולת מצרים נתגלה כתר עליון וגאלנו, ומעין זה הוא במנחה שב"ק רעוא דרעוין ביה אסתלק משה רעיא מהימנא, והוא דז"א סליק לגבי כתר- בחינת מיתה, ולכן מקבלים עלינו ד' מיתות בית דין.

אופן יד

ע"פ הזוהר ביום שיזועו שומרי הבית והתעוותו אנשי חיל שביום החורבן נתנה י' מרגליטין שהם י' הרוגי מלכות זה שכתוב ויקר אל משה ומה הוא היקר אל"ף זעיר"א שהיא בגי' רב"י עקיב"ה שיצא נשמתו בא'.

והטעם שהראה באותו יום נשמתו של רבי עקיבא מאוהל מועד על עסקי אוהל מועד דזמין להתמשכן ובאותו יום נמסרו רבי עקיבא וחביריו.

וכן צורת א' הוא יוד קרי בי' ויקר י' שהראה הקדוש ברוך הוא היקר של י' מרגליטין זה שכתוב מאהל מועד בגי' יוסף כדברי ר"ש בבראשית שי' הרוגים לא היו בני יעקב רק י' בנים של יוסף שיצאו מן י' אצבעותיו זה סוד ויפוזו זרועי ידיו מידי אבי"ר יעק"ב בהיפוך אתוון רב"י עקיב"א משם רועה אבן ישראל וכן איתמר גונב איש ומכרו ונמצא בידו דייקא ויפוזו זרועי ידיו זה סוד טובן צפרנן של ראשונים מכריסן של אחרונים ר"ל אותן ניצוצות שיצאו מצפורני יוסף הם יותר טובים מן אחרונים שיצאו בדרך כל הארץ מבטן אמו:

אופן יד

ע"פ [א]הזוהר (קהלת י"ב,ג') ביום שיזועו שומרי הבית והתעותו אנשי החיל שביום החורבן נתנה י' מרגליטין שהן

גלא עמיקתא

והנה שם בפרקא אחרינא דקהלת מתאר התמעטות קומת אדם עד שישוב העפר על הארץ כשהיה והרוח תשוב אל הא-להים אשר נתנה (פסוק ז') והוא משל להאי עלמא דאדם עולם קטן ואז יקומון מתיא מעפרא לחיי נצח. ולכן סיים (י"ב,י"ג) "[ב]סוף דבר הכל נשמע את הא-להים ירא ואת מצותיו שמור כי זה כל האדם" גימ' (3217) **מ"ח** (48) פעמים **בינ"ה** (67) והוא סוד [ג]**כ"ד כ"ד**

[א] אגרא דכלה בראשית פרשת וישב: על כן דקדק הקדוש ז"ל מאמר יעקב כתנת בני חיה רעה כו', ולא הזכיר את שמו לומר כתנת יוסף בני, ואחר כך סיים טרוף טורף יוסף, הנה דרש שהזמין י"י ית' בפיו לומר לשון כזה שהוא אמת, והוא שאמר כתנת בני חיה רעה אכלתהו, הכתנת של בני הוא אשר תאכלהו החיה רעה היא אשת פוטיפר אשר תקח ממנו בגדו, ועל ידי זה טרף טורף יוסף, היינו נטרף ונחטף יוסף שיצאו ממנו עשרה מרגליטין טיפין דאיזדריק למגנא, ונחטפו ונעשקו בידי זרים, על כן הוצרך גם יוסף להיות מעשרה הרוגי מלכות ונתגלגל בראשית ישמעאל כ"ג [ספר הליקוטים פ' וישב פל"ז], וזהו גם כן טרוף טורף יוסף, והנה אמר לא חיות ברא וכו' ולא על יד בני נשא וכו', הנה אמר ב' פעמים טרוף טורף, ונמסר עוד אך טרוף טורף, למעט הטריפה לא נתהווה לו כעת טריפה לא על ידי חיה ולא על ידי בן אדם. והנה יעקב אמר כפשוטו, והש"י שם בפיהו דברי תורה דבר אמת ברוח הקודש, ועיין מ"ש בפסוק כי ארד אל בני וכו', שגם זה דבר אמת היה בפיו. **[ב] תלמוד בבלי מסכת ברכות דף ו עמוד ב:** ואמר רבי חלבו אמר רב הונא: כל אדם שיש בו יראת שמים - דבריו נשמעין, שנאמר: סוף דבר הכל נשמע את האלהים ירא וגו'. מאי כי זה כל האדם? אמר רבי אלעזר: אמר הקדוש ברוך הוא: כל העולם כלו לא נברא אלא בשביל זה. רבי אבא בר כהנא אמר: שקול זה כנגד כל העולם כולו. רבי שמעון בן עזאי אומר, ואמרי לה רבי שמעון בן זומא אומר: כל העולם כולו לא נברא אלא לצוות לזה. **[ג] של"ה פרשת ואתחנן תורה אור:** ג. מצות אחדות השם, ואהבת השם, ותפילין של יד ושל ראש, ומצות מזוזה, אלו המצות ביארתי סודם כל אחד ואחד במקומו המיוחד לו (ח"ב, מסכת חולין). אמנם כולם הם סוד דבקותינו בהשם יתברך, אשר זה הדבקות שביל לדבקות עולם הבא הנצחיי, שנהיה דבקים ממש בשם ה' אלהינו ומקושרים בו, ותתרבה לנו הידיעה וההשגה בו יתברך. על כן תפלה של יד נגד הלב הרואה הרבה חכמות, ותפילין של ראש על המוח משכן השכל, וצריך להיות המחשבה זכה וברורה, והלב צריך להיות לב טהור. והכסא לזה הוא מצות 'לא תתאוה' (שם ה, יח) שהוא בלב, כדי שיהיה הלב מנוקה מכל סיג, ויפנהו לעבודתו כמו שכתבתי לעיל (אות א).: והנה יש מדרגות למצות המורות על הדבקות, הרומזות לדבקות עולם הבא. דהיינו מצות מעשה המזוזה, למעלה מזה מצות הנחת התפילין, למעלה מזה סוד אמונת האחדות ואהבת השם יתברך, שהם דברים שכליים ופנימיים דבקות רוחניים. וכן מצינו שלש מדרגות בענין עולם הבא, כי מצינו שלש לשונות בדברי רבותינו ז"ל. פעם אמרו (סנהדרין צ א) יש לו חלק לעולם הבא, ופעם אמרו (ברכות סא ב; כתובות קג ב) מזומן לחיי עולם הבא, ופעם אמרו (מגילה כח ב; נדה עג א) מובטח לו שהוא בן עולם הבא. ומצאתי בקונטרסי האר"י ז"ל (לקוטי תורה, ישעיה), וזה לשונו: דע כי הצדיק עושה זווג בחייו גם במותו כל אחד כפי כחו כו', עד... יש צדיק שעושה זווג בזה העולם כמו בניהו בן יהוידע למעלה באבא ואמא, כי אין לשם זווג רק על ידי קדוש השם בסוד עשרה הרוגי מלכות ובזמן השמד חס ושלום. ואנו בקריאת שמע קצת. והיה 'בניהו' ב"ן י"ה, היינו 'בינה' יה"ו י"ה למעלה. וזהו סוד 'בן איש חי' (שמואל - ב כג, כ) בהיותו בחיים. וה'אריה' סוד רי"ו שהכה ביום השלג כידוע. ומה שאמרו 'כל ישראל יש להם חלק לעולם הבא', רצה לומר, כל הנשמות. ומה שאמר לפעמים 'מזומן',

י׳ הרוגי מלכות ז״ש ויקר אל משה ומה הוא היקר ״אלף זעירא״ שהיא בגימ׳ ״רבי עקיבה״ [ד]שיצא נשמתו בא׳.

גלא עמיקתא

(גימ׳ **מ״ח**) שמשותיך (ישעי׳ נד,יב) וכתב במגלה עמוקות בספרו על פרשת ואתחנן (רנ״ב אופנים על ואתחנן ושרדו כלם בחסדי השי״ת-והוא באופן ר״י): [ה]מ״ח- יש בארבע עולמות אצילות

רצה לומר, בהיותו לעתיד, ׳והיה אור הלבנה כאור החמה׳ וגו׳ (ישעיה ל, כו). כי כוונת כ״ד אותיות ׳ברוך שם כבוד מלכותו לעולם ועד׳, ובעת הגלות ד״ך, וזהו סוד ׳אל ישב דך נכלם׳ (תהלים עד, כא). וכשהיה בית המקדש קיים היה כ״ד, ולעתיד לבוא כ״ד כ״ד, וזהו ׳ושמתי כדכד שמשתיך׳ (ישעיה נד, יב). ובזמן שלמה היתה הלבנה במלואה, היינו הכ״ד אחד, הוא שליש אור כידוע משני שלישים נגלים, ולעתיד לבוא כל השלישית וגם השליש הסתום, כי שלש פעמים כ״ד עולים ע״ב. וסוד חורבן הבית הוא, כי ׳בית׳ עולה תי״ב, הוסיף עליהם ׳ב׳ יהיה תי״ד כמנין שני או״ר או״ר, תסיר הבי״ת שורשם ישאר ׳בית׳, וחרב השני אורות. אם כן לפי עילויים באצילות מי ומי יהיה זוכה לעשות זיווג אבא ואמא, ומי שיזכה לזאת באלף השביעי נאמר עליו מזומן לחיי עולם הבא, וזהו סוד אשריך רבי עקיבא שאתה מזומן לחיי עולם הבא (ברכות סא ב). וכשאומר מובטח לו שהוא בן עולם הבא, זוהי המדרגה העליונה שבכולן, כגון בניהו בן יהוידע וארבעה שמתו בעטיו של נחש (בבא - בתרא יז א) השלימו עצמם בזה העולם, עכ״ל. [ד] **תלמוד בבלי מסכת ברכות דף סא עמוד ב:** ואהבת את ה׳ אלהיך. תניא, רבי אליעזר אומר: אם נאמר בכל נפשך למה נאמר בכל מאדך? ואם נאמר בכל מאדך למה נאמר בכל נפשך? אלא: אם יש לך אדם שגופו חביב עליו מממונו - לכך נאמר בכל נפשך, ואם יש לך אדם שממונו חביב עליו מגופו - לכך נאמר בכל מאדך. רבי עקיבא אומר: בכל נפשך אפילו נוטל את נפשך. תנו רבנן: פעם אחת גזרה מלכות הרשעה שלא יעסקו ישראל בתורה, בא פפוס בן יהודה ומצאו לרבי עקיבא שהיה מקהיל קהלות ברבים ועוסק בתורה. אמר ליה: עקיבא, אי אתה מתירא מפני מלכות? אמר לו: אמשול לך משל, למה הדבר דומה - לשועל שהיה מהלך על גב הנהר, וראה דגים שהיו מתקבצים ממקום למקום, אמר להם: מפני מה אתם בורחים? אמרו לו: מפני רשתות שמביאין עלינו בני אדם.

אמר להם: רצונכם שתעלו ליבשה, ונדור אני ואתם כשם שדרו אבותי עם אבותיכם? אמרו לו: אתה הוא שאומרים עליך פקח שבחיות? לא פקח אתה, אלא טפש אתה! ומה במקום חיותנו אנו מתיראין, במקום מיתתנו על אחת כמה וכמה! אף אנחנו, עכשיו שאנו יושבים ועוסקים בתורה, שכתוב בה כי הוא חייך וארך ימיך - כך, אם אנו הולכים ומבטלים ממנה - על אחת כמה וכמה. אמרו: לא היו ימים מועטים עד שתפסוהו לרבי עקיבא וחבשוהו בבית האסורים, ותפסו לפפוס בן יהודה וחבשוהו אצלו. אמר לו: פפוס! מי הביאך לכאן? אמר ליה: אשריך רבי עקיבא שנתפסת על דברי תורה, אוי לו לפפוס שנתפס על דברים בטלים. בשעה שהוציאו את רבי עקיבא להריגה זמן קריאת שמע היה, והיו סורקים את בשרו במסרקות של ברזל, והיה מקבל עליו עול מלכות שמים. אמרו לו תלמידיו: רבינו, עד כאן? אמר להם: כל ימי הייתי מצטער על פסוק זה בכל נפשך - אפילו נוטל את נשמתך, אמרתי: מתי יבא לידי ואקיימנו, ועכשיו שבא לידי לא אקיימנו? היה מאריך באחד עד שיצתה נשמתו באחד. יצתה בת קול ואמרה: אשריך רבי עקיבא שיצאה נשמתך באחד. אמרו מלאכי השרת לפני הקדוש ברוך הוא: זו תורה וזו שכרה? ממתים ידך ה׳ ממתים וגו׳! - אמר להם: חלקם בחיים. יצתה בת קול ואמרה: אשריך רבי עקיבא שאתה מזומן לחיי העולם הבא. [ה] **מגלה עמוקות ואתחנן אופן ר״י:** וכנגד זה יש בארבעה עולמות אצילות בריאה יצירה עשיה, וכל אחד מהם סוד של י״ב, אבל חלוקים הם, באצילות י״ב צרופי הוי״ה, בבריאה י״ב שבטים בסוד ששם עלו שבטים שבטי י״ה (תהלים קכב ד) שהוא בבריאה, ויצירה י״ב גבולי אלכסון, בעשיית י״ב תחומין, נמצא שהם מ״ח. ולכן בד׳ מקומות העמיד יהושע י״ב אבנים כפי דברי ירושלמי (בפרק אלו נאמרין [סוטה] דף ל״ז [ע״ב]), וכאן אין מקום להאריך. ולכן אמר משה אעברה נא, בהפוך אתוון ארבעה, רוצה אני להשיג סוד שם של הוי״ה שיש לו י״ב

והטעם שהראה באותו יום נשמתו של רבי עקיבא מאוהל מועד דהתמשכן ובאותו יום נמסרו רבי עקיבא וחבריו וכן

גלא עמיקתא

בריאה יצירה עשיה [ו]בכל אחד מהם סוד של י"ב- אבל חלוקים הם (לארבע בחינות): א'. **באצילות** י"ב צרופי שם הוי' ברוך הוא [עיין בסוף האופן באורנו בזה] ב'. **בבריאה** י"ב שבטים בסוד ששם עלו שבטים שבטי י-ה הוא בבריאה. ג'. **ביצירה** י"ב גבולי אלכסון (ספר יצירה). ד'. **ובעשיה** י"ב תחומין. נמצא שהם מ"ח.

צירופים והוא בד' עולמות. [ו] **צרור המור דברים פרשת וזאת הברכה**: ואם תרצה להכנס בהיכל המלך פנימה. ולשים בסלע קנך בדעת ובחכמה. ולעלות בין כבבי עש וכימה. ולפרוץ בארבע רוחות צפונה ומזרחה נגבה וימה. ויזרח עליך אור ה' כלבנה וכחמה. ולהגיע אל השערה ולא תחטיא. אפילו כמלוא נימא. ותשמח כעל כל הון וכמוצא סימא. בהיותך עם ה' אחוז בחבלי בוץ ורקמה. הוא סולם מוצב ארצה. וראשו מגיע השמימה. תמצא שמרע"ה רצה להודיע להש"י שאע"פ שראובן חטא. שיש לו לעבור על פשעו ולכפר חטאתו מכח ההכרח. לפי שידוע שעם ישראל קשורים בשם ודבקים בו עד שהם כמו חלק ה'. וזהו ואתם הדבקים בה' אלהיכם. וכמו שאמרו ויקרא לו אל אלהי ישראל. עד שלסבת זה א"א שזרע ישראל יכלו מן העולם. כאומרו ואותך לא אעשה כלה. וכן אמר אני ה' לא שניתי ואתם בני ישראל לא כליתם. מה טעם לא שניתי וגו'. וכן אמר המשורר המה יאבדו וגו' ואתה הוא ושנותיך לא יתמו. וא"כ אחר שאתה קיים בלי שינוי בני עבדיך ישכונו וזרעם לפניך יכון. לעד לעולם כמו שאתה קיים לעולם. ולכן אמרו שהשכינה בישראל צור גבוה. וזהו אשר הוצאתי אותם מארץ מצרים לשכני בתוכם. וכמו שכתב הרמב"ן ז"ל שם. ולז"א אלהי אברהם אלהי יצחק ואלהי יעקב זה שמי לעולם וגו'. לרמוז שלעולם יקרא שמו עלינו ויאסוף חרפתינו. לפי שעם ישראל דבקים בשם ה'. ואחוזים בסוד המרכבה בשם ע"ב אותיות בסוד י"ב שבטי ישראל ובסוד י"ב חותמות. הם י"ב אותיות של שם יהו"ה אדונ"י אהי"ה. ובסוד י"ב גבולי אלכסון. וזהו ה' בם סיני בקדש. עד שלסבת זה אמר יהושע והכריתו את שמנו מן הארץ ומה תעשה לשמך הגדול ואיך אמר זה והלא ה' מלך עולם ועד אפילו שיאבדו גוים מארצו. אבל סודו ידוע כי אחר שישראל קשורים בשם ה' בסוד המרכבה. אם יכריתו שמנו מן הארץ. מה יעשה לשמו הגדול האחוז והקשור בנו בסבת י"ב שבטי ישראל. עד שלזה אמר שבטי יה עדות לישראל לעד לעולם ולא ישכח זכרם. ולזה תמצא באליהו כשהקים י"ב אבנים למספר שבטי בנ"י. אמר שם אשר [היה דבר] ה' אליו [לאמר] ישראל יהיה שמך. לרמוז כי בסבת י"ב שבטי ישראל אמר ה' אליו ישראל יהיה שמך לעד לעולם. וכמו שא"א שם ה' להיות נשכח. כך א"א לשם ישראל להיות נשכח ונעקר מן העולם. עד שלזה אמרו בתעניות ובחגיגה מאי כי כד' רוחות השמים פירשתי אתכם. אילימא דבדרינהו לד' רוחי עלמא. בד' רוחות מבעי ליה. מאי כי כד' רוחות. כשם שא"א לעולם בלא רוחות כך א"א לעולם בלא ישראל. לרמוז כי ד' רוחות הם כנגד ד' אותיות השם. ולכן אמרו האבות הם הם המרכבה. לפי שהם אחוזים בשם ה' בסוד המרכבה. ולזה תמצא בתפילת שבת שסדרו בתפילת יוצר אלפא ביתא גדולה. כמו שתקנו ביוצר בתפילת החול אלפא ביתא קטנה. אל ברוך גדול דיעה הכין. אבל בתפילת שבת תקנו בב' אותיות ראשונות ה' ה' תיבות אל אדון על כל המעשים ברוך ומבורך בפי כל הנשמה. והי"ח אותיות האמצעיות יש בכל אחד מהם ד' ד' תיבות כזה גודלו וטובו מלא עולם. והשני אותיות האחרונות יש בכל אחת מהן ששה ששה תיבות כזה. שבח יתנו לו כל צבא מרום תפארת וגדולה וכו'. והענין הזה לרמוז איך ישראל קשורים בסוד שמו של הקדוש ברוך הוא ובסוד המרכבה. וזהו בסוד האלפא ביתא שהיא עשרים ושתים אותיות בסוד בך יברך ישראל. ובסוד נגילה ונשמחה בך בשמך ובתורתך. ולכן שתי אותיות הראשונות יש בהן עשר תיבות. למנין שמו של הקדוש ברוך הוא שהם עשר ספירות. שהם קשורות כשלהבת קשורה בגחלת. והשמנה עשרה

צורת א׳ הוא י׳ קרי בי׳ ויקר י׳ שהראה הקב״ה היקר של [ז]י׳ מרגליטין. ז״ש ״מאהל מועד״ בגימ׳ יוס״ף כדברי ר״ש

גלא עמיקתא

ולכן בד׳ מקומות העמיד יהושע י״ב אבנים [ח]כדברי הירושלמי (בפרק אלו

אותיות האחרונות בכל אחת יש ארבע תיבות. ארבע פעמים שמנה עשר הם שבעים ושתים. למספר שם המפורש של שבעים ושתים היוצא מויסע ויבא ויט. כנגד אברהם יצחק ויעקב. וזהו האבות הם הם המרכבה. ושם יהו״ה מתגלגל בצירופו שבעים ושנים. באופן שבזה ישראל קשורים בשם ה׳ בסוד המרכבה. ולכן שתי אותיות האחרונות יש בהן שנים עשר תיבות למספר שבטי בני ישראל. באופן שישראל קשורים ואחוזים בסוד שמו בסוד עשר ספירות. וכן קשורים בסוד המרכבה של ע״ב. וכל זה למספר שבטי בני ישראל. בענין שישראל קשורים ואחוזים בסוד שמו בסוד עשר ספירות. וכן קשורים בסוד המרכבה של שבעים ושתים. וכל זה למספר שבטי בני ישראל. בענין שישראל אחוזים בהרים גדולים של מעלה. בענין שההרים ימושו וחסדי מאתך לא ימוש. וזהו חסד השם על יריאיו בענין שלעד לעולם לא יכלו. אחר שהם קשורים בשם ה׳. וזהו והכריתו את שמנו מן הארץ ומה תעשה לשמך הגדול. אחר שהשכינה בישראל צורך גבוה. ואם כן להיות הכסא שלם א״א בלא שנים עשר שבטי ישראל. כי בם מלכותו נראית. ולכן אמר משה לפני הקדוש ברוך הוא ראוי לך שתכניס לראובן במספר שבטי ישראל. בענין שיהיו שנים עשר שבטים. כי באופן אחר יהיה חסרון לא יוכל להמנות. ואחר שאתה נקראת מלך ישראל. להיות מלך שלם. ראוי שיהיו שנים עשר שבטים. וזהו ויהי בישורון מלך. אימתי בהתאסף ראשי עם יחד שבטי ישראל ושלא יחסר אחד מהם. ואם (כן יחי יהיה) [יחסר אחד] במספר השבטים א״א שיהיה הכסא שלם. וזאת ליהודה ויאמר. כלומר זה בעצמו אני אומר על יהודה. שאע״פ שחטא. אל עמו תביאנו. בענין שיהיה נכלל במספר עמו שהם י״ב שבטי ישראל. שאם לא כן יהיה המנין חסר. וא״א להתקיים העולם. כי לכן הם י״ב חדשים בשנה כנגד י״ב שבטי ישראל וכנגד י״ב אותיות השם וי״ב גבולי אלכסון וי״ב חותמות. וכל זה להודיע לנו גדולת משה שהיה רועה נאמן וידע לרצות בוראו. לפי שידע שראובן ויהודה היו כמעט מרוחקים מהשם. ורצה להקריבם בדברי ריצוי ושבח. ואמר שהיה

דבר ראוי לו יתברך שיהיה ראובן במספר השבטים. עד שהשם אמר ואל ימות. וכן ביהודה באופן שברוב עם הדרת מלך. וזהו ויהי בישורון מלך. וא״כ יחי ראובן וכן וזאת ליהודה. וזה קישור נפלא באלו הפסוקים בענין שכל זה האריכות אינו אלא בשביל ראובן ויהודה כמו שכתבתי. וזאת הפרשה כמעט היא מבוארת ומפורשת בפ׳ ויצא ובפ׳ ויחי ולכן אקצר בה בעזרת האל יתברך. [ז] **אגרא דכלה בראשית פרשת וישב:** ויכירה ויאמר וכו׳. פרגוד דברי הוא לא חיות ברא אכלתיה ולא על ידי בני נשא איתקטיל, אלא חמי אנא ברוח קדשא דאיתתא בישא קיימיה לקבליה. הדבר קשה מאוד להלום שהוא היפך המקרא, גם אם ידע כזאת למה התאבל, אך בא לתרץ דהנה הצדיקים השי״ת אינו משים בפיהם רק דבר אמת, ובפרט יעקב תתן אמת ליעקב [מיכה ז כ], והיאך אמר יעקב דבר כזה אינו אמת, ובפרט יש לתמוה הלא דבר הצדיק בהכרח שיתקיים, וגדולה מזה תראה בספר חסידים [סי׳ תע״ט] אפילו מה שהאדם מדבר לפעמים בדרך גוזמא בהכרח שיתקיים, על כן דקדק הקדוש ז״ל מאמר יעקב כתנת בני חיה רעה כו׳, ולא הזכיר את שמו לומר כתנת יוסף בני, ואחר כך סיים טרוף טורף יוסף, הנה דרש שהזמין י״י ית׳ בפיו לומר לשון כזה שהוא אמת, והוא שאמר כתנת בני חיה רעה אכלתהו, הכתנת של בני הוא אשר תאכלהו החיה רעה היא אשת פוטיפר אשר תקח ממנו בגדו, ועל ידי זה טרף טורף יוסף, היינו נטרף ונחטף יוסף שיצאו ממנו עשרה מרגליטין טיפין דאיזדריק למגנא, ונחטפו ונעשקו בידי זרים, על כן הוצרך גם יוסף להיות מעשרה הרוגי מלכות ונתגלגל בר׳ ישמעאל כ״ג [ספר הליקוטים פ׳ וישב פל״ז], וזהו גם כן טרוף טורף יוסף, והנה אמר לא חיות ברא וכו׳ ולא על יד בני נשא וכו׳, הנה אמר ב׳ פעמים טרוף טורף, ונמסר עוד אך טרוף טורף, למעט הטריפה לא נתהווה לו כעת טריפה לא על ידי חיה ולא על ידי בן אדם. והנה יעקב אמר כפשוטו, והש״י שם בפיהו דברי תורה דבר אמת ברוח הקודש, ועיין מ״ש בפסוק כי ארד אל בני וכו׳, שגם זה דבר אמת היה בפיו. [ח] **תלמוד**

בבראשית י׳ הרוגים לא היו בני יעקב רק י׳ בנים של יוסף [שהיו צריכים להיות לו בנוסף על אפרים ומנשה לקביל י״ב

גלא עמיקתא

נאמרין סוטה דף ל״ב ע״ב) עד כאן לשונו הקדוש עיין שם. וזהו דכפלינן הני מ״ח זימנין בינה לחושבן **פסוקא** בקהלת סוף דבר וכו׳, דבינה שער הנ׳ כתרא דז״א בסוד **אשת חי״ל** חושבן מ״ח. והוא יהושע בן נון דהיינו בן שער ה-נ׳ העמידם בד׳ מקומות לקביל ד׳ אתוון דשמא קדישא שם הוי׳ ב״ה דכללות. והאי פסוקא דמביא מקהלת י״ב,ג׳ ונבארו במקומו ביתר עמקות ב״ה: ״[ט]**ביום שיזעו שמרי הבית והתעותו אנשי החיל**״ גימ׳ (2725) ברכת כהנים: ״[י]**יברכך ה׳ וישמרך יאר ה׳ פניו אליך**

ירושלמי סוטה פרק ז הלכה ה: אמר רבי חנינן פשיט לן ארבעה מיני אבנים הן. אמר רבי סימון בר זביד ויאות אין תימר אבני המלון לשעה היו ונגנזו. אין תימר אבנים שהקים יהושע תחת כפות רגלי הכהנים משוקעות היו במים. אין תימר איסטליות שנתן להן משה כבר נכנסו עמהן לארץ. אלא כן אנן קיימין באבנים שהקים להן יהושע על גב הירדן. תני ר׳ יודה בר אלעאי אומר אבא חלפתא ורבי אלעזר בן מתיה וחנינה בן חכינאי עמדו על אותן האבנים ושיערום כל אחת ואחת משוי ארבעים סאה. [**ט**] **תלמוד בבלי מסכת שבת דף קנב עמוד א:** ביום שיזעו שמרי הבית והתעותו וגו׳. ביום שיזעו שמרי הבית - אלו הכסלים והצלעות, והתעותו אנשי החיל - אלו שוקים, ובטלו הטחנות - אלו שינים, וחשכו הראות בארבות - אלו עינים. אמר ליה קיסר לרבי יהושע בן חנניה: מאי טעמא לא אתית לבי אבידן? אמר ליה: טור תלג סחרוני גלידין, כלבוהי לא נבחין, טחנוהי לא טוחנין. בי רב אמרי: אדלא אבידנא בחישנא. תניא, רבי יוסי בר קיסמא אומר: טבא תרי מתלת, ווי לה לחדא דאזלא ולא אתיא. מאי היא? - אמר רב חסדא: ינקותא. כי אתא רב דימי אמר: ינקותא - כלילא דוורדא, סבותא - כלילא דחילפא. תנא משמיה דרבי מאיר: דוק בככי ותשכח בניגרי, שנאמר ונשבע לחם ונהיה טובים ורעה לא ראינו. אמר ליה שמואל לרב יהודה: שיננא, שרי שקיך ועייל לחמך. עד ארבעין שנין - מיכלא מעלי, מכאן ואילך - משתי מעלי. [**י**] **מדרש תנחומא (בובר) פרשת נח:** [ז] ויזכור אלהים את נח (בראשית ח א). [ילמדנו רבינו מי שהוא ראה את הקשת בענן, מהו צריך לברך, כך] שנו רבותינו מי שהוא רואה הקשת בענן צריך לברך, מאי מברך ברוך זוכר הברית ונאמן בבריתו וקיים במאמרו, הרי מן המשנה, מן התורה מנין, תלמוד לומר את קשתי נתתי בענן והיתה לאות ברית (שם /בראשית/ ט יג), אין מעשה של הקדוש ברוך הוא כמעשה בשר ודם, כיצד בשר ודם כל ימים שאוהבו חי, אהבה במקומה, ואם מת אהבה מתבטלת, אבל הקדוש ברוך הוא אינו כן, מת אברהם והיתה אהבתו מתקיימת ליצחק בנו, שנאמר ויהי אחרי מות אברהם ויברך אלהים את יצחק בנו (שם /בראשית/ כה יא). ד״א עני מבקש צדקה מן האדם והוא נותן לו יום או שנים או חודש או שנה, אבל הקדוש ברוך הוא נותן מזון לאדם כל הימים שהוא חי. ד״א אדם שהמלך אוהבו מכבדו בכסף וזהב ובגדים (ומעש) [ומעשרו], והוא הולך בספינה, והרוח בא ומאבד הספינה, היכן מתנתו של מלך, הרי כבדו ועשרו, שמא יכול הצילו מן הים, ומן הליסטין, אבל הקדוש ברוך הוא אינו כן, אלא נותן מתנה לאדם ומשמרו, שנאמר יברכך ה׳ וישמרך (במדבר ו כד), ברך לאברהם ושמרו, שנאמר וה׳ ברך את אברהם בכל (בראשית כד א). ברך ליצחק ושמרו, שנאמר ויברך אלהים את יצחק בנו (שם /בראשית/ כה יא), ברך ליעקב ושמרו, שנא׳ וירא אלהים אל יעקב עוד [וגו׳ ויברך אותו] (שם /בראשית/ לה ט). ד״א אדם עולה לספינה ועמו בהמה, ואם עמד סער בים, מה הם עושין, משליכין את הבהמה לים, ומקיימין את האדם, לפי שאינן מרחמין על הבהמה כשם שמרחמין על האדם, אבל הקדוש ברוך הוא אינו כן, שכשם שהוא רחמן על האדם, כך מרחם על הבהמה, תדע לך שהוא כן, שבשעה שבקש הקדוש ברוך הוא לאבד עולמו בדור המבול בשעה שחטאו, שקל את

שבטי י–ה] שיצאו מן י' אצבעותיו ז"ס (בראשית מ"ט) ויפזו זרועי ידין מידי אבי"ר יעק"ב בהפוך אתוון רב"י עקיב"א משם רעה אבן ישראל. וכן אתמר (שמות כ"א,ט"ז) גונב איש ומכרו ונמצא בידו דייקא ויפוזו זרועי ידיו ז"ס (יומא ט' ע"ב) [יא]טובין צפרנן של

גלא עמיקתא

ויחנך ישא ה' פניו אליך וישם לך שלום" עם הכולל. דלעתיד לבוא יתבטל הגשמיות ונגלה כבוד ה' וכו' ותתגלה ברכת ה' בבריאה– וכדוגמת ברכת הכהנים שהיתה בבית המקדש דאמרו שם המפורש וכו'. ומקשרא לפסוקא (בראשית מ"ט,כ"ד) "ויפזו זרעי ידיו" סליק לחושבן (426) "במשיח בן דוד" ענין הגאולה במהרה בימינו אמן "מידי אביר יעקב" סליק לחושבן (459) "זרע יעקב" דהיינו "מידי אביר" חושבן (277) זר"ע ואמרו חז"ל (תענית ה:) [יב]יעקב אבינו לא מת [1עיין מה שבארנו בזה לעיל אופן ל"א–בני ישראל ממעטין את עצמם]– מה זרעו בחיים אף הוא בחיים, דיוסף הוא בחינת יסודא דיעקב, ומתמן נמשכו כלל ישראל.

האדם כנגד הבהמה, שנא' ויאמר ה' אמחה [וגו' מאדם עד בהמה] (בראשי' ו ז), וכשבא להתרצות כשם שנתרצה לבני אדם וריחם עליהם, כך ריחם לבהמה, ממה שקראנו בענין ויזכור אלהים את נח. **[יא] תלמוד בבלי יומא דף ט עמוד ב:** רבי יוחנן ורבי אלעזר דאמרי תרווייהו: ראשונים שנתגלה עונם - נתגלה קצם, אחרונים שלא נתגלה עונם - לא נתגלה קצם. אמר רבי יוחנן: טובה צפורנן של ראשונים מכריסן של אחרונים. - אמר ליה ריש לקיש: אדרבה, אחרונים עדיפי, אף על גב דאיכא שעבוד מלכיות קא עסקי בתורה! אמר ליה: בירה תוכיח, שחזרה לראשונים ולא חזרה לאחרונים. שאלו את רבי אלעזר: ראשונים גדולים או אחרונים גדולים? - אמר להם: תנו עיניכם בבירה. איכא דאמרי, אמר להם: עידיכם בירה. **[יב] תלמוד בבלי תענית דף ה עמוד ב:** רב נחמן ורבי יצחק הוו יתבי בסעודתא, אמר ליה רב נחמן לרבי יצחק: לימא מר מילתא! אמר ליה, הכי אמר רבי יוחנן: אין מסיחין בסעודה, שמא יקדים קנה לושט ויבא לידי סכנה. בתר דסעוד אמר ליה: הכי אמר רבי יוחנן: יעקב אבינו לא מת. - אמר ליה: וכי בכדי ספדו ספדניא וחנטו חנטייא וקברו קברייא? - אמר ליה: מקרא אני דורש, שנאמר ואתה אל תירא עבדי יעקב נאם ה' ואל תחת ישראל כי הנני מושיעך מרחוק ואת זרעך מארץ שבים, מקיש הוא לזרעו, מה זרעו בחיים - אף הוא בחיים.

1. א' זעירא מרמז משה לעמו ישראל למעט את עצמם לפני השי"ת, היינו דכתיב "והאיש משה ענו מאד" וכו' (במדבר י"ב,ג') ואז אחריתם "העם ההולכים בחשך ראו אור גדול" (ישעי' ט',א') כדלעיל באופן י"ג ע"ש באורך- היינו אורו שלו עצמו, כדכתיב "כי קרן עור פני משה, והשיב משה את המסוה" וכו' (שמות ל"ב,ל"ה), ויזכו לאור הק' מצד פנימיותם וכדכתיב (ישעי' ס',ג') "והלכו גוים לאורך ומלכים לנגה זרחך", והוא פלא דסליק בדיוק לחושבן (852) "יברכך ה' יאר ה' ישא ה'", ובגמ' ב' דעות ה' מברך וכהנים מברכים וכו'. ורמז להם במסוה ששם על פניו "והייתם קדושים כי קדוש אני" כי עולה אותה גימ' של "והשיב משה את המסוה על פניו", ורמז להם באותה א' זעירא שכן "מסוה" עולה "אלף". וכמו כן ת"א שם "זיו יקרא"- (חוץ מז') "ויקרא". ו-ס' מ' בנס היו עומדים, ומרומז דביהושע כתיב "זיו" ו"פ ובמשה ד"פ, היינו ס' ו-מ' במ"ק, ולקביל ולהכניע סמא"ל דאיהו מאן דמעכב קץ הגאולה, והיינו דתרגם אונקלוס "ולא נס לחה" (דברים לד,ז') "ולא שנא זיו יקרא" גימ' (722) "יעקב אבינו לא מת" (תענית ה:), וד"ל.

ראשונים מכרסן של אחרונים ר"ל אותן נצוצות שיצאו מצפרני יוסף הם טובים מן אחרונים שיצאו בדרך כל הארץ מבטן אמו.

גלא עמיקתא

וזהו זרעי אתוון זרע י' די' טיפין שיצאו מצפרני יוסף במעשה עם אשת פוטיפר אינון י' הרוגי מלכות, דהיו י' בנים נוספים והיינו בדקות שבדקות במדרגת יוסף ובאו הני י' הרוגי מלכות וכפרו על פגם זה בשלמות. "משם רעה אבן ישראל" גימ' (1249) ח"פ "יוסף" (156) ע"ה בחינת אלף השמיני ונגלה כבוד ה' וראו כל בשר וכו' ולכן "משם רעה" גימ' (655) "הקדוש ברוך הוא".

אבן ישראל [יג]פרש"י נוטריקון **אב ובן** אבהן ובנין יעקב ובניו ובסוד רבי שמעון בר יוחאי ובנו– והוא כחותם המתהפך "ובן" גימ' (58) "אבהן" דהן כלולים זה בזה עד למהוי תיבה א' "אבן" וכדאיתא בגמרא [יד]דאמר רבי שמעון בר יוחאי ראיתי בני עליה והן מועטין וכו' אם שנים הן אני ובני מהם ועיין מה שכתבנו לעיל אופן ס"ו בענין רבי שמעון בר יוחאי ובנו בסוד אבן אב ובן[2].

2. ויקרא א' זעירא מרמז הלולא דרשב"י בל"ג בעמר. "בעומר" מלא דהיינו "בית עין ויו מם ריש" גימ' (1154) ד"פ א' זעירא ע"ה, "ל"ג בעומר" מלא גימ' (1311) "ונסלח לכל עדת בני ישראל" (במ' ט"ו,כ"ו) דאמרינן בתפלת יום כפור, וכשנוסיף "רבי שמעון בר יוחאי (915) רבי אלעזר (520) על ל"ג בעומר מלא (1311) גימ' (2746) "ותשובה ותפלה וצדקה מעבירין את רוע הגזרה" יחד עם כ"ב אותיות התורה הק', דאמרינן במוסף דתפלת יום כפור, וכנודע דהלולא דרשב"י גרמה דפסקו מלמות תלמידי ר"ע בזכות ההלולא דעתידה להיות, דא"ר שמעון "יכול אני לפטור את כל העולם כולו מן הדין" (סוכה מה:) גימ' (1275) "ברבבות אלפי ישראל" ע"ה (במ' י"א,ל"ו) ופרש"י מגיד שאין השכינה שורה בישראל פחותין משתי אלפים ומרמז לאלפים כנ"ל ד-א' זעירא, דרשב"י ובנו הוו משרים השכינה, וחזינן- דרשב"י בעל ההילולא מעיד בעצמו דיכל לפעול מה שפועל יום הכפורים. והאי דאמרינן לעיל אופן ס"ה בעניין השבת "וקראת לשבת ענג" (ישעי' נ"ח,י"ג) גימ' (399) "אלף זעירא", והא ממשיך האי פסוקא "לקדוש ה' מכובד"- הנה "לקדוש ה'" גימ' (466) "שמעון", ודרשו (באדרא רבא סוף פ' נשא ע"ש) מאן הוא קדוש ה' "דא רבי שמעון בר יוחאי" (דאיקרי מכובד בעלמא דין ובעלמא דאתי) גימ' (920) "ואל המקדש לא תבא" (ויק' י"ב,ד'), וזהו

[יג] רש"י בראשית פרק מט: (כד) ותשב באיתן קשתו - נתישבה בחוזק. קשתו, חזקו:: ויפזו זרעי ידיו - זו היא נתינת טבעת על ידו, לשון (מלכים א' י יח) זהב מופז, זאת היתה לו מידי הקדוש ברוך הוא שהוא אביר יעקב, ומשם עלה להיות רועה אבן ישראל, עקרן של ישראל לשון (זכריה ד ז) האבן הראשה לשון מלכות. ואונקלוס אף הוא כך תרגמו. ותשב. ותבת בהון נביאותיה, החלומות אשר חלם להם, על דקיים אורייתא בסתרא, תוספת הוא ולא מלשון עברי שבמקרא, ושוי בתוקפא רוחצניה, תרגום של באיתן קשתו, וכך לשון התרגום על העברי ותשב נבואתו, בשביל שאיתנו של הקדוש ברוך הוא היתה לו לקשת ולמבטח. בכן יתרמא דהב על דרעוהי, לכך ויפזו זרעי ידיו, לשון פז: אבן ישראל - לשון נוטריקון אב ובן, אבהן ובנין, יעקב ובניו. ורבותינו דרשו ותשב באיתן קשתו על כבישת יצרו באשת אדוניו, וקוראו קשת על שם שהזרע יורה כחץ. ויפזו זרעי ידיו, כמו ויפוצו. שיצא הזרע מבין אצבעות ידיו:: מידי אביר יעקב - שנראתה לו דמות דיוקנו של אביו וכו' כדאיתא בסוטה (דף לו ב)

[יד] תלמוד בבלי מסכת סוכה דף מה עמוד ב: אמר חזקיה אמר רבי ירמיה משום רבי שמעון בן יוחי: כל המצות כולן אין אדם יוצא בהן אלא דרך גדילתן, שנאמר עצי שטים עמדים. תניא נמי הכי: עצי שטים עמדים - שעומדים דרך גדילתן. דבר אחר: עמדים -

שמעמידין את ציפוין. דבר אחר: עמדים - שמא תאמר אבד סיברם ובטל סיכויין, תלמוד לומר עצי שטים עמדים שעומדים לעולם ולעולמי עולמים. ואמר חזקיה אמר רבי ירמיה משום רבי שמעון בן יוחי: יכול אני לפטור את כל העולם כולו מן הדין מיום שנבראתי עד עתה, ואילמלי אליעזר בני עמי - מיום שנברא העולם ועד עכשיו, ואילמלי יותם בן עוזיהו עמנו - מיום שנברא העולם עד סופו. ואמר חזקיה ואמר רבי ירמיה משום רבי שמעון בן יוחי: ראיתי בני עלייה והן מועטין, אם אלף הן - אני ובני מהן, אם מאה הם - אני ובני מהן, אם שנים הן - אני ובני הן. - ומי זוטרי כולי האי? והא אמר רבא: תמני סרי אלפי דרא הוה דקמיה קודשא בריך הוא, שנאמר סביב שמונה עשר אלף! לא קשיא: הא דמסתכלי באספקלריא המאירה, הא - דלא מסתכלי באספקלריא המאירה. ודמסתכלי באספקלריא המאירה מי זוטרי כולי האי? והא אמר אביי: לא פחות עלמא מתלתין ושיתא צדיקי דמקבלי אפי שכינה בכל יום, שנאמר אשרי כל חוכי לו - ל"ו בגימטריא תלתין ושיתא הוו! - לא קשיא: הא - דעיילי בבר, הא - דעיילי בלא בר.

גלא עמיקתא

ובמילוי כזה: "אלף בית נון" גימ' (629) "נחל נבע מקור חכמה" (משלי י"ח,ד') בחינת שרש הקו עיין מה שכתבנו לעיל

פס' בתחלת פ' תזריע, ומרומז שם עניין ל"ג בעומר- שכן פותחת הפרשה אשה "כי תזריע וילדה זכר" גימ' (999) דאמר המג"ע הק' אדם אחד מאלף מצאתי דא משה, וזהו אל"ף חסר אחד הגימ' כנ"ל, "אשה כי תזריע וילדה זכר" גימ' (1305) א'שה, בסוד אלף אל"ף זעירא. ובפסוק הבא "וביום השמיני ימול בשר ערלתו" ומרמז "ביום השמיני" גימ' (475) "דעת" ע"ה, א' מעל ז' והוא ר"ת **א' ז'**עירא, וכגון **א"ז** ישיר משה ועוד רבים. ובפסוק הבא "ושלשים יום ושלשת ימים" (תשב בדמי טהרה) גימ' (1878) "זרעא די לא יפסוק ודי לא יבטול מפתגמי אורייתא" דאמרינן בתר קריאת התורה בשבת ביקום פורקן מן שמיא וכו', וזהו רמז מובהק שכתוב להדיא ל"ג "ושלשים ושלשת" ומיד לאחר מכן האי דאמרנו "ואל המקדש לא תבוא" גימ' "דא רבי שמעון בר יוחאי" כדלעיל. וזהו דאמר רשב"י שלא תשתכח תורה (בגמ' שבת קלח: ע"ש) שנאמר "כי לא תשכח מפי זרעו" (דב' ל"א,כ"א) ומביא בהק' ללקוטי מוהר"ן ס"ת "יוחאי", והיינו דלא תשכח מפי זרעו דיוחאי, ודא הוא רבי שמעון עצמו- דהביא האי פסוקא, והוא בגימ' (1202) "בראשית ברא א-להים" דרשב"י בלמוד תורתו ולמוד זכות על דורו ועל הדורות הבאים, ובפרט בהלולת ל"ג בעומר דהוא גם יום הולדתו בדומה למרע"ה דנולד ונסתלק באותו היום- ז' אדר- הריהו מחזיר הכל לשרש להשי"ת, ל"בראשית" ולקודם הבריאה, וזהו ד"בראשית ברא א-להים" בחלוף סדר אתוון "א-להים ברא את רשב"י" והוא נפלא ונורא. וכשנחבר הני תרי הלולא רבה דמרע"ה ודרשב"י (דנשמת משה בגויה) עם הספירה ל"ג בעומר, דהיינו "ז' אדר, ח"י אייר, ל"ג בעומר" גימ' (802) "אלף זעירא אלף זעירא" עם ד' כוללים, והיינו האי א' זעירא דויקרא איהי בגויה דרשב"י, ורמיזא לכך- "רבי שמעון" גימ' עם האותיות ו-ב' כוללים (688) "א' זעירא אלף זעירא", ומרמז בחי' הכתר דהשיג רשב"י בחי' חיותו כדאמרינן לעיל אופן נ"ז- א' היינו דאנכי, "אלף" היינו "לא יהיה לך", דהני ב' דבריא הן התפשטות דהאי א' בסוד "מאן דאיהו רב איהו זעיר"- בזוה"ק תחלת פרשת חיי שרה. וכשנחבר רשב"י עם אלעזר בנו דהוא יסוד ושרש לקיום עם ישראל עד ביאת משיח צדקנו בב"א עניין אב ובן, כדכתיב "משם רעה אבן ישראל" (בר' מ"ט,כ"ד) אבן- אב ובן, וזהו דיעקב דהוא בחיר האבות- בו מופיע מספר גדול מאד יותר ממק"א בכ"ד ספרים עניין אבן- ונחבר הני אבנים: "ויקח **מאבני** המקום [כ"ח,י"א] ויקח את **האבן** [כ"ח,י"ח] **והאבן** הזאת [כ"ח,כ"ג] גדלה על פי הבאר [כ"ט,ב'] וגללו את האבן והשיבו את **האבן** [כ"ט,ג'] וגללו את **האבן** [כ"ט,ח'] ויגל את **האבן** [כ"ט,י'] והנה בתוך כמה פסוקים ח"פ אבן, בסוד אב-בן, דמשה קבל תורה מסיני ומסרה ליהושע וכך מאב לבנו לדורי דורות, עד ביאת משיח צדקנו,בב"א. והני ח"פ אבן כמו שכתובים שם בפסוקים, דהיינו- "מאבני, האבן, והאבן, והאבן, האבן, האבן, האבן, האבן" גימ' "שמעון בן" עם ב' המלים והכללות, וחזינן דכתיב שמעון בן יוחאי, וכן אלעזר בן שמעון- בן מהאי גיסא ומהאי גיסא דרשב"י הקדוש. וכשנצרף הני ח' אבנים עם המלים שסביבותיהם, וכדכתבנו לעיל- "ויקח מאבני, ויקח את האבן, והאבן הזאת, והאבן גדלה, וגללו את האבן, והשיבו את האבן, וגללו את האבן, ויגל את האבן" סליק לחושבן (3757) י"ג פ' "א' זעירא" (289) דהיינו כל הני י"ג

גלא עמיקתא

אופן ט"ו–סוד הצמצום[3] **וכולהו יחד דהיינו ויפזו זרעי ידיו מידי אביר יעקב משם רעה אבן ישראל** גימ' (2134) **י"א פעמים "צדק" (194) והוא דינא דיעביד קוב"ה ומשיחו בהני י"א כתרין דמסאבותא בסוד המן ועשרת בניו דבקדושה הן עשר ולא אחד עשר.**

מכילן דרחמי דכתר א"א מלאים ב-א' זעירא, ומקשר משה-יעקב-שמעון-אלעזר, והאי חושבן (3757) גימ' י"ז פ' "אייר" דהוא י"ז אייר ערב הלולת התנא הקדוש רשב"י דאז כלל ישראל עולים לרגל למירון לציונו הקדוש כעין העליה לביהמ"ק, ולאחר חצות היום מתחילה הארת ל"ג בעומר, וזהו "טוב" (י"ז) פ' "אייר", היינו דכתיב (ישעי' ג', י') "אמרו צדיק כי טוב" גימ' (500) "פרו ורבו" והוא המצוה הראשונה בתוה"ק- עניין הבנים כנ"ל. והוא יום ל"ב בעומר דאמר (אבות פ"ב) רבי אלעזר בן ערך "לב טוב" [בעניין איזו היא דרך ישרה שיבור לו האדם ואמר להם ריב"ז רואה אני את דברי אלעזר בן ערך מדבריכם, שבכלל דבריו דבריכם, ונבארו אי"ה באופנים הבאים] והוא ד-י"ז באייר ל"ב בעומר ו-י"ז גימ' "טוב". וזהו "ל"ג בעומר" במלוי הקטן "למד גימל בית עין, למד מם ריש" גימ' (1301) "**יעקב, משה, שמעון, אלעזר**" ר"ת שמא"י ס"ת ברנ"ה, וכשיצאו מן המערה לאחר י"ב שנה כל מקום שנתנו עיניהם בו מיד נשרף, יצתה בת קול ואמרה וכי לשרוף עולמי באתם, ואז נכנסו למערה שנה נוספת וכו'- ולכן ר"ת שמאי ענין הדין, לאחר י"ב שנה לקביל י"ב שבטי י-ה, י-ה ענין הדין, ויוסף על גביהן לקביל השנה ה-י"ג ונהפך ל-י"ג מדות הרחמים וכנ"ל מלאים כ"א ב-א' זעירא גימ' כל הני ח' אבנין דיעקב, כשבא לחרן למקום הקלי' למצוא את האמהות הק' דמהן יבנה עם ישראל, בסוד אבן אב-בן, ומרומז ה-א' זעירא צורת י', ובזוה"ק י' איהי אבן, ופשוט [ועיין לקמן אופן צ"ב]. **3.** א' זעירא רמיזא רישא דכל דרגין תרין צמצומים סילוק האור לצדדין והמשכת האי חוטא יקירא למברי עלמא, ונחלק ל-י"ו"ד', וכלשון העץ חיים בתחילתו (ומובא באוצרות חיים) "**צמצום הראשון**" גימ' (828) "בסתר עליון" ר"ת ע"ב היינו חסד - שטבע הטוב להיטיב וכו' **לקביל י' עילאה**, וממשיך וזלשה"ק: **המשיך אור דרך "קו אחד ישר דק כעין צנור"** והנה "קו אחד ישר" ר"ת גימ' (111) אלף, "צנור" אותיות "רצון", "קו אחד ישר" גימ' (629) "נחל נובע מקור (גימ' "צנור") חכמה", "כעין צנור" גימ' (496) "מלכות", שאומר ז"ל בהמשך אחד הטעמים לבריאה "אין מלך בלא עם" [ס"ת גימ' (111) "אלף"] גימ' (294) "ואנכי אהיה לכם לא-להים" (בכ"מ בנביא)- אנכי- אני כתר וכו' וכל הביטוי "קו אחד ישר דק כעין צנור", גימ' (1229) "אות ברית ביני וביניכם" שנאמר בצווי ה' לאברהם (בראשית י"ז) **לקביל ו'**, היינו היסוד, ואמרו ז"ל "גדולה מילה שנכרתו עליה י"ג בריתות" בפרשה דנן, והיינו י"ג פ' "ברית" גימ' (7956) "אב הרחמים" (306) פעמים "הוי"", שאומרים בהוצאת ס"ת מן ההיכל, וכן בחשבון ב"פ י"ג גימ' הוי' וב"פ "אב הרחמים" גימ' ברית, ואברהם אבינו "ראשון לנימולים" מרומז ב"אב הרחמים" אותיות ראשונות "אברהם" - עם ח' בתוכו לרמוז יצחק שנימול ל-ח', וכן "רח" גימ' "יצחק", "רחמ" גימ' "אברהם" אותיות אחרונות "מים"חסד דאברהם, הכל יחד גימ' (306)"האש" דיצחק, "אב הרחמים" בא"ת ב"ש גימ' (913) "בראשית" "הוי"" בא"ת ב"ש גימ' (300) "כי ה' הוא הא-להים אין עוד" שאומרים בהוצאת ס"ת בשב"ק (ולאחריו אב הרחמים כנ"ל) "אב הרחמים" הוי' ב"ה פשוט וא"ת ב"ש גימ' (1545) "אין קדוש כה' כי אין בלתך ואין צור כא-להינו" (ש"א ב',ב'), וד"ל [ועיין לקמן אופן נ"א]. והמשך לשונו הקדוש בע"ח "ואח"כ בתוכם עשר עיגולים... עשר ספירות... והבחי' הב' באמצע כל האצי' הזה העגול מתפשט דרך קו הישר בחי' אור" וכו' "עיגול ישר" גימ' (629) "נחל נבע מקור חכמה" **לקביל י' תתאה**, והנה כל הנ"ל נרמז באותה א' זעירא דמשה, עניין הצמצומים, וד"ל. הוי' ב"ה בא"ת ב"ש גימ' (300) כנ"ל היינו אל-הים דיודין, וב"פ היינו "ציצית" (מקשר לאופן י"ג מדות גיהנם 300 שנה וכו'). "ציצית" בא"ת ב"ש גימ' (91) "הוי' אדנ-י", פשוט עם א"ת ב"ש סליקו תרוויהו לחושבן (691) "עוטה אור כשלמה" (תהל' ק"ד) ע"ה לפי הקריא תוספת ר' ל"עטה", וד"ל. ומביא המוהרח"ו בשם רבו האריז"ל בהמשך: "דע כי בזה החלל נמצא זה ה"אדם" הנק': "קדמון לכל הקדומים" (תקון י"ט דמ"ב), גימ' (530) "ה' מקדשכם", וכו'... ובזה

גלא עמיקתא

ובפסוקא (ותשב באיתן קשתו) **ויפוזו זרעי ידיו מידי אביר יעקב משם רעה אבן ישראל** ואינון י' תיבין לקביל י' ספיראן: **ויפזו: כתר**– ראשו כתם פז (שיר השירים ה',י"א). **זרעי: חכמה**– טיפת הבן ממח האב והיינו חכמה. **ידיו: בינה**– דמוציאה מכח אל הפועל [טו]מינה דינין מתערין "ידיו" גימ' (30) יהיה דלעתיד לבוא יתגלה דכולו טוב כדכתיב ביום ההוא יהיה ה' אחד ושמו אחד וכו'. **מידי: חסד** כדכתיב (תהל' קמ"ה,ט"ז) פותח את ידך ומשביע לכל חי רצון. **אביר: גבורה** "אביר" גימ' (213) כונן כסאו כדכתיב (תהל' ט',ח') וה' לעולם ישב כונן למשפט כסאו ענין הגבורות והדינים. **יעקב: תפארת** [טז]דיעקב עמודא דאמצעיתא בריח התיכון וכו'. **משם: נצח** "משם" גימ' ע"ה (381) "אהל משה" [עיין אופן קמ"ט – תהלים ח"י – דוד מלך ישראל

[טו] דגל מחנה אפרים בראשית פרשת מקץ: או יאמר והנה שבע שבלים עולות בקנה אחד וגו', יש בכאן סוד המתקת הדינין בשורשן כי ידוע שורש כל הדינים הוא מבינה כי מינה דינין מתערין וכשמעלין הדינים לשורשן שהוא עולם הבינה שם נמתקו כל הדינים, ויש להסביר הדבר כי ידוע שהדינים הם בסוד ל"ט מלאכות ונגד זה יש ל"ט קללות והיינו כי כל מלאכה הוא צמצום כי קודם שעושה המלאכה מחשבתו מתפשטת בכמה ענינים וכשעושה כל דבר מלאכה אזי מצמצם מחשבתו כולו בתוך אותו הדבר וזהו דרך משל. **[טז] זוהר פרשת תרומה דף קסט עמוד ב:** שית ברכאן אינון דכלה אתברכא מנייהו ואת אמרת דאינון שבע, אלא שביעאה איהו דקא מקיים כלא, רובא דברכאן על היין אמאי אלא דאיהו סטרא דחדי לכלא על ההוא יין דאתנטיר בענבוי תדיר, ובגין כך ברכה קדמאה דאינון שבע איהו רזא דיין, יין עביד פרי (ס"א חידו) בין לעילא בין לתתא, גפן נטיל כלא ואפיק איבא לעלמא ואתערו דחדוה שמאלא איהו דכתיב (שיר ג) שמאלו תחת לראשי ולבתר וימינו תחבקני, וההוא אילנא דחיי עביד פירין ואיבין (ס"א בההוא גפן) באתערותא דא ודא איהי ברכה קדמאה דכלא, (בורא פרי הגפן) תניינא שהכל ברא לכבודו רזא דברית קדישא חדוה דחבורא דנטיל כל ברכאן מרזא דימינא למעבד איבין בההוא גפן דהא בקדמיתא ההוא פרי (נ"א חידו) נחית מלעילא ארח שייפין ונגיד לברית קדישא לנגדא ליה בההוא גפן ודא מסטרא דימינא דהא לית איבא משתכחא אלא בימינא, שמאלא אתער וימינא עביד, לבתר כליל שמאלא בימינא וימינא בשמאלא למהוי רזא דאדם ובגין כך תליתאה איהו יוצר האדם, ועל דא יעקב דאיהו עמודא דאמצעיתא דיוקנא דאדם הוה, רביעאה איהו עמודא חדא דירכא ימינא, חמישאה שוש תשיש ותגל עקרה דביתא בחדוה בקבוץ וכנישו דבנהא מארבע סטרי עלמא ודא רזא דירכא אחרא דאתחבר בירכא שמאלא למיזל ולמיכנש לכל סטרין וכנישו דבנין ורחימו למיעל לון בין ברכין ובאינון תרין דנביאים שריין בגוייהו חדוה דעקרא דביתא, מ"ט בגין דהא שתי ערבות לא עבדין איבא ופירין וכנישו דבנין לגבייהו אינון פירין ואיבין דלהון ולא אתערו כנישו דבנהא לגבהא בר בנביאים, שתיתאה שמח תשמח רעים האהובים אתר דרעותא וחדווה ואחוה אשתכח עמודא דכל עלמא דאקרי צדיק, וצדיק רעים ואהובים אינון דלא אתעדון דא מן דא, עד הכא שית ברכאן דכלה אתברכת מנייהו, שביעאה איהו מקיים כלא ומהאי שביעאה מתברכאן כלא ודאי כללא דעשר אמירן בגין דדא כליל עילא ותתא, ועל דא כליל בהאי י' זיני דחדוה ששון שמחה חתן (ס"א וכלה גילה דיצה אהבה ואחוה שלום) וכלה אהבה אחוה גילה רנה דיצה חדוה שלום וריעות למהוי כלה שלימו דכלא.

האדם נכללין כל העולמות, וכו'... והנה האדם קדמון הזה הוא "מבריח (260 י"פ הוי") מן הקצה אל הקצה" גימ' (781) "א-להי אברהם א-להי יצחק וא-להי יעקב", ונאמר בבריח התיכון לקביל יעקב בחיר האבות הכולל כולם. לכבוד היארצייט (של הנעם אלימלך הק' זיע"א כ"א אדר ב' תשע"ד): "זושא" גימ' (314) "שד-י", "אלימלך" גימ' (131) "סמא-ל", כלומר: מציל ממנו זלעו"ז, ושניהם יחד גימ' (445): "מקדש" ע"ה, היינו עם א' זעירא.

גלא עמיקתא

חי וקים[4] - דמשה בנצח אהרן בהוד. **רעה: הוד** "רעה" גימ' (275) "באור גנוז" לקביל הוד. **אבן: יסוד** אב ובן כנ"ל. **ישראל: מלכות** דלעתיד לבוא יחודא שלים בין קוב"ה וכנסת ישראל בורא ונברא אהבה-קוב"ה ויראה-כנסת ישראל [יז]אור ישר ואור חוזר- בגאולתא שלמתא. והנה מקבילות הלולאות- כדי לכפר על ויפוזו זרועי ידיו דנפקו מתמן י' טיפין במעשה דאשת פוטיפרע כדכתיב (בראשית ל"ט,י"א) [יח]ויבא הביתה לעשות מלאכתו וכו'[5] יצאו ליהרג עשרה הרוגי

4. הני **ח' פסוקין** יחד גימ' (18449): "חוה" (19) פ' "הקטן יהיה לאלף והצעיר לגוי עצום" (ישעי' ס',כ"ב) והוא התקון השלם באלף השמיני לחטא "חוה" אותה הבחי' של לכי ומעטי את עצמך, ויהיה ונהפוך הוא מתים קמים לתחיה והקטן- היינו האי א' זעירא- יהיה לאלף רבתי דאדם (דה"י א',א',א'), "והצעיר" גימ' (381) "אהל משה"- ויקרא אל משה ס"ת אה"ל ועיין לעיל אופן קמ"ח "ומשה יקח את האהל" י"א פ' אהל- יהיה "לגוי עצום" גימ' (255) "במוצא פי ה'" כדכתיב "וידעת כי לא על הלחם לבדו יחיה האדם כי על כל מוצא פי ה' יחיה האדם" (דברים ח',ג') ענין הבטחון.

5. אופן קצ"ח - שיר השירים פרק ה' ובמאמר באתי לגני (לריי"ץ) עוסק בעבודת ה' להפכא חשוכא לנהורא ע"י הגברת שטות דקדושה בסוד המשכן דהיה עשוי עצי שטים עומדים על השטות דלעו"ז. ומאריך על כך שם אות ג' עיין שם, ורק נקשרו לכאן דרמיזא: "שטות דקדושה" סליק לחושבן (1134) ב"פ "נפלאות" (567) כדכתיב (מיכה ז') "כימי צאתך מארץ מצרים אראנו נפלאות" וכו'. "שטות דלעומת זה" סליק לחושבן (1277) "צדיק מושל יראת א-להים" (ש"ב כ"ג) דהאי בר נש דנכנסת בו רוח שטות מכסה על יראת ה' דיליה ומאפשר מציאות לעבור עברה חס ושלום. ותרוויהו יחד, דהיינו "שטות דקדושה" עם "שטות דלעומת זה", סליקו לחושבן: (2411) "תורה צוה לנו משה מורשה קהלת יעקב" (דב' ל"ג,ד'). ופרש"י הקדוש: תורה: "אשר צוה לנו משה מורשה היא לקהלת יעקב אחזנוה ולא נעזבנה" גימ' (2645) י"א פ' "עמלק" (240) עם ד' אותיותיו והכולל. והבאור דע"י עסק התורה מכניעים להני י"א כתרין דמסאבותא בסוד המן (עמל"ק) ועשרת בניו (ובמכוון אינון י"א תיבין בדברי רש"י הקדוש דערך ממוצע דכל תיבה גימ' עמלק). ובתוספת תיבה "תורה" דרש"י הקדוש מפרשה- סליק לחושבן: (3256) י"א פ' "וידבר ה' אליו" ע"ה (296) - ומקשרא להאי חבורא יקירא על א' זעירא- וכדכתיב בפסוק "ויקרא אל משה **וידבר ה' אליו**". והיינו אליו דייקא ולא להני י"א כתרין דמסאבותא- ולכן הוא מכוון בדברי רש"י הקדוש עם תיבה "תורה" וסליקו לחושבן י"א פ' "וידבר ה' אליו". וכאן תוספת תיבה "תורה" ועם י"א תיבין דדברי רש"י הקדוש אינון י"ב תיבין, ומגביר על י"א כתרין דמסאבותא בסוד י"ב שבטי י-ה. ואם ילחשך אדם (בליעל) דאינון י"ב שבטי ישמעאל בקלי' שווים ל-י"ב שבטי י"ה- אף אתה הקהה את שניו ואמור לו יוסף סליק למדרגת אב-רך, ו-ב' בניו "אפרים ומנשה כראובן ושמעון יהיו לי" (בראשית מ"ח,ה') עלו למדרגת שבטים. והנה הן י"ג שבטים בסוד י"ג תקוני דיקנא קדישא דאריך, וסליקו לעילא ע"י יסוד דיוסף עד רזא דאינסוף, דאיהו הצדיק הכולל דמסוגל להכנס לסוד החלל הפנוי ולתקנו (והוא באריכות בספר ליקוטי מוהר"ן תורה ס"ד). ובסוד "כהדין קמצא דלבושיה מנה ובה" (מ"ר כ"א,ה') גימ' (785) ה"פ "יוסף" ע"ה (157) - וכדכתיב ביוסף (בראשית מ',י"ב):

[יז] **קדושת לוי ויקרא פרשת צו:** ענין חטאת ועולה, חטאת קודמת לעולה (זבחים פט, ב). כי 'חטאת' הוא אור ישר מעולם העליון לעולם התחתון, ו'עולה' הוא אור חוזר מעולם התחתון לעולם העליון (עי' זוה"ק ח"א רמו, א), ולכן עולה כולה כליל. וזהו 'ויקרב את העולה ויעשה כמשפט' (ויקרא ט, טז), היינו כמו ראש חודש תשרי האותיות הם למפרע בסוד אור חוזר (חסר). ודו"ק.

[יח] **רש"י בראשית פרק לט:** (יא) ויהי כהיום הזה - כלומר ויהי כאשר הגיע יום מיוחד, יום צחוק, יום איד שלהם שהלכו כולם לבית עבודה זרה, אמרה אין לי יום הגון להזקק ליוסף כהיום הזה. אמרה להם חולה אני ואיני יכולה לילך:: לעשות מלאכתו - רב ושמואל, חד אמר מלאכתו ממש, וחד אמר לעשות צרכיו עמה,ג אלא שנראית לו דמות דיוקנוד של אביו וכו', כדאיתא במסכת סוטה (דף לו ב).

גלא עמיקתא

מלכות[6] ורבי עקיבא בראשם, וכמו כן מתו כ"ד אלף תלמידי רבי עקיבא לכפר על כ"ד זיני דמסאבותא כדבארנו הפסוקים ממעשה דנחש (בראשית ג׳,א׳–ז׳) ובארנו במקום אחר (באור על מגלה עמוקות ויקרא אופן מ"א) דחושבן הפסוקים שם עולה גימ׳ (24000) כ"ד אלף ולקביל האי חושבן דפסוקים דנחש (בראשית ג׳,א׳–ז׳) [יט]מתו כ"ד אלף תלמידי רבי עקיבא ותמן בחושבן נוספו

[יט] תלמוד בבלי מסכת יבמות דף סב עמוד ב: מתניתין דלאו כרבי יהושע; דתניא, רבי יהושע אומר: נשא אדם אשה בילדותו - ישא אשה בזקנותו, היו לו בנים בילדותו - יהיו לו בנים בזקנותו, שנא׳: בבקר זרע את זרעך ולערב אל תנח ידך כי אינך יודע אי זה יכשר הזה או זה ואם שניהם כאחד טובים; ר"ע אומר: למד תורה בילדותו - ילמוד תורה בזקנותו, היו לו תלמידים בילדותו - יהיו לו תלמידים בזקנותו, שנא׳: בבקר זרע את זרעך וגו׳. אמרו: שנים עשר אלף זוגים תלמידים היו לו לרבי עקיבא, מגבת עד אנטיפרס, וכולן מתו בפרק אחד מפני שלא נהגו כבוד זה לזה, והיה העולם שמם, עד שבא ר"ע אצל רבותינו שבדרום, ושנאה להם ר"מ ור׳ יהודה ור׳ יוסי ורבי שמעון ורבי אלעזר בן שמוע, והם הם העמידו תורה אותה שעה. תנא: כולם מתו מפסח ועד עצרת. אמר רב חמא בר אבא, ואיתימא ר׳ חייא בר אבין: כולם מתו מיתה רעה. מאי היא? א"ר נחמן: אסכרה. א"ר מתנא: הלכה כרבי יהושע. אמר רבי תנחום א"ר חנילאי: כל אדם שאין לו אשה - שרוי בלא שמחה, בלא ברכה, בלא טובה; בלא שמחה - דכתיב: ושמחת אתה וביתך, בלא ברכה - דכתיב: להניח ברכה אל ביתך, בלא טובה - דכתיב: לא טוב היות האדם לבדו. במערבא אמרי: בלא תורה, בלא חומה; בלא תורה - דכתיב: האם אין עזרתי בי ותושיה נדחה ממני, בלא חומה - דכתיב: נקבה תסובב גבר. רבא בר עולא אמר: בלא שלום, דכתיב: וידעת כי שלום אהלך ופקדת נוך ולא תחטא. אמר ריב"ל: כל היודע באשתו שהיא יראת שמים ואינו פוקדה - נקרא חוטא, שנאמר: וידעת כי שלום אהלך וגו׳. ואמר ריב"ל: חייב אדם לפקוד את אשתו בשעה שהוא יוצא לדרך, שנא׳: וידעת כי שלום אהלך וגו׳. הא מהכא נפקא? מהתם נפקא: ואל אישך תשוקתך - מלמד, שהאשה משתוקקת על בעלה בשעה שהוא יוצא לדרך! א"ר יוסף. לא נצרכה אלא סמוך לווסתה. וכמה? אמר רבא: עונה. והני מילי לדבר הרשות, אבל לדבר מצוה - מיטרידי. ת"ר: האוהב את אשתו כגופו, והמכבדה יותר מגופו, והמדריך בניו ובנותיו בדרך ישרה, והמשיאן סמוך לפירקן, עליו הכתוב אומר: וידעת כי שלום אהלך.

"ותתפשהו בבגדו (בחי׳ שטות דלעומת זה) לאמר שכבה עמי, ויעזב בגדו בידה וינס ויצא החוצה (בחי׳ שטות דקדושה-יצא החוצה בניחותא). גימ׳ ע"ה (2411) "שטות דקדושה שטות דלעומת זה" כנ"ל, והוא נפלא. ובקשר לריש דברינו, דתיבין "ותתפשהו בבגדו... ויעזב בגדו בידה" סליקו לחושבן (1345) "אלף משה". וזהו דאמרינן "שטות דקדושה (עם) שטות דלעומת זה" סליקו לחושבן (2411) "תורה צוה לנו **משה** מורשה קהלת יעקב". ובס"ד נזכה לעבוד את ה׳ בשמחה תמיד (עיין לקוטי מוהר"ן ח"ב תורה כ"ד) ולהתקשר לצדיקי האמת ע"י השטות דקדושה בחי׳ קוצו של י׳ ונזכה לראות בגאולה האמיתית והשלמה וביאת משיח צדקנו במהרה בימינו אמן.

6. אופן קע"ט - עשרה הרוגי מלכות א׳ זעירא צורת י׳ ואינון י׳ הרוגי מלכות לקביל י"ס דכתר עליון, וזהו ויקרא אל משה **ויקר א׳** זעירא היינו י׳ הרוגי מלכות דסלקו למדרגת כתר במסירת נפשם והיינו דהגיעו **אל** מדרגת **משה** רעיא מהימנא דמסר נפשו כו"כ פעמים למען עם ישראל וכגון בחטא העגל ואם אין מחני נא מספרך אשר כתבת ועוד רבים. ובגמ׳ (ע"ז ה.) אמר ריש לקיש מאי דכתיב (בר׳ ה׳,א׳) "זה ספר תולדת אדם" וכי ספר היה לו לאדם הראשון? מלמד שהראהו הקב"ה לאדם הראשון דור דור ודורשיו וכו׳ כיוון שהגיע לדור של רבי עקיבא שמם בתורתו ונתעצב במיתתו. וממשיך: אמר "ולי מה יקרו רעיך א-ל" (תהל׳ קל"ט,י"ז) גימ׳ (738) ו"פ "ענג" דהני עשרה הרוגי מלכות גרמו ענג ונחת רוח לקוב"ה ונתנו כח לבני ישראל למסירות נפש.

רבי עקיבא בן יוסף גימ' (603): "**ב**ני ישראל" (ר"ת בן יוסף) והוא לקביל ספי' **הכתר** כללות כל נשמות בני ישראל, וכתיב ביה בתפלת מוסף של ראש השנה ובספה"ק שהיה דורש כתרי אותיות וכו'.

רבי אלעזר בן שמוע גימ' (988): "ברית שלום" לקביל ספי' **חכמה**. "רבי אלעזר" גימ' (520) "משיח בן דוד עבדך", "בן שמוע" גימ' (468): "האור המאיר" דאבא חכמה בחי' נהורא עילאה דאינהו לכולהו ספיראן.

גלא עמיקתא

י"א (11) לקביל י"א כתרין דמסאבותא בסוד המן ועשרת בניו כנ"ל עיין שם באורנו באריכות, ויש לומר דלכפר עליהון מתו עשרה הרוגי מלכות ולעתיד **לבוא משיח בן יוסף** דמתפללים עליה **דלא ימות ויחד אינון י"א לכפר י"א** כתרין דמסאבותא כדאיתא בגמרא

רבן שמעון בן גמליאל גימ' (884): "ומלאה הארץ דעה את ה'" (ישעי' י"א,ט') והוא דלעתיד לבוא בהארת אור הכתר ידעו כולם את ה' מקטנם ועד גדולם וכו'. והוא בספי' **בינה** ענין השמיעה- שמעון, וכתיב בינה עד הוד אתפשטת- ולכן היו שניהם בחי' אם ובתה בינה והוד- וכן רשב"ג גימ' (505) שר"ה לקביל בינה.

רבי חנינא בן חכינאי גימ' (482): ב"פ "ראם" והן ר"ת "רפאל מיכאל אוריאל" גימ' (660) "כי יד על כס י-ה מלחמה לה' בעמלק" והוא לקביל ספירת "**חסד**"- רמיזא "אוריאל" גימ' "אברהם" וכן בפ' וירא כתיב בזוה"ק מה ראה ג' מלאכים וכו' א"נ ראה "אברהם יצחק יעקב" גימ' (648) "מיכאל רפאל גבריאל"- וזהו "רבי חנינא" גימ' (331) "אשל" היינו אשל דאברהם.

רבי חנניא בן תרדיון גימ' (1053): ט"פ "זעם" (117) כדכתיב "עד יעבר זעם" (ישעי' כ"ו,כ') והן לקביל ט' ת"ד דז"א והוא בספי' **גבורה**. וכשהיא ממותקת אתכללא אשא במיא ומיאב אשא היא גימ' (1053): ט"פ "א-ל א-להים", ולכן שמו של התנא מתחיל כשמו של ר' חנינא בן חכינאי (ובשינוי אות חנניא חנינא ואכמ"ל) דאיהו בספי' החסד כנ"ל.

רבי ישמעאל כהן גדול גימ' (781) "**תו**רה **מ**סיני" ר"ת ת"ם דאיהו יעקב איש ת"ם יושב אוהלים עמוד התורה עמודא דאמצעיתא- והאי שמיה "רבי ישמעאל כהן" גימ' (738): "ולי מה יקרו רעיך א-ל" והוא נפלא. והוא לקביל **תפארת**.

רבי יהודה בן דמה גימ' (343): "רגל ימין" והוא ספי' "**נצח**", "דמה" גימ' (49) "לב טוב" רמיזא לבן זוגו דנצח- ההוד- דאינון מ"ט ימי ספירת העומר- עד ל"ג בעומר אינון ל"ב ימים ומל"ג בעומר עם שבועות אינון טו"ב ימים, וזהו דנצח והוד כחדא אזלין ורמיזין דא לדא.

רבי יהודה בן בבא גימ' (299): "רחמנא" והוא בספי' **ההוד**, דסליק לחושבן (ע"ה) (300): כ"פ "הוד", נצח והוד אזלינן כחדא ולכן שמהן דתרין צדיקיא רבי יהודה בן.

רבי ישבב הסופר גימ' (877): "בן ישי בית הלחמי" והוא לקביל ספי' **יסוד** "ישבב" גימ' "ש-די" שם השמירה והיסוד. "הסופר" גימ' (351) "נקה לא ינקה" והיא מדה י"ג מי"ג מכילן דרחמי.

רבי חצפית המתרגמן גימ' (1538) "שבתותי יקדשו" (יחזקאל מ"ד,כ"ד) והוא לקביל ספי' **מלכות** דיורדת לבי"ע להמשיך לשם השפע ולהעלות ניצוצות הקדושה דמבוררים ע"י בנ"י בתורה תפלה ומע"ט בחזרה לשרשם באצילות עד חכמה- ומשם עד לכתר עליון ולא"ס ב"ה לעשות לו ית' נחת רוח. וזהו דחצפית היה המתרגמן, דכנודע בין אצילות לבי"ע אית פרסא דמעלמת ובבי"ע הוא אור של תולדה, ואין כאן מקום להאריך. והוא נפלא ד"רבי חצפית" גימ' (800) ק"פ ח' דמלכות היא ספי' שמינית מבינה מעילא לתתא. "חצפית" גימ' (588) "פיה פתחה" ענין תרגום מסוף משלי אשת חיל השכינה הק'. והנפלא מכל דחושבן "המתרגמן" גימ' (738) "ולי מה יקרו רעיך א-ל" (תהל' קל"ט,י"ז) דאמרו אדם קדמאה כמ"ש לעיל בתחלת האופן. והנה והנה **שמהן דעשרת הרוגי מלכות יחד**, דסליקו לסוד י' ספיראן דכתר, סליק לחושבן (דהיינו כל י' החשבונות הנ"ל) (7848): י"ב פעמים "ראש הפסגה" (654) והוא בריש פרשת ואתחנן (דב' ג',כ"ז) דאחרי שאמר לו הקב"ה למשה רב לך אל תוסף דבר אלי עוד בדבר הזה- אומר לו "עלה **ראש הפסגה** ושא עיניך ימה וצפנה ותימנה ומזרחה וראה בעיניך כי לא תעבר את הירדן הזה". וזהו דהעלהו לבחי' כתר עליון בחי' הלעתיד לבוא וראו כל בשר יחדו כי פי ה' דבר, וזהו וראה בעיניך וכו', וזהו דאמרינן דהני עשרת הרוגי מלכות סליקו לבחי' כתר עליון לבחינתו של משה רבנו, ולכן ויקר א' (זעירא) אל

גלא עמיקתא

[כ]מיתתן של צדיקים מכפרת[7] ובזכותיה דרבי שמעון בר יוחאי דעתיד להסתלק בל"ג בעומר אחר כמה שנים פסקו תלמידי רבי עקיבא מלמות– ועיין

[כ] **תלמוד בבלי מסכת ראש השנה דף יח עמוד ב**: תניא, אמר רבי שמעון: ארבעה דברים היה רבי עקיבא דורש, ואני אין דורש כמותו. צום הרביעי - זה תשעה בתמוז שבו הובקעה העיר, שנאמר (ברביעי) +מסורת הש"ס: [בחודש הרביעי]+ בתשעה לחדש ויחזק הרעב בעיר ולא היה לחם לעם הארץ ותבקע העיר. ואמאי קרי ליה רביעי - רביעי לחדשים. צום החמישי - זה תשעה באב, שבו נשרף בית אלהינו. ואמאי קרי ליה חמישי - חמישי לחדשים. צום השביעי - זה שלשה בתשרי, שבו נהרג גדליה בן אחיקם. ומי הרגו - ישמעאל בן נתניה הרגו, ללמדך ששקולה מיתתן של צדיקים כשריפת בית אלהינו. ואמאי קרי ליה שביעי - שביעי לחדשים. צום העשירי - זה עשרה בטבת, שבו סמך מלך בבל על ירושלים, שנאמר ויהי דבר ה' אלי בשנה התשיעית בחדש העשירי בעשור לחדש לאמר. בן אדם כתב לך את שם היום את עצם היום הזה סמך מלך בבל אל ירושלים. ואמאי קרי ליה עשירי - עשירי לחדשים. והלא היה ראוי זה לכתוב ראשון. ולמה נכתב כאן - כדי להסדיר חדשים כתיקנן. ואני איני אומר כן, אלא: צום העשירי - זה חמשה בטבת שבו באת שמועה לגולה שהוכתה העיר, שנאמר ויהי בשתי עשרה שנה בעשרי בחמשה לחדש לגלותנו בא אלי הפליט מירושלם לאמר הכתה העיר, ועשו יום שמועה כיום שריפה. ונראין דברי מדבריו, שאני אומר על ראשון ראשון ועל אחרון אחרון, והוא אומר על ראשון אחרון, ועל אחרון ראשון. אלא שהוא מונה לסדר חדשים, ואני מונה לסדר פורעניות.

משה. וכאן כפלינן י"ב פ' דהני י' הרוגי מלכות אינון שלמות קומת עם ישראל- והוא בבחי' העליונה של י"ס דכתר בחינת ויפוזו זרועי ידיו דיוסף הצדיק דאיקרי "צפנת" גימ' "כתר", ברם בבחי' עם ישראל דלתתא אינון י"ב שבטי י-ה שרש נשמות כללות ישראל לקביל י"ב גבולי אלכסון התכללות הספירות זה בזה, ולכן סליק שמהן ד-י' הרוגי מלכות י"ב פעמים "ראש הפסגה".

קצור: "ראש הפסגה" בא"ת ב"ש גימ' (799): "חבש כובע ישועה" (ישעי' נ"ט,י"ז) ג"כ ענינו כתר עליון- ש"ע נהורין וכו'. וכד כפלינן האי ב-י"ב, דהיינו י"ב פ' "ראש הפסגה" בא"ת ב"ש (חבש כובע ישועה) סליק לחושבן (9588): "חיים" (68) פ' "בגן א-להים" (141) [עיין אופן קמ"ג-תהלים י"ג פסוק ה'] והוא דנזכה בעזהי"ת לחיים נצחיים באלפא שביעאה ותמינאה בגן א-להים ונראהו עין בעין, במהרה בימינו אמן.

7. והנה בפרשת בראשית מופיע לראשונה נחש "והנחש היה ערום מכל חית השדה" (בראשית ג',א') ותרגם אונקלוס וחויא הוה חכים מכל וכו' ודרשו חז"ל ערום מכל ארור מכל וכו'. ואדם וחוה לאחר שאכלו מן העץ אשר צוו לבלתי אכל ממנו כתיב בהו (בראשית ג',ז') "וידעו כי עירומים הם" ושם תרגם אונקלוס ערטילאין. והשרש המשותף ערום ערומים אומר דרשני וי"ל דהנחש גם הוא אכל מן העץ ועשה זאת לעיני חוה ולכן כתיב ביה והנחש היה ערום ואח"כ אכלו אדם וחוה וכתיב בהו ג"כ ערומים ולכן שרש זה כתוב בשניהם. ונעביד חושבן הפסוקים מהופעת והנחש היה ערום דהיינו (בראשית ג',א'-ז'): פסוק א': **והנחש היה ערום מכל חית השדה אשר עשה ה' א-להים ויאמר אל האשה אף כי אמר א-להים לא תאכלו מכל עץ הגן** גימ' (4348) ד' פעמים "בכור פרעה הישב על כסאו" (1087) (שמות י"ב,ה') מרכבה דמלכות דסטרא אחרא, כ"ב תיבין דפסוקא לקביל ולעומת זה ד-כ"ב אתוון דאורייתא קדישא ובפסוקא כולהו אתוון בר מחמישא: "**ב ז ט ס ק**" סליקו לחושבן (178) ב' פעמים "חנוכה" (89) בסוד גילוי אור הגנוז לעתיד לבוא כנרמז בח' נרות דחנוכה, וכאן ב' פעמים לקביל פנימיות וחיצוניות אור הגנוז. פסוק ב': **ותאמר האשה אל הנחש מפרי עץ הגן נאכל** גימ' (2001) ג' פעמים "הפיל פור הוא הגורל" (667) (אסתר ג',ז') דמשורש נחש יצא צפע (ישעי' י"ד,כ"ט) ואיתא בספה"ק דאיהו המן האגגי מזרע עמלק צפ"ע גימ' (240) עמל"ק כדאמרינן בקרובץ (ר"ת **ק**ול **ר**נה **ו**ישועה **ב**אהלי **צ**דיקים) לפורים בקום עלינו אדם רשע נצר זדון מזרע עמלק ואמרו חז"ל (אסתר ד',ז') אשר קרהו בן בנו של קרהו בא עליכם דכתיב בעמלק (דברים כ"ה,י"ח) אשר קרך בדרך דהמן הרשע כפר בגורל דיום הכיפורים ותמן

שעיר לעזאזל ובסופו של דבר הוא עצמו היה השעיר לעזאזל דתלו אותו ואת בניו על העץ אשר הכין לו לעצמו (כדאיתא בגמרא מגילה טז.) ורמיזא **מפר״י** אתוון **פרי״ם** חסר כמו שכתוב במגילה (אסתר ט׳,ל״א) ״לקים את ימי **הפרים** האלה בזמניהם״ **פרי״ם** חסר כתיב. הני **ב׳ פסוקין** דרמיזא בהון חנוכה ופורים סליקו יחד לחושבן (6349) ז׳ פעמים ״ואהבת לרעך כמוך אני ה׳״ (907) (ויקרא י״ט,י״ח) דפרש״י רעך דא קוב״ה כדכתיב (משלי כ״ז,י׳) רעך ורע אביך אל תעזוב, וכאן חוה פגמה באהבת ה׳ וביראתו ולכן שינתה מציווי ה׳. פסוק ג׳: **ומפרי העץ אשר בתוך הגן אמר א-להים לא תאכלו ממנו ולא תגעו בו פן תמתון** גימ׳ (3989) ועם הכולל (3990) י׳ פעמים ״אלף זעירא״ (399) ואיהי האי אל״ף זעירא דנן דויקרא אל משה- וזכה לה משה רעיא מהימנא בסוד תחית המתים- ונהפוך הוא דפורים- דהוא עיקר ענין ונהפוך הוא דמתים קמים לתחיה- והקדים הקב״ה תרופה למכה, דתיבה אחרינא תמתו״ן רמיזא ענין המיתה- ותחית המתים רמיזא בתיבה קדמאה ומפר״י אתוון פורי״ם [כדכתיב (אסתר ט׳,כ״ו) על כן קראו לימים האלה **פורי״ם** על שם הפור וכו׳ פורי״ם מלא] והוא ענין תחית המתים תכלית הונהפוך הוא דפורים כמו שבארנו. וחושבן **ג׳ הפסוקים** יחד (10338) גימ׳ ו׳ פעמים אלף (1000) יעקב ישראל (1723) בסוד נצחיות בית ישראל כאמרם (תענית ה:) יעקב אבינו לא מת- מה זרעו בחיים אף הוא בחיים. יעקב בסוד אות ו׳ לכן ו׳ פעמים. פסוק ד׳: **ויאמר הנחש אל האשה לא מות תמתון** גימ׳ (2335) ו׳ פעמים אל״ף זערא (389) עם הכולל בסוד תחית המתים כנ״ל בפסוק ג׳.

ארבעת הפסוקים יחד גימ׳ (12673) ״חוה״ (19) פעמים ״הפיל פור הוא הגורל״ (667) ולעיל בפסוק ב׳ ״ותאמר האשה אל הנחש מפרי עץ הגן נאכל״ סליק לחושבן ג׳ פעמים ״הפיל פור הוא הגורל״ ונמשך דשלשת הפסוקים א׳ ג׳ ו-ד׳ סליקו לחושבן ט״ז פעמים ״הפיל הוא הגורל״ בסוד אי״ה גימ׳ (16) ט״ז- ענין אי״ה מקום כבודו להעריצו- דנתגלה בפורים ענין כבוד השי״ת מתוך ההסתרה דייקא- כאמרם (חולין קלט:) אסתר מן התורה מנין ואנכי הסתר אסתיר פני ביום ההוא (דברים ל״א,י״ח) - הסתרה בתוך הסתרה. פסוק ה׳: **כי ידע א-להים כי ביום אכלכם ממנו ונפקחו עיניכם והייתם כא-להים ידעי טוב ורע** גימ׳ (1949) עם הכולל (1950) שם **הוי׳** (26) פעמים **״בהניח״** כדכתיב במצות מחית עמלק (דברים כ״ה,י״ט): ״והיה **בהניח** לך **הוי׳** אלהיך מכל אויביך מסביב בארץ אשר הוי׳ אלהיך נותן לך נחלה לרשתה **תמחה את זכר עמלק** מתחת השמים לא תשכח״ וכפלינן בשם הוי׳ ברוך הוא דאמרו חז״ל אין השם שלם ואין הכסא שלם עד שימחה שמו של עמלק.

חמשת הפסוקים יחד גימ׳ (14622) **כ׳** (20) פעמים **פרע״ה** במילוי ההין ״פה ריש עין הה״ (731) עם ב׳ הכוללים דפרעה הרשע בחינת כתר דקלי׳ דאמר (יחזקאל כ״ט,ג׳) ״לי יאורי ואני עשיתיני״ ועיין מה שכתוב במכילתא דרבי ישמעאל מסכתא **דעמלק** בענין **פרעה** הרשע התנין הגדול הרובץ בתוך יאוריו האומר לי יאורי ואני עשיתיני- חזינן דענין אחד לפרעה ולעמלק וכפלינן כ׳ פעמים ד-כ׳ בחינת כתר והוא סוד **אנכ״י** נוטריקון **אני כ׳** כדאמר פרעה (בראשית מ״א,מ״ד) ״אני פרעה״ וכו׳ ענין מלכות דסיטרא אחרא. פסוק ו׳: **ותרא האשה כי טוב העץ למאכל וכי תאוה הוא לעינים ונחמד העץ להשכיל ותקח מפריו ותאכל ותתן גם לאישה עמה ויאכל** גימ׳ (5323) ו׳ פעמים ״אמת דין ושלום״ (887) עם הכולל כמו שאמרו חז״ל (אבות פ״א,מי״ח) על שלשה דברים העולם עומד: על הדין, ועל האמת, ועל השלום שנאמר (זכרי׳ ח׳,ט״ז) ״אמת ומשפט שלום שפטו בשעריכם״- רמיזא דחוה פגמה ב-ג׳ קוין אמת דין ושלום.

ששת הפסוקים סליקו לחושבן (19945) ה׳ פעמים ״ומפרי (אתוון פורים כנ״ל) העץ אשר בתוך הגן אמר אלהים לא תאכלו ממנו ולא תגעו בו פן תמתון״ (3989) - פסוק ג׳ דנן והוא נפלא ביותר - דפסוק ג׳ כתיב בהדיא ושאר ה׳ פסוקין (א׳ ב׳ ד׳ ה׳ ו׳) סליקו לחושבן ד׳ פעמים האי פסוקא. וחזינן דהני ו׳ פסוקין קדמאין דהתם נעשתה העברה במעשה בפועל כדכתיב ותאכל ותתן ויאכל וכו׳ סליקו לחושבן חמש פעמים האזהרה שלא לאכול מפרי עץ הדעת. פסוק ז׳: **ותפקחנה עיני שניהם וידעו כי עירמם הם ויתפרו עלה תאנה ויעשו להם חגרת** גימ׳ (4066) ב׳ פעמים ״חוה״ (19) פעמים ״אנכי הוי׳״ (107) דפגמה בכללות עשרת הדברות וכפלינן ב׳ פעמים כנגד שני לוחות הברית- דפגמה בשתי בחינות דשני לוחות הברית- הלוח הימני ענין מצוות שבין אדם למקום [דשינתה מציווי ה׳] והלוח השמאלי ענינו מצוות שבין אדם לחברו [ענין פגם המידות] וכולהו פסוקין דמעשה

הנחש (בראשית ג׳,א׳-ז׳) סליקו לחושבן (24011): **כ״ד אלף** (24000) **י״א** (11) באור הענין: דהן **כ״ד** זיני דמסאבותא יחד עם **י״א** כתרין דמסאבותא בראשם, דהן ו״ה דתיבה קדמאה **וה**נחש ו״ה גימ׳ י״א והן לקביל ו״ה דשמא קדישא. דכל ענינו של עמלק לבטל ענין ו״ה דשם הוי׳ ב״ה- דלא יהא חבור השי״ת לעולם- ולכן פתח **וה**נחש לרמז על הפרדת ו״ה כנ״ל. והוא כ״ד **אלף** דייקא לרמז על אלופו של עולם ונרמז באות אל״ף זעירא דויקרא וכמ״ש (משלי ט״ז,כ״ח) ״ונרגן מפריד אלוף״ ופרש״י דמפריד אלופו של עולם וזלשה״ק: ועל ידי ריגונו ותרעומתו מפריד ממנו אלופו של עולם. וזהו דאמרו חז״ל (עיין רש״י שמות י״ז,ט״ז) אין השם שלם ואין הכסא שלם עד שימחה שמו של עמלק. וכלשון רש״י שם: נשבע הקב״ה שאין שמו שלם ואין כסאו שלם עד שימחה שמו של עמלק וכו׳ והיינו ״כס״ בלבד ולא ״**כסא**״ וכן **י״ה** בלבד ולא **ו״ה** [גימ׳ י״א כתרין דמסאבותא כנ״ל] דענינו של עמלק לסלק השכינה שלא יהיה לה דירה בתחתונים כלשון רש״י מפריד ממנו אלופו של עולם וכן להחסיר מכבוד השי״ת בעולם שלא יהיה שם הוי׳ שלם, אבל לעתיד לבוא יהיה גילוי כבוד השי״ת בעולם כולו ונגלה כבוד ה׳ וראו כל בשר יחדו כי פי ה׳ דבר (ישעי׳ מ׳,ה׳) ואז יקוים מאמר הנביא (ירמי׳ ג׳,י״ז) בעת ההיא יקראו [אתוון ויקר״א אל משה] לירושלים **כסא הוי׳**- שם שלם (י-ה-ו-ה) וכסא שלם (כסא) ברם עתה עדיין אין השם שלם ואין הכסא שלם- והוא **כ״ס י״ה**- תרוויהו יחד גימ׳ (95) ״המן״ ודרשו חז״ל (חולין קל״ט ע״ב) המן מן התורה מנין ומביאים הפסוק (בראשית ג׳) ״המן העץ״ וכו׳ דאמר הקב״ה לאדם אחר החטא- **המן** העץ רמז **להמן** הרשע והפסוק בשלמותו: **ויאמר מי הגיד לך כי עירם אתה המן העץ אשר צויתיך לבלתי אכל ממנו אכלת** סליק לחושבן (3542) ״דוד״ (14) פעמים ״מוצא פי הוי׳״ (253) (דברים ח׳,ג׳) ובאור הענין דדוד בשירות ותשבחות דיליה תקן לישנא בישא דחויא ודהמן הרשע- כאמרם (מגילה י״ג ע״ב) לית מאן דידע לישנא בישא כהמן, ודוד מלך ישראל חי וקים קישר כל מוצא פינו למוצא פי הוי׳. ונמשך מדברינו דהני ז׳ פסוקין דלעיל (בראשית ג׳,א׳-ז׳) והנחש היה ערום וכו׳ ללא ו״ה דברישא סליקו לחושבן (24000) כ״ד אלף במכוון. והן כ״ד אלפין זיני דמסאבותא זה לעומת זה: לעומת כ״ד אלפין קדישין דשם א-דני דאית ליה כ״ד צרופין לקביל כ״ד שעות היום דסדר זמנים. והוא בסוד כ״ד אלף שמתו במגפה במעשה זמרי עד שבא פנחס וכו׳ כדמסיים פרשת בלק ״ויהיו המתים במגפה ארבעה ועשרים אלף״ ומיד כתיב פינחס בן אלעזר בן אהרן הכהן וכו׳, וכן כ״ד אלף תלמידים שמתו בימי רבי עקיבא. והאי דמוסיף ו״ה לקביל י״א כתרין דמסאבותא הוא סוד כל המוסיף גורע בסוד עשתי עשר יריעות עזים- ובקדושה הן א׳ יותר מסטרא אחרא ומכניעו.

8. אופן ס״ט - פיוט בר יוחאי לרבי שמעון לביא ויקרא א׳ זעירא דא אלופו של עולם, דאיהו אחד ושמו אחד ומורה באות אל״ף זעירא דבגלות אינו נגלה לעיני בשר, אבל לעתיד לבוא כתי׳ מראה באצבעו וכו׳. וזמש״כ ״ביום ההוא יהיה ה׳ אחד ושמו אחד״ (זכריה י״ד,ט׳) עולה בגימ׳ (509) ״שמעון לביא״ בעל המחבר לפיוט ״בר יוחאי״ לכבוד התנא הק׳ רשב״י, ומסודר לפי י׳ ספירות מתתא לעילא. ובשמו יש ט׳ אותיות ואיך יכלול י״ס בט׳ אותיות, והוא כדוגמת ט׳ תקוני דיקנא דז״א, והתי׳ דבפתח אליהו כתיב נצח והוד תרין שוקין- הרי חשבינן כחדא. ונבאר בעז״ה הפיוט אחד לאחד לפי סדר הספירות (והספירות מלמטה למעלה כנ״ל), ונביא רמז מפתיח דכל בית. והנה כותרת הפיוט היינו הפזמון החוזר ״**בר יוחאי, נמשחת אשריך, שמן ששון מחבריך**״ עולה גימ׳ (2892) י״ב פעמים ״יפוצו אויביך״ (241) לקביל י״ב גבולי אלכסון (ס״י) י״ב שבטי י-ה והן מרכבה שלמה לקדושה, והאי דבגמ׳ כתוב יוחי בלא א׳- מרמז לא׳ זעירא דויקרא דכמאן דבטלה דמי, ואם נוריד א׳ מכל הני י״ב פ׳ ״יפוצו אויביך״

גלא עמיקתא

אופן ס״ט באורנו לפיוט בר יוחאי דחיברו רבי שמעון לביא זצוק״ל ומושר בפי כל ישראל בהלולא רבא דרשב״י בל״ג בעומר דתמן י׳ בתים לקביל י׳ ספירות וקשרהו למה שבארנו לעיל ״ויפוזו זרועי ידיו מידי אביר יעקב משם רועה אבן ישראל״ י׳ תיבין דפסוקא לקביל י׳ ספירות והרי מקבילות הלולאות[8]

הנ״ל (241) הרי י״ב פ׳ עמלק (240), והוא דרבי שמעון בר יוחאי משברו מכל כיוניו- וכמ״ש באגג (שמואל א׳ ט״ו,ל״ג) ״וישסף שמואל את אגג״ ופירשו חז״ל חתכו ל-ד׳, וכ״א כלול מג׳ בסוד ראש-תוך-סוף הרי י״ב פ׳ עמלק דרשב״י בחינת שמואל חתכו להני י״ב כנ״ל.

בית א׳: דמרמז ספירת **המלכות** פותח **״שמן משחת קדש״** גימ׳ (1542) ״מארבע כנפות הארץ לארצנו״ דאמרינן בשמו״ע בברכת תקע בשופר גדול, והמלכות נק׳ ארץ כנודע, והוא ב״פ (בראשית מ״ט,י״ז) ״יהי דן נחש עלי דרך״ (771) דקיבל שבט דן בברכתו את הכח להכניע הקלי׳, וכאן ב״פ לתת משנה ותוקף לכחו, וכן המלכות דאצי׳ יורדת לבי״ע בסוד ״רגליה יורדות מות״ (משלי ח׳,ה׳) גימ׳ הפס׳ ״לא אמות כי אחיה ואספר מעשי י-ה״ (תהלים קי״ח,י״ז) דאמר דוד המלך ע״ה בבטחו בה׳, דמה שנראה בעיני הבשר כנפסד וחולף הוא בתכלית הכונה, משום דנתאוה הקב״ה להיות לו ית׳ דירה בתחתונים, והכל בסוד מלכות, ולכן ״שמן משחת קדש״ גימ׳ (1542) ג״פ מלכות עם דן, וכן- ״רגליה״ גימ׳ ״רמ״ח״ ירדות גימ׳ ״כתר״-מלכות.

בית ב׳: ממשיך ועולה לספי׳ **היסוד** **״מושב טוב ישבת״** עולה גימ׳ (1077) ג״פ ״משיחא״ (359) דהוי חזקה, והוא מכניע ״שטן״ (359) חושבנא דדין כחושבנא דדין, כי את זה לעומת זה עשה וכו׳.

בית ג׳: עולה לספי׳ **נצח והוד** דחשבינן כחדא והן תרי פלגי דגופא **״עצי שטים עומדים״** גימ׳ (699) ״כל עצי השדה ימחאו כף״ (תהלים נ״ה,י״ב) והוא ג״כ ג״פ ״רגל״ (233) דמרמז ג׳ האבות הק׳ דהוו ג׳ רגלין דכסא כבודו, והרגל הרביעי בחי׳ מלכות דהיינו דוד מלכא משיחא דהוא רגל רביעי וכו׳ אכן מרומז בהני עצי שטים עומדים, ד״עצי״ היינו ״עומדים״ גימ׳ י״פ ״טוב״, ו״שטים״ גימ׳ ״משיחא״ וזהו ״לב טוב״ דאמר באבות פ״ב רבי אלעזר בן ערך- והן ל״ב אותיות מתחלת התורה לתיבה טוב הראשונה בתורה, ומרמז להילולא דרשב״י דל״ב בעומר הוא ערב ההילולא דכל ישראל עולים לציונו הק׳ במירון, וחל תמיד בי״ז (גימ׳ טוב) אייר, וכמו שביארנו בארוכה לעיל אופן ס״ו-ל״ג בעומר-רשב״ ובנו-אבן אב ובן ח״פ אבן בפ׳ ויצא אב-בן דסליק לחושבן טוב פ׳ אייר דהוא ל״ב בעומר, עיין שם.

בית ד׳: עולה לספי׳ **התפארת** **״ולשדה תפוחים״** (889) ומתחלק ״ולשדה״ גימ׳ (345) ״משה״, ״תפוחים״ גימ׳ (544) ״כה אמר עבדך יעקב״ (בראשית ל״ב,ה׳) והוא פשוט דכתוב בספה״ק משה מלגאו יעקב מלבר- והן תרין בחי׳ בספירת התפארת- מלבר בחי׳ והבריח התיכון בתוך הקרשים מבריח מן הקצה אל הקצה, ומלגאו היינו דכתיב ומשה נגש אל הערפל אשר שם הא-להים, וד״ל.

בית ה׳: עולה לספי׳ **הגבורה** **״נאזרת בגבורה״** סליק לחושבן (876) ד״פ (219) ״טהרה״, ובזוה״ק פ׳ פקודי (דף ר״נ ע״א ואילך) עניין ההיכלות מתתא לעילא היכל הגבורה הנקרא ״היכל זכות״ בא קודם לתפארת להגן על התוה״ק עיי״ש [ועיין לעיל אופן ל״ב האי דא״ר פנחס בן יאיר (דהוה חמוהי דרשב״י) הני י״ב אופני עבודת ה׳ שמביאים להתעלות ולקדושה. ושם פרישות מביאה לידי טהרה, וטהרה מביאה לידי חסידות וכו׳ והוא בגמ׳ ע״ז כ׳ ע״ב עיין שם].

בית ו׳: עולה לספי׳ **החסד** **״למקום אבני שיש״** גימ׳ (889) ״ולשדה תפוחים״- מבית ד׳, וכאן מרמז אברהם אבינו ע״ה ל׳מקום א׳בני ש׳יש ר״ת אש״ל דנטע אברהם בבאר שבע [עיין לעיל אופן ס״א] וזהו ״למקום אבני שיש״ גימ׳ (889) ח״פ ״אלף״ (111) ע״ה וכמו שאברהם גימ׳ ח״פ א-ל, וכן א׳ זעירא היא ח׳ שלמעלה מהטבע.

בית ז׳: עולה לספי׳ **הבינה** **״בקדש הקדשים״** גימ׳ (865) ה״פ ״אנכי ה׳ א-להיך״ דהוא עניין הכתר, וזהו שרש לעשרת הדברות תרי״ג מצוות ו-ז׳ דרבנן גימ׳ כתר, וכן יעקב אבינו ע״ה דכתב רבינו בחיי דשמיה רמיזא י׳ עקב, דבלוחות הוו י׳ דברות ועק״ב תבות, ועליו אמרינן בברכת המזון קדושינו קדוש יעקב, ובשמונה עשרה דאמרינן הא-ל הקדוש לקביל יעקב אבינו עליו השלום.

בית ח׳: עולה לספי׳ **החכמה** **״יוד חכמה קדומה״** גימ׳ (248) ״אברהם״, דלפני שניתנה בו ה׳ נקרא אברם על שם החכמה, וד״ל.

בית ט׳: עולה לספי׳ **הכתר** **״אור מפלא רום מעלה״** גימ׳ (749) ז״פ ״אנכי ה׳״ (107), דסליק לעילא, ובבית ז׳ ״אנכי ה׳ א-להיך״ נחית לתתא, והן ב׳ בחי׳ דכתר.

בית י׳: **״אשרי יולדתך״** גימ׳ (981) ״ואתם הדבקים בה׳ אלהיכם חיים כלכם היום״ (דברים ד׳,ד׳) דאמרינן קדם קריאת התורה בשבת, וזהו ד״אשרי יולדתך״ לקביל עולמות דא״ס והן י״ס הגנוזות במאצילן. והוא ג״כ גימ׳ ג׳ פעמים ״בראנו לכבודו״ דהוי חזקה, והוא ג״כ ט׳ פעמים ״דוד

גלא עמיקתא

ומסיים האופן בשבחו דיוסף (יומא ט:) "טובה צפורנן של ראשונים מכריסן של אחרונים" גימ' (2460) **כ' פעמים ענ"ג** (123) דיסודא סליק עד או"א ובוקע עד לפנימיות הכתר [כ' היינו כתר עיין [כא]שבת קד.] ענג העליון דקדושה [עיין בענין זה אופן חק"ל–עשרת הדברות[9]].

[**כא**] **תלמוד בבלי שבת דף קד עמוד א**: אמרי ליה רבנן לרבי יהושע בן לוי: אתו דרדקי האידנא לבי מדרשא ואמרו מילי דאפילו בימי יהושע בן נון לא איתמר כוותייהו: אל"ף בי"ת - אלף בינה, גימ"ל דל"ת - גמול דלים, מאי טעמא פשוטה כרעיה דגימ"ל לגבי דל"ת - שכן דרכו של גומל חסדים לרוץ אחר דלים. ומאי טעמא פשוטה כרעיה דדל"ת לגבי גימ"ל - דלימציה ליה נפשיה. ומאי טעמא מהדר אפיה דדל"ת מגימ"ל - דליתן ליה בצינעה, כי היכי דלא ליכסיף מיניה. ה"ו - זה שמו של הקדוש ברוך הוא, ז"ח ט"י כ"ל - ואם אתה עושה כן, הקדוש ברוך הוא זן אותך, וחן אותך, ומטיב לך, ונותן לך ירושה, וקושר לך כתר לעולם הבא וכו'

המלך" (109), דדוד היה בתכלית הבטול ולכן השיג בחי' עולמות דא"ס, ועליו אמרינן "דוד מלך ישראל חי וקיים" גימ' (829) "בסתר עליון" ע"ה, ובכונות איתא "דוד מלך חי וקיים" גימ' רפ"ח, וד"ל. והנה כאשר נחבר כל הני פתיחים לפיוט דנן דהיינו "שמן משחת קדש, מושב טוב ישבת, עצי שטים עומדים, ולשדה תפוחים, נאזרת בגבורה, למקום אבני שיש, יוד חכמה קדומה, אור מפלא רום מעלה, אשרי יולדתך" יעלה הכל גימ' (8066) ה"פ "פרו ורבו ומלאו את הארץ וכבשה" (1613) ע"ה, והוא ג"כ עניין משה שהרי משה רבינו גימ' תרי"ג, וזכה לאלף אורות ורמיזא א' זעירא- דהיינו כל הני פתיחים גימ' ה"פ "אלף משה רבינו" (1613) ורמיזא משה רבינו נשמת רשב"י. וכאשר נחשב חושבן הפזמון החוזר בצורת אחוריים דהיינו:

בר - בר יוחאי - בר יוחאי נמשחת - בר יוחאי נמשחת אשריך - בר יוחאי נמשחת אשריך שמן - בר יוחאי נמשחת אשריך שמן ששון - בר יוחאי נמשחת אשריך שמן ששון מחבריך

סליק לחושבן (10500) **אהי"ה** (21) פעמים "**פרו ורבו**" (500) דעל ידי עסק הזוהר הקדוש תורתו של רשב"י נתהוה שמיא וארעא חדתין, וכן כל היצור אשר עליהם ועד לאדם עצמו, ונעשה העוסק בזוהר הקדוש שותף לקוב"ה במעשה בראשית ממש. ויהי רצון מלפני אבינו שבשמים דבזכות הלולת התנא הקדוש רבי שמעון בר יוחאי דהחלה היום נזכה לגאולה האמיתית והשלמה ולראות בבנין בית המקדש במהרה בימינו אמן. ויהי רצון מלפני אבינו שבשמים שבזכות הלולת התנא הקדוש רבי שמעון בר יוחאי דהחלה היום נזכה לגאולה האמיתית והשלמה ולראות בבנין ביהמ"ק, בב"א. והנה הוא פלא דסיימנו לאופן ס"ט זה עתה מוצ"ש פרשת בחקותי (ל"ג בעומר ה'תשע"ד) כאשר נחבר הני י' בחינות דפיוט תבה ראשונה של כאו"א מהבתים "שמן מושב עצי ולשדה נאזרת למקום בקדש יוד אור אשרי" גימ' עם י' כוללים "בחקתי תלכו את מצותי תשמרו" (2875) וזהו בלי התיבה הראשונה "אם"- דכאן ההתקשרות להצדיק רשב"י זיע"א הוא לשון ודאי, והעליה ההמונית לרגל לציונו הקדוש מעידה רבבות עדים תרתי משמע, דבזכות הצדיק רשב"י זיע"א עם ישראל מתעוררים לבחקותי תלכו, ויתמו חטאים מן הארץ, **דשמעון** אותיות **מש-עון**, ויהי רצון דנזכה לגאולה האמיתית והשלמה, בב"א.

קצור: א' זעירא רמיזא י' והיא הפיוט דבר יוחאי, דאיהו י' בתים לקביל י' ספירות.

9. ונמשך **דלוח שמאל** סליק לחושבן (8560): "יסוד" (80) פ' "אנכי הוי'" (107) - רמיזא שמירת הברית קודש בספירת היסוד לעילא מן כולא, ומקשרא לבר נש עם בחי' הכתר אנכי הוי' וכו' [כדכתיב (שמ' כ') "אנכי ה' א-להיך"] כנודע דיסודא סליק עד או"א ואף עד הכתר ובוקע אותו עד לרזא דאין סוף. והנה כולא י' דבריא דפרשת ואתחנן סליקו לחושבן (50947): י"ג פ' "תתן אמת ליעקב חסד לאברהם אשר נשבעת לאבותינו מימי קדם" (3919) (סוף מיכה). והוא פסוקא בתראה בספר מיכה- והוא הבטחת גמול בזכות אבותינו- וכדפרש"י הק' שם והביא לשונו של התנא הק' יונתן בן עוזיאל מלה במלה באריכות עיין שם, ומה שאינו נוהג להביא באריכות כל כך- לתת כח ותקף לפירושו מהתנא הקדוש. וכפלינן י"ג פ' רמיזא דכל י"ג מכילן דרחמי מלאים בהאי פסוקא ויתגלה לעתיד לבוא בהארת י"ג מדות הרחמים בגלוי בגאולה האמיתית והשלמה במהרה בימינו אמן.

גלא עמיקתא

וזהו דיוסף דעמד בנסיון ודמות דיוקנו של יעקב נראתה אליו גרם ענג עליון דנמשך והולך עד הגאולה האמיתית והשלמה במהרה בימינו אמן. א"נ "ראשונים" גימ' (607) "משה ואהרן" דאינון נצח והוד דשריין כחדא- והן תרין ביעין דמבשלאן לזרע וממשיך דרך יסודא למלכות כנסת ישראל ודוד מלכם. ולכן "משה אהרן יוסף ודוד" גימ' (777) ז' פעמים "אלף" (111) המשכת אלופו של עולם ל-ז' ימי הבנין ועד לאלף השמיני ונגלה כבוד ה' וראו כל בשר יחדו כי פי ה' דבר בגאולה האמיתית והשלמה במהרה בימינו אמן. ובאופן זה ביארנו מה שכתב במגלה עמוקות על ואתחנן אופן ר"י ד-מ"ח מתחלק לארבע- אצילות בריאה יצירה עשיה בכל אחד מהם י"ב- ובאצילות הם י"ב צרופי שם הוי' ברוך הוא- ועיין באורנו על מגלה עמוקות ואתחנן אופן ק"ו באקדמות מילין שם מבואר כל אחד ואחד מ-י"ב צרופי שם הוי' ברוך הוא לפי סדר החדשים כמבואר בספרים הקדושים[10].

10. ויקרא א' זעירא: א' "אחד" גימ' י"ג. א' צורתה י' ו' י' ובהתכללותם הרי י' עילאה בחי' י"ג י' תתאה בחי' י"ג גימ' הוי' שלם ו"ו איהו י"ב וע"ה ג"כ גימ' י"ג והרי הם ג"פ י"ג גימ' "טל" הה"ד (שה"ש ה') "שראשי נמלא טל" גימ' (971) "הקטן יהיה לאלף והצעיר לגוי עצום" (ישעי' ס',כ"ב) ורמיזא א' זעירא בסוד מאן דאיהו זעיר איהו רב בזוה"ק חיי שרה בתחלתו, והפסוק כולו - "אני ישנה ולבי ער, קול דודי דופק, פתחי לי אחותי רעיתי יונתי תמתי, שראשי נמלא טל קוצתי רסיסי לילה" סליק לחושבן (6065) ה"פ "אתערותא דלעלא" (1213) לקביל ד' בחי'- "אחותי רעיתי יונתי תמתי" גימ' (ע"ה) (2463) ד"פ "אך טוב לישראל" (תהלים ע"ג,א') (609) והבחי' ה-ה' איהו קוב"ה- "דודי". ובמלוי - "דלת ויו דלת יוד" גימ' (910) "במלך המשיח" (455) עם משה מלא "מם שין הי" (455). והאי א' זעירא דאמרינן דצורתה **י',ו',י'** - י"ג מתכללאן דא בדא, והן בסוד תורה שבכתב ותורה שבע"פ, בהני תרין יודין ב' בחינות בתורה שבע"פ, דבהתכללות הוא בחי' מקבל - מתורה שבכתב, אך בפרטות יש בה משפיע ומקבל י' עילאה ו-י' תתאה דהאי את א' ובבחינת י' עילאה, איהי משפיעה בתורה שבכתב ובסוד "אשת חיל עטרת בעלה" גימ'(1535) ה"פ "רבקה" דהות תכלית החסד ולמתק הדין הקשה דיצחק, ובא"ת ב"ש עולה גימ'(1001) "יראת שמים" מדתו דיצחק, פשוט וא"ת ב"ש גימ' (2536) "והוא כחתן יוצא מחופתו ישיש כגבור לרוץ אורח" ע"ה (תהלים י"ט,ו'), ועי' לעיל אופן קי"ב- מש"כ בבי' פס' זה בסוד תקון ליל שבועות, וכנודע אנכי ולא יהיה לך מפי הגבורה שמענו, והיא מדת יצחק אע"ה, וד"ל. ונחלק האי י' ו' י' ד-א' זעירא דנן ל-ג' בחי' י"ג: י' עילאה לקביל הני י"ג דברים דא"ל ההוא מרבנן לרבא (ב"מ לא.) השב חדא זמנא, תשיבם תרי זמני, אמר ליה השב אפילו ק' (בחי' כתר, כגון חיי שרה מאה שנים לקביל כתר) פעמים, ע"ש כל הסוגיה, ומונה הגמ' הק' י"ג ענינים, ונמנה רק את רישיהם, ויהיו הני ד-י' עילאה דמשפעת על אוריתא היינו ו' עילאה דאת ו"ו: "השב, שלח, הוכח, עזב, הקם, מות, הכה, השב (חוזר לראשון), חבל, פתח, נתן, הענק, העבט" סליקו ה-י"ג לחושבן (3030) ג"פ "משכני אחריך נרוצה" (1010) (שה"ש א') ר"ת אמ"ן אותיות שניות שח"ר וכדאמר דוד המלך ע"ה (תהל' נ"ז,ט') "עורה כבודי עורה הנבל, וכנור אעירה שחר" גימ' (994) (תהל' קט"ו) "לא המתים יהללו י-ה ולא כל יורדי דומה", וד"ל. וכד נעביד האי פסוקא - "משכני אחריך נרוצה" בא"ת ב"ש "משכני" בא"ת ב"ש גימ' "אמן"- יחוד הוי' א-דני, "משכני אחריך נרוצה" בא"ת ב"ש גימ' (811) "שכינת א-ל" כדאמרינן מימיני מיכאל משמאלי גבריאל מלפני אוריאל ועל ראשי- שכינת א-ל, וזהו דאיהי י' עילאה על גבי ו' עלאה ד-א' זעירא דנן. פשוט וא"ת ב"ש גימ' (1821) מס' שמות הוי' בתורה (1820) ע"ה [עיין אופן ל"ו] והאי כולל הוא ה-י'

עילאה דע״ג ז״א. י׳ תתאה בחי׳ מקבל דתורה שבעל פה - דמקבלת מתורה שבכתב ו׳ תתאה דאת ו״ו אמצעיתא בהאי א׳ זעירא - נעביד הני י״ג דברים - דמביאה הגמרא (ברכות נו. פ׳ הרואה) בר הדיא מפשר חלמי הוה מאן דיהב ליה אגרא מפשר למעליותא, ומאן דלא יהב ליה אגרא מפשר לגריעותא, אביי ורבא חזו חלמא (היינו אותם י״ג חלומות כדלקמן) אביי יהיב ליה זוזא, רבא לא יהב ליה זוזא, ע״ש איך פתר לרבא למעליותא ולאביי לגריעותא, וכולן נתקיימו וכדחזי רבא בסיפא דסוגיא דנפל ספרא מבר הדיא וכתיב ביה ״כל החלומות הולכים אחר הפה״ וכו׳ ע״ש, והוא לקביל י׳ תתאה בחי׳ עץ הדעת טוב ורע - ולקמן הן י״ג החלומות: ״שורך טבוח לעיניך, בנים ובנות תוליד, בניך ובנותיך נתנים לעם אחר, לך אכל בשמחה לחמך (ושתה וכו׳), זרע רב תוציא השדה, זיתים יהיו לך בכל גבלך, וראו כל עמי הארץ (כי שם ה׳ וכו׳), חסא על פום דני (חביות), בשרא על פום דני, חביתא- דתלי בדקלא, רומנא דקדחי אפום דני, חביתא- דנפל לבירא, בר חמרא דקאי אאיסדן ונוער״ סליקו הני י״ג חלומות לחושבן (11046) (ע״ה) ה״פ (תהל׳ צ׳,ד׳) ״כי אלף שנים בעיניך כיום אתמול כי יעבור, ואשמורה בלילה״ (2209) ורמיזא על האי א׳ זעירא דאתכללא ביו״ד תתאה, וכחלום יעוף, וכדאמרינן ברישא ״אני ישנה״ (שה״ש ה׳,ב׳) - לקביל י׳ תתאה הני חלמין ״ולבי ער״ (שם) - לקביל י׳ עלאה, וד״ל. והאי ו״ו אמצעית דאת א׳ זעירתא כמ״ש לעיל דאיהי לקביל תורה שבכתב, ובספה״ק כל התורה כולה שמהן דקוב״ה, וחזינן- הני י״ב צרופין דהוי׳ ב״ה במוסף דראש חדש, ואדר שני איהו כללא דכולהו והרי י״ג הוי׳- והן האי י״ג דאמצעיתא לקביל תורה שבכתב, ואלו התיבין דמהן נמשכין י״ב צרופי שם הוי׳ ב״ה: א׳. **ניסן: ישמחו השמים ותגל הארץ** (תהל׳ צ״ו,י״א) גימ׳ (1494) **ב׳** פעמים **״משה איש האלהים״**[כדכתיב (דברים ל״ג,א׳) וזאת הברכה אשר ברך משה איש הא-להים] דמשה רבינו זכה לגאול את בני ישראל ממצרים בניסן שהוא חודש המלומד בניסים [ניסן מלשון נס ופלא] וכפלינן ב׳ פעמים דמשה הוא גואל ראשון והוא גואל אחרון [כמבואר באור החיים פרשת ויחי ד״ה אוסרי לגפן] והוא שם ה׳ כסדר (י-ה-ו-ה) ומרמז על ענין משה גואל ראשון וגואל אחרון כדאמר משה (דברים ל״ב,א׳) האזינו השמים ואדברה ותשמע הארץ אמרי פי. והצירוף ישמחו השמים ותגל הארץ

דביציאת מצרים דהיתה בחודש ניסן ראו כל העולם כולו את גדולת השי״ת כדכתיב (תהל׳ ס״ח,ט׳) ארץ רעשה אף שמים נטפו מים וכו׳. ב׳. **אייר: יתהלל המתהלל השכל וידוע** (ירמי׳ ט׳,כ״ג גימ׳ (1436) **ד׳** פעמים **״משיחא״** (359) דבני ישראל נסעו במסעיהם במדבר על מנת לזככם מ״ט יום בסוד ספירת העומר שהוא הכנה למתן תורה, וחודש אייר כולו ספירת העומר. והוא בצירוף יתהלל המתהלל השכל וידוע דמשיח צדקנו יגלה רזין טמירין באורייתא קדישא ויאמר על כל קוץ וקוץ תילי תילים של פירושים. ג׳. **סיון: ידותיו ולצלע המשכן השנית** (שמות כ״ו,י״ט) גימ׳ (1842) ג׳ פעמים ״בברית״ (614) דכאשר קיבלו תורה מסיני פסקה זוהמתן והיו כאדם הראשון קודם החטא, והוא שלמות שמירת הברית. והוא בצירוף ידותיו ולצלע המשכן השנית דבסיון במתן תורה קיבלו התורה הקדושה הנקראת ברית ובה הציווי על בנית המשכן- דמקום השראת השכינה עבר כמה וכמה מסעות מאהל מועד למשכן ולאחר מכן ממשכן למקדש וממקדש לשילה וכו׳ ועד לבית המקדש השלישי יבנה ויכונן במהרה בימינו אמן. ד׳. **תמוז: זה איננו שוה לי** (אסתר ה׳,י״ג גימ׳ (480) **לילי״ת** נוקבא דסמא״ל, וכתב האור החיים [בפרשת ויחי ד״ה אוסרי לגפן] דבקלי׳ נקבה קשה יותר מן הזכר כמו שמביא שם באור החיים וזלשה״ק: ואולי נוכל לומר עוד על דרך מה שאמרו בזוהר (פנחס רלא ב) כי בסטרא אחרא הנקבה היא יותר חזקה מהזכר כי הזכר נוטל יותרת שלה ונקרא יותרת הכבד, וכדבר הזה ובחזיון הראוני בחלום שהאבקתי במלחמה עם הזכר ויהי נקל בעיני להכניעו והפלתי אותו בכחי ולנקבה נתאמצתי בכל כחי כמה פעמים ואחר כמה טרחות יכולתי להשליכה כמה מעלות למטה לארץ אך לא כבעלה הזכר, ולזה אמר כנגד גאולה העתידה ולשורקה עת אשר ישרוק ה׳ ויקבצם בני אתונו אותם שבאים מכח הנקיבה גם אותם יאסור ה׳ לפני בני ישראל. עכד״ק. וזהו כ״א יום מי״ז תמוז עד תשעה באב ניתנו לעשו-עמלק, כנרמז בתיבין ״וכל זה איננו שוה לי״ דאמר המן האגגי מזרע עמלק כשראה שמרדכי הצדיק לא יכרע ולא ישתחוה, וכאן הוא בחודש תמוז אתחלתא דפורענותא ויוצא הצרוף שם ה׳ בהיפוך הסדר (ה-ו-ה-י) בסוד ונהפוך הוא דפורים. וכאשר נחבר צרופי ניסן (שם ה׳ כסדר) ותמוז (שם ה׳ ונהפוך הוא) סליקו תרוויהו לחושבן (1974) ב׳ פעמים ״ואתם הדבקים בה׳

א-להיכם חיים כולכם היום" (987) (דברים ד',ד') להורות שהדבקות הוא בשני אופנים: תורה- שם ה' כסדר- אור ישר, ותפלה- שם ה' באופן של ונהפוך הוא- כבקשת אסתר שיצומו ויתפללו עליה ואף יבטלו מצוה דאורייתא דחג הפסח דאם עם ישראל אין פסח מנין- שגם בפסח חזינן דהוה גאולתא באופן של ונהפוך הוא- גדלות ב' קודם לגדלות א', פסח מלשון פסיחה ודילוג שנגלתה בחינת עצמותו יתברך שלא בסדר והדרגה. והוא צירוף חודש תמוז- דתמוז שם עבודה זרה כדכתיב (יחזקאל ח',י"ד) "והנה שם הנשים יושבות מבכות את התמוז" פרש"י תמוז עבודה זרה, והמן עשה עצמו עבודה זרה ומרדכי לא יכרע ולא ישתחוה לכן אמר המן כל זה איננו שוה לי כאשר מרדכי לא משתחוה כי עשה עצמו עבודה זרה כנ"ל. ה'. **אב: הסכת ושמע ישראל היום** (דברים כ"ז,ט') גימ' (1503) "תתן אמת ליעקב" (סוף ספר מיכה) היא תורתנו הקדושה- דבתשעה באב חרבו שני מקדשות ותשעה באב עתיד להבנות בית המקדש השלישי ותחזור עטרה ליושנה ותתגלה מחדש אמת תורתנו הקדושה, דבצרוף דנן ממשיך "היום הזה נהיית לעם" דאמתן תורה קאי. והוא בצירוף חודש אב- דעל ידי לימוד התורה הקדושה מקרבים הגאולה האמיתית והשלמה ובנין בית המקדש כדכתיב (הושע ח',י') גם כי יתנו בגוים עתה אקבצם ודרשו חז"ל (בבא בתרא ח.) יתנו מלשון משנה שאם ישנו וילמדו בגלות הקב"ה יקבצם במהרה בימינו אמן. ו'. **אלול: וצדקה תהיה לנו כי** (דברים ו',כ"ה) גימ' (741) י"ג פעמים א"ל הוי' (57) שמות הרחמים- דבחודש אלול מתגלות י"ג מידות הרחמים דהמלך בשדה והוא חודש דהכנה רבא ליומא דדינא וליום הקדוש. ומהני תיבין דצירופא דחודש אלול- חזינן דבצדקה תליא מילתא כדאמרינן בתפלת יום כפור ותשובה ותפלה וצדקה מעבירין את רוע הגזרה. ז'. **תשרי: ויראו אותה שרי פרעה** (בראשית י"ב,ט"ו) גימ' (1500) ה' פעמים "פחד יצחק" (300) (בראשית ל"א,מ"ב) דהוא צרוף ראש חודש תשרי יומא דדינא ופשוט. והוא צירוף היוצא מהפסוק ויראו אותה שרי פרעה דאיתמר בשרה אמנו ולכן סליק לחושבן ה' פעמים פחד יצחק דהוא בנה- והצירוף והי"ה אין והיה אלא לשון שמחה וזהו יצחק מלשון צחוק ושמחה- ברם קודם הפחד ליצחק- כדכתיב (תהל' ב',י"א) עבדו את ה' ביראה וגילו ברעדה- שגם השמחה צריכה להיות ביראה. ח'. **חשון: ודבש היום הזה י-ה-ו-ה** (דברים כ"ו,ט') גימ' (416) "באור אינסוף" דנזכה לאורו במהרה בימינו אמן וכתיב (קהלת י"א,ז') ומתוק האור לעינים, וזהו דב"ש במילוי "דלת בית שין" גימ' (1206) או"ר באלף רבתי- אור הגנוז דלעתיד לבוא יתגלה כדכתיב (ישעי' י"א,ט') ומלאה הארץ דעה את ה'. והוא צרוף דחודש חשון דייקא דאין בו ימים טובים דייקא ולכן נקרא **מר**-חשון, ולעתיד לבוא יהיה חודש שכולו אור כדכתיב (קהלת ב',י"ג) כיתרון האור מן החשך והוא בסוד **ומתוק** האור לעינים כנ"ל. ט'. **כסלו: וירא יושב הארץ הכנעני** (בראשית נ',י"א) גימ' (1036) **ה'** פעמים **או"ר** (207) דיום א' דמעשה בראשית עם הכולל- ואיתא בבני יששכר דהן סוד ל"ו נרות דחנוכה כדכתיב (ישעי' ו',ב') שרפים עומדים ממעל **ל"ו**, ובכאן הוא א' יותר בסוד השמש (בפתח) דאיהו משה רבינו דפני משה כפני חמה היינו שמש. והוא בחודש כסלו תמן חנוכה ונמשך בחודש טבת. י'. **טבת: לי-ה-ו-ה אתי ונרוממה שמו** (תהל' ל"ד,ד') גימ' (1160) ח' פעמים "יחודא עילאה" (145) בסוד ח' נרות דחנוכה, והוא ביחוד הגדול דזאת חנוכה דאז נשלמת הארת י"ג מכילן דרחמי בנרות חנוכה, ומתבדל ומרומם שמו יתברך לעין כל כמרומז בתיבות הפסוק שממנו יוצא הצרוף דנן "גדלו לה' אתי ונרוממה שמו יחדו" גימ' (1231) י' פעמים "ענג" עם הכולל גילוי י' ספירות הגנוזות לעתיד לבוא. והוספת הכולל מרמז גילוי עצמותו יתברך אלופו של עולם. והוא צרוף היוצא מתיבות הפסוק גדלו לה' אתי ונרוממה שמו יחדו- דבעשרה בטבת סמך מלך בבל על ירושלים (יחזקאל כ"ד,ב') והתחיל החורבן אף על פי כן אנו צריכים להודות ולהלל לשמו הגדול שכלה חמתו בעצים ואבנים ולא בשונאיהן של ישראל כדכתיב (תהל' ע"ט,א') מזמור לאסף א-להים באו גוים בנחלתך טמאו את היכל קדשך שמו את ירושלים לעיים וכו' ומקשים חז"ל מזמור לאסף קינה לאסף מיבעי ליה ומתרצים שכלה חמתו בעצים ואבנים וכו'. י"א. **שבט: המר ימירנו והיה הוא** (ויקרא כ"ז,ל"ג) גימ' (599) "אלופו של עולם" ובחודש שבט דייקא תמן ראש השנה לאילן- איל"ן מרמז יחוד הוי' אדנ"י (91) יחודא שלים מכולהו בחינת לעתיד לבוא, וכעת בגלותא כתיב (משלי ט"ז,כ"ח) ונרגן מפריד אלוף ופרש"י אלופו של עולם. והוא צרוף דחודש שבט- כדכתיב בפסוק הקודם שם בענין מעשר בהמה (שם פסוק ל"ב) כל אשר יעבור תחת **השבט** העשירי

יהיה קודש לה׳- רמיזא יהודי המקבל עליו עול מלכות שמים כדכתיב (יחזקאל כ׳,ל״ז) והעברתי אתכם תחת השבט והבאתי אתכם במסורת הברית.

י״ב. **אדר: עירה ולשורקה בני אתונו** (בראשית מ״ט,י״א) גימ׳ (1457) ״קודשא בריך הוא ושכינתיה״- יחודא שלים דחודש אדר תמן פורים בחינת תחית המתים ונהפוך הוא, והוא ג״כ גימ׳ (1457) א״ל פעמים הוי׳ אהי״ה (47) דיתגלה אז חסד א״ל כל היום (תהל׳ נ״ב,ג׳) דכולו הטוב והמטיב. וממו״ר צבי חשין שליט״א הוא חושבן (1457) ״הזדונות נעשים לו כזכויות״ בחינת תשובה מאהבה, לקביל אלול- תשובה מיראה. והוא בצרוף היוצא מתיבות הפסוק ״אוסרי לגפן עירה ולשרקה בני אתונו״ דכתיב במשיח הבא משבט יהודה כדכתיב בתחלת הענין לא יסור שבט מיהודה וכו׳ ומקשרא לחודש אדר דבפורים התגלה ענין ונהפוך הוא- תחית המתים- דלעתיד לבוא כל המועדים בטלים חוץ ממגילת אסתר. **אדר שני כללות כולם ו׳ צרופי חדשים קדמאין (ניסן עד אלול) בחינת נוקבא (נהר שלום דף מ״ז סוף עמודה ג׳) סליקו לחושבן (7496) ו׳ פעמים ״שכנתי בתוכם״ עם הכולל (1249) עם ב׳ התיבין, והוא כדכתיב (שמות כ״ה,ח׳) ״ועשו לי מקדש ושכנתי בתוכם״ ורמיזא** ושכנתי בתוכם ו׳ פעמים ״שכנתי בתוכם״ לקביל ו׳ חדשים דנוקבא דערך ממוצע דכל חדש הוא חושבן ״שכנתי בתוכם״ כנ״ל דאיהי שכינתא קדישא בחינת נוקבא. ו׳ צרופי חדשים בתראין (תשרי עד אדר) בחינת דכורא סליקו לחושבן (6168) ו׳ פעמים ״קדשנו במצותיך״ (1028) דקוב״ה יהיב לן תרי״ג מצוות דאיקרו בזוה״ק תרי״ג עיטין דהיינו עצות להתגברות על כוחות הטומאה ולהוציא בלעם מפיהם, וכפלינן ו׳ פעמים לקביל ו׳ חדשים דדכורא דערך ממוצע דכל חדש הוא ״קדשנו במצותיך״ בחינת דכורא דדכר מחויב במצוות יותר מנוקבא, ואז מוציא בלעם מפיהם- ולכן הוא ג״כ חושבן (6168) ו׳ פעמים ״חיל בלע ויקאנו מבטנו ירשנו אל״ עם הכולל (1028) (איוב כ׳,ט״ו) וכאן הוצאנו ו׳ ושני יודי״ן בסוד אות א׳ דצורתה י׳ו׳י׳ דבלעו הקלי׳ בסוד ונרגן מפריד אלוף כנ״ל ובכאן ב-ו׳ צרופי הדכורא מוציאים בלעם מפיהם והוא סוד (חבקוק א׳,ד׳) כי רשע מכתיר את הצדיק על כן יצא משפט מעקל תיבה אחרינא מעק״ל אתוון עמל״ק דהצדיק הוא צדיקו של עולם יביאו במשפט ויקוים בו ראשית גויים עמלק

ואחריתו עדי אובד (במדבר כ״ד,כ׳) ולכן בכאן מרומז בתיבה אחרינא. והני י״ב צרופין ד-י״ב חדשי השנה סליקו לחושבן (13664) **י״ג** פעמים ״**עדות לישראל**״ (1051) עם הכולל כדכתיב (תהל׳ קכ״ב,ד׳) ששם עלו שבטים שבטי י״ה עדות לישראל והאי דכפלינן י״ג פעמים ואינם אלא י״ב חודש- הוא לקביל י״ג שבטים שהם י״ב- דמיוסף הצדיק יצאו שני שבטים אפרים ומנשה כדכתיב (בראשית מ״ח,ה׳) ״אפרים ומנשה כראובן ושמעון יהיו לי״- הא למדת שכל אחד מבניו של יוסף הצדיק הרי הוא כראובן ושמעון ושבט חשוב הוא בפני עצמו- והרי לנו י״ג שבטים שהם י״ב. וזהו בשנה פשוטה שהעבודה מתתא לעילא על ידי התחזקותם של י״ב שבטי י״ה במצוות השי״ת. אמנם בשנה מעוברת הוא בבחינת השפעה מעילא לתתא ואם כן נרמז בשנה זו הגימ׳ של י״ב צרופי החדשים דסליקו לחושבן (13664) **י״ג** פעמים ״**גואלכם קדוש ישראל**״ (1051) והוא כמאמר הנביא (ישעי׳ מ״ג,י״ד) ״כה אמר ה׳ גואלכם קדוש ישראל למענכם שילחתי בבלה״ וכו׳ והוא מעילא לתתא דהוא בחסדי השי״ת שירד עם ישראל לגלות כביכול כאמרם (מגילה כט.) אל תיקרי למענכם שילחתי בבלה אלא למענכם שולחתי בבלה כביכול כאשר ישראל בגלות אף הקב״ה גולה עמהם ומלמד שהקב״ה שב עמהן מבין הגלויות עיין שם בגמרא וכדכתיב במקום אחר (שם ס״ג,ט׳) בכל צרתם לא צר כתיב לא וקרי לו כביכול גם לריבונו של עולם וזהו דאמרינן בהושענות ״אני והו הושיעא נא״ וכו׳ אני היינו כנסת וישראל והו רמיזא לקב״ה שנקרא הוא כמבואר בספה״ק ופשוט דבשנה מעוברת כפלינן י״ג פעמים לקביל י״ב חדשי השנה ואדר שני הוא חודש הנוסף ה-י״ג וצרוף אדר שני נכלל בצרוף אדר בראשון דשניהם ענין אחד- חדש אדר ולפי מה שכתוב דאדר שני כללות כולם אם כן כולל כל ה-י״ב חדשים ולכן הרי הן י״ב צרופים ועוד י״ב צרופים נוספים הנכללים באדר שני- ב׳ פעמים (13664) סליקו לחושבן (27328): ״**רעיא מהימנא**״ (427) פעמים ״**דין**״ (64) באור הענין: דמשה רעיא מהימנא ממתקא לדינא בשרשיה, ואיהו האי אלף זעירא תכלית הדין דנמתק בידי משה רבינו עליו השלום דאיקרי בזוה״ק רעיא מהימנא [והוא בזוהר פרשת וירא דף קו. וזלשה״ק: ועל דא לא הוה בעלמא בר נש דיגין על דריה כמשה דאיהו **רעיא מהימנא** עכלשה״ק] ונחזור לענין הראשון: דהנה הוא הפלא

גלא עמיקתא

וע"ע מש"כ בביארנו על ואתחנן אופן קכ"א[11] בעניין י"פ ויקר דאיכא במגילת אסתר וי' מיתות דכתיבי במשה וקשרהו לכאן לקביל מה שהביא המגלה עמוקות "טובה צפורנן של ראשונים מכריסן של אחרונים" גימ' (2460): כ' פעמים ענ"ג (123), בסוד יקר בעיני ה' המותה לחסידיו. דזכה משה להשפיע האי יקרא דקוב"ה ועניין אדם כי ימות באוהל בנשמותיהן של ישראל – ולכן אמר ליה השי"ת רב לך זכית לרב מכולא. וזהו "יקר–מות" גימ' (756): ג"פ (דהוי חזקה) "רב לך" (252), לכן אל תוסף דבר אלי עוד בדבר הזה.

ופלא- כד נחברא הני תלת גווני תלת עשר: ד-י' עילאה (3030) י' תתאה (11046) ו"ו ע"ה (27328) סליקו כולהו לחושבן: (41404) **כ"ב** (אתוון דאורייתא קדישא) פעמים (בראשית נ',כ"ח) **"כל** (אלה) **שבטי ישראל שנים עשר"** (1882) ואיהי האי א' זעירא דויקרא, דמשה רעיא מהימנא קרי לן ולכל מאן דאקרי ישראל לקיימא הני כ"ב אתוון דאורייתא קדישא, ורחמנא ירחם עלן וישזבן מכל מרעין בישין והסט"א וחילותיה, ולמען דיקימא דיתגדל **ו**יתקדש שמיה **ר**בא ר"ת **יוש"ר** וישראל איקרון **ישרו"ן**, ישרא"ל נוטריקון **יש"ר א"ל**. **קצור:** א' זעירא אתכללת מתלת תליסר גימ' ט"ל כדכתיב "שראשי נמלא טל" (שה"ש ה',ב'), ובמלוי "טית למד" גימ' (493) "(ויהי) נעם א-דני א-להינו עלינו" (תהלים צ',י"ז), ויהי רצון דנזכה לגאולה האמיתית והשלמה וביאת משיח צדקנו לחסות בנעם העליון בצלא דמהימנותא יחד עם צדיקו של עולם במהרה בימינו אמן.

11. באור על מגלה עמוקות ואתחנן אופן קכ"א: י'. **וַיְכַס הֶעָנָן אֶת אֹהֶל מוֹעֵד וּכְבוֹד יהוה מָלֵא אֶת הַמִּשְׁכָּן** (שמות מ',ל"ד) גימ' עם הכולל (1780) כ' פעמים "חנוכה" (89) בחינת הארת אור הגנוז ח' נרות דחנוכה להטעימנו בהאי עלמא ממתיקות טעמו כצפיחית בדבש (שמות ט"ז,ל"א) והיה טעמו כטעם לשד השמן (במדבר י"א,ח') ומתוק האור לעינים (קהלת י"א,ז'), כדברי האור החיים (דברים כ"ו,ח' ד"ה ואומרו) אלמלא ידעו אנשים טעם מתיקותה של תורה היו משתגעים אחריה וכו'. וכאן בא הרמז בכפילת כ' פעמים- לרמוז הארת כתר עליון ד-כ' רמז לכתר כדאיתא בגמרא (שבת קד.) הני דרדקי דאתו לבי כנישתא ואמרו מילי דמימות יהושע בן נון לא איתמר כוותייהו, ופירשו כל אותיות א"ב על הסדר: א' ב' אלף בינה וכו' כ' הקב"ה קושר לך כתר לעולם

הבא. וכתב המגלה עמוקות דתיבת **כימ"ה** נוטריקון **כ**בוד ה' [י-ה-ו-ה] **מלא המ**שכן- תמן אתוון פנימיים כזה: "**כ**בוד י-**ה**-ו-ה **מ**לא **ה**משכן" סליקו לחושבן (89) "חנוכה"- בחינת פנימיות אור הגנוז דתתגלה לעתיד לבוא למשה רבינו לבדו בחינת כבוד אלהים הסתר דבר (משלי כ"ה,ב'). ולכן אמר לו הקב"ה: רב לך- מה רב טוב הצפון הוא לך בלבד- ולצדיקים שבישראל תתגלה הבחינה החיצונית של אור הגנוז- בחינה שהיא שרש להתהוות העולמות- אמנם למשה איש האלהים תינתן הבחינה הפנימיות יותר, בחינת דבקות הקו בעגול הגדול תמן האור בביטול לעצמות ואינו בבחינת מקור לעולמות, וזהו "משה-אור אינסוף" גימ' (759) "עלה ראש הפסגה", ובתוספת "עצמות" דהיינו "משה-אור אינסוף-עצמות" גימ' (1365) ה' פעמים "אור גנוז" (273) בלא ה' הידיעה דהיינו פשיטות וביטול משה ביחד עם אור האינסוף לעצמות, בחינת "רישא דלא אתידע" גימ' (1031) "ויהי אחרי מות משה" (יהושע א',א') אמנם תמן כתיב ויהי אחרי מות עם י'- ובכאן שמטינן האי י', וכדכתב והאיש משה ענו (במדבר י"ב,ג') בלא י'- דנתן סוד ענותנותו ליהושע כדכתיב ויקרא משה להושע בן נון יהושע (במדבר י"ג,ט"ז) דהוסיף לו י' דעניו דהוא סוד ענוה דמשה- ובמקום אחר כתב המגלה עמוקות ד-א' זעירא צורת יוד, וזכה לה משה רבינו בסוד פנימיות אור הגנוז כנ"ל. והוא בחינת אדם כי ימות באהל (במדבר י"ט,י"ד) דעל זה הפסוק דרשו חז"ל מכאן שאין התורה מתקיימת אלא במי שממית עצמו עליה [כדבארנו במקום אחר בהרחבה] ומשה רבינו הוא דאיקרי אדם- דזכה לסוד א' זעירא- ולעתיד לבוא תגדל להיות אלף רבתי דאדם (תחלת דברי הימים) בסוד **אדם** שת אנוש, וכדמביא המגלה עמוקות ברישא דאופן הבא (קכ"ב) "יפיפית מבני אדם" (תהל' מ"ה,ג') גימ'

(737) "שת הבל", והאריכו בספה"ק לבאר דמשה רבינו גלגול הבל- ויתרו הקיני גלגול קין, וממילא הוא נמי חושבן (737) "בכל לבבך, ובכל נפשך, ובכל מאדך" (דברים ו',ה') ענין המסירות נפש דקריאת שמע.

וזהו דמביא המדרש: אמר רבי יוחנן עשר מיתות כתובות עליו על משה ואלו הן וכו' ומביא שם עשרה חלקי הפסוקים שמזכיר שם ענין מיתת משה רבינו ח' בחומש ועוד ב' בשני הפסוקים הראשונים בספר יהושע- והוא בסוד ח' ספיראן קדמאין, ו-ב' מיתות דתחלת ספר יהושע בסוד יסוד-מלכות, וזהו דאמרינן בתר קריאת שמע של ערבית: "אמת [יסוד] ואמונה [מלכות]" גימ' (549) "יהושע בן נון".

ונבאר הני י' פסוקין בסוד הסתלקותו של משה רבינו רעיא מהימנא ונסדרם לפי י' ספירות, וכמו שכתב מהרז"ו (שם במדרש סוף סימן י') וצ"ע שלא הובאו הפסוקים במדרש כסדר שכתובים בתורה, ונכון לסדרם כסדר התורה [עכד"ק]. ונסדרם כאמור מעילא לתתא- לפי סדר י' ספירות- דהתורה נמשלה למים מה מים יורדים ממקום גבוה למקום נמוך וכו'- אמנם אחרי כן נבאר דפסוקא קמא דיהושע לקביל ספירת היסוד דסליק לרזא דאינסוף דרך כתרא עילאה [כדאמרינן לעיל "ויהי אחר מות משה" (יהושע א',א') גימ' (1031) "רישא דלא אתידע"] וסליק עד לבחינת עצמותו יתברך ממש- בסוד "ויקח משה את עצמות יוסף עמו" (שמות י"ג,י"ט) גימ' (1748) ד' פעמים "מצא אשה" (437) כדכתיב מצא אשה מצא טוב ויפק רצון מהוי' (משלי י"ח,כ"ב) בסוד ד' נשים שלקח יעקב אבינו- דמשה רבינו איהו מלגו דיעקב תפארת ישראל, דהן "**ב**להה-**ר**חל-**ז**לפה-**ל**אה" [ראשי תיבות ברז"ל כנודע] גימ' (438) "מצא אשה" עם הכולל כנ"ל. והני י' פסוקין דמיתת משה [דאיתא בזוה"ק (פרשת בראשית דף לז:) משה לא מית אלא אתכניש לעילא ואנהיר לסיהרא מתמן] לפי סדרם בתורה כדברי המהרז"ו:

[א] **כִּי אָנֹכִי מֵת בָּאָרֶץ הַזֹּאת אֵינֶנִּי עֹבֵר אֶת הַיַּרְדֵּן וְאַתֶּם עֹבְרִים וִירִשְׁתֶּם אֶת הָאָרֶץ הַטּוֹבָה הַזֹּאת** (דברים ד,כב) גימ' (5182) ועם הכולל (5183) "הגנוז" (71) פעמים "חכמה" (73) לקביל ספירת **כתר** דחכמה מקבלת מכתר בסוד והחכמה מאין תמצא (איוב כ"ח,י"ב) [והחכמה כפשוטו ואין היינו כתר כמבואר בספה"ק] והוא גנוז לגביה בבחינת אור הגנוז- ולכן בא הרמז בכפילת הגנו"ז פעמים חכמ"ה בספירת הכתר דיתגלה אורו לעתיד לבוא בגאולה האמיתית והשלמה.

[ב] **וַיֹּאמֶר יהוה אֶל מֹשֶׁה הֵן קָרְבוּ יָמֶיךָ לָמוּת קְרָא אֶת יְהוֹשֻׁעַ וְהִתְיַצְּבוּ בְּאֹהֶל מוֹעֵד וַאֲצַוֶּנּוּ וַיֵּלֶךְ מֹשֶׁה וִיהוֹשֻׁעַ וַיִּתְיַצְּבוּ בְּאֹהֶל מוֹעֵד** (דברים לא,יד) גימ' (4997) "חוה" (19) פעמים "סמנגלף" (263) דכתב בספר שרשי השמות לרבינו **הרמ"ז** וזלשה"ק: **סמנגלף- אחד מן המלאכים שישלח הקב"ה אחר חוה הראשונה היא לילית להשיבה אל אדם הראשון ומצאוה באיי הים ושאלה מאתם שיניחום ונשבעה להם שבכל מקום שתמצא ותראה שמותם ותמונתם שלא תזיק לשום בריה כלל** עכלשה"ק. ובכאן הוא הפלא ופלא כחושבן פסוקא במכוון חוה פעמים שם המלאך [סמנגלף] כנ"ל. והוא לקביל ספירת **חכמה** דסליק לחושבן (4997) ב' פעמים "למען תהיה תורת ה' בפיך כי ביד חזקה הוציאך ה' ממצרים" (2498) (שמות י"ג,ט') דאורייתא מחכמה עילאה נפקת כתרגום ירושלמי בראשית-בחכמתא.

[ג] **כִּי אָנֹכִי יָדַעְתִּי אֶת מֶרְיְךָ וְאֶת עָרְפְּךָ הַקָּשֶׁה הֵן בְּעוֹדֶנִּי חַי עִמָּכֶם הַיּוֹם מַמְרִים הֱיִתֶם עִם יהוה וְאַף כִּי אַחֲרֵי מוֹתִי** (דברים לא,כז) גימ' (4622) ועם הכולל (4623) "בינה" (67) פעמים "בבינה" (69) והוא לקביל ספירת **בינה** ומרומז באופן נפלא "בינה" פעמים "בבינה", אמנם בכאן ספירת הבינה קשורה לספירת הדעת בסוד ודעת קדושים בינה (משלי ט',י') דהפסוק מתחיל כי אנכי ידעתי- בסוד כתר [אנכי] דעת [ידעתי], וכד חשבינן דעת לא חשבינן כתר- דחכמה נכללת בבינה דחכמה- ובינה הן תרין רעין דלא מתפרשין לעלמין כדאיתא בזוה"ק בסוד ה' חסדים ו-ה' גבורות שבדעת ובסוד שיקול הדעת [עיין סנהדרין לג. היכי דמי שיקול הדעת? אמר רב פפא: כגון תרי תנאי או תרי אמוראי דפליגי אהדדי, ולא איתמר הלכתא לא כמר ולא כמר, ואיקרי ועבד כחד מינייהו, וסוגיא דשמעתא אזלי כאידך- היינו שיקול הדעת].

והנה ג' פסוקין קדמאין כנ"ל הם בסוד **כתר-חכמה-בינה** ושלשתם יחד עולים בגימ' (14801) "חוה" (19) פעמים "(בני) בכורי ישראל" (779) (שמות ד',כ"ב) דחטא חוה פגם בדעת ועלה עד לבחינת הכתר, דתפוח עקבו של אדם הראשון היה מכהה גלגל חמה, ולאחר הפגם נתמעטה

קומתו ל-ק' אמה, ובני ישראל קראם השי"ת בני בכורי ישראל ומתקנים להאי פגם עד ביאת משיח צדקנו- ורצה משה רבינו להיכנס לארץ ישראל לתקן האי פגם דהוה בארץ ישראל דאדם הראשון ממקום כפרתו [בית המקדש] נברא כדאיתא במדרש.

ואמר לו הקב"ה כיצד יכפר- הלא חוה שינתה מדבר ה' ופגמה במציאות כולה בדקות שבדקות [וכמו שבארנו באקדמות מילין] ומכלל דפגם- נענש. ובחיבורו של מרן המחבר רנ"ב אופנים על ואתחנן חוקר המגלה עמוקות מה ראה משה רבינו להתנפל לפני ה' תקט"ו תפילות כמנין ואתחנ"ן- ומה ענה לו השי"ת שלא יכנס- ובעניות דעתנו נכנסנו ללוע הארי ויהי רצון שנזכה להשיג ולו מעט מזעיר בהבנת דבריו הקדושים דמרן המחבר זיע"א.

[ד] **כִּי יָדַעְתִּי אַחֲרֵי מוֹתִי כִּי הַשְׁחֵת תַּשְׁחִתוּן וְסַרְתֶּם מִן הַדֶּרֶךְ אֲשֶׁר צִוִּיתִי אֶתְכֶם וְקָרָאת אֶתְכֶם הָרָעָה בְּאַחֲרִית הַיָּמִים כִּי תַעֲשׂוּ אֶת הָרַע בְּעֵינֵי יהוה לְהַכְעִיסוֹ בְּמַעֲשֵׂה יְדֵיכֶם** (דברים לא,כט) גימ' (10135) ט' פעמים "תורה תפלה" (1126) והוא לקביל ספירת **חסד** דתורה בחינת חסד כדכתיב ותורת חסד על לשונה (משלי ל"א,כ"ו), ותפלה בחינת חסד כדכתיב יומם יצוה ה' חסדו ובלילה שירו עמי תפלה לאל חיי (תהל' מ"ב,ט') [כמבואר בספה"ק דכתיב יומם יצוה ה' חסדו, ובסיפא דקרא מפרש מהו אותו חסד והוא תפלה וכו'] ובאור הדבר דתפלה היא חסדי השי"ת דנתן לנו הכח להתפלל ולשנות גזרותיו, וכאמרם בראשית ב' ראשית- בשביל התורה הרי תורה בהדיא, ובשביל ישראל- הרי תפלה, דמילוי אדם [והיינו ישראל אתם קרויים אדם וכו'] אותיות מתפלל [כמבואר בהקמה לפרושנו על ואתחנן].

[ה] **וּמֻת בָּהָר אֲשֶׁר אַתָּה עֹלֶה שָׁמָּה וְהֵאָסֵף אֶל עַמֶּיךָ כַּאֲשֶׁר מֵת אַהֲרֹן אָחִיךָ בְּהֹר הָהָר וַיֵּאָסֶף אֶל עַמָּיו** (דברים לב,נ) גימ' (4320) כ' פעמים "גבורה" (216) לקביל ספירת **גבורה** והוא פלאי. ובאור הדבר דבהשלשלות האור מן הכתר לחכמה נקלט ונתקבל בה בסוד והחכמה מאין תמצא (איוב כ"ח,י"ב) דהחכמה לבדה יכולה להיות כלי לאור הרב של הכתר חכמ"ה נוטריקון כ"ח מ"ה- וכדאמר משה (שמות ט"ז,ז') ונחנו מ"ה- כנודע מהאר"י הקדוש דמשה רבינו מושרש בחכמה דאצילות, אמנם יונק מפרק עליון דנצח דאצילות, ושאר ספירות מקבלות מחכמה [כמבואר אצלנו בבאור פיוט לכה דודי להרה"ק שלמה

אלקבץ זיע"א] ולכן חזר הפייטן על הפזמון החוזר [לכה דודי לקראת כלה פני שבת נקבלה] בכל בית ובית [ובארנו שכל בית כנגד ספירה אחת] להורות על נתינת השפע מהחכמה לכל ספירה וספירה בסוד התכללות, דבחכמה גופא יש י' ספירות חכמה דחכמה, בינה דחכמה וכן על זה הדרך, וכל ספירה מ-י' ספירות דאצילות מקבלות מאותה הבחינה שבחכמה, לדוגמא ספירת הגבורה דנן מקבלת מבחינת גבורה שבחכמה בסוד מצא מין את מינו וניעור (עירובין ט.), אמנם כאן אנו בפסוק המרמז לספירת הגבורה עצמה, ולכן בא הרמז בכפילת כ' פעמים גבורה, ד-כ' מרמז אור הכתר כאמרם אנכ"י נוטריקון אני כ' אני כתר.

ובספירת הגבורה דהיא סוד הצמצום [יצחק מצמצם אור הגדול דכתר דכללות, ומתמן לתפארת ושאר ספירות תחתונות מגיע אור מצומצם בתכלית, ולמען יגיע למלכות ולא תבקע, וכמו קריעת ים סוף שהיתה באופן של בקיעה כדכתיב ויבקעו המים (שמות י"ד,כ"א) גימ' (289) "א' זעירא" [ועיין במקום אחר באורנו בענין זה] וכאן בפסוק דרומז לספירת הגבורה צמצום הגדול למען לא תבקע המלכות ח"ו אלא תקלוט אור ז"א השמש באופן טוב, ותעביר השפע לנבראים [עולמות בי"ע] באופן של צמצום כדי שיוכלו להכיל האור הרב בחינת דרכיה דרכי נועם (משלי ג',י"ז) אמנם לעתיד לבוא הקב"ה מוציא חמה מנרתיקה, רשעים נידונין בה וצדיקים נהנים מאורה (נדרים ח:) ברם כל אחד נכוה מחופתו של חבירו (בבא בתרא עה.) דאף בגילוי אור הגנוז יהיו מדרגות שונות- כל חד לפום מאי דמשער בליביה בהאי עלמא כמ"ש נודע בשערים בעלה (משלי ל"א,כ"ג) ופירשו חז"ל כל חד לפום מאי דמשער בליביה.

[ו] **וְזֹאת הַבְּרָכָה אֲשֶׁר בֵּרַךְ מֹשֶׁה אִישׁ הָאֱלֹהִים אֶת בְּנֵי יִשְׂרָאֵל לִפְנֵי מוֹתוֹ** (דברים לג,א) גימ' (3742) "טוב הוא" (29) פעמים "ה' הוא האלהים" (129) עם הכולל בחינת **תפארת** עמודא דאמצעיתא, דאיתא בזוה"ק יעקב מלבר משה מלגו- היינו עמודא דאמצעיתא- והוא תפארת ישראל דכתיב את בני ישראל בהדיא לקביל ספירת התפארת, דממשיכה מכתרא עילאה עד למלכות שפע אור האינסוף, כנודע "זאת" היא המלכות בסוד מ"י זא"ת עולה מן המדבר (שיר השירים ג',ו') מלכותא קדישא זא"ת סלקת לאמא עילאה דאיקרי מ"י- דפרק שירה לויתן אומר: "הדו לה' כי טוב, כי לעולם חסדו" (תהל' ק"ז,א') גימ' (408)

זא״ת, לוית״ן גימ׳ (496) מלכו״ת וכו׳, **״וזאת״** גימ׳ (414) ״אור אינסוף״ עם ו׳ קודם זא״ת לרמוז המשכה דבריח התיכון המבריח בתוך הקרשים [י״ב גבולי אלכסון] מן הקצה אל הקצה- היינו מן הקצה התחתון- מלכות, ועד קצה העליון- כתרא עילאה. ותיבה הבאה **״הברכה״** גימ׳ (232) רל״ב- ד׳ מילויי שם הוי׳ ברוך הוא בתפארת- מתמן אזדריקו ניצוצין לכולהו סיטרין- היינו ט׳ סיטרין [כמבואר בדברי המגלה עמוקות במקום אחר].

וכאן בא הרמז בכפילת ״טוב הוא״ דהוא משה רבינו דאיתמר ביה ״ותרא אותו כי **טוב הוא**״ (שמות ב׳,ב׳) פעמים ״הוי׳ הוא האלהים״ דכתיב נמי במשה [דאמר לבני ישראל] ״אתה הראת לדעת כי **הוי׳ הוא האלהים**״ (דברים ד׳,ל״ה). ואיתא בספה״ק דבעלית העולמות לעתיד לבוא תתגלה הנהגת הוי׳ לגבי כתרא עילאה כאילו היתה אלהי״ם, ותמן בחינה גבוהה של אלהי״ם דלמעלה מן הטבע, בסוד בראשית ברא אלהים, דהוא שרש לבריאה דהן ק״כ צרופי שם אלהי״ם לעילא באריך- וירדו עד בינה דאריך וכו׳.

[ז] **וַיָּמָת שָׁם מֹשֶׁה עֶבֶד יהוה בְּאֶרֶץ מוֹאָב עַל פִּי יהוה** (דברים לד,ה) גימ׳ (1801) י׳ פעמים ״פנים״ (108) עם הכולל- דהקב״ה דיבר עם משה פנים בפנים כדכתיב (שם פסוק י׳) ולא קם נביא עוד בישראל כמשה אשר ידעו ה׳ פנים אל פנים. ועוד נרמז דמשה רבינו אתכניש לעילא לפנים היינו פנימיותו יתברך בחינת ״רישא דלא אתידע״ גימ׳ (1031) ״ויהי אחר מות משה״ (יהושע א׳,א׳) [לקמן פסוק תשיעי].

ויש לומר דכל הני י׳ מיתות דכתיבי במשה הן בחינת אדם כי ימות באהל (במדבר י״ט,י״ד) דמכאן למדו חז״ל אין התורה מתקיימת אלא במי שממית עצמו עליה- דא משה, דארבעים יום לחם לא אכל ומים לא שתה- דהיה בבחינת תחית המתים- וממילא הטעימו הקב״ה טעם מיתה כמבואר בספה״ק דאף הצדיקים יטעימן הקב״ה טעם מיתה קודם שיקיצו וירננו מעפרם וטעם הדבר כדי שיזכו לתחית **המתים** והיינו במי שטעמו טעם מיתה כנ״ל. וממילא פסוקא דנן במדת **נצח** ספירתו של משה רבינו [כדאיתא בספה״ק משה בנצח ואהרן בהוד] דפסוקא דנן סליק לחושבן (1801) י״ב פעמים ״בנצח״ (150) עם הכולל- דיניק מתמן ויהיב ל-י״ב שבטי י״ה בסוד י״ב גבולי אלכסון.

[ח] **וּמֹשֶׁה בֶּן מֵאָה וְעֶשְׂרִים שָׁנָה בְּמֹתוֹ לֹא כָהֲתָה עֵינוֹ וְלֹא נָס לֵחֹה** (שם פסוק ז) גימ׳ (2665) י״ב פעמים ״ברך״ (222) עם הכולל- לקביל י״ב שבטי י״ה שרש לנשמות בני ישראל, דיברכם השי״ת בכל מעשה ידיהם כדכתיב ויהי נועם ה׳ אלהינו עלינו ומעשה ידינו כוננה עלינו ומעשה ידינו כוננהו (תהל׳ צ׳,י״ז) ובלעומת זה בלעם הרשע ידע לכוון רגע זעמו של הקב״ה- ומה יכל לומר ברגע- כל״ם, והוא היפך בר״ך, וכדממשיך לקמן בפסוק י׳: ״ולא קם נביא עוד בישראל כמשה אשר ידעו ה׳ פנים אל פנים״ גימ׳ (2238) ב׳ פעמים ״שמע ישראל ה׳ אלהינו ה׳ אחד״ (1118) והוא יסוד ושרש האמונה הקדושה, דהשבטים הם שאמרו פסוק זה ליעקב אביהם- כאשר בקשו ממנו שיגלה להם הקץ.

וכאמור לעיל הני י׳ פסוקין דמדבר בהו מיתת משה- הן בסוד אדם כי ימות באהל (במדבר י״ט,י״ד) באהלה של תורה והאי אדם איהו משה רעיא מהימנא, ורצה משה רבינו להיכנס לארץ ישראל כדי ללמוד על מנת ללמד התורה שבעל פה תמן ולהקים בית המקדש השלישי הנצחי- ואמר ליה השי״ת: ר״ב ל״ך- זכית לרב- דכל מה שתלמיד ותיק עתיד לחדש לפני **הרב** כבר ניתן למשה רבינו בסיני- ״תלמיד ותיק״ גימ׳ (1000) ״אלף״- בסוד אלף זעירא דויקרא ויקר א׳ זעירא אל משה- ולי מה יקרו רעיך אל (תהל׳ קל״ט,י״ז) כדבאר ענינו במקום אחר בפירושו על אלף זעירא דויקרא.

וממילא פסוקא דנן סליק לחושבן (2665) ב׳ פעמים ״ואתחנן אל ה׳ בעת ההוא לאמר״ (1332) (דברים ג׳,כ״ג) עם הכולל- ומקשר תחלת התורה לסופה [בסוד נעוץ תחלתן בסופן וסופן בתחלתן] דאמרו חז״ל (חולין קלט:) משה מן התורה מנין? בשג״ם הוא בשר והיו ימיו מאה ועשרים שנה (בראשית ו׳,ג׳) בשג״ם גימ׳ (345) מש״ה- וכן והיו ימיו מאה ועשרים שנה מרמז למאה ועשרים שנותיו של משה- ובפסוקא דנן בסוף התורה כתיב ומשה בן מאה ועשרים שנה במותו, דהיה בבחינת אדם כי ימות באהל (במדבר י״ט,י״ד) ומת באהלה של תורה בכל מאה ועשרים שנותיו- דעיקר התורה מצוות מעשיות דעדיפי מאורייתא דשמיא- כדאמר משה למלאכים: כלום יצר הרע יש בכם וכו׳ ובמתיבתא דרקיעא התורה והפלפול בחינת שמות הקדושים דאין שם מציאות גשמית כמבואר בגמרא (בבא מציעא פו.) ובהאי עלמא התורה בגשמיות דיו שחורה על גבי קלף לבן, הכל כמו שנפסק להלכה וכן מנהגים שונים שנתקבלו בתפוצות ישראל דאמרו חז״ל מנהג ישראל תורה הוא.

ומעליותא דהאי עלמא דאיברי מבחינת עצמותו יתברך- בעוד שעולמות בי"ע הרוחניים הן בחינת הארה דהארה מאור אינסוף ברוך הוא בסוד מה שנמוך יותר שרשו גבוה יותר. וממילא לא הסתפק משה במה שאמר לו השי"ת ר"ב ל"ך שזכית לרב בעולמות העליונים וכו' אלא רצה להישאר בהאי עלמא ולקיים מצוות מעשיות בארץ ישראל. והנה פסוקא דנן סליק לחושבן (2665) י"ב פעמים "קנה בינה" (222) עם הכולל, דבינה עד **הוד** אתפשטת- ולכן הוא לקביל ספירת **הוד**.

[ט] **וַיְהִי אַחֲרֵי מוֹת מֹשֶׁה עֶבֶד יהוה וַיֹּאמֶר יהוה אֶל יְהוֹשֻׁעַ בִּן נוּן מְשָׁרֵת מֹשֶׁה לֵאמֹר** (יהושע א,א) גימ' (3562) הוי' (26) פעמים יצוה הוי' (26) [כדכתיב יומם **יצוה הוי'** חסדו ובלילה שירה עמי תפלה לאל חיי (תהל' מ"ב,ט')] דהוא לשון ציווי, וכן לשון צוותא וחיבור [כנודע דתפלה מלשון חיבור כדכתיב נפתולי אלהים נפתלתי עם אחותי (בראשית ל',ח') פרש"י נתחברתי וכו'] דהיסוד מחבר ומעביר השפע מ-ח' ספירות עליונות למלכות בסוד צנו"ר אתוון רצו"ן, וכדאמרו בש"ס בכמה דוכתי לא קשיא כאן בעושין רצונו של מקום וכאן בשאין עושין רצונו של מקום- דקאי אבני ישראל בחינת מלכותא קדישא- י"ב בקר דים של שלמה לקביל י"ב שבטיא, ונמשך דהאי פסוקא בסוד **יסוד** דעד השתא משה הוה בחינת צדיק יסוד עולם (משלי י',כ"ה) בסוד ויקח משה את עצמות יוסף עמו (שמות י"ג,י"ט) ומהכא העביר המלוכה ליהושע, דיסודא איקרי צדיק חי עלמין, ומאידך איקרי אבר מת, ולכן הכא תיבין "מות משה" סליקו לחושבן (791) "**נ**פש **ר**וח **נ**שמה **ח**יה **י**חידה" [ראשי תיבות נרנח"י] בא"ת ב"ש. ויחד עם נרנח"י הפשוט (1099) סליקו לחושבן (1890) "**משה אהרן מרים**" [כאשר א' דאהרן רבתי (1000)] דאת שלשתם כורך הנביא בחדא מחתא: "ואשלח לפניך את משה אהרן ומרים" (מיכה ו,ד'-הפטרת פרשת בלק) וחזינן מרכבתא תליתאה דמשיחא: **דמשה** הוא גואל ראשון והוא גואל אחרון [כדברי האור החיים פרשת ויחי ד"ה אוסרי לגפן] **ואהרן ומרים** היו בבחינת החוט המשולש [כדאמר שלמה והחוט המשולש לא במהרה ינתק (קהלת ד',י"ב)] דמשיח בסוד שנים מקרא [משה ואהרן-דכורא] ואחד תרגום [מרים-נוקבא] כדכתב האר"י הקדוש ויפל ה' אלהים תרדמה על האדם ויישן (בראשית ב',כ"א) תרדמ"ה גימ' (649) תרגו"ם, וממילא משה ואהרן נתכללו יחד כדכתיב הוא אהרן ומשה וכו' הוא משה ואהרן (שמות ו',כ"ו) דמשה בנצח ואהרן בהוד ונצח והוד כחדא אזלן וכחדא שריין, ומרים נתכללה עמהם כנ"ל, בסוד ז' רועים תמן בחינת מלכות- דוד מלכא משיחא, וזהו "מרים דוד" גימ' (304) "עלמא דנוקבא" בסוד מלכותא קדישא סוד האמונה הקדושה, ומתחלק: "עלמא" גימ' (141) "והאמין בה'" עם הכולל דאיתמר באברהם אבינו "והאמין בה' ויחשבה לו צדקה" (בראשית ט"ו,ה'), "דנוקבא" גימ' (163) "ויהי ידיו אמונה"- כדכתיב במשה רבינו במלחמת עמלק "ויהי ידיו אמונה עד בוא השמש" (שמות י"ז,י"ב).

ועלה בידינו: "**שנים מקרא**" [בסוד משה ואהרן] גימ' (741) "ויקבר אתו בגי" (דברים ל"ד,ו') עם הכולל- דאתכניש משה רבינו ל-י"ג מכילן דרחמי דהן י"ג מידות שהתורה נדרשת בהן, דמשה רבינו סליק לעילא לשרש חוצבו- דאף עליה מדרגה לדרגה איקרי מיתה. ולכן דרשו חז"ל זאת התורה אדם כי ימות באהל (במדבר י"ט,י"ד) [מכאן שאין התורה נקנית אלא במי שממית עצמו עליה] והלא תורת חיים היא כדכתיב וחי בהם (ויקרא י"ח,ה') ולא שימות בהם- אלא כד עסיק יממא ולילא באורייתא קדישא סליק בר נש לעילא ואיקרי מיתה. "**ואחד תרגום**" גימ' (668) ב' פעמים "החדש הזה" (334) כדכתיב ביציאת מצרים "החדש הזה [ניסן] לכם ראש חדשים, ראשון הוא לכם לחדשי השנה" (שמות י"ב,ב') וכפילת ב' פעמים באה לרמוז מחלוקת רבי אליעזר ורבי יהושע אם בניסן או בתשרי נברא העולם [דפסוקא איירי בראש השנה: ראשון הוא לכם לחדשי השנה]. ויש לומר דשניהם אמת, ולא קשיא- כאן במחשבה [תשרי] כאן במעשה [ניסן]. ובארנו באריכות במקום אחר "שנים מקרא ואחד תרגום" גימ' (1409) "אברהם יצחק יעקב משה אהרן יוסף דוד" ז' הרועים הקדושים דעם ישראל-משה ואהרן בנצח והוד [כליות יועצות] מרים נכללת בדוד, יוסף יסודא וכו', יעקב תפארת דכולל כל הגוונין דהיינו כל י"ב השבטים, כדכתב הפרי מגדים [על השולחן ערוך] ואל"ה שמו"ת נוטריקון "**ו**חייב **א**דם **ל**ומר **ה**פרשה **ש**נים **מ**קרא **ו**אחד **ת**רגום"- וחזינן דשבעת הרועים רומזים לכללות בני ישראל בבחינת שרשים [ז' הרועים] וענפים [י"ב השבטים].

[י] **מֹשֶׁה עַבְדִּי מֵת וְעַתָּה קוּם עֲבֹר אֶת הַיַּרְדֵּן הַזֶּה אַתָּה וְכָל הָעָם הַזֶּה אֶל הָאָרֶץ אֲשֶׁר אָנֹכִי נֹתֵן לָהֶם לִבְנֵי יִשְׂרָאֵל** (יהושע א,ב) גימ' (5168) "טוב" (17) פעמים "עלמא דנוקבא" (304)

דיסודא איקרי טוב אמרו צדיק כי טוב (ישעי׳ ג׳,י׳) ומשפיע במלכותא קדישא בחינת עלמ״א דנוקב״א [כנ״ל בסיפא דפסוקא תשיעאה לקביל יסודא], והכא בפסוקא אחריתי דמדכר מיתת משה כתיב ״משה עבדי מת״- ר״ל עבר לכתרא עילאה בסוד כתר-מלכות, וכדאמרינן לעיל ״ויהי אחר מות משה״ גימ׳ (1031) ״רישא דלא אתידע״- דאיהו רישא עילאה מתלת רישין דבכתרא, וזהו: ״רישא דלא אתידע (1031) כתר-מלכות (1116)״ גימ׳ (2147) ״בטוב״ (19) פעמים ״באלף״ (113) היינו משה רבינו דאיקרי טוב- כאמרם (מנחות נג:) יבא טוב [משה] ויקבל טוב [תורה] מטוב [קוב״ה] לטובים [ישראל], וזכה לסוד אלף זעירא דויקרא בחינת כתר-מלכות כנגד ״אלף זעירא-אלף רבתי״ גימ׳ (1122) י״א פעמים ״אמונה״ (102) דהוא סוד משה רעיא מהימנא כדאיתא בספה״ק דשמיה ״משה״ בא״ת ב״ש סליק לחושבן (102) ״אמונה״. וזהו דפסוקא אחריתי הוא בספירת **מלכות**, דמשה בהסתלקותו חי ומשפיע בבני ישראל [כאמרם (ברכות יח:) צדיקים במיתתן קרויים חיים] ואף יותר מבחיי חיותו הגשמיים בהאי עלמא- וכאשר נוסיף להני ג׳ תיבין [משה עבדי מת] ב׳ השימוש- ר״ל מה טמון בהסתלקותו של משה- ״**ב**משה עבדי מת״ גימ׳ (528) ״אז ישיר״ [כדכתיב בשירת הים: אז ישיר משה ובני ישראל (שמות ט״ו,א׳) ודרשו חז״ל (סנהדרין צא:) שר לא נאמר אלא ישיר אותו לעתיד לבוא- מכאן לתחית המתים מן התורה] והוא רמז לגאולה השלמה דמשה הוא גואל ראשון והוא גואל אחרון, ועל דרך מה שאנו מתפללים (ביהי רצון לפני אמירת תהלים) כשם שאנו אומרים לפניך שירה בעולם הזה- כן נזכה לומר לפניך שירה לעולם הבא. וכעין זה מצינו בדברי רבותינו דגאולה דלעתיד לבוא תהיה מעין גאולת מצרים שנאמר כימי צאתך מארץ מצרים אראנו נפלאות (מיכה ז׳,ט״ו). והוא נמי חושבן (528) כ״ב פעמים כ״ד- ובאור הענין דאינון כ״ב אתוון דאורייתא קדישא דסליקו למהוי כ״ד קישוטי כלה [כדבארנו באריכות במקום אחר] והוא על ידי אדם דממית עצמו על לימוד התורה הקדושה כדכתיב (במדבר י״ט,י״ד) זאת התורה אדם כי ימות באהל- ומיהו האדם הלזה- משה רעיא מהימנא- דהשריש בנשמות כלל ישראל בכל הדורות הכח למסור נפשם בלימוד התורה הקדושה יממא ולילא למברי שמיא וארעא חדתין.

והנה **כל עשרת הפסוקים** דמזכיר בהם **מיתת משה** דמביא רבי יוחנן בסוף המדרש דאמרינן לעיל דהן בסוד י׳ ספירות וסדרנום לפי סדרם בתורה הקדושה [כדברי המהרז״ו בפירושו על המדרש הנ״ל] עולים בגימ׳ (46194) ו׳ פעמים ״והאבנים תהיין על שמות בני ישראל שתים עשרה על שמותם, פתוחי חותם איש על שמו תהיין לשני עשר שבט״ (7699) (שמות כ״ח,כ״א).

ובאורו דמשה רבינו גובהו י׳ אמין ומרמזים כללות קומת הבריאה כולה דכולה עשויה כדוגמת עשר ספירות בלימה, עשר ולא תשע עשר ולא אחד עשר- כמבואר בספר יצירה לאברהם אבינו עליו השלום. ומתמן ממשיך בסוד ו׳ קצוות לכולהו סיטרין: מזרח, מערב, צפון, דרום, מעלה ומטה בסוד תפארת ישראל- ולכן בכאן בא הרמז בכפילת ו׳ פעמים הפסוק שהבאנו, אמנם הפסוק עצמו גופא הנכפל ו׳ פעמים דהיינו ״והאבנים תהיין על שמות בני ישראל״ וכו׳ מרמז כללות בני ישראל י״ב שבטים בחינת מלכותא קדישא, והוא סוד ים של שלמה שעמד על י״ב בקר, ותמן אבני החשן י״ב אבנים כמנין שבטי ישראל משם רועה אבן ישראל (בראשית מ״ט,כ״ד), והחשן עשוי מאלו האבנים טובות וכדוגמת הסלע שנתבקש משה רבינו לדבר אליו ויצאו ממנו מים, וכדוגמת הכהן הגדול שהיו שואלים ממנו באורים ותומים כדכתיב ולפני אלעזר הכהן [שהיה כהן גדול] יעמוד ושאל לו במשפט האורים (במדבר כ״ז,כ״א) וכן בכאן היה צריך משה לדבר אל הסלע ולהוציא המים ותחת זאת הכה בסלע- ולכן נענש לא להיכנס לארץ ישראל ולמות בעבר הירדן מול **בית פעור** וכו׳ והוא לעומת זה דשבתי **בבית ה׳** (תהלים כ״ז,ד׳), ״בית פעור״ גימ׳ (768) ״אבן שתיה״ דאמרו חז״ל מדוע נקרא שמה אבן שתיה שממנה הושתת העולם- ובית פעור הוא בתכלית ההיפוך, דהם הכופרים והאפיקורסים דמכחישים אלהותו יתברך והשגחתו בעולם. ״בית ה׳״ גימ׳ (438) ״קרוב יום ה׳ הגדול״ (צפניה א,י״ד) דאז ידונו כל הרשעים במשפט כדממשיך שם ״מר צורח שם גבור״, ושניהם יחד: ״בית ה׳-בית פעור״ גימ׳ (1206) ב׳ פעמים ״בני ישראל״ (603) דעל ידי עסק התורה מוציאים בלעם דקלי׳ מפיהם ומחזירים מבית פעור אל הקדושה שבתי בבית ה׳ כל ימי חיי דאמרו דוד- אחת שאלתי מאת ה׳ ומפרט בקשות רבות- ועיין במדרש ששאלו השי״ת לדבר ואמר ממך למדתי מה ה׳ אלהיך שואל מעמך כי אם ליראה וכו׳ [ר״ל דבר אחד, וממשיך] ללכת בכל דרכיו וכו׳ ולאהבה וכו׳

ולעבוד את ה׳ אלהיך וכו׳ לשמור את כל מצוות ה׳ וכו׳ [הרי דברים רבים].

ובפסוקא דנן [והאבנים תהיין על שמות בני ישראל וכו׳] אינון י״ט (19) תיבין כמנין **חו״ה** וכמנין **איו״ב**- **חו״ה** דרצה משה רבינו לתקן חטא הקדמון דחוה- ברם לא עמדה זו להיכנס לארץ ישראל דחוה שינתה מציווי ה׳ [דהציווי לא תאכלו והיא הוסיפה ולא תגעו וכן בציווי כתיב ויצו הוי׳ אלהי״ם והיא הזכירה רק שם אלהי״ם] ואף הוא שינה ממה שציוהו הקב״ה לדבר אל הסלע- והוא הכה בו, וכן **איו״ב** [דמשה רבינו כתב ספר איוב] דביקש משה רבינו להיכנס לארץ ישראל אפילו אם יביא עליו יסורין כאיוב כמ״ש המגלה עמוקות במקום אחר. והשיב לו הקב״ה: רב לך- הוא תחלתו כעובד עבודה זרה ממש- ואינך כדאי להיות כמותו. ובארנו במקום אחר ״יסורין״ גימ׳ (336) ״פורים״ וכו׳ ואכמ״ל.

והנה כתיב (תהל׳ קט״ז,ט״ו) ״**יקר בעיני ה׳ המותה לחסידיו**״ וכתב המגלה עמוקות במקום אחר [מגלה עמוקות על ויקרא אופן י״ד] דקאי אעשרה הרוגי מלכות, ובכאן נדרש המותה לחסידיו י׳ פעמים כנגד י׳ פעמים דכתיב מיתת משה בתורה כנ״ל, ויש לדרשו בענין **י׳ פעמים יקר דכתיב במגילת אסתר** [כמבואר אצלנו במקום אחר] ונבארו כנגד י׳ פעמים מיתת משה, והוא בסוד אדם כי ימות באהל (במדבר י״ט,י״ד) דא משה דזכה להאי א׳ זעירא צורת יו״ד ויקר א׳ זעירא אל משה- והן בסוד י׳ ספירות- ברם באסתר בני י׳ יק״ר כתובים ב-ח׳ פסוקים [משום שבשני פסוקים אית ב׳ פעמים יקר] ונבאר הענין על סדר הפסוקים ולפי סדר הספירות מתתא לעילא:

[א] **מלכות: בְּהַרְאֹתוֹ אֶת עֹשֶׁר כְּבוֹד מַלְכוּתוֹ וְאֶת יְקָר תִּפְאֶרֶת גְּדוּלָּתוֹ יָמִים רַבִּים שְׁמוֹנִים וּמְאַת יוֹם** (אסתר א,ד) גימ׳ (5667) ועם הכולל (5668) ב״ן (52) פעמים ״דוד המלך״ (109) דמזכיר בפסוק מלכות בהדיא, וכן בחושבן שם ב״ן במלכות, ודוד מלכא משיחא בחינת לבנה [כמ״ש בזוהר הקדוש: דוד מלך ישראל חי וקים דא חידושא דסיהרא] מדתו במלכות. והוא נמי חושבן (5668) הוי׳ (26) פעמים ״ירח״ (218) וכפי שז״א משפיע במלכות לעתיד לבוא בסוד סיהרא באשלמותא, ולכן מזכיר בפסוק כבוד מלכותו [נוקבא] תפארת גדולתו [דכורא זעיר], ושניהם יחד ״כבוד מלכותו-תפארת גדולתו״ עולים גימ׳ (2064) כ״ד פעמים אלהי״ם (86), בסוד כ״ד קישוטי כלה כד סליקו ליחודא עם בעלה ז״א. ״מלכותו״ גימ׳ (502) ״ברוך מרדכי״ [כדאיתא בגמרא מגילה (ז:) חייב איניש לבסומי בפוריא עד דלא ידע בין ״ארור המן״ ל״ברוך מרדכי״ ויש מפרשים שלא ידע לחשב שהן באותה גימטריא (502)] והוא הארת יסוד אבא בוקעת כמבואר באר״י הקדוש, וממשיך אורה עד המלכות בסוד ״אבא יסד ברתא״ גימ׳ (681) ״וירד ה׳ על הר סיני״ (שמות י״ט,כ׳) דכתיב במעמד הר סיני כדפה עליהם הר כגיגית וקבלו עליהם התורה מיראה, ובפורים הדר קבלוה בימי אחשורוש מאהבה (שפת פח.) ומתחלק: ״אבא יסד״ גימ׳ (78) ג׳ פעמים שם הוי׳ ברוך הוא (26) בסוד ג׳ קוין- ״ברתא״ גימ׳ (603) ״בני ישראל״, וממילא הוא חושבן (681) ״עיני ישראל״- ב׳ תיבין דמסיימין התורה הקדושה ״**לעיני** כל **ישראל**״ ובארנוהו על פי מה שכתוב בספר יצירה נעוץ תחילתן בסופן וסופן בתחילתן- דתיבה אחריתי בפרש״י על התורה לעיני כל ישראל וכו׳- ישר כחך ״**ששברת**״ גימ׳ (1202) ״**בראשית ברא אלהים**״ [הרי תחלת התורה] בסוד שלמות תורה שכתב על ידי תורה שבעל פה, בסוד מיתוק ״מדת הדין״ גימ׳ (513) ״חתן כלה״. והנה ״מדת הדין״ בא״ת ב״ש בסוד אור חוזר (יקא צקמט) גימ׳ (350) ״בכבוד ויקר״ [דתרגום של כבוד הוא יקר] בסוד הגדלת כבודו יתברך בעולם כולו על ידי בעלי תשובה דמהפכים מדת הדין למדת הרחמים. והנה ״מדת הדין״ פשוט וא״ת ב״ש עם הכולל גימ׳ (864) ד׳ פעמים ״גבורה״ (216) בסוד איזהו גבור הכובש את יצרו [ועיין מה שכתבנו במקום אחר בענין איזהו גבור הכובש את יצרו].

[ב] **יסוד: וְנִשְׁמַע פִּתְגָם הַמֶּלֶךְ אֲשֶׁר יַעֲשֶׂה בְּכָל מַלְכוּתוֹ כִּי רַבָּה הִיא וְכָל הַנָּשִׁים יִתְּנוּ יְקָר לְבַעְלֵיהֶן לְמִגָּדוֹל וְעַד קָטָן** (אסתר א,כ) גימ׳ עם הכולל (4564) כ״ח פעמים ״ויהי ידיו אמונה״ (163) דאיתמר לגבי משה רבינו במלחמת עמלק- דעמלק זרק מילותיהן של ישראל כלפי שמיא, לאמר: חשבו נא על פי שכל והיגיון מצוה זו מה טעם יש בה וכן על זה הדרך בכל התורה כולה רח״ל, דעמלק היה אפיקורוס ומחקר גדול בסיטרא אחרא [כמבואר בספה״ק] בחינת חכמים המה להרע ולהיטיב לא ידעו (ירמי׳ ד׳,כ״ב) ומשה רבינו בכח אמונתו היה הלעומת זה הגמור, ולכן בא הרמז בכפילת כ״ח פעמים ויהי ידיו אמונה- פרש״י בתפלה- דישראל אין כחם [כ״ח] אלא בפה על ידי דיבורי התפלה [ויהי ידיו אמונה].

[ג] **הוד: וַיָּבוֹא הָמָן וַיֹּאמֶר לוֹ הַמֶּלֶךְ מַה לַּעֲשׂוֹת בָּאִישׁ אֲשֶׁר הַמֶּלֶךְ חָפֵץ בִּיקָרוֹ וַיֹּאמֶר הָמָן בְּלִבּוֹ לְמִי יַחְפֹּץ הַמֶּלֶךְ לַעֲשׂוֹת יְקָר יוֹתֵר מִמֶּנִּי** (אסתר ו,ו) גימ' (5391) י״א פעמים ״אור זרוע״ (490) עם הכולל [והוא פלא דבפרק שירה **צי״ה** אומרת **אור זרוע** לצדיק ולישרי לב שמחה- צי״ה נוטריקון צ' י״ה- י״ה גימ' (15) הו״ד- וכאן בא הרמז במכוון בזה הפסוק בספירת הוד] והוא לקביל י״א כתרין דמסאבותא דכל חפצם לשנות אותיות יק״ר לאותיות קר״י [כפרש״י אשר קרך בדרך (דברים כ״ה,י״ח) מלשון קרי וטומאה] רח״ל, אבל אנו חפצנו באור זרוע לצדיק סופי תיבות קר״ע היינו קר״ע שט״ן דשם מ״ב דאנא בכח, דלא יהא ח״ו בבחינת והודי [מדת ההוד] נהפך עלי למשחית (דניאל י׳,ח׳) ולכן בא הרמז בכפילת י״א פעמים ״אור זרוע״ כנגד י״א הקלי׳ בחינת הארת אור הגוז בהוד שמאירה בחנוכה [כמבואר בספה״ק פורים בנצח וחנוכה בהוד] ואז יכלו בדרך ממילא י״א כתרין דמסאבותא.

[ד] **נצח: וַיָּבוֹא הָמָן וַיֹּאמֶר לוֹ הַמֶּלֶךְ מַה לַּעֲשׂוֹת בָּאִישׁ אֲשֶׁר הַמֶּלֶךְ חָפֵץ בִּיקָרוֹ וַיֹּאמֶר הָמָן בְּלִבּוֹ לְמִי יַחְפֹּץ הַמֶּלֶךְ לַעֲשׂוֹת יְקָר יוֹתֵר מִמֶּנִּי** (אסתר ו,ו) גימ' (5391) ועם הכולל (5392) אי״ה (16) פעמים ״פורים״ (336) עם הכולל (337) דפורים בנצח בחינת תחית המתים לעתיד לבא, וכפילת אי״ה פעמים בסוד הארת אור הגנוז דרך כתר (א') חכמה (י') בינה (ה') כדוגמת הארה דמעמד הר סיני דעל כל דיבור ודיבור פרחה נשמתן והחיה אותן הקב״ה בטל תחיה, ומהאי טעמא הוא נמי חושבן (5392) אי״ה (16) פעמים ״בהר סיני״ (337) [כדמסיים ספר ויקרא: אלה המצות אשר צוה ה' את משה אל בני ישראל **בהר סיני**].

והנה הן **ב' פעמים יקר בפסוק אחד** (אסתר ו',ו') כנגד נצח והוד- וטעם הדבר דנצח והוד תרין שוקין (פתח אליהו תיקוני זוהר יז:) בחינת ב' רגלין דאזלין כחדא ושריין כחדא [כדאיתא בכמה דוכתי בזוה״ק] וכדוגמת משה ואהרן [נצח והוד] דכתיב בהו הוא משה ואהרן וכו' הוא אהרן ומשה (שמות ו',כ״ו) הא למדת דשניהם שקולים כדאיתא במדרש. ובכאן תיבין ״ביקרו - יקר״ סליקו לחושבן (628) ״ברכות״ כדכתיב ״ברכות לראש צדיק״ (משלי י',ו'), והמן הרשע שאל [בתמיה] ״למי יחפץ המלך לעשות יקר יותר ממני״ גימ' (2235) ג' פעמים ״**מ**בין **ש**ני **ה**כרובים״ ראשי תיבות מש״ה [כמ״ש המגלה עמוקות בפירושו על אלף זעירא דויקרא אופן ס'] ואמרו חז״ל (אסתר רבה ב,ה) מרדכי בדורו כמשה בדורו- ומרדכי הצדיק זכה לגדולה בחינת ככה יעשה לאיש אשר המלך [דא מלכו של עולם כמבואר בספה״ק דבמגילת אסתר לא נזכר אפילו שם הוי' ברוך הוא אלא שבסוד הדבר כל מקום שכתוב המלך מרמז למלך מלכי המלכים הקב״ה] חפץ ביקרו, ככ״ה נוטריקון **כ**תר **כ**ל **ה**כתרים, וחזר מרדכי מיד לפשיטותו ותמימותו הקודמים כדכתיב ״וישב מרדכי אל שער המלך״ (אסתר ו',י״ב) גימ' (1288) ב' פעמים ״אברהם יצחק ויעקב״ (644) כלומר שב לעסוק בתורה הקדושה ובתפלה כאילו שלא קרה דבר ולא נשאו לבו להתגאות, וזהו ״וישב״ גימ' (318) ״ביקרו״ כדכתיב ״ככה יעשה לאיש אשר המלך חפץ ביקרו״ גימ' (1863) ג' פעמים ״כתרא״ (621) כדאמרינן ״וישב״ גימ' ״ביקרו״, וכן ״וישב מרדכי אל״ גימ' (621) ״כתרא״. וזהו דהתחנן משה רבינו להיכנס לארץ ישראל ולהמשיך תמן הארת יסוד אבא עטרת מרדכי למלכותא קדישא, ולקצר הגלויותתת והיסורים מעל בני ישראל, ואמר לו השי״ת: רב לך- זוהי דרך קצרה ארוכה, וקיימא לן דרך ארוכה קצרה עדיפא, וזהו: ״ככה יעשה לאיש אשר המלך חפץ״ גימ' (1545) ג' פעמים ״ואתחנן״ (515).

[ה] **תפארת: וַיֹּאמֶר הַמֶּלֶךְ מַה נַּעֲשָׂה יְקָר וּגְדוּלָּה לְמָרְדֳּכַי עַל זֶה וַיֹּאמְרוּ נַעֲרֵי הַמֶּלֶךְ מְשָׁרְתָיו לֹא נַעֲשָׂה עִמּוֹ דָּבָר** (אסתר ו,ג) גימ' (4024) ד' פעמים ״ישראל״ פשוט (541) וא״ת ב״ש (465) (1006) כדכתיב ויאמר לי עבדי אתה **ישראל** אשר בך **אתפאר** (ישעי' מ״ט,ג') לקביל ספירת התפארת. ״לא נעשה עמו דבר״ גימ' (778) ב' פעמים ״אלף זערא״ (389) בחינת ישראל שממעטין את עצמן לפני, ואיך לא אשא להם פנים כדאיתא במדרש.

[ו] **גבורה: וַיֹּאמֶר הָמָן אֶל הַמֶּלֶךְ אִישׁ אֲשֶׁר הַמֶּלֶךְ חָפֵץ בִּיקָרוֹ** (אסתר ו,ז) גימ' (1881) ט' פעמים ״יד על כס י-ה״ (209) כדכתיב במלחמת עמלק (שומת י״ז,ט״ז) ״ויאמר כי יד על כס י-ה״ וממשיך ״מלחמה לה' בעמלק מדר דר״ בחינת גבורותו יתברך יכלה בעמלק וסיטרא אחרא לזיניהון, והוא נמי חושבן (1881) ט' פעמים ״בורא״ (209) כדכתיב בראשית ברא אלהי״ם דהוא שם הגבורה, ואמרו חז״ל בעשרה מאמרות נברא העולם (אבות פ״ה,מ״א) ואינן אלא תשעה- אלא בראשית נמי מאמר הוא כדאיתא בגמרא (מגילה כא:).

[ז] **חסד: וַיִּקַּח הָמָן אֶת הַלְּבוּשׁ וְאֶת הַסּוּס וַיַּלְבֵּשׁ אֶת מָרְדֳּכָי וַיַּרְכִּיבֵהוּ בִּרְחוֹב הָעִיר וַיִּקְרָא לְפָנָיו כָּכָה יֵעָשֶׂה לָאִישׁ אֲשֶׁר הַמֶּלֶךְ חָפֵץ בִּיקָרוֹ** (אסתר ו,יא) גימ׳ (5642) ז׳ פעמים "אברהם שמע בקולי" והוא התכללות יעקב באברהם- דאמרו חז"ל כי ביצחק יקרא לך זרע (בראשית כ"א,י"ב) ביצחק ולא כל יצחק וזהו יעקב, וכתיב תתן אמת ליקב חסד לאברהם (סוף ספר מיכה), וזהו דכפלינן ז׳ פעמים "אברהם שמע בקולי" בחינת חסד דאברהם אבינו דאזיל בכולהו יומין- **אברהם** כתיב בהדיא **ושמע בקולי** כתיב ביעקב דאמרה לו רחל "ועתה **שמע בקולי** לאשר אני מצוה אותך" (בראשית כ"ז,ח׳) ועל ידי זה נתגלגל הדבר וברך יצחק את עשו וקיים הבטחת הקב"ה לאברהם: כי ביצחק יקרא לך זרע כנ"ל.

והוא חושבן (5642) הוי׳ (26) פעמים "עבד נאמן" (217) דקאי אמשה כי **עבד נאמן** קראת לו (מנחה לשבת) והיכן קראו עבד נאמן- לא כן **עבדי** משה בכל ביתי **נאמן** הוא (במדבר י"ב,ז׳). ובכאן קאי אמרדכי דאמרו חז"ל מרדכי בדורו כמשה בדורו- דהמן מכר עצמו למרדכי לעבד כדאיתא בגמרא (מגילה טז.) שאמר לו מרדכי: רשע, עבד שקנה נכסים- עבד למי ונכסים למי עיין שם- וגלגל הקב"ה דהוא דייקא הרכיב את מרדכי על הסוס ברחובות העיר, ולבסוף תלו אותו על העץ אשר הכין לו- לעצמו. והנה אמרו חז"ל (חולין קלט:) המן מן התורה מנין? שנאמר **המן** העץ אשר צויתיך לבלתי אכל ממנו אכלת (בראשית ג׳,י"א) רמז דהמן הוא הנחש כדכתיב "משרש נחש יצא צפע" (ישעי׳ י"ד,כ"ט) צפ"ע גימ׳ (240) עמל"ק- והוא המן הרשע מזרעו של עמלק כדאמרינן בקרוב"ץ [ראשי תיבות **ק**ול **ר**נה **ו**ישועה **ב**אהלי **צ**דיקים (תהל׳ קי"ח,ט"ו)] לפורים: בקום עלינו אדם רשע, נצר זדון מזרע עמלק. ובא על עונשו דתלו אותו ואת עשרת בניו על העץ הקדמוני אף ברוחניות, והוא סוד י"א כתרין דמסאבותא [עיין בספר בני יששכר שער פורים].

[ח] **בינה: וְנָתוֹן הַלְּבוּשׁ וְהַסּוּס עַל יַד אִישׁ מִשָּׂרֵי הַמֶּלֶךְ הַפַּרְתְּמִים וְהִלְבִּישׁוּ אֶת הָאִישׁ אֲשֶׁר הַמֶּלֶךְ חָפֵץ בִּיקָרוֹ וְהִרְכִּיבֻהוּ עַל הַסּוּס בִּרְחוֹב הָעִיר וְקָרְאוּ לְפָנָיו כָּכָה יֵעָשֶׂה לָאִישׁ אֲשֶׁר הַמֶּלֶךְ חָפֵץ בִּיקָרוֹ** (אסתר ו,ט) גימ׳ (8345) ועם הכולל (8346) ו׳ פעמים "אלף (1000) יהושע (391)" (1391) דאמרו חז"ל (בבא בתרא עה.) זקנים שבאותו הדור היו אומרים: פני משה כפני חמה, ופני יהושע כפני לבנה- אוי לה לאותה ושה, אולי לה לאותה כלימה עיין שם בסוגיא. ויש לבאר דפני משה כפני חמה בחינת חכמה, ופני יהושע כפני לבנה בחינת בינה- ובא הרמז בכפילת ו׳ פעמים [בסוד משה רבינו שהוא עמודא דאמצעיתא] "אלף יהושע"- בסוד חכמה כדכתיב החרש **ואאלפך** [מלשון אלף] **חכמה** (איוב ל"ג,ל"ג) ובינה רמז **ליהושע** בן נון בן נו"ן שערי **בינה**- בחינת שם מ"ה דב"ן- וזהו דחכמה ובינה תרין רעין דלא מתפשרים לעלמין- ומעתה יובן כפילת ו׳ פעמים אלף [חכמה] יהושע [בינה]. ובכאן ענין "נתון הלבוש והסוס" דבינה לבוש לחכמה בסוד בית רבתי דבראשית, וחכמה נקודה בהיכלא בתוך האי בית [ועיין מה שבארנו במקום אחר בענין נקודה בהיכלא].

[ט] **חכמה: וְנָתוֹן הַלְּבוּשׁ וְהַסּוּס עַל יַד אִישׁ מִשָּׂרֵי הַמֶּלֶךְ הַפַּרְתְּמִים וְהִלְבִּישׁוּ אֶת הָאִישׁ אֲשֶׁר הַמֶּלֶךְ חָפֵץ בִּיקָרוֹ וְהִרְכִּיבֻהוּ עַל הַסּוּס בִּרְחוֹב הָעִיר וְקָרְאוּ לְפָנָיו כָּכָה יֵעָשֶׂה לָאִישׁ אֲשֶׁר הַמֶּלֶךְ חָפֵץ בִּיקָרוֹ** (אסתר ו,ט) גימ׳ (8345) ו׳ פעמים "החרישו ממני ואדברה אני, ויעבר עלי מה" (1391) (איוב י"ג,י"ג), והוא חושבן (1391) אלף יהושע דאמרינן לעיל בספירת בינה- דהוא פסוק המשותף לחכמה ובינה- דהן תרין רעין דלא מתפרשין לעלמין כנ"ל. והוא נפלא דפסוקא דנן סליק לחושבן [בתוספת הכולל דמרמז להאי אלף זעירא דויקרא בחינת אלופו של עולם] (8346) ו׳ פעמים "חכמתכם ובינתכם לעיני העמים" (1391) [ומפורש בפסוק **חכמתכם**-חכמה **ובינתכם**-בינה] (דברים ד׳,ו׳) ודרשו חז"ל (שבת עה.) איזוהי חכמה שהיא לעיני העמים- הוי אומר זה חישוב תקופות ומזלות- והרי בחושבן פסוקא רמיזין חכמה ובינה.

וכולא פסוקא: "ושמרתם ועשיתם כי הוא חכמתכם ובינתכם לעיני העמים, אשר ישמעון את כל החקים האלה, ואמרו רק עם חכם ונבון הגוי הגדול הזה" סליק לחושבן (5811) י"ג פעמים "ואמת" (447) עם הכולל- כדכתיב ב-י"ג מידות הרחמים (שמות ל"ד,ו׳) "ורב חסד ואמת" והוא בחינת המשכת י"ג מכילן דרחמי דרך חכמה ובינה- דכתיב בהדיא חכמתכם ובינתכם לזעיר ואמת עמודא דאמצעיתא [תתן אמת ליעקב] ומתמן להאי עלמא.

והנה יש לקשר החריש"ו לספירת החכמה כאמרם [אבות פ"ג,מי"ג) **סיג לחכמה שתיקה** "סיג" גימ׳ (73) "חכמה" ונבארו בסמוך. והנה מצינו

במקרא ד' פסוקים [ג' בספר איוב ו-א' בספר משלי] בהם שרש חר"ש [דהיינו שתיקה] מביא לחכמה [ונרמז בפסוק "**חרש חכם** יבקש לו" (ישעי' מ',כ') אע"פ שהכונה שם לחרש וצורף מכל מקום שרש אחד לשניהם] ונבאר דכל אחד מרמז אות אחת משם הוי' ברוך הוא:

א'. "אם אין אתה שמע לי **החרש** ואאלפך **חכמה**" (איוב ל"ג,ל"ג) לקביל **י'** דשם היינו **חכמה** [כדאיתא בזוה"ק י' על שם החכמה] כדכתיב בהדיא, וסליק לחושבן (1682) ב' פעמים "בני בכורי ישראל" (841) (שמות ד',כ"ב) בכור בחכמה, וכפלינן ב' פעמים לקביל בני א' בכורי ב'- דהן ב' בחינות ב"ן.

ב'. "**החרישו** ממני ואדברה אני, ויעבר עלי מה" (איוב י"ג,י"ג) גימ' (1391) "חכמתכם **ובינתכם** לעיני העמים" כנ"ל לקביל **בינה- ה'** עילאה דשם הוי' ברוך הוא.

ג'. "מי יתן **החרש תחרישון**, ותהי לכם **לחכמה**" (איוב י"ג,ה') גימ' (2611) ז' פעמים "אור פני ה'" (373) לקביל **תפארת** תמן מתגלים י"ג תיקונין יקירין דדיקנא דעתיקא קדישא ונפוצים ל-ד' סיטרין: ו' קצוות (ו"ק) ומלכות, ולכן בא הרמז בכפילת ז' פעמים, דעיקר הוא המשכה במלכות לצורך הנבראים דאמרו חז"ל לא המדרש עיקר אלא המעשה וכן אמרו (קדושין מ:) נמנו וגמרו גדול תלמוד שמביא לידי מעשה- והוא לקביל **ו'** דשם.

ד'. "גם אויל **מחריש חכם** יחשב, אוטם שפתיו נבון" (משלי י"ז,כ"ח) (1990) י' פעמים "צדקה" (199) והוא בספירת **המלכות- ה'** תתאה דשם הוי' ברוך הוא- כדאיתא בזוה"ק מלכותא איקרי צדק, וכד יהיב לה זעיר איקרי צדקה, וכגון נקרא לנער ונשאלה את פיה [נער חסר כתיב] (בראשית כ"ד,נ"ז) ולאחר נישואיה ליצחק איקרי נערה, ואיקרי רבקה עם ה' בסופה, היינו ה' תתאה דשמא קדישא [רבק-ה], אמנם "רבקה" גימ' (307) "מי מריבה" [כדכתיב המה **מי מריבה** אשר רבו בני ישראל את ה' ויקדש בם (במדבר כ',י"ג)] בחינת "ויתרוצצו הבנים בקרבה" [פרש"י **מריבין** זה עם זה על נחלת שני עולמים לשון מריבה] גימ' (1218) ו' פעמים "ברא" (203) והוא צירוף בראשי"ת שי"ת [שית היינו ו' פעמים] בר"א, וכדממשיך (שם) ולאם מלאם יאמץ, ודרשו חז"ל כשזה קם זה נופל, וכן קרב"ה אתוון מרבק"ה בחינת מ"י מריב"ה כנ"ל, ובגלל צרתם של בני ישראל במדבר דלא היה להם מים לשתות אבדה אמונתם במשה רבינו ולחצוהו להכות בסלע פעמיים.

והנה כתיב "מלה בסלע משתוקא בתרין" (מגילה יח.) גימ' (1746) ח"י (18) פעמים "מהיטבאל" (97) דמשה רבינו איהו צדיק ח"י עלמין, **ומשה** הוא מלך השמיני **הדר** דלא כתיב ביה מיתה (בראשית ל"ו,ל"ט) [כמבואר באריכות בספר בית עולמים] וכדאיתא בזוה"ק משה לא מית, אלא אתכניש לעילא ואנהיר לסיהרא מתמן- "משה לא מית" גימ' (826) "עלית למרום" (תהל' ס"ח,י"ט) וזהו דמבאר הזוה"ק דמשה רבינו לא מת אלא עלה למרום כדוגמת אליהו (זהו פנחס) וחנוך (זהו מטטרו"ן) שלא מתו אלא עלו בגופם השמימה, וממשיך "שבית שבי" [ובארנוהו במקום אחר בסוד אחוריים: "שבית שבי שב ש"]. והנה הוכחנו דמלך השמיני הדר זהו משה, ואם כן אשתו **מהיטבאל** היא **ציפורה** [כמפורש בהדיא בספר בית עולמים שם]. והנה "צפורה-מהיטבאל" גימ' (478) "לא אמות" כדאמר דוד (תהל' קי"ח,י"ז) לא אמות כי אחיה ואספר מעשי י"ה, "משה-הדר" גימ' (554) "מחיה מתים" עם הכולל- וכאמרם אז ישיר משה (שמות ט"ו,א') שר לא נאמר אלא ישיר מכאן לתחית המתים מן התורה- והכל רומז לדברי הזוה"ק הנ"ל משה לא מית, אלא אתכניש לעילא, ועתיד לקום בתחית המתים בראש כל דור המדבר. וארבעת השמות יחד: "משה הדר-צפורה מהיטבאל" גימ' (1032) "צדק ושלום נשקו" (תהל' פ"ה,י"א) דמשה רבינו בחינת שלום, וכדהבאנו מהזוה"ק משה לא מית- "משה לא" גימ' (376) "שלום", וציפורה בחינת מלכותא קדישא דאיקרי צדק כנ"ל.

והן בכללות בחינת מלה בסלע [משה] משתוקא בתרין [צפורה] דמלכותא קדישא לית לה מגרמה כלום אלא מאי דיהיב לה בעלה, ולכן צוה הקב"ה למשה לדבר אל הסלע [בחינת מלה בסלע] והוא הכה בסלע פעמיים [בחינת משתוקא בתרין]. והנה "מלה בסלע-משה" גימ' (582) "יסוד ומלכות"- בחינת המשכת השפע מן הצדיק [משה] אל הסלע [מלכות] באופן של דיבור- דרכיה דרכי נועם דבעל צריך לפייס אשתו בדברים כאמרם (בבא מציעא נט.) איתתך גוצא גחין ותלחוש לה. "משתוקא בתרין-צפורה" גימ' (1890) ה' פעמים "בשלום" (378) כדמסיימינן לצלותא המברך את עמו ישראל בשלום- דהוא יחוד היסודות כנודע- וכפילת ה' פעמים רומזת דנותן לה ה' למהוי מן צד"ק צדק"ה. וזהו "מלה בסלע-משה, משתוקא בתרין-צפורה"

עם ד' תיבין סליק לחושבן (2476) "שמע ישראל ה' אלהינו ה' אחד - ברוך שם כבוד מלכותו לעולם ועד"- דהוא יחודא שלים דדעת עליון [משה] ודעת תחתון [צפורה] וראה משה רבינו דלא שייך באותו העת יחוד כזה, ולכן פירש מן האישה- והסכים הקב"ה עמו- ובכאן הכה בסלע פעמיים בחינת לעתיד לבוא האלף השביעי שבת קודש דכל מעשיה כפולין [וכלשון המדרש כל עיסקא דשבת כפול] ורצה להמשיך יחודא שלים כנ"ל, דאם היה בוחר לדבר אל הסלע בלבד- היה זה בבחינת יחודא עילאה אך לא היה ממשיכו לתתא- אבל על ידי הכאתו בסלע המשיך יחודא תתאה [ומסתמא דיבר אל הסלע אלא שמתוך הכאתו לא ניכר דיבורו ולכן כתיב הכאה בלבד ונחשב שלא קידש שמו יתברך כפרש"י, ועיין אריכות דבריו הקדושים של האור החיים שם] ורצה משה בהכאה זו להמשיך אור אינסוף על ידי בקיעת המלכות ולהביא גאולה שלמה לעולם, כדוגמת מה שנטה מטהו בקריעת ים סוף ונבקעו המים כדכתיב "**ויבקעו המים**" (שמות י"ד,כ"א) גימ' (289) "**א' זעירא**" [ובארנוהו במקום אחר בהרחבה] וכן בכאן רצה לבקוע הסלע- דהוא המלכות כנ"ל- ולהמשיך אור אינסוף מאצילות לבי"ע דהמלכות מקבלת האור אינסוף בצמצומים דרך ט' ספיראן קדישין ומעבירתן לבי"ע באופן של שינוי מהות, ועל ידי בקיעת המלכות נמשך אור האינסוף, ונשלמת התכלית בחינת אחישנה [כדכתיב בגאולה (ישעי' ס' כ"ב) אני ה' בעתה אחישנה- ודרשו חז"ל זכו אחישנה לא זכו בעתה], אלא שבכאן לא הסכימה דעת המקום לדעתו וממילא נענש.

וזהו דראשי תיבות הפסוק (במדבר כ',י"א) "**ו**ירם משה **א**ת ידו **ו**יך **א**ת **ה**סלע **ב**מטהו **פ**עמים, **ו**יצאו מים **ר**בים **ו**תשת **ה**עדה **ו**בעירם" סליקו לחושבן (414) "אור אינסוף". והפסוק כולו סליק לחושבן (3899) ז' פעמים "דברי הפורים" (557) [כדכתיב (אסתר ט',ל"ב) ומאמר אסתר קים **דברי הפורים** האלה ונכתב בספר] בחינת המשכה דמלכות אור אינסוף בדרך בקיעה דיעבור עד לבי"ע ויביא לתחית המתים כדוגמת נס פורים ונהפוך הוא. ברם סופי תיבות הפסוק [בסוד סוף דבר הכל נשמע (סוף ספר קהלת)] סליקו לחושבן (1518) ב' פעמים "עלה ראש הפסגה" בחינת עלית משה רבינו למדרגת "רישא דלא אתידע" גימ' (1031) "ויהי אחר מות משה" (תחלת ספר יהושע) דכל שינוי מעולם לעולם איקרי מיתה- ואית מיתה לתתא- בחינת ירידה להאי עלמא שפילא- אדם כי ימות באהל (במדבר י"ט,י"ד), ואית מיתה לעילא עליה לעולמות העליונים- ונותן טעם לדברי חז"ל בזוה"ק משה לא מית כנ"ל דאסתלק לעילא בחינת יקר בעיני ה' המותה לחסידיו (תהל' קט"ז,ט"ו) ולכן הן י' מיתות דכתיבי במשה, ו-י' פעמים יקר דכתיבי במגילת אסתר- דקאי אמשה- דאמרו חז"ל מרדכי בדורו כמשה בדורו. והני סופי תיבין סליקו לחושבן ב' פעמים "עלה ראש הפסגה" כנ"ל, וכפלינן ב' פעמים לרמז ב' בחינות: **א'**. בחינת מיתת משה ד-י' מיתות כתיבי ביה, **ב'**. בחינת י' פעמים יקר דכתיב במגילת "אסתר" גימ' (661) "האיש משה", בחינת "יקר בעיני ה'" גימ' (478) "צפורה מהיטבאל" והוא חושבן (478) "לא אמות" כמדובר לעיל. "המותה לחסידיו" גימ' (584) "אור הלבנה כאור החמה" (ישעי' ל',כ"ו) כדאמר ליה קוב"ה למשה: וצו את יהושע וחזקהו ואמצהו- דכניסתו לארץ ישראל תחשב כאילו נכנסת אתה בגופך ממש. וזהו דמשה רבינו הכה בסלע פעמיים בחינת משתוקא בתרין "משתוקא" גימ' (847) ב' פעמים "ימי המשיח" (423) עם הכולל- בחינת תרין משיחין דרצה משה רבינו להמשיך בחדא מחתא, ולא הסכימה דעת המקום ברוך הוא לדעתו, כדכתיב המה מי מריבה (במדבר כ',י"ג) בחינת מריבה דערך עמו כביכול קוב"ה בענין כניסתו לארץ ישראל, ולכן חושבן הני ד' פסוקין עם שרש חר"ש המביא לחכמה בסוד סיג לחכמה שתיקה דבארנו לעיל דהן לקביל שמא קדישא י-ה-ו-ה: ג' באיוב לקביל י-ה-ו, ו-א' במשלי בחינת ה' תתאה מלכותא קדישא, דממשיכה אור אינסוף לנבראים בשינוי מהות בחינת משל, דהיינו:

א'. "אם אין אתה שמע לי **החרש** ואאלפך **חכמה**" (איוב ל"ג,ל"ג) (1682)

ב'. "**החרישו** ממני ואדברה אני, ויעבר עלי מה" (איוב י"ג,י"ג) (1391)

ג'. "מי יתן **החרש תחרישון**, ותהי לכם **לחכמה**" (איוב י"ג,ה') (2611)

ד'. "גם אויל **מחריש חכם** יחשב, אוטם שפתיו נבון" (משלי י"ז,כ"ח) (1990)

סליקו כולהו לחושבן (7674) כ"ה (25) פעמים "מי מריבה" (307) כ"ה היא השכינה הקדושה בחינת כ"ה תברכו את בני ישראל (במדבר ו',כ"ג), ונרמז בכפילת מי מריבה דלא הסכימה דעת המקום ברוך הוא לדעתו דהכה בסלע פעמיים בחינת משתוקא בתרין כנ"ל [דהיה צריך לדבר ובמקום זאת שתק

והכה בסלע פעמיים] וסבר משה דלו נאה להיכנס דזכה להשיג האי אלף זעירא בסוד מלכות לכי ומעטי את עצמך (חולין ס:) ומשה רבינו אָיקרי טוב [כדכתיב "ותרא אותו כי טוב הוא" (שמות ב׳,ב׳) ודרשו חז"ל שנתמלא כל הבית אורה כדכתיב במעשה בראשית וירא אלהים את האור כי טוב (בראשית א׳,ד׳)] רצה להמשיך הטוב לישראל בחינת מה רב טובך אשר צפנת ליראיך (תהל׳ ל"א,כ׳) ולכן "טוב הוא (29) אלף זעירא (399)" גימ׳ (428) "משה נביאך" כדאמרינן קודם קרבנות: אתה הוא ה׳ אלהינו וכו׳ כאשר צוית אותם על יד **משה נביאך** ככתוב בתורתך וכו׳. והנה כאשר נוסיף פסוקא דהכאת משה בסלע (במדבר כ׳,י"א) "וירם משה את ידו ויך את הסלע במטהו פעמים, ויצאו מים רבים ותשת העדה ובעירם" (3899) לחושבן ד׳ הפסוקים הנ"ל דבהם שרש חר"ש המביא לחכמ"ה כנ"ל (7674) סליקו הני ה׳ פסוקין לחושבן (11573) "טוב הוא" (29) פעמים "אלף זעירא" (399) עם ב׳ הכוללים- ואמר ליה השי"ת: ר"ב ל"ך- מה רב טובך אשר צפנת ליראיך (תהל׳ ל"א,כ׳) ר"ל לך היא נתונה מעתה- בחינת "זכה נעשה לו סם חיים" גימ׳ (661) "האיש משה"- אבל לא לבני ישראל דחטאו בעגל וירא העם כי בושש משה וכו׳ (שמות ל"ב,א׳) בחינת (אבות פ"ג,מי"ג) "שחוק וקלות ראש מרגילין לערוה" גימ׳ (2111) חו"ה (19) פעמים אל"ף (111) עם הכולל- ובאור הענין: דחוה חטאה והחטיאה בעריות [כדאיתא בספה"ק דבא ס"מ על חוה והטיל בה זוהמא] וכן בני ישראל בעגל [כדכתיב בחטא העגל ויקומו לצחק (שמות ל"ב,ו׳) פרש"י לשון גילוי עריות כמ"ש בא אלי העבד העברי אשר הבאת לנו לצחק בי (בראשית ל"ט,י"ז)], והאי מימרא באבות משמיה דרבי עקיבא דכתב המגלה עמוקות במקום אחר "רבי עקיבה" גימ׳ (399) "אלף זעירא", ובכאן: "מסורת סיג לתורה, מעשות סיג לעשר, נדרים סיג לפרישות, סיג לחכמה שתיקה" והן ד׳ סייגים כולן מבחינת חכמה בחינת צירוף והה"י: "מסורת (706) מעשרות (1016=ברית קדש) נדרים (304) שתיקה (815)" גימ׳ (2841) ג׳ פעמים "בשש משה" (947) (שמות ל"ב,א׳). ומאי דנפקא מנייהו דהיינו: "תורה (611) עשר (570) פרישות (996) חכמה (73)" סליקו לחשובן (2250) ו׳ פעמים "למשה" (375) כאמרם כל מה שתלמיד ותיק עתיד לחדש כבר ניתן **למשה** מסיני. וכאשר נחבר כולם יחד סליקו כולהו לחושבן (5091) י׳ פעמים "ביום ההוא יהיה ה׳ אחד ושמו אחד" (509) עם הכולל (זכרי׳ י"ד,ט׳), ויחד עם פתיחת המשנה "שחוק וקלות ראש מרגילין לערוה" (2111) סליקו לחושבן (7202) הוי׳ (26) פעמים "זרע" (277) כדכתיב בגאולה לגבי בני ישראל כל רואיהם יכירום כי הם **זרע ברך הוי׳** (ישעי׳ ס"א,ט׳) וכן מסיים מגילת אסתר בענין מרדכי ודובר שלום לכל זרעו בחינת זרע ברך הוי׳ כנ"ל. וכל זה רמוז שעל ידי שמירת הברית קודש בתכלית זוכין לגאולה השלמה.

[י׳] **כתר: לַיְּהוּדִים הָיְתָה אוֹרָה וְשִׂמְחָה וְשָׂשֹׂן וִיקָר** (אסתר ח,טז) גימ׳ (2068) י"א פעמים "יחפץ" (188) בחינת י׳ חפ"ץ- דהשי"ת חפצו ביהוד"י שנקרא על שם ה-י׳ חכמה קדומה כאמרם דישראל עלה במחשבה לפני כל דבר, ובא הרמז בכפילת י"א פעמים כנגד י"א כתרין דמסאבותא בסוד המן ועשרת בניו [כמבואר בספר בני יששכר שער פורים] כתר בסוד אמונה-תענוג-רצון, וכולהו בכתר:

"**אורה**" היינו אור-ה׳, ה׳ פעמים אור דיום א׳ דמעשה בראשית גימ׳ (1035) ג׳ פעמים "משה" (345) דבלידתו נתמלא כל הבית אור"ה (כפרש"י ומקורו בשמות רבה פרשת שמות א,כב).

"**ושמחה**" גימ׳ (359) "משיחא" דקאי אמשה רבינו דהוא גואל ראשון והוא גואל אחרון [כמ"ש האור החיים פרשת ויחי ד"ה אוסרי לגפן] "אורה ושמחה" גימ׳ (571) "לישראל" כדאמרינן בזמירות לשבת יום זה **לישראל אורה ושמחה** שבת מנוחה.

"**וששן**" גימ׳ (656) "הקדוש ברוך הוא" עם הכולל- ואמרו חז"ל (מגילה טז:) ששון זו מילה- וחזינן חשיבות שמירת הברית קודש. "אורה ושמחה וששן" גימ׳ (1227) "אלף (1000) ברכה (227)" כדאמר משה רבינו לבני ישראל: "ה׳ אלהי אבותיכם יוסף [רמז למדתו של יוסף הצדיק שמירת הברית קודש שבזה תלוי כל המשכת הברכות] עליכם ככם **אלף** פעמים, ויברך אתכם כאשר דבר לכם" ואמרו לו בני ישראל וכי קצבה אתה שם לברכותיך? ואמר להם: אלו- משלי, אבל הוא [הקב"ה] יברך אתכם כאשר דבר לכם. ובמקום אחר בארנו דאותן אלף ברכות שנותן לישראל [בחינת אינסוף] הן הן אלף אורות דזכה להן במעמד הר סיני- ונותנן לישראל בכל שבת קודש בסוד ישמח משה במתנת חלקו (מנחה לשבת) כמבואר בכתבי האר"י הקדוש.

"**ויקר**" גימ׳ (317) "מה טובו אהליך יעקב"

(במדבר כ"ד,ה') בחינת כתר עליון כדכתיב מה רב טובך אשר צפנת [גימ' (620) כתר] ליראיך (תהל' ל"א,כ').

וארבעתם יחד: "**אורה ושמחה וששן ויקר**" גימ' (1543) "אלף (1000) בישראל (543)" והוא סוד אלף זעירא הארת הכתר דהשריש משה רבינו בנשמות בני ישראל ב-ה' בחינות נרנח"י דכללות הקומה בחינת אור"ה ה' אור. וזהו דתחלת הפסוק "ליהודים היתה" גימ' (525) ה' פעמים "ליהודים" (105) א' כתיב בהדיא, ונמשך דתיבה "היתה" עולה בגימ' (420) ד' פעמים "ליהודים"- בסוד ד' אתוון דשמא קדישא הוי' ברוך הוא- עם "קוצא דאות י'" גימ' (616) "התורה"- וכמו שפירשו חז"ל אורה זו תורה, וכתב בעל הטורים (בתחלת התורה) את האור גימ' בתור"ה כלומר דקוב"ה גנז את האור אינסוף דיליה באורייתא קדישא כדכתיב כי נר מצוה ותורה אור (משלי ו',כ"ג) וכתיב טעמו וראו כי טוב ה' (תהל' ל"ד,ט') בחינת וירא אלהים את האור כי טוב (בראשית א',ד') וכתיב ומתוק האור לעינים (קהלת י"א,ז') [ומה ענין מתיקות לאור עיין מה שבארנו בזה במקום אחר דב"ש במילוי גימ' (1206) או"ר באלף רבתי (1000)].

ומעתה חושבן י' פסוקין תמן שרש יק"ר במגילת אסתר, כאשר את פסוקי ספירות נצח והוד וחכמה ובינה [דבפסוק אחד ב' פעמים שרש יק"ר] חשבינן ב' פעמים כל אחד כנגד ספירה [דהיינו פסוקים דאסתר ו',ו' (לקביל נצח והוד) ואסתר ו',ט' (לקביל חכמה ובינה) כפלינן ב' פעמים] הרי י' הפסוקין יחד בתוספת הכולל סליקו לחושבן (51318) **ח"י** (18) פעמים "**הרכבת אנוש לראשנו**" (2851) (תהל' ס"ו,י"ב) ראשי תיבות אה"ל בסוד (איוב כ"ט,ג') בהלו נרו עלי ראשי- ענין המשכת אור אינסוף לג"ר דעתיק ומטה מטה בסוד טל תחית המתים- והוא כדוגמת נס פורים ונהפוך הוא- מתים יקומו לתחיה ויהיה יחוד נפלא של בורא ונברא- בחינת אלהות בגופים, וזכה משה רבינו להאי אורה דעליו נאמר אדם כי ימות באהל (במדבר י"ט,י"ד) שממית עצמו עליה- וזהו דהמימרא דאמרו חז"ל בענין לימוד התורה "זכה נעשה לו סם חיים" סליק לחושבן (661) "האיש משה", ומהאי טעמא הוא נמי חושבן (661) "התורה אדם" מהפסוק "זאת **התורה אדם** כי ימות באהל" דבארנו דהוא "האיש משה" והוא נפלא.

והנה כאשר נחבר חושבן י' פעמים מיתה דכתיב במשה (46194) עם י' פעמים יק"ר דמגילת אסתר (51317) עולה הכל בגימ' (97511): "**אלף זעיר**" (398) פעמים "**אדם קדמון**" (245) עם הכולל, והוא בסוד הפסוק (תהל' קט"ז,ט"ו) "יקר בעיני ה'" היינו אל"ף [יסוד אבא] בוקע את יסוד זעיר [הוי'] בסוד ונהפוך הוא דפורים- תחית המתים, ואיהו משה רעיא מהימנא דזכה לסוד אלף זעירא דויקרא אל משה- ויקר אלף זעירא- והן י' פעמים **יקר** במגילת אסתר- ד"אסתר" גימ' (661) "האיש משה" והוא חושבן "זכה נעשה לו סם חיים", וזהו דממשיך (שם) "המותה לחסידיו" [לקביל אדם קדמון] אין התורה נקנית אלא מי שממית עצמו עליה- שנאמר זאת התורה אדם כי ימות באהל (במדבר י"ט,י"ד) כנ"ל- דבארנו דהאי אדם איהו משה רבינו שנקרא אדם- וכתיב ביה י' פעמים מיתה, דהשלים מה שהחלו האבות הקדושים תיקון "אדם קדמון (245) אלף זעירא (399)" גימ' (644) "אברהם יצחק ויעקב" בסוד המשכת שפע אור אינסוף דרך אור הקו להאי עלמא שפילא ב-ג' קוין "ימין - שמאל - אמצע" גימ' (682) כ"ב פעמים א"ל (31) בסוד אור אינסוף ברוך הוא הנמשך ב-כ"ב אותיות התורה הקדושה, ובעיקר על ידי חידושי תורה דממשיכים אור חדש בתורה, דקוב"ה אסתכל באורייתא וברא עלמא- והוא בכל רגע ורגע ממש כמבואר בספרים הקדושים- והאי בר נש דמחדש מילין חדתין בורא עלמין חדתין בקדושה, ומכניע הני סטרין אחרנין בסוד יפוצו מעינותיך חוצה (משלי ה',ט"ז) וממילא יהיו כמוץ אשר תדפנו רוח ומלאך ה' דוחה (תהל' ל"ה,ה') ועל ידי זה מקרב הגאולה האמיתית והשלמה וביאת משיח צדקנו.

ויש לחדש דהוא כנגד שני לוחות הברית: "**יקר בעיני ה'**" כנגד לוחות ראשונות- אמנם אינון אתבירו בבחינת השבירה דהיתה בעינים דאדם קדמון, והוא בחינת לב נשבר דצדיקים גמורים אשכון את דכא ושפל רוח (ישעי' נ"ז,ט"ו). ולוחות שניות דלא אתבירו- כנגד "**המותה לחסידיו**"- בחינת בעלי תשובה. וזהו דלוחות ראשונות בחינת אלף זעיר- צדיקים גמורים- ויקר אלף זעירא אל משה, ולוחות שניות בחינת אדם קדמון אינון בעלי תשובה "אדם קדמון" בא"ת ב"ש גימ' (713) "תשובה" כדבארנו בציור ה-א' להכליל לוחות ראשונות בשניות, ותמן מוספינן לחושבן י' דברות דיתרו [דסליקו לחושבן (48455) אהי"ה בוכ"ו (55) פעמים "כי שמש ומגן הוי' אלהים" (881) (תהל' פ"ד,י"ב)] עם י' דברות דואתחנן [דסליקו לחושבן

(50947) י״ג פעמים ״תתן אמת ליעקב חסד לאברהם, אשר נשבעת לאבותינו מימי קדם״ (סוף ספר מיכה)] ג׳ פעמים ״**צדקה**״ (199) עם הכולל- ואז סליקו לחושבן (100,000) ק׳ פעמים ״אלף״ (1000) בסוד א״ק, דכתב האר״י הקדוש דהן ראשי תיבות **אדם קדמון** כנודע. וכן בכאן למהוי חושבן א״ק (100,000) שלימו דכולהו צופה ומביט מריש כל דרגין לסוף כל דרגין ומשוה קטן כגדול מוספינן לחושבן י׳ יקר (51317) עם חושבן י׳ פסוקין דכתיב בהו מיתת משה (46194) [ויחד גימ׳ (97511) כנ״ל] האי פסוקא (ירמי׳ ל״ג,ט״ו): **״בימים ההם ובעת ההיא אצמיח לדוד צמח צדקה, ועשה משפט וצדקה בארץ״** (2489) תמן ק׳ פעמים כ״ד (2400) בסוד כ״ד קישוטי כלה לעתיד לבוא יחוד זעיר ונוק׳ אבא ואמא, ותמן חושבן (89) ״חנוכה״ רמיזא הארת אור הגנוז דתומשך בהאי זימנא- וממילא יתוקן בשלמות חטא חוה כדאיתא בזוה״ק בא ס״מ רכוב על נחש והטיל בה זוהמא, וממילא הלכה והחטיאה את אדם, כדכתיב (בראשית ג׳,ו׳) ״ותרא האשה כי טוב העץ למאכל, וכי תאוה הוא לעינים, ונחמד העץ להשכיל, ותקח מפריו ותאכל, ותתן גם לאישה עמה ויאכל״ גימ׳ (5323) ו׳ פעמים ״אמת דין שלום״ (887) עם הכולל [כאמרם על שלשה דברים העולם עומד: על הדין, ועל האמת, ועל השלום] דחוה פגמה ב-ג׳ הקוין דכללות המציאות, וכפילת ו׳ פעמים רומזת למדת היסוד ברית קודש דנפגמה באותו חטא [ועיין מה שבארנו במקום אחר בענין ג׳ פעמים צירוף פורי״ם בהאי פרשתא דחטא אדם הראשון וחוה (בראשית ג׳ א׳-ז׳) וכן בפסוקא מפרי״ו אותיות פורי״ם בסוד ונהפוך הוא דפורים דתכליתו תחית המתים וד״ל].

וזהו דפסוקא דנן [דמוספינן בכאן להשלים לא״ק (100,000)] סליק לחושבן (2489) חו״ה (19) פעמים סמא״ל (131) לרמוז הפגם כנ״ל דבא סמא״ל רכוב על נחש והטיל בחו״ה זוהמא. ורצה משה רבינו לכנוס לארץ הקדושה בעת ההיא ולתקן פגם זה ואפילו יביא עליו הקב״ה יסורין כאיוב ולא ימות כמו שבארנו ״יסורין״ גימ׳ (336) ״פורים״, ובזכות האי א׳ זעירא בסוד אור הגנוז ותחית המתים- יכנוס ויתקן- דאיהו הענו מכל האדם וכו׳ (במדבר י״ב,ג׳) וכתיב אשכון את דכא ושפל רוח (ישעי׳ נ״ז,ט״ו) ויעשה דירה בתחתונים לקוב״ה וכמו שיהיה לעתיד לבוא, דהוא נמי חושבן (2489) ״איוב״ (19) פעמים ״ענוה״ (131). ואמר ליה קוב״ה: רב לך- תיקנת מיניה וביה הפגם הנ״ל, ועתה הנח להם לישראל דיזככו ויצרפו כזהב וככסף [כדכתיב בגאולה (מלאכי ג׳,ג׳) וישב מצרף ומטהר כסף וכו׳ וזקק אותם כזהב וככסף] בגו גלותא דיהיו ראויים לאור זה דאם לא יכינו הכלי כראוי ימותו מריבוי האור כאותם שמתו במכת חושך [כאמרם וחמושים עלו בני ישראל מארץ מצרים (שמות י״ג,י״ח) וחמושים מלשון חמישית- דארבע חמישיות מתו במכת חושך].

ממילא בהאי פסוקא רמיזא גאולתא שלמתא וביאת דוד מלכא משיחא- דפרש״י ״צמח צדקה (זהו) מלך המשיח״ גימ׳ (790) י׳ פעמים ״בן דוד יבא״ (79) [מפיוט צור משלו אכלנו: ובן דוד עבדך יבא ויגאלנו], והוא נמי חושבן בתוספת הכולל דמרמז לאלופו של עולם (791) ״מות משה״ בסוד אדם כי ימות באהל (במדבר י״ט,י״ד) זהו משה [כמו שבארנו לעיל] ונמשך מכאן דכל אחד ואחד מישראל דממית עצמו על לימוד התורה הקדושה בסוד מיתת משה- על ידי זה מקרב ביאת משיח צדקנו, וזהו דנתן משה רבינו הכח למסירות נפש בלימוד התורה הקדושה לכל יהודי דיהא ממש כמותו, וזהו ״מות משה - ישראל״ גימ׳ (1332) **״ואתחנן אל ה׳ בעת ההוא לאמר״** (דברים ג׳,כ״ג) ויהי רצון מלפני אבינו שבשמים שישלח לנו משיח צדקנו ויושיענו מהסתרה הכפולה וימש חושך- ונזכה לצאת מאפלה לאור גדול ויקוים בנו ליהודים היתה אורה ושמחה וששון ויקר בעגלא דידן ובזמן קריב ונאמר אמן.

אופן טו

איתא בסודי רזיא י' כנויין יש לקב"ה כובע ישועה בראשו הרי ראש עין ה' אף ה' פני ה' יד ה' לב ה' מעי המו ותחת רגליו אוזן ה' פי ה'.

ובסודי רזא קחשיב שפה ולא קחשיב אף מוצא שפתיו לא אשכח. ואני אומר היינו פה והוי ליה לחשוב גם כן אצבע אלהים ונמצא שיש י"ב כנוין כמו שיש י"ב כנוין לשמים וארץ.

לדעתי זה לעומת זה עשה אלקים אתה הוא אלקינו כשמים ובארץ שיש לאלקינו כנוים שבהם מתלבש הקב"ה כמו שיש לשמים וארץ ושיעור קומה נחלקו לי"ב ז"ה שמי זה דייקא.

ולפי סודי רזיא דקחשיב י' כנוים הם י' לבושין שלבש הקב"ה ולפ"ז יהיה פירוש הפסוק ויקר אל משה תרגום של כבוד הוא יקר ר' יוחנן קרא למאנא מכבדותא.

וזה סוד כבוד ה' מלא את המשכן כשתמלא אותיות שם בן ד' הם י' וזה נרמז במילת א' על אותיות הוי"ה שהם כבוד ה' דמתרגמינן יקרא דה' לבושא דיקר.

וכן רוחב המשכן הי' י' ואותו היקר שהם לבושין וכנויין הקב"ה הראה למשה ככל אשר אני מראה אותך

דייקא שמשה היה י' אמין את תבנית המשכן שהיה ג"כ י' אמות.

וזה נרמז באלף זעירא שהיא צורות יוד אותו היקר היה ג"כ אל משה וכן וידבר ה' אליו הדיבור היה למעלה מי' ארון ט' וכפורת י' שמעולם לא ירדה שכינה למטה מי' וכן מאוהל מועד שהיה ג"כ י' זה שכתוב מאוהל מועד לאמר:

אופן טו

[א]איתא בסודי רזיא י' כנויין יש לקב"ה כובע ישועה בראשו הרי ראש עין ה' אף ה' פני ה' יד ה' לב ה' מעי המו ותחת

גלא עמיקתא

והנה הני י"ב כנויים דמונה רבינו י' דסודי רזיא ו–ב' דמוסיף אצבע אלהים ומוצא שפתיו, והני י"ב יחד דהיינו:

"ראש – עין – אף – פני – יד – לב – אזן – פי – מעי המו –תחת רגליו – מוצא שפתיו – אצבע אלהים"

סליקו כולהו לחושבן (3456) י"ב פעמים רפ"ח (288) באור הענין: דהתקשרות י"ב שבטי י"ה ל–י"ב כנויים כל אחד משרשו ומבררים לרפ"ח נצוצין למקרבא גאולתא שלמתא במהרה בימינו אכי"ר.

והני כנויים עם חלקי הפסוקים דעמם דהיינו: א. "[ב]וכובע ישועה בראשו"

[א] ספר סודי רזיא חלק ב הלכות האמונה: האמת כי אין ליוצר לא דמות ולא צורה, ובזו האמונה היו אבותינו מאמינים ביוצרם. ו-י' כנוים נמצאים בדברי החוזים: א' ראש (ישעי' נט, יז) וכובע ישועה בראשו. ב' עין (דברים יא, יב) עיני ה' אלקיך בה. ג' אוזן (במדבר יא, יח) כי בכיתם באזני ה'. ד' פה (שמות יז, א) על פי ה'. ה' שפה (תהלים פט, לה) ומוצא שפתי לא אשנה. ו' פנים (במדבר ו, כה) יאר ה' פניו אליך. ז' ידים (שמות ט, ג) הנה יד ה' הויה. ח' לב (בראשית ח, כא) ויאמר ה' אל לבו. ט' מעים (ירמי' לא יט) המו מעי לו. י' רגלים (תהלים צט, ה קלב, ז) להדום רגליו. כמו שמצינו (ש יט, ב) השמים מספרים. וכתיב (ישעי' כג, ד) כי אמר ים. וכתיב (איוב כח, כב) אבדון ומות אמרו, וכתיב (יהושע כד, כז) האבן שמעה את דבר ה'. וכתיב (ישעי' נה, יב) ההרים והגבעות יפצחו. וכתיב (תהלים סה, כג) וגיל גבעות תחגורנה, כמו שאלו משל כך הכינוים שביוצר משל. ואם בקשנו שלא נזכיר לאלקינו שם וכינוי א"כ לא היינו מזכירין לא רואה ולא שומע ולא מרחם וחפץ, ולא היינו יודעים מענייני גדולתו מאומה. לכך כתב כינוייו לנו, וכנויין כלפי למעלה, ככנוי ראש גדול ונשיאות, כמו שנאמ' בבני אדם (שם ג, ד) כבודי ומרים ראשי. וכנוי עין, עזרה ונטירה, ככתוב (בראשית מד, כא) ואשימה עיני עליו. ובדבור פנים, רצון וכעס, ככתוב (משלי ט טו) באור פני מלך חיים. ועוד (שמואל א א, יח) ופניה לא היו לה עוד. ובספור אוזן, קיבול עתירה, כגון (בראשית מד, יח) ידבר נא עבדך דבר באזני אדוני. ובספור פה ושפה, אמירה, כגון (במדבר ד, כז) על פי אהרון ובניו, וכתיב (משלי י, כא) שפתי צדיק ירעו רבים. ובספור יד, גבורה (ישעי' לז, כז) ויושביהן קצרי יד, ובדבור לב, חכמה, כגון (תהלים מ, ט) ותורתך בתוך מעי. ובספור רגל, נצחנות, כגון (שם קי, א) עד אשית אויביך הדום לרגליך.

[ב] פסיקתא דרב כהנא פיסקא כב - שוש אשיש: [ה] בעשרה מקומות נקראו ישראל כלה, שש על ידי שלמה, ושלש על ידי ישעיה, ואחת על ידי ירמיה. שש על ידי שלמה, אתי מלבנון כלה (שיר השירים ד: ח), ליבבתיני אחותי כלה (שם /שיר השירים ד'/ ט), מה יפו דודיך אחותי כלה (שם /שיר השירים ד'/ י), נפת תטפנה שפתותיך כלה (שם /שיר השירים ד'/ יא), גן נעול אחותי כלה (שם /שיר השירים ד'/ יב), באתי לגני אחותי כלה (שם /שיר השירים/ ה: א). ושלש על ידי ישעיה, כי כולם כעדי תלבשי ותקשרם ככלה (ישעיה מט: יח), והדין, כחתן יכהן פאר וככלה תעדה כליה (שם /ישעיהו/ סא: י), ומשוש חתן על כלה (שם /ישעיהו/ סב: ה). ואחת על ידי ירמיה, קול ששון וקול שמחה קול חתן וקול כלה (ירמיה לג: יא). וכנגדן לבש הקדוש ברוך הוא עשרה לבושין. ביום ביריתו של עולם, הלבוש הראשון שלבש הקדוש ברוך הוא של הוד והדר היה, שנ' הוד והדר לבשת (תהלים קד: א). הלבוש השיני שלבש הקדוש ברוך הוא ליפרע מדור המבול של גאות היה, שנ' י"י מלך גאות לבש (שם /תהלים/ צג: א). הלבוש השלישי שלבש הקב' ליתן תורה לישר' של עוז היה, שנ' לבש י"י עוז התאזר (שם /תהלים צ"ג/). הלבוש הרביעי שלבש הקדוש ברוך הוא ליפרע ממלכות בבל לבן היה, שנ' לבושיה כתלג חיור

רגליו אזן ה׳ פי ה׳. ובסודי רזיא קחשיב פה ולא קחשיב אף מוצא שפתיו לא אשכח [כמו שכתוב (תהל׳ פ״ט,ל״ה) ומוצא

גלא עמיקתא

(1004) [ישעי׳ נ״ט,י״ז] ב׳. ״[ג]עין ה״ (156=יוסף) [תהל׳ ל״ג,י״ח] ג׳. ״[ד]אף ה״ (107=אנכי ה׳) [שמות ד׳,י״ד] ד׳. ״[ה]פני

(דניאל ז: ט). הלבוש החמישי שלבש הקדוש ברוך הוא ליפרע ממלכות מדי של נקמה היה, שנ׳ וילבש בגדי נקם תלבושת ויעט כמעיל קנאה (ישעיה נט: יז), הרי תריי. הלבוש השביעי שלבש הק׳ ליפרע מלכות יוון של צדקה היה, שנ׳ וילבש צדקה כשירין וכובע ישועה בראשו (שם /ישעיהו נ״ט/), הרי תריי. הלבוש התשיעי שעתיד הקדוש ברוך הוא ללבוש ליפרע ממלכות אדום אדום הוא, שנ׳ מדוע אדם ללבושיך (שם /ישעיהו/ סג: ב). הלבוש העשירי שעתיד הקדוש ברוך הוא ללבוש ליפרע מגוג ומגוג הדור הוא, שנ׳ זה הדור בלבושו (שם /ישעיהו ס״ג/ א). אמרה כנסת ישר׳ לפני הקדוש ברוך הוא מכל לבושין אין לך נאה כזה, שנ׳ זה הדור בלבושו (שם /ישעיהו ס״ג/). [ג] **בראשית רבה פרשת לך לך פרשה מ: א** [יב, י] ויהי רעב בארץ וירד אברם מצרימה לגור, כתיב (תהלים לג) הנה עין ה׳ אל יראיו למיחלים לחסדו, הנה עין ה׳ אל יראיו זה אברהם שנאמר (בראשית כב) כי עתה ידעתי כי ירא אלהים אתה, למיחלים לחסדו שנאמר (מיכה ז) תתן אמת ליעקב חסד לאברהם וגו׳, להציל ממות נפשם ממיתתו של נמרוד, ולחיותם ברעב ויהי רעב בארץ. [ד] **תלמוד בבלי מסכת זבחים דף קב עמוד א:** מיתיבי, חמש שמחות היתה אלישבע יתירה על בנות ישראל: יבמה מלך, אישה כהן גדול, בנה סגן, בן בנה משוח מלחמה, ואחיה נשיא שבט, ואבילה על שני בניה; קתני מיהת: יבמה מלך, מלך אין, כ״ג לא! אימא: אף מלך. כתנאי; ויחר אף ה׳ במשה - רבי יהושע בן קרחה אומר: כל חרון אף שבתורה נאמר בו רושם וזה לא נאמר בו רושם; ר״ש בן יוחי אומר: אף זה נאמר בו רושם, שנאמר: הלא אהרן אחיך הלוי, והלא כהן הוא! הכי קאמר, אני אמרתי: אתה כהן והוא לוי, עכשיו הוא כהן ואתה לוי; וחכמים אומרים: לא נתכהן משה אלא שבעת ימי המלואים בלבד; ויש אומרים: לא פסקה כהונה אלא מזרעו של משה, שנאמר: ומשה איש האלהים בניו יקראו על שבט הלוי, ואומר: משה ואהרן בכהניו ושמואל בקוראי שמו. מאי ואומר? וכי תימא, לדורות הוא

דכתיב, ואומר: משה ואהרן בכהניו. וכל חרון אף שבתורה נאמר בו רושם? והכתיב: ויצא (משה) מעם פרעה בחרי אף, ולא א״ל ולא מידי! אמר ר״ל: סטרו ויצא. ומי אמר ר״ל הכי? והכתיב: ונצבת לקראתו על שפת היאור, ואמר ר״ל: מלך הוא והסביר לו פנים, ורבי יוחנן אמר: רשע הוא והעיז פניך בו! איפוך. א״ר ינאי: לעולם תהא אימת מלכות עליך, דכתיב וירדו כל עבדיך אלה אלי, ואילו לדידיה לא קאמר ליה. רבי יוחנן אמר, מהכא: ויד ה׳ היתה אל אליהו וישנס מתניו וירץ לפני אחאב. אמר עולא: בקש משה מלכות ולא נתנו לו, דכתיב: אל תקרב הלום, ואין הלום אלא מלכות, שנאמר: מי אנכי ה׳ אלהים [וגו׳] כי הביאתני עד הלום. [ה] **מדרש תנחומא פרשת בראשית:** (יב) [ו, ה] וירא ה׳ כי רבה רעת האדם שנו רבותינו בעון זימה אנדרלמוסיא באה לעולם וספה הטובים והרעים ור׳ עזריא אומר הכל הקדוש ברוך הוא מותר חוץ מן הזימה. ראה עד שלא נצטוו עליה מה כתיב ויראו בני האלהים את בנות האדם כי טובת הנה ויקחו להם נשים מכל אשר בחרו מה כתיב אחריו וינחם ה׳ כי עשה את האדם בארץ ויאמר ה׳ אמחה את האדם אשר בראתי וכן בסדומים (בראשית יט) טרם ישכבו וכל אותו הענין ויאמר האנשים אל לוט וגו׳ כי משחיתים אנחנו את המקום הזה כי גדלה צעקתם את פני ה׳ וישלחנו ה׳ לשחתה, למה ה׳ ה׳ ב׳ פעמים אמר הקדוש ברוך הוא אני הוא שפרעתי מזמרי ומששון ומאמנון ואני עתיד לתת שכר טוב למי שהוא גודר עצמו מן העבירה כשם שנתתי ליוסף וליעל ולפלטי. רש״א יוסף משלו נתנו לו הפה שלא נשק בזמה קאמר לו (שם /בראשית/ מא) ועל פיך ישק כל עמי צואר שלא הרכין לעבירה (שם /בראשית מ״א/) וישם רביד הזהב על צוארו. היד שלא נגעה בעבירה (שם /בראשית מ״א/) ויסר פרעה את טבעתו וגו׳ הגוף שלא נדבק בעבירה (שם /בראשית מ״א/) וילבש אותו בגדי /בגדי/ שש רגל שלא עלה עליה (שם /בראשית מ״א/) וירכב אותו במרכבת המשנה, המחשבה שלא חשב נקרא נבון וחכם, לב שלא הרהר ויקראו

שפתי לא אשנה] ואני היינו פה והוי ליה לחשוב ג"כ אצבע אלהים (שמות ח׳,ט"ו) ונמצא שיש י"ב כנויין כמו שיש י"ב

גלא עמיקתא

ה"׳ (166) [בראשית י"ט,י"ג] ה׳. "[ו]יד ה"" (40) [שמות ט׳,ג׳] ו׳. "[ז]לב ה"" (58)

לפניו אברך וצפנת פענח, אבל הסדומיים המטיר עליהן אש וגפרית שנאמר (שם /בראשית/ יט) וה׳ המטיר על סדום וגו׳ ויהפוך את הערים האל וגו׳ נאמר כאן אמחה את האדם וגו׳, הנפילים היו בארץ בימים ההם המה הגבורים אשר מעולם אנשי השם מלמד שהיו רואין חמה ולבנה ועושין כשפי׳ עליהם הוא שאמר (איוב כד) המה היו במורדי אור המה הגבורים שהיו קשין ומורדין ומכשפין, (שם /איוב/ כא) ויאמרו לאל סור ממנו ודעת דרכיך לא חפצנו מה שדי כי נעבדנו ומה נועיל כי נפגע בו אר"י למה היו מורדין שהיו זורעין שנה אחת ועושין מזון למ׳ שנה, א"ל הקדוש ברוך הוא וכך אתם עושים עוד כל ימי הארץ זרע וקציר, ור׳ שמואל בר אבא אמר למה היו מורדין שהיו רואין לעצמן בנים ובני בנים חמשה וששה דורות ולא היו מתין, אמר הקדוש ברוך הוא וכך אתם מורדין מכאן ואילך עוד כל ימי הארץ זרע קציר שתהיו מולידין וקוברין, וקר וחם שתהיו מתיסרין בשחפת ובקדחת, וקיץ וחורף שתהיו מתקייצין ופניכם מתחרפין והייסורין אינן פוסקין ותהיו מצטערין בגופיכם אין אתם שובתין יומם ולילה ותהיו נדונין באש ובשלג. [ו] **מכילתא דרבי ישמעאל בשלח - מסכתא דויהי פרשה א:** ויקח שש מאות רכב בחור, משל מי היו הבהמות שהיו טוענין המרכבות אם תאמר משל מצרים היו והלא כבר נאמר וימת כל מקנה מצרים (שמות ט ו) ואם תאמר משל פרעה היו והלא כבר נאמר הנה יד ה׳ הויה במקנך אשר בשדה (שם /שמות ט/ ג) ואם תאמר משל ישראל היו והלא כבר נאמר וגם מקנינו ילך עמנו לא תשאר פרסה (שם /שמות/ י כו) אלא של מי היו של הירא את דבר ה׳ נמצינו למדין הירא את דבר ה׳ הם היו תקלה לישראל מכאן היה ר׳ שמעון בן יוחאי אומר טוב שבגוים הרוג טוב שבנחשים רצץ את מחו ר׳ שמעון בן גמליאל אמר בא וראה עושרה וגודלה של מלכות חייבת זו שאין לה נומירון אחת בטלה שכולן רצות ביום ובלילה וכנגדן של מצרים כולהן עומדות בטילות: ושלישים על כולו, אין שלישים אלא גבורים שנא׳ שלישים וקרואים רוכבי סוסים

כלם (יחזקאל כג כג). ד"א ושלישים על כלו שהיו משולשין בזיין, רשב"ג אמר זה השלישי שעל המרכבה לשעבר לא היו אלא ב׳ ופרעה הוסיף עליהם עוד אחד בשביל למהר לרדוף אחרי ישראל. רבי אומר אנטונינוס הוסיף עליהם עוד אחד. ד"א ושלישים שלשה על כל אחד ואחד [וי"א שלשים על כל אחד ואחד] וי"א שלש מאות על כל אחד ואחד. ומנין היה פרעה יודע כמה מתו מישראל בשלשת ימי אפילה וכמה היוצאים ממצרים אלא הוציא טומסין שלהן ולפי הטומסין הוסיף עליהם חיילים. כיוצא בדבר דרש ר׳ ירמיה ויצא אליהם זרח הכושי בחיל אלף אלפים ומרכבות שלש מאות (דה"ב יד ח) ולפי מרכבות הוציא עליהם חיילים. ד"א ושלישים על כלו על מנת לכלות לשעבר כל הבן הילוד אבל כאן ושלישים על כלו על מנת לכלות שנ׳ אריק חרבי תורישמו ידי. [ז] **קהלת רבה פרשה א:** א [טז] דברתי אני עם לבי, הלב רואה שנאמר ולבי ראה הרבה, הלב שומע שנא׳ (מלכים א׳ ג) ונתת לעבדך לב שומע, הלב מדבר שנא׳ דברתי אני עם לבי, הלב הולך שנא׳ (מלכים ב׳ ה) לא לבי הלך, הלב נופל שנא׳ (שמואל א׳ יז) אל יפול לב אדם עליו, הלב עומד שנא׳ (יחזקאל כב) היעמד לבך, הלב שמח שנא׳ (תהלים ט"ז) לכן שמח לבי ויגל כבודי, הלב צועק שנא׳ (איכה ב) צעק לבם אל ה׳, הלב מתנחם שנא׳ (ישעיה מ) דברו על לב ירושלים, הלב מצטער שנא׳ (דברים טו) ולא ירע לבבך, הלב מתחזק שנא׳ (שמות ט) ויחזק ה׳ את לב פרעה, הלב מתרכך שנא׳ (דברים כ) אל ירך לבבכם, הלב מתעצב שנא׳ (בראשית ו) ויתעצב אל לבו, הלב מתפחד שנא׳ (דברים כח) מפחד לבבך, הלב משתבר שנא׳ (תהלים נ"א) לב נשבר ונדכה, הלב מתגאה שנא׳ (דברים ח) ורם לבבך, הלב מסרב שנא׳ (ירמיה ה) ולעם הזה היה לב סורר ומורה, הלב מתבדה שנא׳ (מלכים א׳ יב) בחדש אשר בדא מלבו, הלב מהרהר שנא׳ (דברים כט) כי בשרירות לבי אלך, הלב מרחש שנא׳ (תהלים מ"ה) רחש לבי דבר טוב, הלב מחשב שנא׳ (משלי יט) רבות מחשבות בלב איש, הלב מתאוה שנא׳ (תהלים כא)

כנויין לשמים ולארץ לדעתי זה לעומת זה עשה אלהים (קהלת ז', י"ד) [ח]אתה הוא אלהינו בשמים ובארץ שיש לקב"ה

גלא עמיקתא

[עיין בראשית ו',ו'] ז'. "[ט]המו מעי לו"

תאות לבו נתתה לו, הלב סוטה שנא' (משלי ז) אל ישט אל דרכיה לבך, הלב זונה שנא' (במדבר טו) ולא תתורו אחרי לבבכם וגו', הלב נסעד שנא' (בראשית יח) וסעדו לבכם, הלב נגנב שנא' (שם /בראשית/ לא) ויגנוב יעקב את לב לבן, הלב נכנע שנא' (ויקרא כו) או אז יכנע לבבם, הלב משתדל שנא' (בראשית לד) וידבר על לב הנערה, הלב תועה שנא' (ישעיה כא) תעה לבבי, הלב חרד שנא' (שמואל א' ד) כי היה לבו חרד, הלב נעור שנא' (שיר /השירים/ ה) אני ישנה ולבי ער, הלב אוהב שנא' (דברים ו) ואהבת את ה' אלהיך בכל לבבך, הלב שונא שנא' (ויקרא יט) לא תשנא את אחיך בלבבך, הלב מקנא שנא' (משלי כג) אל יקנא לבך וגו', הלב נחקר שנא' (ירמיה יז) אני ה' חוקר לב וגו', הלב נקרע שנאמר (יואל ב) וקרעו לבבכם ואל בגדיהם, הלב הוגה שנא' (תהלים מט) והגות לבי תבונות, הלב הוא כאש שנא' (ירמיה כ) והיה בלבי כאש, הלב הוא כאבן שנא' (יחזקאל ל"ו) והסירותי את לב האבן, הלב שב בתשובה שנא' (מלכים ב כג) אשר שב אל ה' בכל לבבו, הלב חם שנא' (דברים יט) כי יחם לבבו, הלב מת שנא' (ש"א כה) וימת לבו בקרבו, הלב נמס שנא' (יהושע ז) וימס לבב העם, הלב מקבל דברים שנא' (דברים ו) והיו הדברים האלה אשר אנכי מצוך היום על לבבך, הלב מקבל יראה שנא' (ירמיה לב) ואת יראתי אתן בלבבם, הלב מודה שנא' (תהלים קיא) אודה ה' בכל לבב, הלב חומד שנא' (משלי ו) אל תחמוד יפיה בלבבך, הלב מתקשה שנא' (משלי כח) ומקשה לבו, הלב מטיב שנא' (שופטים טז) ויהי כטוב לבם, הלב עושה מרמה שנא' (משלי יב) מרמה בלב חורשי רע, הלב מתוכו מדבר שנא' (שמואל א' א) וחנה היא מדברת על לבה, הלב אוהב שוחד שנא' (ירמיה כב) כי אין עיניך ולבך וגו', הלב כותב דברים שנא' (משלי ג) כתבם על לוח לבך, הלב חורש שנא' (שם /משלי/ ו) תהפוכות בלבו חורש רע, הלב מקבל מצות שנא' (שם /משלי/ י) חכם לב יקח מצות, הלב עושה זדון שנאמר (עובדיה א) זדון לבך השיאך, הלב עושה סדרים שנא' (משלי טז) לאדם מערכי לב, הלב מתגדל שנאמר (דברי הימים ב' כ"ה) ונשאך לבך, הוי דברתי אני עם לבי לאמר אני הנה הגדלתי וגו'. [ח] **כדאמרינן בפיוט ליום הכיפורים אתה הוא אלהינו בשמים ובארץ וכו' ועיין פירושי סידור התפילה לרוקח [פט] ישתבח שמך עמוד תקיז:** כל תפארת פירושו מתפאר ומשתבח, כמו התפאר עלי, לכבוד ולתפארת ליקר ולתושבחן, כאדם שמשתבח שעושה פלאות גדולות, זהו שיחו בכל נפלאותיו זכרו נפלאותיו אשר עשה. וכנגד ברוך שאמר משובח ומפואר ונפארך ונמליכך מלך משובח ומפואר. קדושה כנגד י"ג מידות שנתקדשו בו ישראל, ואיזהו מקומן שהוא מדבר בקרבנות קדשי קדשים וקדשים קלים. ומלכות כנגד ברכת התורה, וכנגד אתה ה' אלקינו בשמים ובארץ (כי) אתה אלקים לבדך לכל ממלכות הארץ. [ט] **פסיקתא רבתי פיסקא לז – שוש אשיש:** זהו שנאמרה ברוח הקודש על ידי ירמיה אז תשמח בתולה במחול בחורים וזקנים יחדיו והפכתי אבלם לששון ונחמתים ושמחתים מיגונם (ירמיה ל"א י"ב), כנגד מי אמרו ירמיה למקרא הזה, לא אמרו אלא כנגד ימות המשיח, שעתיד הקדוש ברוך הוא להשפיע טובות גדולות על ישראל שנאמר מה רב טובך אשר צפנת ליראיך פעלת לחוסים בך נגד בני אדם (תהלים ל"א כ'), מלמד שעתידים אבות העולם לעמוד בניסן ואומרים לו אפרים משיח צדקנו אף על פי שאנו אבותיך אתה גדול ממנו, מפני שסבלת עונות בנינו, ועברו עליך מדות קשות שלא עברו על הראשונים ועל האחרונים, והיית שחוק ולעג באומות העולם בשביל ישראל, וישבת בחושך ואפילה ועיניך לא ראו אור, וצפד עורך על עצמך וגופך יבש היה כעץ, ועיניך (חסכי) [חשכו] מצום וכחך יבש כחרס, כל אילו מפני עונות בנינו, רצונך יהנו בנינו מטובה זו שהשפיע הקדוש ברוך הוא לישראל, שמא בשביל צער שנצטערת עליהם ביותר (וחשיך) [וחבשוך] בבית האסורים אין דעתך נוחה מהם, אומר להם אבות העולם כל מה שעשיתי לא עשיתי אלא בשבילכם ובשביל בניכם ולכבודכם ולכבוד בניכם שיהנו מטובה זו שהשפיע הקדוש ברוך הוא

כנויים שבהם מתלבש בהם כמו שיש לשמים וארץ. [י]ושעור קומה נחלקו לי"ב ז"ה שמי (שמות ג',ט"ו) זה דייקא ולפי סודי רזיא חשיב י' כנויים הם י' לבושים שלבש הקב"ה.

גלא עמיקתא

ותחת[יא]" ח'. [ירמי' ל"א,י"ט] (207=אור)

להם לישראל, (אמרו) [אומרים] לו אבות העולם אפרים משיח צדקנו תנוח דעתך שהנחת דעת קונך ודעתינו, אמר רבי שמעון בן פזי באותה שעה מגביהו הקדוש ברוך הוא למשיח עד שמי השמים ופורש עליו מזיו כבודו מפני [אומות] העולם בפני הפרסיים הרשעים, אומר לו אפרים משיח צדקנו הוי דיין על אילו ועשה בהם מה שנפשך חפיצה, שאלמלא רחמים שגברו עליך ביותר כבר איבדוך מן העולם ברגע אחד, שנאמר הבן יקיר לי אפרים אם ילד שעשועים כי מדי דברי בו זכור אזכרנו עוד על כן המו מעי לו רחם ארחמנו נאם ה' (ירמיה ל"א י"ט) למה רחם ארחמנו שני פעמים רחמים, אלא רחם בשעה שהיה חבוש בבית האסורים, שבכל יום ויום היו אומות העולם מחרקין שיניהם ומרמזים בעיניהם ומנענעים בראשיהם ומפטירים בשפתותיהם שנא' כל רואי ילעיגו לי בשפה יניעו ראש (תהלים כ"ב ח') יבש כחרס כחי ולשוני מודבק מלקוחי ולעפר מות תשפתני (שם שם /תהלים כ"ב/ ט"ז) ושואגים עליו כאריות שנאמר פצו עלי פיהם אריה טורף ושואג כמים נשפכתי התפרדו כל עצמותי היה לבי כדונג נמס בתוך מעי (שם שם /תהלים כ"ב/ י"ג וי"ד), ונוהמים עליו כאריות ומבקשים לבלעו שנאמר פצו עלינו פיהם כל אויבינו פחת ופחד היה לנו השאת והשבר (איכה ג' מ"ו ומ"ז), ארחמנו בשעה שהיה יוצא מבית האסורים, שלא מלכות אחד ולא ב' מלכיות ולא שלשה מלכיות באים עליו אלא מאה וארבעים מלכיות מקיפות [אותו], ואומר לו הקדוש ברוך הוא אפרים משיח צדקי אל תירא מהם כי כל אילו ברוח שפתיך ימותו שנאמר וברוח שפתיו ימות רשע (ישעיה י"א ד'), מיד (מה) הקדוש ברוך הוא עושה לו למשיח שבע חופות של אבנים טובות ומרגליות, וכל חופה וחופה מושכים מתוכה ארבע נהרות, של יין, ושל דבש, ושל חלב, ושל אפרסמון טהור, ומחבקו הקדוש ברוך הוא בפני הצדיקים (מכניסו) [ומכניסו] לחופה ורואים אותו כל הצדיקים (ומכניסים לחופה ורואים אותו כל הצדיקים וחסידים וקדושים וכל גיבורי תורה שבכל דור), אמר להם הקדוש ברוך הוא לצדיקים צדיקי עולם עדיין לא נטל אפרים משיח צדקי חצי (צערי) [צערו], עדיין יש לי מידה אחת שאני נותן לו שלא ראתה עין מעולם שנאמר עין לא ראתה אלהים זולתך יעשה למחכה לו (ישעיה ס"ד ג'), באותה השעה קורא הקדוש ברוך הוא להם לרוח צפונית ולרוח דרומית, אומר להם בואו כבדו ורבצו לפני אפרים משיח צדקי בכל מיני בשמים של גן עדן שנאמר עורי צפון ובואי תימן הפיחי גני יזלו בשמיו יבא דודי לגנו ויאכל פרי מגדיו (שיר השירים ד' ט"ז), לכך נאמר אז תשמח בתולה וגו' (ירמיה ל"א י"ב). **[י] זוהר פרשת בראשית דף כד עמוד ב:** ורזא דמלה עשר אמות אורך הקרש ובין כלא מאה איהו י' בין פרק ופרק עשר זמנין סלקא למדה (מארי) דמאה אמה כל מדה ומדה אתקרי עולם ואינון י"ו שיעור ומדה ו' שקל י' מדה דיליה ושעורא דמדה חמש אמות ארך וחמש אמות רחב ואנון לקבל שעורא דכל רקיע דמהלך ת"ק אורכיה ות"ק פותייה, ואנון ה"ה הרי לך שעור קומה באתוון ידו"ד דאת ו' איהו רקיע השמים חמש רקיעין דילי' ה' אלין אתקריאו ה' שמים ה' חמש רקיעין דכלילן בשמים חמש עלאין שמי השמים ואינון ה"ה חמש בחמש ו' רקיע שתיתאה לון י' שביעאה לון י' שבעה בשבעה וסלקין י"ד והכי אנון ארעין שבעה על גבי שבעה כגלדי בצלים וכלהו רמיזן בתרין עיינין י' אתקרי עולם קטן ו' עולם אריך וכל מאן דבעי למשאל שאלתין לגבי עולם אריך צריך לארכא ביה וכל מאן דשאיל בעולם קצר צריך לקצרא, ועל דא אוקמוה במקום שאמרו לקצר אין אדם רשאי להאריך. **[יא] תלמוד בבלי מסכת סוטה דף יז עמוד א:** דריש ר"ע: איש ואשה, זכו - שכינה ביניהן, לא זכו - אש אוכלתן. אמר רבא: ודאשה עדיפא מדאיש, (מ"ט?) האי מצרף, והאי לא מצרף. אמר רבא, מפני מה אמרה תורה: הבא עפר לסוטה? זכתה - יוצא ממנה בן כאברהם אבינו, דכתיב ביה עפר ואפר, לא זכתה - תחזור לעפרה. דריש רבא: בשכר

שאמר אברהם אבינו ואנכי עפר ואפר, זכו בניו לב' מצות: אפר פרה, ועפר סוטה. והאיכא נמי עפר כיסוי הדם! התם הכשר מצוה איכא, הנאה ליכא. דרש רבא: בשכר שאמר אברהם אבינו אם מחוט ועד שרוך נעל, זכו בניו לב' מצות: חוט של תכלת, ורצועה של תפלין. בשלמא רצועה של תפלין, דכתיב: וראו כל עמי הארץ כי שם ה' נקרא עליך, ותניא, ר"א הגדול אומר: אלו תפלין שבראש, אלא חוט של תכלת מאי היא? דתניא, היה ר"מ אומר: מה נשתנה תכלת מכל מיני צבעונין? מפני שהתכלת דומה לים, וים דומה לרקיע, ורקיע דומה לכסא הכבוד, שנאמר: ויראו את אלהי ישראל ותחת רגליו כמעשה לבנת הספיר וכעצם השמים לטהר, וכתיב: כמראה אבן ספיר דמות כסא. **[יב] תלמוד בבלי שבת דף קיג עמוד ב:** ותחת כבדו יקד יקד כיקוד אש. אמר רבי יוחנן: ותחת כבדו - ולא כבודו ממש. רבי יוחנן לטעמיה; דרבי יוחנן קרי למאניה מכבדותי. רבי אלעזר אומר: ותחת כבדו - תחת כבודו ממש. רבי שמואל בר נחמני אמר: תחת כבדו - כשריפת בני אהרן; מה להלן - שריפת נשמה וגוף קיים, אף כאן - שריפת נשמה וגוף קיים **[יג] ילקוט שמעוני שמואל ב רמז קנז:** כי אפפוני משברי מות הגיעו הרעות עד אפיא. דבר אחר הגיעו הצרות אל האף. דבר אחר אל תקרי אפפוני אלא עפפוני טסות הצרות עלי כעוף שנאמר ועוף יעופף. דבר אחר הצרות מתגלגלות ובאות כאופן וגלגל, רב אחא אומר נפניתי לכאן ולכאן ואין לי גואל אלא אתה. מדבר בארבע מלכיות אפפוני נחלי מות בבבל, נחלי בליעל במדי, חבלי שאול סבוני ביון, קדמוני מוקשי מות באדום, רבנן אמרין למה כתב בראשונה ובארבע מות, שזו החריבה בית ראשון וזו החריבה בית שני, רבי אבא בר כהנא אמר זו גזרה שמד וזו גזרה שמד. בצר לי אקרא ה' בבבל, ואל אלהי אקרא במדי, וישמע מהיכלו קולי ביון, ושועתי לפניו תבא באזניו באדום. רבי פנחס ורבי אחא בשם ר' אחא בר חנינא למה הוא מזכיר בשלישית היכל, שכל ימיה של יון היה ההיכל קיים. ולמה אמר בצר ולא אמר

ולפי זה יהיה פירוש הפסוק ויקר אל משה תרגום של כבוד הוא יקר [יב]רבי יוחנן קרא למאנא מכבדותיה (שבת קי"ג

גלא עמיקתא

אוזן[יג]" ט'. [שמות כ"ד,י'] (1063) רגליו"
פי ה'[יד]" י'. [עיין תהל' י"ח,ז'] (90) ה""
ומוצא[טו]" י"א. [דברים ח,ג'] (116)

בצרות, לפי שכל הנביאים מיחדים צרותיהם של ישראל וממעטין אותם שנאמר בצר לך ומצאוך, ראה ה' כי צר לי, וירא בצר להם, עמו אנכי בצרה. עשרה לשונות נקראת תפלה, זעקה, שועה, נאקה, קריאה, רנה, פגיעה, עתירה, עמידה, חלוי, תחנה, זעקה מנין שנאמר ויהי בימים הרבים ההם וגו', נאקה וישמע אלהים את נאקתם, שועה ותעל שועתם אל האלהים, נקראת קריאה בצר לי אקרא ה', נקראת רנה לשמוע אל הרנה, נקראת פגיעה ואתה אל תתפלל וגו', ונקראת עתירה ויעתר יצחק, נקראת עמידה ויעמוד פנחס ויפלל, נקראת חלוי ויחל משה, נקראת תחנה ואתחנן אל ה': **[יד] דעת זקנים מבעלי התוספות דברים פרק ח:** (ג) ויענך. בדרך. כד"א ענה בדרך כחי קצר ימי. וירעיבך שלא נתן לך מזון אלא דבר יום ביומו וזהו רעבון כמו שאחז"ל אינו דומה מי שיש לו פת בסלו למי שאין לו: למען הודיעך כי לא על הלחם לבדו. ולא תשים בטחונך על הלחם ועל המזונות כי על כל מוצא פי ה' יחיה האדם על כל מצותיו וחקיו שיצאו מפיו יחיה האדם והם יתנו לך חיים בעולם הזה ולעולם הבא: **[טו] בראשית רבה פרשת וירא פרשה נו:** ח ד"א א"ר יצחק בשעה שבקש אברהם לעקוד יצחק בנו אמר לו אבא בחור אני וחוששני שמא יזדעזע גופי מפחדה של סכין ואצערך ושמא תפסל השחיטה ולא תעלה לך לקרבן אלא כפתני יפה יפה, מיד ויעקד את יצחק, כלום יכול אדם לכפות בן שלשים ושבע [נ"א בן עשרים ושש שנה] אלא לדעתו, מיד וישלח אברהם את ידו, הוא שולח יד ליטול את הסכין ועיניו מורידות דמעות ונופלות דמעות לעיניו של יצחק מרחמנותו של אבא, ואעפ"כ הלב שמח לעשות רצון יוצרו והיו המלאכים מתקבצין כתות כתות מלמעלן, מה הוון צווחין, (שם /ישעיהו/ לג) נשמו מסלות שבת עובר אורח הפר ברית מאס ערים, אין רצונו בירושלים ובבית המקדש שהיה בדעתו להוריש לבניו של יצחק, לא חשב אנוש, לא עמדה זכות לאברהם לית לכל בריה חשיבות קדמוי, א"ר אחא התחיל אברהם תמיה אין הדברים

ע"ב) וז"ס כבוד ה' מלא את המשכן (שמות מ',ל"ד-ל"ה) כשתמלא שם בן ד' הם י' (אותיות) וז"נ במלת א' על

גלא עמיקתא

שפתי" (933) [תהל' פ"ט,ל"ה] י"ב. "[טז]**אצבע אלהים הוא"** (261) [שמות ח',ט"ו] סליקו כולהו לחושבן (4201) ז"ה (12) פעמים שמ"י (350) עם הכולל והוא סוד הפסוק דמביא רבינו בדבריו זה שמ"י (שמות ג',ט"ו) ומבאר ז"ה דייקא דהיינו י"ב כנויין הנ"ל

והכללות היינו עצמותו ב"ה וב"ש המשפיע בהני כנויין והיא האי א' זעירא **אלופו של עולם** 1[יז]מאן דאיהו זעיר איהו רב (זוה"ק תחלת פרשת חיי שרה) וחזינן בכאן נפלאות רוח קודשו של רבינו.

1. באור על מגלה עמוקות ואתחנן אופן קל"א: והנה הני ט"ז פסוקין דמביא רבינו המגלה עמוקות בסוד הגי"א כנ"ל, ובסוד ענותנותו הרבה של משה רבינו, דלכן אמר ליה קוב"ה ר"ב ל"ך - זכית לרב מכל אדם דהיית ענו מכל האדם (במדבר י"ב,ג') בסוד מאי דאמרו חז"ל: מאן דאיהו זעיר איהו רב נוטריקון ז' אד"ר - סליקו כולהו לחושבן (45,458): "ענוה" (131) פעמים "במשה" (347) עם הכולל.

והוא נפלא מאד וממש ברוח קודשו של המגלה עמוקות, דהביא הני פסוקים דייקא וכו', ומוספינן הכולל דאיהו אלופו של עולם דתמן שוכן כדכתיב אשכון את דכא ושפל רוח (ישעי' נ"ז,ט"ו), וכן ישלח לנו משיח צדקנו דיבא ויגאלנו מחשכת גלותנו ונחזה את האלהים ואת הצדיקים מכל דור ודור קמים לתחיה בסוד הקיצו ורננו שוכני עפר (שם כ"ו,י"ט) בחינת אשכון את דכא כנ"ל, בחינת לאקמא שכינתא מעפרא - תרתי משמע: ברוחניות יחודא שלים דקוב"ה ושכינתיה, ובגשמיות יקומו כל הצדיקים דהיו משכן לו יתברך בחינת ושכנתי בתוכם (שמות כ"ה,ח'), ועמך כלם צדיקים לעולם יירשו ארץ נצר מטעי מעשי ידי להתפאר (ישעי' ס',כ"א) ישראל אשר בך אתפאר (שם מ"ט,ג')

בעגלא דידן ובזמן קריב אמן נצח סלה ועד.

הללו אלא דברים של תימה, אתמול אמרת כי ביצחק יקרא לך זרע, חזרת ואמרת קח נא את בנך ועכשיו את אמר לי אל תשלח ידך אל הנער אתמהא, אמר לו הקדוש ברוך הוא אברהם (תהלים פט) לא אחלל בריתי ומוצא שפתי לא אשנה, כשאמרתי לך קח נא את בנך לא אמרתי שחטהו אלא והעלהו לשם חיבה אמרתי לך אסיקתיה וקיימת דברי, ועתה אחתיניה, [נ"א משלו משל למלך שאמר לאוהבו העלה את בנך אל שלחני הביאו אותו אוהבו וסכינו בידו אמר המלך וכי העלהו לאכלו אמרתי לך העלהו אמרתי לך מפני חיבתו], הדא הוא דכתיב (ירמיה יט) ולא עלתה על לבי זה יצחק. **[טז] פסיקתא זוטרתא שמות פרשת וארא פרק ח: טו)** ויאמרו החרטומים אל פרעה אצבע אלהים הוא. כלומר לא זה המעשה ממשה ואהרן, אלא מכה היא שבאה לעולם מאת הבורא: ויחזק לב פרעה. ודע כי מכת הכנים בלא התראה הביאה הקדוש ברוך הוא עליהם, וכן השחין והחשך וסימן כח"ש, חשבתי בלבי לומר על אלו השלשה למה הן בלא התראה, כי על השנים היה מתרה בו, ועל השלישי לא היה מתרה בו, כסימנו של ר' יהודה דצ"ך עד"ש באח"ב, והיינו דתנן מי שלקה ושנה, בית דין כונסין אותו לכיפה, ומאכילין אותו שעורין עד שכריסו נבקעת: ולמה לקו בכנים, לפי שמנעו מישראל מרחצאות, והיו הכנים מצירים אותם, ולפיכך גם המצריים לקו בהם: **[יז] זוהר - בראשית - פרשת חיי שרה דף קכ"ב ע"ב:** זכאה איהו מאן דאזער גרמיה בהאי עלמא כמה איהו רב ועלאה בההוא עלמא. והכי פתח רב מתיבתא, מאן דאיהו זעיר איהו רב, ומאן דאיהו רב איהו זעיר, דכתיב (בראשית כג) ויהיו חיי שרה מאה שנה ועשרים שנה ושבע שנים, מאה דאיהי חשבון רב כתיב ביה שנה זעירו דשנין חד אזעיר ליה, שבע דאיהו חשבון זעיר אסגי ליה ורבי ליה דכתיב שבע שנים, ת"ח דלא רבי קודשא בריך הוא אלא לדאזעיר לא אזעיר אלא לדרבי, זכאה איהו מאן דאזעיר גרמיה בהאי עלמא כמה איהו רב בעלויא בההוא עלמא.

אותיות הוי"ה שהם כבוד ה' דמתרגמינן יקרא דה' לבושא דיקר. וכן רוחב המשכן היה י' ואותו היקר שהם לבושין

גלא עמיקתא

והן לבושים לשם הוי' ב"ה דהיינו שם העצם, וכמו שכתב רבינו לעיל "שיש לאלהינו כנויים שבהם מתלבש הקב"ה" וכו'.

וכן כתב הגר"א שכל התורה שמותיו של הקב"ה ונחלקים ל-ד':

א'. שם העצם דהיינו שם הוי' ב"ה. ב'. השמות שאינן נמחקין (כתב ר' אלעזר מגרמיזא בעל הרוקח בספר סודי רזיא חלק ב' עמוד 195 שהן י' שמות שאינן נמחקין ומונה אותן). ג'. כנויי השי"ת כגון רחום וחנון וכו', וכן אצלנו י"ב כנויין דלעיל. ד'. שאר אותיות התורה שהן כולן שמותיו כנ"ל. וי"ל דחלוקת הגר"א לקביל ד' אותיות י-ה-ו-ה בכללות י' שם העצם ה' עילאה השמות שאינן נמחקין בחינת תרין רעין דאינן מתפרשין לעלמין. ו' דשם הוי' בחינת הכנויים רחום וחנון וכיו"ב וכן הני י"ב כנויין דלעיל ולסודי רזיא י' דהן סוגי המשכות והנהגות השי"ת את עולמו ושאר כלל אותיות התורה בחינת ה' תתאה מלכותא קדישא דאותיות במלכות [יח]כמו שכתב רבינו בפירושו על ואתחנן אופן ל' עיין שם[2] ובמה שבארנו בדבריו הקדושים].

[יח] מגלה עמוקות על ואתחנן אופן ל': איתא בזוהר (ויקרא ע"ד [זוהר ח"ג ג' ע"א]) שמשה לא זכה להשיג בימיו רק בסוד אתוון זעירין, והוא סוד א' זעירא של ויקרא (א א), ובימי שלמה שהיה לו ניצוץ אחד ממשה כדאיתא בתיקונים (תיקו"ז יג כ"ח ע"א), נתהפכו אתוון שלמ"ה למש"ה כשבנה בית המקדש, אז אבן שלמה מסע נבנה (מלכים א' ו ז), ר"ל הוא סוד אתוון רברבין. ולכן כל כלי ברזל לא נשמע בהבנותו, שהם סוד הקליפות שנתבטל בזמן שנבנה בית המקדש. ועל זה אמר משה אתה החילות להראות את עבדיך, את דייקא, על אותיות התורה מאלף ועד תי"ו, שנחלקים האותיות על ב' חלקים י"א מהם לדין, י"א לחסד. ז"ש את גדלך י"א אותיות של חסד, את ידך החזקה י"א אותיות של דין, ואלו כ"ב אותיות הם במלכות אתוון זעירין, אשר מי אל רמז למדת בינה, דתמן אתוון רברבין בסוד שם רמש ואין מספר חיות קטנות עם גדולות (תילים ק"ד [תהלים קד כה]). לכן התפלל אעברה נא בה' יתירה, רמז על ה' ראשונה שבשם, ואראה את הארץ. ואחר כך נתן טעם למה ביקש לראות את הארץ, שרצה לראות בבנין בית המקדש וההר הטוב הזה והלבנון, שאז נתגלו בעולם אתוון רברבין בימי שלמה אבן שלמה מסע נבנה. השיב הקב"ה רב לך, אתה רוצה להשיג אתוון רברבין שיהיו בשעת בנין המקדש, שנתגלו על ידי שלמה שהוא גם כן דרגא דמשה, וזה סוד רב לך אתוון רברבין שנתגלו בימי שלמה, הם גם כן דרגא

2. באור על מגלה עמוקות ואתחנן אופן ל': אקדמות מילין: באופן זה עוסק המגלה עמוקות באתוון זעירין ורברבין, וכותב דמשה רבינו השיג אתוון זעירין, וניצוץ שלו בשלמה אתוון למשה- דאז ישיג ג"כ אתוון ורברבין- כך הבין משה. ברם אמר ליה קוב"ה: רב לך- זכית כבר עתה לאתוון רברבין- והא בחינת מאי דאיתא במדרש כל מה שתלמיד ותיק עתיד לחדש כבר ניתן למשה בסיני. וזהו תלמי"ד ותי"ק גימ' (1000) אל"ף, והוא בסוד אל"ף זעירא דויקרא- מאן דאיהו זעיר איהו רב (זוה"ק תחלת פרשת חיי שרה). וזהו "מזמור שיר ליום השבת" ראשי תיבות שלמה למשה, ועולה גימ' (1596) "משה שפיר כאמרת". ומסיים "צו את יהושע"- א"ת דייקא- היינו אתוון א'-ת' זעירין ורברבין דכבר השגת מדרגתן [ועיין בבאור הגר"א לספרא דצניעותא דמבאר שם סוד האי א' זעירא דויקרא ואתוון זעירין במלכות על פי דברי הזוהר הקדוש].

וכנויין הקב"ה הראה למשה ככל אשר אני מראה אותך (שמות כ"ה,ט') אותך דייקא שמשה היה י' אמין את תבנית המשכן שהיה ג"כ י' אמות. וזה

גלא עמיקתא

ומביא רבינו הפסוק "[יט]וכבוד ה' מלא את המשכן" דחוזר פעמיים פסוק אחר פסוק (שמות מ',ל"ד-ל"ה) והוא אומר דרשני דתורה דברה בדרך כלל [כ]בלשון קצרה, ומהי הכפילות דבכאן.

דילך, כי שלמה דרגא דמשה וניצוץ שלו, אבל עתה אל תוסף דבר אלי עוד, מטעם צו את יהושע שאמרנו לעיל, את דייקא. **[יט] במדבר רבה פרשת נשא פרשה יב:** א [ז, א] ויהי ביום כלות משה וגו' הה"ד (תהלים פה) אשמעה מה ידבר האל ה' וגו' את מוצא בשעה שעשו ישראל אותו מעשה וכעס עליהם הקדוש ברוך הוא שנאמר (שמות לב) ויאמר ה' אל משה ראיתי את העם הזה וגו' הרף ממני וגו' מיד עמד משה ובקש רחמים מלפניו שיתרצה להם כמה שנא' ויחל משה וגו' ונתרצה להם הקדוש ברוך הוא שנא' וינחם ה' על הרעה וגו' אעפ"כ היה בלבו עליהם שנאמר (שם /שמות ל"ב/) וביום פקדי ופקדתי עליהם חטאתם כיון שנעשה המשכן אמר ר' יהודה ברבי סימון הלך משה והרכין אזנו במשכן אמר משה תאמר שיש בלבו של הקדוש ברוך הוא על ישראל הה"ד (תהלים פה) אשמעה מה ידבר האל ה' מהו האל ה' אמר משה שעד עכשיו הוא עומד בכעסו כנגדם והוא בקושי עמהם ואין האל אלא לשון חוזק כמה דתימא (יחזקאל יז) ואת אילי הארץ לקח או הוא מתרצה להם והוא נוהג במדת רחמים עמהם הה"ד ה' אין ה' אלא מד"ר שנא' ה' ה' אל רחום וחנון מיד פייסו הקדוש ברוך הוא שאין בלבו על ישראל כלום כמה דכתיב (שמות לד) ויעבור ה' על פניו שהעביר זעמו מהם ועבר על פשעיהם א"ר סימון למה כתיב ב"פ ה' ה' אלא שפייסו ברוך הוא ואמר לו למשה מה לשעבר הייתי נוהג עמהם במדת רחמים עד שלא עשו אותו המעשה כך עכשיו במדת רחמים אנהיג עמהם אמר רב יהודה בר רב סימון באותה שעה שמע משה קול נאה וקול משובח לשעבר היה משה עומד והיה הדיבור בא לתוך אזנו כמין סילון ולא היה אחד מישראל שומע אבל כשהיו פניו מאדימות היו יודעים שהדיבור בא אצלו וכיון שנעשה המשכן שמע קול נאה מה שמע (תהלים פה) כי ידבר שלום אל עמו ואל חסידיו א"ר ברכיה הכהן בשם ר' יהודה ב"ר סימון אמר הקדוש ברוך הוא למשה לשעבר היתה איבה ביני לבין בני שנאה ביני ובין בני תחרות ביני ובין בני אבל עכשיו שנעשה המשכן אהבה ביני ובין בני שלום ביני ובין בני הוי כי ידבר שלום אל עמו אלו ישראל על שעשו המשכן ואל חסידיו זה שבט לוי שכתוב בו (דברים לג) וללוי אמר תומיך ואוריך וגו' ומנין אתה אומר שבמשכן הכתוב מדבר שכן כתיב אחריו (תהלים פה) אך קרוב ליראיו ישעו לשכון כבוד בארצנו אימתי היתה שלום לישראל בזמן ששכן כבוד הקדוש ברוך הוא במשכן כמה דתימא (שמות מ) וכבוד ה' מלא את המשכן אמר רשב"ל מה לי ללמד דבר זה מספר תלים דברי תורה היא אפי' במקומה אינה חסרה כלום ראה מה כתיב וישם לך שלום אימתי ביום כלות משה.

[כ] תלמוד בבלי מסכת חולין דף סג עמוד ב: מכדי משנה תורה לאוסופי הוא דאתא, מאי שנא הכא דכתיב דאה, ומ"ש הכא דכתיב ראה ולא כתיב דאה? אלא ש"מ: מין ראה ודאה אחת היא. ואכתי כ"ה הוו! אמר אביי: כשם שראה ודאה - אחת היא, כך איה ודיה - אחת היא, דאי ס"ד תרתי אינון, מכדי משנה תורה לאוסופי הוא דאתא, מאי שנא הכא דכתיב למינה איה, ומ"ש התם דכתיב למינה אדיה? אלא ש"מ: איה ודיה אחת היא. וכי מאחר שאיה ודיה אחת היא, למה ליה למיכתב איה ודיה? כדתניא, רבי אומר: אקרא אני איה, דיה למה נאמרה? כדי שלא תתן פתחון פה לבעל דין לחלוק, שלא תהא אתה קורא איה, והוא קורא דיה, אתה קורא דיה והוא קורא איה, לכך כתב במשנה תורה: והראה ואת האיה והדיה למינה. מיתיבי למה נשנו: בבהמה - מפני השסועה, ובעופות - מפני הראה. מאי לאו, מדבהמה דהתם - לאוסופי, עופות נמי לאוסופי! לא, התם - לאוסופי, הכא - לפרושי, ופליגא דרבי אבהו; דא"ר אבהו: ראה - זו איה, ולמה נקרא שמה ראה - שרואה ביותר, וכן הוא אומר נתיב לא ידעו עיט ולא שזפתו עין איה. תנא:

סוד נרמז באלף זעירא [כא]שהיא צורת יוד אותו היקר היה ג״כ אל משה וכן וידבר ה׳ אליו הדבור היה למעלה מי׳ ארון ט׳

גלא עמיקתא

ולהבין זה יש להקדים, דהני תיבין ״וכבוד ה׳ מלא את המשכן״ סליקו לחושבן (951) ג׳ פעמים ״ויקרא״ (317) וכפלינן ב׳ זימנין (בפסוק ל״ה חוזר שנית) ואז סליק לחושבן (1902) ו׳ פעמים ״ויקרא״ (317) לכללות ו״ק.

ותרגם אונקלוס: ״ויקרא דה׳ אתמלי ית משכנא״ גימ׳ (2049) ג׳ פעמים ״גן נעול אחתי כלה״ (683) (שיר השירים פ״ד פסוק י״ב [3]עיין באורנו לשם)

עומדת בבבל ורואה נבלה בארץ ישראל. מדראה היינו איה, מכלל דדאה לאו היינו ראה, מכדי משנה תורה לאוסופי הוא דאתא, מאי שנא הכא דכתיב דאה ומאי שנא התם דלא כתיב דאה? אלא לאו ש״מ: דאה וראה ואיה - אחת היא. ומדראה היינו איה, מכלל דדיה לאו היינו איה, מאי שנא התם דכתיב למינהו אאיה, ומ״ש הכא דלא כתיב למינהו אאיה אלא אדיה? אלא ש״מ: דאה וראה דיה ואיה - אחת היא. תניא, איסי בן יהודה אומר: מאה עופות טמאין יש במזרח, וכולן מין איה הן. תני אבימי בריה דר׳ אבהו: ז׳ מאות מיני דגים הן וח׳ מאות מיני חגבים, ולעופות אין מספר. עופות, כ״ד הוו! אלא: ולעופות טהורים אין מספר. תניא, רבי אומר: גלוי וידוע לפני מי שאמר והיה העולם שבהמה טמאה מרובה מן הטהורות - לפיכך מנה הכתוב בטהורה, גלוי וידוע לפני מי שאמר והיה העולם שעופות טהורין מרובין על הטמאין - לפיכך מנה הכתוב בטמאין. מאי קמ״ל? כדרב הונא אמר רב, ואמרי לה אמר רב הונא אמר רב משום ר׳ מאיר: לעולם ישנה אדם לתלמידו דרך קצרה. א״ר יצחק: עוף טהור נאכל במסורת; נאמן הצייד לומר: עוף זה טהור מסר לי רבי. א״ר יוחנן: והוא שבקי בהן ובשמותיהן. בעי ר׳ זירא: רבו - חכם, או רבו - צייד? ת״ש, דא״ר יוחנן: והוא שבקי בהן ובשמותיהן; אי אמרת בשלמא רבו - צייד - שפיר, אלא אי אמרת רבו - חכם, בשלמא שמייהו - גמיר להו, אלא אינהו - מי ידע להו? אלא לאו, ש״מ: רבו - צייד, ש״מ. ת״ר: לוקחין ביצים מן העובדי כוכבים בכל מקום, ואין חוששין לא משום נבלות ולא משום טרפות. **[כא] מגלה עמוקות על א׳ זעירא דויקרא אופן ע״ח:** רמז הקב״ה בכאן בצורת א׳ שהיא צורת י׳ סוד המקוה שהוא סוד שיעור קומה בהיפך אתוון הוקם המשכן אז נשלמה

3. באור שיר השירים פרק ד׳: פסוק י״ב: גן נעול אחתי כלה גל נעול מעין חתום גימ׳ (1496): ח״פ ״חיי העולם הבא״ (187) ואינון ח׳ תיבין דערך הממוצע דכל תיבה חיי העולם הבא. ורמיזא אלף השמיני דתהיה תחית המתים בגופים גשמיים ובתר דא התפשטות הגשמיות ויחוד נפלא עם קוב״ה וכמו שעלה במחשבה תחלה. ויתגלה דהכל היה מרומז ואף כתוב בהדיא בתורה הקדושה ונרמז בתיבין ג״ן דאינון ג״ן פרשיות התורה בסוד ג״ן עד״ן ותיבה ג״ל בסוד גל עיני ואביטה נפלאות מתורתך [עיין מה שכתבנו לעיל אופן ב׳ בענין סוד הסוכה]. וכדאיתא בספה״ק דאין לך דבר שאינו מרומז בתיבה בראשי״ת והקשו מפדיון הבן דהיכן מרומז בתיבה בראשי״ת ותירצו בראשי״ת ר״ת ״בן ראשון אחר שלשים יום תפדה״, והוא נפלא דהני תיבין גימ׳ (2043): ט״פ ״זכר״ (227). ורמיזא לז״א דאיהו בן ט׳ ספיראן- ומלכותא קדישא משלמא להו לשלמות י׳ ספיראן, כדכתיב (ס״י) עשר ולא תשע עשר ולא אחת עשרה. ואיהו חושבן (2043): ג״פ ״זרע קדש״ (681), א״נ ג״פ ״עיני ישראל״- תיבין אחרנין דתורתנו הקדושה, וזהו נעוץ תחלתן (היינו ר״ת בראשי״ת) בסופן וסופן בתחלתן. ופסוקא דנן חושבן (1496): י״א פעמים ״קול״ (136) - דאמרו חז״ל (זוה״ק ח״א קעא.) בזמן שקולו של יעקב בבתי כנסיות אין הידים ידי עשו- ומכנע לי״א סטרין אחרנין. א״נ האי פסוקא חושבן ״טוב״ (17) פעמים ״טוב הגנוז״ (88) דיתגלה לע״ל בב״א. א״נ כ״ב (אתוון דאורייתא קדישא תורת חיים) פעמים ״חיים״ (68) ופשוט. א״נ ״דל״ (34) פעמים ״יגאל״ (44) דמשיח איקרי דל ומלכות דלה ועניה דלית לה מגרמה כלום ר״ת דו״ד מל״ך והיינו דוד מלך ישראל ישראל חי וקים.

וכפרת י׳ שמעולם [כב]**לא ירדה שכינה למטה מי׳ וכן מאהל מועד שהיה ג״כ י׳ ז״ש מאהל מועד לאמור.**

גלא עמיקתא

וכשהוא ב׳ הפסוקים כנ״ל הרי ו׳ פעמים ״גן נעול אחתי כלה״.

וחושבן ״ויקרא (317) עם ״גן נעול אחתי כלה״ (683) סליקו לחושבן (1000) אלף– והוא נפלא מאד– דהיינו אלף רבתי (תחלת דברי הימים) [4]ועיין מה שבארנו ענין זה במקום אחר בפירוש

4. סוד היבום: הנה בפרשת כי תצא (דברים כ״ה,ה׳-ט׳) בתוך ד׳ פסוקים (ללא פסוק ו׳) ז״פ שרש יב״ם גימ׳ ב״ן, וכדכתיב כי ישבו אחים יחדו ומת אחד מהם ובן אין לו וכו׳, והנה ז״פ ב״ן (א״נ יב״ם) גימ׳ (364) ״השטן״, כדאיתא בגמ׳ [יומא כ. ועיין אופן כ״ב מה שבארנו בענין] שס״ד ימים שליט וההוא יומא (דהיינו יום הכפורים) אינו שליט, ואם כן דמדכר שרש יב״ם ז״פ היינו ז״פ ב״ן והוא גימ׳ ״השטן״ עביד מצוה מיוחדת לייבם אשת אחיו המת ולהקים לו זרע- ובזוה״ק פרשת משפטים אמר ההוא סבא וכו׳ בענין היבום והוא סוד הגלגול עיין שם באריכות, ומבאר שם דהאי בנא בכורא איהו נשמת האח המת וכו׳.

והני ז׳ תיבין (שם) דהיינו ״יבמה ויבמה יבמתו יבמתו יבמי יבמי יבמתו״ סליקו כולהו לחושבן (1618) ״ישמח האב ביוצאי חלציו״ (619) והוא דעבדינן אלף (1000) לאל״ף (1) בסוד א׳ זעירא. והני תיבין אמרינן בתר ברית המילה מיד לאחר קריאת השם לבן- והוא נפלא דהאי יבם שזה עתה מל את בנו בכורו- אינו אלא נשמת אחיו המת- ועיין באריכות בדברי הזוהר הקדוש שם פרשת משפטים.

וזהו דבפסוק (פסוק ו׳ דאינו מזכיר שרש יב״ם) ״והיה הבכור אשר תלד יקום על שם אחיו המת״ גימ׳ (2260) י״פ ״כור״ (מ״בכור״), ובאר״י הק׳ (שער הפסוקים ואתחנן על הפסוק אתכם לקח ה׳ ויוצא אתכם מכור הברזל) כתב דהאחוריים של זעיר נקראים כור הברזל וכו׳ ויחד הם כו״ר והם דינים תקיפים עיין שם.

המקוה של מעלה. שיש ר״ם קבין במקוה. לכן היו ישראל ד׳ פעמים ס׳ רבוא שהם ר״ם רבוא. **[כב] תלמוד בבלי מסכת סוכה דף ה עמוד א:** ותניא, רבי יוסי אומר: מעולם לא ירדה שכינה למטה, ולא עלו משה ואליהו למרום, שנאמר השמים שמים לה׳ והארץ נתן לבני אדם. - ולא ירדה שכינה למטה? והכתיב וירד ה׳ על הר סיני! למעלה מעשרה טפחים. - והכתיב ועמדו רגליו ביום ההוא על הר הזיתים! - למעלה מעשרה טפחים. ולא עלו משה ואליהו למרום? והכתיב ומשה עלה אל האלהים! למטה מעשרה. והכתיב ויעל אליהו בסערה השמים! למטה מעשרה. והכתיב מאחז פני כסא פרשז עליו עננו, ואמר ר׳ תנחום מלמד שפירש שדי מזיו שכינתו ועננו עליו! - למטה מעשרה. - מכל מקום מאחז פני כיסא כתיב! אישתרבובי אישתרבב ליה כסא עד עשרה, ונקט ביה. בשלמא ארון תשעה - דכתיב ועשו ארון עצי שטים אמתים וחצי ארכו ואמה וחצי רחבו ואמה וחצי קומתו. אלא כפורת טפח מנלן? - דתני רבי חנינא: כל הכלים שעשה משה נתנה בהן תורה מדת ארכן ומדת רחבן ומדת קומתן. כפורת מדת ארכה ומדת רחבה נתנה, מדת קומתה לא נתנה. צא ולמד מפחות שבכלים, שנאמר ועשית לו מסגרת טפח סביב, מה להלן טפח - אף כאן טפח. - ונילף מכלים גופייהו! תפשת מרובה - לא תפשת, תפשת מועט - תפשת. ונילף מציץ, דתניא: ציץ דומה כמין טס של זהב, ורחב שתי אצבעות, ומוקף מאזן לאזן, וכתוב עליו שתי שיטין: יו״ד ה״א מלמעלה, וקדש למ״ד מלמטה, ואמר רבי אליעזר ברבי יוסי: אני ראיתיו ברומי, וכתוב עליו קדש לה׳ בשיטה אחת. - דנין כלי מכלי, ואין דנין כלי מתכשיט. - ונילף מזר, דאמר מר: זר משהו! - דנין כלי מכלי, ואין דנין כלי מהכשר כלי. - אי הכי, מסגרת נמי הכשר כלי הוא! - מסגרתו למטה היתה. - הניחא למאן דאמר מסגרתו למטה היתה, אלא למאן דאמר מסגרתו למעלה היתה, מאי איכא למימר? האי הכשר כלי הוא! אלא: דנין דבר שנתנה בו תורה מדה, מדבר שנתנה בו תורה מדה, ואל יוכיחו ציץ וזר שלא נתנה בהן תורה מדה כלל. רב הונא אמר מהכא. על פני הכפרת קדמה - ואין פנים פחות מטפח.

גלא עמיקתא

ענין סוד היבום, והוא בסוד א' זעירא דויקרא בחושבן אלף (1000) דכתיב איכה ירדף אחד אלף (דברים ל"ב,ל'), והוא בסוד [כג]**מאן דאיהו זעיר איהו רב.**

ומעתה יובן מדוע נכתב ב' פעמים זה אחר זה בשני פסוקים סמוכים, דשניהם היינו ב' פעמים "וכבוד ה' מלא את המשכן" (1902) עם ב' פעמים (תרגום אונקלוס) "ויקרא דה' אתמלי ית משכנא" (4098) סליקו לחושבן (6000) [כד]**שית אלפין דהוי עלמא (ראש השנה לא.).**

ומעתה יובן יותר האי דכתב רבינו שיש לאלהינו כנויים שבהם הוא מתלבש (כמ"ש בגמרא שבת קיג: [כה]**ר' יוחנן קרא למאני מכבדותי) הקב"ה.**

וזהו בשית אלפי שנין דהוי עלמא ובאלף השביעי ב' ימות המשיח וחיי עולם הבא פשטתי את כתנתי איככה אלבשנה– ונגלה כבוד הוי' וראו כל בשר יחדו כי פי ה' דבר (ישעי' מ',ה') בגאולה האמיתית והשלמה ב"ב אכי"ר.

[כג] **זוהר - בראשית - פרשת חיי שרה דף קכ"ב ע"ב:** זכאה איהו מאן דאזער גרמיה בהאי עלמא כמה איהו רב ועלאה בההוא עלמא. והכי פתח רב מתיבתא, מאן דאיהו זעיר איהו רב, ומאן דאיהו רב איהו זעיר, דכתיב (בראשית כג) ויהיו חיי שרה מאה שנה ועשרים שנה ושבע שנים, מאה דאיהי חשבון רב כתיב ביה שנה זעירו דשנין חד אזעיר ליה, שבע דאיהו חשבון זעיר אסגי ליה ורבי ליה דכתיב שבע שנים, ת"ח דלא רבי קודשא בריך הוא אלא לדאזעיר לא אזעיר אלא לדרבי, זכאה איהו מאן דאזעיר גרמיה בהאי עלמא כמה איהו רב בעלויא בההוא עלמא. [**כד**] **תלמוד בבלי ראש השנה דף לא עמוד א:** וקמיפלגי בדרב קטינא. דאמר רב קטינא: שיתא אלפי שני הוה עלמא וחד חרוב, שנאמר ונשגב ה' לבדו ביום ההוא. אביי אמר: תרי חרוב, שנאמר יחיינו מימים. [**כה**] **תלמוד בבלי שבת דף קיג עמוד ב:** ותחת כבדו יקד יקד כיקוד אש. אמר רבי יוחנן: ותחת כבדו - ולא כבודו ממש. רבי יוחנן לטעמיה; דרבי יוחנן קרי למאניה מכבדותי. רבי אלעזר אומר: ותחת כבדו - תחת כבודו ממש. רבי שמואל בר נחמני אמר: תחת כבדו - כשריפת בני אהרן; מה להלן - שריפת נשמה וגוף קיים, אף כאן - שריפת נשמה וגוף קיים.

ורמיזא דהכן י"פ "כור" בפסוקא דנן לרמוז דהאי אח המת דנולד מחדש ע"י מצות היבום בא ממהלך של דינים תקיפים כלפי י' בחי' נשמתו, ולכן האי פסוקא בלידתו סליק לחושבן י"פ "כור" וד"ל.

וכשנוסיף לז"פ שרש יב"ם דנן המלים המקושרות עמהן דהיינו "יבמה יבא, ויבמה, את יבמתו, ועלתה יבמתו, מאן יבמי, לא אבה יבמי, ונגשה יבמתו" סליקו כולהו תיבין לחושבן (3037): י"א פעמים "נר ה'" (276).

ואת זה לעומת זה עשה האלהים דאינון י"א כתרין דמסאבותא משרש דינא קשיא כנ"ל דינקין מהקדושה וכו' ולעומתם אינון הני תיבין דמצות יבום דסליקו י"א פעמים "נר ה'" לקביל האי קלי' דרמיזא ז"פ יב"ם גימ' "השטן" (364).

ורמיזא בפסוקא ונגשה יבמתו- "ונגשה" חושבנא (364) "השטן", וכד נתעביד מצות יבום כהלכתו מקיים היבם האי פסוקא "נר ה' נשמת אדם" (משלי כ',כ"ז) גימ' (1111): אלף (1000) אל"ף (111) - ומגדיל האי אלף זעירתא - ורמיזא נשמת המת בלא בנים, לבחי' אלף (1000) אלף רבתי.

אופן טז

איתא כמדרש יש זהב ורב פנינים שהנשיאים התנדבו למשכן והיתה נפשו של משה עגומה שלא התנדב והשיב לו הקב"ה לגדולה מזאת אתה מתוקן שיהיה אצלך הדיבור וזה שכתוב כלי יקר שפתי דעת.

המדרש הזה נדרש גם כן טעם על אלף זעירא שנסתלק אות אלף כאלו אינו ויהיה פירוש הפסוק ויקר אל משה שנתן הקב"ה למשה כלי יקר יותר מצ"ג כלים שעשו הנשיאים ומהו היקר וידבר ה' אליו שהיה הדיבור אצלו וזה חביב יותר ממה שהתנדבו הנשיאים.

ומזה הטעם מאוהל מועד לאמר האמירה היה יותר טוב ממה שהתנדבו מאוהל מועד בעצמו וטעם אלף זעירא הוא סוד הדעת של זעיר שנקרא זעיר וזה היה כלי יקר שפתי דעת:

אופן טז

[א] איתא במדרש (משלי כ׳,ט״ו) יש זהב ורב פנינים שהנשיאים התנדבו למשכן והיתה נפשו

גלא עמיקתא

והנה הפסוק דמביא המגלה עמוקות (משלי כ׳,ט״ו) **״יש זהב ורב פנינים״** גימ׳ (772) ב״פ ״דוד בן ישי״ (386) מרמז ״דוד״ מלכא משיחא דהוא בגימ׳ (14) ״זהב״– דהוה ליה ז׳ מיני זהב בשעריה כמבואר [ב] בזוה״ק יתרו דף עג: וממשיך שם דהוה ליה א׳ זעירא רשימא בדרועא ימינא דיליה וכמו שבארנו 1 באופן ג׳.

1. א׳ זעירא מרמזת לאלופו של עולם, כגון גולה עם אלופו של עולם גאולה ועוד רבים, ודרשו חז״ל על הפסוק (שמות י״ז,ט״ז) ״כי יד על כס י-ה״ (239) אין השם שלם ואין הכסא שלם עד שימחה שמו של עמלק, ולכן ״אחד״ (13) אותיות מהפסוק ״ויקרא אל משה״ מסתיים ב״יד״ של וידבר, ואכן כשמוסיפים א׳ לפסוק הנ״ל גימ׳ (240) ״עמלק״ ומכניעו ומאבידו- להיות הכסא שלם. והנה איתא בזהר יתרו (רזי דרזין דף עג:) וזה לשונו הקדוש: בדרוע ימינא (דדוד [״ימינא״ גימ׳ (111) ״אלף״] הוה חקיק ורשים רשומא חדא (אחד כנ״ל) סתים מבני נשא: מגדל חקיק באריה ואלף זעירא רשים בגויה וסימנא ״אלף המגן תלוי עליו״ (שה״ש ד׳) [גימ׳ (771) ״בן חמש למקרא״ כנ״ל באופן א׳]. כל זמנא דאגח קרבא ההוא רשימא סלקא ובלטא ועל מגדל מכשכשא האי אל״ף זעירא וכדין אתתקף לאגחא קרבא וגו׳ עיי״ש, [״מכשכשא״ גימ׳ (681) ״אני מאמין באמונה שלמה״ בי״ג עיקרי האמונה להרמב״ם ז״ל], וזהו סוד א׳ זעירא של דוד דהות עלאת ומכנעאת עמלק, ועשתה מכס כסא שלם להיות הפסוק הנ״ל גימ׳ עמלק. וזה סוד מחיית עמלק ב׳ מצוות: זכור (עשה) לא תשכח (לא תעשה) מרומז בתרי אלפין זעירין דמשה ודדוד, ב״פ ״אלף זעירא״ עולה בגימ׳ (798) ״אתה אחד ושמך אחד״, והנה ״משה דוד״ גימ׳ (359) ״משיחא״, רמז לתרין משיחין ״משיח בן דוד ומשיח בן יוסף״ שיוסף ומשה כחדא כדכתיב ״ויקח משה את עצמות (עצמות מלאפום) יוסף עמו״, גימ׳ (990) ״מלך מלכי המלכים הקדוש ברוך הוא״ וכמנין ״חקיק באריה ו-א׳ זעירא חסד״, ותוספת חסד כי ״בן דוד בן יוסף״ גימ׳ (274) ״מרדכי״ היינו ״רב חסד״, כנודע מהאריז״ל, ״מרדכי אסתר״ גימ׳ י״ג חסד (ע״ב) סוד ״הכנעת עמלק״ בנס פורים, סליק לחושבן (785) ״ואל משה

[א] **ויקרא רבה פרשת ויקרא פרשה א אות ו:** רבי תנחומא פתח (משלי כ) יש זהב ורב פנינים וכלי יקר שפתי דעת בנוהג שבעולם אדם יש לו זהב וכסף אבנים טובות ומרגליות וכל כלי חמדה שבעולם וטובה ודעת אין בו מה קנייה יש לו מתלא אמר דעה קנית מה חסרת, דעה חסרת מה קנית, יש זהב, הכל הביאו נדבתן למשכן זהב הה״ד (שמות כה) וזאת התרומה וגו׳, ורב פנינים זו נדבתן של נשיאים דכתיב (שם לה) והנשיאים הביאו וגו׳, וכלי יקר שפתי דעת, לפי שהיתה נפשו של משה עגומה עליו ואמר הכל הביאו נדבתן למשכן ואני לא הבאתי א״ל הקדוש ברוך הוא חייך שדיבורך חביב עלי יותר מן הכל שמכולן לא קרא הדיבור אלא למשה ויקרא אל משה.

[ב] **זוהר - רזא דרזין כרך ב (שמות) פרשת יתרו דף עג עמוד א:** זרעא דדוד בהפוכא, דוד מלכא ירית דא סומקא שפירא למעבד דינא ולמעבד שפירו דעובדוי עינוי עינין דרחמי יתבין על שלימו סלקין חנא וחסדא חד חוטא ירוקא אזיל בגוייהו, בשעתא דאגח קרבא ההוא חוטא אתהפך ואתהוי סומקא כוורדא, נח רוגזיה בקרבא תב ההוא חוטא כמלקדמין נסין (ס״א כסין) ררברבין הוו בעינוי, הוו חדאן, תאיבין למחמי, נקודין בתלת גוונין חדו דלבא הוו בלב כלא חייביא דמסתכלין בהו הוו זעין ודחלין סלקין בלבייהו אימתא ודחילו, מצחא דיליה רב עגולא בשפירו וכל אתוון אתחזון וסלקין ביה אלין סלקין ואלין נחתין, אינון דנחתין סלקין יהבין דוכתא אלין לאלין בגין כך רשימין דיליה סלקין בארכא לעילא, גבינין דעינוי רחמין לרחמנותא, לא אוכמין ולא סומקין אלא בין תרין גוונין, בת עינא דלגו אחזי כל דיוקנין דעלמא חוטא סומקא סחרא ליה וחדווא סחור סחור כלא, שירותא דחייבין מקרבין למחמי אינון חייביא חמאן לון חייכאן רחמי חנא וחסדא לבתר תוקפא ודחילו ואמתנו ורוגזא, ועינוי יונים לגבייהו מאי יונים,

של משה עגומה שלא התנדב. והשיב לו הקב"ה לגדולה מזאת אתה מתוקן שיהיה אצלך הדבור וזה שכתוב (שם) וכלי

גלא עמיקתא

ברם ז' מיני זהב דתמן הן בשינוי מהגמרא כאמרם (יומא מד:) [ג]ד–ז' זהבים הן **"זהב, אופיר, טוב, מופז, שחוט, סגור, פרוים"** גימ' (1389) "דודי ירד לגנו לערוגות הבשם" (שיר השירים ו',ב') ורמיזא הכא דודי אתוון [ד]דויד מלא כמו שיהיה לעתיד לבוא.

"לגנו" גימ' (89) "חנוכה" והזהב השביעי [2] "פרוים" אתוון "פורים".

דעבדין לון אונאה לחייביא כמא דאת אמר (ויקרא כה) לא תונו איש את עמיתו וכתיב (שיר א) עיניך יונים מקרבן ומרחקן כל דיוקנין דעלמא כלהו כלילן באנפוי, שערא דרישיה הוה רשים בגווני שבעה זיני דהבא חמינא בספרא דאדם קדמאה דאמר הכי דיוקנין דמשיחא קדמאה לסיהרא, גוון דיליה זהב ירקרק באנפוי, גוון דיליה זהב אופיר בדיקניה, גוון דיליה זהב שבא בגבינוי, גוון דיליה (ד"ה ב ג) זהב פרוים בקריצין דעל עינוי, גוון דיליה זהב סגור בשערא דרישיה, גוון דיליה זהב מופז על חדוי בלוחא דעל לביה, גוון דיליה זהב תרשיש על תרין דרועין, כל שבעה גוונין אלין הוו בדרועא ימינא הוה חקיק ורשים רשומא חדא סתים מבני נשא מגדל חקיק באריה ואלף זעירא רשים בגויה וסימנא דא (שיר ד) אלף המגן תלוי עליו, כל זמנא דאגח קרבא ההוא רשימא סלקא ובלטא ועל מגדל מכשכשא האי אלף וכדין אתתקף לאגחא קרבא, כד עאל בקרבא מכשכשא ההוא אריה וכדין אתגבר כאריה ונצח קרבין וההוא מגדל אתרהיט וסימניה (משלי יח) בו ירוץ צדיק ונשגב, ונשגב דוד משנאוי דלא יכלין לגביה, ומן סמנין אלין ורשימין אלין הוו רשימין בדרעיה שמאלא, שפוון רברבין דכל מאן דשפוותיה רברבין מאריה דלישנא בישא איהו בין זכאה בין חייבא בר אי צדיק גמור הוא ובזכיו דיליה נצח ונטיר גרמיה, עיינין ירוקין זעיר מגוון סומק אזיל בינייהו במצחיה תרין רשומין מסטרא דא לסטרא דא וחד לעילא זעירא וחד לתתא איהו באת פ' ואת ר' דא מצחיה רב בעגולא איהו טב לכלא, יהיב מכל מה דאית ליה לכל בר נש, ותרן איהו שערוי שעיע ותלי בסטר ימינא אית ליה חוורו דשערי מיומא דאתברי.

[ג] **תלמוד בבלי יומא דף מד עמוד ב:** אמר רב חסדא: שבעה זהבים הן: זהב, וזהב טוב, וזהב אופיר, וזהב מופז, וזהב שחוט, וזהב סגור, וזהב פרוים. זהב וזהב טוב - דכתיב (בראשית ב',י"ב) וזהב הארץ ההיא טוב, זהב אופיר - דאתי מאופיר, זהב מופז - שדומה לפז, זהב שחוט - שנטוה כחוט, זהב סגור - בשעה שנפתח כל החנויות נסגרות, זהב פרוים - שדומה לדם הפרים. רב אשי אמר: חמשה הן, וכל חד וחד אית ביה זהב וזהב טוב. תניא נמי הכי: בכל יום היה זהבה ירוק והיום אדום, והיינו זהב פרוים שדומה לדם הפרים. [ד] **חומת אנך לרבינו החיד"א יחזקאל פרק לד:** והקימותי להם רועה אחד וכו' את עבדי דויד וכו'. הוא מלך המשיח. ואפשר דבתחילה כתיב עבדי דויד מלא יו"ד רמז שיבא לו נשמה מיחידה כמ"ש רבינו האר"י ז"ל. אך הוא יהיה עניו ולא יתנהג בגדולה ולרמוז זה כתיב אח"ך ועבדי דוד חסר יו"ד להורות שלמותו וז"ש נשיא בתוכם ולא עליהם

אמר עלה אל ה'" (שמות כ"ד,א') העלאת א' זעירא והיה הכסא שלם בב"א. קצור: מקשר א' זעירא דמשה (ויקרא) לא' זעירא של דוד דהות רשימא ביד ימינא דיליה למחית עמלק שם שלם וכסא שלם, תרין משיחין, תרין מצוות: עשה- זכור כנגד דוד דהוה אגח קרבא, וכנגד משה- לא תעשה- דכתיב (שמ' י"ז) "ויקחו אבן וישימו תחתיו וישב עליה" ואמרינן (ערובין ק.) שב ואל תעשה עדיף.

2. אופן ש"פ לבאור ואתחנן אופן צ"ג פסוק כ"ה. **ויקרא פרעה שם יוסף צפנת פענח ויתן לו את אסנת בת פוטי פרע כהן אן לאשה ויצא יוסף על ארץ מצרים** גימ' עם הכולל (5764) ד' פעמים "אלף (1000) אמת (441)" (1441) באור הענין: דהקב"ה אמת וחותמו אמת והן ד' פעמים כנגד ד' אותיות שמו הגדול והקדוש י-ה-ו-ה ובפסוק כתוב או"ן חסר א"ן, והגימטריא של הפסוק א"ן (51) פעמים באל"ף (113) ומקשר ענין יוסף למשה- דאשתו כגופו וזכה משה לאלף זעירא- וזהו א"ן פעמים באל"ף, ומשה השיג בחינת אור

הגנוז בקחתו את עצמות יוסף עמו כדכתיב (שמות י״ג,י״ט) ״ויקח משה את עצמות יוסף עמו״ שלקח עצמותו ומהותו של יוסף הצדיק יסודא דסליק עד לפנימיות הכתר- כת״ר גימ׳ (620) צפנ״ת, ובוקע ברזא דאינסוף צפנ״ת פענ״ח גימ׳ (828) בסת״ר עליו״ן [כדכתיב (תהל׳ צ״א,א׳) ״יושב בסתר עליון״] וממתק ב׳ קליפות עש״ו ישמעא״ל עם הכולל גימ׳ (828) צפנ״ת פענ״ח- דהן ב׳ ענגים דמכסים על העין בבחינת ב׳ עפעפיים שעל העין כמבואר בליקוטי מוהר״ן בכמה מקומות, ועתידא לאתגלאה בגילוי אור הגנוז ותחית המתים בחינת ונהפוך הוא דפורים [כדכתיב במגילת אסתר (ט׳,א׳) ״ונהפוך הוא אשר ישלטו היהודים המה בשונאיהם״] ורמיזא **ומפר״י** אתוון **פורי״ם** כדכתיב (בראשית ג׳,ג׳) **ומפר״י** העץ אשר בתוך הגן אמר א-להים לא תאכלו ממנו ולא תגעו בו פן תמותון והוא בדברי חוה לנחש דעברה בבל תוסיף שהקב״ה אסר רק את האכילה כמ״ש (בראשית ב׳,ט״ז) ויצו ה׳ א-להים על האדם וכו׳ ומעץ הדעת טוב ורע לא תאכל ממנו כי ביום אכלך ממנו מות תמות- וחוה הוסיפה גם את הנגיעה- לא תאכלו ממנו ולא תגעו בו- והוא בבחינת כל המוסיף גורע אם כן **ומפר״י** אתוון **פורי״ם** גימטריא **לאש״ה** בכאן (פסוק ג׳) כתיב לאש״ה חסר, ושם (פסוק ו׳) כתיב ותתן גם לאיש״ה עמה ויאכל- לאיש״ה מלא- גימ׳ (346) רצו״ן ושם כתיב (פסוק ב׳) ״ותאמר האשה אל הנחש מפרי עץ הגן נאכל״ גימ׳ (2001) ג׳ פעמים ״הפיל פור הוא הגורל״ (667) ענין הפור דהפיל המן-עמלק בחינת הנחש כדכתיב (ישעי׳ י״ד,כ״ט) ״כי משורש נחש יצא צפע״ צפ״ע גימ׳ (240) עמל״ק- והמן מזרע עמלק כדאיתא במדרש (אסתר רבה ח,ה) דכתיב לגבי המן (אסתר ד,ז) אשר קרהו ופרשו חז״ל בן בנו של קרהו והיינו שהמן היה מזרעו של עמלק דכתיב ביה (דברים כה,יז) ״זכור את אשר עשה לך עמלק וכו׳ אשר קרך בדרך״ ודרשו חז״ל אשר קרך בדרך מלשון קרירות משל לאמבטי רותחת קפץ אחד לתוכה אף על פי שנכווה הקרה אותה בפני אחרים וכן אמרינן בפיוט אחר קריאת המגילה

יקר שפתי דעת. המדרש הזה נדרש גם כן טעם על אלף זעירא שנסתלק אות א׳ כאילו אינו ויהיה פירוש הפסוק ויקר אל

גלא עמיקתא

וזהו בחלקו ה–א׳ של הפסוק במשלי וחלקו ה–ב׳ והוא עיקר כונתו של המגלה

(ומובא במחזור ויטרי ובספר בני יששכר) בקום עלינו אדם רשע נצר זדון מזרע עמלק ומה שמובא בפיוט בקום עלינו אדם רשע נצר זדון מזרע עמלק- הכוונה לדברי הגמרא במגילה (יא.) לולי ה׳ שהיה לנו בקום עלינו אדם (תהל׳ קכד,א) בקום עלינו אדם ולא מלך זה המן עיין שם בסוגיא. וכן שם רמז נוסף לפורים (פסוק ו׳) ותקח **מפרי״ו** ותאכל ותתן גם לאישה עמה ויאכל **מפרי״ו** אתוון **פורי״ם** כנ״ל **ושלשת הפסוקים יחד** דהיינו: א׳. ותאמר האשה אל הנחש מפרי (אתוון פרי״ם היינו פורי״ם חסר) עץ הגן נאכל (בראשית ג׳,ב׳) (2001) ב׳. ומפרי (אתוון פורי״ם) העץ אשר בתוך אמר א-להים לא תאכלו ממנו ולא תגעו בו פן תמותון (שם פסוק ג׳) (3989) ג׳. ותרא האשה כי טוב העץ למאכל וכי תאוה הוא לעינים ונחמד העץ להשכיל ותקח מפריו (אתוון פורי״ם) ותאכל ותתן גם לאישה עמה ויאכל (שם פסוק ו׳) (5323) הני ג׳ פסוקין- דרמיזין אתחית המתים דפורי״ם ונהפוך הוא- סליקו לחושבן (11313) ט׳ פעמים ״עץ פרי עושה פרי למינו״ (1257) (בראשית א,יא) בחינת תקונא שלים לעתיד לבוא בחינת פורים כנ״ל והוא ט׳ פעמים דהן ט׳ מלכויות דז״א משלימים לנוקבא לפרצוף שלם בסוד א״ט ב״ח, וחטאה הארץ ותוצא וכו׳ עץ עושה פרי (שם פסוק יב) - וחזינן דהיו במעשה בראשית חטאים במציאות כולה: ״**דומם - לבנה, צומח - עץ, חי - נחש, מדבר - אדם**״ גימ׳ (1148) ״ויקרא אל משה ביום השביעי״ (שמות כד,טז) ומקשרא **ויקרא** אל משה בהקמת המשכן דאז זכה ל-א׳ זעירא פנימיות אור הגנוז ותחית המתים כדבארנו לעיל בכמה ממקומות, ורצה משה לתקן הבריאה כולה **דצח״מ** ראשי תיבות **ד**ומם **צ**ומח **ח**י **מ**דבר דבכולם החטא נעשה בגופם ממש: לבנה (דומם) נחש (חי) ובאדם (מדבר) וכן בעץ (צומח) דאמנם האדמה הוציאה עץ עושה פרי אך בעץ גופא נעשה החטא וכגון הנחש דהטיל בחוה זוהמא בה גופא וכעין מה שמצינו בגמרא (סנהדרין נד.) לגבי אדם שבא על בהמה שהדין שם (ויקרא כ,טו) ואת הבהמה

תהרוגו- ואומרת הגמרא אם אדם חטא בהמה מה חטאה- אלא לפי שבא לאדם תקלה על ידה, לפיכך אמר הכתוב תסקל. ואמר ליה הקב״ה רב לך- אתה תקנת הרב מבין כולם בחינת אדם- ועל כן נקראת משה איש הא-להים, ברם בני ישראל יתקנו ג׳ הבחינות התחתונות דהיינו: ״**לבנה - עץ - נחש**״ גימ׳ (605) בבנ״י ישרא״ל וזהו ״**דומם - צומח - חי**״ גימ׳ (252) ר״ב ל״ך והוא גם כן גימ׳ (11313) כ״ז פעמים ״אור האינסוף״ (419) רמיזא אור האינסוף בחינת הקו המבטש באותיות הרשימו למהוי העולמות ומתעלם בתוכן בסוד עלמות אין מספר (שה״ש ו,ח) אל תיקרי עלמות אלא עולמות (לשון זה מובא בספר נפש החיים לרבי חיים מוולאז׳ין שער א׳ פרק ג׳ רבו רבבן כוחות ועולמות אין מספר עיין שם) והוא אור הגנוז והצפון לעתיד לבוא כשיתגלה וראו כל בשר וכו׳ וזהו דאמרינן באופן קצ״ו פסוק ה׳ ״מה רב טובך אשר צפנת ליראיך״ (תהל׳ ל״א,כ׳) גימ׳ (1676) ד׳ פעמים ״אור האינסוף״ (419) לקביל ד׳ אתוון דשמא קדישא י-ה-ו-ה והן בחינת שעשועי המלך בעצמותו והתענוג העצמי הבלתי מורגש כאשר בני בכורי ישראל עושה רצונו של מקום למרות ההסתרה, בבחינת ״משנכנס אדר מרבין בשמחה״ גימ׳ (1382) ״ישב בשמים ישחק א-דני ילעג למו״ (תהל׳ ב׳,ד׳) בחינת שעשועים עצמיים כנ״ל.

יש״ב בשמי״ם גימ׳ (702) **שב״ת** ענין שביתה בשבת כדכתיב (שמות י״ז,כ״ט) ״שבו איש תחתיו״ גימ׳ (1443) י״ג פעמים אל״ף (111) דאינון י״ג מכילן דרחמי דבגאולתא קוב״ה מתלבש בהון ונחית להאי עלמא כדכתיב (שמות יט,כ) ״וירד ה׳ על הר סיני״ וגאולת מצרים כעין גאולה העתידה כדכתיב (מיכה ז,טו) ״כימי צאתך מארץ מצרים אראנו נפלאות״ ואז יהיה יחוד עליון דקוב״ה וכנסת ישראל בבחינת מה שכתוב לעתיד לבוא (הושע ב,יח) ״והיה ביום ההוא תקראי אישי ולא תקראי לי עוד בעלי״ דר״ת **ש**בו **איש** **ת**חתיו אתוון **אש״ת** ושאר אתוון גימ׳ (747) ״**משה איש** הא-להים״ [כדכתיב (דברים לג,א) ״וזאת הברכה אשר ברך משה איש הא-להים״] ס״ת למפרע **מש״ה** דמשה נשמת כל ישראל וזכה בחיי חיותו לבחינה זו של לעתיד לבוא להתיחד עם הקב״ה ביחוד שלם כאמרם (חולין קלט:) משה מן התורה מניין שנאמר (בראשית ו׳,ג׳) בשג״ם הוא בשר בשג״ם ר״ת **ש**כינה **מ**דברת **ב**תוך **ג**רונו של משה ״שכינה מדברת בתוך גרונו״ עם הכולל גימטריא (1725) ה׳ פעמים מש״ה- בחינת נרנח״י שלם בלא הפסק וחציצת גשמיות ולכן משה לא פסיק טעמא בגויה ״שכינה מדברת בתוך גרונו״ בא״ת ב״ש (בלמטצ יקשגא שאפל רגפטפ) גימ׳ (1368) ו׳ פעמים כרו״ב (228) דמשה בסוד אות ו׳ דקיבל הלוחות דארכן ורחבן ו׳ ורצה בכאן להחליף פני שור בכרוב ולמתק הדינים ואמר לו השי״ת רב לך- דזכית דשכינה מדברת מתוך גרונך- דחושבן ״שכינה מדברת בתוך גרונו״ פשוט (1725) וא״ת ב״ש (1368) גימ׳ (3093) **ג׳** פעמים ״**ויהי אחר מות משה**״ (1031) כדפותח ספר יהושע ״ויהי אחר מות משה עבד ה׳ ויאמר ה׳ אל יהושע משה עבדי מת״ וכו׳- ולכן עלה ראש הפסגה וכו׳ ופשוט גשמיותך עד לתחית המתים בחינת פורים כנ״ל ובלע המות לנצח וראו כל בשר יחדו כי פי ה׳ דבר דא משה דשכינה מדברת בתוך גרונו כנ״ל והוא נפלא: ״**ויהי אחר מות משה**״ גימ׳ (1031) ״**שכינה מדברת**״ ורמיזא דחושבן ״שכינה מדברת **מ**תוך גרונו״ בשינוי **ב**תוך גרונו **למ**תוך גרונו דהוא בבחינה שתהיה לעתיד לבוא כנ״ל דראו כל בשר יחדו כי פי ה׳ דבר דא משה דשכינה מדברת מתוך גרונו וכדכתיב באהרן (שמות ד׳,ט״ז) ״הוא יהיה לך לפה ואתה תהיה לו לאלהים״ וזהו ״שכינה מדברת מתוך גרונו״ גימ׳ עם ב׳ כוללים שכינה א׳ וגרונו דמשה ב׳ סליק לחושבן (1764): ״**בני ישראל - יהושע - ארץ ישראל**״ ורמיזא **דיהושע** דהוא בחינת תורה שבעל פה יכניס את **בני ישראל לארץ ישראל** בחינת הלכה פסוקה, ולעתיד לבוא יבא משה לארץ ישראל ויחזו את הא-להים וראו כל בשר יחדו כי פי ה׳ דבר דא משה דשכינה מדברת מתוך גרונו כדכתיב (ישעי׳ נד,יג) ״וכל בניך למודי ה׳״ והיינו דילמדו תורה מפי השי״ת עצמו היינו מתוך גרונו של משה דשכינה תדבר מתוך גרונו ולא כמו שהיה בהאי עלמא (דברים ה,ה) ״אנכי עומד בין ה׳ וביניכם״ ואז יקוים מאמר הזוהר הקדוש בשלמותו קוב״ה אורייתא וישראל חד ועל ידי זה יומשך בבני ישראל (שמות ד,י) ״כבד פה״ גימ׳ (111) אל״ף והיינו האי א׳ זעירא דויקרא שורש לכולהו אתוון ״כבד פה וכבד״ גימ׳ (143) ״א-ל א-להים הוי׳״ כדכתיב (תהל׳ נ,א) ״א-ל א-להים הוי׳ דבר״ שלמות הדיבור ב-ג׳ קוין. ובתוספת תיבת לשו״ן גימ׳ (386) דו״ד ב״ן יש״י דאיהו מש״ה דו״ד (359) שריין כחדא במשיח״א (359) הרי ״כבד פה וכבד לשון״ גימ׳ (529) החת״ן והכל״ה וכן גימ׳ (529) נגיל״ה

ונשמח"ה **ב"ך** (שיר השירים א,ד) והיינו **ב"ך** א-להינו ו**בכ"ב** אתוון דתורתך הקדושה כמו שתלמדנו מפיך בבחינת שעשועים עצמיים דילך "תורתך שעשועי" (תהל' קיט,צב) בחינת "ועת לשחוק" (קהלת ג,ד) דסליק לחושבן (920) "וכל בניך למודי הוי' ורב שלום בניך" (ישעי' נד,יג) ויצחק אבינו נקרא על שם הצחוק כמו שאמרה שרה בלידת יצחק (בראשית כא,ו) "צחוק עשה לי א-להים, כל השומע יצחק לי" ואמרו חז"ל (שבת פט.) דעל יצחק יאמרו לעתיד לבוא "כי אתה אבינו" (ישעי' סג,טז) ורמיזא בהאי פסוקא גופא ור"ב גימ' (208) יצח"ק בחינת גבורה דעתיק מתלבשא במוחא סתימאה דאריך בסוד ג"ט קע"ר פ"ח דאינו צמצום דלית שמאלא בהאי עתיקא, אלא ונהפוך הוא- תגבורות העצמיות ובוקעת ממוחא סתימאה בבחינת שערין דחוורתיה ודיקנא קדישא וכו'.

3. הני י"ד פסוקין יחד גימ' (44306): אנכ"י (81-קוב"ה כתר עליון) פ' וישרא"ל (547) ע"ה, א"נ כ"ז (27 אתוון דאורייתא קדישא) פ' "בעבור דוד עבדך אל תשב פני משיחך" (1641) ע"ה (תהל' קל"ב,י'). ובאור הענין דכתיב בזוה"ק קוב"ה (אנכי) אורייתא (כ"ז אתוון) וישראל כולא חד- וכאן מוספינן דוד מלכא משיחא דיעביד מלחמות ה' ועתיד להחזיר צדיקיא בתיובתא בב"א. ונוסף דוד מלכא משיחא דאינון י"ד פסוקין גימ' "דוד", ופשוט.

4. והנה מרע"ה דכתיב ביה (במדבר י"ב,ח') "פה אל פה אדבר בו" [עי' לעיל אופן נ"ז בעניין עשרת הדברות] בקש מהשי"ת (שמות ל"ג,י"ח) "ויאמר הראני נא את כבדך" גימ' (1021) "ביאת משיח צדקנו", אולם נענה שם בפס' כ'- "ויאמר לא תוכל

גלא עמיקתא

עמוקות "וכלי יקר שפתי דעת" גימ' עם הכולל (1641) "בעבור דוד עבדך אל תשב פני משיחך" (תהל' קל"ב,י'–3 ועיין אופן קצ"ז לבאור שה"ש פ"ד י"ד פסוקין קדמאין היינו דו"ד פסוקים עיין שם באריכות)

והפסוק כולו דהיינו "יש זהב ורב פנינים וכלי יקר שפתי דעת" גימ' (2412) י"ב פעמים "פה אל פה" (201) כדכתיב (במדבר י"ב,ח') "פה אל פה אדבר בו" וכו'

דהקב"ה דבר עם משה פה אל פה [4 עיין לעיל אופן ס"ד] כדבר איש אל רעהו- והוא עיקר המכוון בדברי המגלה עמוקות דאומר לו הקב"ה למשה היקר הכלי יקר שפתי דעת הדבור לא נתיחד אלא 5 לך ולכן אל תקנא בנשיאים דרק הם הקריבו.

לראות את פני כי לא יראני האדם וחי" גימ' (2322) ב"פ (1161) "כל זמן שהנשמה בקרבי" וכו' וחותם "המחזיר נשמות לפגרים מתים" גימ' (1919) ק"א פ' חו"ה, היא חוה דגרמה לאדה"ר לאכול מעץ הדעת טוב ורע, ונקנסה מיתה לעולם, ואנו בעזהשי"ת נזכה לתחית המתים ולחיי העוה"ב בזכות השונה פרקו- כדאמרו חז"ל (חגיגה ט:) אינו דומה שונה פרקו ק' פעמים לשונה פרקו ק"א פעמים והיינו האי ק"א פעמים חו"ה.

5. אקדמות מילין לבאור דברי המגלה עמוקות ואתחנן אופן צ"ד: יבאר ענין "סוד תהלה לדוד" גימ' (554) "מחיה מתים" עם הכולל שכל האומרו ג' פעמים בכל יום מובטח לו שהוא בן העולם הבא [כדאיתא בגמרא ברכות ד: אמר רבי אלעזר אמר רבי אבינא כל האומר תהלה לדוד ג' פעמים בכל יום מובטח לו שהוא בן העולם הבא] דחושבן כולא פרקא תהלה לדוד (תהלים קמ"ה) גימ' (36445) טוב"ך (37) פעמים "מקדש ישראל" (985) [כדאמרינן בברכה בתפלת שלוש רגלים ברוך אתה ה' **מקדש ישראל** והזמנים] וכשנחשב ג' פעמים האי פרקא- דאומרים אותו ג' פעמים בכל יום- סליק לחושבן (109335): אל"ף (111) פעמים "מקדש ישראל" (985) דהיינו אלופו של עולם בחינת אל"ף הוא המקדש את עמו ישראל על ידי תורה ומצוות ומעשים טובים, ולעתיד לבוא תאיר בגילוי ההארה הגדולה של אור הגנוז, ולכל בני ישראל לא תהיה קבלת השפע בשווה, אלא כל אחד לפי הכלי שהכין בהאי עלמא- לפום מאי דמשער בליביה. ואם כן נרמז בתהלה לדוד דהאומרו ג' פעמים בכל יום- הקדוש ברוך הוא בעצמו אלופו של עולם הנרמז במלת אל"ף (111) פעמים- הוא המקדשו ויקים אותו בטל תחית המתים להחיותו לחיי נצח ביחודא **שלי"ם**

ר"ת וס"ת **מקדש ישראל** כנ"ל. ומבאר המגלה עמוקות דרצה משה לתקן "סמיכו וסעידו לשכינה" גימ' (707) השב"ת- להביא ליום שכולו שבת ומנוחה, ולהמשיך "אור הגנוז" גימ' (278) אעבר"ה- דרצה משה **לעבור** את הירדן ולהיכנס לארץ ישראל, **ולהעביר** הקליפות מארץ ישראל ומהעולם כולו בסוד "ויהי בנסוע הארון" ספר בפני עצמו- ואם כן הן שבעה ספרים בחומש ולא חמישה כדאיתא בגמרא שבת קטז: פרשיה זו (של ויהי בנסוע הארון וכו') עשה לה הקדוש ברוך הוא סימניות למעלה ולמטה לומר שאין זו מקומה, רבי אומר: לא מן השם הוא זה אלא מפני שספר חשוב הוא בפני עצמו. ובזה מבארת הגמרא שם הפסוק (משלי ט,א) "חכמות בנתה ביתה חצבה עמודיה שבעה" אלו שבעה ספרי תורה- דהיינו: בראשית, שמות, ויקרא, במדבר עד ויהי בנסוע הארון, ויהי בנסוע הארון, במדבר מויהי בנסוע הארון עד סוף הספר, דברים ותמן אינון תרין פסוקין (במדבר י"א ל"ה-ל"ו): א'. "ויהי בנסע הארן ויאמר משה קומה ה' ויפצו איביך וינסו משנאיך מפניך" [גימ' (2236) ב' פעמים שמע ישראל ה' א-להינו ה' אחד (1118)] ב'. "ובנחה יאמר שובה ה' רבבות אלפי ישראל" [גימ' (1933) י"ב פעמים קס"א שם אהי"ה דיודין בחינת כתר עליון] סליקו תרויהו לחושבן עם הכולל (4170) י"ה (15) פעמים "אור הגנוז" (278) דעתיד אור הגנוז לרדת דרך כתר עליון י"ג מכילן דרחמי לאבא ואמא י"ה ומשם לז"א ועד לבני ישראל ב-ה' בחינות נרנח"י דילהון דאינון י"ג פעמים "אור הגנוז" (278) עם הכולל סליק לחושבן (3615) ה' פעמים "יעקב ישראל" (723) בחינת נרנח"י דישראל בפנימיות-ישראל ובחיצוניות-יעקב ורצה משה לתקן פני שור שבמרכבה, ואמר אעבר"ה ב-א' רבתי גימ' עם הכולל (1278) "שור אריה ונשר" כמו שכתוב במרכבה (יחזקאל א,י): "ודמות פניהם פני אדם, ופני **אריה** אל הימין לארבעתם, ופני **שור** מהשמאל לארבעתן, ופני **נשר** לארבעתן" וזהו אעבר"ה אתוון ארבע"ה פנים שהיו במרכבה ורצה משה לתקנן בשלמות דכשם שרצה לתקן פני שור שבמרכבה כך רצה לתקן פני אדם אריה ונשר, ולהשלימם עם האבות הקדושים "אברהם יצחק ויעקב" (638) וכשנחברם יחד "שור אריה ונשר, אברהם יצחק ויעקב" גימ' (1916) ד' פעמים "עין בעין יראו" (479) כדכתיב לעתיד לבוא (ישעי' נב,ח) "כי עין בעין יראו בשוב ה' ציון" וישפיעו ב-ג' קוין ב-ה' אחרונה דמלכות היינו "חסד - דין - רחמים" (434) עם ג' אבהן (638) ו-ג' חיון דמרכבתא עילאה כנ"ל (1278) סליקו לחושבן (2350): נ' פעמים הוי' אהי"ה (47) בסוד התלבשות פנימיות הכתר בשער ה-נ' דבינה והמשכתו להוי' זעיר עד ל-ה' תתאה- בסוד ד' רבתי דאח"ד ובסוד ויהי בנסוע הארון כנ"ל דסליק לחושבן ב"פ שמע ישראל ה' א-להינו ה' אחד כנ"ל תמן בתיבה אח"ד אית בה **ד' רבת"י** גימ' (616) **התור"ה** ב' פעמים **ד' רבת"י** גימ' (1232) "אלף (1000) רל"ב (232)" ד' מילויי שם הוי' ברוך הוא שם שלם וכסא שלם והאי פרשתא ויהי בנסוע הארון וכו' ב' פסוקין אינון פ"ה (85) אתוון בסוד "פה אל פה אדבר בו" (במדבר יב,ח) גימ' (416) אי"ה (16) פעמים הוי' (26) והיינו אי"ה דייקא אלופו של עולם מתלבש בי"ה אבא ואמא ובזעיר הוי' בסוד "כתר חכמה בינה זעיר" גימ' (1047) "ויאמר ה' סלחתי כדברך" (במדבר יד,כ) דמיתק משה הדינים ב-ג' קוין דהוא חושבן (1047) ג' פעמים "סיטרא דדינא" (349) והוא ג"כ ג' פעמים "לסנגור" (349) היינו קטגו"ר פני שור יהפך לסנגו"ר דייקא ורצה למתק השור ב-ד' עלמין דבחינתו של משה מאצילות דאין הדינין נמתקין אלא **בשורש"ם** קרי **בשו"ר ש"ם** גימ' (848) אי"ה (16) פעמים חמ"ה (53) דאמרו חז"ל (בבא בתרא עה.) פני משה כפני חמה ופני יהושע כפני לבנה- ומשה שהוא פני חמה שייך במיתוק זה באם יכנס לארץ ישראל להמשיכו שם ודרגתו של משה גבוהה משל ישעי' ויחזקאל שהשיגו רק ביצירה ובריאה, ומשה באצילות במראה ולא בחידות (במדבר יב,ח) ורצה משה למתק ב' הבחינות ד-ד' רבתי הנ"ל ד-ב' בחינות שמע ישראל וכו' דסליק לחושבן ויהי בנסוע הארון וכו' כנ"ל דקריאת שמע דערבית בחינת מלכות, ודשחרית בחינת בינה, וליחדן בסוד כרובים בארץ ישראל "**מבין שני הכרובים**" (במדבר ז,פט) ר"ת **מש"ה** גימ' (745) באספקלרי"א המאיר"ה דזכה לה משה מה שלא זכו שאר הנביאים שראו באספקלריא שאינה מאירה [כדאיתא בגמרא יבמות מט: כדתניא כל הנביאים נסתכלו באספקלריא שאינה מאיר ומשה רבינו נסתכל באספקלריא המאירה] "מבין שני הכרובים" בא"ת ב"ש (ישמט בטמ צלגפשמי) גימ' (963) תור"ה במילוי יודין כזה: "תיו ויו ריש הי" (963) וכן אח"ד במילוי כזה: "אלף חית דלת" (963) בסוד ד' רבתי דאח"ד כנ"ל "מבין שני הכרובים" פשוט (745) וא"ת ב"ש (963) גימ' (1708): כ"ח

(28) פעמים אי"ן (61) דהוא כ"ח דחכמה כדאיתא בספה"ק דחכמה נוטריקון כ"ח מ"ה וכתיב (איוב כח,יב) "והחכמה מאין תמצא" ורצה משה כעת להמשיך כ"ח האי"ן דתיבה אי"ן נוטריקון "אור יוד נון" גימ' (333) ג' פעמים (דהוי חזקה) אל"ף (111) רמיזא אל"ף זעירא דויקרא ולתקן חטא חוה דכתיב ביה (בראשית ג,ו) ותרא האשה "כי טוב העץ למאכל" חושבנא כחושבנא דדין (333) ושניהם גימ' ג' פעמים אל"ף כנ"ל רמיזא דעל ידי אל"ף זעירא דויקרא מיתק משה את שניהם והוא על ידי תיקון פגם השבירה שהחל מפגם העינים כדאזיל ומפרש פסוקא "וכי תאוה הוא לעינים" גימ' (670) ב' פעמים "הר סיני" (335) דניתנו הלוחות פעמים בהר סיני בידי משה ולהמשיך אור הגנוז מעצמות אין סוף למעלה מעינים דאדם קדמאה תמן השבירה ולהורידה עד לחכמה יו"ד ולבינה שער הנו"ן כנ"ל ועד לתתא ל-ד' רבתי דמלכותא כנ"ל ב-ב' בחינותיה כמבואר בשער הפסוקים יחזקאל סימן ט' ענין ב' בחינות מנצפ"ך: ה' באמא ו-ה' דבנוקבא דזעיר כי לכך מנצפ"ך הן אותיות כפולות כנודע וכיון שהן כפולות נכפיל ב' פעמים מנצפ"ך גימ' (560) **קס"ת** [והוא שם בשער הפסוקים ביחזקאל דכתיב שם (יחזקאל ט,ב) והנה ששה אנשים באים וכו' ואיש אחד בתוכם לבוש הבדים **וקסת** הסופר במתניו]

קס"ת בא"ת ב"ש גימ' (12) ז"ה בחינת אספקלריא המאירה בחינת מראה באצבעו, **קס"ת** פשוט וא"ת ב"ש גימ' (572) "משיח צדקך" והוא חושבן ב' פעמים פו"ר (286) דהמ"ן הרשע הפיל פור הוא הגורל וכו' (אסתר ג,ז) ובאר"י הקדוש המ"ן יניק מאתוון מ"ן רישא דמנצפ"ך [מנצפ"ך הלכה למשה מסיני אע"פ דסדרן כמנפ"ץ ענין ניפוץ ודינים קשים] ודרשו חז"ל (חולין קלט:) המן מן התורה מנין שנאמר (בראשית ג,יא) המן העץ וכו' דשאר אתוון דמנצפ"ך חוץ מאתוון מ"ן דמתמן יניקת המן [דאתוון שמיה המ"ן ה' מ"ן ולכן המן מן התורה מנין המ"ן העץ וכו'] והיינו צפ"ך במספר קטן (19) חו"ה ואכמ"ל. ורצה משה למתק כ"ח הדינים בשו"ר ש"ם כנ"ל ולהחליפו בכרוב באצילות וממילא יומתקו כל הדינים מעל בני ישראל דחושבן "אצילות שור כרוב" גימ' (1271) "אשרי יושבי ביתך" (תהל' פד,ה) דאמרינן ג' פעמים בכל יום ורצה להביא בחינת עולם הבא כבר עתה ולמנוע אריכת הגלות, ולהמשיך מכתר עליון ז"ת דעתיק דרישא דאריך בסוד ג"ט קע"ר פ"ח כמו

שכתבנו בבאור תהלים ל"א פסוק כ' ומתמן לז"ת דאריך אנפין דפסוקא "אשרי יושבי ביתך עוד יהללוך סלה" גימ' (1547) ז' פעמים אר"ך (221) ז"ת דאריך אנפין וכן הבשתלשלות מעילה לעלול עד למלכותא קדישא ולהאי עלמא בבחינת עלית העולמות בפנימיות עד לבחינת כתר בחינת אכילת המן דנבלע באיברים ולית ביה פסולתא וכדמוספינן פסוקא (תהל' קמד,טו) "אשרי העם שככה לו אשרי העם שה' א-להיו" שככ"ה גימ' (345) מש"ה, ומחלק מ' לשני פעמים כ', פנימיות הכתר עתיק חיצוניות הכתר אריך אנפין והוא תיקון שבירת אורות העינים כנ"ל דפסוקא "אשרי העם שככה לו אשרי העם שה' א-להיו" גימ' (2011) ג' פעמים "וכי תאוה הוא לעינים" (670) עם הכולל (בראשית ג,ו) דכתיב בחטא אדם הראשון ושני הפסוקים יחד דמוספינן קודם תהלה לדוד: א'. **אשרי יושבי ביתך עוד יהללוך סלה** (1547) (תהל' פ"ד,ה') ב'. **אשרי העם שככה לו אשרי העם שה' א-להיו** (2011) (תהל' קמ"ד,ט"ו) סליקו תרוויהו לחושבן (3558) ג' פעמים "ואהיה אצלו אמון ואהיה שעשועים יום יום" (משלי ח,ל) (1186) והוא בחינת שעשועי המלך בעצמותו- רמיזא ב' פעמים אהי"ה דאמר ליה קוב"ה למשה (שמות ג,יד) אהי"ה אשר אהי"ה בחינת שעשועים עצמיים כנ"ל וזכה משה להאי בחינה בהר סיני היינו לבחינת "שעשועים עצמיים משה" גימ' (1391) "אלף (1000) יהושע (391)" ולכן אמר לו הקב"ה רב לך- זכית לר"ב דהן בחינת שעשועים עצמיים כנרמז בפסוק הנ"ל (משלי ח,ל) "ואהיה אצלו אמון ואהיה שעשועים יום יום, משחקת לפניו בכל עת" גימ' (2726) ה' פעמים "למשה מסיני" (545) עם הכולל ולכן צו את יהושע וחזקהו- לקביל אהי"ה הראשון, ואמצהו- לקביל אהי"ה השני, בבחינת אהי"ה אשר אהי"ה כנ"ל פרש"י אהיה עמם בצרה זו [היינו גאולת מצרים] ואהיה עמם בצרה אחרת [היינו שאר הגלויות] וכולן בחינת שעשועי המלך בעצמותו כנ"ל דאף על פי שהן בגלות ממשיכים לעשות רצונו והרי זה אצלו בבחינת שעשוע ועונג עליון ענין האמונה בגופים גשמיים ועכורים המאמינים בו יתברך וכשנוסיף שני הפסוקים הנ"ל דאמרינן קדם תהלה לדוד (3558) לגימטריא של המזמור תהלה לדוד (36445) סליק לחושבן (40003) ג' רישין דבכתר (3) כמו שנמשכים ב-ד' רבתי בחינת ד' ריבוא (40000) ג' רישין נרמזין ב-ג' אלפין ד-ג' פסוקים קדמאין דאמרינן באשרי: **אשרי**

[אשרי יושבי ביתך] **אשרי** [אשרי העם שככה לו] **ארוממך** [תהלה לדוד ארוממך שהוא א׳ המתחיל את כל אותיות הא״ב חוץ מ-נ׳ כאמרם (ברכות ד:) אמר רבי יוחנן מפני מה לא נאמר נ׳ באשרי וכו׳ עיין שם] והני תלת אלפין ״**אשרי, אשרי, ארוממך**״ גימ׳ (1329) ג׳ פעמים באמ״ת [כדכתיב שם באות ק׳ (תהל׳ קמ״ה,י״ח) קרוב ה׳ לכל קוראיו לכל אשר יקראוהו **באמ״ת**] באור הענין: דתלת רישין אינון בכתר כמבואר בספרים הקדושים ומקורו בזוה״ק באדרא זוטא פרשת האזינו וזלשה״ק **תלת רישין אתגלפן דא לגו מן דא, ודא לעילא מן דא** וכו׳ עיין שם שמבאר כל אחד מהני תלת רישין ושלשתן נקראים בזוה״ק ריש״א אתוון אשר״י ונבארם על פי הני תלת פסוקין וכאן הסדר מתתא לעילא: א׳. **אשרי יושבי ביתך** רישא תתאה **רישא דאריך- רצון** ב׳. **אשרי העם שככה לו** שככ״ה גימ׳ מש״ה רישא תנינא **ריש״א דאי״ן** כדאמר משה (שמות טז,ז) ונחנו מ״ה בחינת אין- **ענג** ג׳. ורישא עילאה מכולהו **רישא דלא אתידע**- תמן לא כתיב אשרי אלא ארוממך- והוא בחינת **אמונה**- דאע״פ שאיהו לא אתידע איהו מאמין ומרומם שמו יתברך וזהו ״**רישא דאריך, רישא דאין, רישא דלא אתידע**״ סליקו הני תלת רישין לחושבן (2353) י״ג פעמים ״עניו מאד״ [כדכתיב (במדבר יב,ג) ״והאיש משה ענו (כתיב ענו בלי יו״ד וקרי עניו עם יו״ד) מאד מכל האדם אשר על פני האדמה״ דמשה סליק לעילא לעילא לבחינת ״רישא דלא אתידע״ והוא חושבן (1031) ״שכינה מדברת״ כנ״ל באופן הקודם סוף אות כ״ה ולעתיד לבוא תרד נשמתו דרך י״ג מכילן דרחמי מלאים בבחינת עני״ו מא״ד עם יו״ד דמענוותנותו כתב ענו בלא יו״ד, ויתלבש לתיקונין דזעיר דחושבן תהלה לדוד עם ב׳ הפסוקין דאמרינן קדם תהלה לדוד (40003) דאמרינן ג׳ פעמים בכל יום הרי החושבן (120009): ק״כ אלפים (120000) כנגד ק״כ שנותיו של משה רבינו [כדכתיב (דברים לד,ז) ״ומשה בן מאה ועשרים שנה במותו״] דזכה למתק ק״כ צרופי שם אלהי״ם ואיקרי ״משה איש הא-להים״ [כדכתיב (דברים לג,א) ״וזאת הברכה אשר ברך משה איש הא-להים״] עם ט׳ (9) היינו ט׳ תיקוני דיקנא דזעיר דירד מתמן עד לעולמות בי״ע ועד להתגלות בגוף גשמי דדוד מלכא משיחא למהוי יחודא שלים בעולם התחיה נשמות בגופים ואז יתגלה תכלית הטוב דטבע הטוב להיטיב דכולו זרע אמת [כדכתיב (ירמי׳ ב,כא) ואנכי נטעתיך שורק כולו זרע אמת] וכולו טוב דהאי חושבן ג״פ תהלה לדוד וכו׳ דאמרינן ג״פ בכל יום למהוי בני העולם הבא גימ׳ (120009) ״להטיב״ (56) פעמים ״אשה מזרעת תחלה יולדת זכר״ (2143) עם הכולל כאמרם (ברכות ס.) איש מזריע תחלה יולדת נקבה, אשה מזרעת תחלה יולדת זכר, שנאמר (ויקרא יב,ב-תחלת פרשת תזריע) ״אשה כי תזריע וילדה זכר״ והיינו משה כמו שכתוב (שהש״ר א,סד) אשה אחת ילדה במצרים שישים ריבוא בכרס אחת ומנו משה- דאמרו בלועי קורח משה אמת ותורתו אמת [כדאיתא בגמרא (ב״ב עד.) שאומרים בלועי קורח משה ותורתו אמת והן בדאין] וזהו אשה מזרעת תחלה ראשי תיבות אמ״ת יולדת זכר ר״ת י״ז גימ׳ (17) טו״ב דלעתיד לבוא יתגלה דכולו זרע אמת וכולו טוב כנ״ל. וטו״ב היינו משה ותרא אותו כי טוב הוא (שמות ב,ב) זהו משה כי נתמלא כל הבית אורה ואור נקרא טו״ב כמ״ש (בראשית א,ד) וירא אלהי״ם את האור כי טוב ומשה הוריד התורה לעם ישראל שנקראת טוב כאמרם (אבות ו,ג) אין טוב אלא תורה שנאמר (משלי ד,ב) ״כי לקח טוב נתתי לכם תורתי אל תעזובו״ וכן דרשו חז״ל **יבא טוב ויקבל טוב מטוב לטובים** (מנחות נג:) כלומר יבא טוב- זהו משה שנקרא טו״ב, ויקבל טו״ב היינו התורה שנקראת כי לקח טו״ב נתתי לכם, מטו״ב היינו הקב״ה דטבע הטוב להיטיב, לטובי״ם היינו ישראל שכיון שהקב״ה טוב ונתן להם נשמה ומאן דנפח מדיליה נפח ולכן גם ישראל נקראים טובים. דמשה הוא הצדיק הכולל כל נשמות ישראל והצדיק נקרא טו״ב שנאמר (ישעי׳ ג,י) אמרו צדיק כי טוב וכו׳ ולכן האי מימרא ״**יבא טוב ויקבל טוב מטוב לטובים**״ גימ׳ (349) ״פני הצדיק״ דממתק ״סיטרא דדינא״ חושבנא דדין כחושבנא דדין. והשיב לו הקב״ה **ר״ב ל״ך**- זכית לקבל תורה מסיני בבחינת אור הגנוז ותחית המתים כאחד, וזהו ״**יבא טוב ויקבל טוב מטוב**״ גימ׳ (252) **ר״ב ל״ך** ולכן עלה ראש הפסגה דהוא רישא עילאה כנ״ל ״רישא דלא אתידע״ גימ׳ (1031) ״ויהי אחר מות משה״ (תחלת ספר יהושע) ואז יתקיים ״שכינה מדברת״ (1031) חושבנא דדין כחושבנא דדין והיינו שכינה מדברת מתוך גרונותיהם של ישראל דעסקין באורייתא קדישא עד ביאת משיח צדקנו יבוא ויגאלנו בקרוב ״אמן אמן אמן נצח נצח נצח סלה ועד״ גימ׳ (892) מש״ה וישרא״ל במהרה בימינו אמן.

גלא עמיקתא

והוא כדוגמת הא דניחם הקב"ה את אות א' [ה] **דסליקו כל אתוון קמיה בסדר תשר"ק וביקשו דיברא בהן עלמא** [ו] **ואות א' לא איברי עלמא ואמר לה אלף אלף כל יחודא לא יהא אלא בך** (הקדמת הזוה"ק ב: עיין [6] **אופן** ל"ט).

וכאן כפלינן י"ב זימנין פה אל פה אדבר בו דכל מציאותו של [ז] **משה רעיא מהימנא היתה על מנת לשרת את עם ישראל והן י"ב שבטי י–ה ולכן י"ב זימנין פה אל פה כדכתיב בכל מקום "וידבר ה' אל משה לאמר".**

דהיינו תכלית הדבור פה אל פה לאמר לבני ישראל ולהנחותם בדרך לגאולה האמיתית והשלמה במהרה בימינו אמן.

וכדכתיב (במדבר י"ב,ח') **"פה אל פה אדבר בו" סליק לחושבן** (416) **"בא יבא"** (16) [דהיינו משיח כמ"ש (חבקוק ב') "אם יתמהמה חכה לו כי **בא יבא** לא יאחר"] פ' "י–ה–ו–ה" (26) **וזהו פה אל פה: פה דקוב"ה אל פיו דמשיח צדקנו.**

ועיין [7] **אופן** נ"ז–**עשרת הדברות עשרת בניו דרב פפא לקביל עשרת**

6. ויקרא א' זעירא אמת יחידו של עולם, וכמ"ש בהקדמת הזוה"ק (דף ב:) "רב המנונא סבא אמר וכו' אלא כד בעא קב"ה למעבד עלמא "כל אתוון הוו סתימין" [גימ' (1100) נ' (שערי בינה) פ' כ"ב, דהיינו כ"ב אותיות התוה"ק היו סתומות ונעלמות בעמקי הבינה וכו'] אתו כל אתוון קמיה" ומונה האותיות מסיפא לרישא בסדר תשר"ק, וממשיך וזלה"ק "עאלת את ב' אמר לה הקב"ה הא ודאי בך איברי עלמא וכו' את א' לא עאלת. אמר לה קב"ה אלף אלף למה לית אנת עאלת וכו' אמרה קמיה וכו' אמר לה הקב"ה את תהא ריש לכל אתוון וכל יחודא לא הוי אלא באות אלף" עכ"ל עיין שם.

7. ויקרא א' זעירא מרמז אנכי שרש דעשרת הדברות, וכמ"ש המג"ע הק' באופן ע"ח א' זעירא צורת י', והן י' הדברות ששרשן א' דאנכי [ועיין לעיל אופן ל"ח]. והנה הרה"ג ר' לוי יצחק מגיד שליט"א בספרו החשוב "דרך אברהם", מביא מנהג ישראל תורה שבסיום מסכת מזכירים את רב פפא ועשרת בניו, ומובא בשם הרמ"א דרב פפא היה עשיר ונהג לעשות סעודה בסיום מסכת והחזיק עוסקי תורה ת"ח. ומוסיף דרב פפא עצמו מרמז למרע"ה כי במשה כתוב "**פה אל פה**" אדבר בו ר"ת **פפ"א**, עכד"ק [**פפ"א** במילוי "פה פה אלף" עם ז' אותיותיו והכללות גימ' (289) "א' זעירא"] וכותב **שעשרת**

[ה] **זוהר - הקדמה דף ב עמוד ב:** בראשית רב המנונא סבא אמר אשכחן אתוון בהפוכא, בי"ת בקדמיתא ולבתר, ב' בקדמיתא היינו בראשית, ברא לבתר, אל"ף בקדמיתא ולבתר, אל"ף בקדמיתא היינו אלהים, את לבתר, אלא כד בעא קודשא בריך הוא למעבד עלמא כל אתוון הוו סתימין ותרין אלפין שנין עד דלא ברא עלמא הוה מסתכל קודשא בריך הוא ואשתעשע בהו, כד בעא למברי עלמא אתו (מקץ ר"ד א, ויגש ר"ה ב) כל אתוון קמיה מסופא ארישייהו, שריאת את ת' למיעל ברישא אמרה רבון עלמין ניחא קמך למברי בי עלמא וכו' [ו] **זוהר - הקדמה דף ג עמוד א:** קיימא את א לא עאלת, אמר לה קודשא בריך הוא אל"ף אל"ף למה לית אנת עאלת קמאי כשאר כל אתוון אמר' קמיה רבון עלמא בגין דחמינא כל אתוון נפקו מן קמך בלא תועלתא מה אנא אעביד תמן ותו דהא יהיבתא לאת בי"ת נבזבזא רברבא דא ולא יאות למלכא עלאה לאעברא נבזבזא דיהב לעבדו ולמיהב לאחרא, אמר לה קודשא בריך הוא אל"ף אל"ף אף על גב דאת בי"ת בה אברי עלמא את תהא ריש לכל אתוון לית בי יחודא אלא בך, בך ישרון כל חושבנין וכל עובדי דעלמא וכל יחודא לא הוי אלא באת אל"ף, ועבד קודשא בריך הוא אתוון עלאין רברבן ואתוון תתאין זעירין, ובגין כך בי"ת בי"ת בראשית ברא אל"ף אל"ף אלהים את, אתוון מלעילא ואתוון מתתא, וכלהו כחדא הוו מעלמא עלאה ומעלמא תתאה. [ז] **זוהר כרך א פרשת וירא דף קו עמוד א:** ועל דא לא הוה בעלמא בר נש דיגין על דריה כמשה דאיהו רעיא מהימנא

משה. שנתן הקב"ה למשה כלי יקר יותר [ח]**מצ"ג כלים שעשו הנשיאים ומהו היקר וידבר ה' אליו שהיה הדבור אצלו**

גלא עמיקתא

הדברות ואמרינן התם **פפ"א** ראשי תיבות **פ**'ה **א**'ל **פ**'ה עיין שם וקשרהו לכאן.

והנה כאשר נוסיף בתיבה "זהב" בפסוקא ממשלי דמביאו המגלה עמוקות

[ח] **ספר השם לרבינו אברהם אבן עזרא עמוד סג:** הנה אני בונה בית לשם ה' אלקי להקדיש לו ולהקטיר לפניו קטרת סמים ומערכת תמיד ועולת לבקר ולערב לשבתות ולחדשים ולמועדי ה' אלהינו לעולם זאת על ישראל (דהי"ב ב, ג), נעלם ג"ץ. וכן (במדבר ז, יג) קרבנו קערת כסף עד זה קרבן נעלם ג"ץ, וכן (שם ד, טז) ופקדת אלעזר בן אהרן הכהן שמן המאור וקטרת הסמים ומנחת התמיד ושמן המשחה פקודת כל המשכן וכל אשר בו בקדש ובכליו, נעלם ג"ץ, לומר ג"ץ כלים היו במקדש במסכת תמיד כי אמר ובכליו הרי נעלם ג"ץ, להודיע שכך היו צריכין צ"ג כלים, וצ"ג כלים עסקו הנשיאים שהיו להם צ"ג כלים, ושלמה הודיע לחירם צ"ג כלים אם יש חכם במלכותו שיודע לתקנם. ולקח הכהן את הזרוע בשלה מן האיל וחלת מצה אחת מן הסל ורקיק מצה אחד ונתן על כפי הנזיר אחר התגלחו את נזרו (במדבר ו, יט), נעלם ממנו ט' להודיע שהיה מכל מין נשאר ט', לכך ט' נעלם ממנו.

בניו של רב פפא מרמזים **לעשרת הדברות:** א'. **חנינא**- לא יהיה לך, מה הוא חנון וכו'. ב'. **נחמן**- לא תעשה, כמ"ש נחמתי כי עשיתים. ג'. **רמי**- לא תשא, לשון רוממות. ד'. **אדא**- זכור את יום השבת, אדא גימ' ו' ימי החול. ה'. **אבא מרי**- כבד את אביך. ו'. **אחאי**- לא תרצח, תחשוב על החבר כאחיך. ז'. **רפרם**- לא תנאף, לשון דומה. ח'. **רכיש**- לא תגנוב- רכוש. ט'. **סורחב**- לא תענה, שרח בת אשר העידה שיוסף חי. י'. **דרו**- לא תחמד בית רעך- דירה, ואשתו היא ביתו. וממשיך בספרו דרב פפא יחד עם י' בניו דהיינו "פפא חנינא נחמן רמי אדא אבא מרי אחאי רכיש רפרם סורחב דרו" גימ' עם הכולל (2495) "אנכי ה' א-להיך אשר הוצאתיך מארץ מצרים מבית עבדים" (שמות כ',ב') ונוסיף כהנה וכהנה לדבריו, ונמנה את הרישא דהני דבריא: א'. "**אנכי ה' א-להיך**"- גימ' (173) "ודגלו עלי אהבה" ואמרו חז"ל (שהש"ר ב',ט"ו) אל תיקרי ודגלו אלא ודילוגו דפסח על בתי ישראל. ב'. "**לא יהיה לך**"- גימ' (111) אל"ף דאנכי הוא עצם הא' וכמו שנבאר בסוף. ג'. "**לא תעשה**" גימ' (806) "שמע אברהם בקולי" (בר' כ"ו,ה'). ד'. "**זכור**"- גימ' (233) "בהר ה'" כדכתיב (תהל' כ"ד,ג') "מי יעלה בהר ה'" וכו'. ה'. "**כבד**"- גימ' (26) הוי' דשלשה שותפין באדם וכו' (קדושין ל: עיין אופן מ"ד), והמכבד אביו ואמו סופו לכבד את ה'. ו'. "**לא תרצח**"- גימ' (729) "קרע שטן", דזהו עיקר רצונו, ובעמידה בניסיון קורעים אותו, וכדרמיזא באופן כ"ז גימ' (729) "פסח מצה מרור"- ומדכרינן יצי"מ בעשרת הדברות. ז'. "**לא תנאף**"- גימ' "מצות ה'" דעיקר המצוות היא שמירת הברית קדש. ח'. "**לא תגנוב**"- גימ' (492) "שלם לו א-להים" (עיין שופטים א',ז'). ט'. "**לא תענה**"- גימ' (556) "אשר לא חטאו" (עיין דב' א',ל"ט). י'. "**לא תחמד**"- גימ' (489) "בנה ביתך" דאמרינן ב-ג' רגלים "בנה ביתך כבתחלה" וזהו לא תחמד בית רעך, ואשתו היא ביתו וזהו לא תחמד אשת רעך, ופשוט. והנה כולם יחד גימ' מספר ראשוני- מקשה אחת כלנה- 4177, ובמספר קטן מתחלק 5 5 לי' דברות ה' מכאן ו-ה' מכאן, ובצמצום נוסף גימ' י', ובצמצום נוסף גימ' א' ורמיזא בהאי א' זעירא. וכשנוריד מהמספר 4177 שהוא רישא דכל הני י' דברות, שרש התורה כולה, א', נקבל גימ' (4176) ח"י פעמים רל"ב, וכנודע מהאר"י הק' דרל"ב הוא ד' מלויי הוי' ב"ה וב"ש דאיהו חי החיים ולכן כפלינן בח"י, וביחזקאל ט"ז,י"ד "חי ה' אשר העלה את בני ישראל מארץ מצרים" גימ' ע"ה (2370) "נשמת כל חי תברך את שמך ה' א-להינו" דאמרינן בצלותא דשבת, והמלים "חי ה' אשר העלה את בני" גימ' (1118) "שמע ישראל ה' א-להינו ה' אחד", והמלים "ישראל מארץ מצרים" גימ' (1252) "אשר יצר את האדם", וזהו דאמרו חז"ל אתם קרוין אדם ואין עכו"ם קרוין אדם, והשי"ת יצילנו מידם, וישלח לנו את משיח צדקנו בגאולה האמיתית והשלמה ובנין בית המקדש השלישי במהרה בימינו אמן.

([ט]וכפירוש רש"י שם) וזה חביב יותר ממה שהתנדבו הנשיאים ומזה הטעם מאהל מועד לאמר האמירה היה יותר

גלא עמיקתא

את ז' מיני הזהבים דהיינו במקום תיבה "זהב" נעביד חושבן:

"יש זהב – אופיר – טוב – מופז – שחוט – סגור – פרוים ורב פנינים וכלי יקר שפתי דעת" סליקו כולהו תיבין לחושבן (3787) ז"פ "ישראל" (541)

8 עיין עוד אופן קס"ח-תהלים י"ט דפסוק ד' "מקצה השמים מוצאו ותקופתו על קצותם, ואין נסתר מחמתו" סליק לחושבן עם הכולל ז"פ ישרא"ל (541) עיין שם מה שבארנו בזה

וחזינן דהני ז' זהבים דהוו בדיקנא דדוד מלכא משיחא דשמיה "דוד" סליק לחושבן (14) "זהב" אינון לקביל ז' בחינות דישראל.

כדכתיב (במדבר ח',ב') "אל מול פני המנורה" ([י]דא צדיק) יאירו שבעת הנרות [יא]ז' בחינות בעם ישראל וכמו שהן מושרשות בז"ת דאצילות ואף למעלה מכך, בז"ת דעתיק המתלבשין בגולגלתא דאריך בסוד 9 ג"ט קע"ר פ"ח

8. פסוק ז': מקצה השמים מוצאו ותקופתו על קצותם ואין נסתר מחמתו: גימ' (3778) עם ט' כוללים (3787): ז"פ "ישראל" (541), רמיזא ישראל עמא קדישא תקונא לאדם קדמאה כנ"ל, דישראל מושרשין בעצמותו ית', והוא בפסוק ז' רמיזא לערך הממוצע דכאו"א מ-ז' פסוקין קדמאין גימ' ישראל.

9. אופן רפ"ו באור לתהלים פרק ל"א פסוק כ' פסוק כ': **מה רב טובך אשר צפנת ליראיך פעלת לחסים בך נגד בני אדם** גימ' (2590) דו"ד (14) פעמים א"ל מלא אל"ף למ"ד (185) ובסוגית החוורתיה מבאר האר"י הקדוש דשתי פאות הראש דאיהו תיקונא קדמאה מ-י"ג תיקוני דיקנא במילויין כנ"ל אל"ף למ"ד (185) גימ'

[ט] רש"י ויקרא פרק א פסוק א: ויקרא אל משה - לכל דברות ולכל אמירות ולכל צוויים קדמה קריאה, לשון חבה, לשון שמלאכי השרת משתמשים בו, שנאמר (ישעיה ו ג) וקרא זה אל זה, אבל לנביאי אומות העולם נגלה עליהן בלשון עראי וטומאה, שנאמר (במדבר כג ד) ויקר אלהים אל בלעם: ויקרא אל משה - הקול הולך ומגיע לאזניו, וכל ישראל לא שומעין. יכול אף להפסקות היתה קריאה, תלמוד לומר וידבר, לדבור היתה קריאה, ולא להפסקות. ומה היו הפסקות משמשות, ליתן ריוח למשה להתבונן בין פרשה לפרשה ובין ענין לענין, קל וחומר להדיוט הלומד מן ההדיוט: אליו - למעט את אהרן. ר' יהודה בן בתירא אומר שלשה עשר דברות נאמרו בתורה למשה ולאהרן, וכנגדן נאמרו שלשה עשר מיעוטין, ללמדך שלא לאהרן נאמרו אלא למשה שיאמר לאהרן. ואלו הן שלשה עשר מיעוטין לדבר אתו, מדבר אליו, וידבר אליו, ונועדתי לך, כולן בתורת כהנים. יכול שמעו את קול הקריאה, תלמוד לומר קול לו, קול אליו (במדבר ז פט), משה שמע, וכל ישראל לא שמעו:

[י] תולדות יעקב יוסף במדבר פרשת נשא: ואמר, אל מול פני המנורה יאירו שבעת הנרות, ר"ל שראש הדור המכוין להעלותן נקרא פני המנורה, כמו פני הדור. וכשאחד מסתכל בפנים מאירות אל חבירו, על ידי אחדותן והתכללותן זה עם זה, ראש הדור עם דורו עמו, ובני דורו עם ראש הדור, אז על ידי הדבקות זה עם זה עולין, וכמ"ש בפסוק (שמות יט, ב - ג) ויחן שם ישראל אז ומשה עלה אל האלהי', יעו"ש בכתבי. וז"ש כאן, בתנאי, אל מול פני המנורה יאירו שבעת הנרות - כי עולם חסד יבנה (תהלים פט, ג), ונקרא שבעת ימי הבנין, ולזה יש ז' מדריגות בישראל, ועל ידי התכללותן אל מול פני המנורה [וג"כ משמע מנורה העליונה כנודע] יאירו להמשיך ג"כ הנשמה אל נפש ורוח, ומשכן הנשמה בראש האדם שיש בו ז' קני מנורה, סוד ז' שערים הנז' בספר יצירה (פ"ד מ"ו). **[יא] בעל שם טוב פרשת בהעלותך אות א:** אל

מול פני המנורה יאירו שבעת הנרות. רמז שיש בשבעה קני המנורה לשבעה סוגים שיש בישראל מבואר לעיל בפרשת בהר אות ג׳ ושם בהגה א׳ עיין שם.

(370) ש״ע ואינון ש״ע נהורין דממשיכין שפע ל-י״ב תיקוני דיקנא בסוד נימין ועד לזו״ן לצורך יחודם והיא המשכה גבוהה מאד ז״ת דעתיק דמתלבשין ב-ז׳ תיקוני גולגלתא דאריך אנפין בסוד **ג״ט קע״ר פ״ח: חסד** דעתיק מתלבש בגולגלתא דאריך אנפין **גבורה** דעתיק במוחא סתימאה (חכמה דאריך) בחינת **טלא** דבדולחא **תפארת** דעתיק יומין בקרומא דאוירא דאריך אנפין (ההוא קרומא דחפיא על מוחא) **נצח והוד** (המכוסים) דעתיק יומין מתלבשין בעמר נקה (והוא בדניאל ז,ט בענין עתיק יומין: חזה הוית עד די כרסון רמיו ועתיק יומין יתיב וכו׳ ושער ראשה כעמר נקה) **יסוד** דעתיק יומין מתלבש במצחא דאריך אנפין בחינת **ר**עוא דרעוין (ומתגלה בסעודה שלישית דשבת קודש) **נצח והוד** (המגולים) דעתיק יומין מתלבשין ב-ב׳ עיינין דאריך אנפין בחינת **פ**קיחא עילאה **מלכות** דעתיק יומין מתלבשת ב**ח**וטמא דאריך אנפין הרי **ג״ט קע״ר פ״ח** דחג״ת דאריך אנפין מתכסים על ידי שער ראשו דאריך אנפין, ומצח עיניים וחוטם דאריך אנפין מתכסים על ידי י״ג נימין של אריך אנפין ששם מתלבשים נהי״מ דעתיק יומין כנ״ל והיא המשכה ידועה ליודעים חן למכוונים יחוד זה בארבעים יום מראש חודש אלול עד יום הכיפורים, וכן אחר תיקון חצות בחול, ואחר סעודת ליל שבת קודש קודם חצות, דאז הוא עיקר עת רצון. ועיין באריכות דבריו הקדושים של האר״י הקדוש בשער רוח הקודש דף נ. (בסוד שער ה-נ׳) יחוד י״ז (גימ׳ טו״ב) והני ז׳ תיקונים ראשי תיבות **ג״ט קע״ר פ״ח** דהיינו: **גלגלתא** [גימ׳ (467) אמ״ת הוי׳ כדכתיב בתהלים מזמור קי״ז והוא כולא פרקא בר תרין פסוקין: ״הללו את ה׳ כל גוים שבחוהו כל האומים, כי גבר עלינו חסדו **ואמת הוי׳** לעולם הללוי-ה] **טלא דבדולחא** [גימ׳ (95) כס״א דו״ד כדאמרינן בצלותא ״**וכסא דוד** עבדך מהרה לתוכה תכין וחתמינן ברוך אתה ה׳ בונה ירושלים] **קרומא דאוירא** [גימ׳ (569) ״אז ידבר משה״ כדכתיב (שמות ט״ו,א׳) ״אז ישיר משה״ ודרשו חז״ל (סנהדרין צא:) שר לא נאמר אלא ישיר אותו לעתיד לבוא מכאן לתחית המתים מן התורה א״נ כדכתיב ביהושע (יהושע י׳,י״ב) ״אז ידבר יהושע וכו׳ שמש בגבעון דום וירח בעמק אילון״ ודרשו חז״ל (תענית כ.) שגם משה העמיד חמה ולמדו מגזירה שוה אחל אחל אם כן במשה גם שייך ״אז ידבר משה״ כי מסתמא שהעמיד חמה כעין מה שכתוב ביהושע] **עמר נקה** [גימ׳ (465) ה׳ פעמים מג״ן בסוד מג״ן אברהם דאמר הקב״ה לאברהם (בראשית ט״ו,א׳) ״אל תירא אברם אנכי **מג״ן** לך שכרך הרבה מאד״ לכן במקום אחר הבטיח לו הקב״ה שיהיו אומרים א-להי אברהם א-להי יצחק וא-להי יעקב אבל והיה ברכה חותמין ברוך אתה ה׳ **מג״ן** אברהם (עיין רש״י בראשית י״ב,ב׳)] **רעוא דרעוין** [גימ׳ (617) הברי״ת- בסוד יסודא דעתיק דמלובש במצחא דאריך- ופשוט, דאתוון רעו״א לבד גימ׳ (277) זר״ע- דהוא השפע המושפע מיסודא- והוא נפלא מאד בתכלית] **פקיחא עילאה** [גימ׳ (305) ה׳ פעמים אי״ן- בחינת (ישעי׳ ל״ג,ט״ו) ״עוצם עיניו מראות ברע״- תיקון השבירה שהיה בעיניים על ידי שמירת עיניים ושמירת הברית דתיבת פקיח״א לבד גימ׳ (199) צדק״ה, וכדאמרינן לעיל אופן יב״ק דעשרת הדברות דיתרו ודואתחנן תרוויהו עם ג׳ פעמים צדק״ה סליקו לחושבן (100,000) א״ק- היינו אד״ם קדמו״ן, דתמן בא״ת ב״ש גימ׳ תשוב״ה- חזינן דהוא שרש אף למעלה מחוורתיה כד עבדינן תשובה מעומקא דליבא ויהבינן ג׳ פרוטות לצדקה כדכתב האר״י הקדוש בכוונות ויברך דוד עיין שם באור ענין זה באריכות] **חוטמא** [גימ׳ (64) די״ן דכתיב לגבי משיח צדקנו (ישעי׳ י״א,ג׳) ״והריחו ביראת ה׳״ ופירשו חז״ל מורח ודאין ולכן חוטמא-אף-ריח גימ׳ דין כי משיח צדקנו יהיה דן על יד חוש הריח כנ״ל, ובאור הענין דנשמת משיח אתא מנוקבא דפרדשקא היינו חוטמא- ובליקוטי מוהר״ן מביא מהאר״י הקדוש פרדשק״א גימ׳ תרפ״ו עם הכולל דהן מילויי שם הוי׳ ברוך הוא רל״ב עם אהי״ה תנ״ה עיין שם בסימן ב׳ בהערה סליקו הני ז׳ תיקונים לחושבן (2582): ״**כי שמה ישבו כסאות למשפט כסאות לבית דוד**״ (תהל׳ קכ״ב,ה׳) וכדאמרינן לעיל דפסוקין א׳-י״ז בסוד הפסוק (ישעי׳ ג׳,י׳) אמרו צדיק כי **טו״ב** (טו״ב גימ׳ י״ז) סליקו לחושבן דו״ד פעמים ״**כי שמה ישבו כסאות למשפט כסאות לבית דוד**״ עיין שם והנה הוא סימן מובהק למה שכתבו בספה״ק ובליקוטי מוהר״ן הנ״ל דנשמת משיח נמשכת מנוקבא דפרדשקא היינו חוטמא- מלכות דעתיק יומין דמתלבשת בחוטמא דאריך אנפין, יבא בן דוד ויגאלנו במהרה בימינו אמן נצח סלה ועד. והנה משווין החושבן הנ״ל נמשך דפסוקין א׳-י״ז בסוד אמרו צדיק כי **טו״ב** כנ״ל דסליקו לחושבן דו״ד פעמים ״גלגלתא טלא דבדלחא קרומא דאוירא עמר נקה רעוא

טוב ממה שהתנדבו מאהל מועד בעצמו. וטעם אלף זעירא הוא סוד הדעת של זעיר שנקרא זעיר וזה היה כלי יקר שפתי דעת.

גלא עמיקתא

שורש לשורש וכדבארנו באופן פו"ר למזמור ל"א פסוק כ' עיין שם.

ובכאן נוסיף דהוא בסוד יחוד קוב"ה ושכינתיה דעבדין בני ישראל באורייתא בהאי עלמא תתאה דחושבן "**יש זהב – אופיר – טוב – מופז – שחוט – סגור – פרוים ורב פנינים וכלי יקר שפתי דעת**" (3787) עם ז' התיקונים "**גלגלתא טלא דבדולחא קרומא דאוירא עמר נקה רעוא דרעוין פקיחא עילאה חוטמא**" (2582): סליקו לחושבן (6370) ז' פעמים י' פעמים הוי' א-דני (91)

בסוד היחוד הנ"ל ובסוד השתלשלות י' ספירות דאצילות מז' תיקונים הנ"ל [ועיין אופן קכ"ה-תהלים ה'], והוא נפלא.

והאי ז"ת דאצילות הוא הנקרא זעיר ונוק' דמביאו המגלה עמוקות בסוף דבריו- למסקנה- [יב]ומשה הוא הדעת- ולכן קיבל בחינת דעת דזעיר להיות רועה נאמן לז"ת דאינון ז' בחינות בעם ישראל וזה היה כלי יקר שפתי דעת.

כל"י ראשי תיבות [יג]כ'הן ל'וי י'שראל י'קר ש'פתי ד'עת ראשי תיבות שם ש-די בחינתו דמשה [יד]דתיבין "א-ל ש-די" סליקו לחושבן (345) "משה", ונתבארו מעט כוונותיו של המגלה עמוקות בסייעתא דשמיא.

דרעוין פקיחא עילאה חוטמא" (2582) בסוד המשכת נשמת משיח כנ"ל והוא במזמורא ל"א רמיזא מילוי שם א"ל דהיינו אל"ף למ"ד (185) דהוא שורש י"ג תיקוני דיקנא, ב' פעמים א"ל במילוי גימ' ש"ע נהורין כנ"ל והנה חושבן ז' התיקונים עם הכולל אלופו של עולם המתלבש בהם סליק לחושבן (2583) ג' פעמים בי"ת המקד"ש רמיזא בית המקדש השלישי שנעלה אליו שלוש פעמים בשנה בשלושת הרגלים כדכתיב (שמות כ"ג,י"ד) "שלוש רגלים תחוג לי בשנה" בירושלים עיר הקודש תבנה ותכונן במהרה בימינו אמן.

[יב] **ליקוטי מוהר"ן תניינא תורה ה:** כי התפילין נעשין ע"י תיקון תאוות ניאוף, שהיא בחי' אשת איש נפש יקרה תצוד כנ"ל. וע"כ נקראין התפילין פאר(ד) כי נעשין ע"י תיקון הגאוה וההתפארות, שמביאין הגרים כנ"ל. וזה בחי' (שמות ג) ומשה היה רועה, משה הוא הדעת, בחי' מוחין תפילין, הוא רועה דקדושה, היפך רועה זונות (משלי כט). וזה בחי' שבעה רועים דקדושה, בחי' משה הי' רועה, בחי' תפילין, שין של ג' ראשים שין של ד' ראשים, שהם בחי' שבעה רועים הנ"ל. וזה בחי' שדי של תפילין, זה בחי' הצמצום, שצריך כ"א וא' לצמצם את מוחו ושכלו, שלא להניח את המוח לצאת חוץ לגבול שיש לו, שלא יהי' משוטט המוח במה שאין לו רשות לפי מדריגתו, בבחי' (חגיגה יג) במופלא ממך אל תדרוש במכוסה ממך אל תחקור [יג] **אגרא דכלה בראשית פרשת בראשית:** בעצבון תאכלנה כל ימי חייך. שהוא מדה כנגד מדה, להיות שאכל בפתאום בלא ישוב הדעת, על כן לא יאכל עד שיתעצב בעבודה אשר יעבוד להמציא טרף לביתו, וירמוז כל ימי חייך דייקא, לאפוקי הימים שאתה עוסק בחיי עולם אזי יפרוק ממנו עול דרך ארץ, נ"ל, כי תהיה אכילתו למצוה להיות לו כח לתורה ולעבודה ויהיה כענין אכילת קדשים למצוה ויתברך המאכל במעיו שאפילו הגיע לו כְּפוּל יהיה לו די, וזהו בעבור"ך בעצבו"ן תאכלנ"ה ס"ת כה"ן, כ"ל ימ"י חיי"ך ס"ת כל"י, היא ר"ת כ'הן ל'וי י'שראל, שכולם יכולים לבוא למדריגת אכילת קדשים ימים שעוסקים בחיי עולם. וירצה עוד כל ימי חייך, לאפוקי הימים שאתה עוסק בחיי עולם, שבתות ד' וימים טובים מקראי קדש [יד] **של"ה פרשת משפטים תורה אור:** וכשרצה הקדוש ברוך הוא ליתן תורה לישראל, נתנה על ידי מובחר הנביאים אשר לא קם כמוהו, כי כן הוכרח להאמתות התורה

ונצחיותה כמו שכתב הסמ״ג בהקדמת מצות עשה. ועל כן משה רבינו ע״ה מעין דוגמא של מעלה כביכול, מקור נשמתו ממקום הנסתר, ׳ולא ידע איש׳ (דברים לד, ו), ואף בעולם הזה בצל שדי יתלונן. כתיב (ישעיה סו, א) ׳השמים כסאי׳, והם הצל של מה שלמעלה מהם, ואמרו רבותינו ז״ל (חגיגה יב א; תנחומא, מקץ י) שהיו השמים נמתחים והולכים עד שגער בהם הקדוש ברוך הוא, ונקרא ׳שדי׳ שאמר לעולמו די, והוא לן שם. בעודו בעולם הזה עלה משה למרום לחם לא אכל ק״ך ימים כו׳, ואז נצטוה על המשכן שהוא צל עליון כולל כל העולמות, וכן אמר משה לבצלאל בצל אל היית. וכאן כתיב ׳בצל שדי׳, וצירוף ׳אל שדי׳ בגימטריא ׳משה׳, ומשה רבינו ע״ה יסד המזמור הזה, ורמז מעלתו הגדולה, אף כי היה עניו במאד, מכל מקום הוכרח הדבר כי הוא יסוד התורה, וכמו שכתבה התורה (דברים לד, י) לא קם כמשה

אופן יז

בכל אשר אני מראה אותך דייקא שמשה בעצמו היה לבוש תבנית המשכן שזכה לסוד הדעת ולכן זכה ללחות הערת חסר ו' שהוא בהיפך אתוון הדעת.

וכן גם כן תבנית המשכן בזה אופן מ"ח קרשים היה במשכן וכל קרש היה י' אמות הרי י' פעמים מ"ח הרי ת"פ ומשה זכה לסוד הדעת שהיא חשבון ת"פ חסר אחת.

ויהיה פירוש הפסוק ויקר אל משה לבושא דיקר נתן הקב"ה למשה שהוא סוד הדעת א' זעירא שמורה שהוא חסר אחת וידבר ה' אליו שהוא סוד הדעת אספקלריא המאירה.

וזה שכתוב מאהל מועד היה ג"ב זה החשבון, רק שמשה היה חסר א' וזהו אלף זעירא, אלף זעירא היה לבושא היקר של משה, משיעור קומה של משה.

וטעם מספר ת"פ שהיה במשכן, לפי שבשעת עשיית העגל רגליה יורדות מות ת"פ מחנות של לילית הוצרכו לתקן בת"פ אמות של משכן, ולכן נצטוו לבנות המקדש ת"פ שנה מיציאת מצרים, ויביאו המשכן אל משה ודרשו רבות בנות על מ"ח קרשים שהיה במשכן כמנין חי"ל, ואת עלית על כלנה זה משה, וסוד הדעת עלית דייקא, דהכי סליק בחושבנא רק שהוא חסר אחת, וזה אלף זעירא:

אופן יז

ככל אשר אני מראה אותך (שמות כ"ה) דייקא שמשה בעצמו היה לבוש תבנית המשכן [א]שזכה לסוד הדעת

גלא עמיקתא

והנה הפסוק שמביא המגלה עמוקות בתחלת דבריו (שמות כ"ה,ט') "ככל אשר אני מראה אותך" גימ' במכוון (1305) "אשה כי תזריע וילדה זכר" (ויקרא י"ב,ב')

ודרשו חז"ל (ברכות ס. נדה לא.) "[ב]אשה מזרעת תחלת יולדת זכר" גימ' (2143) אהי"ה (21) פעמים אמונ"ה (102) עם הכולל.

ראשי תיבות **א**'שה **מ**'זרעת **ת**'חלה **אמ"ת**, **י**'ולדת **ז**'כר ראשי תיבות **י"ז** סליקו לחושבן **טו"ב** (והוא אופן הטו"ב במגלה עמוקות כנ"ל).

והנה האי **פסוקא** עם דברי חז"ל הקדושים, דהיינו:

"אשה כי תזריע וילדה זכר, **אשה** מזרעת תחלה יולדת זכר"

סליקו תרוויהו לחושבן (3448) ח"פ "משה עבדי" (431)

דאיתמר ביה (במדבר י"ח,ב') "פה אל פה אדבר בו" [ג]**ראשי תיבות פפ"א**

[א] ליקוטי מוהר"ן תניינא תורה כו: ודע, שע"י שכרות, שוכחין כל המצות והאזהרות שצוה משה רבינו ע"ה. כי משה הוא מלובש בכל אחד ואחד מישראל, בכל אבר ואבר. ומזכיר כל אבר ואבר, שיעשה המצוה השייכה לאותו אבר. כי רמ"ח מצוות, כנגד רמ"ח אברים. וע"כ משה נקרא מחק"ק (דברים לג), שהוא גימ' רמ"ח, שמזכיר רמ"ח מצוות כנ"ל. וע"י השכרות שוכח אותם, בבחי' (משלי לא) פן ישתה וישכח מחק"ק, שע"י השתיה והשכרות, שוכח רמ"ח מצות של משה כנ"ל: והתלבשות משה באברים, זהו בעצמו בחי' התלבשות הדעת בחסדים כנ"ל. כי משה הוא הדעת, והאברים הם רמ"ח, בחי' אברהם איש החסד, שהוא גימ' רמ"ח אברים **[ב] תלמוד בבלי ברכות דף ס עמוד א:** אמר רב יצחק בריה דרב אמי: איש מזריע תחלה - יולדת נקבה, אשה מזרעת תחלה - יולדת זכר, שנאמר אשה כי תזריע וילדה זכר. **[ג] ים של שלמה מסכת בבא קמא דרוש לסיום מסכתא מאת הרמ"א:** דרוש נאה וכונה גדולה. לסיום מסכתא מהמאור הגולה: הנה מה שנוהגין ורגילין אנו להזכיר בסיום כל מסכתא רב פפא עם עשרה בניו, שהיו מאירים וגדולים בתורה, ע"י שהיה עושה להם סעודה בסיום המסכתא, כי עשיר היה, והיה מחזיק לעוסקי התורה. לכן זכה שמזכירין אותו עם עשרה בניו, הרומזים כאלו הוזכרו עשרת הדברות, כי מלת רב פפא הוא רמז על מעלת משה רבינו ע"ה, שנאמר בו (שמות כ', י"ט) דבר אתה עמנו ונשמעה. ועיקר מעלתו של משה רבינו שדבר עם השי"ת פ"ה אל פ"ה, שהוא אותיות פפ"א. ואיתא במדרש (עיין בסה"מ להרמב"ם מצוה א' וברמב"ן ובמפרשים שם) לחד מ"ד דאנכי אינו בכלל הדברות, ופתח באנכי רק להודיע מי הוא המצוה. ע"כ בא מלת פפ"א להוציא מלבו של אותו המ"ד, כי נוטריקון של פפ"א פת"ח פ"א, שבגימטריא אנכ"י. נגד מצות לא יהיה לך וגומר, שנאמר בעובדי ע"ז לא תחנם, והוא בהיפך משאר בני אדם, שראוי לחננם ולרחם עליהם, כמו שדרז"ל (א"ר פכ"ו) והלכת בדרכיו (דברים כ"ח, ט') מהו חנון אף אתה תהא חנון. לכן נקרא האחד חנינא. נגד לא תעשה לך פסל, שלבסוף אחר העשייה ינחם על העשייה, שרואה שפה להם ולא ידברו, והם הן הם פשוטי וגולמי כלי עץ. נקרא האחד נחמן, מלשון (בראשית ו', ד') נחמתי כי עשיתים. נגד לא תשא, שהוא לשון רוממות והתנשאות, שלא יחשוב האדם, שבזה מנשא ומכבד השם, שנשבע בשמו, וכמו שנשבע יוסף בחי פרעה. וכן מצינו שהיו נשבעין בחיי המלך. נקרא האחד רמי, שהוא לשון רוממות. נגד מצות זכור את יום השבת נקרא האחד אד"א, שבגי' שש, נגד ששת ימי המעשה, ונגד כבד נקרא האחד אבא מורי, שהוא הכבוד, שהבן קורא לאביו אבא מורי.

(והוא המשך סיפא דאופן קודם דעת דז"א) ולכן זכה ללחות העד"ת חסר ו' שהוא בהיפוך אתוון הדע"ת וכן ג"כ תבנית

גלא עמיקתא

כמו שמבואר בים של שלמה סוף מסכת בבא קמא שמסביר ענין סיום מסכת והטעם שנהגו להזכיר שם את עשרת בניו של רב פפא עיין שם)

דר"ת משה עבדי מ"ע בא"ת ב"ש י"ז היינו ר"ת דתיבין יולדת זכר, והיינו תיבין "משה עבדי יולדת זכר" סליקו לחושבן (1108) ד"פ "זכר" (227).

ותיבה אחת "זכר" כתיבא בהדיא, ונותרו ג' תיבין אחרנין "משה עבדי יולדת" ערך ממוצע דכל תיבה "זכר" ופשוט.

והוא דאמרו חז"ל (שיר השירים רבה א',ס"ד) [ד]אשה אחת ילדה במצרים ששים ריבוא בכרס אחת– זה משה ששקול כנגד ששים רבוא.

וזהו דמשה הצדיק הכולל הוא פרצוף כלל ישראל, וכאן במגלה עמוקות היה לבוש תבנית המשכן דהוא לקביל השכינה הקדושה.

וזהו משה איש הא–להים– דהוה יחוד קוב"ה ושכינתיה בו עצמו מיניה וביה– קוב"ה כדכתיב איש מלחמה, ושכינתיה בחינת שם א–להים.

וזהו העד"ת אתוון הדע"ת גימ'

[ה]ת"פ מחנות לילי"ת (כחושבן שמה כנ"ל) חסר א'– דהיא האי א' זעירא להשלים כוחו לת"פ להכניע לילי"ת וחילותיה.

נגד לא תרצח נקרא האחד אחאי, (לאן) [לשון] אחוה. כי כשיחשוב כל אחד לחבירו כאח לא ינצחנו, וכמו שנאמר (ויקרא י"ט, י"ח) ואהבת לרעך כמוך. ואף כי הרציחה הראשונה שהיה בעולם היתה בב' אחים, שקין הרג את הבל אחיו, וכנגד לא תנאף, שדרך המנאפים לקרוץ ולרמוז בעינים, כמו שנאמר (משלי ו', י"ג) קורץ בעיניו, נקרא האחד רפרם, מלשון רפרף בעיניו, ונגד לא תגנוב נקרא האחד רכיש, מלשון רכוש, כי הגונב אפילו נפשות, גונב כדי למוכרו. נגד לא תענה נקרא הא' סורחב, מלשון סרח בת אשר, שהיא העידה ליעקב שיוסף חי (תוב"ע במדבר כ"ו, מ"ו), אמר לה כה תחיה, וכנגד לא תחמוד, שנאמר בו בית ואשת רעיך, נקרא האחד דרו, מלשון דירת בית, וגם האשה נקראת בית, כמו שאמר ר' יוסי (שבת קי"ח ע"ב) מעולם לא קריתי לאשתי אלא ביתי כו': [ד] **שיר השירים רבה פרשה א:** רבי היה יושב ודורש ונתנמנם הציבור, בקש לעוררן אמר ילדה אשה אחת במצרים ששים רבוא בכרס אחת, והיה שם תלמיד אחד ורבי ישמעאל ברבי יוסי שמו אמר ליה מאן הות כן, אמר ליה זו יוכבד שילדה את משה ששקול כנגד ששים רבוא של ישראל, הה"ד (שמות ט"ו) אז ישיר משה ובני ישראל (במדבר א') ויעשו בני ישראל ככל אשר צוה ה' את משה, (דברים ל"ד) ולא קם נביא עוד בישראל כמשה. [ה] **אגרא דכלה במדבר פרשת שלח:** ועתה יגדל נא כח אדני וכו'. להבין תיבת ועתה, וגם מהו יגדל נא, גם מהו כאשר דברת לאמר. תתבונן כי ארץ ישראל הוא בחינת מלכות דקדושה כנודע, וכאשר מאסו בארץ ישראל אז נתנו כח למלכות דקליפה, על כן נגזר עליהם שעבוד מלכיות בכיה של חנם בכו וכו' [תענית כט א] והנה מלכות דס"א היא לילי"ת כנודע, והיא בגימ' ת"פ, מנין חיילותיה ת"פ מחנות והיא על גביהן, על כן היו בירושלים ת"פ בתי כנסיות ובית המקדש על גביהם [ירושלמי מגילה פ"ג ה"א] מנין מלת"י משפט [ישעיה א כא] והאל"ף נעלמת כנודע, והיה זה להגביר שם אדנ"י מלכות דקדושה תורה שבע"פ שהוא בדיבור. וז"ש משה בתפלתו ועתה יגדל נא, תתגדל נא בחינת ועת"ה היינו תפ"א, אמר בלשון ועתה, רצ"ל בעת שעדיין הם בכח ולא יצאו לפועל, יגדל נא אותו (נמחק איזה תיבות) כאשר דברת לאמ"ר, באמירה לא בכתיבה,

המשכן בזה האופן מ"ח קרשים היו במשכן וכל קרש היה י' אמות הרי י"פ מ"ח הרי ת"פ. ומשה שזכה לסוד הדע"ת שהיא הוא תורה שבע"פ תלמו"ד

גלא עמיקתא

וכדוגמת "כי יד על כס י-ה" גימ' (239) "עמלק" חסר א' והאי א' זעירא נמי ניתנה למשה [ו]והות רשימא בדרועיה דדוד–עיין אופן ג'[1] להשלים כוחו להכניע לעמלק [ומבואר לעיל [2]אופן מ"ג–חלום דניאל–קרן אחרי זעירא לקביל א' זעירא]

מקורות

[ו] **זוהר יתרו רזי דרזין דף ע"ג עמוד ב:** בדרועא ימינא הוה חקיק ורשים רשומא חדא סתים מבני נשא מגדל חקיק באריה ואלף זעירא רשים בגויה וסימנא דא (שיר השירים ד) אלף המגן תלוי עליו, כל זמנא דאגח קרבא ההוא רשימא סלקא ובלטא ועל מגדל מכשכשא האי אלף וכדין אתתקף לאגחא קרבא, כד עאל בקרבא מכשכשא ההוא אריה וכדין אתגבר כאריה ונצח קרבין וההוא מגדל אתרהיט וסימניה (משלי יח) בו ירוץ צדיק ונשגב, ונשגב דוד משנאוי דלא יכלין לגביה.

עיונים

1. והנה איתא בזהר יתרו (רזי דרזין דף עג:) וזה לשונו הקדוש: בדרוע ימינא (דדוד) ["ימינא" גימ' (111) "אלף"] הוה חקיק ורשים רשומא חדא (אחד כנ"ל) סתים מבני נשא: מגדל חקיק באריה ואלף זעירא רשים בגויה וסימנא "אלף המגן תלוי עליו" (שה"ש ד') [גימ' (771) "בן חמש למקרא" כנ"ל באופן א']. כל זמנא דאגח קרבא ההוא רשימא סלקא ובלטא ועל מגדל מכשכשא האי אל"ף זעירא וכדין אתתקף לאגחא קרבא וגו' עיי"ש, ["מכשכשא" גימ' (681) "אני מאמין באמונה שלמה" בי"ג עיקרי האמונה להרמב"ם ז"ל], וזהו סוד א' זעירא של דוד דהות עלאת ומכנעאת עמלק, ועשתה מכס כסא שלם להיות הפסוק הנ"ל גימ' עמלק.

וזה סוד מחיית עמלק ב' מצוות: זכור (עשה) לא תשכח (לא תעשה) מרומז בתרי אלפין זעירין דמשה ודדוד, ב"פ "אלף זעירא" עולה בגימ' (798) "אתה אחד ושמך אחד", והנה "משה דוד" גימ' (359) "משיחא", רמז לתרין משיחין "משיח בן דוד ומשיח בן יוסף" שיוסף ומשה כחדא כדכתיב "ויקח משה את עצמות (עצמות מלאפום) יוסף עמו", גימ' (990) "מלך מלכי המלכים הקדוש ברוך הוא" וכמנין "חקיק באריה ו-א' זעירא חסד", ותוספת חסד כי "בן דוד בן יוסף" גימ' (274) "מרדכי" היינו "רב חסד", כנודע מהאריז"ל, "מרדכי אסתר" גימ' י"ג חסד (ע"ב) סוד "הכנעת עמלק" בנס פורים, סליק לחושבן (785) "ואל משה אמר עלה אל ה'" (שמות כ"ד,א') העלאת א' זעירא והיה הכסא שלם בב"א.

2. ויקרא א' זעירא מרמז עניין הגלות האחרון ועמו הגאולה האחרונה, דהנה ג"פ כתיב (בספר שמואל א') "הכה שאול באלפו ודוד ברבבותו" עולה גימ' (1138) "ותעמד לגרלך לקץ הימין" (סוף ספר דניאל) - בעניין הגאולה האחרונה, וד"ל.

והנה "דניאל חנניה מישאל עזריה" פשוט וא"ת ב"ש בגימ' (2350) נ"פ "יגדל" מרמז העליה דלעתיד לבוא ועד לשער ה-נ', ועי' מש"כ לעיל אופן ל"ד בעניין י' רבתי דיגדל. שמותיהם של ארבעת הצדיקים בלשון תרגום "בלטשאצר שדרך מישך עבד נגו" (כמ"ש דניאל א',ו') פשוט וא"ת ב"ש גימ' (3346) "דוד" פעמים (שמות י"ז,ט"ז) "כי יד על כס י-ה" [ודרשינן אין השם שלם ואין הכסא שלם עד שימחה זרעו של עמלק] ומרמז הכנעתם הסופית של הקליי-עמלק, ומבואר לעיל אופן ג' בעניין א' זעירא דהות על ידיה דדוד עיי"ש. והכל ביחד עולה גימ' (5696) "חנוכה פ' דין" ושם גברו הכהנים- ימין, על היוונים- שמאל.

וזהו דאמר נבוכדנאצר לחרטומים וכו' שמי שיפתור חלומו יקבל "מתנן ונבזבה ויקר שגיא" ומרומז ויקרא במילה "ויקר", ובפתרון החלום (דניאל ב',ל"ב-ל"ג) כתיב: "צלמא ראשה די דהב טב חדוהי ודרעוהי די כסף, מעוהי וירכתה די נחש, שקוהי די פרזל, רגלוהי מנהון די פרזל ומנהון די חסף" גימ' (4186) קס"א פ' הוי', ומרמז התגלות הניסית ע"י אור הכתר, וכן "נבוכדנאצר" גימ' (423) "קומה ה' ויפוצו אויביך" (במדבר י',ל"ה) וגימ' "אריך אנפין" עם הכולל.

והנה בחלומו דדניאל פרק ז' ארבע החיות עולות מן הים, והן ר"ת אדנ-י **אריה, דב, נמר,** וחיה עם י' קרניים, ובתוך ה-י' קרניים עולה "קרנא זעירא" גימ' (639) "עץ הדעת" ובה עינים כעיני אנשים ופה מדבר

חשבון ת"פ חסר א'. ופי' הפסוק ויקר אל משה לבושא דיקר נתן הקב"ה למשה שהוא סוד הדע"ת א' זעירא שמורה שהוא

גלא עמיקתא

וזהו (שמות י"ז) "והיה כאשר ירים משה ידו וגבר ישראל" דהרים יודו [ז]ד–א' זעירא צורת י' וכדחזינן במגלה עמוקות בכמה אופנים.

ובברית כהונת עולם כתב "המן" [ח]גימטריא עם הכולל "צו" וכאמרם

[ז] **מגלה עמוקות על ויקרא אופן ע"ח:** רמז הקב"ה בכאן בצורת א' שהיא צורת י' סוד המקוה שהוא סוד שיעור קומה בהיפך אתוון הוקם המשכן אז נשלמה המקוה של מעלה. שיש ר"ם קבין במקוה. לכן היו ישראל ד' פעמים ס' רבוא שהם ר"ם רבוא. [ח] **ספר מחברת הקודש שער פורים:** דע כי בזמן הגלות בבל היתה מלכות בסוד נקודה בבריאה והחסידים שבאותו הדור החרש והמסגר היו מתקנים אותה ומעלים אותה בכל ע' שנה דגלות בבל עד שהעלוה למקומה בין תרין דרועין וכל אותן הע' שנה היה הז"א בסוד הדורמיטא אחר שנסתלקו ממנו נה"י דאו"א נכנסו במלכות לבנותה בסוד ויבן ד' אלקים את הצלע כמו שהיתה בתחילת בריאת העולם ובסוף ע' שנה יצא מרדכי שהוא בחי' יסוד אבא היוצא חוץ מיסוד מלכות כי כשהיו נה"י דאימא בתוך הז"א היו מלובשים בהם נה"י דאבא והי' יסוד אימא נכנס בז"א עד החזה ויסוד אבא עובר ויוצא עד סוף יסוד ז"א וכשנסתלקו נה"י דאימא ואבא ונכנסו במלכות נמצא שיסוד אבא עובר ויוצא חוץ ליסוד המלכות וז"ס ויעבור מרדכי כי מרדכי היה מאותה בחי' היוצאת לחוץ וז"ס ומרדכי לקחה לו לבת וארז"ל לבית כי יסוד אבא נכנס ברחל והיא לו לבי"ת וזשארז"ל בענין המגלה הנקראת ספר ונקראת מגלה כי מגלה לשון גלוי הוא הרבה וכו' וכמ"ש באותו החטא "ותאמר וכו' ותרא האשה" גימ' (1565) "סדין עשתה ותמכר" (משלי ל"א,כ"ד) הנאמר באשת חיל סוף משלי תיקון לחוה וכו', ומרמז סדין "דין" ובתחילתו ס' דס"מ, "עשתה" גימ' (775) "יפל מצדך אלף ורבבה מימינך" [חוזר על מש"כ בתחלת האופן "הכה שאול באלפו ודוד ברבבותיו"], "ותמכר" מתחיל "מות" וה-ג' תיבות יחד ["סדין עשתה ותמכר"] גימ' (1565) ה"פ "קבורה", שנקנסה על ידה מיתה בעולם. ואותה קרנא זעירא אומר המלבי"ם בפירושו לדניאל שזהו מוחמד, שהיה קטן בתחילתו ואח"כ נתגדל מאד וכבש. והנה "מוחמד ישמעאל" גימ' (543) "אהי-ה אשר אהי-ה" (שמות ג',י"ד) ופרש"י הק' "אהיה עמם בצרה זאת אשר אהיה עמם בשעבוד שאר מלכויות" גימ' (2939) "עלו מושיעים בהר ציון לשפוט את הר עשו והיתה לה' המלוכה" (סוף ספר עובדיה) עם הכולל, דאיתמר בגאולה האחרונה.

ומרמז בשמות ארבעת הצדיקים הפגם והתיקון - שמותיהם (הפשוט) בלשון תרגום (מרמז החטא) "בלטשאצר, שדרך, מישך, עבד נגו" גימ' (1663) "ועץ החיים בתוך הגן ועץ הדעת טוב ורע" ומרמז לחטא עץ הדעת, ושמותיהם בלשה"ק (הפשוט) "דניאל חנניה מישאל ועזריה" גימ' (891) "נעשה ונשמע" דמרמז לתיקון - דאמרו בנ"י והגיעו למדריגת אדה"ר קודם החטא. וכן הפסל שראה דניאל בחלומו דנבוכדנאצר היה עשוי "כסף, זהב, נחשת, ברזל" גימ' (1171) "ועץ הדעת טוב ורע", והתיקון כנודע בזוה"ק על ידי האבות והאמהות הק',

כסף-אברהם, זהב-יצחק, נחשת-יעקב (במלוי עה"א), ברזל- ר"ת **ב**לה **ר**חל **ז**לפה **ל**אה.

וחזינן דהאי דאמר המלבי"ם הק' בפירושו המילים "קרן אחרי זעירה" (דניאל ז',ח') דאיהי מוחמד, ואלו הן האיסלם, וזהו גלות האחרון שהחלה באותו רגע כדאמרינן לעיל "ותרא וכו' ותאמר האשה" גימ' (1565) ה"פ "קבורה", וחזינן דהאי קרן אחרי זעירא דהיינו ישמעאל היא הלעו"ז של הא' זעירא דמשה ודדוד כדלעיל באופן ג' עיי"ש, והני מילין "קרן אחרי זעירה" גימ' (861) "בית המקדש" שיבנה בב"א, ופשוט וא"ת ב"ש עולה גימ' (1590) "נורא תהלות עושה פלא" (שמ' ט"ו,י"א) - פלא אותיות "אלף" ומרמז א' זעירא דנן דויקרא אל משה וכו'.

קצור: א' זעירא מרמז קץ הגלות וגאולה אחרונה - מרומז בהאי קרנא זעירא בנבואת דניאל "קרן אחרי זעירה" אותיות שניות בגימ' (278) "אור הגנוז".

חסר א' וידבר ה' אליו שהוא סוד [ט]אספקלריא המאירה. וז"ש מאהל מועד היה ג"כ זה החשבון רק שמשה היה חסר

גלא עמיקתא

(עיין סנהדרין נו:) [י]**אין צו אלא עבודה** זרה דלקח ה-א' מכסא ה' ונותר כס י-ה עיין שם באריכות.

והנה בשני הפסוקים (שמות ל"ב ט"ו,ט"ז) "ויפן וירד משה מן ההר ושני לחת העדת בידו" וכו' **אינון** ד"פ תיבת "לחת" (438) גימ' (1752) כ"ד פ' "חכמה" (73) [**והוא חושבן** (1752) "[יא]חקת התורה אשר צוה ה'" (במדבר י"ט,ב')]. וכנודע דמשה הוא בחינת חכמה

יסוד אבא שהוא מגולה חוץ ליסוד רחל וכשהוא ביסוד ז"א נקרא ספר ובנוקבא נקרא אגרת סוד שכ"ה ומנצפ"ך שאז היה קבוץ כל הדינים ופורים חסר ו' כתיב לשון רבים ב"פ מנצפך גימטריא תק"ס א' בחי' גבו' וא' בחי' חסדים לזה גבריאל קס"ת הסופר במתניו והעיקר הוא במתניים גם פורים מלא גימטריא שכ"וי והבן זה. והנה המן הרשע היה מכשף גדול וראה אותה הארה גדולה והבין שרוצה המלכות לחזור בפנים ויחזרו נה"י דאו"א לז"א ולא ישאר בסוד הדורמיטא ובזה יהיו ישראל נגאלין לכן רצה לבטל אותה הארה והנה המן ע"ה גימטריא צ"ו ואין צ"ו אלא ע"ז וכו' וכן כתב בספר בני יששכר מאמרי השבתות מאמר ט - מעלות וסגולות שבת ענין סגולת המגילה, אמרו דורשי רשומות ברמז המשנה מגילה נקראת בי"א בי"ב בי"ג בי"ד בט"ו לא פחות ולא יותר [מגילה ב א], מגילה נקראת הוא סוד שם הנקרא אדנ"י דינ"א דמלכותא, הנה י"א י"ב י"ג י"ד ט"ו אלו המספרים בגימטריא אדנ"י, זה המספר נקרא, ורמזה המשנה לא פחות ולא יותר, מספר הפחות היינו י' ומספר היתר היינו י"ו, אם כן הפחות והיותר הוא כ"ו מנין השם הנכתב ולא נקרא, הנה ענין המגילה פעולת שם אדנ"י דינא דמלכותא, אסתר מלכ"ה בגימטריא צ"ה לבטל קליפת המ"ן, כי יד על כ"ס י"ה (צ"ה) מלחמה לד' בעמלק [שמות יז טז], הנה שבת קדושה היום נקראת מלכה, עיצומו של יום עומד במקום קריאת המגילה, הבן הדבר.

[ט] זוהר חדש כרך ב (מגילות) מגילת רות דף כט עמוד א: ויהי בימי שפוט השופטים רבי יהושע אמר כל מקום שנאמר ויהי בימי לשון צער הוא. אלימלך הוא היה כדוגמת מלך כיון שהכיר בדבר השמיט עצמו מישראל והלך לגור בין האומות דסבר שלא יהא נידון ביניהון עמדה מדת הדין והזכירו ונתפש. ויהי בימי שפוט השופטים רבי חלקיה בר אליעזר פתח קרא דכתיב [ירמי' ל"א] מרחוק ה' נראה לי וגו' כשהקב"ה מדבר עם הנביאים אינו נגלה אליהם אלא מרחוק ועל כן רואים דמות דברים כאדם העומד ממרחק חוץ ממשה. דאמר רבי אלעזר אמר רבי חנינא כל הנביאים כולם לא נתנבאו אלא מתוך אספקלריא שאינה מאירה משה מתוך אספקלריא המאירה שאר הנביאים מרחוק ומשה מקרוב שנאמר לא כן עבדי משה בכל ביתי נאמן הוא מהימנא בבית מלכא קריב הוא למלכא. (ואיתמר) [ואי תימא כיון] דכל הנביאים נתנבאו מרחוק אין אהבתו של מקום עליהם. והכתיב מרחוק ה' נראה לי ואהבת עולם אהבתיך על כן משכתיך חסד. אמר רבי חנינא יש רחוק ונתקרב וקרוב ונתרחק [יש רחוק ונתקרב דכתי' ממרחק תביא לחמה. קרוב ונתרחק] דכתיב ה' מרחוק ה' נראה לי. זה קרוב לנביאים וזה (קרוב) [רחוק] למלכות. רבי אלעזר אומר איפכא קרוב למלכות ורחוק לנביאים שרואין דמיונות של מעלה כמין (גוף) [ס"א גוון]. רבי חלקיה אמר כשרואין הנביאים בציחצוח בידוע [שהעולם נידון למיטב וכשרואים בחשיכה נידון לפרעניות ואזי פתח קרא ויהי בימי שפוט השופטים ויהי רעב בארץ. הרנ"ש]

[י] תלמוד בבלי סנהדרין דף נו עמוד ב: אלא ויצו זו עבודה זרה, מאי משמע? רב חסדא ורב יצחק בר אבדימי; חד אמר: סרו מהר מן הדרך אשר צויתם עשו להם וגו'. וחד אמר עשוק אפרים רצוץ משפט כי הואיל הלך אחרי צו. מאי בינייהו - איכא בינייהו נכרי שעשה עבודה זרה ולא השתחוה לה. למאן דאמר עשו - משעת עשייה מיחייב, למאן דאמר כי הואיל הלך - עד דאזיל בתרה ופלח לה.

[יא] זוהר כרך ג (במדבר) פרשת חוקת דף קעט עמוד ב: וידבר יי' אל משה ואל אהרן לאמר זאת חקת התורה אשר צוה יי' לאמר וגו', ר' יוסי פתח

א' וזהו אלף זעירא א' זעירא היה לבושא יקר של משה משעור קומה של משה. וטעם מספר ת"פ שהיה במשכן לפי

גלא עמיקתא

דאצילות [יב]כ"ח מ"ה כדאמר משה (שמות ט"ז,ז') "ונחנו מה", וכן חכמה במלוי יודין "חית כף מם הי" גימ' (613) "משה רבינו".

והן כ"ד פ' "חכמה" בחי' כ"ד קשוטי כלה דאמא אוזיפת לברתא- ועיין אופן יב"ק-תקון ליל שבועות-כ"ד קשוטי כלה מה שכתבנו באריכות[3]

מקורות

(דברים ד) וזאת התורה אשר שם משה לפני בני ישראל, ת"ח מלין דאורייתא קדישין אינון עלאין אינון מתיקין אינון כמה דכתיב (תהלים יט) הנחמדים מזהב ומפז רב ומתוקים מדבש וגו' מאן דאשתדל באורייתא כאלו קאים כל יומא על טורא דסיני וקביל אורייתא הדא הוא דכתיב (דברים כז) היום הזה נהיית לעם והא אוקמוה חברייא כתיב הכא זאת חקת התורה וכתיב וזאת התורה מה בין האי להאי, אלא רזא עלאה הוא והכי אוליפנא, וזאת התורה לאחזאה כלא ביחודא חד ולאכללא כנ"י בקודשא בריך הוא לאשתכחא כלא חד, בגיני כך וזאת התורה אמאי תוספת וא"ו אלא הא אתמר לאחזאה דכלא חד בלא פרודא וזאת כלל ופרט כחדא דכר ונוקבא ובגין כך וזאת התורה ודאי, אבל זאת בלא תוספת וא"ו חקת התורה ודאי ולא התורה, דינא דאורייתא דגזרה דאורייתא, ת"ח (במדבר ח) זאת אשר ללוים ולא וזאת דהא מסטרא דדינא (קשיא) קא אתיין ולא מסטרא דרחמי, א"ר יהודה והא כתיב (במדבר ד) וזאת עשו להם וחיו ודא בליואי אתמר ואת אמרת זאת ולא וזאת, א"ל ודאי הכי הוא וקרא מוכח מאן דאחיד סמא דמותא אי לא יערב ביה סמא דחיי הא ודאי ימות ועל דא וזאת עשו להם וחיו ולא ימותו בגין דסמא דחיי מערב בהדיה זאת עשו וחיו ולא ימותו ודאי וזאת אצטריך להו ולא זאת, בגיני כך וזאת התורה ממש ביחודא חד ביחודא שלים כללא דדכר ונוקבא ו"ה, זאת ה' בלחודוי ועל דא זאת חוקת התורה: **[יב] זוהר - רעיא מהימנא כרך ג (ויקרא) פרשת צו דף לד עמוד א:** זכאה איהו מאן דאקריב אתוון דיהו"ה ביה ובאתתיה ובבריה ובברתיה בקדושה ובברכה בנקיו בענוה ובבשת פנים בכל מדות טבין דכתיבין על מארי מתניתין ומתחממין באשין קדישין דאיש ואשה דאינון אש עולה ויורד, אש קדש דעצי המערכה דאינון עצי הקדש אברין קדישין ואש של גבוה נחית דאיהו קדש הקדשים ובגין תרין אשין אלין אמר נביא (ישעיה כד) באורים כבדו יי', דאינון אשין דשכינתא דבה כתיב (דברים ד) כי יי' אלהיך אש אוכלה הוא ואינון אש עלאה כסא דין, אש תתאה כסא רחמים, ואינון בינה ומלכות, מלכות

עיונים

3. הבאנו דברי הזוה"ק דף ח' ע"א בהקדמה: רבי שמעון הוה יתיב ולעי באורייתא בליליא דכלה אתחברת בבעלה (היינו ליל שבועות) וכו' ולמיחדי עמה בתקונא דאיהי אתתקנת למלעי באורייתא מתורה לנביאים ומנביאים לכתובים וכו' ותכשיטא (השמות דנפרט לקמן יוצאים מר"ת וס"ת של המלה השניה מהתחלה ושניה מהסוף של כל פסוק אחרון בכל ספר וכמובא בפע"ח דרוש חה"ש, וכדוגמא הפס' האחרון בס' בראשית "וימת יוסף בן מאה ועשר שנים, ויחנטו אתו ויישם בארון במצרים" קישוט הכלה הראשון יהיה י"פ ב"ן שהוא ר"ת ס"ת המלה השניה מתחלת הפס' "יוסף" - י"פ, ור"ת ס"ת המלה השניה מסוף הפסוק "בארון"- ב"ן, וע"ז הדרך בכל ה-כ"ד ספרים יש כ"ד קשוטי כלה דנבאר לקמן אי"ה חשבונם) וממשיך שם- ואיהי ועולמתהא עאלת וקיימת על רישיהון ואתתקנת בהו וחדת בהו (שלומדים בליל שבועות) כל ההוא לילא וליומא אחרא (יום חה"ש) לא עאלת לחופה אלא בהדייהו ואלו אקרון בני חופתה וכיון דעאלת לחופתה קב"ה שאיל עליהו ומברך לון ומעטר לון בעטרא דכלה זכאה חולקהון, והוה רבי שמעון וכלהו חבריא מרננין ברנה דאורייתא ומחדשן מלין דאורייתא (היינו חדושי תורה) כל חד וחד מניהו, והוה חדי רבי שמעון, אמר הני זכאה חולקהון וכו' וזהו ויקרא אל משה ב-א' זעירא דאיהו היקר הני תכשיטין דמקשטאן לכלה- דאיהי האי שכינתא קדישא, האי אלף זעירתא- דאזעירת גרמה בסוד: לכי ומעטי את עצמך (לעיל אופן ס') בליל חופתה ליל חג השבועות.

גלא עמיקתא

וזהו דכתב המגלה עמוקות דמשה היה "לבוש תבנית המשכן" גימ' (1615) "השקיפה ממעון קדשך מן השמים" וממשיך "וברך את עמך את ישראל".

[יג]ופרש"י שם וזה לשונו הקדוש: השקיפה ממעון קדשך: עשינו מה שגזרת עלינו עשה אתה מה שעליך לעשות וכו'.

ובמקום אחר [יד]פרש"י (בראשית י"ח,ט"ז) "וישקיפו על פני סדום" כל השקיפה שבמקרא לרעה חוץ מהשקיפה ממעון קדשך וכו', שגדול כחה של מצוות הצדקה שהופכת מדת רוגז למדת רחמים.

וזהו דדברי המגלה עמוקות דמשה היה "לבוש תבנית המשכן" סליקו לחושבן "השקיפה ממעון קדשך מן השמים" כנ"ל.

והיינו דנתן בו הכח למתק הדינים בשרשם. ונרמז בשמו "משה" סליק לחושבן (345) "חרון אף"– דנתן בו כח להפוך דין לרחמים.

וכדחזינן במעשה העגל דהקדוש ברך הוא עצמו עלה חרון אפו ושואל כביכול רשות ממשה לכלות את שונאיהן של ישראל.

כדכתיב (שמות ל"ב,י') "ועתה הניחה לי ויחר אפי בהם ואכלם ואעשה אותך לגוי גדול" גימ' (1959) ג"פ (דהוי חזקה ח"ו) "אמת ליעקב" (653) כמ"ש (סוף מיכה) "תתן אמת ליעקב חסד לאברהם אשר נשבעת לאבותינו מימי קדם".

ומתחלק חלקו הראשון "ועתה הניחה לי ויחר אפי בהם ואכלם" גימ' (1058) "קדושנו קדוש יעקב" עיין אופן קצ"ח פסוק ד'4

4. פסוק ד': דודי שלח ידו מן החור ומעי המו עליו: סליק לחושבן (984) ח"פ "ענג" (123) ואינון ח' תיבין דערך הממוצע דכל תיבה "ענג" (123). ד דו דוד דודי (52) ב"פ "הוי'" (26), וכגון (שמות ל"ד,ו') ה' ה' קדם י"ג מכילן דרחמי־ כדאיתא בספה"ק א' קודם החטא ו־א' לאחר החטא ולכן פסיק טעמא.

ש של שלח (968) י"א פ' "טוב הגנוז" (88) כדכתיב (בראשית א',ד') "וירא א-להים את האור כי טוב" ודרשו חז"ל (בגמ' חגיגה יב.) כי טוב לגנזו לצדיקים לעתיד לבוא, ובהתגלותו יאבדו הני י"א כתרין דמסאבותא בדרך ממילא לכן כפלינן י"א פעמים.

י יד ידו (44) "יגאל־ דיושיענו דימין ה' עושה חיל וכו'.

מ מן (130) אחוריים דשם מ"ה כזה: "יוד - יוד הא - יוד הא ואו - יוד הא ואו הא" דאיהו בחי' נוק' דנשים דעתן קלה (שבת לג:).

ה הח החו החור (256) "אהרן" ע"ב קפ"ד

אש עולה, בינה אש יורד, יהו"ה עמודא דאמצעיתא אחיד בתרווייהו, בינה יה"ו ה' מלכות, תפארת כד אחיד לון שריא עליה חכמה דביה כ"ח מ"ה, מ"ה איהו יו"ד ה"א וא"ו ה"א כ"ח דיליה יו"ד וא"ו דל"ת ה"א אל"ף וא"ו אל"ף וא"ו ה"א אל"ף וכלהו מ"ב אתוון משתכחין בבר נש ובאתתיה ובבנוי, ובגין דא לית בר נש שלים אלא בבן ובת, ומאן דלית ליה בן דאיהו ו' אסתלק י' מיניה ומאן דלית ליה בת דאיהי ה' אסתלק ה' עלאה דאיהי אם מן בת זוגיה, דאתוון לא שריין דא בלא דא ובג"ד באיש ואשה בן ובת דאתעבידו כדקא יאות שריא עלייהו יהו"ה ואתקריאו (שם יד) (ס"א בנים לקודשא בריך הוא הדא הוא דכתיב) בנים אתם לידו"ד אלהיכם

[יג] רש"י דברים פרק כו פסוק ט"ו: השקיפה ממעון קדשך - עשינו מה שגזרת עלינו, עשה אתה מה שעליך לעשות, שאמרת (ויקרא כו, ג) אם בחקתי תלכו ונתתי גשמיכם בעתם: אשר נתתה לנו כאשר נשבעת לאבתינו - לתת לנו וקיימת ארץ זבת חלב ודבש.

[יד] רש"י בראשית פרק יח פסוק ט"ז: וישקיפו על פני סדום - כל השקפה שבמקרא לרעה חוץ מהשקיפה ממעון קדשך (דברים כו טו), שגדול כח מתנות עניים שהופך מדת רוגז לרחמים.

שבשעת עשית העגל (משלי ה׳,ה׳) רגליה יורדות מות [טו]ת״פ מחנות של לילי״ת (חושבן ת״פ הוא שמה) הוצרכו

[טו] אגרא דכלה שמות פרשת בשלח: י״י ימלוך וכו׳ כי בא סוס פרעה וכו׳. להבין הסמיכות, נודע מלכותא קדישא נקראת י״ם שכל הנחלים הולכים אליו, וזה לעומת זה מלכותא חייבתא לילי״ת הרשעה בגימטריא ת״פ והיא רוכבת על ת״פ מחנות ועמה הם תפ״א, אשר נגד זה היה בירושלים מקום מושב מלכותא קדישא עיר המלוכה לדוד מלכא ת״פ בתי כנסיות ובית המקדש על גביהם [ירושלמי מגילה פ״ג ה״א] (כמנין מלאת״י משפט [ישעיה א כא] כנודע), וכבר ידוע כשזה קם וכו׳, וז״ש י״י ימלך לעולם ועד, ובא בנותן טעם כי בא סוס פרעה, מרכבת הס״א מלכותא חייבתא הנ״ל בגימטריא סו״ס פרע״ה, תפ״א, ברכבו ובפרשיו עם כל מרכבתין בישין אל תוך הי״ם, שהניצוץ הקדוש שבתוכם המחיה אותם נכנס לקדושת הים הקדוש מלכותא קדישא, ואז מלכותא חייבתא עם כל חיילותיה ישארו פגרים מתים וימלא כבוד י״י את כל הארץ, וז״ש אחר כך ותקח מרים הנביאה וכו׳ את הת״ף בידה וכו׳, עיין בגלאנטי בסוף הספר.

אחוריים פשוט ומלא דהוי׳ דיודין כזה: ״י י-ה י-ה-ו י-ה-ו-ה (72) יוד, יוד הי, יוד הי ויו, יוד הי ויו הי (184)״ סליקו ״אהרן״. ובספר עץ חיים שער ל״ח פ״ז מ״ת כתב וזה לשונו הקדוש: ״והנה כיון שהסיבה אל הצרעת והנגע הוא הסתלקות מוחין דז״א דמצד אבא לכן והובא אל אהרן הכהן שהוא ימשיך ויגלה אתו סגירו דנהורא עילאה וימשיכם בז״א ועל ידי זה תסור הצרעת וכו׳״ עיין שם באריכות.

ו ומ ומע ומעי (294) ״חלק בעולם הבא״- והוא לאחר וזרקתי עליכם מים טהורים.

ה המ המו (101) ״ולהלל״ וכגון (דה״א ט״ז,ד׳) ״ולהזכיר ולהודות ולהלל״ וכו׳.

ע על עלי עליו (396) ״א-להים חיים ומלך עולם״ (ירמי׳ י׳,י׳) דבו כל חפצנו ואותו נעבוד לעולם ועד עד בוא משיח צדקנו ותחית המתים, דאין אכילה ושתיה לע״ל וממילא הקיום יהיה נצחי וביחוד נפלא בין בורא לנברא אב ובן אבן ישראל וכו׳.

וכשאלו (שמות י״ז,ז׳) ״היש הוי׳ בקרבנו אם אין״ גימ׳ (803) י״א פ׳ ״חכמה״ (73).

והיינו דבקשו לדעת אם ההנהגה מז״א או מכתר- אך בכל אופן נכנס פה ״ספק״ גימ׳ (240) ״עמלק״, ומיד ״ויבא עמלק״ גימ׳ (259) ״גרון״.

ובאר״י הקדוש בשער הפסוקים כתב וזה לשונו הקדוש:

״גרון ג״פ שם א-להים. הגרון דז״א נעשה מ-ג׳ מוחין דקטנות דא-להים, שירדו בזמן הגדלות למטה עד הגרון, כי כל א-להים דקטנות הוא דינא קשיא וחרון אף, וז״ס (תהל׳ ס״ט,ד׳) ״נחר גרוני״ וכו׳ עד כאן לשונו הקדוש.

והנה שניהם יחד דהיינו ספקם של ישראל עם ויבא עמלק, דהיינו: ״היש הוי׳ בקרבנו אם אין (803) ויבא עמלק (259)״ סליקו תרוויהו לחושבן עם ב׳ הכוללים (1064) ״דודי שלח ידו״ ברבועי אתוון כדבארנו לעיל.

ואיהו חושבן (1064) ״אלף דין״- אלף בחי׳ בינה דמינה דינין מתערין וכמבואר בכונות ספירת העומר ענין הבלעת הדמים ד״פותח״ א׳ דשם מ״ה (ואו ו׳ א אה אהי אהיה ו׳) ומיד פגם בנחשלים דענן פולטם.

ועמלק זרק מילותיהם כלפי מעלה דהיינו אל השכל לאמור מה טעם יש במצוה זו (מילה) וממילא בשאר המצוות אין טעם, והעצה לזה שמירת הברית קודש, רמיזא בשם ש-די ר״ת דודי שלח ידו, וכדבארנוהו לעיל. והנה סך כל הרבועין סליק לחושבן (2241) ג״פ ״משה איש הא-להים״ (747) כדכתיב (דברים ל״ג,א׳) ״וזאת הברכה אשר ברך משה איש הא-להים״ וכו׳.

והוא ג״כ למפרע: סופי תיבות למפרע היינו מש״ה אות שניה דכל תיבה היינו אי״ש שאר אתוון הא-להים- וזהו דהתקשרות לצדיק הדור היא העצה להתגברות על האי עמלק וחילותיו- דאלמלא הקב״ה עוזרו אינו יכול לו (קדושין ל:). דמשה גימ׳ חרון אף דהיינו ממתק האי חרון אף ד״חרן״ גימ׳ ג״פ א-להים כנודע, וזהו ד״משה איש הא-להים״ סליק לחושבן (747) ״מדת הרחמים״, וכפלינן ג״פ למתקא להני ג׳ א-להים דגרון דז״א וכו׳. ובספירות הן ״חסד״ (72), ג״פ ״חסד״ גימ׳ (216) ״גבורה״, ג״פ ״גבורה״ גימ׳ (648) ״תרחם״, ואיהו חושבן ״רחמי שמים״, וחושבן ״ממשיח צדקנו״ יבוא ויגאלנו בגאולה האמיתית והשלמה תיכף ומיד ממש אכי״ר.

לתקן בת"פ אמות של המשכן. ולכן נצטוו לבנות המשכן ת"פ שנה (מלכים א' ו',א') מיציאת מצרים [כדכתיב (מלכים א'

גלא עמיקתא

וחציו השני דהיינו "ואעשה אותך לגוי גדול" גימ' (901) "אבן" (53) פ' "טוב" (17) וכגון (ב"ב טז:) [טז]אבן טובה היתה תלויה בצוארו דאברהם שכל חולה הרואה אותה מיד נתרפא, ובשעה שמת תלאה הקב"ה בגלגל חמה. ויעקב נק' שמ"ש בחי' ז"א.

וזהו דכתב המגלה עמוקות דע"י מ"ח קרשים דכאו"א אורך י' אמה תקנו ת"פ מחנות לילי"ת דאינון נמי חושבן ת"פ.

והנה כאשר נחשב קר"ש גימ' שש מאות ונכפיל מ"ח פעמים קר"ש סליק לחושבן (28800) ק"פ רפ"ח (288) דהוא העלאת רפ"ח נצוצין לשרשם בכתר רמיזא ק"פ [יז]דיחידות במלכות עשרות ו"ק מאות חב"ד והוא בזוה"ק חיי שרה.

ולחות העד"ת אתוון הדע"ת סליק לחושבן (479) "כי יד על כס י-ה" (239) עם (שמות י"ז) עמל"ק (240) יחד העד"ת אתוון הדע"ת, ובספה"ק [יח]משה הוא הדעת.

ובפסוק (שמות י"ז,ט"ז-סוף פרשת בשלח) "ויאמר כי יד על כס י-ה מלחמה לה' בעמלק מדר דר" גימ' (1365) ג"פ (דהוי חזקה) מש"ה במלוי "מם שין הי" (455). **ואיהו נמי חושבן ג' מלויי שם אהי"ה**– רמיזא דמלחמת עמלק על ידי משיח צדקנו משה שבדור ועל ידי הקדוש ברוך הוא מבחינת הכתר.

[טז] תלמוד בבלי בבא בתרא דף טז עמוד ב: כתנאי: וה' ברך את אברהם בכל - מאי בכל? רבי מאיר אומר: שלא היתה לו בת; רבי יהודה אומר: שהיתה לו בת; אחרים אומרים: בת היתה לו לאברהם ובכל שמה; ר"א המודעי אומר: איצטגנינות היתה בלבו של אברהם אבינו, שכל מלכי מזרח ומערב משכימין לפתחו; רבי שמעון בן יוחי אומר: אבן טובה היתה תלויה בצוארו של אברהם אבינו, שכל חולה הרואה אותו מיד מתרפא, ובשעה שנפטר אברהם אבינו מן העולם - תלאה הקדוש ברוך הוא בגלגל חמה. אמר אביי, היינו דאמרי אינשי: אידלי יומא אידלי קצירא. דבר אחר: שלא מרד עשו בימיו. דבר אחר: שעשה ישמעאל תשובה בימיו. **[יז] זוהר פרשת חיי שרה דף קכג עמוד א:** ת"ח רזא דמלה מאי שנא בכלהו דאמר שנה שנה ובאינון שבע דאמר שנים דכתיב מאה שנה ועשרים שנה ולבתר שבע שנים אלא כולא חד, מאה שנה כללא דכלא (נ"א כלא כחדא ברזא דמאה ברכאן בכל יומא וכן עשרים שנה דאתכליל עלאה סתימא דכל סתימין ובגין כך כתיב שנה רזא דיחודא), קודשא בריך הוא דאתכליל מאתר עלאה סתימא דכל סתימין במאה ברזא דמאה ברכאן דכל יומא וכן עשרים שנה ובגין כך כתיב שנה רזא דיחודא דלא אתפרש (צ"א ב) מחשבה ויובלא לעלמין, שבע שנין אלין אתפרשן ונפקאן מכללא סתימאה דלעילא ואף על גב דכלא יחודא חדא אבל מתפרשן בדינא ורחמי בכמה סטרין ואורחין מה דלא הוי הכי לעילא ובגין כך כתיב שנה רזא דיחודא דלא אתפרש לעלמין, שבע שנים אלין אתפרשאן בדינא ורחמי בכמה סטרין ואורחין מה דלא הוי הכי לעילא ובגין כך באלין שבע שנים כתיב בהו שנים ולא שנה וכלהו אקרון חיים ויהיו חיי שרה דהוו ממש דאתבריאו ואתקיימו לעילא. **[יח] אגרא דכלה ויקרא פרשת שמיני:** וישמע משה וייטב בעיניו. יש לרמז במקרא קודש הלז, כשמתבונן הדעת (שבאדם בדביקותו ית' אז לא יעצרנו הגשם ויוכל האדם לראות מרחוק ברוח הקודש ראיה שכליית כי יקבל מהאור הטוב שיכולין להביט בו מסוף העולם וכו' וזהו וישמע מלשון הבנה כנודע) משה (הוא הדעת) וייטב בעיניו (אזי הטוב הוא בעיניו) היינו האור כי טוב [בראשית א ד] שיכול האדם להביט בו מסוף העולם ועד סופו, והבן מאוד.

ו,א') "ויהי בשמונים שנה וארבע מאות שנה לצאת בני ישראל מארץ מצרים בשנה הרביעית בחדש זו וכו' ויבן הבית לה'"] ויביאו את המשכן אל משה (שמות ל"ט,ל"ג) ודרשו (משלי ל"א,כ"ט) רבות גבנות על [יט]מ"ח קרשים שהיה

גלא עמיקתא

וכשנוציא מהפסוק את "הדעת" דהיינו "כי יד על כס י–ה (239) עמלק (240)" נשאר החושבן (886) ב"פ "באמת" (443) דלעתיד לבוא בגאולתא שלמתא בב"א תתברר האמת בתכלית ובלע המות לנצח וכו'.

ולאחר שזכה להאי א' זעירא זכה לוידבר ה' אליו סוד "הדעת אספקלריא המאירה" גימ' (1222) ב' פעמים תורה (611), תורה שבכתב ותורה שבעל פה.

ומסיים המדרש רבות בנות עשו חי"ל הן מ"ח קרשים ואת עלית על כולנה זהו [כ]משה סוד הדעת וכגון (שה"ש ז',ט') אמרתי אעלה בתמר אחזה בסנסיניו וכו'.

והאי פסוקא (סוף משלי) "[כא]רבות בנות עשו חיל ואת עלית על כולנה" סליק לחושבן (2012) ד"פ "אמת ליעקב" כדכתיב (סוף מיכה) "תתן אמת ליעקב" וכו'.

דהוא א' אמת ליעקב יותר מפסוקא דלעיל (שמות ל"ב,י') "ועתה הניחה לי

[יט] **מאור ושמש שמות פרשת פקודי:** ובהעלות הענן מעל המשכן יסעו בני ישראל בכל מסעיהם. וסמיך ליה ויקרא אל משה. יש לרמוז הסיום של זה הספר עם ההתחלה של הספר ויקרא כך; כי רמזנו לעיל בפרשת תרומה על פי הקדמה כוללת שכתבנו הרבה פעמים בסדרות אלו, כי כונת המשכן היה דוגמת מעשי בראשית, כדי להיות מקום להתגלות השכינה בתחתונים, על כן היה נעשה על ידי בצלאל שהיה יודע לצרף האותיות שנבראו בהם שמים וארץ. עיין לעיל בכוונת הקרשים, שהיו מ"ח קרשים, כי היה כונתו להמשיך כל י"ב צירופי הוי"ה ב"ה, כי יש י"ב צירופי הוי"ה נגד י"ב שבטי יה, והי"ב צירופים הם נגד י"ב חדשי שנה, על כן אנו צריכים לכוין בכל ראש חדש צירוף אחד השייך לאותו חדש. ובי"ב שמות הויות יש מ"ח אותיות, על כן היה מ"ח קרשים במשכן להמשיך כל הי"ב צירופים של י"ב שבטים. ומשה רבינו ע"ה היה כללות כל ישראל כי היה דעת כל ישראל, על כן נוכל לומר כי הוא נגד חדש העיבור, כי חדש העיבור הוא כוללת כל השנה, כי חדשי העיבור הם כדי להשוות שנות הלבנה עם שנות החמה, ומשה היה פני חמה. וגם נקרא 'חדש העיבור' כי בעיבור כלול כל הולד, כמו 'אשה עוברה', ובמשה היה כלול כל ישראל בסוד העיבור, על כן אמר (במדבר יא יב) האנכי הריתי את כל העם הזה.

[כ] **ר' צדוק הכהן מלובלין - קומץ המנחה חלק ב אות עט:** וזה ענין מה שמובא בזוהר (ח"א קע"א א) דמשה אסתכל באספקלריא דנהרא ולא גרם ליה נגיעת כף הירך יעקב כלשאר נביאים עיין שם כי משה הוא הדעת אמיתי מדברי תורה עד שנקראת על שמו ולכן למה לי כף כלל וזהו גם כן ענין מה שאמרו (מגילה ה' ב) רבי ביקש לעקור תשעה באב שהוא המסדר תורה שבעל פה דוגמת משה רבינו ע"ה תורה שבכתב ותשעה באב נגד גיד הנשה כנזכר לעיל בשם הזוהר שהאוכל בתשעה באב כאוכל גיד הנשה ואין לו שייכות למי שהוא במדריגת דעת אמיתי בדברי תורה וכמו שאמרו (ברכות ל"ג א) כל מי שיש בו דעה כאילו נבנה בית המקדש בימיו שלא הזיק לו נגיעת הכף ירך כלל

[כא] **תלמוד בבלי מסכת סנהדרין דף כ עמוד א:** אמר רבי יוחנן: מאי דכתיב רבות בנות עשו חיל ואת עלית על כלנה, רבות בנות עשו חיל - זה יוסף ובועז, ואת עלית על כלנה - זה פלטי בן ליש. אמר רבי שמואל בר נחמן אמר רבי יונתן: מאי דכתיב שקר החן והבל היפי, שקר החן - זה יוסף, והבל היפי - זה בועז, יראת ה' היא

במשכן כמנין חי"ל ואת עלית על כלנה זה משה וסוד הדע"ת עלי"ת דייקא דהכי סליק בחושבנא כן שהוא חסר א׳ וזה א׳ זעירא.

גלא עמיקתא

ויחר אפי בהם ואכלם, ואעשה אותך לגוי גדול" דאמרינן לעיל דסליק לחושבן (1959) ג"פ "אמת ליעקב" כדכתיב (סוף מיכה) "תתן אמת ליעקב" וכו׳.

ומשה עמד בפרץ והציל את עם ישראל כדאמר דוד (תהל׳ ק"ו,כ"ג):

"[כב]ויאמר להשמידם לולי משה בחירו עמד בפרץ לפניו להשיב חמתו מהשחית"

כמו שבארנו באופן שפ"ד לבאור ואתחנן אופן צ"ז אות ח׳ עיין שם[5]

5. ח׳. שמות פרק לד פסוק ז **נצר חסד לאלפים נשא עון ופשע וחטאה ונקה לא ינקה פקד עון אבות על-בנים ועל-בני בנים על-שלשים ועל-רבעים** גימ׳ (4321) "טוב הוא" (29) פעמים "סלח נא" (149) "טוב הוא" כדכתיב (שמות ב,ב) "ותרא אותו כי **טוב הוא**" "סלח נא" כדכתיב (במדבר יד,יט) "**סלח נא** לעוון העם הזה כגודל חסדך" דאמר משה דאיקרי טוב כדכתיב ותרא אותו כי טוב הוא לאחר חטא המרגלים סלח נא לעוון העם הזה כגודל חסדך וכו׳ וממשיך: "ויאמר ה׳ סלחתי כדברך" גימ׳ (1037) טו"ב (17) פעמים אי"ן (61) דמשה הוה טוב והוה אין כדאמר (שמות טז,ז) ונחנו מה- מסר עצמו למען בני ישראל- כדאמר בחטא העגל (שמות לב,לב) ואם אי"ן מחני נא מספרך אשר כתבת ובשניהם אמר הקב"ה למשה שיכול לכלות את עם ישראל ולעשות את משה לגוי גדול: "ועתה הניחה לי ויחר אפי בהם ואכלם, ואעשה אתך לגוי גדול" גימ׳ עם הכולל (1960) כ"ח (28) פעמים ע׳ (70) דהן ע׳ נפש יוצאי ירך יעקב כדכתיב (שמות א,ה) "ויהי כל נפש יוצאי ירך יעקב שבעים נפש ויוסף היה במצרים" בחינת "**כ"ח** מעשיו הגיד **לעמו**" (תהל׳ קיא,ו) דאינון ע׳ נפש - ואכלם ואעשה אותך לגוי גדול בבחינת גדלות ולא תנהיג האי עמא פזיזא ומשה מסר עצמו בסוד (שמות לב,לב) ואם אין **מחנ"י** נא- תיקון **דמ"י נ"ח** כדכתיב בנח (ישעי׳ נד,ט):

"כי **מי נח** זאת לי על הארץ" כמבואר בזוה"ק דנקרא המבול על שמו משום שלא התפלל על בני דורו שלא יאבדו במבול- ולכן נקרא רעיא שטיא משום שלא התפלל למען אנשי דור המבול ואבדו מן העולם

ובמרגלים אמר השי"ת (במדבר יד,יב) "אכנו בדבר ואורישנו ואעשה אותך לגוי גדול ועצום ממנו" גימ׳ (2097) ט׳ פעמים "עץ החיים" (233) דאינון ט׳ תיקונין יקירין דדיקנא דזעיר דאיהי אורייתא קדישא

דאיקרי "עץ החיים" כדכתיב (משלי ג,יח) "עץ חיים היא למחזיקים בה ותומכיה מאושר"

ובמקום להשמיד את שונאיהם של ישראל- הביא משה את בני ישראל לחיי נצח בארץ ישראל ארץ אשר עיני ה׳ א-להיך בה מרשית שנה ועד אחרית שנה (דברים יא,יב) ורצה עתה להיכנס עמהם- דלא יהיו להם חורבנות וגלויות משום דסבלו דים- ואמר ליה השי"ת ר"ב ל"ך.

תתהלל - זה פלטי בן ליש. דבר אחר: שקר החן - זה דורו של משה, והבל היפי - זה דורו של יהושע, יראת ה׳ היא תתהלל - זה דורו של חזקיה. דבר אחר: שקר החן - זה דורו של משה ויהושע, והבל היפי - זה דורו של חזקיה, יראת ה׳ היא תתהלל - זה דורו של רבי יהודה ברבי אילעאי. אמרו עליו על רבי יהודה ברבי אילעאי שהיו ששה תלמידים מתכסין בטלית אחת ועוסקין בתורה

[כב] **תלמוד בבלי מסכת פסחים דף קיט עמוד א**: אמר רב כהנא משום רבי ישמעאל ברבי יוסי: מאי דכתיב למנצח מזמור לדוד. זמרו למי שנוצחין אותו ושמח. בא וראה שלא כמדת הקדוש ברוך הוא מדת בשר ודם. בשר ודם מנצחין אותו - ועצב. אבל הקדוש ברוך הוא נוצחין אותו ושמח שנאמר ויאמר להשמידם לולי משה בחירו עמד בפרץ לפניו. אמר רב כהנא משום רבי ישמעאל ברבי יוסי אמר רבי שמעון בן לקיש משום רבי יהודה נשיאה: מאי דכתיב וידי אדם מתחת כנפיהם - ידו כתיב, זה ידו של הקדוש ברוך הוא שפרוסה תחת כנפי החיות כדי לקבל בעלי תשובה מיד מדת הדין.

[כג] אגרא דכלה בראשית פרשת לך לך: ויאמר עוד, ונברכו ב"ך בגימטריא תק"ב בהחשב הך' רבתי דאותיות מנצפ"ך לת"ק כנודע, כמו מנין שנות האבות, והנה כתוב אצלינו בפסוק תהלת ד' ידבר פי ויברך כל בשר [תהלים קמה כא], דהנה אמרו רז"ל חייב אדם לבסומי בפוריא עד דלא ידע בין ארור המן לברוך מרדכי [מגילה ז ב], והנה כתבו התוס' דלא ידע לחשוב החשבון כי המספר שוה ארו"ר המ"ן, ברו"ך מרדכ"י, כל אחד בגימטריא תק"ב, והנה כתב האר"י ז"ל להיות המן ובניו הם י"א כתרין דמסאבותא, ושם גם כן גנוז ניצוץ הק' המחיה את כולם, וצריכין אנחנו להחיות את ניצוץ הק' הלז, ואם כן צריכין אנחנו לומר בדרך השילוח גם לשם ברוך, אך אי אפשר לומר כן בדיעה מיושבת, כי הנה הוא מברך הקליפה, וצריך לומר זה בלא דעת רק בשכרות.

גלא עמיקתא

עליו נאמר "ואת עלית על כלנה" גימ' (1122) י"א פעמים אמונ"ה (102) וכפלינן י"א פעמים לקביל [כג] י"א כתרין דמסאבותא שרש האפיקורסות.

ומשה זכה להאי א' זעירא סוד הדעת שעולה עד לפנימיות הכתר דבחי' אמונה היא הבחי' הגבוהה משלשתן אמונה תענוג רצון, וזהו מש"ה בא"ת ב"ש יב"צ גימ' (102) אמונ"ה וכדכתיב בקריעת ים סוף (שמות י"ד) "ויאמינו בה' ובמשה עבדו".

ויהי רצון דהשי"ת ישלח לנו משיח צדקנו משה שבדור ויגאלנו דגאולת מצרים כעין גאולה דלעתיד לבוא כמאמר הנביא "כימי צאתך מארץ מצרים אראנו נפלאות" (מיכה ז',ט"ו) במהרה בימינו אמן.

והנה ב' הפסוקים דביקש השי"ת לכלותם ח"ו דהיינו: א'. ועתה הניחה לי ויחר אפי בהם ואכלם, ואעשה אתך לגוי גדול (1959) ב'. אכנו בדבר ואורישנו, ואעשה אתך לגוי גדול ועצום ממנו (2097) סליקו לחושבן (4056) י"ב פעמים יעק"ב יוס"ף (338) כדכתיב בתחלת פרשת וישב (בראשית לז,ב) "אלה תולדות יעקב יוסף" דיעקב ויוסף תפארת ויסוד שורש לי"ב שבטי י-ה מלכותא קדישא בחינת י"ב בקר דים של שלמה והוא סוד גדול דלא רצה משה דיחרב ח"ו דהוה ניסיון מאת השי"ת לבחון את מידת מסירות נפשו של משה רבינו למען בני ישראל.

ושתי התשובות שענה משה לקב"ה: א'. בעגל (שמות ל"ב,י"א-י"ג) **ויחל משה את־פני יהוה אלהיו ויאמר למה יהוה יחרה אפך בעמך אשר הוצאת מארץ מצרים בכח גדול וביד חזקה למה יאמרו מצרים לאמר ברעה הוציאם להרג אתם בהרים ולכלתם מעל פני האדמה שוב מחרון אפך והנחם על־הרעה לעמך זכר לאברהם ליצחק ולישראל עבדיך אשר נשבעת להם בך ותדבר אלהם ארבה את־זרעכם ככוכבי השמים וכל־הארץ הזאת אשר אמרתי אתן לזרעכם ונחלו לעלם** סליק לחושבן (16290): ביחו"ד (30) פעמים בישרא"ל (543) דראה משה ברוח קודשו היחוד דלעתיד לבוא דקוב"ה עם בני ישראל בגילוי אור הגנוז תחית המתים- דיהיה אז יחוד נפלא דבורא ונברא- וממילא לא שייך לכלותם- דעלו במחשבה לפני כל דבר והם פנימיות רצונו ותענוגו ועד לשעשועים העצמיים דקוב"ה

דאיהו ג"כ חושבן (16290) י' פעמים "הבן יקיר לי אפרים אם ילד שעשועים" (1629) (ירמי' לא,יט) בחינת שעשועי המלך בעצמותו עם בני בכורי ישראל דזכה משה ל-א' זעירא בחינת שעשועים עצמיים הנ"ל ויקרא אל משה דאינו כותב מי הוא הקורא דהוא עצמותו ומהותו יברך שלמעלה משם היינו שעשועים עצמיים כנ"ל והוא התענוג העצמי הבלתי מורגש בחינת ג"ר דעתיק ובארנוהו באופן בסוד ג"ט

קע"ר פ"ח ולכן ויח"ל מש"ה (דברים לב,יא) גימ' (399) אל"ף זעיר"א

ב'. ובמרגלים התפלל משה להשי"ת (במדבר י"ד,י"ג-י"ט) **ויאמר משה אל־יהוה ושמעו מצרים כי־העלית בכחך את־העם הזה מקרבו ואמרו אל־יושב הארץ הזאת שמעו כי־אתה יהוה בקרב העם הזה אשר־עין בעין נראה אתה יהו'ה וענגך עמד עלהם ובעמד ענן אתה הלך לפניהם יומם ובעמוד אש לילה והמתה את־העם הזה כאיש אחד ואמרו הגוים אשר־שמעו את־שמעך לאמר מבלתי יכלת יהו'ה להביא את־העם הזה אל־הארץ אשר־נשבע להם**

וישחטם במדבר ועתה יגדל-נא כח אדני כאשר דברת לאמר יהו'ה ארך אפים ורב-חסד נשא עון ופשע ונקה לא ינקה פקד עון אבות על-בנים על-שלשים ועל-רבעים סלח-נא לעון העם הזה כגדל חסדך וכאשר נשאתה לעם הזה ממצרים ועד-הנה סליקו כולהו לחושבן עם הכולל (24934): דו"ד (14) פעמים כת"ר תפאר"ת יסו"ד (1781)

דהיינו המשכת כל קו האמצעי בחינת הבריח התיכון בתוך הקרשים המבריח מן הקצה אל הקצה למלכותא קדישא דכל ההשפעות ממשיכין מן האינסוף ברוך הוא מלכותא דאדם קדמון מתלבשת בחוטמא דאריך אנפין בסוד נשמת משיח דאתי מנוקבא דפרדשקא עד מלכותא קדישא דאיהי **דלה** ועניה **דלית לה** מגרמה **כלום** ר"ת **דו"ד מל"ך** דלי"ת ל"ה מגרמ"ה גימ' (763) שב"ת היו"ם כדאמר משה לבני ישראל בענין המן (שמות טז,כה):

"ויאמר משה אכלוהו היום כי **שבת היום** לה' היום לא תמצאוהו בשדה"

ודרשו חז"ל הפסוק בענין מנין הסעודות בשבת- מר כדאית ליה ומר כדאית ליה- לרבנן ג' סעודות ולר' חידקא ד' סעודות- כי בפסוק כתוב ג' פעמים היו"ם- לר' חידקא בר מאורתא- ולרבנן בהדי אורתא- עיין בסוגיא בשבת סוף דף קיז:

והוא בחינת יום השבת עלית פנימיות העולמות עד לפנימיות הכתר זעיר עולה בג"ר דעתיק וממשיך משם שפע בחינת מ"ן דירד לבני ישראל במדבר דבר יום ביומו

[כדכתיב במן (שמות טז,ד) הנני ממטיר לכם לחם מן השמים ויצא העם ולקטו **דבר יום ביומו**] כל יומא ויומא מאותה ספירה דזעיר דהוא ו"ק חסד- יום ראשון, גבורה- יום שני וכו'

ובשאר ההשפעות בחינת חיצוניות דרך מלכות דאצילות בשינוי מהות דרגליה יורדות מות להוות עולמות בי"ע ולהחיותן- ולכן אינו דבר יום ביומו אלא בהעלאת מ"ן תליא מילתא דעבודה דששת ימי החול

ובמ"ן הוא בחינת רעוא דרעוין אינו תלוי בעבודה אלא בבחינת **מתנ"ה** ס"ת **אתה חונן לאדם דעת** כדבארנו באופן ח' י"ב עצות בעבודת השי"ת לקביל י"ב ברכות אמצעיות בתפלת שמונה עשרה וביארנו אותן על סדר י"ב התירוצים בגמרא למה אסתר הזמינה את המן פעם שנייה.

והנה חושבן כולהו פסוקין דהתפלל משה לקב"ה שימחל לישראל בעגל (16290) יחד עם פסוקים דהגן על ישראל במרגלים (24933) סליקו כולהו לחושבן (41223):

אהי"ה (21) פעמים "**בראשית ברא א-להים - לעיני כל ישראל**" (1963)

דאינון ג' תיבין קדמאין ו-ג' תיבין בתראין דאורייתא קדישא

וכפלינן אהי"ה פעמים בסוד פנימיות הכתר- דרמז ליה הקב"ה למשה בסנה (שמות ג,יד) אהי"ה אשר אהי"ה- וכפרש"י אהיה עמם בצרה זו ואף אהיה עמם בצרה אחרת

ולפי דרכנו למדנו דפירוש הפסוק אהי"ה אשר אהי"ה:

אהיה עמם בצרה זו- שאמחל להם חטא העגל, ואהיה עמם בצרה אחרת- היינו חטא המרגלים.

וי"ל לפי דברינו אהיה שלישי לקביל ביאת משיח ובנין בית המקדש השלישי

דבפסוק זה כתוב שם אהי"ה היחיד בכל כ"ד ספרים והוא ג' פעמים בפסוק אחד. ולפרש"י קשה אהיה עמם בצרה זו ואהיה עמם בצרה אחרת אם כן אהיה השלישי למה לי. אבל לפי דברינו ניחא שכל אחד מאהיה שכתובים בפסוק מרמז לכך שימחל להם הקב"ה: אהיה- בחטא העגל, אהיה- בחטא המרגלים, ולכן אהיה השלישי מרמז שגם אהיה עמם בבנין בית המקדש השלישי.

והיינו מאחר שנגלה לו הקב"ה בסנה ואמר לו (תהל' צא,טו) עמו אנכי בצרה [כפרש"י שנגלה אליו בסנה דווקא משום עמו אנכי בצרה] היינו אהיה עמם בצרה זו ובצרה אחרת.

ובסנה היה הגילוי הגדול ביותר- שכך למדנו מדברי המדרש שכאשר ביקש משה מהקב"ה (שמות לג,יח) הראני נא את כבודך- אמר לו הקב"ה כשאני רציתי אתה לא רצית, עכשיו שאתה רוצה איני רוצה- עולה מדברי המדרש שהיה שם גילוי כבוד ה' כמו במעמד הר סיני- הראני נא את כבודך.

והגילוי הזה יהיה רק לעתיד לבוא שאז ונגלה כבוד ה' וכו' לכן אהיה עמם בצרה זו ובצרה אחרת ובתוספת גילוי והארה בבנין בית המקדש השלישי

גלא עמיקתא

ועיין מה שבארנו לעיל אופן קט"ז והוא באור פיוט לכה דודי שחיברו הרה"ק שלמה אלקב"ץ זיע"א שהוא כולו

לעתיד לבוא.

דתיבת **סנ"ה** נוטריקון "סיני - **הר ההר** - **נ**בו" גימ' (603) "בני ישראל" והוא חושבן (603) ג' פעמים "פה אל פה" (201) (במדבר י"ב,ח') בסוד יחודא שלים דלעתיד לבוא בין קוב"ה אורייתא וישראל בסוד יחוד נשיקין כדפתח שלמה המלך לשיר השירים "ישקני מנשיקות פיהו" דקוב"ה יפיח בהון אורייתא וילמדו תורה מפי השי"ת עצמו שלא דרך ממוצע כמו שהיה במתן תורה "אנכי עומד בין ה' וביניכם להגיד לכם את דבר ה'" (דברים ה',ה') והם יפיחו לקוב"ה תפלה ותשובה.

דאומר משה לקב"ה הרי הבטחת בסנה שתגלה עליהם לעתיד לבוא וזה האהיה השלישי- ומשיב לו הקב"ה אני נגליתי לך בסיני ובהור ההר מת אהרן ועכשיו אתה מת בהר נבו [כדכתיב (דברים לב,מט) "עלה אל הר העברים הזה הר נבו וכו' ומות בהר אשר אתה עולה שמה והאסף אל עמיך" וכו']

כי רב לך- אין זמנך להיכנס עכשיו- אבל לעתיד לבוא אתה נכנס יחד עם אהרן הכהן וכל הדור ההוא- כאמרם (סנהדרין צא:) אז ישיר משה- שר לא נאמר אלא ישיר אותו לעתיד לבוא.

ולפי זה האהי"ה השלישי מרמז שרצוננו לראות את מלכנו ולהביא לביאת משיח צדקנו בפועל ממש ומתחת לעשרה טפחים בעגלא דידן ובזמן קריב אמן

וכעין מה שכתוב (בראשית נ,כה) פקד יפקד א-להים אתכם- שזהו הסימן שמסר יוסף הצדיק לבני ישראל שיגאלו אותם בזה הלשון- ואכן כאשר משה בא לבני ישראל אמר להם (שמות ג,טז) פקד פקדתי אתכם ואת העשוי לכם במצרים.

וכאן אומר הקב"ה אהיה אשר אהיה וכו' אהיה שלחני אליכם- ג' פעמים א-היה: שימחל להם חטא העגל, וחטא המרגלים, ושיבנה בית המקדש השלישי במהרה בימינו אמן.

וכפלינן אהי"ה פעמים "בראשית ברא א-להים - לעיני כל ישראל" דקוב"ה אורייתא וישראל כולא חד:

אהי"ה - **קוב"ה** דאהי"ה אחד מ-ז' שמות הקדושים שאינן נמחקין.

בראשית ברא א-להים - **אורייתא** - התורה נקראת ראשית כדכתיב (משלי ח,כב) ה' קנני ראשית דרכו ובראשית מתרגמינן בחוכמתא דאורייתא מחכמה עילאה נפקת

לעיני כל ישראל - זה **ישראל** במפורש ופשוט

והנה ב' הפסוקים דאמר הקב"ה למשה דיכלה את שונאיהן של ישראל בחינת קוב"ה - תורה - אור ישר (4056) עם י' הפסוקים דמתחנן משה (41223) בחינת משה - תפלה - אור חוזר

גלא עמיקתא

מתאר את היחוד הגדול שיהיה בין כנסת ישראל לקוב"ה בגאולה האמיתית והשלמה עיין שם וקשרהו לכאן[6].

סליקו כולהו לחושבן עם הכולל (45280) **מ'** פעמים **תור"ה ותפל"ה** (1132)

וכפלינן **מ'** פעמים לקביל אורייתא דניתנה ל-מ' יום דמשה התפלל על ההר ארבעים יום [כדכתיב (דברים ט,יח) ואתנפל לפני ה' את ארבעים היום ואת ארבעים הלילה אשר התנפלתי] וזהו ענין **התפל"ה** של משה רבינו וה**תור"ה** שבאותם ארבעים יום פעל להוריד התורה ללמדה לעם ישראל

[ומשה עלה ג' פעמים מ' יום: ארבעים יום לקבל התורה, ארבעים יום להתפלל שימחל הקב"ה על חטא העגל, וארבעים יום לקבל לוחות שניות - ג' פעמים הוי חזקה - ובכללות הוא סוד מ' סתומה דלמרבה המשרה (ישעי' ט,ו) בביאת גוא"ל [גימ' (40) מ'] צדק במהרה בימינו אמן.

6. אופן קט"ז - לכה דודי לקראת כלה

א' זעירא איהי השכינה הק' בסוד לכי ומעטי את עצמך (חולין ס:), והיא בחי' שבת קדש, דאז עולה ליחוד עליון עם ז"א בליל שבת קדש, וכבר בערב שבת אתחלתא דעלית העולמות בסוד תוספת שבת- והקב"ה יעשה תוספת שבת ויגאלנו דאנו בשלהי האלף הששי לבריאת העולם וכבר נטה היום ונסו הצללים וכו'.

והנה בהאי פיוטא לכה דודי וכו' דחברו הרה"ק ר' שלמה אלקבץ זיע"א, מח"ס מנות הלוי על מגלת אסתר ועוד רבים, ונודע לכל כמקובל א-להי, דכלל ישראל שרים האי פיוטא בקבלת שבת קדש, ורובו ככולו בנוי מפסוקים מכל כ"ד ספרים וננסה לבארו לפי י"ס מעילא לתתא בסוד עלית העולמות, ומה ראה האי צדיקא להביא דווקא הני פסוקין לקביל הני ספירן דכל בית ובית, והשי"ת יעזרנו דנזכה לכוון לאמיתה של תורה ולדעתו של הרה"ק שלמה אלקבץ זיע"א ולדעת האר"י הקדוש וכל הצדיקים, אכי"ר. תא חזי - דראשי החרוזים רמיזא לשמיה: שלמ"ה הלו"י, ובריש ובסיפא: לכ"ה-בוא"י, ר"ת

ל"ב - רישא וסיפא דאתוון תורתנו הקדושה.

לכה דודי לקראת כלה פני שבת נקבלה - חכמה: והנה הפזמון החוזר לכה דודי וכו' לקביל ספירת החכמה, וכדכתיב כלם בחכמה עשית, דספירת החכמה היא ממוצע מחבר בין כתר עליון ועולמות הא"ס ובין הנבראים - כדכתיב והחכמה מאין תמצא - ולכן הוא בפזמון חוזר - דהחכמה משפעת לכל ספי' וספי' לפי ערכה. **"לכה דודי לקראת כלה פני שבת נקבלה"** בא"ת ב"ש גימ' (1809) ג"פ "בני ישראל" (603), ובזוה"ק אמרה שבת לפני הקב"ה לכל יום נתת בן זוג ולי לא, אמר לה הקב"ה כנס"י יהיה ב"ז. לכה דודי וכו' פשוט (1894) וא"ת ב"ש (1809) סליק לחושבן (3703) ג' אלפין (3000) "שבתא" (703) ד-ג' אלפין מרמזין הוי' במלוי אלפין והוא שם מה החדש דהוא נולד מאו"א דא"ק לתקון הני ז' מלכין קדמאין דמיתו, כזה יוד הא ואו הא, דבאת י' אין אלפין דאיהי חכמה, אמנם עיין לעיל אופן קי"ד אצלינו בענין אאלפך חכמה וכו', וכן במג"ע הק' אופן ע"ח דכתב שם בענין א' זעירא צורת יו"ד, וד"ל. וזהו דקוב"ה שם מה כדלעיל הולך לקראת שבתא קדישא - דאיהי הכלה (לכה אתוון כלה, וד"ל) ולכן לכה דודי וכו' פשוט או"י דודי א"ת ב"ש או"ח כלה - סליק לחושבן הני תלת אלפין עם שבת"א כדלעיל, ובכללות כנס"י איהי כלתו דקוב"ה בסוד כלת משה (משה שושבינא דמלכא, אהרן שושבינא דמטרוניתא- כדאיתא בספה"ק) ולכן בא"ת ב"ש סליק לכה דודי וכו' לחושבן ג"פ "בני ישראל" - לקביל הני תלת אלפין - דסליקו לחושבן פשוט וא"ת ב"ש עם שבת"א - וחזינן דשבתא איהי נקודה אמצעיתא בהני תלת קשרין - "דקוב"ה אורייתא וישראל כולא חד", וכדכתב האריז"ל אל מול פני המנורה דא שבתא, ותלת יומין מהאי גיסא ותלת יומין מהאי גיסא- יאירו שבעת הנרות, וכדכתיב וינח ביום השביעי- את כל מאי דעביד אנח ביומא שביעאה.

והנה הוא פלא דיחוד קוב"ה ושכינתיה היינו יחוד הוי' עם א-דני בשלוב אותיות כזה: יאהדונהי, ובסוד פותח את ידך א"ת ידך אלא יודך, והן תרין יודין קדמאה ובתרא בסוד שבתא עילאה ותתאה, דא"ר יוחנן משום רשב"י - אלמלי משמרין ישראל ב' שבתות מיד נגאלין (שבת קיח:), א"נ שבת כל מעשיה כפולין, ובתוך הן ו' אותיות לקביל ו' ימי החול - דמקבלים כל השפע דרך הני תרין יודין לעילא ולתתא, ובסוד פני המנורה מהאר"י הקדוש, וכד נעביד חושבן להני תרין פסוקין דמע"ב (בר' ב',ב'-ג'), פס' ב' ויכל לשון כלה, ופס' ג' ויברך לשון ברכה גימ' זכר, דהיינו: "ויכל א-להים ביום השביעי מכל מלאכתו אשר עשה, ויברך א-להים את יום השביעי ויקדש אתו, כי בו שבת מכל מלאכתו אשר ברא א-להים לעשות" - סליקו הני תרין פסוקין לחושבן (9544) ח"פ "שבת מלכתא" (1193) והוא נפלא דחזינן דכל את ואת מהאי יחודא עילאה אתכלילת מ"שבת מלכתא" ושבת איהי נקודתא דאמצעיתא דכולא.

שמור וזכור בדבור אחד השמיענו אל המיחד ה' אחד ושמו אחד, לשם ולתפארת ולתהלה - בינה: והוא מגמרא ראש השנה כז. קשיא דא"א לשמוע ב' קולות בבת אחת והתניא זכור ושמור בדבור אחד נאמרו (והרה"ק שלמה אלקבץ זיע"א פה בפיוט החליף סדרן והקדים שמור לזכור וכדמקדמינן בב' הפסוקים מבראשית לנוק' כדאמרינן לעיל ויכל-לשון כלה, ובפס' השני ויברך-לשון דכורא והוא בסוד אשת חיל עטרת בעלה) מה שאין הפה יכול לדבר והאוזן יכולה לשמוע- ורמיזא בינה ענין שמיעה. וממשיך בפיוט השמיענו א-ל המיחד, ומביא (מזכרי' י"ד,ט') ה' אחד ושמו אחד, וכל הפס' דהיינו "והיה ה' למלך על כל הארץ ביום ההוא יהיה **ה' אחד ושמו אחד**" גימ' (1126) "שבת קדשך" ורמיזא כנ"ל לשרש היחוד בא"א. וכן תיבה "המיחד" גימ' (67) "בינה". והנה הוא פלא דהאי ביתא תנינא לקביל בינה **"שמור וזכור בדבור אחד, השמיענו אל המיחד, ה' אחד ושמו אחד, לשם ולתפארת ולתהלה"** סליק לחושבן [עם ב' כוללים א' לשמור ו-א' לזכור] (3960) ב"פ (בראשית ב',ב') "ויכל א-להים ביום השביעי מלאכתו אשר עשה" (1980) והוא ב"פ משום דשבת מעשיה כפולין כנ"ל, וכן ב' בינה כדאמרו הני דרדקי (שבת קד.) אלף בית אלף בינה, והוא פלא דויכל לשון כלה-נוק', ובחלוקת לחם לאשתו בסעודת שבת נותן האיש מנה כפולה לאתתיה, וכדאמרו האר"י הקדוש בפיוט לסעודת ליל שבת "למבצע על רפתא, כזיתא וכביעתא" - עבורו כזיתא, ועבור אשתו כפול - כביצה, והוא לקביל הני ב' יודין דב' יחודין הוי' וא-דני כדלעיל- ונבאר הני פיוטים דשבת קדש במקומם אי"ה, ואמרינן לעיל בהאי פסוקא "ויכל א-להים ביום השביעי וכו'" לקביל הנוק' ובשרשה הבינה, והוא נפלא מאד.

ובהאי חרוזא רמיזא טובא: זכו"ר גימ' (239) "כי יד על כס י-ה" (שמות י"ז,ט"ז) המיח"ד גימ' (67) בינ"ה- דאין הדין נמתק אלא בשרשו בבינה כד אתגליא האי נהורא גניזא יתפרדו כל פועלי און ואחריתו עדי אבד וכו' וכולא בזכותיה דמשה רעיא מהימנא דהמשיך י"ג מכילן דרחמי גימ' (13) אח"ד כדמביא בכאן ג' פעמים תיבת אח"ד לקביל משה דהמשיך אור תורתנו הקדושה כדכתב בעל הטורים בתחלת פירושו על התורה (בראשית א',ד') א"ת האו"ר גימ' (613) בתור"ה והוא ג"כ חושבן מש"ה רבינ"ו וכן חושבן תרי"ג דמשה רבינו הוריד התורה הכלולה מתרי"ג מצוות

שמו"ר וזכו"ר בדבו"ר גימ' (999) אלף עם הכולל (1000) ורמז להאי אל"ף זעירא דזכה לה משה רבינו בהקמת המשכן וכמ"ש האר"י הקדוש מש"ה גימ' (345) א"ל שד"י שעולים במילואם (999) ועם הכולל אלף (1000)

וכדכתב באופן ט"ז לביאור ענין אל"ף זעירא דויקרא דזכה משה לסוד הדיבור- ונביא את דבריו הקדושים שם באופן ט"ז:

איתא במדרש יש זהב ורב פנינים שהנשיאים התנדבו למשכן והיתה נפשו של משה עגומה שלא התנדב והשיב לו הקב"ה לגדולה מזאת אתה מתוקן שיהי' אצלך הדיבור וז"ש כלי יקר שפתי דעת המד' הזה נדרש גם כן טעם על אלף זעירא שנסתלק אות אלף כאלו אינו ויהי' פי' הפסוק ויקר אל משה שנתן הקב"ה למשה כלי יקר יותר מצ"ג כלים שעשו הנשיאים ומהו היקר וידבר ה' אליו שהיה הדיבור אצלו וזה חביב יותר ממה שהתנדבו הנשיאים ומזה הטעם מאוהל מועד לאמר האמירה היה יותר טוב ממה שהתנדבו מאוהל מועד בעצמו וטעם אלף זעירא הוא סוד הדעת של זעיר שנקרא זעיר וזה היה כלי יקר שפתי דעת. עכד"ק.

והנה תיבין "שמור וזכור בדבור אחד השמיענו א-ל המיחד ה' אחד ושמו אחד" סליקו לחושבן (1995) ה' פעמים אל"ף זעיר"א (399) רמיזא תיקון אל"ף זעירא ב-ה' בחינות הנפש כדאיתא במדרש ד-ה' שמות נקראו לה לנפש ראשי תיבות **נרנח"י** **נ**פש **ר**וח **נ**שמה **ח**יה **י**חידה.

לקראת שבת לכו ונלכה כי היא מקור הברכה מראש מקדם נסוכה סוף מעשה במחשבה תחלה - חסד:

חסד מקור הברכה וכדאמרינן בהאי פסוקא ויברך א-להים וכו' ובזוה"ק שבתא ממנה מתברכאן כולי יומין וכו' (יתרו), ורמיזא א' זעירא דנן ונלכ"ה גימ' (111) אל"ף, ומתחלק כדלקמן: "לקראת שבת לכו ונלכה" גימ' (1600) ק"פ "היא", דאמרינן מיד כי "היא" מקור הברכה. "מקור" גימ' (346) "רצון" דבעתיקא תליא מילתא, "הברכה" גימ' (232) רל"ב דאנון ד' מלויי הוי' ב"ה, וכל החרוז "כי היא מקור הברכה" סליק לחושבן (624) כ"ד פ' הוי', ובם כ"ד צרופים דאנון בש' הוי' ב"ה, דלכאורה הן י"ב כי ה' חוזרת פעמיים, ברם לאמיתו של דבר הן כ"ד כי הני תרין ההין ה'עילאה ותתאה תרי גווני ההין.

החרוז הבא "מראש מקדם נסוכה" גימ' (886) "ועשו לי מקדש" ופשוט, וחרוז ד' "סוף מעשה במחשבה תחלה" סליק לחושבן ע"ה (1362) "שומר שבת מחללו" (ישעי' נ"ו,ו') וג"כ פשוט להבין, וכל האי ביתא לקביל חסד- דהיינו "**לקראת שבת לכו ונלכה כי היא מקור הברכה מראש מקדם נסוכה סוף מעשה במחשבה תחלה**" סליק לחושבן עם הכולל (4452) ז"פ "סעודתא דמלכא" (636) [כדאמרינן במלוה מלכה דא היא סעודתא דדוד מלכא משיחא] דעיקר בחינת חסדו יתברך דאיהו זן את העולם כולו בטובו בחן בחסד וברחמים כדאמרינן בברכת המזון, וחזינן דאף הני סעודתא דימי החול אינון "סעודתא דמלכא" דכולהו יומין מתברכאן משבתא, והוא נפלא, ולעתיד לבוא ישראל הם שיזכו לסעודת שור הבר ויין המשומר ודוד מלכא משיחא יאמר לי נאה לברך (פסחים קיט:) וזהו סעודת"א גימ' (541) ישרא"ל ובלשון ארמי סעודת"א דווקא כדכתיב לעתיד לבוא (תהל' קכ"ו,ב') אז יאמרו בגויים.

מקדש מלך עיר מלוכה קומי צאי מתוך ההפכה רב לך שבת בעמק הבכא והוא יחמול עליך חמלה - גבורה:

פותח בחרוז מקדש מלך עיר מלוכה, והוא מעמוס (ז',י"ג) "ובית א-ל לא תוסיף עוד להנבא כי מקדש מלך הוא ובית ממלכה הוא". "ובית א-ל לא תוסיף עוד להנבא" גימ' (1204) "בראשית ברא א-להים" עם הכולל, ואמרו חז"ל בתחלה עלה במחשבה לבראו במדת הדין וכו' ולכן הביאו הרה"ק שלמה אלקבץ כאן, "כי מקדש מלך הוא ובית ממלכה הוא" גימ' (1141) "בוא יבוא ברנה נושא אלומותיו" (תהל' קכ"ו,ו' לפי הקריא). וכל האי פסוקא גימ' (2345) "מה אהבתי תורתך כל היום היא שיחתי" (תהל' קי"ט,צ"ז) והתורה מפי הגבורה שמענו. וכל האי ביתא דהיינו "**מקדש מלך עיר מלוכה קומי צאי מתוך ההפכה רב**

לך שבת בעמק הבכא והוא יחמול עליך חמלה" - גימ' (3272) ב"פ "לפניו נעבוד ביראה ופחד, ונודה לשמו בכל יום תמיד" עם הכולל (1636) דאמרינן בברכת מעין ז' בליל בשת קודש והוא ב' פעמים משום דשבת מעשיה כפולין [עיין מה שכתבנו לעיל אופן ס"ה-שבת קודש].

והנה תיבין "מקדש מלך עיר מלוכה קומי צאי מתוך ההפכה רב" סליקו לחושבן (1955) ה' פעמים יהוש"ע (391). וזהו דאמר הקב"ה למשה ר"ב ל"ך (דברים ג',כ"ו) ובכאן בחרוזא דנן כתיב גם כן ר"ב ל"ך שבת בעמק הבכא, והחושבן עד תיבה ר"ב ה' פעמים יהוש"ע דיהושע הוא המכניס לארץ ישראל כדממשיך ואומר הקב"ה למשה (שם פסוק כ"ח) "וצו את יהושע וחזקהו ואמצהו כי הוא יעבור לפני העם הזה והוא ינחיל אותם את הארץ אשר תראה"

ושאר תיבין "לך שבת בעמק הבכא והוא יחמול עליך חמלה" סליקו לחושבן (1317) אל"ף (1000) ויקר"א (317) ורמיזא אל"ף זעירא דויקר"א אל משה דלעתיד לבוא יזכה לאל"ף רבתי [דתחלת דברי הימים אדם שת אנוש אדם באל"ף רבתי] וזהו אל"ף ויקר"א- וכדאיתא בזוה"ק (תחלת פרשת חיי שרה) מאן דאיהו זעיר [אל"ף זעירא דויקרא] איהו רב [אל"ף רבתי דאדם] והוא לך רק לעתיד לבוא כנ"ל.

התנערי מעפר קומי לבשי בגדי תפארתך עמי על יד בן ישי בית הלחמי קרבה אל נפשי גאלה - תפארת: והוא בישעי' (נ"ב,א'-ב') "עורי עורי לבשי עוזך ציון, לבשי בגדי תפארתך ירושלים [מפורש דאיהו בספירת התפארת] וכו', התנערי מעפר קומי שבי ירושלים, התפתחי מוסרי צוארך שביה בת ציון [צוארך היינו שביה היינו ויקרא (317)]".

וכולא פסוקא דמביא הרה"ק שלמה אלקבץ זיע"א (שם פסוק ב') "התנערי מעפר קומי שבי ירושלם התפתחי מוסרי צוארך שביה בת ציון" סליק לחושבן (4274) ב"פ "ושמו את שמי על בני ישראל ואני אברכם" עם הכולל (2137) (במדבר ו',כ"ז) והוא ב"פ דהן ב' דעות בש"ס קוב"ה מברך לכהנים והם לישראל, ודעה ב' קוב"ה מברך לכהנים ולישראל, וישראל אקרון תפארת וכגון (ישעי' מ"ו,י"ג) ונתתי וכו' לישראל תפארתי, ועוד רבים. והרה"ק שלמה אלקבץ זיע"א היפך הסדר והקדים פסוק ב' ל-א' התנערי מעפר וא"כ לבשי בגדי תפארתך דעיקר כונתינו לאקמא שכינתא מעפרא ובתר דא לבשי והוא מתתא לעילא והנביא דיבר מעילא לתתא. והאי חרוז על יד בן ישי בית הלחמי והוא מב' פסוקים (שמואל א' כ' ל"א, ט"ז א') הראשון סיים לגבי דוד כי בן מות הוא ח"ו- ונמשך לבסוף דוד מלך ישראל חי וקים, ובפסוק השני - ה' אומר אל שמואל (ט"ז,א') "מלא קרנך שמן ולך אשלחך אל ישי בית הלחמי - כי ראיתי בבניו לי מלך"- "אשלחך" גימ' "משיחא" דדוד מלכא משיחא הוא, וסליק האי פסוקא לחושבן (2953) כ"ד פעמים ענ"ג עם הכולל (123) והוא בסוד ענג שבת בכל כ"ד שעות דיומא דשבתא ובסוד כ"ד קישוטי כלה כמבואר באריכות באופן יב"ק-תיקון ליל שבועות. והחרוז האחרון מתהלים (ס"ט,י"ט) דשם הפסוק כולו "קרבה אל נפשי גאלה, למען איבי פדני" עולה גימ' (1174) "לכבוד שבת קודש" וכולא ביתא **"התנערי מעפר קומי לבשי בגדי תפארתך עמי על יד בן ישי בית הלחמי קרבה אל נפשי גאלה"** סליק לחושבן (4671) ט"פ "חתן וכלה" (519) דנוק' קדישא מקבלת מז"א, והוא ט' פעמים כי ז"א איהו ט' ספיראן תלת גו תלת, כדאיתא בזוהר הקדוש, ומגדיל הנוק' לפרצוף שלם בסוד א"ט ב"ח יהיב לה ט' מלכויות דיליה.

התעוררי התעוררי כי בא אורך קומי אורי עורי עורי שיר דברי כבוד ה' עליך נגלה - נצח: הארותיה דנוק' קדישא שלא דרך ז"א משום דאיהו בדורמיטא והיא מקבלת מאמא ישירות, וזאת לקראת הנסירה כלומר לכשתגדל ותתמלא פגימתה ותהיה לפרצוף שלם אחור באחור עמו, והנסירה קודמת ליחוד העליון פנים בפנים- ולכן הפיוט התעוררי כי בא אורך והן הנצח והוד דיחוד יסודות. והוא פסוק בישעי' (ס',א') "קומי אורי כי בא אורך וכבוד ה' עליך זרח" גימ' (1042) "ויברך אותם א-להים לאמור" (בר' א',כ"ב) והמלים הבאות "פרו ורבו"- ורמיזא לזווגא יחודא דיסודות- ולבתר יחודא דנשיקין, כמו שנבאר לקמן בסוף האופן.

והאי חרוזא שלימתא - לקביל נצח - **"התעוררי התעוררי כי בא אורך קומי אורי עורי עורי שיר דברי כבוד ה' עליך נגלה"** - סליק לחושבן עם הכולל (3990) י' פעמים אל"ף זעיר"א (399) ורמיזא דהנוק' קדישא נשלמה לי' ספי', ומנקודה א' תחת היסוד בסוד (חולין ס:) לכי ומעטי את עצמך הפכה לפרצוף נוק' שלם די' ספי', דכל ספי' מז"א נותנת לה את המלכות דילה למהוי

פרצוף שלם והוא בסוד א״ט ב״ח, והוא נפלא בדברי הרה״ק שלמה אלקבץ זיע״א וכן שנוייו מהפסוקים בכונה תחלה, וגלינן מעט מזעיר מדבריו הקדושים בדלות דעתנו השפלה.

לא תבשי ולא תכלמי מה תשתוחחי ומה תהמי בך יחסו עניי עמי ונבנתה עיר על תלה - הוד: מבוסס על הפסוק בישעי׳ (מ״ה,י״ז) ״ישראל נושע בה׳ תשועת עולמים, לא תבשו ולא תכלמו עד עולמי עד״ - גימ׳ (3943) ב״פ ״ויעש א-להים את שני המארת הגדלים״ (1971) עם הכולל (בראשית א׳,ט״ז), והוא בחושבן כפול - אחד לחמה ואחד ללבנה, ופרש״י ״שוים נבראו״ גימ׳ (615) ה׳ פעמים ענ״ג (123) והוא שלמות היחוד בכלל הקומה דקוב״ה (המאור הגדול) וכנס״י (המאר הקטן) ב-ה׳ בחינות נרנח״י דכללות ו-ה׳ פרצופים דהיינו עתיק ונוק׳ א״א ונוק׳ או״א ישסו״ת יעקב ורחל, והוא יחודא שלים למהוי לעתיד לבוא בגאולה האמיתית והשלמה, וזכינן למטעם מעט מזעיר בחסדי ה׳ כי לא תמנו בכל שבת קודש כדכתיב אז תתענג על ה׳, **א״ז** - ר״ת **אלף זעירא** - רמיזא לשכינתא קדישא כנ״ל.

ורמיזא בהאי פס׳ בישעי׳ (מ״ה,י״ז) ישראל נושע בה׳ וכו׳ ג׳ תיבין אחרנין ״עד עולמי עד״ ב״פ ע״ד גימ׳ נצ״ח, עולמ״י גימ׳ יוס״ף היינו היסוד הצדיק, וכדכתיב איהו בנצח (ב״פ עד) ואיהי בהוד- דעסקינן בהאי חרוזא בספירת ההוד, יסוד מיחד ביניהן, ותפארת ישראל הוא מעליהן דלעתיד לבוא בשלמות היחוד יהיו שני מלכים משתמשים בכתר אחד.

והנה ״תפארת נצח הוד יסוד מלכות״ סליקו לחושבן (1820) מספר שמות הוי׳ ב״ה בתורה כולה, והוא ית׳ נקרא אדם והיא התורה הק׳ נקראת בית, ובזוה״ק סליקת בית קמיה ואמרה בי נאה למברי עלמא - דבי מברכאן לך עילאי ותתאי ואברי קוב״ה עלמא בבית- וכתיב (ישעי׳ מ״ד,י״ג) ״כתפארת אדם לשבת בית״ גימ׳ (2290) ה״פ ״המלך המשיח״ (458) א״נ ה״פ ״חתן״ והוא כחתן יוצא מחופתו, וישלח משיח צדקנו ויגאלנו, במהרה בימינו אמן.

ובסיפא דהאי חרוזא ״ונבנתה עיר על-תלה וארמון על-משפטו ישב״ (ירמי׳ ל׳,י״ח) גימ׳ (2478) ג׳ פעמים ״סתר עליון״ (826) [כדכתיב (תהל׳ צ״א,א׳) ״יושב בסתר עליון״] ורמיזא דעמו יתברך צפונה העת והאופן מתי יחיש גאולתינו.

וכולי האי חרוזא לקביל ספירת הוד - ״**לא תבשי ולא תכלמי מה תשתוחחי ומה תהמי בך יחסו עניי עמי ונבנתה העיר על תלה**״ סליק לחושבן (4662) מ״ב (42) פ׳ ״אלף״ (111), והוא בסוד אלה מסעי בני ישראל דהיו מ״ב מסעות ומהבעש״ט הק׳ כל אחד ואחד עובר במהלך חייו מ״ב מסעות להשלמת תקונו בעולם וכו׳ והוא שלמות היחוד דז״א ונוק׳ קדישא, דאיהו מ״ב עיין לעיל אופן ס״ג בענין שם המפורש, ואופן צ״ו מ״ב מסעות, ואיהי אל״ף זעירא דויקרא בסוד מלכותא קדישא.

ורמיזא בהאי חרוזא תכלמ״י גימ׳ (500) פר״ו ורב״ו [כדאמר הקב״ה לאדם הראשון וחוה (בראשית א׳,כ״ח) פרו ורבו ומלאו את הארץ ומכאן לומדים מצות פריה ורביה] ״ומה תהמי״ ו׳ מ״ה ז״א תהמ״י גימ׳ (455) ג׳ מלויי א-היה נוק׳ ״בך״ היינו כ״ב אותיות דאיהו יהיב לה ביחוד יסודות, ונבנת״ה גימ׳ (513) ״חתן וכלה״, ״העיר על תלה״ גימ׳ (820) ״ואהבת לרעך כמוך״ (ויקרא י״ט,י״ח) דאמרו חז״ל (יבמות סב:) אוהבה כגופו.

והיו למשסה שאסיך ורחקו כל מבלעיך ישיש עליך אלהיך כמשוש חתן על כלה - יסוד: ״והיו למשסה שאסיך״ גימ׳ (853) ״והוצאת להם מים מן הסלע״ (במדבר כ׳,ח׳-פרשת חקת) והוא בסוד ב׳ טיפין דכורא ונוק׳ והטיפה עצמה מכ״ז אותיות וזהו ״והיו״ גימ׳ כ״ז, ושם משה הכה בסלע פעמים, ופרש״י: ״פעמים- לפי שבראשונה לא הוציא אלא טיפין״, והיה צריך רק לדבר אל הסלע בסוד- אשמורה ג׳ אשה מספרת עם בעלה, ותינוק יונק משדי אמו (ברכות ג׳ ע״א). האי ״ורחקו כל מבלעיך״ מישעי׳ (מ״ט,י״ט) וז״ל הפסוק שם ״כי חרבתיך ושממתיך וארץ הרסתך, כי עתה תצרי מיושב ורחקו מבלעיך״ גימ׳ ע״ה (4523) ״מלך טוב ומטיב״ (174) פ׳ ״הוי״ (26), ורמיזא ״ושממתיך״ עולה גימ׳ (816) ״ישיש עליך א-להיך״ - דאתמר בהאי חרוזא לבתר כמה תיבין, ״מיושב״ גימ׳ (358) ״משיח״.

וחרוזא בתראה כמשוש חתן על כלה הוא מישעי׳ (ס״ב,ה׳) ״כי יבעל בחור בתולה יבעלוך בניך, ומשוש חתן על כלה ישיש עליך אל-היך״ מתחלק ״כי יבעל בחור״ גימ׳ (358) ״משיח״, ״בתולה״ גימ׳ (443) ״באמת״, ״יבעלוך בניך״ גימ׳ (220) י״פ כ״ב אתוון בסוד טיפה דיחוד יסודות דאיהו יהיב לה, ״ומשוש חתן על כלה״ גימ׳ (1355) ה״פ ״הריון״ (271) דכל הקומה, ״ישיש״- כתר דז״א, ״עליך״ גימ׳ ״קל״ דעת דנוק׳ דנשים דעתן קלה,

"ישיש עליך א-להיך" סליק לחושבן (816) - ד"פ "צדיק", וכמ"ש באדה"ר עלו למטה שנים וירדו ארבע [עיין מה שכתבנו בענין זה לעיל אופן ק'-אדם הראשון יציר כפיו כפיו של הקב"ה]

וכולי האי ביתא - **"והיו למשסה שאסיך ורחקו כל מבלעיך ישיש עליך א-להיך כמשוש חתן על כלה"** סליק לחושבן עם הכולל (3491) ד' פעמים "השמש והירח" (874) עם הכולל, ואינון שני המאורות הגדלים וכמו שכתבנו לעיל בספירת הוד, ביחודא שלים ב-ד' אתוון דשמא קדישא דאינון לקביל ד' עולמות **אבי"ע** ראשי תיבות **א**צילות **ב**ריאה **י**צירה **ע**שיה.

ימין ושמאל תפרוצי ואת ה' תעריצי על יד איש בן פרצי ונשמחה ונגילה

כתר: סליקין לקומה שלמה עד לכתר, ורמיזא ביסוד "ישיש" גימ' (620) "כתר", דיסודא סליק עד לפנימיות הכתר ואף בוקע אותו לאינסוף, ולכן לאחר יסוד- כתר.

האי חרוזא ימין ושמאל תפרוצי מישעי' (נ"ג,ד') "כי ימין ושמאל תפרצי, וזרעך גוים יירש, וערים נשמות יושיבו" - גימ' (3641) מ' פעמים "הוי'-א-דני" (91) עם הכולל, וכמו שכתוב מ' יום קודם יצירת הולד וכו', ומשה עלה למרום מ' יום ג' פעמים, בסוד מיתוק הדין בשורשו, על ידי יחוד הוי' א-דני דהן ג' פעמים ק"כ צרופי שם אלהי"ם בסוד דינים.

ותיבין אחרנין "ונשמחה ונגילה" הן מישעי' (כ"ה,ט') - "ואמר ביום ההוא הנה א-להינו זה קוינו לו ויושיענו, זה ה' קוינו לו נגילה ונשמחה בישועתו" סליק לחושבן (2708) "אעברה נא ואראה את הארץ הטובה אשר בעבר הירדן ההר הטוב הזה והלבנון" (דברים ג',כ"ה-ואתחנן), ומתחלק "ואמר ביום ההוא הנה א-להינו זה קוינו לו" גימ' (703) "שבתא", דבאלף השביעי אתמר, והני מלין הן לקביל "כלה", והאי תיבה בתר דא "ויושיענו" גימ' (458) "חתן", ושאר הפסוק "זה ה' קוינו לו נגילה ונשמחה בישועתו" גימ' (1547) "ביום השביעי נתעלה וישב על כסא כבודו" בשחרית לשבת.

והנה כולא ביתא דהיינו: **"ימין ושמאל תפרוצי ואת ה' תעריצי על יד איש בן פרצי ונשמחה ונגילה"** סליק לחושבן (3856) ה' פעמים "ויברך אותם א-להים" (771) עם הכולל (בראשית א',כ"ח) וכדאמרינן לעיל בספירת הנצח פסוקא דישעי' (ס',א') "קומי אורי כי בא אורך וכבוד ה' עליך זרח" גימ' (1042) "ויברך אותם א-להים לאמר" ובכאן ימין ושמאל תפרוצי וכו' רמיזא יחוד כתר-מלכות.

בואי בשלום עטרת בעלה גם ברנה ובצהלה תוך אמוני עם סגלה בואי כלה בואי כלה שבת מלכתא

- מלכות: וכאן איהי ביחוד עליון עם בעלה ואנן זכינן לתוספת שבת מיחוד גבוה זה, וכתיב "אשת חיל עטרת בעלה" (משלי י"ב,ד') גימ' (1535) "ששון ושמחה חתן וכלה" ע"ה, והני תיבין תוך אמוני עם סגלה כדכתיב (דברים ז',ו') "כי עם קדוש אתה לה' א-להיך וכו', להיות לו לעם סגלה וכו', כי אתם המעט מכל העמים" - ופרש"י: "הממעטין עצמכם" - והוא בסוד מלכותא קדישא דאמר לה הקב"ה - לכי ומעטי את עצמך (חולין ס:), כלומר לא בציווי אלא לרצונך כי זהו יעודך, וישראל נמשלו ללבנה בסוד מיעוט, ובזוהר הקדוש (תחלת פרשת חיי שרה) מאן דאיהו זעיר איהו רב.

וכל האי חרוזא **"בואי בשלום עטרת בעלה גם ברנה ובצהלה תוך אמוני עם סגלה בואי כלה בואי כלה שבת מלכתא"** גימ' (3777) ג' פעמים "משוש חתן על כלה" כנ"ל בחרוזא והיו למשסה וכו' כמשוש חתן על כלה בספירת היסוד, ובכאן חושבן חרוזא ג' פעמים "משוש חתן כל כלה" למהוי יחודא שלים יסודא ומלכותא קדישא, וכפלינן ג' פעמים רמיזא למאי דאמרו חז"ל (תענית כ"ה ע"ב וזוה"ק ח"ג רמ"ז ע"ב) אין טיפה יורדת מלמעלה עד שעולות טיפיים כנגדן מלמטה- טיפה דלעילא דכורא בחינת חתן - קוב"ה - דטיפ"ה במילוי יודין דדכורא כזה טי"ת יו"ד פ"א ה"י גימ' (535) ה' פעמים אנכ"י הוי' (107) כדפותח עשרת הדברות (שמות כ',ב') "אנכי הוי' א-להיך" טיפיים דלתתא נוקבא בחינת כלה בחינת שבת מלכתא, ו-ב' פעמים טיפ"ה במילוי אלפין דנוקבא כזה טי"ת יו"ד פ"א ה"א גימ' (1052) "השמיעיני את קולך" כדאמר קוב"ה לכנסת ישראל על ים סוף (שיר השירים ב',י"ד) "יונתי בחגוי הסלע בסתר המדרגה הראיני את מראיך השמיעיני את קולך"

והנה **כולהו י' בתים עם י' כוללים** דאיהו קוב"ה דמשפיע אור אין סוף ב-י' ספיראן דהיינו: **לכה דודי** וכו' פשוט וא"ת ב"ש (3703) חכמה **שמור וזכור** וכו' (3960) בינה **לקראת שבת** וכו' (4452) חסד **מקדש מלך** וכו' (3272) גבורה

התנערי מעפר קומי וכו' (4671) תפארת **התעוררי התעוררי** וכו' (3990) נצח **לא תבשי ולא תכלמי** וכו' (4662) הוד **והיו למשסה שאסיך** וכו' (3496) יסוד **ימין ושמאל** וכו' (3856) כתר **בואי בשלום** וכו' (3777) מלכות עם י' כוללים (10) סליקו כולהו לחושבן (39849): **אלף (111) פעמים משיחא (359).** והנה חזינן דהאי פיוטא של הרה"ק רבי שלמה אלקבץ זיע"א מקרבא לביאת משיחא, ואיהו ברזא דאת אל"ף זעירא דויקרא- דאיהי שכינתא קדישא, ואיהי היקר דקוב"ה- בסוד נקודה תחת היסוד, וכד מטא שעתא דיחדוא בליל שבת קודש, אגדילת גרמה בסוד דורמיטא והנסירה- ובסוד א"ט ב"ח, דכולהו ספירן יהבין לה מלכותא דילהון לאשלמא לה לפרצוף שלים, וכד עביד כוליה האי בעת דיחודא איהי אלף רבתי, ומכפלן גרמיה בהאי חושבן "משיחא" ואשלמאת (עם י' כוללים בסוד מלכויות ד-י' ספירן דא"ט ב"ח כנ"ל) לחושבן דהאי פיוטא יקירא.

ובגמרא (שבת קיח:) א"ר יוחנן משום רבי שמעון בן יוחאי אלמלי משמרין ישראל שתי שבתות מיד נגאלים שנא' (ישעי' נ"ו,ד') "כה אמר ה' לסריסים אשר ישמרו את שבתתי" וכתיב בתריה (פס' ז') "והביאותים אל הר קדשי" וכו', והנה אנחנו מודינן לקוב"ה על כל דיהב לן, ולע"ל עתידין להודות על הרעה כמו על הטובה וכו' ונחזי דכולו טוב- דהיינו גם מה שנראה ח"ו כהפך הטוב - והנה הפלא ופלא כל מאי דנמשך מפיוט דהרה"ק רבי שלמה אלקבץ - והני תרי פסוקי דמביא רשב"י הקדוש: "כי כה אמר ה' לסריסים אשר ישמרו את שבתתי ובחרו באשר חפצתי ומחזיקים בבריתי" עם פסוקא תנינא דמביא - "והביאותים אל הר קדשי ושמחתים בבית תפלתי עולתיהם וזבחיהם לרצון על מזבחי כי ביתי בית תפלה יקרא לכל העמים" סליק לחושבן (11845) ה"פ "נשמת כל חי תברך את שמך ה' א-להינו" (2369) דאמרינן בצלותא דשחרית דשבת, והיא ה"פ לקביל נרנח"י דכללות הקומה, ויהי רצון דאלופו של עולם יחיש ויקרב גאולתינו על ידי ביאת משיחא, "ומלאה הארץ דעה את ה' כמים לים מכסים" (ישעי' י"א,ט'), "ובלע המות לנצח" (ישעי' כ"ה,ח'), ונאמר (שם פסוק ט') "הנה א-להינו זה קוינו לו ויושיענו".

והנה חושבן פיוטא יקירא דנן (39849) עם חושבן ב' הפסוקים דמביא רבי שמעון בר יוחאי (11845) ועם הכולל- דאיהו אלופו של עולם עושה נפלאות לבדו כי לעולם חסדו- סליקו לחושבן (51695) **יהוד"י** (35) פעמים **ישקנ"י מנשיקו"ת פיה"ו** (1477) (תחלת שיר השירים) והוא ביחוד הגדול דלעתיד לבוא דתחית המתים דיהיה בסייעתא דשמיא יחוד נפלא דבורא ונברא בסוד נשיקין וכמבואר באריכות בספר ברית כהונת עולם, ויתגלה דסוף מעשה במחשבה תחלה בסוד (בראשית ב',ז') "ויפח באפיו נשמת חיים" דהיתה בחינת נשיקה ה-א' נפיחה מפיו דקוב"ה לפיו דאדם קדמאה [כמ"ש (תניא ליקוטי אמרים פרק ב' ד"ה ונפש השנית בשם הזוהר) מאן דנפח מתוכיה נפח], וביחוד התכליתי שיהיה לעתיד לבוא נשיקה ה-ב' ביחוד הנשיקין כנ"ל, וזהו ישקנ"י מנשיקו"ת פיה"ו נשיקות דייקא מיעוט רבים שנים ב' נשיקות, וכדמסיים דוד מלכא משיחא ספרא דתהלים: **"כל הנשמה תהלל י"ה הללוי"ה"** כ"ל הנשמ"ה י"ה גימ' (465) נשיק"ה [דמשה מת בנשיקה כדאיתא במדרש (אבות דרבי נתן פרק י"ב) ולומדים מהפסוק בסוף התורה (דברים ל"ד,ה') וימת שם משה על פי ה'] והיא נשיקה ה-א' דויפח באפיו וכו' תהל"ל גימ' (465) נשיק"ה והיא נשיקה ה-ב' דלעתיד לבוא דיהיו ימי הלל והודאה כמ"ש (תהל' ק"ב,י"ט) תכתב זאת לדור אחרון, ועם נברא **יהלל** י"ה.

ודרשו חז"ל מפסוק זה (בראשית רבה י"ד,ט') על כל נשימה ונשימה חייב אדם לקלס לבורא מאי טעמא כל הנשמה תהלל י"ה הללוי"ה אל תיקרי נשמה אלא נשימה. וכן בגמרא ברכות (מג:) מנין שמברכין על הריח שנאמר כל הנשמה תהלל י"ה הללוי"ה איזהו דבר שהנשמה נהנית ממנו הוי אומר זה הריח.

7. דלקח יעקב אבינו ה' ווין מאליהו הנביא **פקדון** עד שיבשר ביאת משיח צדקנו, כפרש"י וזכרתי את בריתי **יעקוב**: בחמשה מקומות נכתב מלא [**יעקוב**] ואליהו חסר [**אליה**] בחמשה מקומות, נטל אות אחת משמו של אליהו ערבון "שיבא ויבשר גאולת בניו" גימ' (1339) י"ג פעמים

גלא עמיקתא

ועיין עוד מה שכתבנו בעניין חמשה ווין שלקח יעקב אבינו מאליהו ועתיד להחזירם לו בביאת משיח צדקנו במהרה בימינו אמן[7].

"נחמה" (103) דבגילוי אור הגנוז מ-י"ג מכילן דרחמי נונחם בשוב ה' את שיבת ציון במהרה בימינו אמן- ועד לאותה העת נונחם בדברי תורה כדאמר דוד (תהל' קי"ט,נ') זאת נחמתי בעניי כי אמרתך חייתני- ונעביד חושבן הני י' פסוקין, ה' תמן **יעקוב** מלא ו-ה' תמן **אליה** חסר- והן לקביל עשרת הדברות ה' פסוקין דיעקב לקביל לוח ימין דיעקב אבינו איהו רחמי בחינת ימין, ואליהו הנביא בחינת דין כאמרם לעולם יזהר אדם בתפלת המנחה שהרי אליהו לא נענה אלא בתפלת המנחה דהוא זמן התעוררות הדינים דתפלת מנחה דתיקנה יצחק אבינו כדכתיב (בראשית כ"ד,ס"ג) ויצא יצחק לשוח בשדה לפנות ערב וכו' ויצחק מדתו בגבורה. והנה הני פסוקין דא לקביל דא - **באליה** חסר מצינו ד' פסוקין בספר מלכים ב' - ופסוקא חדא בספר מלאכי, **וביעקוב** מלא מצינו ד' פסוקין בספר ירמיהו - ופסוקא חדא בספר ויקרא - והרי מקבילות הלולאות - ולא זו בלבד אלא שהפסוק בספר מלאכי (ג',כ"ג) "הנה אנכי שלח לכם את **אליה** הנביא לפני בוא יום ה' הגדול הנורא" עולה גימ' (1661) "אלף (1000) האיש משה (661)" ולעומתו הפסוק היחיד דיעקוב בספר ויקרא (ויקרא כ"ו,מ"ב) "וזכרתי את בריתי **יעקוב** ואף את בריתי יצחק ואף את בריתי אברהם אזכר והארץ אזכר" עולה גימ' (5288) ח' פעמים "האיש משה" (661) והרי הוא פלא - ונוסיף דכפילת ח' פעמים מרמזת אור הגנוז לצדיקים לעתיד לבוא דבינה הספירה השמינית מתתא לעילא והוא ענין ח' נרות דחנוכה שמרמזים לאלף השמיני - וממילא ב' הפסוקים יחד (עם הכולל) סליקו לחושבן (6950) כ"ה פעמים "אור הגנוז" (278) דעתיד להתגלות לעתיד לבוא ואז ישיב יעקב את אותה ו' שלקח לפקדון מאליהו הנביא - והדברים סתומים.

והנה שאר ח' הפסוקים: ד' הפסוקים ביעקוב מלא:

א'. "כה אמר ה' הנני שב שבות אהלי **יעקוב** ומשכנתיו ארחם ונבנתה עיר על תלה וארמון על משפטו ישב" (ירמיהו ל',י"ח) גימ' (5210) ועם הכולל (5211) ט' פעמים "נוצר חסד ונקה" (579) תרין מזלין ה' ו-י"ג דמינייהו ינקין אבא ואמא עילאין- וכפילת ט' פעמים באה לרמוז מיתוק הדינים בזעיר תמן ט' תיקוני דיקנא קדישא.

ב'. "גם זרע **יעקוב** ודוד עבדי אמאס מקחת מזרעו משלים אל זרע אברהם ישחק ויעקב כי אשוב (אשיב קרי) את שבותם ורחמתים" (ירמיהו ל"ג,כ"ו) גימ' (5361) ג' פעמים "אלף (1000) האיש משה (787)" (1787) ומקשרא לפסוקא קמא דלעיל וזכרתי את בריתי יעקוב וכו' דסליק לחושבן ח' פעמים "האיש משה" וכן בפסוקא דספר מלאכי הנה אנכי שלח לכם את אליה הנביא וכו' דסליק לחושבן "אלף האיש משה" כנ"ל.

ג'. "ואתה אל תירא עבדי **יעקוב** ואל תחת ישראל כי הנני מושיעך מרחוק ואת זרעך מארץ שבים ושב יעקב ושקט ושאנן ואין מחריד" (ירמיהו מ"ו,כ"ז) גימ' (6677) י"א פעמים "משה ואהרן" (607) דתרווייהו שקולין כחדא כמו שדרשו חז"ל על הפסוק "הוא משה ואהרן וכו' הוא אהרן ומשה וכו' הם המדברים" (שמות ו',כ"ו) הא למדת ששקולים הם- ומכניעים י"א כתרין דמסאבותא בחינת י"א אלופי עשו.

ד'. "לא כאלה חלק **יעקוב** כי יוצר הכל הוא ושבט נחלתו ה' צבאות שמו" (ירמיהו נ"א,י"ט) גימ' (2498) י"א פעמים "ברכה" (227) עם הכולל- וכפלינן י"א פעמים לקביל י"א אלופי עשו- והאי "ברכה" לקביל יעקב אבינו שלקח הברכות מעשו- וכן בכאן לקח ה' ווין מאליהו הנביא- וזהו דתרווייהו "יעקב אבינו (251) אליהו הנביא (120)" סליקו לחושבן (371) "שיבוא אליהו" וכפרש"י שיבוא אליהו ויבשר גאולת בניו כנ"ל.

והנה הני ה' פסוקין דיעקוב מלא סליקו לחושבן (25034) ועם הכולל (25035) י"ה (15) פעמים "וכי תאוה הוא לעינים" (בראשית ג',ו') (1669) ב-א' רבתי [דכתיב בחטא אדם הראשון ותרא האשה כי טוב העץ למאכל וכי תאוה הוא לעינים וכו'] - דאדם הראשון קודם החטא היה תפוח עקבו מכהה גלגל חמה - ואמרו חז"ל שופריה דיעקב כשופריה דאדם הראשון - דיעקב אבינו מתקן חטא אדם הראשון וחוה דפגמו בבחינת אבא ואמא עילאין - ולכן כפלינן י"ה פעמים, והוא סוד תיקון השבירה דהיה בעיניים דא"ק, ואכמ"ל.

והנה ד' הפסוקים הנוספים באליה (למעט הפסוק ממלאכי כנ"ל):

א'. "ומלאך ה' דבר אל **אליה** התשבי קום עלה לקראת מלאכי מלך שמרון ודבר אליהם המבלי אין אלהים בישראל אתם הלכים לדרש בבעל זבוב אלהי עקרון" (מלכים ב' א',ג') גימ' (5630) י' פעמים "בינה מלכות" (563) דשמיה אליה"ו גימ' ב"ן בסוד מלכות- והמשיך מבינה כמו שיהיה לעתיד לבוא, וכגון מה שממשיך שם ותרד אש מן השמים וכו' (שם פסוק י') וכן מה שעלה אליהו בסערה השמימה על ידי רכב אש וסוסי אש (מלכים

ב׳ ב׳,י״א).

ב׳. ״ולכן כה אמר ה׳ המטה אשר עלית שם לא תרד ממנה כי מות תמות, וילך **אליה**״ (שם פסוק ד׳) גימ׳ (4012) ד׳ פעמים ״ישראל עלה במחשבה״ (1003) לקביל ד׳ אתוון דשמא קדישא י-ה-ו-ה מלאים בישראל עלה במחשבה, ומשה רבינו דזכה לסוד חיים- היינו תחית המתים דארבעים יום לחם לא אכל ומים לא שתה (שמות ל״ד,כ״ח) והמשיך ונטע זאת בנשמות ישראל- והוא מה שהחל אברהם אבינו לגלות ד״ישראל עלה במחשבה״ גימ׳ (1003) ״ויטע אשל בבאר שבע״ (בראשית כ״א,ל״ג) ולכן פסוקא דנן סליק לחושבן (4012) ״כי טוב הוא״ (59) פעמים ״חיים״ (68) [דכתיב לגבי משה רבינו ותרא אותו כי טוב הוא (שמות ב׳,ב׳)].

ג׳. ״ויאמרו אליו איש בעל שער ואזור עור במתניו, ויאמר **אליה** התשבי הוא״ (שם פסוק ח׳) גימ׳ (3543) ועם הכולל (3544) ח׳ פעמים ״באמת״ (443) כמו שאומרים בפיוט למוצאי שבת ופרח לו איש האמת והוא אליהו הנביא, וביעקוב סליק פסוקא לחושבן ח׳ פעמים האיש משה כנ״ל- דאומרים בלועי קורח משה אמת ותורתו אמת וכו׳.

ד׳. ״ויען **אליה** וידבר אליהם אם איש אלהים אני תרד אש מן השמים ותאכל אתך ואת חמשיך, ותרד אש אלהים מן השמים ותאכל אתו ואת חמשיו״ (שם פסוק י״ב) גימ׳ (7164) ט׳ פעמים ״וימת שם״ (796) כדכתיב במשה רבינו (סוף התורה) וימת שם משה עבד ה׳- ובכאן קאי אשר החמישים וחמישיו. והוא נמי חושבן (7164) ל״ו פעמים ״צדקה״ (199) בסוד ל״ו צדיקים- ואליה אחד מהם כד חזינן מהני פסוקין.

והנה חמשת הפסוקים דאליה חסר גימ׳ (22010) ועם הכולל (22011) ״טוב הוא״ (29) פעמים ״עלה ראש הפסגה״ (759) (דברים ג׳,כ״ז) דקאי אמשה רבינו [דכתיב ביה ותרא אותו כי טוב הוא (שמות ב׳,ב׳)] - דרצה שלא להסתלק כאחד האדם אלא כאליהו הנביא דעלה בחיי חיותו השמימה - וכדמצינו בחנוך דלא כתיב ביה מיתה ״ויתהלך חנוך את האלהים ואיננו כי לקח אותו אלהים״ (בראשית ה׳,כ״ד).

והנה כל עשרת הפסוקים יחד- ה׳ פסוקים דיעקוב מלא ו-ה׳ פסוקים דאליה חסר- עולים בגימ׳ (47044) ״**חוה**״ (19) פעמים ״**שמע ישראל ה׳ אלהינו ה׳ אחד** (1118) **ברוך שם כבוד מלכותו לעולם ועד** (1358)״ (2476) ובאור הענין דחוה פגמה ואף החטיאה את אדם, כנודע דאדם וחוה בסוד שם מ״ה דהוי׳ ברוך הוא- דהוי׳ במילוי אלפין כזה ״יוד - הא - ואו - הא״ גימ׳ (45) ״אדם״ ותיקונו על ידי שם מ״ה- חושבנא דדין כחושבנא דדין (45) ומילוי שם הוי׳ דאלפין גימ׳ (19) ״חוה״ וחזינן התכללות חוה באדם- כאמרם אדם הראשון דו פרצופין נברא- ועיקר החטא בא על ידי חוה דנתפתתה לנחש כדכתיב (בראשית ג׳,י״ג) הנחש השיאני- מלשון נישואין - ולכן בכאן כפלינן חו״ה פעמים שמע ישראל עם ברוך שם וכו׳ דהוא יחודא דלעתיד לבוא יחוד דעת עליון דלמעלה יש ולמטה אין- עם דעת תחתון דנבראים- דלמטה יש ולמעלה אין- ושניהם אמת דברא הקב״ה עולמו באופן דיהיו נבראים בעלי הרגש ישות ועיקר עבודתם בטולם אל האין האלהי המהוה אותם בסוד אמונה בו יתברך וכדחזינן מדרגת הצדיקים הגדולים שאחזו במדרגה של בטול ישותם מכל וכל- כמשה רעיא מהימנא דמסר נפשיה על פחותים שבישראל- עד שלעתים שכחו ממדרגתו ורצו למנות להם נשיא אחר ואפילו לסקלו כמו בחטא המרגלים ובעדת קורח וכיו״ב והוא מפחיתות דעתם דראוהו בבטול עצמי ושגו לחשוב דתש כחו- עד שנגלה עליהם השי״ת כדכתיב במרים ואהרן ויאמר ה׳ פתאם אל משה אהרן ומרים צאו שלשתכם וכו׳ (במדבר י״ב,ד׳) וכן בקורח ועדתו ויקהל עליהם קורח את כל העדה וכו׳ וירא כבוד ה׳ אל כל העדה (במדבר ט״ז,י״ט).

ובכאן לקח יעקב אבינו ה׳ ווין מאליהו דיעקב אבינו בסוד שם מ״ה דשופריה דיעקב כשופריה דאדם הראשון ואליהו הנביא בסוד שם ב״ן- והוא לקביל חוה- וזהו דיעקב ואליהו בחינת תיקונא שלים דחטא הקדמון- וי״ל דיעקב לקביל שמע ישראל וכו׳ דאמרו לו השבטים- ואמנם הוא ענה להם- דהם המלכות בסוד י״ב בקר דים של שלמה- ברוך שם כבוד מלכותו וכו׳- ואמרו חז״ל שמע ישראל דכתיב בהדיא נימרינהו בקול ברוך שם כבוד מלכותו לעולם ועד דלא כתיב נימרינהו בלחש.

אמנם לעתיד לבוא דיהא יחודא שלים כדוגמת יום הכיפורים דהוא מעין תחית המתים דאסור באכילה ושתיה כשם שאין אכילה ושתיה לעתיד לבוא- ולכן ביום הכיפורים אמרינן ברוך שם כבוד מלכותו וכו׳ בקול- דיהא יחודא שלים כנ״ל- ובארנוהו במקום אחר [בפירוש על מגלה עמוקות ויקרא אופן ל״ח] בענין משה יהושע וכלב בן יפונה דהוו בחינת יחודא שלים דשם מ״ה וב״ן ואז יחזיר יעקב אבינו הווין

לאליהו הנביא ויהיו שניהם בשלמות- אליה״ן שם ב״ן דמלכותא אשת חיל עטרת בעלה (משלי י״ב,ד׳) ״עטרת בעלה״ גימ׳ (786) ״את היי לאלפי רבבה״ (בראשית כ״ד,ס׳) דאיתמר ברבקה- ויעקב אבינו יהא בלא הווין דהוא שלימו יתיר בסוד שם הוי׳- דמספר שמות הוי׳ בתורה (1820) סליקו לחושבן י׳ פעמים ״יעקב״ (182) - דיעקב אבינו איקרי תם כדכתיב ויעקב איש תם (בראשית כ״ה,כ״ז) שלימו דכולהו וכן יתגלה לעתיד לבוא דכל יהודי הוא שלמות האלהות ושלמות המצוות דהן רצונו יתברך מכל יהודי- ולכן: ״ציצת מזוזה תפלין״ גימ׳ (1225) ״יהודי״ (35) פעמים ״יהודי״ (35).

אופן יט

כתבתי לעיל פ׳ פקודי שממשכן עד מקדש היו שנים כמנין ת״פ חסר א׳ וכן ג״כ ממקדש ראשון עד מקדש שני ג״כ ת״פ שנה וכן ג״כ משכן העדת בהפוך אתוון הדעת זה שכתוב אלה פקודי המשכן משכן העדת ת״פ אשר פוקד על פי משה.

וכן ג״כ תיבת מעשה בראשית עד ארץ ושמים הם ת״פ כמנין שנים מיציאת מצרים ועד בנין המקדש שאז אתמר ותשלם כל המלאכה לא אמר ותכל כי בשעת המקדש נשלמו מלאכת שמים וארץ ללמדך ששקולה מלאכת המשכן כשמים וארץ.

לכן אמר אלה פקודי אלה תולדות השמים ויקרא אל משה ס״ת אלה שקולה מלאכת המשכן כשמים וארץ אבל א׳ זעירא ר״ל חסר א׳ שבמעשה שמים וארץ ת״פ תיבות בכאן תע״ט חסר א׳ לכן א׳ זעירא:

אופן יט

כתבתי לעיל פרשת פקודי שממשכן עד מקדש היו שנים [א] כמנין ת"פ חסר א' וכן ג"כ [ב] ממקדש ראשון עד מקדש

גלא עמיקתא

והנה האי אופן דמגלה עמוקות הוא תמצית דבריו בפרושו ריש פרשת

[א] מלבי"ם מלכים א פרק ו פסוק א: ויהי בשמונים שנה וארבע מאות שנה לצאת בני ישראל מארץ מצרים. הנה מן בנין המשכן בימי משה עד בנין המקדש היה ת"פ שנה, וכן מן בנין המקדש בימי שלמה עד שנבנה שנית בימי עזרא היה גם כן ת"פ שנה, וכתב מהרי"א שהיה הזמן מכוון מה', שכן היה ראוי שיתעלה הבית מזמן לזמן: הוא החדש השני למלך שלמה. מוסב למעלה, ר"ל בשנה הרביעית למלך שלמה. וחז"ל פי' בר"ח (ב ב) מפני שלמלכי ישראל מניסן מנינן, והיה בשנה הרביעית וחדש שני למלכותו, וכן בד"ה (ב' ג, ב) ויחל לבנות בחדש השני בשני בשנת ארבע למלכותו: **[ב] רבינו בחיי בראשית פרק ב:** ודע והבן, כי שבעת ימי בראשית אלה מבארים לנו מה שעבר ורומזים לנו על העתיד, והנה הם כנגד שיתא אלפי שני וחד חריב, ודרשו רז"ל: (ב"ר ח, ב) יומו של הקדוש ברוך הוא אלף שנה שנאמר: (תהלים צ, ד) "כי אלף שנים בעיניך כיום אתמול", ודבר ברור הוא שבכל יום ויום משׁשת ימי בראשית אלה הוא רומז לדברים העתידין להיות בעולם באותו האלף שכנגד היום. יום ראשון נברא בו האור העליון, כנגדו האלף הראשון שנברא בו אדם הראשון שהיה אורו של עולם, וממה שתמצא ביום ראשון ה' פעמים אור וג' פעמים חשך, תוכל להבין כי באלף הראשון גברו סימני האורה והטובה והשלוה על סימני החשך והרע. יום שני, כנגדו האלף השני שבו היה המבול, וע"כ לא נאמר בו "כי טוב" כי אין להזכיר טובה בחורבן העולם. ולפי שלא היו הנבראים הווים וקיימים עד שבא מעשה ה' הגדול, והוא המבול, ע"כ לא הזכיר "ויהי כן" אלא אחר "ויעש". ועל הטעם הזה אמרו רבותינו ז"ל: אין מתחילין בב', כלומר ביום שני לפי שאין ראוי להתחיל במלאכה ביום שאבד הקדוש ברוך הוא את עולמו במבול. ואם תחשוב כי מנעו התחלת המלאכות ביום ב' מפני שמושׁי הרקיע שהם רעים ומזיקים, זה אינו, שהרי ליל שני שולט עליו צדק, ויום שני שולט עליו לבנה, ושניהם הם כוכבי האור והיושר, וראוי להתחיל בהם כל מעשה ואיך יתכן שמנעו החכמים התחלת המלאכות ביום שמשמשין ושולטים עליו צדק ולבנה. יום שלישי, כנגד האלף השלישי ונזכר בו שני פעמים "כי טוב", האחד על יום שני על בטול גזרת המבול, והשני על התורה הנקראת טוב, העתידה להנתן באלף השלישי הוא אלפים תמ"ח, וכשם שנתן הקדוש ברוך הוא רשות לארץ להוציא גדוליה ולא נראו אלא עמדו על פתח הקרקע עד שבא אדם שהוא עיקר העולם, כן באלף השלישי היו פרין ורבין, כענין שכתוב: (שמות א, ז) "ובני ישראל פרו וישרצו וירבו" וגו', ולא נראית לבני העולם קדושתן ומעלתם עד שבאה התורה שהיא עקרו וקיומו של עולם. יום רביעי, כנגד אלף הרביעי שבו היתה המלכות והשלוה לישראל והמעלה הגדולה, ובאותו זמן היתה החכמה לישראל רחבה מני ים, וזהו שכתוב: יהי מאורות, את שני המאורות הגדולים את המאור הגדול לממשלת היום, זו תורה שבכתב, ואת המאור הקטן לממשלת הלילה, זו תורה שבעל פה, ואת הכוכבים, הם ברייתות ותוספתות ומכילתות והגדות, שמחוברות עם התורה שבעל פה, כי כן הכוכבים נמנים עם המאור הקטן. יום חמישי, כנגדו אלף החמישי שבו היינו שרויין בגלות בין העו"ג שהן נמשלות לנפש חיה הרומשת, וכולו מתחלתו ועד סופו היה לנו בו גלות, וע"כ לא נאמר ביום חמישי "ויהי כן" לפי שאין גלותנו לעולם, אבל אחריתנו לגאולה, ואימתי, ביום ששי שיבא משיח שהזכיר כנגדו "נעשה אדם". יום ששי, כנגד האלף הששי שיש לנו היום חמשים ואחת שנה, וכשם שהזכיר בתחלת יום ששי: תוצא הארץ נפש חיה למינה בהמה ורמש וחיתו ארץ, כן באלף הששי בתחלתו יש לנו בו גלות ואנו משועבדים תחת יד האומות. והנה הבהמות והחיות נבראו קודם זריחת השמש שהוא זמן ממשלתם, כענין שכתוב: (תהלים קד, כב) "תזרח השמש יאספון" וגו', ובזרוח השמש נברא האדם שהוא זמן ממשלתו, כמו שכתוב: (תהלים קד, כג) "יצא אדם לפעלו", וכשם שבא אדם לבקרו

שני ג"כ ת"פ שנה וכן ג"כ משכן העד"ת בהפוך אתוון הדע"ת ז"ש אלה פקודי המשכן משכן העד"ת ת"פ (העד"ת עם הכולל

גלא עמיקתא

פקודי, [ג]ובאופן קפ"ד (אשר פק"ד כנ"ל).

של יום ששי, זהו שאמר: נעשה אדם, כך יבא המשיח לבקרו של אלף הששי אחר עשירית האלף, כשיעור נץ החמה ליום, וזהו משיח בן דוד שכתוב בו: (תהלים פט, לז) "וכסאו כשמש נגדי", והוא הנעשה בצלם אלהים, כענין שכתוב: (דניאל ז, יג) "וארו עם ענני שמיא כבר אנש אתי הוה", ויהיה זה לזמן קי"ח שנה אחר האלף החמישי, להשלים חזון דניאל שאמר: (דניאל יב, יא) "ימים אלף מאתים ותשעים", וזהו החשבון בכוון: ידוע כי קע"ב שנה אחר חורבן הבית נשלמו ד' אלפים ליצירה, תצרף קע"ב עם קי"ח יהיו מאתים ותשעים, והוא כוון החשבון. ומ"ש לאחריו: (דניאל יב, יב) "אשרי המחכה ויגיע לימים אלף שלש מאות שלשים וחמשה", הם מ"ה שנים אחר קי"ח, שאז יהיו כל המלחמות וכל הקנאות עוברות, וע"כ תלה הדבר ב"אשרי" כי יש בין גאולת הנדחים וגאולת הנפוצים מ"ה שנים. וכן מצינו בבית שני י"ח שנה בין הפקידה ובין בנין הבית, וכן מגאולת מצרים עד שנכנסו לארץ ארבעים שנה, ומ"ה שנה אלו אחר קי"ח יבא לך לחשבון קס"ג, והוא החשבון הארוך והרחוק, יותר אי אפשר להתרחק בשום פנים מקס"ג ואילך, לפי שימי הגאולה לישראל תתל"ז שנים, והוא רמז: (ישעיה ט, ו) "לםרבה המשרה", שחשבונו תתל"ז, כי המ"ם סתומה, וזהו שכתוב: (שיר השירים ז, א) "כמחולת המחנים", רמז כי ימי המחול והמלכות לישראל בגאולה העתידה כימי עמידת השלוה והטובה לשעבר, והם: ת"י שנה לבית ראשון, ות"כ שנים לבית שני, וז' שנים שנתעסקו בבנין בית ראשון שגם הם היו ימי שמחה ומחול, הרי תתל"ז, והסר מן האלף הששי תתל"ז שהם ימי גאולתנו העתידה, נשארו קס"ג שנה אחר האלף החמישי שיהיו כל ישראל נגאלין ויהיו בו כל המלחמות עוברות, ולשלום אין קץ. ואם תצרף קע"ב תשלום ארבעה אלפים, עם קס"ג יצא בכוון לימים אלף שלש מאות שלשים וחמשה. והנה זה באור: עד עדן עדנין ופלג עדן, אם תסתכל בו, ונראה שהוא בלא וא"ו, אף על פי שמצינו בספרים מדויקים: עדן ועדנין בוא"ו, לפי שעדן הוא סמוך לעדנין, ואינו חשבון. וכשאמר "עד עדן עדנין ופלג עדן" הם החשבון, ויהיו העדן האחד משיצאו ישראל ממצרים עד שנבנה בית ראשון, והם ת"פ שנה, שנאמר: (מלכים - א ו, א) "ויהי בשמונים שנה וארבע מאות שנה לצאת בני ישראל מארץ מצרים ויבן הבית לה'", ועדן השני ת"י שנה שעמד הבית בבנינו, והם שני עדנים תת"ץ, הוסף עליהם חצים שהם תמ"ה, יצא לך בכוון: אלף שלש מאות ושלשים וחמשה. והוא החשבון הזה בעצמו: (דניאל יב, ז) "כי למועד מועדים וחצי", כלומר לזמן שני המועדים, וכאשר תחברם ותדע מנינם תחלקם לחצי, וזהו שאמר "וחצי" ולא אמר וחצי המועד, וכשתוסיף על שני המועדים חצי שניהם עוד תמצא הכל שוה, ויהיה פירוש "ופלג עדן" על עדן ראשון שאינו חשבון לא על עדן משני עדנין, והנני איעירך וארמוז לך בזה: כי תמצא כוון החשבון הזה במלת באדונ"י במלוי אותיות, כי אל"ף דל"ת וא"ו נו"ן יו"ד הסר מן הראשים השם יעלו לך שאר האותיות בחשבון עם תוספת הבי"ת אלף שלש מאות שלשים וחמשה, כי לזמן ההוא יתברר אדנות ה' יתברך, ותהיה המנוחה והשלוה. וכן בענין מנוח השם הזה במלוי, שנאמר: (שופטים יג, ח) "ויעתר מנוח אל ה' ויאמר בי אדוני", ומה שנרמז במלוי בשם מנוח לרמוז כי בזמן המנוחה יתפרסם אדנותו. והנה זה סוד הענין שחתם כל הצרות שעברו בכל הימים ב"טוב מאד", להורות כי תכף בוא הגאולה בבקרו של האלף הששי יהיו כל הצרות נשכחות, כענין שכתוב: (ישעיה סה, יז) "כי נשכחו הצרות הראשונות וכי נסתרו מעיני", ומפני זה אמר "יום הששי" בה"א הידיעה דרך שבח ומעלת היום לבאר שתהיה גאולה גלויה ומפורסמת בכל העולם. יום שביעי כנגד אלף השביעי שכלו שבת ומנוחה לחיי העולמים, והוא אחר ימות המשיח ותחית המתים, ובני תחית המתים יזכו אליו ויתענגו בגוף ובנפש תענוג שאין לו סוף. [ג] **מגלה עמוקות ואתחנן אופן קפ"ד**: איתא במדרש ומובא בילקוט שהיה לו לפרעה ק"ך אלפים חיילות בכל זוית וזוית, ק"ך במזרח, ק"ך במערב, ק"ך בצפון, ק"ך בדרום,

גימ' ת"פ) אשר פקד על פי משה (שמות ל"ח,כ"א) וכן ג"כ תיבות מעשה בראשית עד ארץ ושמים (בראשית ב',ד') הם ת"פ כמנין השנים מיציאת מצרים ועד בנין המקדש שאז אתמר (מלכים א' ז',נ"א) ותשלם כל המלאכה ולא אמר

גלא עמיקתא

ומקשר המגלה עמוקות בכמה מקומות משכן העד"ת לחת העד"ת עץ הדע"ת אתוון דדין כאתוון דדין וכורכם יחד בכמה אופנים.

והנה כתיב (שמות ל"ח,כ"א) "אלה פקודי המשכן משכן העדת אשר פקד על פי משה" גימ' (2760) ח"פ "משה" (345), דמשה הוא הדע"ת אתוון העד"ת.

וכתיב (שמות ל"א,י"ח) "ויתן אל משה ככלתו לדבר אתו בהר סיני שני לחת העדת לחת אבן כתבים באצבע א–להים" גימ' (4789) ג"פ "מזמור שיר ליום השבת" (1596) עם הכולל, ראשי תיבות למש"ה כנודע.

ובפסוקא דהביא המגלה עמוקות **ויתן א"ל מש"ה אתוון א' למש"ה** רמיזא תוספת הכולל והיא א' זעירא **ויקר א' אל משה** [עיין עוד מה שבארנו לעיל[1] **אופן פ"ט–א' זעירא פשוט וא"ת ב"ש**]

1. "אלף זעירא" גימ' (399) ג"פ "בענוה", "אלף זעירא" בא"ת ב"ש גימ' (946) "וארא אל אברהם ואל יצחק ואל יעקב" (שמות ו',ג) ע"ה, פשוט וא"ת ב"ש גימ' (1345) "אלף משה" דמשה זכה לאלף אורות דמחיין אותנו עד ביאת משיח צדקנו, במהרה בימינו אמן.

שהסוד הוא כי יניקת פרעה הוא בסוד ת"פ מחנות של לילית הרשעה, שנחלקים חיילותיה לד' פעמים ק"ך, ורזא דמלה גם את זה לעומת זה עשה אלהים (קהלת ז יד), כמו שהמרכבה בקדושה היא על ארבע, והם סוד ד' פעמים אלהים שאמר הקב"ה בפרשת שמות (ב כד) וישמע אלקים את נאקתם ויזכור אלקים, (שמות ב כה) וירא אלקים וידע אלקים. הראה לנו ד' פעמים מלת אלקים, כידוע שבכל צירוף של שם אלהים יש בו ק"ך צרופים, כדין תיבה שהיא בחמשה אותיות שבונות ק"ך בתים (כדאיתא בספר יצירה). לכן הראה הקב"ה למשה ד' פעמים הסנ"ה, שכן הסנ"ה בגימטריא ק"ך, ד' פעמים ק"ך לקביל ד' פעמים אלהים, ולפי שבשעת עשיית עגל רגליה יורדות מות (משלי ה ה) ת"פ מחנות של לילית (כדאיתא בזוהר פקודי (ח"ב), הוצרכו ישראל לעשות בשביל זה את המשכן לתקן ת"פ מחנות אלו, לכן מ"ח קרשים היו במשכן, כל קרש י' אמות, י' פעמים מ"ח עולה ת"פ, וכל ישראל לא יכלו להקימו עד שבא משה שזכה לסוד הדע"ת שהוא חשבון ת"פ חסר א', זה סוד א' זעירא של ויקרא (א א), פירוש לבושא דיקר נתן לו שהוא הדעת, כמ"ש רז"ל (ויק"ר פ"א ו') על פסוק (משלי כ טו) כלי יקר שפתי דעת, משה הוא סוד הדעת, לכן זכה ללחות העד"ת שעולה ת"פ חסר א', מאהל מועד שהיה גם כן סוד ת"פ, ולכן נקרא משכן העד"ת. וזה סוד מ"ש רז"ל (מדרש רבה שמות פרשה נ"ב [ד פנ"ב ד']) על פסוק (משלי לא כט) רבות בנות עשו חיל, שכל ישראל לא יכלו להקימו עד שבא משה, ז"ש ואת עלית על כלנה, חי"ל דייקא שעולה מ"ח, שהם מ"ח קרשים שעולים ת"פ, ואת עלית על כלנה זה משה שזכה לסוד הדע"ת שעולה ת"פ, עלי"ת דייקא דהכי סליק בחושבניה, לכן יכול להקים אותו. וזה סוד ששקולה מלאכת המשכן כמעשה שמים וארץ (מגילה י' ע"ב), ר"ל כמו שמלאכת המשכן היה סוד ת"פ, כן בריאת שמים וארץ היה גם כן בסוד ת"פ, לכן יש ת"פ תיבות במעשה בראשית עד מלת ארץ ושמים (בראשית ב ד), ולכן נצטוו גם כן לבנות המקדש אחר ת"פ שנה מיציאת מצרים, וכן מן מקדש שבנה שלמה עד מקדש שני שבנה זרובבל היה גם כן ת"פ שנה, וכנגד זה היה גם כן בירושלים ת"פ בתי כנסיות ובתי מדרשות חוץ מבית המקדש מנין

ותכל כי בשעת המקדש נשלמו מלאכת שמים וארץ ללמדך [ד]ששקולה מלאכת המשכן כשמים וארץ. לכן אמר אלה

גלא עמיקתא

וכתיב (בראשית ב,י"ז) "ומעץ הדעת טוב ורע לא תאכל ממנו" גימ' (1596) "מזמור שיר ליום השבת" ותיבין "ומעץ הדעת טוב" גימ' (702) שב"ת.

והוא נפלא- דנמשך מכאן דתרין פסוקין "ויתן אל משה ככלתו לדבר אתו בהר סיני שני לחת העדת לחת אבן כתבים באצבע א-להים" (ג"פ מזמור שיר ליום השבת) עם "ומעץ הדעת טוב ורע לא תאכל ממנו" (גימ' מזמור שיר ליום השבת).

סליקו כולהו לחושבן (6385) ד"פ "**מזמור שיר ליום השבת**" (תהל' צ"ב,א') עם הכולל ראשי תיבות **למש"ה**- [ה]דמשה הוא הדע"ת ועל ידי שקבל

מלאת" (ישעיה א כא) (כדאיתא במדרש איכה פתיחתא י"ב), לכן מלתי חסר א' כתיב וקרי בא', תרווייהו איתנהו, ת"פ מחנות יש לה מנין מלת" בלא א', אבל היא רוכבת על ת"פ מנין מלאת" בא', וכנגד זה היה גם כן בית המקדש שהיה רוכב על ת"פ בתי כנסיות. והנה רצה משה ליכנס לארץ ישראל בסוד ומשה עלה אל האלהים (שמות יט ג), שרצה להמתיק ד' בתי דינים של אלהים שמהם יניקת לילית שרוכבת על ת"פ מחנות שלה. וזה סוד אר"ץ כנע"ן שעולה תפ"א, שהיתה נבנית על יסוד לילית שרוכבת על ת"פ מחנות שלה מנין לילי"ת [ד] **רבינו בחיי שמות פרק לח:** אלה פקודי המשכן משכן העדות אשר פקד על פי משה עבודת הלוים ביד איתמר בן אהרן הכהן. ע"ד הפשט: "אלה פקודי המשכן", יחזור אל הנזכרים למעלה, יאמר: כי המשכן וכליו, שהוא הבית והחצר וכל הנעשה להם, פקודי עבודת הלוים אשר פקד משה ביד איתמר, אבל כלי הקדש שהם הארון והשלחן והמנורה והמזבחות אינם בכלל המשכן, והם פקודת אלעזר. וע"ד המדרש: (תנחומא פקודי ב) "אלה פקודי המשכן משכן", למה שני פעמים "משכן", אלא ללמד שהיכל של מטה מכוון כנגד היכל של מעלה, שנאמר: (לעיל טו, יז) "מכון לשבתך פעלת ה'" וגו', אל תקרי "מכון" אלא מכוון, שקול היה המשכן כנגד בריאת העולם, בבריאת העולם כתיב: (ישעיה מ, כב) "הנוטה כדוק שמים וימתחם", ובמשכן כתיב: (לעיל כו, ז) "ועשית יריעות עזים לאהל", וכתיב: (תהלים קד, ב) "נוטה שמים כיריעה". בבריאת העולם כתיב: (בראשית א, ט) "יקוו המים", ובמשכן כתיב: (לעיל ל, יח) "ועשית כיור נחשת". בבריאת העולם כתיב: (בראשית א, יד) "יהי מאורות", ובמשכן: (לעיל כה, לא) "ועשית מנורת". בבריאת העולם כתיב: (בראשית א, כ) "ועוף יעופף", ובמשכן: (לעיל כה, כ) "והיו הכרובים פורשי כנפים". בבריאת העולם כתיב: (בראשית א, כז) "ויברא אלהים את האדם", ובמשכן כתיב: (לעיל כח, א) "ואתה הקרב אליך". בבריאת העולם כתיב: (בראשית ב, א) "ויכלו השמים", ובמשכן כתיב: (להלן לט, לב) "ותכל כל עבודת". בבריאת העולם כתיב: (בראשית ב, ג) "ויברך אלהים את יום השביעי ויקדש אותו", ובמשכן: (להלן לט, מג) "ויברך אותם משה", וכתיב: (במדבר ז, א) "ויקדש אותו ואת כל כליו". בבריאת העולם כתיב: (בראשית ב, ג) "כי בו שבת", ובמשכן כתיב: (לעיל לה, ב) "ששת ימים תעשה מלאכה", ואח"כ אמר: (שם, ה) "קחו מאתכם תרומה", להודיעך ששקולה מלאכת המשכן כנגד שמים וארץ, עד כאן במדרש. [ה] **ליקוטי מוהר"ן תניינא תורה ה:** כי ע"י תיקון הגרים, נעשה תיקון הברית כנ"ל. ואזי כשנעשה תיקון הברית, דהיינו שמעלין בחי' החתים בשרו, לבחי' מוחין אזי נעשה בחי' תפילין דמכסין על מוחא (ע' תיקון סט דף קטו). וזהו וכסי ליומא, דהיינו שמשא. היינו בחי' תפילין דמכסיין על מוחא, שהוא בחי' שמשא, בחי' משה, בחי' (ב"ב ע"ה). פני משה כפני חמה, כי משה הוא הדעת וכנ"ל: וכשנתתקן המוח, בבחי' משה, בחי' תפילין כנ"ל, אזי גם בבחי' הסתלקות משה, דהיינו כשנסתלקין המוחין, אזי גם הרשימה שנשאר, שהיא בחי' שינה, היא טובה ג"כ מאד, בבחי' (קהלת ה) מתוקה שנת העובד, ר"ת משה. כי

פקודי המשכן (שמות ל"ח,כ"א) אלה תלדת השמים (בראשית ב',ד') ויקרא אל משה ס"ת אל"ה שקולה מלאכת המשכן

גלא עמיקתא

לחת העד"ת תיקן חטאו דאדם הראשון דאכל מעץ הדע"ת אשר צוה לבלתי אכל ממנו, וזכה לבחינת "האור הגנוז (283) תחית המתים (1313)" גימ' (1596) "מזמור שיר ליום השבת" (תהל' צ"ב,א') ואין אדם (הראשון) עובר עברה[ו] אא"כ נכנס בו רוח שטות,[2] ובאופן קצ"ח פסוק א' הבאנו מהריי"צ[ז] עצי

2. ובמאמר באתי לגני (לרי"ץ) עוסק בעבודת ה' להפכא חשוכא לנהורא ע"י הגברת שטות דקדושה בסוד המשכן דהיה עשוי עצי שטים עומדים על השטות דלעו"ז. ומאריך על כך שם אות ג' עיין שם, ורק נקשרו לכאן דרמיזא:

"שטות דקדושה" סליק לחושבן (1134) ב"פ "נפלאות" (567) כדכתיב (מיכה ז') "כימי צאתך מארץ מצרים אראנו נפלאות" וכו'.

"שטות דלעומת זה" סליק לחושבן (1277) "צדיק מושל יראת א-להים" (ש"ב כ"ג) דהאי בר נש דנכנסת בו רוח שטות מכסה על יראת ה' דיליה ומאפשר מציאות לעבור עברה חס ושלום. ותרוויהו יחד, דהיינו "שטות דקדושה" עם "שטות דלעומת זה", סליקו לחושבן: (2411) "תורה צוה לנו משה מורשה קהלת יעקב" (דברים ל"ג,ד').

ופרש"י: תורה: "אשר צוה לנו משה מורשה היא לקהלת יעקב אחזנוה ולא נעזבנה" גימ' (2645) י"א פ' "עמלק" (240) עם ד' אותיותיו והכולל.

והבאור דע"י עסק התורה מכניעים להני י"א כתרין דמסאבותא בסוד המן (עמל"ק) ועשרת בניו (ובמכוון אינון י"א תיבין בדברי רש"י דערך ממוצע דכל תיבה גימ' עמלק). ובתוספת תיבה "תורה" דרש"י מפרשה- סליק לחושבן:

(3256) י"א פ' "וידבר ה' אליו" ע"ה (296) - ומקשרא להאי חבורא יקירא על א' זעירא- וכדכתיב בפסוק "ויקרא אל משה וידבר ה' אליו". והיינו אליו דייקא ולא להני י"א כתרין דמסאבותא- ולכן הוא מכוון בדברי רש"י עם תיבה "תורה" וסליקו לחושבן י"א פ' "וידבר ה' אליו".

וכאן תוספת תיבה "תורה" ועם י"א תיבין דדברי רש"י אינון י"ב תיבין, ומגביר על י"א כתרין דמסאבותא בסוד י"ב שבטי י-ה.

ואם ילחשך אדם (בליעל) ואינון י"ב שבטי ישמעאל בקלי' שווים ל-י"ב שבטי י-ה, את הקהה את שניו ואמור לו יוסף סליק למדרגת אב-רך, ותרי בניו "אפרים ומנשה כראובן ושמעון יהיו לי" (בראשית מ"ח,ה') עלו למדרגת שבטים.

לפעמים נסתלקין המוחין אצל הרב, וכן אצל התלמידים, כי אין המוחין קבועים תמיד. ובשעת ההסתלקות, אזי הוא בחי' הסתלקות משה, שהוא הדעת, בחי' שינה. וע"י תיקון המוחין, ע"י הישיבה כנ"ל, אזי גם בשעת ההסתלקות הדעת, שהוא בחי' הסתלקות משה, בחי' שינה, אזי גם בחי' השינה מתוקה וטובה, בבחי' מתוקה שנת העובד כנ"ל. כי ע"י תיקון המוחין בבחי' משה, עי"ז הוא תיקון השינה, בבחי' חלום ע"י מלאך כנ"ל. וזהו, מתוקה שנת העובד

[ו] **תלמוד בבלי סוטה דף ג עמוד א:** תניא, היה רבי מאיר אומר: אדם עובר עבירה בסתר והקב"ה מכריז עליו בגלוי, שנאמר: ועבר עליו רוח קנאה, ואין עבירה אלא לשון הכרזה, שנאמר: ויצו משה ויעבירו קול במחנה. ריש לקיש אמר: אין אדם עובר עבירה אא"כ נכנס בו רוח שטות, שנא': איש איש כי תשטה אשתו, תשטה כתיב. תנא דבי רבי ישמעאל: מפני מה האמינה תורה עד אחד בסוטה? שרגלים לדבר, שהרי קינא לה ונסתרה, ועד אחד מעידה שהיא טמאה.

[ז] **מאמר באתי לגני:** ולהיות שהעבודה במשכן ומקדש הוא לאהפכא חשוכא לנהורא דהחושך עצמו יאיר, והיינו דמהשטות דלעו"ז יהי' בבחית שטות דקדושה, לכן הי' המשכן מעצי שטים דוקא, והיינו הלמעלה מן הדעת המתברר ונעשה מן הלמטה מן הדעת, וזהו ועשו לי מקדש ושכנתי בתוכם בתוך כאו"א, וזה בא ע"י עבודת האדם בעבודת הבירורים שלו, שפועל לאהפכא חשוכא לנהורא, והיינו להפוך את הלמטה מן הדעת דעולם (פון וועלט), שיהי' מזה למעלה מן הדעת.

כשמים וארץ. אבל א' זעירא ר"ל חסר א' שבמעשה שמים וארץ ת"פ תיבות בכאן תע"ט חסר א' לכן א' זעירא.

גלא עמיקתא

שטים עומדים ענין [ח]שטות דקדושה להציל משטות דלעו"ז. **ואמרינן** "שטות דלעומת זה" סליק לחושבן (1277) "צדיק מושל יראת א-להים" (ש"ב כ"ג,ג') **והוא** ג"כ [3]בסוף **אופן ר"א עיין שם שכתבנו** שכל פסוקי שיר השירים יחד סליקו לחושבן **יראת אלהי"ם** פעמים "ביום ההוא יהיה ה' אחד ושמו אחד" **ויראת אלהי"ם** כמו שכתוב צדיק מושל יראת אלהי"ם עיין שם וקשרהו לכאן, **והוא** לעומת "אור הגנוז" (1277) באל"ף רבתי.

וזהו דהאי חושבן דתרין פסוקין ויתן אל משה ככלותו וכו' עם ומעץ הדעת טוב ורע לא תאכל ממנו סליקו לחושבן (6385) ה"פ "צדיק מושל יראת א-להים" (1277) **והוא** לקביל ה' בחינות נרנח"י דמשה.

דבירר בעצי שטים עומדים דמשכן האי שטות דלעומת זה שנכנסה באדם הראשון וגרמה לחטאו בעץ הדעת טוב ורע [ולעיל **אופן** ט"ו-סוד הצמצום ביארנו ענין חטא אדם הראשון קדמון לכל קדומים וכו' עיין שם וקשרהו לכאן[4]]

[ח] **ליקוטי מוהר"ן תניינא תורה מח:** וראוי לילך עם מה שנאמר במאמר אזמרה לאלקי בעודי (בליקוטי הראשון בסי' רפ"ב), דהיינו, לבקש ולחפש למצוא בעצמו איזה זכות ואיזה נקודה טובה, ובזה המעט טוב שמוצא בעצמו, ישמח ויחזק עצמו, ואל יניח את מקומו. אף אם נפל למה שנפל ר"ל, אעפ"כ יחזק עצמו במעט דמעט טוב שמוצא בעצמו עדיין, עד אשר יזכה לשוב עי"ז להשי"י, וכל הזדונות יהיו נעשין זכיות (ע' יומא פו ע"ב) ומה עשה הבעש"ט זצ"ל על הים, כשהסיתו הבעל דבר וכו'. ומזה תבין, עד היכן אתה צריך להתחזק, ולבלי לייאש עצמך ח"ו, אף אם יהי' מה שיהי'. והעיקר, להיות בשמחה תמיד, וישמח עצמו בכל מה שיוכל, ואפי' ע"י מילי דשטותא, לעשות עצמו כשוטה, ולעשות עניני שטות וצחוק, או קפיצות וריקודים, כדי לבוא לשמחה, שהוא דבר גדול מאד.

3. והנה **כל שיר השירים ל-ח' פרקיו סליק כולהו לחושבן** (354773): **יראת א-להים** (697) פ' **ביום ההוא יהיה ה' אחד ושמו אחד** (509)."יראת א-להים" דכתיב (ש"ב כ"ג,ג') "צדיק מושל יראת א-להים", "ביום ההוא יהיה ה' אחד ושמו אחד" (זכרי' י"ד,ט'-ועיין לעיל פסוק י"ג פשוט וא"ת ב"ש). וכדסיים שלמה המלך ע"ה ספר קהלת "סוף דבר הכל נשמע את הא-להים ירא" וכו' "כי זה כל האדם", ויראת א-להים היא המפתח למקרבא לגאולתא שלמתא.

וכדכתיב (בגמ' ברכות ל"ג ע"ב) הכל בידי שמים חוץ מיראת שמים (עיין מה שכתבנו אופן ק"נ-הכל בידי שמים חוץ מיראת שמים) וכתיב (בגמ' מועד קטן דף ט"ז ע"ב) מי מושל בי צדיק שנאמר "צדיק מושל יראת א-להים" (ש"ב כ"ג,ג').

ועם ד' התיבות גימ' (1281) "התנערי מעפר קומי" מפיוט לכה דודי להרה"ק שלמה אלקבץ זיע"א (אופן קט"ז) והוא לאקמא שכינתא מעפרא דהיא כונת חבורנו ב"ה. ויהי רצון דהשי"ת יסייענו לסיימו בשלמות ולהגביר יראת א-להים בעולם מוש"ל שלו"ם אתוון דדין כאתוון דדין דתלמידי חכמים מרבים שלו"ם בעולם. והיינו דמרבים מוש"ל יראת א-להים ומרבים הצדיקים ועמך כולם צדיקים לעולם יירשו ארץ בביאת משיח צדקנו בעגלא דידן ובזמן קריב ונאמר אמן.

4. א' זעירא רמיזא רישא דכל דרגין תרין צמצומים סילוק האור לצדדין והמשכת האי חוטא יקירא למברי עלמא, ונחלק ל-י"ד', וכלשון העץ חיים בתחילתו (ומובא באו"ח) "**צמצום הראשון**" גימ' (828) "בסתר עליון" ר"ת ע"ב היינו חסד - שטבע הטוב להיטיב וכו' **לקביל י' עילאה**, וממשיך וזלשה"ק: **המשיך אור דרך "קו אחד ישר דק כעין צנור"** והנה "קו אחד ישר" ר"ת גימ' (111) אלף, "צנור" אותיות

גלא עמיקתא

וזהו דכתב המגלה עמוקות בתחלת פרשת פקודי אלה פקודי **המשכן** וכו' וכן פתח הפרשה במלה אל"ה ששקולים מלאכת המשכן כמעשה שמים וארץ.

והוא בתנחומא כאן [ט]דאיתמר תמן אלה תולדות השמים והארץ בהבראם ב-ה' בראם וזוהי ה' יתרה **אלה** פקודי **המשכן** משכן וכן ויקר**א** **אל** **מש**ה ס"ת **אל"ה**.

והנה הוא פלא כשנוסיף לחושבן ב' הפסוקים הנ"ל הפסוק ה-ג' בתחלת פרשת פקודי דהביאו המגלה עמוקות כנ"ל דהיינו:

א'. (שמות ל"א, י"ח) "[י]**ויתן אל משה ככלתו לדבר אתו בהר סיני שני לחת העדת לחת אבן כתבים**

מקורות

[ט] **מדרש תנחומא (בובר) פרשת בראשית:** [טז] אלה תולדות השמים והארץ בהבראם. אמר ר' אבהו בשם ר' יוחנן בה"י בראם, ומה עסקו של ה"י כאן, אלא כל האותיות מוציא אדם מתוך פיו והוא קומץ את פיו, אבל ה"י אדם מוציאה מתוך פיו בלא קומץ את פיו, כך ברא הקדוש ברוך הוא את עולמו בלא יגיעה, שנאמר לא ייעף ולא ייגע (ישעיה מ כח). ד"א בהבראם, אמר ר' תחליפא באברהם, הן הן האותיות בהבראם, בזכותו של אברהם. (שנאמר). ביום עשות ה' אלהים ארץ ושמים (בראשית ב ד).

[י'] **במדבר רבה פרשת נשא פרשה יב:** א"ר חוניא שאל רשב"י את רבי אלעזר ב"ר יוסי אמר לו אפשר ששמעת מאביך מהו בעטרה שעטרה לו אמו א"ל הן

עיונים

"רצון", "קו אחד ישר" גימ' (629) "נחל נובע מקור (גימ' "צנור") חכמה", "כעין צנור" גימ' (496) "מלכות", שאומר ז"ל בהמשך אחד הטעמים לבריאה "אין מלך בלא עם" [ס"ת גימ' (111) "אלף"] גימ' (294) "ואנכי אהיה לכם לא-להים" (בכ"מ בנביא)- אנכי- אני כתר וכו' וכל הביטוי "קו אחד ישר דק כעין צנור", גימ' (1229) "אות ברית ביני וביניכם" שנאמר בצווי ה' לאברהם (בראשית י"ז) **לקביל ו'**, היינו היסוד, ואמרו ז"ל "גדולה מילה שנכרתו עליה י"ג בריתות" בפרשה דנן, והיינו י"ג פ' "ברית" גימ' (7956) "אב הרחמים" (306) פעמים "הוי'", שאומרים בהוצאת ס"ת מן ההיכל, וכן בחשבון ב"פ י"ג גימ' הוי' וב"פ "אב הרחמים" גימ' ברית,

ואברהם אבינו "ראשון לנימולים" מרומז ב"אב הרחמים" אותיות ראשונות "אברהם" - עם ח' בתוכו לרמוז יצחק שנימול ל-ח', וכן "רח" גימ' "יצחק", "רחמ" גימ' "אברהם" אותיות אחרונות "מים"חסד דאברהם, הכל יחד גימ' (306)"האש" דיצחק, "אב הרחמים" בא"ת ב"ש גימ' (913) "בראשית" "הוי'" בא"ת ב"ש גימ' (300) "כי ה' הוא הא-להים אין עוד" שאומרים בהוצאת ס"ת בשב"ק (ולאחריו אב הרחמים כנ"ל) "אב הרחמים" הוי' ב"ה פשוט וא"ת ב"ש גימ' (1545) "אין קדוש כה' כי אין בלתך ואין צור כא-להינו" (ש"א ב',ב'), וד"ל [ועיין לקמן אופן נ"א].

והמשך לשונו הקדוש בע"ח "ואח"כ בתוכם עשר עיגולים... עשר ספירות... והבחי' הב' באמצע כל האצי' הזה העגול מתפשט דרך קו הישר בבחי' אור" וכו' "עיגול ישר" גימ' (629) "נחל נבע מקור חכמה" **לקביל י' תתאה**, והנה כל הנ"ל נרמז באותה א' זעירא דמשה, עניין הצמצומים, וד"ל.

הוי' ב"ה בא"ת ב"ש גימ' (300) כנ"ל היינו אל-הים דיודין, וב"פ היינו "ציצית" (מקשר לאופן י"ג מדות גיהנם 300 שנה וכו'). "ציצית" בא"ת ב"ש גימ' (91) "הוי' אדנ-י", פשוט עם א"ת ב"ש סליקו תרוויהו לחושבן (691) "עוטה אור כשלמה" (תהל' ק"ד) ע"ה לפי הקריא תוספת ו' ל"עטה", וד"ל.

ומביא המוהרח"ו בשם רבו האריז"ל בהמשך: "דע כי בזה החלל נמצא זה ה"אדם" הנק': "קדמון לכל הקדומים" (תקון י"ט דמ"ב), גימ' (530) "ה' מקדשכם", וכו'... ובזה האדם נכללין כל העולמות, וכו'... והנה האדם קדמון הזה הוא "מבריח (260 י"פ הוי') מן הקצה אל הקצה" גימ' (781) "א-להי אברהם א-להי יצחק וא-להי יעקב", ונאמר בבריח התיכון לקביל יעקב בחיר האבות הכולל כולם.

לכבוד היארצייט (של הנעם אלימלך הק' זיע"א כ"א אדר ב' תשע"ד): "זושא" גימ' (314) "שד-י", "אלימלך" גימ' (131) "סמא-ל", כלומר: מציל ממנו זלעו"ז, ושניהם יחד גימ' (445): "מקדש" ע"ה, היינו עם א' זעירא.

גלא עמיקתא

באצבע א-להים" (4789)

"[יא]ומעץ (בראשית ב׳, י״ז) ב׳.
הדעת טוב ורע לא תאכל ממנו"
(1596)

למלך שהיתה לו בית יחידה והיה אוהבה יותר מדאי לא זז מחבבה עד שקרא אותה אחותו לא זז מחבבה עד שקרא אותה אמו כך היה הקדוש ברוך הוא מחבב את ישראל קראן (שיר השירים ה) אחותי רעיתי יונתי תמתי לא זז מחבבן עד שקראן אמו הה"ד (ישעיה נא) הקשיבו אלי עמי ולאומי אלי האזינו, ולאמי כתיב, עמד רשב״י ונשקו על ראשו אמר לו אלולי לא יצאתי לעולם אלא לשמוע טעם זה מפיך די, ד"א אמו אומתו רבי יהושע דסכנין בשם רבי לוי אמר בשעה שאמר הקדוש ברוך הוא למשה עשו לי משכן היה לו להעמיד ארבע קונטיסים ולמתוח את המשכן עליהם אלא מלמד שהראה הקדוש ברוך הוא למשה למעלן אש אדומה אש ירוקה אש שחורה אש לבנה אמר לו כתבנית אשר אתה מראה בהר רבי ברכיה בשם ר׳ בצלה למלך שהיה לו לבוש משובח עשוי במרגליטון אמר לבן ביתו עשה לי כזה אמר לו אדוני המלך יכול אני לעשות כמותו אמר לו אני בכבודי ואתה בסממנך כך אמר משה לפני הקדוש ברוך הוא אלהי יכול אני לעשות כאלה אמר לו כתבנית אשר אני וגו׳ בתכלת ובארגמן ובתולעת שני ובשש אמר הקדוש ברוך הוא למשה אם את עושה מה שלמעלה למטה אני מניח סנקליטון שלי של מעלה וארד ואצמצם שכינתי ביניהם למטה למעלה שרפים עומדים אף למטה עצי שטים עומדים העמד אין כתיב כאן אלא עומדים כנתון באסטרטיא של מעלה הה"ד (שם /ישעיהו/ ו) שרפים עומדים ממעל לו מה למעלה כוכבים אף למטה כוכבים אמר רבי חייא בר אבא מלמד שהיו קרסי הזהב נראין במשכן ככוכבים הקבועים ברקיע, ביום חתונתו זה סיני חיתונין היו שנא׳ (שמות יט) וקדשתם היום ומחר וביום שמחת לבו זה מתן תורה שנא׳ (שם /שמות/ לא) ויתן אל משה ככלותו וגו׳ ככלתו כתיב, ד"א ביום חתונתו זה אהל מועד וביום שמחת לבו זה בית העולמים ומנין לאהל מועד שחיתונין היו דכתיב ביום כלות משה להקים את המשכן כלת כתיב ביומא דעלת כלתא לגננא. **[יא] דברים רבה (וילנא) פרשת ראה פרשה ד:** אמר הקדוש ברוך הוא שמעו לי שאין אדם שומע לי ומפסיד רבנין אמרין את מוצא יש שומע ומפסיד ויש שומע ומשתכר כיצד אדה"ר =אדם הראשון= שמע לאשתו והפסיד מניין שנאמר (בראשית ג) ולאדם אמר כי שמעת לקול אשתך א"ר יצחק למה"ד למלך שאמר לעבדו אל תטעום דבר עד שאבא מן המרחץ אמרה לו אשתו טעום את התבשיל הזה שלא יהא מבקש ליתן לתוכו או מלח או מורייס בא המלך ומצאו מטעם בשפתותיו אמר לו המלך לא אמרתי לך אל תאכל ואכלת, אמר ליה, מרי, שפחתך נתנה לי אמר ליה המלך ולשפחתי שמעת יותר ממני, כך אמר לו הקדוש ברוך הוא לאדם ומעץ הדעת טוב ורע לא תאכל ממנו מה עשתה חוה האכילה אותו א"ר אבין לא בקשה אלא לבכות וליילל עליו בקולה ואכל ממנו שכך כתיב לקול אשתך לדברי אשתך אין כתיב כאן אלא לקול אשתך אמר לו הקדוש ברוך הוא המן העץ אשר צויתיך לבלתי אכל ממנו אכלת אמר ליה מרי הרי שפחתך נתנה לי, מנין שנאמר ויאמר האדם האשה אשר נתתה עמדי היא נתנה לי מן העץ ואוכל א"ל ולחוה שמעת יותר ממני מיד נטרד שנאמר (שם /בראשית ג׳/) ויגרש את האדם וישכן מקדם לגן עדן את הכרובים ואת להט החרב המתהפכת לשמור את דרך עץ החיים הרי ששמע לאשתו והפסיד, ויש ששמע לאשתו ונשתכר זה אברהם מניין שנא׳ (שם /בראשית/ טז) ותאמר שרי אל אברם הנה נא עצרני ה׳ מלדת בא נא אל שפחתי אולי אבנה ממנה וישמע אברם לקול שרי א"ר שמואל בר נחמן למה"ד למי שנולד לו בן ראה אותו איסטרלוגוס אחד אמר זה הנער עתיד להיות ארכי ליסטים צריך הוא לאביו להשליכו שמע אביו אמר לבני אני משליך שמע אביו של אותו איסטרולוגוס אמר כל מה שאמר לכם בני שמעו לו כך ראתה שרה לישמעאל יוצא לתרבות רעה והיתה אומרת לו לאברהם גרש את האמה הזאת ואת בנה והרע לו נגלה עליו הקדוש ברוך הוא א"ל אל ירע בעיניך על הנער ועל אמתך כל אשר תאמר אליך שרה שמע בקולה וגו׳ שמע בקולה ונשתכר שנקרא זרעו לשמו של יצחק שנאמר (שם /בראשית/ כא) כי ביצחק יקרא לך זרע, אמר הקדוש ברוך הוא ומה אם מי ששמע לאשתו כך עשה שכר, מי ששומע לי עאכו"כ, ושלמה המלך בא ומפרש (משלי א) ושומע לי ישכון בטח ושאנן מפחד רעה

גלא עמיקתא

ג'. (שמות ל"ח,כ"א) "[יב]**אלה פקודי המשכן משכן העדת אשר פקד על פי משה**" (2760)

סליקו הני תלת פסוקים לחושבן (9145) ה' פעמים "אלה תולדות השמים והארץ בהבראם" (1829) (בראשית ב',ד') והוא **נפלא** דמדגיש המגלה עמוקות ענין ה' יתרה **ח**משכן לקביל [יג]**בה'** בראם והוא בפסוקא דנן בחבורא יקירא על א' זעירא דויקרא: ויקרא **אל** משה **וידבר ה' אליו** וכו'.

והני תלת פסוקים דלעיל סליקו לחושבן (9145) "אל" (31) פ' "וידבר ה' אליו" (295) במכוון, **והוא נפלא**, דמדגיש ב"פ דהדבור ניתן **למש"ה** [יד]ראשי תיבות **מ**'זמור **ש**'יר **ל**'יום **ה**'שבת (תהל' צ"ב,א') כנ"ל

[יב] **שמות רבה (וילנא) פרשת פקודי פרשה נא אות ו:** משכן העדות אשר פקד על פי משה, כל מה שהיו עושין עושין ע"פ משה, שנאמר אשר פקד על פי משה, וכל מה שהיה משה עושה על ידי אחרים, שנאמר עבודת הלוים ביד איתמר בן אהרן הכהן, לא עשה אלא משנגמרה מלאכת המשכן, אמר להם בואו ואני עושה לפניכם חשבון, אמר להם משה אלה פקודי המשכן, כך וכך יצא על המשכן עד שהוא יושב ומחשב שכח באלף ושבעה מאות וה' וע' שקל מה שעשה ווים לעמודים, התחיל יושב ומתמיה אמר עכשיו ישראל מוצאין ידיהם לאמר משה נטלן, מה עשה האיר הקדוש ברוך הוא עיניו וראה אותם עשוים ווים לעמודים, אותה שעה נתפייסו כל ישראל על מלאכת המשכן מי גרם לו ע"י שישב ופייסן, הוי אלה פקודי המשכן, ולמה עשה עמהם חשבון, הקדוש ברוך הוא יתברך שמו מאמינו שנא' (במדבר יב) לא כן עבדי משה בכל ביתי נאמן הוא, ולמה אמר להם משה בואו ונעסוק במשכן ונחשב לפניכם, אלא ששמע משה ליצני ישראל מדברים מאחריו, שנאמר (שמות לג) והיה כבוא משה האהלה ירד עמוד הענן ועמד פתח האהל ודבר עם משה (שם /שמות ל"ג/) והביטו אחרי משה, ומה היו אומרים ר' יוחנן אמר אשרי יולדתו של זה ומה הוא רואה בו כל ימיו הקדוש ברוך הוא מדבר עמו כל ימיו הוא מושלם להקב"ה, זהו והביטו אחרי משה, ר' חמא אמר היו אומרים חמי קדל דבריה דעמרם וחבירו אומר לו אדם ששלט על מלאכת המשכן אין אתה מבקש שיהא עשיר, כששמע משה כך א"ל משה חייכם נגמר המשכן אתן לכם חשבון, אמר להם בואו ונעשה חשבון, הוי ואלה פקודי המשכן. [יג] **תלמוד בבלי מנחות דף כט עמוד ב:** מאי שנא דכתיב ביה ולא כתיב יה? כדדרש ר' יהודה בר ר' אילעאי: אלו שני עולמות שברא הקדוש ברוך הוא, אחד בה"י ואחד ביו"ד, ואיני יודע אם העולם הבא ביו"ד והעולם הזה בה"י, אם העולם הזה ביו"ד והעולם הבא בה"י, כשהוא אומר: אלה תולדות השמים והארץ בהבראם, אל תקרי בהבראם אלא בה"י בראם, [אומר: העולם הזה בה"י, והעולם הבא ביו"ד]. ומפני מה נברא העולם הזה בה"י? מפני שדומה לאכסדרה, שכל הרוצה לצאת יצא; ומ"ט תליא כרעיה? דאי הדר בתשובה מעיילי ליה. וליעייל בהך! לא מסתייעא מילתא; כדריש לקיש, דאמר ריש לקיש, מאי דכתיב: אם ללצים הוא יליץ ולענוים יתן חן? בא לטהר מסייעין אותו, בא לטמא פותחין לו. ומ"ט אית ליה תאגא? אמר הקדוש ברוך הוא: אם חוזר אני קושר לו קשר. מפני מה נברא העולם הבא ביו"ד? מפני שצדיקים שבו מועטים. ומפני מה כפוף ראשו? מפני שצדיקים שבו כפוף ראשיהם, מפני מעשיהן שאינן דומין זה לזה. [יד] **בן איש חי שנה שניה פרשת תרומה:** נמצא נר האמצעי הוא כנגד השבת שהוא עומד אמצעי בשבוע, כי הם ד' ה' ו' מכאן, ואב"ג מכאן, ולכן מרע"ה בשבעה כורתי ברית ג"כ הוא מכוון כנגד נר האמצעי, כי אברהם יצחק ויעקב מכאן, ואהרן יוסף ודוד מכאן, ונמצא מרע"ה ויום השבת שניהם במקום אחד, שרמוזים בנר האמצעי, ובזה יובן מ"ש בשבת ישמח משה במתנת חלקו, ולכן ר"ת מזמור שיר ליום השב"ת הוא למש"ה, ולכן זכה מרע"ה שבניו יושבים אצל נהר סמבטיון שהוא עד המעיד על השבת, וכמו שכתוב בתרגום יונתן בן עוזיאל בפסוק נגד כל עמך אעשה נפלאות, ברם מנך יפקון אוכלסין דצדיקין וכו' ואשרינון מן לגיו לנהר סמבטיון וכו', ולכן ישמח משה במתנת חלקו, כי מקום בניו הוא המעיד על השבת. ובזה

גלא עמיקתא

ועלה מדברינו דשני הפסוקים ויתן אל משה ככלתו וכו' עם מע"ץ הדעת וכו' סליקו לחושבן ד' פעמים **מ**'זמור **ש**'יר **ל**'יום **ה**'שבת ראשי תיבות **למש"ה** כנ"ל

והן לקביל ד' מחנות דק"ך **אלפים חילות שהיו לפרעה** בכל זוית וזוית ק"ך במזרח ק"ך במערב ק"ך בצפון ק"ך בדרום בסוד ת"פ מחנות של לילי"ת כנ"ל **וכדמביא המגלה עמוקות** [טו]**בריש אופן קפ"ד לסדר ואתחנן.**

והן לעומת זה ד"פ ק"ך **צרופי א-להים במרכבה,** ולכן הראה הקב"ה למשה ד"פ הסנ"ה גימ' ת"פ, והן מ"ח קרשים במשכן דכל קרש **ארכו י' אמות** ויחד הן ת"פ **אמות** כנ"ל והן הן עצי **שטים עומדים** דאמרינן [טז]**שטות** דקדושה לתקן [יז]**שטות** דלעומת זה **סנ"ה** ר"ת "**ס**יני **נ**בו **ה**ר ההר" גימ' (603) "בני ישראל" עם קדוש.

וכל ישראל **לא** יכלו להקימו עד **שבא** משה שזכה לסוד הדע"ת **שהוא** חושבן ת"פ חסר **א',** וזהו סוד **א'** זעירא של **ויקרא** פירוש **לבושא** דיקר נתן לו **שהוא** הדעת כדכתיב (משלי כ',ט"ו) "כלי יקר שפתי דעת" כנ"ל.

והחושבן ד"פ מזמור שיר ליום השבת מדגיש ענין בראשי תיבות ד"פ למש"ה (375) גימ' (1500) ק' פעמים י"ה (15)

דהדעת מחבר חכמה ובינה וכאן נכפל ק"פ לרמוז דעולה עד הכתר **שהוא** בחינת ק"פ י' כלולים מ-י' וכדהבאנו לעיל מהזוה"ק [יח]ד-ק' בחינת כתר.

פירשתי בס"ד ובני רחביה רבו למעלה ראש, דקאי על בניו של מרע"ה, ולמעלה מאותיות ראש כפי מדרגות המספר שהוא סדר תשר"ק, יש אותיות שבת, ולפי האמור נמצא השבת עומד אמצעי בשבוע, והוא מ"ש בזה"ק שמא דקב"ה שמא דאיהו שלים מכל סטרוי שהם דה"ו ואב"ג, והוא דוגמת הלשון שעומד אמצעי, ולכן כמו דהלשון הוא עיקר הגוף דכתיב מות וחיים ביד לשון, כן השבת החיים תלויים בשמירתו, וההפך תלוי בחלולו דכתיב מחלליה מות יומת ב"מ, ולכן כמו דהלשון עשה לו הקדוש ברוך הוא שמירה בשתי חומות שהם שפתים ושנים כמ"ש רז"ל בגמרא, כן השבת עשו לו חז"ל שמירה בשני גדרים זע"ז, והוא כי מן התורה צריך הישראל לשמור השבת בט"ל מלאכות, ולא אסרה תורה אלא מלאכה של ישראל, אך רז"ל עשו גדר ושמירה יותר, שגזרו לבלתי יאמר הישראל לגוי לעשות לו מלאכה בשבת, ועוד הוסיפו שמירה וגדר שני, דאפילו שלא אמר הישראל לנכרי לעשות, אלא הנכרי עשה מאליו את המלאכה בשביל ישראל, ג"כ אסורה אותה מלאכה לישראל, הרי שני גדרים זה על זה, כמו שיש ללשון שני גדרים זע"ז שהם השפתים והשינים

[טו] עיין לעיל אות א'. **[טז] ליקוטי מוהר"ן תניינא תורה מח:** וראוי לילך עם מה שנאמר במאמר אזמרה לאלקי בעודי (בליקוטי הראשון בסי' רפ"ב), דהיינו, לבקש ולחפש למצוא בעצמו איזה זכות ואיזה נקודה טובה, ובזה המעט טוב שמוצא בעצמו, ישמח ויחזק עצמו, ואל יניח את מקומו. אף אם נפל למה שנפל ר"ל, אעפ"כ יחזק עצמו במעט דמעט טוב שמוצא בעצמו עדיין, עד אשר יזכה לשוב עי"ז להש"י, וכל הזדונות יהיו נעשין זכיות (ע' יומא פו ע"ב) ומה עשה הבעש"ט זצ"ל על הים, כשהסיתו הבעל דבר וכו'. ומזה תבין, עד היכן אתה צריך להתחזק, ולבלי לייאש עצמך ח"ו, אף אם יהי' מה שיהי'. והעיקר, להיות בשמחה תמיד, וישמח עצמו בכל מה שיוכל, ואפי' ע"י מילי דשטותא, לעשות עצמו כשוטה, ולעשות עניני שטות וצחוק, או קפיצות וריקודים, כדי לבוא לשמחה, שהוא דבר גדול מאד. **[יז] עיין לעיל אות ב'.** **[יח] זוהר פרשת חיי שרה דף קכג עמוד א:** ת"ח רזא דמלה מאי שנא בכלהו דאמר שנה שנה ובאינון שבע דאמר שנים דכתיב מאה שנה ועשרים שנה ולבתר שבע שנים אלא כולא חד, מאה שנה כללא דכלא (נ"א כלא כחדא ברזא דמאה ברכאן בכל יומא וכן עשרים שנה דאתכליל עלאה סתימאה דכל סתימין ובגין כך

גלא עמיקתא

והוא חושבן (1500) (תהל' צ"ו, י"א) "[יט]**ישמחו השמים ותגל הארץ**" עם ו' ד"ירעם הים ומלאו" והוא שם שלם י-ה-ו-ה כסדר בראשי תיבות שם דחדש ניסן כנודע.

וכפרש"י בתחלת פרשת שמיני ראש חדש ניסן שהוקם בו המשכן, והוא נפלא דתיבין הבאים בפסוקא "ירעם הים" עולים במכוון (375) "למשה" כנ"ל, ועם "ומלאו" דהיינו "ירעם הים ומלאו" גימ' (458) "ישמח אביך ואמך".

והוא במשלי (כ"ג,כ"ה) "ישמח אביך ואמך ותגל יולדתך" דהוא יחודא שלים דאבא ואמא עילאין, דמתמן נמשכת נשמת משי"ח אתוון ישמ"ח וכדאמרינן בשחרית לשבת ישמ"ח מש"ה גימ' (703) שבת"א א"נ חושבן "שמעון בר יוחאי" כנודע.

כתיב שנה רזא דיחודא), קודשא בריך הוא דאתכליל מאתר עלאה סתימא דכל סתימין במאה ברזא דמאה ברכאן דכל יומא וכן עשרים שנה ובגין כך כתיב שנה רזא דיחודא דלא אתפרש (צ"א ב) מחשבה ויובלא לעלמין, שבע שנין אלין אתפרשן ונפקאן מכללא סתימאה דלעילא ואף על גב דכלא יחודא חדא אבל מתפרשן בדינא ורחמי בכמה סטרין ואורחין מה דלא הוי הכי לעילא ובגין כך כתיב שנה רזא דיחודא דלא אתפרש לעלמין, שבע שנים אלין אתפרשאן בדינא ורחמי בכמה סטרין ואורחין מה דלא הוי הכי לעילא ובגין כך באלין שבע שנים כתיב בהו שנים ולא שנה וכלהו אקרון חיים ויהיו חיי שרה דהוו ממש דאתבריאו ואתקיימו לעילא.

[יט] זוהר כרך ג (ויקרא) פרשת אחרי מות דף נט עמוד א:

ד"א על כן עלמות אהבוך שפיר הוא מאן דאמר על מות אהבוך דהא במלה דא מאריהון דדינין אתבסמון ובגין דהאי קטרת אתקטר במשחא דלעילא יתיר אתחשב קמיה דקודשא בריך הוא מכל קרבנין ועלוון, אמרה כ"י אנא כקטרת ואנת כמשחא משכני אחריך נרוצה וגו', נרוצה כמה דאת אמר על כן עלמות אהבוך, אנא וכל אכלוסין דהא כלהו בי אחידן ועל דא משכני דהא בי תליין, הביאני המלך חדריו אם ייעול לי מלכא באדרוי נגילה ונשמחה בך אנא וכלהו אכלוסין, תאנא כלהו אכלוסין בשעתא דכנסת ישראל חדאת ומתברכא כלהו חדאן ודינא לא שריא כדין בעלמא, ועל דא כתיב (תהלים צו) ישמחו השמים ותגל הארץ, כי בענן אראה על הכפרת, א"ר יהודה זכאין אינון צדיקייא דקודשא בריך הוא בעי ביקריהון, ותנינא מלך בשר ודם אי בר נש רכיב על סוסיא דיליה בר קטלא הוא קודשא בריך הוא ארכיב אליהו על דיליה דכתיב (מלכים ב ב) ויעל אליהו בסערה השמים וגו', הכא מאי כתיב ולא ימות כי בענן אראה על הכפרת, וקודשא בריך הוא עייליה למשה ביה, הדא הוא דכתיב (שמות כד) ויבא משה בתוך הענן, בתוך הענן ממש, כי בענן אראה על הכפרת הדא הוא דכתיב (ישעיה ד) וברא יי' על כל מכון הר ציון ועל מקראיה ענן יומם ועשן, וכתיב (שמות מ) כי ענן יי' על המשכן יומם, ותאנא האי דכתיב (שם לד) וירד יי' בענן, בענן אראה על הכפרת תאנא אתר דהוו שראן אינון כרובי כמה דאוקימנא כרובי על את הוו יתבין, ותאנא ג' זמנין ביומא אתרחיש נסא בגדפייהו בשעתא דאתגלי עלייהו קודשא דמלכא אינון מגרמייהו סלקין גדפייהו ופרסין לון וחפיין על כפורתא, לבתר קמיטין גדפייהו ונאחזין בגדפייהו (ס"א ונאחזין בגופייהו) כמה דאת אמר (שם כה) והיו הכרובים פורשי כנפים למעלה פורשי ולא פרושי, סוככים ולא סכוכים דא באת (ס"א בזאת) הוו קיימי וחדאן בשכינתא, א"ר אבא מה בעא הכא כי בענן אראה על הכפרת, וכתיב בזאת יבא אהרן, והא כהנא לא חמי לשכינתא בשעתא כד הוה עאל, אלא עננא הוה נחית וכד הוה נחית מטא על האי כפרת ומתערין גדפייהו דכרובין ואקשי להו ואמרו שירתא ומה שירתא אמרי (תהלים צו) כי גדול יי' ומהלל מאד ונורא הוא על כל אלהים, האי כד סלקי גדפייהו, בשעתא דפרסין להו אמרי (שם) כי כל אלהי העמים אלילים ויי' שמים עשה, כד חפיין על כפורתא אמרי (שם צח) לפני יי' כי בא לשפוט (את) הארץ ישפוט תבל בצדק ועמים במישרים, וקלהון הוה שמע כהנא במקדשא כדין שוי קטרת באתריה ואתכוון במה דאתכוון בגין דיתברך כלא (וקלהון) וגדפי כרובייא סלקין ונחתין וזמרי שירתא מחפיין לכפורתא וסלקי להו הדא הוא דכתיב

גלא עמיקתא

ובזה מבואר מעט אופן י"ט דמגלה עמוקות על ויקרא, דחושבן י"ט היינו "חוה" והוא מתוק ותקון חטא חוה שהחטיאה אדם הראשון– באו האבות ותקנו בחינה בחינה מחטא זה כל אחד בחינה אחרת:

אברהם תיקן **עבודה זרה** דהיה המאמין הראשון וכו' **יצחק שפיכות דמים** דמסר עצמו לעקדה **ויעקב גלוי עריות** [כ]דהיתה מטתו שלמה

ובא משה ותקן **תקונא שלים** והוא כנגד "לשון הרע" גימ' (661) "האיש משה" [כמ"ש (במדבר יב,ג) "**והאיש משה** ענו מאד מכל האדם אשר על פני האדמה"]

[כא]דשקולה כנגד ג' העבירות הנ"ל דאמר משה לשון הרע כפרש"י על הפסוק (שמות ד,ג) וישליכהו ארצה ויהי לנחש וינס משה מפניו– פרש"י: ויהי

סוככים, סוככים דייקא ומנ"ל דקלהון אשתמע כמה דאת אמר (יחזקאל א) ואשמע את קול וגו', אמרו רבי יוסי ועמים במישרים, מהו במישרים כמה דאת אמר מישרים אהבוך, לאכללא תרין כרובין דכר ונוקבא מישרים ודאי, ועל דא ועמים במישרים וכתיב (במדבר ז) וישמע את הקול מדבר אליו, מבין שני הכרובים וידבר אליו, ר' יצחק אמר מכאן אוליפנא דבכל אתר דלא אשתכח דכר ונוקבא לאו כדאי למחמי אפי שכינתא הדא הוא דכתיב (תהלים קמ) ישבו ישרים את פניך, ותנינן כתיב (דברים לב) צדיק וישר הוא דכר ונוקבא אוף הכא כרובים דכר ונוקבא ועלייהו כתיב (תהלים צט) אתה כוננת מישרים, ועמים במישרים, ובגיני כך (שמות כה) ופניהם איש אל אחיו והא אוקימנא: **[כ] שיר השירים רבה (וילנא) פרשה ג:** כתימרות עשן, אמר רבי אלעזר בשם ר' יוסי בן זמרא בשעה שהיו ישראל מתנודדין ממסע למסע, היה עמוד הענן יורד, ועמוד אש צומח, ועשן המערכה עולה כמין שני זקוקין של אש יוצאין מבין שני בדי הארון ושורפים לפניהם נחשים שרפים ועקרבים, והיו אומות העולם רואין ואומרין אלוהות הן אלו, אין תשמישן של אלו אלא באש, ומאימתן של ישראל נופל עליהם פחד ורעדה הה"ד (שמות ט"ו) תפול עליהם אימתה ופחד, נפלה אין כתיב אלא תפול מיכן ולהבא, מקטרת מור, זה אבינו אברהם, מה המור הזה ראש לכל הבשמים, אף אברהם אבינו היה ראש לכל הצדיקים, מה המור הזה כל מי שלוקטו ידיו מתמררות, כך היה אברהם אבינו ממרר ומסגף עצמו ביסורים, מה המור הזה אינו מפיח ריחו אלא באור, כך לא הודיע אברהם את מעשיו הטובים אלא בכבשן האש, ולבונה, זה

אבינו יצחק, שנתקרב כקומץ לבונה על גבי המזבח, מכל אבקת רוכל, זה יעקב אבינו, שהיתה מטתו שלמה לפניו ולא נמצא בהן פסולת, א"ר תנחומא מה קופת הרוכל יש בה מכל מיני בשמים, כך כהונה מיעקב ולויה ומלכות מיעקב, יצחק נתן לו אברהם אבינו כל שלו שנאמר (בראשית כ"ה) ויתן אברהם את כל אשר לו ליצחק, ברם רוכלותיו של יעקב לא היתה אלא מאותו האבק שתחת רגליו, ר' יודן אמר תרתי, ר' יודן אמר כל הרוכלות שישראל עושין ומצליחין בעולם הזה בזכות אותו האבק של יעקב אבינו, ר' יודן אמר חורי כל פרגמטיא שישראל עושין ומצליחין בעולם הזה בזכות אותו האבק של יעקב אבינו, ר' עזריה אמר תרתי כל מלחמות שישראל עושין ומצליחין בזכות האבק של יעקב אבינו, ר' עזריה אמר חורי כל תורה שישראל עושין בעולם הזה בזכות יעקב אבינו, רבי ברכיה ור' סימון בשם ר' אבהו אותו האבק נטלו הקדוש ברוך הוא ונתנו תחת כסא הכבוד שלו הה"ד (נחום א') ה' בסופה ובשערה דרכו וענן אבק רגליו. **[כא] תלמוד בבלי מסכת ערכין דף טו עמוד ב:** אמר רבי יוחנן משום רבי יוסי בן זימרא, מאי דכתיב: מה יתן לך ומה יוסיף לך לשון רמיה? אמר לו הקדוש ברוך הוא ללשון: כל אבריו של אדם זקופים ואתה מוטל, כל אבריו של אדם מבחוץ ואתה מבפנים, ולא עוד, אלא שהקפתי לך שתי חומות, אחת של עצם ואחת של בשר, מה יתן לך ומה יוסיף לך לשון רמיה. אמר ר' יוחנן משום ר' יוסי בן זימרא: כל המספר לשון הרע - כאילו כפר בעיקר, שנאמר: אשר אמרו ללשוננו נגביר שפתינו אתנו מי אדון לנו. ואמר ר' יוסי בן זימרא: כל המספר לשון הרע - נגעים באים

עליו, שנאמר: מלשני בסתר רעהו אותו אצמית, וכתיב התם: לצמיתות, ומתרגמינן: לחלוטין, ותנן: אין בין מצורע מוסגר למצורע מוחלט אלא פריעה ופרימה. אמר ריש לקיש, מאי דכתיב: זאת תהיה תורת המצורע? זאת תהיה תורתו של מוציא שם רע. ואמר ריש לקיש מאי דכתיב: אם ישוך הנחש בלא לחש ואין יתרון לבעל הלשון? לעתיד לבא מתקבצות כל החיות ובאות אצל נחש, ואומרות: ארי דורס ואוכל, זאב טורף ואוכל, אתה מה הנאה יש לך? אומר להם: וכי מה יתרון לבעל הלשון? ואמר ריש לקיש: כל המספר לשון הרע - מגדיל עונות עד לשמים, שנאמר: שתו בשמים פיהם ולשונם תהלך בארץ. אמר רב חסדא אמר מר עוקבא: כל המספר לשון הרע. ראוי לסוקלו באבן, כתיב הכא: אותו אצמית, וכתיב התם, צמתו בבור חיי וידו אבן בי. ואמר רב חסדא אמר מר עוקבא: כל המספר לשון הרע, אמר הקדוש ברוך הוא: אין אני והוא יכולין לדור בעולם, שנאמר: מלשני בסתר רעהו אותו אצמית גבה עינים ורחב לבב אותו לא אוכל, אל תיקרי אותו לא אוכל אלא אתו לא אוכל. ואיכא דמתני לה על גסי הרוח. אמר רב חסדא אמר מר עוקבא: כל המספר לשון הרע, אומר הקדוש ברוך הוא [של] גיהנם: אני עליו מלמעלה ואתה עליו מלמטה נדוננו, שנאמר חצי גבור שנונים עם גחלי רתמים, אין חץ אלא לשון, שנאמר: חץ שחוט לשונם מרמה דבר, ואין גבור אלא הקדוש ברוך הוא, שנאמר: ה' כגבור יצא, גחלי רתמים היינו גיהנם. אמר רבי חמא בר' חנינא: מה תקנתו של מספרי לשון הרע? אם תלמיד חכם הוא יעסוק בתורה, שנא': מרפא לשון עץ חיים, ואין לשון אלא לשון הרע, שנאמר: חץ שחוט לשונם, ואין עץ אלא תורה, שנאמר: עץ חיים היא למחזיקים בה; ואם עם הארץ הוא ישפיל דעתו, שנאמר: וסלף בה שבר רוח. רבי אחא ברבי חנינא אומר: סיפר אין לו תקנה, שכבר כרתו דוד ברוח הקדש, שנאמר: יכרת ה' כל שפתי חלקות לשון מדברת גדולות, אלא מה תקנתו שלא יבא לידי לשון הרע? אם תלמיד חכם הוא יעסוק בתורה, ואם ע"ה הוא ישפיל דעתו, שנאמר: וסלף בה שבר רוח. **תנא דבי רבי ישמעאל: כל המספר לשון הרע - מגדיל עונות כנגד שלש עבירות, עבודת כוכבים וגילוי עריות ושפיכות דמים**, כתיב הכא: לשון מדברת גדולות, וכתיב בעבודת כוכבים: אנא חטא העם הזה חטאה גדולה, בגילוי עריות כתיב: ואיך אעשה הרעה הגדולה הזאת, בשפיכות דמים כתיב: גדול עוני מנשוא. גדולות, אימא תרתי! הי מינייהו מפקא? במערבא אמרי: לשון תליתאי קטיל תליתאי, הורג למספרו ולמקבלו ולאומרו. א"ר חמא ברבי חנינא, מאי דכתיב: מות וחיים ביד לשון, וכי יש יד ללשון? לומר לך מה יד ממיתה, אף לשון ממיתה. אי מה יד אינה ממיתה אלא בסמוך לה, אף לשון אינה ממיתה אלא בסמוך לה? ת"ל: חץ שחוט לשונם. אי מה חץ עד ארבעים וחמשים אמה, אף לשון עד ארבעים וחמשים אמה? תלמוד לומר: שתו בשמים פיהם ולשונם תהלך בארץ. וכי מאחר דכתיב שתו בשמים פיהם, חץ שחוט לשונם למה לי? הא קמשמע לן, דקטיל כחץ. וכי מאחר דכתיב חץ שחוט לשונם, מות וחיים ביד לשון למה לי? לכדרבא, דאמר רבא: דבעי חיים בלישניה, דבעי מיתה בלישניה. היכי דמי לישנא בישא? אמר רבה כגון דאמר איכא נורא בי פלניא. אמר ליה אביי: מאי קא עביד? גלויי מילתא בעלמא הוא! אלא דמפיק בלישנא בישא, דאמר: היכא משתכח נורא? אלא בי פלניא דאיכא בשרא וכוורי. אמר רבה: כל מילתא דמיתאמרא באפי מרה, לית בה משום לישנא בישא. אמר ליה: כל שכן חוצפא ולישנא בישא! אמר ליה: אנא כרבי יוסי סבירא לי, דאמר רבי יוסי: מימי לא אמרתי דבר וחזרתי לאחורי.:

גלא עמיקתא

לנחש: רמז לו שסיפר לשון הרע על ישראל ותפש אומנותו של נחש.

וכן שם בפסוק ח' והיה אם לא ישמעו לך **ולא יאמינו** לקול האות הראשון, והאמינו לקול האות האחרון– פרש"י **והאמינו** לקול האות האחרון: משתאמר להם בשבילכם לקיתי על שספרתי עליכם לשון הרע **יאמינו** לך, שכבר למדו בכך שהמזדווגין להרע להם לוקים בנגעים, כגון פרעה **ואבימלך** בשביל שרה.

ובאופן ל' **בארנו** דהוה לשון הרע לשם שמים בהורידו לוחות **העד"ת**

גלא עמיקתא

והקים משכן העד״ת ותיקן חטא ע״ץ הדע״ת וזכה לתקונא שלים ב–א׳ זעירא [כב]דמשה הוא הדע״ת עיין שם באורנו באריכות[5]

[כב] אור המאיר שמות פרשת בשלח: ומעתה נחזור לביאור אשר לפנינו ויסע משה את ישראל מים סוף, וכבר נודע שבחינת הדיבור כינוי לים סוף, סופא דכל דרגין מדות המלכות (זוה״ק ח״ב נו, א), והכוונה בחינת הדעת של כל אחד ואחד מישראל נקרא משה, והוא המסיע את האדם מדיבורים פחותים וגרועים לבלתי יתפלל רק עבור צורך הנאות עצמו, כי אם מעמידו על דרך הטוב והנכון להתפלל רחמים ותחנונים לפני המקום, מקומו של עולם עבור השכינה, ולזה פירש רש״י שעטרו מצרים סוסיהם בתכשיטי זהב וכסף ואבנים טובות, ירצה אותן האנשים שהמה עדיין במיצר ים החכמה, לא ידעו ולא יבינו אל פעולות ה׳ להשכיל נפלאותיו ורוממות עוצם אלהותו יתברך, ועל כן מוציאים דיבור לפני אלקים רק לטובות הנאות עצמם ולא לצורך גבוה, וזהו מעטרים סוסיהם המה בחינת האותיות שנקראים סוסים, ושואלים עם אלו האותיות פרנסתם להרבות הון מכסף וזהב ואבנים טובות, ושכחי אלקים להתפלל עבור צורך גבוה, ובאמת ידוע מכל הספרים שהעבודה הוא צורך גבוה ולא צורך עצמו, ולזה הסיען משה הוא הדעת בעל כרחם מדיבורים אלו, ורצונו להביאם להוציא לפני אלהים דבורים אמיתיים, עבור תיקון השכינה ועולמות עליונים שזהו עיקר עבודת האדם, וגמר אומר הכתוב ויצאו אל מדבר שור ואיתא בזוהר (ח״ב ס, א) אסתכלותא שם, כלומר הסיען בעל כרחם מים סוף, בחינת דבור סופא דכל דרגין כמדובר, והוציאם למדבר שור דבורים גבוהים ורמים, שיוכלו להסתכל משם מראש העולם ועד סופו, ועל דרך ששמעתי בשם הבעש״ט זללה״ה שפירש צהר תעשה לתיבה (בראשית ו, טז), לעשות צהר מן התיבה של תורה ותפלה, לראות ולהסתכל עמה מראש העולם ועד סופו, וזהו ויצאו אל מדבר שור אסתכלותא שם כמדובר, ודו״ק.

5. ״ויקר(א)״ א׳ זעירא, וכמאן דבטלה דמי, וכתיב ״ויקר״ לשון קרי, וכד הוה משה בסנה, ופניו בוערות כלפידים וכו׳, וצופה ומביט מסוף העולם ועד סופו כאדה״ר קודם החטא, ידע כי בנ״י ירדו מצרימה מסיבת חטא אדה״ר וכתוב באריז״ל שה״כ דע״ט ע״ב וזלה״ק בקצור: ״ולכן ישראל שבאותו הדור שהם מן הדעת אלא שהיו בסוד הפגם שהיו בחי׳ הנצוצות קרי״ (דאדה״ר ק״ל שנה וכו׳) ולכן דבר עליהם מרע״ה (כביכול) לשה״ר כדי שנצוצי הקרי שבחלקם יעברו אליו, וקדושתו וטהרתו וזכויותיו אליהם, וסוף מעשה במחשבה תחילה, ובמס״נ גמורה, וזהו ״ויקר אל משה״ גימ׳ (692) ״ברית-יסוד״, היינו דויתר על טהרתו וקדושתו לטובתם, ושכל הפגמים בברית שלהם היינו כללות נצוצות הקרי דילהון יהון דיליה רח״ל, ומביא הבחיי הק׳ בספרו חובת הלבבות ש׳ הכניעה פ״ז וז״ל: ״כשבני אדם באים לפני בי״ד של מעלה וכו׳ מוצאים מצוות שלא עשו וכו׳ ועונים להם- מצוות אלה עשה פלוני ופלוני והם נזקפו לזכותכם מפני שדברו עליכם וספרו בגנותכם, ואילו אלה שדברו לשה״ר מוצאים את ההפך ח״ו- שחסר להם המצוות שכן עשו וכו׳, וכן יש בעלי לשה״ר שמוצאים בין העבירות שלהם עבירות שלא עשו, ואומרים להם- עבירות האלה נזקפו לחובת פלוני, ונזקפו לחובתכם מפני שדברתם עליהם, (ומביא הפס׳ תהלים ע״ט,י״ב) ״והשב לשכנינו שבעתים אל חיקם חרפתם אשר חרפוך אד-ני״ עכ״ל, הפס׳ עד אדנ-י ולא עד בכלל דהיינו ללא המילה אדנ-י גימ׳ (3333) ג״פ דהוי חזקה ״נר ה׳ נשמת אדם״ (1111) דמרמז בא׳ זעירא: אלף אל״ף, ועם המילה אדנ-י גימ׳ (3398) ב״פ ״רצה לזכות את ישראל״ דאמרינן ״רבי חנניא בן עקשיא אומר רצה הקב״ה לזכות את ישראל לפיכך וכו׳״, וכאן עולה ב״פ רצה לזכות את ישראל, מבלי להזכיר ״רצה הקב״ה״ כי תרי נפקו מחד, בהדי הדדי, היינו רצונו של משה רבינו ע״ה יחד עם רצונו של הקב״ה, ומאחר ויודע תעלומות וצפונות הלב, וראה מסירות נפשו ממש עליהם, שלחו להיות להם למנהיג, אכן לא לפני שקיבל עונשו עפ״י דין מצורע מוציא רע כדאמרו חז״ל, כדכתיב (שמות ד׳,ו׳) ״ויבא ידו בחיקו, ויוצאה והנה ידו מצרעת כשלג״, והוא בגימ׳ (1522) ב״פ ״לעיני כל ישראל״ - הפס׳ המסיים תורתינו הק׳, דאיהי חיינו ואורך ימינו, ותחילת הפסוק ״ולכל היד החזקה״ וכו׳- היא היא ידו שהיתה מצורעת בגין לשה״ר דיליה, שלא היה מעולם ולא יהיה לשה״ר כזה- לשם שמים ובמסירות

גלא עמיקתא

ועם א' סליק ת"פ מחנות הקלי' דהוא ב"פ עמלק לתתא ולעילא- ונתן בבני ישראל הכח לתיקון עד ביאת משיח צדקנו בב"א דמשה הוא גואל ראשון והוא גואל אחרון כבאור האור החיים פרשת ויחי דיבור המתחיל אסרי לגפן וכו'.

ונביא חלק מדבריו הקדושים שם:

ולא יקשה בעיניך שאנו מחלקים דברי הכתוב חלק בימי משה וחלק בימי המשיח, כי הלא ידעת דברי הזוהר הקדוש (ח"ב קכ.) כי משה הוא הגואל אשר גאל את אבותינו הוא יגאל אותנו וישיב בנים לגבולם דכתיב (קהלת א') מה שהיה הוא שיהיה ר"ת משה.

ולא יקשה בעיניך דבר זה באומרך הלא מלך המשיח משבט יהודה מזרעו של דוד המלך ע"ה וי"א (סנהדרין צח:) [כג]דוד עצמו מלך המשיח דכתיב

נפש נוראה, ומעתה יובן היטב ד"האיש משה" גימ' (661) "לשון הרע", ורש"י הק' פי' על הפסוק הנ"ל "והאיש משה ענו מאד מכל האדם אשר על פני האדמה" - ענו-"שפל (ו)סבלן" גימ' "הוצאך ממצרים" (שמות י"ג), וזהו שבפסוק הנ"ל (שם) "והיה לך לאות על ידך"- היא היא ידו המצורעת כשלג, וממשיך "כי ביד חזקה הוצאך ה' ממצרים" ביד משה, וזהו ששלח לו הקב"ה ג' סימנים לרמזו שנתקבל הסדר לרצון [והיינו דאמרינן בתר הגדה של פסח "נרצה" גימ' (345) "משה"]

ואלו הן:

א'. "**נחש**" - גימ' "משיח" רמז לו דהוא הוא מושיען של ישראל.

ב'. "**צרעת**" - על לשון הרע [וכמו שביארנו לעיל], רמז לו שגלוי וידוע לפניו ית' דהוא "האיש משה" גימ' "לשון הרע" כדלעיל ענו מאד מכל האדם וכו', וגם לרמזו שהוא ביחד עם כלל ישראל תקון פגם אדם הראשון ותנתן תורה על ידו ויתגלה כבוד מלכות שמים על ידו, וכמו כן "אדם שת אנוש" (תחילת דה"י) גימ' (1102) "ברוך שם כבוד מלכותו", ונרמזים שתי אותיות מהסימנים בכ"א מהם אדם- דם, שת- ס"ת נחש צרעת, אנוש- שתי אותיות מנחש.

ג'. "**דם**" - יש לרמוז למש"כ, כי מדמינן בכ"מ לשה"ר לשפיכות דמים.

ובישר לו הקב"ה ב-ג' סימנים אלו דלא קם נביא עוד בישראל כמשה וכו', ואיהו הצדיק שכן "נחש צרעת דם" גימ' (1162) בדיוק "צדיק כתמר יפרח" (תהל' צ"ב,י"ג) וכן "כתמר" גימ' "האיש משה" (במדבר י"ב,ג') עם הכולל.

ולכן משה מעומקא דליביה אמר "ויקר(א)" בא' זעירא, ורמז לפס' "ולי מה יקרו רעיך (בנ"י) א-ל מה עצמו ראשיהם" (תהלים קל"ט,י"ז), "יקרו" היינו ויקר(א) שמסר נפשו ופגם לשם שמים בתכלית בלשה"ר [וכמו שביארנו, ע"מ למשוך אליו נצוצי הקרי דילהון ולשפוך עליהם מים טהורים מדיליה - כדאמר "יוסף עליכם ככם אלף פעמים" (דברים א,י"א) וכמו שהבאנו לעיל.

[כג] תלמוד בבלי סנהדרין דף צח עמוד ב: אמר רב גידל אמר רב: עתידין ישראל דאכלי שני משיח. אמר רב יוסף: פשיטא! ואלא מאן אכיל להו? חילק ובילק אכלי להו? - לאפוקי מדרבי הילל דאמר: אין משיח לישראל, שכבר אכלוהו בימי חזקיה. אמר רב: לא אברי עלמא אלא לדוד. ושמואל אמר: למשה. ורבי יוחנן אמר: למשיח. מה שמו? דבי רבי שילא אמרי: שילה שמו, שנאמר עד כי יבא שילה. דבי רבי ינאי אמרי: ינון שמו, שנאמר יהי שמו לעולם לפני שמש ינון שמו. דבי רבי חנינה אמר: חנינה שמו, שנאמר אשר לא אתן לכם חנינה. ויש אומרים מנחם בן חזקיה שמו, שנאמר כי רחק ממני מנחם משיב נפשי. ורבנן אמרי: חיוורא דבי רבי שמו שנאמר אכן חליינו הוא נשא ומכאבינו סבלם ואנחנו חשבנהו נגוע מכה אלהים ומענה. אמר רב נחמן: אי מן חייא הוא - כגון אנא, שנאמר והיה אדירו ממנו ומשלו מקרבו יצא. אמר רב: אי מן חייא הוא - כגון רבינו הקדוש, אי מן מתיא הוא - כגון דניאל איש חמודות. אמר רב יהודה אמר רב: עתיד הקדוש ברוך הוא להעמיד להם דוד אחר, שנאמר ועבדו את ה' אלהיהם ואת דוד מלכם אשר אקים להם, הקים לא נאמר, אלא אקים. אמר ליה רב פפא לאביי: והכתיב ודוד עבדי נשיא להם לעולם! - כגון קיסר ופלגי קיסר.

והפס׳ הנ״ל ״ולי מה יקרו״ וכו׳, עולה גימ׳ (1545) האי דהתפללה חנה (ש״א ב׳,ב׳) ״אין קדוש כה׳ כי אין בלתך ואין צור כא-להינו״. והיינו דמביא פי׳ פלאי המגלה עמוקות הק׳ באופן נ״ד וזלשה״ק ״ויקר(א) אל משה - להוציא יקר מזולל״ וכו׳

עיין שם לשונו הזהב, ובידינו רק פ״ד פירושים מדיליה על א׳ זעירא, וחסרו ״תתקטז״ ולא שבעה נפשנו ״אש התורה״ דיליה, וכאיל תערוג וכו׳ ועינינו בוכיות ו״חבל על דאבדין״ ו״נקוה לך״ להתגלותם מפי עליון, במהרה בימינו אמן.

גלא עמיקתא

(יחזקאל ל״ז) ועבדי דוד מלך עליהם

כמשמעו ואם כן היאך אנו אומרים

שהוא משה הבא משבט לוי. יש לך לדעת כי בחינת נשמת משה ע״ה היא כלולה מי״ב שבטי ישראל כי כל הס׳ ריבוא היו ענפים ע״ה וענף שבטו של דוד במשה הוא.

ולזה תמצאנו בארץ מדבר שהיה מלך וכהן ולוי ונביא וחכם וגבור שהיה כולל כל הענפים שבקדושה ולעתיד לבא תתגלה בעולם שורש המלכות שבמשה שהוא עצמו מלך המשיח והוא דוד והוא ינון ושילה. עכלשה״ק.

אופן כ

הראה הקב"ה למשה עולם הבריאה דתמן אל שדי שהוא בגי' משה. באידרא נשא תמן אלף עלמין, זה סוד אדם אחד מאלף מצאתי משה היה אחד, שזכה לבינה דתמן אלף עלמין.

אימא עילאה מקננא בכורסיא. בעטרה שעטרה לו אמו ו"יקר א"ל מש"ה ר"ת אמו, לכן ויקר אל משה ומה הוא היקר א' שהוא אלף המגן.

וענין אלף עלמין אלו הם מילוי אלף למד שין דלת יוד בגימ' אלף חסר א' לכן א' זעירא רומזת שאלף עלמין דבריאה הם סוד אל שדי שהוא בגימ' משה אבל בשם זה במילוי אלף חסר א' לכן א' זעירא.

והנה בזה היום תיקן משה יושב בסתר עליון בסתר בגי' אכתריאל שהוא שר הבריאה כנגד זה ויקרא אל משה דרגא חדא וידבר ה' אליו כנגד יצירה מאוהל מועד כנגד עשייה דתמן מטרוניתא אבל ה' הוא זעיר דמקנן ביצירה:

אופן כ

הראה הקב"ה למשה עולם הבריאה דתמן אל ש-די שהוא בגימ' משה [א]באדרא נשא תמן אלף עלמין ז"פ (קהלת ז',כ"ח)

גלא עמיקתא

ונמשך מדבריו הקדושים דהראהו הקב"ה ג' עולמות בי"ע- ובמקום אחר בציור חנוכיה דעשרת הדברות דיתרו הבאנו דמש"ה בא"ל ב"ם אתוון בי"ע וסליק לחושבן (82) "אלי אלי" (תהל' כ"ב,ב') דהתפללה אסתר [1עיין עוד במקום אחר בבאור מזמור כ"ב פסוק ב' מה שכתבנו לבאר פסוק זה].

1. באור תהלים פרק כ"ב - אלי אלי למה עזבתני: פסוק ב': אלי אלי למה עזבתני רחוק מישועתי דברי שאגתי גימ' (2776) ח"פ "מבדיל בין יום ובין לילה" (347) דבעולם הזה טוב ורע מעורבים זה בזה, ולעולם הבא יהיה בירור והבדלה בין יום ולילה, דעוה"ז נמשל ללילה ועוה"ב ליום- והקב"ה יפרידם ויהיה יום שכולו שבת וכולו טוב- ואז כתיב (ישעי' כ"ד,כ"ג) "וחפרה הלבנה ובושה החמה" בהתגלות אור הגנוז יבושו המאורות מהאור הרב שימלא העולם. האי פסוקא ב' ברבוע, דהיינו: אלי, אלי אלי, אלי אלי למה, אלי אלי למה עזבתני, אלי אלי למה עזבתני רחוק, אלי אלי למה עזבתני רחוק מישועתי, אלי אלי למה עזבתני רחוק מישועתי דברי, אלי אלי למה עזבתני רחוק מישועתי דברי שאגתי, סליק כולא לחושבן (8670) ל' פעמים טר"ף (289) (ההה"ד (זוה"ק פנחס רמט.) וזלשה"ק "מאי אילת השחר, אלא דא איהי חיה חדא רחמנית, דלית בכל חיון דעלמא רחמנית כוותה, בגין דבשעת דדחיקא לה שעתה, ואצטריכת למזונא לה ולכל חיון, איהי אזלת למרחיק לארח רחיקא, ואתיאת ואובילת מזונא, ולא בעאת למיכל עד דתיתי ותתהדר לאתרהא.

וממשיך בזוה"ק: אמאי, בגין דיתכנשון לגבה שאר חיון, ותחלק לון מההוא מזונא, וכד אתת מתכנשין לגבה כל שאר חיון, ואיהי קיימא באמצעיתא, ופלגת לכל חד וחד, וסימן ותתן טרף לביתה וחק לנערתיה (משלי ל"א,ט"ו)" עד כאן לשון הזוהר הקדוש.

[א] **זוהר - האדרא רבא - במדבר - פרשת נשא דף קלב עמוד א:** תקונא קדמאה תקונא דשערי מרישא דשערי דרישא, ותאנא כל תקוני דיקנא לא אשתכח אלא (מחומא דלבא) ממוחא דרישא (ס"א מתקוני דרישא) והכא לא פריש הכי דהא לא הוי, אלא תקונא דא דנחית מן רישא דשערי דרישא הכי אשתכח, (חסר כאן) ומהאי דיקנא אשתמודע כל מה דהוי ברישא דאלף עלמין דחתימין (ס"א אלף עלמין חתימין) בעזקא דדכיא, עזקא דכליל כל עזקין, אורכא דכל שערא דנחית מקמי אודנוי לא הוי אריכא, ולא אתדבק דא בדא ולא (ס"א דכלא) נחתין, אלין שערין, מכד נגדין אתמשכן (ס"א אלא מכד נחתין אלין שערין נגדין ואתמשכן) ותליין, ושירותא דתקונא קדמאה תלתין וחד קוצי שקילן אתמשכן עד רישא דפומא, ותלת מאה ותשעין נימין אשתכחן בכל קוצא וקוצא, תלתין וחד קוצי שקילין דהוו בתקונא קדמאה תקיפין לאכפייא לתתא כחושבן א"ל, מהו א"ל, תקיף יכול, ובכל קוצא וקוצא מתפרשין תלתין וחד עלמין תקיפין שלטין לאתעיינא, (ס"א לאתפשטא) (ס"א לאכפיא ואתפשטו) ל"א בהאי סטר ול"א בהאי סטר, וכל עלמא ועלמא מניה, מתפרש לאלף עלמין דכסיפין לעדונא רבא, וכלא סתים ברישא דדיקנא דכליל תקיפא, וכלילן בהאי א"ל ועם כל דא האי א"ל אתכפייא לרחמי, דרחמי דעתיק יומין (אתבסם) ואתכלל ואתפשט ביה אמאי עד פומא, משום דכתיב (שם) דינא יתיב וספרין וגו' מאי דינא יתיב, יתיב לאתריה דלא שלטא, הדא הוא דכתיב (ישעיה ט) פלא יועץ אל גבור, אל דהוא גבור, ואתבסם בדיוקנא (ס"א בדיקנא) קדישא דעתיק יומין, ורזא דכתיב מי אל כמוך בעתיק יומין אתמר בתקונא קדמאה דדיקנא קדישא עלאה ושם בדף קמ"א ע"א תקונא תמינאה דנחתין שערי בתחות דיקנא מחפיין קדלא דלא אתחזי, דתניא אין למעלה לא ערף ולא עפוי ובזמנא דאגח (ס"א דנצח) קרבי אתחזי, משום לאחזאה גבורתא, דהא תנינן אלף עלמין אתאחדין מניה הדא הוא דכתיב (שיר ד) אלף המגן תלוי עליו כל שלטי הגבורים ואלף המגן רזא הוא,

אדם אחד מאלף מצאתי משה היה אחד שזכה לבינה דתמן אלף עלמין. וזהו [ב]אמא עילאה מקננא בכורסיא בעטרה

גלא עמיקתא

ומביא ג' פסוקים לקביל הני בי"ע עולמות בריאה יצירה עשיה: "[ג]ישב בסתר עליון בצל ש–די יתלונן" (תהל'

בצניעותא דספרא כל שלטי הגבורים דאתו מסטר גבורה חד מאינון גבוראן, תקונא תשיעאה דאתמשכן (ס"א דמתחברן) שערי בשקולא מליא עם אינון שערי דתליין כלהו בשקולא שפיר כחד גיבר תקיף מארי נצחן קרבייא משום דכלהו שערי אתמשכן בתר אינון דתליין, וכללא דכלהו באינון דתליין, וכלא אתמשך (חסר כאן), ועל דא כתיב (משלי כ) תפארת בחורים כחם, (ונראה על הים כבחור טוב הדא הוא דכתיב) כתיב (שיר ה) בחור כארזים כגיבר עביד גבוראן ודא הוא תפארת חילא וגבורתא ורחמי: **[ב] תפארת שלמה לשבת חזון:** כפה פרשה לעני וידיה שלחה לאביון. הנ"ל דהנה כבר בארנו בפסוק אל תנאץ למען שמך ואל תנבל כסא כבודך. היינו שישראל מבקשים מהקב"ה שאל יתחלל שמו הגדול בהיותו אתנו בגלות כי אנחנו נקבל עלינו את עול הגלות אך שכבוד הקדוש ברוך הוא לא יהי' בגלות. וזהו הפי' אל תנאץ למען שמך כאשר ידענו ה' רשעינו וחטאינו. אך אל תנאץ ע"ז שגם שמך כביכול בגלות כי אנחנו אינם מבקשים זה רק יהי שמך הגדול מבורך בעליונים אל תנבל כסא כבודך הוא היחוד העליון של או"א כסא כבודך הוא אמא עלאה כי אמא מקננא בכורסיא כי למה לא יהי' היחוד למעלה כמו שאמרו חכז"ל נשבע הקדוש ברוך הוא שלא יבא בירושלים שלמעלה עד שיבא בירושלים שלמטה למה לא יהי' הכסא שלם שלמעלה שהוא רמוז על היחוד שלום כסא הוא שלום בית. והשכינה ג"כ אומרת כן שהיא תקבל עלי' הגלות להיות תמיד עם ישראל אך שהקב"ה לא יהי' בגלות. וז"פ כפה פרשה לעני הוא ע"ד המבואר בתיקונים בגלותא איהי עניא ובנ"י עניים. וכביכול הקדוש ברוך הוא איהי עני כד איהי בר מאתרי' וכו' ובאן אתר איהי עני ואיהי עניא בצדיק דאיהו ברית עכ"ל. הפי' שהשפעה מברית הולך לסט"א כמבואר בספרים וכן הוא בסידור האר"י ז"ל על פסוק מקימי מעפר דל מאשפות ירים אביון סוד צדיק שהוא אביון בימי חול ע"כ להושיבי עם נדיבים וגו'. וזהו פי' עני ורוכב על החמור כמבואר בזוהר הקדוש כמה פעמים. וזה פי' כפה פרשה לעני פי' השכינה פורשת כפי' ומבקשת לעני עבור העני כמו שנתבאר לבל יהי' בגלות. וידיה שלחה לאביון עבור בחי' האביון כנ"ל שהיא סובלת הגלות רק שהקב"ה כביכול לא יהי' בגלות כנ"ל: (מכתי"ק) **[ג] מדרש תנחומא פרשת נשא:** [כז] ד"א ויהי ביום כלות משה, אמר ר' יוחנן מהו ביום כלות, לשון כילוי, ביום שהוקם המשכן נתכלו המזיקין מן העולם, שעד שלא הוקם את המשכן היו מזיקין מצויין בעולם, כשהיה משה עולה בהר, היה אומר המזמור הזה, יושב בסתר עליון (תהלים צא א), שישב בסתרו של הקדוש ברוך הוא, בצל שדי יתלונן (שם /תהלים צ"א/), שלן שם ק"כ יום, אומר לה' מחסי (שם /תהלים צ"א/ ב), שהוא מחסי ועשו לי כחומה, אלהי אבטח בו (שם /תהלים צ"א/), א"ל הקדוש ברוך הוא בי בטחת, [חייך] אני עומד לך, כי הוא יצילך מפח יקוש (שם /תהלים צ"א/ ג), [מהו מפח יקוש], ממצודתו של צייד, תחת כנפיו תחסה צנה וסוחרה אמתו (תהלים צא ד), אמר ריש לקיש צינה אני נעשה לכל מי שהוא סוחר בתורה, לא תירא מפחד לילה (שם /תהלים צ"א/ ה), [מכאן] שהיו מתייראין, מחץ יעוף יומם. אמר רבי ברכיה הכהן [ברבי], יש מזיק שהוא פורח כעוף, וקושט כחץ, מדבר באפל יהלוך (ומקטב) [מקטב] ישוד צהרים (שם /תהלים צ"א/ ו), זה קטב מרירי, שכל מי שרואה אותו אין לו חיים [בעולם] בין אדם בין בהמה ובין חיה, כיצד עשוי, ראשו דומה לעגל, וקרן אחת יוצאה מתוך מצחו, והוא שולט משבעה עשר בתמוז עד תשעה באב, לפיכך כתיב מקטב ישוד צהרים, לא תאונה אליך רעה ונגע לא יקרב באהליך (שם שם /תהלים צ"א/ י), עד אהליך, הוי עד יום שהוקם המשכן היו המזיקים מצויין, וביום שהוקם המשכן נתכלו, אמר (רשב"ג) [רשב"ל] מה לי ללמד מספר תהלים, נלמד ממקומו, יברכך ה' מן המזיקין, וישמרך מכל רע, אימתי ביום שהוקם המשכן, ויהי ביום כלות משה.

שעטרה לו אמו (שיר השירים ג',י"א) ויקר אל משה ר"ת אמו לכן ויקר אל משה ומה הוא היקר א' שהוא אלף המגן [כמ"ש (שם ד',ד') אלף המגן תלוי עליו כל שלטי הגיבורים].

גלא עמיקתא

צ"א,א') סליק לחושבן (2122) "מלוכה" (101) פעמים "א-היה" (21) דשם א-היה בבינה. ופסוקא דנן "[ד]ויקרא אל משה וידבר ה' אליו מאהל מועד לאמר" גימ' (1455) אלף תנ"ה דהוא משה במלוי "מֵם שין הי" גימ' (455) בתוספת אלף (1000) והיינו חושבן דכולא פסוקא דנן כמ"ש רבינו דהוא לקביל עשיה-מטרוניתא, ולקביל פסוקא דיצירה דאינו אומרו במפורש דתמן זעיר. וא"כ נחבר הני תרין פסוקין יחד: א'. "ויקרא אל משה וידבר ה' אליו מאהל מועד לאמר" (ויקרא א',א') ב'. "יושב בסתר עליון בצל ש-די יתלונן" (תהל' צ"א,א') סליקו תרוויהו לחושבן (3577) ז' פעמים (לקביל ו"ק עם נוק' דהיינו זעיר) "אל דעות" (511) והוא בתפלת חנה "כי אל דעות הוי' ולא נתכנו עללות" (ש"א ב',ג') גימ' (1666) ז' פעמים "רחל" (238) דהיא הנוק' דיעקב ביצירה ותרין פסוקין דלעיל סליקו כנ"ל ז' פעמים אל דעות לקביל ז"א - והכל ביצירה. וכד נחברא לתלת פסוקין הנ"ל דהיינו: א'. "ויקרא אל משה וידבר ה' אליו מאהל מועד לאמר" (1455) ב'. "ישב בסתר עליון בצל ש-די יתלונן" (2122) ג'. "כי אל דעות הוי' ולא נתכנו עללות" (1666)סליקו לחושבן (בסוד בי"ע) (5243) ז' פעמים "[2]אשת חיל" (749) כדמסיים ספר משלי ואמרינן בליל שבת הפרק "אשת חיל מי ימצא", וכדמביא רבינו [ה]באופן קפ"ד לואתחנן על הפסוק

2. באור שיר השירים פרק ג' - אקדמות מילין: "על משכבי בלילות" גימ' (950): "אהבת ישראל" עם הכולל. והנה כתיב (זוה"ק אחרי עג.) קודשא בריך הוא אורייתא וישראל חד. ובמדרש (ב"ר ח',ז') וזלשה"ק רבי יהושע דסכנין בשם רבי שמואל אמר בנפשותיהם של צדיקים נמלך הה"ד (דה"א ד',כ"ג) "המה היוצרים וישבי נטעים וגדרה, עם המלך במלאכתו ישבו שם" גימ' (2498): ב"פ ושכנתי בתוכם" ע"ה.

[ד] **ויקרא רבה פרשת ויקרא פרשה א:** א"ר שמואל בר נחמן בשם רבי נתן שמונה עשר צוויים כתוב בפרשת משכן כנגד י"ח חוליות שבשדרה וכנגדן קבעו חכמים י"ח ברכות שבתפלה כנגד י"ח הזכרות שבקריאת שמע וכנגד י"ח הזכרות (תהלים כט) שבהבו לה' בני אלים, א"ר חייא בר אבא לבד (שמות לח) מואתו אהליאב בן אחיסמך למטה דן ועד סוף סיפרא משל למלך שנכנס במדינה ועמו דוכסים ואופרכין ואסטרטליטין ואין העם יודעין איזה מהם חביב מכולן אלא מי שהמלך הופך פניו ומדבר עמו הוא חביב מכולן כך (שמות כד) ואל משה אמר עלה אתה ואהרן נדב ואביהוא ושבעים זקנים, ואין אנו יודעים איזה מהן חביב מכולן אלא מי שהקב"ה קורא אותו ומדבר עמו לכך נאמר ויקרא אל משה, משל למלך שנכנס למדינה עם מי מדבר תחלה לא עם אגרונימון של מדינה למה שהוא עסק בחייה של מדינה כך משה עסוק בטרחות של ישראל אמר להן זו חיה תאכלו וזו לא תאכלו (ויקרא יא) את זה תאכלו מכל אשר במים וגו' (שם /ויקרא י"א/) ואת אלה תשקצו מן העוף אלה תשקצו ואלה לא תשקצו (שם /ויקרא י"א/) זה לכם הטמא זה טמא וזה אינו טמא לכך נאמר ויקרא אל משה.

[ה] **מגלה עמוקות על ואתחנן אופן קפ"ד:** וזה סוד מ"ש רז"ל (מדרש רבה שמות פרשה נ"ב [שמו"ר פנ"ב ד']) על פסוק (משלי לא כט) רבות בנות עשו חיל, שכל ישראל לא יכלו להקימו עד שבא משה, ז"ש ואת עלית על כלנה, חז"ל דייקא שעולה מ"ח, שהם מ"ח קרשים שעולים ת"פ, ואת עלית על כלנה זה משה שזכה לסוד הדע"ת שעולה ת"פ, עלי"ת דייקא דהכי סליק בחושבניה, לכן יכול להקים אותו.

ונבאר לפסוקא: המה היוצרים על שם "וייצר ה' א-להים את האדם עפר מן האדמה" גימ' (1374): ב"פ תרפ"ז (רל"ב עם תנ"ה) דהיינו ד' מלויי שם הוי' ב"ה עם ד' מלויי שם א-היה. וכאמרם ב' יצירות לטב ולביש, והוא ענין הבחירה החופשית ובחרת בחיים וכו'. וישבי נטעים על שם "ויטע ה' א-להים גן בעדן מקדם" (בר' ב',ח') סליק לחושבן (570): "אור המשיח", ונבאר להאי פסוקא כל פעם בתוספת תיבה אחת: "ויטע ה' א-להים" גימ' (207) "אור"- קדושת אא"ס דשכנה בגן עדן כדרשם באתי לגני לגנוני, דתחלה היתה עיקר שכינה בתחתונים וכו' (עיין ב"ר י"ט,ז'). "ויטע ה' א-להים גן" גימ' (260): י"פ שם הוי' ב"ה, שכינה בתחתונים וכו' כנ"ל. "ויטע ה' א-להים גן בעדן" גימ' (386): "דוד בן ישי" דסוף מעשה במחשבה תחלה- גלוי וידוע לפני בורא עולמים דעתיד אדם לחטוא ושרשם משרש דוד מלכא משיחא, דהקב"ה מקדים רפואה למכה (מגילה יג:). "ויטע ה' א-להים גן בעדן מקדם" גימ' (570) "אור המשיח" כדאמרן, והוא ג"כ גימ' י"פ א-ל הוי' (57) שמות הרחמים, דישראל מושרשים במהותו ועצמותו ית', וגדולים רחמין ית' על עמו דהן מיניה וביה, וכדממשיך רבי שמואל ומבאר: וגדרה על שם (ירמי' ה',כ"ב) "אשר שמתי חול גבול לים" גימ' (1416): ח"פ "גן עדן" רמיזא אלף השמיני הגאולה האמיתית והשלמה דתתגלה בחי' המיניה וביה דקוב"ה וכנסת ישראל. עם המלך במלאכתו ישבו שם "עם המלך מלך מלכי המלכים הקדוש ברוך הוא ישבו נפשות של צדיקים שבהן נמלך הקדוש ברוך הוא וברא את העולם". סליק לחושבן (4846) ע"ה: ה"פ "כאהבת ישראל" (עיין הושע ג',א') לקביל נרנח"י דכללות קומת בני ישראל דחמש שמות נקראו לה לנפש (ב"ר י"ד,ט'). והוא דאמרינן בתחלת האופן "על משכבי בלילות" גימ' (950): "אהבת ישראל" עם הכולל. ונבאר בעזהי"ת להאי פרקא תליתאה דשיר השירים משל לאהבה העצמית דקוב"ה וכנסת ישראל מיניה וביה- דקוב"ה אוהב לישראל דאינון מיניה וביה בתוכיותו כביכול וישראל אוהב את קוב"ה דכל מהותו דיהודי הוא בקב"ה ותורתו הקדושה. וכולהו הני פסוקין דאומר רבי יהושע דסכנין במדרש בראשית רבה (ח',ז'), דהיינו: "וייצר ה' א-להים את האדם עפר מן האדמה (1347) - ויטע ה' א-להים גן בעדן מקדם (570) - אשר שמתי חול גבול לים (1416)". סליק כולהו הני פסוקין לחושבן (3360): י"פ "פורים" (336) - ורמיזא לאלף השביעי והשמיני, ונהפוך הוא תחית המתים, וכפלינן י"פ לשלמות הקומה גאולה שלמה. ועם תיבין "עם המלך מלך מלכי המלכים הקדוש ברוך הוא ישבו נפשות של צדיקים שבהן נמלך הקדוש ברוך הוא וברא את העולם" (4846) סליקו כולהו תיבין לחושבן (8206): י-ה (15) פעמים "וישראל" (547) עם הכולל. דלעתיד לבוא כתיב (זכרי' י"ד,ט') "ביום ההוא יהיה ה' אחד ושמו אחד" ודרשו חז"ל (בגמ' פסחים נ.) מאי אחד האידנא לאו שמו אחד הוא? בעוה"ז נכתב בי"ה ונקרא א-דני, אבל לעוה"ב נקרא בי"ה ונכתב בי"ה. והיינו דאתוון ו-ה יתעלו לבחי' י-ה. וזהו דמביא במדרש פסוקין מכ"ד ספרים לקביל שמא קדישא דכל התורה שמותיו דקוב"ה- ונאמר בדרך אפשר דחמשה חומשי תורה בחי' עצם השם, ושאר ספרין בחי' זיו והארה משמו הק'. ועכ"פ הני פסוקין בחי' י-ה דשם הוי'. ושאר תיבין דהוספנו להני פסוקין, דהיינו: "עם המלך מלך מלכי המלכים הקדוש ברוך הוא ישבו נפשות של צדיקים שבהן נמלך הקדוש ברוך הוא וברא את העולם" כ' תיבין רמיזא כתר והן תורה שבעל פה דהיינו "וישראל". וכפלינן דא בדא י-ה פ' וישראל דאינון מיניה וביה ולא שני דברים נפרדים, דאז מחברים דא לדא וכדהבאנו מהזוה"ק (אחרי עג.) קוב"ה אורייתא וישראל כולא חד. ונבאר בעזהי"ת פסוקא פסוקא להאי פרקא תליתאה, וכדלקמן: פסוק א': על משכבי בלילות בקשתי את שאהבה נפשי בקשתיו ולא מצאתיו: גימ' (4318): "טוב" (17) פ' "נחם ציון" (254). והוא בנביא (ישעי' נ"א,ג') "כי נחם ה' ציון נחם כל חרבתיה וישם מדברה כעדן וערבתה כגן ה' ששון ושמחה ימצא בה תודה וקול זמרה". ובמצודות (שם) דייק דאמר בלשון עבר כדבר ברור כאילו כבר נעשתה- ורמיזא ענין מיניה וביה, דסוף מעשה כבר עלה במחשבה הקדומה, דבא"ק אתמר צופה ומביט לכל הדורות בסקירה אחת. וכתב נחם ה' ציון נחם הקיף כמסגרת מהאי גיסא ומאידך גיסא לתיבין "ה' ציון" גימ' (182) "יעקב" וכגון (בר' ל"ג,כ') "ויקרא לו א-ל" וכו' דיעקב קרא לקב"ה א-ל. ב"פ "נחם" (98) גימ' (196): "בצדק" כגון "בצדק תשפט עמיתך", ויחד עם "ה' ציון" גימ' (378): "בשלום" וכגון "פדה בשלום נפשי" (תהל' נ"ה) והוא ב' שלום. דכאשר שלח יעקב את יוסף לאחיו כתיב (בר' ל"ז,י"ד) "לך נא ראה את שלום אחיך ואת שלום הצאן" וכו' ב"פ שלום. ורמיזא בדברי רש"י הק' (שם ל"ה,ט"ו) "ויקרא

יעקב את שם המקום אשר דבר אתו שם א-להים בית א-ל" המקום אשר דבר אתו פרש"י הק' "איני יודע מה מלמדנו" גימ' (376): "שלום". ורמיזא הארת אור הכתר דאיקרי "אין" לגבי הנבראים כדכתיב (איוב כ"ח,י"ב) "והחכמה מאין תמצא". ונבאר אי"ה לקמן באופן הק"ץ-תכלית הידיעה שלא נדע להני לשונות דרש"י הק' כגון דא- ורבי עקיבא איגר בחדושיו על הש"ס (ברכות כה.) כתב כל הלשונות מעין אלו בש"ס כולו. ונבאר בעז"ה דכתר עליון בחי' אין- בחי' קמץ- קמוץ פיך מדבר. ובפסוקא דנן אינון י' תיבין רמיזא י"ס כללות הקומה, ואינון מ"ד אתוון רמיזא כתר דרבוע א-היה כזה "א אה אהי אהיה" גימ' (44) מ"ד, וכנודע א-היה איהו שם הכתר- בינה כתר דז"א א"נ דכתר כללות הקומה. ועיין באר"י הק' כונות ספירת העומר ענין הבלעת הדמים א' דשם מ"ה רבוע א-היה גימ' ד"ם עיין שם באריכות. ובפסוקא דנן זוהי כנסת ישראל דמבקשת לקוב"ה דהיא "חולת אהבה" (ב',ה'), "חולת" גימ' (444) "מקדש" היינו בית המקדש, "אהבה" גימ' "אחד", ודא איהו קוב"ה כדכתיב "ועשו לי מקדש ושכנתי בתוכם" בתוכו לא נאמר אלא בתוכם וכו'. "חולת אהבה" גימ' (457): "ראו אור גדול" כדכתיב (ישעי' ט',א') "העם ההולכים בחושך ראו אור גדול" וכו' בגאולה האמיתית והשלמה בב"א. א"נ גימ' "ומלאה הארץ דעה" (שם י"א,ט') בגלוי דלעתיד לבוא בהתגלות אור הגנוז, ויתגלה בתוך קוב"ה מיניה וביה מציאותן של ישראל. "כי חולת אהבה אני" גימ' (548): "וישראל" ע"ה, דקוב"ה אורייתא וישראל חד. ונעביד בעזהי"ת להאי פסוקא ברבוע דא"ת ב"ש בסוד אור חוזר מסיפא לרישא והשי"ת יאיר עינינו בתורתו הק' למען לא ניגע לריק ולא נלד לבהלה ח"ו, ונקרבא לביאת משיח צדקנו בעגלא דידן ובזמן קריב ונאמר אמן, והוא כדלקמן: מצאתיו גימ' (בא"ת ב"ש) (536): "דרשו ה'" דכתיב בנביא "דרשו ה' בהמצאו קראוהו בהיותו קרוב" דהיינו באלול חודש התושבה דמאירין י"ג מכילן דרחמי, ונקרא המלך בשדה בלשון חסידות. ונחלק: "דרשו ה' בהמצאו" גימ' (680): י"פ "חיים", "קראוהו בהיותו קרוב" גימ' (1049): "ואתם תהיו לי לעם" ע"ה (ויק' כ"ו,י"ב). ויחד כל הפסוק גימ' (1729): "כן בקדש חזיתיך לראות עוזך וכבודך" (תהל' ס"ג,ג') געגועי כנס"י לקוב"ה. ולא מצאתיו גימ' (1036): "כולך יפה רעיתי ומום אין בך" (ד',ז') - והוא בפרקא רביעאה שיר האהבה

דקוב"ה דמעריץ לכנס"י דעמדו בנסיונות בכללות ובפרטי פרטות, ורבבות חזרו בתשובה מאהבה בכל הדורות למרות ההסתרה המכופלת. וכאינון תרין תיבין "ולא מצאתיו" דסליק לחושבן הני תיבין דאומר קוב"ה לכנס"י כולך יפה רעיתי וכו' יפה כעת ויפה מאז ומעולם. והוא כמים הפנים לפנים דכד מסתכל כביכול קוב"ה בכנס"י משתקף הוא בעצמו- ומעתה יובן הפשט ומום ואין בך דאיהו צדיקו של עולם ודאי בו אין מום. ולכן ממילא ומום אין בך- גם בעצם נפשו של יהודי דאיהו כליל השלמות וא-לקות, רק בהנהגותיו החיצוניות מוטל דופי רח"ל ואינו תופס מקום אצל הקב"ה כלל. בקשתיו ולא מצאתיו גימ' (1463): ז"פ "יד על כס י-ה" (שמ' י"ז,ט"ז). וזהו דעמלק דלא ירא א-להים איהו השאור שבעיסה ומעכב לגאולתא ושרו הס"מ דמסמא לעיניהם של ישראל עם כל תחבולה אפשרית. נפשי בקשתיו ולא מצאתיו גימ' (1520): י"פ "צמח דוד" דאיהו בחי' מלכות- נפש דכללות הקומה וכדכתיב "ותכל נפש דוד" (ש"ב י"ג,ל"ט). וכעת בתוספת תיבת נפש (הכל הוא בא"ת ב"ש) סליקו הני ד' תיבין מסיפא י"פ צמח דוד רמיזא גאולתא שלמתא לקביל י' ספירות במהרה בימינו אמן. שאהבה נפשי בקשתיו ולא מצאתיו גימ' (2402): ב"פ "תקע בשופר גדול" (1201) והוא בגאולה בביאת משיח צדקנו בב"א, ס"ת רע"ל, והאי תקיעה רבה תהוה כרעל לכל סטרין אחרנין דמבשרת כליונם ואבדונם. את שאהבה נפשי בקשתיו ולא מצאתיו גימ' (2803) (ע"ה) ד"פ "חונה מלאך ה' סביב ליראיו ויחלצם" (תהל' ל"ד,ח') הוא ד"פ לקביל ד' אתוון דשם הוי' ב"ה דיהב לן אורייתא כ"ב אתוון א'-ת' ולכן בתוספת תיבה את רמיזא א'-ת' סליק לחושבן ד"פ חונה מלאך ה' וכו'. בקשתי את שאהבה נפשי בקשתיו ולא מצאתיו גימ' (3150): ג"פ "קראהו בהיותו קרוב" ע"ה (1050) (ישעי' נ"ה,ו') כדאמרינן לעיל בתיבה קדמאה "מצאתיו" עיי"ש. וכאן הוא בתוספת תיבה "בקשתי" וסליק ג"פ "קראהו בהיותו קרוב" (ישעי' נ"ה,ו') דהוי חזקה, ואינון ג' תפילות, ופשוט. בלילות בקשתי את שאהבה נפשי בקשתיו ולא מצאתיו גימ' (3611): ב"פ "אשת חיל מי ימצא ורחוק מפנינים מכרה" (1805) ע"ה- והוא בסוף משלי דבשכינתא קדישא אתמר, דשוכנת בתוך בני ישראל ושכנתי בתוכם בתוכו לא נאמר וכו'. וכתיב תמן ותקם בעוד לילה ותתן טרף לביתה וכו' וכאן הוא בתוספת תיבה בלילות- דלילה זמן

ועניין אלף עלמין אלו הם מלוי "אלף למד – שין דלת יוד" בגימ' אלף חסר א' ולכן א' זעירא רומזת שאלף עלמין הבריאה הם סוד אל ש–די שהוא בגימ' מש"ה אל בשם זה במלוי חסר א' לכן א' זעירא.

גלא עמיקתא

(משלי ל"א,כ"ט) "רבות בנות עשו חיל" [גימ' (1490) ב' פעמים "[1]באספקלריא המאירה" (745) כנ"ל דזכה לה משה] שלא יכלו כל ישראל להקים את המשכן עד שבא משה זה שכתוב "ואת עלית על

מקורות

וזה סוד ששקולה מלאכת המשכן כמעשה שמים וארץ (מגילה י' ע"ב), ר"ל כמו שמלאכת המשכן היה סוד ת"פ, כן בריאת שמים וארץ היה גם כן בסוד ת"פ, לכן יש ת"פ תיבות במעשה בראשית עד מלת ארץ ושמים (בראשית ב ד), ולכן נצטוו גם כן לבנות המקדש אחר ת"פ שנה מיציאת מצרים, וכן מן מקדש שבנה שלמה עד מקדש שני שבנה זרובבל היה גם כן ת"פ שנה. [ו] **ילקוט שמעוני מלכים ב רמז רמז:** תניא ר' שמעון בן אלעזר אומר מצאתי מגלת סתרים בירושלים וכתוב בו מנשה הרג את ישעיה. אמר רבא מידן דייניה וקטליה אמר לו משה רבך אמר כי לא יראני האדם וחי ואתה אמרת ואראה את ה'. משה רבך אמר כה' אלהינו בכל קראנו אליו ואתה אמרת דרשו ה' בהמצאו. משה רבך אמר את מספר ימיך אמלא ואתה אמרת והוספתי על ימיך חמש עשרה שנה. אמר ידענא ביה דלא מקבל מנאי, אי אמינא ליה אשוייה מזיד אמר שם ואבלע בארזא. אתיוה לארזא ונסרוה, כי מטא להדי פומיה נח נפשיה משום דאמר ובתוך עם טמא שפתים אנכי יושב. מ"מ קשו קראי אהדדי, ואראה את ה', כדתניא כל הנביאים כלם נסתכלו באספקלריא שאינה מאירה אבל משה רבינו נסתכל באספקלריא המאירה. דרשו ה' בהמצאו הא ביחיד הא בצבור ויחיד אימת בי' ימים שבין ר"ה ליוה"כ. את מספר ימיך אמלא תנאי היא דתניא את מספר ימיך אמלא אלו שני דורות זכה משלימין לו לא זכה פוחתין לו דברי ר"ע, וחכ"א זכה מוסיפין לו לא זכה פוחתין לו. אמרו לו לר' עקיבא הלא כבר נאמר והוספתי על ימיך אמר להם משלו הוסיפו לו, תדע שהרי נביא עומד ומתנבא הנה בן נולד לבית דוד יאשיהו שמו ועדין לא נברא מנשה, ורבנן דפליגי ואמרי זכה מוסיפין לו מי כתיב נולד לחזקיהו לבית דוד כתיב אי מחזקיהו אי מאיניש אחרינא

עיונים

דגלותא, וכתיב בפסוקא בלילות ב' לילות הסתרה בתוך הסתרה וכו'. משכבי בלילות בקשתי את שאהבה נפשי בקשתיו ולא מצאתיו גימ' (3993): י"פ "אלף זעירא" (399) עם ב' המלים והכולל, והוא בתוספת תיבה "משכבי" גימ' בפשוט (372): "בן ישי". ואמרינן בכמה אופנים קודמים (אופן ס' ואופן קנ"ג) ד-א' זעירא בסוד שפלות ובטול עצמי והוא בסוד לכי ומעטי את עצמך, וכתיב דוד הוא הקטן (ש"א י"ז,י"ד). ומקשרא ויקרא אל משה א' זעירא דהוא גואל ראשון הוא גואל אחרון במהרה בימינו אמן. וכפלינן י"פ אלף זעירא לקביל י' ספירות, והן ט' תיבות דפסוקא דנן דסליקו י"פ אלף זעירא- דכל ט' הספירות נותנות למלכות את המלכויות שלהן להגדילה לפרצוף שלם בין י"ס ליסודא שלים עם ז"א והוא בסוד א"ט ב"ח ואכמ"ל. על משכבי בלילות בקשתי את שאהבה נפשי בקשתיו ולא מצאתיו דהיינו כולא פסוקא (בא"ת ב"ש) סליק לחושבן (4020): י"ב פ' "הקטן יהיה לאלף" (ישעי' ס'). והוא בגאולה האמיתית והשלמה דישראל דמקטינים עצמם לפני יהיו בבחי' א' זעירא לבחי' א' רבתי דאדם אתם קרויין אדם ואין עכו"ם קרויין אדם (יבמות סא.), וזהו דכפלינן י"ב פ' לקביל י"ב שבטי י-ה. והנה כולא פסוקא דנן בא"ת ב"ש (4020) והפשוט (4318) סליקו לחושבן (8338): י"א פ' "(ו)יצא חטר מגזע ישי" (758) (ישעי' י"א,א'). והוא לקביל י"א כתרין דמסאבותא בסוד י"א יריעות עזים דהוו במשכנא ולכן כפלינן י"א פ', א"נ הוא בפרק י"א בנביא בהשגחה פרטית. והוא בסוד אור ישר ואור חוזר דהיינו יחודא שלים דיהא בין קוב"ה לבין כנסת ישראל בביאת משיח צדקנו מגזע ישי בגאולה בעגלא דידן ובזמן קריב ונאמר אמן. והנה תיבין "יצא חטר מגזע ישי" אינון י"ג אתוון גימ' אהבה- ורמיזא לפסוקא תנינא דתמן אינון י"ג תיבין, וכדלקמן.

והנה בזה היום [ז]תקן משה (תהל׳ צ״א,א׳) יושב בסתר

גלא עמיקתא

כלנה״ [גימ׳ י״א פעמים אמונ״ה 3[ח]דמש״ה בא״ת ב״ש גימ׳ **אמונ״ה**] זהו משה שזכה לסוד הדע״ת ולכן יכל להקימו.

3. ב׳. הוֹדִינוּ לְּךָ אֱלֹהִים הוֹדִינוּ וְקָרוֹב שְׁמֶךָ סִפְּרוּ נִפְלְאוֹתֶיךָ (תהלים עה,ב) גימ׳ (1915) ג׳ פעמים "אברהם יצחק יעקב" (638) ע״ה, דכתב המגלה עמוקות דהוא סוד נצח והוד שהיא הספירה השמינית מעילא לתתא, והוא ג׳ פעמים בסוד תלת כלילן מתלת. ובחנוכה הן ימי הודאה- כן יהיה לעתיד לבוא- דיברכו על הרעה כמו על הטובה.

וזהו דפסוקא מתחלק כדלקמן: "הודינו לך" גימ׳ (131) "ענוה". תיבה "וקרוב" גימ׳ שד״י **שם חברית קודש**, וממילא תיבין דפסוקא: "הודינו לך אלהים, הודינו וקרוב" גימ׳ (612) "ברית". והנה "הודינו לך אלהים הודינו וקרוב שמך" גימ׳ (972) י״ב פעמים "הודינו" (81) ובאור הענין דלעתיד לבוא י״ב שבטי י״ה יודו [הודינו] לקב״ה על כל אשר גמלם- והיא הודאה ב-ב׳ פירושים: תודה על שגמלנו טוב, והודאה על האמת- דיבינו דכולו טוב, אלא שהיה בהסתרה כמ״ש ואנכי הסתר אסתיר פני מהם ביום ההוא (דברים ל״א,י״ז), והוא בסוד האמונה, דקוב״ה מקדים רפואה למכה- ושלח לנו את משה רעיא מהימנא ללמדנו סוד האמונה- דשמיה מש״ה בא״ת ב״ש [יב״צ] גימ׳ (102) אמונ״ה. והנה תיבה "נפלאותיך" גימ׳ (597) ג׳ פעמים "צדקה", ויש לקשרו לה שחידשנו במקום אחר דעשרת הדברות דיתרו ודואתחנן יחד עולים בגימ׳ א״ק [מאה אלף] - והוא לכשתוסיף להם ג׳ פעמים צדק״ה, בסוד ג׳ פרוטות שנוהגין לתת לצדקה בכל בוקר בתפלה בעת אמירת "ויברך דוד".

[ז] **שם משמואל שמות פרשת תרומה:** במד״ר (פ׳ ל״ד) בשעה שאמר הקדוש ברוך הוא למשה עשה לי משכן התחיל מתמי׳ ואומר כבודו של הקדוש ברוך הוא מלא עליונים ותחתונים והוא אומר עשה לי משכן, ועוד הי׳ מסתכל ורואה ששלמה עומד ובונה בהמ״ק שהוא גדול מן המשכן ואמר לפני הקדוש ברוך הוא כי האומנם ישב אלקים על הארץ, אמר משה ומה בהמ״ק שהוא יותר ויותר מן המשכן שלמה אומר כן, משכן עאכו״כ, לכך אמר משה יושב בסתר עליון בצל ש׳ יתלונן אמר ר׳ יהודה בר׳ סימון יושב בסתר הוא עליון על כל בריותיו מהו בצל ש׳ בצל אל בצל רחום בצל חנון אין כתיב כאן אלא בצל ש׳ בצל שעשה בצלאל וכו׳: והמדרש הוא פלאי שעשה ק״ו מהמקדש שהוא גדול מהמשכן, הלוא השמים ושמי השמים לא יכלכלוהו, ואין גדלות המקדש על המשכן תופס מקום כלל לגבי הקדוש ברוך הוא, ואין להכניס זה בגדר ק״ו. ועוד מה זה שאמר בצל אל וכו׳ אין כתיב כאן אלא בצל ש׳ בצל שעשה בצלאל, אדרבה אם הי׳ כתוב בצל אל שהוא ממש אותיות בצלאל הי׳ הדרש יותר קרוב: ונראה לפרש דהנה בזוה״ק (קכ״ט ב) בפסוק וזאת התרומה אשר תקחו מאתם זהב וכסף וגו׳ ת״ח כד ברא קב״ה עלמא שארי למברי מסטרא דכספא דאיהו ימינא בגין דההוא כספא היה מלעילא ובעובדא דמשכנא דאיהו כגוונא דילי׳ שארי מסטרא דשמאלא ולבתר מסטרא דימינא, בגין דמשכנא מסטרא דשמאלא הוה, ועל דא שארי הכא מסטרא דשמאלא והתם מסטרא דימינא, עכ״ל. ואינו מובן שהרי כל עצמו של המשכן הוא חסד ה׳ שנתרצה לשכון כבודו בתחתונים וכולו אהבה ורצון כברש״י שיר השירים (ג׳) בפסוק תוכו רצוף אהבה מבנות ירושלים, ולמה תתיחס בריאת עולם לימין יותר מהמשכן, ואם כי כתיב (תהלים פ״ט) עולם חסד יבנה, מ״מ הרי עלה במחשבה לבראות במדה״ד אלא מפני שראה שאין העולם מתקיים הקדים למדה״ר ושתפה למדה״ד, משכן שהוא כולו חסד, מה גם אחר מעשה העגל שישראל עשו תשובה וימינו פשוטה לקבל שבים, וכתיב נמי (ישעי׳ ט״ז) והוכן בחסד כסא, עאכו״כ שהי׳ צריך להתיחס לימין, ולמה אמר דמשכנא מסטרא דשמאלא הוה [ח] **תפארת שלמה - מועדים - שבועות:** הנה כך הוא המדה של משה רבינו עליו השלום כי לעולם הי׳ רצונו להיות תמיד עם ישראל וכמ״ש ויכל משה לדבר את כל הדברים האלה אל כל ישראל לשון ויכל הוא לשון תשוקה כמ״ש כלתה נפשי כי זהו תשוקת משה לדבר אל כל ישראל את הדברים האלה תמיד. והוא שכתוב וזאת הברכה אשר ברך משה איש האלהים את בנ״י פי׳ כי זאת הברכה אשר ברך אותם הוא להיות תמיד עם בנ״י שיהי׳ עמהם בכל דור

עליון בסת"ר גימ' [ט]אכתריא"ל שהוא שר הבריאה כנגד זה ויקרא אל משה מאהל מועד כנגד עשיה דתמן מטרוניתא אבל ה' הוא [י]זעיר המקנן ביצירה.

גלא עמיקתא

והביא בריש האופן [כ'] "אדם אחד מאלף מצאתי" (קהלת ז',כ"ח) סליק לחושבן (750) "אשת חיל" עם הכולל, דתלת פסוקין סליקו לחושבן ז' פעמים "אשת חיל" כנ"ל. ותיבה "מצאתי" סלקת לחושבן (541) "ישראל" והוא במכוון "כי אל דעות" ותיבה "דעות" עצמה סלקת לחושבן ת"פ והוא שלמותא הדע"ת עם א' זעירא דויקרא, ומבוארים דברי רבינו

ודור וז"ש שם לפני מותו. אבל אחר מותו כתיב ג"כ במותו לא כהתה עינו פי' לא כהתה עינו מלהסתכל תמיד אל בנ"י ולהשפיעם תורות חדשים בכל יום ויום כי על ידו נעשים כל היחודים שהוא בחי' בעלה דמטרוניתא והוא שכתוב וגם בך יאמינו לעולם אמונ"ה הוא סוד אמן ו"ה. ויאמינו בד' ובמשה עבדו כנ"ל. והוא שכתוב בישעי' נ"ג אצל משיח ובחבורתו נרפא לנו שהוא משה רבינו עליו השלום שהוא משיח. ופי' בחבורתו הוא ביחודים אשר נעשים על ידו נרפא לנו. וזהו שנאמר שם לכן אחלק בו ברבים כי הוא מעורב ומסייע לרבים בכל דור ודור וחלקו בתוך רבים כנ"ל. וזהו ישמח משה במתנת חלקו פי' שנתן חלקו וכחו בתוך קהל ישראל להיות תמיד עמהם לעוזרם ומחל להם חלקו ומעלתו בג"ע העליון רק להיות תמיד עם ישראל זה טוב לו. וזהו כי עבד נאמן קראת לו כי זהו בחי' הנאמן הרעיא מהימנא הראוי להתפאר מאז גם עתה. והנה זהו שמצינו ג"כ בענין ר"ע אצל עשרה הרוגי מלכות שאמר הקדוש ברוך הוא עליהם חלקם בחיים פי' הוא ג"כ כמו שנתבאר שנתנו חלקם וכוחם בתוך החיים לעוזרם בעבודתם כל הימים לפני ד' וזהו אשריך ר"ע שאתה מזומן לחיי עוה"ב פי' שהוא מזומן לסייע לישראל תמיד וז"פ עולם הבא שבא לעולם הזה בכל יום לטוב לישראל כנ"ל. והנה זאת הברכה והמדה הוא לצדיקים מהשכינה הקדושה שהיא בתוכנו תמיד לעוזרנו וכמבו' זה בזוהר הקדוש כמה פעמים. ובפרשת ויחי (דף רכה ע"ב). ורב המנונא הכי גלי ואמר דהא אחזיו לי' דיתיר עבידת רחל דקיימא בפרשת אורחין בכל זמנא דאצטרך עלמא מכלהו ורזא דמלה ארון וכפרת וכרובים בחולקא דבנימין דאתילד באורחא ושכינתא על כולא. וז"ש קול ברמה נשמע רחל מבכה על בני' מבכה תמיד ואיננה רוצה לעלות על מקומה ורק היא עם בנ"י ולכך מאנה להנחם על בני' עד בא עת לחננה ושבו בנים לגבולם תשוב ותעלה גם היא אם הבנים שמחה. וכמו שנתבאר במ"א על פסוק רבות בנות עשו חיל ואת עלית על כלנה ע"ש.

[ט] **תלמוד בבלי מסכת ברכות דף ז עמוד א**: אמר רבי יוחנן משום רבי יוסי: מנין שהקדוש ברוך הוא מתפלל? שנאמר והביאותים אל הר קדשי ושמחתים בבית תפלתי, תפלתם לא נאמר אלא תפלתי, מכאן שהקדוש ברוך הוא מתפלל. מאי מצלי? אמר רב זוטרא בר טוביה אמר רב: יהי רצון מלפני שיכבשו רחמי את כעסי, ויגולו רחמי על מדותי, ואתנהג עם בני במדת רחמים, ואכנס להם לפנים משורת הדין. תניא, אמר רבי ישמעאל בן אלישע: פעם אחת נכנסתי להקטיר קטורת לפני ולפנים, וראיתי אכתריאל יה ה' צבאות שהוא יושב על כסא רם ונשא ואמר לי: ישמעאל בני, ברכני! - אמרתי לו: יהי רצון מלפניך שיכבשו רחמיך את כעסך ויגולו רחמיך על מדותיך ותתנהג עם בניך במדת הרחמים ותכנס להם לפנים משורת הדין, ונענע לי בראשו. וקמשמע לן שלא תהא ברכת הדיוט קלה בעיניך.

[י] **תולדות יעקב יוסף במדבר פרשת שלח**: ואפשר שזהו רמז קרח, במלכות שהוא נגד נהי"ם דז"א ד ספירות דז"א הנקרא קרח הנורא. ואח"כ שנתחבר פב"פ נעשית ה, וז"ש בן יצהר שהוא יסוד בן ז"א המקנן ביצירה אותיות יצהר, על דרך (בראשית לז, ב) אלה תולדות יעקב יוסף. ואח"כ נתחברה עם ז"א עצמו הנקרא קהת, המאסף ומחבר ג' קווין, יעקב איש תם (בראשית כה, כז) גבר שלים. אח"כ בן לוי ב' אותיות ראשונות, ששם סוד האחדות וחיבור ולוי', בסוד אחת ואחת וכו' (יומא פ"ה מ"ג), והבן. בש"ס (פסחים נ ב) לעולם

גלא עמיקתא

– [יא]דמגלה טפח ומכסה טפחיים [4ועיין עוד מה שכתבנו בבאור שיר השירים פרק ה׳ פסוק ב׳].

4. באור שיר השירים פרק ה׳: פסוק ב׳: אני ישנה ולבי ער קול דודי דופק פתחי לי אחותי רעיתי יונתי תמתי שראשי נמלא טל קוצתי רסיסי לילה סליק לחושבן (6065) ה״פ ״ברוך אתה ה׳ מחיה המתים״ (1213) דאמרינן בשמונה עשרה. וזהו דכתיב ״אני ישנה״- והיינו בגלותא הנמשלה ללילה ולשינה, ופרש״י על הפסוק ״ולבי ער״- זה הקב״ה וכו׳ דשאר הפסוק מ״ולבי ער״ אקוב״ה קאי. ורמיזא טל תחיה דעתידא קוב״ה להחיא ביה מתיא, כדכתיב בנביא (ישעי׳ כ״ו,י״ט) ״יחיו מתיך נבלתי יקומון הקיצו ורננו שכני עפר כי טל אורות טלך וארץ רפאים תפיל״ ולכן סליק פסוקא לחושבן ה״פ ״ברוך אתה ה׳ מחיה המתים״. והוא ה״פ ו-ה׳ תיבין לקביל נרנח״י דכללות נשמות ישראל: ברוך-יחידה, אתה- חיה, ה׳-נשמה, מחיה-רוח, המתים- נפש, ואכמ״ל, ונבארו אי״ה כד נבאר תפלת שמו״ע. והשי״ת יתן ליעף כח ולדל בינה כדכתיב (תהל׳ מ״א,ב׳) ״משכיל אל דל״, וכי דל ועני צריך שכל והרי מזון הוא צריך, אך ד״ל במלוי כזה דל״ת למ״ד אותיות המלוי מ״ד ל״ת גימ׳ (474) דע״ת ואין עני אלא בדעת (נדרים מ״א ע״א עיין שם). ויהי רצון דהשי״ת יסייע בידן דנזכה לכוון דברינו לאמיתה של תורה ויכוון מן שמיא כל רצוננו לשם שמים ויזכנו להוציא לכבודו האי חבורא יקירא על א׳ זעירא דויקרא. ויהי רצון דנזכה לכוון לדעת כל הצדיקים ובפרט לדעתו דמגלה עמוקות הקדוש דחבר הני אלף אופנים, ואבדו ברובם, וכן תש״ך אופנים על תיבה בראשית כמספר צרופי אותיותיה ואבד כולו וחבל על דאבדין ולא משתכחין. והוא בספר הקדוש סדר הדורות אומר שהיה בידיו וראה בעיניו החיבורים הקדושים הנ״ל וחבל על דאבדין ולא משתכחין אך בודאי בספרו יתברך שבשמים הן רשומין וחקוקין לעד ולנצח נצחים ויתגלו בגאולה האמיתית והשלמה בב״א. והנה רמיזא בסיפא דפסוקא ענין טל התחיה כדאמרינן לעיל- ועתידא קוב״ה למשחטיה למלאך המות (סוכה נב.) ואז ״ובלע המות לנצח״ (ישעי׳ כ״ה) בב״א. וזהו דרמיזא בהני תיבין ״שראשי נמלא טל״ ראשי תיבות שט״ן- דבעבורו זו מלחמת קיום- דאם זה קם- מתיא קמים לתחיה, זה נופל- שטנא לעד ולנצח נצחים. וראשי תיבות דתיבין ״קוצותי רסיסי״ היינו ק״ר ואתוון לי״ל מלילה תיבה אחרונה גימ׳ (70) ע׳, ויחד עם ראשי תיבות קוצותי רסיסי (ק״ר) עבדין תיבה קר״ע. כלומר: ״שראשי נמלא טל קוצותי רסיסי לילה״ ראשי תיבות קר״ע שט״ן, ואיהו בסיפא דפסוקא רמיזא סוף דבר- מתיא דהוא עצמו המית- ואפילו ע״י שלוחיו דשלוחו של אדם (בליעל) כמותו- עתידין לקום לתחיה. והוא עצמו ״שטן״ וכל שכן שלוחיו דתחותיה עתידין להשחט ולהעלם כמוץ אשר תדפנו רוח בביאת ״משיחא״ חושבנא דין כחושבנא דדין (359). ובהאי פסוקא אינון י״ט תיבין כמנין ״חוה״- דבחטאה קנסה מיתה לעולם, והאי פסוקא רמיזא תקונה דילה ודאדם קדמאה, ורמיזא בחושבן ״ברוך אתה״ גימ׳ (634) ״אדם הראשון וחוה״ (עם ב׳ הכוללים). וכדאמרינן לעיל ״ברוך״ לקביל ״יחידה״ דכללות, ״אתה״ לקביל ״חיה״, ושמה דחוה אמור היה להיות ״חיה״ כי היא היתה אם כל חי, אך נהיתה חוה ע״ש האי חויא דהטיל בה

יעסוק אדם בתורה אף שלא לשמה שמתוך שלא לשמה בא(ה) לשמה. והקושיא, מאי לעולם וגו׳, ועוד מה יעסוק הל״ל ילמוד. ונ״ל דמבואר בכתבים מבטלין תלמוד תורה להוצאת המת והכנסת כלה וכו׳ (מגילה ג ב). והט״ז באורח חיים סימן מ״ז (סק״א) פירש לעסוק בדברי תורה, הוא פלפול. ומצינו האר״י זלה״ה למד הלכה בפלפול תחלה לשבר הקליפות, ואח״כ למד פנימית התורה שהיא הכנסת כלה. וז״ש לעולם יעסוק אדם בתורה, ר״ל פילפול, שהוא שלא לשמה לשם ה׳, רק לשבר הקליפות, שמתוך זה בא לשם ה׳, ודו״ק.

[יא] **מסכתות קטנות מסכת כלה פרק א:** שאלו את אימא שלום, אשתו של ר׳ אליעזר, אחותו של רבן גמליאל, אמרו לה, מפני מה בנייך יפין, ובשעת תשמיש מה הוא אצליך. אמרה להן, לא היה מספר עמי, לא במשמרה ראשונה ולא במשמרה אחרונה אלא הבינונית, מגלה טפח ומכסה טפח, ודומה כמי שכפאו שד, אמרתי לו, כל כך למה, אמר לי, שלא תעלה על דעתי באשה אחרת, ונמצאו בניו באין לידי ממזרות. מכאן אמרו עשרה הן כממזרין, ואינן ממזרין, ואלו הן, בני אמה, בני שפחה, בני שנואה, בני נדה, בני נדוי, בני תמורה, בני מריבה, בני שיכורה, בני גרושת הלב, בני ערבוביא, ויש אומרים אף בני ישנה. והבועל ארוסתו בבית חמיו שלא בכתובה, הויין לו בנים ויתקין, אלו בועלי נדות, מכוערין אלו בני טהורות ספק.

זוהמא [עיין לעיל אופן בק"ץ-שה"ש פ"א הני ה' פסוקין]. ויתוקן בשלמות בהתגלות אור הגנוז דנרמז ב-ח' נרות חנוכה- ולכן המשך הברכה (ברוך אתה) "ה' מחיה" גימ' (89) "חנוכה", ותיבה אחרינא "מתים" סליקת לחושבן (490) "אור זרוע" דרמיזא אור הגנוז דיחיה להני מתיא, ובאותו הינף ישחטיה למלאך המות, כדכתיב (תהל' צ"ז,י"א) "אור זרוע לצדיק" וכו' כנ"ל. וכן נאמר באופן מעט שונה דהפסוק אמרתו כנס"י לקוב"ה בחי' אתערותא דלתתא- דאני ישנה בגלותא אך לבי ער אליו ית' קול דודי דופק איהו דפיקא דליבא. והיינו י' מיני דפיקין דמתחננת כנס"י להשי"ת דיפתח לבנו לחזור אליו ית' דאם אינו עוזרו אינו יכול לו (קדושין ל:) ומחיצה של ברזל וכו' ולעורר ע"י האי מ"ן לבוא מ"ד. ולכן סליק האי פסוקא ג"כ לחושבן (6065) ה"פ "אתערותא דלעלא" (1213) ושניהם אמת- ה-א' מלעילא לתתא וה-ב' מתתא לעילא בחי' דעת עליון וד"ת. ומונה בפסוק ד' בחי' בעם ישראל וכדוגמת ארבעה בנים בהגדה של פסח, ונסדרם גם כן לקביל ד' אתוון דשמא קדישא: א'. אחתי גימ' (419) "אור האינסוף", לקביל י'- דאא"ס מתלבש בחכמה כח מה בחי' בטול והיא כלי אל האור, ומיניה מתפשט לכולי גוונין. ב'. רעיתי גימ' (690) י"פ "בן דוד בא" (69), לקביל ה' עילאה- בינה דחו"ב אינון תרין רעין דלא מתפרשין לעלמין- ומתמן גאולתא. ג'. יונתי גימ' (476) "בדעת", לקביל ו' ו"ק דאיהו כחושבן בדע"ת דמתרין עתרין דדעת מתפשטאן חו"ב מידות בו"ק בקו ימין חסדים בקו שמאל גבורות עד ליסודא- דיסודא סליק עד דעת דא"ק. ד'. תמתי גימ' (850) נ"פ "טוב" (17), לקביל ה' תתאה מלכות דעתידא לעלות עד בחי' נש"ב ויברכו על הרעה כמו על הטובה ויראו דכולו ית' טוב, ולכן נ"פ טוב. וכולי האי ואולי הוא מתתא לעילא בחי' דעת תחתון, ברם מעילא לתתא הוא חותם המתהפך, ואתוון שם הוי' ב"ה יהיו בסדר הפוך, דהיינו. א'. ה' תתאה אחתי גימ' (419) ב"פ "כי יד על כס י-ה" (209) ע"ה- מלכותו דמלך המשיח דיעביד מלחמות ה'. ב'. ו' רעיתי גימ' (690) ו"ק דנוק' ו"פ "אני לדודי" דאל אשך תשוקתך. ג'. ה' עילאה יונתי גימ' (476) "היום הקדוש" הוא יום הכפורים עולם הבינה דאין אכילה ושתיה לעתיד לבוא. ד'. י' תמתי גימ' (850) "זוכר הברית"- זכור ושמור בדבור אחד- זכור בחי' י' רמ"ח עשה שמור בחי' ה' שס"ה לא תעשה- והאי כללות רמ"ח עשה בשמירת הברית תליא ולכן "תמתי" גימ' זוכר "הברית". ונעביד בס"ד רבועין דאתוון דכל תיבה ותיבה וכדעבדינן בפסוקא קדמאה- ויהי רצון דהשי"ת יתן כח אולי נעשה כן בכל הפסוקים ונחבר סך הרבועים לבסוף: א אנ אני (113) "טוב לגנוז"- כדכתיב (בר' א',ד') "וירא אלהים את האור כי טוב" ודרשו חז"ל (חגיגה יב.) כי טוב לגנזו לצדיקים לעתיד לבוא. י יש ישן ישנה (1045) "אלף אדם" והוא בתקונא שלים אדם (תחלת דברי הימים) ב-א' רבתי- וכאן בתיבה ישנה כדכתיב "ויפל ה' אלהים תרדמה על האדם ויישן" (ואמרינן בדרך צחות דלא כתיב בתריה יקיצה- והוא ישן עד היום). ו ול ולב ולבי (128) ד"פ "לב" (32) דאינון תרין חללי דליבא- וכפלינן ד"פ לבא דאדם- תרין חללין, ולבא דחוה-תרין חללין, הרי ד'. ע ער (340) כ"פ "טוב" (17) דנקודת האהבה המסותרת בפנימיות הלב דכאו"א מישראל דאיהי אלהות ממש תמיד במצב ערות. ק קו קול (342) "ה' מלך עולם ועד" (תהל' י',ט"ז) כאמרם בכל יום יוצאת בת קול מהר חורב ואומרת (ירמי' ג',י"ד) שובו בנים שובבים. ד דו דוד דודי (52) "ויבדל" (בר' א',ד') עבודת הברורים הבדלת הטוב מהרע. ד דו דופ דופק (294) "ואני אהיה להם לאלהים"- לאחר שעבד והפריד חלק הטוב מהרע, יכול היות משכן כדכתיב (שמ' כ"ה,ח') "ועשו לי מקדש ושכנתי בתוכם" וכו'. פ פת פתח פתחי (1546) ב"פ "מי כעמך ישראל גוי אחד בארץ" (773) (דה"א י"ז) דכתיב בתפלין דמרי עלמא, והוא ב"פ א' בתפלין של יד ו-א' בתפלין של ראש. ל לי (70) "אדם וחוה"- ואיהו חושבן ע' דאינון ע' נפש יוצאי ירך יעקב דירדו מצרימה לתקן חטאם דאדם וחוה ולהוציא הנצוצות דנפשו שמה. א אח אחת אחתי (838) ב"פ "אור האינסוף" והוא ב"פ דאדם וחוה כ"א גרם סלוק בחי' שלו מאור האינסוף, דקודם החטא היה אדם צופה מסוף העולם ועד סופו, ותפוח עקבו מכהה גלגל חמה וכו', ולאחר החטא נתמעט. ר רע רעי רעית רעיתי (2120) י"פ "לחיי העולם הבא" (212) - דבתר תקונא שלים כל ישראל מזומנים לחיי העולם הבא. י יו יונ יונת יונתי (1034) ב"פ "בתפלה"- דע"י תפלה של איש ואשתו (כגון תפלת יצחק ורבקה) מקרבים הגאולה הפרטית שלו וכן של כלל ישראל, ולכן ב"פ. ת תמ תמת תמתי (2530) י"פ "מוצא פי ה'" (253) כדכתיב (דב' ח') "לא על הלחם לבדו יחיה האדם" בחי' כחי ועצם ידי "כי אם על כל מוצא פי ה' יחיה האדם", א"נ היא שינתה מדבר ה'- ולעתיד לבוא

אופן כא

גאות אדם תשפילנו קאי על אלף אדם שת אנוש, שהיא גדולה באתון רברבין וזה גרם לו הגאוה שאדם ביקר בל ילין ולא לן כבודו עמו ותשפילנו.

אבל שפל רוח זה משה שהיה עניו מאוד מכל אדם לכן א׳ זעירא שהקטין את עצמו יתמוך כבוד וכבוד י׳ מלא את המשכן.

ונשאר משה באותו יקר ולן כבודו עמו ותיקן באותו פרק בצל שדי יתלונן וזכה לעולם הבריאה תמן כסא הכבוד זה שכתוב יתמוך כבוד שזכה לכסא הכבוד.

גם נרמז במלת שפל רוח על אות א׳ זעירא כדאיתא בס׳ יצירה בא׳ של אמ״ש בו נברא הרוח שהוא רומז לאויר.

וזה שכתוב ושפל רוח רוצה לומר א׳ זעירא שבו נברא הרוח זה גרם לו הכבוד וגבי אדם הראשון כתיב וישמע את קול ה׳ אלקים מתהלך בגן לרוח היום רו״ח דייקא שרמז לאות א׳ שבו נברא הרוח דהוה מסתכל בזיהרא דחכמתא עילאה שהוא רזא דא׳ בסוד ואאלפך חכמה.

ואח״כ איש תהפוכות ישלח מדון וזה גרם לו נרגן מפריד

אלוף ויגרש מכבודו אבל במשה יתמוך כבוד וידבר ה׳ אליו
דייקא מאוהל מועד הכניסו לפני ולפנים ולא כמו אדם
הראשון שמשנה פניו ותשלחהו מחוץ לגן עדן זה שכתוב
אדם כי יקריב:

אופן כא

גאות אדם תשפילנו (משלי כ"ט,כ"ג) קאי על אלף (תחלת דברי הימים) אדם שת אנוש שהיא גדולה באתוון רברבין

גלא עמיקתא

מביא ממשלי (כ"ט,כ"ג) "גאות אדם" גימ' (455) מש"ה במילוי "מם שין יוד"– ובמשה כתיב (במדבר י"ב,ג') "ענו מכל האדם"– דירדה נשמתו להאי עלמא להשלים תקון חטא אדם הראשון.

וכדמביא מיד המשך הפסוק "שפל רוח" גימ' (624) "הסר שטן"– וזהו משה רבנו עליו השלום– דהסיר שוב ושוב הקטרוגים דס"מ מעל בני ישראל. ועד שהגדיל לעשות והוריד תורה מן השמים דבה ס"מ בנס היו עומדים, [א]כגירא בעיניה דשטנא ("דין גירא בעיניה דשטנא" והוא בסוכה לח. עיין שם). וכדכתיב במעשה העגל [שמות ל"ב,א'– רמיזא פרק ל"ב פסוק א'– [ב]דאין לבני ישראל אלא לב אחד לאביהם שבשמים] "[ג]וירא העם כי בשש משה לרדת מן ההר" סליק לחושבן (2243) "[ד]תחת אהבתי ישטנוני ואני תפלה"

[א] **תלמוד בבלי סוכה דף לח עמוד א:** רב אחא בר יעקב ממטי ליה ומייתי ליה, אמר: דין גירא בעיניה דסטנא. ולאו מלתא היא, משום דאתי לאיגרויי ביה. [ב] **תלמוד בבלי סוכה דף מה עמוד ב:** כמעשהו בחול. אמר רב הונא: מאי טעמא דרבי יוחנן בן ברוקה - דכתיב כפת - שנים, אחת ללולב ואחת למזבח. ורבנן אמרי: כפת כתיב. רבי לוי אומר: כתמר, מה תמר זה אין לו אלא לב אחד - אף ישראל אין להם אלא לב אחד לאביהם שבשמים. [ג] **במדבר רבה פרשת בהעלותך פרשה טו:** כא אספה לי שבעים איש והיכן היו הראשונים זש"ה (איוב לד) ירוע כבירים לא חקר ויעמד אחרים תחתם, עד שהיו במצרים היה להם ע' זקנים שנאמר לך ואספת את זקני ישראל ועמהם יצאו ממצרים וכשעלה משה לקבל את התורה היו עמו שנאמר (שמות כד) ויעל משה ואהרן נדב ואביהוא ושבעים מזקני ישראל (שם /שמות כ"ד/) ואל הזקנים אמר שבו לנו בזה כיון שעלה משה התנה עם ישראל שירד לארבעים יום כיון ששהה לירד שנאמר (שם /שמות/ לב) וירא העם כי בשש משה ואין בשש אלא לשון שיהוי שנא' (שופטים ה) מדוע בשש רכבו לבא מדוע אחרו פעמי מרכבותיו נכנסו כל ישראל אצל הזקנים ואמרו להן משה התנה עמנו שירד לסוף מ' יום והרי ו' שעות יותר ולא ירד ואין אנו יודעין מה היה לו (שמות לב) קום עשה לנו אלהים אשר ילכו לפנינו כי זה משה האיש אשר העלנו מארץ מצרים לא ידענו מה היה לו כיון ששמעו כך אמרו להם מה אתם מכעיסין למי שעשה לכם כל אותן נסים והנפלאות ולא שמעו להם והרגום ולפי שעמד חור כנגדן בדברים קשים עמדו עליו עוד והרגוהו נכנסו כל ישראל לאהרן בטקסים גדולה שנאמר (שם /שמות ל"ב/) ויקהל העם על אהרן ויאמרו אליו קום מה אתה יושב קום א"ר יצחק רוח הקדש צווחת (תהלים כו) שנאתי קהל מרעים, קום עשה לנו אלהים ואם לאו כי זה כזה אנו עושים לך כשם שעמדנו על חור והרגנוהו כך אנו עושים לך כיון שראה אהרן מה שעשו לזקנים ולחור נתיירא מהן שנאמר (שמות לב) וירא אהרן ויבן מזבח הבין ממי שזבוח לפניו ומנין שהרגו לזקנים ולחור שכן ירמיה מוכיח את ישראל (ירמיה ב) גם בכנפיך נמצאו דם נפשות אביונים נקיים (שם /ירמיהו ב'/) לא במחתרת מצאתים כי על כל אלה מהו על כל אלה בשביל אלה אלהיך מה פרע מהם (שמות לב) ויגף ה' את העם על אשר עשו את העגל אחר זמן כשסלח להם אמר למשה אספה לי שבעים תחת אבותם שבעים שנהרגו על קדושת שמי הוא שכתוב ירוע כבירים לא חקר ויעמד אחרים תחתם. [ד] **שיר השירים רבה פרשה א:** ב עיניך יונים, עיניך הן סנהדרין שהם עינים לעדה הה"ד (במדבר ט"ו) והיה אם מעיני העדה, רמ"ח איברים יש באדם, וכלם אינן הולכים וחוזרים אלא אחר העינים, כך אין ישראל

וזה גרם לו הגאוה שאדם ביקר בל ילין (תהלים מ"ט, י"ג) [ה]ולא לן כבודו עמו ותשפילנו. אבל [המשך הפסוק במשלי שם:

גלא עמיקתא

(תהל' ק"ט,ד') והוא לשון שטן– וכדפירש רש"י (בפרשת נשא): [ו]בא השטן וערבב את העולם וכו' אמר להם

יכולין לעשות דבר חוץ מסנהדרין שלהם, יונים, מה היונה הזאת תמה, כך ישראל נאים בהילוכן כשהן עולין לפעמי רגלים, מה יונה זאת מצויינת, כך ישראל מצויינין בתגלחת במילה בציצית, מה יונה זו צנועה, כך ישראל צנועים, מה יונה זו פושטת צוארה לשחיטה, כך ישראל, שנאמר (תהלים מ"ד) כי עליך הורגנו כל היום, מה יונה זו מכפרת על העונות, כך ישראל מכפרים על האומות, שכל אותן שבעים פרים שמקריבים בחג כנגד שבעים אומות שלא יצדה העולם מהם, הה"ד (שם /תהלים/ קט) תחת אהבתי ישטנוני ואני תפלה, מה יונה זו משעה שמכרת בן זוגה עוד אינה ממירה אותו באחר, כך ישראל משעה שהכירו להקב"ה לא המירוהו באחר, מה יונה זו נכנסת לקנה ומכרת את קנה ושובכה וגוזליה ואפרוחיה וחלונותיה, כך הן ג' שורות של תלמידי חכמים כשהן יושבין לפניהם, כל אחד ואחד מכיר את מקומו, מה יונה זו אף על פי שאת נוטל גוזליה מתחתיה אין מנחת שובכה לעולם, כך ישראל אף על פי שחרב בית המקדש לא בטלו שלש רגלים בשנה, מה יונה זו מחדשת בכל חדש וחדש גרן, כך ישראל מחדשין בכל חדש תורה ומעשים טובים, מה יונה זו שוגרת רוגליות הרבה וחוזרת לשובכה, כך ישראל, הה"ד (הושע י"א) יחרדו כצפור ממצרים, זה דור המדבר, וכיונה מארץ אשור, אלו עשרת השבטים, אלו ואלו והושבתים על בתיהם נאם ה׳, רבי אומר יש מין יונה שמאכילים אותה וחברותיה מריחות אותה ובאות אצלה לשובכה, כך בשעה שהזקן יושב ודורש הרבה גרים מתגיירים באותה שעה כגון יתרו הוא שמע ואתא, רחב שמעה ואתיא, אף בחנניה מישאל ועזריה הרבה גרים נתגיירו באותה שעה, מה טעם (ישעיה כ"ט) כי בראותו ילדיו, מה כתיב בתריה (שם /ישעיהו כ"ט/) וידעו תועי רוח. [ה] **בראשית רבה פרשת בראשית פרשה יא:** ויברך אלהים את יום השביעי וגו׳, רבי ישמעאל אומר ברכו במן וקדשו במן ברכו במן שכל ימות השבת היה יורד עומר, בערב שבת שני עומרים, וקדשו במן שלא ירד בו כל עיקר, רבי נתן אומר ברכו במן, וקדשו בברכה, רבי יצחק אמר ברכו במן, וקדשו במקושש וברכו בעטיפה, רב הונא אמר צריך להחליף, ר׳ חייא בשם ר"י אמר צריך לערב, אבין בר חסדאי אמר צריך לשלשל, רבי ירמיה ור׳ זעירא הוון מהלכין כחדא, ואסתלקת גולתיה דר׳ ירמיה ושילשלה רבי זעירא, הדא אמרה צריך לשלשל, ר׳ אלעזר אומר ברכו בנר ובי היה המעשה, פעם אחת הדלקתי את הנר בלילי שבת ובאתי ומצאתי אותו במוצאי שבת דלוק, ולא חסר כלום, ברכו באור פניו של אדם, קדשו באור פניו של אדם, לא דומה אור פניו של אדם כל ימות השבת, כמו שהוא דומה בשבת, ברכו במאורות. ר"ש בר יהודה איש כפר עכו אומר משום ר׳ שמעון אף על פי שנתקללו המאורות מערב שבת, אבל לא לקו עד מוצאי שבת, אתיא כרבנן ולא אתיא כדרבי אמי, דאמר ר׳ אמי אדם הראשון לא לן כבודו עמו, מה טעם (תהלים מט) ואדם ביקר בל ילין נמשל כבהמות נדמו, ורבנן אמרי לן כבודו עמו, ומוצאי שבת ניטל ממנו זיוו וטרדו מגן עדן, הה"ד (איוב יד) משנה פניו ותשלחהו, כיון ששקעה חמה בלילי שבת, בקש הקדוש ברוך הוא לגנוז את האורה וחלק כבוד לשבת, הה"ד ויברך אלהים את יום השביעי ויקדש אותו, ברכו באורה, כיון ששקעה החמה בלילי השבת התחילה האורה והיתה משמשת, התחילו הכל מקלסין הה"ד (שם לז) תחת כל השמים ישרהו ואורו על כנפות הארץ, מפני מה, ואורו על כנפות הארץ, א"ר יהודה בר רבי סימון אור שברא הקדוש ברוך הוא ביום ראשון אדם צופה ומביט בו מסוף העולם ועד סופו כיון שהסתכל הקדוש ברוך הוא באנשי דור המבול ובאנשי דור הפלגה שמעשיהן מקולקלין, עמד וגנזה והתקינה לצדיקים לעתיד לבא, ומניין שגנזה שנאמר (שם /איוב/ לח) וימנע מרשעים אורם וזרוע רמה תשבר, ומניין שהתקינה לצדיקים לעתיד לבא שנאמר (משלי ד) וארח צדיקים כאור נוגה הולך ואור עד נכון היום. [ו] **רש"י שמות פרק לב:** כי בשש משה - כתרגומו, לשון איחור, וכן בשש רכבו, (שופטים ה כח), ויחילו עד בוש (שם

ושפל רוח יתמך כבוד] שפל רוח זה משה שהיה ענו מכל האדם [כדכתיב (במדבר י"ב,ג') והאיש משה ענו מאד מכל האדם אשר על פני האדמה]

גלא עמיקתא

מת משה שכבר באו שש שעות ולא בא וכו' ובשבת פט. [ז]הראה להם דמות מטתו ברקיע [כמו שכתב "בעל הטורים" גימ' (372) "בן ישי"]

[ועיין בדברי רבינו [ח]**בפירושו על ואתחנן אופן ס'** דמבאר דרצה משה רבינו להיכנס לארץ ישראל ולהעביר שם קלי' מלאך המות שנקרא שט"ן – ועיין עוד מה שכתבנו שם בהבנת דבריו הקדושים]. וזהו את זה לעומת זה[1]

1. באור על מגלה עמוקות על ואתחנן אופן ס': אקדמות מילין: רצה משה רבינו בכח כניסתו לארץ ישראל דנקראת ארצות החיים- כתפלתו של דוד: אתהלך לפני ה' בארצות החיים (תהל' קט"ז,ט') פירש רש"י: ארץ ישראל- לאפוקי חוצה לארץ דתמן שלטון ע' שרים בחינת מיתה- לתקן הקלי' ומיתה שנקנסה לעולם בחטא אדם הראשון ונרמזה כבר ביצירתו דכתיב (בראשית א',ז') וייצר ה' אלהי"ם את האדם "עפר מן האדמה" גימ' (495) י"א פעמים "אדם" (45) רמיזא דמיניה ישתלשלו י"א כתרין דמסאבותא בסוד המן ועשרת בניו [כמבואר בספר בני יששכר שער פורים] ועל דרך מה שדרשו חז"ל (בגמרא חולין קלט:) המן מן התורה מנין? שנאמר [שאמר הקב"ה לאדם אחר שאכל מעץ הדעת (בראשית ג',י"א)] המן העץ אשר צויתיך לבלתי אכל ממנו אכלת- הא למדת שהמן ועשרת בניו נשתלשלו בסיבת חטא אדם הראשון, דבגינו נקנסה מיתה לעולם, ומשה ביקש לתקן האי גזירה בכח האי א' זעירא דויקרא דניתנה לו בעת הקמת המשכן [כמ"ש המגלה עמוקות במקום אחר], דעונשו של אדם הראשון: "בזעת אפיך תאכל לחם עד שובך אל האדמה כי ממנה לקחת, כי עפר אתה ואל עפר תשוב" סליק לחושבן (4191) י"א פעמים "אהל משה". אמור מעתה: משה רבינו רצה לתקן י"א כתרין דמסאבותא שרש המיתה שנגרמה בעטיו של נחש הקדמוני שהחטיא את אדם הראשון- על ידי א' זעירא דויקרא דזכה לה מאהל משה [כענין שנאמר (שמות ל"ג,ז') ומשה יקח את האהל וכו']. ואמר לו הקב"ה: רב לך- יהושע יכניסם לכן צו את יהושע וכו' והוא יקים את המשכן בשילה "אהל יהושע" [על דרך (שמות ל"ג,י"א) ומשרתו יהושע בן נון נער לא ימיש מתוך האהל] גימ' (427) "רעיא

ג כה) כי כשעלה משה להר אמר להם לסוף ארבעים יום אני בא בתוך שש שעות. כסבורים הם, שאותו יום שעלה מן המנין הוא, והוא אמר להם שלימים, ארבעים יום ולילו עמו, ויום עלייתו אין לילו עמו, שהרי בשבעה בסיון עלה, נמצא יום ארבעים בשבעה עשר בתמוז. בששה עשר בא השטן וערבב את העולם והראה דמות חשך ואפילה וערבוביא לומר ודאי מת משה, לכך בא ערבוביא לעולם. אמר להם מת משה, שכבר באוף שש שעות ולא בא וכו', כדאיתא בשבת (דף פט). ואי אפשר לומר שלא טעו אלא ביום המעונן בין קודם חצות בין לאחר חצות, שהרי לא ירד משה עד יום המחרת, שנאמר וישכימו ממחרת ויעלו עולות. [ז] **תלמוד בבלי שבת דף פט עמוד א**: רבי יהושע בן לוי: מאי דכתיב וירא העם כי בשש משה, אל תקרי בושש אלא באו שש. בשעה שעלה משה למרום אמר להן לישראל: לסוף ארבעים יום, בתחלת שש, אני בא. לסוף ארבעים יום בא שטן ועירבב את העולם, אמר להן: משה רבכם היכן הוא? אמרו לו: עלה למרום. אמר להן: באו שש - ולא השגיחו עליו. מת - ולא השגיחו עליו. הראה להן דמות מטתו. והיינו דקאמרי ליה לאהרן כי זה משה האיש וכו' [ח] **מגלה עמוקות על ואתחנן אופן ס'**: איתא במדרש פרשת וזאת הברכה (דב"ר פי"א י') ששאל הקב"ה למשה למה הוא מבקש כל כך כניסת ארץ ישראל, והשיב לו שהוא מתיירא מפני מלאך המות. והנה לפי זה כוונת משה היתה לתקן חטא של אדם הראשון, שאלו לא חטא אדם לא היה מיתה בעולם, ובזה רצה משה לבטל סמאל ונחש. וזה נרמז במלת בעת ההוא כתיב, וקרינן ההיא, שרמז על שניהם על עת של סיטרא אחרא, שהיא עת צרה איהו צר ואיהי צרה, דתרוויהו איתנהו סמאל נקרא ההוא, ונחש

לכן א' זעירא שהקטין עצמו יתמך כבוד וכבוד ה' מלא את המשכן (שמות מ',ל"ד) ונשאר משה באותו יקר ולן כבודו עמו ותקן באותו פרק בצל ש-די יתלונן (תהל' צ"א,א') וזכה לעולם הבריאה. ותמן כסא

אשת זנונים נקראת ההיא, וכן בע"ת ההו"א, בגימטריא סמא"ל נח"ש. ועל זה התפלל משה מאחר שאתה החלות להראות שמשה יהיה תיקון אדם, כמו שנאמר (תהלים סח יט) לקחתי מתנות באדם, לכן ביקש עתה אעברה נא, רוצה אני לתקן נ"א נוטריקון נ"פש א"דם, שלא יהיה שום מיתה בעולם, ואראה את הארץ, זה יכול אני לעשות בארץ ישראל, (כי ארץ ישראל נקראת ארץ החיים [ישעיה לח יא], לכן אמרו ז"ל [דב"ר פי"א ה'] שאמר משה אתהלך לפני ה' בארצות החיים [תהלים קטז ט]), וכן אעבר"ה נ"א וארא"ה, בגימטריא מל"אך המו"ת. וכן רמז על העברת ואיבה שבפסוק ראשון של ואתחנן, וזה נרמז במלת אעברה נא, כשתסלק אותיות ר"ע מן אעברה, נשתיירו אותיות אב"ה. ואל תתמה שמלת אבה חסר, שכן איתא בזוהר (ח"א קכ"ד ע"א) על פסוק (איוב ט כו) חלפו עם אניות אב"ה, שמפרש שם על פסוק (בראשית ג טו) ואיבה אשית, שהטיל הנחש כ"ד זיני דמסאבותא, נמצא גם בכאן במלת אעברה אב"ה ר"ע, הן הן ד' קליפות שראה יחזקאל, נרמז בפסוק יגמר נא רע רשעים (תלים ז [תהלים ז י]), נ"א ר"ע נוטריקון נ"וגה א"ש רו"ח ע"נן (יחזקאל א ד), אלו הד' קליפות המבוארין גם כן בכאן אעברה נא, מה שרוצה אני להעביר תהפך אותיות אעברה נא, ותמצא תמן א"בה ר"ע נ"א, דהיינו הנחש שהטילה האיבה הולך על גחון הולך על ארבע (ויקרא יא מב), הם ד' קליפות אלו שנרמזין במלת ר"ע נ"א, רו"ח ענ"ן בגימטריא סטר"א מסאב"א, נ"גה א"ש בגימטריא שט"ן, וכמו שרצה אליהו להעביר שטן מן העולם, כדאיתא בזוהר רות (כ"ז ע"א) שרצה השטן להתאבק עם אליהו הנביא, ואמר לו הקב"ה לשטן אינך יכול לו, והפציר בהקב"ה עד שצוה אותו, והלך וכפהו אליהו תחת רגליו, רצה להעבירו כלל מן העולם, עד שיצא בת קול שעדיין צריך לו. וזה גם כן רמז בכאן משה אעברה אני עתה מה שיעשה אחר כך אליהו, כנרמז במלת נ"א, נ"דב א"ביהו, שנתעבר מהם אליהו, (וכן נ"א עולה עם הכולל אליה"ו), ולזה צריך אני זכות הארץ. השיב

"מהימנא" דמכחו של משה רעיא מהימנא יכניס יהושע בן נון את בני ישראל לארץ הקודש. ואמר לו הקב"ה עלה ראש הפסגה ובאורו על פי דברי הזוהר הקדוש (ח"א דף לז:) משה לא מית אלא אתכניש לעילא ואנהיר לסיהרא מתמן בסוד אם הבנים שמחה (תהל' קי"ג,ט') אם בחינת בינה כמ"ש (משלי ב',ג') כי אם לבינה תקרא ועלמא דבינה נקרא עלמא דחירו [כדרשת הזוהר שם על הפסוק (שמות ל"ב,ט"ז) חרות על הלוחות אל תיקרי חרות אלא חירות ממלאך המות] דהוא עלמא דאתי דבינה ספירה ה-ח' מתתא לעילא [בחינת אלף השמיני]. וזהו כד כפלינן י"א פעמים "אהל יהושע" (427) לרמז הכנעת י"א כתרין דמסאבותא דנשתלשלו מן חטא אדם הראשון [כנ"ל] סליק לחושבן (4697) ח' פעמים "אם הבנים שמחה הללויה" (587) [עם הכולל]. ברם סבר משה רבינו להיכנס יחד עם יהושע לארץ ישראל [כמ"ש המגלה עמוקות במקום אחר] כדי להכניע הני ד' קליפות לאחר שזכה למתק ק"כ צרופי שם אלהי"ם, דהן "רוח ענן נגה אש" סליקו לחושבן עם ד' תיבין (747) "משה איש האלהים" [כדכתיב (תהל' צ',א') תפלה למשה איש האלהים] דהוא סופי תיבות מש"ה למפרע [וכן משה איש ה צרוף משה, וביניהן ש"ה א"י דהוא חושבן (316) "וייצר" דאיתמר ביצירת האדם (בראשית א',ז') וייצר הוי' אלהי"ם את האדם עפר מן האדמה. ומתחלק ש"ה גימ' (305) ה' פעמים אי"ן (61) א"י אתוון י"א כתרין דמסאבותא דרצה משה להעבירם מן העולם בכח אי"ן דיליה כאמרו (שמות ט"ז,ז') ונחנו מה [כמבואר בספה"ק דהוא ענין ענוה].

נמצינו למדים דהני ד' קליפות עם ד' תיבותיהן סליקו לחושבן (747) "משה איש האלהים" דתמן מש"ה מכל סטרוי- אם כן ראוי הוא להיכנס ולהכניעם, אמנם נרמז בהני קלי' דיהושע יכניסם- שכן "נגה אש" גימ' שט"ן (359) אמנם אתוון חיצוניים זהים ש"נ, והחילוק באות ט' דשט"ן נתפרדה לאתוון גה"א [גימ' ט'] בסוד יתפרדו כל פועלי און (תהל' צ"ב,י') [והוא צרוף נג"ה א"ש כדכתיב בגאולה (ישעי' ד',ה') וברא ה' על כל מכון

הכבוד ז"ש יתמך כבוד שזכה לכסא הכבוד גם נרמז במלת שפל רוח על אות א' זעירא כי איתא בספר יצירה [ט]בא' של

גלא עמיקתא

עשה האלהים (קהלת ז',י"ד): "גאות" גימ' (410) "שפל"- וכשזה קם זה נופל [י]כדאיתא בספה"ק בענין (בראשית כ"ה,כ"ג) ולאם מלאם יאמץ וזהו "גאות אדם תשפילנו" גימ' (1286) ב' פעמים "אלה אלהיך ישראל" (643) דאמרו העם על העגל (שמות ל"ב,ד') ומדייק רש"י לשונו בלמוד זכות על בני ישראל עם קדוש: אלה אלהיך: ולא נאמר אלה אלהינו מכאן שערב רב שעלו ממצרים הם שנקהלו על אהרן והם שעשוהו

הר ציון ועל מקראה וכו' ונגה אש להבה לילה, כי על כל כבוד חופה- ודרשו חז"ל ואש בחופה למה? אלא מלמד שכל אחד נכוה מחופתו של חבירו] וכד נעביד להון במלוי "גימל הא אלף" (200) עם אתוון "שנ" הפשוטים (350) דהיינו "נ גימל הא אלף ש" [נוטריקון נג"ה א"ש] סליקו לחושבן (550) "יהושע בן נון" [עם הכולל] והני ב' קלי' אחרנין "רוח ענן" סליקו לחושבן (384) ד' פעמים "צו" (96) ולכן צ"ו את יהושע וחזקהו ואמצהו- כי הוא יכניסם לארץ ישראל.

ונגש לבאר י"ב הפסוקים המובאים בדברי המגלה עמוקות באופן זה [כמו באופן הקודם] בסוד י"ב שבטי י"ה עדות לישראל (תהל' קכ"ב,ד') דבני ישראל הן מרכבה שלמה דקדושה לתקן חטא אדם הראשון- ולעומתם אית מרכבה דטומאה- והוא כיתרון האור הבא מן החשך דייקא, בסוד ברישא חשוכא והדר נהורא, דפסוקא רביעאה דאורייתא קדישא (בראשית א',ד'): "וירא אלהים את האור כי טוב, ויבדל אלהים בין האור ובין החשך" סליק לחושבן (1776) חב"ו (16) פעמים "אלף" (111) בסוד חיל בלע ויקיאנו [ראשי תיבות חב"ו] דהוא ענין הוצאת נצוצות הקדושה מן הקלי' והחזרתם לשרשם במקום הקדש- והוא באור מאמר הזוהר הקדוש כד אתכפיא סטרא אחרא- אסתלק יקרא דקוב"ה בכולהו עלמין.

לו הקב"ה רב לך, יש לך רב ומנו אדם הראשון, שבשבילו אתה מוכרח למות אל תוסף וכו'. [ט] **תולדות יעקב יוסף - בראשית - פרשת בראשית:** ובדרך היותר פנימי נ"ל, והיה כאשר ירים משה ידו הוא אותיות יו"ד, ונודע מ"ש בזוהר וז"ל: מני' דכר ונוקבא, ו"ד וכו' איתחזי יוד כללא דיה"ו וכו', ע"כ. ובספר יצירה (פ"א מי"ג) אמ"ש שנברא בו העולם הוא סוד ו' צירופי יה"ו וכו', ג' קווין - ימין ושמאל ואמצעי, סוד אבות הן המרכבה (בר"ר פב, ו) הנק' חש"ק, רק באבותיך חש"ק ה' (דברים י, טו), והוא ג' קוצין שביו"ד עילא ותתא ואמצעיתא, סוד ג' טיפין, ג' מוחין חב"ד, שהוא ע"ב ס"ג - חו"ב, מ"ה וב"ן - ח"ג, והן ד' אותיות הוי"ה, וכמ"ש בפרש' בראשית יעו"ש. הרי כי שם הוי"ה הוא שורש הכל, לכל העולמ[ו]ת אצילות בריאה יצירה עשיה, וי' שהוא חכמה הוא שורש השורש שבו הוי"ה, וז"ש (תהלים קד, כד) כולם בחכמה עשית, וגם ברורי הניצוצין והעלאת הרפ"ח שבד' עולמ[ו]ת, במחשבה אתברירו כנודע. [י] **אגרא דכלה דברים פרשת ראה:** והנה זה כל עבודת האיש הישראלי ולאם מלאם יאמץ, היצר טוב בכח הנפש הקדושה אשר בחלל הימיני מבקש להטות אליו כל איברי הגוף עם כל החושים לעבודת הש"י ולתורתו וליראתו וממאס בתענוגי הבלי העולם אשר היצה"ר עם הנפש הבהמיית מתאווה ועי"ז מושל בכל פעם על הנפש הבהמיית ומתמעט הדם שבחלל השמאלי, ובפרוץ הדבר מתפשט הרוח חיים גם בחלל השמאלי ומתבטל כל הדם ומתהפך מר למתוק ונעשה היצר הרע גם כן יצר טוב, ונעשה ב' פעמים רו"ח בגימ' חת"ך, הוא השם החותך חיי"ם לכל חי, שנעשה האדם כ"ל ח"י מלא כולו חיות, ומובן הדבר בהיפוך ח"ו מתפשט הדם גם בחלל השמאלי רחמנא ליצלן ונעשה ח"ו ב' פעמים ד"ם, פ"ח יוקשים, על כן כששב האדם בתשובה מביא קרבן וזורקין הדם על המזבח להוראה זו שחטא על ידי התפשטות הד"ם הוא היצר הרע שבחלל השמאלי ועתה מקריבים לפני י"י, להוראה זו צונו הש"י במצוה שלא לאכול דם כי הוא הרומז על כל כוחות היצה"ר לבל נגוע בקצהו, על כן חומר איסורו בכרת הנפש ח"ו.

אמ"ש בו נברא הרוח שהוא רומז לאויר וז"ש ושפל רוח ר"ל א' זעירא שבה נברא הרוח גרם לו הכבוד. וגבי אדם הראשון כתיב (בראשית ג',ח') וישמעו את קול ה' אלהים מתהלך בגן לרוח היום רו"ח דייקא שרמז לאת א' שבו נברא הרוח דהוה מסתכל בזיהרא דחכמתא עילאה שהוא רזא דא' בסוד (איוב ל"ג,ל"ג) ואאלפך חכמה.

גלא עמיקתא

ואח"כ הטעו את ישראל אחריו. עד כאן לשונו הקדוש. והמשך הפסוק (משלי כ"ט,כ"ג) "ושפל רוח יתמך כבוד" גימ' (1132) "תורה ותפלה" דמשה קיבל תורה מסיני, ובערבות מואב "ואתחנן" גימ' (515) "תפלה" דפנימיות תיבין תורה–תפלה דהיינו ו"ר פ"ל גימ' (316) "וידם אהרן". וכאמרם (חולין פט.) [2][יא]האמנם אלם צדק תדברון (תהלים נ"ח) לעולם יעשה אדם

[יא] **תלמוד בבלי מסכת חולין דף פט עמוד א:** אמר רבי יצחק: מאי דכתיב האמנם אלם צדק תדברון מישרים תשפטו בני אדם - מה אומנותו של אדם בעולם הזה - ישים עצמו כאלם, יכול אף לדברי תורה - תלמוד לומר: צדק תדברון, יכול יגיס דעתו - ת"ל: מישרים תשפטו בני אדם.

2. **האמנם אלם - צדק תדברון (חולין פט.):** ויקרא א' זעירא מרמז עבודת ה' בתפלה ותורה, לאדם המרגיש כאלם אומר לו משה "קרא בגרון אל תחשך כשופר הרם קולך" (ישעי' נ"ח,א') גימ' (2328) ח"פ "א' זעירא" עם ב' כוללים (291) וזהו דכפלינן בח' ויקר אל משה במ"ק ח', וד"ל. וזהו דהאדם החש כאלם דאין בו דבור דקדושה- אומר לו מרע"ה ויקרא, וכו'. וזהו דאברהם אבינו מאכיל לאורחיו, ומלמדם לברך וכמ"ש "ויטע אשל בבאר שבע ויקרא שם בשם ה' אל עולם" (בראשית כ"א) והנה חלק הפס' "ויטע אשל בבאר שבע ויקרא שם" גימ' (1660) "יאירו שבעת הנרות" ונבארו אי"ה באופן הבא, רק נאמר "יאירו שבעת" גימ' (999) והוא אחד מני אלף כמבואר במג"ע הק' בכ"מ, "הנרות" גימ' (661) "האיש משה" וכמ"ש כשעלה משה למרום צר הקב"ה קלסתר פניו כשל אברהם, וד"ל. וכל הפסוק "ויטע אשל בבאר שבע ויקרא שם בשם ה' אל עולם" גימ' (2205) ה"פ "אמת" (441), וזהו דההחדיר אברהם אבינו "אמת ה' לעולם" (תהלים קי"ז) בכל בחינות נרנח"י דילהון, ולכן ה"פ.

וזהו ד"אברהם אבינו" גימ' (317) "ויקרא", תלת אמוראין (סוטה יא.) בעניין "ויטע אשל" וכו', אמר ריש לקיש מלמד שעשה פרדס ונטע בו כל מיני מגדים, רב יהודה ורב נחמיה חד אמר פרדס חד אמר פונדק וכו', "ויקרא שם בשם ה' אל עולם" ריש לקיש אמר אל תיקרי ויקרא אלא ויקריא מלמד שהקריא אברהם אבינו לשמו של הקב"ה בפי כל עובר ושב וכו' עיי"ש כל הסוגיא, והנה האי אשל מרמז עץ החיים אשל במלוי "אלף שין למד" גימ' (545) "בדי עצי שטים" עם האותיות (שמות כ"ז,ו') דנשאו בהם המזבח וכל עצים דמשכנא הוו מהאי אשל דאברהם דראה יעקב אבינו ברוה"ק וכו'- ושם בפסוק ועשית בדים למזבח בדי עצי שטים וכו' ז"פ "מזבח" (57) גימ' (399) "אלף זעירא", וחוזר לעניין ויקריא דלמדם לברך לבורא עולם וכפול ז' משום דהטביע בז' מדות דלהון. וכן מרמז האי אשל לעץ החיים דאשל מלא כנ"ל גימ' (545) החיים במלוי כך "הא חית יוד מם" ע"ה, וד"ל. והנה הוא פלא דשמותיהם דהני ג' אמוראין בסוגיא דנן "רב יהודה רב נחמיה ריש לקיש" עולים במכוון גימ' (1518) "עץ חיים היא למחזיקים בה ותמכיה מאושר" (משלי ג',י"ח) וכן הראשי תיבות דילהון י' נ' ר"ל סליקו יחד לחושבן (290) "א' זעירא" עם הכולל. והנה בגמרא (חולין פט.) דרש רבי יצחק על הפסוק (תהלים נ"ח,ב') "האמנם אלם צדק תדברון, מישרים תשפטו בני אדם" גימ' (2565) "אל הוי'" (57) פ' "אדם" (45) וממשיך רבי יצחק בגמ' "מה אומנותו של אדם בעולם הזה ישים עצמו כאלם" גימ' (1761) "שומע תפלת כל פה (עמך ישראל) ברחמים" דאמרינן בשומע תפלה, והוא תיקון להאי בר אנש דחש עצמו כאלם בדבור דקדושה כדאמרינן

ואח"כ (משלי ט"ז,כ"ח) איש תהפכות ישלח מדון וזה גרם לו (שם) נרגן מפריד אלוף ויגרש מכבודו אבל במשה יתמך כבוד וידבר ה' אליו דייקא

גלא עמיקתא

אומנותו כאלם יכול אף בדברי תורה תלמוד לומר צדק תדברון עיין שם. וממילא חיצונית תיבין "תורה תפלה" דהיינו ת"ה ת"ה גימ' (810) "מלכות ש-די" יהודא דיסודא ומלכות בחינת תורה ש-די יסודא בחינת [יב]אור ישר אהבה בתענוגים עם תפלה מלכותא קדישא בחינת אור חוזר יראת אלהים.

והפנימיות שפלות בתכלית בחינת וידם אהרן וכדאמר משה לקרח ועדתו ואהרן מה הוא כי תלינו עליו וכו', ואף עליו ונחנו מה- וכאן הוריד לחלוטין אות א' דואנחנו מיבעי למכתב ורצה אף בויקרא להוריד ואמר לו הקב"ה כתבה וכתבה קטנה.

לעיל [ז"פ "אל הוי' (57) גימ' (399) אלף זעירא], וממשיך רבי יצחק בגמ' הנ"ל "יכול אף לדברי תורה תלמוד לומר צדק תדברון יכול יגיס דעתו תלמוד לומר מישרים תשפטו בני אדם" עיי"ש, וסמיך ליה אמר רב זעירא רמז להאי דעסקינן בא' זעירא, ובהמשך שופר של עכו"ם לא יתקע בו, והאי דאמרינן לעיל בתחלת האופן דבקדושה איתמר "כשופר הרם קולך" (ישעי' נ"ח,א') ונבארו אי"ה לקמן.

ובהאי פסוקא רמיזא טובא: "האמנם" גימ' "קול", "תדברון" גימ' "אלפי ישראל" רמיזא לא' זעירא דבכאו"א מישראל, בחי' דבור דקדושה, "מישרים" גימ' (600) "ציצית" דעי' לעיל אופן ט"ו סוד הצמצום דצמצם אורו ית' דרך קו אחד ישר דק כעין צנור, ועיי"ש מש"כ "דק כעין צנור" גימ' "ציצית" והוא "מישרים" מרמז יושר, "תשפטו" גימ' (795) "כי הם חיינו וארך ימינו ובהם נהגה יומם ולילה" דאמרינן קדם ק"ש בערבית, והוא מדברים ל',כ' בשינוי דפסקי' דלצורך צבור משנינן וכו', "בני אדם" גימ' (107) "אנכי ה'" דישראל עלו במחשבה לפני כל דבר, ומרמז שם אהי-ה דהיינו שם הכתר, ואהי-ה ברבוע דהיינו אהי-ה פעמים אהי-ה (בסוד אהי-ה אשר אהי-ה) גימ' (441) "אמת", דאמרינן לעיל דכל הפס' "ויטע אשל" וכו' גימ' ה"פ "אמת" דהיינו ה"פ אהי-ה פ' אהי-ה. ושני הפסוקים דהבאנו בריש דברינו ובסיפא "קרא בגרון אל תחשך כשופר הרם קולך" ועוד "האמנם אלם צדק תדברון מישרים תשפטו בני אדם" עולים במכוון גימ' (1893) "אהי-ה" פ' "עץ החיים" והוא בחי' הדבור העליון, דאמרו חז"ל בעשרה מאמרות נברא העולם וכו' ולפני קבלת התורה וידבר אלהים את כל הדברים וכו' והני תרי פסוקים הן אף בדבור דלתתא דבני אדם והוא גימ' (4893) ג"פ דהוי חזקה "על התורה ועל העבודה ועל גמילות חסדים" (1631) דאמר שמעון הצדיק בתחלת פרקי אבות "על שלשה דברים העולם עומד" גימ' (1262) ב"פ "קרוב אליך הדבר מאד" (לפי הקריא) (631) והוא ב"פ כדפירש"י התורה ניתנה לכם בכתב ובע"פ- ובהמשך הפסוק כתיב "בפיך ובלבבך לעשותו" [פיך לקביל תורה שבכתב, ובלבבך לקביל תורה שבע"פ] סליק לחושבן ע"ה (981) "ואתם הדבקים בה' אלהיכם חיים כלכם היום", ויהי רצון מלפני אבינו שבשמים דנזכה להיות דבוקים בו יתברך ובתוה"ק דאיהי חיינו ואורך ימינו וכו', ונזכה לאותה א' זעירא דאיהי "יונת אלם" גימ' (537) "אל דעות הוי'" וכמ"ש ז"פ "אל הוי'" (57) גימ' (399) "אלף זעירא", וישראל נמשלו ליונה דמוסרים נפשם על קדוש ה', וכן "יונת" גימ' "שמעון" דהזכרנוהו בפרקי אבות שמעון הצדיק היה משירי כנסת הגדולה וכו', וכן הוא רבי שמעון בר יוחאי הק' דיום ההילולא שלו קרב ובא עלינו לטובה, ונזכה ב"ב לראות בבנין בית מקדשנו בביאת גואל צדק, בב"א.

[יב] קדושת לוי ויקרא פרשת צו: ענין חטאת ועולה, חטאת קודמת לעולה (זבחים פט, ב). כי 'חטאת' הוא אור ישר מעולם העליון לעולם התחתון, ו'עולה' הוא אור חוזר מעולם התחתון לעולם העליון (עי' זוה"ק ח"א רמו, א), ולכן עולה כולה כליל. וזהו 'ויקרב את העולה ויעשה כמשפט' (ויקרא ט, טז), היינו כמו ראש חודש תשרי האותיות הם למפרע בסוד אור חוזר (חסר). ודו"ק.

מאהל מועד הכניסו לפני ולפנים ולא כמו אדם הראשון שמשנה פניו ותשלחהו [כמ"ש (איוב י"ד,כ') משנה פניו

גלא עמיקתא

ובנישא דפסוקא סליק גאות אדם תשפילנו ב' פעמים אלה אלהיך ישראל רמיזא ב' עגלים שעשה ירבעם בן נבט, ואין כאן מקום להאריך ונבארו במקום אחר אי"ה.

וכולא פסוקא דהיינו "גאות אדם תשפילנו, ושפל רוח יתמך כבוד" גימ' (2418) י"ג פעמים "יוסף יהודה" יהודא שלים יסוד (יוסף) מלכות (יהודה) [יג]כמבואר בספרים] בי"ג מכילן דרחמי.

א"נ הוי' פעמים "[יד]הטוב הגנוז" (93) כדכתיב (תהל' ל"א,כ') מה רב טובך אשר צפנת ליראיך ויוסף נקרא צפנת פענח (בראשית מ"א,מ"ה).

[יג] **פירוש הגר"א לספרא דצניעותא - פרק ד:** ואמר שם ע"ב ותנא כלהו מרוחא דשמאלא דלא אתבסם באדם עד ומינייהו ידעי דקאמרי להו והן מרוחא דשמאלא דאתפשט מאדם כד חב והוא נפש חיה דבריאה נוקבא והן בנות האדם. והן שני רוחין והן מזנין ומתדבקין עם אדם ואתיילדן נגעי בני אדם כנ"ל וכמ"ש בפרשת א"מ ד' ע"ו ע"ב ותרין רוחין נוקבין הוו אתיין ואזדווגן עמיה ואולידו כו' עד ומתעברן מינייהו ואולידן רוחין ולכן נקראו זונות דאתדבקו באדם. והן יורדין לתהומא רבא ולימא רבא אחת אל קין ואחת אל הבל כמ"ש בא"ר שם ועיילין בנוקבא דתהומא רבא לאתדבקא בההוא דינא קדמאה דנפיק בכללא דגופא דאקרי קין כו' וברוחא דאקרי הבל כו' נפקין אחרנין כו' כנ"ל. וזהו ויראו בני האלהים וגו' כי טובות הנה ויקחו להם כו'. ויהושע ושלמה הן היו בדרגא דסיהרא לכן תקנו אותן אלא שיהושע היה בדרגא דדכורא מיוסף לכן תיקן דכורין ושלמה היה מס"ט דנוקבא מיהודה לכן תקן נוקבין כידוע בסוד יוסף ויהודה יסוד ומלכות ובסוד משיח בן יוסף ומשיח בן דוד. ועל אשר זכה שלמה לישב על כסא ה' וירש סיהרא וזכה לחכמה זעירא חכמה הנ"ל לכן אתבסמו הנוקבין שהן רוחין דבריאה וז"ש בגינהון כתיב כי ראו כי חכמת אלקים בקרבו - וגו' שהוא חכמה דבריאה שנקראת אלקים כנ"ל והוא זכה לחכמה זו ואז הבינו כי זכה לחכמה זו כי ראו שנתבסמו והן בימא רבא ותהום רבה חו"ב של בריאה ולכן הבינו כי חכמת אלקים בקרבו. וז"ש אז תבאנה ולא מקדמייתא שלא נתבסם העולם עד שלמה כידוע. ואמר בקיסטרא דקיטורי דפיגאן ר"ל בקיטורא של צעקה ר"ל של הקטרוג שקטרגו עזא ועזאל על האדם נפלו לתתא כמ"ש בפרשת בראשית דף כ"ג ע"א דעזא ועזאל הוו מקטרגי עליה כו' עד ואפיל לון מקדושה דילהון. וכן בתוספתא (דף ל"ז ע"א) ארז"ל בשעתא כו'. [יד] **זוהר - רעיא מהימנא - במדבר - פרשת נשא דף קכג עמוד א:** בכל יומא תשכח נטירא, ואינון נטירין אינון כגון קוצים לכרם, ואית נטירין אחרנין כגון נחשים ועקרבים ושרפים ונטרין ההוא טוב דלא ייעול תמן דלאו איהו ראוי למיעל, ואי לאו, כל חייביא הוו עאלין ברזין דאורייתא, ובג"ד מאן דאיהו חייבא ויעול למנדע רזין דאורייתא כמה מלאכי חבלה דאתקריאו חשך ואפלה נחשים ועקרבים חיות ברא אתקריאו ומבלבלין מחשבתיה דלא ייעול לאתר דלאו דיליה, אבל מאן דאיהו טוב כל אלין נטירין אינון למימריה וקטיגור נעשה סניגור, וייעלון (ליה) לטוב הגנוז ויימרון ליה מרנא הא בר נש טוב וצדיק ירא שמים בעי לאעלא קדמך ואמר לנו (תהלים קיח) פתחו לי שערי צדק אבא בם אודה יה ההוא טוב הגנוז יימא לון פתחו ליה בהאי תרעא דאתקרי אהבה או בהאי תרעא דאיהי תשובה, כל צדיק ייעול כפום דרגא דיליה ורזא דמלה (ישעיה כו) פתחו שערים ויבא גוי צדיק וגו' כען צריך לאהדרא על פתח התשובה, וכי מכמה מינין איהו תשובה דעבדין בני נשא כלהו טבין אבל לאו כל אפייא שוין, אית ב"נ דאיהו רשע גמור כל ימיו ואיהו עובר על כמה פקודין דלא תעשה ומתחרט ומודה עלייהו ולבתר כן לא עבד לא טב ולא ביש, לדא ודאי ימחול ליה קודשא בריך הוא, אבל לא דיזכה

ותשלחהו] מחוץ לגן עדן [כמ"ש (בראשית ג',כ"ג) וישלחהו ה' אלהים מגן עדן] ז"ש אדם כי יקריב (ויקרא א',ב')

גלא עמיקתא

ואמרו חז"ל (סוטה י:) [טו]יוסף שקדש שם שמים בסתר נתוספה לו אות משם הוי' ב"ה בשמו יהוסף כדכתיב (תהל' פ"א,ו') "עדות ביהוסף שמו" יהודה שקידש שם שמים בגלוי נתוסף לשמו כל שם הוי' ברוך הוא- יהודה.

והוא ביחודא שלים עם אות ד' בשמו דאיהי מלכותא קדישא [טז]דלה ועניה ולית לה מגרמה כלום ואין מוקדם ומאוחר בתורה לכן אין להקשות דהרי שמו יהודה ניתן קודם שקידש שם שמים בסתר וכו'.

ומביא רבינו הפסוק "ושפל רוח יתמך כבוד" (משלי כ"ט,כ"ג) זהו משה שבזכותו היה "כבוד ה' מלא את המשכן" (שמות מ',ל"ד-ל"ה).

והבאנו [3] בבאורנו [יז]למגלה עמוקות ויקרא אופן ט"ו

3. באור על מגלה עמוקות ויקרא אופן ט"ו: ומביא המגלה עמוקות הפסוק "וכבוד ה' מלא את המשכן" דחוזר פעמיים פסוק אחר פסוק (שמות מ',ל"ד-ל"ה) והוא אומר דרשני דתורה דברה בדרך כלל בלשון קצרה, ומהי הכפילות דבכאן. ונעביד חושבן "וכבוד ה' מלא את המשכן" גימ' (951) ג"פ "ויקרא" (317) וכפלינן ב"פ (בפסוק ל"ה חוזר שנית) ואז לתשובה עלאה, אית ב"נ לבתר דייתוב מחטאיו ומתכפר ליה איהו אזיל בדרך מצוה ומתעסק בכל כחו בדחילו ורחימו דקודשא בריך הוא, דא זכי לתשובה תתאה דאתקרי ה', ודא איהו תשובה תתאה, ואית ב"נ לבתר דמתחרט מחובוי ויעביד תשובה ויתעסק באורייתא בדחילו ורחימו דקודשא בריך הוא ולא ע"מ לקבל פרס, דא זכי לאת ו' ואיהו בן י"ה ועל שמיה אתקרי בינה, ודא גרים דתשוב ו' לגבי ה', ומלת תשובה כך היא תשוב ו' לה'.

[טו] תלמוד בבלי מסכת סוטה דף י עמוד ב: והיא שלחה אל חמיה לאמר לאיש אשר אלה לו אנכי הרה, ותימא ליה מימר! אמר רב זוטרא בר טוביה אמר רב, ואמרי לה אמר רב חנא בר ביזנא אמר רבי שמעון חסידא, ואמרי לה אמר רבי יוחנן משום ר' שמעון בן יוחי: נוח לו לאדם שיפיל עצמו לתוך כבשן האש ואל ילבין פני חבירו ברבים. מנלן? מתמר. הכר נא - א"ר חמא ברבי חנינא: בהכר בישר לאביו, בהכר בישרוהו; בהכר בישר - הכר נא הכתנת בנך היא, בהכר בישרוהו - הכר נא למי. נא - אין נא אלא לשון בקשה, אמרה ליה: בבקשה ממך, הכר פני בוראך ואל תעלים עיניך ממני. ויכר יהודה ויאמר צדקה ממני - היינו דאמר רב חנין בר ביזנא א"ר שמעון חסידא: יוסף שקדש ש"ש בסתר - זכה והוסיפו לו אות אחת משמו של הקדוש ברוך הוא, דכתיב: עדות ביהוסף שמו, יהודה שקדש ש"ש בפרהסיא - זכה ונקרא כולו על שמו של הקדוש ברוך הוא. כיון שהודה ואמר צדקה ממני, יצתה בת קול ואמרה: אתה הצלת תמר ושני בניה מן האור, חייך שאני מציל בזכותך ג' מבניך מן האור; מאן נינהו? חנניה מישאל ועזריה. צדקה ממני - מנא ידע? יצתה בת קול ואמרה: ממני יצאו כבושים. ולא יסף עוד לדעתה - אמר שמואל סבא חמוה דרב שמואל בר אמי משמיה דרב שמואל בר אמי: כיון שידעה שוב לא פסק ממנה, כתיב הכא: ולא יסף עוד לדעתה, וכתיב התם: קול גדול ולא יסף. **[טז] כתוב לגבי לבנה ולומדים לענין המלכות:** זוהר פרשת וישב דף קפא עמוד א פתח ואמר (ישעיה נ"ב) הנה ישכיל עבדי ירום ונשא וגבה מאד, זכאה חולקהון דצדיקייא דקודשא בריך הוא גלי לון ארחי דאורייתא למהך בהו, ת"ח האי קרא רזא עלאה איהו, הנה ישכיל עבדי ואוקמוה אבל ת"ח כד ברא קודשא בריך הוא עלמא עבד לה לסיהרא ואזער לה נהורהא דהא לית לה מגרמה כלום ובגין דאזעירת גרמה אתנהרא בגין שמשא ובתוקפא דנהורין עלאין ובזמנא דהוה בי מקדשא קיים ישראל הוו משתדלי בקורבנין ועלוון ופולחנין דהוו עבדין כהני וליואי וישראלי בגין לקשרא קשרין ולאנהרא נהורין, ולבתר דאתחרב בי מקדשא אתחשך נהורא וסיהרא לא אתנהירת מן שמשא וכו' **[יז] מגלה עמוקות על א' זעירא דויקרא אופן ט"ו:**

וז״ס כבוד ה׳ מלא את המשכן (שמות מ׳,ל״ד-ל״ה עיין מה נכתוב בסמוך בס״ד) כשתמלא שם בן ד׳ הם י׳ (אותיות) וז״נ במלת א׳ על אותיות הוי״ה שהם כבוד ה׳ דמתרגמינן יקרא דה׳ לבושא דיקר. וכן רוחב המשכן היה י׳ ואותו היקר שהם לבושין וכנויין הקב״ה הראה למשה ככל אשר אני מראה אותך (שמות כ״ה,ט׳) אותך דייקא שמשה היה י׳ אמין את תבנית המשכן שהיה ג״כ י׳ אמות. וז״נ באלף זעירא שהיא צורת יוד אותו היקר היה ג״כ אל משה וכן וידבר ה׳ אליו הדבור היה למעלה מי׳ ארון ט׳ וכפרת י׳ שמעולם לא ירדה שכינה למטה מי׳ וכן מאהל מועד שהיה ג״כ י׳ ז״ש מאהל מועד לאמר. [יח] **תלמוד בבלי ראש השנה דף לא עמוד א**: וקמיפלגי בדרב קטינא. דאמר רב קטינא: שיתא אלפי שני הוה עלמא וחד חרוב, שנאמר ונשגב ה׳ לבדו ביום ההוא. אביי אמר: תרי חרוב, שנאמר יחיינו מימים. [יט] **תלמוד בבלי מסכת סנהדרין דף צח עמוד א**: אמר רבי אלכסנדרי: רבי יהושע בן לוי רמי, כתיב בעתה, וכתיב, אחישנה! זכו - אחישנה, לא זכו - בעתה. אמר רבי אלכסנדרי: רבי יהושע בן לוי רמי, כתיב וארו עם ענני שמיא כבר אנש אתה, וכתיב עני ורכב על חמור! - זכו - עם ענני שמיא, לא זכו - עני ורוכב על חמור. אמר ליה שבור מלכא לשמואל: אמריתו, משיח על חמרא אתי, אישדר ליה סוסיא ברקא דאית לי! - אמר

גלא עמיקתא

דתיבין "וכבוד ה׳ מלא את המשכן" מופיעות פעמיים (שם) פסוק אחר פסוק ועבדינן חושבנן עם חושבנן תרגום אונקלוס דסליקו כולהו לחושבן (6000) ו׳ אלפין- שלימו [יח]דשית אלפי שנין דהוי עלמא (ראש השנה לא.).

ונרמז דאמר להם משה: ארבעים יום לשעה הששית ארד מההר דהיינו לסוף אלפא שתיתאה וזהו בשש בא שש רצה להשלים בעבודתו על ההר שית אלפי שנין בחינת [יט]אחישנה כדכתיב (ישעי׳ ס׳,כ״ב) "אני הוי׳ בעתה אחישנה".

ודרשו חז״ל בגמרא (סנהדרין צח. דלכאורה הוא סתירה בין בעתה שמשמע בעת שיהיה ולא מוקדם יותר לבין אחישנה דמשמע דימהר להקדים הגאולה.

ותירצו: זכו- אחישנה, לא זכו- בעתה, והן שתי בחינות בגאולה.

והם לא זכו- לא הזדככו אלא הלכו שבי אחרי עיניהם דשטן בלבל העולם וכו׳ ולא החזיקו בבחינת האמונה והבטחון- וחלף "אחישנה" גימ׳ ע״ה (375) למש״ה. דה-א׳ מוספינן ויקר אל משה להשלים לחושבן למש״ה אחישנ״ה בתוספת [4]א׳ זעירא ונותרה "בעתה" חושבן ת״פ חושבן (משכן) העד״ת בהפוך אתוון הדע״ת כנ״ל עם א׳ זעירא

חושבן (1902) ו״פ "ויקרא" (317) לכללות ו״ק. ותרגם אונקלוס: "ויקרא דה׳ אתמלי ית משכנא" גימ׳ (2049) ג״פ "גן נעול אחתי כלה" (683) (שיר השירים פ״ד פסוק י״ב עיין אופן קצ״ז) וכשהוא ב׳ הפסוקים כנ״ל הרי ו״פ "גן נעול אחתי כלה". וחושבן "ויקרא (317) עם "גן נעול אחתי כלה" (683) סליקו לחושבן (1000) אלף- והוא נפלא מאד- דהיינו אלף רבתי (תחלת דברי הימים). ומעתה יובן מדוע נכתב ב״פ זה אחר זה בשני פסוקים סמוכים, דשניהם היינו ב״פ "וכבוד ה׳ מלא את המשכן" (1902) עם ב״פ (תרגום אונקלוס) "ויקרא דה׳ אתמלי ית משכנא" (4098) סליקו לחושבן (6000) שית אלפין דהוי עלמא (ר״ה לא.). ומעתה יובן יותר האי דכתב המגלה עמוקות שיש לאלהינו כנויים שבהם הוא מתלבש (ר׳ יוחנן קרא למאנא מכבדותא שבת קיג:) הקב״ה. וזהו בשית אלפי שנין דהוי עלמא ובאלף השביעי ב׳ ימות המשיח וחיי עולם הבא פשטתי את כתנתי איככה אלבשנה- ונגלה כבוד הוי׳ וראו כל בשר יחדו כי פי ה׳ דבר בגאולה האמיתית והשלמה בב״א.

4. באור על מגלה עמוקות ואתחנן אופן ע״ו: אקדמות מילין: רצה משה רבינו להיכנס לארץ ישראל שישיבת ארץ ישראל שקולה כנגד כל המצוות היינו רמ״ח מצוות עשה כמנין אברה״ם גימ׳ רמ״ח, ושס״ה מצוות לא תעשה הן מצד יצחק, לפי השערי אורה שכתב

שלוקים כמנין מכה רב"ה וכמנין (ו)ארא"ה. ותרוויהו כחושבן משה במלוי יודין כזה: "מם שין הי" גימ' (455) רמ"ח כ"ז היינו אברה"ם ארא"ה, ולכן שייך הוא בכניסה לארץ ישראל כחושבן שמו. וכן הוא לפי החינוך דכתב המצוות הנוהגות בכל מקום ובכל זמן הם כמנין רע"ז היינו זעיר שם זעיר שם (ישעי' כ"ח,י'), ונרמז ב-א' זעירא דזכה לה משה רבינו באותו פרק ויקרא אל משה ב-א' זעירא- ולכן רצה להיכנס לארץ ישראל לקיים המצוות התלויות בארץ וכו' וממילא יביא הגאולה לבני ישראל בארץ ישראל ולעולם כולו, דמעשה ידיו של משה נצחיים- וימשיך תמן אור הגנוז ותחית המתים לבחינת יום שכולו שבת. אמנם שבת מגיע לאחר ששת ימי החול, ומה ראה משה להביא ליום שכולו שבת לפני שית אלפי שנין? י"ל לפי דברי האר"י הקדוש ששת ימי החול ושבת קודש הם בצורת מנורה, בבחינת (במדבר ח',ב') אל מול פני המנורה יאירו שבעת הנרות, דהיינו יום רביעי חמישי ששי נשואות פניהם אל שבת קדש, וכבר מרגישים הארת שבת קודש ביום רביעי, ולכן אומרים לאחר שיר של יום [ליום רביעי] לכו נרננה "הקטן" (תהל' צ"ה,א'-ג'): [א] לְכוּ נְרַנְּנָה לַיהוה נָרִיעָה לְצוּר יִשְׁעֵנוּ (1564) [ב] נְקַדְּמָה פָנָיו בְּתוֹדָה בִּזְמִרוֹת נָרִיעַ לוֹ (1783) [ג] כִּי אֵל גָּדוֹל יהוה וּמֶלֶךְ גָּדוֹל עַל כָּל אֱלֹהִים (505) סליקו הני תלת פסוקין לחושבן (3852): י"ב פעמים "נסו הצללים" (321) כדכתיב עד שיפוח היום ונסו הצללים (שה"ש ב',י"ז), דישראל אומרים הני פסוקין [בכל יום רביעי] בתר צלותא דשחרית, ומיד ונסו הצללים דמרגישים ביאת שבת מלכתא, ולכן בא הרמז בכפילת י"ב פעמים לרמוז על י"ב שבטי י"ה עדות לישראל (תהל' קכ"ב,ד') דמזמרים הני פסוקין ומעידים על בואה של שבת קודש, וכמבואר אצלנו במקום אחר דברי הגמרא (חגיגה ג.) שלשה מעידין זה על זה: ישראל, שבת וקוב"ה.

גלא עמיקתא

בס"ד ואנו נאמר דכבר חלפה לה בעת"ה דאנן בסיפא דאלף ו'.

ודרשו בספה"ק פסוקא (שמות ל"ח,כ"ח) "ואת האלף ושבע המאות וחמשה ושבעים עשה ווים לעמודים וצפה ראשיהם וחשק אותם" [סליק לחושבן (4369) "טוב" (17) פעמים "[כ]**אור הגאולה" (257)].**

דגאולתא שלמתא בשנתנו אנו הנוכחית ה'תשע"ה ואת ה' אלף (ה' אלפין) ושבע המאות וחמשה ושבעים היינו תשע"ה.

עש"ה גימ' (375) למש"ה כאמרם (בכורות ה.) [כא]**שאל קונטרוקוס השר את רבן יוחנן בן זכאי וכו' משה רבכם גנב היה וכו' נתן מחצה ונטל מחצה.**

ליה: מי אית לך בר חיור גווני? רבי יהושע בן לוי אשכח לאליהו, דהוי קיימי אפיתחא דמערתא דרבי שמעון בן יוחאי, אמר ליה: אתינא לעלמא דאתי? - אמר ליה: אם ירצה אדון הזה. אמר רבי יהושע בן לוי: שנים ראיתי וקול שלשה שמעתי. - אמר ליה: אימת אתי משיח? - אמר ליה: זיל שייליה לדידיה. - והיכא יתיב? - אפיתחא דרומי. - ומאי סימניה? - יתיב ביני עניי סובלי חלאים, וכולן שרו ואסירי בחד זימנא, איהו שרי חד ואסיר חד. אמר: דילמא מבעינא, דלא איעכב. אזל לגביה, אמר ליה: שלום עליך רבי ומורי! - אמר ליה שלום עליך בר ליואי. - אמר ליה: לאימת אתי מר? - אמר ליה: היום. אתא לגבי אליהו. - אמר ליה: מאי אמר לך? - אמר ליה: שלום עליך בר ליואי. - אמר ליה: אבטחך לך ולאבוך לעלמא דאתי. - אמר ליה: שקורי קא שקר בי, דאמר לי היום אתינא, ולא אתא! - אמר ליה: הכי אמר לך היום אם בקלו תשמעו. **[כ] פענח רזא שמות פרשת שמות:** ובעזרת האל בתעצומות, נתחיל ספר וסדר ואלה שמות: ואלה" שמות" בני" ישראל", ס"ת תהי"ל לומר שלבסוף יהיל אורם אור הגאולה בזכות ואלה שמות שלא שינו את שמם כדאיתא במדרש, שמות יש בו אותיות שמת"ו, כלומר אף על גב שמנאם בחיים חזר ומנאן לאחר מותן, "שמות "בני "ישראל "הבאים ר"ת שבי"ה, לומר שאז כשמת יוסף וכל הדור ההוא הי' ראש שבים וגלותם, לכן בא הרמז בראשי תיבות. **[כא] תלמוד בבלי בכורות דף ה עמוד א:** שאל קונטרוקוס השר את רבן יוחנן בן זכאי: בפרטן של לוים אתה מוצא עשרים ושנים

אלף ושלש מאות, בכללן אתה מוצא עשרים ושנים אלף, ושלש מאות להיכן הלכו? א"ל: אותן שלש מאות בכורות היו, ואין בכור מפקיע בכור. מאי טעמא? אמר אביי: דיו לבכור שיפקיע קדושת עצמו. ועוד שאלו: בגיבוי כסף אתה מוצא מאתים ואחת ככר ואחת עשרה מנה, דכתיב: בקע לגלגלת מחצית השקל בשקל הקדש וגו', ובנתינת הכסף אתה מוצא מאת ככר, דכתיב: ויהי מאת ככר הכסף לצקת וגו'. משה רבכם גנב היה, או קוביוסטוס היה, או אינו בקי בחשבונות! נתן מחצה ונטל מחצה, ומחצה שלם לא החזיר! אמר לו: משה רבינו גיזבר נאמן היה, ובקי בחשבונות היה, ומנה של קודש כפול היה.

[כב] תלמוד בבלי סוכה דף נב עמוד א: וספדה הארץ משפחות משפחות לבד משפחת בית דוד לבד ונשיהם לבד. אמרו: והלא דברים קל וחומר. ומה לעתיד לבא - שעוסקין בהספד ואין יצר הרע שולט בהם - אמרה תורה אנשים לבד ונשים לבד, עכשיו שעסוקין בשמחה ויצר הרע שולט בהם - על אחת כמה וכמה. הא הספידא מאי עבידתיה? פליגי בה רבי דוסא ורבנן. חד אמר: על משיח בן יוסף שנהרג, וחד אמר: על יצר הרע שנהרג. בשלמא למאן דאמר על משיח בן יוסף שנהרג - היינו דכתיב והביטו אלי את אשר דקרו וספדו עליו כמספד על היחיד. אלא למאן דאמר על יצר הרע שנהרג - האי הספידא בעי למעבד? שמחה בעי למעבד! אמאי בכו? - כדדרש רבי יהודה: לעתיד לבא מביאו הקדוש ברוך הוא ליצר הרע ושוחטו בפני הצדיקים ובפני הרשעים

גלא עמיקתא

וממשיך שם בגמ': וענה לו מהאי פסוקא ואת האלף ושבע מאות וחמשים עשה ווים לעמודים ולא מנאן הכתוב אלא בפרוטרוט וכו' ועיין שם באורו של רש"י באריכות כל החשבונות.

וזהו "ווים לעמודים" גימ' (262) "חדרים" כדכתיב (משלי כ"ד,ד') "ובדעת חדרים ימלאו כל הון יקר ונעים" חדרי"ם ראשי תיבות ח'סד ד'ין ר'חמים י'סוד מ'לכות שלמות הקומה (דנצח והוד תרין ביעין דמבשלן לזרע קודש ולא אדכר בר"ת).

ודרש האר"י הקדוש בספר הליקוטים על הפסוק דהבאנו לעיל (משלי כ"ד,ד') "ובדעת חדרים ימלאו" ח'דרים י'מלאו ראשי תיבות ח"י– כי כל השפעת דעת בא ליסוד ח"י עולמים שהוא סוד חדרי"ם גימ' (262) רס"ב.

ומבאר: ר"ס י' הויות ה' חסדים ו–ה' גבורות ו–ב' כוללים א' לחסדים ו–א' לגבורות הרי מספר חדרי"ם (262). עד כאן לשונו הקדוש של האר"י הקדוש. ובדרך אפשר נאמר דסליק נמי לחושבן (262) ב' פעמים סמא"ל (131) ומכניע ל–ב' בחינותיו אחד לעילא שטנא ואחד לתתא כמו שמתלבש יצרא בישא בחללא שמאלא דלבא דבר נש ומסיתהו מבית ומחוץ. ולעתיד לבוא ונגלה כבוד ה' וראו כל בשר– דהיינו ב' חללי ליבא– יחדו כי פי ה' דבר ומלאה הארץ דעה את ה' כמים לים מכסים, וממילא יתבטל כוחו דס"מ ל–ב' בחינותיו, [כב]ועתידא קוב"ה למשחטיה למלאך המות ובלע המות לנצח ב"ב אכי"ר. ומביא רבינו בסוף אופן כ"א ענין א' דאמ"ש בספר יצירה בחינת רוח, ואכמ"ל ורק נאמר חושבן הפסוק דמביא ונקשרו לכאן (בראשית ג',ח'): "וישמעו את קול ה' אלהים מתהלך בגן לרוח היום" גימ' (1936) ד"ם (44) פעמים ד"ם (44) ובאור הענין דכשחטאו נתמעטו ונתגשמו והפכו מאדם כמ"ש (בראשית ה',ב') ויקרא את שמם אדם לבחינת ד"ם בלא א'– ומשה רבינו החזירה במסירת נפשו בהיותו בחינת "ושפל רוח יתמך כבוד" (משלי כ"ט) כנ"ל וזכה להאי א' ויקר א' אל משה (ויקרא א',א'). ומיד בפסוק הבא (ויקרא א',ב') "אדם כי יקריב מכם קרבן לה'" ובעבודה נרמזו: ראשי תיבות [אדם כי יקריב מכם קרבן לה'] גימ' (201) בצדק"ה כדכתיב (ישעי' א',כ"ז) "ציון במשפט תפדה

גלא עמיקתא

ושביה בצדקה", סופי תיבות [אדם כי יקריב מכם קרבן לה'] גימ' (147) "טוב עין" [כג]דכל הנותן בעין יפה הוא נותן כדאמר שלמה (משלי כ"ב,ט') "טוב עין הוא יברך" [כד]אל תיקרי יבורך אלא יברך לאחרים. [5עיין באורנו בענין זה בפירוש דברי הגמרא (מגילה לא.) [כה]אמר רבי יוחנן כל מקום שאתה מוצא גדולתו של הקדוש ברוך הוא שם אתה מוצא ענותנותו]. וחושבן "אדם כי יקריב מכם קרבן לה'" (905) ללא הראשי תיבות (201) גימ' (704) "בשבת" דהיינו באלף השביעי. ונסיר אף הסופי תיבות (147) ונותרו אתוון הפנימיים [אדם (כי) יקריב מכם קרבן לי-ה-ו-ה] גימ' (557) "חמדת הימים" בפיוט לשבת "חמדת היום קראו אלי צור" בחינת אלף השביעי שבת שבתון ובא לציון גואל ונהיה לצורת אדם אתם קרויין אדם.

5. במקום שאתה מוצא גדולתו של הקב"ה שם אתה מוצא ענותנותו: א' זעירא רמיזא למש"כ (מגילה לא.) וז"ל הגמ' אמר ר' יוחנן "כל מקום שאתה מוצא גדולתו של הקב"ה שם אתה מוצא ענותנותו" גימ' כ"ה פעמים "טוב עין" (147), וכמו כן הוא גימ' ה"פ "כטוב וכישר בעיניך" (יהושע ט',כ"ה) כאשר נפלו הגבעונים בידי בני ישראל בזמן יהושע [ובדרך אפשר רמז דק לקשר ביניהם כ"ה פעמים "טוב עין" והוא ביהושע ט' נמצא בפסוק כ"ה, וכן יהושע ט' ומשלי כ"ב נמצא בפס' ט'] ושם בפסוק במשלי "טוב עין הוא יברך" גימ' (391)"יהושע", ושאר הפס' "כי נתן מלחמו לדל" גימ' (718) "אנכי עפר ואפר" דאמר אברהם אבינו ע"ה, ומרמז להאי מימרא דר' יוחנן במקום שאתה מוצא וכו' דאנכי מפי הגבורה שמענו ועפר ואפר עניין שפלות, וכל הפסוק הנ"ל יחד (משלי כ"ב,ט') "טוב עין הוא יברך, כי נתן מלחמו לדל" גימ' (1110) י"פ אלף (111) והוא ענין אלף זעירא כמו שכתב במגלה עמוקות הקדוש אופן ע"ח ד-א' זעירא צורתה י' עיין שם.

[כג] **תלמוד בבלי מסכת בבא בתרא דף נג עמוד א:** בעי רב: מתנה היאך? אמר שמואל: מאי תבעי ליה לאבא? השתא ומה מכר דקא יהיב ליה זוזי, אי א"ל לך חזק וקני - אין, אי לא - לא, מתנה לא כל שכן! ורב סבר: מאן דיהיב מתנה, בעין יפה יהיב. וכמה? כל שהוא, כדשמואל, דאמר שמואל: גדר גדר והשלימו לעשרה, ופרץ פרצה כדי שיכנס ויצא בה - הרי זו חזקה. האי גדר היכי דמי? אילימא דמעיקרא לא הוו סלקי לה והשתא נמי לא סלקי לה, מאי עבד? ואלא דמעיקרא הוו סלקי לה והשתא לא סלקי לה, טובא עבד! לא צריכא, דמעיקרא הוו סלקי לה ברווחא, והשתא קא סלקי לה בדוחקא. האי פרצה ה"ד? אילימא דמעיקרא הוו עיילי בה והשתא נמי עיילי בה, מאי עבד? ואלא דמעיקרא לא הוו עיילי בה והשתא קא עיילי בה, טובא עבד! לא צריכא, דמעיקרא הוו עיילי בה בדוחקא, והשתא עיילי בה ברווחא. א"ר אסי א"ר יוחנן: נתן צרור והועיל, נטל צרור והועיל - ה"ז חזקה. מאי נתן ומאי נטל? אילימא נתן צרור וסכר מיא מינה, נטל צרור ואפיק מיא מינה, האי מבריח ארי מנכסי חברו הוא! אלא, נתן צרור - דצמד לה מיא, נטל צרור - וארוח לה מיא.

[כד] **תלמוד בבלי מסכת סוטה דף לח עמוד ב:** ואמר ריב"ל: אין נותנין כוס של ברכה לברך אלא לטוב עין, שנאמר: טוב עין הוא יבורך כי נתן מלחמו לדל, אל תיקרי יבורך אלא יברך. ואמר ר' יהושע בן לוי: מנין שאפי' עופות מכירין בצרי העין? שנאמר: כי חנם מזורה הרשת בעיני כל בעל כנף. ואמר רבי יהושע בן לוי: כל הנהנה מצרי העין עובר בלאו, שנאמר: אל תלחם את לחם רע עין וגו', כי כמו שער בנפשו כן הוא אכול ושתה יאמר לך וגו'. רב נחמן בר יצחק אמר: עובר בשני לאוין, אל תלחם ואל תתאו. וא"ר יהושע בן לוי: אין עגלה ערופה באה אלא בשביל צרי העין, שנאמר: וענו ואמרו ידינו לא שפכו את הדם הזה, וכי על לבנו עלתה שזקני ב"ד שופכי דמים הם? אלא, לא בא לידינו ופטרנוהו ולא ראינוהו והנחנוהו, לא בא לידינו ופטרנוהו בלא מזונות, לא ראינוהו והנחנוהו בלא לוייה [כה] **תלמוד בבלי מסכת מגילה דף לא עמוד א:** אמר רבי יוחנן: כל מקום שאתה מוצא גבורתו של הקדוש ברוך

הוא אתה מוצא ענוותנותו; דבר זה כתוב בתורה ושנוי בנביאים ומשולש בכתובים. כתוב בתורה - כי ה׳ אלהיכם הוא אלהי האלהים ואדני האדנים, וכתיב בתריה עשה משפט יתום ואלמנה. שנוי בנביאים - כה אמר רם ונשא שכן עד וקדוש וגו׳, וכתיב בתריה ואת דכא ושפל רוח. משולש בכתובים דכתיב סלו לרכב בערבות ביה שמו, וכתיב בתריה אבי יתומים ודין אלמנות.

אופן כב

בא לרמוז בכאן יקרה היא מפנינים שהתורה היא יותר חשובה מכהן גדול שנכנס לפני ולפנים זה שכתוב יש זהב ורב פנינים וכלי יקר שפתי דעת רוצה לומר הנשיאים הביאו זהב אבל התורה היא רב מכהן גדול שנכנס לפני ולפנים ממשבצות זהב לבושה נמצא שגם יש זהב קאי על כהן גדול אבל התורה היא כלי יקר יותר חשובה שהיא שפתי דעת לזה א׳ זעירא רומזת על התורה מלשון אאלפך חכמה ופי׳ ויקר אל משה שנתן הקב״ה למשה מה היא היקר היא אל״ף הלימוד שהוא לומר כתר תורה זה שכתוב וידבר ה׳ אליו ואח״כ מפרש מאוהל מועד לאמר האמירה יותר חשובה מאוהל מועד מכהן גדול הנכנס לפנים מאוהל מועד כי יקרה היא מפנינים:

אופן כב

בא לרמוז בכאן (משלי ג',ט"ו) [א]יקרה היא מפנינים שהתורה היא יותר חשובה מכהן גדול שנכנס לפני ולפנים זה שכתוב

גַּלֵּא עֲמִיקָתָא

והנה חושבן הפסוקים שמביא, ונקשרם לדבריו הקדושים בס"ד:

א'. [ב]**יקרה היא מפנינים וכל חפציך לא ישוו בה** (משלי ג',ט"ו) סליק לחושבן (1235) עם הכולל "[1]כתר התורה", "יקרה היא מפנינים" גימ' (611) "תורה" וממילא נמשך ד"וכל חפציך לא

1. אופן קכ"ה - תהלים ה' למנצח אל הנחילות - בטחון בה': ונפרש בעזהי"ת פסוקא אחרינא, דהכל הולך אחר החיתום: **פסוק י"ג: כי אתה תברך צדיק ה' כצנה רצון תעטרנו:** עולה גימ' (2534): ב"פ "ימין ושמאל תפרוצי" דהן ב' בחי' בכתרק א"א חיצוניות הכתר בחי' רצון- שמאל, ועתיק בחי' ימין כדאיתא בזוה"ק לית שמאלא בהאי עתיקא "תפרוצי" גימ' (786) "כתר עליון" והני תלת בחי' בכתר דהיינו ימין ושמאל תפרוצי כנ"ל לקביל תלת רישין דבִכתר והן לקביל "אמונה תענוג רצון" גימ' (977) "כתר שם טוב" ובמשנה באבות איתא (פ"ה,מ"א) ג' כתרים הן כתר תורה וכתר כהונה וכתר מלכות וכתר שם טוב עולה על גביהן, ועיין עוד במאמר בשעה שהקדימו למוהר"ר שלום דובער זיע"א, דהקשה דבמשנה ג' כתרים וחשיב ד', וגם מהו הלשון עולה על גביהן, והאי חבורא איהו תירוצא להאי קושיא ומשתרע על כאלף וחמש מאות עמודים [ועיין עוד מה שהבאנו דבריו לקמן תחלת אופן ק"ל-ויהי ביום השמיני קרא משה לאהרן-המשכה מפנימיות הכתר לבינה, דמש"כ קרא משה הוא בחי' המשכת האור וכו'].

והני י"ג **פסוקין** דהיינו **כולא מזמורא ה'** סליק לחושבן (26340): כ"פ (לית כתר בלא כ') "אלף ויקרא" (1317), והשי"ת יגאלנו מגלותנו זה האחרון כי בעתיקא תליא מילתא, בגאולה האמיתית והשלמה וביאת משיח צדקנו, במהרה בימינו אמן.

[א] **תלמוד בבלי מסכת מועד קטן דף ט עמוד ב:** הדר יתבי וקא מבעי להו: כתיב יקרה היא מפנינים וכל חפציך לא ישוו בה, הא חפצי שמים - ישוו בה, וכתיב וכל חפצים לא ישוו בה - דאפילו חפצי שמים לא ישוו בה! - כאן במצוה שאפשר לעשותה על ידי אחרים, כאן - במצוה שאי אפשר לעשותה על ידי אחרים [ב] **ילקוט שמעוני תורה פרשת עקב רמז תתעג ד"ה כי אם שמר תשמרון:** רבי עקיבא אומר הרי הוא אומר שתה מים מבורך, בור תחלתו אין יכול להוציא טפת מים מאליו אלא מה שנותן לתוכו, כך תלמיד שלא למד מתחלתו כל דבר לא היה לו אלא מה שלמד, ונוזלים מתוך בארך דומה לבאר מה באר מנזלת מים חיים מכל צדדיה כך באין תלמידי חכמים ולמדין ממנו וכן הוא אומר יפוצו מעינותיך חוצה ברחובות פלגי מים, נמשלו דברי תורה כמים חיים מה מים חיים לעולם כך דברי תורה חיים לעולם שנאמר כי חיים הם למוצאיהם, ומה מים מעלין את הטומאה לטהרה כך דברי תורה מעלין את הטמא מטומאה לטהרה שנאמר אמרות ה' אמרות טהורות, ומה מים משיבין נפשו של אדם כך דברי תורה משיבין נפשו של אדם שנאמר תורת ה' תמימה משיבת נפש, ומה מים חנם לעולם כך דברי תורה חנם לעולם שנאמר הוי כל צמא לכו למים ואשר אין לו כסף לכו שברו ואכלו ולכו שברו בלוא כסף ובלוא מחיר יין וחלב, אי מה מים אין להם דמים כך דברי תורה אין להם דמים, תלמוד לומר יקרה היא מפנינים וכל חפציך לא ישוו בה, אי מה מים אין משמחין את הלב כך דברי תורה כן, ת"ל כי טובים דודיך מיין מה יין משמח את הלב כך דברי תורה משמחין את הלב שנאמר פקודי ה' ישרים משמחי לב, ומה יין אתה טועם טעמו מתחלתו וכל זמן שמתיישן בקנקן סופו להשביח כך דברי תורה כל זמן שמתישנין בגוף סופו להשביח שנאמר בישישים חכמה, ומה יין אי אפשר להתקיים לא בכלי כסף ולא בכלי זהב אלא בכלי חרש כך דברי תורה אין מתקיימין אלא בשפל רוח, אי מה יין פעמים שהוא רע לראש ורע לגוף יכול אף דברי תורה כן, ת"ל לריח שמניך טובים מה שמן יפה לראש ויפה לגוף כך דברי תורה יפין לראש ויפין לגוף שנאמר כי לוית חן הם לראשך וענקים לגרגרותיך, ואומר תתן לראשך

(שם כ׳,ט״ו) יש זהב ורב פנינים וכלי יקר שפתי דעת ר״ל [ג]הנשיאים הביאו זהב אבל התורה היא רב מכהן גדול

גַּלְּיָא עַמִּיקְתָּא

ישוו בה״ גימ׳ (625) ״הכתר״ וכן [ד]אד״ם במילוי ״אלף דלת מם״ (625) והוא נפלא

לוית חן, נמשלו דברי תורה לשמן ודבש שנאמר ומתוקים מדבש ונופת צופים, דבר אחר כי אם שמר תשמרון מנין אתה אומר שאם שמע אדם דבר מדברי תורה ראשון ראשון ומקיימן שכשם שראשונים מתקיימין בידו כך אחרונים מתקיימין בידו, ת״ל כי אם שמר תשמרון, ומנין שאם שמע ראשון ראשון ומשכחן כשם שאין הראשונים מתקיימין בידו כך אין אחרונים מתקיימין בידו, ת״ל והיה אם שכח תשכח (כי) [אין] אתה מעלים עיניך עד שילך לו שנאמר התעיף עיניך בו ואיננו, כתוב במגילת סתרים אם יום תעזבני יומים אעזבך, ד״א כי אם שמור תשמרון שמא תאמר יש בנו זקנים יש בנו גדולים יש בנו נביאים, תלמוד לומר כי אם שמר תשמרון מגיד שהכל שוין בתורה, וכן הוא אומר תורה צוה לנו משה מורשה קהלת יעקב, כהנים לוים וישראלים אין כתיב אלא קהלת יעקב, וכן הוא אומר אתם נצבים היום כלכם אלמלא אלו שעמדו וקיימו תורה בישראל לא היתה תורה משתכחת, אלמלא שפן בשעתו ועזרא בשעתו ורבי עקיבא בשעתו לא היתה תורה משתכחת שנאמר ודבר בעתו מה טוב דבר שאמר זה שקול כנגד הכל, הרי הוא אומר ישוטטו לבקש את דבר ה׳ ולא ימצאו, רבותינו אמרו עתידין ישראל שהולכין מעיר לעיר וממדינה למדינה על שרץ שנגע בככר לידע אם תחלה היא אם שני, רבי שמעון בן יוחאי אומר (עתידה) [ח״ו] שתשתכח תורה מישראל והרי כבר נאמר כי לא תשכח מפי זרעו, אלא איש פלוני אוסר איש פלוני מתיר איש פלוני מטמא איש פלוני מטהר ולא ימצאו דבר ברור, דבר אחר כי אם שמור תשמרון שמא תאמר הריני למד את החמורה ומניח את הקלה, ת״ל כי לא דבר רק הוא מכם, דבר שאתם אומרים רק מכם, הוא חייכם, שמא תאמר (למד הלכות דיינים) [למדתי הלכות די לי], ת״ל (מצוה) [כל] המצוה, כל המצוה למוד מדרש הלכות ואגדות, וכה״א כי לא על הלחם לבדו זה מדרש, כי על כל מוצא פי ה׳ אלו הלכות ואגדות, וכן הוא אומר חכם בני ושמח לבי, ואומר בני אם חכם לבך ישמח לבי וגו׳, ר׳ שמעון בן (מנסיא) [יוחאי] אומר אין לי אלא אביו שבארץ, אביו שבשמים מנין, ת״ל גם אני לרבות את אביו שבשמים, אשר אנכי מצוה אתכם לעשותה למה נאמר, לפי שהוא אומר כי אם שמור תשמרון שומע אני כיון ששומר אדם דברי תורה ישב לו ולא יעשה, ת״ל לעשותה, למד אדם תורה הרי בידו מצוה אחת [למד ושמר הרי בידו שתי מצות], למד ושמר ועשה אין למעלה הימנה, לאהבה את ה׳ אלהיכם שמא תאמר הריני למד תורה בשביל שאקרא רבי, בשביל שאשב בישיבה, בשביל שאאריך ימים לעולם הבא, ת״ל לאהבה למוד מכל מקום וסוף הכבוד לבא, וכן הוא אומר עץ חיים היא למחזיקים בה ותומכיה מאושר, ואומר כי חיים הם למוצאיהם ולכל בשרו מרפא, ואומר תתן לראשך לוית חן בעולם הזה, עטרת תפארת תמגנך לעולם הבא, ואומר אורך ימים בימינה לעולם הבא, בשמאלה עושר וכבוד בעולם הזה, רבי אלעזר ברבי צדוק אומר לאהבה וגו׳ עשה דברים לשם פעלם ודבר בהם לשמם, הוא היה אומר ומה בלשצר שנשתמש בכלי בית המקדש וכלי חול היו נעקרו חייו מן העולם הזה ומן העולם הבא, המשתמש בכלי שבו נברא העולם הזה והעולם הבא על אחת כמה וכמה שיעקרו חייו מן העולם הזה ומן העולם הבא. [ג] **ויקרא רבה פרשת ויקרא פרשה א**: רבי תנחומא פתח (משלי כ) יש זהב ורב פנינים וכלי יקר שפתי דעת בנוהג שבעולם אדם יש לו זהב וכסף אבנים טובות ומרגליות וכל כלי חמדה שבעולם וטובה ודעת אין בו מה קנייה יש לו מתלא אמר דעה קנית מה חסרת, דעה חסרת מה קנית, יש זהב, הכל הביאו נדבתן למשכן זהב הה״ד (שמות כה) וזאת התרומה וגו׳, ורב פנינים זו נדבתן של נשיאים דכתיב (שם /שמות/ לה) והנשיאים הביאו וגו׳, וכלי יקר שפתי דעת, לפי שהיתה נפשו של משה עגומה עליו ואמר הכל הביאו נדבתן למשכן ואני לא הבאתי א״ל הקדוש ברוך הוא חייך שדיבורך חביב עלי יותר מן הכל שמכולן לא קרא הדיבור אלא למשה ויקרא אל משה. [ד] **מגלה עמוקות על התורה פרשת וישב**: אופן י״א. ידוע שישראל נקראו אדם

שנכנס לפני ולפנים כמו שכתוב (תהל׳ מ״ה,י״ד) **ממשבצות זהב לבושה נמצא שגם יש זהב קאי על כהן גדול**

גַּלֵּא עֲמִיקָתָא

מאד [2עיין עוד לעיל **אופן** ק״ג–אדם כי ימות באהל].

ב׳. [ה]**יש זהב ורב פנינים וכלי יקר שפתי דעת** (משלי כ׳,ט״ו) סליק לחושבן (2412) ד״פ ״בני ישראל״ (603)

2. אופן ק״ג - אדם כי ימות באהל במגלה עמוקות על ויקרא אופן כ״ב מביא דברי הגמרא דהתורה יקרה מכהן גדול שנכנס לפני ולפנים, שנאמר (משלי ג׳,ט״ו) ״יקרה היא מפנינים וכל חפציך לא ישוו בה״ גימ׳ (1215) ״נר מצוה ותורה אור״ (שם ו׳,כ״ג), ועולה בהדיא משווין הגימטריא יקרת התורה והמצוות, ושהיא חיינו ואורך ימינו שכן כתיב באדם (שם כ׳,כ״ז) ״נר ה׳ נשמת אדם״ גימ׳ (1111) אלף אל״ף, ומקושר להאי אופן כ״ב במג״ע דאומר וזל״ש- ויקר אל משה שנתן הקב״ה למשה מהו היקר אל״ף הלמוד שהוא לומר כתר תורה ז״ש וידבר אליו ואח״כ מפרש מאהל מועד לאמר האמירה יותר חשובה מאהל מועד מכהן גדול הנכנס לפנים מאהל מועד כי יקרה היא מפנינים, ע״כ. והנה כתיב בפרשתינו (חקת תשע״ד) ״זאת התורה אדם כי ימות באהל״ (במדבר י״ט,י״ד) גימ׳ (1593) ״אין ערוך לך ה׳ א-להינו בעולם הזה, ואין זולתך מלכנו לחיי העולם הבא״ דאמרינן קדם א-ל אדון בצלותא דשחרית בשב״ק, ורמיזא דעסק התורה ביגיעה יממא ולילא זכיין לתרין עלמין- ״אדם״- רמיזא האי עלמא- כדאמרו חז״ל - אתם קרוין אדם ואין עכו״ם קרוין אדם, ״כי ימות״- רמיזא עוה״ב- דבהאי עלמא ימות אך בעלמא דאתי חיה יחיה ויזכה לראות פני השכינה, שכן האי פסוקא ״זאת התורה אדם כי ימות באהל״ (1593) סליק ג״פ (531) ״פני השכינה״ ע״ה, וכן כמשרז״ל אתם קרוין אדם לכן היו ישראל במדבר עדה שלמה כמנין אדם שלם כזה אלף דלת מם בגי׳ תרכ״ה לכן היו ישראל תרכ״א אלפים במדבר כיצד תרי״ג אלפים תק״ן היו ישראל ח׳ אלפים תק״פ היו בני לוי שנמנו מבן שלשים עד בן חמשים חסרים מהם תת״ע שהיו משלימין מבן כ״ה עד ל׳ הרי שהיו ישראל תרי״ג אלפים אבל מבן חודש היו תרכ״ה אלפים מטעם זה המספר לפי שיניקתם מן הכתר לכן נתנה התורה בה׳ קולות בתר״ך אותיות שהם י׳ דיברות ועז״א אנחנו מקשרין קשרין בתוך השדה אשר ברכו ה׳ אשר דייקא שהוא סוד פרצוף אדם לכן נקראו ישראל בסוד עלה במחשבה (תהלים כב) ואתה קדוש שהוא סוד כתר יושב תהלות ישראל שזה הוא תהלות ישראל שיונקים מקדוש לכן נקראו ישראל ע״ש ראש שהם מתקנים כולם (משלי ט) מראש עפרות תבל שהוא אדה״ר נמצא שכלם הם תקוני הכסא דאתמר (יחזקאל א) דמות הכסא כמראה אדם עליו למעלה אבל והנה קמה אלמתי יוסף שהוא התיקון הגמור של אדם כמ״ש (ויקרא ה) וחמשיתו יוסף עליו לכן הוסיפו ה׳ ביוסף שהוא תיקון ה׳ של אדם כפי הדרש שהביא רש״י פ׳ נשא בשם ר׳ משה הדרשן שקערת כסף אחת בגי׳ תתק״ל שהוא חיי אדם קערת כסף אחת נח פר א׳ אברהם איל יצחק כבש יעקב שעיר יוסף וכן ג׳ אותיות שיש ביוסף דהיינו יה״ו מורה על חיי אדה״ר כזה כשתכה האותיות של א״ת ב״ש על אותיות י״ה״ו יפ״מ הוא ת׳ ה״פ צ׳ ת״ק ו״פ פ׳ ת״פ הרי תתק״ל (תהלים קיט) ש׳לום ר׳ב ל׳אהבי ת׳ורתיך ר״ת בגי׳ תתק״ל שלום רב שהוא יוסף הוא תיקון אדה״ר שהוא חי תתק״ל וז״ש קמה אלמתי שיעור קומה של אדה״ר ולפי שאדם שלום הוא סוד כתר ע״ז א׳ וגם נצבה שיניקת יוסף דרך קו אמצעי עד הכתר לכן נקרא צפנת בגי׳ כתר ב׳ן זקני׳ם הו׳א לו ס״ת אמן ולפי שמספר אדם שלם שהוא תרכ״ה הוא בא מב׳ שמהן שהוא אדני הוי׳ שנעלמו עולה כזה אל״ף דל״ת נו״ן יו״ד תר״ו יו״ד ה״א וא״ו ה״א נעלמו י״ט ויניקת יוסף מן תרין שמהן אילין בסוד השילוב לקביל אדני אמר קמה אלמתי לקביל הוי׳ אמר גם נצבה. [ה] **מדרש תנחומא פרשת ויקרא:** ויקרא אל משה. זש״ה כי טוב אמור לך עלה הנה מהשפילך לפני נדיב אשר ראו עיניך (משלי כה ז). ר׳ תנחום אומר רחק ממקומך שנים שלשה מקומות שיאמרו לך עלה, ואל תעלה שלא יאמרו לך רד. ר׳ תנחומא פתח יש זהב ורב פנינים וכלי יקר שפתי דעת (שם /משלי/ כ טו), מתלא אמר דעה חסרת מה קנית, דעה קנית מה חסרת, אף משה לא עלה עד שקראו הקדוש ברוך הוא ויקרא אל משה.

אבל התורה היא כלי יקר יותר שהיא שפתי דעת לזה א' זעירא רומזת על התורה מלשון אאלפך חכמה (איוב ל"ג,ל"ג)

גַּלְיָא עֲמִיקְתָא

[ו]דעסקין באורייתא קדישא יממא ולילא. והוא ד"פ [ז]דקוב"ה אורייתא

[ו] **זוהר - הקדמה דף ד עמוד ב:** בראשית ר' שמעון פתח (ישעיה נ"א) ואשים דברי בפיך כמה דאית ליה לבר נש לאשתדלא באורייתא יממא ולילא בגין דקודשא בריך הוא ציית לקלהון דאינון דמתעסקי באורייתא ובכל מלה דאתחדש באורייתא על ידא דההוא דאשתדל באורייתא עבד רקיעא חדא, תנן בההיא שעתא דמלה דאורייתא אתחדשת מפומיה דבר נש ההיא מלה סלקא ואתעתדת קמיה דקודשא בריך הוא וקודשא בריך הוא נטיל לההיא מלה ונשיק לה ועטר לה בשבעין עטרין גליפין ומחקקן, ומלה דחכמתא דאתחדשא סלקא ויתבא על רישא דצדיק חי עלמין וטסא מתמן ושטא בשבעין אלף עלמין וסליקת לגבי עתיק יומין, וכל מלין דעתיק יומין מלין דחכמתא אינון ברזין סתימין עלאין, וההיא מלה סתימא דחכמתא דאתחדשת הכא כד סלקא אתחברת באנון מלין דעתיק יומין וסלקא ונחתא בהדייהו ועאלת בתמניסר עלמין גניזין (שם ס"ד) דעין לא ראתה אלהים זולתך, נפקי מתמן ושטאן ואתיין מליאן ושלמין ואתעתדו קמי עתיק יומין, בההיא שעתא ארח עתיק יומין בהאי מלה וניחא קמיה מכלא, נטיל לההיא מלה ואעטר לה (שמות י"ד) בתלת מאה ושבעין אלף עטרין, ההיא מלה טסת וסלקא ונחתא ואתעבידא רקיעא חדא, וכן כל מלה ומלה דחכמתא (ס"א) רקיעין קיימין בקיומא שלים קמי עתיק יומין והוא קרי לון שמים חדשים מחודשים סתימין דרזין דחכמתא עלאה וכל אינון שאר מלין דאורייתא דמתחדשין קיימין וכו'

[ז] **זוהר כרך ג פרשת אחרי מות:** ובגין דאיהי גניזא עלאה יקירא שמיה ממש אורייתא כלא סתים וגליא ברזא דשמיה, ועל דא ישראל בתרין דרגין אינון סתים וגליא דתנינן ג' דרגין אינון מתקשרן דא

"באהל" במלוי "בית-אלף-הי-יוד" גימ' (612) "ברית", דאיהי ברית בין הקב"ה לעם ישראל-התוה"ק, כדכתיב (שמ' כ"ד,ד') "ויכתב משה את כל דברי ה'" וכו' וממשיך שם (פס' ז') "ויקח את ספר הברית ויקרא באזני העם, ויאמרו כל אשר דבר ה' נעשה ונשמע" גימ' (3320) ה"פ (664) "באלפי ישראל" (במ' י"א,ל"ו-פ' ויהי בנסע הארן) ומרמז דבכאו"א מישראל טמונה האי א' זעירא דהיינו יכולתו לשקוד יומם ולילה בלמוד התוה"ק ובעיקר עניין חדושי תורה לפי שרש נשמתו וכדאיתא בזוה"ק דהני חדושי תורה עושים נחת רוח גדולה לרבש"ע, וכמשל בן שעושה רצונו של אביו באופנים מאופנים שונים, ובאותם אופנים עושה מעבר לצוויו הפשוט של אביו דגורם נחת רוח מיוחדת לאביו, וכן האי בר-נש דעביד לאביו שבשמים, וכדוגמת רשב"י וחבריו דכל צבא השמים ירדו לשמוע חדושיהם. וזהו דאמר ריש לקיש (בגמ' ברכות דף סג: ע"ש) מנין שאין התורה מתקיימת אלא במי "שממית עצמו עליה" (שנא' אדם כי ימות באהל וכו') גימ' (1111) "נר ה' נשמת אדם" דאמרינן לעיל בתחלת האי אופן בבי' דברי המג"ע הק', ורמיזא בהאי א' זעירא דסליק לחושבן אלף אל"ף, והוא "נעשה ונשמע" (891) עם י"פ כ"ב (220) אותיות התוה"ק, דגלוי וידוע לפני אבינו שבשמים דרצוננו לעשות רצונך ולקיים מש"כ אין התורה מתקיימת אלא במי שממית עצמו עליה, אמנם שאור שבעיסה מעכב, וכדאמר דוד המלך ע"ה (בתהלים קט"ז,ט"ו) "יקר בעיני ה' המותה לחסידיו" גימ' (1062) ב"פ (531) "פני שכינה" ע"ה, וכדאמרינן לעיל מפרשתינו "זאת התורה אדם כי ימות באהל" גימ' (1593) ג"פ "פני השכינה" (531) דהוי חזקה, ועם הני ב"פ דדוד כנ"ל הן ה"פ "פני השכינה" בכל ה' בחי' נרנח"י דכללות נשמות ישראל, דנזכה לראות פני השכינה בגאולה האמיתית והשלמה בב"א, והיינו דאמר שלמה המלך ע"ה (דה"ב ו',כ"א) "ושמעת אל תחנוני עבדך ועמך ישראל אשר יתפללו אל המקום הזה, ואתה תשמע ממקום שבתך מן השמים ושמעת וסלחת"- וזהו דהמלים "ואתה תשמע ממקום שבתך מן השמים" גימ' (2655) ה"פ "פני שכינה" כנ"ל, דהיינו "זאת התורה אדם כי ימות באהל" (1593) עם "יקר בעיני ה', המותה לחסידיו" (1062), והוא יגאלנו בעגלא ובזמן קריב ונאמר אמן.

ופירוש ויקר אל משה מה היא היקר היא אל"ף הלמוד ר"ל כתר תורה זה שכתוב וידבר ה' אליו ואח"כ מפרש מאהל מועד

גַּלֵּא עֲמִיקָתָא

וישראל כולא חד [3 עיין מה שכתבנו בענין זה לעיל אופן ס"ב-רשות היחיד (קוב"ה אורייתא וישראל) רשות הרבים (עמלק ו-ז' קלי')]

3. אופן ס"ב-רשות היחיד (קוב"ה אורייתא וישראל) רשות הרבים (עמלק ו-ז' קלי')

א' זעירא דויקרא מרמז רשות היחיד דהיינו יחידו של עולם, דכתב בספר אלפא ביתא לבעל הרוקח באות א' זה הקב"ה שהוא ראשון ואחרון והוא אחד והוא מלך על כל העולם וכו' שכשם שא' ראש לכל האותיות כך הקב"ה ראש לכל המלאכים, ועוד כתב שם א' הוא אחד ש"הוא חשבון מועט שאין פחות ממנו" גימ' (1494) "ישמחו השמים ותגל הארץ" (תהלים צ"ו,י"א) ר"ת שם הוי' ב"ה, וכידוע דאות א' כתבינן י' ו' י' גימ' הוי', וכן מלוי הוי' הוא המלוי הקטן ביותר באותיות האלפא ביתא, ובמקום שאתה מוצא גדולתו שם אתה מוצא ענותנותו וכו'.

והנה "רשות היחיד" גימ' (943) "אשה יראת ה'" ומתחלק "יראת" גימ' (611) "תורה", "אשה ה'" גימ' (332) ד"פ אבי"ע והוא ד"פ לרמוז עניין התכללות זב"ז. "רשות היחיד" בא"ת ב"ש (ג ב פ א, צ מ ס מ ק) מתחלק "רשות" בא"ת ב"ש גימ' (86) "א-להים", "היחיד" בא"ת ב"ש גימ' (330) "א-להי הא-להים ואדוני האדונים" (דב' י',י"ז) והוא בסוד "כי שמש ומגן הוי' א-להים" (תהלים פ"ד,י"ב) גימ' (881) "קדושים תהיו", "רשות היחיד" בא"ת ב"ש גימ' (416) "אור אין סוף".

וכשנכה "רשות היחיד" פשוט בא"ת ב"ש אות באות כך [ר א ג ש א ב ו א פ ת א א ה א צ י א מ ח א ס י א מ ד א ק] גימ' (4210) י"פ (421) "מלחמה לה' בעמלק" (שמות י"ז,ט"ז), ואמרו חז"ל מיום שחרב ביהמ"ק אין לו לקב"ה בעולמו אלא ד' אמות של הלכה בלבד (ברכות ח.), וד"ל. וכאן אנו מכים פשוט וא"ת ב"ש לרמוז הכאת הגוים בידי ה' וכמו שאמרו חז"ל נגוף למצרים ורפוא לישראל (מגילה י"ג ע"ב).

וכשנכה "רשות הרבים" פשוט וא"ת ב"ש כך [ר א ג, ש א ב, ו א פ, ת א א, ה א צ, ר א ג, ב א ש, י א מ, ם א י] גימ' (4450) י"פ (445) "גבר עמלק" (שמות י"ז,י"א) והפסוק כולו "והיה כאשר ירים משה ידו וגבר ישראל וכאשר יניח ידו וגבר עמלק" גימ' 3000, והן אותן ג' אלפין דלעיל אופן ד' א' דמשה, א' דדוד, א' דאסתר, והן לקביל "קודשא בריך הוא, אורייתא, ישראל" גימ' (1824) "אשה יראת ה' היא תתהלל" ומתחלק אשה היא תתהלל היינו כנס"י, יראת בגימ' תורה, ה' היינו קודשא בריך הוא, ופשוט, עיי"ש ובאופן ג' באריכות, והזכרנו לעיל באופן זה ד"רשות היחיד" גימ' (934) "אשה יראת ה'", ופשוט.

והנה איתא בזוה"ק (ח"ג פנחס רמ"ד) וז"ל ובגין דא ושמרו בני ישראל את השבת לעשות את השבת לדרתם ברית עולם (שמות ל"א,ט"ז) צריך לנטרא לה בדירתם וכו' ואינון סמא-ל ונחש, צריכין ישראל לנטרא להון, דלא ייעלון לדירה בשכינתא דאיהי רשות היחיד. וממשיך "מאן רשות הרבים: חללה שפחה זונה נדה גויה רשות דסמא-ל ונחש" גימ' (3276) "ענו" (126) פ' "הוי'" (26), וזהו דמשה ואהרן התגברו על הני קלי', וכמ"ש "והאיש משה ענו מאד" (במדבר י"ב) וכאשר נכה הפס' הנ"ל אותיותיו עם א"ת ב"ש דיליה כך [ו א פ, ה א צ, א א ת, י א מ, ש א ב, מ א י, ש א ב, ה א צ, ע א ז, נ א ט, ו א פ, מ א י, א א ת, ד א ק] סליק לחושבן (6400) מאה פעמים "דין" (64) דמרע"ה עורר הדין על הקלי' בי"ס דיליה כלולים מי' ומכניעם ומשברם.

והנה הני ז' קליפות "חללה שפחה זונה נדה גויה סמא-ל נחש" גימ' (1106) ב"פ הפס' (במדבר ח',ב') "אל מול פני המנורה" (553), וזהו דאהרן דהוא כהנא רבא בהדליקו הני ז' בוצינין קדישין דמנרתא תבר להני ז' קלי' שרש לשבעין עממין, וכדממשיך שם בזוה"ק ושבעין ממנן דעממין. ובפסוק "יאירו שבעת" גימ' (999) דהוא אלף חסר אחד, וכמ"ש המג"ע אחג מאלף מצאתי דא משה, "הנרות" גימ' (661) "האיש משה" וכדאמרינן לעיל, והפסוק כולו "בהעלתך את הנרות אל מול פני המנורה יאירו שבעת הנרות" בגימ' (3796) "הוי'" (26) פ' (146) "עולם", וכמ"ש לעיל אופן ס"א דנאמר באברהם אבינו ע"ה דהוא הראשון

לאמר האמירה יותר חשובה מאהל מועד מכהן גדול הנכנס לפני ולפנים מאהל מועד כי יקרה היא מפנינים.

גַּלֵּא עֲמִיקָתָא

וישראל עלו במחשבה לפני כל דבר והן [ח]ד׳ בחינות בעם ישראל בסוד ד׳ מינים וכולם מתקשרים למשה המעלה אותם לשרשם כדכתיב (שיר השירים

מקורות

בדא קודשא בריך הוא אורייתא וישראל, וכל חד דרגא על דרגא סתים וגליא, קודשא בריך הוא דרגא על דרגא סתים וגליא, אורייתא הכי נמי סתים וגליא, ישראל הכי נמי דרגא על דרגא, הדא הוא דכתיב מגיד דבריו ליעקב חקיו ומשפטיו לישראל, תרין דרגין אינון יעקב וישראל חד גליא וחד סתים, מאי קא מיירי, אלא כל מאן דאתגזר ואתרשים בשמא (נ״א ברשימא) קדישא יהבין ליה באנון מלין דאתגליין באורייתא כלומר מודיעין ליה ברישי אתוון ברישי פרקין יהבין עליה חומרא דפקודי אורייתא ולא יתיר עד דיסתלק בדרגא אחרא.

[ח] **דרשות ר״י אבן שועיב דרשה ליום ראשון דסוכות:** ועוד אמר במדרש שלשה המה נפלאו ממני אלו פסח מצה ומרור, וד׳ לא ידעתים אלו ד׳ מינין שבלולב, ועוד אמרו ד׳ המה קטני ארץ, שדומה עניינם קטן והוא גדול, ואלו הן ארבע מינין שבלולב והמה חכמים מחוכמים, כלומר נראה טעמם קטן ויש בהם כמה חכמות. ואף על פי שהר״ם ז״ל אמר בהם טעם נקל בעבור שבאו לארץ בשמחה ויצאו מן המדבר לא מקום זרע ותאנה וגפן ורמון אל מקום אילנות לקח לזכרון זה הפרי הנאה וריחו טוב ובעליו בעוד שעומדים ברעננותם יותר מפרי אחר עד כאן. ואין ספק שאמר זה כדי לשכך האוזן למדברים על אלה המינין למה באו, אבל היה בדעתו שיש טעם אחר נכבד בענין, וגם כן נתנו רז״ל טעם בהם להמון העם ואפילו שהיה בהם טעם אחר אתרוג כנגד הלב ולולב כנגד השדרה, הדס כנגד העינים, ערבה כנגד השפתים לקיים כל עצמותי תאמרנה. וגו׳. ואלו שהזכירו ז״ל הם כלים נכבדים שבגוף, שהלב והעינים הם סרסורי העבירה והשדרה, כלל כל הגוף והשפתים כנגד הדיבור ועם כלם אנחנו מרוצים לפני השם יתעלה עם האיברים

עיונים

דנלחם להכניע הקלי׳ ולגלות מלכותו של הקב״ה בעולם. ובעניין הכאת ״הוי״ פ׳ ״עולם״ היינו מאי דאמרו חז״ל הוא מקומו של עולם ואין העולם מקומו, וד״ל.

והנה הוא פלא כחה של תורתינו הק׳ להכניע ולשבר ולהכות כל הני ז׳ קלי׳ דהן ליצר הרע-כאשר נכה אותיותיהן עם אותיות דא״ת ב״ש דהני ז׳ קלי׳ דהיינו:

[ח א ס ל א כ ל א כ
ה א צ, ש א ב פ א
ו ח א ס ה א צ, ז א
ע ו א פ נ א ט ה א
צ, נ א ט ד א ק ה א
צ, ג א ר ו א פ י א
מ ה א צ, ס א ח מ א
י א א ת ל א כ, נ אט ח אס ש אב]

יעלה הכל גימ׳ (12,650) כ״ב פ׳ ״יצר הרע״ (575) והוא בהכאה ומוכיח דכ״ב אותיות תורתינו הק׳ מכים בכפליים ליצר הרע, והוא נפלא ביותר. ועי׳ לעיל אופן ה׳ דכתבנו ״אלף רבתי אלף זעירא״ פשוט וא״ת גימ׳ (2838) כ״ב פ׳ ״ה׳ הוא הא-להים״ (129) ושם א״ת ב״ש חבור עם הפשוט (ולא בהכאה) מרמז עולם לשון העלם, בסוד ״כי שמש ומגן הוי׳ א-להים״ (תהלים פ״ד,י״ב), וד״ל. ונשא תפלתינו לבוראנו יוצרנו ועושנו נותן התורה הקדושה דאיהי כולה שמותיו הקדושים, וכתיב דעתיד משיח לומר בכל יום פירוש על כל התורה כולה בצרוף שמו של הקב״ה של אותו יום, ושהקב״ה ישים קץ לגלותינו זה האחרון ויקרב גאולתינו כי כבר חלף עבר ה״בעתה״ וכל שכן ה״אחישנה״ וכמו שכתוב בנביא ומרמז על כ״ב אותיות התוה״ק כנ״ל (ישעי׳ ס׳,כ״ב) ״הקטן יהיה לאלף והצעיר לגוי עצום אני ה׳ בעתה אחישנה״ והוא בגימ׳ עם הכולל דהיינו אותה א׳ זעירא דויקרא דמכה לקלי׳ המעכבת את הגאולה (1910) י״פ ״בן דוד יבא ויגאלנו״ דאמרינן בפיוט ״צור משלו אכלנו וכו׳ יבנה המקדש וכו׳״ בליל שבת, ויהי רצון שנזכה לעולם שכולו שבת עם יחידו של עולם, וכמו שאמרו חז״ל עתיד הקב״ה לעשות מחול לצדיקים והוא יושב ביניהם בגן עדן וכל אחד ואחד מראה באצבעו ואומר (ישעי׳ כ״ה,ט׳) ״זה ה׳ קוינו לו נגילה ונשמחה בישועתו״ גימ׳ (1547) ״אחד״ (13) פ׳ ״כסא כבודו״ (119) היינו דאמרינן בברכת המזון הרחמן הוא ישתבח על כסא כבודו, בבנין בית המקדש בגאולה האמיתית והשלמה, במהרה בימינו אמן.

גָּלְיָא עֲמִיקְתָא

ז׳,ט׳) 4[ט]**אעל״ה** בתמר ראשי תיבות **״אתרוג ערבה לולב הדס״** גימ׳ (1024) ״זאת התורה״ כדכתיב (במדבר י״ט,י״ד) זאת התורה אדם כי ימות באהל ודרשו חז״ל מכאן שאין התורה מתקיימת אלא

4. אופן קס״ה - סוכות

א׳ זעירא הארת בינה שם אהי״ה רמיזא אות א׳, ואיהי היקר דקוב״ה דאמא כתר לזעיר כנודע מהאר״י הק׳ והמשכת המוחין לז״א דרך נה״י דתבונה (נה״י דנה״י דאמא ברש״ש הק׳) והמוחין הוא היקר כדכתיב להוציא יקר מזולל, והיינו המוחין דגזלה הקלי׳ מהקדושה, ובמצות הסוכה אנו מוציאין המוחין בחזרה, והוא הפלא ופלא דבתורה הק׳ ״סכת״ (חסר כתיב) גימ׳ (480) ״לילית״ נוק׳ דקלי׳.

וע״י מצות ד׳ מינים דנרמזים בפסוק ״אמרתי אעלה בתמר״ (שה״ש ז׳,ט׳) [אעל״ה ר״ת **א**תרוג **ע**רבה **ל**ולב **ה**דס] גימ׳ (1399): ״אלף זעירא״ (399) ״אלף״ (1000), דהיינו ד-א׳ אגדילת גרמה בסוכות לא׳ רבתי, דע״י מצות סוכה ו-ד׳ מינים זוכים להמשיך מוחין דגדלות, המכונה באר״י הק׳ מוחין דחסדים.

ולעתיד לבוא כתיב ״נקבה תסובב גבר״ (ירמי׳ ל״א) וכדאמר לבן ליעקב (בר׳ ל׳) ״**נ**קבה **ש**כרך **ע**לי ואתנה״ גימ׳ (1269): ג״פ ״ימי המשיח״ (423) והוא ר״ת עש״ן **ע**ולם- עלי- דהיינו בעולמו, **ש**נה- שכרך- דיעקב עבד ברחל שבע שנים ועוד שבע שנים אחרות, **נ**פש- היינו רחל כמ״ש ״ויהי בצאת נפשה כי מתה״ (בר׳ ל״ה,י״ח).

והוא נפלא דהני תרין ר״ת יחד דהיינו: ״**נ**קבה **ש**כרך **ע**לי״ (807) עם ״**ע**ולם **ש**נה **נ**פש״ (931) סליקו לחושבן (1738) כ״ב (אתוון דאורייתא קדישא) פ׳ ״בן דוד יבא״ דהנוק׳ מקבלת מהדכורא שפע דרך כ״ב אתוון, ומבואר בכוונות:

א-דני שהיא מלכות דאצי׳ דעומדת בהיכל הבריאה **שפתי** נצח והוד **תפתח** ע״י התפארת **ופי** שהיא המלכות הנז׳ **יגיד** וימשיך השפע היורד מאצי׳ לבריאה שהוא **תהלתך** להמתיק כ״ב אותיות (**ו**פי **י**גיד **ת**הלתך ר״ת תי״ו).

״שפתי״ גימ׳ י״פ ״בן דוד יבא״ דאמרינן לעיל בסמוך, ״תפתח״ גימ׳ (888) ח״פ אל״ף רמיזא אלף השמיני התגלות אור הגנוז ותחית המתים.

״א-דני שפתי תפתח ופי״ גימ׳ (1839) ״גל עיני ואביטה נפלאות מתורתך״ דאמרינן לעיל אופן ב׳ בענין ״תורה תשובה תפלה״ חושבנא דדין

שהם סיבת החטא. ועוד מדרש אחר כי בישראל יש ד׳ כתות. יש מהן עושין פירות והם החכמים והצדיקים ובעלי המעשה כאתרוג שיש להם טעם וריח ומראה. ומהם עושין פירות, אבל אינן בעלי מעשה כלולב, ויש מהם בעלי מעשה ואינן עושין פירות כהדס. ויש שאין בהם לא מעשה ולא פרי. וצוה לנו לעשות מהן אגודה אחת ולרצות לפניו עם כלם, כי כלם צריכין לשם יתעלה לכפר עליהם, וכן נמשלו ישראל לגפן שיש בה אשכלות ושריגים ועלים וקנקנות, וכמו שאמרו ליבעי רחמי אתכליא על עליא וכו׳ וכמו שאמרו ז״ל במסכת חולין פר׳ גיד הנשה ובגפן שלשה שריגים, אמר ריש לקיש אומה זו לגפן נמשלה שנאמר גפן ממצרים תסיע, זמורות שבה אלו בעלי בתים שהם גומלי חסדים ומחזיקי ידי עניים ומפזרין ממונם למלכות בשביל אחיהם ומתקיימין הם על ידי כך, ופירש רש״י ז״ל אשכלות שבה אלו תלמידי חכמים, עלין שבה אלו עמי הארץ. פירוש העלין מגינין על האשכולות מרוח וברד ושלא יכם שרב ושמש, כן עמי הארץ זורעין וקוצרין ותלמידי חכמים אוכלין, קנקנות שבה אלו ריקנים שבהם דלא חזו למידי שאינן מתעסקין לא בתורה לא במצות לא בדרך ארץ, והיינו דשלחי מתם ליבעו רחמי אתכליא על עליא וכו׳, וכל אלו הדברים אמרו חכמים לשכך האוזן, אבל יש להם בכל ד׳ מינין סודות אחרים תלויים במרכבה. [ט] **זוהר - רעיא מהימנא דברים פרשת כי תצא דף רפג עמוד א:** ובג״ד למטה שנים עבד ורבו דלאו אינון יחודא חדא ולמעלה אחד תפארת יסוד דגוף וברית חשבינן חד דאיהי עמודא דאמצעיתא וצדיק כגוונא דתפלין דראש דאיהו בינה על תפארת מסטרא דאילנא דחיי דאצילות ומלכות תפלה דיד הכי לתתא באילנא דחיי דבריאה מסטרא דכרסייא עלאה תפלין דראש מטטרון תפלין דיד דיליה כסא תחתון, והאי איהו דאמר נביא עליה (ירמיה יז) כסא כבוד מרום מראשון אבל מסטרא דעץ הדעת טוב ורע בקשורא דתפלין אתקשר יצה״ר תחות יצר הטוב כעבדא תחות מאריה בקלא דאורייתא בקלא דצלותא בקול דשופר קלא איהו רומ״ח לגביה ודא קול השופר קול דעמודא דאמצעיתא דאיהו כליל אשא מיא ורוחא דאינון תלת אבהן דבהון הי״ו ה׳ באברהם י׳ ביצחק,

בכל אתר ה' דשליט על י' דינא הוא והאי איהו ה"י מן אלהים ובג"ד (תהלים מז) עלה אלהים בתרועה, ו' מן ואלהי יעקב ודא רוח השופר שכינתא מנא דכלהו תלת ואיהו ה' מן השופר דאינון י' שופרות דאינון קשר"ק קש"ק קר"ק מתלבשין בהון ה"א יו"ד וא"ו ה"א דכל אתוון אלין (ס"א אינון) דינין לסטרין אחרנין ולחייביא (חסר ועיין בסוף הספר סימן יז) אינון כשלשלאין ורומחין וסייפין, תרועה שלשלת איהי ותרי תרועות אית בעשרה שופרות ואינון חד (חסר) דאתמר בה והאם רובצת על האפרוחים (או על הביצים ואינון) ישראל מצפצפן לה בכמה צפצופין דצלותין ואיהי לא בעיא לנחתא לגבייהו, ישראל מה עבדין נטלין אימא דאיהי שכינתא בהדייהו וקשרין לה בקשורא דתפלין כד מטאן לק"ש קראן בנין דילה בשית תיבין דייחודא דאינון (דברים ו) שמע ישראל יי' אלהינו יי' אחד הא קא נחתין לגבי אמהון קשרין לון עמה והאי איהי (ויקרא כג) אשר תקראו אותם דאיהו עונתה כמו מועדה הכי בגוונא דא מצה בה מזמנין לשבעה יומין דפסח, מזמנין לשבעה יומין דסכות בשבעה מיני דאינון לולב ואתרוג וג' הדסים וב' בדי ערבה, שבועות קראן לון באורייתא, ר"ה יומא דדינא כל חד במיניה כל מאן דקרא כל דרגא במיניה יתקיים ביה (ישעיה נח) אז תקרא ויי' יענה, א"ז ז' יומין דסכות וחג שמיני עצרת א"ז מצה וז' יומין דפסח, א"ז סוכה וז' מינין דלולב דאינון שלש הדסים ושני ערבות לולב ואתרוג וכלילן בד' הא חד סרי כחושבן ה"ו וצריך לומר הלל עלייהו הללויה לאשלמא שם ידוד, וצריך לסלקא לה במחשבה בארבע מינין הדא הוא דכתיב (שיר ז) אמרתי אעלה בתמר אעל"ה סימן אתרו"ג ערב"ה לול"ב הד"ס ומחשבה שמא מפרש אשתלים בה י"ד כגוונא די"ד פרקין דידא דימינא דביה צריך לנטלא לולב והרי מתן תורה, שבעות שבעה בשבעה י"ד בר"ה י"ד בקול השופר ובעשר שופרות כדאוקימנא לעילא, בפסח איהי שכינתא י"ד הגדולה מסטרא דחסד, בראש השנה איהי י"ד החזקה מסטרא דגבורה, במתן תורה י"ד רמה מסטרא דעמודא דאמצעיתא ותלת זמנין י"ד מ"ב ותלת אבהן דתליין מנייהו סלקין חמשה וארבעים כחושבן יו"ד ה"א וא"ו ה"א, בילא"ו יילא"ו (קפז ב פקודא ליתן מחצית השקל).

כחושבנא דדין, עיין שם.

וכל האי פסוקא דאמרו (ברכות ט:) דדמיא לתפלה אריכתא וכו' "א-דני שפתי תפתח ופי יגיד תהלתך" (תהל' נ"א,י"ז) גימ' (2521): "לא ידון רוחי באדם לעלם בשגם הוא בשר והיו ימיו מאה ועשרים שנה" (בר' ו',ג') ואמרו בגמ' (חולין קלט:) משה מן התורה מנין והביאו להאי פסוקא.

וזהו דמשה הוא כללות ישראל וקבל תורה מסיני ומי לנו כמה וכו' וכל מה ש"תלמיד ותיק" [גימ' (1000) מש"ה גימ' א-ל ש-די ובמלואו 1000 ע"ה] עתיד לחדש וכו'.

וזהו דהשפיע מרע"ה לכלל ישראל התורה הק' לכלל ישראל דוג' ז"א (דא משה) דמשפיע בנוק' ע"י כ"ב אתוון (דא כנס"י) וזהו "לםרבה המשרה" (ישעי' ט',ו') גימ' (1387) (מ' 600 במנצפ"ך) "שבטי י-ה עדות לישראל" (תהל' קכ"ב,ד').

והרי שבטי י-ה הן ישראל, מה העדות- אלא עדות לישראל סבא וכדאמרינן לעיל אופן קנ"ב: שלשה מעידין זה על זה ישראל שבת והקב"ה עיין שם.

והאי מ' סתומה באמצע תיבה רמיזא לסוכה, דאמנם מספיק ב' דפנות וטפח, אך ההידור הוא ד' דפנות וכדוגמת האי מ' סתומה באמצע תיבה, דנסגר צדו השמאלי- הצפון של מ' רגילה, רמיזא לאבידת הקלי' מן העולם בגאולה האמיתית והשלמה בב"א וכדממשיך (שם) "ולשלום אין קץ על כסא דוד" וכו'.

ובכונות ובזוה"ק "סוכה" מלא כתיב, והוא שלוב הוי' א-דני דאתוון חיצונים ס"ה היינו א-דני ואתוון פנימיים כ"ו היינו שם הוי' ב"ה, ויחד צ"א כנודע. וחזינן הולדת ז"א דהיינו הוי' במעוי דאמא א-דני [א"כ זהו שם המלכות- אך כאן בחי' בינה, דאיהי בחי' מלכות לאריך ונמשכת מתקון ה-י"ג ונק"ה ועיין עוד לעיל אופן קס"א יחוד או"א בחיק א"א באריכות].

סוכה בא"ת ב"ש גימ' (208) "יצחק"- דיעקב בחי' סוכות כדכתיב (בר' ל"ג,י"ז) "ויעקב נסע סוכותה ויבן לו בית ולמקנהו עשה סוכות ויקרא שם המקום סוכות" ובא"ת ב"ש רמיזא אבי יעקב יצחק.

והוא נפלא פשוט וא"ת ב"ש גימ' (299): "רחמנא" א"נ "אור הלבנה" כמ"ש "והיה אור הלבנה כאור החמה ואור החמה יהיה שבעתים כאור שבעת הימים ביום חבש ה' את שבר עמו ומחץ מכתו ירפא" (ישעי' ל',כ"ו).

סוכה ברבוע "ס סו סוכ סוכה" גימ' (303) "דוד וזרעו" כמ"ש "מגדיל ישועות מלכו ועושה חסד למשיחו

לדוד ולזרעו עד עולם״ (תהל׳ י״ח,נ״א) רמיזא ימות המשיח.

סוכה בא״ת ב״ש ברבוע ״ח חפ חפל חפלצ״ גימ׳ (422) ב״פ ״בן העולם הבא״.

וכולהו יחד דהיינו סוכה פשוט ורבועו א״ת ב״ש ורבועו סליקו לחושבן (1024): ״אשר בחר בנו מכל העמים״ דאמרינן בברכת התורה (וממשיך ונתן לנו את תורתו- קודם בחר ואח״כ נתן) וזהו כדי לתת לנו עצות (תורת חיים היינו תרי״ג עטין) כיצד נתעלה ונהיה ראויים לביאת משיח ולחיי העולם הבא, בלא נהמא דכסופא ח״ו, ורמיזא דכתיב בספה״ק אשר כל אשר בבינה כל ראש בחכמה.

ונעביד חושבן ל-**ד׳ מינים**:

אתרג גימ׳ (604) ״מי צור מבלעדי א-להינו״ (ש״ב כ״ב,ל״ב).

ערבה גימ׳ (277) ״זרע״ כנודע מהאר״י הק׳.

לולב גימ׳ (68) ״חיים״- מי שיש לו לב לאביו שבשמים.

הדס גימ׳ (69) ״בן דוד בא״ כדאמרינן לעיל בבאור תיבה ״שפתי״ סליק לחושבן (790) י״פ ״בן דוד יבא״.

ארבעתם יחד גימ׳ (1018): ״דוד בן ישי מלך ישראל״ (ע״ה) [עיין לעיל סוף אופן קנ״א-פרק שירה בבאור חושבן כל פרק שירה] ורמיזא הגאולה באלף השביעי דאז יקים ה׳ את סוכת דוד הנופלת ובא לציון גואל.

ונעביד **ב״פ ערבה ג״פ הדס** דהיינו ״אתרג לולב ג״פ הדס (207) ב״פ ערבה (554)״ סליק לחושבן (1433): ״את דכא ושפל רוח אשכן״ (ישעי׳ נ״ז,ט״ו).

ונעביד **בא״ת ב״ש** אתרג לולב ג״פ הדס ב״פ ערבה סליק לחושבן (2388): ד״פ ״אור פנימי קדמון״ (597) ונאמר ג״פ הדס גימ׳ ״אור״ (207) ורמיזא אור שגנזו הקב״ה לצדיקים לעתיד לבוא, והיכן גנזו ״בתורה״ גימ׳ (ויראֹ א-להים) ״את האור״ (613) וכמו שכתב בעל הטורים הקדוש (שם).

ומקשרא לעיל אופן י״א-דירה בתחתונים על ידי עשרת הדברות ועשרה מאמרות דאמרינן התם ״עשרת הדברות״ בא״ת ב״ש גימ׳ ״אור פנימי קדמון״ ומקשרא לכאן כדאמרו חז״ל (סוכה ב.) צא מדירת קבע ושב בדירת עראי והוא באופן ב׳ עיין

גָּלֵא עֲמִיקָתָא

במי שממית עצמו עליה– לקביל אורייתא, והוא חושבן 5(1024)

שם. והוא נפלא דנמשך מדברינו דאף בנטילת ד׳ מינים ממשיכים אור הגנוז להאי עלמא כדוגמת האי דעבדינן בנרות חנוכה, רק שבחנוכה זהו אור הגנוז עצמו. דאין לנו השגה בו ולכן אין לנו רשות להשתמש בהם, והוא יום חול ולא עשאוהו ליום טוב ואינו אלא מדרבנן- דתורה שבע״פ בשרש גבוהה יותר מתורה שבכתב, אבל בסוכות הוא דאורייתא ויש השגה מעט בהמשכת ד׳ מינים כמבואר בכונות.

ומקשרא האי א״ת ב״ש ד׳ מינים גימ׳ ד״פ ״אור פנימי קדמון״ דערך הממוצע דכאו״א מהם הוא ״אור פנימי קדמון״ לאופן קמ״ט-תהלים י״ח בפסוק ל׳ דהבאנו מאותיות דר״ע למ״ד ר״ת ״לבך מלא דעת״ גימ׳ (597) ״אור פנימי קדמון״ והוא נפלא דמתחיל לבך וכאן עיקר המינים לולב שיש לו לב לאביו שבשמים.

ונעביד הני ד׳ מינים כדלעיל בפשוט (1433) עם א״ת ב״ש (2388) סלקו לחושבן (3821) י״פ ״ה׳ ימלוך לעולם ועד״ ע״ה (382) (שמ׳ ט״ו,י״ח והוא לפי הקריא).

והוא דע״י מצות סוכה ו-ד׳ מינים מגלים מלכותו בעולם, ויהי רצון דנזכה לראות בגלוי מלכותו יתברך בעולם בגאולתא שלמתא.

5. אופן קע״א - תהלים כ״ב - אלי אלי למה עזבתני

פסוק כ״ד: יראי ה׳ הללוהו כל זרע יעקב כבדוהו וגורו ממנו כל זרע ישראל: גימ׳ (2106): ״אנכי״ (81) פ׳ ״הוי״״ (26).

והוא בפסוק כ״ד רמיזא כ״ד קשוטי כלה דעבדין עמא קדישא ישראל כד מהללין ליה והוא תפארת-ישראל אשר בך אתפאר דכתיב בתפלין דמרי עלמא.

וזהו ב״פ ״ישראל״ גימ׳ (1082) ״תפארת״ ע״ה ובפסוקא דנן תיבה אחרינא ״ישראל״ ותיבין ״הללוהו זרע יעקב״ חושבן (541) ״ישראל״- והוא דמכוון ב״פ ״ישראל״ כנ״ל.

ושאר תיבין דהיינו ״יראי ה׳ כל כבדוהו וגורו ממנו כל זרע״ סליקו לחושבן (1024) דכ״א כדכתיב ״את דכא ושפל רוח אשכן״ (ישעי׳ נ״ז,ט״ו).

ומכוון לשני חלקי הפסוק כיוון דוד לאותו ענין דשפלות ויראת שמים (יראי גימ׳ וגורו) דמקרבא לגאולתא בב״א, ואינון בפסוקא שנים עשר תיבין לקביל י״ב שבטי י-ה כללות ישראל, ואינון מ״ח

גָּלֵא עֲמִיקָתָא

"6 ההולכים בחושך ראו אור גדול" (ישעי' ט',א') [י]ונדרש בתנחומא (פרשת נח) בענין בני ישראל דעוסקים בעולם הזה בתורה שבעל פה בעמל וביגיעה

[י] **מדרש תנחומא פרשת נח:** (ג) [ו, ט] אלה תולדות נח נח, יתברך שמו של מלך מלכי המלכים הקדוש ברוך הוא שבחר בישראל משבעים אומות כמ"ש כי חלק ה' עמו יעקב חבל נחלתו (דברים ל"ב) ונתן לנו את התורה בכתב ברמז צפונות וסתומות ופרשום בתורה שבע"פ וגלה אותם לישראל, ולא עוד אלא שתורה שבכתב כללות ותורה שבע"פ פרטות ותורה שבע"פ הרבה ותורה שבכתב מעט ועל שבע"פ נאמר ארוכה מארץ מדה ורחבה מני ים (איוב י"א) וכתיב ולא תמצא בארץ החיים (שם /איוב/ כ"ח), ומאי לא תמצא בארץ החיים וכי בארץ המתים תמצא אלא שלא תמצא תורה שבע"פ אצל מי שיבקש עונג העולם תאוה וכבוד וגדולה בעולם הזה אלא במי שממית עצמו עליה שנאמר זאת התורה אדם כי ימות באהל (במדבר י"ט) וכך דרכה של תורה פת במלח תאכל ומים במשורה תשתה ועל הארץ תישן וחיי צער תחיה ובתורה אתה עמל, לפי שלא כרת הקדוש ברוך הוא ברית עם ישראל אלא על התורה שבע"פ שנאמר כי על פי הדברים האלה כרתי אתך ברית (שמות ל"ד) ואמרו חז"ל לא כתב הקדוש ברוך הוא בתורה למען הדברים האלה ולא בעבור הדברים האלה ולא בגלל הדברים אלא ע"פ הדברים וזו היא תורה שבע"פ שהיא קשה ללמוד ויש בה צער גדול שהוא משולה לחשך שנאמר העם ההולכים בחשך ראו אור גדול (ישעיה ט) אלו בעלי התלמוד שראו אור גדול שהקב"ה מאיר עיניהם באיסור והתר בטמא ובטהור, ולעתיד לבא ואוהביו כצאת השמש בגבורתו (שופטים ה), ולא קבלו ישראל את התורה עד שכפה עליהם הקדוש ברוך הוא את ההר כגיגית שנאמר ויתיצבו בתחתית ההר (שמות י"ט) ואמר רב דימי בר חמא א"ל הקדוש ברוך הוא לישראל אם מקבלים אתם את התורה מוטב ואם לאו שם תהא קבורתכם, ואם תאמר על התורה שבכתב כפה עליהם את ההר והלא משעה שאמר להן מקבלין אתם את התורה, ענו כלם ואמרו נעשה ונשמע מפני שאין בה יגיעה וצער והיא מעט אלא אמר להן על התורה שבע"פ שיש בה דקדוקי מצות קלות וחמורות והיא עזה כמות וקשה כשאול קנאתה, לפי שאין לומד אותה אלא מי שאוהב הקדוש ברוך הוא בכל לבו ובכל

אתוון- ב"פ כ"ד קשוטי כלה כנ"ל.

הני **כ"ד פסוקין** יחד גימ' (43380): "ביחוד" (30) פ' "קודשא בריך הוא ושכינתה" (1446) דבכל מצוה אמרינן לשם יחוד קודשא בריך הוא ושכינתיה.

ולעתיד לבוא יהיה יחוד העליון וגלוי אור הגנוז דזו"ן יהיו ביחוד עליון כדוגמת או"א כיום בגלותא, וממילא או"א יתעלו לבחי' כתר א"א ואף לפנימיות הכתר עתיק יומין.

ואינון כ"ד פסוקי דמכוונא דוד המלך ברוח קדשו דיהוו כ"ד קשוטי כלה ולכן סליקו לחושבן ביחוד פ' קודשא בריך הוא ושכינתיה.

והאי חושבן איהו ג"כ גימ' (43380): ח"י פ' "שלום שלום לרחוק ולקרוב אמר ה' ורפאתיו" (2410) (ישעי' נ"ז,י"ט).

דבהתגלות אור הגנוז באלפא תמינאה יושוו קרוב ורחוק- דאינון צדיקיא ובעלי תשובה, ולכן מסיים הנביא "ורפאתיו" לשון יחיד ולא ורפאתים.

וכפלינן ח"י פ' להורות דיחיו חיים נצחיים דכללות העולמות יתעלו לבחי' אצילות וזו רפואתם הנצחית דמאז חטא אדה"ר וחוה נקנסה מיתה לעולם.

ורמיזא דהאי פס' בפרק נ"ז בישעי' דאינון "א-ל הוי'" שמות הרחמים בהאי חושבן, ופס' י"ט גימ' "חוה" וכמו שבארנו באריכות באופן קס"ח למזמורא י"ט גימ' "חוה".

6. אופן קצ"ט לבאור שיר השירים פרק ו' **פסוק ד': יפה את רעיתי כתרצה נאוה כירושלם אימה כנדגלות:** גימ' (3138) ו"פ "בחר בנו מכל העמים" (523) ו"פ רמיזא ספי' התפארת כדכתיב (ישעי' מ"ט,ג') "ישראל אשר בך אתפאר" והוא ברחמי ה' דסליק לחושבן (3138) ג"פ "חסדי ה' כי לא תמנו כי לא כלו רחמיו" (1046) (איכה ג',כ"ב).

ואיהו חושבן (3138) ב"פ "וקראת לשבת עונג" ע"ה (1569) (ישעי' נ"ח,י"ג) רמיזא אלף השביעי יום שכולו שבת וכפלינן ב"פ דאינון שני ימות המשיח.

הני **ד' פסוקין** יחד (8902) ג"פ "זה ספר תולדות אדם ביום ברוא א-להים אדם בדמות א-להים עשה אותו" (2967) ע"ה (בראשית ה',א').

וכתיב בישראל (יבמות סא.) אתם קרויין אדם ואין

עכו"ם קרויין אדם, והאי ספר תולדות אדם היא התורה הקדושה.

וכן חושבן (8902) ט"פ "רועה בשושנים" (989) - והוא לקביל ט' ת"ד דז"א דאיהו ט' ספיראן ומלכותא קדישא משלימתו ל-י' בסוד א"ט ב"ח ואכמ"ל.

ואינון ד' פסוקין לקביל ד' אתוון דשמא קדישא הוי' ב"ה דיגלה אורו הגדול עלינו ברחמים ויגאלנו כדכתיב (סוף מלאכי) "הנה אנכי שולח לכם את אליה הנביא לפני בוא יום ה' הגדול הגדול והנורא".

ואיהו חושבן (8902) "גדול" (43) פ' "אור" (207) ע"ה כדכתיב (ישעי' ט',א') "העם ההולכים בחושך ראו **אור גדול**" והוא אור הגנוז דעתיד להתגלות בגאולה בב"א.

ואיהו גם כן חושבן (8902) "גדול ה'" (69) פ' "דוד עבדך יבוא" (129) עם הכולל.

"גדול ה'" דכתיב (תהל' קמ"ה,ג') "**גדול ה'** ומהלל מאד ולגדלתו אין חקר", ובפיוט צור משלו אכלנו "ובן **דוד עבדך יבוא** ויגאלנו" במהרה בימינו אמן.

והבאור דמשיח צדקנו יגלה לן גדולת ה' בעולם דאמונה היא עיקר דתכלית הידיעה שלא נדע- אלא שנאמין, והא כתיב (דה"א כ"ח,ט') "דע את א-להי אביך".

ולא קשיא דכמה שתדע ותשיג האמן שהוא לא כלום ואינו אפילו חוט קטן ממלבושו של השי"ת, ודאי לא הוא עצמו. ומתישב עם ולא עם הארץ חסיד דאל יאמר אדם אהיה ח"ו עם הארץ שנאמר תכלית הידיעה שלא נדע, אף אתה הקהה את שיניו וכו'.

נפשו ובכל מאודו שנא' ואהבת את ה' אלהיך בכל לבבך ובכל נפשך ובכל מאודך (דברים ו'), ומנין אתה למד שאין אהבה זו אלא לשון תלמוד, ראה מה כתיב אחריו והיו הדברים האלה אשר אנכי מצוך היום על לבבך ואי זה זה תלמוד שהוא על הלב הוי אומר ושננתם לבניך זו תלמוד שצריך שנון, ללמדך שפרשה ראשונה שבק"ש אין בה פירוש מתן שכרה בעוה"ז כמ"ש בפרשה שנייה והיה אם שמוע תשמעו וגו' ונתתי מטר ארצכם, זה מתן שכר עוסקי מצות (ס"א תורה שבכתב) שאין עוסקין בתלמוד, ובפ' שנייה כתיב בה בכל לבבכם ובכל נפשכם ולא כתב בכל מאדכם ללמדך שכל מי שאוהב עושר ותענוג אינו יכול ללמוד תורה שבע"פ לפי שיש בה צער גדול ונדוד שינה ויש מבלה ומנבל עצמו עליה לפיכך מתן שכרה לעה"ב שנאמר העם ההולכים בחשך ראו אור גדול, אור גדול אור שנברא ביום ראשון שגנזו הקדוש ברוך הוא לעמלי תורה שבע"פ ביום ובלילה שבזכותן העולם עומד שנאמר (ירמיה ל"ג) כה אמר ה' אם לא בריתי יומם ולילה חוקות שמים וארץ לא שמתי אי זה הוא ברית שנוהג ביום ובלילה זו תלמוד וכן הוא אומר (שם /ירמיהו ל"ג/) כה אמר ה' אם תפרו את בריתי היום ואת בריתי הלילה גם בריתי תפר את דוד עבדי וגו', ואומר (תהלים א) כי אם בתורת ה' חפצו ובתורתו יהגה יומם ולילה, ואף הקדוש ברוך הוא כרת ברית עם ישראל שלא תשכח תורה שבע"פ מפיהם ומפי זרעם עד סוף כל הדורות שנא' (ישעיה נט) ואני זאת בריתי אותם אמר ה' רוחי אשר עליך ודברי אשר שמתי בפיך לא ימושו וגו' ולא כתיב ממך אלא מפיך ומפי זרעך ומפי זרע זרעך, ולפיכך קבע הקדוש ברוך הוא שתי ישיבות לישראל שיהיו הוגין בתורה יומם ולילה ומתקבצין שתי פעמים בשנה באדר ובאלול מכל המקומות ונושאין ונותנין במלחמתה של תורה עד שמעמידין דבר על בוריו והלכה לאמתה ומביאין ראיה ומן המקרא ומן המשנה ומן התלמוד כדי שלא יכשלו ישראל בד"ת, שנא' (תהלים קיט) שלום רב לאוהבי תורתך ואין למו מכשול, (שם /תהלים/ כ"ט) ה' עוז לעמו יתן ה' יברך את עמו בשלום, ואותן ב' ישיבות לא ראו שבי ולא שמד ולא שלל ולא שלט בהן לא יון ולא אדום והוציאן הקדוש ברוך הוא י"ב שנה קודם חרבן ירושלים בתורתן ובתלמודן שכך כתיב והגלה את כל ירושלים ואת כל השרים ואת כל גבורי החיל עשרת אלפים גולה וכל החרש והמסגר ולא נשאר זולת דלת עם הארץ (מלכים ב כד), וכי מה גבורה יש בבני אדם ההולכים בגולה, אלא אלו גבורי תורה שכך נאמר בה על כן יאמר בספר מלחמות ה' (במדבר כ"א) ומתוכן החרש והמסגר, חרש שבשעה שאחד מהן מדבר נעשו הכל כחרשין, מסגר כיון שאחד מהן סוגר דברי טומאה וטהרה או איסור והתר אין בעולם שיכול לפתוח לטהר ולהתיר לקיים מה שנאמר (ישעיה כב) ונתתי מפתח בית דוד על שכמו ופתח ואין סוגר וסגר ואין פותח, ואת אילי הארץ לקח (יחזקאל יז) אלו חורי יהודה ובנימן שעליהן נאמר (ירמיה כד) כה אמר ה' וגו' כתאנים הטובות האלה כן אכיר את גלות יהודה אשר שלחתי מן המקום הזה ארץ כשדים לטובה, וכתיב (דניאל ט) וישקד ה' על הרעה ויביאה עלינו כי צדיק ה' אלהינו, וכי משום דצדיק

גַּלְּיָא עַמִּיקְתָא

יזכו לעולם הא לאור גדול והוא [יא]אור הגנוז- לקביל ישראל, והוא חושבן "אשר בחר בנו מכל העמים" דאמרינן בברכת התורה- לקביל אורייתא- וזהו קוב"ה אורייתא וישראל כולא חד כנ"ל. וכתיב (תהל' צ"ב) צדיק כתמר **יפר"ח** 7 **י' רפ"ח** דהצדיק מעלה

וישקד ה' על הרעה ויבא את הרעה, אלא צדקה עשה הקדוש ברוך הוא עם ישראל שהקדים והגלה את גלות יכניה לגלות צדקיה כדי שלא תשתכח מהן תורה שבע"פ וישבו בתורתן בבבל מן אותה שעה עד היום ולא שלט בהן לא אדום ולא יון ולא גזרו עליהם שמד, ואף לימות המשיח אין חבלי של משיח רואין שנא' (זכריה ב) הוי ציון המלטי, מאדום ומיון מגזרותיהן, וכתיב (מיכה ד) חולי וגחי בת ציון כיולדה כי עתה תצאי מקריה ושכנת בשדה, ושכנתי כתיב בשדה שאע"פ שאדם גולה בשדה שכינתי לא זזה ממך, ובאת עד בבל שם תנצלי שם יגאלך ה' מכף איביך (שם /מיכה ד'/) שם ללמדך שמשם מתחלת הגאולה משם עולין לירושלים שנאמר ועלו מושיעים בהר ציון וגו' (עובדיה א') אותה שעה והיתה לה' המלוכה, אכי"ר. **[יא] ר' צדוק הכהן מלובלין - פרי צדיק דברים לחמישה עשר באב:** וזה היה בזמן ט"ו בחודש אב כאשר דיברנו מזה בשבת חזון שהחודש אב נברא באות ט' שהוא נהירו דחיי והיינו בחינת האור כי טוב ורק טוביה גנוז בגויה כמו שמובא בזוה"ק (ח"א ג' א). והחודש הזה מסוגל להתגלות בו האור הגנוז משעת ימי בראשית והיינו על ידי הדעת שהוא בחינת תורה שבעל פה שמוציא חכמת התורה מבינת הלב כמו שנאמר (משלי ב', י') כי תבוא חכמה בלבך ודעת לנפשך ינעם. וביחוד בט"ו לחודש אב דאז קיימא סיהרא באשלמותא ולכן היה גם היום הזה מיוחד לחול במחולות שהוא התגלות האור מקיף ודייקא במקום המקדש כירושלים ושילה שעמד שם המשכן. וגם לעתיד לבוא יהיה הזמן הזה דייקא מוכן לבנין בית המקדש כדאיתא בפסיקתא (פרשה כ"ח). שלא יהיה יום טוב גדול ממנו והיינו מפני שאז יהיה תכלית הבירור בהתגלות האור הגנוז ואז עתיד הקדוש ברוך הוא לעשות המחול לצדיקים כמו שנאמר (ישעיה כ"ה, ט') ואמר ביום ההוא וגו'. ובחודש הזה דייקא שבת משוש לבנו נהפך לאבל מחולינו מפני שלא היינו כדאי לזה על ידי מעשינו. וקודם הפסוק הזה נאמר זקנים משער שבתו היינו הסנהדרי גדולה שהמה יושבי שער. בחורים מנגינתם היינו התלמידים שהיה דרכם ללמוד בניגון כענין גמרא גמור זמורתא תהא (שבת קי"ג א). ועל ידי זה שבת משוש לבנו שהוא השמחת לבו ונהפך לאבל מחולינו היינו בחינת המחול שהיה מיוחד בחודש הזה ונפלה עטרת ראשנו שהוא בחינת האור מקיף כנ"ל.

7. אופן ר' - שיר השירים פרק ז' **פסוק ח': זאת קומתך דמתה לתמר ושדיך לאשכלות:** גימ' (3220) "בה'" (28) פ' "אני לדודי" (115) ורמיזא דענין אני לדודי דהוא העלאת מ"ן הוא מיניה וביה בהשי"ת והוא הנותן לך כח לעשות חיל.

והבאנו לעיל מדברי רש"י בתחלת התורה הפסוק (תהל' קי"א,ו') "**כח** מעשיו הגיד לעמו" ע"ה גימ' (623) "ביד משה ואהרן" (אופן קצ"ט-שה"ש פ"ו פסוק ט') כדכתיב (תהל' ע"ז,כ"א) "נחית כצאן עמך ביד משה ואהרן". ובפסוקא דנן כמה באורים, והנ"ל עיקר, שכן אינון כ"ח אתוון בפסוקא, דערך ממוצע דכל אות ואות הוא (115) "אני לדודי".

והוא הצדיק המעלה כללות תפלותיהן של ישראל לקב"ה וכדכתיב (תהל' צ"ב) "צדיק כתמר יפרח" י' רפ"ח מעלה בחינת הרפ"ח ל-י"ס דאצילות ומתמן לא"ס ב"ה לשרשן (דרך י"ס הגנוזות באופן של כמים הפנים לפנים דמשתקפת י"ס דאצילות בפשיטות א"ס וביחוד נפלא דבורא ונאצל מתמתקת בא"ס ואכמ"ל).

הני **ח' פסוקין** יחד גימ' (23470) י"פ בשג"ם הו"א בש"ר במלוי כזה "בית שין גימל מם - הא ואו אלף - בית שין ריש" (2347).

וכדאיתא בגמ' (חולין קלט:) דמשה מן התורה מנין (היינו לפני שנולד דאחרי שנולד כתיב פעמים טובא) דכתיב בשגם הוא בשר (בראשית ו',ג') בשג"ם גימ' "משה" וראשי תיבות "שכינה מדברת מתוך גרונו" (עיין מכילתא שמות י"ח,י"ט) גימ' (1724) ב"פ "בית המקדש" עם הכולל (862).

ובמגלה עמוקות (אופן ע"ח עיין שם) דבריו בקיצור: א' זעירא היינו דכתיב ותחסרהו מעט מא-להים, ובמשה כתיב איש הא-להים, י"פ א-להים

גַּלְיָא עַמִּיקְתָא

[יב]הרפ"ח נצוצין בחינת י' דאיהי א' זעירא צורת י' ([יג]מגלה עמוקות אופן ע"ח). וזהו ויקר י' אל משה דהם מתקשרים עמו והוא מעלה את ברוריהם לשרשם בעולם האצילות ומשם ברז"א דאינסו"ף נוטריקון [8]ז' אד"ר אינסו"ף.

תת"ס. ובשגם הוא בשר עולה תתנ"ט דהוא י"פ א-להים חסר א' וזוהי האי א' זעירא שניתנה למשה

ויקרא אל משה למהוי י"פ א-להים בשלימו. ואמרינן לעיל דבהיותו בחי' בשג"ם עדיין ברוחניות כתיב הוא בשר, ובהיותו בגוף גשמי כתיב איש הא-להים והוא בחי' חותם המתהפך.

וכדאמרינן לעיל בפסוק ח' דהוא הצדיק המעלה כלל המ"נ דישראל לקוב"ה והוא בסוד א' רבתי דאדם (תחלת ספר דברי הימים) דיתגלה לעתיד לבוא. וזהו "משה הקדוש ברוך הוא" גימ' (1000) "אלף" דהיינו האי א' רבתי, דיהיב קוב"ה למשה א' זעירא מדיליה להשלימו לי"פ א-להים ויקרא אל משה (תחלת ספר ויקרא) למהוי איש הא-להים, ולעתיד לבוא תתגלה כ-א' רבתי כנ"ל. דכולא חד בורא ונברא והוא "משה"- כלל ישראל וכלל המציאות אשה אחת היה לה בכרסה ששים רבוא ומנו משה דשקול לששים רבוא ישראל עם "הקדוש ברוך הוא" גימ' (1000) "אלף" א' רבתי היינו כולא חד.

8. אופן ס"ו - ל"ג בעומר - רשב"י ובנו - אבן אב ובן. ויקרא א' זעירא מרמז הלולא דרשב"י בל"ג בעומר. "בעומר" מלא דהיינו "בית עין ויו מם

[יב] ספר קהלת יעקב - ערך ג: ג' גימל לשון גמול עולם הבא, וזה יהיה כאשר יאירו הי"ג מדות ששורשם מג' הויות על זה רמוז ג', ג' הויות ומזה בא תליסר נהרי אפרסמונא לגמול עולם הבא כמבואר במדרש (בראשית רבה פרשה ס"ב אות ב', מדרש תנחומא בראשית אות א'), וזה יהיה לעתיד כאשר יתעלה ישראל דלעילא אל הדיקנא בסוד הוי"ה מלך גאות לבש, כן כתב הרב ז"ל (פרי עץ חיים שער השבת פרק ח') שזה כאשר עולה זעיר למקום אבא ואמא ולובש הארת הדיקנא שנקרא גאות, ועל כן גימל ראשי תיבות הוי"ה מלך גאות לבש, וזה סוד (תהלים י"ג ו') אשירה להוי"ה כי גמל עלי, כאשר יהיה הגומל עלי שיהיה הוי"ה מלך גאות לבש אז יהיה השירה כמו שאמר (שמות ט"ו א') אשירה להוי"ה כי גאה גאה, שעולה למקום הגאות אריך ואבא ואמא ששם בחינת דיקנא, ואז סוס ורוכבו רמה בים, הס"מ ומרכבתו כי שערין דדיקנא קשישין לאכפייא דינין (זוהר אדרא רבא ק"מ.), וזה שאמר בישעיה (י"ח ה') כי לפני קציר כת"ם פר"ח, רצה לומר רפ"ח ניצוצין דקדושה שבתוך ס"א, כאשר יתמו ויתעלה אז ובוס"ר ראשי תיבות ואז סוס ורוכבו רמה בים, כי אחר שנתעלה הניצוצין קדושות שהן החיות שלו ממילא יפלו בעומקא דתהומא רבא, ואז גומל יהיה נצה שיניץ ויצמח הגמול גם בחינת גימל שהוא סוד הוי"ה מלך גאות לבש, שיתעלה זעיר אל מקום הגאות, ועל כן נאמר ברשעים (ישעיה מ"ד ט') בל יראו גאות הוי"ה שזה עיקר הגמול והבן. גאה בלאה כי הג' ולמד הם בחשבון אחד במספר אי"ק בכ"ר, נמצא גאה אותיות לאה, וא' דגאה ולאה הוא נקודה חיצוניות שלה שהיא עיקר שורש לאה, ואחר כך נתגאה שעלתה למעלה לנצח הוד יסוד דאמא והוא סוד ג' דלאה ולמד דלאה, ואחר כך נתגאה יותר ונעשית פרצוף אחד ונקרא ה' עלאה והוא ה' דלאה וה' דגאה, עץ חיים שער יעקב ורחל פרק ד', ויש לומר שנודע דלאה מבחינת מלכות דבינה ושם ס"ג ושם זה בהכאה כזה יו"ד פעמים ה"י, ה"י פעמים וא"ו, וא"ו פעמים ה"י גימטריא גאה בא"ת ב"ש. **[יג] מגלה עמוקות על ויקרא אופן ע"ח:** רמז הקב"ה בכאן בצורת א' שהיא צורת י' סוד המקוה שהוא סוד שיעור קומה בהיפך אתוון הוקם המשכן אז נשלמה המקוה של מעלה. שיש ר"ם קבין במקוה. לכן היו ישראל ד' פעמים ס' רבוא שהם ר"ם רבוא. לכן נקרא משה בן ע"מ ר"ם וכן אבינו הראשון נקרא א"ב ר"ם שהוא היה אב שזכו בניו להיות בסוד כסא שהוא מלך יושב על כסא רם. שכן במזבח של מעלה יש בכל זויות ס' רבוא חגורי איפוד ומיכאל כהן גדול עומד עליהם. וזה סוד ויקר אל משה מה יקר חסדיך ובצורת א' שהוא י' נרמז חשבון זה בזה האופן י"פ ו' הרי ס' ד"פ ס' הרי ר"ם. והם כמנין י' ימים אחרונים שזכה בהם משה ביום כיפורים בגמר י' ימי תשובה שיש בהם ר"ם שעות. ז"ש ויקר י' אותו יקר זכה ביום הכיפורים שהוא סוד י' וכן י' נחלק על ו"ד שהם ו' ימים האמצעים שמתענין בהם אבל ד' ימים אין מתענין והם ב' ימים של ראש השנה ושבת תשובה וערב יום הכפורים ויקר זה רמז על הענין התשובה שנחלקו לג' זמנים אלו.

ריש״ גימ׳ (1154) ד״פ א׳ זעירא ע״ה, ״ל״ג בעומר״ מלא גימ׳ (1311) ״ונסלח לכל עדת בני ישראל״ (במ׳ ט״ו,כ״ו) דאמרינן בתפלת יום כפור, וכשנוסיף ״רבי שמעון בר יוחאי (915) רבי אלעזר (520) על ל״ג בעומר מלא (1311) גימ׳ (2746) ״ותשובה ותפלה וצדקה מעבירין את רוע הגזרה״ יחד עם כ״ב אותיות התורה הק׳, דאמרינן במוסף דתפלת יום כפור, וכנודע דהלולא דרשב״י גרמה דפסקו מלמות תלמידי ר״ע בזכות ההלולא דעתידה להיות, דא״ר שמעון ״יכול אני לפטור את כל העולם כולו מן הדין״ (סוכה מה:) גימ׳ (1275) ״ברבבות אלפי ישראל״ (במ׳ י״א,ל״ו) ופרש״י מגיד שאין השכינה שורה בישראל פחותין משתי אלפים ומרמז לאלפים כנ״ל ד-א׳ זעירא, דרשב״י ובנו הוו משרים השכינה, וחזינן- דרשב״י בעל ההילולא מעיד בעצמו דיכל לפעול מה שפועל יום הכפורים.

והאי דאמרינן לעיל אופן ס״ה בעניין השבת ״וקראת לשבת ענג״ (ישעי׳ נ״ח,י״ג) גימ׳ (399) ״אלף זעירא״, והא ממשיך האי פסוקא ״לקדוש ה׳ מכובד״- הנה ״לקדוש ה׳״ גימ׳ (466) ״שמעון״, ודרשו (באדרא רבא סוף פ׳ נשא ע״ש) מאן הוא קדוש ה׳ ״דא רבי שמעון בר יוחאי״ (דאיקרי מכובד בעלמא דין ובעלמא דאתי) גימ׳ (920) ״ואל המקדש לא תבא״ (ויק׳ י״ב,ד׳), וזהו פס׳ בתחלת פ׳ תזריע, ומרומז שם עניין ל״ג בעומר- שכן פותחת הפרשה אשה ״כי תזריע וילדה זכר״ גימ׳ (999) דאמר המג״ע הק׳ אדם אחד מאלף מצאתי דא משה, וזהו אל״ף חסר אחד הגימ׳ כנ״ל, ״אשה כי תזריע וילדה זכר״ גימ׳ (1305) א׳שה, בסוד אלף אל״ף זעירא. ובפסוק הבא ״וביום השמיני ימול בשר ערלתו״ ומרמז ״ביום השמיני״ גימ׳ (475) ״דעת״ ע״ה, א׳ מעל ז׳ והוא ר״ת **א׳ ז׳**עירא, וכגון **א״ז** ישיר משה ועוד רבים. ובפסוק הבא ״ושלשים יום ושלשת ימים״ (תשב בדמי טהרה) גימ׳ (1878) ״זרעא די לא יפסוק ודי לא יבטול מפתגמי אורייתא״ דאמרינן בתר קריאת התורה בשבת ביקום פורקן מן שמיא וכו׳, וזהו רמז מובהק שכתוב להדיא ל״ג ״ושלשים ושלשת״ ומיד לאחר מכן האי דאמרנו ״ואל המקדש לא תבוא״ גימ׳ ״דא רבי שמעון בר יוחאי״ כדלעיל. וזהו דאמר רשב״י שלא תשתכח תורה (בגמ׳ שבת קלח: ע״ש) שנאמר ״כי לא תשכח מפי זרעו״ (דב׳ ל״א,כ״א) ומביא בהק׳ ללקוטי מוהר״ן ס״ת ״יוחאי״, והיינו דלא תשכח מפי זרעו דיוחאי, ודא הוא רבי שמעון עצמו- דהביא האי פסוקא, והוא בגימ׳ (1202) ״בראשית ברא א-להים״ דרשב״י בלמוד תורתו ולמוד זכות על דורו ועל הדורות הבאים, ובפרט בהלולת ל״ג בעומר דהוא גם יום הולדתו בדומה למרע״ה דנולד ונסתלק באותו היום- ז׳ אדר- הריהו מחזיר הכל לשרש להשי״ת, ל״בראשית״ ולקודם הבריאה, וזהו ד״בראשית ברא א-להים״ בחלוף סדר אתוון ״א-להים ברא את רשב״י״ והוא נפלא ונורא. וכשנחבר הני תרי הלולא רבה דמרע״ה ודרשב״י (דנשמת משה בגויה) עם הספירה ל״ג בעומר, דהיינו ״ז׳ אדר, ח״י אייר, ל״ג בעומר״ גימ׳ (802) ״אלף זעירא אלף זעירא״ עם ד׳ כוללים, והיינו האי א׳ זעירא דויקרא איהי בגויה דרשב״י, ורמיזא לכך- ״רבי שמעון״ גימ׳ עם האותיות ו-ב׳ כוללים (688) ״א׳ זעירא אלף זעירא״, ומרמז בחי׳ הכתר דהשיג רשב״י בחי׳ חיותו כדאמרינן לעיל אופן נ״ז- א׳ היינו דאנכי, ״אלף״ היינו ״לא יהיה לך״, דהני ב׳ דבריא הן התפשטות דהאי א׳ בסוד ״מאן דאיהו רב איהו זעיר״- בזוה״ק תחלת פרשת חיי שרה.

וכשנחבר רשב״י עם אלעזר בנו דהוא יסוד ושרש לקיום עם ישראל עד ביאת משיח צדקנו בב״א עניין אב ובן, כדכתיב ״משם רעה אבן ישראל״ (בר׳ מ״ט,כ״ד) אבן- אב ובן, וזהו דיעקב דהוא בחיר האבות- בו מופיע מספר גדול מאד יותר ממק״א בכ״ד ספרים עניין אבן- ונחבר הני אבנים: ״ויקח **מאבני** המקום [כ״ח,י״א] ויקח את **האבן** [כ״ח,י״ח] **והאבן** הזאת [כ״ח,כ״ג] **והאבן** גדלה על פי הבאר [כ״ט,ב׳] וגללו את האבן והשיבו את **האבן** [כ״ט,ג׳] וגללו את **האבן** [כ״ט,ח׳] ויגל את **האבן** [כ״ט,י׳]״

והנה בתוך כמה פסוקים ח״פ אבן, בסוד אב-בן, דמשה קבל תורה מסיני ומסרה ליהושע וכך מאב לבנו לדורי דורות, עד ביאת משיח צדקנו,בב״א. והני ח״פ אבן כמו שכתובים שם בפסוקים, דהיינו- ״מאבני, האבן, והאבן, והאבן, האבן, האבן, האבן, האבן״ גימ׳ ״שמעון בן״ עם ב׳ המלים והכללות, וחזינן דכתיב שמעון בן יוחאי, וכן אלעזר בן שמעון- בן מהאי גיסא ומהאי גיסא דרשב״י הקדוש.

וכשנצרף הני ח׳ אבנים עם המלים שסביבותיהם, וכדכתבנו לעיל- ״ויקח מאבני, ויקח את האבן, והאבן הזאת, והאבן גדלה, וגללו את האבן, והשיבו את האבן, וגללו את האבן, ויגל את האבן״ סליק לחושבן (3757) י״ג פ׳ ״א׳ זעירא״ (289)

גַּלְּיָא עַמִּיקְתָּא

והני תרין פסוקין ממשלי ג' ו–כ' דתרוויהו בפסוק ט"ו (י"ה) ויחד אתוון **יהי"ה** כדכתיב (זכריה י"ד,ט') "ביום ההוא **יהי"ה** ה' אחד ושמו אחד". סליקו תרוויהו לחושבן (3647) ז"פ **אה"ל העד"ת** (521) [כמ"ש (במדבר י"ח,ב') "לפני אהל העדת"] **העד"ת** אתוון **הדע"ת** וכדהבאנו דברי המגלה עמוקות לעיל דהוא ת"פ חסר א' והיא א' זעירא. והן ז' פעמים כדכתיב (במדבר ח',ב'–פרשת בהעלותך) "[9]אל מול פני המנורה יאירו שבעת הנרות" והיינו ז' בחינות עם ישראל בחינת ז"ת ממשיכים אורם ויניקתם דקדושה מהצדיק דהוא בחינת פני מנורה.

ובאור הענין דמשה הוא **הדע"ת** אתוון **העד"ת** וכשמונים כתר אין מונים **הדע"ת** כאמרם (יומא כא.) [יד]ארון אינו מן המדה דאינו בבחינת עולם שנה נפש

דהיינו כל הני י"ג מכילן דרחמי דכתר א"א מלאים ב-א' זעירא, ומקשר משה-יעקב-שמעון-אלעזר, והאי חושבן (3757) גימ' י"ז פ' "אייר" דהוא י"ז אייר ערב הלולת התנא הקדוש רשב"י דאז כלל ישראל עולים לרגל למירון לציונו הקדוש כעין העליה לביהמ"ק, ולאחר חצות היום מתחילה הארת ל"ג בעומר, וזהו "טוב" (י"ז) פ' "אייר", היינו דכתיב (ישעי' ג',י') "אמרו צדיק כי טוב" גימ' (500) "פרו ורבו" והוא המצוה הראשונה בתוה"ק- עניין חבנים כנ"ל. והוא יום ל"ב בעומר דאמר (אבות פ"ב) רבי אלעזר בן ערך "לב טוב" [בעניין איזו היא דרך ישרה שיבור לו האדם ואמר להם ריב"ז רואה אני את דברי אלעזר בן ערך מדבריכם, שבכלל דבריו דבריכם, ונבארו אי"ה באופנים הבאים] והוא ד-י"ז באייר ל"ב בעומר ו-י"ז גימ' "טוב". וזהו "ל"ג בעומר" במלוי הקטן "למד גימל בית עין, למד מם ריש" גימ' (1301) "יעקב, **משה**, **שמעון**, **אלעזר**" ר"ת שמא"י ס"ת ברנ"ה, וכשיצאו מן המערה לאחר י"ב שנה כל מקום שנתנו עיניהם בו מיד נשרף, יצתה בת קול ואמרה וכי לשרוף עולמי באתם, ואז נכנסו למערה שנה נוספת וכו'- ולכן ר"ת שמאי ענין הדין, לאחר י"ב שנה לקביל י"ב שבטי י-ה, י-ה ענין הדין, ויוסף על גביהן לקביל השנה ה-י"ג ונהפך ל-י"ג מדות הרחמים וכנ"ל מלאים כ"א ב-א' זעירא גימ' כל הני ח' אבנין דיעקב, כשבא לחרן למקום הקלי' למצוא את האמהות הק' דמהן יבנה עם ישראל, בסוד אבן אב-בן, ומרומז ה-א' זעירא צורת י', ובזוה"ק י' איהי אבן, ופשוט [ועיין עוד לקמן אופן צ"ב].

[יד] **תלמוד בבלי יומא דף כא עמוד א**: אמר רב יהודה אמר רב: בשעה שישראל עולין לרגל עומדין צפופין, ומשתחוים רווחים. ונמשכין אחת עשרה אמה אחורי בית הכפורת. מאי קאמר? - הכי קאמר: אף על פי שנמשכין אחת עשרה אמה אחורי בית הכפורת, ועומדים צפופין, כשהן משתחוין - משתחוין רווחים. וזה אחד מעשרה נסים שנעשו במקדש. דתנן: עשרה נסים נעשו בבית המקדש: לא הפילה אשה מריח בשר הקדש, ולא הסריח בשר הקדש מעולם, ולא נראה זבוב בבית המטבחים, ולא אירע קרי לכהן גדול ביום הכפורים, ולא נמצא פסול בעומר, ובשתי הלחם, ובלחם הפנים, עומדים צפופים ומשתחוים רווחים, ולא הזיק נחש ועקרב בירושלים מעולם, ולא אמר אדם לחברו צר לי המקום שאלין בירושלים. פתח במקדש וסיים בירושלים? - איכא תרתי אחרנייתא במקדש, דתניא: מעולם לא כבו גשמים אש של עצי המערכה, ועשן המערכה אפילו כל הרוחות שבעולם באות ומנשבות בו אין מזיזות אותו ממקומו. ותו ליכא? והתניא רב שמעיה בקלנבו: שברי כלי חרס נבלעין במקומן. ואמר אביי: מורה ונוצה ודישון מזבח הפנימי

9. מגלה עמוקות על ויקרא אופן פ"ג

ו'. **אשר עוד בקשה נפשי ולא מצאתי, אדם אחד מאלף מצאתי ואשה בכל אלה לא מצאתי** (קהלת ז',כ"ח) גימ' (3728) ד' פעמים "עץ הדעת טוב ורע" (932) (בראשית ב',ט') דשלמה המלך תיקן חטא אדם הראשון בעץ הדעת טוב ורע. ומהאי טעמא מדכר בפסוקא **אדם** - **אשה** לזאת יקרא אשה כי מאיש לוקחה זאת וכו' לשון נופל על לשון מכאן שנברא העולם בלשון הקודש וכו'. והוא חושבן ד"פ

ודישון המנורה נבלעין במקומן. - פסולי תלתא הוו, חשבינהו בחד, אפיק תרי ועייל תרי. - אי הכי בלועין נמי תרי הוו, חשבינהו בחד - חסרו להו! - איכא נמי אחריתי, דאמר רבי יהושע בן לוי: נס גדול היה נעשה בלחם הפנים, סלוקו כסדורו, שנאמר לשום לחם חם ביום הלקחו. - ותו ליכא? והאמר רבי לוי: דבר זה מסורת בידינו מאבותינו, מקום ארון אינו מן המדה. ואמר רבנאי אמר שמואל: כרובים בנס היו עומדין! - ניסי דבראי - קא חשיב, ניסי דגואי - לא קא חשיב. - אי הכי לחם הפנים נמי ניסי דגואי הוא! - לחם הפנים ניסי דבראי הוא, דאמר ריש לקיש: מאי דכתיב על השלחן הטהר, טהור - מכלל שהוא טמא. [טו] **במדבר רבה פרשת במדבר פרשה ב:** ובנים לא היו להם ויכהן אלעזר רבי יעקב בר איבו בשם רבי אחא אילו היה להם בנים קודמין לאלעזר ולאיתמר שכל הקודם לנחלה קודם בכבוד ובלבד שהוא נוהג כמנהג אבותיו, ויכהן אלעזר ואיתמר וגו' רבי יצחק אמר בחייו ר' חייא בר אבא אמר במותו על דעתיה דרבי יצחק דהוא אמר בחייו נאמר כאן על פני ונאמר להלן על פני דכתיב (בראשית יא) וימת הרן על פני תרח אביו מה על פני האמור להלן בחייו אף על פני האמור כאן בחייו על דעתיה דר' חייא בר אבא דהוא אמר במותו נאמר כאן על פני ונאמר להלן על פני (שם /בראשית/ כג) ויקם אברהם מעל פני מתו מה על פני האמור להלן במותו אף על פני האמור כאן במותו על דעתיה דרבי יצחק דהוא אמר בחייו אירע טומאה באהרן שימש אלעזר אירע טומאה באלעזר שימש איתמר מעשה בשמעון בן קמחית שיצא לדבר עם המלך הערביים וניתזה צינורא של רוק מפיו על בגדיו וטימאוהו נכנס יהודה אחיו ושימש תחתיו בכהונה גדולה אותו היום ראתה אימן שני בניה כהנים גדולים אמרו חכמים שבעה בנים היו לקמחית וכולן שימשו בכהונה גדולה נכנסו חכמים אצלה אמר לה מה מעשים טובים יש בידך אמרה להם כך יעזרו עלי אם ראו קורות ביתי שערות ראשי מימי אמרין כל קמחא קמחין וקמחא דקמחית קמחה סולת וקראו עליה הפסוק הזה (תהלים מה) כל כבודה בת מלך פנימה וגו' ועל דעתיה דר' חייא דהוא אמר במותו כשמת אהרן שימש אלעזר בנו כשמת אלעזר שימש איתמר לכך נאמר ויכהן אלעזר ואיתמר על פני אהרן אביהם.

גַּלֵּא עֲמִיקָתָא

דהאי עלמא וכן הוא משה דאיקרי איש הא-להים (דברים ל"ג,א') [10 אופן ת"ח לבאור ואתחנן אופן קכ"א באקדמות מילין].

והפסוק השלישי דמביא המגלה עמוקות:

ג'. [טו]**כל כבודה בת מלך פנימה ממשבצות זהב לבושה** (תהלים מ"ה,י"ד) גימ' (1999) "נתן לנו את תורתו" דמברכינן בברכת התורה.

לקביל ד' אתוון דשמא קדישא הוי' ברוך הוא. ותמן ג"פ מצאת"- "מצאתי" גימ' (541) ישרא"ל- ג"פ ישרא"ל גימ' (1623) "תפארת ישראל" עם הכולל.

דכתיב במגילת איכה (ב',א') "השליך משמים ארץ **תפארת ישראל**". דתיבה תפאר"ת גימ' עם הכולל ב"פ ישרא"ל- וכדאמר הנביא (ישעי' מ"ט,ג') "**ישראל** אשר בך **אתפאר**".

והנה שבעת הפסוקים שמביא המגלה עמוקות עם הפסוק שהבאנו בהקדמת הבאור לאופן "והלכו עמים רבים וכו' כי מציון תצא תורה ודבר ה' מירושלם"

[והוא בסוד ז' קני המנורה ונר האמצעי "אל מול פני המנורה יאירו שבעת הנרות" (במדבר ח',ב') ענין פנימיות אור הגנוז]

סליק לחושבן (22595) כ"ב (אתוון דאורייתא קדישא) פעמים "חיל בלע ויקיאנו, מבטנו ירשנו א-ל" (1027) (איוב כ',ט"ו)

[עיין באורנו לפסוק זה.

10. באופן קפ"ט-יעקב התחפש לעשו וכו']

באור הענין: בגאולתא שלמתא דיעביד קוב"ה משפט אמת בגויים ובסטרא אחרא בכללות- ויוציא בלעם מפיהם כדכתיב (ירמי' נ"א,מ"ד) "ופקדתי על בל בבבל, והוצאתי את בלעו מפיו" וכו'.

והיינו חלקי הניצוצין דבלעו- מהני תשעה נצוצין שיצאו מ-א' דאנכי.

ולכן הני פסוקין סליקו לחושבן כ"ב פעמים "חיל בלע ויקיאנו, מבטנו יורישנו א-ל" דמשיחא יעביד דינא ע"י כ"ב אתוון דאורייתא קדישא.

כדכתיב (שיר השירים א',ב') "ישקני מנשיקות פיהו"- משלשון נשק וכלי זין- דנשקו של משיח יהיה אותיות התורה והתפלה, ויגלה בפנימיות

התורה רזין דרזין ויכניע אויבינו ומשנאינו- ויבנה זבול תפארתנו ויוליכנו קוממיות לארצנו בחסד וברחמים.

וכבר בשנה זו תשע״ה במלוי ״תיו שין עין הא״ גימ׳ (912) ״בית מקדשנו״ כדכתיב (ישעי׳ ס״ד,י׳) ״בית קדשנו ותפארתנו ותפארתנו אשר הללוך אבותינו היה לשרפת אש, וכל מחמדינו היה לחרבה״ יהי רצון דיבנה ויכונן במהרה בימינו אמן

תשעה נצוצין לכל רוח והן ד׳ רוחות ד״פ ט׳ הרי ל״ו שעות שהיתה משמשת האורה טרם נגנזה בסוד ל״ו נרות דחנוכה (בבני יששכר הקדוש ה״פ או״ר דכתיבי במעשה בראשית הרי ל״ו).

והוא בשנה ובנפש דאדם הראשון חזי בה מסוף העולם ועד סופו- ויהי רצון דנזכה להאי אור הגנוז בביאת משיח צדקנו במהרה בימינו אמן.

11. ואתחנן אופן קכ״א אקדמות מילין מביא המגלה עמוקות מספר סודי רזיא לרבי אליעזר מגרמיזא בעל הרוקח בענין כסיל וכימה שהן כללות י״ב המזלות. ומינייהו נפקין ג׳ הרגלים: ״פסח שבועת סוכת״ [כמו שנבאר בסמוך] סליקו לחושבן (1412) ד׳ פעמים ״שמחה״ (353) כדכתיב בסוכות (דברים ט״ז,י״ד) ושמחת בחגך [וילפינן בגזירה שוה חמשה עשר חמשה עשר לשאר הרגלים] וממילא שמחים ב-ג׳ הרגלים על הניסים שעשה עמנו הבורא יתברך בפסח שהוציאנו ממצרים, בשבועות שנתן לנו את התורה, ובסוכות שסיפק צרכנו במדבר ארבעים שנה והושיבנו בסוכות [ופלוגתא דתנאי בגמרא (סוכה יא:) לרבי אליעזר סוכות ענני כבוד היו, ולרבי עקיבא סוכות ממש עשו להם].

והנה י״ב מזלין: **״טלה שור תאומים סרטן אריה בתולה מאזנים עקרב קשת גדי דלי**

גַּלְיָא עֲמִיקְתָא

ורמיזא משיחא ״ממשבצות״ גימ׳ (878) ״משיח״ במלוי ״מם שין יוד חית ומיד ״זהב״ גימ׳ (14) ״דוד״ [טז]דהוו בשעריה ז׳ מיני זהב וכו׳. ״לבושה״ גימ׳ (343) ״ומה אזעם לא זעם ה׳״ (במדבר כ״ג,ח׳) דאמרו בלעם הרשע בנבואתו. וזהו דמשיח יעורר זעם ה׳ בעמל״ק דהוא חושבן (240) פניני״ם כמו שכתוב (שם) יש זהב ורב פניני״ם וזהו ישות דקלי׳ דעשו אמר (בראשית ל״ג,ט׳) יש לי רב. ואמרו חז״ל (עיין רש״י בראשית כ״ו,י״ג) [יז]זבל פרדותיו של יצחק ולא כספו וזהבו של אבימלך בחינת יש זהב הלעומת זה של ממשבצות זהב לבושה.

והני תלת פסוקין יחד סליקו לחושבן (5646) ג״פ ״[11]אנחנו כורעים ומשתחוים

[טז] **כתבי הרמ״ע מפאנו - מאמר צבאות ה׳ - חלק ראשון:** (כא) ע״כ נגזר על דוד כי יולד נפל בדין אסכרה ע״י לילית חייבתא לכפר על עון גרון שנפתה בו ע״י חוה וכתיב חיים שאל ממך נתת לו ופי׳ להלן ויחי ויתן לו מזהב שבא. וכבר אמרו חכמים כי ז׳ גווני זהב היו כלם בשערו של דוד ושער הגרון הי׳ מזהב שבא, ועל פסוק ותפול שבא תרגום רב יוסף לילית חייבתא. והנה שב״א הוא נוטריקון שוב״ו בנ״י אד״ם כמשל הזונה שבא בזוהר שאילו בן המלך עומד בנסיונו כל שבחא לההיא זונה וכן אמרו שטן ופנינה לשם שמים נתכוונו. והנה אסכרה היא מלה מורכבת מן אותיות אסכ״ה שהן בגימ׳ אלקי״ם פשוט והרי״ש לבדה אלקי״ם מרובע והכל יחד עם ה׳ אותיות בגימ׳ אלקים מלא באֹ תוך הה״א. עוד אסכרה דאותיותיה בצירוף שמו של דוד. רצוני השם ואותיותיו לבד בגימ׳ אלהי״ם מלא בכפל ה״ה בה״ה אחרת. ואם יקח זה וזה במספר אותיות בלבד. יהיה הכל יחד כמנין אלקים מלא ביו״ד תוך הה״י הרי זה כלל גדול למקור הדינין ואחוריו וכל מילואיו שהיה מגזם על דוד כל ימי חייו ע״כ היה מתחנן הודיעני ה׳ קיצי ומדת ימי מה היא אדעה מה חדל אני כי מי שלא יאמין בחייו לא ידע מה יעבוד את ה׳ בקביעות ולפי שהוא מת כל ימי חייו בעה״ז הנה כל ימיו בההוא עלמא דוד מלך ישראל חי וקים.

[יז] **רש״י בראשית פרק כו פסוק י״ג:** כי גדל מאד - שהיו אומרים זבל פרדותיו של יצחק ולא כספו וזהבו של אבימלך: בראשית רבה פרשה ס״ד אות ז׳ בראשית רבה פרשת תולדות פרשה סד ויצו אבימלך את כל העם, א״ר אייבו אפילו צרור אל יזרוק בהם אדם, הה״ד (תהלים נו) יגורו יצפנו המה עקבי ישמורו כאשר קוו נפשי, ויגדל האיש וילך הלוך וגדל, א״ר חנין עד שהיו אומרים זבל פרדותיו

של יצחק ולא כספו וזהבו של אבימלך, ויהי לו מקנה צאן ומקנה בקר ועבודה רבה, דניאל חייטא אמר ועבדה כתיב אם אין אדם עושה עצמו כמו עבד לעבדו אינו קונה אותו כענין שנא' (משלי יב) טוב נקלה ועבד לו, בנוהג שבעולם אדם צריך לטרוח ולבקש יציאות ביתו והם יושבים בביתו, ויאמר אבימלך אל יצחק לך מעמנו כי עצמת ממנו, אמר לו כל אותן עצמות שעצמת לא ממנו היה לך, לשעבר היה לך חדא קווקיא וכדון אית לך קווקיא סגין. **[יח] משנה מסכת אבות פרק ד משנה ה:** רבי ישמעאל בנו אומר הלומד על מנת ללמד מספיקין בידו ללמוד וללמד והלומד על מנת לעשות מספיקין בידו ללמוד וללמד לשמור ולעשות. רבי צדוק אומר אל

גַּלְיָא עַמִּיקְתָא

ומודים לפני מלך מלכי המלכים" (1882) דערך ממוצע דכל פסוק ופסוק דהיינו הצד השוה שבהם- הודאה ובטול ושפלות וענוה לפניו יתברך.

וזהו דאמרו חז"ל (אבות ד',ה') [יח]הלומד על מנת לעשות מספיקין בידו

דגים" סליקו לחושבן (3463) ו' פעמים "על פי ה' ביד משה" (577) עם הכולל (במדבר ד',מ"ה) דכלל הבריאה לא נבראה אלא בעבור משה, והוא בסוד אות ו' דהוריד הלוחות דארכן ורחבן ו' טפחים.

י"ב חדשי השנה: "**ניסן אייר סיון תמוז אב אלול תשרי מרחשון כסלו טבת שבט אדר**" סליקו לחושבן (3597) ד' פעמים "רחל אסתר" (899) עם הכולל, בחינת מלכותא קדישא- דהני י"ב חדשים הן בחינת מלכות דישראל מונין ללבנה שממעטין עצמם לפניו יתברך- כדוגמת הלבנה דאמר לה קוב"ה (חולין ס:) לכי ומעטי את עצמך- דהיא בחינת מלכותא קדישא דאיהי **דלה** ועניה **דלית לה מגרמה כלום** [ראשי תיבות דו"ד מל"ך].

והנה י"ב מזלין (3463) עם י"ב חדשים (3597) סליקו לחושבן (7060) ה' פעמים "פסח שבועת סוכת" (1412) וכשאלת האתון לבלעם: מה עשיתי לך כי הכיתני זה שלש רגלים (במדבר כ"ב,כ"ח) פרש"י אמרה לו אתה מבקש לעקור אומה החוגגת שלש רגלים בשנה. והן סופי תיבות חת"ת כדכתיב (בראשית ל"ה,ה') ויסעו ויהי **חתת** אלהים על הערים אשר סביבותיהם ולא רדפו אחרי בני יעקב, וכן כתיב (איוב ו',כ"א) "תראו חתת ותיראו" גימ' (2038) ב' פעמים "אות ברית" (1019) ד-ג' הרגלים הם בחינת אות ברית בין קוב"ה וישראל- והוא חושבן (2038) ג' פעמים "חק לישראל" (679) עם הכולל כדכתיב (תהל' פ"א,ה') כי **חק לישראל** הוא, משפט לאלהי יעקב- בחינת חק ולא יעבור.

אמנם לעתיד לבוא בהארת אור הגנוז הנרמז ב-ח' נרות חנוכה, ובתחית המתים ונהפוך הוא דפורים- כתיב: כל המועדים בטלים לעתיד לבוא, חנוכה ופורים אינם בטלים- דהארה תהיה גדולה כל כך- בחינת הארת ג' רגלים כעת, ואז תתגלה הארת חנוכה ופורים, דכעת אינם בחינת ימים טובים מגודל קדושתם, וכגון קדושתה הגבוהה של הטלית דלכן היא בחינת חול ומותר להשתמש בה [עיין שולחן ערוך אורח חיים סימן כ"א ובמשנה ברורה ס"ק י"ב דמביא דעת הע"ת דמותר להשתמש בטלית ובאליה רבה סי' כ"א מביא בשם ספר עולת תמיד דלא אסרו להשתמש אלא בציצית ולא בטלית עיין שם].

והנה י"ב השבטים: "**ראובן שמעון לוי יהודה** [עד כאן גימ' (801) ט' פעמים "חנוכה" (89)] **יששכר זבלון בנימין דן נפתלי גד אשר יוסף**" סליקו לחושבן עם הכולל (3177) ט' פעמים "שמחה" (353) וברגלים "פסח שבועת סוכת" סליקו לחושבן (1412) ד' פעמים "שמחה" (353) כנ"ל [ותרוויהו סליקו לחושבן י"ג פעמים "שמחה" בסוד י"ג מכילן דרחמי].

ונמשך מכאן ד-י"ב מזלין (3463) י"ב חדשים (3597) ו-י"ב שבטים (3176) סליקו כולהו לחושבן (10236) י"ב פעמים "והוצאת מים מן הסלע" (853) (במדבר כ',ח') דמשה רבינו נצטוה לדבר אל הסלע ולקדש שם שמים דעל ידי דיבורו בלבד יצאו מים וישקו את כל עם ישראל, והוא שינה והכה בסלע- ולכן נענש לא להיכנס לארץ ישראל, דרצה להיכנס על מנת לתקן חטא חוה דשינתה דברי השי"ת [ומבואר אצלנו באריכות במקום אחר] ואם כן כיצד יתקן שהרי אף הוא נטה מציווי ה'- וכאמור לעיל משה רבינו כללות הבריאה- ואם הוא חטא כל הבריאה נפגמה בחינת: **עולם**- י"ב מזלין, **שנה**-י"ב חדשים, ו-י"ב שבטי י"ה עדות לישראל בחינת **נפש** כדכתיב (שמות א',ה') ויהי כל יוצאי ירך יעקב שבעים נפש, ולכן אמר ליה קוב"ה: רב לך, אל תוסף דבר אלי עוד בדבר הזה.

גַּלְיָא עֲמִיקְתָא

ללמוד וללמד לשמור ולעשות, ומאידך אמרו חז"ל (ירושלמי שבת א',ב') [יט]הלומד שלא על מנת לעשות נוח לו שלא נברא וכו'.

וזהו דמסיים האופן כ"ב מה הוא היקר (שנתן הקב"ה למשה) **היא אל"ף הלמוד שהוא כתר תורה– ומביא הפסוק הרביעי** (**איוב** ל"ג,ל"ג–ענין ג"ל עיני ואביטה):

ד'. [כ]**אם אין אתה שמע לי החרש ואאלפך חכמה** גימ' (1682) "טוב הוא" (29) [דאיתמר בהולדת משה (שמות ב',ב') ותרא אתו כי טוב הוא] פעמים "כבוד ה'" (58). וזהו דתיבין "אם אין" גימ' "אמונה" שהוא חושבן מש"ה בא"ת ב"ש, וכדאמר משה (שמות ל"ב) "ואם אין מחני נא" וכו' וזכה במסירת נפשו להאי פסוקא:

אם אין אתה (שאמרת בה"ס) **שמע לי– החרש** (חושבן מדת הדין) **ואאלפך**

תעשם עטרה להתגדל בהם ולא קרדום לחפור בהם וכך היה הלל אומר ודישתמש בתגא חלף הא למדת כל הנהנה מדברי תורה נוטל חייו מן העולם. **[יט] תלמוד ירושלמי ברכות פרק א**: רבי יוחנן בשם רבי שמעון בן יוחי כגון אנו שעוסקים בתלמוד תורה אפילו לקרית שמע אין אנו מפסיקין. רבי יוחנן אמרה על גרמיה כגון אנו שאין אנו עסוקים בתלמוד תורה אפילו לתפלה אנו מפסיקין. דין כדעתיה ודין כדעתיה רבי יוחנן כדעתיה דאמר רבי יוחנן ולואי שיתפלל אדם כל היום למה שאין תפילה מפסדת רבי שמעון בן יוחאי כדעתיה דרשב"י אמר אלו הוינא קאים על טורא דסיני בשעתא דאתיהיבת תורה לישראל הוינא מתבעי קומי רחמנא דיתברי לבר נשא תרין פומין חד דהוי לעי באוריתא וחד דעבד ליה כל צורכיה. חזר ומר ומה אין חד הוא לית עלמא יכיל קאים ביה מן דילטוריא דיליה אילו הוו תרין עאכ"ו. א"ר יוסי קומי רבי ירמיה אתיא דרבי יוחנן כרבי חנינא בן עקביא דתני כותבי ספרים תפילין ומזוזות מפסיקין לק"ש ואין מפסיקין לתפילה ר' חנינא בן עקביא אומר כשם שמפסיקין לק"ש כך מפסיקין לתפילה ולתפילין ולשאר כל מצותיה של תורה. ולא מודה רשב"י שמפסיקין לעשות סוכה ולעשות לולב. ולית ליה לרשב"י הלמד על מנת לעשות ולא הלמד שלא לעשות שהלמד שלא לעשות נוח לו שלא נברא. וא"ר יוחנן הלמד שלא לעשות נוח לו אילו נהפכה שילייתו על פניו ולא יצא לעולם. טעמיה דרשב"י זה שינון וזה שינון ואין מבטל שינון מפני שינון. והא תנינן הקורא מכאן ואילך לא הפסיד כאדם שהוא קורא בתורה. הא בעונתה חביבה מד"ת. היא היא. א"ר יודן רשב"י ע"י שהיה תדיר בד"ת לפיכך אינה חביבה יותר מד"ת. אמר רבי אבא מרי לא תנינן אלא כאדם שהוא קורא בתורה הא בעונתה כמשנה היא רשב"י כדעתיה דרשב"י אמר העוסק במקרא מידה ואינה מידה ורבנן עבדי מקרא כמשנה. **[כ] של"ה מסכת שבועות פרק תורה אור אות קעה**: קעה. ומזה הענין דיבר משה רבינו לשמים לשון אחר ממה שדיבר לארץ, כדי שלא יהו מכוונין, לשמים בלשון האזנה ולארץ בלשון שמיעה (ראה דברים לב, א). (אם כן) [ד]לכאורה אין העדות נאמנה, מאחר דסהדי מכוונין. על זה אמר 'עדות ה' נאמנה', כי אינן מכוונין לגמרי. וזה רמז במה שכתוב (תהלים יט, ח) 'מחכימת פתי'. וכבר כתבתי למעלה (ח"א תולדות אדם בית חכמה (תניינא) אות קפז) בהמקום שרשמתי ענין סודות התורה וענין רמזי תורה, כי בענין הרמזים של תורה שבכתב, הכוללים כל מה שבא בתורה שבעל פה, לעתיד מלאה הארץ דעה, ונשב באור ולא במחשכים, ושבעת ימי הבנין יתדבקו בשרש ויתייחדו בחמשה קולות, ואז תהיה תורה שבעל פה גלויה להשכל בתוך תורה שבכתב. אבל לענין סודות סתרי תורה בסוד (שמו) [שם] העצם, אלו סודות למעלה בבינה מהרמזים, והם בסוד השגת השכל, סוד המחשבה, חכמה 'יוד' מהשם הנוגע בקוצה במקום פלא בסוד 'ואאלפך חכמה' (איוב לג, לג) שכתבתי למעלה (אות קנה, בהגה"ה אות א') שזהו עצם התורה הקדומה. וזהו 'מחכימת פתי', אפילו מי שמתחכם בסוד הרמזים, מכל מקום עדיין פתי בסוד הסודות והסתרין שהם מופלאים, עד שיקויים 'ילכו מחיל אל חיל' (תהלים פד, ח) מהשגה להשגה, ואז מתורץ כי עדות ה' נאמנה.

[כא] **זוהר פרשת תרומה דף קכו עמוד ב:** ואי תימא (בראשית ל) ותקנא רחל באחותה, הכי הוא ודאי דהא עלמא תתאה כל תיאובתה לאו איהו אלא בגין למיהוי כגוונא דעלמא עלאה ולמירת דוכתהא, בדוכתא אחרא קנאת סופרים אסגיאת חכמתא והכא קנאת סופרין בגין דאית (קלז ב) ספר וספר, אסגיאו משיכו דחכמתא (עלאה) לגבייהו (נ"א ועל דא יעקב אשלים כו') ועכ"ד אפי' יעקב לא אשלים לגבייהו כדקא חזי.

12. אופן נ"ה - י' דברים נבראו ביום הראשון א' זעירא דויקרא מרמז יום א' דבריאת העולם, דשם בפסוק ה' "ויקרא (א-להים לאור יום)" והוא שרש לכל ה"ויקרא" שבתורה נביאים וכתובים, והיא היא ויקרא דנן- כי "ויקרא אל משה" (עם ג' אותיותיו דמשה) גימ' (696) "ויקרא א-להים לאור יום" ובהתאמה- ויקרא אל (מאל-הים) "הים לאור יום" גימ' (348) "משה" ביחד עם ג' אותיותיו דמשה, זאת ועוד- "ויקרא א-להים לאור יום" פשוט (796) וא"ת ב"ש (1540) סליק לחושבן (2336) "ולא קם נביא עוד בישראל כמשה אשר ידעו ה' פנים אל פנים" (דברים ל"ד,י'-סוף התורה הקדושה) והוא פלאי.

גַּלֵּא עַמִּיקָתָא

חכמה- אלמדך סוד מיתוק הדין על ידי עסק התורה הקדושה דנקראת בזוה"ק [כא]**חכמתא דקוב"ה** [עיין לעיל [12]**אופן ז'-אותיות זעירות ורבתי**]

והנה הני ד' פסוקים דמביא המגלה עמוקות יחד דהיינו:

א'. יקרה היא מפנינים וכל חפציך לא ישוו בה (משלי ג',ט"ו)

ב'. יש זהב ורב פנינים וכלי יקר שפתי דעת (משלי כ',ט"ו)

והנה בגמ' (חגיגה יב.) אמר רב יהודה אמר רב עשרה דברים נבראו ביום ראשון ואלו הן "**שמים, ארץ, תהו, בהו, אור, חשך רוח ומים, מדת יום ומדת לילה**" עכ"ל הגמ', ומביא פסוקים לכל דבר ודבר. והנה אמרו חז"ל "בראשית" בשביל התורה שנקראת ראשית ובשביל ישראל שנקראו ראשית, ודברי רב יהודה משמיה דרב עולים במכוון "שמים, ארץ, תהו, בהו, אור, חשך, רוח, מים, יום, לילה" גימ' (2075) "ולא תסור מן הדבר אשר יגידו לך ימין ושמאל" (דברים י"ז) ועיקר התורה היא מדבריהם ז"ל כמ"ש לא בשמים היא וכו', ולא כדעתם של האפיקורסים הצדוקים ודומיהם דאמרו הן לתורה שבכתב ולא קבלו תושבע"פ, ועליהם נאמר "ושם רשעים ירקב" (משלי י',ז') ופירש"י הק' ושאר מפרשים- "ישתכח", ות"י "ידעך", "ושם רשעים ירקב" גימ' ע"ה (1279) "הנסתרות לה' א-להינו" (דברים כ"ט), ועמו ית' שמור מדוע בראם כדאיתא בגמרא (סוכה נב:) אמר רב חנא בר אחא אמרי בי רב ארבעה מתחרט עליהן הקב"ה שבראם ואלו הן גלות כשדים וישמעאלים ויצר הרע וכו' שלשה ראשונים דהיינו "גלות כשדים ישמעאלים" גימ' (1313) "תחית המתים" ועם הרביעי "יצר הרע" הכל ביחד גימ' "טוב" (17) פ' "אלף" (111)- וזהו שלע"ל יתגלה שכולו טוב, ויברכו על הרעה כשם שמברכין על הטובה דהיינו "הטוב והמטיב" וכמ"ש בנשמת כל חי על אחת מאלף אלפים, וזהו רמיזא בשמיה דבעל המימרא "רב חנא בר אחא" גימ' ע"ה (272) "אלף אלפים".

ורמיזא בשמיה ד"רב יהודה" גימ' (232) "ה' דבר"- והוא רל"ב ד' מלויי שם הוי' ב"ה, וד"ל. ובנביא ישעי' כתוב כ"פ, ופותח נבואתו "שמעו שמים והאזיני ארץ כי ה' דבר" וכו', סליק לחושבן (1488) "יהיו לרצון אמרי פי והגיון לבי לפניך ה' צורי וגואלי" (תהלים י"ט,ט"ו), דאמרינן בתר צלותא ג"פ, ואמרינן האי פסוקא ב"פ בתר כל צלותא, וסליק לחושבן עם הכולל (2897) "ברוק ברק ותפיצם שלח חציך ותהמם, שלח ידיך ממרום" (תהלים קמ"ד,ו'-ז') והוא מכוון.

ויהי רצון מלפני אבינו שבשמים שנזכה לשבר את הקלי' המעכבים ביאת משיח צדקינו, וכמו שמסיים רש"י הק' פירושו עה"ת במילה "ששברת" גימ' (1202) "בראשית ברא א-להים" בסוד נעוץ סופן בתחילתן (ס"י), ודוד המלך ע"ה אומר (תהלים ג') "שני רשעים שברת" גימ' (1882) "אנחנו כורעים ומשתחוים ומודים לפני מלך מלכי המלכים" דתיקן יהושע בן נון משרת משה נער לא ימיש מתוך האהל, ויתקבלו תפילותינו לרצון "ונזכה כולנו יחד לראות בביאת משיח צדקינו" [חושבנא דדין כחושבנא דדין (1882)] במהרה בימינו אמן.

גַּלְיָא עַמִּיקְתָא

ג'. כל כבודה בת מלך פנימה ממשבצות זהב לבושה (תהל' מ"ה,י"ד)

ד'. אם אין אתה שמע לי החרש ואאלפך חכמה (איוב ל"ג,ל"ג)

סליקו כולהו לחושבן (7328) ד"פ "שבטי ישראל שנים עשר" (בראשית מ"ט,כ"ח) דאמר רחמנא לאחר ברכת יעקב לבניו.

ואינון כאן ד' פסוקים וחושבנן ד"פ שבטי ישראל שנים עשר– דערך ממוצע דכל פסוק הוא שבטי ישראל שנים עשר והוא הצד השוה שביניהם.

דתכלית הכל נברא בשביל ישראל ובשביל התורה כמו שכתוב בזוהר הקדוש [כב]בראשית ב' ראשית בשביל התורה שנקראת ראשית ובשביל ישראל שנקראו ראשית וכו' כמובא ברש"י בתחלת פירושו על התורה [ועיין אופן[13] י"א-דירה בתחתונים על ידי עשרת הדברות ועשרה מאמרות]

ונמשך מדברי המגלה עמוקות דתכלית כל התכליתים דבריאת כל העולמות דיהודי יעסוק בתורה ועל ידי כך [כג]מעלה הרפ"ח נצוצין שנפלו

13. אלף כתבינן י' עילאה, ו', י' תתאה. והנה נודע ד-ו' רבתי דגחון אמצע התורה באותיות. ובדרך אפשר יש לומר דמב' דבראשית עד ו' דגחון- י' עילאה, ו' דגחון עצמה היינו ו', ומ-ו' דגחון עד ל' דישראל (סוף התורה) י' תתאה והכל הוא בחינת אל"ף דאורייתא מחכמה עילאה נפקת כמ"ש "החרש ואאלפך חכמה" (איוב ל"ג,ל"ג) [ועיין לקמן אופן קי"ד-אאלפך חכמה].

ובזוה"ק כתיב אותיות רבתי בבינה- תפארת דילה כתר דזעיר, ואילו אותיות זעירות- בפרצוף מלכות [ועיין לקמן אופן נ"ד-נקודה בהיכלא].

והנה המלים עם אותיות זעירות בתנ"ך [א'-כ'] דהיינו:

"ויקרא (317) הב (7) וגיש (315) אדם (45) בהבראם (250) לשוא (337) ויזתא (424) חף (88) טבעו (87) פינחס (208) תשי (710) ולבכתה (463)"

דהיינו מא' עד כ', דתיבות בעלות אותיות זעירות גימ' (3225) "אהי-ה" (21) פ' "מי דומה לך" (155) (שחרית דשבת אין ערוך לך ואין זולתך אפס בלתך ומי דומה לך) אהי-ה הוא שם הכתר ומי היא בינה, וזהו כתר דז"א דמלכות, וד"ל.

שאר המלים עם אותיות זעירות בתנ"ך [ל'-ת']:

"לוא (37) מוקדה (155) ארן (251) ונרגן (309)

בסופה (153) לעות (506) בשפרפרא (863) וצוחת (510) פרץ (370) קצתי (600) יערי (290) פרמשתא (1021) פרשנדתא (1035)"

גימ' (6100) ק"פ "אין", בסוד כתר דמלכות דאותיות זעירות.

וכשנחבר כל התיבות מ-א' ועד ת' דאותיות זעירות בתנ"ך (כל הרשימה דלעיל) יעלה הכל גימ' (9325) "בית רבתי" (1024) (25-אלף אזעירת גרמה לאחד) פעמים (373) "בן ישי" ע"ה: בית רבתי היינו הכתר,

[כב] רש"י בראשית פרק א פסוק א: בראשית ברא - אין המקרא הזה אומר אלא דרשני, כמו שדרשוהו רבותינו ז"ל בשביל התורה שנקראת (משלי ח כב) ראשית דרכו, ובשביל ישראל שנקראו (ירמיה ב ג) ראשית תבואתו.

[כג] חומת אנך מלכים א פרק ז: בככר הירדן יצקם המלך. אפשר שהוא עצמו הלך בעת היציקה לעמוד לשרת בצרכי בית ה' מלבד שבהיותו שם יזדרזו מאד פועלי אמת יותר ויותר. וי"מ ששלמה הע"ה בחכמתו יודע ומכיר המקום שתצליח היציקה שם ולכן הוכרח ללכת הוא עצמו למקום היציקה להכיר איזה מקום יפה ונקל לעשות שם היציקה וז"ש בככר הירדן יצקם המלך כלומר שבחכמתו ידע בטיב הארץ מקום הראוי למלאכה זו והיא לו תצלח. א"נ אפשר נחשת ממרט בככר הירדן וכו' רמז כי ידוע דע"י התורה והמצות יתבררו רפ"ח ניצוצין שהם בקליפות מדור עשו ות' איש גונדא דיליה. וכיון שלמה על ידי עשיית הכלים האלה לברר מהסט"א רפ"ח ניצוצין. וזה רמז נחשת נחש ת'. ממר"ט גימטריא רפ"ח עם הכולל ובמ"א כתבתי בעניותי רמז כל הפ' בס"ד.

[כד] **בראשית רבה פרשת בראשית פרשה ח:** ז רבי יהושע דסכנין בשם רבי שמואל אמר בנפשותן של צדיקים נמלך הדא הוא דכתיב (דברי הימים א ד) המה היוצרים ויושבי נטעים וגדרה עם המלך במלאכתו ישבו שמה, המה היוצרים, על שם וייצר ה' אלהים את האדם עפר מן האדמה, יושבי נטעים, על שם ויטע ה' אלהים גן בעדן מקדם, וגדרה, על שם (ירמיה ה) אשר שמתי חול גבול לים, עם המלך במלאכתו ישבו, עם המלך מלך מלכי המלכים הקדוש ברוך הוא ישבו נפשות של צדיקים שבהן נמלך הקדוש ברוך הוא וברא את העולם.

גָּלֵא עַמִּיקְתָא

בשבירת הכלים לשרשם דשם הוי' ברוך הוא.

וזהו "ישראל תורה" גימ' (1152) ד' פעמים רפ"ח כנ"ל, דמעלין ל-ד' אתוון דשמא קדישא והוא על ידי התקשרות לצדיק.

וזהו דתיבין "צדיק כתמר (י)פר"ח" ללא חושבן י' שהוא ישראל המתקשר לצדיק גימ' (1152) "תורה ישראל", וממילא נמשך דתיבין "צדיק כתמר" סליקו לחושבן (864) ג' פעמים רפ"ח (288), והוא חושבן (864) "בצלם אלהים ברא אותו" (בראשית א',כ"ז) דמשה איש האלהי"ם תיקונא דאדם קדמאה, דמעלה את ישראל לשרשם במחשבה הקדומה קודם חטא אדם הראשון- וכדבארנו באופן ת"ט לואתחנן אופן קכ"ב מש"ה נוטריקון "משה שת הבל" גימ' (1082) ב' פעמים "ישראל" (541) דמעלה אותן מסוף כל דרגין בהאי עלמא לריש כל דרגין במחשבה הקדומה קודם הבריאה- כאמרם [כד]במי נמלך בנשמותיהן של צדיקים.

וכאן אלף חוזרת לאל"ף בסוד א' זעירא, ו"בן ישי" היינו מלכות, ונדגיש שכל האי דאמרינן הוא בפרצוף המלכות דהיינו "בית רבתי" כתר דמלכות, "בן ישי" מלכות דמלכות וכו', דכל עניין האותיות הזעירות הוא במלכות כדהבאנו לעיל מהזוהר הקדוש.

והנה המילים עם אותיות רבתי בתנ"ך:

"אדם (45) בראשית (913) והתגלח (447) אחד (13) הלה' (66-הה) ויזתא (424) גחון (67) זכרו (233) נבחז (67) חור (214) טוב (17) שבטו (317) יגדל (47) ככחי (58) וכנה (81) וישליכם (416) משלי (380) שלשים (680) משפטן (479) סוף (410) שמע (146) בשפרפרא (863) צפיו (186) צא(91) קן (150) אחר (209) שיר השירים (1075) ותכתב (828)" עולים יחד גימ' (9178) "סוד ה' ליראיו" (353) פעמים "הוי'" (26).

ובפ' בשלח (שמות י"ז, ז) "ויקרא שם המקום מסה ומריבה על ריב בני ישראל ועל נסתם את ה' לאמר היש הוי' בקרבנו אם אין" ומיד "ויבא עמלק" וגו' - ע"פ הבעש"ט הק' הסתפקו האם הנהגת העולם ע"פ זעיר (הוי') או כתר (אין), עכ"פ "ספק" גימ' "עמלק", ובזה יבאר בזוהר חיי שרה בתחילתו וזלשה"ק "מאן דאיהו רב איהו זעיר ומאן דאיהו זעיר איהו רב", ובאותיות הרבתי מתגלה הנהגת הזעיר ("סוד הוי' ליראיו" פעמים הוי') ובאותיות הזעירות הנהגת הכתר (איהו רב) מלים בעלות אותיות זעירות מא'-כ' גימ' "מי דומה לך" פ' אהי-ה, ומל'-ת' גימ' ק"פ אי"ן כנ"ל. עלה בידינו שהאלף הזעירא - ראש לאותיות הזעירות, מכניעה את עמלק בסוד איהו רב דאמרינן לעיל מהזוה"ק, ועשו אמר "יש לי רב" (בר' ל"ג,ט') ועיין לעיל אופן ג' באריכות- וסמיכות המלים של שני הפסוקים הנ"ל בפ' בשלח: "אין - ויבא עמלק" סליק לחושבן (320) "מצילנו מידם" במהרה בימינו אמן. והכתיב (ישעי' ס"ג,ט') "בכל צרתם לא צר" כתיב א' קרי ו', דהיינו א' זעירא דמכנעא ו' רבתי דגחון - והנה הפלא ופלא כיצד "בכל צרתם לו צר" במכוון גימ' "כי יד על כס י-ה מלחמה לה' בעמלק מדר דר" (1108), יתירה מזו- "בראשית" (913) (תרגם יונתן בחוכמתא)- יו"ד עילאה, עם "גחון" (67) (היינו הו' דאות א' כנ"ל) עם "ישראל" (541)- יו"ד תתאה (יהודי נק' ע"ש היוד) הכל גימ' (1521) הברכה שתיקנו לאחר קריאת המגילה "נפרע לעמו ישראל מכל צריהם" ע"ה, היינו עם האל"ף הזעירא- והדא הוא דכתיב "כימי צאתך מארץ מצרים אראנו נפלאות" (מיכה ז') גימ' ע"ה (2128) "יושב בסתר עליון בצל שד-י יתלונן" (תהלים צ"א,א'), והוא פלא עליון יתברך ויתעלה זכרו לעד ולנצח נצחים.

גַּלְּא עַמִּיקְתָא

ובאופן זה מביא המגלה עמוקות הפסוק באיוב "החרש ואאלפך חכמה" כמו שבארנו[14] ועיין עוד מה שכתבנו לעיל אופן קי"ד–אאלפך חכמה.

14. א' זעירא מרמז "רשות היחיד" יחידו של עולם גימ' (943) "מעט מחזיק את המרובה". י' ו' ו' י' בסוד ל"ב שיניים עליונות בשחקים ששוחקות מן לצדיקים, י' עילאה עשרת הדברות ו' הלחת שארכן ו' ורחבן ו', י' תתאה עשרה מאמרות ו' תתאה ו' ימי בראשית והכל בנקודת המרכז שבת. "רשות היחיד" בא"ת ב"ש גימ' (416) "אור אין סוף" ע"ה ויחד עם הפשוט גימ' (1359) "אבן מאסו הבונים היתה לראש פנה" (תהלים קי"ח,כ"ב) פירש"י עם שהיה שפל בין האומות, ומוסיף מצודת דוד "עתה היינו מכובדים מכל", וכן גימ' "שטנא" (אלף חוזר לאחד) בגמ' (סוכה לח.) רב אחא בר יעקב ממטי ליה ומייתי ליה (או"י ואו"ח) אמר "דין גירא בעיניה דסטנא" גימ' (549) "אמת ואמונה", וממשיך ולאו מילתא היא וגו' ופירש"י שיתגרה בו השטן... וימסור עצמו..." אמת היא י' עילאה תורה י' דברות ואמונה י' תתאה י' מאמרות - אמונה בהשי"ת שהוא הבורא יתברך שמו לו לבדו ראוי להתפלל וכו' (בי"ג עיקרים), "עשרת הדברות" בא"ת ב"ש גימ' (597) "אור פנימי קדמון", "עשרת" בא"ת ב"ש (13) "אחד", "עשרה מאמרות" בא"ת ב"ש גימ' (606) "אדרת" ע"ה, שנאמר בעשו "כלו כאדרת שער" - ומכר בכורתו ועוה"ב שלו עבור נזיד עדשים ובקדושה אנו אומרים "האדרת והאמונה לחי עולמים" ושניהם ביחד "עשרת הדברות עשרה מאמרות" גימ' (1203) "בראשית ברא אלקים" ע"ה, וחוזר לרישא - בשביל התורה שנקראת ראשית - י' דברות ובשביל ישראל שנקראו ראשית - י' מאמרות, ובספה"ק ישראל ר"ת "**י**ש **ש**שים **ר**בוא **א**ותיות **ל**תורה" גימ' (2633): "שירו לאלקים זמרו שמו סלו לרכב בערבות בי-ה שמו" (תהלים ס"ח, ה') ע"ה, שנתאוה הקב"ה לתפלתן של צדיקים (חולין ס' ע"ב), וכתב במג"ע הק' אופן מ"ה וזלשה"ק "שכן משה עלה לחשבון ס' ריבוא" וכו' עיין שם.

"אלף זעירא" פשוט והמלוי גימ' (1503) "תתן אמת ליעקב" (מיכה ז',כ') - כנגד י' הדברות - י' עילאה, "אלף זעירא" בא"ת ב"ש עם המילוי דיליה גימ' (2250) "כי לך תכרע כל ברך תשבע כל לשון" שתיקן יהושע בן נון (או"ח פני לבנה) בעלינו לשבח, וכנגד י' תתאה י' מאמרות, שאמר אדה"ר "באו נשתחוה ונכרעה נברכה לפני ה' עשנו" גימ' (2028) במכוון "ונועדתי שמה לבני ישראל ונקדש בכבודי", שתכלית כל הבריאה לעשות לו יתברך דירה בתחתונים. בתחתונים בא"ת ב"ש גימ' (500) "פרו ורבו", כאמרם ז"ל (קדושין ל:) ג' שותפין באדם וכו'. "דירה בתחתונים" פשוט וא"ת ב"ש גימ' (1868) "ועל ידי זה (כלומר: שישראל עושים להשי"ת דירה בתחתונים) יושפע שפע רב בכל העולמות" עם הכולל, אמן כן יהי רצון.

15. בנעם אלימלך הק' פ' וישב ד"ה וזה שרמזו חז"ל שלמדו מפס' "אל יצא" וכו' (שמ' ט"ז,כ"ט) ב' אלפים אמה, רמז לב' אלפים דהיינו "אלף חכמה אלף בינה" דהחכמה נקרא אין. וזהו אם אין אני (אבות פ"א מי"ד), רוצה לומר כשהצדיק עולה למדרגת חכמה נקרא "אני", פרוש אז אין צריך לירד להיות מוכנע ושפל כאין, ונקרא אני, כאדם האומר אני הוא, והוא ע"ד מה שכתוב "אני ואפסי עוד" (ישעי' מ"ז,ח') ו"אני" הן אותיות "אין" אתוון דדין כאתוון דדין, עכלשה"ק, וע"ש אריכותו המופלאה בענין הצדיק ממתיק הדינים בעולם. ובשער הפסוקים כתב מהרח"ו (איוב ל"ג,ל"ג) ובסוד אל"ף בי"ת אלף בינה (והוא מגמ' שבת קד. אתו דרדקי וכו') וז"ס אאלפך בינה. זה מצאתי כתוב, ולא הבנתיו, כי הכתוב (שם) אומר "החרש ואאלפך חכמה", עכ"ל המהרח"ו - א"ש (אמר שמואל, בן האר"י הק') בשער א' - שער ההקדמות - בפרוש ערכי הדנים, בענין אחוריים דא-היה דאלפין עם ד' אותיות הפשוט וע"ה הוא בגימ' תקי"ג כמנין החר"ש, שם כתוב ואאלפך חכמה, ושם כתבתי שלענ"ד לישב גם הכתוב כאן, והוא ואאלפך בינה, ומצאתי שם כי תדרשנו בע"ה. עכלשה"ק דרבינו שמואל בנו של האר"י הקדוש. והנה הבאנו דבריהם הק' דהמהרח"ו ורבינו שמואל בן האר"י ומה נוכל להוסיף אולם נראה דעצם הפסוק דאיוב עצמו קצת קשה מש"כ החרש ואאלפך חכמה, והרי דשם החכמה יוד-הי-ויו-הי אין אל"ף כלל, ואיך אמר ואאלפך חכמה, והוא בתרין אלפין ואאלפך, ובשם החכמה אין אל"ף כלל, ואולי לכן אמר האר"י הק' ואאלפך בינה-

דבשם ס"ג דהוא שם הבינה אית א'- יוד הי ואו הי, ומ"מ קשה, ונבאר הדברים בדרך אפשר לקמן.

והנה במג"ע הק' אופן ע"ח כתב וז"ל "רמז הקב"ה בכאן צורת א' שהיא צורת י' סוד המקוה שהוא סוד שעור קומה בהפוך אתוון הוקם-מקוה המשכן אז נשלמה המקוה של מעלה שיש ר"ם קבין במקוה לכן היו ישראל ד"פ ס' רבוא שהם ר"ם רבוא לכן נקרא משה בן ע"ם ר"ם וכן אבינו הראשון נקרא א"ב ר"ם שהוא אב שזכו בניו להיות בסוד כסא מלך יושב על כסא ר"ם וכו' עיי"ש דבריו העמוקים וחוצבי הלהבות, וכנודע ר"ם הוא הגימ' "עמלק" (240), והשי"ת בביאת משיח צדקנו ימחה זכרו בב"א, ובס"י ד' אבנים בונות כ"ד בתים, א"כ עמלק ב-כ"ד צרופיו דהיינו כ"ד פ' "עמלק" גימ' (5760) י"פ "אני תפלה" דאמרו דוד המלך ע"ה (תהלים ק"ט,ד') בברחו מפני שאול וכו' ושם מוזכר בהבלעה שטן לקביל ולרמוז משיחא חושבנא דדין כחושבנא דדין, דהיינו הפסוק כולו "תחת אהבתי ישטנוני ואני תפלה" סליק לחושבן (2243) "הבו לה' כבוד שמו, השתחוו לה' בהדרת קדש" (תהלים כ"ט,ב') ופרש"י זו קדושת השם, ויש במזמור זה י"ח אזכרות וכנגדן תקנו י"ח ברכות, וקשה דהרי נתוספה להני י"ח ברכת המינים וסליקו האי ברכאן דצלותא ל-י"ט, כמנין חוה דפגמה חלתו של עולם, ויש לומר דהאי ברכת המינים לא נתתקנה מעיקרא, אלא לאחר זמן בימי שמואל הקטן, ועוד דהני ח"י פ' הוי' ב"ה גימ' (468) "בחר בנו מכל עם" (תפלת שלש רגלים) והאי ברכת המינים לקביל שם א-ל שם בפס' ג' "א-ל הכבוד הרעים", וכדכתיב א-ל זועם בכל יום, וא"כ סליקו לחושבן ח"י שהן י"ט, ועוד דהאי ג' תיבין "א-ל הכבוד הרעים" סליקו לחושבן (393) ג"פ סמא-ל (131) דהמינים והזדים וכו' הן חילותיו, ובאמירת הני ג' תיבין הוא מתוקם בשרשו היינו במשלחם ה-ס"מ, וזהו "סמא-ל לילית" (זוגתו) גימ' (611) "תורה", וע"י תורה ותפלה כנ"ל מכניעים ומבטלים אותם להיות מחיצה בין ישראל לאביהם שבשמים, וכדכתיב מחצתי ואני ארפא וכו', וכשנוסיף להני תרין שמהן מסאבו שמיה דשלוחם כאן עלי אדמות, ואמרו שלוחו של אדם (בליעל) כמותו, דהיינו: "סמא-ל, לילית, עמלק" סליקו לחושבן (851) "בעתה אחישנה" והשי"ת יסיר רוח הטומאה מן הארץ ויגאלנו בב"א, ובביאת משיח צדקנו דילחם מלחמותינו, וכדכתיב פן יש בכם "שרש פרה ראש ולענה" עולה גימ' "הוא יעשה שלום עלינו ועל כל עם ישראל" ומוספינן "עם" נוטריקון "**עשה שלום**" וכדאמרינן לעיל ח"י פ' הוי' סליק לחושבן בחר בנו מכל ע"ם נוטריקון "**עשה שלום**" ושאר האותיות "שה שלו" גימ' (641) "ימלא שחוק פינו" (תהל' קכ"ו,ב') אותיות שניות "ימח" דהיינו "ימח" שמו וזכרו של עמלק, והנותר "ילא שוק פנו" גימ' (583) "לדוד ולזרעו עד עולם" (תהל' סוף פרק י"ח).

ורש"י הק' פירש "שרש פרה ראש ולענה"- "שרש מגדל עשב "מר" גימ' "עמלק" כנ"ל, ומוספינן ר"ת ד"**שרש פרה ראש ולענה**" פרש"ו- כגון מש"כ "ואת בשר הפר ואת ערו ואת פרש"ו תשרף באש מחוץ למחנה" (שמ' כ"ט,י"ד) וכגון מש"כ (מלאכי ב') "וזריתי פרש על פניכם פרש חגיכם", ועניינו להוקיע זכר עמלק מקרבנו ע"י תורה ותפלה יממא ולילא כדאמר בזוה"ק, והוא יממא ולילא כ"ד שעות הוי היום, לקביל כ"ד צרופי שמו של **עמל"ק** דבכל שעה שולט צרוף אחר משמיה מסאבא, באם לא עושין רצונו של מקום, וחלקם נבין איך להשמר מהם כגון על כן יצא משפט **מעק"ל** (חבקוק א',ד') גימ' (669) "נר של חנוכה"- וחזינן דבהדלקת "נר של חנוכה" בשמן זית וכו' מגלינן אור הגנוז ומתקנים האי צרופא דעמלק דהיינו מעק"ל, ואלו הן כ"ד צרופי שמו ימחה במהרה בימינו אמן:

עמלק מעלק לעמק קעמל
עקלם מקלע לקמע קלמע
עמקל **מעקל** לעקם קעלם
עקמל מקעל לקעם **קלעם**
עלמק מלעק למעק קמעל
עלמק מלעק למעק קמעל
עלקם מלקע למקע קמלע

וזהו דכתיב (ע"ח שמ"ח פ"ב) "הנה כמו שיש ד' עולמות אבי"ע בקדושה כן יש ד' עולמות הטומאה" וכו' לשונו דעץ חיים שער הקלי', ואילו ידענא כל הני צרופין דהאי תיבין יכלנא להכניע לעמלק, ומשיח צדקנו במהרה יגלה ויכניעו.

וצרוף נוסף **קלע"ם** כגון קלעי החצר, וחזינן דכתב רחמנא תמיד קלעים עם י', שלא יהא במלאכת המשכן הק' צרוף שמו דעמלק ח"ו, וכגון (שמות כ"ז,ט') "ועשית את חצר המשכן וכו' קלעים לחצר וכו'", ושם פס' י"ב "וכן לפאת צפון קלעים מאה" תמיד עם י', וכן בכ"ד ספרים "וקשתות ולאבני קלעים" (דה"ב כ"ו,י"ד), ועל כל פנים קלעים מתרגמינן סרדא דהיינו רשת, ובמג"ע ג' קלי' הטמאות עם קלי' נגה היינו ד"פ קליפה (225) גימ'

״רשת״ (900), וד״ל.

וכן צרופי **מקל״ע, לעמ״ק, לעק״ם** גלויים וברורים, ואחרים סתומים, ואי״ה נבארם אחד לאחד באופן בפני עצמו, ויהיו בידינו כ״ד עצות בעבודת השי״ת, ולהכניע עמלק, ואכמ״ל. ורק נרמוז קצת והשי״ת יסייע מילתא דנשלים האי אופן אחרא- דלקביל עמל״ק נתן לנו הקב״ה תורה, מצוה, תפלה- והן ד׳ אותיות כל תיבה, ונעביד מהן ג״פ כ״ד צרופין לקביל הני ג׳ קלי׳ סמא-ל לילית עמלק, ושם רשעים ירק״ב, ויקר״ב גאולתינו בעגלא ובזמן קרי״ב, ונאמר אמן.

והנה בע״ח בשער התקון שער י׳ פ״א כתב וז״ל והנה כאשר עלה ברצון המאציל להחיות את המתים ולתקן את המלכים האלו (בר׳ ל״ו) הנשברים והנפולים, גזר והעלה מ״ן וכו׳ וע״י כך היה זווג עליון דחו״ב דא״ק פנימי׳ והוציא שם מ״ה החדש וכו׳ עכ״ל ומבאר כל שלבי הברור, ובפ״ב כ׳ ע״י עלית מ״ן נזדווגו בחי׳ הא׳ דע״ב דיודין וכו׳ עם בחי׳ הטעמים דס״ג שהם אח״פ (אוזן עולה בגימ׳ ס״ג ע״ה) כי אלו הטעמים דס״ג לא היה בהם שום שבירה וכו׳, ונולד אור חדש בחינת מה דאלפין וכו׳ ולבאר האי אאלפך בחכמה אאלפך בבינה דאמרינן בתחלת האופן בדברי קדשו דנעם אלימלך ותמיהתו דהמהרח״ו ותי׳ דשמואל בן האר״י, דבהאי זווגא עתיקא דעתיקין דא״ק מיניה וביה- דבזווג הן ב׳ טיפין, וכאמרם אביו נותן בו לובן ואמא אודם וכו׳ והוא זווג יסודות דהיינו באת ו׳ דשם, דהיינו ויו דשם ע״ב עם ויו דשם ס״ג, והני ב׳ טיפין י׳ ד״ויו״ דע״ב עם א׳ ד-ואו דס״ג, והיא רמיזא האי א׳ זעירא דויקרא למיהוי י׳ בסוד טיפה, ומתחברא כחדא עם י׳ דע״ב, ואבא איהו אזעיר להאי א׳ דאמא למיהוי י׳ לצורך זווגא, ומרע״ה הוא בחי׳ יסוד אבא כנודע בכתבי האר״י הק׳ בכ״מ, ואיהו דאזעירת האי א׳ רמיזא להאי זווגא קדמאה דהוליד שם מה החדש לתקן הני מלכין קדמאין דמיתו, וכדאמר מרע״ה ונחנו מ״ה, ונחנו קרינן מימין ומשמאל כחדא, רמיזא דהאי זווגא קדמאה איהו מיניה וביה, דלית שמאלא בהאי עתיקא, והדברים עמוקים וסתומים ולא יכלנא לבארם מקוצר דעתינו, אלא ברמז ב״חסדי ה׳ כי לא תמנו (מלכות) כי לא כלו רחמיו״ (איכה ג׳,כ״ב) גימ׳ ע״ה (1047) ״ויהפוך ה׳ א-להיך (לך) את הקללה לברכה״ (דב׳ כ״ג,ו׳) ובעתיקא תליא מילתא, והוא יגאלנו בביאת גואל צדק בב״א, וכבר בתשעה באב הקרב ובא עלינו ועל כל ישראל לטובה, יבנה בית הבחירה ונזכה לראות עין בעין בשוב ה׳ ציון אמן.

קצור: ״החרש ואאלפך חכמה״ (איוב ל״ג,ל״ג) גימ׳ (724) ״אור זרוע לצדיק״ (תהל׳ צ״ז,י״א) ס״ת קר״ע, ״ואאלפך״ בא״ת ב״ש גימ׳ (936) י״ג ע״ב, והוא דכל י״ג מכילן דרחמי במלוי חסד, וכדוגמת הגלוי בפורים- והוא גימ׳ ״מרדכי אסתר״ ע״ה. ״ואאלפך חכמה״ פשוט וא״ת ב״ש גימ׳ (1074) ב״פ ״א-ל דעות הוי״ (ש״א ב׳,ג׳) והיינו ב״פ לקביל דעת עליון ודעת תחתון.

אופן כג

על פי הגמרא סוכה מעולם לא עלה משה למעלה מעשרה ולא ירדה שכינה למטה מי׳ לכן א׳ זעירא שהוא צורת י׳ ושיעור הפסוק ויקר אל משה הנבואה עלה אל אלהים בא׳ זעירא צורת י׳ שלא עלה למעלה מי׳ וכן וידבר ה׳ אליו מאוהל מועד שלא ירדה שכינה למטה מי׳ וצורת י׳ קאי על שנים על משה למעלה ועל שכינה למטה:

אופן כג

ע"פ הגמרא סוכה (ה.) [א]מעולם לא עלה משה למעלה מעשרה

גלא עמיקתא

וכאן לא מביא פסוקים פרט לפסוקא דנן ויקרא אל משה וכו' ברם מביא ד–א' זעירא צורת י': י' למעלה משה י' למטה שכינה. ונאמר ד–א' צורתה י'ו'י' [1כמו שבארנו במקום אחר בפירוש ענין תורה – תשובה – תפלה]:

י' עילאה בחינת משה דנמשך מחכמה כי מן המים משיתיהו. ו' תפארת בחינת יעקב– כדכתיב (ישעי' מ"ט,ג') "[ב]2ישראל אשר בך אתפאר" ואין ו' בלא ו' אחרת עמה.

1. תורה תשובה תפלה: א' זעירא מרמזת על אלופו של עולם ה' אחד: י"ג אותיות ראשונות (אחד גימ' י"ג) של הפס' "ויקרא אל משה ויד" גימ' (713) תשובה. השאר- כ"ב אותיות לקביל כ"ב אותיות התוה"ק גימ' (742) "אספקלריא דנהרא", מדרגת משה, כמאמרם ז"ל כל הנביאים נתנבאו ב"כה" ומשה רבנו עליו השלום ב"זה". א' זעירא מרמזת על בטול בעצם, בטול במציאות, וכאשר "נבטל" אותה, נקבל "ויקר וידבר ה' אליו" גימ' (611) תורה, לרמז כי התורה נקנית ע"י בטול. ולעיתים, כשאין בטול, עולה גימ' "ברית" לרמז ענין שמירת הברית. "ויקרא ה' אליו מועד" בתוספת ה'- כפי שמגלה באופן מ' למג"ע וזלש"ק: "יש לאלף ה' צורות כנגד ה"פ אור בפ' בראשית" וגו' עיין שם, עולה בגימ' (515) תפלה, ושאר מילות הפסוק דהיינו "אל משה וידבר מאהל לאמור", גימ' (951) "קדוש ישראל", וכן "שמירת" הנ"ל עם הכולל - לרמז עניין ההתקדשות בעת התפלה. ועתה "גל עיני ואביטה נפלאות מתורתך" גימ' (1839) תורה תשובה תפלה. והנה בריש גמ' סוכה (ב' ע"א) ג' אמוראים מנה"מ: "רבה" גימ' "אור" "למען ידעו דורותיכם" לקביל תורה ("תורה אור"), רבי זירא אמר "וסוכה תהיה לצל יומם" (ישעיהו ד', ו'), לקביל תשובה דיתיב מאה תעניתא דלשתכח גמרא בבלאה מיניה כי היכי דלא נטרדיה וכו' (עיין ב"מ פ"ה ע"א), ורבא לקביל תפלה דאמר בסוכות תשבו שבעת ימים, אמרה תורה כל שבעת הימים צא מדירת קבע ושב בדירת עראי וכו' וכתיב מניחים חיי עולם ועוסקים בחיי שעה זו תפלה. והנה, הפלא ופלא כאשר נחשב א' של רבי זירא לאלף (כמו שמביא המג"ע מהאריז"ל) אזי יהיו ג' האמוראים הנ"ל רבה, רבי זירא, רבא עולים לגימ' (1839) תורה, תשובה, תפלה וכאמור ג"כ "גל עיני ואביטה נפלאות מתורתך", המרמז ג"כ ג' ענינים אלו שהוריד משה רבינו לישראל: "גל עיני" לקביל תשובה כמובא בנביא (ישעי' ו',י') "השמן לב העם הזה...ועיניו השע, פן יראה בעיניו...ושב ורפא לו". "ואביטה" (גימ' "גל") לקביל תפלה כדכתיב (תהל' י"ג, ד') "הביטה ענני ה' אלקי", ו"נפלאות מתורתך" לקביל תורה, והוא חושבן (1839) ג"פ "משה רבינו" (613). קצור: אלף צורתה י'ו'י', לקביל תורה- י' עליונה- אורייתא מחכמה (דאיקרי י') נפקת, תשובה- ו', תפילה- י' תתאה מלכות, ושלושת שורשים להנ"ל הוריד משה לעולם ורמיזא ב-א' זעירא דיליה (ועיין אופן קי"ג-י"ב צרופי שם הוי' ב"ה).

2. באור תהלים פרק י"ג: הני ג' פסוקין קדמאין גימ' (6129) ט"פ "אני מאמין באמונה שלמה" (681) דאמרינן ב-י"ג עיקרי האמונה, והוא חזקה דחזקה- דערך ממוצע דכל פס' מהני תלת פסוקין ג"פ "אני מאמין באמונה שלמה" ורמיזא דהאי מזמורא י"ג.

[א] **תלמוד בבלי סוכה דף ה עמוד א:** ותניא, רבי יוסי אומר: מעולם לא ירדה שכינה למטה, ולא עלו משה ואליהו למרום, שנאמר השמים שמים לה' והארץ נתן לבני אדם. - ולא ירדה שכינה למטה? והכתיב וירד ה' על הר סיני! למעלה מעשרה טפחים. והכתיב ועמדו רגליו ביום ההוא על הר הזיתים! למעלה מעשרה טפחים. ולא עלו משה ואליהו למרום? והכתיב ומשה עלה אל האלהים! למטה מעשרה. והכתיב ויעל אליהו בסערה השמים! למטה מעשרה. והכתיב מאחז פני כסא פרשז עליו עננו, ואמר ר' תנחום מלמד שפירש שדי מזיו שכינתו ועננו עליו! - למטה מעשרה. - מכל מקום מאחז פני כיסא כתיב! אישתרבובי אישתרבב ליה כסא עד עשרה, ונקט ביה.

[ב] **זוהר - הקדמה דף יא עמוד א:** ת"ח עיטא לבר נש כד איהו סליק בלילא על ערסיה בעי

ולא ירדה שכינה למטה מי' לכן א' זעירא שהוא צורת י' ושיעור הפסוק ויקר אל משה הנבואה עלה אל האלהים [ג]**דא' זעירא צורת י' שלא עלה למעלה מי'.**

גלא עמיקתא

וזהו ו' לעילא בחינת ישראל דבוק לי' לעילא למשה. ו' תתאה דבוקה ל-י' תתאה בחינת יעקב (ו') ויהושע [שכינה – [ד]דיהושע פני לבנה].

והנה חושבן האי א' דהיינו: "משה ישראל יעקב יהושע שכינה" סליק לחושבן עם הכולל (1845) ה' זימנין "ידי משה" (369) כדכתיב במלחמת עמלק (שמות י"ז,י"ב) "וידי משה כבדים" וכו'.

לקבלא עליה מלכותא דלעילא בלבא שלים ולאקדמא למסר קמיה פקדונא דנפשיה (בראשית י"ט ע"ב) אשתזיב מכל מרעין בישין ומכל רוחין בישין ולא שלטין עליה, ובצפרא קם מערסיה בעי לברכא למאריה ולמיעל לביתיה ולמסגד קמי היכליה בדחילו סגיא ובתר כן יצלי צלותיה ויסב עיטא מאינון אבהן קדישין דכתיב (תהלים ה') ואני ברוב חסדך אבא ביתך אשתחוה אל היכל קדשך ביראתך, הכי אוקמוה לא לבעי ליה לבר נש לאעלא לבי כנישתא אלא אי אמליך בקדמיתא באברהם יצחק ויעקב בגין דאינון תקינו צלותא לקמי קודשא בריך הוא הדא הוא דכתיב ואני ברוב חסדך אבא ביתך דא אברהם אשתחוה אל היכל קדשך דא יצחק ביראתך דא יעקב ובעי לאכללא לון ברישא ובתר כן ייעול לבי כנישתא ויצלי צלותיה כדין כתיב (ישעיה מ"ט) ויאמר לי עבדי אתה ישראל אשר בך אתפאר. [ג] **וכן כתב באופן ע"ח:** רמז הקב"ה בכאן בצורת א' שהיא צורת י' סוד המקוה שהוא סוד שיעור קומה בהיפך אתוון הוקם המשכן אז נשלמה המקוה של מעלה. שיש ר"ם קבין במקוה. לכן היו ישראל ד' פעמים ס' רבוא שהם ר"ם רבוא. [ד] **תלמוד בבלי מסכת בבא בתרא דף עה עמוד א:** ואמר רבה א"ר יוחנן: עתיד הקדוש ברוך הוא לעשות שבע חופות לכל צדיק וצדיק, שנאמר: וברא ה' על כל מכון הר ציון ועל מקראיה ענן יומם ועשן ונוגה אש להבה לילה כי על כל כבוד חופה, מלמד שכל אחד ואחד עושה לו הקדוש ברוך הוא חופה לפי כבודו. עשן בחופה למה? אמר רבי חנינא: שכל מי שעיניו צרות בתלמידי חכמים בעולם הזה, מתמלאות עיניו עשן לעולם הבא. ואש בחופה למה? אמר רבי חנינא: מלמד שכל אחד ואחד נכוה מחופתו של חבירו, אוי לה לאותה בושה, אוי לה לאותה כלימה. כיוצא בדבר אתה אומר: ונתתה מהודך עליו - ולא כל הודך, זקנים שבאותו הדור אמרו: פני משה כפני חמה, פני יהושע כפני לבנה, אוי לה לאותה בושה, אוי לה לאותה כלימה. אמר רבי חמא ברבי חנינא: עשר חופות עשה הקדוש ברוך הוא לאדם הראשון בגן עדן, שנאמר: בעדן גן אלהים היית כל אבן יקרה וגו'. מר זוטרא אמר: אחת עשרה, שנאמר: כל אבן יקרה. אמר רבי יוחנן: וגרוע שבכולן זהב, דקא חשיב ליה לבסוף. מאי מלאכת תופיך ונקביך בך? אמר רב יהודה אמר רב, אמר לו הקדוש ברוך הוא לחירם מלך צור: בך נסתכלתי, ובראתי נקבים נקבים באדם.

והני י"ג עיקרין, דהיינו: א'. "בורא ומנהיג לכל הברואים" (667). ב'. "יחיד היה הוה ויהיה" (104). ג'. "אינו גוף" (156). ד'. "ראשון ואחרון" (828). ה'. "לו לבדו ראוי להתפלל" (870). ו'. "דברי נביאים אמת" (770). ז'. "נבואת משה רבינו אמתית" (1923). ח'. "התורה נתונה למשה רבינו" (1770). ט'. "לא תהא תורה אחרת" (1657). י'. "הבורא יתברך שמו יודע כל מעשה בני אדם וכל מחשבותם" (2706). י"א. "גומל טוב לשומרי מצותיו ומעניש לעוברי מצותיו" (2580). י"ב. "ביאת המשיח" (776). י"ג. "תחית המתים" (1313). סליקו כולהו תיבין מתוך י"ג עיקרים לחושבן (16120) י"ג (13) פעמים "בגדי תפארתך עמי" (1240) מפיוט "לכה דודי" להרה"ק שלמה אלקבץ זיע"א [עיין אופן קט"ז]. ולעיל אופן קט"ז הוא בספירת התפארת- וזהו דקוב"ה יהיב לעמו ישראל י"ג מכילן דרחמי- ואנן יהבין ליה ית' י"ג עיקרי האמונה דמאמינים בו ובהשגחתו על כל פרט ופרט [עיין מה שכתבנו באריכות בענין זה לעיל אופן נ"ח-השגחה פרטית] הדא הוא דכתיב "ישראל אשר בך אתפאר" (ישעי' מ"ט,ג').

וכן וידבר ה' אליו מאהל מועד שלא ירדה שכינה למטה מי' וצורת י' קאי על שנים על משה למעלה ועל שכינה למטה.

גלא עמיקתא

וכפלינן ה' זימנין לקביל ה' שמהן דערך ממוצע דכולהו דהיינו צד השוה שבהן משה רבינו רמיזא בתיבין "ידי משה".

והוא חושבן (1844) "ליחדא שמא דקודשא בריך הוא ושכינתיה" כדאמרינן[ה] לפני כל מצוה לשם יחוד קודשא בריך הוא ושכינתיה[ו] בדחילו ורחימו ורחימו ודחילו ליחדא שם י"ה בו"ה ביחודא שלים בשם כל ישראל]

[ה] **ילקוט יוסף קצוש"ע אורח חיים סימן ה - כוונת הברכות:** יש נוהגים לומר "לשם יחוד" לפני כל מצוה שעושים, או קודם לימודם. ואף על פי שהגאון הנודע ביהודה פקפק בזה, מכל מקום אם הדבר מועיל לו לכוין לשם מצוה, נכון שיאמר נוסח לשם יחוד לפני כל מצוה שמקיים. וכל אדם ינהג כפי מה שהוא מכיר את עצמו, שאם מתעורר לכוין במצוה על ידי הברכה, די בזה ואין צריך שיאמר לשם יחוד, אבל אם אמירת לשם יחוד גורמת לו לכוין יותר בעשיית המצוה, ראוי ונכון שיאמר לשם יחוד לפני כל מצוה ומצוה שעושה. [ילקוט יוסף על השכמת הבוקר מהדורות תשס"ד, עמוד תעה]. [ו] **שו"ת תורה לשמה סימן תע:** בענין אמירת לשם יחוד. שאלה היכן כתוב בכתבי האר"י ז"ל שצריך לומר קודם כל תפלה וקודם כל מצוה ליקבה"ו בדחילו ורחימו וכו' בשם כל ישראל כי אנו מסתפקים וחושבים אולי כל זה נתקן מן המקובלים האחרונים והם גורי האר"י ז"ל ורצינו לדעת אם נזכר דבר זה בכתבי האר"י זצ"ל האמתיים ובפרט מה שנהגו לומר בשם כל ישראל אם גם זה הוא בהסכמת רבינו האר"י זצ"ל גם מה שנהגו לומר לדעת רשב"י וכו' אם גם זה בדברי האר"י ז"ל. יורנו המורה לצדקה ושכמ"ה. תשובה מה שאומרים ליקבה"ו בדחילו ורחימו ורחימו ודחילו בשם כל ישראל זה נזכר בדברי רבינו האר"י זצ"ל האמתיים וכמ"ש מהרח"ו ז"ל בשער רוה"ק הנמצא אצלנו בכתיבת יד וז"ל גם אמר לי מורי ז"ל כוונת הצדקה והתפלה הוא ליחד שם י"ה הנפרד מן ו"ה וקודם שיעשה האדם איזו מצוה או צדקה יאמר לייחדא שמא דקב"ה ושכינתיה בדחילו ורחימו ורחימו ודחילו בשם כל ישראל ויכוון לחבר שם י"ה שהם דחילו ורחימו עם ו"ה שהם קב"ה ושכינתיה עכ"ל ז"ל, ומה שנהגו לומר לדעת רשב"י וכו' לא מצאתי ד"ז בכתבי רבינו מהרח"ו ז"ל אשר קבל מפי רבינו האר"י זצ"ל ונראה שזה נתקן מגורי האר"י זצ"ל והם המקובלים האחרונים ולכן תקנו לומר גם כן לדעת האר"י ז"ל והנה טעמם ונמוקם עמם מפני כי רשב"י ורבינו האר"י ע"ה הם קבלו כוונות של המצוות וסודם באמיתות וגילו אותם בעולם שניתן להם רשות לגלות מה שלא ניתן לצדיקים אחרים זולתם ואף על פי שהיו יותר ראשונים מהם ודבריהם נתנו להכתב בספר באתגליא לכן אנו שאין אנו משיגים הכוונות וסודות של התפלה והמצוות באמיתות ואף על פי שאנו קורין בדבריהם לכן אנו אומרים שאנו מכוונים לדעתם פירוש כפי מה שקבלו הם באמיתות שיהיה נחשב לנו כאלו גם אנחנו מכוונים הכוונות הראויות אשר קבלו הם ודע כי עי"ז שאנו מזכירים שמותם על כל דבר שבקדושה אשר נעשה ואשר נלמוד בזה יתעורר זכותם וימשך לנו כח מן הכוונות והסודות אשר קבלו ואשר היו מכוונים בכל מצוה ותפלה ועסק התורה. ודע כי כל צדיק אשר הוא מבחינת היסוד יש לו שייכות עם כל ישראל ויכולים כל ישראל להכלל בו וכנודע בסוד הפסוק אלה תולדות יעקב יוסף, והנה כבר ידעתם מ"ש רבינו האר"י זצ"ל בשער הגלגולים כי רשב"י ע"ה הוא יסוד זווג ישראל עם רחל שהוא הזווג היותר מעולה ובחינה היותר גדולה, ורבינו הקדוש שהוא רבי יהודה הנשיא אשר סדר המשניות הוא בחי' היסוד של זווג יעקב עם רחל והוא שני במעלה לבחי' הנז' של בחי' הרשב"י ורבינו האר"י זצ"ל הוא בחי' היסוד של יעקב ולאה דאחר חצות לילה והוא שלישי במעלה לבחי' הנז' דרשב"י ע"ה ע"ש. ודע כי אני נוהג לומר לדעת מרע"ה ולדעת רב המנונא סבא ע"ה ולדעת רשב"י ע"ה ולדעת רבי יהודה הנשיא ע"ה ולדעת רבי יצחק בן שלמה ע"ה ויש לי טעם בזה, המשכיל יבין. והיה זה שלום ואל שדי ה' צבאות יעזור לי. כ"ד הקטן יחזקאל כחלי נר"ו

גלא עמיקתא

דאיהו שלמותא דהאי א' זעירא ב–ה' בחינות כנ"ל [ז]דכל ההשפעות הן דרך הצדיק שהוא צמצום [ח]וצנו"ר אתוון רצו"ן שדרכו עובר השפע לעולם.

וכן מן העולם כלפי שמיא כמ"ש [ט]3מש"ה (345) עומד בין שמ"ד (344) לרצו"ן (346) ולכן ערך ממוצע דכל הני ה' בחינות דא' זעירא סליקו לחושבן ה'

[ז] **ליקוטי מוהר"ן תורה רמ:** כל ההשפעות וכל הדברים הם באים רק מהצדיק האמת, וע"כ כשמקורב להצדיק האמת, יוכל לקבל בקל את מה שצריך לו הן עשירות או בנים, אבל כשהוא רחוק מהצדיק אזי בא לו בקושי גדול, כי כ"א מקבל עשירות או בנים לפי המזל שלו, והמזל מקבל ההשפעה מהצדיק, כי משם באים כל ההשפעות, וע"כ כשהוא רחוק מהצדיק, אזי המזל צריך לעשות לו כח גדול, כדי לקבל ההשפעה מהצדיק, מחמת שהוא רחוק ממנו, וע"כ נמצא בזה חילוקים רבים, לפעמים מגיע לאדם עשירות והוא מת מזה ונשאר העשירות ליורשין, ולפעמים הוא מת עי"ז שמקבל עשירות וגם אובד את העשירות, וכן חילוקים רבים, והוא כמו למשל כשאחד רוצה להגביה משא כבד, והוא מכניס כל כחו להגביה המשא מחמת שכבדה מאד, ולפעמים מגביה המשא, אבל מחמת גודל הכח שהכניס בזה נעקרו ונתלשו מעיו בקרבו עד שמת מחמת זה, אבל יכול להיות שאעפ"כ נשאר המשא בידו, ולפעמים מחמת שנתלש בקרבו נפל גם המשא מידו, נמצא שזה מת מחמת שהגביה המשא וגם המשא לא נשארה אצלו אפי' לבניו, כמו כן בהנ"ל, מחמת שהמזל צריך לעשות לו כח גדול כדי לקבל מהצדיק ההשפעה, מחמת שהוא רחוק ממנו מחמת זה יכול להיות כמה חילוקים כנ"ל. אבל המקורב להצדיק, אזי אין המזל צריך לעשות לו כח, מחמת שהוא קרוב אצלו. אבל עכ"ז, לפעמים יכול להיות שאדם יתקרב להצדיק האמת, ועי"ז אובד העשירות, דע כי זה מחמת שהוא רואה דבר יקר גבוה מאוד, ואף על פי דאיהו לא חזי מזליה חזי (מגילה ג) ומחמת שהמזל רואה דבר יקר ונעלה מאד, עי"ז משליך העשירות מאצלו, כמו מי שנושא משא של נחושת, ורואה זהב ואבנים טובות ויקרים, אזי משליך הכל ורץ וחוטף את הדברים היקרים, כמו כן מחמת שנתקרב ורואה יקר מפז ומפנינים, אזי משליך המזל העשירות כלאחר יד, מכ"ש כשזוכה שירגיש גם בעצמו שההתקרבות להצדיק הוא יקר מכל העשירות שבעולם, אזי בוודאי אינו משגיח על ממון ואינו רוצה כלל עשירות: [ח] **פירוש הרמ"ז על הזוהר במדבר עמוד תקכג:** דבוצינא דליק, היא הנשמה הנקראת (משלי כ, כז) נר ה', והוא דולק באור שנזכיר בסמוך. ושריא על רישיה, הענין מובן במ"ש הרב זלה"ה שסד), והובא בנגיד מצוה בדרושי התשובה שסה), שהאדם יש לו שתי נשמות, אחת מקפת על ראשו בסוד אור מקיף והשניה בפנימיותו, וכשהאדם חוטא בר מינן נשמתו הפנימית יורדת למטה בגהינם בעודו חי והמקיף נכנס בתוכו, ולכן הרשע קרוי מת כי אין נפשו בו, ואז כל המעשים טובים שעושה מוסיף כח בקליפה ששם נשמתו, אבל הצדיק מקיים נשמתו בתוכו והמקיף על ראשו ושואב לו חיים ממקורו שהוא אחוז ומוחזק בו, הפך הרשע שנכרת משרשו. ולכן אמר בכאן שבעוד נשמת האדם דולק ושורה על ראשו אז נאה לו לאשתדלא וכו', למהר ולהזדרז במעשיו ולעשות רצון יוצרו, והוא כפשוטו שמתעלה עד מקום רצון העליון הוא מזל נוצר אותיות רצון שהוא המקו"ר, ג' נוצ"ר, האמיתי לשפע, והאדם הצדיק מכוונו להשפיע. וזהו ענין עשיית רצונו יתברך, דהיינו התעוררות רצו"ן הגנוז בנוצ"ר ולהשפיע דרך צנו"ר המוכן מלמעלה עד למטה. [ט] **ליקוטי מוהר"ן חלק א' תורה רי"ד:** ועל כן משה עומד בין שמד לרצון, כי מספר משה הוא ממצע בין מספר שמד למספר רצון וכו'.

3. שלשה שותפין באדם הקב"ה אביו ואמו: והנה ראינו אצל הצדיקים אשר נלחמו בשרש הקלי' כגון יעקב (בר' ל"ב,כ"ד) "ויאבק איש עמו" זה שרו של עשו, וכן (בגמ' ברכות לג.) ברבי חנינא בן דוסא עם הערוד, דאמרו "אוי לו לאדם שפגע בו ערוד, ואוי לו לערוד שפגע בו רבי חנינא בן דוסא", ופירש"י ערוד- מן נחש וצב בא, שנזקקין זה לזה ויוצא משניהם ערוד, והנה הוא פלא "רבי חנינא בן דוסא" עולה גימ' עם ד' המלים (458) "נחש וצב" עם ב' המילים, וחזינן דאינו נלחם בערוד כלל אלא כל ענינו רק באבא ואמא דקלי', ועד הכתר דקלי'. והוא דאמר להם רבי חנינא בן דוסא (שם) ראו בניי "אין ערוד ממית אלא החטא ממית" גימ' (1376) ד"פ "שמד" (344), וזמש"כ בלקוטי מוהר"ן משה עומד בין שמד לרצון- ומהפך הדינים לרחמים.

גלא עמיקתא

פעמים "ידי משה"- דאפילו משה דלתתא מקבל כביכול מידי משה דלעילא.

והנה אמרו חז"ל 4[י]משה גבהו עשר אמות- וזהו דכתב המגלה עמוקות ד-א' זעירא צורת י' היינו עשר. וכד נעביד עשר במלוי: "עין שין ריש" סליק לחושבן (1000) אלף - היינו א' רבתי דאדם (תחלת דברי הימים).

4. באור על מגלה עמוקות ואתחנן אופן ס': והנה י"ב הפסוקים יחד בסוד י"ב שבטי י"ה עדות לישראל (תהל' קכ"ב,ד') סליקו לחושבן (38,836) "אדם" (45) פעמים "במושב לצים לא ישב" (863) בהוספת הכולל, והוא פסוקא קמא דספר תהלים דהוא ספרו של דוד המלך- דכל תפילותינו מלאות מפסוקיו הקדושים- ומסתמא אף משה רבינו בהתפללו תקט"ו תפילות כמנין ואתחנ"ן אמר פסוקים רבים מספר תהלים [כנודע תפלה למשה (תהלים מזמור צ') מצאה דוד כתובה וקבעה בספרו וחיברה משה רבינו עליו השלום] וחלופיהן ותמורותיהן דלא ניתן להשיג כלל. והנה "תפלה למשה" גימ' (1255) ה' פעמים "רזא דהוי' אחד" (251) לקביל ד' אתוון דשמא קדישא וקוצו של י'.

ואיתא במדרש שוחר טוב על הפסוק אשרי האיש- מדבר באדם הראשון- אמר אדם הראשון: אשרני אם לא עמדתי בדרכיו של נחש ואשרני אם לא ישבתי במושבו של ליצנות.

והנה נרמז בהאי חושבן כולהו פסוקין אדם פי במושב לצים לא ישב- דיהושע הוא שיכניס את בני ישראל לארץ הקודש, שכן חושבן כל הפסוק: "אשרי האיש אשר לא הלך בעצת רשעים, ובדרך חטאים לא עמד, ובמושב לצים לא ישב" סליק (3910) י' פעמים "יהושע" (391) ונרמז בכאן דמשה רבינו דהוה גובהו י' אמין יחזקהו ויאמצהו ומכחו יכבוש את הארץ וינחילנה לבני ישראל.

[י] **מסכתות קטנות מסכת אבות דרבי נתן הוספה ב לנוסחא א פרק ד:** ר' שמעון בן אלעזר אומ' אף על מספרי לשון הרע נגעין באין שכן מצינו באהרן ומרים שספרו לשה"ר במרע"ה מיד באת עליהם את הפורענות שנ' ותדבר מרים ואהרן במשה וגו' הלכה צפורה ושחה לה למרים הלכה מרים ושחה לו לאהרן עמדו שניהם ודברו על אותו צדיק. וכיון שעמדו שניהם ודברו על אותו צדיק מיד נענשו שנ' והענן סר מעל האהל וגו'. ואף על אהרן באת עליו הפורענות שנ' ויחר אף ה' בם וילך מלמד שנסתלק מאהרן ונדבק במרים אבל מרים עסקה בדברים היתה שכן דרך נשים להיות משיחות זו לזו. מרים אמרה עלי היה דבור לא פרשתי מאצל בעלי. אהרן אמר עלי היה דבור לא פרשתי מאצל אשתי. אבותינו הראשונים עליהם דבור לא פרשו מנשותיהם הוא שדעתו גסה עליו פרוש מאצל אשתו. ולא היו דנין בפניו אלא שלא בפניו. ולא היו דנין בודאי אלא בספק. ספק דעתו גסה עליו ספק אין דעתו גסה עליו [ומה מרים שלא דברה אלא באחיה וחביבה ולא דברה אלא שלא בפניו מיד נענשה] ק"ו כל אדם המדבר דברים כנגד חברו ומבישו עאכו"כ הוא עונשו. באותה שעה אמ' אהרן למשה. משה אחי כסבור אתה שצרעת זו על מרים נתונה הא אינה נתונה אלא בבשרו של אבא עמרם. משלו משל למה"ד לאחד שנתנו לו גחלת לתוך ידו אף על פי שהו מופנה ממקום למקום בשרו נכוה שנ' אל נא תהי כמת וגו'. התחיל אהרן לפייס את משה. אמ' לו משה אחי כלום עשינו [רעה] לאחד מן העולם. א"ל לאו. ואם לאחד מן העולם לא עשינו רעה אתה אחינו והיאך נעשה עמך רעה אלא מה נעשה שגגה היא שהיתה בידינו אל תבטל ברית שהיתה בינינו לבינך. מפני שברית כרותה לאחים. ומנין שברית כרותה לאחים שנ' ולא זכרו ברית אחים. באותה שעה עג עוגה קטנה ועמד בתוכה ואמ' לפניו רבש"ע איני זז מכאן עד שתרפא מרים אחותי שנ' ויצעק משה אל יוי ויאמר וגו'. מכאן אמרו כל המאריך בתפלתו אל יאריך יתיר ממשה. וכל המקצר בתפלתו אל יקצר יתיר ממשה. [והיכן מצינו במשה שהאריך בתפלתו שנ' ואתפלל לפני יוי את מ' היום ואת מ' הלילה אשר התנפלתי וגו'. והיכן מצינו במשה שקיצר בתפלתו שנ' אל נא רפא נא לה. באותה שעה אמ' הב"ה למשה. משה אילו אביה נזף בה כדאי היא שתכלם שבעה. אני ממ"ה ב"ה לא דין הוא שתכלם לי"ד אלא למענך אני מוחל לה על הסגר השני שנ' ויאמר יוי אל משה ואביה וגו'. והאיש משה עניו מאד וגו' יכול היה ענו אבל היה נאה ומשובח אבל לא היה גבור בקומה ת"ל ויפרוש את האהל המשכן מה משכן עשר

אמות כן גובהו של משה עשר אמות יכול שיהא ענו ממלאכי השרת. באותה שעה עמד משה בתפלה לפני הב"ה אמ' לפניו רבש"ע אני אי אתה מעליני לארץ ישראל הניחני עוד שאחיה בעולם ולא אמות ולא איגנח בעפר. משיב הב"ה ואמר לו למשה משה לא כך כתבתי בתורתי על ידך אני אמית אחיה וגו' ואם אין אני ממית אותך בעולם הזה היאך אני מחיה אותך בעולם הבא ולא עוד אלא שתעשה תורתי פלסטר שנ' ואין מידי מציל. משיב משה ואמ' לפני הב"ה רבש"ע אם לא הניחני בעולם כעוף שהוא פורח באויר ומלקט בכל יום מורסנו מן הקרקע ושותה מים הנהרות אחיה בעולם ולא אמות ולא איגנח בעפר. א"ל רב לך. שוב אמ' לפניו רבש"ע ואם לאו עין אחת שלי יניח תחת עקב הדלת שלשה פעמים בכל יום. ובשניה אראה בה את העולם ולא אמות ולא איגנח בעפר. א"ל רב לך. ומהו. רב לך שדברת כבר נגזרה גזרה ונחתם גזר דין. כיון שראה משה הקדוש ברוך הוא שלא נשא לו פנים ולא נתן לו חיים פתח פיו ואמר הצור תמים פעלו וגו'. באותה שעה אמ' הקדוש ברוך הוא לסמאל ולכל מלאכי השרת. אמר סמאל להב"ה רבש"ע כל מלכי עולם אלך אצלם ואקח את נפשם ואת נשמתם ולא אחר את דבריך אבל לפני בן עמרם אין אני יכול לעמוד אצלו. קצף עליו הב"ה ואמ' צא והביא נשמתו של משה. מה עשה סמאל מלאך המות שלף את חרבו מתערה ועמד לפני משה מיד. עמד משה בחימה גדולה ונטל את מטה האלהים בידו שחקוק שם המפורש שבו בקע הים ועשה נסין גדולים וגער בו וכעס עליו עד שנס מלפניו ואח"כ רץ אחריו בשם המפורש ותפסו והכהו ונטל קרן חדרו ועיור את עיניו ושגרו מלפניו בבושה וכלימה גדולה. מיד עמד משה בתפלה לפני הב"ה ואמ' לפניו רבש"ע זכור לי אותו היום שנגלית עלי בסנה ואמרת לי לך ואשלחך אל פרעה. וזכור אותו היום שעליתי לפניך על הר סיני והייתי עומד לפניך מ' יום ומ' לילה לחם לא אכלתי ומים לא שתיתי עד שקבלתי תורתך ונתתיה לעמך. בבקשה ממך אל תמסרני ביד מלאך המות. יצתה בת קול ואמרה לו. משה משה דייך העה"ז שהרי העה"ב מתוקן לך כבר נתקבלה תפלתך שהרי הב"ה בעצמו מיטפל בך וקוברך. מיד עמד משה וקדש את עצמו כשרפי הוד באותה שעה נגלה הב"ה משמי מרום העליונים ורד באהלו לקבל את נשמתו. כיון שראה משה להב"ה עמד בתפלה ונפל על פניו ואמ' לפניו רבש"ע במדת רחמים בראת את עולמך

במדת רחמים אתה מנהג את עמך תתנהג עמי במדת רחמים. יצתה ב"ק ואמרה משה משה אל תתירא כי הלך לפניך צדקך וגו'. שלשה מלאכים ירדו עם הב"ה באותה שעה ואלו הן גבריאל ומיכאל וזגנזגאל. גבריאל צוה עליו הקדוש ברוך הוא להציע למשה את המטה. מיכאל צוה עליו הב"ה לפרוש עליה פורש ארגמן. וזגנזגאל צוה עליו הב"ה להניח לו ביסר של מעלת במראשותיו מיד נטל הב"ה נשמתו בנשיקות פה ונתנה תחת כסא כבוד שנ' וימת שם משה וגו'. באותה שעה פתח עליו הב"ה ואמ' מי יקום לי עם מרעים ומי יתיצב לי עם פועלי און. ומלאכי השרת מספידין עליו ואמרין והחכמה מאין תמצא ואי זה מקום בינה ושמים היו בוכין עליו [ומספידין ואומרין אבד חסיד מן הארץ. והארץ היתה בוכה עליו ומספדת ואומ' וישר באדם אין] וכל סדרי בראשית היו בוכין עליו וצועקין [ואומרי' הצדיק אבד ואין איש שם על לב. וחמה ולבנה בוכין עליו ומספדין ואומ' וכסילים מתי תסכיל על הצדיק אנו בוכים]. ורוח הקדש היתה בוכה עליו ומספדת ואומרת ולא קם נביא וגו'. ויהושע משרתו מבקש משה רבו ולא מצאו והיה בוכה עליו ומספיד ואו' הושיעה ה' כי גמר חסיד וגו'. וכל ישראל בוכין עליו ומספדי' ואומ' ויתא ראשי עם וגו'. ועד אן לא היה יודע סמאל מלאך המות שמת משה עבד יוי וגנזו תחת כסא כבודו והלך למקומו בקשו ולא מצאו. הלך אצל הים אמ' לו ים משה ראוי אצלך. א"ל שוטה שבעולם מיום שגזרני לשנים עשר גזרים והעביר ישר' בתוכו שוב לא ראיתי אותו שנ' תהום אמר לא בי היא. הלך אצל גיהנם אמר לה גיהנם משה ראוי אצלך אמרה לו קולו שמעתי באזני ואותו לא ראיתי. [הלך לו אצל שאול ואבדון אצל שערי מות אצל שערי צלמות אצל טיט היון ואמ' להם משה ראוי אצלכם. אמרו לו שמענו מפרעה מלך מצרים ואותו לא ראינו שנאמר וכו'] הלך כל אצל שבעולם ואמר' משה ראוי אצלכם אמרו לו קולו שמענו ולא ראינו. הלך אצל ג"ע ובקש ליכנס בתוכה היו מלאכי שרת ממונין על שערי ג"ע היו דוחפין אותו וטורדין אותו ואומרי' לו רשע רשע לא כך כתו' זה השער ליוי וגו' אין לך רשות ליכנס בג"ע. באותה שעה פרח בכנפיו מעל דלתי הגן כשיעור ארבעת אלפים פרסה נכנס ואמ' ג"ע משה ראוי לך אמרה לו מיום שבא אצלי עם גבריאל לראות מתן שכרן של צדיקים לעתיד לבא שוב לא ראיתה. [הלך לו אצל היים כיון וכו' אותו קרא לו ממרחק ש' מאות

גלא עמיקתא

ובאור הענין דמשה הוא תקונא דאדם קדמאה– דא׳ רבתי דיליה הפילה אותו לגאות ולחטא. ובמשה הענו מכל האדם איהי א׳ זעירא בסוד (זוה״ק תחלת פרשת חיי שרה דף קכ״ב ע״ב) [יא]מאן דאיהו זעיר איהו רב.

וזהו דכתיב (ישעי׳ ס׳,כ״ב) ״הקטן יהיה לאלף״ גימ׳ (335) ״הר סיני״ שזכה שנתנה תורה עליו [יב]שהיה נמוך ושפל מכל ההרים.

וכן כתיב (שמות י״ט,כ׳) ״וירד ה׳ על הר סיני״ – דהשפיל עצמו כביכול הקב״ה מלך מלכי המלכים וירד עד לקטן שבהרים.

ומעתה יובן חושבן הפסוק (שמות י״ז,י״ב) ״וידי משה כבדים ויקחו אבן

שנה אמ׳ לו מה טיבך לכאן אין לך רשות ליכנס אצלי שנ׳ אמ׳ לו משה ראוי לך. א״ל מיום שנטל ממני מטה וקולמוס שוב אל ראיתי אותו. הלך לו אצל מדברות אמ׳ להם משה ראוי לכם אמרו לו מיום שניהג ישר׳ בצדק בנו שוב לא ראיתי.] הלך אצל הרים אמ׳ להם משה ראוי לכם. אמ׳ לו מיום שפסל ממנו שני לוחות אבנים שוב לא ראינו. הלך אצל הר סיני אמ׳ לו משה ראוי לך. א״ל מיום שקיבל את התורה מימינו של הב״ה שוב לא ראיתי. הלך אצל עופות אמר להם משה ראוי לכם אמרו לו מיום שהבדילנו בין טמא לטהור שוב לא ראינו. הלך אצל חיות השדה אמ׳ להם משה ראוי לכם. אמרו מיום שהפרישנו בין כשר לאכילה בין פסול לאכילה לא ראינו. הלך אצל חצר מות אצל דומה המלאך שהו ממונה על הנשמות ואמ׳ לו משה ראוי לך. א״ל קול הספדו שמעתי ואותו לא ראיתי. הלך אצל מלאכי השרת אמרו לו כמו הדבר. הלך אצל בני אדם אמ׳ להם משה ראוי לכם. אמרו לו וכי משה קבורתו וגו׳. ואף יהושע היה מצטער עליו ובוכה ומתאבל ואומ׳ אבי אבי רבי רבי שגדלני מנעורי עד היום הזה ר׳ שלמדני תורה. עד שא״ל הב״ה יהושע מה אתה מצטער על משה רבך כבר מובטח לו שהוא בן עולם הבא שנ׳ ויאמר יוי למשה הנך וגו׳. ולא נשמתו של משה אלא נשמת כל הצדיקים כולן גנוזות תחת כסא הכבוד שנ׳ והיה נפש אדוני צרורה בצרור החיים נחך יוי אלהיך תחת כסא כבודו: **[יא] זוהר - בראשית - פרשת חיי שרה דף קכ״ב ע״ב:** זכאה איהו מאן דאזער גרמיה בהאי עלמא כמה איהו רב ועלאה בההוא עלמא. והכי פתח רב מתיבתא, מאן דאיהו זעיר איהו רב, ומאן דאיהו רב איהו זעיר, דכתיב (בראשית כג) ויהיו חיי שרה מאה שנה ועשרים שנה ושבע שנים, מאה דאיהי חשבון רב כתיב ביה שנה זעירו דשנין חד אזעיר ליה, שבע דאיהו חשבון זעיר אסגי ליה ורבי ליה דכתיב שבע שנים, ת״ח דלא רבי קודשא בריך הוא אלא לדאזעיר לא אזעיר אלא לדרבי, זכאה איהו מאן דאזעיר גרמיה בהאי עלמא כמה איהו רב בעלויא בההוא עלמא. **[יב] שפת אמת - במדבר - פרשת חקת:** ואיתא במשנה מי שיש בו ג׳ דברים הללו מתלמידיו של אאע״ה כו׳. שאאע״ה נטע אלה הג׳ מדות בבני״ כמ״ש אשר יצוה כו׳ בניו כו׳ וע״י ג״ד הללו יוצאין מהנהגת הטבע כנ״ל להיות נמשך אחר הנהגה עליונה. כי האדם כולל רוחניות וגשמיות וכמו כן סדר הבריאה דכתיב אתה עשית כו׳ השמים כו׳ ואתה מחי׳ את כולם הם ב׳ הנהגות הנ״ל. וכמו כן האדם עפר מן האדמה כו׳ ויהי כו׳ לנפש חי׳ כו׳. וכפי הכנת האדם לקבל הארת הנשמה ולבטל הגופניות כך נמשך אחר ההנהגה העליונה כנ״ל. ולכן אברהם אע״ה שהי׳ בו ג׳ דברים הללו הי׳ הוא עצמו שורש הברכות כמ״ש והי׳ ברכה. ובלעם הרשע שיש בו ג׳ דברים אחרים הוא באמת שורש הקללה. כי עיקר הברכה בהתדבקות אל השורש. וכל רצון אותו הרשע לבטל ג״ד הנ״ל כדי להתמשך אחר הטבע ועוה״ז. ואיתא שביקש לעקור אומה החוגגת ג׳ רגלים. ונראה כי בכח ג׳ דברים הללו זכו ישראל להיראות פני ה׳ ג׳ פעמים בשנה. והרמז חג המצות נפש שפילה לחם עוני כי החמץ מתעלה ומצה שפילה בחי׳ נפש. וחג השבועות זמן מתן תורה רוח נמוכה לכן קבלו התורה כמים שיורד למקום נמוך לכן ניתנה תורה בהר סיני נמוך מכל ההרים. וחג הסוכות בחי׳ עין טובה לכן הקריבו בנ״י ע׳ פרים מול השבעים אומות בעין טובה שלהם. וקבלו ג׳ ברכות בג׳ רגלים ע״י הג׳ מדות טובות שהי׳ בהם. ואותו רשע בלעם רצה לקללם ג״פ ולבטל מהם הג׳ מדות הנ״ל. והקב״ה הפך הקללה לברכה ובירך אותם ג״פ:

גלא עמיקתא

וישימו תחתיו וישב עליה, ויתמכו בידיו מזה אחד ומזה אחד, ויהי ידיו אמונה עד בא השמש" גימ' (4264) הוי' (26) פעמים הקט"ן (164) כדכתיב בגאולתא (ישעי' ס',כ"ב): [5]הקט"ן יהיה לאלף והצעיר לגוי עצום אני הוי' בעתה אחישנה.

והוא בסוד מאן דאיהו זעיר איהו רב כנ"ל וכנודע אתוון שם הוי' ברוך הוא הם בעלי המלוי הקטן מכל אתוון. ובהאי פסוקא וידי משה כבדים וכו' אינון צ"א (91) אתוון כמנין יהודא "הוי' א-דני" גימ' אמ"ן כנודע וכדאמרינן ה' זימנין ידי משה סליקו לחושבן "ליחדא שמא דקודשא בריך הוא ושכינתיה".

ובפסוקא אינון כ"ג תיבין – וכשנכה מספר התיבין (23) במספר האותיות (91) סליקו לחושבן (2093) ז' פעמים "אור הלבנה" (299) דחושבן ז' הוא במלכות שהיא השביעית בסוד בת שבע, וכן דוד הוא חושבן ב' פעמים ז' [יג]באור ישר ואור חוזר. וזהו י' תיבין דמסיימין לאופן כ"ג למגלה עמוקות מתחיל באות י' ותיבה שניה קא"י סלקת לחושבן (111) אל"ף – רמיזא אל"ף זעירא דויקרא. וכולהו י' תיבין דהיינו (וצורת) "י' קאי על שנים על משה למעלה ועל שכינה למטה" סליקו לחושבן (1816) ח' פעמים ברכ"ה (227) דענין ח' הוא א' שמעל ה-ז' מעל הטבע והיא ברכה אינסופית כברכת משה רבינו לבני ישראל (דברים א',י"א):"ה' אלהי אבותיכם יוסף עליכם ככם אלף פעמים ויברך אתכם כאשר דבר לכם" ופרש"י [יד]עד כאן משלי הוא אבל הוא יברך אתכם כאשר דבר לכם. [טו]ומה הוא אינסוף ברוך הוא אף ברכתו אינסופית ויהי רצון דנזכה לראות בברכתו בגאולה האמיתית והשלמה ב"ב אכי"ר.

[יג] **קדושת לוי ויקרא פרשת צו:** ענין חטאת ועולה, חטאת קודמת לעולה (זבחים פט, ב). כי 'חטאת' הוא אור ישר מעולם העליון לעולם התחתון, ו'עולה' הוא אור חוזר מעולם התחתון לעולם העליון (עי' זוה"ק ח"א רמו, א), ולכן עולה כולה כליל. וזהו 'ויקרב את העולה ויעשה כמשפט' (ויקרא ט, טז), היינו כמו ראש חודש תשרי האותיות הם למפרע בסוד אור חוזר (חסר). ודו"ק.

[יד] **רש"י דברים פרק א' פסוק י"א:** מהו שוב ויברך אתכם כאשר דבר לכם, אלא אמרו לו: משה, אתה נותן קצבה לברכתנו, כבר הבטיח הקב"ה את אברהם אם יוכל איש למנות וכו' (בראשית י"ג,ט"ז) אמר להם: זו משלי אבל הוא יברך אתכם כאשר דבר לכם.

[**טו**] כדאיתא באר"י הקדוש (תחלת אוצרות חיים) וזלשה"ק: "דע כי תחלת הכל היה כל המציאות אור פשוט ונקרא אין סוף ולא היה שם שום חלל ושום אור פנוי, אלא הכל היה אור הא"ס. וכשעלה ברצונו הפשוט להאציל הנאצלים לסיבה נודעת,

5. שבת קודש תוספת מזון לעולם: ומעתה יובן עניין האלף ה-ח' "ויקרא" ברבוע כזה "ו וי ויק ויקר ויקרא אלף זעירא" גימ' (1170) "שמיני עצרת", וכבר ביארנוהו בארוכה לעיל אופן ו' בעניין סעודות שבת, והאי סעודתא דדוד מלכא משיחא במוצ"ש דאיהי מעין האלף השמיני, והבאנו מהגמ' (שבת קיז: בסוף העמ') דלר' חידקא ד' סעודות הן בשבת, והאי מלוה מלכה לשיטתו היא סעודה חמישית- ולקביל הני ה"פ אור דאמרינן לעיל דמע"ב ויתגלו לע"ל דעתה גניזו, ושמו מרמז על שיטתו שכן "רבי חידקא" גימ' (335) "הקטן יהיה לאלף" (ישעי' ס',כ"ב) מרמז האי א' זעירא דלע"ל תהוי בחזרה ל-א' רבתי דאדם מתוקן בב"א - דאמר יחזקאל הנביא (ל"ד,כ"א) "ואתן צאני צאן מרעיתי אדם אתם" - וביבמות (סא.) אתם קרויים אדם ואין עכו"ם קרויים אדם, ר"ת שמו ר"ח (רבי חידקא) גימ' (208) "יצחק" דלעתיד לבא יאמרו על יצחק אבינו אתה כמו שכתוב בנביא "כי אתה אבינו כי אברהם לא ידענו וישראל לא יכירנו וכו'" (ישעי' ס"ג,ט"ז), וס"ת שמו דהיינו י' מרבי ו-ק"א מחידקא גימ' (111) אל"ף.

והיא למקרא רחום וחנון וכיוצא כי אם אין בעולם מי שיקבל רחמים ממנו איך יקרא רחום וכו׳ ואז צמצם עצמו אל הצדדים (כביכול- דאין הצמצום כפשוטו ח״ו) וכו׳״ עכלשה״ק.:

אופן כד

איתא במדרש עשרה דברים יקרים ברא הקב"ה בעולמו עיין בזו הפרשה לכן א' זעירא שהוא צורת י' מורה על זה המדרש ויקר י' שי' דברים יקרים הם בעולם

וטעם זה המספר וידבר ה' אליו מאוהל מועד שכן אוהל היה גם כן חשבון י' עשר אמות אורך הקרש שהם סוד י' ספירות שהם בעולם שהם בסוד עצמיות סוד כלים.

ומלת יקר הוא בלשון ארמי תרגום של כבוד שהוא לבוש נמצא י' יקרים הם י' לבושין ולכן אמר אח"כ אדם כי יקריב שכן גם כן שיעור קומת אדם שמכנה בפסוק י' כנויים להקב"ה שהם י' לבושים:

אופן כד

[א]איתא במדרש עשרה דברים יקרים ברא הקב"ה בעולמו עיין בזו הפרשה לכן א' זעירא שהוא צורת י' מורה ע"ז

גלא עמיקתא

1וזהו שמעורר המגלה עמוקות [ב]בכמה אופנים לעיל ולקמן ד-א' זעירא צורת י' והוא בסוד אי"ק בכ"ר ד-א' רישא לכל אתוון [ועיין מה

1. אופן ל"ג - א-סתר י"פ יקר במגילה - ונהפוך הוא - הוצאת ניצוצות הקדושה מהקלי': ויקרא א' זעירא מרמז "**ויקר א**'סתר" גימ' (ע"ה) "קריעת ים סוף" (976), דבקריעת ים סוף נקרעו המסכים וגילה ה' כבוד מלכותו ובוטלו ההסתרים וממילא כל הסט"א וכמץ אשר תדפנו רוח וכו', היינו דכתיב (יחזקאל ל"ט,כ"ט) "לא אסתיר עוד פני מהם" גימ' (1007) "אשרי העם שככה לו" (תהלים קמ"ד,ט"ו) "שככה" גימ' "משה" כנודע, אשר המשיך מלכות שמים לארעא, וכ"ש במדרש שנסתלקה שכינה מרקיע לרקיע, ובאו ז' צדיקים- אברהם הורידה מרקיע שביעי לרקיע שישי, יצחק וכו' ומשה הורידה היינו דכתיב "וירד ה' על הר סיני" (שמות י"ט,כ') ומרמז דווקא באסתר מן התורה- "ואנכי הסתר אסתיר פני ביום ההוא על כל הרעה אשר עשה כי פנה אל אלהים אחרים" (דברים ל"א,י"ח) דעולה (3485) ה"פ "ברית מילה" (697) ומרמז אותו פגם דקדושה אתוון יק"ר- להסתרת פני ה' רח"ל וה' ישמרנו ויצילנו ויעלה נצוצי הקדושה כדרשם חיל בלע ויקיאנו וכו'.

והנה במגילת אסתר י' פעמים שרש "**יקר**" כנגד י' ספירות קומה שלמה, ובנס דפורים נפדו באחת אותן הנצוצין כמ"ש "ונהפוך הוא אשר ישלטו היהודים המה בשנאיהם" (אסתר ט',א') גימ' (1537) "כי אלף שנים בעיניך כיום אתמול כי יעבור" (תהל' צ',ד') עם הכולל, ומרומז בא' זעירא אלף שנים הללו, ותשועת ה' כהרף עין.

וזהו מה שכתוב (איוב כ',ט"ו) "חיל בלע ויקיאנו מבטנו ירשנו א-ל" גימ' (1027) "אות הברית" ע"ה (בראשית ט',י"ב - כתיב בעניין את קשתי נתתי בענן וכו' עיי"ש), וביקר דאסתר היא השכינה הק' תליא מילתא, שכן עולה "לא אסתיר (גימ' שבת) הסתר אסתיר" גימ' (2038) "הוצאתי הצלתי גאלתי לקחתי" (שמות ו') שהן ד' לשונות של גאולה, וכן עולה גימ' "הקמתי את בריתי אתכם" (ויקרא כ"ו). והנה הוא פלא, כשנחבר י' לשונות "יקר" שנמצאים

[א] **ויקרא רבה פרשת ויקרא פרשה ב סימן א**: דבר אל בני ישראל ואמרת אליהם אדם כי יקריב מכם קרבן לה' זש"ה (ירמיה לא) הבן יקיר לי אפרים, י' נקראו יקרים ואלו הן, התורה, והנבואה, והתבונה, והדעת והסכלות, והעושר, והצדיקים, ומיתתן של חסידים, והחסד, וישראל, התורה מנין שנאמר (משלי ג) יקרה היא מפנינים, הנבואה מנין (ש"א ג') ודבר ה' היה יקר בימים ההם, התבונה מנין (משלי יז) יקר רוח איש תבונה, הדעת מנין (שם כ) וכלי יקר שפתי דעת, הסכלות מנין (קהלת י') יקר מחכמה ומכבוד סכלות מעט, העושר מנין (משלי יב) והון אדם יקר חרוץ, צדיקים מנין (תהלים קלט) ולי מה יקרו רעיך אל, מיתתן של חסידים מנין (שם קיז) יקר בעיני ה' המותה לחסידיו, החסד מנין (שם לו) מה יקר חסדך אלהים, ישראל מנין (ירמיה לא) הבן יקיר לי אפרים, ביוקר ישראל עומדים לי, בנוהג שבעולם אלף בני אדם נכנסין למקרא יוצא מהן ק', ק' למשנה יוצאין מהן י', י' לתלמוד יוצא מהן א' הה"ד (קהלת ז) אדם אחד מאלף מצאתי, ד"א אדם א' מאלף מצאתי זה אברהם, ואשה בכל אלה לא מצאתי זו שרה, ד"א אדם אחד מאלף מצאתי זה עמרם, ואשה בכל אלה לא מצאתי זו יוכבד, ד"א אדם אחד מאלף מצאתי זה משה, ואשה בכל אלה לא מצאתי אלו נשי דור המדבר, ר' אומר נשי דור המדבר כשירות היו כיון ששמעו שהן אסורות לבעליהן מיד נעלו דלתותיהן, אמר הקדוש ברוך הוא ישראל ביוקר עומדין לי, רבי אבא בר כהנא ורבי יצחק, רבי אבא בר כהנא אמר אילו ביקש פרעה משקל כאו"א מישראל אבנים טובות ומרגליות לא הייתי נותן לו אמר ר' יצחק והלא בדמים נטלן משפחות משפחות של כנים משפחות משפחות של ערוב אין לו דמים הוי ביוקר ישראל עומדים לי. [ב] **מגלה עמוקות על ויקרא אופן ע"ח**: רמז הקב"ה בכאן בצורת א' שהיא צורת י' סוד המקוה שהוא סוד שיעור קומה בהיפך אתוון הוקם המשכן אז נשלמה המקוה של מעלה. שיש

המדרש ויקר י׳ שי׳ דברים יקרים הם בעולם. וטעם זה המספר וידבר ה׳ אליו מאהל מועד שכן אהל היה ג״כ חשבון י׳ עשר אמות אורך הקרש (שמות כ״ו,ט״ז) שהם סוד י׳[ג]

גלא עמיקתא

שבארנו לעיל אופן ז׳–אותיות זעירות ורבתי בכ״ד ספרים–ו׳ רבתי דגחון][2]

ר״ם קבין במקוה. לכן היו ישראל ד׳ פעמים ס׳ רבוא שהם ר״ם רבוא. [ג] **במדבר רבה (וילנא) פרשת נשא פרשה יד:** ד״א כנגד ע׳ שנה שחיסר אדם משנותיו ונתן לדוד בן ישי, לפי שראוי היה לחיות אלף שנים שנאמר (בראשית ב) כי ביום אכלך ממנו מות תמות ויומו של הקדוש ברוך הוא אלף שנים שנא׳ (תהלים צ) כי אלף שנים בעיניך כיום אתמול כי יעבור ואשמורה בלילה, שניהם מלאים שאדם ונח שניהם קבלו מצות והיו צדיקים הוי סולת בלולה בשמן למנחה, כף אחת וגו׳ כנגד עשרה מאמרות שנברא בהם העולם וכנגד עשר ספירות בלימה, וכנגד עשרה דורות מאדם ועד נח, וכנגד עשרה דורות מנח ועד אברהם, וכנגד עשרת הדברות, וכנגד עשרה שליטים שבאדם, וכנגד עשרה תולדות שבתורה, וכנגד עשרה נסים שנעשו לאבותינו במצרים ועשרה נסים על הים, וכנגד עשרה בריתות האמורות בפרשת מילה, מלאה קטרת כנגד המילה הכתוב מדבר שבשעה שמלו ישראל במצרים שנא׳ (יחזקאל טז) ואראך מתבוססת בדמיך ואומר לך בדמיך חיי ואומר לך בדמיך חיי היה ריח הדם והערלה ערב לפני הקדוש ברוך הוא כבשמים וכן כשמלן יהושע כמו כן היה ערב לפני הקדוש ברוך הוא ועל זו נאמר (שיר /השירים/ ד) אלך לי אל הר המור זו מילה של מצרים שעשו מן הערלות הר מפני שהיו כולן צריכין לימול והיה ערב לפני הקדוש ברוך הוא כריח מור דרור שהיה ראש הבשמים ואל גבעת הלבונה זו מילה של ביאת ארץ כנען שעשו מן הערלות גבעה כמה דתימא (יהושע ה) אל גבעת הערלות והיה ריחם ערב לפני הקדוש ברוך הוא כריח לבונה הוי מלאה קטרת, המור שהוא ראש לסמני הקטרת ולבונה שהיא אחרונה לסמני הקטורת הזכיר שניהם בפסוק

במגילת אסתר דהיינו: ״ד׳ פעמים **יקר**, ה׳ פעמים **ביקרו**, פעם אחת **ויקר**״ גימ׳ (3146) ״אל-פי״ פעמים הוי׳, היינו דכתיב (יהושע ט״ו,י״ג) ״אל-פי ה׳ ליהושע״, ופני יהושע כפני לבנה, ואסתר היא הלבנה איסתהר כנודע. וזהו אל-פי אתוון אלפ״י כדכתיב ״שובה ה׳ רבבות אלפי ישראל״ (במדבר י׳,ל״ו) גימ׳ (1611) ״זרע יעקב אשר בם בחרת״ (מנחה לשבת). ״אל-פי ה׳ אלפי ישראל״ רגיל וא״ת ב״ש גימ׳ (2506) ״ויברכו את רבקה ויאמרו לה אחותנו את היי לאלפי רבבה״ (בראשית כ״ד,ס׳) דהסיטרא אחרא מחזירה הנצוצות לקדושה בעל כורחה, ומרמז לתיקון פגם הקדושה דאדה״ר כנודע מהאריז״ל בענין ״ותקם רבקה ונערותיה ותרכבנה על הגמלים״ (שם פסוק ס״א). ויהי רצון מלפני אבינו שבשמים שנזכה לראות בקריעת המסכים וכדכתיב ״מחצתי ואני ארפא״ ובהתגלות כבוד מלכותו עלינו ועל כל העולם כולו.

2. אופן ז׳ - כלל אותיות זעירות ורבתי בכ״ד ספרים - ו׳ רבתי דגחון אלף כתבינן י׳ עילאה, ו׳, י׳ תתאה. והנה נודע ד-ו׳ רבתי דגחון אמצע התורה באותיות. ובדרך אפשר יש לומר דמב׳ דבראשית עד ו׳ דגחון- י׳ עילאה, ו׳ דגחון עצמה היינו ו׳, ומ-ו׳ דגחון עד ל׳ דישראל (סוף התורה) י׳ תתאה והכל הוא בחינת אל״ף דאורייתא מחכמה עילאה נפקת כמ״ש ״החרש ואאלפך חכמה״ (איוב ל״ג,ל״ג) [ועיין לקמן אופן קי״ד-אאלפך חכמה]. ובזוה״ק כתיב אותיות רבתי בבינה- תפארת דילה כתר דזעיר, ואילו אותיות זעירות- בפרצוף מלכות [ועיין לקמן אופן נ״ד-נקודה בהיכלא].

והנה המלים עם אותיות זעירות בתנ״ך [א׳-כ׳] דהיינו:

״ויקרא (317) הב (7) וגיש (315) אדם (45) בהבראם (250) לשוא (337) ויזתא (424) חף (88) טבעו (87) פינחס (208) תשי (710) ולבכתה (463)״

דהיינו מא׳ עד כ׳, דתיבות בעלות אותיות זעירות גימ׳ (3225) ״אהי-ה״ (21) פ׳ ״מי דומה לך״ (155) (שחרית דשבת אין ערוך לך ואין זולתך אפס בלתך ומי דומה לך) אהי-ה הוא שם הכתר ומי היא בינה, וזהו כתר דז״א דמלכות, וד״ל.

ספירות שהם בעולם שהם בסוד עצמיות סוד כלים ומלת יקר הוא בלשון ארמי תרגום של כבוד שהוא לבוש [כמ"ש

שאר המלים עם אותיות זעירות בתנ"ך [ל'-ת']: "לוא (37) מוקדה (155) ארן (251) ונרגן (309) בסופה (153) לעות (506) בשפרפרא (863) וצוחת (510) פרץ (370) קצתי (600) יערי (290) פרמשתא (1021) פרשנדתא (1035)" גימ' (6100) ק"פ "אין", בסוד כתר דמלכות דאותיות זעירות.

וכשנחבר כל התיבות מ-א' ועד ת' דאותיות זעירות בתנ"ך (כל הרשימה דלעיל) יעלה הכל גימ' (9325) "בית רבתי" (1024) (25-אלף אזעירת גרמה לאחד) פעמים (373) "בן ישי" ע"ה: בית רבתי היינו הכתר, וכאן אלף חוזרת לאל"ף בסוד א' זעירא, ו"בן ישי" היינו מלכות, ונדגיש שכל האי דאמרינן הוא בפרצוף המלכות דהיינו "בית רבתי" כתר דמלכות, "בן ישי" מלכות דמלכות וכו', דכל עניין האותיות הזעירות הוא במלכות כדהבאנו לעיל מהזוהר הקדוש.

והנה המילים עם אותיות רבתי בתנ"ך:

"**א**דם (45) **ב**ראשית (913) והת**ג**לח (447) אח**ד** (13) **ה**לה' (66-הה) **ו**יזתא (424) גח**ו**ן (67) **ז**כרו (233) נבח**ז** (67) **ח**ור (214) **ט**וב (17) שבט**ו** (317) **י**גדל (47) **כ**כחי (58) ו**כ**נה (81) ויש**ל**יכם (416) **מ**שלי (380) שלשי**ם** (680) משפט**ן** (479) **ס**וף (146) שמ**ע** (410) בשפר**פ**רא (863) **צ**פיו (186) **צ**א(91) **ק**ן (150) אח**ר** (209) **ש**יר השירים (1075) ו**ת**כתב (828)"

עולים יחד גימ' (9178) "סוד ה' ליראיו" (353) פעמים "הוי'" (26). ובפ' בשלח (שמות י"ז, ז) "ויקרא שם המקום מסה ומריבה על ריב בני ישראל ועל נסתם את ה' לאמר היש הוי' בקרבנו אם אין" ומיד "ויבא עמלק" וגו' - ע"פ הבעש"ט הק' הסתפקו האם הנהגת העולם ע"פ זעיר (הוי') או כתר (אין), עכ"פ "ספק" גימ' "עמלק", ובזה יבאר בזוהר חיי שרה בתחילתו וזלשה"ק "מאן דאיהו רב איהו זעיר ומאן דאיהו זעיר איהו רב", ובאותיות הרבתי מתגלה הנהגת הזעיר ("סוד הוי' ליראיו" פעמים הוי') ובאותיות הזעירות הנהגת הכתר (איהו רב) מלים בעלות אותיות זעירות מא'-כ' גימ' "מי דומה לך" פ' אהי-ה, ומל'-ת' גימ' ק"פ אי"ן כנ"ל. עלה בידינו שהאלף הזעירא - ראש לאותיות הזעירות, מכניעה את עמלק בסוד איהו רב דאמרינן לעיל מהזוהה"ק, ועשו אמר "יש לי רב" (בר' ל"ג,ט') ועיין לעיל אופן ג' באריכות- וסמיכות המלים של שני הפסוקים הנ"ל בפ' בשלח: "אין - ויבא עמלק" סליק לחושבן (320) "מצילנו מידם" במהרה בימינן אמן.

והנה תיבין דאתוון זעירין (9325) עם תיבין דאתוון רברבין (9178) בכ"ד ספרים סליקו כולהו לחושבן (18503) **כ"ב** פעמים "**בני בכורי ישראל**" (841) (שמות ד',כ"ב) עם הכולל כדאיתא בזוה"ק (אחרי עג.) קוב"ה אורייתא וישראל כולא חד- וכאן נרמז קוב"ה דהכולל מרמז אצלנו תמיד **קוב"ה** אלופו של עולם בסוד אל"ף זעירא [כמ"ש (משלי ט"ז,כ"ח) ונרגן מפריד אלוף פרש"י אלופו של עולם] כדכתיב ויקרא אל משה ולא פירש מי הוא הקורא ונתבאר בספה"ק דהוא עצמותו ומהותו של ה' יתברך

כפילת כ"ב פעמים מרמז כ"ב אתוון **דאורייתא** קדישא

וישראל כתיב כאן בהדיא "בני בכורי ישראל" כמו שאמר משה לפרעה ושם לקו המצרים עשר מכות שנקראים אותות ומרמז אותיות אותיות כדכתיב (ישעי' מ"א,כ"ג) "הגידו האותיות לאחור" פרש"י אותיות מלשון אותות ומופתים.

נמצא דבישראל כלולים שלשתם- ישראל גופא, אותות היינו אותיות כ"ב אותיות התורה, והוספת הכולל דהיינו הוספת אל"ף מרמז אלופו של עולם. והן אתוון זעירין ורבתי בסוד (זוה"ק תחלת פרשת חיי שרה) מאן דאיהו זעיר איהו רב- וישראל איקרון זעירין כדכתיב (דברים ז',ז') כי אתם המעט מכל העמים פרש"י שממעטין עצמכם לפני.

והכתיב (ישעי' ס"ג,ט') "בכל צרתם לא צר" כתיב א' קרי ו', דהיינו א' זעירא דמכנעא ו' רבתי דגחון - והנה הפלא ופלא כיצד "בכל צרתם לו צר" במכוון גימ' "כי יד על כס י-ה מלחמה לה' בעמלק מדר דר" (1108), יתירה מזו- "בראשית" (913) (תרגם יונתן בחוכמתא)- יו"ד עילאה, עם "גחון" (67) (היינו הו' דאות א' כנ"ל) עם "ישראל" (541)- יו"ד תתאה (יהודי נק' ע"ש היוד) הכל גימ' (1521) הברכה שתיקנו לאחר קריאת המגילה "נפרע לעמו ישראל מכל צריהם" ע"ה, היינו עם האל"ף הזעירא- והדא הוא דכתיב "כימי צאתך מארץ

(סנהדרין צד.) [ד]רבי יוחנן קרי ליה למאני מכבדותי] נמצא י' יקרים הם י' לבושים ולכן אמר אח"כ אדם כי יקריב שכן ג"כ

גלא עמיקתא

ומא' עד י' אינון אתוון שונים ומכאן ואילך כולל מנצפ"ך (אותיות סופיות) הן כפולות בסדר אי"ק בכ"ר ואינן חידוש.

וכד נעביד חושבן עשר הכי: י' עש"ר בא"ת ב"ש זב"ג הרי י"ב ויחד עם י' דפשוט הרי [ה]כ"ב אתוון דאורייתא קדישא.

ואמרינן באופן הקודם עש"ר במילוי "עין שין ריש" גימ' (1000) אלף ועם א"ת ב"ש המלוי "זמט במט גמב" (152) סליקו פשוט וא"ת ב"ש במילוי לחושבן (1152): "ישראל תורה" ענין הברורים בסוד "צדיק כתמר (י)פרח" עיין סוף אופן רי"ז.

ועם כ"ב אתוון (פשוט וא"ת ב"ש דתיבה עש"ר) סליקו כולהו לחושבן (1174) ב"פ "א-להי ישראל" (587) [ו]דקוב"ה אורייתא וישראל חד (זוה"ק אחרי עג.).

ומביא המדרש (ויק"ר רפ"ב) **דבר אל בני ישראל ואמרת אלהם אדם כי יקריב מכם קרבן לה' זה שאמר הכתוב** (ירמי' ל"א,י"ט) **הבן יקיר לי**

[ד] **תלמוד בבלי מסכת סנהדרין דף צד עמוד א:** ותחת כבדו [יקד] יקד כיקוד אש אמר רבי יוחנן: תחת כבודו - ולא כבודו ממש. כי הא דרבי יוחנן קרי ליה למאני - מכבדותי. רבי אלעזר אמר: תחת כבודו ממש, כשריפת בני אהרן, מה להלן שריפת נשמה וגוף קיים - אף כאן שריפת נשמה וגוף קיים. [ה] **זוהר כרך א (בראשית) פרשת בראשית דף מב עמוד ב:** היכלא תליתאה היכלא דא איהו היכלא דההוא רוחא דאקרי נגה רוחא דא איהו דכייא בריר מכלהו לית גוון דאתחזי ביה לאו חוור ולאו ירוק ולאו אוכם ולא סומק ובגין כך אקרי טוהר דכייא ברירא מכל אלין תתאין ואף על גב דאיהו דכייא מכלא לא אתחזי עד דאלין תתאי מתגלגלן ואחידן (נ"א וכראן) ביה ועאלין בגויה (נ"א ביה) כיון דעאלין בגויה כדין אחזי נהוריה ולא גוון חד מכלהו כד אשתלים האי רוחא מכלהו תתאי אפיק מניה נהורא דכליל בתלת נהורין אינון תרין נהורין סלקין ונחתין ונצצין, בההוא נצוצא אתחזון עשרין ותרין נהורין משניין דא מן דא, וכלהו חד נהורא ועאלין בגו ההוא חד נהורא, וההוא נהורא כליל לון ולא נהיר בר בזמנא דאלין נהורין דלתתא סלקין וההוא רעותא דצלותא נטיל לכלהו, כדין ההוא נהורא נפיק מגו ההוא רוחא אתנהיר ההוא נהורא ואפיק אלין תרין נהורין נצצין ואתחזון כחושבן כ"ב אתוון דאורייתא, לבתר מתהדרין וכלילן בההוא נהורא כל אינון נהורין תתאי (באינון נהורין) כלהון כלילן בהני נהורין (תתאין) וכלהו בנהורא דא, האי נהורא איהו כליל בגו ההוא רוחא וההוא רוחא קיימא בהיכלא תליתאה דא, ולא קאים לאתישבא אלא בגו היכלא רביעאה דתיאובתיה לסלקא לגויה, אלין נהורין דנפקו מגו ההוא רוחא כד מנצצין מתחברן כלהו נהורין דנצצן בשעתא דנפקי מגו ההוא נהורא חדא, ודחקין (נ"א ודחיין) לאתנצצא נפקי מנייהו חד חיותא קדישא רברבא דיוקנהא כחיזו דכל אינון. [ו] **זוהר כרך ג פרשת אחרי מות:** ובגין דאיהי גניזא עלאה יקירא שמיה ממש אורייתא כלא סתים וגליא ברזא דשמיה, ועל דא ישראל בתרין דרגין אינון סתים וגליא דתנינן ג' דרגין אינון מתקשרן דא בדא קודשא בריך הוא אורייתא וישראל, וכל חד דרגא על דרגא סתים וגליא, קודשא בריך הוא דרגא על דרגא סתים וגליא, אורייתא הכי נמי סתים וגליא, ישראל הכי נמי דרגא על דרגא, הדא הוא דכתיב מגיד דבריו ליעקב חקיו ומשפטיו לישראל, תרין דרגין אינון יעקב וישראל חד גליא וחד סתים, מאי קא מיירי, אלא כל מאן דאתגזר ואתרשים בשמא (נ"א ברשימא) קדישא יהבין ליה באנון מלין דאתגליין באורייתא כלומר מודיעין ליה ברישי אתוון ברישי פרקין יהבין עליה חומרא דפקודי אורייתא ולא יתיר עד דיסתלק בדרגא אחרא.

מצרים אראנו נפלאות" (מיכה ז') גימ' ע"ה (2128) "יושב בסתר עליון בצל שד-י יתלונן" (תהלים צ"א,א'), והוא פלא עליון יתברך ויתעלה זכרו לעד ולנצח נצחים.

שיעור קומת אדם שמכנה בפסוק י' כנויים לקב"ה שהם י' לבושים.

גלא עמיקתא

אפרים י' נקראו יקרים ואלו הם התורה והנבואה וכו' ונעביד חושבניהון בסמוך.

אך תחלה הפסוק שמביא המדרש "[ז]הבן יקיר לי **אפרים** אם ילד שעשועים כי מדי דברי בו זכור אזכרנו עוד על כן המו מעי לו רחם ארחמנו נאם ה'" סליק לחושבן (3569) **אבי"ע** (83) פעמים טו"ב ה' (43)

[ז] **ילקוט שמעוני ירמיהו רמז שטו**: רחל מבכה על בניה, א"ר יצחק לפי שהדברים אמורים ברחל דכתיב אעבדך שבע שנים ברחל לפיכך נקראו ישראל על שמה שנאמר רחל מבכה על בניה, ולא לשמה אלא לשם בנה שנאמר אולי יחנן ה' צבאות שארית יוסף, ולא לשם בנה אלא לשם בן בנה שנאמר הבן יקיר לי אפרים אם ילד שעשועים (כתוב ברמז צ"ו). יקיר לי, ביוקר ישראל עומדים לי, בנוהג שבעולם אלף בני אדם נכנסים למקרא יוצא מהם מאה. מאה נכנסים למשנה יוצאים מהם עשרה ואחד לגמרא, הה"ד אדם אחד מאלף מצאתי, ר' אבא בר כהנא אמר אילו בקש פרעה משקל כל אחד מישראל אבנים טובות ומרגליות לא הייתי נותן לו, רבי יצחק אומר והלא בדמים נטלם משפחות של כנים משפחות של ערוב הוי ביוקר ישראל עומדים לי. הבן יקיר לי (כתוב ברמז קכ"ד). כל מקום שנאמר לי קיים לעולם, אפרים, (פלטני) [פלטיאני] (ברמז ע"ז). אם ילד שעשועים. אי זה ילד של שעשועים בן שתים בן שלש שנים, ר' אבא בשם ר' לוי בן ארבע בן חמש שנים. כי מדי דברי בו, ר' יוחנן בשם ר' אבא בר כהנא די דבורי בו, ר' יודן ברבי סימון אמר (אף על פי) [אפילו בשעה] שאני מדבר עמו איני יכול לסבול בו, כי מדי דברי בו כי בודאי דבורי בו, דבר אל בני ישראל, צו את בני ישראל, ר' יודן בשם ר' שמואל בר נחמני משל למלך שהיה לו אפיקריסין והיה מצוה את עבדו וא"ל נערה וקפלה תן דעתך עליה, א"ל עבדו אדוני המלך מכל אפיקריסין שיש לך אי אתה מצוני אלא על זה, א"ל מפני שדבקה בבשרי, כן אמר משה לפני הקדוש ברוך הוא רבש"ע משבעים אומות אוותנטיאות שיש לך אי אתה מצוני אלא על ישראל, ואל בני ישראל תאמר, ואל בני ישראל תדבר, אמור אל בני ישראל, דבר אל בני ישראל, ואתה תצוה את בני ישראל, כי תשא את ראש בני ישראל, א"ל מפני שהם דבוקים בי שנאמר כי כאשר ידבק האזור אל מתני איש כן הדבקתי אלי וגו', אמר ר' אבין משל למלך שהיה לו פורפירון וכו' והיה מצוה וכו', א"ל מפני שאותם לבשתי כשמלכתי תחלה, כך אמר משה וכו', אמר לו מפני שהמליכוני על הים ואמרו ה' ימלוך לעולם ועד, אמר ר' ברכיה משל לזקן שיש לו מעפורת והיה מצוה וכו' א"ל מפני שקבלו עליהם עול מלכותי בסיני ואמרו כל אשר דבר ה' נעשה ונשמע, אמר ר' יודן בא וראה כמה חבב הקדוש ברוך הוא לישראל שהוא מזכירן חמש פעמים בפסוק אחד הה"ד ואתנה את הלוים נתונים לאהרן ולבניו וגו', תני ר' שמעון בן יוחאי משל למלך שמסר בנו לפדגוג והיה אומר אכל ברי שתה ברי אזל ברי לבי ספרא אתא ברי מבי ספרא, כך הקדוש ברוך הוא מתאוה להזכיר את ישראל בכל שעה, אר"י בר סימון משל לאחד שהיה יושב ועושה עטרה למלך, עבר אחד וראה אותו, א"ל מה אתה יושב ועושה, א"ל עטרה, א"ל כל מה שאתה יכול לקבוע אבנים טובות ומרגליות קבע שהיא עתידה להנתן בראשו של מלך, כך אמר הקדוש ברוך הוא למשה כל מה שאתה יכול לשבח את ישראל לפני שבח לפארן פאר שאני עתיד להתפאר בם שנאמר ישראל אשר בך אתפאר, למה רחם ארחמנו שני פעמים, אלא רחם שרחם הקדוש ברוך הוא על מלך המשיח בשעה שהיה חבוש בבית האסורין שבכל יום ויום היו עובדי אלילים מחרקין שיניהם ומרמזין בעיניהם ומנענעין בראשיהם ומפטירין בשפתותיהם שנאמר כל רואי ילעיגו לי וגו' כל המזמור, ארחמנו בשעה שהוא יוצא מבית האסורין, שלא מלכות אחד או שתי מלכיות באים עליו אלא מאה ועשרים מלכיות מקיפות אותו ואומר לו הקדוש ברוך הוא אפרים משיח צדקי אל תירא מהם כי כל אלו ברוח שפתיך ימותו שנאמר וברוח שפתיו ימית רשע:

גלא עמיקתא

ובאור הענין דלעתיד לבוא יתגלה טוב ה' בכל העולמות [כדכתיב לעתיד לבוא (ירמי' ל"א, י"א) ונהרו אל **טוב ה'**] ר"ת **אבי"ע אצילות בריאה יצירה עשיה**– בהתגלות [ח]אור הגנוז פנימיות הכתר ש"ע נהורין רמיזא שעשועים וכן מה שכתוב לעתיד לבוא (ישעי' י"א,ח') "ושעשע יונק על חור פתן".

והנה י' הדברים שמונה המדרש:

תורה (611) **נבואה** (64) **תבונה** (463) **דעת** (474) **סכלות** (516) **עושר** (576) **צדיקים** (254) **מיתתן של חסידים** (1362) **חסד** (72) **ישראל** (541)

סליקו כולהו לחושבן (4933) י"ב פעמים "אהל למשה" (411) עם הכולל.

ומנינו ו"פ **אה"ל** לחושבן (216) ירא"ה כדכתיב (סוף משלי) "אשה יראת ה' היא תתהלל" ובתוספת אהל נוסף דהיינו ז"פ **אה"ל** גימ' (252) ר"ב ל"ך דאמר הקב"ה למשה כשהתפלל תקט"ו תפילות כמנין ואתחנ"ן להיכנס לארץ ישראל ונבארו במקומו בבאור רנ"ב אופנים על ואתחנן.

והנה כאן ב–י' הדברים היקרים דמונה המדרש הן י"ב פ' "אהל למשה" ומקשרא לחבורא יקירא דנן ויקר**א אל משה** ס"ת **אה"ל** ו–ד' אתוון בתראין **למש"ה**.

[וכאן י"ב פעמים **אה"ל** למש"ה ויש לקשרו לענין י"ב שבטי י"ה – י"ב ברכות אמצעיות דשמונה עשרה – י"ב עצות בעבודת השי"ת – והם כנגד י"ב תירוצים שמתרצת הגמרא במגילה (ט:) בענין מה ראתה אסתר שזימנה את המן – כל זה מבואר אצלנו באריכות לעיל אופן ח'–י"ב עצות בעבודת ה' עיין שם וקשרהו לכאן[3]]

[ח] **תלמוד בבלי חגיגה דף יב עמוד א**: ואור ביום ראשון איברי? והכתיב ויתן אתם אלהים ברקיע השמים וכתיב ויהי ערב ויהי בקר יום רביעי! - כדרבי אלעזר. דאמר רבי אלעזר: אור שברא הקדוש ברוך הוא ביום ראשון - אדם צופה בו מסוף העולם ועד סופו, כיון שנסתכל הקדוש ברוך הוא בדור המבול ובדור הפלגה וראה שמעשיהם מקולקלים - עמד וגנזו מהן, שנאמר וימנע מרשעים אורם. ולמי גנזו - לצדיקים לעתיד לבא שנאמר וירא אלהים את האור כי טוב, ואין טוב אלא צדיק, שנאמר אמרו צדיק כי טוב. כיון שראה אור שגנזו לצדיקים שמח, שנאמר אור צדיקים ישמח. כתנאי: אור שברא הקדוש ברוך הוא ביום ראשון אדם צופה ומביט בו מסוף העולם ועד סופו, דברי רבי יעקב. וחכמים אומרים: הן הן מאורות שנבראו ביום ראשון ולא נתלו עד יום רביעי.

3. אופן ח' - י"ב עצות בעבודת ה': א' זעירא עניין בטול המסכים - "מחצתי ואני ארפא" (דברים ל"ב,ל"ט) ארפ"א נוטריקון א' רפ"א - דעל ידי השלמת הכסא שלם "כי יד על כ-ס י-ה" (239) עם א' גימ' (240) "עמלק", דהיינו מבטלו ובאופן שנעשה ב"קריעת ים סוף" גימ' (976) "שמונה עשרה" דהים נקרע ל-י"ב גזרים וכל שבט עבר ביבשה בתוך הים בנתיב שנגזר לכבודו

וזהו ד-א' זעירא מרמזת לתפילת שמונה עשרה - א' כתבינן **י' וו י'** ו-י' נחלקת ל-ג': עצם ה-י' קוץ עליון וקוץ תחתון, ובצורת סולם יעקב כדכתיב (בראשית כ"ח,י"ב) "ויחלם והנה סלם מצב ארצה וראשו מגיע השמימה" גימ' (1754) "קדוש קדוש קדוש ה' צבאות" (ישעי' ו',ג') ואמרינן בגמרא "חביבין ישראל לפני הקב"ה יותר ממלאכי השרת - דישראל מזכירין את שם ה' אחרי שתי תיבות שנ' שמע ישראל ה' וגו' ומלאכי השרת אין מזכירין את השם אלא לאחר ג' תיבות שנ' קדוש קדוש קדוש ה' צבא-ות" וגו', ורמז נפלא ממו"ר יוסף צבי חשין שליט"א מרומז בתיבה "ישראל" **יש** ר"ת **ש**מע **י**שראל גימ' (951) קדוש ישראל- היינו דמזכירין ישראל ה' אחרי שתי אותיות, **ראל** גימ' (1230) ג' פעמים קדוש

כנ"ל- דמזכירים המלאכים ה' אחרי ג' אותיות, וביחד גימ' (2181) "והתקדשתם והייתם קדושים" (ויקרא י"א,מ"ד)

והוא גם כן גימ' (2181) ג' פעמים "קול השופר" (727) כדכתיב במעמד הר סיני (שמות י"ט,י"ט) "ויהי קול השופר הולך וחזק מאד" וכו' היינו דעם ישראל הגיעו במעמד הר סיני למדרגת המלאכים כמ"ש (תהל' פ"ב,ו') "אני אמרתי אלהים אתם" וכו' ולכן כפלינן ג' פעמים כנגד ג' פעמים קדוש דמלאכי השרת.

ואם כן: **י' עילאה** ד-א' זעירא מרמז ג' ראשונות דשמונה עשרה, **י' תתאה** ג' אחרונות **ו'** נחלקת לתרין ווין: י"ב אמצעיות- בקשת צרכיו - והנה הן י"ב עצות לקריעת המסכים דעמלק ובדומה לקריעת ים סוף נקרע הים ל-י"ב, ומקשר י"ב הברכות דשמונה עשרה ל-י"ב נביאים דתרי עשר אחד לאחד בהתאמה ול-י"ב טעמים י' ע"י תנאים ו-ב' ע"י אמוראים בגמרא מגילה טו: בענין מה ראתה אסתר שזימנה את המן אל המשתה וכו' והן בכללות י"ב עצות בעבודת ה' וכנגד י"ב שבטי י-ה וכדנבאר בעזהי"ת לקמן אחד לאחד, ולבסוף נעביד חושבן כל דברי התנאים והאמוראים דאמרו הני י"ב סברות בדעת אסתר מה ראתה שזימנה את המן הרשע אל המשתה וכו' וכיצד מתבטא בסברות התנאים והאמוראים ענין הכנעת עמלק, וכמסקנת הגמרא אמר ליה אליהו לרבה בר אבוה עבדא ככולהו תנאי וככולהו אמוראי- ולכן נעביד חושבן כל דבריהם:

א'. אתה חונן לאדם דעת גימ' (1069) ע"ה "יראו את ה' קדושיו" וס"ת "מתנה" ע"ה גימ' (496) "מלכות"

להבין כי הכל מתנה מאת ה' וליראה אותו - ובעמלק (דהמן משרש עמלק) כתיב (דברים כ"ה, י"ח) "ואתה עיף ויגע ולא ירא אלקים"

והנה בנביא **הושע** - ראשון הנביאים בתרי עשר כתיב (הושע ב', כ"ב) "וארשתיך לי באמונה וידעת את ה'" גימ' (1998) "ואתם תהיו לי ממלכת כהנים וגוי קדוש" (שמות י"ט, ו') והוא חושבן (1998) ח"י (18) פעמים אל"ף (111) ענין קדושת הברית דקיבל משה רבינו בסוד אל"ף זעירא דויקרא דהוא היק"ר ואם ח"ו להיפך אתוון קר"י רח"ל והיסוד נקרא חי צדיק חי עלמין וצדיק איקרי מאן דנטר ברית כדאיתא בזוה"ק ושמירת הברית קודש הוא תיקון הדעת ולכן סליקו הכא תיבין דהושע בברכת חונן הדעת, ולעתיד לבוא בגילוי אור הגנוז לעם ישראל גוי קדוש כתיב (ישעי' י"א,ט') ומלאה הארץ דעה את הוי'

ובגמרא רבי אליעזר אמר:

פחים טמנה לו גימ' (278) "אור הגנוז"- והעצה שטיכסה אסתר - לערוך להמן-עמלק שלחן וישתה עד דלא ידע דקלי' ותטמון לו אז פח, וכן יהיה לעתיד לבוא בהתגלות אור הגנוז כנ"ל כאמרם (נדרים ח:) אין גיהנם לעתיד לבוא אלא הקב"ה מוציא חמה מנרתיקה- צדיקים נהנין מאורה בחינת עד דלא ידע דקדושה ורשעים נכוין ממנה בחינת עד דלא ידע דקלי' וכולא תליא בתיקון הדעת היינו קדושת הברית קודש.

ב. השיבנו אבינו לתורתך [ר"ת לא"ה - עולם הבינה תשובה] גימ' (1498) ע"ה (צפניה ג', כ') "בשובי את שבותיכם"

ובתרי עשר בנביא **יואל** (ב',י"ב) עניין התשובה "שובו עדי בכל לבבכם וכו' ושובו אל ה' א-להיכם" עיין שם

ובגמ' רבי שמעון בן מנסיא אמר:

אולי ירגיש המקום ויעשה לנו נס גימ' (1348) א' שמ"ח, שעניין התשובה קשור לשמחה, כדכתיב (תהלים ק"ד) "אנכי אשמח בה', יתמו חטאים מן הארץ" עיקר העצה הב' להכנעת עמלק על ידי **תשובה בשמחה** עד בלי די.

ג. סלח לנו אבינו [ר"ת גימ' (91) יחוד הוי' וא-דני (והוא שם סא"ל)] גימ' (223) עם הכולל: "אחד מני אלף" (איוב ל"ג,כ"ג) העצה להיות מליץ טוב על אחרים

ובנביא ה-ג' **עמוס** (ז') "ואמר א-דני הוי' (נקוד אלוקים) סלח-נא מי יקום יעקב, כי קטן הוא" הנביא מלמד זכות על עם ישראל, גימ' (1175) "יפל מצדך אלף ורבבה מימינך, אליך לא יגש" (תהל' צ"א,ז') - על ידי לימוד זכות על יהודי נופל עמלק

ובגמרא רבה אמר:

לפני שבר גאון [כדכתיב (משלי ט"ז,י"ח) לפני שבר גאון ולפני כשלון גבה רוח- שבירת עמלק על ידי לב נשבר] גימ' (733) "סלח לנו מחל לנו כפר לנו" שאומרים ביום הכיפורים והרי מפורש סלח לנו אבינו כי חטאנו ופשוט דמימרא זו לקביל ברכת סלח לנו, ובעמוס (ח', י"ג) "לכן המשכיל בעת ההיא ידם, כי עת רעה היא" גימ' (1843) "ליחדא שמא דקודשא בריך הוא ושכינתיה" ע"ה, וחוזר לראש: יחוד הוי'-א-דני נעשה ע"י **לימוד זכות על יהודי אחר.**

ד. גואל ישראל [ר"ת י"ג מדות הרחמים] גימ'

(581) "יאמינו בה' ובמשה עבדו" (שמות י"ד, ל"א) עיקר הגאולה תלויה בהתקשרות לצדיק הכולל

הנביא הרביעי **עובדיה** - כל ענין הגאולה מתואר שם והפס' האחרון "ועלו מושעים בהר ציון לשפט את הר עשו והיתה לה' המלוכה" גימ' (2930) "מה אשיב לה' כל תגמולוהי עלי כוס ישועות אשא ובשם ה' אקרא" (תהלים קט"ז, י"א) - ורגש ביטול עצמי

ובגמרא רבי יוסי אמר:

כדי שיהא מצוי לה בכל עת גימ' (1053) "נחם ה' ציון נחם כל חרבתיה" (ישעי' נ"א,ג') ענין הגאולה העתידה רמיזא בברכת גואל ישראל וכתיב פעמיים נחמה כדכתיב (ישעי' מ',א') נחמו נחמו עמי יאמר א-להיכם דמבואר במדרש דירושלים לקתה בכפליים ועתידה להיות מנוחמת בכפליים וכאן הרמז נחם הראשון כי נחם ה' ציון כנגד אור הגנוז כמ"ש (ישעי' ל"א,ט') "נאם ה' אשר אור לו בציון ותנור לו בירושלים" ונחם השני נחם כל חורבותיה כנגד תחית המתים ענין לאקמא שכינתא מעפרא כמ"ש (ישעי' מ"ד,כ"ו) "האומר לירושלים תושב ולערי יהודה תבנינה וחרבותיה אקומם" והאי "בכל עת" רמיזא דאמר המן הרשע (אסתר ה',י"ג) וכל זה איננו שוה לי בכל עת אשר אני רואה את מרדכי יושב בשער המלך ואינו כורע ומשתחוה לי דעשה עצמו עבודה זרה. ובעובדיה כתיב (א',ד') "אם תגביה... משם אורידך" גימ' (1082) "שבשפלנו זכר לנו" ע"ה - **שפלות** - **גאולה** [ועיין לקמן אופן קל"ב ענותנותו של משה רבנו עליו השלום].

ה. רפאנו ה' ונרפא [ר"ת רי"ו גימ' (216) "יראה"] גימ' (700) עניין שתי הקליפות עשו וישמעאל שכתוב "אלה ברכב אלה בסוסים" (תהלים כ', ח') גימ' (474) "דעת", "אלה אלה" גימ' 70 (עם שני האלפין שרשי עשו וישמעאל) וכלולים מ-י' היינו 700, ולכן רפאנו הוי' ונרפא סימטריא: ונרפא היינו רפאנו, והוי' נחלק לב"פ "אחד" דהיינו (350) גימ' ע"ה "אלף פעמים" בברכת משה לכלל ישראל

ובנביא (בתרי עשר) **יונה** (ד', ה') - "ויעש לו שם סוכה וכו' וימן ה' אל-הים קיקיון להציל לו מרעתו"- "קיקיון" גימ' (276) "אי זה מקום בינה" (איוב כ"ח,י"ב) שהרפואה מגיעה מבינה - עניין הסוכה (ויעש וכו' סוכה).

ובגמרא רבי יהודה אמר:

כדי שלא יכירו בה שהיא יהודית וביונה לא הכירו מאיזה עם הוא, גימ' (1369) "ורוח אל-הים מרחפת על פני המים" באריז"ל מרחפת מת רפ"ח עניין שבירת הכלים ובכונות בחתימת הברכה רופא **חולי עמו ישראל** ראשי תיבות סליקו לחושבן (288) רפ"ח: **בקשת רפואה ורחמים מה' מתוך יראה** [ועיין לקמן אופן י'-צורת אדם].

ו. ברך עלינו [ר"ת ע"ב גימ' חס"ד ברכת הפרנסה בחינת חסדי ה'] גימ' (388) "מלך רחמן" [שאומרים במוסף ג' רגלים - שעיקר השפע של כל השנה מ-ג' רגלים] העניין לעורר רחמים רבים מאת השי"ת להמשכת ברכה לכל עם ישראל

ובתרי עשר בנביא **מיכה** (ג',ג') כתיב: "ואשר אכלו שאר עמי ועורם מעליהם הפשיטו וגו'" ובגמ' כתובות (מז:) "אמר רבא האי תנא סבר שארה אלו מזונות שנ' ואשר אכלו שאר עמי וגו'" עיין שם.

ובגמרא דנן רבי יהושע בן קרחה אמר:

אסביר לו פנים כדי שיהרג הוא והיא גימ' (1075) "ה' אלקי אברהם יצחק וישראל", מעורר רחמים רבים בזכות אבות הקדושים וכו', שמסרו נפשם על קידוש ה', וכך אסתר כאן - כדי שיהרג הוא והיא הכוונה על עצמה, וכן במיכה דנן (ז',ב') "אבד חסיד מן הארץ" עניין מס"נ גימ' (475) "נפש אדם". והעצה בעבודת השי"ת **לעורר רחמים רבים ע"י מסירות נפש** [ועיין לקמן אופן קמ"ז-תהלים ט"ז הני י' פסוקין].

ז. תקע בשופר גדול לחרותנו [לחרותנ"ו גימ' (700) רפאנו ה' ונרפא כנ"ל] גימ' (1901) "ונקדשתי בתוך בני ישראל" (ויקרא כ"ב,ל"ב) לעורר אתערותא דלעילא לקיבוץ נדחי ישראל על ידי ונקדשתי

ובנביא בתרי עשר **נחום** כתיב שם (נחום ג',י"ט) "כל שמעי שמעך תקעו כף עליך" גימ' (1706) "תפול עליהם אימתה ופחד בגדול זרועך ידמו כאבן" (שמות ט"ו,ט"ז) דנבואת נחום על מפלת נינוה והגויים לקביל מפלת מצרים וממילא תקומת ישראל דגאולת מצרים שורש לכל הגאולות

ובגמרא דנן (מגילה טו:) רבי מאיר אמר:

כדי שלא יטול עצה וימרוד (851) ובנחום (א',י"א) מביא רש"י שסנחריב דימה להחריב דירה של מעלה ומטה- והעצה בעבודת השי"ת יהודי מתקדש למטה לעשות לו יתברך דירה בתחתונים בחינת דירה של מטה- מעורר עניין **ונקדשתי** ושונאיהם של ישראל כלים ממילא.

ח. מלך אוהב צדקה ומשפט [ר"ת אצו"ם

ובמגילה אומרת אסתר (ד׳,ט״ז) גם אני ונערותי אצו״ם כן] גימ׳ (1047) ״הנשא שופט הארץ״ לעורר ע״י צום- תענית שעות לפני התפילה וכו׳ משפטי ה׳ אמת צדקו יחדו, וכן השב גמול על גאים וכו׳

ובתרי עשר בנביא **חבקוק** (א׳,ד׳) כתיב על כן תפוג תורה ולא יצא לנצח משפט ״כי רשע מכתיר את הצדיק״ עולה גימ׳ (1880) ״בסעודתא דמהימנותא שלימתא״ שאומרים בקדוש דליל שבת- מעוררים המשפט ע״י אצו״ם ואז אכילה בקדושה.

ובגמרא דנן רבי יהושע אמר:

אם רעב שונאך האכילהו לחם [כדכתיב (משלי כ״ה,כ״א) אם רעב שונאך האכילהו לחם ואם צמא השקהו מים כי גחלים אתה חותה על ראשו וה׳ ישלם לך ודרשו חז״ל אל תיקרי ישלם לך אלא ישלימנו לך] גימ׳ (845) ״כ״ב אותיות״ התורה הקדושה שעל פיה המשפט, וביעקב ״וישכב במקום ההוא״ ודרשו חז״ל וישכ״ב נוטריקון וי״ש כ״ב (אותיות), ובחבקוק כתיב (חבקוק ב׳,ט״ו) ״הוי משקה רעהו מספח חמתך ואף שכר״, ופירש״י: משקהו כדי לקבל נחלות- והעצה בעבודת השי״ת- על ידי **צום לפני התפילה** מעוררים הדינים על שונאיהם של ישראל, ודיבור התפלה יוצא בקדושה ללא יניקת שלשת שרי פרעה, כמבואר בלקוטי מוהר״ן תורה ס״ב עיין שם.

ט. משען ומבטח לצדיקים [ס״ת ״נחם״] גימ׳ (809) ״מלכות שד-י״ - שעל מלכותו אנו נשענים ובוטחים- **מדת הבטחון.**

ובנביא **צפניה** כתיב בתחילתו ״דבר ה׳ אשר היה אל צפניה בן כושי בן גדליה וגו׳״ ובגמ׳ (מגילה טו.) במתניתא תנא כשמעשיו ומעשה אבותיו סתומין ופרט לך הכתוב באחד מהן לשבח בידוע שהוא צדיק בן צדיק וגו׳ עיי״ש ואם כן ברכה זו מתאימה לנביא הנ״ל שהוא ואבותיו צדיקים בני צדיקים.

ובגמרא דנן רבי אליעזר המודעי אמר:

קנאתו במלך קנאתו בשרים גימ׳ (1758) ״צדיקים לבם מסור בידם ורשעים מסורים ביד לבם״, וכמובא בספה״ק לעולם יהא ״מח שליט על הלב״.

י. בונה ירושלים [ומפרט ״וכסא דוד עבדך״, עניין הכסא שלם ע״י אלף זעירא דדוד דעל דרועא ימינא דיליה כנ״ל באופן ג׳] גימ׳ (197) ״על לוח לבך״ דהיינו התורה, שבזכות למוד התורה הק׳ נזכה לבנין ירושלים. ובנביא חגי כללות נבואתו עוסקת בבנין בית המקדש וירושלים עיר הקודש

ובגמרא רבן גמליאל אומר:

מלך הפכפכן היה גימ׳ (365) ״מלחמה בעמלק״ [כדכתיב (שמות י״ז,ט״ז) ״מלחמה לה׳ בעמלק״]

דכורש הורה לבנות את ביהמ״ק, ופסקו מלבנות- ואז התחרט, ואחר כך כתיב בספר עזרא שחגי התנבא שבני ישראל יעלו ויבנו את ביהמ״ק שזאת נבואת ספר **חגי**

והעצה- **יסיר הספק מעל לבו** דהוא היפך מאחשורוש שהיה מלך הפכפכן- אין ולאו ורפיא בידיה- וכמו שכתוב (שמות י״ז,ז׳) היש ה׳ בקרבנו אם אין ומיד ויבא עמלק- כדאיתא בספרים הקדושים ספ״ק גימ׳ (240) עמל״ק.

יא. מצמיח קרן ישועה [ס״ת חנ״ה, ובישעי׳ (כ״ט, א׳) ״הוי אריאל אריאל קרית חנה דוד וגו׳״- בית המקדש נקרא ״קרית חנה דוד״] גימ׳ (770) עז (בחולם) כלול מ-י׳ כדכתיב שכינת עוזו, ונרמז בשם אדנ-י פשוט (65) עם אותיות המילוי (12) גי׳ ״עז״ (77)

ובנביא **זכריה** כתיב ״הנה איש צמח שמו ומתחתיו יצמח ובנה את היכל ה׳״, ״הנה איש צמח שמו (עם ו׳ ד״ובנה״ 671-תרע״א) גימ׳ (861) ״בית המקדש״.

ובגמרא דנן אביי ורבא דאמרי תרוויהו:

בחומם אשית את משתיהם (ירמי׳ נ״א,ל״ט) גימ׳ (2003) ״שלש פעמים בשנה יראה כל זכרך את פני האדן הוי׳״ (שמות ל״ד,כ״ג), ולעתיד לבוא הקב״ה מוציא חמה מנרתיקה והן מבעטין בסוכה בירח תמוז וכו׳ (עיין בגמרא נדרים ח:) והעצה בעבודת ה׳ **על ידי ביטול וענוה מקרבים הגאולה.**

יב. שומע תפלה גימ׳ (931) ״תפלה צריכה כוונה״ (עם המילים והכולל), והעצה בעבודת ה׳- **כוונה.**

ובנביא האחרון **מלאכי** כתיב (מלאכי א׳,ט׳): ״ועתה חלו נא פני אל ויחננו״ [ענין התפילה- בפנימיות ״פני אל״] גימ׳ (877) ״לבי ובשרי ירננו״ ע״ה בתפלה, ובגמ׳ (מגילה טו:)

רבי נחמיה אמר:

שלא יאמרו אחות לנו בבית המלך ויסיחו דעתם מן הרחמים [דהיינו מן התפילה] סליק לחושבן (2606) ״וזכרת את הוי׳ אלהיך כי הוא הנתן לך כח לעשות חיל״ (דברים

ח׳,י״ח) עם הכולל וזאת אחת המצוות התמידיות- לזכור את ה׳.

והנה הפלא ופלא- דברי התנאים והאמוראים בגמרא דנן מכוונים להפליא עד לאות האחרונה, דהיינו:

רבי אליעזר: **פחים טמנה לו** (278)

רבי שמעון בן מנסיא: **אולי ירגיש המקום ויעשה לנו נס** (1348)

רבה: **לפני שבר גאון** (732)

רבי יוסי: **כדי שיהא מצוי לה בכל עת** (1053)

רבי יהודה: **כדי שלא יכירו בה שהיא יהודית** (1369)

רבי יהושע בן קרחה: **אסביר לו פנים כדי שיהרג הוא והיא** (1075)

רבי מאיר: **כדי שלא יטול עצה וימרוד** (851)

רבי יהושע: **מבית אביה למדה** (549)

רבי אליעזר המודעי: **קנאתו במלך קנאתו בשרים** (1758)

רבן גמליאל: **מלך הפכפכן היה** (365)

אביי ורבא: **בחומם אשית את משתיהם** (2003)

רבי נחמיה: **שלא יאמרו ישראל אחות יש לנו בבית המלך ויסיחו דעתן מן הרחמים** (3500)

סליקו כולהו לחושבן (14881):

י״ב פעמים **אלף עמלק** (1240) עם הכולל דהוא חושבן כל סברותיהם ד-י״ב התנאים והאמוראים בסוגיא בדעת אסתר, וכל כונתם לא היתה אלא להשמיד את המן האגגי דהוא משורש עמלק, ובאלופי עשו כתיב (בראשית ל״ו,ט״ז) ״אלוף עמלק״ דתמן י״ב רברבי דעשו כמו שבארנו במקום אחר

נמשך מדברינו ד-י״ב התנאים והאמוראים בסברותיהם השונות הם לקביל וכנגד י״ב רברבי דעשו- ונבארו לקמן כיצד כל אחד מהתנאים והאמוראים דסוגיין מכניע להני י״ב רברבי עשו [ועיין שרמז המגלה עמוקות במקום אחר בתיבת מסעיה״ם ר״ת **מ**׳יכאל-**ס**׳מא-ל **ע**׳שו-**י**׳עקב **ה**׳מן-**מ**׳רדכי]

ויהיה איך שיהיה אלוף עמלק הוא הקלי׳ העיקרי וכולל כולם- ולכן בכאן כל דבריהם גימ׳ אלף רברבא (1000) עמלק (240) וזהו אלף עמלק (1240) והוא בסוד (זוה״ק תחלת פרשת חיי שרה) מאן דאיהו רב איהו זעיר.

ובמשה רבינו אל״ף זעירא דויקרא- מאן דאיהו זעיר איהו רב- ומכניע להני י״ב רברבן דעשו כדכתיב (שמות י״ז,י״א) ״והיה כאשר ירים משה ידו וגבר ישראל״ גימ׳ עם הכולל (1925) ״יהודי״ (35) פעמים ״אב בן״ (55) כדכתיב בפסוק הבא ״ויקחו אבן וישימו תחתיו וישב עליה״ אב״ן נוטריקון אב בן כפרש״י על הפסוק (בראשית מ״ט,כ״ד) ״משם רועה אבן ישראל״ ובארנוהו לעיל אופן ס״ו-ל״ג בעומר-רשב״י ובנו-אבן אב ובן.

״ויקחו אבן וישימו תחתיו וישב עליה״ גימ׳ (1812) ג׳ פעמים ״בני ישראל״ (603) עם ג׳ כוללים- דאבן אב-בן תחתיו דמשה וישב עליה דכל התורה שבכתב בחינת משה יושבת ומשפעת על התורה שבעל פה וכל מה שעתיד תלמיד ותיק לחדש כבר ניתן למשה בסיני (ויקרא רבה אחרי מות פרק כ״א סימן א׳) ״וישב עליה״ גימ׳ (433) ״בעבדי משה״ (במדבר י״ב,ח׳)

והנה בפסוקא (שמות י״ז,י״א) ״**וְהָיָה כַּאֲשֶׁר יָרִים מֹשֶׁה יָדוֹ וְגָבַר יִשְׂרָאֵל וְכַאֲשֶׁר יָנִיחַ יָדוֹ וְגָבַר עֲמָלֵק**״ אינון י״ב תיבין והוא חושבן (3000) **י״ב** פעמים **עמלק״י** (250) ובכ״ד ספרים אית י״ב פעמים עמלק״י

והוא לקביל י״ב תנאים ואמוראים בסוגיא דנן י״ב תיבין דפסוקא בתורה שבכתב ערך הממוצע דכל אחד ואחד מהם הוא עמלק״י (250) דכל תיבה ותיבה מכניעה לעמלק, ו-י״ב דברי התנאים ואמוראים בגמרא דנן סליקו לחושבן י״ב פעמים אלף עמל״ק- דכל מימרא דתנאים ואמוראים הנ״ל היא בבחינת מחית עמלק.

והתורה הקדושה נמסרת מאב לבנו בסוד (ישעי׳ מ״ג,י׳) אתם עדי נאם ה׳, ואמונת חכמים היא עיקר גדול בעבודת השי״ת כדכתיב (שמות י״ד,ל״א) ״ויאמינו בה׳ ובמשה עבדו״ וחזינן אמונת חכמים מן התורה.

והפסוק מתחלק: ״והיה כאשר ירים משה ידו״ גימ׳ (1152) ״תורה ישראל״, וממשיך ״ידו וגבר ישראל״ גימ׳ (772) ״משה רעיא מהימנא״, תיבה קדמאה והי״ה צרוף שם הוי׳ ברוך הוא דחודש תשרי כמו שבארנו באקדמות מילין ואתחנן אופן ק״ו ועיין פה בבאורנו לויקרא אופן י״ד הערה עשר.

והוא צרוף היוצא מסופי תיבות הפסוק (בראשית י״ב,ט״ו) ״ויראו אתה שרי פרעה״ גימ׳ (1500) ה׳ פעמים ״פחד יצחק״ (300) (שם ל״א,מ״ב)

ובכאן כולא פסוקא ״**וְהָיָה כַּאֲשֶׁר יָרִים מֹשֶׁה**

יָדוֹ וְגָבַר יִשְׂרָאֵל וְכַאֲשֶׁר יָנִיחַ יָדוֹ וְגָבַר עֲמָלֵק" גימ' (3000) ב' פעמים צרוף דנן "ויראו אתה שרי פרעה" (1500)

וחזינן **דקודשא בריך הוא** (והי"ה) **אורייתא** (והיה כאשר ירים משה גימ' תורה ישראל) **וישראל** (דכתיב בהדיא) **כולא חד** במלחמתם כנגד עמלק ותיבה קדמאה **והי"ה** צרוף שם הוי' דחודש תשרי **ועמל"ק** תיבה אחרינא בסוד (במדבר כ"ד,כ') "ראשית גויים עמלק ואחריתו עדי אובד"

וכד מוספינן חושבן פסוקא (3000) לחושבן דבריהם דסליק לחושבן י"ב פעמים אלף עמל"ק כנ"ל (14881) סליקו לחושבן (17881) י"ב פעמים (1490): "וידבר ה' אליו מאהל מועד" (ויקרא א, א) בא' רבתי, בסוד מאן דאיהו זעיר היינו א' זעירא דווקא, איהו רב א' רבתי א'ליו היינו אל משה וכפלינן י"ב פעמים בסוד י"ב שבטי יה דיזכו להאי אור זרוע לצדיק דא משה ולישרי לב שמחה אינון ישראל בגאולה האמיתית והשלימה בב"א.

גלא עמיקתא

והני י' דברים דסליקו לחושבן י"ב פעמים "אהל למשה" הוא כדוגמת תיבה עש"ר בא"ת ב"ש זב"ג סליק לחושבן י"ב וכדוגמת י' ספירות וביניהן י"ב גבולי אלכסון וכדוגמת י' ספירות למהוי י"ב פרצופים עתיק ונוק' **או"א עילאין** ישסו"ת **ישראל ולאה יעקב ורחל.**

ומביא המדרש חלקי פסוקים לכל דבר ודבר:

א'. תורה: [ט]**יקרה היא מפנינים** (משלי ג',ט"ו) (611=**תור"ה והוא נפלא**)

א'. "**האלה גדל המלך אחשורוש את המן**" (אסתר ג',א')

כדאמר רבה "לפני שבר גאון"

ב'. "**ויאמר המלך מה נעשה יקר וגדולה למרדכי**" (שם ו',ג') כדכתיב בפסוק א' "בלילה ההוא נדדה שנת המלך" ופרש"י נס היה וכדאמר רבי שמעון בן מנסיא אולי ירגיש המקום ויעשה לנו נס

ג'. "**משנה למלך אחשורוש וגדול ליהודים**" (סוף המגילה)

כדאמר רבן גמליאל מלך הפכפכן היה- והוא סוד ונהפוך הוא דפורים בסוד תחית המתים- כדכתיב (שם ט',כ"ח) "וימי הפורים האלה לא יעברו מתוך היהודים" גימ' (1313) "תחית המתים" ומיד התיבה הבאה "וזכרם" גימ' (273) "אור גנוז" ותיבין "וזכרם לא יסוף מזרעם" גימ' (817) "וימלוך דוד על כל ישראל" (ש"ב ח',ט"ו) ורמיזא דוד מלכא משיחא דלעתיד לבוא ימלוך על **כל ישראל** וכאמרם (סנהדרין תחלת פרק חלק) **כל ישראל** יש להם חלק לעולם הבא שנאמר (ישעי' ס',כ"א) ועמך כולם צדיקים לעולם יירשו ארץ נצר מטעי מעשה ידי להתפאר- ותיבין "יירשו ארץ" סליקו נמי להאי חושבן (817)

והוא נפלא דהאי פסוקא סליק לחושבן (1313) "תחית המתים" כנ"ל ומפסוק זה לומדים חז"ל (ירושלמי מגילה פרק א הלכה ה) כל המועדים בטלים חוץ מפורים שנאמר "וימי הפורים לא יעברו מתוך היהודים וזכרם לא יסוף מזרעם" והיינו אפילו לאחר תחית המתים

ולעתיד לבוא בתחית המתים וגילוי אור הגנוז יתגלה דכולו טוב ה' וכולו הטוב והמטיב והוא סוף מעשה במחשבה תחלה דתיבין "וזכרם לא יסוף מזרעם" סליקו לחושבן (817) "חוה" (19) פעמים "טוב ה'" (43) כדכתיב (תהל' קמ"ה,ט') "**טוב ה'** לכל ורחמיו על כל מעשיו"

ובמגילה תיבין "מרדכי להשיב אל אסתר" (ד',י"ג) גימ' (1313) "תחית המתים" ומיד כתיב "אסתר להשיב אל מרדכי" (ד',ט"ו) חושבנא דדין כחושבנא דדין

ותרוויהו סליקו לחושבן (2626) הוי' (26) פעמים "מלוכה" (101) כדכתיב (תהל' כ"ב,כ"ט) "כי להוי' **המלוכה**"

[ט] **מדרש תנחומא (ורשא) פרשת בראשית:** צפה דוד ואמר מה רב טובך אשר צפנת ליראיך וגו' (תהלים לא), בכל מעשה בראשית לא כתיב פעולה ובמתן שכרה כתיב פעולה דכתיב פעלת לחוסים בך (שם /תהלים ל"א/), אתה מוצא שהקב"ה מראה בשעת פטירתן של עוסקי תורה מתן שכרן, מעשה בר' אבהו כשהיה מסתלק מן העולם הראה לו הקדוש ברוך הוא שלש עשרה נהרי אפרסמון התחיל לומר בשעת מיתה לתלמידיו אשריכם עוסקי התורה אמרו לו רבינו מה ראית אמר להם שלש עשרה נהרי אפרסמון נתן לי הקדוש

ברוך הוא בשכר תורתי התחיל לומר ואני אמרתי לריק יגעתי לתהו והבל כחי כליתי אכן משפטי את ה' ופעולתי את אלהי (ישעיה מט) וכן ישעיה אמר אשריכם זורעי על כל מים (שם /ישעיהו/ לב) אלו עוסקי תורה שנמשלה למים שנא' הוי כל צמא לכו למים (שם /ישעיהו/ נה), משלחי רגל השור זה משיח בן יוסף שנמשל לשור, וחמור זה משיח בן דוד שנא' עני ורוכב על חמור (זכריה ט) כשיבואו על אותה שעה הוא אומר ומעולם לא שמעו ולא האזינו, עין לא ראתה אלהים זולתך וגו' (ישעיה סד) ואומר אשרי תמימי דרך ההולכים בתורת ה' (תהלים קי"ט) כלומר אשרי מכבדי בעלי תורה, ואומר עץ חיים היא למחזיקים בה ותומכיה מאושר (משלי ג') וכן משה אמר כי אם שמור תשמרון (דברים יא) אם שמרת בני תורה תשמרון וכן הוא אומר כי מכבדי אכבד ובוזי יקלו (שמואל א' ב') זה המכבד בני תורה, ותניא את ה' אלהיך תירא את לרבות בני תורה לפי שאין מדה אחרת כיוצא בה שנא' יקרה היא מפנינים (משלי ג') יקרה היא מכהן גדול המשמש לפני ולפנים והתורה צווחת אשרי אדם שומע לי וגו' (שם /משלי/ ח), כל השומע אל התורה אינו ניזק שנא' ושומע לי ישכון בטח ושאנן וגו' (שם /משלי/ א), ואומר בהתהלכך תנחה אותך וגו' (שם /משלי/ ו).

[י] רות רבה (וילנא) פתיחתות: ויהי בימי שפוט השופטים, (משלי י"ט) עצלה תפיל תרדמה, ע"י שנתעצלו ישראל לעשות גמול חסד ליהושע, הה"ד (יהושע כ"ד) ויקברו אותו בגבול נחלתו מצפון להר געש, א"ר ברכיה חזרנו על כל המקרא ולא מצינו מקום ששמו געש, ומהו הר געש ע"י שנתגעשו ישראל מעשות גמילות חסד ליהושע, באותה שעה נחלקה א"י והיתה חלוקה חביבה עליהם יותר מדאי, והיו ישראל עוסקין במלאכתן, זה עוסק בשדהו וזה עוסק בכרמו וזה עוסק בזיתיו וזה עוסק בפוצמו לפרש (שם /משלי י"ט/) ונפש רמיה תרעב, נתגעשו מעשות ג"ח ליהושע ובקש הקדוש ברוך הוא להרעיש את העולם כולו על יושביו, כמד"א (תהלים י"ח) ותגעש ותרעש הארץ, ונפש רמיה תרעב, על שהיו מרמין להקב"ה מהם עובדי עבודת כוכבים לכך הרעיבן הקדוש ברוך הוא מרוח הקדש דכתיב (ש"א =שמואל א'= ג) ודבר ה' היה

גלא עמיקתא

ב'. נבואה: [י]ודבר ה' היה יקר בימים ההם (ש"א ג',א') (720=י"פ חס"ד)

ג'. תבונה: [יא]יקר רוח איש תבונה (משלי י"ז,כ"ז) (1298)

יקר בימים ההם **[יא] ליקוטי מוהר"ן תניינא תורה ה:** וזהו בחי' הריאה, כשהריאה בשלימות נעשין ג"כ כל הבחינות הנ"ל. כי הריאה היא קר ולח, קר, זה בחי' וקר רוח איש תבונה, בחי' תיקון האמונה ע"י איש תבונה כנ"ל. לח, זה בחי' הלחלוחית והשמנונית העולה אל המוח, ונעשה בחי' מוחין תפילין כנ"ל. גם כשהריאה בשלימות, זה בחי' תיקון השינה. כי השינה ע"י הריאה, כי הריאה היא קר ולח, וע"י קר ולח, עי"ז עיקר השינה. וע"כ בשעת גשמים אז הוא זמן שינה, כי אז ערב לאדם השינה מאד. וזה מחמת שהגשמים הם קר ולח, קרירות וליחות. וכן בבוקר השינה עריבה ג"כ, כי אז יורד הטל, ואזי ג"כ הוא קר ולח, וע"כ השינה עריבה אז ג"כ. נמצא שע"י הריאה, שהיא קר ולח, הוא בחי' תיקון השינה. גם ריאה, ע"ש שהיא מאירת עינים כשארז"ל (חולין מט). וזהו בחי' שמחה, בחי' (משלי טו), מאור עינים ישמח לב היינו בחי' תיקון השמחה, שהוא חיזוק המלאך כנ"ל. גם הריאה בשלימות, זה בחי' תיקון המשפט. כי מקום המשפט הוא בלב, כמ"ש ונשא אהרן את משפט בני ישראל על לבו. ועל ידי קילקול המשפט, שעי"ז נופלין אהבות נפולות מן המרכבה כנ"ל, על ידי זה בא חימום הלב כנ"ל. נמצא שחימום הלב, זה בחי' קילקול המשפט. והריאה מנשבת על הלב, ומקררת החימום, שזהו בחי' תיקון המשפט. וזה בחי' (תהלים קמז) ישב רוחו יזלו מים, היינו ע"י נשיבת הרוח של הריאה, שהיא מנשבת על הלב, ומקררת חימום הלב, עי"ז נעשה בחי' תיקון המשפט. וזהו יזלו מים, בחי' (עמוס ה) ויגל כמים משפט, שהוא בחי' תיקון המשפט כנ"ל. וזהו ריאה, ע"ש שהיא מאירת עינים כנ"ל, זה בחי' (סנהדרין ו' ע"ב) אין לדיין אלא מה שעיניו רואות, שזהו בחי' תיקון המשפט. וזהו מאירת ר"ת תוכו רצוף אהבה מבנות ירושלים, היינו בחי' תיקון המשפט, שהוא תיקון המרכבה, ששם האהבה דקדושה, בבחי' מרכבו ארגמן תוכו רצוף אהבה מבנות ירושלים כנ"ל. וזה בחי' (הושע ו) ומשפטיך אור יצא, וכמו שאנו אומרים ותוציא כאור משפטינו. היינו ע"י הריאה, שהיא מאירת עינים, על ידי זה הוא בחי' תיקון המשפט, בחי' ותוציא כאור משפטינו

[יב] **ויקרא רבה (מרגליות) פרשת ויקרא פרשה א:** ר' תנחומא פתח יש זהב ורב פנינים וכלי יקר שפתי דעת (משלי כ, טו). בנוהג שבעולם אדם יש לו זהב וכסף אבנים טובות ומרגליות וכל חמדה טובה שבעולם ודעת אין בו מה הנייה יש לו. במתלא אמ' דיעה קנית מה חסרת, דעה חסרת מה קנית. יש זהב, הכל הביאו נדבתו שלמשכן זהב. הה"ד וזאת התרומה וגו' (שמות כה, ג). ורב פנינים, זה נדבתם שלנשיאים. הה"ד והנשיאם הביאו וגו' (שם /שמות/ לה, כז). וכלי יקר שפתי דעת, לפי שנפשו שלמשה היתה עגומה עליו, אמ' הכל הביאו נדבתו שלמשכן ואני לא הבאתי, אמ' לו הקדוש ברוך הוא חייך שדיבורך חביב עלי מכל אילו. תדע לך שהוא כן, שמכולם לא קרא הדיבור אלא למשה, דכתיב ויקרא אל משה [יג] **כלי יקר ויקרא פרק יד:** ועליהם אמר שלמה (קהלת י א) זבובי מות יבאיש וגו' רצה לומר אלו בעלי הלשון שנמשלו לזבובים וברוח שפתיו ימית כי לשון הרע תלתא קטיל (דברים רבה ה י) על כן קראם זבובי מות, ואמר יבאיש כי כל כוונתם להבאיש ריח אנשים טובים. יביע שמן רוקח, יביע לשון דיבור ורצה לומר שהוא מדבר אפילו מן איש שלם אשר ריחו נודף כשמן רוקח מכל מקום הוא משתדל להבאיש ריחו. יקר מחכמה ומכבוד סכלות מעט, כי בעיניו אותו סכלות מעט שהוא רואה בזולתו הוא יקר וכבוד בעיניו יותר מכל חכמה וכבוד שרואה בו עד שזה הסכלות מעט מכריע את כל החכמה והכבוד. ונתן טעם לדבר (שם פסוק ב) לפי שלב חכם לימינו היינו לדון הבריות לכף זכות, כמו שאמרו חז"ל (תנחומא שמות יח) אלו מיימינים לזכות וכו' ולב כסיל לשמאלו, לדון את הבריות לכף חובה על כן לעולם אינו מספר במעלות זולתו כי אם בגנותו, וטעמו של דבר לפי שגם בדרך שהסכל הולך לבו חסר. ואמר לכל סכל הוא (שם פסוק ג) רצה לומר כל הפוסל במומו פוסל (קידושין ע ב) וסכל זה החושד בכשרים יודע בעצמו שאותו חסרון ודופי שמטיל בזולתו יש גם בו וגם הוא לבו חסר מן אותו דבר, על כן אמר לכל כי סכל הוא ותולה גם באחרים אותו סכלות שהוא יודע שישנו בו בעצם וראשונה

גלא עמיקתא

ד'. דעת: [יב]**וכלי יקר שפתי דעת** (משלי כ',ט"ו) (1640)

ה'. סכלות: [יג]**יקר מחכמה ומכבוד סכלות מעט** (קהלת י',א') (1136)

ו'. עושר: [יד]**והון אדם יקר חרוץ** (משלי י"ב,כ"ז) (726)

וסובר מאחר שהוא עושה כן כולם עושים כאלה. אלו הם הזבובים החוקרים תמיד אחר מומי הבריות וחסרונן כדרך שנאמר (שמות לג ח) והביטו אחרי משה, לפיכך נלקו בצרעת שנקרא ראתן כי כשם שהם בעלי ראתן שרואים ומסתכלים אחרי מומי בני האדם כך נלקו בצרעת שנקרא ראתן. ואמרו הזהרו מהם שלא לטפל עמהם להשיבן מדרכם הרעה להורות להם דרך התשובה כי הוא סובר סיפר אין לו תקנה על כן אין לטפל עמהם בחנם, וכן דעת רבי זירא ורבי אמי ורבי אסי שנתרחקו מעל גבולם בכל מיני הרחקה כדמסיק שם [יד] **בראשית רבה (וילנא) פרשת תולדות פרשה סז:** ויחרד יצחק חרדה גדולה וגו', א"ר חמא בר"ח מאד מחרדה שחרד על גבי המזבח, אמר מי הוא זה שנעשה סרסור ביני לבין המקום שיטול יעקב את הברכות, כלפי רבקה אמרו, א"ר יוחנן מי שיש לו שני בנים אחד יוצא ואחד נכנס חריד אתמהא, אלא בשעה שנכנס עשו אצל אביו נכנסה עמו גיהנם, רבי אחא אמר התחילו כתלי הבית מרתיתים, הדא הוא דהוא אמר מי אפוא מי הוא זה שהוא עתיד ליאפות כאן אני או בני יעקב, אמר לו הקדוש ברוך הוא לא את ולא בנך אלא הוא הצד ציד הוא, הצד ציד א"ר אלעזר בר שמעון צײדא היך צדוך, פכור תרעיא היך תרעך פכור ומקולקל הה"ד (משלי יב) לא יחרוך רמיה צידו, רבנן אמרי לא יאחר ולא יאריך הקדוש ברוך הוא לרמאי ולצידו, ר"א בנו של ר' יוסי אומר מהו לא יחרוך לא יאריך הקדוש ברוך הוא לרמאי ולצידו, דא"ר יהושע בן לוי כל אותו היום היה עשו צד צבאים וכפתן ומלאך בא ומתירן ועופות ומסכסכן ומלאך בא ומפריחן, וכל כך למה (משלי יב) והון אדם יקר חרוץ, כדי שיבא יעקב שהוא יקרו של עולם ויטול את הברכות שמעיקר העולם חרוצות לו, ר' חנינא בר פפא שאל את רבי אחא א"ל מהו דכתיב הון אדם יקר חרוץ, א"ל חרוצה היא ביד הצדיקים שאינם נוטלים מן יקרם של עתיד לבא בעולם הזה, ואוכל מכל, רבי יהודה ורבי נחמיה, רבי יהודה אומר מכל מה שנברא בששת ימי בראשית, ר' נחמיה אומר מכל טוב שהוא מתוקן לעתיד לבא, אמר לו עיקרו של דבר מה האכילך

אמר לו איני יודע אלא טועם הייתי טעם פת טעם בשר טעם דגים טעם חגבים טעם כל מעדנים שבעולם, א״ר ברכיה כיון שהזכיר בשר מיד בכה אמר אני קערה אחת של עדשים האכילני ונטל את בכורתי אתה שהאכילך בשר על אחת כמה וכמה, א״ר לוי לפי שהיה אבינו יצחק מתפחד ואומר תאמר שלא עשיתי כשורה שעשיתי את שאינו בכור בכור כיון שאמר את בכורתי לקח אמר יאות ברכתי, אמר ר״א אין קיום הגט אלא בחותמיו שלא תאמר אלולי שרימה יעקב באביו לא נטל את הברכות ת״ל גם ברוך יהיה [טו] **ספרי במדבר פרשת קרח פיסקא קיט:** חביבה תורה שכששאל דוד מלך ישראל לא שאל אלא תורה שנא׳ טוב אתה ומטיב למדני חקיך (תהלים קיט סח) טובך עדיף עלי ועל כל באי העולם יעדיף טובך עלי ולמדני חקיך ואומר סעדני ואושעה ואשעה בחקיך תמיד (שם קיז) שלא אהא לומד תורה ושוכח שלא אהא לומד ויצר הרע אינו מניח לי לשנות או שמא אטמא את הטהור ואטהר את הטמא ונמצאתי בוש לעולם הבא או שמא ישאלוני מגויי הארץ וממשפחות האדמה ואיני יודע להשיבם ונמצאתי בוש לעיניהם וכן הוא אומר ואדברה בעדותיך נגד מלכים ולא אבוש (שם /תהלים קי״ט/ מו) ואומר זמירות היו לי חקיך (שם /תהלים קי״ט/ נד) שומע אני [נפשי שליוה] ת״ל בבית מגורי (שם /תהלים קי״ט נ״ד/) במערות ובמצדות וכן הוא אומר בברחו מפני שאול במערה (/תהלים/ נז א) וכן הוא אומר נפשי בכפי תמיד ותורתך לא שכחתי (שם /תהלים/ קיט קט) אבל משלמד דוד תורה ונתרגל בה מהו אומר טוב לי תורת פיך מאלפי זהב וכסף (שם /תהלים קי״ט/ עב) שזהב וכסף מוציאים את האדם מן העולם הזה ומן העולם הבא אבל תורה מביאה את האדם לחיי העולם הזה ולחיי העולם הבא וכה״א ולי מה יקרו רעיך אל מה עצמו ראשיהם (שם /תהלים/ קלט יז) ואומר זאת תורת האדם ה׳ אלהים (שמואל ב׳ ז יט). נמצאת אומר שלשה כתרים הם כתר תורה וכתר כהונה וכתר מלכות כתר כהונה זכה בו אהרן ונטלו כתר מלכות זכה בו דוד ונטלו הרי כתר תורה מונח כדי שלא

גלא עמיקתא

ז׳. צדיקים: [טו]**ולי מה יקרו רעיך א-ל** (תהל׳ קל״ט,י״ז) (738)

ח׳. מיתתן של חסידים: [טז]**יקר בעיני ה׳ המותה לחסידיו** (תהל׳ קט״ז) (1062)

ט׳. חסד: [יז]**מה יקר חסדך א-להים** (תהל׳ ל״ו,ח׳) (533)

ליתן פתחון פה לבאי העולם לומר אלו היה כתר כהונה וכתר מלכות מונחים הייתי זוכה בהן ונוטלן הרי כתר תורה [תוכחה] לכל באי העולם שכל מי שזוכה בו מעלה אני עליו כאלו שלשתם מונחים וזכה בכולם וכל מי שאין זוכה בו מעלה אני עליו כאלו שלשתם מונחים ולא זכה באחד מהם ואם תאמר מי גדול משניהם היה ר׳ שמעון בן אלעזר או׳ [מי] גדול הממליך או המולך הוי אומר הממליך העושה שרים או העושה שררה הוי אומר העושה שרים כל עצמן של שני כתרים הללו אין באים אלא מכחה של תורה וכה״א בי מלכים ימלוכו וגו׳ בי שרים ישורו וגו׳ (משלי ח טו - טז) [טז] **תלמוד בבלי מסכת חגיגה דף יד עמוד ב:** תנו רבנן: ארבעה נכנסו בפרדס, ואלו הן: בן עזאי, ובן זומא, אחר, ורבי עקיבא. אמר להם רבי עקיבא: כשאתם מגיעין אצל אבני שיש טהור אל תאמרו מים מים! משום שנאמר דובר שקרים לא יכון לנגד עיני. בן עזאי הציץ ומת, עליו הכתוב אומר יקר בעיני ה׳ המותה לחסידיו. בן זומא הציץ ונפגע, ועליו הכתוב אומר דבש מצאת אכל דיך פן תשבענו והקאתו. אחר קיצץ בנטיעות. רבי עקיבא יצא בשלום. [יז] **ילקוט שמעוני תהלים רמז תתנט:** כרחוק מזרח ממערב הרחיק וגו׳. א״ר ירמיה לא יהוי אמר איניש רחמנא ירחק יתנא מן החטא אלא ירחק חטא מינן, שנאמר הרחיק ממנו את פשעינו: כרחם אב על בנים. מאיזה אב תני ר׳ חייא כרחמן שבאבות, זה אברהם אבינו, אתה מוצא שכשהתפלל על סדום ועמורה אמר לפניו נשבעת שאין אתה מביא מבול לעולם וכו׳. ר׳ יהושע בר נחמן פתר קריא באבינו יעקב, והוא עבר לפניהם, הוא הוה בעקא, אמר מוטב שיפגע בי ולא בבני, מה עשה, זיינם מבפנים והלבישן בגדים נאים מבחוץ. א״ר שמואל בר נחמני דרכו של אב לרחם, ודרכה של אם לנחם כאיש אשר אמו תנחמנו. אמר הקדוש ברוך הוא אנא עביד דאב ואנא עביד דאם, כאיש אשר אמו תנחמנו כן אנכי אנחמכם. כי הוא ידע יצרנו. עלוב שאור, שמי שבורא אותו מעיד עליו שהוא רע, שנאמר כי הוא ידע יצרנו. חייא רבה אמר עלובה עיסה שנחתומה מעיד עליה שהיא

גלא עמיקתא

י. ישראל: [יח]**הבן יקיר לי אפרים** (ירמי׳ ל״א,י״ט) (748) כולהו חלקי פסוקים דמביא המדרש סליקו לחושבן (9212): **כ״ח** (28) פעמים ״[יט]**ולאם מלאם יאמץ**״ (329) (בראשית כ״ה,כ״ג) ועיין מש״כ [4]אופן קצ״ד סוף פסוק י״א

4. וכפלינן כ״ח פ׳ דהעבודה היא להוציא הכונה העליונה מהכח אל הפועל ע״י ״תורה״ [גימ׳ (611) ״יראת״] מצוות ומעשים טובים, כדכתיב תלמידי חכמים מרבים שלום [אתוון מושל] בעולם, והתגברות על המניעות והעיכובים למיניהם, כדאיתא בזוה״ק כד אתכפיא סטרא אחרא אסתלק יקרא דקוב״ה בכולהו עלמין (עיין אופן מ״ב). וזהו ר״ת ״צדיק מושל יראת א-להים״ ר״ת יאמ״ץ כדכתיב (בראשית כ״ה,כ״ג) ״ולאם מלאם יאמץ״ גימ׳ (329): ״אזמרה לא-להי״ (תהל׳ קמ״ו,ב׳). ולזה ב׳ פרושים: א׳. פירוש שירה והודיה לא-ל בורא עולם וכגון ״תודה וקול זמרה״ (ישעי׳ נ״א,ג׳) ״שאו זמרה ותנו תף״ (תהל׳ פ״א,ג׳) ״בתף וכנור

רעה, שנאמר כי יצר לב האדם רע מנעוריו. רבנן אמרין עלובה היא המטעת, שמי שנוטעה מעיד עליה רע, שנאמר ה׳ (אלהי) צבאות הנוטע אותך דבר עליך רעה: כי רוח עברה בו ואיננו. הדא אמרה לית מתין חיין, אלא יצר הרע שהוא הולך עמו אינו בא עמו [לע״ל]. ולא יכירנו עוד מקומו, זה יצר הרע: וחסד ה׳ מעולם ועד עולם על יראיו. אמר רבי חנינא בר פפא כל אדם שיש עליו חן בידוע שהוא ירא שמים, שנאמר וחסד ה׳ מעולם ועד עולם על יראיו. א״ר אלעזר כל העושה צדקה ומשפט כאלו מלא כל העולם כולו חסד, שנאמר אוהב צדקה ומשפט חסד ה׳ מלאה הארץ, יכול כל הבא לקפוץ יבוא ויקפוץ, ת״ל מה יקר חסדך אלהים, יכול אפילו ירא שמים, ת״ל וחסד ה׳ מעולם ועד עולם. אמר ר׳ יצחק בר מריון בשם ריש לקיש החסד היא מעולם ועד עולם, אבל הצדקה עד שלשה דורות, שנאמר וצדקתו לבני בנים. צדקה וגמילות חסדים שקולים כנגד כל התורה כלה, אלא שהצדקה נוהגת בחיים - וגמילות חסדים בין בחיים בין במתים. צדקה נוהגת בעשירים - וגמילות חסדים נוהג בין בעניים בין בעשירים. צדקה נוהגת בממונו - וגמילות חסדים בין בגופו בין בממונו. רבי יונתן בן אריה בשם רבי יוחנן אין אנו יודעין איזה מהם חביב, אלא ממה דכתיב וחסד ה׳ מעולם ועד עולם על יראיו, וצדקתו לבני בנים, הדא אמרה שגמילות חסדים חביב: [יח] **דברים רבה (וילנא) פרשת ואתחנן פרשה ב:** ד״א ושבת עד ה׳ אלהיך אמר ר׳ שמואל פרגריטא בשם ר׳ מאיר למה הדבר דומה לבן מלך שיצא לתרבות רעה והיה המלך משלח פדגוגו אחריו ואמר לו חזור בך בני והיה הבן משלחו ואמר לאביו באלו הפנים אני חוזר בי ואני מתבייש לפניך והיה אביו משלחו ואומר לו בני יש בן מתבייש לחזור אצל אביו ואם אתה חוזר לא אצל אביך אתה חוזר כך הקדוש ברוך הוא משלח ירמיה לישראל בשעה שחטאו ואמר לו לך אמור לבני חזרו בכם מנין שנא׳ (ירמיה ג) הלוך וקראת את הדברים האלה וגו׳ והיו ישראל אומרים לירמיה באלו הפנים אנו חוזרים להקב״ה מנין שנא׳ (שם /ירמיהו ג׳/) נשכבה בבשתנו ותכסנו כלמתנו וגו׳ והיה הקדוש ברוך הוא משלח ואומר להם בני אם חוזרים אתם לא אצל אביכם אתם חוזרים מנין (שם /ירמיהו/ לא) כי הייתי לישראל לאב וגו׳ א״ר עזריה א״ל הקדוש ברוך הוא לירמיהו לך אמור להם לישראל חייכם אני כופר בכם אתם אמרתם לי בסיני ומעי המו עליו אף אני כך אומר לכך מנין שנ׳ (שם /ירמיהו ל״א/) הבן יקיר לי אפרים וגו׳. [יט] **ילקוט שמעוני תורה פרשת תולדות רמז קי:** ויתרוצצו הבנים בקרבה [כ״ה, כ״ב] ר׳ יוחנן אמר זה רץ להרוג את זה וזה רץ להרוג את זה, ר״ש בן לקיש אמר זה מתיר צוויו של זה וזה מתיר צוויו של זה, רבי לוי אמר שלא תאמר משיצא ממעי אמו נזדווג לו אלא עד שהוא במעי אמו זירתיה מתוחה לקבליה הה״ד זורו רשעים מרחם דבר אחר ויתרוצצו הבנים עוברת על בתי ע״ז עשו מפרכס לצאת זורו רשעים מרחם תעו מבטן, עוברת על בתי כנסיות ובתי מדרשות יעקב מפרכס לצאת הה״ד בטרם אצרך בבטן ידעתיך, ותאמר אם כן למה זה אנכי [כ״ה, כ״ב] מלמד שהיתה רבקה אמנו מחזרת על פתחיהן של נשים ואומרת הגיע לכם הצער הזה מימיכם א״כ הוא הצער של בנים הלואי לא עיברתי א״כ אני עתידה להעמיד י״ב שבטים הלואי לא עיברתי שראויה היתה רבקה להעמיד י״ב שבטים הה״ד ויאמר ה׳ לה שני גוים בבטנך [כ״ה, כ״ג] הא תרין, ושני לאומים ממעיך יפרדו [כ״ה, כ״ג] הא ארבע, ולאם מלאם יאמץ

גלא עמיקתא

[5]ואופן קצ"ח פסוק א' [6]ואופן ר"א ו' פסוקין יחד– ותיבה מלא"ם גימ' (111) אל"ף– רמיזא אל"ף זעירא דזכה לה משה– בסוד [כ]אור הגנוז להתגבר ולהסיר המניעות לגאולה.

דאת זה לעומת זה עשה הא–להים (קהלת ז',י"ד) דכל תפקידה של הסט"א לפגוע ביקרא דמלכא ובעם ישראל בני בכורי ישראל וכגון המן עמלק ושאר המשטינים.

ולכן הוא כח פ' ולאם מלאם יאמץ דענינו הבחירה החפשית ויהודי יתן כחו לקדושה או ח"ו להיפך ואז יתהפכו ח"ו

[כ"ה, כ"ג] הא שיתא, ורב יעבוד צעיר [כ"ה, כ"ג] הא תמניא, וימלאו ימיה ללדת והנה תומים בבטנה [כ"ה, כ"ד] הא עשרה, ויצא הראשון אדמוני [כ"ה, כ"ה] הא חד עשר, ואחרי כן יצא אחיו [כ"ה, כ"ו] הא תריסר, ואית דמייתי לה מן הדין קריא ותאמר אם כן למה זה אנכי [כ"ה, כ"ב] ז"ה בגי' תריסר, ותלך לדרוש את ה' [כ"ה, כ"ב] וכי בתי כנסיות ובתי מדרשות היו באותן הימים אלא לא הלכה אלא לבית מדרשו של שם ועבר ללמדך כל מי שהוא מקבל פני זקן כאלו הוא מקבל פני שכינה: **[כ] תלמוד בבלי מסכת חגיגה דף יב עמוד א:** ואמר רב יהודה אמר רב: עשרה דברים נבראו ביום ראשון, ואלו הן: שמים וארץ, תהו ובהו, אור וחשך, רוח ומים, מדת יום ומדת לילה. שמים וארץ - דכתיב בראשית ברא אלהים את השמים ואת הארץ, תהו ובהו - דכתיב והארץ היתה תהו ובהו, אור וחשך, חשך דכתיב וחשך על פני תהום, אור - דכתיב ויאמר אלהים יהי אור. רוח ומים - דכתיב ורוח אלהים מרחפת על פני המים. מדת יום ומדת לילה - דכתיב ויהי ערב ויהי בקר יום אחד. תנא: תהו - קו ירוק שמקיף את כל העולם כולו, שממנו יצא חשך. שנאמר ישת חשך סתרו סביבותיו, בהו - אלו אבנים המפולמות המשוקעות בתהום, שמהן יוצאין מים, שנאמר ונטה עליה קו תהו ואבני בהו. ואור ביום ראשון איברי? והכתיב ויתן אתם אלהים ברקיע השמים וכתיב ויהי ערב ויהי בקר יום רביעי! - כדרבי אלעזר. דאמר רבי אלעזר: אור שברא הקדוש ברוך הוא ביום ראשון - אדם צופה בו מסוף העולם ועד סופו, כיון שנסתכל הקדוש ברוך הוא בדור המבול ובדור הפלגה וראה שמעשיהם מקולקלים - עמד וגנזו מהן, שנאמר וימנע מרשעים אורם. ולמי גנזו - לצדיקים לעתיד לבא שנאמר וירא אלהים את האור כי טוב, ואין טוב אלא צדיק, שנאמר אמרו צדיק כי טוב. כיון שראה אור שגנזו לצדיקים שמח, שנאמר אור צדיקים ישמח. כתנאי: אור שברא הקדוש ברוך הוא ביום ראשון אדם צופה ומביט בו מסוף העולם ועד סופו, דברי רבי יעקב. וחכמים אומרים: הן הן מאורות שנבראו ביום ראשון ולא נתלו עד יום רביעי

יזמרו לו" (תהל' קמ"ט,ג').

ב'. פירוש גדיעת הקוצים והחוחים דהיינו סטרין אחרנין, וכדכתיב (ישעי' כ"ה,ה') "כחרב בציון שאון זרים תכניע חרב בצל עב זמיר עריצים יענה". ותרגם יונתן בן עוזיאל שם כן נוח רוחא לצדיקיא כד ימאכון רשעיא עכ"ל, ופרש"י זמיר- לשון (ויקרא כ"ה,ד') "וכרמך לא תזמור"- ענין הכרתת הקוצים כנ"ל. והוא נפלא דרבוע האי פסוקא דנן בסוד דין סליק לחושבן כ"ח פ' צדיק מושל יראת א-להים כנ"ל- דהאי פסוקא רמיזא טובא לצדיקיא וליומא דדינא כנ"ל: צאינה גימ' ציון- גימ' יוסף, שלמה צדיקא כתיב בהדיא, וביום סליק לחושבן (64) דין דהוא ביום הדין מיניה וביה וכדאמרינן בהקדמה לפרק א' מהזוה"ק שלמה דא קודשא בריך הוא שעושה שלום בין אש ומים. וצדיק מושל יראת א-להים בסוד כמים הפנים לפנים כן לב האדם לאדם דעל ידי דמושל בסטרין אחרנין באתכפיא ואתהפכא דעבדין צדיקיא לגרמייהו ומשפיעין לכלל ישראל גורמים אתערותא דלעילא דהקב"ה ישמיד שונאיהן של ישראל ויחיש גאולתנו הגאולה האמיתית והשלמה במהרה בימינו אמן.

5. ה'. ולאם מלאם יאמץ כשזה קם- תקומת ישראל, זה נופל- הכנעת הגויים.

6. הני ו' פסוקין בפשוט גימ' (24018) "חכמה" (73) פ' "ולאם מלאם יאמץ" (329) ע"ה דבחכמה אתברירו, והכלל היינו א' זעירא אלופו של עולם- דאלמלא הקדוש ברוך הוא עוזרו אינו יכול לו (קדושין ל:) ופשוט.

גלא עמיקתא

אתוון יק"ר לאתוון קר"י ח"ו דמתמן יניקת הקלי'.

והנה הני י' דברים יקרים דמונה במדרש (4933) עם י' חלקי הפסוקים (9212) סליקו כולהו לחושבן (14145):

מש"ח (345) פעמים האה"ל (41)

כדכתיב (שמות ל"ג,ז') "ומשה יקח את האהל" סליק לחושבן (911) ראשי"ת

א"נ אהל מובנו ג"כ אור כדכתיב (איוב כ"ט,ג') "[כא]בהלו נרו עלי ראשי" ומשה לקח את אור הקדושה לאחר אותו עוון מחוץ למחנה למנוע יניקת החיצונים כדכתיב (תהל' ל"ד,ט"ו) "סור מרע" דהיינו מעושי רע מהיניקה "ועשה טוב וכו'

ואז ראשית דבר סר מרע ויצא עם האהל אור הקדושה שקיבל בהר סיני אף מחוץ למחנה, ומשרתו יהושע בן נון נער "לא ימיש מתוך האהל" (שמות ל"ג,י"א)

ראשי תיבות מיל"ה רמיזא שמירת הברית של יהושע ומסירת נפשו להתקרב לצדיק [כב]משה רבנו רעיא מהימנא וזכה להכנים את בני ישראל לארץ ישראל לכבשה ולחלקה [וכמו שאומר הקב"ה למשה שהוא לא יעבור את הירדן להיכנס לארץ ישראל אבל מצווה עליו (דברים ג',כ"ח) "וצו את יהושע וחזקהו ואמצהו כי הוא יעבור לפני העם הזה והוא ינחיל אותם את הארץ אשר תראה"]

[**כא**] **תלמוד בבלי מסכת נדה דף ל עמוד ב:** וחכ"א אחד בריית זכר ואחד בריית נקבה וכו'. חכמים היינו ת"ק! וכי תימא: למסתמא רישא כרבנן, ויחיד ורבים הלכה כרבים, פשיטא! מהו דתימא: מסתברא טעמא דרבי ישמעאל, דקמסייע ליה קראי, קמ"ל. דרש רבי שמלאי: למה הולד דומה במעי אמו - לפנקס שמקופל ומונח. ידיו על שתי צדעיו, שתי אציליו על ב' ארכובותיו, וב' עקביו על ב' עגבותיו, וראשו מונח לו בין ברכיו, ופיו סתום וטבורו פתוח, ואוכל ממה שאמו אוכלת, ושותה ממה שאמו שותה, ואינו מוציא רעי שמא יהרוג את אמו. וכיון שיצא לאויר העולם - נפתח הסתום ונסתם הפתוח, שאלמלא כן אינו יכול לחיות אפילו שעה אחת. ונר דלוק לו על ראשו וצופה ומביט מסוף העולם ועד סופו, שנאמר בהלו נרו עלי ראשי לאורו אלך חשך. ואל תתמה, שהרי אדם ישן כאן ורואה חלום באספמיא. ואין לך ימים שאדם שרוי בטובה יותר מאותן הימים, שנאמר מי יתנני כירחי קדם כימי אלוה ישמרני, ואיזהו ימים שיש בהם ירחים ואין בהם שנים - הוי אומר אלו ירחי לידה. ומלמדין אותו כל התורה כולה, שנאמר ויורני ויאמר לי יתמך דברי לבך שמור מצותי וחיה, ואומר בסוד אלוה עלי אהלי. מאי ואומר? וכי תימא נביא הוא דקאמר - ת"ש: בסוד אלוה עלי אהלי. וכיון שבא לאויר העולם - בא מלאך וסטרו על פיו, ומשכחו כל התורה כולה, שנאמר לפתח חטאת רובץ. ואינו יוצא משם עד שמשביעין אותו, שנאמר כי לי תכרע כל ברך תשבע כל לשון, כי לי תכרע כל ברך - זה יום המיתה, שנאמר לפניו יכרעו כל יורדי עפר, תשבע כל לשון - זה יום הלידה, שנאמר נקי כפים ובר לבב אשר לא נשא לשוא נפשו ולא נשבע למרמה, ומה היא השבועה שמשביעין אותו - תהי צדיק ואל תהי רשע, ואפילו כל העולם כולו אומרים לך צדיק אתה - היה בעיניך כרשע. והוי יודע שהקב"ה טהור ומשרתיו טהורים, ונשמה שנתן בך טהורה היא, אם אתה משמרה בטהרה - מוטב, ואם לאו - הריני נוטלה ממך. תנא דבי ר' ישמעאל: משל לכהן שמסר תרומה לעם הארץ, ואמר לו אם אתה משמרה בטהרה - מוטב, ואם לאו - הריני שורפה לפניך.

[**כב**] **זוהר כרך א פרשת וירא דף קו עמוד א:** ועל דא לא הוה בעלמא בר נש דיגין על דריה כמשה דאיהו רעיא מהימנא.

גלא עמיקתא

ובזה נתבאר מעט האי דכתב המגלה עמוקות ([כג]אופן ע"ח) א' זעירא צורת י' והן י' דברים יקרים לבושי יקר לקוב"ה בעולמו.

ועיין עוד מה שכתבנו [7]באופן מ"א בענין עשרה שמות שנקרא משה, [8]ובאופן קכ"ז בענין עשרה קבין ירדו לעולם וכו'.

[כג] מגלה עמוקות על ויקרא אופן ע"ח: רמז הקב"ה בכאן בצורת א' שהיא צורת י' סוד המקוה שהוא סוד שיעור קומה בהיפך אתוון הוקם המשכן אז נשלמה המקוה של מעלה. שיש ר"ם קבין במקוה. לכן היו ישראל ד' פעמים ס' רבוא שהם ר"ם רבוא. לכן נקרא משה בן ע"מ ר"ם וכן אבינו הראשון נקרא א"ב ר"ם שהוא היה אב שזכו בניו להיות בסוד כסא שהוא מלך יושב על כסא רם. שכן במזבח של מעלה יש בכל זויות ס' רבוא חגורי איפוד ומיכאל כהן גדול עומד עליהם. וזה סוד ויקר אל משה מה יקר חסדיך ובצורת א' שהוא י' נרמז חשבון זה בזה האופן י"פ ו' הרי ס' ד"פ ס' הרי ר"ם. והם כמנין י' ימים אחרונים שזכה בהם משה ביום כיפורים בגמר י' ימי תשובה שיש בהם ר"ם שעות. ז"ש ויקר י' אותו יקר זכה ביום הכיפורים שהוא סוד י' וכן י' נחלק על ו"ד שהם ו' ימים האמצעים שמתענין בהם אבל ד' ימים אין מתענין והם ב' ימים של ראש השנה ושבת תשובה וערב יום הכפורים ויקר זה רמז על הענין התשובה שנחלקו לג' זמנים אלו.

7. "ויקרא אל משה" גימ' (693) "אהי-ה" פ' "גל", וכן "כתר חכמה" ובכללות הוא עניין האמונה כמ"ש האריז"ל בעניין תלת רישין שבכתר דהיינו אמונה תענוג רצון. ומשה רבנו עליו השלום דאיהו רעיא מהימנא- רועה נאמן, שהשריש בעם ישראל את יסוד האמונה, והנה "משה" בא"ת ב"ש (יב"צ) סליק לחושבן (102) "אמונה", ומרמז (יב"צ) לי"ב שבטי י-ה דכולן הוו צדיקיא.

ובתחלת ילקוט ויקרא: עשרה שמות היו לו למשה ומפרט ומפרש כל אחד ואחד: "**ירד, אביגדור, חבר, אבי סוכו, יקותיאל, אבי זנוח, טוביה, שמעיה, לוי, משה**" גימ' (2244) כ"ב (אותיות תורתינו הק') פעמים אמונה, דהיינו אמונת ישראל המושרשת בתורה הק', וכשנחבר אותן י' שמות דיליה בא"ת ב"ש (5062) ופשוט (2244) יעלה גימ' "הוי'" (26) פעמים "רעיא" (281), וכדאמרינן בסעודה שלישית ה' רעי לא אחסר וכו' והוא בזמן רעוא דרעוין בשבת דבו נסתלק משה.

"משה" רגיל וא"ת ב"ש גימ' (447 - ואמת) "מה יקר חסדך" (תהלים ל"ו,ח'), דאמרינן א' זעירא מרמז אור הגנוז, ולתוכו נגנזה נשמת משה, וד"ל.

"משה" בא"ט ב"ח סליק לחושבן (1315) "תורה עבודה גמילות חסדים" דאיהו שלימותא ד-ג' קוין, ומרומז ב-ש' דיליה (כמובא במג"ע הק' בכ"מ).

"משה" בא"ל ב"ם גימ' "ביע" מרמז "בריאה יצירה עשיה", ועם "משה" פשוט דאיהו לקביל אצילות גימ' (1263) ג"פ דהוי חזקה "מלחמה לה' בעמלק" וכו' (שמות י"ז) ושם כתי' "(ואהרן וחור תמכו) בידיו מזה אחד ומזה אחד ויהי ידיו אמונה עד בא השמש" גימ' (1053) "ליחדא שמא דקודשא בריך הוא", וכמ"ש (ברכות ו.) אתם עשיתוני חטיבה אחת שנאמר שמע ישראל ה' א-להינו ה' אחד, אף אני אעשה אתכם חטיבה אחת שנאמר ומי כעמך ישראל גוי אחד בארץ. והוא יסוד היסודות דתורתינו הקדושה - אמונה בא-ל אחד הקב"ה עושה שמים וארץ וכו'.

והנה "משה" פשוט (345) א"ת ב"ש (102) א"ט ב"ח (1315) וא"ל ב"ם (82) גימ' "ליחדא שמא דקודשא בריך הוא ושכינתיה", ובתוספת "משה" באח"ס בט"ע (736) גימ' (2580) י"פ "חרן", כנודע חרן סליק לחושבן ג"פ שם א-להים דהיינו שרש הדינים, ומשה דאיהו תפארת בכל גווניו ממתיק "חרן" בי"ס י' בחי' דקלי', וכן זה לעומת זה "משה" גימ' (345) "חרון אף", וד"ל.

ומרמז א' זעירא ע"י האמונה בהשי"ת ובתורתו הק' ממתיקין הדין בשרשו (כמ"ש אין הדין נמתק אלא בשרשו, ועי' לעיל אופן ל"ח), ומביא האריז"ל הק' "טרף" גימ' "רפח" ע"ה (והיינו רפ"ח נצוצות וכו') וזהו "ותתן טרף לביתה" (משלי ל"א,ט"ו) גימ' (1592) "אתה קדוש ושמך קדוש", "לביתה" גימ' (447) "מה יקר חסדך" (תהלים ל"ו,ח') מיתוק הגבורות בשרשן ומתגלה כי הכל חסד גמור, ופשוט.

8. אלף צורתה י' למעלה ו' ד' למטה, והאי ו' ממוצע מחבר בין י' לעילא דכורא ו-ד' לתתא נוק', וכסימן

פרעה למילדות אם פניו למטה בן הוא ואם למעלה בת וכו׳. ובגמ׳ (קדושין מט:) מונה י״ד ענינים שירדו לעולם כולן בעשרה קבין, ומחלקם תשעה נטלו וכו׳ ואחד נטל כל העולם כולו, והוא בסוד א״ט ב״ח, וכתב האריז״ל בשער הנסירה שכ״ט פ״א וזלשה״ק: כי הנוקבא בעת האצילות הראשון לא היתה רק נקודה א׳ לבד כנודע, וזה הנקודה נקרא אישון בת עין וכו׳ ומנקודה זו מתחיל בנין כל מציאותה והיא לבדה יכולה להיות פב״פ עמו וכו׳ דע כי הנקודה שנאצלה תחלה היא כתר שבה והיא נקודה א׳ לבד ותחילה קודם העבור היתה בסוף היסוד למטה ממנו וכו׳ עיי״ש באריכות, ולענינינו הוא דהאי א׳ זעירא איהי אותה הנקודה המדוברת בחי׳ כתר כדאמרינן בכמה אופנים דהאי א״ז בסוד כתר-מלכות ואיהי היקר, וכאמרם אוקירו לנשייכו וכו׳ ובהגדלתה בסוד א״ט ב״ח נהפכת ל-י׳ דהיינו י״ס פרצוף שלם לאתיחדא עמו פב״פ כדאמר האר״י הק׳ במקומו, וזהו דכל ה-י״ס דדכר יהבין מלכות דילן להאי נוק׳ והיא נבנית מהני מלכויות, ואינון ספי׳ נותרו כ״א ט״ס כי יהיבן מלכותא דילן לבנית פרצוף הנוק׳, דהיתה בסוד נקודה כתר דילה כדכתבנו, ונבנית מעילא לתתא חכמה דדכורא יהיב מלכות דיליה למיהוי חכמה דנוק׳ בינה דדכר יהיב מלכות דיליה להיות בינה דפרצוף מלכות, ותמיד נותר הסך י׳ ונתהוה חכמה דמלכות דהיינו פרצוף נוק׳, ולבסוף הן י״ס שלמות בפרצוף מלכות הנוק׳, וז״א נותר בן ט״ס והוא פרצוף שלהם יחד עם נוק׳ דיליה למיהוי י״ס שלמות כדכתיב (בראשית ה׳,ב׳) ״ויקרא את שמם אדם״ וכו׳.

וזהו דבגמ׳ (שם) עשרה קבים של חכמה ירדו לעולם: תשעה נטלה ארץ ישראל ואחד (נטל) כל העולם כולו, ומונה שם י״ד דברים לקביל י׳ עילאה דכורא ד׳ נוק׳ דאת א׳ זעירא דבכללות איהי פרצוף דנוק׳ בחי׳ סיהרא ובסוד (חולין ס:) לכי ומעטי את עצמך, ודוד מלכא משיחא שמיה סליק לחושבן י״ד, ולעי״ל כתיב דויד מלא גימ׳ כ״ד ובסוד כ״ד קשוטי כלה, ועי׳ לעיל אופן יב״ק תקון ליל שבועות הני כ״ד קשוטין.

גלא עמיקתא

וחזינן דסוף דבר ועיקרו התקשרות לצדיק והנהגתו את העם דהצדיק ממשיך השפע ומעלה התפלות והבירורים דישראל לקוב״ה יהי רצון דישלח לנו משיח צדקנו יבוא ויגאלנו בגאולה האמיתית והשלמה במהרה בימינו אמן.

והנה הני י״ד דברים בגמ׳ (שם) שירדו לעולם, דהיינו: ״**עשרה קבים (727)**: **חכמה** (73) **יופי** (106) **עשירות** (986) **עניות** (536) **גסות** (469) **גבורה** (216) **כנים** (120) **כשפים** (450) **נגעים** (173) **זנות** (463) **עזות** (483) **שיחה** (323) **שכרות** (926) **ושינה** (371) **ירדו לעולם** **(396)**״ סליק לחושבן (6818): ״דוד״ (14) פ׳ ״בתהלים״ (487), דדהע״ה הוריד לעולם את ספר תהלים דכולו שירות ותשבחות ותפלות להשי״ת, ועל ידו הופכים הני י״ד בחינות דירדו לעולם לצד הקדושה, וכגון עזות דקדושה וכיו״ב בשאר המדות, ורמיזא ״גסות״ בא״ת ב״ש גימ׳ (289) ״א׳ זעירא״.

וכל הני י״ד תכונות בא״ת ב״ש סליקו לחושבן (2798): ז״פ ״אלף זעירא״ (399) עם ה׳ אותיות דזעירא, והן תקון ה-ז׳ מדות פנים ואחור, כגון: עשירות-פנים עניות-אחור, חכמה-פנים שכרות-אחור וכו׳. וכד נעביד חושבן הני י״ד תכונות בפשוט (5689) עם א״ת ב״ש (2798) בסוד או״י - ירדו לעולם, ואו״ח - דאנן מתקנן להו, סליקו כולהו לחושבן (8487): ״ענג״ (123) פ׳ ״הדין״ (69), והביאור דלע״ל באלף השמיני יהיה ענג לצדיקים וכמ״ש דאין למעלה מענג (ס״י) ודין לרשעים- ובישעי׳ (י״ג,כ״ב) ״ותנים בהיכלי ענג״ ומיד כתיב (י״ד,ה׳) ״שבר ה׳ מטה רשעים״ וכו׳.

וכד נעביד חושבן דהני שלקחו ט׳ קבין, דהיינו: ״**ארץ ישראל** (832) **ירושלים** (596) **רומיים קדמונים** (556) **בבל** (34-גימ׳ דל לשון עניות) **עילם** (150) **פרסיים** (400) **מדי** (54) **מצרים** (380) **חזירים** (275) **ערביא** (283) **מישן** (400-היינו גימ׳ פרסיים עזות-גבורה היינו פנים ואחור) **נשים** (400-היינו פרסיים ומישן כנ״ל בסוד ארבע מאות איש דעשו) **כושים** (376) **עבדים** (126) סליקו כולהו לחושבן (4862): ״חיי העולם הבא״ (187) פ׳ ״הוי׳״ (26), והביאור הוא: כאשר תקנו הני י״ד דברים שנשתלשלו להאי עלמא בחטא אדה״ר דנתעביד טוב מעורב ברע, כגון יופי בזנות נתעביד שקר החן והבל היופי, חכמה בכשפים וכו׳, וזהו דהנוק׳ יורדת לבי״ע בסוד רגליה יורדות מות

לברר הני ברורים הטוב מהרע ולהוציא יקר מזולל, וזהו ויקרא עם א׳ זעירא דאיהי המלכות הק׳ ולכן לשון הגמ׳ הק׳ עשרה קבין ירדו לעולם- דאת א׳ צורת י׳ (כמ״ש המג״ע הק׳ אופן ע״ח עיי״ש) ויקרא אל משה- על ידי התקשרות לצדיק הכולל מעלים הברורים לשרשם, והשי״ת יקרב הגאולה האמיתית והשלמה וביאת משיח צדקנו, במהרה בימינו אמן.

אופן כה

איתא בסודי רזא שסוד חשמ"ל הוא בגימטריא אבנ"י יקר"ה וכן מלבו"ש. והנה לזה אמר א' זעירא רמז למה שזכה משה בכאן לסוד חשמל ויקר אל משה שהוא חשמ"ל וכן אל משה עם א' של ויקרא בגי' חשמ"ל חסר א' לכן א' זעירא שרומזת בכאן נרמז חשמ"ל שהוא יקר שיש לו שע"ח נהורין רק א' זעירא א' חסר:

אופן כה

[א]איתא בסודי רזיא שסוד חשמ"ל הוא בגימ' [ב]אבנ"י יקר"ה וכן [ג]מלבו"ש והנה לזה אמר א' זעירא רמז למה שזכה

גלא עמיקתא

והוא בסיפא דספרא קדישא אלפא ביתא דהרה"ק אלעזר מגרמיזא בעל הרוקח בתר אתוון א'–ת' ודרושים יקרים דאתוון שמו אלעז"ר.

[**א**] **ספר סודי רזיא חלק א מכאן ואילך מוסרין ראשי פרקים:** חשמל בגמטריא דמיון צבעונים, כעין החשמל בגמטריא כאש וברד, או כאש צבעים, או כהשחר, או כזוהר אש, חשמל בגמטריא אבני יקרה, או חמה על העננים, החשמל בגמטרי' המקיף לכסא הכבוד, או המוליך המרכבה, או המליץ בין המלאכים. לפני כסא כבודו פרוכת פרוסה של אש ופלא ונהדר, וז' שמשין לפני לפנים מן הפרוכת, ומחוץ לכסא י"ב ממונים, ג' לכל רוח, והקב"ה יושב באמצע ובידו שבט של אש, על ימינו שני גבורי כח מקבלי גזירות, מרכבת יוצרינו נתונה במערב, והשכינה באה דרך שער האיתון ויושבת על כסא כבודה על כרובי הקודש העשויין דוגמא לשל מעלה. [**ב**] **ספר סודי רזיא חלק ב הלכות המלאכים:** בפרקי דר' אליעזר ומראית כבודו כעין החשמל חציו אש וחציו ברד. וכן שם והדום רגליו כאש וברד. כי כשהדבור יוצא מפי הכבוד מבריק בענן, מנוגה נגדו עביו עברו ברד וגחלי אש (תהלים יח, יג), וכתיב (יחזקאל א, יג) ומן האש יוצא ברק. החשמ"ל בגי' המלי"ץ בי"ן המלאכי"ם. ד"א המולי"ך המרכב"ה. ד"א המקי"ף לכס"א הכבו"ד. ד"א חשמ"ל בגי' מינ"י צבעוני"ם. ד"א דמיו"ן צבעוני"ם. ד"א אבנ"י יקר"ה, ד"א חמ"ה ע"ל העננ"ים. ד"א ע"ל (ה)כרובי"ם. כעי"ן החשמ"ל בגי' המור"ה דר"ך לחי"ה. ד"א כא"ש ובר"ד. ד"א כא"ש צבעוני"ן. ד"א כזה"ר א"ש. ד"א כהשח"ר. זהר כעין החשמלה (יחזקאל ח, ב) התחלת התיבות זכ"ה. [**ג**] **בני ישכר מאמרי חודש תשרי מאמר י - צלא דמהימנותא:** ו) עוד אמר הקדוש הנ"ל, הנה בשו"ע חו"מ [סימן ס' ס"ג בהג"ה] קיי"ל להלכה בהתחייב אדם את עצמו ליתן לאחד מזונות אין הלבושים בכלל מזונות, אבל התחייב בפרנסה הלבושים בכלל, ואנו יושבים בסוכה זכר לענני הכבוד שהיו במדבר בזכות אהרן [תענית ט א] והעננים היו מגהצין את בגדי ישראל ולכך לא בלו שלמותיהם [דב"ר פ"ז יא], והם (העננים בעצמם כנ"ל) כמו לבושים, ולכך טוב לכוין בסוכות (שהוא זכר לענני כבוד, וגם הוא סוד אור מקיף מלבוש כנ"ל) שם של ע"ב ונקודו סגלי"ן תחת כל אות שהוא בגימ' (עם הנקודות) שב"ע (כן הוא בכוונות האריז"ל [פע"ח ש' חג הסוכות פ"א]), כי מאחר שאנו עושים זכר לעננים שהם מלבושים כל שכן מזונות (רצ"ל אם השי"ת מלביש אותנו כל שכן שהתחייב את עצמו לזון אותנו), עכ"ד בקצת תוספות ביאור שכתבתי לפניך. ולפי"ז על ידי מצות סוכה אנו ניזונים מכח קל וחומר, אם הקדוש ברוך הוא פורס סוכת שלום עלינו אור מקיף מלבוש מכל שכן שהוא התחייבות לזון אותנו, והנה קל וחומר בתורה שבע"פ הוא המדה הראשונה מן י"ג מדות שהתורה נדרשת מכוון נגד המדה הראשונה מן י"ג מדות של רחמים הוא מדת א"ל, ונ"ל דבזה תמצא טוב טעם בכוונת האריז"ל לכוין שם אֵ"ל בצירי [פע"ח שער חג הסוכות פ"א], והנה שם א"ל מורה על חסד כד"א חסד אל כל היום [תהלים נב ג] כי השי"ת מכלכל חיים בחסד, והנה באים לנו המזונות על ידי קל וחומר המעורר מדת אל חסד בכדי שיזון אותנו בחסד אפילו אין לנו זכות ח"ו, וכבר קדם מאמרינו שהקל וחומר הראשון שבתורה הוא מה שנשאו הדשאים קל וחומר בעצמן [חולין ס א], ולמה עשה היוצר בראשית כן ולא אמר בפירוש למינהו עד שיצטרכו להוליד קל וחומר, והוא להיות הדשאין המזון הראשון שנברא בעולם הנה נתהווה פעולת ברייתן על ידי לימוד קל וחומר כדי שיהיה המזון על ידי חסד אל, ועל כן נקראים הדשאים עשב הוא שם ע"ב (בגימטריא חס"ד) בניקוד סגלי"ן נקודת החסד, סך הכל בגימ' עש"ב, שב"ע (ונתתי עש"ב בשדך וכו' ואכלת ושבעת [דברים יא טו]) אשר הוא הכוונה בימי סוכות, ועננים היו בזכות אהרן (איש חסד כנ"ל, ועיין בכתבי האריז"ל [פע"ח שער חג הסוכות פ"ג]) והוא מברך את ישראל בשלו"ם בגימ' חשמ"ל [פע"ח שער העמידה פ"כ], מלבו"ש, הבן הדבר היטב.

גלא עמיקתא

וכתב מכאן ואילך ראשי פרקים ומביא גימטריות רבות דסליקו לחושבן חשמ"ל כעין החשמל וכו' כל צרופי החשמ"ל ממרכבה שראה יחזקאל הנביא. ומכולם בחר רבינו הצרוף אבג"י יקר"ה דמקשר תיבה יקרה לתיבת ויקרא אל משה דנן ולמלבו"ש שהוא ג"כ גימ' (378) חשמ"ל כדכתב האר"י הקדוש ונדפס בסדור הרש"ש בברכת שים שלום וזלש"ק שם בסדור: המברך את עמו ישראל בשלום: בשלו"ם אותיות מלבו"ש להמשיך החשמ"ל שהם ב' שמות אל מלאים (גימ' ש"ע) וכו' וח' חוורתי שע"ח נהורין (גימ' חשמ"ל שלם) להלביש כל האורות הנמשכין בתפלה שלא יתאחזו בהם הקלי'. עכד"ק.

ומביא השמות הקדושים בג' עולמות בי"ע בהתכללות: אל ש-די (345) בריאה דבי"ע. אל הוי' (57) יצירה דבי"ע. אל א-דני (96) עשיה דבי"ע. ושלשתם יחד גימ' (498) במלכו"ת כגון (אסתר א', י"ד) "[ד]הישבים ראשונה במלכות". והנה במשה כתיב (במדבר י"ב, ז') "לא

[ד] **תיקוני זוהר הקדמה דף ט עמוד א:** ועל שמייהו אתקרי כי שמש ומגן י"י אלקי"ם ובההוא זמנא יתקיים ביה לא יבא עוד שמשך וירחך לא יאסף והכי צריך לאעברא ליה משמאלא דקודשא בריך הוא דאיהי גבורה דמתמן מצפון תפתח הרעה ותמן ייתי למתבע חובין מאלין דאתמר בהון בנים אתם לי"י אלקיכ"ם מתמן ואילך אינון שרים ועבדים מסטרא דחיוון דכורסייא שרים וממנן מסטרא דכוכבייא דנהרין בשמיא וארעא עבדין והאי איהו אם כבנים אם כעבדים והאי איהו דצריך לאנפא ליה חרבא לשית סטרין דאינון שמיא וארעא שמשא וסיהרא כסא דין וכסא רחמים לאעברא סמא"ל ונח"ש מנייהו דמסטרא דלהון שליט סמא"ל ובת זוגו וצריך לקשרא ליה ברצועין דתפלין תרין בתרין קרנוי וחד בדרועא ולבתר ישחוט ליה בקריאת שמע בגין דלא יתקריב לסטרא דגבורה אבל מסטרא דספירן והווייו"ת דלהון אתמר לא יגורך רע והזר הקרב יומת ועוד ה' דיד כהה דאיהי יונה קדישא מצפצפאן לה בנהא בכמה צפצופין דזמירות שירות ותושבחות והודאות עד דנחתין לה בצלותא הא נחתין לה לגבייהו קשרין לה ברצועה דאיהי ו' שית תיבין דיחודא והיינו רזא והיה לאות על ידכה קשורא דתרוייהו דא י' ודא יחוד ובגין דא בקשורא דתרוייהו מאן דשח שיחה ביניהו דאיהי שיחת חולין עבירה היא בידו דעבד בה פרודא בין ו"ק דאיהו עמודא דאמצעיתא ומלכותיה תפילין דרישיה דקודשא בריך הוא דאיהו ו' איהי ה' עלאה אימא עלאה עטרת תפארת עלה אתמר פארך חבוש עליך אלו תפילין שבראש והאי איהו רז הוי"ה דאתמר ביה הנה יד י"י הוי"ה וכו' ובגין דא אוקמוהו מארי דתלמודא ירושלמי הויו"ת באמצע יד יקו"ק מימינא דאתמר בה וירא ישראל את היד הגדולה מסטרא דחסד יד רמה מסטרא דתפארת דאתמר בה ובני ישראל יוצאים ביד רמה יד חזקה באמצעיתא דאיהי יד יקו"ק הוי"ה למהוי רחמי מכל סטרא זינא כבוש באמצעיתא יד רמה עלה אתמר והי"ה י"י למלך על כל הארץ ותלת זמנין י"ד אינון מ"ב אזכרות ותפילין דיד ותפילין דרישא י"ד שכינתא תתאה איהי היד הגדולה מימינא דחסד דתמן חכמה יד החזקה מסטרא דגבורה דתמן בינה יד רמה מסטרא דעמודא דאמצעיתא מעוטר בכתר על רישיה תפלי עלמא שי"ן של תפלין הלכה למשה מסיני ש דתלת ראשון ש דארבע ראשין לקבל שבע הנערות הראויות לתת לה מבית המלך ואינון בשחר שתים לפניה ואחת לאחריה ובערב שתים לפניה ושתים לאחריה ולקבל אלין שבעה אית שבעה רואי פני המלך היושבים ראשונה במלכות ותפארת איהו כבוש באת יו"ד עם ה' תתאה ונפשו קשורה בנפשו ואיהו חבוש עם את י' מסטרא דה' עלאה ובגין דא אין חבוש מתיר עצמו מבית האסורין דאיהו בגלות עם ישראל הדא הוא דכתיב (ישעיה ס"ג) בכל צרתם לו צר בו' לא צר בא' בההוא זמנא דאיהו עם ישראל לא צר ודאי ולית צר אלא יצר הרע דהזר הקרב יומת ורזא דמלה כי בי חשק ואפלטהו כ"י ב"י בגמטריא מ"ב אזכרות דתפלי אשגבהו כי ידע שמי יקראני בקריאת שמע ואענהו הדא הוא דכתיב (ישעיה נ"ח) אז תקרא וי"י יענה.

משה בבכאן לסוד חשמ"ל ויקר אל משה שהוא חשמ"ל וכן אל משה עם א' של ויקרא בגימ' חשמ"ל חסר א'. לכן א' זעירא

גלא עמיקתא

כן עבדי משה בכל ביתי נאמן הוא" גימ' (1159) י"ג פעמים "חנוכה" (89) עם ב' הכוללים דהיינו י"ג ת"ד ממולאים "חנוכה" התגלות[1][ה] אור הגנוז לעתיד לבוא בגאולתא שלמתא. והן ב' הכוללים א' דיקנא קדישא ו-א' האור הגנוז הנשפע ממנה אל הנבראים להחיותם[ו] בטל תחיה בגאולתא שלמתא במהרה בימינו אמן.

וזהו דהני ג' שמות דמביא הרש"ש הקדוש בסידור לתיבה בשלו"ם אתוון מלבו"ש גימ' חשמ"ל דהיינו "אל ש-די, אל הוי', אל א-דני" גימ' (498) "משה ("אל ש-די")[ז] נאמן הוא" ויש לקשרו

1. באור על מגלה עמוקות ואתחנן אופן נ"ב: ד'. אֲדֹנָי יהוה אַתָּה הַחִלּוֹתָ לְהַרְאוֹת אֶת עַבְדְּךָ אֶת גָּדְלְךָ וְאֶת יָדְךָ הַחֲזָקָה אֲשֶׁר מִי אֵל בַּשָּׁמַיִם וּבָאָרֶץ אֲשֶׁר יַעֲשֶׂה כְמַעֲשֶׂיךָ וְכִגְבוּרֹתֶךָ (דברים ג,כד) גימ' (6385) ה' פעמים "אור הגנוז" (1277) באלף רבתי (1000) דזכה משה רבינו לסוד א' זעירא דויקרא אל משה (תחלת ספר ויקרא) ובכאן הוא בסוד מה שאמרו חז"ל בזוהר הקדוש: מאן דאיהו זעיר [א' (1)] איהו רב [אלף (1000)] ולכן סליק באלף רבתי, ובא הרמז בכפילת ה' פעמים כנגד ה' בחינות נרנח"י דמשה [כנודע ה' בחינות בנפש: נפש רוח נשמה חיה יחידה ומקורו במדרש]. ואמר לו הקב"ה: רב לך- אתה תזכה לרב מזאת- בהסתלקותך תזכה לעצם המדרגה ולא רק להארה ממנה, דאתה עולה לבחינת שבת ממש, ובתחית המתים אתה כונס לארץ הקדושה. וזהו: "האור הגנוז (283) תחית המתים (1313)" גימ' (1596) "מזמור שיר ליום השבת"- דתיבין "שיר ליום" אתוון "ירושלים", ותיבין "מזמור השבת" גימ' (1000) "אלף" רבתי- דזכה לה האיש משה בענותנותו, בסוד במקום שאתה מוצא גדולתו שם אתה מוצא ענותנותו כמו שבארנו במקום אחר בהרחבה.

[ה] **הון עשיר מסכת עוקצין פרק ג משנה יב:** לכל צדיק וצדיק ש"י עולמות שנא' וכו'. לפי מה שכתוב אצל יודעי חן תיבת יש היא אחת מחלקי אלב"ם, והיא כנגד היסוד שבו גנוז חוט אור אין סוף, שהוא אור הגנוז לצדיקים לעתיד לבא, כי כן כתבו חכמי האמת משם אריא דבי עלאה, וכבר ידענו שהיסוד נקרא כל, והוא צדיק של מעלה שכנגדו מכוון הצדיק של מטה, ולפי זה לישנא דמתניתין שפיר דייקא, כי עתיד הקדוש ברוך הוא להנחיל לכל צדיק העליון, וצדיק התחתון על ידו יזכה לש"י עולמות, שנאמר להנחיל אוהבי יש. יש דייקא שבו אור הגנוז כמ"ש, והיינו דקא מסיים ר"ש בן חלפתא באמרו לא מצא הקדוש ברוך הוא כלי מחזיק ברכה לישראל אלא השלום, כי הצדיק שבו אור הגנוז לצדיקים נקרא שלום כידוע לי"ח, וה' יצילני משגיאות. והתי"ט פי' בדרך אחר. [ו] **פתח אליהו תקו"ז הקדמה דף יז עמוד ב:** עלאין שמעו אינון דמיכין דחברון ורעיא מהימנא אתערו משנתכון הקיצו ורננו שוכני עפר אלין אינון צדיקייא דאינון מסטרא דההוא דאתמר בה אני ישנה ולבי ער ולאו אינון מתים ובגין דא אתמר בהון הקיצו ורננו וכו' רעיא מהימנא אנת ואבהן הקיצו ורננו לאתערותא דשכינתא דאיהי ישנה בגלותא דעד כען צדיקייא כלהו דמיכין ושינתא בחוריהן מיד שכינתא יהיבת תלת קלין לגבי רעיא מהימנא ויימא ליה קום רעיא מהימנא דהא עלך אתמר קול דודי דופק לגבאי בארבע אתוון דיליה ויימא בהון פתחי לי אחותי רעיתי יונתי תמתי דהא תם עונך בת ציון לא יוסיף להגלותך שראשי נמלא טל מאי נמלא טל אלא אמר קודשא בריך הוא אנת חשיבת דמיומא דאתחרב בי מקדשא דעאלנא בביתא דילי ועאלנא בישובא לאו הכי דלא עאלנא כל זמנא דאנת בגלותא הרי לך סימנא שראשי נמלא טל ה"א שכינתא בגלותא שלימו דילה וחיים דילה איהו ט"ל ודא איהו יו"ד ה"א וא"ו וה"א איהי שכינתא דלא מחושבן ט"ל אלא יו"ד ק"א וא"ו דסליקו אתוון לחשבן ט"ל מלייא לשכינתא מנביעו דכל מקורין עלאין מיד קם רעיא מהימנא ואבהן קדישין עמיה עד כאן רזא דיחודא. [ז] **עבודת ישראל**

שרומזת בכאן נרמז חשמ״ל שהוא יקר שיש לו שע״ח נהורין רק א׳ זעירא א׳ חסר.

גלא עמיקתא

לפורים ענין [2][ח]ונהפוך הוא דתחית המתים, וממילא ״לא כן עבדי בכל ביתי״ גימטריא (661): ״האיש משה״. [ט]ובאופן ק״ז על ואתחנן מבאר

ויקרא פרשת שמיני: והנה ר׳ מאיר אמר שבירכן בפסוק יוסף עליכם ככם אלף פעמים (דברים א, יא). כי כתיב (שמות יג, יט) ויקח משה את עצמות יוסף עמו, כי יוסף רומז על שם החסד הוא אל. כי ששה פעמים אל גימטריא יוסף (וצריך עיון ואולי צ״ל חמשה) דהיינו כשהחסד מתפשט בכל ששה קצוות. והנה שורש המדות הם באימא עילאה בשם שד״י וזה נקרא עצמות יוסף שהוא העצמות של יוסף. וזה ויקח משה את עצמות יוסף, שהיה שימושו בשמות הללו שהם א״ל שד״י גימטריא משה ובמילואם עולה אלף וגם משה בסוד מטטרו״ן שר הפנים עולה אלף, ששמו כשם רבו וכמו שכתבתי בליקוטים של רבי האי גאון ומשם הוריד הברכה אלף פעמים כשהקב״ה מתענג על ישראל ובא בבחינה הנקרא יוסף עליכם שנתגלה בששה קצוות, אז יברך אתכם אלף פעמים. ולכן אמרו במדרש שישראל אמרו ויהי נועם להמשיך גם כן אור הבינה כנודע, כמו שאנו אומרים אותו במוצאי שבת להגן עלינו באור הבינה ולהצילנו מכל רע, כמו שכתוב (תהלים צא, ד) באברתו יסך לך: [ח] **אוהב ישראל שמות בפרשת זכור ובפורים:** משנכנס אדר מרבין בשמחה [תענית כט א]. י״ל בזה על פי סוד דהנה כתיב (בראשית יז, יט) אבל שרה אשתך יולדת לך בן וקראת את שמו יצחק. ולהבין טעם הדבר למה ציוה הבורא ב״ה וב״ש לקרוא את שמו יצחק. וי״ל דיצחק הוא לשון צחוק וחדוה ושמחה אשר נתהווה על ידי לידת יצחק אבינו ע״ה בכל העולמות על ידי ההשתנות מדבר אל היפוכו. כי אברהם אבינו ע״ה היה מקורו מדת החסד וכן היה דרכו להיטיב ולגמול חסד עם כל באי העולם. והלבוש של חסד הוא בחינת מים, ויצא ממנו יצחק שבחינת שורש נשמתו היה מדת הגבורה והפחד בחינת אש, ועל ידי גודל זה ההשתנות נעשה חדוה ושמחה בכל העולמות. והוא על דרך משל מי שמשנה בגדיו הראוים לו תמיד לפי ערכו ולובש בגדים אחרים אשר אין דרכו בכך אזי נעשה צחוק וחדוה לכל הרואים אותו וכמו שאנו רואים בימי הפורים כאשר איש יהודי משנה מלבושיו ולובש בגדי אשה [או עכו״ם] נעשה שמחה וחדוה על ידי זה וכשרואים כל ימות השנה את האשה [או העכו״ם] בעצמה שמלובש כל אחד בבגדיו הראוים לו אין שום שמחה. אמנם עיקר השמחה בא מחמת ההשתנות מדבר אל היפוכו. וכן הנס הגדול של פורים והשמחה הוא על ידי ונהפוך הוא אשר ישלטו היהודים גו׳ (אסתר ט, א) ופור המן נהפך לפורינו. ומטעם זה היה גם כן שמחה וחדוה בכל העולמות מלידת יצחק אבינו ע״ה שהוא בחינת אש. מאברהם אבינו ע״ה שהוא בחינת מים מדת החסד. ועל ידי העקידה נהפך הדבר והחליפו את לבושם ונכללו זה בלבוש זה. כי אברהם נאזר אז בגבורה וכבש רחמיו לשחוט את בנו [ויצחק] נתלבש אז בבחינת חסד לאברהם. כמו שכתב האריז״ל על פסוק (בראשית כב, ז) ויאמר יצחק אל אברהם גו׳ אבי ויאמר הנני בני. היינו שהיה יצחק מתמיה מאוד ואמר לאביו הלא אתה אבי. ר״ל הידוע ומפורסם במדת טובו וחסדו ודרכו להיטיב עם כל הברואים. ואיך כעת נהפכת להיות מוסכם ברצונך לעשות דבר זה היפך מדתך וטבעך. ויאמר הנני בני, ר״ל לעת עתה אני לבוש בבחינת בני שהוא מדת הגבורה שהוא לצורך שעה. נמצא שאז היה נכלל בחינת אברהם ביצחק ובחינת יצחק באברהם, שיצחק לבש מדת אברהם יסוד המים שנשפך לארץ שהיה אז בעיני עצמו נבזה ושפל כדי לקיים מצות בוראו. וכמו שכתוב וילכו שניהם יחדיו. ועל דרך זה נתהווה גם כן בהעולמות עליונים וכמבואר בספרים הקדושים. [ט] **מגלה עמוקות על ואתחנן אופן ק״ז:** איתא בזוהר פרשת יתרו ([ח״ב] עמוד קל״ט [זוהר ח״ב ע״ח ע״ב]) עשו ויעקב חלקו הקדשים

2. באור על מגלה עמוקות ואתחנן אופן א׳: ג׳. וַיְדַבֵּר מֹשֶׁה אֶל יְהוָה לֵאמֹר (במדבר כז,טו) גימ׳ (895) ה׳ פעמים ״ונהפוך הוא״ (179) דאמרינן בפורים- ורמיזא תחית המתים דהיא תכלית ענין ונהפוך הוא- כאשר מת קם לתחיה [ומבואר הקשר בין פורים לתחית המתים דבגמרא מגילה (ז:) בסעודת פורים קם רבה ושחטיה לרבי זירא ואחרי כן החיהו ואכמ״ל] - והוא נפלא דפסוק זה משונה והפוך [בחינת ונהפוך הוא] מכל פרשיות שבתורה שכתוב בהם וידבר ה׳

אל משה לאמר- וכאן בהיפוך וידבר משה אל ה' לאמר- ולכן הם באותה גימטריא- וערך הממוצע דכל תיבה- דהן ה' תיבין- "ונהפוך הוא" (179). אמנם כאשר התיבות בסדר הרגיל "וידבר ה' אל משה לאמר" נחלק הפסוק "וידבר ה' אל" גימ' (314) ש-די שם היסוד, דשמיה "משה" (345) עולה בגימ' "אל ש-די" ובמלואו "אלף למד שין דלת יוד" עולה בגימ' (999) ועם הכולל (1000) "אלף"- וכאן הסדר מתהפך "וידבר משה אל" גימ' (598) ב' פעמים "רחמנא" (299) א"נ ב' פעמים "רחם נא" רמיזא תחנוניו ותפילותיו של משה רבינו לביטול הגזירה שלא יכנס לארץ- אמנם פה כתוב "וידבר משה אל הוי' לאמר"- דהיינו שיפקוד ה' איש על העדה, והאריך רש"י לבאר שבא להודיע שבחן של צדיקים דאינו משאירם ללא רועה- והכא נמי רמיזא אלף זעירא לבחינת אלופו של עולם [כדכתיב ונרגן מפריד אלוף (משלי ט"ז,כ"ח) פרש"י מפריד ממנו אלופו של עולם] - מאן דאיהו זעיר איהו רב דתיבין "וידבר משה אל" סליקו לחושבן עם הכולל (599) "אלופו של עולם", והוא נפלא ביותר.

ביחד על פי הדין מאחר שלקח אברהם חודש ניסן, יצחק אייר, יעקב סיון שהוא מזל תאומים, היה ראוי עשו גם כן ליקח שלשה ירחים תמוז אב אלול, וסימן זרח משעיר למו את"א מרבבות קודש (דברים לג ב), ר"ל ג' חדשים אילו שנרמזין במלת את"א, א"ב ת"מוז א"לול, ונלקח מעשו הרשע חודש אלול לגמרי, בסוד האויב תמו חרבות לנצח (תילים ט' [תהלים ט ז]), וגם תמוז אב אתאביד מיניה (כדאיתא שם בזוהר), ולא נתנה לו רק כ"א יום בין המצרים, בחודש אלול ניתן לו תשובה לישראל, וזה היה הענין בלק ובלעם רצה ליקח מישראל חודש אלול שהוא היה שלו, שכן מלחמות סיחון ועוג היתה בסוף אלול (עיין במדרש במ"ר פי"ט ל"ב), ושמע המושלים ברקיע שאמרו באו חשבון ומלאכי האמורי אתחריב, ואמרו שולטני' גבורים אוי לך מואב (במדבר כא כט), ולכן אמר לשון אר"ה (שם במדבר כב ו), שהיה מתירא אלול רא"ש מנוטריקון של אר"ה, שהוא מיד אחר אלול הוא ראש השנה יומא דתשובה, לכן אמר לכה נא בה', על סוד התשובה, ואמר נכה בלשון רבים בנ', על נ' יום של תשובה שיש בהם אלף רי"ש שעות, שכן כ"ד פעמים נ' עולה אלף ר', לכן אמר ארה לי, שרמז על ה' של תשובה שהיא א"לף ר" שעות בנ' יום, זה נרמז במלת אר"ה. ובלעם שידע שהקב"ה נתן לנו נ' ימים אילו בתשובה, והיא אחת מז' דברים שנבראו קודם שנברא העולם (כדאיתא בנדרים דף ל"ט [ע"ב]), לא אמר רק קבה (שם שם במדבר כב יא), שהם על ענין כ"א יום שבין המצרים שבהם קטב מרירי שולט (דברים לב כד) (כדאיתא בגמרא [פסחים קי"א ע"ב]), שזה היה כח של בלעם, ובאומות העולם ק"ם (כדאיתא בברכות [במ"ר פי"ד כ']), נוטריקון "קטב "מרירי, שבהם כל מיני כישוף בעולם. אבל באמת בישראל לא ק"ם (דברים לד י), ר"ל "קטב "מרירי אינו נמצא בישראל כי לא נחש ביעקב (במדבר כג כג). וידוע בספר הפליאה שכ"א מאות מיני עשבים יש בעולם שממונים עליהם המלאכים, בסוד הידעת חקות שמים (איוב ל"ח [איוב לח לג]), שהם המלאכים הממונים על עשבים, שאמר הקב"ה לאיוב אם ידעת כמה הם, שאומרים להם גדל ומכים אותם (כדאמרינן בפרק קמא דחולין [ב"ר פ"י ו']), חזר ואמר אם תשים משטרו בארץ, ר"ל במלת אר"ץ הן נרמזין המזלות המלאכים הממונים על עשבים שהם כמנין אר"ץ, ר"ל א' היא אלף, ר' כפשוטה, ץ' באי"ק בגימטריא תת"ק, הרי אלף ר' תת"ק, עולין למספר ב' אלפים ק'. והוא נרמז במלת ק"בה, שאמר בלעם לקלל אותם באילו הכ"א ימים שמושלים בהם קטב מרירי, וחיילותיו קסם ונחש שממונים עליהם כ"א מאות כמנין קב"ה, ק' כפשוטה, ב' מורה על ב' אלפים, כמ"ש בלק גם ק"ב לא תקבנו (במדבר כ"ג [כג כה]). זכינו לדין שלא אבה ה' אלהיך לשמוע אל בלעם (דברים כג ו), ואמר מילת אבה, ולא אמר רצה, או מאן ה'. לרמז שלא די שלקח הקב"ה מרבבות קודש, שהם שרי האומות א' של א"תא שהוא אלול, ונתן לנו בהם ימי תשובה שנרמזו בה, אלא אפילו חודש אב לא נתן לו לגמרי, שהוא חודש אריה בקליפה לקח גם כן ממנו ולא נתן לו רק י' ימים, כדאמר רבי יוחנן (בתענית דף כ"ט [ע"א]) אלו הוינא התם הוי עבידנא תענית, ולקביל זה נתן לנו י' ימי תשובה. ז"ש ויהפוך ה' אלהיך לך (דברים כ"ג), רמז במלת ל"ך על אותן נ' ימים, ל' יום של אלול, וך' ימים של תשרי עד גמר החתימה, א"ת הקללה לברכה, א"ת דייקא, גם את זה לעומת זה עשה אלהים (קהלת ז יד), ר"ל כמו שנתן הקב"ה 'אב 'תמוז לעשו, נתן לנו הקב"ה כנגדן 'אלול 'תשרי. ובלק שאמר ארה לי א"ת העם הזה, א"ת דייקא, שהוא 'אלול 'תשרי, אולי אוכל נכה בנ', על נ' ימים אלו. אבל הקב"ה היפך לך, ל"ך דייקא, שהיפך אותן נ' יום מקללה לברכה. ועל זה בקש משה להפך דעת בלעם בן בעור שצרר את

גלא עמיקתא

דמשה התחנן להיכנס לארץ ישראל להעביר קלי׳ חשמ״ל נוטריקון חמור שור מחלת לילית עיין שם]. ראשי תיבות משה נאמן הוא המ״ן את זה לעומת זה עשה האלהים (קהלת ז׳), [י][3]דמרדכי

ישראל בקוסמין ובדרגין דיליה, לכן פתח ואתחנ״ן, א״ת דייקא, תחנתו היתה על אותיות א״ת שאמרנו, בעת ההיא, בע״ת בגימטריא בלע״ם ב״ן בעו״ר, שקישר בכשפיו עת צרה הוא ליעקב שהיא בין המצרים, ובמלת לאמ״ר נרמזין ד׳ מראות נגעים, שהם שתים שהן ארבע (כדאיתא בשבועות דף א׳ [שבועות ב׳ ע״א]), בסוד חשמ״ל דסיטרא אחרא נוטריקון ׳חמור ׳שור ׳מחלת ׳לילית, קליפת ישמעאל שהוא חמור, בת זוגו מחלת בת ישמעאל. קליפת אדום הוא שור, ובת זוגו לילית. וזה נרמז במלת ההיא, שהיא נוקבא. ההוא, שהוא דכורא. ובמלת לאמ״ר, נוטריקון ׳לילית ׳אדום ׳מחלת ׳רהב, שהוא שר של ישמעאל ונוקבא על דכורא שהיא רמוזה בדין קשה. ועל זה רצה משה ליכנס לארץ ישראל ולהתפלל על זה, ופתח באדנ״י דתמן דינ״א. ולכן אמר אתה החלות להראות, שהוא ר״ת של פסוק ׳האויב ׳תמו ׳חרבות ׳לנצח (תהלים ט ז). ואמר ב׳ פעמים את, על אלו ד׳ חדשים. א״ת גדלך, מלת א״ת רמז ׳אלול ׳תשרי. א״ת ידך החזקה, רמז על ׳אב ׳תמוז, דתמן מפני ידך ישבתי יהפוך ידו כל היום (איכה ג ג), והוא יד החזקה מסיטרא דדינא שאויבים משלו בנו, אבל אלול תשרי, תמן גדלך שמגדלים הקב״ה בתשובה ובמצות. ועל אילו הימים שבין המצרים שבהם שולטים המלאכים הממונים על עשבים, עליהם אמר אשר מי אל בשמים ובארץ, מה אקוב לא קבה אל (במדבר כג ח), שהם המלאכים אשר עליהם אמר קרא הידעת חוקת שמים אם תשים משטרו בארץ (איוב ל״ח), שהם כמנין אר״ץ הם כ״א מאות, כמ״ש אשר יעשה כמעשיך אין עוד מלבדו כתיב (דברים ד לה). והנה רצה משה ליכנס לארץ ישראל ולהעביר כחות הטומאה, שיהיו כל ד׳ חדשים לנו ולא לעשו, וזה רמז במלת אעבר״ה, שרצה להעביר ר״ע הב״א באותן הימים, ויהיו כל ארבעה חדשים לנו כמו נ״א יום של ימי התשובה. השיב הקב״ה רב לך, ר״ל רב הוא לישראל שנתתי כל ל׳ יום של אלול, שהוא זמן בית דין שלשים יום קודם יום הדין שהוא ראש השנה, ועוד כ׳ ימים עד גמר החתימה, שהיא בסוד ל׳ וך׳, שהם של תשרי כנרמז במלת ל״ך, ואל תוסף דבר אלי עוד בדבר הז״ה, שרמז על יום י״ז בתמוז שבו מתחילין יום רעה. גם אמר רב לך, צריך אתה להיות בכאן להכניע כח מחלת בת ישמעאל, שהיא כח החמור במדבר, ואתון של בלעם שהיא סוד אשל״א רברבא, ר״ל אשלא הוא סוד מחלת בת ישמעאל, שהוא בגימטריא אלף של״א, כמנין אשלא, א׳ בתרא הוא אלף. ז״ש רב לך, צריך אתה להקבר כאן להכניע אשל״א רברבא, וכן קליפת רהב שכתב בזוהר בלק ([ח״ג] עמוד שנ״ה [זוהר ח״ג קצ״ב ע״ב]) הופיע מהר פארן, זה רהב, פאר״ן בגימטריא אש״ל, הוא גם כן נקרא אשל הגדול, שכנגדו הוצרך אברהם להשכים בבוקר לחבוש את החמור (בראשית כב ג), משמורה ראשונה של לילה (ברכות ג ע״א), והוצרך ליטע אש״ל בבאר שבע (בראשית כא לג) כנגד קליפת ישמעאל בנו, שלקחה לו אמו שנקראת הג״ר, שהיתה כלולה מן ר״ח כחות של דין כמנין יצח״ק, ממצרים היתה אשתו (שם שם בראשית כא כא), דתמן אשר בשר חמורי״ם בשרם (יחזקאל כג כ), והיתה יושבת במדבר פאר״ן, לקביל זה נטע אש״ל, לעקור אשל הגדול איהו אש״ל ואיהו אשל״א רברבא. מזה הכח אמר בלק אר״ה, שהוא נוטריקון ׳אשלא ׳רברבא, ושלח אחר בלעם פתור״ה, שהוא סוד רה״ב מחל״ת חושבן דדין כחושבן דדין. לכן אמר כאן רב לך על אש״ל הגדול, א״ל תס״ף הוא בגימטריא תקע״א, שהוא סוד עקת״א של קליפות ישמעאל שכתב האר״י שיש לישמעאל תקע״א כחות, שהוא כמנין א״ל תס״ף, לכן אל תוסף דבר אלי עוד, צריך אתה להיות כאן לתקן קליפת ישמעאל, צו את יהושע וחזקהו לקביל רהב, ואמצהו לקביל סמאל, שהם תרין דכורין לקביל תרין נוקבין, לקביל לילית אמר כי הוא יעבור, שממנו רוח הטומאה בא אל הארץ, לקביל מחלת שהוא בלשון מחול, אמר והוא ינחיל. **[י׳] שפתי צדיקים ויקרא פרשת צו:** מדרש רבה (אסתר ב, ה) במגילת אסתר (ו, ב) איש יהודי היה כו׳ שקול היה מרדכי כמשה רבינו ע״ה נאמר במשה

3. באור על מגלה עמוקות ואתחנן אופן קל״ב: כ״א. אֵיכָה הָיְתָה לְזוֹנָה קִרְיָה נֶאֱמָנָה מְלֵאֲתִי מִשְׁפָּט צֶדֶק יָלִין בָּהּ וְעַתָּה מְרַצְּחִים (ישעיהו א,כא) גימ׳ (3095) ה׳ פעמים ״משה מרדכי״ (619) כאמרם מרדכי בדורו כמשה בדורו, ואינו דומה לאלה תולדות נח נח איש צדיק היה בדורותיו (בראשית ו׳,ט׳) שקראו הזוה״ק רעיא שטיא משום שלא לא מסר נפשו, ובכאן מרדכי מסר נפשו דהמן

גלא עמיקתא

בדורו כמשה בדורו ומיתק הגזירה ונהפוך הוא דאת המ"ן תלו על העץ אשר הכין [יא]לו לעצמו (מגילה ט"ז ע"א). ובגמ' (חולין קלט:) [יב]המן מן התורה מנין? "המן העץ" (בראשית ג', י"א) והוא כדכתיב "משרש נחש יצא צפע" (ישעי' י"ד, כ"ט) "צפע" גימ' (240) "עמלק" ומרדכי מיתקו עד הגאולה האמיתית והשלמה ב"ב אכי"ר.

ומעתה יובן מה שכתב רבינו רמז למה שזכה משה לסוד חשמ"ל דהיינו מלבו"ש – ורמזנו לעיל ב–ג' שמות הקדושים בתר תיבה בשלו"ם אל ש–די בריאה דבי"ע והוא עצמו גימ' (345) "משה". ואיתא בספה"ק [יג]א"ל שד"י במלוי גימ' (1000) אל"ף עם הכולל כזה: "אלף למד (185) שין דלת יוד (814)" גימ' (999) ובהוספת הכולל (1000) אלף. ונמשך מדברי האר"י הקדוש דהאי א' זעירא היא גופא דחסרה להשלים חושבן אלף (1000) ומעתה באלף זעירא דויקרא אל משה זכה לה. וכן כתב המגלה עמוקות "אל משה" עם א' דויקרא חושבן חשמ"ל בסוד מלבו"ש– וזהו ויקר לשון כבוד [יד]ר' יוחנן קרא למאניה מכבדותי (שבת קיג:). ו–ג' שמות המלבוש סליקו יחד לחושבן (498) "משה נאמן הוא"

הרשע הכין לו (לעצמו) עץ גבוה חמישים אמה כנגד שער ה–נ', דמרדכי יסוד אבא המשיך השפע דרך שער הנון להאי עלמא באופן של בקיעת היסוד, ומביא לונהפוך הוא היינו תחית המתים [כמבואר אצלנו במקום אחר דעיקר תכלית ענין ונהפוך הוא דפורים מתקיים בתחית המתים], והמן הרשע רצה למנוע זה השפע ולבסוף תלו אותו ואת עשרת בניו [בסוד י"א כתרין דמסאבותא] על העץ בחינת חרבם תבוא בלבם (תהל' ל"ז, ט"ו). ומדייק בן המחבר בחושבן מלאת"י דהוא חושבן ועת"ה דהן תפ"א ובלשונו הזהב: "ת"פ מחנות של לילית והוא רוכב עליהם" גימ' (2599) "ולכל היד החזקה ולכל המורא הגדול אשר עשה משה לעיני כל ישראל" פסוקא אחריתי דאורייתא קדישא, ומוספינן הכולל דאיהו אלופו של עולם

(במדבר יב, ג) והאיש משה כו'. ונאמר במרדכי איש יהודי. נאמר במשה (ויקרא י, טז) דרוש דרש משה. ונאמר במרדכי דורש טוב לעמו כו' (אסתר י, ג). ויש לדקדק היאך תולה זה בפסוק איש יהודי כו'. ונראה כי משה רבינו ע"ה היה רעיא מהימנא של ישראל והיה מוסר נפשו תמיד על ישראל להחזירם למוטב ולהמתיק מהם הדינים הקשים על ידי פעולות מעשים ויחודים שעשה בעולמות העליונים וידוע כי עיקר המתקות הדינים נעשים על ידי שמירת שבת קודש, ולכן הראשי תיבות של ושמרו בני ישראל את השבת הם אותיות ביא"ה שהוא מורה על יחוד וזווג העליון כביכול, וזה היה גם כן מעשה מרדכי הצדיק שלבש שק ואפר ומסר נפשו להחזיר את ישראל למוטב ולהמתיק מהם הדינים הקשים על ידי היחודים שלו, וזה הוא ראשי תיבות של איש יהודי היה בשושן הם גם כן אותיות ביא"ה, ולכן שפיר דייקו חז"ל בזה הפסוק שקול היה מרדכי כמשה רבינו ע"ה. ע"כ בשם הרב הק' מראפשיץ.

[יא] **תלמוד בבלי מגילה דף טז עמוד א:** לא נעשה עמו דבר, אמר רבא: לא מפני שאוהבין את מרדכי, אלא מפני ששונאים את המן. הכין לו, תנא: לו הכין. [יב] **תלמוד בבלי מסכת חולין דף קלט עמוד ב:** אמרי ליה פפונאי לרב מתנה וכו' משה מן התורה מנין? בשגם הוא בשר (בראשית ו') המן מן התורה מנין? המן העץ (בראשית ג') אסתר מן התורה מנין? ואנכי הסתר אסתיר (דברים ל"א) מרדכי מן התורה מנין? דכתיב (שמות ל') מר דרור ומתרגמינן: מירא דכיא. [יג] **עייל לעיל אות ז'.** [יד] **תלמוד בבלי מסכת שבת דף קיג עמוד ב:** ותחת כבדו יקד יקד כיקוד אש. אמר רבי יוחנן: ותחת כבדו - ולא כבודו ממש. רבי יוחנן לטעמיה; דרבי יוחנן קרי למאניה מכבדותי. רבי אלעזר אומר: ותחת כבדו - תחת כבודו ממש. רבי שמואל בר נחמני אמר: תחת כבדו - כשריפת בני אהרן; מה להלן - שריפת נשמה וגוף קיים, אף כאן - שריפת נשמה וגוף קיים.

גלא עמיקתא

כדהבאנו לעיל הפסוק (במדבר י"ב,ז') "לא כן עבדי משה בכל ביתי נאמן הוא". והן ראשי תיבות המ"ן כנ"ל– וזהו דאמר המן בלבו (אסתר ו') "למי יחפוץ המלך לעשות יקר וגדולה יותר ממני" ובקש מהמלך– דהיינו מלכו של עולם– יביאו לבו"ש מלכו"ת אשר לבש בו המלך וכו' [4]עיין עוד מה שכתבנו במקום אחר בפירוש י' פעמים יקר במגילת אסתר וקשרהו לכאן.

וזהו דזכה משה לבחינת חשמל בחינת עולם הבא כדאמרינן בצלותא שחרית שבת קודש ישמ"ח מש"ה אתוון משי"ח מש"ה גימ' (703) שבת"א בחינת אלף השביעי – יום שכולו שבת. וזהו "ויקרא אל" גימ' (348) "שמח" והן אתוון "חשמ" מחשמ"ל ועם תיבה "משה" היינו "משה שמח" ולעתיד לבוא מזמור שיר ליום השבת (תהל' צ"ב) ראשי תיבות למש"ה עם ל' ואז חשמ"ל ח' של"ם בחינת מזמור שיר ליום ח' האלף השמיני בגאולה האמיתית והשלמה במהרה בימינו אמן.

וכן "מזמור שיר ליום השבת" (תהל' צ"ב,א') גימ' (1596) "תחית המתים האור הגנוז" יושפע בבני ישראל בביאת משיח צדקנו, [5]ועיין עוד מה שבארנו בזה

עושה נפלאות גדולות לבדו וכו', ואז צדק ילין בה.

4. אסתר א'-סתר י' פעמים יקר במגילה: ויקרא א' זעירא מרמז "ויקר א'סתר" גימ' (ע"ה) "קריעת ים סוף" (976), דבקי"ס נקרעו המסכים וגילה ה' כבוד מלכותו ובוטלו ההסתרים וממילא כל הסט"א וכמץ אשר תדפנו רוח וכו', היינו דכתיב (יחזקאל ל"ט,כ"ט) "לא אסתיר עוד פני מהם" גימ' (1007) "אשרי העם שככה לו" (תהלים קמ"ד,ט"ו) "שככה" גימ' "משה" כנודע, אשר המשיך מלכות שמים לארעא, וכ"ש במדרש שנסתלקה שכינה מרקיע לרקיע, ובאו ז' צדיקים- אברהם הורידה מרקיע שביעי לרקיע שישי, יצחק וכו' ומשה הורידה היינו דכתיב "וירד ה' על הר סיני" (שמות י"ט,כ') ומרמז דווקא באסתר מן התורה- "ואנכי הסתר אסתיר פני ביום ההוא על כל הרעה אשר עשה כי פנה אל אלהים אחרים" (דברים ל"א,י"ח) דעולה (3485) ה"פ "ברית מילה" (697) ומרמז אותו פגם דקדושה אתוון יק"ר- להסתרת פני ה' רח"ל וה' ישמרנו ויצילנו ויעלה נצוצי הקדושה כדרשם חיל בלע ויקיאנו וכו'. והנה במגילת אסתר י"פ שרש "יקר" כנגד י"ס קומה שלמה, ובנס דפורים נפדו באחת אותן הנצוצין כמ"ש "ונהפוך הוא אשר ישלטו היהודים המה בשנאיהם" (אסתר ט',א') גימ' (1537) "כי אלף שנים בעיניך כיום אתמול כי יעבור" (תהלים צ',ד') עם הכולל, ומרומז בא' זעירא אלף שנים הללו, ותשועת ה' כהרף עין. וזהו מש"כ (איוב כ',ט"ו) "חיל בלע ויקיאנו מבטנו ירשנו אל" גימ' (1027) "אות הברית" ע"ה (בראשית ט',י"ב - כתיב בעניין את קשתי נתתי בענן וכו' עיי"ש), וביקר דאסתר היא השכינה הק' תליא מילתא, שכן עולה "לא אסתיר (גימ' שבת) הסתר אסתיר" גימ' (2038) "הוצאתי הצלתי גאלתי לקחתי" (שמות ו') שהן ד' לשונות של גאולה, וכן עולה גימ' "הקמתי את בריתי אתכם" (ויקרא כ"ו).

והנה הוא פלא, כשנחבר י' לשונות "יקר" שנמצאים במגילת אסתר דהיינו "ד"פ יקר, ה"פ ביקרו, פ"א ויקר" גימ' (3146) "אל-פי" פעמים הוי', היינו דכתיב (יהושע ט"ו,י"ג) "אל-פי ה' ליהושע", ופני יהושע כפני לבנה, ואסתר היא הלבנה איסתהר כנודע. וזהו אל-פי "שובה ה' רבבות אלפי ישראל" גימ' (1611) "זרע יעקב אשר בם בחרת". "אל-פי ה' אלפי ישראל" רגיל וא"ת ב"ש גימ' (2506) "ויברכו את רבקה ויאמרו לה אחותנו את היי לאלפי רבבה" (בראשית כ"ד,ס') דהסיטרא אחרא מחזירה הנצוצות לקדושה בעל כורחה, ומרמז לתיקון פגם הקדושה דאדה"ר כנודע מהאריז"ל בענין "ותקם רבקה ונערותיה ותרכבנה על הגמלים" (שם פסוק ס"א).

5. אור הגנוז - אפיקומן: ויקרא א' זעירא היינו יו"ד כמו שכתב במג"ע הק' אופן ע"ח עיי"ש - והיינו "ויקרי", ומרמז העניין של קריאת ההגדה. והנה ביחץ טומנים החלק הגדול לאפיקומן-צפון,

רמז לאור הגנוז הצפון לצדיקים לעתיד לבוא, ובצפון אוכלים אותו בלי ברכה, מרמז האור הגנוז שאין לנו בו השגה כלל, ולכן הא' מרמז אור דהיינו אור הגנוז, והיא זעירא דאיהו צפון.

והנה אפיקומן במלוי ע"ה "אלף פא יוד קוף ויו מם נון" גימ' (613) "משה רבינו" (כמ"ש המג"ע), ולעתיד לבוא "ישמח משה" דהיינו "משיח משה" גימ' (703) "שבתא" כנודע, ועם ההמשך דאמרינן בצלותא דשבתא "ישמח משה במתנת חלקו כי עבד נאמן קראת לו" גימ' (2724) "יברכך ה' וישמרך יאר ה' פניו אליך ויחנך ישא ה' פניו אליך וישם לך שלום" (במדבר כ"ד,כ"ו) ע"ה, וזהו דמיד אחרי "יחץ" "מגיד", להטעימנו טעם אור הגנוז בפסח, ובליל הסדר בפרט, והוא גימ' ג"פ דהוי חזקה (908) "(לא ירעו ולא ישחיתו בכל הר קדשי) כי מלאה הארץ דעה את ה' כמים לים מכסים" וכו' (ישעי' י"א,ט') ויה"ר דנזכה להתגלות משיח צדקנו ולגאולה האמיתית והשלמה בב"א עוד בחג הפסח הבעל"ט לטובה ולברכה בעזהי"ת (ה'תשע"ד).

6. סוד המלבוש לרבי ישראל שרוג: ויקרא א' זעירא מרמז מרע"ה העניין של סוד המלבוש, כמ"ש בדרוש המלבוש למקובל ר' ישראל שרוג זצוקללה"ה מראשוני תלמידי האר"י הקדוש וזלשה"ק "אבל דע כלל אחד, כי כל דבר רוחני אע"פ שנסתלק האור נשאר הרשימו שלו, ולא זז ממקומו וכו' ואורו ית' כשנתצמצם מן הרשימו שלו נעשה מלבוש וכו' ודע שהמלבוש הוא מאור מהותו ית' כמ"ש חז"ל במדרש (ב"ר כ"א,ה') כהדין "קמצא" (231-רל"א) דלבושיה מיניה וביה, וממשיך וז"ל "והמלבוש הזה הוא אותיות התורה, והתורה נארגת מרל"א שערים פו"א רל"א של פנים מתחילים באות א' ורל"א של אחור מתחילין באות ת' וכו' ודע שבתוך הרשימו הזה יש בו נקודת א"ס ית' וכו' שנתקמץ בעצמו כדי לברוא המלבוש הבא" וכו' עיי"ש אריכותו הנפלאה בעניין. ונבאר בעזהי"ת דנקודה זאת- שורש כל הבריאה כולה מעצמותו ית', היא היא אותה א' זעירא דרמז מרע"ה, ונביא רמז מדבריו ז"ל- "קמצא" גימ' "רלא", וק"ל, "כהדין קמצא דלבושיה מיניה וביה" גימ' (808) "הודו על ארץ ושמים" (תהלי'

גלא עמיקתא

במקום אחר בפירוש ענין אור הגנוז-אפיקומן. ובאופן זה מבאר ענין מלבו"ש שהוא בגימ' חשמ"ל [6]ועיין עוד באורנו בזה במקום אחר בפירוש ענין סוד המלבוש לרבי ישראל שרוג.

קמ"ח,י"ג). והנה כתיב (תהלים ק"ד,ב') "עטה אור כשלמה, נוטה שמים כיריעה" גימ' (1461) "לבשי בגדי תפארתך" ע"ה (ישעי' נ"ב,א'), ובתוספת ג' תיבות קודמות באותו פסוק "לבשי עזך ציון" ביחד גימ' "הנני נותן לו את בריתי שלום" [עיין לעיל אופן ט'] והוא הקשר שמירת הברית עם לבושי הקודש, וד"ל. באר"י הק' מבואר בברית נתגלה י', והאדם כולו נתהוה שם שד-י. ובמגילת אסתר (ה',א') "ותלבש אסתר" גימ' (1399) "אלף (בסגול) אלף זעירא" ומרמז כנ"ל עניין הלבושים ברוחניות דרמיזא בהאי א' זעירא, ובא"ת ב"ש גימ' ע"ה (815) "שין דלת יוד", "אסתר" בא"ת ב"ש עולה גימ' (412) "בית" הה"ד (תהלים מ"ה,י"ד) "כל כבודה בת מלך פנימה", ובתהלים (ק"ד,א') "הוד והדר לבשת" גימ' (962) "כבודה" (37) פעמים "הוי'" (26), "ותלבש אסתר" פשוט וא"ת ב"ש ע"ה גימ' ח"פ "זרע", וזהו דסוף המגילה והכל הולך אחר החיתום (ס"י) "ודבר שלום לכל זרעו"- "לכל" גימ' ח' במ"ק, וד"ל [וע"ע לעיל אופן כ"ו בעניין א' זעירא י"ב זרע, והבן], ושם במגילה (ו',ו') "ויאמר לו המלך מה לעשות באיש אשר המלך חפץ ביקרו" וכו' "יביאו לבוש מלכות" גימ' (863) "קדש הקדשים". וזהו (שבת קיג:) ד"רבי יוחנן" (גימ' "פורים") "קרי למאניה מכבדותי" גימ' (928) "כבד את אביך ואת אמך" וכן גימ' "ברכו את ה' המבורך" ג' שותפין באדם וכו', וזהו דהאי גימ' (928) גימ' "כבגד" (29) פעמים "לב" (32), וכמ"ש (תהלים ק"ט,י"ט) "תהי לו כבגד יעטה" גימ' (565) "וביום השמיני ימול" (ויקרא י"ב,ג'), ומרמז "קרי" דויקרא "להוציא יקר מזולל" גימ' (565)- התקדשות בנ"י עם קדוש בלבושיהם הרוחניים ומעלים מעמקי הקלי' נצוצי הקדושה שבלעו מאז חטא אדה"ר, וכאמרם דבנ"י לא שינו לבושם במצרים- נשארו עם קדוש אפילו בעמקי הקלי', והקטרוג דאלו ואלו עובדי וכו' קאי על חיצוניותם, כדכתיב (הושע י"א,א) "כי נער ישראל ואהבהו וממצרים קראתי לבני" בחיצוניות "נער" גימ' ש"ך דינים, אמנם בפנימיות "נער ישראל" גימ' (861) "בית המקדש". וזהו דמברכינן בכל יום "מלביש ערמים" גימ' (742) "גאות לבש" (תהלים צ"ג,א')

ושם בפס׳ ״ה׳ לבש״ גימ׳ (358) ״משיח״ וחוזר מייד ״לבש ה׳״ בסוד או״י ואו״ח, דהוא יביא משיח צדקנו במהרה בימינו ויגאלנו שנית לעיני כל חי וכו׳ אחרית כראשית וכו׳ בב״א, וזהו תיקון לחטא אדה״ר דנתפתה לחוה שנתפתתה לנחש והביאה דין לעולם ד״ה׳ מלך גאות לבש לבש ה׳״ גימ׳ (1216) ״חוה״ (19) פעמים ״דין״ (64), וד״ל. והיינו דכתיב ״ויהושע היה לבוש בגדים צואים״ (זכריה ג׳,ג׳) - שלא מיחה בבניו שנשאו נשים הפסולות מן הכהונה (סנהדרין צג. למטה), ובתריה כתיב ״הסירו הבגדים הצואים מעליו״ לפי שבניו הפרישו מהן אותן נשים, ובזוה״ק פרשת פנחס (ריד.) מהכא אית לאסתכלא בעובדין בישין דבר נש, עבדין ליה אינון לבושין צואים, ובתריה כתיב ״ויאמר אליו ראה העברתי מעליך עונך והלבש אותך מחלצות״ היינו אלבישיניה מלבושין אחרין מתתקנן, דבהו אסתכל בר נש בזיו יקרא דמאריה, כגוונא דא פנחס דלא אסתלק מעלמא עד דאתתקנו קמיה לבושין אחרנין לקיימא דכתיב ״הנני נותן לו את בריתי שלום״ גימ׳ (2056) ד״פ ״מקדישכם״ (514), ״בריתי שלום״ ע״ה גימ׳ (1000) ״אלף״ ורמיזא א׳ זעירא.

ויהי רצון מלפני אבינו שבשמים דישא נס לקבץ גלויותינו ״יחד מארבע כנפות הארץ לארצנו״גימ׳ (1534) ״ועשית בגדי קדש לאהרן אחיך״, ויתקיים (ירמי׳ ל״א,י׳) ״כי פדה ה׳ את יעקב וגאלו מיד חזק ממנו״ גימ׳ (1049) ״ויקרא אל משה״ בא״ת ב״ש, ועם פשוט גימ׳ (1742) ״יבנה״ (67) פעמים ״הוי׳״, והוא ית׳ יבנה ביתו בית המקדש השלישי בגאולה האמיתית והשלמה וביאת משיח צדקנו בקרוב אמן נצח סלה ועד [וכמ״ש ״אשר יבנה הבית לה׳״ (דה״ב ב׳,י״א) כנ״ל ״יבנה״ פעמים הוי׳].

אופן כו

נרמז בכאן סוד באתי לגני אחותי כלה כדאיתא בזוהר פנחס על פסוק כהניך ילבשו צדק וחסידך ירננו ולויך מיבעי לי אלא ששינה הקב"ה לפי שהחתן בא אל הכלה.

וזה שכתוב ויקר אל משה שעשה הקב"ה כבוד למשה א' זעירא הוא סוד כלה ויקר הוא מה יקר חסדך.

מהא' זעירא תצרף א"ל מש"ה בגי' אבל"ו רעי"ם שכתב בזוהר בזה הפירוש על פסוק באתי לגני אחותי וגו' והן תרין רעים דלא מתפרשין שהם סוד י"ה שזכה מאוהל מועד שהי' בו ט"ו דברים ובזה זכה לב' אתוון אלו:

אופן כו

נרמז בכאן סוד (שיר השירים ה',א') באתי לגני אחתי כלה [א]כדאיתא בזוהר פנחס על פסוק (תהל' קל"ב,ט') כהניך

גלא עמיקתא

ומביא הפסוק (שיר השירים ה',א') "באתי לגני אחתי כלה" ומקשרו לסיפא של אותו פסוק "אכלו רעים" דסליק לחושבן (377) "א' אל משה".

וממילא מקשר תיבה רעים לחכמה ובינה תרין רעים דלא מתפרשין לעלמין והם בחינת י"ה דשמא קדישא- והאי דאומרו בחינת חתן וכלה דאינון זו"ן י"ל בעת יחודם בחיק או"א סליקו עד לבחינת או"א.

ועיין מה שכתבנו [1]בבאור פרק ה' דשיר השירים באריכות, ובכאן נוסיף [ב]דאין בית מדרש בלא חידוש: דהאי פסוקא קדמאה (שם) דהיינו "[ג]באתי

1. באור שיר השירים פרק ה': פסוק א': באתי לגני אחתי כלה אריתי מורי עם בשמי אכלתי יערי עם דבשי שתיתי ייני עם חלבי אכלו רעים שתו ושכרו דודים גימ' (6535): ה"פ "שומר עמו ישראל לעד" (1307) דאמרינן קדם צלותא דערבית דחול בחינת הגלות. ובשבת קודש דאיהי בחינת הגאולה- מעין עולם הבא, מברכינן "הפורש סוכת שלום עלינו ועל כל עמו ישראל ועל ירושלם (ירושלים)" סליק האי ברכה לחושבן (3118): ב"פ "משגיח מן החלונות מציץ מן החרכים" (שה"ש ב',ט'). וכפלינן ב"פ דאינון שני ימות המשיח כדאמרינן בובא לציון יהי רצון וכו' לשני ימות המשיח ולחיי העולם הבא וכו' ורמיזא שבת קודש מעין עולם הבא כנ"ל. ואז תהיה השגחתו מוחשית- ומשיח צדקנו יכין הקרקע לתחית המתים בהתגלות אור הגנוז באלף השמיני בס"ד, ויהי רצון דהשי"ת יחיש גאולתנו בחינת אחישנה דרב שבענו בוז וכו' בגאולה האמיתית והשלמה וביאת משיח צדקנו בב"א.

[א] **זוהר פרשת פנחס דף רמב עמוד א**: וילפינן מדוד דזמין לקודשא בריך הוא ושני עובדוי ממה דארחוי דקודשא בריך הוא וקודשא בריך הוא קביל ועביד רעותיה זמין למלכא ולמטרוניתא בהדיה הדא הוא דכתיב (תהלים קלב) קומה יי' למנוחתך אתה וארון עוזך, מלכא ומטרוניתא כחדא בגין דלא לאפרשא לון שני מאנין ושני עובדין דמלכא הדא הוא דכתיב (שם) כהניך ילבשו צדק וחסידיך ירננו בעבור דוד וגו' כהניך ילבשו צדק לוייך מבעי ליה דהא צדק מסטרא דליואי איהו, וחסידיך ירננו לוייך ירננו מבעי ליה דהא רנה וזמרה בליואי נינהו ואיהו שני ואמר כהניך וחסידיך דאינון מסטרא דימינא א"ל קודשא בריך הוא דוד לאו אורח דילי הכי, אמר דוד בעבור דוד עבדך אל תשב פני משיחך, תקונא דאנא תקינת לא תשנה ליה, א"ל, דוד הואיל וזמינת לי אית לי למעבד רעותך ולאו רעותי, וילפינן מהאי אורחא דעלמא דמאן דמזמן לאחרא ההוא דאתי לגביה אית ליה למעבד רעותיה אף על גב דלאו אורחיה בכך.

[ב] **תלמוד בבלי חגיגה דף ג עמוד א**: תנו רבנן: מעשה ברבי יוחנן בן ברוקה ורבי אלעזר (בן) חסמא שהלכו להקביל פני רבי יהושע בפקיעין, אמר להם: מה חידוש היה בבית המדרש היום? אמרו לו: תלמידיך אנו, ומימיך אנו שותין. אמר להם: אף על פי כן, אי אפשר לבית המדרש בלא חידוש, שבת של מי היתה? - שבת של רבי אלעזר בן עזריה היתה. - ובמה היתה הגדה היום? אמרו לו: בפרשת הקהל. - ומה דרש בה? הקהל את העם האנשים והנשים והטף אם אנשים באים ללמוד, נשים באות לשמוע, טף למה באין? כדי ליתן שכר למביאיהן. [ג] **ראבי"ה תשובות וביאורי סוגיות סימן אלף קנה**: להקים את המשכן, בתנחומא א"ר יוחנן ביום כלת שנתכלו המזיקים מן העולם וכו' ונגע לא יקרב באהלך, עד אהלך. (וישם) [ישא] וכו' עד שלום ביום כלת משה, שעשה שלום. (ומני') [ושנוי] ומשולש בכתובים ה' יברך את עמו בשלום מזמור שיר חנוכת הבית לדוד. ושמו את שמי על בני ישראל ואני אברכם ביום כלות משה להקים, זהו בכל מקום אשר אזכיר את שמי אבא אליך וברכתיך. ד"א לפי שויברך אותם משה תשרה שכינה במעשה ידיכם. ביום כלת משה,

ילבשו צדק וחסידיך ירננו לוייך מיבעי ליה אלא שינה הקב״ה לפי שהחתן בא אל הכלה. וז״ש ויקר אל משה

גלא עמיקתא

לגני אחתי כלה אריתי מורי עם בשמי אכלתי יערי עם דבשי שתיתי ייני עם חלבי אכלו רעים שתו ושכרו דודים״

סליק כולא פסוקא לחושבן (6535) ה׳ פעמים ״שומר עמו ישראל לעד״ (1307) ראשי תיבות גימ׳ (410) קדו״ש סופי תיבות להבדיל גימ׳ (240) עמל״ק. וכפלינן ה׳ פעמים ״עמלק״ גימ׳ (1200) – דהן [2][ד] י״ב שבטי י-ה כמו

מקורות

כלת כתיב זהו באתי לגני אחותי כלה (שה״ש ה א) לגנוני. כלת משה להקים את המשכן, כדאמרינן במסכת שבת (צח ב) למה משכן דומה לכלה שמהלכת בשוק ושיפוליה אחריה דכתיב עלה (שמות כו יב) תסרח על אחורי המשכן. את המשכן, שנתאווה כבר לשכן בתחתונים. ואני אברכם ביום כלת משה להקים, ביום ראש חדש ניסן שהוקם [ו]לא פירקו, וישא אהרן את ידיו אל העם ויברכם.

[ד] **קדושת לוי שמות פרשת תצוה:** או יבואר, ועשית בגדי קודש לאהרן אחיך לכבוד ולתפארת. דהנה נודע (עי׳ פרקי דר״א פ״ה) די״ב חדשי השנה, ששה חדשים בימי החורף, וששה חדשים בימי הקיץ, הם נגד י״ב מזלות אשר יש ברקיע, ובכל חודש משמש מזל אחד. והי״ב מזלות הם כנגד הששה מדות הקדושים, בסוד ׳אור ישר׳ ו׳אור חוזר׳ הם י״ב (תיקו״ז תיקון יח). ואלו הששה מדות הם: האחד, הוא אהבה שיש לאדם את הבורא לעבדו מחמת אהבה להשפיע לו תענוג. והב׳, יראה שיש לאדם [לירא] מפני הבורא לעבור על מצותיו ולהמרות רצונו. הג׳, הוא התפארת אשר האדם צריך לראות שהבורא יתברך יתפאר עמו, כמו שכתוב (ישעיה מט, ג) ׳ישראל אשר בך אתפאר׳. והד׳ והה׳א, הוא האמונה שיש לאדם להבורא ברוך הוא, והם תרי מדות אף שהוא אחת, והכל נכלל באמונה. והמדה הו׳, שהוא התקשרות מה שאדם מקשר את עצמו בהבורא. והם נגד י״ב שבטי י״ה, י״ב אבני החושן (להלן פסוק כא). וחודש אדר הוא נגד יוסף, וממנו יצאו ב׳ שבטים, אפרים ומנשה, לכך חודש אדר מעובר, ויש לפעמים שני חדשים אדר. ולכן אדר מזל דגים (ס׳ יצירה פ״ה מתני׳ ה; אסת״ר ז, יא), שהוא בחינת יוסף, דכתיב (בראשית מח, טז) ׳וידגו לרוב בקרב הארץ׳, וידוע (ברכות כ, א) דזרעו של יוסף נמשל לדג, מה דגים שבים מכוסים כך זרעו של יוסף, ׳בן

עיונים

2. באור על מגלה עמוקות ואתחנן אופן ל״ט: א׳. וָאֶתְחַנַּן אֶל יהוה בָּעֵת הַהִוא לֵאמֹר (דברים ג,כג) גימ׳ (1332) י״א פעמים י״א פעמים י״א עם הכולל. ובאור הענין דאינון י״א כתרין דמסאבותא בסוד י״א סממני הקטרת ובסוד י״א יריעות עיזים שהיו על המשכן כמ״ש (שמות כ״ו,ז׳) ״ועשית יריעות עיזים לאוהל על המשכן, עשתי עשרה יריעות תעשה אתם״- והן י״א בסוד כל המוסיף גורע- דבקדושה כתיב (ספר יצירה) עשר ספירות בלימה עשר ולא תשע עשר ולא אחד עשר, ולעומת זה בקלי׳ הן י״א דהן בחינת עזות דקלי׳ בבחינת אני אמלוך- רצון להתגאות על הקדושה- אמנם בקדושה הן י״ב שבטי י״ה א׳ יתיר עליהן.

ואם יקשה לך אדם (בליעל): והרי הן י״ב בני ישמעאל? אף אתה הקהה את שיניו ואמור לו: בקדושה הן י״ג מידות הרחמים מאריך אנפין- וכאן אין לעומת זה- אמנם כנגדו יש אריך דקלי׳ בסוד (ישעי׳ י״א,ח׳) ושעשע יונק על חור פתן- אך לית ביה י״ג מכילן כלל- והוא עומד מאחרי אריך דפרצוף מלכות דמלכות דאצילות, ואינו מגיע לאריך דקדושה כלל דהוא בחינת כתר דאצילות דכללות בבחינת (שמות י״ד,כ׳) ולא קרב זה אל זה כל הלילה- דגלות נמשלה ללילה- ובפסוקא דנן כללות י״א פעמים י״א פעמים י״א ג׳ פעמים לרמוז על בחינה זו- הכאת אריך דקלי׳, דהוא שורשו של נחש הקדמוני כמ״ש בא ס״מ [אריך דקלי׳] רכוב על נחש בדמות גמל ובא על חוה והטיל בה זוהמא- והיא חוה הראשונה דא לילי״ת הרשעה איתתא דס״מ מאותו זמן ועד דעתידא קוב״ה למשחטיה למלאך המות (עיין סוכה נב.) ואז יקוים מאמר הנביא (ישעי׳ כ״ה,ח׳) בלע המות לנצח.

וזהו דשמות כולם יחד: ״סמא״ל - נחש - גמל - לילי״ת״ סליקו לחושבן (1042) ג׳ פעמים ״במשה״ (347) עם הכולל- כלומר שהיה בכחו של משה

שעשה הקב"ה כבוד למשה א' זעירא הוא סוד כלה ויקר הוא (שם ל"ו,ח') מה יקר חסדך מהא' זעירא תצרף א"ל מש"ה

גלא עמיקתא

שיעלו לבחינת הכתר לבחינת מא"ה י' כלול מ-י' וכמבואר בזוה"ק בענין שני חיי שרה- מאה בחינת כתר, עשרים בחינת חו"ב, שבע שנים בחינת ז"ת- דהשלימה בשני חייה שלמות הקומה. והוא ה' פעמים רמיזא מאי דכתיב במדרש (ילקוט שמעוני פרשת בשלח רמז רסא):

"[ה]חמשה עממין פסע עמלק, ובא ונלחם עם ישראל". והתם עבדינן חושבן רבועי אותיות דכל תיבה ותיבה וצירנום בחנוכיות עיין שם, וכאן נוסיף רבועי התיבות דכתב המגלה עמוקות, דהיינו רבועי: "באתי (821) לגני (239) אחתי (838) כלה (125)" סליקו לחושבן (2023) "ואמרת אליו בחזק יד הוציאנו ה' ממצרים מבית עבדים" (שמות י"ג, י"ד-פרשת בא) כנ"ל, והוא נפלא דיש לקשר ל-ד' תיבין קדמאין דפסוקא קדמאה דפרקא ברבועי אתוון. ונעביד חושבן דתרין תיבין "אכלו (130) רעים (1070)" ברבועי אתוון סליקו לחושבן (1200) והוא להפקיע מעמלק כדאמרינן לעיל ה' פעמים "עמלק" (240) גימ' (1200) ק' פעמים י"ב וביארנו דהיינו י"ב שבטי י-ה. ויש לקשרו לשמו של בעל המחבר ספר מגלה עמוקות, דהאי "אכלו רעים" ברבועי אותיות (1200) עם כ' אותיותיהן- דרבוע תיבה בת ד' אותיות הן י' אותיות- סליק לחושבן (1220) "נתן נטע שפירא" שמו

רבינו למתק לכל הני סיטרא אחרא, ולכן רצה להיכנס לארץ ישראל להגביר כח הקדושה למתק כל הני דינים קשים ולהביא גאולה לעולם. והשיב לו הקב"ה: רב לך- יהושע יתחיל המיתוק על ידי כיבוש ויישוב הארץ, ודוד מלכא משיחא יסיימו בעת הגאולה- דבספר דברי הימים כתיב דויד מלא [ויברך דויד את ה' לעיני כל הקהל ויאמר דויד (דברי הימים א' כ"ט,י')] דסליק לחושבן כ"ד ורמיזא מיתוק כ"ד זיני דמסאבותא על ידי כ"ד קישוטי כלה דהן שמות היוצאים מתחלת ומסוף כל אחד מ-כ"ד ספרים דתורה נביאים וכתובים כמו שבארנו באריכות במקום אחר בענין תיקון ליל שבועות.

פרת יוסף בן פרת עלי עין' (בראשית מט, כב). ו'דג' בצירוף אתוון בהיפך הוא 'גד', הוא מלשון מז"ל, על דרך 'גד גדי וסנוק לא' (שבת סז, ב), דבחודש אדר נתרומם מזל ישראל (עי' תענית כט, ב). וכמו ביוסף דהוא ב' שבטים אפרים ומנשה, דמנשה רומז על הצרות ישראל, על דרך 'כי נשני אלהים' (בראשית מא, נא), ואפרים רומז על הטובות, על דרך 'כי הפרני אלהים' (שם פסוק נב), כך בחודש אדר דהוא נגד יוסף, היה תחילה בחודש הזה צרה גדולה אשר גזר המלך והמן - דהוא מבחינת מנשה, אבל אחר כך נהפך הכל מיגון לשמחה מאפילה לאור גדול - מבחינת אפרים. ולזה מרמז הצירוף 'דג', דהדל"ת קודם לגימ"ל, דדל"ת מורה על ישראל כשהם בצרה חס ושלום, שהם בבחינת דל"ת, אבל ג' דהוא בחינת עושר, על דרך דאמרו חכמינו ז"ל (שבת קד, א) ג"ד ג'מול ד'לים. מתחלה היה התגברות הד', ואחר כך בא ממשלת הג', ונתהפך הכל מ'צרה' ל'רצה', ו'ליהודים היתה אורה ושמחה' (אסתר ח, טז). לכך הצירוף ד"ג, אף שבהיפך אתוון הוא ג"ד גומל דלים, דבאמת אצל ישראל השם יתברך אף שמכה אותם בורא להם רפואות תחילה (מגילה יג, ב), לכך אצל אחשורוש הקדים השם יתברך רפואה אסתר ומרדכי, כמו שיתבאר במגילה, לכך גם הצירוף של ג"ד ניחא, דהרפואה הוא קודם למכה, לכך הגימ"ל הוא קודם לדל"ת. **[ה] ילקוט שמעוני פרשת בשלח רמז רסא:** ר' יהודה הנשיא אומר חמשה עממין פסע עמלק ובא ועשה מלחמה עם ישראל שנאמר ויבא עמלק [י"ז, ח] וכתיב עמלק יושב בארץ הנגב שהיה לפנים מכולן.

בגימ׳ אכלו רעים [היינו סוף הפסוק דלעיל באתי לגני וכו׳ אכלו רעים שתו ושכרו דודים]. שכתוב בזוהר בזה הפסוק[ו]

גלא עמיקתא

הקדוש [3כמבואר אצלנו במקום אחר].

וממילא הוא חושבן ה׳ פעמים "עמלק" עם כ׳ אותיותיו (ה"פ ד׳) דחבוריו הקדושים ופועלו בשנותיו הקצרות היו קודש לקרוב הגאולה ולהכניע הסטרין אחרנין דעסק בצרכי צבור וזיכוי הרבים. וכדאמרינן 4במקום אחר דהני תיבין "[ז]לזכות את הרבים"

[ו] **זוהר פרשת ויקרא דף ד עמוד א:** רבי אלעזר אמר כל אינון דלתתא דכיון דאינון שית אתברכאן כלהו דלתתא מתברכאן ר"ש אמר כלא שפיר אבל רזא דמלה אכלו רעים לעילא שתו ושכרו דודים לתתא, אמר ליה ר׳ אלעזר מאן אינון לעילא ומאן אינון לתתא, אמר ליה יאות שאילתא דא אתר עלאה דאינון באחדותא בחדוותא דלא מתפרשין לעלמין אלין אקרון רעים הדא הוא דכתיב (בראשית ב) ונהר יוצא מעדן, ועדן וההוא נהר לא מתפרשן לעלמין ואשתכחו לעלמין ברעותא באחדותא בחדוותא, שתו ושכרו דודים אלין אינון לתתא דאקרון דודים לזמנין ידיען והא אוקימנא.

[ז] **המקנה מסכת קידושין דף מ עמוד א:** בגמ׳ אם רואה אדם שיצרו מתגבר עליו וכו׳. ענין זה הוא כי עבודת הש"ת הוא בשתי בחינות כי העושה מצוה ברבים ויש בו קידוש השם שמים שלמדים ממנו בני אדם ובזה הבחינה הוא יותר מעולה מן העושה מצוה בסתר. אבל יש בחינה אחרת שהעושה מצוה בסתר היא זכה ונקי׳ יותר ו(ב)מחשבתו רצוי׳ בלי שום פני׳, משא"כ כשעושה המצוה ברבים יתערב בו מחשבות זרות אם לא שכבר הגיע למעלה גדולה שיהי׳ בעיניו בית מלא בני אדם כאילו ריקן, והוא בחינת התפשטות הגשמיות כמו שפירשנו במאמר הלל הזקן בסוף סוכה אם אני כאן הכל כאן ואם אין אני כאן מי כאן. לפי שהי׳ עושה מצות שמחת בית השואבה בקהל רב מאוד לכך אמר אם אני בבחינת התפשטות הגשמיות כאילו אין אני כאן בעוה"ז, מי כאן, דומה לו כאילו הוא ריקן, ואם אני כאן ר"ל שלא הגעתי למדה זו אז הכל כאן וא"א להיות המצוה זכה כראוי. וכן הוא להיפך ח"ו בבחינות עבירות שאם עושה עבירה ברבים יש בו חילול השם אבל בעושה בסתר יש בו בחינה רעה אחרת שעושה עין של מעלה כאילו אינו רואה כדאיתא לעיל דף ל׳, והוא מה שהחמירה התורה

3. פתיחה לאלף זעירא: כתב מוה"ר מג"ע באופן מ"ה שמשה היה כלול מס׳ ריבוא כנגד ס׳ ריבוא אותיות "שבתורה", וכפי שמביא במק"א ישראל ר"ת יש ששים ריבוא אותיות לתורה, וז"ל "שבתורה" גימ׳ "בראשית", בשביל ישראל ובשביל התורה, וזכה לאותן (אל"ף) העטרות (מרומזות באלף זעירא), וכותב: אלף היא ראש לכל האותיות, עכלה"ק. "ראש לכל האותיות" גימ׳ (1409) "אברהם, יצחק, יעקב, משה, אהרן, יוסף, דוד", ומרמז כי משה הוא הצדיק הכולל, והוא "המנגן" הגדול, בספי׳ "נצח" (גימ׳ "המנגן") כלליות כלל האושפיזין, ובתוספת "אלף היא" עולה גימ׳ 1526 - (ירמיהו ל׳,ז׳) "ועת צרה היא ליעקב וממנה יושע", וכמובא בזוה"ק משה מלגאו יעקב מלבר, ובזכות "אתערותא דלתתא" גימ׳ (1913) [שילוב שמי הקטן ושמו הגדול והקדוש - איל ישראל זידמן (693), נתן נטע שפירא (1220)] אכוון לעורר "אתערותא דלעילא" (1223) ולקרב "ובכורך ישראל גאלת" - חושבנא דדין כחושבנא דדין (1223). ור"ת שמותינו גימ׳ (418) "חית" - וכמו שכתוב (לקוטי מוהר"ן א׳ בתחלתו) וזה בחינת חי"ת לשון חיות, כי החכמה והשכל הם "החיות של כל דבר" גימ׳ (1015) - "איה" (מקום כבודו להעריצו) וכמ"ש (קהלת ז׳,י"ב) "החכמה תחיה" גימ׳ (501) - "ראש", עכלשה"ק, חוזר לעניין מאמר המג"ע דלעיל: אל"ף היא "ראש" לכל האותיות.

4. באור על מגלה עמוקות ויקרא אופן ו׳: והנה האר"י הקדוש האריך מאד בענין אותן אלף אורות דניתנו למשה עדיהן של ישראל שחטאו וכותב יותר מחצי עמודה בשער הכונות דף ס"ו ע"א וחוזר ושונה דבריו הקדושים בכמה נוסחין לדייקם ולהדגישם. והנה חלק מדברי קדשו של האר"י הקדוש שם: גם תכוין [בקבלת שבת] אל מה שבארנו בענין ישמח משה [אתוון משה משי"ח

גימ' שבת"א כנודע] במתנת חלקו כי כשעלה משה רבנו עליו השלום אל הר סיני לקבל התורה נתנו אליו אלף חלקי אורה הנרמזים ב"אלף רבתי" [גימ' (723) "יעקב ישראל"- דמשה פנימיות דיעקב ישראל בחינת אור הגנוז- דיחד "יעקב ישראל משה" סליקו לחושבן (1068) י"ב פעמים "חנוכה" (89) בחי' אור הגנוז דעתידא לאתגלאה לעתיד לבוא וכל ישראל יש להם חלק לעולם הבא וכו'].

וממשיך: דאדם שת אנוש בדברי הימים וכשחטאו ישראל בעגל נסתלקו ממנו בעון ישראל ולא נשתייר בו אלא "חלק אחד מן האלף" [גימ' (357) "ישמח" חסר א'] והיא סוד האלף זעירא דויקרא אל משה וממשיך: ולפי שמשה לא אבדם על ידי חטא עצמו אלא בעון ישראל לכן הקדוש ברוך הוא משלים אליו אלו האלף חלקים מחלקם של ישראל שהם בחי' אותם "האורות והעטרות והעדיים" [גימ' (1459) "אני מאמין באמונה שלמה בביאת המשיח" העיקר הי"ב מי"ג עיקרי האמונה לרמב"ם- וכולן פתחין אני מאמין באמונה שלמ"ה אתוון למש"ה וכמו שכתב שם גם תכוין כי ר"ת מזמור שיר ליום השבת הם אותיות למש"ה].

וממשיך: שקבלו ישראל בהר סיני ואח"כ נתנצלו ונתפרקו מהם כמ"ש ויתנצלו בני ישראל את עדים מהר חורב, ומשה נטלם ונתנם בחלקם של ישראל ושם כותב רבנו שמואל [בנו של האר"י הקדוש וזלשה"ק: אמר שמואל מדסמך לפסוק ויתנצלו בני ישראל את עדים מהר חורב עם הפסוק ומשה יקח את האהל שמע מינה ויתנצלו בני ישראל וכו' "ומשה יקח" [עכד"ק] "ומשה יקח" סליק לחושבן (469) "הידים ידי עשו" (בראשית כ"ז,כ"ב-פרשת תולדות), ולעיל מהזוהר הקדוש "אלף חולקין מההוא זיוא" סליק לחושבן (400) "ידי עשו" כדכתיב (בראשית כ"ז,כ"ב) "הקל קול יעקב והידים ידי עשו" ובאורו כדאיתא במדרש דכשחטאו ופסק הקול קול יעקב אז והידים ידי עשו [וכדאיתא התם (זוה"ק בשלח נ"ח ע"ב) א"ר אלעזר ודאי הכי הוא, דכל זימנא דקליהון דישראל אשתמע בבתי כנסיות ובבתי מדרשות וכו' כמה דתנינא (בראשית כ"ז,כ"ב) הקול קול יעקב ואי לאו הידים ידי עשו, והא אוקימנא] וממשיך: והנה בכל ערב שבת בבוא ליל שבת חוזר משה לקחת אותם האורות של אלף חלקים שלו עצמם שנאבדו ממנו ולוקחם בסוד תוספת קדושת שבת וכיון שלוקחם משלו הוא מחזיר לישראל אותם ההארות שלקח מחלקם וכו' וממשיך: וז"ס ישמח משה במתנת חלקו עצמו האלף שנאבדו ממנו ועתה נתנו לו במתנה בשבת והכונה לומר ולהגיד מעלת משה כי אע"פ שנתנו לו בתחלה האורות והכתרים מחלקם של ישראל הנה הוא שמח בחלקו ודי לו בזה

גלא עמיקתא

סליקו לחושבן (1121) "כי יד על כס י-ה מלחמה לה' בעמלק מדור דור" (שמות י"ז,ט"ז). והוא חושבן "ומשה נגש אל הערפל" (שמות כ',י"ח) והוא במכוון

בגנב יותר מבגזלן מפני שפורק ממנו מורא שמים וכמו שאמר רבן יוחנן בן זכאי לתלמידיו ויהא עליכם מורא שמים כמורא בשר ודם תדע כשאדם עובר עבירה אומר מי רואני. והנה בחרו חז"ל בזה ההפסד יותר משיחלל ש"ש בפרהסיא וכן בהיפוכו בעשית המצוה אמר הכתוב מה ה' דורש ממך כי אם עשות חסד ומשפט והצנע לכת עם אלקיך, ופירוש לכת עם אלקיך הוא בענין שאמרו חז"ל את אלקים התהלך נח שצריך סעד לתומכו משא"כ באברהם שלא הי' צריך סעד לתומכו שנאמר התהלך לפני ומחמת שהי' צדיק גמור היה מקדש ש"ש ברבים כמו שאמרו חז"ל משא"כ בנח שלא הי' כח בידו לזכות את הרבים כיון שהוא הי' צריך סעד לתומכו, וזה הוא שאמר והצנע לכת עם אלקיך ר"ל כיון שהוא במדריגת לכת עם אלקיך שצריך סעד לתומכו טוב לו יותר לעשות בצנעה. ויש להבין עוד בזה מה שאמרו אל תהיו כעבדים המשמשין את הרב על מנת לקבל פרס ויהא מורא שמים עליכם. ויש לפרש חיבור הדברים מפני שהעובד ע"מ לקבל פרס אף דכתיב אם יצדק אנוש מה יפעל לך ולמה ישאל שכר [והרי הוא] כעבד שעושה מלאכת רבו ומהנהו, אלא כשעושה ברבים והוא כבוד שמים, ואמרו חז"ל כל מה שהקב"ה בראו לא בראו אלא לכבודו ורוצה להשתלם בעבור הכבוד שעשה להשי"ת, נמצא מי שאינו עושה אלא על מנת לקבל פרס אינו עושה אלא בפרהסיא דבצנעה כיון שליכא כבוד שמים אין לו מקום לשאול פרס, וכבר אמר רבן יוחנן בן זכאי במי שיש לו מורא שמים כמורא בשר ודם שהוא ירא שמים בסתר כבגלוי. והיינו דקאמר קרא מה ה' דורש ממך כי אם עשות משפט וצדקה ואהבת חסד והיינו שתעשה משפט שלא על מנת לקבל פרס כי אם מצד אהבה והחסד ואז תקיימו הצנע לכת וק"ל.

גלא עמיקתא

"והיו ימיו מאה ועשרים שנה" (בראשית ו',ג') דאיתמר במשה ומי לנו כמשה שזיכה את הרבים. דאמרו חז"ל (חולין קלט:) [ח]משה מן התורה מנין? "בשגם הוא בשר והיו ימיו מאה ועשרים שנה" בשג"ם גימ' מש"ה והוא עצמו חי מאה ועשרים שנה [כדכתיב ומשה בן מאה ועשרים שנה במותו וכו' (דברים ל"ד,ז')].

ולקמן יבואר דברי המגלה עמוקות "בשגם הוא בשר" גימ' י' פעמים אלהי"ם חסר א' והוא א' זעירא דויקרא אל משה ונקרא משה איש האלהים (דברים ל"ג,א'). ונחבר יחד ו' התיבין דמביא המגלה עמוקות ברבועי אתוון דהיינו: "באתי לגני אחתי כלה" (2023) עם "אכלו רעים" (1200) סליקו לחושבן (3223) ב' פעמים "אלף תורה" (1611) עם הכולל. דהיינו [ט]אלפיים תורה והחלו משאברהם היה בן ב"ן- דנולד בשנת 1948 לבריאת העולם, דהיה העולם

[ח] תלמוד בבלי מסכת חולין דף קלט עמוד ב: אמרי ליה פפונאי לרב מתנה וכו' משה מן התורה מנין? בשגם הוא בשר (בראשית ו') המן מן התורה מנין? המן העץ (בראשית ג') אסתר מן התורה מנין? ואנכי הסתר אסתיר (דברים ל"א) מרדכי מן התורה מנין? דכתיב (שמות ל') מר דרור ומתרגמינן: מירא דכיא. [ט] תלמוד בבלי מסכת סנהדרין דף צז עמוד א: אמר רב קטינא: שית אלפי שני הוו עלמא וחד חרוב, שנאמר ונשגב ה' לבדו ביום ההוא. אביי אמר: תרי חרוב, שנאמר יחיינו מימים ביום השלישי יקמנו ונחיה לפניו, תניא כותיה דרב קטינא: כשם שהשביעית משמטת שנה אחת לשבע שנים, כך העולם משמט אלף שנים לשבעת אלפים שנה, שנאמר ונשגב ה' לבדו ביום ההוא, ואומר: מזמור שיר ליום השבת - יום שכולו שבת. ואומר: כי אלף שנים בעיניך כיום אתמול כי יעבר. תנא דבי אליהו: ששת אלפים שנה הוי עלמא, שני אלפים תוהו, שני אלפים תורה, שני אלפים ימות המשיח.

וממשיך: ותכף מחזיר הארותיהם של ישראל להם ואינו נוטלם לעצמו כי חפץ הוא "לזכות את הרבים" [סליק לחושבן (1121) "כי יד על כס י-ה מלחמה לה' בעמלק מדור דור" על פי הקריא (שמות י"ז,ט"ז-סוף פרשת בשלח)] וממשיך: ואינו אומר כיון שאני לא חטאתי והם חטאו בעגל ובעבורם אבדתי את שלי א"כ גם עתה אעכב את שלהם וכו'.

עד כאן לשונו הקדוש.

וכן מאריך באר"י הקדוש שם בשבחו דמשה רעיא מהימנא, עיין שם בשער הכונות דף ס"ו ע"א דבריו הקדושים, ועיין עוד בענין זה באורו הנפלא של הבני יששכר בספרו אגרא דכלה פרשת ויקהל ד"ה ויקהל. ומבוארים על נכון דברי קודשו של המגלה עמוקות דהאי אלף זיווין הן היקר אל משה, ולכן מביא בדבריו "יוסף עליכם ככם אלף פעמים"- דאמרו חז"ל (ומביאו רש"י שם) "זו משלי היא" [גימ' (409) "אלף זעירא" עם האותיות והתיבות] "אבל הוא יברך אתכם כאשר דבר לכם" [גימ' (1555) "והברכה אשר תשמעו" (דברים י"א,כ"ז) בתוספת ו' אות אמת]. ובפסוק הקודם (דברים י"א,כ"ו) "ראה אנכי נתן לפניכם היום ברכה" גימ' במכוון (1305) "א'שה" ב-א' רבתי (תחלת דברי הימים) דהיינו אלף (1000). דכנסת ישראל לקמיה דקוב"ה איהי בחי' אשה ב-א' רבתי. והוא חושבן (1305) "אשה כי תזריע וילדה זכר" (ויקרא י"ב,ב') וכן זכ"ר גימ' (227) ברכ"ה. והנה דברי רש"י דמביא בדבריו הקדושים המדרש דהיינו "זו משלי היא (409) אבל הוא יברך אתכם כאשר דבר לכם" (1555) סליקו לחושבן (1964) ד' פעמים "אחכה לו בכל יום שיבא" (491) והוא עיקר ה-י"ב מ-י"ג עיקרי האמונה- ויש לקשרו להאי דכתב האר"י הקדוש דהבאנו לעיל בהני אלף חלקים מחלקם של ישראל שהם בחינת: "האורות והעטרות והעדיים" גימ' (1459) "אני מאמין באמונה שלמה בביאת המשיח" ועם תיבין "אחכה לו בכל יום שיבא" גימ' (1950): י' פעמים "על כס י-ה" (195) (שמות י"ז,ט"ז) [עיין מה שבארנו פסוק זה במקום אחר] שלמות י' ספירות דמשיח צדקנו יעביד מלחמות ה' למהוי שם שלם וכסא שלם ואז ונגלה כבוד הוי' וראו כל בשר יחדו כי פי ה' דבר בגאולתא שלמתא בעגלא דידן ובזמן קריב ונאמר אמן.

גלא עמיקתא

אלפיים תוהו, ובהיותו בן ב"ן נסתיימו, ואז נגלה אליו ה' בשלמות והחלו ב' אלפי תורה (עיין בגמרא ראש השנה דף ל"א ע"א).

ועל ידי התורה הקדושה ממתקים קו השמאל דמתמן ינקין י"א סטרין אחרנין ולכן האי חושבן (3223) איהו י"א פעמים "חכמה חסד נצח" (293) ויורד עד המלכות דאיקרי אר"ץ, והן י"א פעמים באר"ץ (293). והוא קו הימין דעיקר עבודת הצדיק להפוך השמאל לימין בסוד שין שמאלית בחינת הר שעיר ושין ימנית ש' דמש"ה, בסוד ג' אבהן דאכללן ביה והוא עצמו נקודה תתאה נקודת חכמה אתוון כ"ח מ"ה כדאמר משה (שמות ט"ז,ח') ונחנו מה. ופסוקא דמביא המגלה עמוקות (תהל' קל"ב,ט') "כהניך ילבשו צדק וחסידיך ירננו" גימ' (1081) "תפארת" עמודא דאמצעיתא.

ובזוהר הקדוש דמביא (פנחס רמב.) וזה לשונו הקדוש: [י]כהניך ילבשו צדק לוייך מיבעי ליה דהא צדק מסטרא דלואי איהו וחסידיך ירננו לוייך ירננו מיבעי ליה דהא רנה (זמרה) בלואי נינהו וכו'. וא"ל דוד לקב"ה תקונא דאנא תקינת וכו' א"ל קב"ה הואיל ואתא חתן לגבי כלה וכו' עיין שם. וזהו דפסוקא "כהניך ילבשו צדק וחסידיך ירננו" סליק לחושבן "תפארת" בחינת ז"א דאיהו חתן דאתא לגבי כלה בחינת מלכותא קדישא. ראשי תיבות דפסוקא "כיצוי" גימ' (136) "קול" כדכתיב "קול חתן וקול כלה" (ירמיהו ל"ג,י"א) והוא בחינת ז"א "הקול קול יעקב" (בראשית כ"ז,כ"ב). וסופי תיבות בחינת הנוק' סוף דבר תכלית הכל אתוון "בוקכו" סליק לחושבן (152) "צמח דוד"[5] בחינת מלכותא קדישא. ושניהם יחד דהיינו ראשי תיבות עם סופי תיבות בחינת יחוד זו"ן סליקו לחושבן (288) רפ"ח דתכלית כל היחודים ברור רפ"ח הנצוצין והעאלתם לשרשם. ושאר אתוון דפסוקא סליקו לחושבן (793) "וחיי עולם נטע בתוכנו" בחינת תורה שבעל פה– שנתן לנו הקב"ה

5. באור על מגלה עמוקות ואתחנן אופן כ"ט: ז'. נֹצֵר תְּאֵנָה יֹאכַל פִּרְיָהּ וְשֹׁמֵר אֲדֹנָיו יְכֻבָּד (משלי כז,יח) גימ' (1955) ה' פעמים "יהושע" (391) רמיזא דיהושע הוא המכניס לארץ הקודש, וכן הוא חושבן הפסוק מעזרא (ז',ו') "בן אבישוע בן אלעזר בן אהרן הכהן הראש" (1955) דהביא המגלה עמוקות באופן הקודם [כ"ח], וממילא תרוויהו סליקו לחושבן (3910) י' פעמים "יהושע" (391) דהוא חושבן פסוקא קמאה בספר תהלים לדוד מלכא משיחא: "אשרי האיש אשר לא הלך בעצת רשעים, ובדרך חטאים לא עמד, ובמושב לצים לא ישב" (3910) ורמיזא דיהושע ודוד אינון באותה בחינה דמלכותא קדישא- והוא כתר-מלכות, ולכן "יהושע-דוד" גימ' (405) ה' פעמים "אנכי" (81) ויהי רצון דתתגלה מלכותו דקוב"ה ומשיחו בעולם בגאולה האמיתית והשלמה.

[י] **זוהר פרשת פנחס דף רמב עמוד א:** וילפינן מדוד דזמין לקודשא בריך הוא ושני עובדוי ממה דארחוי דקודשא בריך הוא וקודשא בריך הוא קביל ועביד רעותיה זמין למלכא ולמטרוניתא בהדיה הדא הוא דכתיב (תהלים קלב) קומה יי' למנוחתך אתה וארון עוזך, מלכא ומטרוניתא כחדא בגין דלא לאפרשא לון שני מאנין ושני עובדין דמלכא הדא הוא דכתיב (שם) כהניך ילבשו צדק וחסידיך ירננו בעבור דוד וגו' כהניך ילבשו צדק לוייך מבעי ליה דהא צדק מסטרא דליואי איהו, וחסידיך ירננו לוייך ירננו מבעי ליה דהא רנה וזמרה בליואי נינהו ואיהו שני ואמר כהניך וחסידיך דאינון מסטרא דימינא א"ל קודשא בריך הוא דוד לאו אורח דילי הכי, אמר דוד בעבור דוד עבדך אל תשב פני משיחך, תקונא דאנא תקינת לא תשנה ליה, א"ל, דוד הואיל וזמינת לי אית לי למעבד רעותך ולאו רעותי, וילפינן מהאי אורחא דעלמא דמאן דמזמן לאחרא ההוא דאתי לגביה אית ליה למעבד רעותיה אף על גב דלאו אורחיה בכך.

גלא עמיקתא

הכח והיכולת לחדש מלין חדתין באורייתא קדישא ולעשות לו יתברך נחת רוח בחינת "יגדיל תורה ויאדיר" (ישעי' מ"ב,כ"א).

ויהי רצון האיהו אדיר במרומים יקבל דברינו ויקרב ביאת משיח צדקנו– וכבר חלף אחישנה וכעת בעתה מתמהמה [כאמרם [יא]זכו אחישנה לא זכו בעתה]– ויהי רצון דישלח לנו צמח דוד דיבוא ויגאלנו בגאולה האמיתית והשלמה.

ובדברי המגלה עמוקות כתב ושינה הקב"ה לפי שהחתן בא אל הכלה וצריך לדייק דהכוונה בדבריו ששינה דוד שהרי כתיב כהניך ילבשו צדק וחסידיך ירננו דנתן תפקיד הכהנים ללויים בסוד מיתוק להגביר הימין על שמאל.

וכדעבדינן לעיל באתי לגני אחתי כלה עם אכלו רעים ברבועי אתוון סליק לחושבן י"א פעמים חכמה חסד נצח– למנוע יניקת 6[יב]י"א כתרין דמסאבותא

[**יא**] **תלמוד בבלי מסכת סנהדרין דף צח עמוד א:** אמר רבי אלכסנדרי: רבי יהושע בן לוי רמי, כתיב בעתה, וכתיב, אחישנה! זכו - אחישנה, לא זכו - בעתה. אמר רבי אלכסנדרי: רבי יהושע בן לוי רמי, כתיב וארו עם ענני שמיא כבר אנש אתה, וכתיב עני ורכב על חמור! - זכו - עם ענני שמיא, לא זכו - עני ורוכב על חמור. אמר ליה שבור מלכא לשמואל: אמריתו, משיח על חמרא אתי, אישדר ליה סוסיא ברקא דאית לי! - אמר ליה: מי אית לך בר חיור גווני? רבי יהושע בן לוי אשכח לאליהו, דהוי קיימי אפיתחא דמערתא דרבי שמעון בן יוחאי, אמר ליה: אתינא לעלמא דאתי? - אמר ליה: אם ירצה אדון הזה. אמר רבי יהושע בן לוי: שנים ראיתי וקול שלשה שמעתי. - אמר ליה: אימת אתי משיח? - אמר ליה: זיל שייליה לדידיה. - והיכא יתיב? - אפיתחא דרומי. - ומאי סימניה? - יתיב ביני עניי סובלי חלאים, וכולן שרו ואסירי בחד זימנא, איהו שרי חד ואסיר חד. אמר: דילמא מבעינא, דלא איעכב. אזל לגביה, אמר ליה: שלום עליך רבי ומורי! - אמר ליה שלום עליך בר ליואי. - אמר ליה: לאימת אתי מר? - אמר ליה: היום. אתא לגבי אליהו. - אמר ליה: מאי אמר לך? - אמר ליה: שלום עליך בר ליואי. - אמר ליה: אבטחך לך ולאבוך לעלמא דאתי. - אמר ליה: שקורי קא שקר בי, דאמר לי היום אתינא, ולא אתא! - אמר ליה: הכי אמר לך היום אם בקלו תשמעו. [**יב**] **אגרא דכלה בראשית פרשת לך לך:** ויאמר עוד, ונברכו ב"ך בגימטריא תק"ב בהחשב הך' רבתי דאותיות מנצפ"ך לת"ק כנודע, כמו מנין שנות האבות, והנה כתוב אצלינו בפסוק

6. באור על מגלה עמוקות ואתחנן אופן קל"א: ו'. יהוה יִשְׁמָר צֵאתְךָ וּבוֹאֶךָ מֵעַתָּה וְעַד עוֹלָם (תהל' קכא,ח) גימ' (1863) ט' פעמים או"ר (207) דיקנא דזעיר, דמתלבש ביה דיקנא דאריך אנפין, דהוא נמי חושבן (1863) ג' פעמים "כתרא" (621), וממתק הדינים דזעיר דאינון שערין קשישין, בחינת "הוי' ישמר" גימ' (576) "יסוד מלכות" א"נ "צדק ושלום", "הוי' ישמר צאתך ובואך" גימ' (1122) י"א פעמים אמונ"ה (102) בחינת אמונתך בלילות (תהל' צ',י"ד) ובחינת רבה אמונתך - דיהודי דתוקע אמונתו בהשי"ת הרי היא שמירה מן המזיקין דינקין מ-י"א כתרין דמסאבותא, ומכה בהם בבחינת י"א פעמים אמונ"ה כנ"ל, והוא חושבן (1122) ה' ישמר צאתך ובואך כנ"ל. והוא חושבן (1122) "צאתך תורה", דהיינו "ה' ישמר ובואך" גימ' (611) תור"ה, ואז צאתך לשלום - דעל ידי עסק התורה והמצוות זוכין לחלוקא דרבנן ולהגיע לעולם הבא ללא פגע בחינת ה' ישמר צאתך ובואך - לעולם שכולו טוב. וזהו דמביא המגלה עמוקות המזמור אשא עיני (תהלים קכ"א) תמן ה' פעמים הוי' כחושבן (130) סל"ם, כדכתיב ביעקב ויחלם והנה סל"ם מוצב ארצה וראשו מגיע השמימה וכו' (בראשית כ"ח,י"ב), ואז אמר יעקב אכן יש הוי' במקו"ם הז"ה, והן רל"א שערים פנים ואחור בסוד הוי' במקו"ם הז"ה (231), דהיינו צירוף ישרא"ל י"ש רל"א, ומשה רבינו זכה לסוד א' זעירא "ויקרא אל משה" גימ' (693) ג' פעמים רל"א, וביקש משה רבינו להיכנס לארץ ישראל ולהמשיכם במלכותא קדישא. ובכאן במזמור הן ד' פסוקים, דבפסוק ה' הן ב' פעמים הוי', וסליקו הני ד' פסוקים דמזמור

באתי לגני אחתי וכו' והן תרין רעין דלא מתפרשין שהם סוד י"ה שזכה מאהל מועד שהיה בו ט"ו דברים ובזה זכה לב' אתוון אלו.

גלא עמיקתא

בסוד י"א יריעות עיזים (שמות כ"ו,ז') ובסוד המן ועשרת בניו דיחד עולים לחשבון י"א – והקדוש ברוך הוא הסכים עמו. ובלשון הזוהר הקדוש: [יג]**אמר ליה קב"ה: דוד לאו אורח דילי הכי. אמר דוד בעבור דוד עבדך אל תשב פני משיחך** (דהוא הפסוק הבא דהיינו) **תקונא דאנת תקינת לא תשנה ליה. אמר ליה דוד הואיל וזמינת לי** (אליך אל המלכות למטה דקב"ה בחינת יחודא עילאה) **אית לי למעבד רעותך ולא רעותי.**

ובאור הענין כי למעלה הסדר הוא לויים ילבשו צדק והם ירננו וי"ל דבכך שגה קורח ועדתו דהן נועדו להיות בחינה גבוהה ולכן גילחו שערם ושאר גופם דבמקום גבוה כזה לא שייך שערות ויניקה. והם פירשוהו הפוך ורצו להיות בבחינת אהרן כהנא רבא דהוא ממתק המלכות משה, ולכן הזקן זקן אהרן,

קכ"א (ב',ה',ז',ח') כנ"ל לחושבן (6741) עם ב' כוללים (6743) י"א פעמים "משה רבינו" (613), וממילא מוכח רצוני להיכנס, וביכולתי להכניע בארץ ישראל י"א כתרין דמסאבותא בסוד המן ועשרת בניו. ואמר ליה קוב"ה: ר"ב ל"ך שזכית ל-א' זעירא שהיא סוד אור הגנוז ותחית המתים והכנעת י"א כתרין דמסאבותא - עלה ראש הפסגה וכו'.

תהלת ד' ידבר פי ויברך כל בשר [תהלים קמה כא], דהנה אמרו רז"ל חייב אדם לבסומי בפוריא עד דלא ידע בין ארור המן לברוך מרדכי [מגילה ז ב], והנה כתבו התוס' דלא ידע לחשוב החשבון כי המספר שוה ארו"ר המ"ן, ברו"ך מרדכ"י, כל אחד בגימטריא תק"ב, והנה כתב האר"י ז"ל להיות המן ובניו הם י"א כתרין דמסאבותא, ושם גם כן גנוז ניצוץ הק' המחיה את כולם, וצריכין אנחנו להחיות את ניצוץ הק' הלז, ואם כן צריכין אנחנו לומר בדרך השילוח גם לשם ברוך, אך אי אפשר לומר כן בדיעה מיושבת, כי הנה הוא מברך הקליפה, וצריך לומר זה בלא דעת רק בשכרות. והנה ברו"ך מרדכ"י שהוא בגימטריא בש"ר קודש (וידוע דבחינת היסוד נקרא כל בשר [תיקו"ז מ"א ע"ב] והבן), ובהיפך בסט"א ארו"ר המ"ן בגימטריא בש"ר טמא, ולעתיד במהרה בימינו ימלא כבוד השם את כל הארץ, והניצוצות הקדושות שבקליפות יתפרדו ויוכללו בקדושה והס"א תתבטל, ואז תהלת השם ידבר פי, דיבור ממש בדיעה שלימה, ויברך כל בשר שם קדשו, והבן כי אי אפשר להרחיב הביאור בזה. וכמנין זה היו שני חיי האבות, להיותן עיקר היחוד בעולם, וזה יבואר ונברכו מלשון הברכ"ה, ב"ך כמנין תק"ב בהחשב הך' לת"ק בגימטריא דאי"ק בכ"ר שהוא בגימטריא בש"ר, כל משפחות האדמה אפילו מה שהוא בבחינת אדמה תוקף הדין של הקליפות יתבטל, רק מה שהוא משפחות האדמה, ר"ל שמחובר לאדמה היינו הניצוץ המחיה, משפחות לשון חיבור מלשון ונספחו על בית יעקב [ישעיה יד א] יוכללו בקדושה על ידי זרע אברהם אוהבו. [יג] **זוהר פרשת פנחס דף רמב עמוד א:** וילפינן מדוד דזמין לקודשא בריך הוא ושני עובדוי ממה דארחוי דקודשא בריך הוא וקודשא בריך הוא קביל ועביד רעותיה זמין למלכא ולמטרוניתא בהדיה הדא הוא דכתיב (תהלים קלב) קומה יי' למנוחתך אתה וארון עוזך, מלכא ומטרוניתא כחדא בגין דלא לאפרשא לון שני מאנין ושני עובדין דמלכא הדא הוא דכתיב (שם) כהניך ילבשו צדק וחסידיך ירננו בעבור דוד וגו' כהניך ילבשו צדק לוייך מבעי ליה דהא צדק מסטרא דליואי איהו, וחסידיך ירננו לוייך ירננו מבעי ליה דהא רנה וזמרה בליואי נינהו ואיהו שני ואמר כהניך וחסידיך דאינון מסטרא דימינא א"ל קודשא בריך הוא דוד לאו אורח דילי הכי, אמר דוד בעבור דוד עבדך אל תשב פני משיחך, תקונא דאנא תקינת לא תשנה ליה, א"ל, דוד הואיל וזמינת לי אית לי למעבד רעותך ולאו רעותי, וילפינן מהאי אורחא דעלמא דמאן דמזמן לאחרא ההוא דאתי לגביה אית ליה למעבד רעותיה אף על גב דלאו אורחיה בכך.

[יד] **תלמוד בבלי בבא מציעא דף נט עמוד א:** ואמר רב: כל ההולך בעצת אשתו נופל בגיהנם, שנאמר רק לא היה כאחאב וגו׳. - אמר ליה רב פפא לאביי: והא אמרי אינשי: איתתך גוצא גחין ותלחוש לה! - לא קשיא, הא - במילי דעלמא, והא - במילי דביתא. לישנא אחרינא: הא - במילי דשמיא, והא - במילי דעלמא.

גלא עמיקתא

ונבארו במקומו אי״ה בענין מחלוקת קורח ועדתו. וזהו דכתב המגלה עמוקות שעשה הקדוש ברוך הוא כבוד למשה א׳ זעירא הוא סוד כלה- בסוד (ב״מ נט.) [יד]איתתך גוצא גחין ותלחוש לה- ואז סליק לבחינת אכלו רעים בחינת יהודא עילאה י״ה דהן חמשה עשר דברים שהיו באהל מועד. והנה נתבאר מעט בס״ד אופן כ״ו למגלה עמוקות, ויהי רצון שיעלו דברינו לרצון לפני בורא כל עולמים וישלח לנו מהרה את אליה דיבשר ביאת משיח צדקנו והשיב לב אבות על בנים ולב בנים על אבותם (סוף מלאכי) ב״ב אכי״ר.

אופן כז

הראה הקב"ה למשה שכר של צדיקים לעולם הבא והוא להנחיל אוהבי יש לכן אמר על עולם הזה יש זהב ורב פנינים אבל על עולם הבא נחמדים מזהב ומפז רב כלי יקר שהוא השכר של צדיקים יקר בגי' ש"י שכל צדיק נוחל ש"י עולמות ומה הוא השכר יקר בעיני ה' המותה לחסידיו אותן הש"י עולמות הן הן מן שפתי דעת שלמד בזה העולם זה שכתוב ואוצרותיהם אמלא אוצרותיהם דייקא עטרותיהם בראשיהם רוצה לומר מן אותן החידושים נעשים מהם עטרות בעטרה שעטרה לו אמו ביום חתונתו היא הלולא רבא דצדיקייא ביום המיתה.

וזה פי' הפסוק ויקר אל משה שהראה הקב"ה למשה השכר של צדיקים ומה הוא היקר א' זעירא מן אותיות התורה שהם רל"א שערים, רל"א אל"פי בי"תין, וזה סוד ישראל שהוא השכר, כל ישראל י"ש להם מן רל"א שערים, ויעקב אמר אבן י"ש רמז על ש"י עולמות י"י במקו"ם הז"ה כגי' רל"א, שמן רל"א שערים נעשה לבוש של צדיקים:

אופן כז

הראה הקב"ה למשה שכר של צדיקים לעולם הבא והוא (משלי ח׳,כ"א) להנחיל אהבי יש, לכן אמר על עולם הזה (שם

גַּלֵּא עֲמִיקָתָא

והנה הפסוקים דמביא המגלה עמוקות:

א׳. [א]**להנחיל אהבי יש, ואצרתיהם אמלא** (משלי ח׳,כ"א) סליק לחושבן (1285) ה"פ "נזר" (257) כדכתיב (במדבר ו׳,ז׳-בענין הנזיר) "[ב]כי נזר א-להיו על ראשו". וכן כתיב (ויקרא ח׳-בענין הציץ) "את ציץ הזהב נזר הקדש" וכדממשיך עטרותיהם בראשיהם, והוא למסקנא. אך קודם לכן בעולם הזה:

[א] **תלמוד בבלי מסכת סוכה דף כח עמוד א:** תנו רבנן: מעשה ברבי אליעזר ששבת בגליל העליון, ושאלוהו שלשים הלכות בהלכות סוכה, שתים עשרה אמר להם שמעתי, שמונה עשר אמר להם, לא שמעתי. רבי יוסי בר׳ יהודה אומר: חילוף הדברים, שמונה עשר אמר להם שמעתי, שתים עשרה אמר להם לא שמעתי. - אמרו לו: כל דבריך אינן אלא מפי השמועה? - אמר להם: הזקקתוני לומר דבר שלא שמעתי מפי רבותי. מימי לא קדמני אדם בבית המדרש. ולא ישנתי בבית המדרש לא שינת קבע ולא שינת עראי, ולא הנחתי אדם בבית המדרש ויצאתי, ולא שחתי שיחת חולין, ולא אמרתי דבר שלא שמעתי מפי רבי מעולם. אמרו עליו על רבן יוחנן בן זכאי: מימיו לא שח שיחת חולין, ולא הלך ארבע אמות בלא תורה ובלא תפילין, ולא קדמו אדם בבית המדרש ולא ישן בבית המדרש לא שינת קבע ולא שינת עראי, ולא הרהר במבואות המטונפות, ולא הניח אדם בבית המדרש ויצא, ולא מצאו אדם יושב ודומם אלא יושב ושונה, ולא פתח אדם דלת לתלמידיו אלא הוא בעצמו, ולא אמר דבר שלא שמע מפי רבו מעולם, ולא אמר הגיע עת לעמוד מבית המדרש חוץ מערבי פסחים וערבי יום הכפורים. וכן היה רבי אליעזר תלמידו נוהג אחריו. תנו רבנן: שמונים תלמידים היו לו להלל הזקן, שלשים מהם ראוים שתשרה עליהם שכינה כמשה רבינו, ושלשים מהן ראוים שתעמוד להם חמה כיהושע בן נון, עשרים בינונים. גדול שבכולן - יונתן בן עוזיאל, קטן שבכולן - רבן יוחנן בן זכאי. אמרו עליו על רבן יוחנן בן זכאי שלא הניח מקרא ומשנה, תלמוד, הלכות ואגדות, דקדוקי תורה ודקדוקי סופרים, קלים וחמורים וגזרות שוות, תקופות וגימטריאות, שיחת מלאכי השרת ושיחת שדים ושיחת דקלים, משלות כובסין, משלות שועלים, דבר גדול ודבר קטן. דבר גדול - מעשה מרכבה, דבר קטן - הויות דאביי ורבא. לקיים מה שנאמר להנחיל אהבי יש ואצרתיהם אמלא. וכי מאחר שקטן שבכולן כך, גדול שבכולן - על אחת כמה וכמה. אמרו עליו על יונתן בן עוזיאל, בשעה שיושב ועוסק בתורה - כל עוף שפורח עליו מיד נשרף.

[ב] **ספר החינוך מצוה שעו:** אף על פי שכבר כתבתי במצוה ראשונה שבסדר זה [שס"ב] טעם בהרחקת הטומאה מן הקדש, עוד אגיד העולה על רוחי בטעם החומר הגדול שבנזיר שנצטוה שלא יטמא גם לאביו ולאמו ואין צריך לומר בשאר קרובים, והרי הכהן הדיוט שגם הוא קדוש מטמא בהן. והענין הוא לפי הדומה. כי קדושת הכהן חלה עליו ממילא לא הסכים הוא עליה ומדעתו לא נהיתה, כי אם מלידה ומבטן נתקדש בכח שבטו שכולו קדש. והנהגתו עם קרוביו ככל שאר בני העולם, כי אין חילוק בין האיש הכהן לשאר העם זולתי כי לעתים יעבוד בית אלהיו, ואמנם לעתים גם כן ישכון בהיכליו ויגל עם אוהביו ולשמחה ולמשתה יקרא רעיו וקרוביו, על כן יחם לבבו עליהם וגם הם עליו, ומפני זה הורשה להטמא להם כי כל דרכי התורה נועם וכל נתיבותיה שלום. אכן האיש הנזור לה׳ כל ימי נדר נזרו קדוש הוא לה׳, וכמו שהעיד עליו הכתוב כי נזר אלהיו על ראשו, לא יטמא בתאוות העולם ולא ימצא בית משתאות ובסעודת רעים. כי הפרשתו מן היין מוכחת עליו שנתן לבו להבין ולהתענות לפני ה׳ ולתקן דרכי נפשו ולהניח תענוגי הגוף החשוך. ואחרי שומו כל לבו וכל מחשבותיו אחר נפשו היקרה, וצרכי עצמו ובשרו נטש, מה חפצו בקרבת רעיו ואוהביו עוד זולתי למצוה, אין ספק כי בהתעלות הנפש יקל

כ׳,ט״ו) יש זהב ורב פנינים, אבל על עולם הבא (תהל׳ י״ט,י״א) נחמדים מזהב ומפז רב. כלי יקר שהוא השכר של

גַּלֵּא עֲמִיקְתָא

ב׳. [ג]**יש זהב ורב פנינים** (שם כ׳,ט״ו) גימ׳ (772) ב״פ "[ד]דוד בן ישי" (386) א״נ ד״פ "בכסא דוד עבדך" (193) דבעולם הזה אנו מצפים ומיחלים לבן ישי מתי יופיע- וזהו תיבה י״ש בחינת ישות וגשמיות דעולם הזה וכן "פנינים" גימ׳ (240) "עמלק".

והיינו [ה]יקרה היא מפנינים מכהן מגדול שנכנס לפני ולפנים, וקל וחומר שיקרה היא התורה הקדושה מפתוייו הזולים של עמלק שהוא בגימ׳ פנינים ומציע אהבות נפולות וזילותא בבולהו. אבל על עולם הבא:

מאד בעיניה הנאת הגוף וכל ענינו, כל שכן שלא תפנה אחר חברת גופים אחרים, ואם קרובים המה או רחוקים, ולא תמצא תענוג בכל דבר מהדברים זולתי בעבודה הקדושה אשר נתקשרה בה ועיניה אליה תמיד. ועל כן לרוב קדושתו ומעלתו ופרישותו מאחיו תמנענו התורה מהטמא להן, וכענין הכהן הגדול כי מהיותו מעולה מאד בענינו ונפרש מחברת האוהבים ואין כל עסקיו ומחשבותיו זולתי בעבודת אלהיו יתברך תמנענו התורה גם כן מהטמא לאחד מכל קרוביו. וטעם הנאמר עליו בכתוב בהרחקת הטומאה נאמר גם על הנזיר, זולתי שבכהן הזכיר שמן, מפני שהוא משוח בו, ובנזיר לא הזכיר שמן, שבכהן נאמר [ויקרא כ״א, כ״ב] כי נזר שמן משחת אלהיו עליו, ובנזיר נאמר כי נזר אלהיו על ראשו. ואולי תחשוב להשיב עלי כי הנזיר לזמן בהשלים זמנו ישוב לימי עלומיו וירדוף תאוותיו, ואם כן למה יהיה חמור יותר מכהן הדיוט, התשובה כי האדם אחר הזירו לה׳ פעם אחת תקוה יש בו לקדש עצמו ולהוסיף יום יום בטובו ומן השמים מסכימין על ידו, וכענין שאמרו זכרונם לברכה [שבת ק״ד ע״א] בא ליטהר מסייעין אותו, ואחר שהזיר אפילו יום אחד יסתייע וישלים כל ימיו בטהרה. [ג] **ויקרא רבה פרשת ויקרא פרשה א**: רבי תנחומא פתח (משלי כ) יש זהב ורב פנינים וכלי יקר שפתי דעת בנוהג שבעולם אדם יש לו זהב וכסף אבנים טובות ומרגליות וכל כלי חמדה שבעולם וטובה ודעת אין בו מה קנייה יש לו מתלא אמר דעה קנית מה חסרת, דעה חסרת מה קנית, יש זהב, הכל הביאו נדבתן למשכן זהב הה״ד (שמות כה) וזאת התרומה וגו׳, ורב פנינים זו נדבתן של נשיאים דכתיב (שם /שמות/ לה) והנשיאים הביאו וגו׳, וכלי יקר שפתי דעת, לפי שהיתה נפשו של משה עגומה עליו ואמר הכל הביאו נדבתן למשכן ואני לא הבאתי א״ל הקדוש ברוך הוא חייך שדיבורך חביב עלי יותר מן הכל שמכולן לא קרא הדיבור אלא למשה ויקרא אל משה. [ד] **ספר קהלת יעקב ערך בן**: בן ישי הוא תפארת שהוא ב״ן חכמה שנקרא יש והוא בחינת י׳ פרדס (שם), ויש לומר שיונק מל״ב נתיבות בחכמה כל אחד כלול מי׳ הרי ש״ך גימטריא ישי, גם התפארת כלול מחסד וגבורה חסד הוא הוי״ה דיודין ע״ב, גבורה אלהים דיודין גימטריא ש׳ הרי עשב, וזה סוד (זכריה י׳ א׳) לאיש עשב בשדה, איש הוא התפארת יש בו בחינת עשב ע״ב ש׳ הוא משפיע זה בשדה תפוחין, ע״ב ש׳ גימטריא בן ישי, גם בן ישי גימטריא חסד פחד יצחק, שהתפארת כלול משניהם, גם בן ישי גימטריא יסוד דזעיר עם הכולל, כי החסד וגבורה דזעיר וכן הש״ך ניצוצין הנ״ל הכל ביסודו ויסודו נקרא בן ישי: ב׳ המלכות נקרא בן ישי בסוד (תהלים ע״ב כ׳) דוד בן ישי ובסוד (שמואל א׳ כ׳ ל״א) בן ישי חי על אדמה המבואר בכתבי הרב ז״ל (עץ חיים שער הכללים), בן ישי גימטריא ה׳ פעמים אדני וכ׳ אותיות, גם גימטריא ג׳ פעמים ע״ב ג׳ פעמים ב״ן, כי ג׳ קוי החכמה משפיעים ג׳ פעמים ע״ב בג׳ קוי המלכות שהן ג׳ פעמים ב״ן: בן ישי הוא סוד יסוד שאמא נקרא ישי שבה יש עולמות, ויסוד שנקרא חי הוא בן הבינה שהוא ישי, זוהר בראשית דף כ״ט ע״ב וכמו שכתב במקדש מלך שם: [ה] **תלמוד בבלי מסכת הוריות דף יג עמוד א**: אימתי? בזמן שכולן שוין כו׳. מה״מ? א״ר אחא ברבי חנינא, דאמר קרא: יקרה היא מפנינים, מכהן גדול שנכנס לפני ולפנים.

הצדיקים, יק"ר בגימ' ש"י [ו]שכל צדיק נוחל ש"י עולמות ומה הוא השכר דכתיב (שם קט"ז,ט"ו) יקר בעיני ה' המותה

גַּלֵּא עֲמִיקְתָא

ג'. [ז]**הנחמדים מזהב ומפז רב, ומתוקים מדבש ונפת צופים** (תהל' י"ט,י"א) גימ' (2256) ו"פ "שלום" (376) שלמות הו"ק, ובארנוהו בס"ד [1]לעיל אופן קס"ח-תהלים י"ט עיין שם.

[ו] **מדרש תהלים מזמור ה:** דבר אחר [ה, א] למנצח אל הנחילות. זהו שאמר הכתוב להנחיל אוהבי יש (משלי ח כא), אמר ר' חנין בר אדא התורה אמרה אורך ימים בימינה בשמאלה עושר וכבוד (שם ג טז), ובני עניים עוסקים בתורה מתוך עניותם, הריני מנחילם ש"י עולמות, שנאמר להנחיל אוהבי יש ואוצרותיהם אמלא (שם ח כא), ולמה הם עניים בעולם הזה, כדי שלא יעסקו בדברים בטלים וישכחו את התורה, שחייב לבטל סחורתו ולעסוק בתורה, שהתורה קודמת לכל, שנאמר ה' קנני ראשית דרכו קדם מפעליו מאז (שם).

[ז] **במדבר רבה פרשת נשא פרשה יד:** [ז, עח] ביום שנים עשר יום נשיא לבני נפתלי אחירע בן עינן למה הקריב נפתלי אחר אשר לפי שאשר נקרא שמו על אישורן של ישראל ונפתלי נקרא שמו על התורה שקבלו ישראל מהו נפתלי נפת לי זו התורה שכתוב בה (תהלים יט) הנחמדים מזהב ומפז רב ומתוקים מדבש ונופת צופים ונתנה לארבעים יום מנין ל"י, ולפי שאישורן של ישראל היה תלוי על התורה לפיכך הקריב נפתלי אחר אשר וכשם שמחשבת ישראל עלתה תחלה לפני המקום ואח"כ תקן להם תורה לכך הקדים אשר לנפתלי, ד"א לפי שיעקב בירך לנפתלי אחר אשר לפי שהיו שוים בברכת הארץ אשר היה שמנה לחמו ונפתלי היתה ארצו אילה שלוחה לכך הקריב כאן נפתלי אחר אשר, קרבנו קערת כסף אחת וגו' ר' יודן אמר כנגד האבות והאמהות הקריב נשיא נפתלי למה כן לפי שנפתלי כיבד את אביו יותר מדאי שהיה אביו שולחו לכל מקום שירצה והיה זריז במשלחתו ומצא קורת רוח ממנו והיו אמריו נעימים עליו ולכך בירכו אביו באילה שלוחה שהיה רץ במשלחתו כאיל ולכך בירכו באמרי שפר על שהיו אמריו שפרים ולכך זכה נפתלי שעשה הקדוש ברוך הוא נקמה בסיסרא ע"י ברק שהיה מקדש נפתלי ולפי שנפתלי היה זהיר בכבוד אבותיו לפיכך נשיא נפתלי למד מאבי אביו ואחז את דרכו והקריב קרבנו על סדר אבותיו ואמותיו של נפתלי הה"ד קרבנו קערת וגו' קערת כנגד שרה שהיתה עקרת הבית והיא היתה עיקר האמהות שהיתה ראשונה, כסף שהיתה צדקת כמ"ד (משלי י) כסף נבחר לשון צדיק, אחת שהיתה יחידה בדורה צדקת, שלשים ומאה משקלה שחיתה מאה ול' שנה חסר קמעה שנאמר (בראשית כג) ויהיו חיי שרה מאה שנה ועשרים שנה ושבע שנים, ומזרק זה אברהם שנזרק מארצו ומבית אביו שנאמר (בראשית יב) ויאמר ה' אל אברם לך לך מארצך וממולדתך ומבית אביך אל הארץ אשר אראך, אחד כמה דתימא (יחזקאל לג) אחד היה אברהם ויירש וגו', כסף שהיה צדיק ע"ש כסף נבחר וגו', שבעים שקל בשקל הקדש בעת שכרת הקדוש ברוך הוא ברית עם אברהם בין הבתרים בן ע' שנה היה לפי שׁשלשים שנה קודם שנולד יצחק נגזרה גזירת בין הבתרים דברי ר' יוסי לקיים מה שנאמר (שמות יב) ויהי מקץ שלשים שנה וארבע מאות שנה ויהי בעצם היום הזה יצאו כל צבאות ה' מארץ מצרים, שניהם מלאים סלת בלולה בשמן למנחה שאברהם ושרה שניהם היו מלאים במע"ט -במעשים טובים- שנא' (בראשית יב) ואת הנפש אשר עשו בחרן מלמד שהיה אברהם מגייר את האנשים ושרה מגיירת את הנשים,

1. אופן קס"ח-תהלים י"ט פסוק י"א: **הנחמדים מזהב ומפז רב ומתוקים מדבש ונפת צופים:** גימ' (2256) ו"פ "שלום"- דהיינו בכל הו"ק בחינת שלום. הני י"א פסוקין יחד גימ' (25591): "הנחמדים" (157) פ' "ויהי ידיו אמונה" (163) והוא נפלא דתיבה הראשונה בפסוק י"א הנחמדים- והוא המכפיל לידי משה רעיא מהימנא- דע"י אמונה מכניעים לי"א כתרין דמסאבותא ומקרבין גאולתא שלמתא.

ועיין עוד מש"כ לעיל אופן קמ"א-תהלים י"א בקצור דאמרינן התם "וירד מיעקב והאביד שריד מעיר" (במדבר כ"ד,י"ט) גימ' (1304): ח"פ "ויהי ידיו אמונה" (163), ושם במזמורא י"א נחלק לי"א דהיינו להכנעת י"א כתרין דמסאבותא, וכאן אינון י"א פסוקין קדמאין דסליקו לחושבן "הנחמדים" פ' "ויהי ידיו אמונה", והוא נפלא.

לחסידיו– אותן [ח]הש"י עולמות הן הן מן שפתי דעת שלמד בזה העולם. ז"ש (משלי ח,כ"א) אוצרותיהם אמלא אוצרותיהם

גַּלֵּא עֲמִיקְתָא

וזהו דחתמינן בצלותא דחול [ט]המברך את עמו ישראל **בשלום** ב' שלום, ואינון ג' תפלות וי"פ שלום כנ"ל. ומיד ממשיך המגלה עמוקות "וכלי יקר" גימ' "שלום".

ד'. **וכלי יקר שפתי דעת** (משלי כ',ט"ו) גימ' (1640) ד"פ "קודש" (410) וכדנרמז בסופי תיבות שפתי **דעת** י"ת גימ' (410) "קודש".

כף אחת עשרה זהב זה אברהם שכפף את יצרו ועמד בעשר נסיונות שניסהו המקום, מלאה קטורת שהיו מעשיו נעימים לפני המקום כריח הקטורת, פר אחד בן בקר וגו' כנגד הקרבנות שצוהו הקדוש ברוך הוא לעשות בעת שכרת עמו ברית בין הבתרים כמ"ד (בראשית טו) קחה לי עגלה משולשת ועז משולשת וגו' פר כנגד עגלה איל כנגד איל משולש כבש א' כנגד תור וגוזל שהיו קרבן עני חלוף כבש של קרבן עשיר שנא' (ויקרא יב) ואם לא תמצא ידה די שה ולקחה שתי תורים או שני בני יונה א' לעולה וא' לחטאת וכפר עליה הכהן וטהרה ולכך הקריב כבש במקום תור וגוזל שאין עניות במקום עשירות, שעיר עזים וגו' כנגד ועז משולשת ולזבח השלמים בקר שנים כנגד יצחק ורבקה שהיו תמימים ובני מלכים, אילים חמשה עתודים חמשה כבשים בני שנה חמשה למה היו ג' מינים אילים ועתודים וכבשים כנגד יעקב לאה ורחל למה היו של חמשה חמשה חמשה לפי שחשבונם עולה ט"ו כנגד יעקב ולאה ורחל וי"ב שבטים והאמהות לפי שקראו האמהות שפחות לכך לא נכנסו בחשבון, זה קרבן אחירע בן עינן כיון שראה הקדוש ברוך הוא שהקריב על סדר הזה של אבות התחיל מקלס את קרבנו וגו'. [ח] **אוהב ישראל שמות פרשת שקלים:** והנה נודע כי ישנו ש"י עלמין וכאשר נתעלו אלו הש"י עלמין ונתייחדו למעלה למעלה בבחינת י"ש נעשה בחינת שקל שלם מספר כת"ר כי עולים עד למעלה בסוד האי"ן ואז ניתוסף רב שפע וכל טיבו וכל נהורין עילאין לכל העולמות וזהו סוד הפסוק (מ"ב י, טו) י"ש וי"ש תנה את ידך. היינו כאשר נתייחדו השני בחינות י"ש כנ"ל אז תנה את ידך היינו הד' יודי"ן דשם ע"ב הקדוש. שהם שרשי החסד העליון ולרמז זה ציוה הבורא ב"ה וב"ש ליתן מחצית השקל כי מחצית משקל שלם במילואו עולה י"ש וכנ"ל כדי לייחדם ולחברם בחיבורא חדא והבן זה היטב. [ט] **ספר עמק המלך - שער א - פרק נג:** פרק חמישים ושלושה: יצא לנו מנדון דידן, כי כל העולמות כלם אותיות ושמות. אבל הממציא הכל אין לו שם, ועל זה אמר אליהו בתיקונים, 'אנת חד ולא בחושבן ולא אות ודמיון כלל'. ובזה נדע ונצייר בשכלינו החילוק שבין הממציא הכל, להעולמות. ועל זה נאמר, 'ומה דמות תערכו לו' [ישעיהו מ' י"ח]. והעולם המלבוש הזה הוא החלוק והמלבוש הפנימי אשר יותר קרוב אל עצמותו ב"ה, והמלבוש הזה יש לו שם הכולל אותו, והוא אור פניאל פירושו הוא אור פנים של עצמותו ב"ה. כלומר שהמלבוש נעשה מאור פנים של עצמותו ב"ה, המתחיל בפרצוף א"ל. והשם הזה הוא פועל נפלאות, והוא בגימטריא מלבו"ש וחשמ"ל. וכשמאיר למטה לעולם היצירה יוצא ממנו מלאך אחד ששמו כשם רבו, ויוצאים ממנו שע"ח מלאכים כמנין שמו, והם >ט ב< חיות אש ממללות. בזמן שישראל עושים רצונו של מקום, מלמדים סניגוריא על ישראל, ותכף יוצא כיסוי ומלבוש לכל העולמות ומציל ומגין עליהם, לבל יקרבו הקליפות, והיה להם חס ושלום אחיזה אל הקדושה. וכאן הוא בסוד מלאך העושה שליחות, ואינו תדיר בקביעות, אבל למעלה הוא בסוד שם, ואינו זז משם, ויש לו גם כן שם אחר הכולל אותו, שהוא בווווצמרכד ויש לו עשר אותיות כמנין עשר ספירות, מלבד פרצוף א"ל שהוא חוט של אין סוף, ולכן אינו מן המנין, והוא [השם] עולה יש"ע, ועל זה נאמר, 'כי הלבישני בגדי ישע מעיל צדקה יעטני' [ישעיהו ס"א י']. כי דוד המלך ע"ה התפלל על התעטפות הלבוש הזה, שהוא הנקרא סוכת שלום, וגם בשלום הוא אותיות מלבוש, ולזה צריך לכוין בסוף תפילת י"ח באומרו 'המברך את עמו ישראל בשלום', והוא היורד אל ראש עתיקא קדישא, וממנו יורד השפע אל כל

העולמות מרוח חוטמא של עתיקא, מן אור שפע המלבוש. ועל זה אמר הרשב״י ע״ה בספרא דצניעותא, 'ומשם אתער רוחא לכלא' [זוהר ספרא דצניעותא קע״ו ב']. וזה השם בוווצמרכד נקרא שם הכנף, לסבת שני טעמים, הראשון הוא, לפי שיוצא מראש וסוף פסוקי הפרשה הראשונה של בראשית, עד יום אחד', והוא כנף הפסוקים תחילה וסוף. והטעם השני, לפי שהוא מחזיק כנפי החיות אשר נתמעטו בחטאינו, והוא בכנפיו מחפה ומכסה על ראשי עם קודש ועל כל העולמות ואין שטן ואין פגע רע, ועל זה נאמר, "כנשר יעיר קנו על גוזליו ירחף יפרוש כנפיו יקחהו ישאהו על אברתו" [דברים ל״ב י״א] "י״י בדד ינחנו ואין עמו אל נכר" [ל״ב י״ב], רצה לומר לעתיד לבוא האור הזה ישפיע על ישראל לבדם. והשם הנזכר פועל לאהבה לאותם היודעים מקורו, וגם הוא מגין מגזלנים, ומכל פגע רע, אם אדם תופר אותו בכנף בגדו עם שאר תיבות הראויים לזאת הפעולה, וכשרואה האויבים יקח את הכנף בידו ומעלה אותו למעלה על ראשו, כנגד האויבים. והטעם הוא כי המלבוש הוא למעלה על ראש כל העולמות, והוא נארג כמו בגד בסוד רבוע, ולא כדמות שתי וערב [של הנוצרים] חס ושלום אלא מרובע, בסוד שם הויה שהוא מרובע. והמלבוש הזה נקרא שכינה, רצה לומר מקום ששוכן י״ה בפנים, ו״ה באחוריים, וזהו שאמרו חז״ל 'צמצם שכינתו בין שני בדי הארון' [עיין רבה שיר א' ב'], שהם ב' חצאי המלבוש, והמבין יבין. ועוד אגלה לך סוד גדול בפעולות השמות ועשה אזניך כאפרכסת לשמוע דברי אלהים חיים, מלך עולם, אפס קצהו תראה וכלו לא תראה, שלא ישתמשו בו בני אדם שאינם מהוגנים. ולמען תדע הפעולה של האלפא ביתות, אם תרצה לברוא גולם אחד או עגלא תלתא, כגון אביי ורבא ז״ל שעשו זה ברשות מלך מלכי המלכים, שהשיגו שלום ממתיבתא דקב״ה [תענית כ״א ב], רצה לומר שהסכים עמהם, שישתמשו בכתרו של מלך מלכי המלכים, ואם לא יענוש בודאי [עיין סנהדרין ס״ה ב]. וצריך הפועל לצרף עם הא ב כולם, השם של הויה בחמשה תנועות שהם או א אי אי או, ויגלגל קודם פרצוף האל״ף עם כל אותיותיה המחוברים אליה בתנועת אי ואחר כך פעם שנית אי ואחר כך אי ואחר כך אי ואחר כך אי, עד תשלום אותיות האל״ף עם היוד של הוי״ה. ואחר כך כסדר הזה עם אות הי של השם הויה, ואח״כ עם הוי״ו, ואחר כך עם ההי, וכסדר הזה לכל האותיות של השאר כ״א

פרצופים, וצריך אתה שלא תטעה בהם ותענש, ואם תאמר אותם מהופכים יבלעך הארץ. וצריך שתדע גם כן, כשתעשה הגוף תאמר אלו האותיות הנזכרות, דהיינו, כשתעשה הגויה תאמר פרצוף של אלף עם אותיותיה כאשר הוריתיך, וכשתעשה הבני מעים תצרף אות מם, וכשתעשה הראש תצרף פרצוף שין, וכשתעשה הפה תצרף הבית, ועין ימין פרצוף גימל, ועין שמאל הי, אף ימין כף, ואף שמאל פא, אוזן ימין ריש, אוזן שמאל תיו, יד ימין הי, יד שמאל ויו, רגל ימין זין, רגל שמאל חית, כוליא ימין טת, כוליא שמאל יוד, כבד למד, מרה נון, טחול סמך, המסס עין, קיבה צדי, קורקבן קוף. והעוסק בספר יצירה יטהר עצמו בבגדים לבנים ונקיים, ואל יעסוק יחידי אלא בשנים או בשלשה, דכתיב, 'ואת הנפש אשר עשו בחרן' [בראשית ב' ה'] וכתיב, 'טובים השנים מן האחד' [קהלת ד' ט'], וכתב, 'לא טוב היות האדם לבדו' [בראשית ב' י״ח] ולכך התחיל התורה באות ב' שנאמר, 'בראשית ברא'. ויעשה תעניות הידועים לנו, עם שאר כוונות השייכים לזאת הפעולה, ואחר כך יקח קרקע בתולה במקום הרים, שלא חפר בה אדם, ויגבל העפר בטהרה במים חיים, ויעשה גולם אחד עגל, ויגלגל בצירופו האלפא ביתא של רל״א שערים כל אות אחת לבדו, באות השם והנקודה הנזכר למעלה. ויתחיל בו ויגלגלנו בהתחלת א ב כנזכר, ואחר כך יגלגלנו בהברת או אה אי אי או. ולעולם תגלגל את השם עמהם, אי וכל האלפא ביתא, ואחר כך אי ואחר כך אי ואחר כך אי ואחר כך אי ואחר כך או וכן או וכן אה וכן כל האותיות כלם עם השם הויה כדרך הנזכר, עד תשלום פרצוף אות האל״ף. וכן תצרף אות ב' עם השם, וכן אות ופרצוף אות ג' וכן כלם עד כ״א אלפא ביתות של אות תי״ו, וכל אבר באות הנוצר בו, והכל יעסוק בטהרה, ולא יטעה חס ושלום לא באותיות, ולא בהנקודות, ומכל שכן שלא יטעה בגלגול אותיות השם, שנאמר, 'כי ישרים דרכי ידוד וצדיקים ילכו בם ופושעים יכשלו בם' [הושע י״ד י']. ומי שיודע סדר הפעולות של ספר יצירה יהיה נאהב למעלה ולמטה, ונוחל שני עולמות, שנאמר, "להנחיל אהבי יש ואוצרותיהם אמלא" [משלי ח' כ״א]. ובהם ברא אין סוף כל העולמות, וכל סדר היצירה הגשמי והרוחני, וזהו האמור בספר יצירה, 'וצר בהם כל היצור'... שנאמר, "כל הנקרא בשמי לכבודי בראתיו, יצרתיו אף עשיתיו" [ישעיהו מ״ג ז'] ונאמר, כי בי״ה ידו״ד צור עולמים. יתברך י״י לעולם אמן ואמן.

דייקא [י]עטרותיהם בראשיהם ר"ל מן אותן החידושים נעשים מהם עטרות– בעטרה שעטרה לו אמו ביום חתונתו (שיר

גַּלֵּא עֲמִיקְתָא

ראשי תיבות יקר שפתי דעת אתוון ש–די שמירת הדעת דקדושה, סופי תיבות וכלי יקר שפתי דעת גימ' (620) כת"ר שהוא ב"פ ש"י כנודע בסוד (אסתר ה',ג') "מה בקשתך עד חצי המלכות" דהיינו חצי הכת"ר שהוא ש"י "ויתן לך".

אות ראשונה ואחרונה דתיבה שפתי היינו ש"י, ראשי תיבות תיבין יקר שפתי היינו ש"י, וחזינן דמכל צד רמיזא ש"י עלמין בהני ד' תיבין.

ומביא בתר דא "ואצרתיהם אמלא" גימ' (824) ח"פ "נחמה" (103) והוא ח"פ רמיזא [יא]אלף השמיני דינוחמו צדיקים על כל הרעה שראו בחייהם בהאי עלמא ועל צער בני ישראל השרויים בגלות המר והארוך.

דפעמים רבות לוקח על עצמו הצדיק צערם של ישראל ע"י יסורים שמתיסר

[י] **תלמוד בבלי מסכת ברכות דף יז עמוד א:** מרגלא בפומיה דרבי מאיר: גמור בכל לבבך ובכל נפשך לדעת את דרכי ולשקוד על דלתי תורתי, נצור תורתי בלבך ונגד עיניך תהיה יראתי, שמור פיך מכל חטא וטהר וקדש עצמך מכל אשמה ועון, ואני אהיה עמך בכל מקום. מרגלא בפומייהו דרבנן דיבנה: אני בריה וחברי בריה, אני מלאכתי בעיר והוא מלאכתו בשדה, אני משכים למלאכתי והוא משכים למלאכתו, כשם שהוא אינו מתגדר במלאכתי כך אני איני מתגדר במלאכתו, ושמא תאמר: אני מרבה והוא ממעיט - שנינו: אחד המרבה ואחד הממעיט ובלבד שיכוין לבו לשמים. מרגלא בפומיה דאביי: לעולם יהא אדם ערום ביראה, מענה רך משיב חמה ומרבה שלום עם אחיו ועם קרוביו ועם כל אדם, ואפילו עם נכרי בשוק, כדי שיהא אהוב למעלה ונחמד למטה, ויהא מקובל על הבריות. אמרו עליו על רבן יוחנן בן זכאי שלא הקדימו אדם שלום מעולם ואפילו נכרי בשוק. מרגלא בפומיה דרבא: תכלית חכמה תשובה ומעשים טובים; שלא יהא אדם קורא ושונה ובועט באביו ובאמו וברבו ובמי שהוא גדול ממנו בחכמה ובמנין, שנאמר: ראשית חכמה יראת ה' שכל טוב לכל עושיהם. לעושים לא נאמר אלא לעושיהם - לעושים לשמה, ולא לעושים שלא לשמה. וכל העושה שלא לשמה נוח לו שלא נברא. מרגלא בפומיה דרב: [לא כעולם הזה העולם הבא], העולם הבא אין בו לא אכילה ולא שתיה ולא פריה ורביה ולא משא ומתן ולא קנאה ולא שנאה ולא תחרות, אלא צדיקים יושבין ועטרותיהם בראשיהם ונהנים מזיו השכינה, שנאמר: ויחזו את האלהים ויאכלו וישתו.

[יא] **של"ה הגהות למסכת שבת (יג):** מצאתי כתוב במגילת סתרים, אם תחשוב כל השבתות של השמטה עולים ס' רבוא שבתות כמספר בני ישראל, שכל אחד מישראל שהוא אזרחי נשמתו אצולה משבת אחד. וכן המדות, כל אחת כלולה מי', והי' כל אחת כלולה מי' עד שיעלו ס' רבוא. וכן יש ס' רבוא צנורות. ועל כן בליל שבת יורדות נשמות חדשות, ונראה שכל נשמה יורדת בצנור אחד שלה, עד כאן מצאתי. ותמהני כי בשש אלפים שנה אם תחשוב לכל השנה נ' שבתות לא תמצא רק ג' פעמים ק' אלפים, ואף אם תרצה לחשוב העיבורים לא יעלה החשבון ברחוק, אם לא נאמר שחושב לכל שבת לשתים, דהיינו הלילה והיום, אבל זה דוחק בעיני, דזכור ושמור בדבור אחד נאמרו. על כן נראה בעיני דיעלה החשבון עם אלף הז' הח' שהוא כולו קודש, וכל ששת ימים נחשבים לששת ימי השבת, ואז יעלו אלו הימים גם כן לג' פעמים אלף, הרי הכל ביחד ס' רבוא. ואין להקשות עתה יהיה החשבון ביותר נ' אלפים, דהיינו השבתות של שנת האלף, דע כי שנת אלף כולו שבת קודש, ואלו הנ' אלף קודש קדשים, ואפשר שהם בבחינת בני עלייה שהם למעלה מס' רבוא ושרש ס' רבוא. נשמע מזה כל נשמות ישראל היא שבת אחת, על כן צריך לשמור השבת שמירה יתירה, וזהו בעצמו נשמה יתירה.

השירים ג', י"א) היא [יב]הלולא רבא דצדיקיא ביום המיתה. וזה פירוש הפסוק ויקר אל משה שהראה הקב"ה למשה

גַּלְּא עֲמִיקְתָא

ומפחית מיסורי בני ישראל בגלותם דאיהו נשמה כללית דישראל כלולים בו.

"עטרותיהם בראשיהם" גימ' (1298) "[יג]כל ישראל י"ש להם חלק לעולם הבא" (סנהדרין תחלת פרק חלק) י"ש דייקא וכדרמז בסוף דבריו ישרא"ל י"ש רל"א.

והוא נפלא ורק נאמר דחושבן "ויקרא אל משה" גימ' (693) ג"פ [יד]רל"א (231) [שערים] ותמן אתוון ישרא"ל י"ר מן ויקר"א א"ל ש' ממש"ה הרי אתוון ישרא"ל.

[יב] ב"ח אורח חיים סימן רצב: והחכם הכולל הרב מהר"ר יצחק דרשן שיחיה מקראקא החזיק יישוב זה שכן כתוב בספר עשרה מאמרות פרק י"ג מחלק ב' מאמר חיקור דין דבערב שבת התחילה מיתתו וגמר סילוקו היה בשבת במנחה בשעתא דעת רצון אשתכח כמבואר בזוהר סדר תרומה (שם) והוסיף הרב עוד נופך משלו דודאי בערב שבת סמוך לערב היתה מיתתו וזהו שאמרו במדרש (דברים רבה שם) על פסוק (איוב ל כה) אם לא בכיתי לקשה יום שנתקשה היום כנגדו שאמרה השמש איני שוקע ומשה בעולם והוא לפי שביום מיתתו הלולא רבא הוה וכל העליונים יוצאים בשמחה לקראת נשמתו והיום קונה שלמות גדול נמצא דבשעת תחלת שקיעה יצאה נשמתו והיה מוטל בכנפי שכינה ד' מילין עד שבא למקום קבורתו בליל שבת כי מתחלת שקיעה עד הלילה ד' מילין כדאיתא בפרק מי שהיה טמא (פסחים צד א) ואם כן בעל כרחך שלא נקבר אלא בשבת וגילה לנו בספר הזוהר (שם) שלא נגנז עד שעת מנחה בשבת בשעתא דעת רצון אשתכח כדי שתעלה נשמתו בההוא רעוא דאין הנשמה עולה למעלה עד שהגוף נקבר (זוה"ק פ' אמור דף פ"ח ע"ב), ע"כ דברי הרב: [יג] **תלמוד בבלי סנהדרין דף צ עמוד א**: כל ישראל יש להם חלק לעולם הבא, שנאמר ועמך כלם צדיקים לעולם יירשו ארץ נצר מטעי מעשה ידי להתפאר. ואלו שאין להם חלק לעולם הבא: האומר אין תחיית המתים מן התורה ואין תורה מן השמים, ואפיקורוס. רבי עקיבא אומר: אף הקורא בספרים החיצונים, והלוחש על המכה ואומר כל המחלה אשר שמתי במצרים לא אשים עליך כי אני ה' רפאך. אבא שאול אומר: אף ההוגה את השם באותיותיו. שלשה מלכים וארבעה הדיוטות אין להן חלק לעולם הבא. שלשה מלכים: ירבעם, אחאב, ומנשה. רבי יהודה אומר: מנשה יש לו חלק לעולם הבא, שנאמר ויתפלל אליו וישמע תחנתו וישיבהו ירושלים למלכותו. אמרו לו: למלכותו השיבו, ולא לחיי העולם הבא השיבו. ארבעה הדיוטות - בלעם, ודואג, ואחיתופל, וגחזי. [יד] **פירוש הראב"ד לספר יצירה - פרק ב' - משנה ה**: מ"ה כיצד שקלן והמירן כו' אל"ף עם כולם. פירוש כי אלפ"א בית"א הראשונה מתחלת באל"ף על סדר אב"ג דה"ו ז"ח ט"י כלמ"נ ס"ע פצ"ק רש"ת הרי א' עם ב' ושאר כל האותיות עמהם. ואח"כ ידלג אות א' ויבא א' עם ג' וי"א אותיות בדילוג אחת אחת עמהם, ואח"כ יתחיל בא' וידלג ב' אותיות וכלם עמהם, ואח"כ ידלג ג' ואח"כ ידלג הד ואח"כ ו' ואח"כ ז' ואח"כ ח' ואח"כ ט' ואח"כ י' ואח"כ י"א ואח"כ י"ב ואח"כ י"ג ואח"כ י"ד ואח"כ ט"ו ואח"כ ט"ז ואח"כ י"ז ואח"כ י"ח ואח"כ י"ט ואח"כ כ' ישאר א"ל באמצע בצירוף א' עם כולם. ואח"כ יסדר שישליך הא' לבסוף זה שהיה ראש להיותו סוף כזה. בג"ד ה"ו ז"ח ט"י כ"ל מ"נ ס"ע פ"צ ק"ר ש"ת א', וידלג ע"פ סדר ראשון וישאר באמצע ב"ם ויו"ד אלפ"א ביתו"ת מלמעלה ויו"ד מלמטה. ואח"כ יסדר ג"ד ה"ו ז"ח ט"י כ"ל מ"נ ס"ע פ"צ ק"ר ש"ת א"ב, וידלג כאשר בתחלה וישאר ג"ן באמצע ויו"ד מלמעלה ויו"ד מלמטה. ואח"כ יסדר ד"ה ו"ז ח"ט י"כ ל"מ נ"ס ע"פ צ"ק רש"ת אב"ג, וידלג כאשר בתחלה ויעלה ד"ס באמצע ויו"ד מלמעלה ויו"ד מלמטה. ואח"כ יסדר ה"ו ז"ח ט"י כ"ל מ"נ ס"ע פ"צ ק"ר ש"ת אבג"ד, וידלג כאשר בתחלה וישאר ה"ע באמצע ויו"ד

מלמעלה ויו"ד מלמטה. ואח"כ יסדר ו"ז ח"ט י"כ ל"מ נ"ס ע"פ צ"ק רש"ת אבגד"ה, וידלג כאשר בתחלה וישאר ו"ף באמצע ויו"ד מלמעלה ויו"ד מלמטה. ואח"כ יסדר ז"ח ט"י כ"ל מ"נ ס"ע פ"צ ק"ר ש"ת אבגדה"ו, וידלג כאשר בתחלה ויעלה ז"ץ באמצע ויו"ד מלמעלה ויו"ד מלמטה. ואח"כ יסדר ח"ט יב ל"מ נ"ס ע"פ צ"ק רש"ת אב"ג ד"ה ו"ז, וידלג כאשר בתחלה ויעלה ח"ק באמצע ויו"ד מלמעלה ויו"ד מלמטה. ואח"כ יסדר ט"י כ"ל מ"נ ס"ע פ"צ ק"ר ש"ת א"ב ג"ד ה"ו ז"ח, וידלג כאשר בתחלה וישאר ט"ר באמצע ויו"ד מלמעלה ויו"ד מלמטה. ואח"כ יסדר י"כ ל"מ נ"ס ע"פ צ"ק רש"ת א"ב ג"ד ה"ו זח"ט, וידלג כאשר בתחלה ויעלה י"ש באמצע ויו"ד מלמעלה ויו"ד מלמטה. ואח"כ יסדר כ"ל מ"נ ס"ע פ"צ ק"ר ש"ת א"ב ג"ד ה"ו ז"ח ט"י, וידלג כאשר בתחלה ויעלה כ"ת באמצע ויו"ד מלמעלה ויו"ד מלמטה. ע"כ סדר אשר לפנים. מכאן ולהלאה רל"א שערים אשר לאחור. (ואח"כ) ויסדר ל"מ נ"ס עפ"צ ק"ר ש"ת א"ב ג"ד ה"ו ז"ח ט"כ ויבא ל"א באמצע ויו"ד למעלה ויו"ד למטה. ואח"כ יסדר מ"נ ס"ע פ"צ ק"ר ש"ת א"ב ג"ד ה"ו ז"ח ט"י כ"ל, ויבא מ"ב באמצע ויו"ד למעלה ויו"ד למטה. ואח"כ יסדר נ"ס ע"פ צ"ק רש"ת א"ב ג"ד ה"ו ז"ח ט"י כל"מ, ויבא נ"ג באמצע. ואח"כ יסדר ס"ע פ"צ ק"ר. ש"ת א"ב ג"ד ה"ו ז"ח ט"י כ"ל מ"נ, ויבא ס"ד באמצע. ואח"כ יסדר ע"פ צ"ק רש"ת א"ב ג"ד ה"ו ז"ח ט"י כ"ל מנ"ס, ויבא ע"ה באמצע. ואח"כ יסדר פ"צ ק"ר ש"ת א"ב ג"ד ה"ו ז"ח ט"י כ"ל מ"נ ס"ע, ויבא פ"ו באמצע. ואח"כ יסדר צ"ק רש"ת א"ב ג"ד ה"ו ז"ח ט"י כ"ל מ"נ סע"פ, ויבא צ"ז באמצע. ואח"כ יסדר ק"ר ש"ת א"ב ג"ד ה"ו ז"ח ט"י כ"ל מ"נ ס"ע פ"צ, ויבא ק"ח באמצע. ואח"כ יסדר רש"ת א"ב ג"ד ה"ו ז"ח ט"י כ"ל מ"נ ס"ע פצ"ק, ויבא ר"ט באמצע. ואח"כ יסדר ש"ת א"ב ג"ד ה"ו ז"ח ט"י כ"ל מ"נ ס"ע פ"צ ק"ר, ויבא ש"י באמצע. ואח"כ יסדר ת"א ב"ג ד"ה ו"ז ח"ט י"כ ל"מ נ"ס ע"פ צ"ק ר"ש, ויבא ת"ך באמצע. ואלו הן הרל"א שערים של אחור והם הופכים את הבריאה לקדמותה כי הם מצד הדין, והראשונים להויה וסימנם יוצר הכל הוא ה' צבאות שמו, והאחרונים להפסד. וצא"ל כי בכל אלפ"א בית"א ואלפ"א בית"א צריך שיבא סדור הדלוג כמו שבארתי בא', ולפיכך יבאו יו"ד אלפ"א ביתו"ת ממעל למרכז ויו"ד מלמטה והמרכז באמצע, וכל אלפ"א בית"א מאלו של מעלה למרכז ושלמטה ממרכז הם מכ"ב אותיות ונמצא שמספר כולם רל"א שערים לבנין, כי י"א פעמים עשרים הם ר"כ וי"א מרכזים הרי רל"א לבנין וכן לסתירה. ועוד צא"ל שלכל האלפ"א ביתו"ת הן לפנים הן לאחור הראשונה מהם כ"ב אותיות והשניה י"א ולפיכך פועלים, וזהו פירוש שקלן אי זה אות יתחבר וישתוה עם חבירו מכל רל"א שערים וחלופן. והמירן זה שהיה ראש להיות סוף וזה שהיה סוף להיות ראש.

השכר של צדיקים ומה הוא היקר א' זעירא מן אותיות התורה שהן רל"א שערים רל"א אלפ"א בית"ן וז"ס ישראל

גַּלֵּא עֲמִיקְתָא

ושאר אתוון גימ' (152) "צמח דוד" בחינת תפאר"ת ומלכו"ת, א"נ גימ' (152) ח"פ "חוה" (19) דישראל מתקנים חטא אדם הראשון וחוה שנתפתו לחויא ויתוקן בשלמות באלף השמיני כמבואר בספה"ק לכן הוא ח' פעמים.[טו]

[טו] פנים יפות בראשית פרק ד: ויצא קין מלפני ה' וגו'. בילקוט [בראשית רמז לח] פגע בו אדם הראשון, א"ל מה נעשה בדינך, א"ל עשיתי תשובה ונתפשרתי, התחיל אדם מטפח על פניו ואמר כך הוא כח של התשובה ולא הייתי יודע, מיד עמד אדם ואמר מזמור שיר ליום השבת וגו'. נראה לפרש ע"פ פשוטו, לפי שהמתין הקדוש ברוך הוא לקין ממיתה עד דור שביעי, שנאמר [ד, כד] שבעתים יוקם קין. והנה חטא אדם הראשון היה שגרם מיתה לדורות, אך לפי פירש"י בתהלים [צ, ד] כי מ"ש הש"י ביום אכלך וגו' היינו יומו של הקדוש ברוך הוא שהוא אלף שנה, הרי אף לאחר חטא אדם הראשון יכול לחיות אלף שנים, ואותם המתים קודם אלף שנים ע"כ הם בחטא עצמם, וז"ש ירמיה [ירמיה לא, כח - כט] אל תאמרו האבות אכלו בוסר ושיני בנים תקהנה, כ"א איש בחטאו ימותו, שלא יאמר אדם שמת מחמת חטא אדם הראשון שאכל מעץ הדעת שהוא בוסר, כי מחמת חטא אדה"ר היה יכול לחיות אלף שנים,

שהוא השכר כל ישרא"ל י"ש להם [כמ"ש [טז]כל ישראל יש להם חלק לעולם הבא] מן רל"א שערים. ויעקב אמר (בראשית

גָּלֵא עֲמִיקְתָא

"ויקרא אל משה" (693) עם התכלית "עטרותיהם בראשיהם" (1298) סליקו לחושבן (1991) "[יז]אין דומה לך מושיענו לתחית המתים" באלף השמיני ואז ובלע המות לנצח והוא דיוכנעו כל י"א סטרין אחרנין ומלאה הארץ דעה את ה' וכו'. ואז לא יהיה כל קיום לקלי' ולכן סליק נמי לחושבן (1991) י"א פ' "יהיו כמץ" (181) כדכתיב (תהל' ל"ה,ה') "יהיו כמץ לפני רוח ומלאך ה' דוחה" ורמיזא הכנעת הקלי'. והוא חושבן (1991) י"א פעמים "ובן דוד עבדך יבא"

א"כ אין לתלות בחטא אדה"ר, אלא שאדה"ר היה מצטער שאם יהיו הדורות צדיקים גמורים, ולולי חטאו היה יכול הדור הראשון לחיות כל חיי העולם, אבל לאחר חטאו הוכרח הוא למות בסוף אלף שנים, וכיון שאחז"ל [ר"ה לא א] שית אלפי שני הוי עלמא הוא גרם שבהכרח שאפילו יהיו צדיקים גמורים בהכרח להיות שש דורות בשית אלפי שנין, וכיון שראה בקין שהתשובה מועלת עד ששה דורות, א"כ באדה"ר אם ימחול לו על ששה דורות, אח"ז יהיה יום שבת הגדול שהוא תחיית המתים, לכך אמר מזמור שיר ליום השבת. [**טז**] **משנה מסכת סנהדרין פרק י משנה א**: כל ישראל יש להם חלק לעולם הבא שנאמר (ישעיה ס') ועמך כולם צדיקים לעולם יירשו ארץ נצר מטעי מעשי ידי להתפאר ואלו שאין להם חלק לעולם הבא האומר אין תחיית המתים מן התורה ואין תורה מן השמים ואפיקורס רבי עקיבא אומר אף הקורא בספרים החיצונים והלוחש על המכה ואומר (שמות ט"ו) כל המחלה אשר שמתי במצרים לא אשים עליך כי אני ה' רפאך אבא שאול אומר אף ההוגה את השם באותיותיו: [**יז**] **תורת חיים מסכת סנהדרין דף צ עמוד א**: כל ישראל יש להם חלק לעולם הבא. והא דקאמר בפרק הנושא נפק בת קול ואמרה כל דהוה באשכבתיה דרבי מזומן לחיי העולם הבא אף על גב דכל ישראל יש להם חלק לעולם הבא כתבו התוספות שם דכל היכא דאמר מזומן לחיי העולם הבא היינו בלא דין ובלא יסורין. ובפרק סדר תעניות אלו דקאמר רב ברוקא הוה קאי בשוקא דבי לפט אתי אליהו איתחזי ליה א"ל מי איכא בהאי שוקא בר עלמא דאתי אמר ליה ליכא אף על גב דכל ישראל יש להם חלק לעולם הבא יש לפרש נמי ששאלו מי איכא בהאי שוקא בר עלמא דאתי כמות שהוא חי עתה בלא דין ובלא יסורין אבל לאחר מיתה המיתה וחיבוט הקבר וענשו של גיהנם מכפרין ויש לו חלק לעולם הבא. ואלו שאין להם חלק לעולם הבא האומר אין תחיית המתים מן התורה. בגמרא מפרש טעמא לפי שהוא כפר בתחיית המתים לפיכך לא יהיה לו חלק בתחיית המתים מכאן משמע בהדיא דחלק לעולם הבא דנקט ש"ס בכולה דוכתא היינו תחיית המתים ולאו היינו עולם הנשמות הבא לאדם אחר מיתתו וכן משמע בפרק שני דייני גזירות דקאמר ודם ענב תשתה חמר אמרו לא כעולם הזה העולם הבא העולם הזה יש בו צער לבצור ולדרוך העולם הבא מביא ענבה אחת בקרון או בספינה ומניחה בזוית ביתו ומספק הימנו בפטס גדול ועציה מסיקים תחת התבשיל משמע דעולם הבא היינו תחיית המתים דבעולם הנשמות לא שייך למימר ענבה אחת בקרון וכו' וכן משמע ממה שכתבו התוספות בפ"ק דראש השנה גבי הא דקאמר שעשה כיתות ליום הדין דהיינו כשיחיו המתים שכתבו ואף על פי שכבר נידונו לאחר מיתתם לגן עדן או לגיהנם מפני הנשמה עדיין יהיה דין אחר אם יזכהו לחיי עולם הבא שהוא קיים לעולם והיינו דבפ"ק דע"ז גבי קטיעא בר שלום וגבי ר' חנניא בן תרדיון וקלסטנירו וגבי רבי אלעזר בן דורדיא נקט ש"ס יצתה בת קול ואמרה פלוני מזומן לחיי עולם הבא מדנקט לשון מזומן משמע דעדיין אין להן חלק לעולם הבא עד לאחר שיחיו בתחיית המתים. מיהו קשה ממה שיסדו ביוצר תפילת שבת אין כערכך ה' אלהינו בעולם הזה ואין זולתך מלכנו לחיי העולם הבא אפס בלתך גואלנו לימות המשיח ואין דומה לך מושיענו לתחית המתים משמע דעולם הבא לאו היינו תחיית המתים.

כ"ח,ט"ז) אבן י"ש רמיזא ש"י עולמות "ה' במקום הזה" בגימ' רל"א שמן רל"א שערים נעשה לבוש של צדיקים.

גַּלֵּא עֲמִיקָתָא

(181) מפיוט צור משלו אכלנו "ובן דוד עבדך יבא ויגאלנו רוח אפינו משיח ה'" [עיין לעיל [2]אופן קל"ה-ויהי ביום השלישי יום הולדת את פרעה].

2. אופן קל"ה-ויהי ביום השלישי יום הולדת את פרעה. ברוך ה' שזיכני היום (י"ב מנחם אב ה'תשע"ד פ' ואתחנן) למלאות לי נ"ה שנים בבריאות מעליא בגוף ונפש, כן יזכני ה' יתברך להשלים ספרים וללמוד על מנת ללמד דאיהי תורה לשמה לפי אחת הדעות בגמ', והוא ערב יארצייט המגלה עמוקות הק' מוהר"ר נתן נטע שפירא זיע"א, והיא פרשת ואתחנן ה'תשע"ד- דהשלים רנ"ב אופנים על ואתחנן והוא נפלא ביותר לא יסולא בפז כל אות שם ובסוף הספר קצורי הענינים מבן המחבר זצ"ל- ונכתוב אופן זה בענין יום הולדת, וכדלקמן:

א' זעירא מרמזת הולד במעוי דאימיה והוא היקר וכדכתיב ג' שותפין הן באדם: הקב"ה אביו ואמו (בגמ' קדושין ל:) [עיין לעיל אופן מ"ד-ג' שותפין הן באדם וכו'].

והוא דאמרו חז"ל (נדה ל:) "הולד במעי אמו מקופל ומונח כפנקס, ונר דלוק על ראשו, וצופה ומביט מסוף העולם עד סופו" גימ' (2710) י"פ "הריון" - והוא נפלא.

ואמרינן (נדה לח:) "הריון" בגימ' מאתן וע"א (271)- שכך ימי עבורה של אשה- ודורשים (רות ד', י"ג) "ויתן ה' לה הריון ותלד בן" גימ' (1290): י"פ "דוד עבדך יבוא" (129) מפיוט צור משלו אכלנו. ואכן בפס' הבא (שם) "ברוך ה' אשר לא השבית לך גואל היום ויקרא שמו בישראל ותקראנה שמו עובד הוא אבי ישי אבי דוד" [חזינן ענין בן דוד עבדך יבוא ויגאלנו].

וזהו דאמרו (יבמות סב.) "אין בן דוד בא עד שיכלו כל נשמות שבגוף" גימ' (1807) ג"פ "בני ישראל" (603) עם ב' כוללים.

והני תרין מאמרי חז"ל עם הפסוק דאמרינן, דהיינו:

א'. "הולד במעי אמו מקופל ומונח כפנקס, ונר דלוק על ראשו, וצופה ומביט מסוף העולם עד סופו" (2710) [נדה ל:].

ב'. "ויתן ה' לה הריון ותלד בן" (1290) [רות ד', י"ג].

ג'. "אין בן דוד בא עד שיכלו כל נשמות שבגוף" (1807) [יבמות סב.].

סליקו כולהו לחושבן (5807) כ"ב (אתוון דאורייתא קדישא) פ' "מלך חי וקים" ע"ה (264) כדאמרינן "מודה אני לפניך **מלך חי וקים**" ובצלותא דיוה"כ "ואתה הוא **מלך חי וקים**" וכו'. ובקדוש לבנה אמרינן דוד **מלך** ישראל **חי וקים** היינו ענין דוד המלך כמו שכתבנו לעיל מהפסוקים ומאמרי חז"ל בעניין ובן דוד עבדך יבוא ויגאלנו וכו'.

וכפלינן בכ"ב (אותיות התורה) דאמרינן התם (ל:) ומלמדין אותו כל התורה כולה וכו' וכיון שבא לאויר העולם בא מלאך וסטרו על פיו ומשכחו כל התורה כולה וכו'.

וממשיך שם: ומשביעין אותו "תהי צדיק ואל תהי רשע ואפילו כל העולם אומרים לך צדיק אתה היה בעיניך כרשע" גימ' (3766) י-ה (15) פ' "רזא דה' אחד" (251) (דאמרינן בצלותא דליל שבת קודש קדם ברכו- מזוה"ק תרומה ח"ב קל"ה ע"א).

והיא כל עבודת האדם בהאי עלמא דאיהו עלמא דפירודא עלמא דשקרא- להחזיר הכל לאחד וזהו דכפלינן י-ה פ' "רזא דה' אחד".

והאי דאמרו חז"ל שם: ואפילו וכו' היה בעיניך כרשע ולא רשע ממש- אלא ישפיל עצמו וירגיש כאילו הוא רשע, וכמ"ש אין לך שלם כלב נשבר [ועיין לעיל אופן צ"ח].

וכפלינן בי-ה דאינון "הנסתרות לה' א-להינו" (דב' כ"ט,כ"ח) ואין מגלים סתרי תורה אלא למי שלבו דואג בקרבו וכו'- וכמו שכתבנו לעיל אין לך שלם כלב נשבר.

והנה את זה לעומת זה עשה הא-להים וכו' וישנו ענין ההולדה גם בקלי' רח"ל, הה"ד (בר' מ',כ') "ויהי ביום השלישי **יום הולדת** את פרעה" גימ' (1955): ה"פ "אלף זעירא" (399) לקביל נרנח"י דכללות דקלי'- דהאי א' זעירא דמשה ודוד [אופן ג'] מכנעא לקלי' בשרשו כמ"ש והיה כאשר ירים משה ידו וגבר ישראל וכו'.

ופרש"י הק' על הפסוק "יום הולדת את פרעה": יום לידתו וקורין לו יום גינוסיא, ובשפתי חכמים שם: גינוסיא יום הלידה בלשון יון.

וזהו "הריון" אותיות "הר-יון" כמ"ש לעתיד לבוא יצר הרע צדיקים נדמה להן כהר (סוכה נב. זוה"ק קד:) וכן אברהם אבינו המאמין הראשון-"והאמין בה'" (בר' ט"ו).

ומלכות יון הרשעה שרצתה להחשיך עיניהם של ישראל ולהסיר מהן אמונתן בבורא עולם, ולכן משביעין אותו תהי "צדיק" ע"ה גימ' "הר" (205) וכו'. וזהו דהאי פסוקא "ויהי ביום השלישי יום הולדת את פרעה"- מתחיל "ויהי ביום" גימ' (89) "חנוכה", ואמרינן לעיל אופן פ"ה דחנוכה רמיזא האלף השמיני תחה"מ.

ובכלי יקר פרשת שמיני כתב וזלשה"ק: אבל לעולם הבא שיהיו מופשטים מהחומר לגמרי יתוסף בהם השגה שיכירו כח מלכותו ית' על כל נבדלים העליונים הכלולים במספר תשע בסוד ארון תשעה וכפרת טפח, ואז השמיני יעלה למספר עשרה וכו' כי שם יראו את כבוד ה' עין בעין וכו' עיין שם לשונו הקדוש.

וזהו דכל המועדים בטלים לעתיד לבוא וחנוכה ופורים לא בטלים- משום דחנוכה הוא ענין ה-ח' דעולה לבחינת י', ופורים הוא ענין ונהפוך הוא- דכיום חיים מתים, ולעתיד לבוא מתים קמים לתחיה, ויתקיים "ובלע המות לנצח" וכו' (ישעי' כ"ה,ח'), בגאולה האמיתית והשלמה וביאת משיח צדקנו, במהרה בימינו אמן.

וממשיך שם בפסוק (ויהי ביום) "השלישי" גימ' (655) "הקדוש ברוך הוא"- וחזינן דברישא דפס' רמיזא מפלת פרעה והרשעים דסליק לחושבן "חנוכה- הקדוש ברוך הוא" ["ויהי ביום" בגימ' (89) "חנוכה" - השלישי בגימ' (655) "הקדוש ברוך הוא"].

וממשיך "יום הולדת את פרעה" גימ' "האור הקדמון" (417) דאיהו אור הגנוז דעתידא לאתגלאה בגאולה האמיתית והשלמה וממילא כל הקלי' יאבדו כלא היו ויתגלה דמעולם לא היו קימים אלא בדמיון בהסתר הגלות.

ופרש"י הק' ולשון הולדת לפי שאין הולד נולד אלא ע"י אחרים ומביא שני הפסוקים הנוספים בכ"ד ספרים דכתיב בהם יום הולדת, והם בתוכחת יחזקאל לעם ישראל:

א'. "ומולדותיך **ביום הולדת** אותך לא כרת שרך ובמים לא רחצת למשעי, והמלח לא המלחת והחתלת לא חתלת" (יחזקאל ט"ז,ד').

האי פסוקא סליק לחושבן (5821): כ"פ "אנו מדליקים" (291) ע"ה, דאמרינן בתר הדלקת נר חנוכה, והאי דכפלינן ב-כ' רמיזא אור הכתר דלעתיד לבוא יאיר אור הגנוז דרך פנימיות הכתר.

ב'. "לא חסה עליך עין לעשות לך אחת מאלה לחמלה עליך, ותשלכי על פני השדה בגעל נפשך **ביום הלדת** אותך" (שם פס' ה').

האי פסוקא סליק לחושבן (4673): ב"פ "ויהי בנסע הארן ויאמר משה קומה ה' ויפצו איביך וינסו משנאיך מפניך" (2236) ע"ה (במ' י',ל"ה).

ומתחלק: "עליך" גימ' (130) "עין"- דהיינו "עליך-עין" גימ' (260) י"פ הוי' (26). "לא חסה עליך עין לעשות" גימ' (1170) "שמיני עצרת", רמיזא גאולתא שלימתא באלף השמיני, "השדה" גימ' "ש-די" שם השמירה.

וכל הפסוק עם השדה גימ' (3200) ק"פ "לב" (32) דאורייתא מגנא ומצלא, וחזינן דכל דעביד רחמנא לטב עביד והצפין נבואת הגאולה בתוך נבואת התוכחה.

והני תרין פסוקין ביחזקאל סליקו לחושבן (10494): כ"ב (22) פ' "אל יאבד גוי קדוש" (477) [דאמרינן בתר תחנון בשחרית ומנחה]. והביאור: דישראל אע"פ שחטא ישראל איקרי וקדושיו קדושין וכאמרם (ברכות יז.) גלוי וידוע לפניך שרצוננו לעשות רצונך, ומי מעכב- שאור שבעיסה ושעבוד גלויות.

וכד מוספינן להני תרין פסוקין מתוכחת יחזקאל, האי פסוקא דפרעה הרשע- דאיהו שאור שבעיסה, ובאריז"ל פרעה אתוון הערף וכן אתוון פה רע, דאיהו עם ג' שריו מעכבין הדבור דקדושה לצאת ממיצר הגרון (לקוטי מוהר"ן סי' ס"ב ע"ש).

והני ג' פסוקין סליקו כולהו לחושבן (12449): "כסא דוד" (95) פ' "סמא-ל" (131) עם ג' כוללין דהפסוקין והכללות.

וחזינן דלעתיד לבוא כסא שלם ומכה בס"מ- ולכן כפלינן דא בדא, ומכניעו ומאבידו, דצריכנא לאוספא ד' להאי חושבן ואיהי ד' דדוד דמכנעא לס"מ וחילותיו בגאולה האמיתית והשלמה וביאת משיח צדקנו, במהרה בימינו אמן.

קצור: ג"פ יום הולדת בכ"ד ספרים, והן בצורת א': בפרעה כתיב ללא ו', ביחזקאל (ט"ז,ד') עם ו', ושם פס' ה' ללא ו', וא"כ האי דפרעה לקביל י' תתאה, ובתוכחת ישראל (יחזקאל שם) פסוק ד' לקביל ו' ד-א' זעירא, ופסוק ה'- י' עילאה ד-א' זעירא. ויחד דהיינו: "הלדת הולדת הלדת" גימ' (1323) ג"פ "אמת" (441), דמשה אמת ותורתו אמת, וכלא רמיזא באורייתא קדישא.

גַּלֵּא עֲמִיקְתָא

וזהו דמביא הפסוק "[יח]יקר בעיני ה' המותה לחסידיו" (תהל' קט"ז,ט"ו) גימ' (1062) עם הכולל "אדם חוה" אדם בא' רבתי אלף (1000) ועם הכולל דהיינו קוב"ה שמשפיע בהם ומתקנם מעתה ועד עולם, [3]ועיין אופן ת"ח והוא באורנו לואתחנן אופן קכ"א

[יח] **רש"י מסכת חגיגה דף יד עמוד ב:** יקר בעיני ה' המותה לחסידיו - הוקשה מיתתו לפניו לפי שמת בחור, ואף על פי כן אי אפשר שלא ימות משום שנאמר כי לא יראני האדם וחי (שמות לג).

3. ואתחנן אופן קכ"א פסוק י'. **וַיְכַס הֶעָנָן אֶת אֹהֶל מוֹעֵד וּכְבוֹד יהוה מָלֵא אֶת הַמִּשְׁכָּן** (שמות מ,לד) גימ' (1779) ועם הכולל (1780) כ' פעמים "חנוכה" (89) בחינת הארת אור הגנוז ח' נרות דחנוכה להטעימנו בהאי עלמא ממתיקות טעמו כצפיחית בדבש (שמות ט"ז,ל"א) והיה טעמו כטעם לשד השמן (במדבר י"א,ח') ומתוק האור לעינים (קהלת י"א,ז'), כדברי האור החיים (דברים כו,ח ד"ה ואומרו) אלמלא ידעו אנשים טעם מתיקותה של תורה היו משתגעים אחריה וכו'. וכאן בא הרמז בכפילת כ' פעמים- לרמוז הארת כתר עליון ד-כ' רמז לכתר כדאיתא בגמרא (שבת קד.) הני דרדקי דאתו לבי כנישתא ואמרו מילי דמימות יהושע בן נון לא איתמר כוותייהו, ופירשו כל אותיות א"ב על הסדר: א' ב' אלף בינה וכו' כ' הקב"ה קושר לך כתר לעולם הבא. וכתב המגלה עמוקות דתיבת **כימ"ה** נוטריקון **כ**בוד ה' [י-ה-ו-ה] **מ**לא **ה**משכן- תמן אתוון פנימיים כזה: "כ**בו**ד י-**ה**-**ו**-ה מלא ה**מ**שכן" סליקו לחושבן (89) "חנוכה"- בחינת פנימיות אור הגנוז דתתגלה לעתיד לבוא למשה רבינו לבדו בחינת כבוד אלהים הסתר דבר (משלי כ"ה,ב').

ולכן אמר לו הקב"ה: רב לך- מה רב טוב הצפון הוא לך בלבד- ולצדיקים שבישראל תתגלה הבחינה החיצונית של אור הגנוז- בחינה שהיא שרש להתהוות העולמות- אמנם למשה איש האלהים תינתן הבחינה הפנימיות יותר, בחינת דבקות הקו בעגול הגדול תמן האור בביטול לעצמות ואינו בבחינת מקור לעולמות, וזהו "משה-אור אינסוף" גימ' (759) "עלה ראש הפסגה", ובתוספת "עצמות" דהיינו "משה-אור אינסוף-עצמות" גימ' (1365) ה' פעמים "אור גנוז" (273) בלא ה' הידיעה דהיינו פשיטות וביטול משה ביחד עם אור האינסוף לעצמות, בחינת "רישא דלא אתידע" גימ' (1031) "ויהי אחרי מות משה" (יהושע א',א') אמנם תמן כתיב ויהי אחרי מות עם י'- ובכאן שמטינן האי י', וכדכתב והאיש משה ענו (במדבר י"ב,ג') בלא י'- דנתן סוד ענותנותו ליהושע כדכתיב ויקרא משה להושע בן נון יהושע (במדבר י"ג,ט"ז) דהוסיף לו י' דעניו דהוא סוד ענוה דמשה- ובמקום אחר כתב המגלה עמוקות ד-א' זעירא צורת יוד, וזכה לה משה רבינו בסוד פנימיות אור הגנוז כנ"ל. והוא בחינת אדם כי ימות באהל (במדבר י"ט,י"ד) דעל זה הפסוק דרשו חז"ל מכאן שאין התורה מתקיימת אלא במי שממית עצמו עליה [כדבארנו במקום אחר בהרחבה] ומשה רבינו הוא דאיקרי אדם- דזכה לסוד א' זעירא- ולעתיד לבוא תגדל להיות אלף רבתי דאדם (תחלת דברי הימים) בסוד **א**דם שת אנוש, וכדמביא המגלה עמוקות ברישא דאופן הבא (קכ"ב) "יפיפית מבני אדם" (תהל' מ"ה,ג') גימ' (737) "שת הבל", והאריכו בספה"ק לבאר דמשה רבינו גלגול הבל- ויתרו הקיני גלגול קין, וממילא הוא נמי חושבן (737) "בכל לבבך, ובכל נפשך, ובכל מאדך" (דברים ו',ה') ענין המסירות נפש דקריאת שמע.

וזהו דמביא המדרש: אמר רבי יוחנן עשר מיתות כתובות עליו על משה ואלו הן וכו' ומביא שם עשרה חלקי הפסוקים שמזכיר שם ענין מיתת משה רבינו ח' בחומש ועוד ב' בשני הפסוקים הראשונים בספר יהושע- והוא בסוד ח' ספיראן קדמאין, ו-ב' מיתות דתחלת ספר יהושע בסוד יסוד-מלכות, וזהו דאמרינן בתר קריאת שמע של ערבית: "אמת [יסוד] ואמונה [מלכות]" גימ' (549) "יהושע בן נון".

ונבאר הני י' פסוקין בסוד הסתלקותו של משה רבינו רעיא מהימנא ונסדרם לפי י' ספירות, וכמו שכתב מהרז"ו (שם במדרש סוף סימן י') וצ"ע שלא הובאו הפסוקים במדרש כסדר שכתובים בתורה, ונכון לסדרם כסדר התורה [עכד"ק]. ונסדרם כאמור מעילא לתתא- לפי סדר י' ספירות- דהתורה נמשלה למים מה מים יורדים ממקום גבוה למקום נמוך וכו'- אמנם אחרי כן נבאר דפסוקא קמא דיהושע לקביל ספירת היסוד דסליק לרזא דאינסוף דרך כתרא עילאה [כדאמרינן לעיל "ויהי אחרי מות משה" (יהושע א',א') גימ' (1031) "רישא דלא אתידע"] וסליק עד לבחינת עצמותו יתברך ממש- בסוד "ויקח משה את עצמות יוסף

עמו" (שמות י"ג,י"ט) גימ' (1748) ד' פעמים "מצא אשה" (437) כדכתיב מצא אשה מצא טוב ויפק רצון מהוי' (משלי י"ח,כ"ב) בסוד ד' נשים שלקח יעקב אבינו- דמשה רבינו איהו מלגו דיעקב תפארת ישראל, דהן "**ב**להה-**ר**חל-**ז**לפה-**ל**אה" [ראשי תיבות ברז"ל כנודע] גימ' (438) "מצא אשה" עם הכולל כנ"ל. והני י' פסוקין דמיתת משה [דאיתא בזוה"ק (פרשת בראשית דף לז:) משה לא מית אלא אתכניש לעילא ואנהיר לסיהרא מתמן] לפי סדרם בתורה כדברי המהרז"ו:

[1] **כִּי אָנֹכִי מֵת בָּאָרֶץ הַזֹּאת אֵינֶנִּי עֹבֵר אֶת הַיַּרְדֵּן וְאַתֶּם עֹבְרִים וִירִשְׁתֶּם אֶת הָאָרֶץ הַטּוֹבָה הַזֹּאת** (דברים ד,כב) גימ' (5182) ועם הכולל (5183) "הגנוז" (71) פעמים "חכמה" (73) לקביל ספירת **כתר** דחכמה מקבלת מכתר בסוד והחכמה מאין תמצא (איוב כ"ח,י"ב) [והחכמה כפשוטו ואין היינו כתר כמבואר בספה"ק] והוא גנוז לגביה בבחינת אור הגנוז- ולכן בא הרמז בכפילת הגנו"ז פעמים חכמ"ה בספירת הכתר דיתגלה אורו לעתיד לבוא בגאולה האמיתית והשלמה.

[2] **וַיֹּאמֶר יהוה אֶל מֹשֶׁה הֵן קָרְבוּ יָמֶיךָ לָמוּת קְרָא אֶת יְהוֹשֻׁעַ וְהִתְיַצְּבוּ בְּאֹהֶל מוֹעֵד וַאֲצַוֶּנּוּ וַיֵּלֶךְ מֹשֶׁה וִיהוֹשֻׁעַ וַיִּתְיַצְּבוּ בְּאֹהֶל מוֹעֵד** (דברים לא,יד) גימ' (4997) "חוה" (19) פעמים "סמנגלף" (263) דכתב בספר שרשי השמות לרבינו **הרמ"ז** וזלשה"ק: **סמנגלף- אחד מן המלאכים שישלח הקב"ה אחר חוה הראשונה היא לילית להשיבה אל אדם הראשון ומצאוה באיי הים ושאלה מאתם שיניחום ונשבעה להם שבכל מקום שתמצא ותראה שמותם ותמונתם שלא תזיק לשום בריה כלל** עכלשה"ק. ובכאן הוא הפלא ופלא כחושבן פסוקא במכוון חוה פעמים שם המלאך [סמנגלף] כנ"ל. והוא לקביל ספירת **חכמה** דסליק לחושבן (4997) ב' פעמים "למען תהיה תורת ה' בפיך כי ביד חזקה הוציאך ה' ממצרים" (2498) (שמות י"ג,ט') דאורייתא מחכמה עילאה נפקת כתרגום ירושלמי בראשית-בחכמתא.

[3] **כִּי אָנֹכִי יָדַעְתִּי אֶת מֶרְיְךָ וְאֶת עָרְפְּךָ הַקָּשֶׁה הֵן בְּעוֹדֶנִּי חַי עִמָּכֶם הַיּוֹם מַמְרִים הֱיִתֶם עִם יהוה וְאַף כִּי אַחֲרֵי מוֹתִי** (דברים לא,כז) גימ' (4622) ועם הכולל (4623) "בינה" (67) פעמים "בבינה" (69) והוא לקביל ספירת **בינה** ומרומז באופן נפלא "בינה" פעמים "בבינה",

אמנם בכאן ספירת הבינה קשורה לספירת הדעת בסוד ודעת קדושים בינה (משלי ט',י') דהפסוק מתחיל כי אנכי ידעתי- בסוד כתר [אנכי] דעת [ידעתי], וכד חשבינן דעת לא חשבינן כתר- דחכמה נכללת בבינה דחכמה- ובינה הן תרין רעין דלא מתפרשין לעלמין כדאיתא בזוה"ק בסוד ה' חסדים ו-ה' גבורות שבדעת ובסוד שיקול הדעת [עיין סנהדרין לג. היכי דמי שיקול הדעת? אמר רב פפא: כגון תרי תנאי או תרי אמוראי דפליגי אהדדי, ולא איתמר הלכתא לא כמר ולא כמר, ואיקרי ועבד כחד מינייהו, וסוגיא דשמעתא אזלי כאידך- היינו שיקול הדעת].

והנה ג' פסוקין קדמאין כנ"ל הם בסוד **כתר-חכמה-בינה** ושלשתם יחד עולים בגימ' (14801) "חוה" (19) פעמים "(בני) בכורי ישראל" (779) (שמות ד',כ"ב) דחטא חוה פגם בדעת ועלה עד לבחינת הכתר, דתפוח עקבו של אדם הראשון היה מכהה גלגל חמה, ולאחר הפגם נתמעטה קומתו ל-ק' אמה, ובני ישראל קראם השי"ת בני בכורי ישראל ומתקנים להאי פגם עד ביאת משיח צדקנו- ורצה משה רבינו להיכנס לארץ ישראל לתקן האי פגם דהוה בארץ ישראל דאדם הראשון ממקום כפרתו [בית המקדש] נברא כדאיתא במדרש.

ואמר לו הקב"ה כיצד יכפר- הלא חוה שינתה מדבר ה' ופגמה במציאות כולה בדקות שבדקות [וכמו שבארנו באקדמות מילין] ומכלל דפגם-נענש. ובחיבורו של מרן המחבר רנ"ב אופנים על ואתחנן חוקר המגלה עמוקות מה ראה משה רבינו להתנפל לפני ה' תקט"ו תפילות כמנין ואתחנ"ן- ומה ענה לו השי"ת שלא יכנס- ובעניות דעתנו נכנסנו ללוע הארי ויהי רצון שנזכה להשיג ולו מעט מזעיר בהבנת דבריו הקדושים דמרן המחבר זיע"א.

[4] **כִּי יָדַעְתִּי אַחֲרֵי מוֹתִי כִּי הַשְׁחֵת תַּשְׁחִתוּן וְסַרְתֶּם מִן הַדֶּרֶךְ אֲשֶׁר צִוִּיתִי אֶתְכֶם וְקָרָאת אֶתְכֶם הָרָעָה בְּאַחֲרִית הַיָּמִים כִּי תַעֲשׂוּ אֶת הָרַע בְּעֵינֵי יהוה לְהַכְעִיסוֹ בְּמַעֲשֵׂה יְדֵיכֶם** (דברים לא,כט) גימ' (10135) ט' פעמים "תורה תפלה" (1126) והוא לקביל ספירת **חסד** דתורה בחינת חסד כדכתיב ותורת חסד על לשונה (משלי ל"א,כ"ו), ותפלה בחינת חסד כדכתיב יומם יצוה ה' חסדו ובלילה שירו עמי תפלה לאל חיי (תהל' מ"ב,ט') [כמבואר בספה"ק דכתיב יומם יצוה ה' חסדו, ובסיפא דקרא מפרש מהו אותו חסד והוא תפלה וכו'] ובאור הדבר דתפלה היא חסדי השי"ת

דנתן לנו הכח להתפלל ולשנות גזרותיו, וכאמרם בראשית ב' ראשית- בשביל התורה הרי תורה בהדיא, ובשביל ישראל- הרי תפלה, דמילוי אדם [והיינו ישראל אתם קרויים אדם וכו'] אותיות מתפלל [כמבואר בהקמה לפרושנו על ואתחנן].

[5] **וּמֻת בָּהָר אֲשֶׁר אַתָּה עֹלֶה שָׁמָּה וְהֵאָסֵף אֶל עַמֶּיךָ כַּאֲשֶׁר מֵת אַהֲרֹן אָחִיךָ בְּהֹר הָהָר וַיֵּאָסֶף אֶל עַמָּיו** (דברים לב,נ) גימ' (4320) כ' פעמים "גבורה" (216) לקביל ספירת **גבורה** והוא פלאי. ובאור הדבר דבהשלשלות האור מן הכתר לחכמה נקלט ונתקבל בה בסוד והחכמה מאין תמצא (איוב כ"ח,י"ב) דהחכמה לבדה יכולה להיות כלי לאור הרב של הכתר חכמ"ה נוטריקון כ"ח מ"ה- וכדאמר משה (שמות ט"ז,ז') ונחנו מ"ה- כנודע מהאר"י הקדוש דמשה רבינו מושרש בחכמה דאצילות, אמנם יונק מפרק עליון דנצח דאצילות, ושאר ספירות מקבלות מחכמה [כמבואר באופן קט"ז והוא באור לפיוט לכה דודי להרה"ק שלמה אלקבץ זיע"א] ולכן חזר הפייטן על הפזמון החוזר [לכה דודי לקראת כלה פני שבת נקבלה] בכל בית ובית [ובארנו שכל בית כנגד ספירה אחת] להורות על נתינת השפע מהחכמה לכל ספירה וספירה בסוד התכללות, דבחכמה גופא יש י' ספירות חכמה דחכמה, בינה דחכמה וכן על זה הדרך, וכל ספירה מ-י' ספירות דאצילות מקבלות מאותה הבחינה שבחכמה, לדוגמא ספירת הגבורה דנן מקבלת מבחינת גבורה שבחכמה בסוד מצא מין את מינו וניעור (עירובין ט.), אמנם כאן אנו בפסוק המרמז לספירת הגבורה עצמה, ולכן בא הרמז בכפילת כ' פעמים גבורה, ד-כ' מרמז אור הכתר כאמרם אנכ"י נוטריקון אני כ' אני כתר.

ובספירת הגבורה דהיא סוד הצמצום [יצחק מצמצם אור הגדול דכתר דכללות, ומתמן לתפארת ושאר ספירות תחתונות מגיע אור מצומצם בתכלית, ולמען יגיע למלכות ולא תבקע, וכמו קריעת ים סוף שהיתה באופן של בקיעה כדכתיב ויבקעו המים (שמות י"ד,כ"א) גימ' (289) "א' זעירא" [ועיין במקום אחר באורנו בענין זה] וכאן בפסוק דרומז לספירת הגבורה צמצום הגדול למען לא תבקע המלכות ח"ו אלא תקלוט אור ז"א השמש באופן טוב, ותעביר השפע לנבראים [עולמות בי"ע] באופן של צמצום כדי שיוכלו להכיל האור הרב בחינת דרכיה דרכי נועם (משלי ג',י"ז) אמנם לעתיד לבוא הקב"ה מוציא חמה מנרתיקה, רשעים נידונין בה וצדיקים נהנים מאורה (נדרים ח:) ברם כל אחד נכוה מחופתו של חבירו (בבא בתרא עה.) דאף בגילוי אור הגנוז יהיו מדרגות שונות- כל חד לפום מאי דמשער בליביה בהאי עלמא כמ"ש נודע בשערים בעלה (משלי ל"א,כ"ג) ופירשו חז"ל כל חד לפום מאי דמשער בליביה.

[6] **וְזֹאת הַבְּרָכָה אֲשֶׁר בֵּרַךְ מֹשֶׁה אִישׁ הָאֱלֹהִים אֶת בְּנֵי יִשְׂרָאֵל לִפְנֵי מוֹתוֹ** (דברים לג,א) גימ' (3742) "טוב הוא" (29) פעמים "ה' הוא האלהים" (129) עם הכולל בחינת **תפארת** עמודא דאמצעיתא, דאיתא בזוה"ק יעקב מלבר משה מלגו- היינו עמודא דאמצעיתא- והוא תפארת ישראל דכתיב את בני ישראל בהדיא לקביל ספירת התפארת, דממשיכה מכתרא עילאה עד למלכות שפע אור האינסוף, כנודע "זאת" היא המלכות בסוד מ"י זא"ת עולה מן המדבר (שיר השירים ג',ו') מלכותא קדישא זא"ת סלקת לאמא עילאה דאיקרי מ"י- דפרק שירה לויתן אומר: "הדו לה' כי טוב, כי לעולם חסדו" (תהל' ק"ז,א') גימ' (408) זא"ת, לוית"ן גימ' (496) מלכו"ת וכו', "**וזאת**" גימ' (414) "אור אינסוף" עם ו' קודם זא"ת לרמוז המשכה דבריח התיכון המבריח בתוך הקרשים [י"ב גבולי אלכסון] מן הקצה אל הקצה- היינו מן הקצה התחתון- מלכות, ועד קצה העליון- כתרא עילאה. ותיבה הבאה "**הברכה**" גימ' (232) רל"ב- ד' מילויי שם הוי' ברוך הוא בתפארת- מתמן אזדריקו ניצוצין לכולהו סיטרין- היינו ט' סיטרין [כמבואר בדברי המגלה עמוקות במקום אחר].

וכאן בא הרמז בכפילת "טוב הוא" דהוא משה רבינו דאיתמר ביה "ותרא אותו כי **טוב הוא**" (שמות ב',ב') פעמים "הוי' הוא האלהים" דכתיב נמי במשה [דאמר לבני ישראל] "אתה הראת לדעת כי **הוי' הוא האלהים**" (דברים ד',ל"ה). ואיתא בספה"ק דבעלית העולמות לעתיד לבוא תתגלה הנהגת הוי' לגבי כתרא עילאה כאילו היתה אלהי"ם, ותמן בחינה גבוהה של אלהי"ם דלמעלה מן הטבע, בסוד בראשית ברא אלהים, דהוא שרש לבריאה דהן ק"כ צרופי שם אלהי"ם לעילא באריך- וירדו עד בינה דאריך וכו'.

[7] **וַיָּמָת שָׁם מֹשֶׁה עֶבֶד יהוה בְּאֶרֶץ מוֹאָב עַל פִּי יהוה** (דברים לד,ה) גימ' (1801) י' פעמים "פנים" (108) עם הכולל- דהקב"ה דיבר עם משה פנים בפנים כדכתיב (שם פסוק י') ולא קם נביא עוד בישראל כמשה אשר ידעו ה' פנים אל פנים. ועוד נרמז דמשה רבינו אתכניש לעילא לפנים היינו פנימיותו יתברך בחינת "רישא דלא אתידע" גימ'

(1031) "ויהי אחרי מות משה" (יהושע א׳,א׳) [לקמן פסוק תשיעי].

ויש לומר דכל הני י׳ מיתות דכתיבי במשה הן בחינת אדם כי ימות באהל (במדבר י"ט,י"ד) דמכאן למדו חז"ל אין התורה מתקיימת אלא במי שממית עצמו עליה- דא משה, דארבעים יום לחם לא אכל ומים לא שתה- דהיה בבחינת תחית המתים- וממילא הטעימו הקב"ה טעם מיתה כמבואר בספה"ק דאף הצדיקים יטעימן הקב"ה טעם מיתה קודם שיקיצו וירננו מעפרם וטעם הדבר כדי שיזכו לתחית **המתים** והיינו במי שטעמו טעם מיתה כנ"ל. וממילא פסוקא דנן במדת **נצח** ספירתו של משה רבינו [כדאיתא בספה"ק משה בנצח ואהרן בהוד] דפסוקא דנן סליק לחושבן (1801) י"ב פעמים "בנצח" (150) עם הכולל- דיניק מתמן ויהיב ל-י"ב שבטי י"ה בסוד י"ב גבולי אלכסון.

[8] **וּמֹשֶׁה בֶּן מֵאָה וְעֶשְׂרִים שָׁנָה בְּמֹתוֹ לֹא כָהֲתָה עֵינוֹ וְלֹא נָס לֵחֹה** (שם פסוק ז) גימ׳ (2665) י"ב פעמים "ברך" (222) עם הכולל- לקביל י"ב שבטי י"ה שרש לנשמות בני ישראל, דיברכם השי"ת בכל מעשה ידיהם כדכתיב ויהי נועם ה׳ אלהינו עלינו ומעשה ידינו כוננה עלינו ומעשה ידינו כוננהו (תהל׳ צ׳,י"ז) ובלעומת זה בלעם הרשע ידע לכוון רגע זעמו של הקב"ה- ומה יכל לומר ברגע- כל"ם, והוא היפך בר"ך, וכדממשיך לקמן בפסוק י׳: "ולא קם נביא עוד בישראל כמשה אשר ידעו ה׳ פנים אל פנים" גימ׳ (2238) ב׳ פעמים "שמע ישראל ה׳ אלהינו ה׳ אחד" (1118) והוא יסוד ושרש האמונה הקדושה, דהשבטים הם שאמרו פסוק זה ליעקב אביהם- כאשר בקשו ממנו שיגלה להם הקץ.

וכאמור לעיל הני י׳ פסוקין דמדכר בהו מיתת משה- הן בסוד אדם כי ימות באהל (במדבר י"ט,י"ד) באהלה של תורה והאי אדם איהו משה רעיא מהימנא, ורצה משה רבינו להיכנס לארץ ישראל כדי ללמוד על מנת ללמד התורה שבעל פה תמן ולהקים בית המקדש השלישי הנצחי- ואמר ליה השי"ת: ר"ב ל"ך- זכית לרב- דכל מה שתלמיד ותיק עתיד לחדש לפני ה**רב** כבר ניתן למשה רבינו בסיני- "תלמיד ותיק" גימ׳ (1000) "אלף"- בסוד אלף זעירא דויקרא ויקר א׳ זעירא אל משה- ולי מה יקרו רעיך אל (תהל׳ קל"ט,י"ז) כדבאר ענינו במקום אחר בפירושו על אלף זעירא דויקרא.

וממילא פסוקא דנן סליק לחושבן (2665) ב׳ פעמים "ואתחנן אל ה׳ בעת ההוא לאמר" (1332) (דברים ג׳,כ"ג) עם הכולל- ומקשר תחלת התורה לסופה [בסוד נעוץ תחלתן בסופן וסופן בתחלתן] דאמרו חז"ל (חולין קלט:) משה מן התורה מנין? בשג"ם הוא בשר והיו ימיו מאה ועשרים שנה (בראשית ו׳,ג׳) בשג"ם גימ׳ (345) מש"ה- וכן והיו ימיו מאה ועשרים שנה מרמז למאה ועשרים שנותיו של משה- ובפסוקא דנן בסוף התורה כתיב ומשה בן מאה ועשרים שנה במותו, דהיה בבחינת אדם כי ימות באהל (במדבר י"ט,י"ד) ומת באהלה של תורה בכל מאה ועשרים שנותיו- דעיקר התורה מצוות מעשיות דעדיפי מאורייתא דשמיא- כדאמר משה למלאכים: כלום יצר הרע יש בכם וכו׳ ובמתיבתא דרקיעא התורה והפלפול בחינת שמות הקדושים דאין שם מציאות גשמית כמבואר בגמרא (בבא מציעא פו.) ובהאי עלמא התורה בגשמיות דיו שחורה על גבי קלף לבן, הכל כמו שנפסק להלכה וכן מנהגים שונים שנתקבלו בתפוצות ישראל דאמרו חז"ל מנהג ישראל תורה הוא. ומעליותא דהאי עלמא דאיברי מבחינת עצמותו יתברך- בעוד שעולמות בי"ע הרוחניים הן בחינת הארה דהארה מאור אינסוף ברוך הוא בסוד מה שנמוך יותר שרשו גבוה יותר. וממילא לא הסתפק משה במה שאמר לו השי"ת ר"ב ל"ך שזכית לרב בעולמות העליונים וכו׳ אלא רצה להישאר בהאי עלמא ולקיים מצוות מעשיות בארץ ישראל. והנה פסוקא דנן סליק לחושבן (2665) י"ב פעמים "קנה בינה" (222) עם הכולל, דבינה עד **הוד** אתפשטת- ולכן הוא לקביל ספירת **הוד**.

[9] **וַיְהִי אַחֲרֵי מוֹת מֹשֶׁה עֶבֶד יהוה וַיֹּאמֶר יהוה אֶל יְהוֹשֻׁעַ בִּן נוּן מְשָׁרֵת מֹשֶׁה לֵאמֹר** (יהושע א,א) גימ׳ (3562) הוי׳ (26) פעמים יצוה הוי׳ (26) [כדכתיב יומם **יצוה הוי׳** חסדו ובלילה שירה עמי תפלה לאל חיי (תהל׳ מ"ב,ט׳)] דהוא לשון ציווי, וכן לשון צוותא וחיבור [כנודע דתפלה מלשון חיבור כדכתיב נפתולי אלהים נפתלתי עם אחותי (בראשית ל׳,ח׳) פרש"י נתחברתי וכו׳] דהיסוד מחבר ומעביר השפע מ-ח׳ ספירות עליונות למלכות בסוד צנו"ר אתוון רצו"ן, וכדאמרו בש"ס בכמה דוכתי לא קשיא כאן בעושין רצונו של מקום וכאן בשאין עושין רצונו של מקום- דקאי אבני ישראל בחינת מלכותא קדישא- י"ב בקר דים של שלמה לקביל י"ב שבטיא, ונמשך דהאי פסוקא בסוד **יסוד** דעד השתא משה הוה בחינת צדיק יסוד עולם (משלי י׳,כ"ה) בסוד ויקח משה את עצמות יוסף עמו (שמות י"ג,י"ט) ומהכא העביר המלוכה

ליהושע, דיסודא איקרי צדיק חי עלמין, ומאידך איקרי אבר מת, ולכן הכא תיבין "מות משה" סליקו לחושבן (791) "**נ**פש **ר**וח **נ**שמה **ח**יה **י**חידה" [ראשי תיבות נרנח"י] בא"ת ב"ש. ויחד עם נרנח"י הפשוט (1099) סליקו לחושבן (1890) "**משה אהרן מרים**" [כאשר א' דאהרן רבתי (1000)] דאת שלשתם כורך הנביא בחדא מחתא: "ואשלח לפניך את משה אהרן ומרים" (מיכה ו,ד'-הפטרת פרשת בלק) וחזינן מרכבתא תליתאה דמשיחא: **דמשה** הוא גואל ראשון והוא גואל אחרון [כדברי האור החיים פרשת ויחי ד"ה אוסרי לגפן] **ואהרן ומרים** היו בבחינת החוט המשולש [כדאמר שלמה והחוט המשולש לא במהרה ינתק (קהלת ד',י"ב)] דמשיח בסוד שנים מקרא [משה ואהרן-דכורא] ואחד תרגום [מרים-נוקבא] כדכתב האר"י הקדוש ויפל ה' אלהים תרדמה על האדם ויישן (בראשית ב',כ"א) תרדמ"ה גימ' (649) תרגו"ם, וממילא משה ואהרן נתכללו יחד כדכתיב הוא אהרן ומשה וכו' הוא משה ואהרן (שמות ו',כ"ו) דמשה בנצח ואהרן בהוד ונצח והוד כחדא אזלן וכחדא שריין, ומרים נתכללה עמהם כנ"ל, בסוד ז' רועים תמן בחינת מלכות- דוד מלכא משיחא, וזהו "מרים דוד" גימ' (304) "עלמא דנוקבא" בסוד מלכותא קדישא סוד האמונה הקדושה, ומתחלק: "עלמא" גימ' (141) "והאמין בה'" עם הכולל דאיתמר באברהם אבינו "והאמין בה' ויחשבה לו צדקה" (בראשית ט"ו,ה'), "דנוקבא" גימ' (163) "ויהי ידיו אמונה"- כדכתיב במשה רבינו במלחמת עמלק "ויהי ידיו אמונה עד בוא השמש" (שמות י"ז,י"ב).

ועלה בידינו: "**שנים מקרא**" [בסוד משה ואהרן] גימ' (741) "ויקבר אתו בגי" (דברים ל"ד,ו') עם הכולל- דאתכניש משה רבינו ל-י"ג מכילן דרחמי דהן י"ג מידות שהתורה נדרשת בהן, דמשה רבינו סליק לעילא לשרש חוצבו- דאף עליה מדרגה לדרגה איקרי מיתה. ולכן דרשו חז"ל זאת התורה אדם כי ימות באהל (במדבר י"ט,י"ד) [מכאן שאין התורה נקנית אלא במי שממית עצמו עליה] והלא תורת חיים היא כדכתיב וחי בהם (ויקרא י"ח,ה') ולא שימות בהם- אלא כד עסיק יממא ולילא באורייתא קדישא סליק בר נש לעילא ואיקרי מיתה. "**ואחד תרגום**" גימ' (668) ב' פעמים "החדש הזה" (334) כדכתיב ביציאת מצרים "החדש הזה [ניסן] לכם ראש חדשים, ראשון הוא לכם לחדשי השנה" (שמות י"ב,ב') וכפילת ב' פעמים באה לרמוז מחלוקת רבי אליעזר ורבי יהושע אם בניסן

או בתשרי נברא העולם [דפסוקא איירי בראש השנה: ראשון הוא לכם לחדשי השנה]. ויש לומר דשניהם אמת, ולא קשיא- כאן במחשבה [תשרי] כאן במעשה [ניסן]. ובארנו באריכות במקום אחר "שנים מקרא ואחד תרגום" גימ' (1409) "אברהם יצחק יעקב משה אהרן יוסף דוד" ז' הרועים הקדושים דעם ישראל-משה ואהרן בנצח והוד [כליות יועצות] מרים נכללת בדוד, יוסף יסודא וכו', יעקב תפארת דכולל כל הגוונין דהיינו כל י"ב השבטים, כדכתב הפרי מגדים [על השולחן ערוך] ואל"ה שמו"ת נוטריקון "**ו**חייב **א**דם **ל**ומר **ה**פרשה **ש**נים **מ**קרא **ו**אחד **ת**רגום"- וחזינן דשבעת הרועים רומזים לכללות בני ישראל בבחינת שרשים [ז' הרועים] וענפים [י"ב השבטים].

[10] **מֹשֶׁה עַבְדִּי מֵת וְעַתָּה קוּם עֲבֹר אֶת הַיַּרְדֵּן הַזֶּה אַתָּה וְכָל הָעָם הַזֶּה אֶל הָאָרֶץ אֲשֶׁר אָנֹכִי נֹתֵן לָהֶם לִבְנֵי יִשְׂרָאֵל** גימ' (5168) "טוב" (17) פעמים "עלמא דנוקבא" (304) דיסודא איקרי טוב אמרו צדיק כי טוב (ישעי' ג',י') ומשפיע במלכותא קדישא בחינת עלמ"א דנוקב"א [כנ"ל בסיפא דפסוקא תשיעאה לקביל יסודא], והכא בפסוקא אחריתי דמדכר מיתת משה כתיב "משה עבדי מת"- ר"ל עבר לכתרא עילאה בסוד כתר-מלכות, וכדאמרינן לעיל "ויהי אחרי מות משה" גימ' (1031) "רישא דלא אתידע"- דאיהו רישא עילאה מתלת רישין דבכתרא, וזהו: "רישא דלא אתידע (1031) כתר-מלכות (1116)" גימ' (2147) "בטוב" (19) פעמים "באלף" (113) היינו משה רבינו דאיקרי טוב- כאמרם (מנחות נג:) יבא טוב [משה] ויקבל טוב [תורה] מטוב [קוב"ה] לטובים [ישראל], וזכה לסוד אלף זעירא דויקרא בחינת כתר-מלכות כנגד "אלף זעירא-אלף רבתי" גימ' (1122) י"א פעמים "אמונה" (102) דהוא סוד משה רעיא מהימנא כדאיתא בספה"ק דשמיה "משה" בא"ת ב"ש סליק לחושבן (102) "אמונה". וזהו דפסוקא אחריתי הוא בספירת **מלכות**, דמשה בהסתלקותו חי ומשפיע בבני ישראל [כאמרם (ברכות יח:) צדיקים במיתתן קרויים חיים] ואף יותר מבחיי חיותו הגשמיים בהאי עלמא- וכאשר נוסיף להני ג' תיבין [משה עבדי מת] ב' השימוש- ר"ל מה טמון בהסתלקותו של משה- "**ב**משה עבדי מת" גימ' (528) "אז ישיר" [כדכתיב בשירת הים: אז ישיר משה ובני ישראל (שמות ט"ו,א') ודרשו חז"ל (סנהדרין צא:) שר לא נאמר אלא ישיר אותו לעתיד לבוא- מכאן לתחית המתים מן התורה] והוא

רמז לגאולה השלמה דמשה הוא גואל ראשון והוא גואל אחרון, ועל דרך מה שאנו מתפללים (ביהי רצון לפני אמירת תהלים) כשם שאנו אומרים לפניך שירה בעולם הזה- כן נזכה לומר לפניך שירה לעולם הבא. וכעין זה מצינו בדברי רבותינו דגאולה דלעתיד לבוא תהיה מעין גאולת מצרים שנאמר כימי צאתך מארץ מצרים אראנו נפלאות (מיכה ז׳,ט״ו). והוא נמי חושבן (528) כ״ב פעמים כ״ד- ובאור הענין דאינון כ״ב אתוון דאורייתא קדישא דסליקו למהוי כ״ד קישוטי כלה [כדבארנו באריכות במקום אחר] והוא על ידי אדם דממית עצמו על לימוד התורה הקדושה כדכתיב (במדבר י״ט,י״ד) זאת התורה אדם כי ימות באהל- ומיהו האדם הלזה- משה רעיא מהימנא- דהשריש בנשמות כלל ישראל בכל הדורות הכח למסור נפשם בלימוד התורה הקדושה יממא ולילא למברי שמיא וארעא חדתין.

והנה **כל עשרת הפסוקים** דמזכיר בהם **מיתת משה** דמביא רבי יוחנן בסוף המדרש דאמרינן לעיל דהן בסוד י׳ ספירות וסדרנום לפי סדרם בתורה הקדושה [כדברי המהרז״ו בפירושו על המדרש הנ״ל] עולים בגימ׳ (46194) ו׳ פעמים ״והאבנים תהיין על שמות בני ישראל שתים עשרה על שמותם, פתוחי חותם איש על שמו תהיין לשני עשר שבט״ (7699) (שמות כ״ח,כ״א).

ובאורו דמשה רבינו גובהו י׳ אמין ומרמזים כללות קומת הבריאה כולה דכולה עשויה כדוגמת עשר ספירות בלימה, עשר ולא תשע עשר ולא אחד עשר- כמבואר בספר יצירה לאברהם אבינו עליו השלום. ומתמן ממשיך בסוד ו׳ קצוות לכולהו סיטרין: מזרח, מערב, צפון, דרום, מעלה ומטה בסוד תפארת ישראל- ולכן בכאן בא הרמז בכפילת ו׳ פעמים הפסוק שהבאנו, אמנם הפסוק עצמו גופא הנכפל ו׳ פעמים דהיינו ״והאבנים תהיין על שמות בני ישראל״ וכו׳ מרמז כללות בני ישראל י״ב שבטים בחינת מלכותא קדישא, והוא סוד ים של שלמה שעמד על י״ב בקר, ותמן אבני החשן י״ב אבנים כמנין שבטי ישראל משם רועה אבן ישראל (בראשית מ״ט,כ״ד), והחשן עשוי מאלו האבנים טובות וכדוגמת הסלע שנתבקש משה רבינו לדבר אליו ויצאו ממנו מים, וכדוגמת הכהן הגדול שהיו שואלים ממנו באורים ותומים כדכתיב ולפני אלעזר הכהן [שהיה כהן גדול] יעמוד ושאל לו במשפט האורים (במדבר כ״ז,כ״א) וכן בכאן היה צריך משה לדבר אל הסלע ולהוציא המים ותחת זאת הכה בסלע- ולכן נענש לא להיכנס לארץ ישראל ולמות בעבר הירדן מול **בית פעור** וכו׳ והוא לעומת זה דשבתי **בבית ה׳** (תהלים כ״ז,ד׳), ״בית פעור״ גימ׳ (768) ״אבן שתיה״ דאמרו חז״ל מדוע נקרא שמה אבן שתיה שממנה הושתת העולם- ובית פעור הוא בתכלית ההיפוך, דהם הכופרים והאפיקורסים דמכחישים אלהותו יתברך והשגחתו בעולם. ״בית ה׳״ גימ׳ (438) ״קרוב יום ה׳ הגדול״ (צפניה א,י״ד) דאז ידונו כל הרשעים במשפט כדממשיך שם ״מר צורח שם גבור״, ושניהם יחד: ״בית ה׳-בית פעור״ גימ׳ (1206) ב׳ פעמים ״בני ישראל״ (603) דעל ידי עסק התורה מוציאים בלעם דקלי׳ מפיהם ומחזירים מבית פעור אל הקדושה שבתי בבית ה׳ כל ימי חיי דאמרו דוד- אחת שאלתי מאת ה׳ ומפרט בקשות רבות- ועיין במדרש ששאלו השי״ת לדבר ואמר ממך למדתי מה ה׳ אלהיך שואל מעמך כי אם ליראה וכו׳ [ר״ל דבר אחד, וממשיך] ללכת בכל דרכיו וכו׳ ולאהבה וכו׳ ולעבוד את ה׳ אלהיך וכו׳ לשמור את כל מצוות ה׳ וכו׳ [הרי דברים רבים].

ובפסוקא דנן [והאבנים תהיין על שמות בני ישראל וכו׳] אינון י״ט (19) תיבין כמנין **חו״ה** וכמנין **איו״ב- חו״ה** דרצה משה רבינו לתקן חטא הקדמון דחוה- ברם לא עמדה זו להיכנס לארץ ישראל דחוה שינתה מציווי ה׳ [דהציווי לא תאכלו והיא הוסיפה ולא תגעו וכן בציווי כתיב ויצו הוי׳ אלהי״ם והיא הזכירה רק שם אלהי״ם] ואף הוא שינה ממה שציוהו הקב״ה לדבר אל הסלע- והוא הכה בו, וכן **איו״ב** [דמשה רבינו כתב ספר איוב] דביקש משה רבינו להיכנס לארץ ישראל אפילו אם יביא עליו יסורין כאיוב כמ״ש המגלה עמוקות במקום אחר. והשיב לו הקב״ה: רב לך- הוא תחלתו כעובד עבודה זרה ממש- ואינך כדאי להיות כמותו. ובארנו במקום אחר ״יסורין״ גימ׳ (336) ״פורים״ וכו׳ ואכמ״ל.

והנה כתיב (תהל׳ קט״ז,ט״ו) **״יקר בעיני ה׳ המותה לחסידיו״** וכתב המגלה עמוקות במקום אחר [מגלה עמוקות על ויקרא אופן י״ד] דקאי אעשרה הרוגי מלכות, ובכאן נדרש המותה לחסידיו י׳ פעמים כנגד י׳ פעמים דכתיב מיתת משה בתורה כנ״ל, ויש לדרשו בענין **י׳ פעמים יקר דכתיב במגילת אסתר** [כמבואר אצלנו במקום אחר] ונבארו כנגד י׳ פעמים מיתת משה, והוא בסוד אדם כי ימות באהל (במדבר י״ט,י״ד) דא משה דזכה להאי א׳ זעירא צורת יו״ד ויקר א׳ זעירא אל משה-

והן בסוד י׳ ספירות- ברם באסתר בני י׳ יק״ר כתובים ב-ח׳ פסוקים [משום שבשני פסוקים אית ב׳ פעמים יקר] ונבאר הענין על סדר הפסוקים ולפי סדר הספירות מתתא לעילא:

[1] **מלכות: בְּהַרְאֹתוֹ אֶת עֹשֶׁר כְּבוֹד מַלְכוּתוֹ וְאֶת יְקָר תִּפְאֶרֶת גְּדוּלָּתוֹ יָמִים רַבִּים שְׁמוֹנִים וּמְאַת יוֹם** (אסתר א,ד) גימ׳ (5667) ועם הכולל (5668) ב״ן (52) פעמים ״דוד המלך״ (109) דמזכיר בפסוק מלכות בהדיא, וכן בחושבן שם ב״ן במלכות, ודוד מלכא משיחא בחינת לבנה [כמ״ש בזוהר הקדוש: דוד מלך ישראל חי וקים דא חידושא דסיהרא] מדתו במלכות. והוא נמי חושבן (5668) הוי׳ (26) פעמים ״ירח״ (218) וכפי שז״א משפיע במלכות לעתיד לבוא בסוד סיהרא באשלמותא, ולכן מזכיר בפסוק כבוד מלכותו [נוקבא] תפארת גדולתו [דכורא זעיר], ושניהם יחד ״כבוד מלכותו-תפארת גדולתו״ עולים גימ׳ (2064) כ״ד פעמים אלהי״ם (86), בסוד כ״ד קישוטי כלה כד סליקו ליחודא עם בעלה ז״א. ״מלכותו״ גימ׳ (502) ״ברוך מרדכי״ [כדאיתא בגמרא מגילה (ז:) חייב איניש לבסומי בפוריא עד דלא ידע בין ״ארור המן״ ל״ברוך מרדכי״ ויש מפרשים שלא ידע לחשב שהן באותה גימטריא (502)] והוא הארת יסוד אבא בוקעת כמבואר באר״י הקדוש, וממשיך אורה עד המלכות בסוד ״אבא יסד ברתא״ גימ׳ (681) ״וירד ה׳ על הר סיני״ (שמות י״ט,כ׳) דכתיב במעמד הר סיני כדפה עליהם הר כגיגית וקבלו עליהם התורה מיראה, ובפורים הדר קבלוה בימי אחשורוש מאהבה (שפת פח.) ומתחלק: ״אבא יסד״ גימ׳ (78) ג׳ פעמים שם הוי׳ ברוך הוא (26) בסוד ג׳ קוין- ״ברתא״ גימ׳ (603) ״בני ישראל״, וממילא הוא חושבן (681) ״עיני ישראל״- ב׳ תיבין דמסיימין התורה הקדושה ״**לעיני** כל **ישראל**״ ובארנוהו על פי מה שכתוב בספר יצירה נעוץ תחילתן בסופן וסופן בתחילתן- דתיבה אחריתי בפרש״י על התורה לעיני כל ישראל וכו׳- ישר כחך ״**ששברת**״ גימ׳ (1202) ״**בראשית ברא אלהים**״ [הרי תחלת התורה] בסוד שלמות תורה שכתב על ידי תורה שבעל פה, בסוד מיתוק ״מדת הדין״ גימ׳ (513) ״חתן כלה״. והנה ״מדת הדין״ בא״ת ב״ש בסוד אור חוזר (יקא צקמט) גימ׳ (350) ״בכבוד ויקר״ [דתרגום של כבוד הוא יקר] בסוד הגדלת כבודו יתברך בעולם כולו על ידי בעלי תשובה דמהפכים מדת הדין למדת הרחמים. והנה ״מדת הדין״ פשוט וא״ת ב״ש עם הכולל גימ׳ (864) ד׳ פעמים ״גבורה״ (216) בסוד איזהו גבור הכובש את יצרו [ועיין מה שכתבנו לעיל אופן כ״ד-איזהו גבור הכובש את יצרו].

[2] **יסוד: וְנִשְׁמַע פִּתְגָם הַמֶּלֶךְ אֲשֶׁר יַעֲשֶׂה בְּכָל מַלְכוּתוֹ כִּי רַבָּה הִיא וְכָל הַנָּשִׁים יִתְּנוּ יְקָר לְבַעְלֵיהֶן לְמִגָּדוֹל וְעַד קָטָן** (אסתר א,כ) גימ׳ עם הכולל (4564) כ״ח פעמים ״ויהי ידיו אמונה״ (163) דאיתמר לגבי משה רבינו במלחמת עמלק- דעמלק זרק מילותיהן של ישראל כלפי שמיא, לאמר: חשבו נא על פי שכל והיגיון מצוה זו מה טעם יש בה וכן על זה הדרך בכל התורה כולה רח״ל, דעמלק היה אפיקורוס ומחקר גדול בסיטרא אחרא [כמבואר בספה״ק] בחינת חכמים המה להרע ולהיטיב לא ידעו (ירמי׳ ד׳,כ״ב) ומשה רבינו בכח אמונתו היה הלעומת זה הגמור, ולכן בא הרמז בכפילת כ״ח פעמים ויהי ידיו אמונה- פרש״י בתפלה- דישראל אין כחם [כ״ח] אלא בפה על ידי דיבורי התפלה [ויהי ידיו אמונה].

[3] **הוד: וַיָּבוֹא הָמָן וַיֹּאמֶר לוֹ הַמֶּלֶךְ מַה לַעֲשׂוֹת בָּאִישׁ אֲשֶׁר הַמֶּלֶךְ חָפֵץ בִּיקָרוֹ וַיֹּאמֶר הָמָן בְּלִבּוֹ לְמִי יַחְפֹּץ הַמֶּלֶךְ לַעֲשׂוֹת יְקָר יוֹתֵר מִמֶּנִּי** (אסתר ו,ו) גימ׳ (5391) י״א פעמים ״אור זרוע״ (490) עם הכולל [והוא פלא דבפרק שירה **צי״ה** אומרת **אור זרוע** לצדיק ולישרי לב שמחה- צי״ה נוטריקון צ׳ י״ה- י״ה גימ׳ (15) הו״ד- וכאן בא הרמז במכוון בזה הפסוק בספירת הוד] והוא לקביל י״א כתרין דמסאבותא דכל חפצם לשנות אותיות יק״ר לאותיות קר״י [כפרש״י אשר קרך בדרך (דברים כ״ה,י״ח) מלשון קרי וטומאה] רח״ל, אבל אנו חפצנו באור זרוע לצדיק סופי תיבות קר״ע היינו קר״ע שט״ן דשם מ״ב דאנא בכח, דלא יהא ח״ו בבחינת והודי [מדת ההוד] נהפך עלי למשחית (דניאל י׳,ח׳) ולכן בא הרמז בכפילת י״א פעמים ״אור זרוע״ כנגד י״א הקלי׳ בחינת הארת אור הגוז בהוד שמאירה בחנוכה [כמבואר בספה״ק פורים בנצח וחנוכה בהוד] ואז יכלו בדרך ממילא י״א כתרין דמסאבותא.

[4] **נצח: וַיָּבוֹא הָמָן וַיֹּאמֶר לוֹ הַמֶּלֶךְ מַה לַעֲשׂוֹת בָּאִישׁ אֲשֶׁר הַמֶּלֶךְ חָפֵץ בִּיקָרוֹ וַיֹּאמֶר הָמָן בְּלִבּוֹ לְמִי יַחְפֹּץ הַמֶּלֶךְ לַעֲשׂוֹת יְקָר יוֹתֵר מִמֶּנִּי** (אסתר ו,ו) גימ׳ (5391) ועם הכולל (5392) אי״ה (16) פעמים ״פורים״ (336) עם הכולל (337) דפורים בנצח בחינת תחית המתים לעתיד לבא, וכפילת אי״ה פעמים בסוד הארת אור הגנוז דרך כתר (א׳) חכמה (י׳) בינה (ה׳) כדוגמת הארה

דמעמד הר סיני דעל כל דיבור ודיבור פרחה נשמתן והחיה אותן הקב"ה בטל תחיה, ומהאי טעמא הוא נמי חושבן (5392) אי"ה (16) פעמים "בהר סיני" (337) [כדמסיים ספר ויקרא: אלה המצות אשר צוה ה' את משה אל בני ישראל **בהר סיני**].

והנה הן **ב' פעמים יקר בפסוק אחד** (אסתר ו',ו') כנגד נצח והוד- וטעם הדבר דנצח והוד תרין שוקין (פתח אליהו תיקוני זוהר יז:) בחינת ב' רגלין דאזלין כחדא ושריין כחדא [כדאיתא בכמה דוכתי בזוה"ק] וכדוגמת משה ואהרן [נצח והוד] דכתיב בהו הוא משה ואהרן וכו' הוא אהרן ומשה (שמות ו',כ"ו) הא למדת דשניהם שקולים כדאיתא במדרש. ובכאן תיבין "ביקרו - יקר" סליקו לחושבן (628) "ברכות" כדכתיב "ברכות לראש צדיק" (משלי י',ו'), והמן הרשע שאל [בתמיה] "למי יחפץ המלך לעשות יקר יותר ממני" גימ' (2235) ג' פעמים "מבין **שני** הכרובים" ראשי תיבות מש"ה [כמ"ש המגלה עמוקות בפירושו על אלף זעירא דויקרא אופן ס'] ואמרו חז"ל (אסתר רבה ב,ה) מרדכי בדורו כמשה בדורו- ומרדכי הצדיק זכה לגדולה בחינת ככה יעשה לאיש אשר המלך [דא מלכו של עולם כמבואר בספה"ק דבמגילת אסתר לא נזכר אפילו שם הוי' ברוך הוא אלא שבסוד הדבר כל מקום שכתוב המלך מרמז למלך מלכי המלכים הקב"ה] חפץ ביקרו, ככ"ה נוטריקון **כתר כל הכ**תרים, וחזר מרדכי מיד לפשיטותו ותמימותו הקודמים כדכתיב "וישב מרדכי אל שער המלך" (אסתר ו',י"ב) גימ' (1288) ב' פעמים "אברהם יצחק ויעקב" (644) כלומר שב לעסוק בתורה הקדושה ובתפלה כאילו שלא קרה דבר ולא נשאו לבו להתגאות, וזהו "וישב" גימ' (318) "ביקרו" כדכתיב "ככה יעשה לאיש אשר המלך חפץ ביקרו" גימ' (1863) ג' פעמים "כתרא" (621) כדאמרינן "וישב" גימ' "ביקרו", וכן "וישב מרדכי אל" גימ' (621) "כתרא". וזהו דהתחנן משה רבינו להיכנס לארץ ישראל ולהמשיך תמן הארת יסוד אבא עטרת מרדכי למלכותא קדישא, ולקצר הגלויותתת והיסורים מעל בני ישראל, ואמר לו השי"ת: רב לך- זוהי דרך קצרה ארוכה, וקיימא לן דרך ארוכה קצרה עדיפא, וזהו: "ככה יעשה לאיש אשר המלך חפץ" גימ' (1545) ג' פעמים "ואתחנן" (515).

[5] **תפארת: וַיֹּאמֶר הַמֶּלֶךְ מַה נַּעֲשָׂה יְקָר וּגְדוּלָּה לְמָרְדֳּכַי עַל זֶה וַיֹּאמְרוּ נַעֲרֵי הַמֶּלֶךְ מְשָׁרְתָיו לֹא נַעֲשָׂה עִמּוֹ דָּבָר** (אסתר ו,ג) גימ' (4024) ד' פעמים "ישראל" פשוט (541) וא"ת ב"ש (465) (1006) כדכתיב ויאמר לי עבדי אתה **ישראל** אשר בך **אתפאר** (ישעי' מ"ט,ג') לקביל ספירת התפארת. "לא נעשה עמו דבר" גימ' (778) ב' פעמים "אלף זערא" (389) בחינת ישראל שממעטין את עצמן לפני, ואיך לא אשא להם פנים כדאיתא במדרש.

[6] **גבורה: וַיֹּאמֶר הָמָן אֶל הַמֶּלֶךְ אִישׁ אֲשֶׁר הַמֶּלֶךְ חָפֵץ בִּיקָרוֹ** (אסתר ו,ז) גימ' (1881) ט' פעמים "יד על כס י-ה" (209) כדכתיב במלחמת עמלק (שומת י"ז,ט"ז) "ויאמר כי יד על כס י-ה" וממשיך "מלחמה לה' בעמלק מדר דר" בחינת גבורותו יתברך יכלה בעמלק וסיטרא אחרא לזיניהון, והוא נמי חושבן (1881) ט' פעמים "בורא" (209) כדכתיב בראשית ברא אלהי"ם דהוא שם הגבורה, ואמרו חז"ל בעשרה מאמרות נברא העולם (אבות פ"ה,מ"א) ואינן אלא תשעה- אלא בראשית נמי מאמר הוא כדאיתא בגמרא (מגילה כא:).

[7] **חסד: וַיִּקַּח הָמָן אֶת הַלְּבוּשׁ וְאֶת הַסּוּס וַיַּלְבֵּשׁ אֶת מָרְדֳּכָי וַיַּרְכִּיבֵהוּ בִּרְחוֹב הָעִיר וַיִּקְרָא לְפָנָיו כָּכָה יֵעָשֶׂה לָאִישׁ אֲשֶׁר הַמֶּלֶךְ חָפֵץ בִּיקָרוֹ** (אסתר ו,יא) גימ' (5642) ז' פעמים "אברהם שמע בקולי" והוא התכללות יעקב באברהם- דאמרו חז"ל כי ביצחק יקרא לך זרע (בראשית כ"א,י"ב) ביצחק ולא כל יצחק וזהו יעקב, וכתיב תתן אמת ליקב חסד לאברהם (סוף ספר מיכה), וזהו דכפלינן ז' פעמים "אברהם שמע בקולי" בחינת חסד דאברהם אבינו דאזיל בכולהו יומין- **אברהם** כתיב בהדיא **ושמע בקולי** כתיב ביעקב דאמרה לו רחל "ועתה **שמע בקולי** לאשר אני מצוה אותך" (בראשית כ"ז,ח') ועל ידי זה נתגלגל הדבר וברך יצחק את עשו וקיים הבטחת הקב"ה לאברהם: כי ביצחק יקרא לך זרע כנ"ל. והוא חושבן (5642) הוי' (26) פעמים "עבד נאמן" (217) דקאי אמשה כי **עבד נאמן** קראת לו (מנחה לשבת) והיכן קראו עבד נאמן- לא כן **עבדי** משה בכל ביתי **נאמן** הוא (במדבר י"ב,ז'). ובכאן קאי אמרדכי דאמרו חז"ל מרדכי בדורו כמשה בדורו- דהמן מכר עצמו למרדכי לעבד כדאיתא בגמרא (מגילה טז.) שאמר לו מרדכי: רשע, עבד שקנה נכסים- עבד למי ונכסים למי עיין שם- וגלגל הקב"ה דהוא דייקא הרכיב את מרדכי על הסוס ברחובות העיר, ולבסוף תלו אותו על העץ אשר הכין לו- לעצמו. והנה אמרו חז"ל (חולין קלט:) המן מן התורה מנין? שנאמר **המן** העץ אשר

צויתיך לבלתי אכל ממנו אכלת (בראשית ג,י״א) רמז דהמן הוא הנחש כדכתיב ״משרש נחש יצא צפע״ (ישעי׳ י״ד,כ״ט) צפ״ע גימ׳ (240) עמל״ק- והוא המן הרשע מזרעו של עמלק כדאמרינן בקרוב״ץ [ראשי תיבות קול **ר**נה **ו**ישועה **ב**אהלי **צ**דיקים (תהל׳ קי״ח,ט״ו)] לפורים: בקום עלינו אדם רשע, נצר זדון מזרע עמלק. ובא על עונשו דתלו אותו ואת עשרת בניו על העץ הקדמוני אף ברוחניות, והוא סוד י״א כתרין דמסאבותא [עיין בספר בני יששכר שער פורים].

[8] **בינה: וְנָתוֹן הַלְּבוּשׁ וְהַסּוּס עַל יַד אִישׁ מִשָּׂרֵי הַמֶּלֶךְ הַפַּרְתְּמִים וְהִלְבִּישׁוּ אֶת הָאִישׁ אֲשֶׁר הַמֶּלֶךְ חָפֵץ בִּיקָרוֹ וְהִרְכִּיבֻהוּ עַל הַסּוּס בִּרְחוֹב הָעִיר וְקָרְאוּ לְפָנָיו כָּכָה יֵעָשֶׂה לָאִישׁ אֲשֶׁר הַמֶּלֶךְ חָפֵץ בִּיקָרוֹ** (אסתר ו,ט) גימ׳ (8345) ועם הכולל (8346) ו׳ פעמים ״אלף (1000) יהושע (391)״ (1391) דאמרו חז״ל (בבא בתרא עה.) זקנים שבאותו הדור היו אומרים: פני משה כפני חמה, ופני יהושע כפני לבנה- אוי לה לאותה ושה, אולי לה לאותה כלימה עיין שם בסוגיא. ויש לבאר דפני משה כפני חמה בחינת חכמה, ופני יהושע כפני לבנה בחינת בינה- ובא הרמז בכפילת ו׳ פעמים [בסוד משה רבינו שהוא עמודא דאמצעיתא] ״אלף יהושע״- בסוד חכמה כדכתיב החרש **ואאלפך** [מלשון אלף] **חכמה** (איוב ל״ג,ל״ג) ובינה רמז **ליהושע** בן נון בן נו״ן שערי **בינה**- בחינת שם מ״ה דב״ן- וזהו דחכמה ובינה תרין רעין דלא מתפשרים לעלמין- ומעתה יובן כפילת ו׳ פעמים אלף [חכמה] יהושע [בינה]. ובכאן ענין ״נתון הלבוש והסוס״ דבינה לבוש לחכמה בסוד בית רבתי דבראשית, וחכמה נקודה בהיכלא בתוך האי בית [ועיין מה שבארנו לעיל אופן נ״ד-נקודה בהיכלא].

[9] **חכמה: וְנָתוֹן הַלְּבוּשׁ וְהַסּוּס עַל יַד אִישׁ מִשָּׂרֵי הַמֶּלֶךְ הַפַּרְתְּמִים וְהִלְבִּישׁוּ אֶת הָאִישׁ אֲשֶׁר הַמֶּלֶךְ חָפֵץ בִּיקָרוֹ וְהִרְכִּיבֻהוּ עַל הַסּוּס בִּרְחוֹב הָעִיר וְקָרְאוּ לְפָנָיו כָּכָה יֵעָשֶׂה לָאִישׁ אֲשֶׁר הַמֶּלֶךְ חָפֵץ בִּיקָרוֹ** (אסתר ו,ט) גימ׳ (8345) ו׳ פעמים ״החרישו ממני ואדברה אני, ויעבר עלי מה״ (1391) (איוב י״ג,י״ג), והוא חושבן (1391) אלף יהושע דאמרינן לעיל בספירת בינה- דהוא פסוק המשותף לחכמה ובינה- דהן תרין רעין דלא מתפרשין לעלמין כנ״ל. והוא נפלא דפסוקא דנן סליק לחושבן [בתוספת הכולל דמרמז להאי אלף זעירא דויקרא בחינת אלופו של עולם] (8346) ו׳ פעמים ״חכמתכם ובינתכם לעיני העמים״ (1391) [ומפורש בפסוק **חכמתכם**-חכמה **ובינתכם**-בינה] [דברים ד׳,ו׳) ודרשו חז״ל (שבת עה.) איזוהי חכמה שהיא לעיני העמים- הוי אומר זה חישוב תקופות ומזלות- והרי בחושבן פסוקא רמיזין חכמה ובינה.

וכולא פסוקא: ״ושמרתם ועשיתם כי הוא חכמתכם ובינתכם לעיני העמים, אשר ישמעון את כל החקים האלה, ואמרו רק עם חכם ונבון הגוי הגדול הזה״ סליק לחושבן (5811) י״ג פעמים ״ואמת״ (447) עם הכולל- כדכתיב ב-י״ג מידות הרחמים (שמות ל״ד,ו׳) ״ורב חסד ואמת״ והוא בחינת המשכת י״ג מכילן דרחמי דרך חכמה ובינה- דכתיב בהדיא חכמתכם ובינתכם לזעיר ואמת עמודא דאמצעיתא [תתן אמת ליעקב] ומתמן להאי עלמא.

והנה יש לקשר החריש״ו לספירת החכמה כאמרם (אבות פ״ג,מי״ג) **סיג לחכמה שתיקה** ״סיג״ גימ׳ (73) ״חכמה״ ונבארו בסמוך. והנה מצינו במקרא ד׳ פסוקים [ג׳ בספר איוב ו-א׳ בספר משלי] בהם שרש חר״ש [דהיינו שתיקה] מביא לחכמה [ונרמז בפסוק ״**חרש חכם** יבקש לו״ (ישעי׳ מ׳,כ׳) אע״פ שהכונה שם לחרש וצורף מכל מקום שרש אחד לשניהם] ונבאר דכל אחד מרמז אות אחת משם הוי׳ ברוך הוא:

א׳. ״אם אין אתה שמע לי **החרש** ואאלפך **חכמה**״ (איוב ל״ג,ל״ג) לקביל **י׳** דשם היינו **חכמה** [כדאיתא בזוה״ק י׳ על שם החכמה] כדכתיב בהדיא, וסליק לחושבן (1682) ב׳ פעמים ״בני בכורי ישראל״ (841) (שמות ד׳,כ״ב) בכור בחכמה, וכפלינן ב׳ פעמים לקביל בני א׳ בכורי ב׳- דהן ב׳ בחינות ב״ן.

ב׳. ״**החרישו** ממני ואדברה אני, ויעבר עלי מה״ (איוב י״ג,י״ג) גימ׳ (1391) ״חכמתכם **ובינתכם** לעיני העמים״ כנ״ל לקביל **בינה- ה׳** עילאה דשם הוי׳ ברוך הוא.

ג׳. ״מי יתן **החרש תחרישון**, ותהי לכם **לחכמה**״ (איוב י״ג,ה׳) גימ׳ (2611) ז׳ פעמים ״אור פני ה׳״ (373) לקביל **תפארת** תמן מתגלים י״ג תיקונין יקירין דדיקנא דעתיקא קדישא ונפוצים ל-ז׳ סיטרין: ו׳ קצוות (ו״ק) ומלכות, ולכן בא הרמז בכפילת ז׳ פעמים, דעיקר הוא המשכה במלכות לצורך הנבראים דאמרו חז״ל לא המדרש עיקר אלא המעשה וכן אמרו (קדושין מ:) נמנו וגמרו גדול תלמוד שמביא לידי מעשה- והוא לקביל **ו׳** דשם.

ד׳. ״גם אויל **מחריש חכם** יחשב, אוטם שפתיו

נבון" (משלי י"ז,כ"ח) (1990) י' פעמים "צדקה" (199) והוא בספירת ה**מלכות- ה'** תתאה דשם הוי' ברוך הוא- כדאיתא בזוה"ק מלכותא איקרי צדק, וכד יהיב לה זעיר איקרי צדקה, וכגון נקרא לנער ונשאלה את פיה [נער חסר כתיב] (בראשית כ"ד,נ"ז) ולאחר נישואיה ליצחק איקרי נערה, ואיקרי רבקה עם ה' בסופה, היינו ה' תתאה דשמא קדישא [רבק-ה], אמנם "רבקה" גימ' (307) "מי מריבה" [כדכתיב המה **מי מריבה** אשר רבו בני ישראל את ה' ויקדש בם (במדבר כ',י"ג)] בחינת "ויתרוצצו הבנים בקרבה" [פרש"י **מריבין** זה עם זה על נחלת שני עולמים לשון מריבה] גימ' (1218) ו' פעמים "ברא" (203) והוא צירוף בראשי"ת שי"ת [שית היינו ו' פעמים] בר"א, וכדממשיך (שם) ולאם מלאם יאמץ, ודרשו חז"ל כשזה קם זה נוֹפל, וכן קרב"ה אתוון מרבק"ה בחינת מ"י מריב"ה כנ"ל, ובגלל צרתם של בני ישראל במדבר דלא היה להם מים לשתות אבדה אמונתם במשה רבינו ולחצוהו להכות בסלע פעמיים.

והנה כתיב "מלה בסלע משתוקא בתרין" (מגילה יח.) גימ' (1746) ח"י (18) פעמים "מהיטבאל" (97) דמשה רבינו איהו צדיק ח"י עלמין, ו**משה** הוא מלך השמיני **הדר** דלא כתיב ביה מיתה (בראשית ל"ו,ל"ט) [כמבואר באריכות בספר בית עולמים] וכדאיתא בזוה"ק משה לא מית, אלא אתכניש לעילא ואנהיר לסיהרא מתמן- "משה לא מית" גימ' (826) "עלית למרום" (תהל' ס"ח,י"ט) וזהו דמבאר הזוה"ק דמשה רבינו לא מת אלא עלה למרום כדוגמת אליהו (זהו פנחס) וחנוך (זהו מטטרו"ן) שלא מתו אלא עלו בגופם השמימה, וממשיך "שבית שבי" [ובארנוהו במקום אחר בסוד אחוריים: "שבית שבי שב ש"]. והנה הוכחנו דמלך השמיני הדר זהו משה, ואם כן אשתו **מהיטבאל** היא **ציפורה** [כמפורש בהדיא בספר בית עולמים שם]. והנה "צפורה-מהיטבאל" גימ' (478) "לא אמות" כדאמר דוד (תהל' קי"ח,י"ז) לא אמות כי אחיה ואספר מעשי י"ה, "משה-הדר" גימ' (554) "מחיה מתים" עם הכולל- וכאמרם אז ישיר משה (שמות ט"ו,א') שר לא נאמר אלא ישיר מכאן לתחית המתים מן התורה- והכל רומז לדברי הזוה"ק הנ"ל משה לא מית, אלא אתכניש לעילא, ועתיד לקום בתחית המתים בראש כל דור המדבר. וארבעת השמות יחד: "משה הדר-צפורה מהיטבאל" גימ' (1032) "צדק ושלום נשקו" (תהל' פ"ה,י"א) דמשה רבינו בחינת שלום, וכדהבאנו מהזוה"ק משה לא מית- "משה לא" גימ' (376) "שלום", וציפורה בחינת מלכותא קדישא דאיקרי צדק כנ"ל.

והן בכללות בחינת מלה בסלע [משה] משתוקא בתרין [צפורה] דמלכותא קדישא לית לה מגרמה כלום אלא מאי דיהיב לה בעלה, ולכן צוה הקב"ה למשה לדבר אל הסלע [בחינת מלה בסלע] והוא הכה בסלע פעמיים [בחינת משתוקא בתרין]. והנה "מלה בסלע-משה" גימ' (582) "יסוד ומלכות"- בחינת המשכת השפע מן הצדיק [משה] אל הסלע [מלכות] באופן של דיבור- דרכיה דרכי נועם דבעל צריך לפייס אשתו בדברים כאמרם (בבא מציעא נט.) איתתך גוצא גחין ותלחוש לה. "משתוקא בתרין-צפורה" גימ' (1890) ה' פעמים "בשלום" (378) כדמסיימינן לצלותא המברך את עמו ישראל בשלום- דהוא יחוד היסודות כנודע- וכפילת ה' פעמים רומזת דנותן לה ה' למהוי מן צד"ק צדק"ה. וזהו "מלה בסלע-משה, משתוקא בתרין-צפורה" עם ד' תיבין סליק לחושבן (2476) "שמע ישראל ה' אלהינו ה' אחד - ברוך שם כבוד מלכותו לעולם ועד"- דהוא יחודא שלים דדעת עליון [משה] ודעת תחתון [צפורה] וראה משה רבינו דלא שייך באותו העת יחוד כזה, ולכן פירש מן האישה- והסכים הקב"ה עמו- ובכאן הכה בסלע פעמיים בחינת לעתיד לבוא האלף השביעי שבת קודש דכל מעשיה כפולין [וכלשון המדרש כל עיסקא דשבת כפול] ורצה להמשיך יחודא שלים כנ"ל, דאם היה בוחר לדבר אל הסלע בלבד- היה זה בבחינת יחודא עילאה אך לא היה ממשיכו לתתא- אבל על ידי הכאתו בסלע המשיך יחודא תתאה [ומסתמא דיבר אל הסלע אלא שמתוך הכאתו לא ניכר דיבורו ולכן כתיב הכאה בלבד ונחשב שלא קידש שמו יתברך כפרש"י, ועיין אריכות דבריו הקדושים של האור החיים שם] ורצה משה בהכאה זו להמשיך אור אינסוף על ידי בקיעת המלכות ולהביא גאולה שלמה לעולם, כדוגמת מה שנטה מטהו בקריעת ים סוף ונבקעו המים כדכתיב "**ויבקעו המים**" (שמות י"ד,כ"א) גימ' (289) "**א' זעירא**" [ובארנוהו במקום אחר בהרחבה] וכן בכאן רצה לבקוע הסלע- דהוא המלכות כנ"ל- ולהמשיך אור אינסוף מאצילות לבי"ע דהמלכות מקבלת האור אינסוף בצמצומים דרך ט' ספיראן קדישין ומעבירתן לבי"ע באופן של שינוי מהות, ועל ידי בקיעת המלכות נמשך אור האינסוף, ונשלמת התכלית בחינת אחישנה [כדכתיב בגאולה (ישעי'

ס׳ כ״ב) אני ה׳ בעתה אחישנה- ודרשו חז״ל זכו אחישנה לא זכו בעתה], אלא שבכאן לא הסכימה דעת המקום לדעתו וממילא נענש.

וזהו דראשי תיבות הפסוק (במדבר כ׳,י״א) ״**ו**ירם משה **א**ת ידו **ו**יך **א**ת **ה**סלע **ב**מטהו **פ**עמים, **ו**יצאו **מ**ים **ר**בים **ו**תשת **ה**עדה **ו**בעירם״ סליקו לחושבן (414) ״אור אינסוף״. והפסוק כולו סליק לחושבן (3899) ז׳ פעמים ״דברי הפורים״ (557) [כדכתיב (אסתר ט׳,ל״ב) ומאמר אסתר קים **דברי הפורים** האלה ונכתב בספר] בחינת המשכה דמלכות אור אינסוף בדרך בקיעה דיעבור עד לבי״ע ויביא לתחית המתים כדוגמת נס פורים ונהפוך הוא. ברם סופי תיבות הפסוק [בסוד סוף דבר הכל נשמע (סוף ספר קהלת)] סליקו לחושבן (1518) ב׳ פעמים ״עלה ראש הפסגה״ בחינת עלית משה רבינו למדרגת ״רישא דלא אתידע״ גימ׳ (1031) ״ויהי אחרי מות משה״ (תחלת ספר יהושע) דכל שינוי מעולם לעולם איקרי מיתה- ואית מיתה לתתא- בחינת ירידה להאי עלמא שפילא- אדם כי ימות באהל (במדבר י״ט,י״ד), ואית מיתה לעילא עליה לעולמות העליונים- ונותן טעם לדברי חז״ל בזוה״ק משה לא מית כנ״ל דאסתלק לעילא בחינת יקר בעיני ה׳ המותה לחסידיו (תהל׳ קט״ז,ט״ו) ולכן הן י׳ מיתות דכתיבי במשה, ו-י׳ פעמים יקר דכתיבי במגילת אסתר- דקאי אמשה- דאמרו חז״ל מרדכי בדורו כמשה בדורו. והני סופי תיבין סליקו לחושבן ב׳ פעמים ״עלה ראש הפסגה״ כנ״ל, וכפלינן ב׳ פעמים לרמז ב׳ בחינות: **א׳**. בחינת מיתת משה ד-י׳ מיתות כתיבי ביה, **ב׳**. בחינת י׳ פעמים יקר דכתיב במגילת ״אסתר״ גימ׳ (661) ״האיש משה״, בחינת ״יקר בעיני ה׳״ גימ׳ (478) ״צפורה מהיטבאל״ והוא חושבן (478) ״לא אמות״ כמדובר לעיל. ״המותה לחסידיו״ גימ׳ (584) ״אור הלבנה כאור החמה״ (ישעי׳ ל׳,כ״ו) כדאמר ליה קוב״ה למשה: וצו את יהושע וחזקהו ואמצהו- דכניסתו לארץ ישראל תחשב כאילו נכנסת אתה בגופך ממש. וזהו דמשה רבינו הכה בסלע פעמיים בחינת משתוקא בתרין ״משתוקא״ גימ׳ (847) ב׳ פעמים ״ימי המשיח״ (423) עם הכולל- בחינת תרין משיחין דרצה משה רבינו להמשיך בחדא מחתא, ולא הסכימה דעת המקום ברוך הוא לדעתו, כדכתיב המה מי מריבה (במדבר כ׳,י״ג) בחינת מריבה דערך עמו כביכול קוב״ה בענין כניסתו לארץ ישראל, ולכן חושבן הני ד׳ פסוקין עם שרש חר״ש המביא לחכמה בסוד סיג לחכמה שתיקה דבארנו לעיל דהן לקביל שמא קדישא י-ה-ו-ה: ג׳ באיוב לקביל י-ה-ו, ו-א׳ במשלי בחינת ה׳ תתאה מלכותא קדישא, דממשיכה אור אינסוף לנבראים בשינוי מהות בחינת משל, דהיינו:

א׳. ״אם אין אתה שמע לי **החרש** ואאלפך **חכמה**״ (איוב ל״ג,ל״ג) (1682)

ב׳. ״**החרישו** ממני ואדברה אני, ויעבר עלי מה״ (איוב י״ג,י״ג) (1391)

ג׳. ״מי יתן **החרש תחרישון**, ותהי לכם **לחכמה**״ (איוב י״ג,ח׳) (2611)

ד׳. ״גם אויל **מחריש חכם** יחשב, אוטם שפתיו נבון״ (משלי י״ז,כ״ח) (1990)

סליקו כולהו לחושבן (7674) כ״ה (25) פעמים ״מי מריבה״ (307) כ״ה היא השכינה הקדושה בחינת כ״ה תברכו את בני ישראל (במדבר ו׳,כ״ג), ונרמז בכפילת מי מריבה דלא הסכימה דעת המקום ברוך הוא לדעתו דהכה בסלע פעמיים בחינת משתוקא בתרין כנ״ל [דהיה צריך לדבר ובמקום זאת שתק והכה בסלע פעמיים] וסבר משה דלו נאה להיכנס דזכה להשיג האי אלף זעירא בסוד מלכות לכי ומעטי את עצמך (חולין ס:) ומשה רבינו איקרי טוב [כדכתיב ״ותרא אותו כי טוב הוא״ (שמות ב׳,ב׳) ודרשו חז״ל שנתמלא כל הבית אורה כדכתיב במעשה בראשית וירא אלהים את האור כי טוב (בראשית א׳,ד׳)] רצה להמשיך הטוב לישראל בחינת מה רב טובך אשר צפנת ליראיך (תהל׳ ל״א,כ׳) ולכן ״טוב הוא״ (29) אלף זעירא (399)״ גימ׳ (428) ״משה נביאך״ כדאמרינן קודם קרבנות: אתה הוא ה׳ אלהינו וכו׳ כאשר צוית אותם עד יד **משה נביאך** ככתוב בתורתך וכו׳. והנה כאשר נוסיף פסוקא דהכאת משה בסלע (במדבר כ׳,י״א) ״וירם משה את ידו ויך את הסלע במטהו פעמים, ויצאו מים רבים ותשת העדה ובעירם״ (3899) לחושבן ד׳ הפסוקים הנ״ל דבהם שרש חר״ש המביא לחכמ״ה כנ״ל (7674) סליקו הני ה׳ פסוקין לחושבן (11573) ״טוב הוא״ (29) פעמים ״אלף זעירא״ (399) עם ב׳ הכוללים- ואמר ליה השי״ת: ר״ב ל״ך- מה רב טובך אשר צפנת ליראיך (תהל׳ ל״א,כ׳) ר״ל לך היא נתונה מעתה- בחינת ״זכה נעשה לו סם חיים״ גימ׳ (661) ״האיש משה״- אבל לא לבני ישראל דחטאו בעגל וירא העם כי בושש משה וכו׳ (שמות ל״ב,א׳) בחינת (אבות פ״ג,מ״ג) ״שחוק וקלות ראש מרגילין לערוה״ גימ׳ (2111) חו״ה (19) פעמים אל״ף (111) עם הכולל- ובאור הענין: דחוה חטאה והחטיאה בעריות [כדאיתא

בספה"ק דבא ס"מ על חוה והטיל בה זוהמא] וכן בני ישראל בעגל [כדכתיב בחטא העגל ויקומו לצחק (שמות ל"ב,ו') פרש"י לשון גילוי עריות כמ"ש בא אלי העבד העברי אשר הבאת לנו לצחק בי (בראשית ל"ט,י"ז)], והאי מימרא באבות משמיה דרבי עקיבא דכתב המגלה עמוקות במקום אחר "רבי עקיבה" גימ' (399) "אלף זעירא", ובכאן: "מסורת סיג לתורה, מעשות סיג לעשר, נדרים סיג לפרישות, סיג לחכמה שתיקה" והן ד' סייגים כולן מבחינת חכמה בחינת צירוף והה"י: "מסורת (706) מעשרות (1016=ברית קדש) נדרים (304) שתיקה (815)" גימ' (2841) ג' פעמים "בשש משה" (947) (שמות ל"ב,א'). ומאי דנפקא מנייהו דהיינו: "תורה (611) עשר (570) פרישות (996) חכמה (73)" סליקו לחושבן (2250) ו' פעמים "למשה" (375) כאמרם כל מה שתלמיד ותיק עתיד לחדש כבר ניתן **למשה** מסיני. וכאשר נחבר כולם יחד סליקו כולהו לחושבן (5091) י' פעמים "ביום ההוא יהיה ה' אחד ושמו אחד" (509) עם הכולל (זכרי' י"ד,ט'), ויחד עם פתיחת המשנה "שחוק וקלות ראש מרגילין לערוה" (2111) סליקו לחושבן (7202) הוי' (26) פעמים "זרע" (277) כדכתיב בגאולה לגבי בני ישראל כל רואיהם יכירום כי הם **זרע ברך הוי'** (ישעי' ס"א,ט') וכן מסיים מגילת אסתר בענין מרדכי ודובר שלום לכל זרעו בחינת זרע ברך הוי' כנ"ל. וכל זה רממז שעל ידי שמירת הברית קודש בתכלית זוכין לגאולה השלמה.

[10] **כתר: לַיְּהוּדִים הָיְתָה אוֹרָה וְשִׂמְחָה וְשָׂשֹׂן וִיקָר** (אסתר ח,טז) גימ' (2068) י"א פעמים "יחפץ" (188) בחינת י' חפ"ץ- דהשי"ת חפצו ביהוד"י שנקרא על שם ה-י' חכמה קדומה כאמרם דישראל עלה במחשבה לפני כל דבר, ובא הרמז בכפילת י"א פעמים כנגד י"א כתרין דמסאבותא בסוד המן ועשרת בניו [כמבואר בספר בני ישכר שער פורים] כתר בסוד אמונה-תענוג-רצון, וכולהו בכתר:

"**אורה**" היינו אור-ה', ה' פעמים אור דיום א' דמעשה בראשית גימ' (1035) ג' פעמים "משה" (345) דבלידתו נתמלא כל הבית אור"ה (כפרש"י ומקורו בשמות רבה פרשת שמות א,כב).

"**ושמחה**" גימ' (359) "משיחא" דקאי אמשה רבינו דהוא גואל ראשון והוא גואל אחרון [כמ"ש האור החיים פרשת ויחי ד"ה אוסרי לגפן] "אורה ושמחה" גימ' (571) "לישראל" כדאמרינן בזמירות לשבת יום זה **לישראל אורה ושמחה** שבת מנוחה.

"**וששן**" גימ' (656) "הקדוש ברוך הוא" עם הכולל- ואמרו חז"ל (מגילה טז:) ששון זו מילה- וחזינן חשיבות שמירת הברית קודש. "אורה ושמחה וששן" גימ' (1227) "אלף (1000) ברכה (227)" כדאמר משה רבינו לבני ישראל: "ה' אלהי אבותיכם יוסף [רמז למדתו של יוסף הצדיק שמירת הברית קודש שבזה תלוי כל המשכת הברכות] עליכם ככם **אלף** פעמים, ויברך אתכם כאשר דבר לכם" ואמרו לו בני ישראל וכי קצבה אתה שם לברכותיך? ואמר להם: אלו- משלי, אבל הוא [הקב"ה] **יברך** אתכם כאשר דבר לכם. ובמקום אחר בארנו דאותן אלף ברכות שנותן לישראל [בחינת אינסוף] הן הן אלף אורות דזוכה להן במעמד הר סיני- ונותנן לישראל בכל שבת קודש בסוד ישמח משה במתנת חלקו (מנחה לשבת) כמבואר בכתבי האר"י הקדוש.

"**ויקר**" גימ' (317) "מה טובו אהליך יעקב" (במדבר כ"ד,ה') בחינת כתר עליון כדכתיב מה רב טובך אשר צפנת [גימ' (620) כתר] ליראיך (תהל' ל"א,כ').

וארבעתם יחד: "**אורה ושמחה וששן ויקר**" גימ' (1543) "אלף (1000) בישראל (543)" והוא סוד אלף זעירא הארת הכתר דהשריש משה רבינו בנשמות בני ישראל ב-ה' בחינות נרנח"י דכללות הקומה בחינת אור"ה ה' אור. וזהו דתחלת הפסוק "ליהודים היתה" גימ' (525) ה' פעמים "ליהודים" (105) א' כתיב בהדיא, ונמשך דתיבה "היתה" עולה בגימ' (420) ד' פעמים "ליהודים"- בסוד ד' אתוון דשמא קדישא הוי' ברוך הוא- עם "קוצא דאות י'" גימ' (616) "התורה"- וכמו שפירשו חז"ל אורה זו תורה, וכתב בעל הטורים (בתחלת התורה) את האור גימ' בתור"ה כלומר דקוב"ה גנז את האור אינסוף דיליה באורייתא קדישא כדכתיב כי נר מצוה ותורה אור (משלי ו',כ"ג) וכתיב טעמו וראו כי טוב ה' (תהל' ל"ד,ט') בחינת וירא אלהים את האור כי טוב (בראשית א',ד') וכתיב ומתוק האור לעינים (קהלת י"א,ז') [ומה ענין מתיקות לאור עיין מה שבארנו בזה במקום אחר דב"ש במילוי גימ' (1206) או"ר באלף רבתי (1000)].

ומעתה חושבן י' פסוקין תמן שרש יק"ר במגילת אסתר, כאשר את פסוקי ספירות נצח והוד וחכמה ובינה [דבפסוק אחד ב' פעמים שרש יק"ר] חשבינן ב' פעמים כל אחד כנגד ספירה [דהיינו פסוקים דאסתר ו',ו' (לקביל נצח והוד) ואסתר ו',ט' (לקביל

חכמה ובינה) כפלינן ב׳ פעמים] הרי י׳ הפסוקין יחד בתוספת הכולל סליקו לחושבן (51318) **ח״י** (18) פעמים ״**הרכבת אנוש לראשנו**״ (2851) (תהל׳ ס״ו,י״ב) ראשי תיבות אה״ל בסוד (איוב כ״ט,ג׳) בהלו נרו עלי ראשי- ענין המשכת אור אינסוף לג״ר דעתיק ומטה מטה בסוד טל תחית המתים- והוא כדוגמת נס פורים ונהפוך הוא- מתים יקומו לתחיה ויהיה יחוד נפלא של בורא ונברא- בחינת אלהות בגופים, וזכה משה רבינו להאי אורה דעליו נאמר אדם כי ימות באהל (במדבר י״ט,י״ד) שממית עצמו עליה- וזהו דהמימרא דאמרו חז״ל בענין לימוד התורה ״זכה נעשה לו סם חיים״ סליק לחושבן (661) ״האיש משה״, ומהאי טעמא הוא נמי חושבן (661) ״התורה אדם״ מהפסוק ״זאת **התורה אדם** כי ימות באהל״ דבארנו דהוא ״האיש משה״ והוא נפלא.

והנה כאשר נחבר חושבן י׳ פעמים מיתה דכתיב במשה (46194) עם י׳ פעמים יק״ר דמגילת אסתר (51317) עולה הכל בגימ׳ (97511): ״**אלף זעיר**״ (398) פעמים ״**אדם קדמון**״ (245) עם הכולל, והוא בסוד הפסוק (תהל׳ קט״ז,ט״ו) ״יקר בעיני ה׳״ היינו אל״ף [יסוד אבא] בוקע את יסוד זעיר [הוי׳] בסוד ונהפוך הוא דפורים- תחית המתים, ואיהו משה רעיא מהימנא דזכה לסוד אלף זעירא דויקרא אל משה- ויקר אלף זעירא- והן י׳ פעמים **יקר** במגילת אסתר- ד״אסתר״ גימ׳ (661) ״האיש משה״ והוא חושבן ״זכה נעשה לו סם חיים״, וזהו דממשיך (שם) ״המותה לחסידיו״ [לקביל אדם קדמון] אין התורה נקנית אלא מי שממית עצמו עליה- שנאמר זאת התורה אדם כי ימות באהל (במדבר י״ט,י״ד) כנ״ל- דבארנו דהאי אדם איהו משה רבינו שנקרא אדם- וכתיב ביה י׳ פעמים מיתה, דהשלים מה שהחלו האבות הקדושים תיקון ״אדם קדמון (245) אלף זעירא (399)״ גימ׳ (644) ״אברהם יצחק ויעקב״ בסוד המשכת שפע אור אינסוף דרך אור הקו להאי עלמא שפילא ב-ג׳ קוין ״ימין - שמאל - אמצע״ גימ׳ (682) כ״ב פעמים א״ל (31) בסוד אור אינסוף ברוך הוא הנמשך ב-כ״ב אותיות התורה הקדושה, ובעיקר על ידי חידושי תורה דממשיכים אור חדש בתורה, דקוב״ה אסתכל באורייתא וברא עלמא- והוא בכל רגע ורגע ממש כמבואר בספרים הקדושים- והאי בר נש דמחדש מילין חדתין בורא עלמין חדתין בקדושה, ומכניע הני סטרין אחרנין בסוד יפוצו מעינותיך חוצה (משלי ה׳,ט״ז) וממילא יהיו כמוץ אשר תדפנו רוח ומלאך ה׳ דוחה (תהל׳ ל״ה,ה׳) ועל ידי זה מקרב הגאולה האמיתית והשלמה וביאת משיח צדקנו.

ויש לחדש דהוא כנגד שני לוחות הברית: ״**יקר בעיני ה׳**״ כנגד לוחות ראשונות- אמנם אינון אתברירו בבחינת השבירה דהיתה בעינים דאדם קדמון, והוא בחינת לב נשבר דצדיקים גמורים אשכון את דכא ושפל רוח (ישעי׳ נ״ז,ט״ו). ולוחות שניות דלא אתברירו- כנגד ״**המותה לחסידיו**״- בחינת בעלי תשובה. וזהו דלוחות ראשונות בחינת אלף זעיר- צדיקים גמורים- ויקר אלף זעירא אל משה, ולוחות שניות בחינת אדם קדמון אינון בעלי תשובה ״אדם קדמון״ בא״ת ב״ש גימ׳ (713) ״תשובה״ כדבארנו בציור ה-א׳ להכליל לוחות ראשונות בשניות, ותמן מוספינן לחושבן י׳ דברות דיתרו [דסליקו לחושבן (48455) אהי״ה בוכ״ו (55) פעמים ״כי שמש ומגן הוי׳ אלהים״ (881) (תהל׳ פ״ד,י״ב)] עם י׳ דברות דואתחנן [דסליקו לחושבן (50947) י״ג פעמים ״תתן אמת ליעקב חסד לאברהם, אשר נשבעת לאבותינו מימי קדם״ (סוף ספר מיכה)] ג׳ פעמים ״**צדקה**״ (199) עם הכולל- ואז סליקו לחושבן (100,000) ק׳ פעמים ״אלף״ (1000) בסוד א״ק, דכתב האר״י הקדוש דהן ראשי תיבות **א**דם **ק**דמון כנודע. וכן בכאן למהוי חושבן א״ק (100,000) שלימו דכולהו צופה ומביט מריש כל דרגין לסוף כל דרגין ומשוה קטן כגדול מוספינן לחושבן י׳ יקר (51317) עם חושבן י׳ פסוקין דכתיב בהו מיתת משה (46194) [ויחד גימ׳ (97511) כנ״ל] האי פסוקא (ירמי׳ ל״ג,ט״ו):

״**בימים ההם ובעת ההיא אצמיח לדוד צמח צדקה, ועשה משפט וצדקה בארץ**״ (2489) תמן ק׳ פעמים כ״ד (2400) בסוד כ״ד קישוטי כלה לעתיד לבוא יחוד זעיר ונוק׳ אבא ואמא, ותמן חושבן (89) ״חנוכה״ רמיזא הארת אור הגנוז דתומשך בהאי זימנא- וממילא יתוקן בשלמות חטא חוה כדאיתא בזוה״ק בא ס״מ רכוב על נחש והטיל בה זוהמא, וממילא הלכה והחטיאה את אדם, כדכתיב (בראשית ג׳,ו׳) ״ותרא האשה כי טוב העץ למאכל, וכי תאוה הוא לעינים, ונחמד העץ להשכיל, ותקח מפריו ותאכל, ותתן גם לאישה עמה ויאכל״ גימ׳ (5323) ו׳ פעמים ״אמת דין שלום״ (887) עם הכולל [כאמרם על שלשה דברים העולם עומד: על הדין, ועל האמת, ועל השלום] דחוה פגמה ב-ג׳ הקוין דכללות המציאות, וכפילת ו׳ פעמים רומזת למדת היסוד ברית קודש דנפגמה

באותו חטא [ועיין מה שבארנו במקום אחר בענין ג' פעמים צירוף פורי"ם בהאי פרשתא דחטא אדם הראשון וחוה (בראשית ג' א'-ז') וכן בפסוקא מפרי"ו אותיות פורי"ם בסוד ונהפוך הוא דפורים דתכליתו תחית המתים וד"ל].

וזהו דפסוקא דנן [דמוספינן בכאן להשלים לא"ק (100,000)] סליק לחושבן (2489) חו"ה (19) פעמים סמא"ל (131) לרמוז הפגם כנ"ל דבא סמא"ל רכוב על נחש והטיל בחו"ה זוהמא. ורצה משה רבינו לכנוס לארץ הקדושה בעת ההיא ולתקן פגם זה ואפילו יביא עליו הקב"ה יסורין כאיוב ולא ימות כמו שבארנו "יסורין" גימ' (336) "פורים", ובזכות האי א' זעירא בסוד אור הגנוז ותחית המתים- יכנוס ויתקן- דאיהו הענו מכל האדם וכו' (במדבר י"ב,ג') וכתיב אשכון את דכא ושפל רוח (ישעי' נ"ז,ט"ו) ויעשה דירה בתחתונים לקוב"ה וכמו שיהיה לעתיד לבוא, דהוא נמי חושבן (2489) "איוב" (19) פעמים "ענוה" (131). ואמר ליה קוב"ה: רב לך- תיקנת מיניה וביה הפגם הנ"ל, ועתה הנח להם לישראל דיזככו ויצרפו כזהב וככסף [כדכתיב בגאולה (מלאכי ג',ג') וישב מצרף ומטהר כסף וכו' וזקק אותם כזהב וככסף] בגו גלותא דיהיו ראויים לאור זה דאם לא יכינו הכלי כראוי ימותו מריבוי האור כאותם שמתו במכת חושך [כאמרם וחמושים עלו בני ישראל מארץ מצרים (שמות י"ג,י"ח) וחמושים מלשון חמישית- דארבע חמישיות מתו במכת חושך].

וממילא בהאי פסוקא רמיזא גאולתא שלמתא וביאת דוד מלכא משיחא- דפרש"י "צמח צדקה (זהו) מלך המשיח" גימ' (790) י' פעמים "בן דוד יבא" (79) [מפיוט צור משלו אכלנו: ובן דוד עבדך יבא ויגאלנו], והוא נמי חושבן בתוספת הכולל דמרמז לאלופו של עולם (791) "מות משה" בסוד אדם כי ימות באהל (במדבר י"ט,י"ד) זהו משה [כמו שבארנו לעיל] ונמשך מכאן דכל אחד ואחד מישראל דממית עצמו על לימוד התורה הקדושה בסוד מיתת משה- על ידי זה מקרב ביאת משיח צדקנו, וזהו דנתן משה רבינו הכח למסירות נפש בלימוד התורה הקדושה לכל יהודי דיהא ממש כמותו, וזהו "מות משה - ישראל" גימ' (1332) **"ואתחנן אל ה' בעת ההוא לאמר"** (דברים ג',כ"ג) ויהי רצון מלפני אבינו שבשמים שישלח לנו משיח צדקנו ויושיענו מהסתרה הכפולה וימש חושך- ונזכה לצאת מאפלה לאור גדול ויקוים בנו ליהודים היתה אורה ושמחה וששון ויקר בעגלא דידן ובזמן קריב ונאמר אמן.

4. אופן קצ"ד-שיר השירים פ"ג **פסוק י"א: צאינה וראינה בנות ציון במלך שלמה בעטרה שעטרה לו אמו ביום חתנתו וביום שמחת לבו**: גימ' (4234): "טוב הוא" (29) [כדכתיב לגבי משה רבנו (שמ' ב',ב') "ותרא אותו כי טוב הוא"] פ' "מלכנו" (146).

ואינון י-ה תיבין בפסוקא לקביל אבא עילאה, ס"ג אתוון לקביל אמא עילאה דיחודם תמידי והוא כעין מיניה וביה כאדם וחוה קודם הנסירה, ו-י"א תיבין לקביל י"א כתרין דמסאבותא דנמתקין באמא עילאה שם ס"ג כנ"ל, ורמיזא "וביום" גימ' (64) "דין".

ונעביד בס"ד רבועא דפסוקא מסיפא לרישא (לריש"א אתוון ישרא"ל אתוון לי-ראש בסוד כתר-מלכות כדכתיב כתר עליון איהו כתר מלכות) וכדלקמן:

גָּלְאַ עֲמִיקְתָּא

אות י' בענין י' יקר דכתיב במגילת אסתר ו-י' מות דכתיב במשה והוא בסוד הפסוק (תהל' קט"ז,ט"ו) יקר בעיני ה' המותה לחסידיו.

ומביא משיר השירים (ג',י"א) "בעטרה שעטרה לו אמו" ובאורו באופן קצ"ד[4] לשיר השירים פ"ג דכל הפסוק "צאינה וראינה בנות ציון במלך שלמה בעטרה שעטרה לו אמו ביום חתנתו וביום שמחת לבו" גימ' (4234) "טוב הוא" (29) [כדכתיב במשה (שמות ב',ב') "ותרא אותו כי טוב הוא"] פעמים "מלכנו" (146).

א"נ חושבן ב"פ "המבדיל (בין קודש לחול בין אור לחושך) בין יום השביעי לששת ימי המעשה" (2116) דאמרינן בהבדלה עיין שם וקשרהו לכאן.

ועיין שם דריבוע התיבין "בעטרה שעטרה לו אמו ביום חתנתו וביום

לבו
שמחת לבו
וביום שמחת לבו
חתנתו וביום שמחת לבו
ביום חתנתו וביום שמחת לבו
אמו ביום חתנתו וביום שמחת לבו
לו אמו ביום חתנתו וביום שמחת לבו
שעטרה לו אמו ביום חתנתו וביום שמחת לבו
בעטרה שעטרה לו אמו ביום חתנתו וביום שמחת לבו
שלמה בעטרה שעטרה לו אמו ביום חתנתו וביום שמחת לבו
במלך שלמה בעטרה שעטרה לו אמו ביום חתנתו וביום שמחת לבו
ציון במלך שלמה בעטרה שעטרה לו אמו ביום חתנתו וביום שמחת לבו
בנות ציון במלך שלמה בעטרה שעטרה לו אמו ביום חתנתו וביום שמחת לבו
וראינה בנות ציון במלך שלמה בעטרה שעטרה לו אמו ביום חתנתו וביום שמחת לבו
צאינה וראינה בנות ציון במלך שלמה בעטרה שעטרה לו אמו ביום חתנתו וביום שמחת לבו

ונבאר להאי פסוקא לפי הסדר הזה כדלקמן:

לבו גימ׳ עם הכולל (39) ״טל״ רמיזא טל דעתידא קוב״ה להחיא ביה מתיא.

שמחת לבו גימ׳ (786): ״(אחותנו) את היי לאלפי רבבה״ (בר׳ כ״ד,ס׳) דנאמר לרבקה לפני שנישאה ליצחק- הקלי׳ מודים ומברכים לקדושה.

וביום שמחת לבו גימ׳ גימ׳ (850): ״זוכר הברית״ דמאן דנטר ברית איקרי צדיק.

חתנתו וביום שמחת לבו גימ׳ (1714): ״מכתם לדוד שמרני א-ל כי חסיתי בך״ (תהל׳ ט״ז) כל מקום שנאמר מכתם היתה מכתו תמה דנולד מהול ורמיזא שמירת הברית בשלמות, וכדבאנו לעיל אופן קמ״ז-תהלים ט״ז פסוק א׳.

ביום חתנתו וביום שמחת לבו גימ׳ (1772): ״אשריך ישראל מי כמוך עם נושע בה׳״ (דב׳ ל״ג,כ״ט) ועיין מה שבארנו בזה לעיל אופן קמ״ט-תהלים ח״י פסוק כ״ז.

אמו ביום חתנתו וביום שמחת לבו גימ׳ (1819): ״בראשית ברא... ואת הארץ״.
והוא בסוד ״ותחסרהו מעט מא-להים״ (תהל׳ ח׳) דחושבן 1820 הן מספרפעמים דמופיע שם הוי׳ ב״ה בתורה, והוא ״סוד״ (70) פ׳ ״הוי׳״ (26) כדכתיב סוד ה׳ ליראיו. וכאן הוא א׳ פחות בסוד א׳ זעירא לכי ומעטי את עצמך וד״ל.

לו אמו ביום חתנתו וביום שמחת לבו גימ׳ (1855): ״ויאמר אברהם א-להים יראה לו השה לעלה בני וילכו שניהם יחדו״ (בר׳ כ״ב,ח׳).
והוא כד מוספינן תיבת **לו** לפסוקא סליק לחושבן כנ״ל לאכללא אשא במיא ורמיזא ל״ו נרות דחנוכה- גאולתא שלמתא לעתיד לבוא, ועיין לעיל אופן עק״ד-עקדת יצחק.

שעטרה לו אמו ביום חתנתו וביום שמחת לבו סליק לחושבן (2439): ״הנסתרות לה׳ א-להינו והנגלות לנו ולבנינו עד עולם״ והוא בתוספת תיבה שעטרה רמיזא כתרא עילאה הנסתרות, ולע״ל ו״ה דוהנגלות יתעלו לבחי׳ י-ה ביום ההוא יהיה וכו׳.
והוא כדאמרו חז״ל (בגמ׳ פסחים נ.) עה״פ (זכריה י״ד,ט׳) ביום ההוא יהיה ה׳ אחד ״ושמו אחד״ מאי אחד האידנא לאו שמו אחד הוא? ומתרץ: בעולם הזה נכתב בי״ה ונקרא א-דני, אבל לעולם הבא נקרא בי״ה ונכתב בי״ה, ויהיה ב״ה גלוי אור הכתר ותחית המתים כדכתיב ״ובלע המות לנצח״ (ישעי׳ כ״ה,ח׳) ב״ב אכי״ר.

בעטרה שעטרה לו אמו ביום חתנתו וביום שמחת לבו גימ׳ (2725): ״יברכך ה׳ וישמרך יאר ה׳ פניו אליך ויחנך ישא ה׳ פניו אליך וישם לך שלום״ ע״ה- ברכת כהנים. ועיין באופן דנן פסוק ז׳ ששים אתוון כברכת כהנים ששים גבורים סביב לה עיין שם.
וכאן כתבינן ויחונך מלא ו׳ לפי הקריא וסליק ס״א אתוון כמנין אין, וכדבאר הבעש״ט אין מזל לישראל (שבת קנו.) היינו אין בפתח וחיריק מזל. והבאור הוא דאינון מושרשים בכתרא עילאה למעלה מהמזל ויתגלה לעתיד לבוא, ולא כמו שחשב המן הרשע שבמזלא הן תלויין והפיל ״פור״ [חושבן ״בעטרה״ כנ״ל].

שלמה בעטרה שעטרה לו אמו ביום חתנתו וביום שמחת לבו גימ׳ (3100): ק״פ ״א-ל״ כדכתיב (תהל׳ נ״ב,ג׳) ״חסד א-ל כל היום״, והוא בתוספת תיבה שלמה דא קוב״ה דעביד שלום בין אשא למיא, והוא דבחסדי השי״ת נגאל בב״א.

במלך שלמה בעטרה שעטרה לו אמו ביום חתנתו וביום שמחת לבו גימ׳ (3192): ח״פ ״אלף זעירא״ (399) רמיזא אלף השמיני התגלות אור הגנוז פנימיות עתיקא סתימאה והוא בתוספת תיבה במלך רמיזא התגלות מלכו של עולם ותחית המתים.

ציון במלך שלמה בעטרה שעטרה לו אמו

ביום חתנתו וביום שמחת לבו גימ' (3348): ג"פ "הזרעים בדמה ברנה יקצרו" (תהל' קכ"ו,ה') רמיזא ענין הגלות והגאולה האמיתית והשלמה במהרה בימינו אמן.

בנות ציון במלך שלמה בעטרה שעטרה לו אמו ביום חתנתו וביום שמחת לבו גימ' (3806): ב"פ "הביאו כפרה עלי על שמיעטתי את הירח" ע"ה (בגמ' חולין ס:). והוא בסוד מעוט הלבנה שרש ומתן מקום ואפשרות לתשובה. והוא בתוספת תיבת "בנות" כדאמרו חז"ל אוי לו למי שבניו נקבות וד"ל (בגמ' ב"ב טז:).

וראינה בנות ציון במלך שלמה בעטרה שעטרה לו אמו ביום חתנתו וביום שמחת לבו גימ' (4078): ב"פ "זכרתי לך חסד נעוריך אהבת כלולותיך" (ירמי' ב') ופשוט.

צאינה וראינה בנות ציון במלך שלמה בעטרה שעטרה לו אמו ביום חתנתו וביום שמחת לבו גימ' (4234): ב"פ "המבדיל בין יום השביעי לששת ימי המעשה".

והני תיבין אמרינן בהבדלה, ויהי רצון דכן יבדילנו הקב"ה בגאולה האחרונה מכל סטרין אחרנין למעבד התגלות במלוא הדר כבודו ולגאלנו אכי"ר. סליקו כולהו לחושבן (35756): כ"ח (28) פ' "צדיק מושל יראת א-להים" (1277).

ועיין לעיל אופן קפ"ג-צדיק מושל יראת א-להים, דהבאנו דברי הגמ' על האי פסוקא (ש"ב כ"ג,ג') אמר א-להי ישראל לי דבר צור ישראל מושל באדם "צדיק מושל יראת א-להים" ודרשו שם בגמ' (מ"ק טז:) אמר רבי אבהו הכי קאמר: אמר א-להי ישראל: אני מושל באדם, ומי מושל בי צדיק, שאני גוזר גזרה ומבטלה. ושם: אמר הקב"ה לדוד הואיל והשפלת עצמך תהיה כמוני שאני גוזר גזרה ואתה מבטלה, עיין שם.

וכפלינן כ"ח פ' דהעבודה היא להוציא הכונה העליונה מהכח אל הפועל ע"י "תורה" [גימ' (611) "יראת"] מצוות ומעשים טובים, כדכתיב תלמידי חכמים מרבים שלום [אתוון מושל] בעולם, והתגברות על המניעות והעיכובים למיניהם, כדאיתא בזוה"ק כד אתכפיא סטרא אחרא אסתלק יקרא דקוב"ה בכולהו עלמין (עיין אופן מ"ב). וזהו ר"ת "**צ**דיק **מ**ושל **י**ראת **א**-להים" ר"ת יאמ"ץ כדכתיב (בר' כ"ה,כ"ג) "ולאם מלאם יאמץ" גימ' (329): "אזמרה לא-להי" (תהל' קמ"ו,ב'). ולזה ב' פרושים:

א'. פירוש שירה והודיה לא-ל בורא עולם וכגון "**תודה וקול זמרה**" (ישעי' נ"א,ג') "שאו זמרה ותנו תף" (תהל' פ"א,ג') "בתף וכנור יזמרו לו" (תהל' קמ"ט,ג').

ב'. פירוש גדיעת הקוצים והחוחים דהיינו סטרין אחרנין, וכדכתיב (ישעי' כ"ה,ה') "כחרב בציון שאון זרים תכניע חרב בצל עב **זמיר עריצים יענה**".

ותרגם יונתן בן עוזיאל הק' שם כן נוח רוחא לצדיקיא כד ימאכון רשעיא עכ"ל, ופרש"י זמיר-לשון (ויק' כ"ה,ד') "וכרמך לא תזמור"- ענין הכרתת הקוצים כנ"ל.

והוא נפלא דרבוע האי פסוקא דנן בסוד דין סליק לחושבן כ"ח פ' צדיק מושל יראת א-להים כנ"ל-דהאי פסוקא רמיזא טובא לצדיקיא וליומא דדינא כנ"ל: צאינה גימ' ציון- גימ' יוסף, שלמה צדיקא כתיב בהדיא, וביום סליק לחושבן (64) דין דהוא ביום הדין מיניה וביה וכדאמרינן בהקדמה לפרק א' מהזוה"ק שלמה דא קודשא בריך הוא שעושה שלום בין אש ומים.

וצדיק מושל יראת א-להים בסוד כמים הפנים לפנים כן לב האדם לאדם דעל ידי דמושל בסטרין אחרנין באתכפיא ואתהפכא דעבדין צדיקיא לגרמייהו ומשפיעין לכלל ישראל גורמים אתערותא דלעילא דהקב"ה ישמיד שונאיהן של ישראל ויחיש גאולתנו הגאולה האמיתית והשלמה במהרה בימינו אמן.

גָּלֵא עֲמִיקְתָא

שמחת לבו" סליק לחושבן (2725) "יברכך ה' וישמרך – **יאר ה' פניו אליך** ויחנך – **ישא ה' פניו אליך וישם לך** שלום" דאמרינן בברכת כהנים עיין שם.

ופסוקא אחריתי דמביא המגלה עמוקות (בראשית כ"ט,ט"ז) "וייקץ יעקב משנתו **ויאמר אכן** י"ש ה' **במקום הזה ואנכי לא ידעתי**" גימ' (2675) כ"ה פעמים "אנכי ה'" (107) ונרמז בפסוק **גופא יש ה' וכו' ואנכי וכו'.**

וכל חלקי הפסוקים יחד דמביא המגלה עמוקות באופן דנן, דהיינו:

א'. להנחיל אהבי יש ואצרתיהם אמלא (1285)

5. אופן קכ"ג-נר ה' נשמת אדם. אלף צורת י' ו' י', ובספר סודי רזייא לר' אלעזר מגרמיזא פ' חכמת הנפש כתב וזלשה"ק "הנשמה דקה תהלל לבורא דק מן כל דק" גימ' ע"ה (1561) "אין הדין נמתק אלא בשרשו" והוא דאזעירת את א' ענינו דין וצורתה י', וכמו דאמרו חז"ל (אבות פ"ה,מ"א) והלא במאמר אחד יכול להבראות אלא ליתן שכר טוב לצדיקים וכו' ולהיפרע מן הרשעים וכו', ומביא בספרו סודי רזייא מתנחומא דהלוחות נלקחו מן הכסא, ולכן "לחת" בא"ת ב"ש כס"א, פשוט (438) וא"ת ב"ש (81) גימ' (519) "חתן וכלה", דהלוחות הן קדושי קוב"ה לכנס"י ב"ז כביכול, ולכן שבר מרע"ה את הלוחות כדי דלא יהוו קדושין, דאתתא בישא מצוה לגרשה וכו' ובלוחות שניים נתקדשה, ועיין לקמן אופן קל"ו לוחות ושברי לוחות מונחין בארון, וזהו דבזמן הגלות הארוך והמר הרי היא כאשה שהלך בעלה. וזהו דאיש ואשה חתן וכלה נעשים בריה אחת, וזהו דקוב"ה איש כנס"י אתתא הן בריה אחת כדוגמת חתן וכלה וכדכתיב (בר' ה') זה ספר תולדות אדם וכו' בדמות א-להים עשה אותו, (ב') זכר ונקבה בראם וכו' "ויקרא את שמם אדם" גימ' (1143) "והוא כחתן יוצא מחופתו" (תהל' י"ט) וד"ל.

ובברכות (י'.) מה הקב"ה מלא כל העולם כולו אף הנשמה מלאה כל הגוף כולו, הקב"ה טהור אף הנשמה טהורה וכו', תבא הנפש שיש בה חמשה דברים ותודה לקב"ה שיש בו חמשה דברים, והנה הן לקביל א' זעירא כנ"ל ענין הצמצום והדקות והדין- ה' שהן י' לעילא בסוד או"י ואו"ח והוא ה' במלוי ההין-הה סליק לחושבן י', ה' חומשי תורה פשוט וא"ת ב"ש או"י תורה מן השמים או"ח דאנן

גָּלֵא עֲמִיקָתָא

ב'. **יש זהב ורב פנינים** (772)

ג'. **הנחמדים מזהב ומפז רב ומתוקים מדבש ונפת צופים** (2256)

ד'. **וכלי יקר שפתי דעת** (1640)

ה'. **עטרותיהם בראשיהם** (1298)

ו'. **ויקרא אל משה** (693)

ז'. **יקר בעיני ה' המותה לחסידיו** (1062)

ח'. **צאינה וראינה בנות ציון במלך שלמה בעטרה שעטרה לו אמו ביום חתנתו וביום שמחת לבו** (4234)

ט'. **וייקץ יעקב משנתו ויאמר אכן יש ה' במקום הזה ואנכי לא ידעתי** (2675)

סליקו כולהו לחושבן (15915) י"ה פעמים "ויפח באפיו נשמת חיים" (בראשית ב',ז') (1061) [עיין מה שכתבנו לעיל [5]אופן קכ"ג–נר ה' נשמת אדם]

עסקינן בתוה"ק ומחדשין מלין ועושין שמים וארץ חדשים בסוד ובפשט, י' לתתא ה' בחינות הנפש דבר נש פשוט וא"ת ב"ש וכדאמרינן בהשכמת הבוקר מודה אני וכו' שהחזרת בי נשמתי או"י, ובלילה בידך אפקיד רוחי או"ח, והני תרין ווין דאת א' זעירא דנן דאיהי היקר דקוב"ה נר ה' ו' עילאה נשמת אדם ו' תתאה, וכדלקמן:

י' עילאה: בראשית (913) -שמות (746) -ויקרא (317) -במדבר (248) -דברים (256) סליקו לחושבן (2480) י"פ רמ"ח לקביל י"ס דרמ"ח איברין דמלכא כביכול.

וא"ת ב"ש: בראשית (746) -שמות (93) -ויקרא (527) -במדבר (713) -דברים (453) סליקו לחושבן (2532) ב"פ "(ה') א-להי אבותיכם יוסף עליכם ככם אלף פעמים" (דב' א',י"א) כד לעי באורייתא מוסיף בה אלף אורות מדליה דמרע"ה והוא ב"פ כאמרם יושב ושונה בתורה הקב"ה יושב ושונה כנגדו- פשוט וא"ת ב"ש לקביל י' עילאה עולה גימ' (5012): ד"פ "צמאה לך נפשי כמה לך בשרי" (תהל' ס"ג,ב') והוא ד"פ לקביל ד' אתוון דשמא קדישא- והוא תשוקת כנס"י לקוב"ה ליחדא עמו פב"פ בגאולה האמיתית והשלמה וביאת משיח צדקנו, במהרה בימינו אמן.

והנה י' תתאה דאיהי כנס"י דאמרו למה הן חמשה ברכי נפשי דחמשה שמות יש לנפש- באו"י: נפש (430) רוח (214) נשמה (395) חיה (23) יחידה (37) סליקו לחושבן (1099) "ברכי נפשי את ה'", וכדכתיב (בר' ב',ז') "ויפח באפיו נשמת חיים, ויהי האדם לנפש חיה" גימ' (1625) "אחד" (13) פ' "בענג" (125) והוא או"י כדאמרינן נשמה שנתת בי וכו', ובאו"ח בא"ת ב"ש: נפש (17) רוח (143) נשמה (111-אלף) חיה (190) יחידה (330) סליקו

לחושבן (791): "נר ישראל" כדכתיב (ש"ב כ"א,י"ז) "ולא תכבה את נר ישראל" גימ' (1656) ד"פ "אור אין סוף" לקביל אתוון דשמא קדישא, וכדאמרינן בק"ש שעל המטה בידך אפקיד רוחי פדיתה אותי ה' אל אמת וכו', פשוט וא"ת ב"ש לקביל י' תתאה סליק לחושבן (1890): ה"פ "אשמח בה'" (תהל' ק"ד) בה' בחינות דנשמת אנו ששים ושמחים בקדוש ברוך הוא- אשרינו מה טוב חלקנו וכו'.

וכתיב "נר ה' נשמת אדם" (משלי כ',כ"ז), ונפרש הפסוק על פי מה שכתבנו:

א'. "**נר ה'**": סליק לחושבן (276): ד"פ "הדין", והוא יאיר דרכנו בגלות ובחשכה דנן, והיינו לקביל ו' עילאה.

ב'. "**נשמת אדם**": סליק לחושבן (835) ה"פ (שה"ש ב',ט"ז) "דודי לי ואני לו" (167), לקביל ה' חלקי הנשמה: נפש, רוח, נשמה, חיה, יחידה, וכדאמרינן לעיל.

והנה כולא א' זעירא דאמרינן, דהיינו: י' עילאה (5012), י' תתאה (1890), ותרין ווין (276 עם 835) סליקו כולהו לחושבן (8013):

ג"פ דהוי חזקה (תהל' קי"ג,ז') "מקימי מעפר דל מאשפות ירים אביון להושיבי עם נדיבים עם נדיבי עמו" (2671) והוא יגאלנו ויקים שכינתא מעפרא בגאולה האמיתית והשלמה, בב"א.

קצור: אמר הקב"ה (דברים רבה ד',ד' ע"ש) נרי בידך (זו התורה) ונרך בידי (זו נפש) אם שמרת את נרי אני משמר את נרך.

והנה "נרי התורה נרך הנפש" גימ' (1581): "החיים והמות נתתי לפניך" (דברים ל',י"ט) ע"ה, וממשיך הפסוק "ובחרת בחיים", והוא נפלא דחושבן "ובחרת" (616) כחושבן "התורה", והשי"ת יזכנו לעסוק בתורתו יממא ולליא כל ימי חיינו אנחנו וזרענו עד עולם, אכי"ר.

6. ומביא הפסוק (שיר השירים ה',א') "באתי לגני אחתי כלה" ומקשרו לסיפא של אותו פסוק "אכלו רעים" דסליק לחושבן (377) "א' אל משה".

וממילא מקשר תיבה **רעים** לחכמה ובינה תרין **רעים** דלא מתפרשין לעלמין והם בחינת י"ה דשמא קדישא.

והאי דאומרו בחינת חתן וכלה דאינון זו"ן י"ל בעת יחודם בחיק או"א סליקו עד לבחינת או"א.

גַּלֵּא עֲמִיקְתָא

דזכה משה לבחינת י"ה [[6]כמבואר באריכות באופן הקודם] וסליק לבחינת

ועיין מאי דכתבינן באופן קצ"ח לפרק ה' דשיר השירים באריכות, ובכאן נוסיף דאין בית מדרש בלא חידוש: דהאי פסוקא קדמאה (שם) דהיינו "**באתי לגני אחתי כלה אריתי מורי עם בשמי אכלתי יערי עם דבשי שתיתי ייני עם חלבי אכלו רעים שתו ושכרו דודים**" סליק כולא פסוקא לחושבן (6535) ה"פ "**שומר עמו ישראל לעד**" (1307) ראשי תיבות גימ' (410) **קדו"ש** סופי תיבות להבדיל גימ' (240) **עמל"ק**.

וכפלינן ה"פ "עמלק" גימ' (1200) - דהן י"ב שבטי י-ה כמו שיעלו לבחי' הכתר לבחי' מא"ה י' כלול מ-י' וכמבואר בזוה"ק בענין שני חיי שרה- מאה בחי' כתר, עשרים בחי' חו"ב, שבע שנים בחי' ז"ת- דהשלימה בשני חייה שלמות הקומה.

וכפלינן ה"פ רמיזא מאי דכתיב במדרש (ילקוט שמעוני פרשת בשלח רמז רסא):

"**חמשה עממין פסע עמלק, ובא ונלחם עם ישראל**"- לכן כפלינן ה' פעמים.

ובאופן קצ"ח הנ"ל עבדינן חושבן רבועי אותיות דכל תיבה ותיבה וצירנום בחנוכיות עיין שם.

וכאן נוסיף רבועי התיבות דכתב המגלה עמוקות, דהיינו רבועי:

"**באתי** (821) **לגני** (239) **אחתי** (838) **כלה** (125)"

סליקו לחושבן (2023) "ואמרת אליו בחזק יד הוציאנו ה' ממצרים מבית עבדים" (שמות י"ג,י"ד-פרשת בא) כנ"ל, והוא נפלא דמקשרא ל-ד' תיבין קדמאין דפסוקא קדמאה דפרקא ברבועי אתוון.

ונעביד חושבן דתרין תיבין "**אכלו** (130) **רעים** (1070)" ברבועי אתוון סליקו לחושבן (1200) והוא להפקיע מעמלק כדאמרינן לעיל ה"פ "עמלק" (240) גימ' (1200) ק"פ י"ב וביארנו דהיינו י"ב שבטי י-ה.

ומקשרא לשמיה דבעל המגלה עמוקות דהאי "**אכלו רעים**" ברבועי אותיות (1200) עם כ' אותיותיהן- דרבוע תיבה בת ד' אותיות הן י' אותיות- סליק לחושבן (1220) "נתן נטע שפירא" שמו הקדוש וכדבארנו לעיל אופן א'.

וממילא הוא חושבן ה"פ "עמלק" עם כ' אותיותיו (ה"פ ד') דחבוריו הקדושים ופועלו בשנותיו הקצרות היו קודש לקרוב הגאולה ולהכניע הסטרין

אחרנין דעסק בצרכי צבור וזיכוי הרבים.

וכדאמרינן לעיל (אופן ר״ב) דהני תיבין ״לזכות את הרבים״ סליקו לחושבן (1121) ״כי יד על כס י-ה מלחמה לה׳ בעמלק מדור דור״ (שמות י״ז,ט״ז). והוא חושבן ״ומשה נגש אל הערפל״ (שמות כ׳,י״ח) והוא במכוון ״והיו ימיו מאה ועשרים שנה״ (בראשית ו׳,ג׳) דאיתמר במשה ומי לנו כמשה שזיכה את הרבים.

דאמרו חז״ל (חולין קלט:) משה מן התורה מנין ״בשגם הוא בשר והיו ימיו מאה ועשרים שנה״ **בשג״ם** גימ׳ **מש״ה** וזהו משה שחי מאה ועשרים שנה.

ולקמן יבואר דברי המגלה עמוקות ״בשגם הוא בשר״ גימ׳ י״פ א-להים חסר א׳ והוא א׳ זעירא דויקרא אל משה ונקרא משה איש הא-להים.

ונחבר יחד ו׳ התיבין דמביא המגלה עמוקות ברבועי אתוון דהיינו:

״באתי לגני אחתי כלה״ (2023) עם **״אכלו רעים״** (1200) סליקו לחושבן (3223) ב״פ ״אלף תורה״ (1611) עם הכולל.

דהיינו אלפיים תורה והחלו משאברהם היה בן ב״ן- דנולד בשנת 1948 לבריאת העולם, דהיה העולם אלפיים תוהו, ובהיותו בן ב״ן נסתיימו, ואז נגלה אליו ה׳ בשלמות והחלו ב׳ אלפי תורה (עיין בגמרא ראש השנה דף ל״א ע״א).

ועל ידי התורה הקדושה ממתקים קו השמאל דמתמן ינקין י״א סטרין אחרנין ולכן האי חושבן (3223) איהו י״א פ׳ ״חכמה חסד נצח״ (293) ויורד עד המלכות דאיקרי אר״ץ, והן י״ב פ׳ באר״ץ (293).

והוא קו הימין דעיקר עבודת הצדיק להפוך השמאל לימין בסוד שין שמאלית בחינת הר שעיר ושין ימנית ש׳ דמש״ה, בסוד ג׳ אבהן דאכללן ביה והוא עצמו נקודה תתאה נקודת חכמה אתוון כ״ח מ״ה כדאמר משה (שמות ט״ז,ח׳) ונחנו מה.

ופסוקא דמביא המגלה עמוקות (תהל׳ קל״ב,ט׳) **״כהניך ילבשו צדק וחסידיך ירננו״** גימ׳ (1081) ״תפארת״ עמודא דאמצעיתא.

ובזוהר הקדוש דמביא (פנחס רמב.) וזה לשונו הקדוש:

כהניך ילבשו צדק לוייך מיבעי ליה דהא צדק מסטרא דלואי איהו וחסידיך ירננו לוייך ירננו מיבעי ליה דהא רנה (זמרה) בלואי נינהו וכו׳. וא״ל דוד לקב״ה תקונא דאנא תקינת וכו׳ **א״ל קב״ה הואיל ואתא חתן לגבי כלה** וכו׳ עיין שם.

וזהו דפסוקא **״כהניך ילבשו צדק וחסידיך ירננו״** סליק לחושבן ״תפארת״ בחינת ז״א דאיהו חתן דאתא לגבי כלה בחינת מלכותא קדישא.

ראשי תיבות דפסוקא ״כיצוי״ גימ׳ (136) ״קול״ כדכתיב ״קול חתן וקול כלה״ (ירמיהו ל״ג,י״א) והוא בחינת ז״א ״הקול קול יעקב״ (בראשית כ״ז,כ״ב).

וסופי תיבות בחינת הנוק׳ סוף דבר תכלית הכל אתוון ״כוקכו״ סליק לחושבן (152) ״צמח דוד״ בחינת מלכותא קדישא.

ושניהם יחד דהיינו ראשי תיבות עם סופי תיבות בחינת יחוד זו״ן סליקו לחושבן (288) רפ״ח דתכלית כל היחודים ברור רפ״ח הנצוצין והעאלתם לשרשם.

ושאר אתוון דפסוקא סליקו לחושבן (793) ״וחיי עולם נטע בתוכנו״ בחינת תורה שבעל פה- שנתן לנו הקב״ה הכח והיכולת לחדש מלין חדתין באורייתא קדישא ולעשות לו יתברך נחת רוח בחינת ״יגדיל תורה ויאדיר״ (ישעי׳ מ״ב,כ״א).

ויהי רצון דאיהו אדיר במרומים יקבל דברינו ויקרב ביאת משיח צדקנו- וכבר חלף אחישנה וכעת בעתה מתמהמה [כאמרם זכו אחישנה לא זכו בעתה]- ויהי רצון דישלח לנו צמח דוד דיבוא ויגאלנו בגאולה האמיתית והשלמה.

ובדברי המגלה עמוקות כתב ושינה הקב״ה לפי שהחתן בא אל הכלה וצריך לדייק דהכוונה בדבריו ששינה דוד שהרי כתיב כהניך ילבשו צדק וחסידיך ירננו דנתן תפקיד הכהנים ללויים בסוד מיתוק להגביר הימין על שמאל.

וכדעבדינן לעיל באתי לגני אחתי כלה עם אכלו רעים ברבועי אתוון סליק לחושבן י״א פעמים חכמה חסד נצח- למנוע יניקת י״א כתרין דמסאבותא בסוד י״א יריעות עיזים- והקדוש ברוך הוא הסכים עמו.

ובלשון הזוהר הקדוש: **אמר ליה קב״ה: דוד לאו אורח דילי הכי. אמר דוד בעבור דוד עבדך אל תשב פני משיחך** (דהוא הפסוק הבא דהיינו) **תקונא דאנת תקינת לא תשנה ליה. אמר ליה דוד הואיל וזמינת לי** (אליך אל המלכות למטה דקב״ה בחינת יחודא עילאה) **אית לי למעבד רעותך ולא רעותי.**

ובאור הענין כי למעלה הסדר הוא לויים ילבשו צדק והם ירננו וי״ל דבכך שגה קורח ועדתו דהן נועדו להיות בחינה גבוהה ולכן גילחו שערם ושאר

גַּלְּיָא עַמִּיקְתָא

או"א עילאין, והוא נמי חושבן (15915) "חכמה" (73) פעמים "עולם חסד" (218) עם הכולל– כדכתיב (תהל' פ"ט,ג') עולם חסד יבנה וכו' דטבע הטוב להיטיב, וכדפתח התורה הקדושה: "בראשית ברא אלהים את השמים ואת הארץ" גימ' (2701) "חכמה" (73) פעמים "טובך" (37) כדכתיב ה' בחכמה יסד ארץ (משלי ג',י"ט) וכפילת טובך (37) פעמים ענין טבע הטוב להיטיב– דהקב"ה הוא עצם הטוב, וכמו שיתגלה לעתיד לבוא [יט]דיברכו הטוב והמיטיב.

[יט] **תלמוד בבלי מסכת פסחים דף נ עמוד א:** והיה ה' למלך על כל הארץ ביום ההוא יהיה ה' אחד ושמו אחד, אטו האידנא לאו אחד הוא? - אמר רבי אחא בר חנינא: לא כעולם הזה העולם הבא; העולם הזה, על בשורות טובות אומר ברוך הטוב והמטיב, ועל בשורות רעות אומר ברוך דיין האמת. לעולם הבא - כולו הטוב והמטיב. ושמו אחד, מאי אחד, אטו האידנא לאו שמו אחד הוא? - אמר רב נחמן בר יצחק: לא כעולם הזה העולם הבא; העולם הזה - נכתב ביו"ד ה"י ונקרא באל"ף דל"ת, אבל לעולם הבא כולו אחד - נקרא ביו"ד ה"י, ונכתב ביו"ד ה"י. סבר רבא למדרשה בפירקא. אמר ליה ההוא סבא: לעלם כתיב, רבי אבינא רמי: כתיב, זה שמי לעלם, וזה זכרי לדר דר. אמר הקדוש ברוך הוא: לא כשאני נכתב אני נקרא, נכתב אני ביו"ד ה"א, ונקרא אני באל"ף דל"ת.

גופם דבמקום גבוה כזה לא שייך שערות ויניקה.

והם פירשוהו הפוך ורצו להיות בבחינת אהרן כהנא רבא דהוא ממתק המלכות משה, ולכן הזקן זקן אהרן, ונבארו במקומו אי"ה בענין מחלוקת קורח ועדתו.

וזהו דכתב המגלה עמוקות שעשה הקדוש ברוך הו כבוד למשה א' זעירא הוא סוד כלה- בסוד (ב"מ נט.) איתתך גוצא גחין ותלחוש לה- ואז סליק לבחינת אכלו רעים בחינת יחודא עילאה י-ה דהן חמשה עשר דברים שהיו באהל מועד.

והנה נתבאר מעט בס"ד אופן כ"ו למגלה עמוקות, ויהי רצון שיעלו דברינו לרצון לפני בורא כל עולמים וישלח לנו מהרה את אליה דיבשר ביאת משיח צדקנו והשיב לב אבות על בנים ולב בנים על אבותם (סוף מלאכי) במהרה בימינו אמן.

אופן כח

ידוע שמשה הוא כלול מן אלף דור אדם אחד זה משה מאלף מצאתי הוא כלול מאלף דור, לכן דבר צוה לאלף דר חסר ו' כתיב, לאל"ף ד"ר בגי' משה.

ועל זה אמר ויקר אל משה מה היא היקר א' זעירא רומזת על שהוא כלול מאלף לכן אמר משה יוסף עליכם ככם אלף זו משלי:

אופן כח

ידוע שמשה הוא כלול מן אלף דור (קהלת ז',כ"ח) אדם אחד [א]זה משה מאלף מצאתי הוא כלול מאלף דור לכן (תהל'

גלא עמיקתא

והנה פסוקא קמא דמביא המגלה עמוקות (קהלת ז',כ"ח):

"[ב]אשר עוד בקשה נפשי ולא מצאתי אדם אחד מאלף מצאתי ואשה בכל אלה לא מצאתי"

סליק לחושבן (3728) ד' פעמים "עץ הדעת טוב ורע" (932) (בראשית ב',ט') וכפלינן ד' פעמים לקביל ד' אתוון דשמא קדישא [י–ה–ו–ה] וד' עולמות אבי"ע [אצילות בריאה יצירה עשיה] וכאשר אדם הראשון אכל ממנו פגם בכל ד' עלמין.

[א] ויקרא רבה פרשת ויקרא פרשה ב: א [א, ב] דבר אל בני ישראל ואמרת אליהם אדם כי יקריב מכם קרבן לה' זש"ה (ירמיה לא) הבן יקיר לי אפרים, י' נקראו יקרים ואלו הן, התורה, והנבואה, והתבונה, והדעת והסכלות, והעושר, והצדיקים, ומיתתן של חסידים, והחסד, וישראל, התורה מנין שנאמר (משלי ג) יקרה היא מפנינים, הנבואה מנין (שמואל א' ג') ודבר ה' היה יקר בימים ההם, התבונה מנין (משלי יז) יקר רוח איש תבונה, הדעת מנין (שם /משלי/ כ) וכלי יקר שפתי דעת, הסכלות מנין (קהלת י) יקר מחכמה ומכבוד סכלות מעט, העושר מנין (משלי יב) והון אדם יקר חרוץ, צדיקים מנין (תהלים קלט) ולי מה יקרו רעיך אל, מיתתן של חסידים מנין (שם /תהלים/ קיז) יקר בעיני ה' המותה לחסידיו, החסד מנין (שם /תהלים/ לו) מה יקר חסדך אלהים, ישראל מנין (ירמיה לא) הבן יקיר לי אפרים, ביוקר ישראל עומדים לי, בנוהג שבעולם אלף בני אדם נכנסין למקרא יוצא מהן ק', ק' למשנה יוצאין מהן י', י' לתלמוד יוצא מהן א' הה"ד (קהלת ז) אדם אחד מאלף מצאתי, ד"א אדם א' מאלף מצאתי זה אברהם, ואשה בכל אלה לא מצאתי זו שרה, ד"א אדם אחד מאלף מצאתי זה עמרם, ואשה בכל אלה לא מצאתי זו יוכבד, ד"א אדם אחד מאלף מצאתי זה משה, ואשה בכל אלה לא מצאתי אלו נשי דור המדבר, ר' אומר נשי דור המדבר כשירות היו כיון ששמעו שהן אסורות לבעליהן מיד נעלו דלתותיהן, אמר הקדוש ברוך הוא ישראל ביוקר עומדין לי, רבי אבא בר כהנא ורבי יצחק, רבי אבא בר כהנא אמר אילו ביקש פרעה משקל כאו"א מישראל אבנים טובות ומרגליות לא הייתי נותן לו אמר ר' יצחק והלא בדמים נטלן משפחות משפחות של כנים משפחות משפחות של ערוב אין לו דמים הוי ביוקר ישראל עומדים לי. **[ב] ילקוט שמעוני קהלת רמז תתקעז:** [ראה] זה מצאתי אמרה קהלת, א"ר ירמיה בן אלעזר זה רוח הקדש פעמים משיחה בלשון זכר ופעמים משיחה בלשון נקבה, כתוב אחד אומר עזרי ומפלטי (לי) [אתה], וכתוב אחד אומר עזרתי ומפלטי לי, כתוב אחד אומר מה נאוו על ההרים וגו' וכתוב אחד אומר על הר גבוה עלי לך מבשרת ציון: אחת לאחת למצוא חשבון, בנוהג שבעולם אדם נכשל בדבר עבירה ומתחייב עליה מיתה כיצד מתכפר לו מת שורו אבדה תרנגולתו נשברה צלוחיתו נשברה ביצתו נכשל באצבעו יצאת ממנו טפת דם מקצת נפש ככל הנפש הדא מן הכא והדא מן הכא והחשבון מתמצה: אדם אחד מאלף מצאתי, אלף דור עלו במחשבה להבראות, וכמה נמוחו מהן, רב הונא בשם ר' אלעזר בנו של רבי יוסי הגלילי אומר תתקע"פ דורות, מה טעם דבר צוה לאלף דור זו מילה, רבי לוי בשם רבי שמואל בר נחמני תתקע"ד דורות מה טעם דבר צוה לאלף דור זו תורה, בנוהג שבעולם אלף בני אדם נכנסים למקרא ויוצאים מהם מאה, מאה נכנסים למשנה יוצאים מהם עשרה ואחד לתלמוד, הוי אדם אחד מאלף מצאתי, ד"א אדם אחד זה אברהם ואשה בכל אלה לא מצאתי אפילו שרה, דבר אחר זה עמרם, ואשה בכל אלה לא מצאתי אפילו יוכבד, דבר אחר זה משה, ואשה בכל אלה אלו נשי מדבר: אשר עשה האלהים את האדם ישר, הה"ד אל אמונה ואין עול שלא ברא בני אדם להיות רשעים אלא צדיקים, וכה"א אשר עשה האלהים וגו':

ק"ה,ח') דבר צוה לאלף דר חסר ו' כתיב לאל"ף ד"ר גימ' מש"ה ועל זה אמר ויקר אל משה. מה היא היקר א' זעירא

גלא עמיקתא

ובאור הענין: דבני ישראל [ג]**ומשה רעיא מהימנא תקנו הפגם באמרם ז"ל** [ד]**דבהר סיני היו כאדם הראשון קודם החטא. וזהו תיבה מצאת"י סלקת לחושבן** (541) **ישרא"ל וחוזרת בפסוק ג' פעמים – וסליק לחושבן** (1623) **"תפארת ישראל" עם הכולל [כדכתיב בחורבן בית המקדש (איכה ב',א') "השליך משמים ארץ תפארת ישראל" והוא בפורענות, וכנודע** [ה]**מדה טובה מרובה ממדת פורענות וכו']. וממשיך בפסוקא תנינא (תהל' ק"ה,ח'): "זכר לעולם בריתו, דבר צוה לאלף דר" סליק לחושבן** (1673) **ג' פעמים "כי יד על כס י–ה"** (239) **(שמות י"ז,ט"ז) והוא נפלא דמסיים פסוקא "מלחמה לה' בעמלק מדר דר"– ואף כאן חסר כתיב. וכתב**

[ג] **זוהר בראשית פרשת וירא דף קו עמוד א:** ועל דא לא הוה בעלמא בר נש דיגין על דריה כמשה דאיהו רעיא מהימנא. [ד] **שם משמואל שמות פרשת ויקהל:** וכ"כ נאמר דישראל קודם החטא, שהיתה מדרגתם גבוהה ונשאה מאד, וכמו אדם הראשון קודם החטא, והיו מוכתרים בשני כתרים חרות ממלאך המות, גם כן לא היו צריכין לעשות משכן. וזה שאנו אומרים בזמירות אוהבי ה' המחכים בבנין אריאל ביום השבת שישו ושמחו כמקבלי מתן נחליאל, דאיתא בכתבי האריז"ל שאותם הכתרים שהתנצלו בהר חורב שכולם זכה משה ונטלן בשבת מחזירן לישראל, וע"כ אין בנין בהמ"ק דוחה שבת, שהרי בצד מה א"צ למשכן, וע"כ ישראל שמחכים בכל יום לבנין בהמ"ק יש להם לשמוח בשבת אעפ"י שאינו בנוי כמקבלי מתן נחליאל שלא היו צריכין אז למשכן כנ"ל. [ה] **תלמוד בבלי מסכת סנהדרין דף ק עמוד א:** מאי ועלהו לתרופה? רבי יצחק בר אבודימי ורב חסדא, חד אמר: להתיר פה של מעלה, וחד אמר: להתיר פה של מטה. איתמר (נמי), חזקיה אמר: להתיר פה אילמין. בר קפרא אמר: להתיר פה עקרות. רבי יוחנן אמר: לתרופה ממש. מאי לתרופה? רבי שמואל בר נחמני אמר: לתואר פנים של בעלי הפה. דרש רבי יהודה ברבי סימון: כל המשחיר פניו על דברי תורה בעולם הזה - הקדוש ברוך הוא מבהיק זיויו לעולם הבא, שנאמר מראהו כלבנון בחור כארזים. אמר רבי תנחום ברבי חנילאי: כל המרעיב עצמו על דברי תורה בעולם הזה - הקדוש ברוך הוא משביעו לעולם הבא, שנאמר ירוין מדשן ביתך ונחל עדניך תשקם. כי אתא רב דימי אמר: עתיד הקדוש ברוך הוא ליתן לכל צדיק וצדיק מלא עומסו, שנאמר ברוך ה' יום יום יעמס - לנו האל ישועתנו סלה. אמר ליה אביי: וכי אפשר לומר כן? והלא כבר נאמר מי מדד בשעלו מים ושמים בזרת תכן! - אמר: מאי טעמא לא שכיחת באגדתא? דאמרי במערבא משמיה דרבא בר מרי: עתיד הקדוש ברוך הוא ליתן לכל צדיק וצדיק שלש מאות ועשרה עולמות, שנאמר להנחיל אהבי יש ואצרתיהם אמלא - יש בגימטריא תלת מאה ועשרה הוי. תניא, רבי מאיר אומר: במדה שאדם מודד מודדין לו, דכתיב בסאסאה בשלחה תריבנה. אמר רבי יהושע: וכי אפשר לומר כן? אדם נותן מלא עומסו לעני בעולם הזה - הקדוש ברוך הוא נותן לו מלא עומסו לעולם הבא? והכתיב שמים בזרת תכן! - ואתה אי אומר כן? איזו היא מדה מרובה, מדת טובה מרובה או מדת פורענות? וממשיך בעמוד ב תלמוד בבלי מסכת סנהדרין דף ק עמוד ב הוי אומר: מדה טובה מרובה ממדת פורענות. במדה טובה כתיב ויצו שחקים ממעל ודלתי שמים פתח וימטר עליהם מן לאכל, ובמידת פורענות הוא אומר וארבת השמים נפתחו. במידת פורענות כתיב ויצאו וראו בפגרי האנשים הפשעים בי כי תולעתם לא תמות ואשם לא תכבה והיו דראון לכל בשר. והלא אדם מושיט אצבעו באור בעולם הזה מיד נכוה! אלא, כשם שנותן הקדוש ברוך הוא כח ברשעים לקבל פורענותם - כך נותן הקדוש ברוך הוא כח בצדיקים לקבל טובתן.

רומזת על שהוא כלול מאלף לכן אמר משה (דברים א',י"א) יוסף עליכם ככם אלף פעמים זו משלי.[ו]

גלא עמיקתא

המגלה עמוקות "לאלף דר" גימ' (345) "משה" וכן בפסוק דהבאנו "מדר דר" גימ' (448) "משה" פשוט (345) וא"ת ב"ש (102) עם הכולל. ד"משה" בא"ת ב"ש גימ' (102) "אמונה" כדכתיב "ויאמינו בה' ובמשה עבדו" (שמות י"ד,ל"א) ועם הכולל האי א' זעירא דניתנה לו סליק לחושבן (103) "נחמה". ופסוקא אחריתי למסקנה (דברים א',י"א): "ה' אלהי אבותכם יסף עליכם ככם אלף פעמים ויברך אתכם כאשר דבר לכם" סליק לחושבן (2808) ד' פעמים שב"ת (702) ורמיזא אלף השביעי יום שכולו שבת בגאולתא שלמתא והתגלות [ז]אור הגנוז. והוא חושבן (2808) ג' פעמים "מרדכי אסתר" עם הכולל (936) דהוי חזקה. וכתב האר"י הקדוש "מרדכי אסתר" עם הכולל גימ' (936) י"ג ע"ב דכל י"ג מכילן דרחמי מלאים [1]בשם ע"ב דאיהו חושבן (72) חס"ד. והכא

1. באור על מגלה עמוקות ואתחנן אופן מ"ט: ו'. וַיֹּאמֶר יְהוָה לֹא יָדוֹן רוּחִי בָאָדָם לְעֹלָם בְּשַׁגַּם הוּא בָשָׂר וְהָיוּ יָמָיו מֵאָה וְעֶשְׂרִים שָׁנָה (בראשית ו,ג) גימ' (2804) ועם הכולל (2805) ג' פעמים "מרדכי אסתר" (935) ויש לבאר הענין על פי דברי רבינו האר"י הקדוש בשער כונות פורים דכתב דשמות שניהם יחד: "מרדכי אסתר" עם הכולל עולים גימ' (936) י"ג ע"ב דהיינו כל י"ג מידות הרחמים מלאות בשם ע"ב דהיינו חסד

[ו] **ילקוט שמעוני תורה פרשת בהעלותך רמז תשלא:** וכן אתה מוצא שבכל מקום שגלו שכינה עמהן, גלו למצרים שכינה עמהן שנאמר הנגלה נגליתי אל בית אביך בהיותם במצרים, גלו לבבל שכינה עמהם שנאמר למענכם שלחתי בבלה, גלו לעילם שכינה עמהם שנאמר ושמתי כסאי בעילם, גלו לאדום שכינה עמהם שנאמר מי זה בא מאדום, וכשהן חוזרין שכינה חוזרת עמהן שנאמר ושב ה' אלהיך את שבותך והשיב לא נאמר אלא ושב, ואומר אתי מלבנון תבואי, אמר רבי כתוב אחד אומר קומה ה' [י, לה] וכתוב אחד אומר שובה ה' [י, לו], כיצד יתקיימו שני כתובים הללו, מגיד הכתוב כשהיו ישראל נוסעין היה עמוד הענן מקופל ועומד ולא היה מהלך עד שמשה אומר לו קומה ה', וכשהם חונין היה עמוד הענן מקופל ועומד ולא היה פורס עד שמשה אומר לו שובה ה', נמצאת מקיים שובה ה' ונמצאת מקיים קומה ה', ובנחה יאמר מגיד הכתוב כשהיו ישראל נוסעים אלפים וחונים רבבות, כביכול אמר משה לפני המקום איני מניח את השכינה לשרות עד שתעשה לישראל אלפים ורבבות, שמתשובה שאמר אתה יודע מה אמר להם, ה' אלהי אבותיכם יוסף עליכם ככם אלף פעמים, א"ל משה רבינו הרי אנו מובטחים לברכות הרבה ואתה נותן קצבה לברכותינו, אמר להן אני בשר ודם יש קצבה לברכתי זו משלי, אבל הוא יברך אתכם כאשר דבר לכם כחול ימים וכצמח האדמה וכדגי הים וככוכבי השמים לרוב, ובנחה יאמר מגיד הכתוב שאין שכינה שורה למעלה אלא באלפים וברבבות שנאמר רכב אלהים רבותים אלפי שנאן, וכשם שאין שכינה שורה למעלה אלא באלפים וברבבות כך אין שכינה שורה למטה אלא באלפים וברבבות, דרש רבי דוסתאי דמן בירי ובנחה יאמר שובה ה' רבבות וגו' ללמדך שאין השכינה שורה על פחות משני אלפים ושני רבבות מישראל, הרי שהיו שני אלפים ושני רבבות חסר אחד והיתה אשה עוברה ביניהם וראויה להשלים ונבח בה כלב והפילה לא נמצא זה שגורם לשכינה שתסתלק מישראל, ההיא איתתא דהוה אזלא למיפא נבח בה כלבא, א"ל מריה לא תסתפי מיניה שקילי ניביה, א"ל שקילו טיבותיך, ושדיא אחיזרי כבר נד ולד, ויהי אין ויהי אלא (אם לא) [שהיה] להן דבר מתחלה, מלמד שהיו מקולקלין וחזרו לקלקולן הראשון, ויהי העם אין העם אלא הרשעים שנאמר מה אעשה לעם הזה עד אנה ינאצוני העם הזה העם הרע הזה המאנים לשמוע את דברי, וכשהוא קורא אותן עמי אין עמי אלא כשרים שנאמר שלח עמי ויעבדוני, עמי מה עשיתי וגו' עמי זכור נא מה יעץ: [ז] **תלמוד בבלי חגיגה דף יב עמוד א:** ואור ביום ראשון איברי? והכתיב ויתן אתם

אלהים ברקיע השמים וכתיב ויהי ערב ויהי בקר יום רביעי! - כדרבי אלעזר. דאמר רבי אלעזר: אור שברא הקדוש ברוך הוא ביום ראשון - אדם צופה בו מסוף העולם ועד סופו, כיון שנסתכל הקדוש ברוך הוא בדור המבול ובדור הפלגה וראה שמעשיהם מקולקלים - עמד וגנזו מהן, שנאמר וימנע מרשעים אורם. ולמי גנזו - לצדיקים לעתיד לבא שנאמר וירא אלהים את האור כי טוב, ואין טוב אלא צדיק, שנאמר אמרו צדיק כי טוב. כיון שראה אור שגנזו לצדיקים שמח, שנאמר אור צדיקים ישמח. כתנאי: אור שברא הקדוש ברוך הוא ביום ראשון אדם צופה ומביט בו מסוף העולם ועד סופו, דברי רבי יעקב. וחכמים אומרים: הן הן מאורות שנבראו ביום ראשון ולא נתלו עד יום רביעי.

גלא עמיקתא

איהו חושבן ג' פעמים תתקל"ו דהיינו ט"ל פעמים ע"ב רמיזא ט"ל תחית המתים כדכתיב (ישעי' כ"ו,י"ט) "יחיו מתיך נבלתי יקומון הקיצו ורננו שכני עפר" וכו'. ורמיזא "יסף עליכם ככם אלף פעמים" גימ' (751) "ה' מלך עולם ועד אבדו גוים מארצו" (תהל' י',ט"ז) "פעמים" גימ' (240) "עמלק" ובסמוך תיבה אל"ף כשנכפיל "אלף" (111) פעמים "עמלק" (240) גימ' (26640) כ' פעמים "תשועת ציון" (1332). ונחבר יחד כל הפסוקים דמביא רבינו, דהיינו: אשר עוד בקשה נפשי ולא מצאתי אדם אחד מאלף מצאתי ואשה בכל אלה לא מצאתי (3728) (קהלת ז',כ"ח) זכר לעולם בריתו דבר צוה לאלף דר (1673) (תהלים ק"ה,ח') ה' אלהי אבותכם יסף עליכם ככם אלף פעמים ויברך אתכם כאשר דבר לכם (2808) (דברים א',י"א) סליקו הני ג' פסוקין לחושבן (8209) ועם הכולל (8210): ה' פעמים "בעבור דוד עבדך אל תשב פני משיחך"

[ע"ב גימ' (72) חס"ד] ולכן בפורים נתהפך הכל לטובה בחסד וברחמים גמורים וניצלו בנס ואף שלטו היהודים המה בשונאיהם. ברם הוא רק משל לעתיד לתכלית ענין ונהפוך הוא דתחית המתים- "תחית המתים (1313) ונהפוך הוא (179)" גימ' (1492) ד' פעמים "שכם אחד" (373) כדכתיב בגאולתא (צפניה ג',ט') "כי אז אהפוך אל עמים שפה ברורה לקרוא כולם בשם ה' לעבדו שכם אחד"- ובאור הענין דלעתיד לבוא כל העמים יעבדו את ה' יתברך כאיש אחד בלב אחד ללא חילוק ופירוד- דבגוף השכמות הם ראשית החלוקה לשנים- אמנם יש ב' אזניים ב' עיניים ב' נחיריים אבל הן שומעות ומריחות כאחד, אבל בשכם- כל שכם לעצמה וכל יד לעצמה- יד חזקה ויד כהה וכו' ואיטר יד ימינו וכו'. ולכן ז' הפתחים שבראש [ב' אזניים ב' עיניים ב' נחיריים ופה] הן משל ל-ז' קני המנורה שרש ז' בחינות בנשמות ישראל עם קדוש דכתיב בהו (במדבר ח',ב') אל מול פני המנורה יאירו שבעת הנרות- והן ז' בחינות בישראל דמאירין אל משה רבינו בחינת הצדיק הכולל המחברם ומקשרם בגודל קדושתו אל ה' אחד. ובאותן ז' פתחים יהודי מקיים ענין שמירת הברית קודש: ב' עיניים: שמירת עיניים דפגם הברית מתחיל מהעיניים כאמרם העין רואה, הלב חומד והגוף עושה את העבירה- הרי שתחלת הפגם בעיניים. ב' אוזניים: שמירת אוזניים שלא לשמוע לשון הרע- דאיתא בספה"ק אין אדם מספר לשון הרע עד שפגם בברית תחלה [ברית המעור]. ב' נחיריים: דאמרו חז"ל לא תנאף (שמות כ',י"ג) לא תתן אף- בחינת והריחו ביראת ה' (ישעי' י"א,ג') דאיתמר גבי משיח צדקנו שיביא טהרה לעולם ויביא לתיקון פגם הברית בשלמות. פה: גם הוא ענין שמירת הברית כמו שכתבנו באוזניים- שעל יד שמירה מדיבור לשון הרע ניצולים מפגם הברית. והרי הן ז' קני המנורה יסוד מוצק לשמירת הברית קודש דשרשו לשון הרע ומראות אסורות דאמרו חז"ל (עבודה זרה כ:) אין אדם נטמא בלילה אלא אם כן הרהר תחלה ביום וכו והחכם עיניו בראשו תרתי משמע. וזהו דחושבן פסוקא תלת זימנין "מרדכי אסתר" דאמרו חז"ל מרדכי בדורו כמשה בדורו- ואם כן אמר משה רבינו לקב"ה מדוע יש צורך להגיע לענין כמשה בדורו- והרי אין סומכין על הנס (פסחים סד:) והרי אני כאן ממש ולא כמשה ב-כ' הדמיון ואכניסם לארץ הקודש ואגאלם ואביא לתחית המים- ואמר לו הקב"ה: רב לך וכו' כמו שמסיים האופן.

2. באור על מגלה עמוקות ויקרא אופן כ״ו: ופסוקא דמביא המגלה עמוקות (תהל׳ קל״ב,ט׳) ״כהניך ילבשו צדק וחסידיך ירננו״ גימ׳ (1081) ״תפארת״ עמודא דאמצעיתא. ובזוהר הקדוש

גלא עמיקתא

(1641) עם ה׳ כוללים (תהל׳ קל״ב,י׳). והוא ²בבאורנו [ח]למגלה עמוקות ויקרא אופן כ״ו דהבאנו [ט]מהזוה״ק דאמר הקב״ה לדוד החליף כשאמר כהניך ילבשו צדק וחסידיך ירננו, ואמר לו דוד אל תשב פני משיחך, דהוא סוד מיתוק הדינים במלכות הקדושה, והסכים עמו הקב״ה בסוד חתן הבא אל הכלה. וכתב המגלה עמוקות לאל״ף ד״ר גימ׳ מש״ה. לאל״ף ד״ר בא״ת ב״ש: כדכ״ו ק״ג גימ׳ (549) ״אמת ואמונה״– ויחד עם הפשוט (345) גימ׳ (894) ב׳ פעמים ואמ״ת– תיקונא אמצעיתא מי״ג ת״ד דא״א. והוא ב׳ פעמים דעבדינן לאלף דר פשוט וא״ת ב״ש דערך ממוצע של שניהם הוא תיבה ״ואמת״, והוא חושבן (894) ג׳ פעמים ״רחמים״ (298). דמשה רעיא מהימנא עורר רחמים רבים על ישראל פעמים רבות ומיתק הדינים– וזכה ליקר ולכבוד אלף אורות הניתנים לו בכל שבת קודש ונותנם מיד לישראל– וזהו [י]ישמח משה במתנת חלקו. דשמחתו ״לזכות את הרבים״

[ח] **מגלה עמוקות על א׳ זעירא דויקרא אופן כ״ו:** נרמז בכאן סוד (שיר ה) באתי לגני אחותי כלה כדאיתא בזוהר פנחס על פסוק (תהלים קלב) כהניך ילבשו צדק וחסידך ירננו ולויך מיבעי לי אלא ששינה הקב״ה לפי שהחתן בא אל הכלה וז״ש ויקר אל משה שעשה הקב״ה כבוד למשה א׳ זעירא הוא סוד כלה ויקר הוא (שם לו) מה יקר חסדיך מהא׳ זעירא תצרף א״ל מש״ה בגי׳ (שיר שם) אכלו רעים שכתב בזוהר בזה הפ׳ ע״פ באתי לגני אחותי וגו׳ והן תרין רעים דלא מתפרשין שהם סוד י״ה שזכה מאוהל מועד שהי׳ בו ט״ו דברים ובזה זכה לב׳ אתוון אלו. [ט] **זוהר פרשת פנחס דף רמב עמוד א:** וילפינן מדוד דזמין לקודשא בריך הוא ושני עובדוי ממה דארחוי דקודשא בריך הוא וקודשא בריך הוא קביל ועביד רעותיה זמין למלכא ולמטרוניתא בהדיה הדא הוא דכתיב (תהלים קלב) קומה יי׳ למנוחתך אתה וארון עוזך, מלכא ומטרוניתא כחדא בגין דלא לאפרשא לון שני מאנין ושני עובדין דמלכא הדא הוא דכתיב (שם) כהניך ילבשו צדק וחסידיך ירננו בעבור דוד וגו׳ כהניך ילבשו צדק לוייך מבעי ליה דהא צדק מסטרא דליואי איהו, וחסידיך ירננו לוייך ירננו מבעי ליה דהא רנה וזמרה בליואי נינהו ואיהו שני ואמר כהניך וחסידיך דאינון מסטרא דימינא א״ל קודשא בריך הוא דוד לאו אורח דילי הכי, אמר דוד בעבור דוד עבדך אל תשב פני משיחך, תקונא דאנא תקינת לא תשנה ליה, א״ל, דוד הואיל וזמינת לי אית לי למעבד רעותך ולאו רעותי, וילפינן מהאי אורחא דעלמא דמאן דמזמן לאחרא ההוא דאתי לגביה אית ליה למעבד רעותיה אף על גב דלאו אורחיה בכך. [י] **מאור עינים פרשת נח:** אך האמת הוא דכשהצדיק מוכיח את הדור ואין רוצים לקבל מוסר הוא נוטל מהם את החלק הטוב שלהם וזהו אמרם ז״ל זכה נוטל חלקו וחלק חבירו בגן עדן לאו דווקא בעולם הבא נאמרו הדברים אלא אפילו בעולם הזה שהוא נוטל את החלק הטוב שבתוכם אם מוכיח אותם ואינם רוצים לקבל ואסבריה מורי לדבר זה כי הדבור מפי הצדיק לאוזן השומע והדיבור הוא דבר רוחני והוא מדריגה עשירית והשמיעה היא גם כן היא דבר רוחני והיא מדריגה עליונה למעלה מהדבור וכשהוא שומע ואינו מקבל מוסר לוקח הצדיק חלק השמיעה שלו שהדבור של הצדיק חוזר אליו עם חלק השמיעה שלו שהדבור של הצדיק חוזר אליו עם חלק השמיעה של השומע וזהו כוונת הדורשין לגנאי שמהגנאי נשמע השבח שלו דהיינו שהם מפרשים איש צדיק כו׳ בדורותיו שסבת הצדקות שלו היה מדורותיו שלקח מהם את חלק הטוב שלהם במה שהוכיח אותם ולא רצו לקבל והשתא ניחא שבאמת היה צדיק תמים אך שזה היה מחמת דורותיו וזהו שארמרו רז״ל בשעה שאמרו ישראל נעשה ונשמע כו׳ קשרו להם שני כתרים ומשעשו את העגל כו׳ נטלו מהם ותנא וכולן זכה משה ונטלן היינו כנ״ל שלקח מהם חלק הטוב שלהם. ואיתא בכתבי האר״י ז״ל מה שכתוב ישמח משה במתנת חלקו שבשבח הוא מחזירן לישראל בסוד נשמה יתירה שאינו רוצה בשל אחרים ועיין שם והנה בסוד הגלגול משה הוא נח ודור המדבר הם דור המבול עצמן שנתקנו במצרים כמבואר בכתבים והבן.

דמביא (פנחס רמב.) וזה לשונו הקדוש: כהניך ילבשו צדק לוייך מיבעי ליה דהא צדק מסטרא דלואי איהו וחסידיך ירננו לוייך ירננו מיבעי ליה דהא רנה (זמרה) בלואי נינהו וכו'. וא"ל דוד לקב"ה תקונא דאנא תקינת וכו' א"ל קב"ה הואיל ואתא חתן לגבי כלה וכו' עיין שם. וזהו דפסוקא "כהניך ילבשו צדק וחסידיך ירננו" סליק לחושבן "תפארת" בחינת ז"א דאיהו חתן דאתא לגבי כלה בחינת מלכותא קדישא. ראשי תיבות דפסוקא "כיצוי" גימ' (136) "קול" כדכתיב "קול חתן וקול כלה" (ירמיהו ל"ג,י"א) והוא בחינת ז"א "הקול קול יעקב" (בראשית כ"ז,כ"ב). וסופי תיבות בחינת הנוק' סוף דבר תכלית הכל אתוון "כוקכו" סליק לחושבן (152) "צמח דוד" בחינת מלכותא קדישא. ושניהם יחד דהיינו ראשי תיבות עם סופי תיבות בחינת יחוד זו"ן סליקו לחושבן (288) רפ"ח דתכלית כל היחודים ברור רפ"ח הנצוצין והעאלתם לשרשם. ושאר אתוון דפסוקא סליקו לחושבן (793) "וחיי עולם נטע בתוכנו" בחינת תורה שבעל פה- שנתן לנו הקב"ה הכח והיכולת לחדש מלין חדתין באורייתא קדישא ולעשות לו יתברך נחת רוח בחינת "יגדיל תורה ויאדיר" (ישעי' מ"ב,כ"א). ויהי רצון דאיהו אדיר במרומים יקבל דברינו ויקרב ביאת משיח צדקנו- וכבר חלף אחישנה וכעת בעתה מתמהמה [כאמרם זכו אחישנה לא זכו בעתה]- ויהי רצון דישלח לנו צמח דוד דיבוא ויגאלנו בגאולה האמיתית והשלמה.

3. באור על מגלה עמוקות ויקרא אופן ל"ד: וזהו דרח"ל בחינת מלכותא תתאה בחינתו דדוד מלך ישראל חי וקים לעד, דרחל במלוי "ריש חית למד" גימ' (1002) "יראת שמים" עם הכולל. ובמשה- דאיהו בחינת יחודא עילאה ויראה עילאה ירא בשת כתיב (שמות ל"ג,ז') ומשה יקח את האהל אתוון לא"ה וכן ויקר'א א'ל מש'ה סופי תיבות לא"ה.והנה במשה- דאיהו הצדיק הכולל מתאחדים יחודא תתאה ועילאה- "משה דוד" סליק לחושבן (359) משיח"א. דאתוון נותרים "ויקרא אל משה" חוץ מאה"ל לא"ה דהן ס"ת סליקו לחושבן (657) "חטר מגזע ישי" (ישעי' י"א,ט') בחינת תפלתו של משיח.

גלא עמיקתא

שהוא חושבן (1121) "כי יד על כס י–ה מלחמה לה' בעמלק מדר דר" (שמות י"ז,ט"ז – פרשת בשלח). והוא תכלית מהותו של משה רבנו לזכות את הרבים ראשי תיבות אה"ל [3]כדהבאנו במקום אחר "ומשה יקח את האהל" וכן "ויקרא אל משה" סופי תיבות אה"ל ורמיזא ענינו לזכות את הרבים כנ"ל.

אופן כט

רמז על בת קול שיצאה ואמרה ואת האלף ושבע מאות וחמשה ושבעים עשה ווים הנה עשה הקב"ה למשה שיצא בת קול באותו פרק ואמרה בכל ביתי נאמן הוא רוצה לומר שרומז שזה המספר שהוא אלף תשע"ה הוא חשבון כ"ב אותיות עם ה' כפולות ולכן אמר בכאן א' זעירא שרמז שאותו יקר בא לו מן חשבון א"ב של התורה.

לפי שהקטין משה את עצמו בחכמתו לכן זכה עם אותיות התורה שיצא בת קול וי"דבר ה' אליו מאוהל מועד שיצא הקול ואמר בכל ביתי נאמן הוא בכל בית"י דייקא שרמז על א"ב בחכמה יבנה בית:

אופן כט

רמז על בת קול שיצאה ואמרה (שמות ל"ט,כ"ח) ואת האלף ושבע המאות וחמשה ושבעים עשה ווים והנה עשה הקב"ה

גלא עמיקתא

והנה מביא רבינו ג' פסוקים – דהם עצמם בחינת האות א' זעירא [דויקרא אל משה] ד–א' צורתה י' ו' י': ווי העמודים וכו' לקביל ו' דאות א'.

לא כן עבדי משה וכו' לקביל י' תתאה דאות א' מלכותא קדישא – משה עבד הוי' (דברים ל"ד,ה'). בחכמה יבנה בית וכו' לקביל י' עילאה דאות א' – חכמה [א]כמבואר בספה"ק ד–י' בחינת חכמה]. ונעביד חושבן דהני ג' פסוקין ונסדרם באות א' זעירא כנ"ל: א'. [ב]"ואת האלף ושבע המאות וחמשה ושבעים

[א] ספר דן ידין לר' שמשון מאוסטרופולי – מאמר יד: ט. ולעתיד סוד אותיות ש"ת יהיו ביחד ממש וכו', כוונתו ידוע תדע והוא סוד גדול ואציג לפניך בסוד (כי תבנה בית חדש ועשית מעקה לגגיך) ודע סוד שני שמות עליונות הנקראים ש"ת א'ז בו'גה סוד נפלא סוד יה מסוד כתר חכמה גוף י חכמה קוצו העליון כתר ה' סוד בינה קוץ התחתון של י' הוא סוד ת"ת הנעלם שהוא סוד דעת אשר ממנו סוד אמן א' כתר מופלא מ' חכמה בסוד י וממשלתיך סוד מ' פתוחה, פתח סוד חכמה כנודע ן' פשוטה סוד בינה, והמקור של שם יה דוקא נקרא גדול בסוד ג' גדולות כנודע כתר גדול חכמה גדול בינה גדול תת הנעלם סוד דעת הוא סוד א' עתיקא קדישא והנה שלשה פעמים גדול מספרם קכ"ט, ועם א' דעתיקא כנ"ל הוא מספר ק"ל מנין ה' פעמים ידוד מסוד כתר שבכתר בסוד יה תלת חללי דמוחא ובזה תבין דברי הזוהר (פ' תרומה עמוד רצב) וז"ל שמיה דיליה יה וכו' ודא איהו שמו הגדול בגין דאית שמא דלאו איהו גדול כל כך כהאי אע"ג דאית ביה תוספת אתון דא איהו שמא רבא ועל דא בהאי שמא אנן מפיקין אמן דאיהו מניה בהאי אזלא אמן בכל זימנא ובשמא אחרא לאו הכי וכו', עכ"ל המצטרך לענייננו. [ב] תלמוד ירושלמי מסכת סנהדרין פרק א: א"ר לעזר בי רבי צדוק בשהיה רבן גמליאל יושב ביבנה היה אבא ואחיו יושבין מימינו וזקנים משמאלו מפני כבוד הזקן. כמה הן שופטי ישראל שבע ריבוא ושמונת אלפים ושש מאות. שרי אלפים שש מאות. שרי מאות ששה אלפים. ושרי חמשים שנים עשר אלף. שרי עשרות ששים אלף. נמצאו שופטי ישראל שבעה ריבוא ושמונת אלפים ושש מאות. מה טעמא דרבי נחמיה והוא שיהא שם בית דין של עשרים ושלשה. והנידונים והעדים וזוממיהן וזוממי זוממיהן וחזן וסופריהן ושמש. מה טעמא דרבנן והוא שיהא שם שנים עשר סנהדריות של שנים עשר שבטים: ומשה על גביהן. דבר תקנה עשה משה בשעה שאמר לו הקדוש ברוך הוא [במדבר ג מ] פקוד כל בכור זכר בבני ישראל אמר אי זה מקבל עליו ליתן חמשה שקלים לגולגולת. מה עשה נטל שנים ועשרים אלף פיטקין וכתב עליהן בן לוי. ורע"ג כתב עליהן חמשת שקלים והטילן לקלפי אמר להו בואו וטלו פיטקיכם. כל מי שעלה בידו בן לוי היה אומר לו כבר פדאך בן לוי וכל מי שהיה עולה בידו חמשת שקלים היה אומר לו מה אעשה לך מן השמים הוא. ר' יהודה ור' נחמיה מתיב תנייא לחברייא אילו כתבתני לוי סילקת. אלא כך עשה נטל שנים ועשרים אלף פיטקין וכתב לוי ורע"ג וכתב עליהן לוי ורע"ג כתב עליהן חמשת שקלים והטילן לקלפי אמר להן בואו וטלו פיטקיכם. כל מי שעלה בידו לוי אמר לו כבר פדאך בן לוי וכל מי שעלה בידו חמשת שקלים היה אומר לו מה אעשה ומן השמים הוא. מתיב תניינא לחברייא הגע עצמך שעלו כולם לוי א"ל מעשה נס היה ומסורגן עלו. א"ר שמואל על דעתיה דתנייה אחורייא מעשה ניסין על דעתיה דתנייא קדמייא אינו מעשה ניסין. א"ל כולהון מעשה ניסין היו ומסורגין עלו. אנטונינות הגמון שאל את רבן יוחנן בן זכאי בכלל חסירין ובפרט יתירין. אמר ליה אותן שלש מאות יתירין בכורי כהונה היו ואין קודש מוציא קודש. כיוצא בו [במדבר יא טז] ויאמר ה' אל משה אספה לי שבעים איש מזקני ישראל. אמר משה אם אטול ששה מכל שבט הרי שבעים ושנים. עשרה משישה ושנים מחמש'. אי זה שבט מקבל עליו להיות פגום.

למשה שיצא בת קול באותו פרק ואמרה (במדבר י"ב,ז') בכל ביתי נאמן הוא [ג]עיין בגמרא בכורות ה. שאל

גלא עמיקתא

עשה ווים לעמודים, **וצפה ראשיהם וחשק אותם"** (שמות ל"ח,כ"ח) סליק לחושבן (4369) "טוב" (17) פעמים "וטוב לצדיק" (257) כדכתיב (ישעי' ג',י') "אמרו צדיק כי טוב" וכתיב (קהלת ח',י"ג) "וטוב לא יהיה לרשע" [ד]מכלל לאו אתה שומע הן (נדרים יא.) הא וטוב יהיה לצדיק וזהו דכפלינן טו"ב פעמים וטו"ב לצדי"ק. והוא לקביל אות ו' ד-א' זעירא דצדיק איהו היסוד [כדכתיב (משלי י',כ"ה) "וצדיק יסוד עולם"] דמקשר תפארת למלכות בחינת אות ו' דשמא קדישא. ורמיזא "ושבע" גימ' "בשלום" "וחמשה" גימ' "משיחא". ואיתא בספה"ק אלף (1000) תשע"ה

מה עשה נטל שבעים פיטקין וכתב עליהן זקן ושנים חלק והטילן לקלפי אמר להן בואו וטלו פיטקיכם כל שעלה בידו זקן היה אומר לו מינוך מן השמים וכל מי שעלה בידו חלק היה אומר לו ומה אעשה ומן השמים הוא. ר' יודה ורבי נחמיה מתיב תנייא לחברייא אילו כתבתני זקן סילקת. אלא כך עשה נטל שבעים ושנים פיטקין וכתב עליהן זקן ושנים חלקין והטילן לקלפי אמר להן בואו וטלו פיטקיכם מי שעלה בידו זקן אמר לו כבר מינוך מן השמים ומי שעלה בידו חלק היה אומר לו ומה אעשה ומן השמים הוא. מתיב תנייא לחברייא הגע עצמך שעלו כולם זקן. א"ל מעשה ניסין היה ומסורגין עלו. א"ר שמואל קשיתיה קומי רבי אבהו על דעתיה דתנייא אחרייא מעשה ניסים על דעתיה דתנייא קדמייא אינו מעשה ניסים. א"ל מעשה ניסין היו ומסורגין עלו. שאל אנטינונס הגמון לרבן יוחנן בן זכאי משה רבכם או גנב היה או לא היה בקי בחשבון. דכתיב [שמות לח כו] בקע לגולגולת אין תעביד קינטרא מאה ליטרא וחד מן אישתא גנב. ואין תעבדיניה שיתין ליטרין פלגא גנב. א"ל משה רבן גיזבר נאמן ובקי בחשבון היה. א"ל והכתיב [שם כט] ונחושת התנופה עשרים ככר והיידא לון סלקין תשעין ושית ליטרין ואיתעביד ליה פרוטרוט. א"ל משום דלא סליק קינטירא ואין תימר דסלק קינטירא פלגא גנב. א"ל והכתיב [שם כח] ואת האלף ושבע המאות וחמשה ושבעים והייד' לון סלקין שבעים וחד ליטרין ואת עביד ליה פרוטרוט. א"ל משום דלא סליק קינטרא פלגא גנב. אמר ליה והכתיב [יחזקאל מה יב] והשקל עשרים גרה עשרים שקלים. חמשה ועשרים שקלים עשרה וחמשה שקל המנה יהיה לכם. ככרו של הקדוש ברוך הוא כפול היה. אמר ליה גיזבר נאמן ובקי בחשבון היה: הדרן עלך פרק דיני ממונות. [ג] **תלמוד בבלי בכורות דף ה עמוד א**: שאל קונטרוקוס השר את רבן יוחנן בן זכאי: בפרטן של לוים אתה מוצא עשרים ושנים אלף ושלש מאות, בכללן אתה מוצא עשרים ושנים אלף, ושלש מאות להיכן הלכו? א"ל: אותן שלש מאות בכורות היו, ואין בכור מפקיע בכור. מאי טעמא? אמר אביי: דיו לבכור שיפקיע קדושת עצמו. ועוד שאלו: בגיבוי כסף אתה מוצא מאתים ואחת ככר ואחת עשרה מנה, דכתיב: בקע לגלגלת מחצית השקל בשקל הקדש וגו', ובנתינת הכסף אתה מוצא מאת ככר, דכתיב: ויהי מאת ככר הכסף לצקת וגו'. משה רבכם גנב היה, או קוביוסטוס היה, או אינו בקי בחשבונות! נתן מחצה ונטל מחצה, ומחצה שלם לא החזיר! אמר לו: משה רבינו גיזבר נאמן היה, ובקי בחשבונות היה, ומנה של קודש כפול היה. [ד] **תלמוד בבלי מסכת נדרים דף יא עמוד א**: גמ'. סברוה מאי לחולין? לא לחולין ליהוי אלא קרבן, מני מתני'? אי ר"מ, לית ליה מכלל לאו אתה שומע הן, דתנן, ר"מ אומר: כל תנאי שאינו כתנאי בני גד ובני ראובן - אינו תנאי! אלא ר' יהודה היא, אימא סיפא, ר"י אומר: האומר ירושלים - לא אמר כלום; מדסיפא ר' יהודה, רישא לאו רבי יהודה היא! כולה ר' יהודה היא, והכי קתני, שר' יהודה אומר: האומר ירושלים - לא אמר כלום. וכי אמר כירושלים, לר"י מי מיתסר? והתניא, ר' יהודה אומר: האומר כירושלים - לא אמר כלום, עד שידור בדבר הקרב בירושלים! כולה ר' יהודה היא, ותרי תנאי אליבא דר"י.

קונטרוקוס השר את רבן גמליאל משה רבכם גנב היה וכו' אמר לו משה רבינו גזבר נאמן היה וכו' דכתיב ואת

גלא עמיקתא

(775) [גימ' (1775)] סליק כל אלפא ביתא (1495) עם מנצפ"ך (280). ב'. [ה]לא כן עבדי משה בכל ביתי נאמן הוא גימ' (1159) "חוה" (19) פעמים "טדה"ד כוז"ו" (61) שהן אתוון קודם ואחרי שם הוי' ב"ה, ומדכר [ו]במגלה עמוקות על ואתחנן אופן ר"ד עיין שם. וזהו דכתיב (תהל' קל"ט,ה') "אחור וקדם צרתני" והוא בחינת י' תתאה משה עבד ה', בחינת נוק' דתיקן תמן את חטאה של חוה, ולכן כפלינן "חוה" פעמים.

ג'. [ז]"בחכמה יבנה בית ובתבונה יתכונן" גימ' (1561) ז' פעמים דלפק"ט (223)

[ה] **אבות דרבי נתן נוסחא ב פרק א:** כל העושה עצמו גדול אינו גדול אם אין אחר גדול ממנו מגדלו. מלך מלכי המלכים הקדוש ברוך הוא גדל את משה וממ"ה קדשו שנאמר לא כן עבדי משה בכל ביתי נאמן הוא פה אל פה אדבר בו וגו' (במדבר י"ב ז' ח') הא למדנו שממ"ה הקדוש ברוך הוא גדל את משה ומלך מלכי המלכים קדשו: משה נתקדש בענן כל שבעה שנאמר ויעל משה אל ההר [ויכס הענן את ההר] וישכון כבוד ה' על הר סיני [וגו'] (שמות כ"ד ט"ז) (מנין) [מכאן] שחזר עליו (את) הכבוד כל שבעת הימים וקדשו כדברי ר' יוסי הגלילי ר' עקיבא אומר וישכון כבוד ה' על הר סיני בראש החדש ויכסהו הענן ששת ימים ויקרא אל משה ביום השביעי מתוך הענן (שם) שביעי אחר דברות: משה נתקדש (הענן) [בענן] כל שבעה וקדש את אהרן ואת בניו כל שבעה שנאמר ויקח משה משמן המשחה ומן הדם אשר על המזבח וגו' (ויקרא ח' ל') אלעזר שרף את הפרה והזה ממנה על כל ישראל כל שנה ושנה. אמר ר' יוסי היא הטהרה הנוהגת (בדורות) [לדורות]. מכאן אמרו זב ז' זבה ז' נדה ז' מצורע ז' טמא מת ז' אבל ז' משתה ז'. זב ז' מנין שנאמר וכי יטהר הזב מזובו וספר לו שבעת ימים (שם ט"ו י"ג). זבה ז' מנין שנאמר ואם טהרה מזובה וספרה לה שבעת ימים (שם שם כ"ח). נדה ז' מנין שנאמר שבעת ימים תהיה בנדתה (שם שם י"ט). מצורע ז' מנין שנאמר וישב מחוץ לאהלו שבעת ימים (שם י"ד ח'). טמא מת ז' מנין [שנאמר] וכל אשר יגע על פני השדה בחלל חרב או במת וגו' (במדבר י"ט ט"ז). אבל ז' מנין שנאמר ויעש לאביו אבל שבעת ימים (בראשית נ' י'). משתה ז' מנין שנאמר מלא שבוע זאת וגו' (שם כ"ט כ"ז): [ו] **מגלה עמוקות ואתחנן אופן ר"ד:** והנה פנים ואחור ביחד טדה"ד כוז"ו, בגימטריא אני. וזהו סוד אני ה', ר"ל שם של ה' הוא סוד אנ"י, אנ"י ראשון ואנ"י אחרון, ולאלו הב' שמות צריך לכוין בין המצרים בשלש ראשונות של י"ח ברכות. [ז] **מדרש תנחומא פרשת ויקהל:** [ו] ד"א ראו קרא ה' [וגו' בחכמה בתבונה ובדעת]. ראו חכמה [ותבונה ודעת] שנתתי בלבו, בשלשה דברים הללו נבראו שמים וארץ, שנאמר ה' בחכמה יסד ארץ כונן שמים בתבונה, [בדעתו תהומות נבקעו] (משלי ג יט כ), ובג' דברים הללו נעשה המשכן, שנאמר ואמלא אותו רוח אלהים בחכמה ובתבונה ובדעת (שמות לא ג). ובג' דברים הללו נעשה בית המקדש, שנאמר בן אשה אלמנה וגו' וימלא את החכמה ואת התבונה ואת הדעת (מלכים א' ז יד), ואף לעוה"ב יבנה בהמ"ק בג' דברים הללו, [שנאמר בחכמה יבנה בית ובתבונה יתכונן ובדעת חדרים ימלאו כל הון יקר ונעים (משלי כד ג ד)], הוי ואמלא אותו וגו'. ד"א ואמלא אותו. יהושע שבא משבטו של יוסף אף הוא מלא רוח חכמה, שנאמר בו ויהושע בן נון מלא רוח חכמה (דברים לד ט), ועתניאל בן קנז שהוא משבטו של יהודה מלא רוח אלהים, שנאמר ותהי עליו רוח (אלהים) [ה'] (שופטים ג י), וכל זאת בזכות הברכה שבירך משה את השבט הזה, שנאמר וזאת ליהודה [ויאמר שמע ה' קול יהודה וגו'] (דברים לג ז), אמר הקדוש ברוך הוא לישראל בעולם הזה היתה רוחי נותנת בכם חכמה, אבל לעולם הבא אני מורה אתכם, שנאמר ונתתי רוחי בכם וחייתם (יחזקאל לז יד).

האלף ושבע מאות וחמשה ושבעים עשה ווים לעמודים וכו' ולא מנאן הכתוב אלא בפרוטרוט עיין שם] ר"ל שזה

גלא עמיקתא

[ח]כדכתב ר' שמשון מאוסטרופולי בבאור הגדה של פסח דבשם זה הוכו המצרים והוא שם של מלאך שהכה בהם ויוצא מאותיות קודמות לתיבה "המצרים" פרט ל-מ' אחרונה שאינה נחלפת- לקביל י' עילאה.

והנה שלשת הפסוקים יחד בסוד א' זעירא סליקו לחושבן (7089) "טוב" (17) פעמים "יום הכפורים" (417) יום הקדוש בחינת עולם הבא [ט]דאין אכילה ושתיה לעתיד לבוא [עיין [1] באורנו לתהלים פרק י"ט גימ' "חוה"].

[ח] כותב ר' שמשון מאוסטרופולי באגרת לבאור הגדה של פסח: והנה כבר השמעתיך שפרעה נלקה בעשר מכות במצרים וכו' ועליהם השר הנקרא דלפק"ט וכו' ובבאור שם: אותיות הקודמות לתיבת המצרים וכו'. [ט] מסכתות קטנות מסכת אבות דרבי נתן נוסחא א פרק א: כיצד נברא אדם הראשון שעה ראשונה הוצבר עפרו. שניה נברא צורתו. שלישית נעשה גולם. רביעית נתקשרו אבריו. חמישית נתפתחו נקביו. ששית נתנה בו נשמה. שביעית עמד על רגליו. שמינית נזדווגה לו חוה. תשיעית הכניסו לגן עדן. עשירית צוהו. אחר עשר סרח. שתים עשר נטרד והלך לו לקיים מה שנאמר ואדם ביקר בל ילין (תהלים מ"ט כ"ד): יום ראשון מהו אומר לה' הארץ ומלואה תבל ויושבי בה (שם כ"ד א') כי הוא קנה ויקנה והוא ידין את העולם. ביום שני מהו אומר גדול ה' ומהולל מאד בעיר אלהינו (שם מ"ח ב') חילק את כל מעשיו ונעשה מלך על עולמו. בשלישי מהו אומר אלהים נצב בעדת אל בקרב אלהים ישפוט (שם פ"ב) ברא את הים ואת היבשה ונכפלה ארץ למקומה ונעשה מקום לעדתו. ברביעי מהו אומר אל נקמות ה' אל נקמות הופיע (שם צד) ברא את החמה ואת הלבנה והכוכבים והמזלות שהן מאירין בעולם ועתיד ליפרע מעובדיהם. בחמישי מהו אומר הרנינו לאלהים עוזנו הריעו לאלהי יעקב (שם פ"א) ברא עופות ודגים ואת התנינים שהם מרננים בעולם. בששי מהו אומר ה' מלך גאות לבש לבש ה' עוז התאזר אף תכון תבל בל תמוט (שם צ"ג) גמר את כל מעשיו ונתעלה וישב במרומיו של עולם. בשביעי מהו אומר מזמור שיר ליום השבת (שם צ"ב) יום שכולו שבת שאין בו לא אכילה ולא שתיה ולא משא ומתן אלא צדיקים יושבין ועטרותיהן בראשיהן ונזונין מזיו השכינה שנאמר ויחזו את האלהים ויאכלו וישתו (שמות כ"ד) כמלאכי השרת: וכל כך למה כדי שיכנס לסעודת שבת מיד:

1. באור תהלים פרק י"ט - אקדמות מילין: בתר דחזינן ח"י פרקין קדמאין ענינו דדוד ח"י וקים- עביד דוד תקונא דעלמין. מזמור י"ט רמיזא תקון "חוה" דאיהו חושבן האי מזמורא י"ט דדוד הוא תקון אדה"ר דיהב ליה ע' שנין כדמפרש בזוה"ק דאמר הקב"ה לאדם (בר' ב',י"ז) "כי ביום אכלך ממנו מות תמות" ויום של הקב"ה אלף שנה כמו שכתוב (תהל' צ',ד') "כי אלף שנים בעיניך כיום אתמול כי יעבר ואשמורה בלילה". והרי אדם חי תתק"ל שנה- דיהיב ע' שנין לדוד דהוה בר נפלא ולא הוו ליה שנין מדיליה כמ"ש בזוה"ק (וישלח קסח.) וזלשה"ק: רבי שמעון אמר הא אתמר דוד מלכא עד דלא הוה לא הוו ליה חיים כלל [דאיהו מבחי' המלכות דלית לה מגרמה כלום, בחי' סיהרא דלית לה נהורא] בר דאדם קדמאה יהב ליה שבעין שנין מדיליה ומביא שם הפסוק: "חיים שאל ממך נתת לו, ארך ימים עולם ועד" (תהל' כ"א,ה'). והוא כדכתיב במזמורא דנן (פסוק י"ג) "שגיאות מי יבין מנסתרות נקני" רמיזא להאי חטא דאדם קדמאה דדוד הוא תקונו ולכן יהב ליה ע' שנין כנ"ל. וכידוע אד"ם ר"ת "אדם דוד משיח" גימ' (417): "יום הכפורים" דהוא מעין אלפא תמינאה ותחית המתים דאין אכילה ושתיה לעתיד לבוא- וחזינן מהלך גאולתא מתחיל אדם- דחטא, ממשיך דוד דהוא תקונו, ומסתיים משיח יבא ויגאלנו בב"א. "אדם דוד משיח" בא"ת ב"ש סליק לחושבן (902) "בצלם אלהים ברא את האדם" (בר' ט',ו') דאדם לשון "אדמה לעליון"

(ישעי' י"ד,י"ד) ותכלית הבריאה להחזיר הכל לשרש להיות אדמה לעליון ולגלות האחדות בבריאה. והנה "אדם דוד משיח" פשוט (417) וא"ת ב"ש (902) גימ' (1319) ונעביד אלף (1000) לאל"ף (1) בסוד א' זעירא סליק לחושבן (320) ש"ך והוא בסוד המיתוק- דכנודע מהאר"י הקדוש ה"פ "דין" (64) סליק לחושבן (320) ש"ך. ובמהלך הגאולה ממתקים הדינים במחית זרעו של עמלק וסליק לחושבן (320) "אברהם חסד" והוא מיתוק גמור בחי' אברהם, וזהו דאומר בעה"ט הק' (דב' כ"ה) "אשר קרך" גימ' "סרס" (320) לרמוז על עמלק שחתך את מילותיהם. וחזינן דכולא תליא בשמירת הברית קודש- דפגם אדה"ר היה בההוא ענין שלא המתין כמה שעות לכניסת שבת, שהרי נוצר ביום ששי [עיין מש"כ לעיל אופן ק'- אדם הראשון יציר כפיו של הקב"ה] והיה לו להמתין כ-ג' שעות לזווגו בליל שבת ושם אין אחיזה לההוא חויא דהיינו הנחש.

פסוק א': למנצח מזמור לדוד: גימ' (555) ה"פ אל"ף והוא הכותרת רמיזא ה"פ דוקא ד-ה' היא הנוק' בשם הוי' ב"ה נוק' לעילא נוק' לתתא ורמיזא תקון חוה. וחזינן את ה' בכולהו אמהן בר מרחל דה' ענין יראת שמין ורחל במלוי גימ' יראת שמים ע"ה והיא רמיזא כאן ס"ת למנצח ח' מזמור ר' ור"ת לדוד ל' אתוון רח"ל. ועם דוד גימ' (252) "לב טהור" כמ"ש "לב טהור ברא לי אלהים ורוח נכון חדש בקרבי" (תהל' נ"א,י"ב) ורמיזא לנוק' קדישא הוא מנין אבריה כנודע ובמגלה עמוקות רנ"ב אופנים על ואתחנן כמנין ר"ב ל"ך ומביא בכמה אופנים דהוא מנין אברי הנוק'.

המספר שהוא אלף תשע"ה הוא חושבן כ"ב אותיות עם ה' כפולות ולכן אמר בכאן א' זעירא שרמז שאותו יקר בא לו מן חשבון א"ב של התורה. לפי שהקטין משה את עצמו בחכמתו לכן זכה עם אותיות התורה שיצא בת קול וידב"ר ה' אליו מאהל מועד שיצא הקול ואמר בכל ביתי נאמן הוא בכל בית"י דייקא שרמז על א"ב (משלי כ"ב,ג') בחכמה יבנה בית.

גלא עמיקתא

ואיקרי יום הקנה דכולא יומא עסקין בצלותא ובתחנונים לפניו יתברך שימחול ויסלח לכל עונותינו כי רבו. וזהו דכתב המגלה עמוקות כמה פעמים שיצאה בת קול- דיום הכפורים בחינת בת קול לישראל- וכן הוא בשל"ה הקדוש- בליל הושענא רבא דיצאה בת קול. "בת קול" גימ' (538) "יאר ה' פניו אליך ויחנך" ועם א"ת ב"ש (405) סליק לחושבן (943) "כסאות לבית דוד" [כדכתיב (תהל' קכ"ב,ה') "כי שמה ישבו כסאות למשפט כסאות לבית דוד"] **דמשיחא עתידא למעבד דינא ברשעיא.**

אופן ל

אל תתהדר לפני מלך שדרשו רז"ל על זה פסוק ובמקום גדולים אל תעמוד מלך הוא מטטרון שלקחו הקב"ה והמליכו על צבא מעלה ובמקום גדולים הם אדם ונח ואברהם.

במדרש ויקרא אל משה ואל אדם לא קרא אין גנאי למלך לדבר עם אריסו וידבר אליו ואל נח לא דיבר אין גנאי לדבר עם קדודו ויקרא אל אברהם אין גנאי לדבר עם פונדקו.

ג' אלו מרומזים בא' זעירא אדם א' מאלף מצאתי א' רומזת על אדה"ר שהוא א' לנבראים וצורת א' היא י' על נח שהי' בדור י' וגם על אברהם שהי' בדור ך' שהוא יו"ד מלא ונחלק לג' אותיות כמו שכתבתי לעיל י' עד נח ו' עד פלג ד' עד אברהם ולכן א' זעירא כי ג' אלו לא הי' כ"כ גנאי.

אבל גבי משה ויקר אל משה שכבוד גדול נתכבד משה בקריאה ובדיבור זה לכן א' זעירא שהוצרך הקב"ה להקטין את עצמו וירד ה' כדברי ההוא ינוקא:

אופן ל

אל תתהדר לפני מלך (משלי כ"ה,ו') שדרשו רז"ל על זה הפסוק ובמקום גדולים אל תעמוד הוא [א]מטטרו"ן שלקחו

גלא עמיקתא

והנה הפסוק דפותח בו רבינו אופן זה (משלי כ"ה,ו'): "[ב]אל תתהדר לפני

[א] ספר סודי רזיא חלק ב הלכות מטטרו"ן: מטטרו"ן הוא שר על כל השרים, ועומד לפני מי שנתעלה על כל אלהים, והוא נכנס תחת כסא הכבוד ויש לו משכן גדול של אור למעלה, והוא מביא אש חרישית ונותן באזני החיות כדי שלא ישמעו קול הדבור. כשעלה משה למרום והתענה קכ"א תעניות עד שפתחו לו מעינות החשמל, וראה שלבו כלב האריה, וראה כתי צבאות סביביו לשרפו, ובקש משה רחמים על ישראל ואח"כ בקש רחמים על עצמו, ופתח היושב על המרכבה את החלונות אשר על ראשי הכרובים ויצאו אלף וח' מאות סניגורין על ישראל ומטטרו"ן שר הפנים עמהם, וקבלו תפלת משה ונתנו אותו בראש הקדוש ברוך הוא, שמע ישראל ה' אלקינו ה' אחד, צהלו ושמחו מפנים של שכינה, ואמרה למטטרו"ן שר הפנים מי הם אלו ולמי נותנים כל היקר והכבוד הזה, שנא' (נחום ב, ג) כגאון (בית) ישראל, ואמרו ה' חי וקיים. באותה שעה נענה אכתריא"ל י"ה ה' ואמר למטטרו"ן שר הפנים כל שמבקש מלפני אל תשיב אל תחזירהו ריקם, שמע תפלתו ועשה צרכיו בין מרובים בין מועטים. מיד אמר מטטרו"ן למשה בן עמרם אל תתירא תבע צרכיך בגיאות ובגבורה כי קרן עור פניך מסוף העולם ועד סופו, אמר לו משה שמא באשם אני, אמר לו מטטרו"ן שר הפנים למשה קבל אותה שבועה שאין בו הפר ברית, ונקרא שמו מטטרו"ן שנעשה מטטורו מראה מה שהקב"ה חפץ למלאכיו כי הוא לפנים, והוא מטטרו"ן רב ומורה דיעה את הילדים בני טובים, זהו מטטרו"ן מטרון לרשעה שאין בני אסנ"ת משגע"ח הנזכרים במסכת נדרים (כ, ב). ולמה המשיל את מטטרו"ן על כל בני מעלה, לפי שכשראה שחטאו דור המבול בנה בית חוץ למקומו ושם היתה בית תפלתו ולמודו ולא היה הולך בין העולם, ויתהלך חנוך את האלקים וסלקו בקול תרועה, עלה אלקים בתרועה עם השכינה ה' בקול שופר (תהלים מז, ו), להודיע שהצדיקים לפנים ממלאכי השרת, כעת יאמר ליעקב ולישראל מה פעל אל (במדבר כג, כג). וכן יסד הקליר אלה יהו מבפנים וכו'.

[ב] תלמוד ירושלמי מסכת יומא פרק ז הלכה ג: מתני' כהן גדול משמש בשמונה כלים. וההדיוט בארבעה. בכתנת ומכנסים במצנפת ואבנט. מוסיף עליו כה"ג חושן ואפוד ומעיל וציץ. באילו נשאלין באורים ותומים. ואין נשאלין בהן להדיוט אלא למלך ולבית דין ולמי שצורך הצבור בו: גמ' מפני מה כה"ג משמש בשמונה כלים ר' חנניה חברון דרבנן אמר כנגד המילה שהיא לח' ימים על שם [מלאכי ב ה] בריתי היתה אתו מפני מה אינו משמש בבגדי זהב מפני הגאוה א"ר סימון על שם [משלי כה ו] אל תתהדר לפני מלך א"ר לוי שאין קטיגור נעשה סניגור אתמול כתיב בהם [שמות לב לא] ויעשו להם אלהי זהב ועכשיו הוא עומד ומשמש בבגדי זהב תני ר' חייה ולבשם ובלו שם שם היו גנוזין שם היו מרקיבין ולא היו כשירים ליה"כ הבא תנא ר' דוסא אומר כשרים הם לכהן הדיוט תני רבי אומר שתי תשובות בדבר אחת בבגדי כהן גדול ואחת בבגדי כהן הדיוט תני לא נחלקו רבי ור"א בי ר"ש על אבניטו של כה"ג ביה"כ שהוא של בוץ ועל שאר ימות השנה שיש בו כלאים ועל מה נחלקו על אבנטו של כהן הדיוט שרבי אומר יש בו כלאים ור"א בי ר"ש אומר אין בו כלאים רבי יעקב בר אחא ר' אבהו בשם ר' יוחנן טעמא דרבי [שם כט לה] ועשית לאהרן ולבניו ככה ככל אשר צויתי אתכה מה בגדי אהרן יש בו כלאים אף בגדי בניו יש בהן כלאים מה עבד לה ר"א בי ר"ש מה אהרן בראוי לו אף בניו בראוי להן. אמר רבי סימון כשם שהקרבנות מכפרין כך הבגדים מכפרין. בכתונת ומכנסיים מצנפת ואבנט כתונת היתה מכפרת לובשי כלאים אית דבעי מימר על שופכי דמים כמה דאת אמר [בראשית לז לא] ויטבלו את הכתונת בדם מכנסיים היה מכפר על גילוי עריות כמה דאת אמר [שמות כח מב] ועשה להם מכנסי בד לכסות בשר ערוה מצנפת היתה מכפרת על גסי הרוח כמה דאת אמר [שם כט ו] וישם את המצנפת על ראשו אבנט היה מכפר על הגנבים ואית דבעי מימר על העוקמנים א"ר לוי ל"ב אמה היה בו והיה מעקמו לכאן ולכאן חושן

הקב"ה המליכו על צבא מעלה ובמקום גדולים הם אדם ונח ואברהם. במדרש (ויקרא רבה א',ט') [ג]ויקרא אל משה ואל אדם לא קרא אין גנאי למלך לדבר עם אריסו. וידבר אליו ואל נח לא דבר אין גנאי לדבר עם קצוצו. ויקרא אל אברהם אין גנאי לדבר עם פונדקו. ג' אלו מרומזים בא' זעירא אדם

גלא עמיקתא

מלך, ובמקום גדולים אל תעמוד"עולה בגימ' (2126) ב' פעמים "אדם חוה" (1063) ב-א' רבתי (1000) וממשיך הפסוק: ובמקום גדולים אל תעמוד – ומבאר דהני גדולים הם "אדם – נח – אברהם" גימ' (351) "אלף פעמים"– וכברכת משה לישראל (דברים א',י"א) ה' אלהי אבותיכם יוסף עליכם ככם אלף פעמים – [ד]זו היא משלי וכו' – ולכן זכה לאלף זעירא בסוד אלף אורות דמקבלם במתנת חלקו כל שבת קודש ונותנם מיד לישראל בסוד תוספת נשמה.

היה מכפר על מטי הדין כמה דאת אמר [שם כח טו] ועשית חשן משפט אפוד היה מכפר על ע"ז כמה דאת אמר [הושע ג ד] ואין אפוד ותרפים מעיל ר' סימון בשם ר' יונתן דבית גוברין שני דברים לא היתה בהן כפרה וקבעה להן התורה כפרה ואלו הן האומר לשון הרע וההורג נפש בשגגה האומר לשון הרע לא היתה לו כפרה וקבעה לו התורה כפרה זוגי המעיל [שמות כח לה] והיה על אהרן לשרת ונשמע קולו יבא קול ויכפר על קול ההורג נפש לא היתה לו כפרה וקבעה לו התורה כפרה מיתת כה"ג [במדבר לה כה] וישב בה עד מות הכה"ג תני ר"א בן יעקב אומר נאמרה כפרה בפנים ונאמר כפרה בחוץ מה כפרה האמורה בפנים בן הבקר מכפר על שופכי דמים אף כפרה האמורה בחוץ בן הבקר מכפר על שופכי דמים כאן בשוגג כאן במזיד שנייא היא עגלה ערופה בין שוגג בין מזיד א"ר יוסה כאן על חט ידוע וכאן על חט שאינו ידוע [ג] **ויקרא רבה פרשת ויקרא פרשה א סימן ט: ט** [א, א] ויקרא אל משה, ולאדם לא קרא והלא כבר נאמר (בראשית ג) ויקרא ה' אלהים אל האדם, אלא אין גנאי למלך לדבר עם אריסו, וידבר ה' אליו ועם נח לא דבר והלא כבר נאמר (בראשית ח) וידבר אלהים אל נח אלא אין גנאי למלך לדבר עם נקדודו, ויקרא אל משה ולאברהם לא קרא (שם כב) ויקרא מלאך ה' אל אברהם, אלא אין גנאי למלך לדבר עם פונדקי שלו, ויקרא אל משה, ולא כאברהם באברהם כתיב ויקרא מלאך ה' אל אברהם המלאך קורא והדבור מדבר ברם הכא אמר ר' אבין אמר הקדוש ברוך הוא אני הוא הקורא ואני המדבר שנאמר (ישעיה מח) אני אני דברתי אף קראתיו הביאותיו והצליח דרכו. [ד] **אגרא דכלה דברים פרשת דברים:** י"י אלקי וכו' יוסף וכו' ויברך אתכם. ידוע מה שאמרו רז"ל שאמר משה זו משלי אבל הוא יברך וכו' [דב"ר פ"א י"ג], והנה הקושיא מפורסמת מה צורך לברכתו ולהוספתו כיון שברכת הש"י בלי קצבה איך אפשר להוסיף על דבר הבלתי קצוב בריבוי, ויתכן עפ"י מה ששמעתי בשם דודי הקדוש סבא קדישא מה"ר משולם זושא זצוק"ל בפסוק יוסף י"י עליכם ועל בניכם [תהלים קטו יד], דהקושיא ג"כ מפורסמת הרי ההוספה היא שיתוסף להם בנים ובני בנים, ומהו שוב על בניכם, והבן, ואמר הוא ז"ל שהפירוש הוא יוסף הוי"ה עליכם ר"ל שיתרבה אור קדושת הוי"ה ית' עליכם בהופעת הנבואה ורוח הקודש וחכמת התורה, וככה יהיה גם כן על בניכם, ועפי"ז נראה לפרש גם בכאן דהנה אבותינו כשעמדו אז לפני אדונינו משה, הנה כל אחד שאב כפי בחינתו וכפי שורש נשמתו שֶׂכֶל הדעת מאדונינו משה שהוא כללות הדעת של ישראל כנודע והוא הנקרא כח הוי"ה לישראל, כי הדעת שבכל גוף הוא חלק הוי"ה, וז"ש יוסף (השם) הוי"ה עליכם, הוספת הדעת חלק הוי"ה יתוסף עליכם מכמו שאתם היום אלף פעמים, (מה שאמר דוקא אלף פעמים, כי הוא תכלית הנאצלים

א' מאלף מצאתי. א' רומזות על אדם הראשון שהוא א' לנבראים וצורת א' זעירא היא י' על נח שהיה י' בדור י'. וגם על אברהם שהיה בדור כ' שהוא יו"ד מלא וכדאיתא באבות פ"ה,מ"ב עשרה דורות מאדם עד נח ועשרה דורות מנח ועד אברהם הרי כ' דורות]

גלא עמיקתא

וזהו ב' פעמים "אלף פעמים" (351) גימ' (702) "שבת" דשבת קודש [ה]כל מעשיה כפולין דהיא מלכותא קדישא בסוד בציעת הפת דאמרו האר"י הקדוש בפיוט ליל שבת "[ו]למבצע על ריפתא כזיתא (לאיש) וכביעתא (לנוק')" גימ' (1960) י' פעמים "בצדק" והיינו בחינת המלכות ב' צדק, ובארנוהו במקום אחר

המשפיעים חיות לנבראים, בסוד החזרת אֲלֶף לְאַלֶף). [ה] **ספר סידורו של שבת - חלק ב - דרוש ה - פרק א:** ויתכן בביאורו. ע"פ אשר נפרש מאמר חז"ל (מדרש תהלים מובא בילקוט ח"ש רמז צ"ב) א"ר יצחק כל עסקה של שבת כפול. עומר כפול שנאמר שני העומר לאחד. קרבנה כפול שנאמר וביום השבת שני כבשים. מתן שכרה כפול שנאמר וקראת לשבת עונג ולקדוש ה' מכובד. אזהרותיה כפולות שנאמר זכור את יום השבת שמור את יום השבת. מזמורה כפול שנאמר מזמור שיר ליום השבת. ולתת לב על גוף הענין הזה מפני מה יהיה עסקא דשבת כפול. נראה ע"פ דברי הזוה"ק (בראשית נ"ו ע"א) על פסוק ויקרא את שמו שת. וז"ל אלין אתוון בתראי דהוו באורייתא בתר דעבר אדם על אורייתא כולן אתהפכו בסדר תשר"ק כו'. ובגין כך קרא לההוא ברא דאתיליד ביה בדמותו כצלמו שת דאינון קיומא דאתוון ובגין כך קוב"ה מניה אשתיל לעלמא. וכד קיימו ישראל על טורא דסיני אעל בין שתי אתוון אלין רזא דברית ואתעביד שבת ע"כ. הרי ששבת לא נגמר ונעשה עד אחר שני תקונים האלה תיקון סידור הא"ב שהוא קדימת השי"ן להתי"ו בחי' שת. וגם תיקון בני ישראל להיות נכנסין בברית השלום ואז נעשה שבת. ונגד אלו שני התיקונים כפל הקב"ה כל עסקא דשבת להראות מעלת שני התיקונים בו. ובכל אלו הכפולים אפשר לרמז אלו שני התיקונים כי שני העמר הנה עמר כמו שהוא נכתב בתורה בלא וא"ו הוא מספר קרי ונתוסף בו ה' כי לכאורה הי' די לכתוב שני עמר לאחד והוסיף ה' לרמז על ה' הראשונה שבשם ששם הוא המתק' כל הדינים

בשורשן כאשר כתבנו (בהח"ר שורש הששי ענף א') והיא הממתקת להעמר מספר קרי הנכתב אחריה להיות נתקן ברית השלום על תיקונו. [ו] **ספר חמדת ימים - שבת קודש - פרק ח:** וצריך לצייר הבוצע בכוונתו כאילו הד' ככרות עומדות לפניו בסוד ד' אותיות וכשנוטל הב' ככרות בב' ידיו יחברם יחד אחור באחור ויהיו הפנים בידו כמו שנתבאר. וכשהוא עושה "המוציא" אז מכוין בה' דהמוציא שהיא ה' הראשונה, וחה' של הארץ היא ה' אחרונה. וכשחותך הפרוסה אז יכוין שיהיה מילוי התרין ההין שהוא תרין יודין, ותכף לחתיכה קודם שיפרוס אותה מכל וכל, יכוין שהיו"ד עיקרי של שם הוי"ה היא מקדשת היו"ד של זיתא, והוא"ו מקדשת יו"ד של ביעתא. ולפיכך צריכה הפרוסה להיות ארוכה וז"ש "תרין יודי"ן נקטא סתימין ופרישין", סתימין שבתוך הה' של הוי"ה אין נראה שם המילוי כלל, וכשיתפשט המילוי אז הן מפורשין בכוונה המוציא. אי נמי סתימין ופרישין ירמוז במ"ש בר"מ פ' פנחס ז"ל ההוא דפליג נהמא מאן הוא? א"ל סבא אנת בדיוקנא ודא יו"ד ה"א וא"ו ה"א, אדם דמרכבתא עלאה, דאנפין דיליה יה"וה. ושעורא דאוקמוה כזית וכביצה, הא אתמר כזית באן שמא משערין דהא אוקמוה רבנן דאין עושים מצות חבילות. אוף הכי לא יהבינן ב' שיעורין באות י' למיהוי כזית וכביצה, אלא תרי אלפא ביתא אינון אית י' עלאה ואית י' תתאה זעירא. י' מן הוי"ה עלאה, י' מן אדנ"י תתאה זעירא, ואילין תרי חד בכזית וחד כביצה, ורזא דא יאהדונ"הי עד כאן. אשר לסוד זה אמרו חכמים אין הבוצע רשאי לאכול עד שיכלה

ונחלק לג' אותיות כמו שכתבתי לעיל י' עד נח ו' עד פלג ד' עד אברהם ולכן א' זעירא כי ג' אלו לא היה כל כך גנאי אבל גבי משה ויקרא אל משה שכבוד גדול נתכבד משה

גלא עמיקתא

[ז]מהזוה"ק (פנחס רמב.) בענין כהניך ילבשו צדק (תהל' קל"ב,ט') עיין שם באריכות. והביא המגלה עמוקות דברי המדרש (ויקרא רבה א',ט') שלשת הקריאות אל אדם נח ואברהם. ומבאר דאמנם קרא להם, אך לא כמו שקרא למשה בכבוד גדול, ומביא הפסוקים: א'. אדם: [ח]ויקרא ה' אלהים אל האדם (510) (בראשית ג',ט') ב'. נח: [ט]וידבר אלהים אל נח (397) (שם ח',ט"ו) ג'. אברהם:

אמ"ן מפי המסובין לכוין לייחוד הנזכר המרומז באמן כנודע. ולסוד זה נהגתי כשהייתי בוצע פרוסה הגדולה נגד שיעור כביצה י' דשם הוי"ה והקטנה נגד שיעור כזית י' דשם אדנ"י, נטלתי הגדולה ביד ימין והקטנה ביד שמאל וחברתים יחד, ליחדא תרין שמהן יאהדונה"י. וז"ש "כזיתא וכביעתא תרי יודי"ן נקטא". וביאר מאין המה התרין יודי"ן וקאמר סתימין ופרישין דהיינו יו"ד דהוי"ה דאיהי גניז וסתים, ויו"ד דשם אדנ"י דאיהי באתגלייא כמ"ש בזוהר פקודי, שמא דגניז איהו יהו"ה, שמא דאיהו באתגלייא איהו אדנ"י. עד כאן. [ז] **זוהר פרשת פנחס דף רמב עמוד א:** וילפינן מדוד דזמין לקודשא בריך הוא ושני עובדוי ממה דארחוי דקודשא בריך הוא וקודשא בריך הוא קביל ועביד רעותיה זמין למלכא ולמטרוניתא בהדיה הדא הוא דכתיב (תהלים קלב) קומה יי' למנוחתך אתה וארון עוזך, מלכא ומטרוניתא כחדא בגין דלא לאפרשא לון שני מאנין ושני עובדין דמלכא הדא הוא דכתיב (שם) כהניך ילבשו צדק וחסידיך ירננו בעבור דוד וגו' כהניך ילבשו צדק לוייך מבעי ליה דהא צדק מסטרא דליואי איהו, וחסידיך ירננו לוייך ירננו מבעי ליה דהא רנה וזמרה בליואי נינהו ואיהו שני ואמר כהניך וחסידיך דאינון מסטרא דימינא א"ל קודשא בריך הוא דוד לאו אורח דילי הכי, אמר דוד בעבור דוד עבדך אל תשב פני משיחך, תקונא דאנא תקינת לא תשנה ליה, א"ל, דוד הואיל וזמינת לי אית לי למעבד רעותך ולאו רעותי, וילפינן מהאי אורחא דעלמא דמאן דמזמן לאחרא ההוא דאתי לגביה אית ליה למעבד רעותיה אף על גב דלאו אורחיה בכך. [ח] **מסכתות קטנות מסכת דרך ארץ פרקי בן עזאי פרק ג:** הלכה ב ולא יכנס אדם לבית חבירו פתאום, וילמדו כל אדם דרך ארץ מן המקום, שעמד על פתח הגנה, ויקרא לו לאדם, שנאמר ויקרא ה' אלהים אל האדם ויאמר לו איכה. מעשה בארבעה זקנים שהלכו למלכות הפנימית, והיה להם חבר אחד, ופילוסופוס שמו, ואילו הן, רבן גמליאל, ור' יהושע, ור' אלעזר בן עזריה, ור' עקיבא אמר לו ר' יהושע לרבן גמליאל, ר', רצונך נלך ונקביל פני פילוסופוס חברנו, אמר לו, לא. לשחרית אמר לו, ר', נלך ונקביל פני פילוסופוס חברנו. אמר לו, הן. הלך ר' יהושע וטפח על הדלת, והיה פילוסופוס מחשב בלבו ואמר, אין זו דרך ארץ אלא של חכם, פעם שנייה, עמד ורחץ פניו ידיו ורגליו, פעם שלישית עמד ופתח את הדלת, וראה את חכמי ישראל, אילו באין מכאן, ואילו באין מכאן, ואילו הן, רבן גמליאל באמצע, ר' יהושע ור' אלעזר בן עזריה מימינו, ור' עקיבא משמאלו, והיה פילוסופוס מחשב בדעתו ואמר, היאך אתן שלום לחכמי ישראל, אם אומר שלום עליך רבן גמליאל, נמצאתי מבזה חכמי ישראל, ואם אומר שלום עליכם חכמי ישראל, נמצאתי מבזה את רבן גמליאל, וכיון שהגיע אצלם, אמר להם שלום עליכם חכמי ישראל, ולרבן גמליאל בראש. ולא מרבן גמליאל למדנו, אלא מן השכינה למדנו, שנאמר ראיתי את ה' ישב על כסאו וכל צבא השמים עמד עליו מימינו ומשמאלו. [ט] **בראשית רבה פרשת נח פרשה לד:** א [ח, טו - טז] וידבר אלהים אל נח לאמר צא מן התיבה (תהלים קמב) הוציאה ממסגר נפשי להודות את שמך בי יכתירו צדיקים כי תגמול עלי, הוציאה ממסגר נפשי זה נח שהיה סגור בתיבה י"ב חדש, להודות את שמך, לתת הודיה לשמך, בי יכתירו צדיקים, יתכללון בי צדיקיא, כי תגמול עלי, שגמלת עלי ואמרת לי צא מן התיבה.

בקריאה ובדבור. ולכן א' זעירא שהוצרך הקב"ה להקטין את עצמו וירד ה' [כמ"ש (שמות י"ט,כ') וירד ה' על הר סיני] כדברי ההוא ינוקא.

גלא עמיקתא

[י']**ויקרא מלאך ה' אל אברהם** (713 גימ' תשוב"ה) (שם כ"ב,ט"ו) סליקו הני תלת פסוקין לחושבן (1620) "אלף (1000) כתר (620)" דהוא בחינת אל"ף זעירא דניתנה למשה בחינת פנימיות הכתר. ועם "ויקרא אל משה" (693) סליקו לחושבן (2313): ג' פעמים "אלף המגן תלוי עליו" (שיר השירים ד',ד') (771)

[י'] **מדרש תנחומא פרשת וירא:** (כג) [כב, ד] וירא את המקום מרחוק, אמר ליה ליצחק רואה אתה מה שאני רואה, א"ל אני רואה הר נאה משובח וענן קשור עליו, אמר לנעריו רואין אתם כלום, אמרו לו אין אנו רואין אלא מדברות, אמר להם שבו לכם פה עם החמור הואיל והחמור אינו רואה ואינכם רואין כמותו עם הדומה לחמור שבו לכם פה עם החמור שאתם כמותו, ואני והנער נלכה עד כה, מהו עד כה נראה מה יהיה בסוף כה שאמר לי הקדוש ברוך הוא כה יהיה זרעך, ונשתחוה ונשובה אליכם בשרו פיו שיחזרו שניהם בשלום, ויקח בידו את האש ואת המאכלת, למה מאכלת שהיא מתירה את האוכלין לתוך פיו של אדם, מיד ויאמר יצחק אל אברהם אביו ויאמר אבי ויאמר הנני בני ויאמר הנה האש והעצים ואיה השה לעולה, באותה שעה נפל פחד ויראה גדולה על יצחק שלא ראה בידו כלום להתקרב והרגיש בדבר במה שעתיד להיות בקש לומר איה השה לעולה, א"ל הואיל ואמרת הקדוש ברוך הוא בחר בך, אמר אם בחר בי הרי נפשי נתונה לו על דמי צר לי מאד, ואעפ"כ וילכו שניהם יחדיו בודאי זה לשחוט וזה להישחט ויצחק בן ל"ז שנה היה בשעת עקידתו, ויבאו אל המקום אשר אמר לו האלהים ויעקד את יצחק בנו, כשבא לשחוט, א"ל אבא אוסרני ידי ורגלי מפני שהנפש חצופה היא וכשאראה את המאכלת שמא אזדעזע ויפסל הקרבן בבקשה ממך אל תעש בי מום, מיד וישלח אברהם את ידו ויקח את המאכלת לשחוט, א"ל אבא לא תודיע את אמי כשהיא עומדת על הבור או כשהיא עומדת על הגג שמא תפיל את עצמה ותמות, מיד בנו שניהם את המזבח ועקדו על המזבח ונטל את הסכין כדי לשחטו עד שיצא ממנו רביעית דמו, ובא השטן ודחף ידו של אברהם ונפלה הסכין מידו, וכיון ששלח ידו לקחתה יצאה בת קול ואמרה לו מן השמים אל תשלח ידך אל הנער ואלולי כן כבר היה נשחט, באותה שעה הלך השטן אצל שרה ונזדמן לה כדמות יצחק כיון שראה אותו אמרה לו בני מה עשה לך אביך, אמר לה נטלני אבי והעלני הרים והורידני בקעות והעלני לראש הר אחד ובנה מזבח וסדר המערכה והעריך את העצים ועקד אותי על גבי המזבח ולקח את הסכין לשחטני ואלולי שאמר לו הקדוש ברוך הוא אל תשלח ידך אל הנער כבר הייתי נשחט, לא הספיק לגמור את הדבר עד שיצאה נשמתה הה"ד ויבא אברהם לספוד לשרה ולבכותה מהיכן בא מהר המוריה, עם כשהוא שוחט ויקרא אליו מלאך ה' מן השמים ויאמר אברהם אברהם, למה ב' פעמים שהיה ממהר והולך לשחטו, ויאמר אל תשלח ידך אל הנער, א"ל מי אתה א"ל מלאך, א"ל כשאמר לי קח נא את בנך הקדוש ברוך הוא בעצמו אמר לי ועכשיו אם הוא מבקש הוא יאמר לי, מיד ויקרא מלאך ה' אל אברהם שנית שלא רצה לקבל מן הראשון באותה שעה אמר אברהם לפני הקדוש ברוך הוא רבון העולמים אדם מנסה לחברו שאינו יודע מה בלבו, אבל אתה שאתה יודע מה הלבבות והכליות יועצות אתה צריך לעשות בי כן, א"ל כי עתה ידעתי כי ירא אלהים אתה, מיד פתח הקדוש ברוך הוא את הרקיע ואת הערפל ויאמר בי נשבעתי נאם ה', א"ל אתה נשבעת ואני נשבעתי שלא ארד מן המזבח עד שאומר כל מה שאני צריך, א"ל אמור לא כך אמרת לי ספור הכוכבים אם תוכל לספור אותם כה יהיה זרעך א"ל הן, א"ל ממי, א"ל מיצחק, א"ל כשם שהיה בלבי מה להשיבך ולומר לך אתמול אמרת לי כי ביצחק יקרא לך זרע, עכשיו אתה אומר לי העלהו שם לעולה, וכבשתי את יצרי ולא השבתיך כך כשיהיו בניו של יצחק חוטאין ונכנסין לצרה תהא נזכר להן עקדתו של יצחק ותחשב לפניך

גלא עמיקתא

ובאור הענין על פי מה שכתוב [יא] בזוהר יתרו רזין דרזין (דף ע"ג ע"ב) דהוה חקיק בדרועיה ימינא דדוד מגדל חקיק באריה ואלף זעירא רשים בגויה וסימנא "אלף המגן תלוי עליו" דהיינו אלף זעירא על זרועו של דוד. ובארנו שם דהאי א' משלימה תיבין "כי יד על כס י-ה" (שמות י"ז,ט"ז) לחושבן (240) "עמלק" ועי"ז היה מכניעו ומאבידו – כד משתוה להו אתא הקב"ה ומכריעו לכף זכות – דמוסיף א' מדיליה. וכגון "סניגור" (329) חושבן א' יתיר מן "קטיגור" (328) [ותרוויהו סליקו לחושבן "שקלא וטריא" (657)] והאי א' זעירא לקביל אלופו של עולם – ניתנה במתנה למשה ויקר א' אל משה. וזהו דכתב המגלה עמוקות (שם) אבל גבי משה ויקר אל משה "שכבוד גדול נתכבד משה בקריאה ובדבור" גימ' (1734) ו' פעמים בר"א אלהי"ם (289) כדכתיב בראשית ברא אלהי"ם, והוא חושבן ו' פעמים א' זעיר"א (289). והוא לקביל ו' ימי הבנין- דמשה בחינת שבת כדכתיב (תהל' צ"ב,א') "מזמור שיר ליום השבת" ראשי תיבות למש"ה גימ' (375) "כבוד גדול" כנ"ל וכאמרם [יב] כבוד גדול חלק הקב"ה למרים וכו'. [1] דמשה אהרן ומרים כחדא חשיבי – כדאמר להם הקב"ה (במדבר י"ב,ד')

כאלו אפרו צבור על גבי המזבח ותסלח להן ותפדם מצרתן, א"ל הקדוש ברוך הוא אתה אמרת את שלך ואומר אני את שלי עתידין בניו של יצחק לחטוא לפני ואני דן אותם בר"ה אלא אם מבקשין שאחפש להן זכות ואזכור להן עקידת יצחק יהיו תוקעין לפני בשופר של זה, א"ל ומה הוא השופר, א"ל חזור לאחוריך, מיד וישא אברהם את עיניו וירא והנה איל אחר נאחז בסבך בקרניו, זה אחד מעשרה דברים שנבראו בין השמשות, נאחז בסבך בקרניו, א"ל הקדוש ברוך הוא יהיו תוקעין לפני בקרן איל ואושיעם ואפדם מעונותיהם, והוא שדוד משבח וקרן ישעי משגבי ומנוסי (תהלים יח) ואשבור עול גליות מעליהן ואנחם אותם בתוך ציון שנאמר כי נחם ה' וגו' אמן.

[יא] זוהר יתרו רזי דרזין דף ע"ג עמוד ב: בדרועא ימינא הוה חקיק ורשים רשומא חדא סתים מבני נשא מגדל חקיק באריה ואלף זעירא רשים בגויה וסימנא דא (שיר השירים ד) אלף המגן תלוי עליו, כל זמנא דאגח קרבא ההוא רשימא סלקא ובלטא ועל מגדל מכשכשא האי אלף וכדין אתתקף לאגחא קרבא, כד עאל בקרבא מכשכשא ההוא אריה וכדין אתגבר כאריה ונצח קרבין וההוא מגדל אתרהיט וסימניה (משלי יח) בו ירוץ צדיק ונשגב, ונשגב דוד משנאוי דלא יכלין לגביה.

[יב] תלמוד בבלי מסכת זבחים דף קב עמוד א: ואין זר רואה את הנגעים! וא"ת אהרן הסגירה, אהרן קרוב הוא, ואין קרוב רואה את הנגעים! אלא כבוד גדול חלק לה הקדוש ברוך הוא למרים, אותה שעה: אני כהן ואני מסגירה, אני חולטה ואני פוטרה; קתני מיהת: משה זר ואין זר רואה את הנגעים! אמר רב נחמן בר יצחק: שאני מראות נגעים, דאהרן ובניו כתובין בפרשה.

1. באור על מגלה עמוקות ואתחנן אופן קל"א: ז'. וַיִּיקַץ יַעֲקֹב מִשְּׁנָתוֹ וַיֹּאמֶר אָכֵן יֵשׁ יהוה בַּמָּקוֹם הַזֶּה וְאָנֹכִי לֹא יָדָעְתִּי (בראשית כח,טז) גימ' (2675) ג' פעמים "משה אהרן ומרים" (891) עם ב' הכוללים [דמשה ואהרן חשבינן כחדא] כמו שמוכיח השי"ת את בני ישראל כי העליתיך מארץ מצרים וכו' ואשלח לפניך את משה אהרן ומרים (מיכה ו',ד') דשלשתם כחדא חשיבי, וכפלינן ג' זימנין דאתכללא דא בדא ומשה עיקר, דאהרן ומרים רמיזין בשמיה מ' דמרים ה' דאהרן, ו-ש' דמשה התכללות ג' אבהן - דבאר ענן מן בזכותיה דמשה - מן לחם מן השמים (שמות ט"ז,ד') באר מעמקי הארץ, וענן מקשר שניהם, ורצה משה רבינו להמשיכם בארץ ישראל בסוד מים גנובים ימתקו ולחם סתרים ינעם (משלי ט',י"ז). ואמר ליה קוב"ה: גלוי הוא לפני, רב לך אל תוסף וכו' עלה ראש הפסגה ומשם תשפיע בבני ישראל בני חיי ומזוני רויחי עד ביאת גואל צדק יבא ויגאלנו ב"ב אכי"ר.

גלא עמיקתא

"ויאמר ה' אל משה ואל אהרן ואל מרים צאו שלשתכם וכו' ויצאו שלשתם" וכדכתיב (מיכה ו,ד') "כי העלתיך מארץ מצרים ומבית עבדים פדיתיך ואשלח לפניך את משה אהרן ומרים"

וזהו דמסיים המגלה עמוקות דבריו דהוצרך הקב"ה כביכול להקטין עצמו לא' זעירא– ונתן עצמו למשה– דמשה איקרי "משה איש האלהים" (דברים ל"ג,א') גימ' (747) "[יג]מדת הרחמים" [2עיין מה שכתבנו בזה במקום אחר בביאור ענין אין הדין נמתק אלא

2. אין הדין נמתק אלא בשרשו: ויקרא א' זעירא מרמז "אנכי" - די' דברות - מאן דאיהו רב איהו זעיר וכו'. והנה "אנכי" פשוט, מלוי, ומלוי דמלוי, כזה: "אנכי, אלף נון כף יוד, אלף למד פא, נון ויו נון, כף פא, יוד ואו דלת" גימ' (1575) "בטחון" (75) פעמים "אהי-ה" (21), ובתוס' "ויקר" גימ' (1891) "טוב" פעמים "אלף", ובתוס' "משה" גימ' (2236) "הוי'" פעמים אלהים". והיינו דפרש"י בתחלת התורה וז"ל "ברא אל-הים - ולא אמר ה' שבתחילה עלה במחשבה לברוא את העולם במדת הדין וכו' והקדים את מדת הרחמים והיינו דכתיב "ביום עשות ה' אלהים ארץ ושמים" עולה גימ' (1633) "נפלאות מתורתך" כנ"ל באופן ב'. ואכן "ויקרא" גימ' (317) "אברהם אבינו", היינו דכתיב בהבראם-באברהם, דהוא מרכבתא דחסד, ובתוכה כלולה מידת הדין -היינו א' זעירא-דין מוקטן, דאנכי כנ"ל בש' אהי-ה דבינה, דאין הדין נמתק אלא בשרשו, ואנכי בטחון פעמים אהי-ה כנ"ל, וכשנחבר "בטחון ו-"אהי-ה" גימ' (96) "סוד ה'", וכדאמרינן לעיל אופן ל"ו "סוד" (ה' ליראיו) פעמים "הוי'" גימ' (1820) מספר הפעמים שכתוב שם הוי' ב"ה בתורה (וכמו שכתב ר' פנחס זלמן הורוויץ בספרו הק' אהבת תורה) - והיינו המתקת שם אהי-ה בשם הוי' ב"ה, והן אורות דתהו בכלים רחבים דתיקון, ואכמ"ל. קצור: א' זעירא המתקת שם אהי-ה בשם הוי' ב"ה, "אין הדין נמתק אלא בשרשו" סליק לחושבן (1560) "כלי" (60) פעמים "הוי'" (26).

[יג] **אלשיך שמות פרק ו:** או יאמר נמשך אל פסוק הקודם, ויאמר ה' אל משה עתה תראה כו', שנראה אותו פסוק כנכנס בין הדבקים. אך יאמר, הנה אמרת כי פרעה הרע לעם הזה, באופן כי השופט כל הארץ הוא יתברך שלם ישלם לפרעה כרעתו, ולעשוקים ישלם טוב. והנה ידענו, כי הצדיקים מהפכים מדת הדין למדת רחמים כמד"א (חבקוק ג ב) ברוגז רחם תזכור. והרשעים מהפכים מדת רחמים למדת הדין, כמד"א (בראשית ו ז) ויאמר ה' אמחה את האדם וכו' (בראשית רבה עג ב). וזה יאמר פה הוא יתברך ויאמר ה', שהוא מדת הרחמים, אל משה, עתה תראה אשר אעשה לפרעה כו', כי הרשעים, הרחמים יהיו להם לדין. אך לישראל העשוקים וידבר אלהים, שהוא מדת הדין, ויאמר אליו אני ה', כלומר אני האלהים הנזכר שאני מדת הדין, אהיה ה', אתהפך לרחמים: עוד יתכן בפסוק זה, נמשך אל פסוקים שאחריו, וארא אל אברהם וכו', בשום לב אל קצת הערות. א. אומרו באל שדי, כי גם לפירש"י אין טעם אל אומרו שם זה. כי אין הכונה, כי אם שלא היה בחינת שם ה'. ועדיין צריך לדעת למה יודיע שנראה באל שדי. ב. אומרו ושמי ה' לא נודעתי, כי בכלל אומרו שנראה באל שדי, הוא כי שמו ה' לא נודע להם. ג. כי אין מלת וגם צודקת, כי אם אל דבר מתייחס אל הסמוך לו, ואיננו. ד. שלא היה לו לומר ענין נתינת הארץ, רק ענין יציאת מצרים שנשבע להוציאם. ה. אומרו ארץ מגוריהם וכו', שהוא מיותר עד סוף הפסוק. ו. אומרו וגם אני שמעתי, כי מלת וגם לא תצדק פה. והיה לו לומר ושמעתי את נאקת בני ישראל, ויהיה הענין, וגם הקמותי את בריתי וכו', וכעת שמעתי וכו' ואזכור אותו הברית. ז. אם יש שבועה, מה צורך אל נאקתם שאמר, שעל ידי כן ואזכור את בריתי, הלא בלעדי זה ראוי לזוכרו. ח. אומרו לכן אמור לבני ישראל אני ה' וכו', מה ענין ארבעה מינים אלו, הוצאה והצלה גאולה ולקיחה. והנה הוצרכו רבותינו ז"ל (שמות רבה ו ה), לומר שהם כנגד ארבע גאולות וארבע כוסות. ט. כי אחר אומרו מתחת סבלות מצרים, למה חוזר ואומר מעבודתם, שהוא הדבר בעצמו. ומה גם אם סבלות יותר הוא מעבודה, שיקשה כי הלא בכלל מאתים מנה. י. שאחרי הוצאה והצלה, מה צורך גאולה שחוזר ואומר וגאלתי וכו'. ולמה בזאת השלישית, אמר בזרוע נטויה ובשפטים גדולים, מה שלא אמר כן בהוצאה

גלא עמיקתא

בשרשו] ראשי תיבות מ"ה ונחנו מ"ה (שמות ט"ז,ח') סופי תיבות ת"ם יעקב איש ת"ם (בראשית כ"ה,כ"ז) דיעקב מלבר– סופי תיבות, משה מלגאו– ראשי תיבות. ושאר אתוון "ד רחמי" גימ' (262) ב' פעמים ענו"ה (131) דמשה ויעקב תיקנו כל בחינת יניקתו בשלמות, דיעקב היתה מטתו שלמה– דמתמן עיקר יניקתו דס"מ.

ומשה סליק לבחינת איש האלהים דתמן לית יניקה– ופירש מן האשה ולא מת כאמרם [יד]יש אומרים דמשה לא מת מאי טעמא כתיב הכא וימת שם וכתיב התם בהר סיני ויהי שם עם ה'– מה להלן עומד ומשמש אף כאן עומד ומשמש (עיין סוטה י"ג ע"ב). ובחושבן "וימת שם" עם ו' אתוון (802) עם "ויהי שם עם ה'" עם ד' תיבין (511) סליקו תרוויהו לחושבן (1313) "תחית המתים". והוא חושבן י"ג פעמים "מלוכה" (101) דזכה להתיחד עם מלך מלכי המלכים הקב"ה ויקבר אתו בג"י חסר כתיב דזכה למדרגת א"א י"ג ת"ד– וכן אתכליל מאהרן ומרים– דכשנסתלקו פסקו באר ועֲנני הכבוד דהוו בזכותם [טו]וחזרו בזכותיה דמשה.

והנה י"ג פעמים "משה" סליק לחושבן (4485) ה' פעמים "משה אהרן ומרים" (897) [דכורכם בחדא מחתא

ובהצלה. יא. אומרו וידעתם כי אני ה' המוציא וכו', שמזכיר הראשונה ולא שום אחת מהשלש אחרונות. יב. אומרו והבאתי וכו', מה הוא היתרון שיתן, מה שנשא את ידו לתת לאברהם ליצחק וליעקב. יג. אומרו ונתתי אותה לכם מורשה, מה מוסיף על הקודם: [יד] **תלמוד בבלי סוטה דף יג עמוד ב**: א"ר יהודה: אילמלא מקרא כתוב אי אפשר לאומרו, היכן משה מת? בחלקו של ראובן, דכתיב: ויעל משה מערבות מואב אל הר נבו, ונבו בחלקו של ראובן קיימא, דכתיב: ובני ראובן בנו וגו' ואת נבו וגו' (נבו ששם מתו ג' נביאים משה ואהרן ומרים), והיכן משה קבור? בחלקו של גד, דכתיב: וירא ראשית לו וגו', ומחלקו של ראובן עד חלקו של גד כמה הוי? ארבעה מילין, אותן ארבעה מילין מי הוליכו? מלמד, שהיה משה מוטל בכנפי שכינה, ומלאכי השרת אומרים: צדקת ה' עשה ומשפטיו עם ישראל, והקדוש ברוך הוא אומר: מי יקום לי עם מרעים מי יתיצב לי עם פועלי און. ושמואל אמר: מי כהחכם ומי יודע פשר דבר. ורבי יוחנן אמר: החכמה מאין תמצא. ורב נחמן אמר: וימת שם משה וגו'. סמליון אמר: וימת שם משה ספרא רבה דישראל. תניא, רבי אליעזר הגדול אומר: שנים עשר מיל על שנים עשר מיל כנגד מחנה ישראל, בת קול משמיע ואומר: וימת משה ספרא רבה דישראל. ויש אומרים: לא מת משה, כתיב הכא: וימת שם, וכתיב התם: ויהי שם עם ה', מה להלן עומד ומשמש, אף כאן עומד ומשמש. ויקבר אותו בגיא בארץ מואב מול בית פעור - א"ר ברכיה: סימן בתוך סימן, ואפ"ה ולא ידע איש את קבורתו. [טו] **תלמוד בבלי מסכת תענית דף ט עמוד א**: רבי יוסי ברבי יהודה אומר: שלשה פרנסים טובים עמדו לישראל, אלו הן: משה, ואהרן, ומרים. ושלש מתנות טובות ניתנו על ידם, ואלו הן: באר, וענן, ומן. באר - בזכות מרים, עמוד ענן - בזכות אהרן, מן - בזכות משה. מתה מרים - נסתלק הבאר. שנאמר ותמת שם מרים, וכתיב בתריה ולא היה מים לעדה, וחזרה בזכות שניהן. מת אהרן - נסתלקו ענני כבוד, שנאמר וישמע הכנעני מלך ערד, מה שמועה שמע - שמע שמת אהרן ונסתלקו ענני כבוד, וכסבור ניתנה לו רשות להלחם בישראל. והיינו דכתיב ויראו כל העדה כי גוע אהרן. אמר רבי אבהו: אל תקרי ויראו אלא וייראו. כדדריש ריש לקיש, דאמר ריש לקיש, כי משמש בארבע לשונות: אי, דלמא, אלא, דהא. חזרו שניהם בזכות משה, מת משה - נסתלקו כולן, שנאמר ואכחד את שלשת הרעים בירח אחד. וכי בירח אחד מתו? והלא מרים מתה בניסן, ואהרן באב, ומשה באדר! אלא: מלמד שנתבטלו שלש מתנות טובות שנתנו על ידן, ונסתלקו כולן בירח אחד.

גלא עמיקתא

ואשלח לפניך את משה אהרן ומרים (מיכה ו׳,ד׳)] והוא חושבן ג׳ פעמים אלף תצ״ה (1495) דהיינו ג׳ פעמים סך כל אתוון מ–א׳ עד ת׳, לקביל משה אהרן מרים דזכו לכל כ״ב אותיות התורה הקדושה. ומשה זכה לג׳ בחינות הללו באר מן ענני כבוד– והנה י״ג פעמים ״באר מן ענני כבוד״ (505) סליקו לחושבן (6565) אדנ״י (65) פעמים ״מלוכה״ (101) והוא חושבן ה׳ פעמים ״תחית המתים״[3] (1313) וכאמרם (סנהדרין צא:) [טז]מנין לתחית המתים מן התורה (שמות ט״ו,א׳) ״אז ישיר משה״ שר לא נאמר אלא ישיר אותו לעתיד לבוא. דעתיד משה רבינו לשיר שיר חדש ונזכה לראותו בגאולתא שלמתא דמשה הוא גואל ראשון הוא גואל אחרון כמבואר באר היטב [יז]באור החיים הקדוש פרשת ויחי דיבור המתחיל אסרי לגפן וכו׳, ובסוף דבריו מדייק וכותב: שהוא [משה] עצמו מלך המשיח עבד״ק, ונתבארו מעט דברי המגלה עמוקות לאופן ל׳.

3. באור על מגלה עמוקות ואתחנן אופן מ׳: והנה כולהו ט׳ פסוקין - בסוד ט׳ תקוני דיקנא דז״א דזכה להן יהושע בכניסתו לארץ ישראל ומשה רבינו זכה ליותר מכך כדאמר ליה קוב״ה ר״ב ל״ך - זכית ליותר מכך והיינו ל-י״ג תקוני דיקנא דאריך - סליקו לחושבן (33738) י״א פעמים ״אם תשכב לא תפחד, ושכבת וערבה שנתך״ עם הכולל (משלי ג׳,כ״ד) ופרש״י ותנעם שנתך שכשתשכב שלא תירא מפחד פתאם עכד״ק- דרש״י מקשרו לפסוק הסמוך לו (שם פסוק כ״ה) אל תירא מפחד פתאם ומשואת רשעים כי תבוא. וכפלינן האי פסוקא אם תשכב וכו׳ י״א זימנין ורמיזא י״א כתרין דמסאבותא דאין לחשוש מהן כלל- דאמרינן האי פסוקא בקריאת שמע שעל המיטה- והוא לפני השינה דהגלות נמשלה ללילה שהוא זמן השינה- ותחית המתים נמשלה לקימה מן השינה כמ״ש (ישעי׳ כ״ו,י״ט) הקיצו ורננו שוכני עפר. וזה פירוש ר״ב ל״ך- כעת אתה עולה ראש הפסגה לבחינת שינה ולעתיד לבוא אתה קם ונכנס לארץ ישראל- כמו שדרשו חז״ל (דברים ל״א,ט״ז) הנך שוכב עם אבותיך וקם- מכאן לתחית המתים מן התורה. ובפסוקא דמשלי ״ושכבת״ גימ׳ (728) ב׳ פעמים ״משיחו״ (364) רמיזא שני ימות המשיח ובסופן אתה קם בתחית המתים בגילוי אור הגנוז דהיא בחינתך- ״האור הגנוז - תחית המתים״ גימ׳ (1596) ״מזמור שיר ליום השבת״ (תהל׳ צ״ב,א׳) ראשי תיבות ״למשה״ הני ב׳ בחינות דלעתיד לבוא שייכות לך דייקא- וזהו: ר״ב ל״ך.

[טז] תלמוד בבלי מסכת סנהדרין דף צא עמוד ב: תניא, אמר רבי מאיר: מניין לתחיית המתים מן התורה שנאמר אז ישיר משה ובני ישראל את השירה הזאת לה׳, שר לא נאמר, אלא ישיר - מכאן לתחיית המתים מן התורה. **[יז] אור החיים פרשת ויחי ד״ה אוסרי לגפן:** ולא יקשה בעיניך שאנו מחלקים דברי הכתוב חלק בימי משה וחלק בימי המשיח, כי הלא ידעת דברי הזוהר הקדוש (ח״ב קכ.) כי משה הוא הגואל אשר גאל את אבותינו הוא יגאל אותנו וישיב בנים לגבולם דכתיב (קהלת א׳) מה שהיה הוא שיהיה ר״ת משה. ולא יקשה בעיניך דבר זה באומרך הלא מלך המשיח משבט יהודה מזרעו של דוד המלך ע״ה וי״א (סנהדרין צח:) דוד עצמו מלך המשיח דכתיב (יחזקאל ל״ז) ועבדי דוד מלך עליהם כמשמעו ואם כן היאך אנו אומרים שהוא משה הבא משבט לוי. יש לך לדעת כי בחינת נשמת משה רבינו עליו השלום היא כלולה מי״ב שבטי ישראל כי כל הס׳ ריבוא היו ענפיה ע״ה וענף שבטו של דוד במשה הוא. ולזה תמצאנו בארץ מדבר שהיה מלך וכהן ולוי ונביא וחכם וגבור שהיה כולל כל הענפים שבקדושה ולעתיד לבא תתגלה בעולם שורש המלכות שבמשה שהוא עצמו מלך המשיח והוא דוד והוא ינון ושילה.

אופן לא

איתא בפרקי היכלות א"ר ישמעאל סח לי מטטרון שר הפנים משעה שלקחני הקב"ה והמליכני על כל צבא מעלה עשה לי מעיל הכבוד ולבוש גאוה וכתר מלכות על ראשי וקבע בו מ"ט אבני יקר וזוהר כאור גלגל החמה וכו'.

והנה לדעתי ג' אלו מרומזים במלת מ"ל"ך נוטריקון מ"עיל כ"בוד ל"בוש גאוה כת"ר מלכות כי בשעה שהמליך אותו הקב"ה מלך הכבוד חלק לו כבוד בג' אלו שנרמזין במלת מל"ך.

ולפי שמשה הוא סוד מטטרון שר הפנים לכן לא זכה רק למ"ט שערי בינה לפי שבכתר מלכות של מטטרון שקבע הקב"ה על ראשו לא קבע הקב"ה רק מ"ט אבני היקר וזה נרמז בזה הפסוק ויקר אל משה שקבע הקב"ה אבני יקר ולכן א' זעירא שהיו חסרים מן נ' שערי בינה א' ונשאר רק מ"ט:

אופן לא

איתא בפרקי היכלות [א]א״ר ישמעאל סח לי מטטרון שר הפנים משעה שלקחני הקדוש ברוך הוא והמליכני על כל צבא מעלה עשה לי מעיל

גלא עמיקתא

והנה מביא רבינו שמשה הוא סוד מט״ט ויש לקשרו ל–א׳ זעירא ויקר א׳ שכן "מטטרון שר הפנים" ראשי תיבות מש״ה ובגימ׳ (1000) "אלף".

ונרמז ב–א׳ זעירא דויקרא בסוד (זוה״ק תחלת פרשת חיי שרה) [ב]מאן דאיהו זעיר איהו רב, והן אלף אורות שזכה להן משה בסיני [והמגלה עמוקות [ג]בפירושו על התורה פרשת שלח האריך מאד בביאור ענין אלף אורות שניתנו למשה עיין שם אריכות דבריו הקדושים].

[א] ספר סודי רזיא חלק ב הלכות מטטרו״ן: אמר ר׳ ישמעאל אמר לי מטטרו״ן שר הפנים, מתוך אהבה שאהב ברוך הוא אותי יותר מכל בני מרום עשה לי לבוש גאוה שכל מיני מאורות קבועין בו, והלבישני ועשה לי מעיל כבוד שכל מיני תאר זיו והדר קבועין בו, והעלני ועשה לי כתר מלכות שקבועין בו מ״ט אבני טוהר כאור גלגל חמה, וזיון הולך בד׳ רוחות ערבות רקיע ובז׳ רקיעים ובד׳ רוחות, וקשרו על ראשי וקרא לי ה׳ הקטן בפני כל פמליא של מעלה שנא׳ (שמות כג, כא) כי שמי בקרבו.

[ב] זוהר - בראשית - פרשת חיי שרה דף קכ״ב ע״ב: זכאה איהו מאן דאזער גרמיה בהאי עלמא כמה איהו רב ועלאה בההוא עלמא. והכי פתח רב מתיבתא, מאן דאיהו זעיר איהו רב, ומאן דאיהו רב איהו זעיר, דכתיב (בראשית כג) ויהיו חיי שרה מאה שנה ועשרים שנה ושבע שנים, מאה דאיהי חשבון רב כתיב ביה שנה זעירו דשנין חד אזעיר ליה, שבע דאיהו חשבון זעיר אסגי ליה ורבי ליה דכתיב שבע שנים, ת״ח דלא רבי קודשא בריך הוא אלא לדאזעיר לא אזעיר אלא לדרבי, זכאה איהו מאן דאזעיר גרמיה בהאי עלמא כמה איהו רב בעלויא בההוא עלמא.

[ג] מגלה עמוקות על התורה פרשת שלח: במדרש וייצר י״י אלקים את האדם וגו׳ זש״ה (משלי כט) מלך במשפט יעמיד ארץ זה הקב״ה ברא העולם בדין שנא׳ ב׳ ב״א ואיש תרומות יהרסנה זה אד״הר שהיה גמר חלתו של עולם ונקראת חלה תרומה שנא׳ ראשית עריסותיכם חלה תרימו תרומ׳ וקשה אעיקרא דדינא פירכא למה נקראת חלה תרומה בקרא אבל הענין ע״פ הקדמה אחת מהאר״י ז״ל סוד שית אלפי הוה עלמא ב׳ אלפים תוהו ב׳ אלפים תורה ב׳ אלפים משיח הן נגד ג׳ עולמות בי״ע כי בכל העולם יש ה׳ חסדים ה׳ גבורות סוד (שמות כח) שתי כתיפות חוברות כל כת״ף כלול מת״ק לכן נקרא כתף שהוא כלול ה׳ חסדים וכ״א כלול ממאה הרי ת״ק מנין כת״ף בימין הוא כלול מה׳ חסדים בשמאל הוא כלול מה׳ גבורות הרי אל״ף ויש בכל עולם אבא ואימא זעיר ונוקבא שהוא סוד י״ה סוד אלף ו״ה ג״כ אלף כל אות כלול מת״ק עץ החיים מהלך ת״ק שנה הרי בכל עולם יש ב׳ אלפים שנה והנה אד״הר קודם שחטא היה מסוף העולם עד סופו דהיינו כלול מכל ג׳ עולמות אלו עד חצי עולם הבריא׳ ועד בכלל כלול מו׳ אלפים שנה הוה קאים ומסתכל בזיהרא דחכמתא עילאה וכשחטא נתמעט ונעשה חלתו של עולם שנקראת תרומה על שם תרי ממאה לכן העמידו על ק׳ אמה כי יש בו׳ אלפים שנה ס׳ פעמים מאה מכל מאה קח תרי הרי ק״ך ומן הדין היה ראוי להיות אד״הר ארוך ק״ך אמה רק שלא הגיע אח״כ לב׳ אותיות י״ה אבא ואימא רק לזעיר ונוקבא של בריאה א״כ לא נשתייר רק מעשר של ה׳ אלפים שנה (קהלת א) אדם א׳ מאלף מצאתי זה משה שזכה אח״כ לאותן אלף אורות זכה להיות ק״ך יום על הר סיני לטהר חלתו של עולם מכל וכל. ואפשר לפרש קרא על אדה״ר אדם אחד כשהיה הוא אחד קודם שבאתה חוה זכה ג״כ לאלף אלו לכן א׳ של (ד״ה א) אדם שת אנוש רבתי כי זכה לאלף רבתי סוד אלף אורות עליונים ואשה בכל כשבאתה חוה גרמה לחטוא (תהלים מט) שאדם ביקר בל ילין לא לן כבודו עמו הן כל יקר ראתה עינו ז״ש ואשה בכל אלה לא מצאתי אח״כ בא משה וזכה לאותן אלף זווין והגיע

הכבוד ולבוש גאוה וכתר מלכות על ראשי וקבע בו מ"ט אבני יקר וזוהר כאור גלגל החמה. והנה לדעתי ג' דברים אלו שנרמזין בתיבת מל"ך

עד אימא בעולם הבריאה ז"ש משה מעלמא דאתי וכשזכה לאבא זכה ג"כ לאמא ז"ש והיה ימיו מאה ועשרים שנה ז"ש לו הקב"ה מתחילה לבת א"ש א"לף רבתי (איוב לג) ואאלפוך חכמה הסנה בגי' ק"ך שזכה אז לטהר עיסה מכל וכל לקיים קרא (תהלים סח) שבית שבי לקחת מתנות באדם של אד"הר שהיה לו מתחילה אותן אורות מסוף העולם ועד סופו יעקב שהיה שופריה מעין אד"הר כשראה סלם מסוף העולם ועד סופו סו"ד נ"שמות ה"קדושות ס"לם מ"וצב א"רצה ג' שרי פנים נרמזין בראשי אתוון סמ"א דמלתא משמקא ס"נדלפון מ"טט א"כתריאל אם יבא אליהו (יבמות קב) ויאמר חולצין במנעל שומעין לו אין חולצין בסנדל אין שומעין שכבר נהגו העם בסנדל ולאידך לישנא חולצין במנעל שומעין לו בין למר ובין למר מנעל סנדל הם סוד מט"ט וסנדלפון א' נעל וא' סנדל וסוד חליצה לחלוץ מן עולם העשייה דתמן הרע יותר מן הטוב אבל סוד מנעל הוא סוד עולם היצירה ושם רע וטוב שניהם שוים ואינו מעורב רק כל אחד בעצמו ואין אנו עוסקין בו רק בעולם שקרוב לנו סוד עשייה זכינו לדין שאלו הב' הכרובים הם סוד ב' עולמות אלו ז"ש יעקב (בראשית כח) כל אשר תתן לי עשר אעשרנו לך על סוד חלה שהיא עשירית האיפה לכן אמר אכן יש י"י במקום הזה כי עמר יגיע לגולגולת סוד י"יש בגי' הכי הוי כל ישראל י"יש להם חל"ה ר"ל ח"לק ל"עולם ה"בא ותיקן איפה של אד"הר שהוא מסוף העולם ועד סופו לכן יש באיפה תב"ל ביצים שהוא סוד כל העולם כולו לי"י מצוקי ארץ וישת עליהם תב"ל ועז"א יעקב כל אשר תתן לי דהיינו שהוא סוד סולם מוצב ארצה וראשו מגיע השמימה מסוף העולם ועד סופו עשר אעשרנו לך שהוא שיעור ג"ם ביצים מעשר תב"ל וכן משה (שמות ג) וירא מלאך ד' אליו בלב"ת אש שהראה לו תבל ומלואה וכל האורות נתלין עליו זכינו לדין משה לקח את האוהל וזכה לזיהרא עילאה של אד"הר וזכה לאלף זווין כמבואר בזוהר בשלח ולכן ולמה לא מצתי חן בעיניך חסר א' וכן בזו הפרשה איל אחד לחטת חסר א' כי אד"הר בחטאו גרם נרגן מפריד אלף ולא זכה רק לה' אלפים שנה זה כוונת וחמשיתו יוסף

עליו שעל ה' אלפים אלו כשיבוא אשמו בראשו יזכה לאור באור אבא ואמא שהוא סוד י"י אלקים ז"ש וייצר ב' יצירות לטב ולביש ויהי ה"אדם ל"נפש ח"יה ר"ת חלה למפרע (בראשית ג) ויפ"ח באפי"ו נשמ"ת חיי"ם ס"ת חות"ם תתהפך כחומר חות"ם בזה זכה משה לו' כי באו שש על שית אלפין דבראשית ברא שית ו' אלפים מבוארים בקרא קמא ב' אלפים תוהו סוד עולם העשיה עולם הקליפות ה' אחרונה ז"ס ת"ולדות ה"שמים ו"הארץ בה' בראם ר"ת תה"ו עולם היצירה אות ו' של שם ב' אלפים תורה ב' אלפים אחרונים ימות המשיח עולם הבריא' סוד הגאולות כלם מאימא עילאה סוד החירות ה' ראשונה של שם נקראת לא"ה שמשם משיח בן דוד בא ומשיח בן יוסף בעולם היצירה ואליהו בעולם העשיה הרי כי ו' אלפים הם ימות העולם ומציאות הוא להמשיך אלו הנשמות מאלו ג' מדריגות כל א' לפי מדריגתו שהם ו' אלפים דרגין והנה קודם שחטא אד"הר היה כולל כל הג' עולמות והיה כלול מכלל הנשמות שבהם אך אח"כ שנתמעט והעמידו על ק' אמה אז היה חלתו של עולם כי לא נשאר בו רק חלה והיא תרומה כדלעיל תרי ממאה וסוד המיעוט שמתחלה היה כל הנשמות כלולות בו אח"כ נידון בנשירות איברים שנפלו האורות לתוך הקליפות ופרחו ממנו באותו שעה שחטא ואלו הנשמות צריכין אנו להעלות ע"י תפלתינו בקר וצהרים ערב בסוד נשמה רוח נפש בסוד מג"ן מ"יכאל ג"בריאל נ"וריאל ומבואר בזוהר ר"מ בפרשתא דא שהיא סוד שיעור חלה מג"ן ר"ל ג"ם ביצים עוד ה' שהוא חומש והוא נ' של מג"ן והנה לא היה אד"הר ראוי להשתמש באותן אורות ונתמעטו ממנו ומפני פגם נתאחזו החיצונים באותן הנשמות ונפלו בקליפות ונשארו בו מובחר שבנשמות בהרימכם את חלבו ממנו ונשארו בו סוד כתרים כי כל עולם כלול מי' ספירות וכל אחד כלולה מי' הרי ד' פרצופים ביציר' ד' פרצופים בעשיה ובבריא' ב' פרצופים הרי י' פרצופים מאלו הי' פרצופים לקח י' כתרים וכל כתר כלול מי' הרי ק' כתרים מאלו הב' פרצופי' כי מב' פרצופי' אבא ואמא לא לקח כי לא לקח אותם רק מרע"ה ואלו הי' כתרים נקראו חלתו של עולם

נוטריקון מעי"ל כבו"ד לבו"ש גאוה כת"ר מלכות כי בשעה שהמליך אותו הקדוש ברוך הוא מלך הכבוד חלק לו כבוד

גלא עמיקתא

והנה "מטטרון שר הפנים" בא"ת ב"ש "יננגפט בג צוטמי" גימ' (362) "יום כפור" דהוא בחינת משה רבנו שהיה מכפר על ישראל, והוריד לוחות שניות ביוה"כ.

פשוט וא"ת ב"ש גימ' (1362) ו' פעמים "ברכה" (227) דהיינו "ברכה" בכל הו"ק – ויורדת הברכה דרך היסוד יוסף הצדיק למלכות.

ונביא לשון הפרקי היכלות דמביא רבינו, וזה לשונו הקדוש:

א"ר ישמעאל אמר לי מטטרון מלאך שר הפנים מתוך אהבה שאהב אותי הקב"ה יותר מכל בני מרומים עשה לי לבו"ש של גאוה שכל מיני מאורות קבועים בו והלבישני ועשה לי מעי"ל כבו"ד שכל מיני תאר זיו הדר קבועין בו.

והעטני ועשה לי כתר מלכות שקבועין בו ארבעים ותשע אבני תאר כאור גלגל החמה שזיוו הולך בארבע רוחות ערבות רקיע ובשבעה רקיעים ובארבע רוחות העולם וקשר על ראשי וקראני הקטן בפני כל פמליא שלו שבמרום שנאמר כי שמי בקרבו (שמות כ"ג,כ"א). עד כאן לשון הזהב של פרקי היכלות.

ואלו נשארו הק' כתרים באד"הר ז"ש בזוהר אדה"ר נטל ממין זיהרא עילאה ולא נשאר בו רק בחינת הנפש לבד ז"ש ואשמה הנפ"ש ההיא שהיא בחי' ה' ז"ס (תהלים קלט) אחור וקדם צרתני ותשת עלי כפכה שלמדו רז"ל שהמעיטו על כ"ף אמה מנין ק' ונרמז בכף שהיה ראוי להיות ק"ך להחזיק ו' אלפים של עולם רק שלא זכה לאלו הב' רק משה רבינו בנתינת התורה זכה לכת"ר אותיות יו"ד דברות עשרה עשרה הכף לכן אמר במדרש (משלי כט) איש תרומות יהרסנה אדה"ר שהיה חלתו של עולם ולכן נקראת חלה תרומה לפי שהיה תרי ממאה וז"ס שאמר ראשית עריסותיכם על אדה"ר שהיה חלתו של עולם הוא הראשון כעריסה בעולם הוא חלה תרימו תרומה שהוא נעשה באיבריו תרי ממאה מתחילה אמר בבואכם אל הארץ אשר אני מביא אתכם שמה שאז זכו לזיהרא דחכמתא באכלכם את לחם שמדבר על לחמה של תורה ומאן שזכה זכה לנשמתא קדישא תרימו תרומה לי"י כמו שהתרומה הוא תרי ממאה לי"י כי חמשים שערי בינה העליונים נמסרו למשה מסיני נתן הקב"ה לנו מ"ט חלקים ולעצמו נטל רק שער החמשים הרי לא לקח הקב"ה לעצמו רק ב' וכן בענין התפלה ובק"ש מ"ט אתוון יהודא דבקר מ"ט אתוון ערב וכן בג"ח אמר יעקב עשר אעשרנו לך תרין עישורין מעשר ראשון מעשר שני וכן נותנין לכהן עין בינוני א' מנ' ומה שנותן עין יפה א' ממ' ועין רעה א' מס' כי מצינו שהקפידה תורה על חומש וחמשיתו יוסף עליו וכן הנהנה מן ההקדש מוסיף חומש ומכח זה מוסיף כח יפה ומגרע כח רעה חומש וכן המבזבז אל יבזבז יותר מן החומש לכן תג על אות ה' של חלה והנה שפיר נסמכה פרשה זו למרגלים כי המרגלים חטאו חטא של אדה"ר כ"ש והימים ימי בכורי ענבים חטא (דברים לב) ענבימו ענבי ראש אשכלת מרורות למו הוא אדה"ר שחוה סחטה ענבים והביאה לו לכן ס' של ויהס כלב גדולה כי ס' של ס"מ סטן היה ביניהם וגרמה להם כל זה ז"ש ויב"א ע"ד חברו"ן בגי' שט"ן בא ובלבל אותם וז"ש והמתה אותם כאיש א' על אדה"ר קאמר שחטאו חטא של אדה"ר ועתה יגדל נא עתה כאשר עשה לאדה"ר שאמר ביום אכלך ממנו מות תמות ועשה מיום א' אלף שנה כן עתה י"י ארך אפים והשיב הקב"ה סלחתי כדבריך להאריך ג"כ אך שא"א להאריך על מ' אלפים שנה ואולם חי אני לעולם ר"ל אני חי וקיים לעד אבל כל העולם אינו רק ו' אלפים שנה לכן אמר יום לשנה יום לשנה.

בג' אלו שנרמזין במלת מל"ך. ולפי שמשה שהוא סוד [ד]מטטרון שר הפנים [מש"ה ראשי תיבות מטטרו"ן שר

גלא עמיקתא

וכנודע [ה]מטטרו"ן גימ' (314) שד"י – דשמו כשם רבו בחושבן [כמ"ש הנה אנכי שולח מלאך לפניך וכו' כי שמי בקרבו (שמות כ"ג,כ"א) ודרשו חז"ל (סנהדרין לח:) [ו]זהו מטטרו"ן ששמו

[ד] **זוהר חדש - תורה - בראשית - פרשת לך לך דף מ עמוד ב:** א"ר יהודה ת"ח אין לך בכל לילה ולילה שאינו אוחז מטטרו"ן שר הפנים כל נשמתן של ת"ח העוסקים בתורה לשמה ומראה אותן לפני הקדוש ברוך הוא וממתינים מלאכי השרת ודוממים מלומר שירה עד שיתכנפו נפשות הצדיקים עמהם (ויאמרו) [ויזמרו] ביחד לאל עליון שנאמר הנצנים נראו בארץ אלו העוסקים בתורה לשמה. עת הזמיר הגיע אז הוא עת לזמר לבוראם ביחד וקול התור נשמע בארצנו זה מטטרו"ן הבא לאסוף נשמתן של צדיקים לזמר ליוצרם בכל לילה ולילה שנאמר יעלזו חסידים בכבוד ירננו על משכבותם. מהו בכבוד א"ר יהודה זה מטטרו"ן. א"ר יעקב בר אידי כל נשמותן של צדיקים נגזרו מתחת כסא הכבוד לנהג את הגוף כאב הנוהג (נ"א המנהיג) את הבן. כי בלתי הנשמה לא יוכל הגוף להתנהג ולא לדעת ולעשות רצון בוראו דהא א"ר אבהו הנשמה היא מורה ומלמדה לאדם ומחנכתו כל דרך ישר ובשעה ששולח הקדוש ברוך הוא אותה ממקום הקודש מברך אותה בשבע ברכות הה"ד ויאמר ה' אל אברם זו היא הנשמה שהיא א"ב ללמד את הגוף ור"ם עליו שממקום רם ונשא באה. ומה אומר לה לך לך מארצך וממולדתך מדירתך וממקומך ומהנאתך. ומבית אביך א"ר יעקב זו היא אספקלריא המאירה. אל הארץ אשר אראך כלומר לגוף פלוני לגוף קדוש לגוף ישר ועם כל דא ואברכה מברכיך אותם הנוהגים עמך מדות טובות מדות ישרות אותם המברכים אותי בשבילך ואומרים כל זמן שהנשמה בקרבי מודה אני לפניך ה' אלהי. ומקללך אאור אותם המקללים אותך ומקלקלים מעשיהם ודרכיהם. [ה] **ספר אמרי נועם - לשמיני עצרת:** כי שם שד"י רומז במט"ט [עיין בזוהר ח"ג (ברע"מ) דף רנח.] הממשיך טיפת החסד בסוד הגשמים, והוא שר העולם. על כן בנוסח של 'יהי כבוד' המה נרמזים הנהו שש פעמים שד"י שהוא שמא גליפא דתמני סרי אתוון להוריד טיפת הגשמים, ור"ת הם פור"ת, העולה ב' פעמים גש"ם בבחינת מיין נוקבין מיין דוכרין המתייחדין בעת תפלת הגשם, כמאמרם ז"ל אין טפה יורדת מלמעלה וכו' [עיין בזוהר ח"ג פרשת פינחס דף רמז ע"ב]. והס"ת הם תר"ך לתקן כת"ר לנוקבא, כנודע מכוונות שמיני עצרת לתקן כת"ר דרחל [עיין בסידור ר' קאפיל ח"ב דף קע ע"ב], והוא על ידי המשכות טפת החסד בסוד שמא גליפא דתמני סרי אתוון, בחינת שד"י כנ"ל. ועל כן "שר העולם אמרו", הוא מטטרו"ן העולה שד"י כנודע [עיין בזוהר ח"ג (ברע"מ) דף רלא.]. וידוע דברי המקובלים לכוון בששה הקצוות של הסוכה למספר שמות העולים שד"י במילואו, עיי"ש [בסידור ר' אשר דף שעט.]. [ו] **תלמוד בבלי מסכת סנהדרין דף לח עמוד ב:** אמר רבי יוחנן: כל מקום שפקרו המינים תשובתן בצידן, נעשה אדם בצלמנו (ואומר) ויברא אלהים את האדם בצלמו. הבה נרדה ונבלה שם שפתם - וירד ה' לראת את העיר ואת המגדל. כי שם נגלו אליו האלהים. - לאל העונה אתי ביום צרתי. כי מי גוי גדול אשר לו אלהים קרבים אליו כה' אלהינו בכל קראנו אליו ומי כעמך כישראל גוי אחד בארץ אשר הלכו אלהים לפדות לו לעם. עד די כרסון רמיו ועתיק יומין יתיב. הנך למה לי? - כדרבי יוחנן, דאמר רבי יוחנן: אין הקדוש ברוך הוא עושה דבר אלא אם כן נמלך בפמליא של מעלה, שנאמר בגזרת עירין פתגמא ובמאמר קדישין שאלתא. התינח כולהי, עד די כרסון רמיו מאי איכא למימר? - אחד לו ואחד לדוד, דתניא: אחד לו ואחד לדוד, דברי רבי עקיבא, אמר לו רבי יוסי: עקיבא! עד מתי אתה עושה שכינה חול? אלא: אחד לדין ואחד לצדקה. קבלה מיניה או לא קבלה מיניה? - תא שמע, דתניא: אחד לדין ואחד לצדקה, דברי רבי עקיבא, אמר לו רבי אלעזר בן עזריא: עקיבא! מה לך אצל הגדה? כלך אצל נגעים ואהלות! אלא: אחד לכסא, ואחד לשרפרף. כסא - לישב עליו, שרפרף - להדום

הפנים] ולכן לא זכה רק למ"ט שערי בינה לפי שבכתר מלכות של מטטרון שקבע הקדוש ברוך הוא על ראשו לא קבע

גלא עמיקתא

כשם רבו ועיין [ז]בפרש"י על הפסוק]. ושד"י הוא נוטריקון "לבוש כבוד מעיל" גימ' (520) "משיח בן דוד עבדך"– והוא מלך המשיח ולכן הוא בראשי תיבות מל"ך המשי"ח גימ' (453) "אדם חוה דוד שלמה". ובאור הענין דדוד תקונא דאדם כדאיתא בזוה"ק (וישלח קסח.) [ח]דאדם יהב ליה ע' שנין מדיליה, ושלמה תקון חוה דלקח לו אלף נשים ([ט]עיין בסוגיא בבא מציעא דף פו:) לתקן חטא דחוה.

[1]ואמרינן בבמה מקומות: "דויד – שלמה" גימ' (399) "אלף זעירא" והוא נוטריקון שם ש–די ש"ד ראשי תיבות שלמה דוד,

1. באור שיר השירים פרק א' פסוק י"ד: ואיהו פסוקא י"ד גימ' דוד אבי שלמה- ויש לקשרו להאי חבורא יקירא על א' זעירא: "דויד שלמה" גימ' (399): "אלף זעירא", וכן בפסוקא כי לקח טוב וכו' אל תעזבו- תיבה אחרינא "תעזבו" גימ' (485): "תהלים" ספרא קדישא דדוד מלך ישראל. ויה"ר דנזכה בב"א לגלוי משיח צדקנו בגאולה האמיתית והשלמה בב"א כדדרשו חז"ל שיר השירים אשר לשלמה מלך שהשלום שלו בעגלא ובזמן קריב אמן.

רגליו. אמר רב נחמן: האי מאן דידע לאהדורי למינים כרב אידית - ליהדר, ואי לא - לא ליהדר. אמר ההוא מינא לרב אידית: כתיב ואל משה אמר עלה אל ה', עלה אלי מיבעי ליה! אמר ליה: זהו מטטרון, ששמו כשם רבו, דכתיב כי שמי בקרבו. - אי הכי ניפלחו ליה! - כתיב אל תמר בו - אל תמירני בו. - אם כן לא ישא לפשעכם למה לי? - אמר ליה: הימנותא בידן, דאפילו בפרוונקא נמי לא קבילניה, דכתיב ויאמר אליו אם אין פניך הלכים וגו'. אמר ליה ההוא מינא לרבי ישמעאל ברבי יוסי: כתיב וה' המטיר על סדם ועל עמרה גפרית ואש מאת ה', מאתו מיבעי ליה! - אמר ליה ההוא כובס: שבקיה, אנא מהדרנא ליה, דכתיב ויאמר למך לנשיו עדה וצלה שמען קולי נשי למך, נשיי מיבעי ליה! אלא: משתעי קרא הכי, הכא נמי - משתעי קרא הכי. - אמר ליה: מנא לך הא - מפירקיה דרבי מאיר שמיע לי. דאמר רבי יוחנן: כי הוה דריש רבי מאיר בפירקיה הוה דריש תילתא שמעתא, תילתא אגדתא, תילתא מתלי. [ז] **רש"י שמות פרק כג פסוק כא:** כי שמי בקרבו - מחובר לראש המקרא, השמר מפניו כי שמי משותף בו, ורבותינו אמרו זה מטטרו"ן ששמו כשם רבו. מטטרו"ן בגימטריא שדי. [ח] **זוהר - בראשית - פרשת וישלח דף קס"ח ע"א:** ר"ש אמר הא אתמר דדוד מלכא עד לא הוה לא הוו ליה חיים כלל בר דאדם קדמאה יהב ליה שבעין שנין מדיליה וכך הוה קיומיה דדוד מלכא שבעין שנין הוו, וקיומא דאדם קדמאה אלף שנין חסר שבעין, אשתכחו בהני אלף שנין קדמאי אדם הראשון ודוד מלכא, פתח ואמר (תהלים כ"א) חיים שאל ממך נתת לו אורך ימים עולם ועד, חיים שאל ממך דא דוד מלכא דהא כד ברא קודשא בריך הוא גנתא דעדן אטיל ביה נשמתא דדוד מלכא ואסתכל ביה וחמי דלית ליה חיים מדיליה כלום וקיימא קמיה כל יומא כיון דברא אדם הראשון אמר הא ודאי קיומיה ומאדם קדמאה הוו שבעין שנין דאתקיים דוד מלכא בעלמא, תו אבהן שבקו ליה מחייהון כל חד וחד, אברהם שבק ליה וכן יעקב ויוסף, יצחק לא שבק ליה כלום בגין דדוד מלכא מסטריה קא אתא, ודאי אברהם שבק ליה חמש שנין דהוה ליה לאתקיימא מאה ותמנין שנין ואתקיים מאה ושבעין וחמש שנין חסרין חמש. [ט] **תלמוד בבלי מסכת בבא מציעא דף פו עמוד ב:** ומעשה נמי ברבי יוחנן בן מתיא. שאמר לבנו צא שכור לנו פועלים, הלך ופסק להן מזונות. וכשבא אצל אביו אמר לו: בני, אפילו אתה עושה להן כסעודת שלמה בשעתו לא יצאת ידי חובתך עמהן, שהן בני אברהם יצחק ויעקב. למימרא דסעודתא דאברהם אבינו עדיפא מדשלמה? והכתיב ויהי לחם שלמה ליום אחד שלשים כר סלת וששים כר קמח, עשרה בקר בראים ועשרה בקר רעי ומאה צאן לבד מאיל וצבי ויחמור וברברים אבוסים! ואמר גוריון בן אסטיון משמיה דרב: הללו לעמילן של טבחים, ורבי יצחק אמר: הללו לציקי קדירה. ואמר רבי יצחק: אלף נשים היו לשלמה, כל אחת ואחת עשתה לו בביתה כך. מאי טעמא? זו סבורה: שמא אצלי

הקדוש ברוך הוא רק מ"ט אבני היקר. וזה נרמז בזה הפסוק ויקר אל משה שקבע הקדוש

גלא עמיקתא

ועם י' דכתיב דויד מלא [כגון בדברי הימים "ויברך דויד את ה' לעיני כל הקהל" (דה"א כ"ט,י')] א"נ ש' דשלמה למש"ה דאתכליל מתלת אבהן קדישין, י"ד מדוי"ד והוא עצמו חושבן (14) דו"ד.

והנה קבע לו הקב"ה למט"ט מ"ט אבנ"י יק"ר בכתר מלכותו– ולכן זכה משה למ"ט שערי בינה [כמ"ש (ראש השנה כא:) [י]חמשים שערי בינה נבראו בעולם וזכה משה לכולן חסר א' – והיינו מ"ט שערים] כל שער לקביל אבן יקר אחת דמט"ט.

וזהו: מ"ט פעמים "אבן יקר" (363=המשיח) גימ' (17787) י"א פעמים "אלף ותורה" (1617) והוא לקביל י"א כתרין דמסאבותא.[יא]2

סועד היום, וזו סבורה: [שמא] אצלי סועד היום. ואילו גבי אברהם כתיב ואל הבקר רץ אברהם ויקח בן בקר רך וטוב, ואמר רב יהודה אמר רב: בן בקר - אחד, רך - שנים, וטוב - שלשה! - התם תלתא תורי לתלתא גברי, הכא - לכל ישראל ויהודה, שנאמר יהודה וישראל רבים כחול אשר על (שפת) הים. מאי ברבורים אבוסים? אמר רב: שאובסים אותן בעל כרחן. ושמואל אמר: שאבוסים ועומדים מאליהם. ורבי יוחנן אמר: מביאין תור ממרעיתו בדלא אניס, ותרנגולת מאשפתה בדלא אניסא. אמר רבי יוחנן: מובחר שבבהמות - שור, מובחר שבעופות - תרנגולת. אמר אמימר: זגתא אוכמתא בי בטניתא, דמשתכחא ביני עצרי, דלא מציא פסיא קניא. [י] **תלמוד בבלי מסכת ראש השנה דף כא עמוד ב**: מאי משמע דהאי עליל לישנא דמיגלי הוא? אמר רבי אבהו: אמר קרא אמרות ה' אמרות טהרות כסף צרוף בעליל לארץ מזקק שבעתים. רב ושמואל, חד אמר: חמשים שערי בינה נבראו בעולם, וכולן ניתנו למשה חסר אחד, שנאמר ותחסרהו מעט מאלהים. בקש קהלת למצא דברי חפץ, בקש קהלת להיות כמשה, יצתה בת קול ואמרה לו: וכתוב ישר דברי אמת ולא קם נביא עוד בישראל כמשה. וחד אמר: בנביאים - לא קם, במלכים - קם, אלא מה אני מקיים בקש קהלת למצא דברי חפץ - בקש קהלת לדון דינין שבלב, שלא בעדים ושלא בהתראה, יצתה בת קול ואמרה לו: וכתוב ישר דברי אמת - על פי שנים עדים וגו'. [**יא**] **אגרא דכלה בראשית פרשת לך לך**: ויאמר עוד, ונברכו ב"ך בגימטריא תק"ב בהחשב הך' רבתי דאותיות מנצפ"ך לת"ק כנודע, כמו מניץ

2. הקדמת הזוה"ק - רבי שמעון פתח הנצנים נראו בארץ: הנה בתחלת הזוה"ק- רבי שמעון פתח- "הנצנים נראו בארץ" (שה"ש ב',י"ב) גימ' (795) "שושנה בין החוחים" (שה"ש ב',א'), וכמ"ש לעיל אופן ע' "כשושנה בין החוחים" גימ' (820) "ואהבת לרעך כמוך" וזהו פתח רבי שמעון "ריש בית יוד, שין מם עין ויו נון" גימ' (1640) ב"פ "ואהבת לרעך כמוך", והוא ג"כ גימ' "רבי חזקיה" במלוי כמ"ש שם.

ומפרש רשב"י הק' כל הפסוק על ששת ימי בראשית, והנה כל הפסוק דהיינו (שה"ש ב',י"ב) "הנצנים נראו בארץ עת הזמיר הגיע וקול התור נשמע בארצנו" גימ' (3177) ט"פ (353) "סוד ה' ליראיו" (תהלים כ"ה,י"ד), וזהו דרשב"י מבקש לגלות לנו כאן סוד וכו', והפסוק כנ"ל גימ' (3177) י"א פעמים "א' זעירא" (289) עם ב' כוללים, והוא לקביל ולהכניע הני י"א כתרין דמסאבותא, ובקדושה (ס"י) י' ולא ט' ולא י"א, שכן י' במ"ק א' והוא אלופו של עולם, ובקלי' י"א במ"ק ב' ובלשון תרגום תנינא דהיינו תנין הה"ד (תהלים ע"ד) "שברת ראשי תנינים על המים" גימ' (2148) "זרעים מועד נשים נזיקין קדשים טהרות" והן ו' סדרי משנה לקביל ו"ק דקדושה, משברים לו"ק בחי' דקלי', וכידוע "תלמוד" עולה גימ' "לילית", וזהו דרשב"י הק' בחבורו הזוה"ק דהוא פנימיות התורה משבר את פנימיות הקלי', והאי פסוקא "שברת ראשי תנינים על המים" גימ' (2148) ד"פ "אל דעות הוי'" (537) (ש"א ב',ג') והוא כנגד חו"ב חו"ג ד' מוחין דקלי' ולהכניעם בשרשם [וכמ"ש לעיל בענין רבי חנינא בן דוסא].

וזהו דאמר רשב"י (הקדמת הזהר א:) וזלשה"ק

"הנצנים" דא עובדא דבראשית, "נראו בארץ" אימתי ביום השלישי דכתיב ותוצא הארץ, "עת הזמיר הגיע" דא יום רביעי דהוה זמיר עריצים מארת חסר, "וקול התור" דא יום חמישי דכתיב ישרצו המים וכו' למעבד תולדות, "נשמע" דא יום ששי דכתיב נעשה אדם דהוה עתיד למקדם עשיה לשמיעה, "בארצנו" דא יום שבת דאיהו דוגמת ארץ החיים. ונבארו כך לקשרו לאלף זעירא דויקרא, כאמרם בעשרה מאמרות נברא העולם- ויאמר היינו ויקרא- והנה הוא הפלא ופלא דברי הזוה"ק- "עובדא דבראשית" בגימ' (1000) היינו ה א' זעירא דויקרא רמיזא לאלף אורות דמשה וכו', וכאשר נוסיף "ותוצא הארץ" (799) גימ' (1799) "שמא דקודשא בריך הוא ושכינתיה", וביום רביעי "מארת חסר" גימ' (909) "ימינך תרעץ אויב" הוא עניין זמיר עריצים דאמר רשב"י התם, ונוסיפו לכל הקודמים כך "עובדא דבראשית, ותוצא הארץ, שמא דקודשא בריך הוא ושכינתיה, מארת חסר" סליק לחושבן (2708) דאמרינן ביוה"כ "ותשובה ותפלה וצדקה מעבירין את רע הגזרה", וממשיך ביום חמישי ואומר "למעבד תולדות" גימ' (992) "מי ידמה לך ומי ישוה לך ומי יערך לך" דאמרינן בתפלה- והוא דכל עניין התולדות הוא להמשיך לפאר ולהלל לו ית' עד ביאת משיח צדקנו בב"א, ונוסיפו לכל הנ"ל סליק לחושבן (3700) ק"פ "הבל" דאמר קהלת ז' הבלים לקביל ז"ת, וכאן עולים ק"פ "הבל" לקביל כתר, דהן כללות ההבלים דנבראו בכל העולמות, בהאי פסוקא "הבל הבלים אמר קהלת הבל הבלים הכל הבל" סליק (1116) "בראשית ברא". ולקביל יום ששי אומר רשב"י "להקדים עשיה לשמיעה" גימ' (1054) "לשם יחוד קודשא בריך הוא" ע"ה גימ' עם

ברוך הוא אבני יקר ולכן א' זעירא שהיו חסרים מן נ' שערי בינה א' ונשארו רק מ"ט.

שנות האבות, והנה כתוב אצלינו בפסוק תהלת ד' ידבר פי ויברך כל בשר [תהלים קמה כא], דהנה אמרו רז"ל חייב אדם לבסומי בפוריא עד דלא ידע בין ארור המן לברוך מרדכי [מגילה ז ב], והנה כתבו התוס' דלא ידע לחשוב החשבון כי המספר שוה ארו"ר המ"ן, ברו"ך מרדכ"י, כל אחד בגימטריא תק"ב, והנה כתב האר"י ז"ל להיות המן ובניו הם י"א כתרין דמסאבותא, ושם גם כן גנוז ניצוץ הק' המחיה את כולם, וצריכין אנחנו להחיות את ניצוץ הק' הלז, ואם כן צריכין אנחנו לומר בדרך השילוח גם לשם ברוך, אך אי אפשר לומר כן בדיעה מיושבת, כי הנה הוא מברך הקליפה, וצריך לומר זה בלא דעת רק בשכרות. והנה ברו"ך מרדכ"י שהוא בגימטריא בש"ר קודש (וידוע דבחינת היסוד נקרא כל בשר [תיקו"ז מ"א ע"ב] והבן), ובהיפך בסט"א ארו"ר המ"ן בגימטריא בש"ר טמא, ולעתיד במהרה בימינו ימלא כבוד השם את כל הארץ, והניצוצות הקדושות שבקליפות יתפרדו ויוכללו בקדושה והס"א תתבטל, ואז תהלת השם ידבר פי, דיבור ממש בדיעה שלימה, ויברך כל בשר שם קדשו, והבן כי אי אפשר להרחיב הביאור בזה. וכמנין זה היו שני חיי האבות, להיותן עיקר היחוד בעולם, וזה יבואר ונברכו מלשון הברכ"ה, ב"ך כמנין תק"ב בהחשב הך' לת"ק בגימטריא דאי"ק בכ"ר שהוא בגימטריא בש"ר, כל משפחות האדמה אפילו מה שהוא בבחינת אדמה תוקף הדין של הקליפות יתבטל, רק מה שהוא משפחות האדמה, ר"ל שמחובר לאדמה היינו הניצוץ המחיה, משפחות לשון חיבור מלשון ונספחו על בית יעקב [ישעיה יד א] יוכללו בקדושה על ידי זרע אברהם אוהבו.

הקודמים (4754) ב"פ "ושמרתם את משמרתי" (2377), וכמו שדרשו חז"ל עה"פ "נר ה' נשמת אדם" [גימ' (1111) אלף אל"ף] שלי אצלכם (התוה"ק) ושלכם אצלי (הנשמה) אם אתם משמרין את שלי אני משמר את שלכם, ואם אין אתם משמרין את שלי אין אני משמר את שלכם וכו', ולכן הוא ב"פ- לקביל הני ב' שמירות. ומסיים רשב"י הק' לקביל שבת "דאיהו (גימ' הוי') דוגמת ארץ החיים" גימ' (843) "הרחמן הוא ימלך עלינו לעולם ועד" כמ"ש בברכה רביעית דברכת המזון לקביל האלף השביעי- דכולו שבת, דפותח בשם ומלכות ואינו חותם- דלאחריו האלף השמיני תחית המתים וכו'. וחותמים את ברהמ"ז במלים "ברוך הגבר אשר יבטח בה' והיה ה' מבטחו" (ירמיהו י"ז,ז') גימ' (1113) אלף אל"ף עם ב' הכוללים וכנ"ל גימ' "נר ה' נשמת אדם" דיתגלה לעתיד לבא בתחית המתים וכו'. ועם ו' הקודמים גימ' (5867) דהוא מס' ראשוני [י"ג מהאי גיסא ו-י"ג מהאי גיסא- יחד גימ' (26) שם הוי' ב"ה, וכן הוא המספר הראשוני ה-772 גימ' "משה רעיא מהימנא" ומרומז בפסוק הנ"ל נר ה' נשמת אדם וזהו משה כמ"ש (במדבר י"ב,ג')

גלא עמיקתא

ובאור הענין הוא דהתורה מבררת וממתקת אותם כדכתיב כולהו בחכמה אתברירו [עיין בבעל שם הטוב על התורה סוף פרשת פינחס (אות ז') שכותב להבין סוד ענין דברי הזוה"ק הכל בחכמה אתברירו עיין שם בהגהת מקור מים חיים ומקורו [יב] בזוה"ק פרשת שמות דף כ' ע"א] ולכן נרמזין בתיבת ויקר אל משה לקביל אבני יקר וכו' והיא א' זעירא דחסרה לו אבן אחת להשלים ל-נ' שערי בינה.

ונעביד חושבן נ' פעמים "אבן יקר" (363) סליק לחושבן (18150) י"א פעמים י"א פעמים ק"ן (150) נהורין דאיכא בז"א (ובא"א הן ש"ע נהורין) בסוד כע"ס [יג] עיין פתחי שערים נתיב גדלות דז"א)

[יב] זוהר שמות פרשת שמות דף כ עמוד א: ומשה היה רועה את צאן יתרו חותנו כהן מדין, רבי שמעון פתח (שיר ב) דודי לי ואני לו הרועה בשושנים, אר"ש אוי להם לבריות שאינם משגיחים ואינם יודעים בשעה שעלה במחשבה לפני הקדוש ב"ה לברא עולמו כל העולמות עלו במחשבה אחת ובמחשבה זו נבראו כולם הדא הוא דכתיב (תהלים קד) כלם בחכמה עשית, ובמחשבה זו שהיא החכמה נברא העולם הזה והעולם של מעלה, נטה ימינו וברא העולם של מעלה, נטה שמאלו וברא העולם הזה הדא הוא דכתיב (ישעיה מח) אף ידי יסדה ארץ וימיני טפחה שמים קורא אני אליהם יעמדו יחדו, וכלם ברגע אחת (ובשעה אחת נבראו) ועשה העולם הזה כנגד העולם של מעלה וכל מה שיש למעלה כדוגמתו למטה, וכל מה שיש למטה כדוגמתו בים והכל אחד, ברא בעליונים המלאכים ברא בעוה"ז בני אדם ברא בים לויתן כמה דאת אמר (שמות לו) לחבר את האהל להיות אחד, כתיב באדם (בראשית ט) כי בצלם אלהים עשה את האדם וכתיב (תהלים ח) ותחסרהו מעט מאלהים, אי בני נשא יקירין (נ"א בעובדוי) בעובדייהו כל האי ואינון מתאבדין (מטפה) מעפר דבירא במה אתיין לשאבא מניה ובחר בעליונים ובחר בישראל לעליונים לא קרא בנים לתחתונים קרא בנים הדא הוא דכתיב (דברים יד) בנים אתם לה' אלהיכם, הוא קרא להם בנים והם קראו לו אב דכתיב (ישעיה סג) כי אתה אבינו וכתיב דודי לי ואני לו, הוא בחר בי ואני בחרתי בו, הרועה בשושנים הוא רועה בשושנים אף על פי שהקוצים סביב להם ואין אחר יכול לרעות בשושנים כמותו, ד"א הרועה בשושנים מה שושן זה הוא אדום ומימיו לבנים כך הקדוש ברוך הוא מנהיג עולמו ממה"ד למה"ר, וכתיב (שם א) אם יהיו חטאיכם כשנים כשלג ילבינו, רבי אבא הוה אזיל באורחא והוה עמיה רבי יצחק, אדהוו אזלי פגע באינון ורדים נטל חד רבי אבא בידוי והוה אזיל, פגע בהו רבי יוסי אמר ודאי שכינתא הכא ואנא חמינא בידוי דרבי אבא למילף חכמתא סגיאה דהא ידענא דרבי אבא לא נטל האי אלא לאחזאה חכמתא, אמר רבי אבא תיב ברי תיב, יתבו, ארח רבי אבא בההוא ורדא אמר ודאי אין העולם מתקיים אלא על הריח דהא חזינא דלית נפשא מתקיימא אלא על ריחא ועל דא הדס במוצ"ש. **[יג] ספר פתחי שערים לרי"א חבר נתיב גדלות דז"א פתח ז':** הארת הנה"י החדשים מן האחורים דז"א: הארת הנ"י החדשים בז"א היא על מנת להגן על התחתונים מפני

"והאיש משה ענו מאד מכל האדם אשר על פני האדמה"] וזהו דכתיב (שמות כ"ה,ל"א) "מקשה תיעשה המנורה" גימ' (1536) ו"פ "חרן" (258) עניין המינים וכדדרשו חז"ל על הפסוק בסוף פרשת נח "וימת תרח בחרן" נ' הפוכה לומר לך עד אברהם חרון אף של מקום היינו שלא האמינו בה' כמ"ש אברהם ראש למאמינים וכו', וכתיב "תיעשה המנורה" ופרש"י מאליה, וכן כתיב "ששת ימים תיעשה מלאכה" (שמות ל"ה) ג"כ פרש"י מאליה, דהכל בסייעתא דשמיא ונותן לנו השי"ת לחשוב שאנו עושים המלאכה, עד ח"ו אפילו למצב של כחי ועצם ידי וכו', והוא ית' ארך אפיים וסלחן וממתין עד שנשוב אליו בתשובה שלמה- וכן יעזרנו בגלות הקשה האחרון לשוב בתשובה שלמה ויהי רצון דנזכה לאלפא תמינאה גאולה האמיתית והשלמה וביאת משיח צדקנו, במהרה בימינו אמן.

קצור: א' זעירא רמיזא דהכל מאתו ית' ונותן לנו לחשוב שאנו פועלים, וכאמרם (חולין ז:) אין אדם נוקף אצבעו מלמטה אלא אם כן מכריזין עליו מלמעלה וכו'.

גלא עמיקתא

פתח ז') דכפלינן י"א פעמים י"א פעמים דמכה מכה ניצחת ב-י"א בחינות הקלי' ומאבידם כדכתיב (במדבר כ"ד,כ') "ראשית גויים עמלק ואחריתו עדי אבד".

ובלשון קדשו של המגלה עמוקות דמסיים להאי אופן: "ולכן א' זעירא שהיו חסרים מן נ' שערי בינה א' ונשאר רק מ"ט" גימ' (2728) ד' פעמים "י-ה-ו-ה" במלוי ומלוי דמלוי יודין (682).

קטרוג הסט"א בעת שהתחתונים מטיבים את מעשיהם, ולכן עמידת הנה"י החדשים דתבונה היא דוקא באחוריים של הז"א, ששם היא עמידתו של הסט"א. טעם נוסף הוא על מנת שתוכל אימא להסתכל בפני הז"א כאשר תכופף את ראשה כלפיו. ענין כפיפת ראש אימא הוא סוד הארת פנים לנבראים בדרך חיבה יתירה, בעת שמעשיהם מתוקנים. הנהגת הז"א שעיקרו הוא דינים, היא להנהיג את העולם בדין גמור ולא לוותר כלל. אמנם, בזמן של גדלות דמוחין אף דינים אלו מתבסמים, ונהפך הדין לרחמים. לכן צריך אז לדחות את הסט"א ולא ליתן לו הארת פנים לקטרג, ודחיה זו נעשית ע"י הארת פני אימא בפנים של הז"א. אימא עומדת באחורים של הז"א, על מנת שתוכל להסתכל בפני הז"א כאשר היא כופפת את ראשה להביט בו, ואז הגבורות של הז"א מתבסמים על ידה. עניין דחית הסט"א מן הקדושה נרמז מן הפסוק "ותעבור המנחה על פניו" שאמרו יעקב אבינו בפגישתו עם עשיו אחיו. המילה מנח"ה היא בגימטריא ס"ג ומ"ה הרומזים על חיבור אימא (ס"ג) עם הז"א (מ"ה), והמילים "על פניו" רומזים על הארת פני אימא בפני הז"א, ומשום כך אמר יעקב כשניצל מיד אחיו "וכי יש לי כל": עוד יש טעם אחר למה שהנה"י החדשים אלו נכפפים באחוריים דז"א, כדי שתוכל אימא להסתכל בפניה בפני ז"א כאשר תכפוף ראשה. אבל אם היו מתפשטים דרך הפנים, אז היתה עומדת נגד פניו, וכשתכפוף ראשה היתה מסתכלת דרך אחוריו: וזה ענין עמוק מאד בדרכי ההנהגה, שכבר נתבאר שנה"י החדשים האלו עניינם להגין על ז"א באחוריים שלו, שהם המאורות שאינם מאירים לנבראים בחיבה וגילוי פנים, אלא בדרך זעף והסתרת פנים שבעבור זה נמצא תוקף לסט"א, להאי רצועא בישא, לתבוע דין ולגרום חושך במאורות אלה המשפיעים לעולם. וכן נמצא הארה מנה"י אלו בסוד תבונה עצמה שהיא מנושאת מדרכים אלו, ממקום שתמיד יש שם אהבה וחיבה, ועי"ז נדחים החיצונים מלקטרג.

ובמה שהאחורים מתבסמין ע"י הנה"י, מתגלה חיבת המאורות העליונים להאיר בפנים דז"א בדרך חיבה יתירה, בסוד יאר ה' פניו אליך, והוא כפיפת קומת אימא להסתכל בפניה בפנים דז"א, שמתלהטים אור הפנים דז"א ע"י אור הפנים דאימא: והוא סוד גילוי המחשבה כמ"ש בכמה מקומות, שהפנים עשוי לגלות מחשבה הפנימיית כמו שאנו רואים באדם, שכל מה שנכלל במדות פנימיות של הגוף ניכרים המה בפנים שלו אם הוא בזעף או ברצון, שבפנים מאיר הזיו שהוא בוקע מאור המוחין שבפנים, והם סוד ש"ע נהורין של הפנים, ושע"ו נהורין בסוד שלו"ם שבא"א שכולו חסדים, ובז"א הוא ק"ן נהורין בפנים שלו בסוד כע"ס, שז"א עיקרו דינים דאיקרי אלהים לקבליה דע"ק, שכל ענייניו להנהיג העולם בדין גמור שלא לוותר כלל, רק ליתן לאיש איש כדרכיו. וכשהתחתונים מתקנים מעשיהם, אז מתמלאים האורות הפנימיות של ז"א ברחמים וחיבה לנבראים כאהבת האב לבנו כאשר הולך בדרך הישר, שאז מראה חיבתו אליו, וניכר שמחתו וחיבתו בפניו בסוד באור פני מלך חיים, ואז גם בז"א יש בפנים שלו שע"ו נהורין בסוד שלו"ם, ומתארך פניו בסוד למען שמי אאריך אפי וגו'. והנה, אז צריך לדחות הסט"א ולא ליתן להם הארת פנים בחיבה, כדרך האב האוהב לבנו שהוא כועס על שונאו ומסתיר פניו ממנו ואין רוצה ליתן לו כח לקטרג עליו: וכן כאן בעת גדלות דז"א שהוא בעת שהתחתונים מטיבים מעשיהם וגורמים תיקונים גדולים שכל המדרגות של ז"א יהיו מתוקנים ומתפשטים בהארה מרובה, אז צריך שהפנים דאימא תגלה חיבתה והארת פניה על פנים דז"א, ולדחות הסט"א האוחז במאורות שמאירים בדרך אחוריים וסילוק, ולחזור פנים מהם: וצריך ג"כ שב' הפנים של אימא ושל ז"א שניהם יאירו למטה לנבראים, ונמצא, שאם אימא היתה פונה בנה"י שלה לנגד פניו, אז היה נסתר הארת פניו דז"א מנגד התחתונים, והיו המאורות של אימא פונה לתחתונים בצד אחוריים שלה, כי אין כח

בתחתונים לקבל הארת אימא עצמה שלא באמצעות מדרגות ז״א כי היא למעלה ממדרגתם, והיה גורם להם ביטול ושבירה והיה צריך אימא להחזיר פניה מהם, וגם היה נסתר הארת פנים דז״א המסוגלים לתחתונים כמדתם. ועי״ז היתה פונה אימא בהארת פניה לצד מאורות של אחוריים דז״א שמשם כח הסט״א, והיינו, שאז היה הקטרוג גדול לומר שאין ראוים להארה הגדולה הזאת, ורוב טובה גורם קלקול למטה, כמ״ש, השפעת לנו רוב טובה אין אנו יכולים לקבל לפי שאינה בהדרגה הראויה, שא״י לקבל מאימא בעצמה רק ע״י ז״א ששם נמדד הכל בשיעור הראוי: וז״ס ברכתו של יעקב שנתברך בסוד ״כל״, שהכ׳ הוא סוד כתר של ז״א, והל׳ הוא המגדל עז שבו ירוץ צדיק ונשגב, והוא כלל כל הברכות, שאז הוא בתכלית גדולתו ושלמותו. וזה אמר יעקב כאשר ניצל מעשו, כמ״ש, כי חנני אלהים וכי יש לי כל, וכתיב, ותעבור המנח״ה על פניו וגו׳ סוד שם ס״ג ושם מ״ה, כי ירידת והליכת יעקב לחרן היה סימן לגלותם של ישראל, שהוא סוד הקטנות שלהם.

ולכן בהליכתו לחרן כתיב, וישכב במקום ההוא ויחלום והנה סלם וגו׳, כי השינה הוא סוד סילוק המוחין למעלה, והוא השינה בגלות, כמ״ש, עורה למה תישן וגו׳, והראה לו השי״ת בחלום הגאולה וגדולתם של ישראל וסילוק אלהים דמוחין דקטנות עד היסוד שבו שע״ז נאמר, והנה סלם מוצב וגו׳, והנה מלאכי אלהים עולים ויורדים בו כמ״ש הרב הקדוש ז״ל, וכתוב, והנה ה׳ נצב עליו, הוא סוד מוחין דהויות דגדלות שהוא בעת הגאולה, שרמז לו גאולתם של ישראל שאז יהיה גמר התיקון, ולכן אז כשחזר מלבן ידע כי בעקבות משיחא אז יתגבר קטרוג יותר, וכמ״ש, והנה הולך לקראתך וגו׳, ולכן שלח לו מנחה כמ״ש, עת אשר שלט האדם באדם לרע לו וגו׳, וכתיב, אם רעב שונאך האכילהו וגו׳, כי גחלים וגו׳ וה׳ ישלימנו לך, ועי״ז נדחה מן הקדושה, והוא בסוד התשובה שאימא פריסת גדפהא עליו, והוא חיבור ס״ג עם מ״ה סוד המנח״ה והסתכלה בפנים דיליה, כמש״ל. וז״ש, על פניו, ואז אמר יש לי כ״ל כמ״ש. והבן:

אופן לב

על זה הדרך צורת הא׳ היא י״ו למעלה י״ו למטה שהם סוד ל״ב נתיבות חכמה שזכה משה לל״ב נתיבות חכמה שבמלכות שהוא א׳ זעירא אבל קודם חטא העגל לבת א״ש א׳ רבתי דהוי קאים בזהירא דחכמתא עילאה וכן קודם מותו אשריך ישראל א׳ רבתי תוסף רוחם יגועון.

אבל בכאן ל״ב נתיבות זעירא זה שכתוב וידבר ה׳ אליו מאוהל מועד דייקא שהיא מלכות שהיא חכמת של שלמה ולכן הוצרך לומר דזמין לאתמשכנא בחוביהו דישראל והשכינה תהיה עמנו בגלות.

וגם א׳ זעירא שנחלקה לל״ב רומזת לסוד נער שהוא כלול י׳ פעמים ל״ב בגי׳ נער בגי׳ היצירה לפי שהוא שר היצירה זה שכתוב וידבר ה׳ מאוהל מועד שמשם נצטוו ישראל להוראה שהם ו׳ סדרים שכן ו׳ סדרים גם כן בגי׳ נער דאיתוקם בהאי שעתא משכנא דהאי נער:

אופן לב

ע"ז הדרך צורת ה-א' היא י"ו למעלה י"ו למטה שהם סוד [א]ל"ב נתיבות חכמה שזכה משה לל"ב נתיבות חכמה

גלא עמיקתא

והוא בכונות האכילה לאר"י הקדוש [עיין [ב]עץ חיים שער כה דרוש ב] יכון לברר הטוב שבמאכל ולברר ניצוצי הקדושה המעורבים בו ע"י חטא אדם הראשון ע"י מחשבה דאבא:

רבוע הוי' דע"ב "יוד - יוד הי - יוד הי ויו - יוד הי ויו הי" גימ' קפ"ד (194)

רבוע הוי' דס"ג "יוד - יוד הי - יוד הי ואו - יוד הי ואו הי" גימ' קס"ו (166)

ותרוויהו חושבן (350) ש"ן- והיא שן א'- ואות א' חלוק לשתים י"ו שיניים עליונים י"ו שיניים תחתונים ויחד הן ל"ב שיניים בסוד ל"ב נתיבות חכמ"ה [עיין [ג]שער הכונות (דרושי העמידה דרוש

[א] ספר יצירה פרק א משנה א: בשלשים ושתים נתיבות פליאות חכמה חקק יה ידוד צבאות אלהי ישראל אלהים חיים ומלך עולם אל שדי רחום וחנון רם ונשא שוכן עד מרום וקדוש שמו וברא את עולמו בשלשה ספרים בספר וספר ספור. [ב] ספר עץ חיים שער כה דרוש ב: לכן יתיר אינון מג' אחרים אך להיותך מגולות ונמתקו לכן לא הוזכרו. ענין הלשון ושפה והשיניים דע כי כבר בארנו כי סוד ה' מוצאות הפה הם סוד ה"ג מנצפ"ך והם סוד הגרון. וכבר בארנו ג"כ שהגרון הוא סוד ג' (אלקים) מוחין דקטנות והם ג"פ אלקים. ואמנם הלשון מבחי' אלקים כי אלקים פשוט גימטריא פ"ו אלקים דיודי"ן גימטריא ש' הרי הכל גימטריא לשון גם השפתיים הם בסוד אלקים כי סוד ה' אותיות אלקים הם [ה"ג] מנצפ"ך. והנה שפ"ה גימטריא לשון שפ"ה אלקים דיודי"ן ופשוט וכללות הכל הם סוד אלקים והוא שורש לכל ה"ג ולכן הפה שהוא כולל כל ה' מוצאות הוא אלקים פשוט גימטריא פ"ה ואמנם השינים כבר בארנו שהם קפ"ד קס"ו גימטריא ש"ן. [ג] שער הכונות דרושי העמידה דרוש ה: עוד ראיתי לאדם א' כונה אחרת במלת אדנ"י ובזה הכונה מצאתי בה גם כן חילוק ושינוי לאדם א' ואכתוב שתיהן הא' היא כי בתיבת אדני צריך שתכוין להמתיק הש"ך דיני' בסוד השיניים ואח"כ להמתיקם עוד שנית בתיבת שפתי בהיותם יוצאים יותר לחוץ שהם בחי' השפתים וכך הוא ביאור הענין. הנה ל"ב שיניים ה"ס ל"ב נתיבות החכמה שהם ש"ך דינין הנז' והם י"ו שיניים למעלה וי"ו שיניים למטה ונרמזים באַ' של אדני

בהיותך מחלק הואו של בינתים לב' ווין כזה א' כי חצייה לאורכה תחברנה עם מים העליונים יוד עילאה ופנים תחתונים של רקיע שהוא חצי הואו לארכה עם מים תתאין יוד תתאה ונמצא י"ו לעילא י"ו לתתא הרי ל"ב שיניים. ואלו הל"ב שיניים הם נשרשים בלחי העליון ולחי התחתון והשיניים תקועים תוך שני החניכים שבהם והם חיך העליון ותחתון והם שמות אלהים כי חיך העליון הוא אחוריים פשוטים של אלהים שעולה ר' וכן גם חיך תחתון אחוריים דאלהים העולה ר' ואלו האחוריים שהם החניכים הם דינים גמורים אשר בהם נשרשים ותקועים הל"ב שיניים. ונמצא כי י"ו שיניים העליוני' עם ר' של חיך העליון הם רי"ו שעולים בגי' גבור' וכן י"ו שיניי' התחתונים עם ר' של חיך תחתון הרי רי"ו ב' וב"פ רי"ו גי' תבל וה"ס כל הגבורות וכל הדינין. ואמנם ע"י טחינת השינים הם מפררין ומדקדקין הדינין וממתיקין אותם כמבואר אצלינו באורך בענין אכילה ושתיה דיוה"ך וע"ש והרי נתבאר איך הל"ב שיניים נרמזים בציור אות א' מן אדני ונשאר ממנו אותיות דין להורות כי כאן שני שרשי הדינים שבשני החניכים כנז' ומתמתקים ע"י השיניים כנז' ואח"ך יוצאים יותר לחוץ אל השפתים במלת שפתי ונמתקים יותר ותכוין במלת שפתי כי השפתים הם אותיות בומ"ף כנודע והם בגי' ב"פ דין שהם ב' שרשי הדינין שבשתי החניכים הנז' שהם נרמזים באותיות דין של אדני כנזכר ועתה הם מתמתקים ע"י השפתים שהם אותיו' בומ"ף העולים ג"כ בגי' דין דין האמנם מיתוקם הוא בבחי' גי' אחרת והוא ע"י ד'

שבמלכות שהיא א' זעירא אבל קודם חטא העגל לבת א"ש (שמות ג,ב') א' רבתי דהוה קאים בזיהרא דחכמתא

גלא עמיקתא

ה') [ד]ובספר בן איש חי (שנה ראשונה פרשת שלח)] וכמו שמבארו רבינו באופן ל"ב כנ"ל, ל"ב פעמים ש"ן (350) גימ' (11,200) ק' פעמים [ה]יב"ק דהוא יחוד הוי' אלהי"ם בכתר עליון, וד"ל.

מלויים של ד' הויות עסמ"ב שהם בגי' בומ"ף. [ד] **בן איש חי שנה ראשונה פרשת שלח לך:** א. מפורש בדברי רבינו האר"י ז"ל בשער טעמי המצות פרשת עקב, תכוין בהמשך זמן אכילתך ולפחות כשאתה אוכל אותה הפרוסה של כזית אשר ברכת עליה המוציא כוונה קצרה דרך כלל וזו היא, כי הנה ענין הבירור הוא ע"י ל"ב שיניים שהם כנגד ל"ב נתיבות חכמה המבררין הכל דבמחשבה אתבריר כלא, והם הטוחנין ומפררין את המאכל ועי"כ מתברר האוכל מתוך הפסולת כדרך הרחיים הטוחנות את התבואה, ואח"כ מתפרדין הסובין והמורסן שהם הקליפות מן הקמח שהוא האוכל משא"כ קודם שנטחן שהיו דבקים יחד בתכלית עכ"ל. ועוד כתיב שם לכוין בשתי בחינות של בירור במאכל שאוכל והוא, הא' הוא בירור המאכל בעצמו הטוב שבו מן הסיגים המעורבים בו ע"י חטא אדה"ר וגם עוד מה שהיה מעורב בהם מתחלת ברייתן מששת ימי בראשית, והב' הוא ענין תיקון נפשות המגולגלים הנמצאות במאכל ומשקה ע"ש. עוד כתוב שם וז"ל תכוין לבלוע המאכל אחר שנטחן כי שם באסטומכא הוא גמר הבירור, כי אז מתעכל המאכל, והטוב שבו מתהפך לדם והמזון הולך אל הכבד ומתפשט בכל העורקים והאיברים כנודע, והרע שבו יורד דרך בני מעים ויוצא לחוץ עכ"ל. וכל אלו כוונות פשוטות הן וצריכות מאד אפילו לאדם פשוט, וצריך שכל אדם יודע ספר להרגיל עצמו בהם. ובסה"ק מקבציאל כתבתי אף על גב דרבינו ז"ל כתב דהבירור צריך להיות ע"י ל"ב שיניים שהם כנגד ל"ב נתיבות חכמה ונשנה דבר זה פעמים שלש בדבריו בשער טעמי המצות, עכ"ז אם ימצא אדם שנפלו שיניו ולא נשאר לו כי אם ארבע או שש אל תחשוב דחסורי מחסרא זה מן תיקון הנ"ז, אלא אפילו בזה המעט הנשאר עושה התיקון משלם מאחר דמתחלה היו לו ל"ב שיניים וזה הנשאר מחילא דל"ב נתיבות חכמה קאתי, ודוגמה לזה

תמצא בדין נט"י דמטהרין המים דשיורי טהרה משום דאתו משיעור שלם, וכנז' בש"ע סי' ק"ס סעיף י"ג דיש מתירים אפילו בנוטלין זא"ז וכו' מפני שבאו משיורי טהרה יע"ש: [ה] **שער הכוונות דרושי תפלת השחר דרוש א:** ונחזור עתה לבאר בפרטות התיבות של הפ' הנז' הנה ניקו' הויה הראשונה שהוא ה' מלך היא סגול באות יוד ובאות ואו אבל בשני ההין אין צריך נקודות והם נקודות דמלת מלך כזה ידוד מלך והויה ב' בשני פתחים תחת היוד והואו כניקו' מלך כזה ידוד מלך והויה ג' הוא נקוד ג"כ בתיבת ימלוך והיא חיריק ביוד שבא בהא חולם בואו ה' אחרונה בלתי ניקוד כזה ידוד ימלוך ובתיבות לעולם תכוין בה אל מל' תתאה דעשיה כנז' ותכוין שהיא הויה אחת נקוד בנקוד לעולם שהיא שבא ביוד וחולם בהא ראשונה. וקמץ בואו והא אחרונה אין בה נקוד כזה ידוד והנה בהויה הג' הנז' של ה' ימלוך תכוין אז כי כל הנקוד של שלשה שמות הנז' שלשתם ביחד הם בגי' יב"ק שה"ס ידוד אלהים כנז' בר"מ פרשת פנחס רי"ו ע"א גם תכוין באומרך ה' מלך הראשון הנקו' בסגול תכוין כי מלך הוא בגי' כמנין מים לרמוז אל הנז"ל כי אלו המלכים הם המ"ן דעשיה ובמלת ימלוך תכוין כי מלך ומלך וימלוך הנז' בפ' הראשון שלשתם הם בגי' מנצפ"ך שה"ס הה"ג של הַמ"ן ומלת ימלוך חסרה וא"ו ובזה יעלו הכל למספר פ"ר שהם מנצפ"ך ואם תמלא ימלוך בואו צריך לחשוב כללות ה' אותיות מנצפ"ך והכולל לכול' הרי פר"ו ועיין בתיקונים תיקון ע' דקל"ג ע"ב ומשם יתבאר כל מה שכתבנו לעיל כי שם אמרו בפי' כי ה' מלך כו' אינון ראשין פי' שהם ג"ר ואח"כ אמר נקו' דילהון ה' מלך פי' שצריך לנקוד את ההויה כנקו' מלך ומלך וימלוך אח"כ אמר והכי אינון לתתא בתרין שוקין ואמה. ובג"ד כפל לון תרין זמנין כו' והנה שלשה האמצעיות חג"ת לא זכרם. והענין הוא כמ"ש כי השלשה אמצעיו' כבר נרמזו גם הם בפעם הראשונה כי שם צריך לכוין

עילאה. וכן קודם מותו (דברים ל"ג,כ"ט) אשריך ישראל א' רבתי (תהל' ק"ד,כ"ט) תוסף רוחם יגועון אבל בכאן ל"ב נתיבות זעירא. ז"ש וידבר ה'

גלא עמיקתא

ונוסיף ונקשר עם האופנים הקודמים מה שכתב רבינו כאן דמשה רבינו זכה לל"ב נתיבות חכמה וכו' – מש"ה (345) עם ל"ב (32) גימ' (377) "חשמל" חסר א' כמו שכתב רבינו לעיל [ו]אופן כ"ה עיין שם.

וזהו דזכה משה לל"ב נתיבות חכמה בסוד א' י"ו לעילא י"ו לתתא– וכשנכה ל"ב פעמים "משה" (345) סליק לחושבן (11,040) י' פעמים "אלף זעירא" במלוי כזה: "אלף למד פא – זין עין יוד ריש אלף" (1104).

וכפילת י' פעמים רומז שלמות ד–י' ספירות, ומשה גבהו י' אמות [ז]כדאיתא בילקוט שמעוני פרשת חקת] ועל ידו לקו המצרים י' מכות

בג' ההויות אל ג"ר וג' אמצעיות אבל השלשה האחרונות צריך לכפול הפ' פ"ב כדי לכוין בהם וזמ"ש והכי אינון לתתא בתרין שוקין ואמה ובג"ד כפל לון פי' כי הכפל אינו רק בשביל ג' אחרונות בלבד. אח"כ אמרו שם לעולם ועד שכינתא ונקודה דיליה כו' פי' כי בתיבת לעולם תכוין אל השכינה שהיא מלכות דעשיה כנ"ל ותכוין שהיא הויה א' נקוד בניקו' לעולם כנ"ל. או אפשר לחברו למטה והוא כי הי"ס דשכינתא רמוזות בפ' השני שהוא והיה ה' למלך כו' ואמר כי סוד כ"י ב"י חש"ק שראשי תיבותיו הוא כתר בינה חכמה והוא סוד פסוק והיה ה' מלך כו' על כל הארץ כמ"ש שם והיה הוא אבא ה' אימא יהיה ה' אחד כתר הרי נרמז ג"ר שלה בפ' זה ושאר הז' דידה כלולות בהם: שני פסוקים אלו של ה' מלך והיה ה' למלך צריך לאומרם מעומד כי הוא סוד הי"ס של עולם העשיה הכוללת חריך ואו"א וזו"ן וכבר ידעת כי בכל תיקון דא"א או דאבא או דאימא צריך לאומרם מעומד ואף גם זאת אם אדם אומר פסוקים אחרים או סדר הקרבנות ושומע שאומרים ה' מלך צריך לקום מעומד עמהם בעוד שהצבור אומרים אותו ואף שהוא בסדר הקרבנות ואיך צריך להפסיק ולומר עמהם ה' מלך כו' כי אם לקום עמהם. בימי החול אומר מזמור אלהים יחננו ובשבת השמים מספרים כו'. [ו] **מגלה עמוקות על א' זעירא דויקרא אופן כ"ה:** איתא בסודי רזיא שסוד חשמ"ל הוא בגימ' "אבני יקרה" וכן "מלבוש". והנה לזה אמר א' זעירא רמז למה שזכה משה בכאן לסוד חשמ"ל ויקר אל משה שהוא חשמ"ל וכן אל משה עם א' של ויקרא בגימ' חשמ"ל חסר א'. לכן א' זעירא שרומזת בכאן נרמז חשמ"ל שהוא יקר שיש לו שע"ח נהורין רק א' זעירא א' חסר. [ז] **ילקוט שמעוני תורה פרשת חקת רמז תשסה:** ויאמר ה' אל משה אל תירא אותו, מכדי סיחון ועוג אחי הוו דאמר מר סיחון ועוג בני אחייה ושמחזאי היו, מאי שנא מסיחון דלא מסתפי ומעוג קא מסתפי, אמר רבי יוחנן משום רבי שמעון בן יוחאי מתשובתו של אותו צדיק אתה יודע מה היה בלבו, אמר שמא תעמוד לו זכות של אברהם אבינו דכתיב ויבא הפליט ויגד לאברם העברי, ואמר רבי יוחנן זה עוג שפלט מדור המבול, זש"ה שני רשעים שברת א"ת שברת אלא שרבבת, שנו רבותינו הרואה אבן שזרק עוג מלך הבשן חייב לברך, אמר מחנה ישראל כמה הוי תלתא פרסי איזיל ואיעקר טורא בר תלתא פרסי ואישדי עלייהו ואיקטלינון, אזל ועקר טורא בר תלתא פרסי ואייתי על רישיה בהדי דדרי ליה ואתא אייתי הקדוש ברוך הוא קמצי ונקביה ונחית (ברישיה) בצואריה ובעי למישלפה משכו שיניה להאי גיסא ולהאי גיסא ולא מצי למשלפיה, משה כמה הוי עשר אמות שקל נרגא בת עשר אמות שוור עשר אמות ומחייה בקרסוליה וקטליה והיינו דכתיב אל תירא אותו, תניא אבא שאול אומר קובר מתים הייתי פעם אחת רצתי אחר צבי ונכנס (לי) בקולית של מת ורצתי אחריו שלש פרסאות וצבי לא הגעתי וקולית לא כלתה כשחזרתי לאחורי אמרו לי של עוג מלך הבשן היה, פעם אחת נפתחה מערה מתחתי ועמדתי בגלגל עינו של מת

אליו מאהל מועד דייקא שהיא מלכות שהיא חכמה של שלמה ולכן אמר [ח]דזמין לאתמשכנא בחובייהו דישראל והשכינה תהיה עמנו בגלות. וגם א'

גלא עמיקתא

והוריד הלוחות ובהן עשרת הדברות [1עיין באורנו בזה בפירוש ענין סעודות שבת].

עד חוטמי [כשחזרתי לאחורי] אמרו לי עין של אבשלום היה, ושמא תאמר אבא שאול ננס היה, אבא שאול ארוך בדורו היה ורבי טרפון מגיע לכתפו, ורבי טרפון ארוך בדורו היה ורבי עקיבא מגיע לכתפו, רבי עקיבא ארוך בדורו היה ורבי מאיר מגיע לכתפו, רבי מאיר ארוך בדורו היה ורבי מגיע לכתפו, רבי ארוך בדורו היה ורבי חייא מגיע לכתפו, רבי חייא ארוך בדורו היה ורב מגיע לכתפו, רב ארוך בדורו היה ורב יהודה מגיע לכתפו, רב יהודה ארוך בדורו היה ואדא דיילא מגיע לכתפו, אדא דיילא ארוך בדורו היה פושתבינא דפומבדיתא קאי לאדא דיילא עד חרציה וכולי עלמא קאי לפושתבינא עד פלגיה, עוג הוא אליעזר ופרסות רגליו ארבעים מיל ואברהם היה טומנו בכף ידו, פעם אחת גער בו ומיראתו נפל שינו ממנו ונטלו אברהם ועשאו מטת שן והיה ישן שם, ויש אומרים כסא עשאו וישב בו כל ימי חייו, ומי נתנו לאברהם נמרוד והלך עוג ובנה ששים עירות, הקטן שבהן היה גבהו ששים מיל שנאמר ששים עיר כל חבל ארגוב וגו', ומה היתה אכילתו אלף שוורים וכן מכל חיה ושתיתו אלף וטיפת זרעו ל"ו ליטרא, אמרו חכמים קשין היו סיחון ועוג יותר מפרעה וחיילותיו, וכשם שאמרו שירה על מפלת פרעה כך היו ראויין לומר שירה על מפלתו, אלא שבא דוד ואמר עליהן שירה שנאמר למכה מצרים בבכוריהם וגו' למכה מלכים גדולים כי לעולם חסדו וגו'.

[ח] **זוהר פרשת ויקרא דף ד עמוד ב:** תא חזי בההוא יומא דאשתכלל בי משכנא קודשא בריך הוא אקדים ושארי ביה מיד ויקרא אל משה וידבר יי' אליו מאהל מועד לאמר, וידבר יי' אליו ואודע ליה דזמינין ישראל למיחב קמיה ולאתמשכנא האי אהל מועד בחובייהו ולא יתקיים בידייהו (ס"א בהדייהו) הדא הוא דכתיב וידבר יי' אליו מאהל מועד לאמר, מאי א"ל, מאהל מועד מעסקי אהל מועד דזמין לאתמשכנא בחובייהו דישראל ולא יתקיים בקיומיה אבל אסוותא להאי אדם כי יקריב מכם קרבן ליי' הרי לך קרבנין דאגין על כלא.

1. סעודות שבת: "ליהודים היתה אורה ושמחה וששן ויקר" (אסתר ח',ט"ז) גימ' (1543) ע"ה - "אלף שנים בעיניך כיום אתמול כי יעבור" (תהלים צ', ד') "ויקר" מרמז אלף זעירא דויקרא, אכן ללא א', "ושמחה" גימ' (359) "משיחא" היינו "משה דוד", א' סתר [כנ"ל מה שכתבנו לעיל אופן ד']. ו"מרדכי" גימ' (274) יג"פ "אהי-ה" ע"ה, שרש הא' בכתר, א' היינו אח"ד סליק לחושבן (13) י"ג.

והנה בספר יצירה "נעוץ סופן בתחילתן" גימ' (1302) "שויתי ה' לנגדי תמיד" (תהלים ט"ז, ח') ועם "ותחילתן בסופן" גימ' (2394) "וקשרתם לאות על ידך והיו לטטפת בין עיניך" (דברים ו', ח'), עניין יקר אלו תפילין, היינו סוד התפילין שנגלה למשה רבנו עליו השלום בהר סיני כדפרש"י הקדוש דהראהו קשר ד' דתפילין.

וזהו דבשב"ק ג' סעודות וטובלים ג"פ "לחם" ב"מלח" גימ' (78) ג"פ הוי' (אריז"ל). ט"פ "לחם "גימ' (702) "שבת", וג"פ נוספים בסעודת "דוד מלכא משיחא" גימ' (464) "לחם מן הארץ" הרי י"ב פעמים "לחם" עולה גימ' (936) "מרדכי אסתר" ע"ה להאריז"ל שלמות י"ג ת"ד כ"א בחסד בסוד גבי"ע דיוסף הצדיק י"ג ע"ב ובסוד תפלת מוסף דשבת, ולרבי חידקא (שבת קיז:) דאמר ארבע סעודות הן בשבת, הרי סעודה ה' ג"פ "לחם" נוספים עולה (ט"ו פעמים "לחם") (1170) "שמיני עצרת", שאמרו חז"ל אמר הקב"ה- "בואו נגלגל אני ואתם עוד סעודה קטנה" בסוד אותה האלף זעירא דויקרא כדלעיל, וזהו דסעודת ושמחת פורים מגיעין לשלמותן בשמחת תורה, תיקון אכילתו של אדם הראשון מעץ הדעת טוב ורע.

וזהו כאמור "נעוץ סופן בתחילתן" גימ' (1302) "שויתי ה' לנגדי תמיד" כנ"ל שאמר דוד המלך ע"ה, וסופן בתחילתן- היינו- תכלית הירידה (דפורים) עליה (דשמחת תורה): "אורה ושמחה וששן ויקר" (עם) "שמיני עצרת" גימ' (2713) "קשר תפלין הראה לעניו תמונת ה' לנגד עיניו" מרמז ב-א' זעירא לענותנותו דמשה, והראה קשר

ד' דתפלין מרמז על דוד המלך ע"ה. וזהו רש"י האחרון על התורה המילה האחרונה "ששברת" גימ' (1202) "בראשית ברא אלהים" בסוד שלמות תורה שבכתב ע"י תורה שבע"פ, וגימ' "כי לא תשכח מפי זרעו" (דברים ל"א,כ"א) שמובא בשם הרשב"י הק' בזוה"ק. ובתחילת מעשה בראשית ה"פ "אור" גימ' (1035) "העשירי יהיה קודש" (ויקרא כ"ז, ל"ב) שרש הקדושה, וד"פ "חשך" שרש הקליפה גימ' (1312) "מה אשיב לה'" (תהלים קט"ז, י"ב) - וההפרש בין האור והחשך הנ"ל גימ' (277) "זרע" - כדאמר שלמה (קהלת ב',י"ג) "כיתרון האור מן החושך" ה"פ "אור" ד"פ "חשך", אך בגימ' "חשך" (328) יותר מ"אור" (207) - בסוד כל המוסיף גורע, וההפרש סליק לחושבן (121) "פודה ה' (נפש עבדיו ולא יאשמו כל החוסים בו)" (תהלים ל"ד,כ"ג) דהיינו את נצוצות הקדושה מהקלי', ופשוט.

"בראשית ברא אל-הים" גימ' (1202) "כי לא תשכח מפי זרעו" (דברים ל"א,כ"א) תיבה אחרונה במגילה "זרעו", וכמו כן פותח המגילה "ויהי" וכן כאן "ויהי אור" כמובא בגמ' מגילה "והאיכא ויהי אור" עיי"ש, וזהו דאמרה הקלי' דמצרים ליוסף הצדיק (בראשית מ"ז, י"ט) "ותתן זרע ונחיה ולא נמות" וגו', "ויאמר יוסף וגו' לפרעה הא לכם זרע", מרמז ה"פ "ויהי אור". ולאחר תגבורת הקלי', "ויקם מלך חדש על מצרים אשר לא ידע את יוסף" (שמות א'), הוכו בעשרת המכות כנגד עשר ספי', וכמרומז בדברי קדשו של ר' שמשון מאוסטרופולי הק' זי"ע "ולהכות באגרף רשע" (ישעי' נ"ח, ד') רשע - עשר (מכות) אגרף - ג' אלף ר"פ גימ' של כל הי' מכות ככתיבתן בתורה (כינם חסר וכו'), ולכן ממוצע דכל מכה חשך, וכתיב במכת חשך ולכל בני "ישראל היה אור במושבתם" גימ' (1621) "ראשית חכמה יראת ה'", הה"ד בקהלת כנ"ל (ב',י"ג) "וראיתי אני שיש יתרון לחכמה מן הסכלות כיתרון האור מן החשך" גימ' ע"ה (4000) י"פ "אלף זעירא" עם י' כוללים.

קצור: א' זעירא מרמז "סעודת דוד מלכא משיחא" (1004) עם "שמיני עצרת" (1170) גימ' (2174) "אלף שנים בעיניך כיום אתמול כי יעבר ואשמורה בלילה" (תהלים צ',ד') (ע"ה) מרמז האלף השמיני דלאחר שית אלפי שנין הוי' עלמא וחד חרוב- מרומזים ב-ז' ימי סוכות- ולאחריהם שמיני עצרת- לקביל האלף השמיני. והוא נפלא ביותר האי דאמרינן בתפלת שחרית של שבת בברכת קריאת שמע קדם אל אדון "אין זולתך מלכנו לחיי העולם הבא" גימ' ע"ה (888) ח"פ אלף.

זעירא שנחלקה לל"ב רומזת לסוד נער שהוא כלול י' פעמים ל"ב גימ' נער גימ' היצירה לפי שהוא שר היצירה ז"ש וידבר ה'

גלא עמיקתא

והוא חושבן (11040) י' פעמים "כי בצלם אלהים עשה את האדם" (בראשית ט',ו') – דמשה היה בחינת אדם ותיקן חטאו דאדם הראשון.

ותחלת האי פסוקא דהיינו "שופך דם האדם באדם דמו ישפך" סליק לחושבן (1001) "קדש ישראל לה'" (ירמי' ב',ג').

וזהו דתיבין "שופך דם האדם באדם" סליקו לחושבן (541) "ישראל", ושאר תיבין "דמו ישפך" גימ' (460) "קדש לה'", והוא ד' פעמים אתוון ד"ם ברצף בד' תיבות דם האדם באדם דמו, ומשה זכה לא' זעירא להיות אד"ם דלית אדם בלא א'.

ולכן החשבון "שופך דם האדם באדם דמו ישפך" גימ' א' אלף (1001) – דהיינו א' זעירא (1) עם א' רבתי (1000) לרמוז כל הנ"ל.

ועם חלקו השני של הפסוק– "כי בצלם אלהים עשה את האדם" (י' פעמים סליקו לחושבן ל"ב פעמים משה כנ"ל) – דהיינו כולא פסוקא (בראשית ט',ו') "שופך דם האדם באדם דמו ישפך כי בצלם אלהים עשה את האדם"

מאהל מועד שמשם נצטוו ישראל להוראה שהם ו' סדרים. שכן ו' סדרי"ם גם כן בגימ' נע"ר דאיתוקם בהאי שעתא משכנא בהאי נער.

גלא עמיקתא

סליק לחושבן (2105) ה' פעמים "מלחמה לה' בעמלק" (421) (שמות י"ז,ט"ז) דעמלק איקרי אדם בליעל (משלי ו',י"ב) – 2[ט]והשליך מילותיהם של ישראל כלפי מעלה והרג בהם ולכן אחריתו עדי אובד, ואמרו חז"ל [י]אין השם שלם ואין הכסא שלם עד שימחה שמו של עמלק [3ומבואר אצלנו במקום אחר בפירוש ענין יחוד או"א בחיק א"א ע"י מזלות נוצר חסד ונקה].

[ט] **מדרש תנחומא פרשת כי תצא:** זכור את אשר עשה לך וגו', רבי לוי פתח גערת גוים אבדת רשע (תהלים ט), גערת גוים זה עמלק דכתיב (במדבר כד) ראשית גוים עמלק, אבדת רשע זה עשו דכתיב (מלאכי א) וקראו להם גבול רשעה אם יאמר לך אדם יעקב הוא בכלל, אמור לו אבדת רשעים אין כתיב כאן אלא רשע, שמם מחית לעולם ועד שנאמר תמחה את זכר וגו', והשב לשכנינו שבעתים אל חיקם וגו' (תהלים עט), אמר רבי יודן בר גדיא וריב"ל ורבנן רבי יודן בר גדיא אמר זכור מה עשה לנו במילה שהיא נתונה בחיקו של אדם, ואתיא כי הא דא"ר חמא בר שקלא וריב"ל ורבי יוחנן מה היו בית עמלק עושין היו מחתכין מילותיהם של ישראל וזורקין כלפי מעלה ואומרים בזה בחרת טול לך מה שבחרת זהו מה שכתוב (שם ע"ט) חרפתם אשר חרפוך ה', וריב"ל אמר יזכר להם מה שעשו בתורה דכתיב בה מזוקק שבעתים (שם יב) [י] **רש"י שמות פרק יז פסוק טז:** כי יד על כס יה - ידו של הקדוש ברוך הוא הורמה לישבע בכסאו להיות לו מלחמה ואיבה בעמלק עולמית, ומהו כס, ולא נאמר כסא, ואף השם נחלק לחציו, נשבע הקדוש ברוך הוא שאין שמו שלם ואין כסאו שלם עד שימחה שמו של עמלק כולו, וכשימחה שמו יהיה השם שלם והכסא שלם, שנאמר (תהלים ט ז) האויב תמו חרבות לנצח, זהו עמלק שכתוב בו (עמוס א יא) ועברתו שמרה נצח, (תהלים שם) וערים נתשת אבד זכרם המה, מהו אומר אחריו (תהלים ט ח) וה' לעולם ישב, הרי השם שלם, (תהלים שם) כונן למשפט כסאו, הרי כסאו שלם.

2. באור על מגלה עמוקות ואתחנן אופן מ"ט: ג'. וָאֶתְחַנַּן אֶל יהוה בָּעֵת הַהִוא לֵאמֹר (דברים ג,כג) גימ' (1332) י"ב פעמים "אלף" (111) ורמיזא אלף זעירא דויקרא דזכה לה משה רבינו ורצה למתק עמה הדינים דאין הדין נמתק אלא בשרשו- והיא א' הבאה מבינה [דאמרו חז"ל בינה מינה דינין מתערין] ויורדת למלכות דהיא דין לכן נקראת אדנ"י נוטריקון א' די"ן- ורצה משה רבינו להעלותה לשרשה כדי למתק הדינים מעל בני ישראל י"ב שבטי י"ה [ולכן בא הרמז בכפילת י"ב פעמים דייקא].

ונדייק דברי קודשו של המגלה עמוקות שכתב לגבי משה רבינו שכל ימיו היה "מתעסק להמתיק הדינים"- והנה הוא נפלא תיבת "הדינים" עולה גימ' (119) "מעט"- היינו ק"כ צרופי שם אלהי"ם חסר א' [כמנין "מעט"] בסוד א' זעירא כמו שביאר המגלה עמוקות לעיל- ראשי תיבות מל"ה בסוד שמירת הברית, סופי תיבות גימ' (240) עמל"ק דהיה זורק מילותיהן של ישראל כלפי מעלה- כלומר אל השכל לאמר מה היגיון יש במצוה זו- ובאמת היא חוק- גזירת מלך היא ואין לך רשות להרהר אחריה.

והנה מה שכתב "מתעסק להמתיק הדינים" עולה גימ' (1374) ב' פעמים תרפ"ז (687) דהן ד' מילויי שם הוי' ברוך הוא רל"ב עם ג' מילויי שם אהי"ה תנ"ה דהוא ג"כ מש"ה במילוי יודין כנ"ל, וכפלינן ב' פעמים דהן ב' מיתוקים- הראשון בשרשו והשני כלפי הנבראים ואכמ"ל.

3. יחוד או"א בחיק א"א ע"י מזלות נוצר חסד ונקה: א' זעירא צורת י' (כמ"ש באריכות המג"ע הק' אופן ע"ח עיין שם דבריו הנפלאים) ואיהי היקר דקב"ה בסוד יחוד או"א עילאין דינקין ממזלא ח' וי"ג בסוד גדלות או"א. וכדאיתא בעץ חיים שט"ל ד"ה וזלשה"ק: הנה נתבאר בזהר לך לך שהקב"ה מברך לנשמה ב-ק' ברכאן כמנין "לך לך", והנה ממזל

גלא עמיקתא

וכאן הוא א' זעירא בסוד קטנות לאחר חטא העגל, אך קודם מותו (דברים ל"ג,כ"ט) "אשריך ישראל" גימ' (1072) "ומי כעמך ישראל גוי אחד בארץ" (דה"א י"ז,כ"א) [יא]דכתיב בתפלין דמרי עלמא (ברכות ו.).

וכולא פסוקא: "אשריך ישראל מי כמוך עם נושע בה' מגן עזרך ואשר חרב גאותך ויכחשו איביך לך ואתה על

ה-ח' משם ע"ב דיודין אשר שם כנ"ל נמשך עתה מלויו שהוא מ"ו ו-ב' אותות אלו גימ' אותיות "מאה" וכו' עיין שם. ונאמר א"כ דהיחוד הנ"ל דאו"א עילאין- י' עילאה בסוד שם ע"ב אבא, י' תתאה לקביל אמא עילאה בסוד שם א-היה דיודין גימ' קס"א סוד "ונקה". ובפע"ח שער העמידה פ"ד כתב וזלשה"ק: כבר ידעת כי הז"א יש לו ד' מוחין שהם כחב"ד הנמשכים לו מהנה"י כי אחר שידעת מציאות או"א דאתכלילו במזלא שהיא "ונקה"- שהוא גימ' (161) א-היה דיודין (קס"א) אז מאותה הארה גדולה החופפת עליהם (דתרין מזלין ח' י"ג) יש בהם כח להמציא היסוד וכו' (דז"א).

וממשיך: וזהו "קונה הכל" פירוש כי על ידי מזלא הנקרא קונה שהוא ונקה נעשית הכל (היסוד) אמנם זה נעשה על ידי או"א דאתכלילו במזלא- ע"כ לשה"ק. ונאמר דאת ו' ד-א' זעירא רמיזא האי יסודא דז"א וכמ"ש דיסודא סליק עד לפנימיות או"א ומובן- כי הוא נמשך מהם, וזהו או"י ואו"ח, ופשוט. והנה הוא הפלא ופלא אמת תורתנו הקדושה, כד כפלינן הני תרין מזלין בסוד יחוד דהוא בהכאה, דהיינו "נוצר חסד" (418) פעמים "ונקה" (161) סליק לחושבן (67298): "יד על כס י-ה" (209) (שמ' י"ז) פעמים "חלק לעולם הבא" (322) - כדדרשו חז"ל על הפס' כי יד על כס י-ה דאין השם שלם ואין הכסא שלם עד שימחה זרעו של עמלק. ומכלל לאו שמעינן הן דכשימחה זרעו של עמלק, ואז יהיה כס"א שם שלם וכסא שלם, ותהיה תחית המתים וכל עניני עולם הבא- ולכן רמיזא דכפלינן דא בדא. וכאשר כפלינן א"ת ב"ש דילהון בסוד הסתר אסתיר- הסתרה גו הסתרה, דהיינו: "יד על כס י-ה" בא"ת ב"ש (335) פעמים "חלק לעולם הבא" בא"ת ב"ש (1011) דהיינו "הקטן יהיה לאלף" (335) (ישעי' ס') פעמים "אראהו בישועתי" (1011) (תהל' צ"א) (חושבנא דדין כחושבנא דדין) סליק לחושבן (338685): "צבצביבה" (201) פעמים "קבצנו יחד מהרה מארבע כנפות הארץ" (1685). "קבצנו" וכו' אמרינן קדם ק"ש וקבצינן ד' כנפות הציצית, והאי שם קדוש "צבצביבה" כתיב בספר שרשי השמות "הוא הפותח בזכות ישראל וצדקתם, וכשהקב"ה כועס על ישראל ורוצה לחתום גזר דינם עומד עליו שם זה ומרצהו מכעסו" עכלשה"ק. וזהו כאשר נעביד האי שמא בא"ת ב"ש בסוד או"ח (דקודם לכן עבדינן א"ת ב"ש בסוד הסתרה גו הסתרה) איהו אתוון "השהשמשצ" [עיין לעיל אופן פ"ה]. ובא"ת ב"ש הם צרופי הש"ה (איה השה לעולה), מש"ה, שמ"ש, שצ"מ ["שבתאי צדק מאדים" סליק לחושבן (1002) "גלה כבוד מלכותך עלינו מהרה"]. וכולא דא איהו בסוד עולם הבא- גדלות או"א תתגלה בהאי עלמא ונגלה כבוד ה' וכו' בב"א.

קצור: א' זעירא איהי היקר דקוב"ה בסוד יחוד או"א עילאין בגדלות דינקין ממזלין נוצר חסד ונקה, וכד מחשבינן האי יחוד תרין מזלין בהכאה "נוצר חסד" פעמים "ונקה" סליק לחושבן "יד על כס י-ה" (209) פעמים "חלק לעולם הבא" (322). ואינון בא"ת ב"ש כפלינן להו וסליק לחושבן (338685) כנ"ל שם קדוש "צבצביבה" פעמים "קבצנו יחד מהרה מארבע כנפות הארץ" דאמרינן קדם קריאת שמע דשחרית. והאי פשוט וא"ת ב"ש סליקו תרוויהו לחושבן (405983): "ובן דוד עבדך יבא" (181) (מפיוט צור משלו אכלנו) פעמים "הבו לה' כבוד שמו השתחוו לה' בהדרת קדש" (תהל' כ"ט,ב') בגאולה האמיתית והשלמה וביאת משיח צדקנו, בב"א.

[יא] תלמוד בבלי ברכות דף ו עמוד א: אמר רבי אבין בר רב אדא אמר רבי יצחק: מנין שהקדוש ברוך הוא מניח תפילין - שנאמר נשבע ה' בימינו ובזרוע עזו; בימינו - זו תורה, שנאמר: מימינו אש דת למו, ובזרוע עזו - אלו תפילין, שנאמר: ה' עז לעמו יתן. ומנין שהתפילין עוז הם לישראל - דכתיב: וראו כל עמי הארץ כי שם ה' נקרא עליך ויראו ממך, ותניא, רבי אליעזר הגדול אומר: אלו תפילין שבראש. אמר ליה רב נחמן בר יצחק לרב חייא בר אבין: הני תפילין דמרי עלמא מה כתיב בהו? אמר ליה: ומי כעמך ישראל גוי אחד בארץ.

גלא עמיקתא

במותימו תדרך" סליק לחושבן (5392) ד' פעמים אשמ"ח (1348) באלף רבתי וכדאמר דוד (תהל' ק"ד,ל"ד) אנכי אשמ"ח בה' – והוא עיקר בעבודת ה' בשמחה.

ולכן זכה משה– וכדאמרינן בשחרית שבת קודש ישמ"ח מש"ה גימ' (703) שבת"א שב"ת עם א' זעירא, וכשהיא עם א' רבתי סלקת לחושבן (1702) אהי"ה פעמים אנכ"י עם הכולל בסוד פנימיות הכתר אהי"ה אשר אהי"ה (שמות ג',י"ד).

וזהו "אנכי אשמח בה'" גימ' (458) "המלך המשיח" – דאתי מזרעיה דדוד מלכא משיחא.

וכד עבדינן אשמ"ח באלף רבתי סליק "אנכי אשמח בה'" לחושבן (1475) (יחוד) "קודשא בריך הוא ושכינתיה" עם הכולל בחינת א' זעירא– עצמותו יתברך פנימיות הכתר המשפיע בזו"ן דאינון בחינת קוב"ה ושכינתיה.

ומביא רבינו בסוף דבריו דל"ב נתיבות חכמה רמיזא נע"ר י' פעמים ל"ב גימ' נע"ר והוא מט"ט שר היצירה– ובספר סודי רזיא מביא דאית להו לשר היצירה ע' שמות ומביא ומונה ע"ו שמות והוא בסוף ספר החשק שם וצ"ע.

ועניננו ש"ך דינים [עיין [יב]שער הכונות דרושי העמידה דרוש ה'] על

מקורות

[יב] שער הכונות - דרושי העמידה - דרוש ה: בכונת ברכת אבות מלוקט מכמה דרושים קטנים אדני שפתי תפתח כו' תכוין כי שני בחי' מיני דינים יורדים מלמעלה הא' היא כי יורדים לז"א ש"ך ניצוצין של דינים ושרשם הם מן ל"ב נתיבות חכמ' כ"א כלול מי' הם ש"ך ואח"כ הם יורדים מז"א אל נוק' הנקר' אדני ולכך ש"ך הם בגי' ה"פ דין שהם בחמש שמות של אדני והענין הוא כי אלו הם בחי' ל"ב אלהים שיש באימא שבאו לה מל"ב נתיבות חכמה והנה שם אלהים יש בו ה' אותיות ושם זה הוא בבינה אשר היא סוד ה' ראשונה דהויה. ולכל אלו הסיבות נתחלקו ש"ך נצוצין אלו לחילוק ה"פ דין כנז' ואמנם מה שצריך לכוין עתה הוא להמתיק אלו הש"ך דינים אשר בנוק' דז"א הנק' אדני ולמתק אלו הה"פ דין אשר בה והענין הוא שעד עתה נוק' דז"א עומדת בבחי' נער חסר ה' שהם הש"ך נצוצין הנז' ואינה ראויה לזווג. ועתה בעמידה צריכה להזדווג עמו ולכן עתה שכבר אנו בעולם האצילו' בפסו' זה קודם העמידה אנו מקדימין לתקנ' ולעשותה נערה בה"א כדי שתהא ראויה אל הזווג בסוד ובזה הנערה באה אל המלך הנז' בזו' פ' פקודי ואופן תיקונה הוא שנמתיק אלו הה"פ דין אשר בה ע"י שרשה שהיא הבינה כי אין הדין נמתק אלא בשרשו כנודע. וזה ע"י שנמשיך ה' אלפין מן ה' שמות אהיה שבבינה ונמשכי' אל ה"פ דין שבנוק' דז"א ויעשו ה"פ אדני ממותקים גם דע כי אלו הה' היתירים על מספר ש"ך אשר ע"י נמתקים ה"ס החמשה גבורות מנצפ"ך כי הם שרשים אל הש"ך דיני' וע"י נמתקי'. גם עד"ז תכוין למעלה כשתמתיק הש"ך דיני' הנ"ל ע"י הה' אלפין שהוספת עליהם כנ"ל תכוין כי אותם הה' אלפין ה"ס הא תתאה של הויה הנז' וע"י נעשים שכ"ה ונמתקים ונעשית נערה בתוספת הא וזה תכוין בתיבת אדני. גם יש בחי' ב' של דינים כנ"ל וה"ס ה"ג של מנצפ"ך הנ"ל אשר בתחלה יורדים אל הגבו' ומשם יורדים אל נוק' דז"א והם בגי' פ"ר כמנין מנצפ"ך וגם פ"ר ניצוצין אלו גם הם צריכין להמתק ע"י שרשם שהם ה' גבורו' עליונים למעלה ואז נעשין פרה כענין ש"ך ושכ"ה פ"ר ופר"ה ואז נמתקי' וכוונת מיתוקם הוא בתיבת אדני והוא כשתצייר ציור א' בציור יו"ד שהוא רי"ו ותחברנו עם ג' אותיות האחרות שהם דין יעלו פ"ר שהם פ"ר ניצוצין והרי נרמזו הפ"ר דינין. ואמנם אופן כונת מיתוק' הוא כך כי תכוין אל מה שנודע שהנוקב' בהיותה בפני עצמה נק' אדני. ובהיותה נכללת עם י"ס האצילות הנכללים בשם ידוד כנודע תהיה הנקבה נרמזת באות ה' אחרונה של ההויה הנז' ונמצא כי זהו מה שתכוין שתמשיך הארת ה' אחרונה הנז' אל שם אדני המורה בציורו הנ"ל אל פ"ר דינין הנז' ואז יהיה פר"ה והרי נתמתקו ב' בחי' הדינים הנז'.

גלא עמיקתא

הרשעים, וכדוגמת (שמות י"ד, כ"ז פרשת בשלח) "וינער ה' את מצרים בתוך הים" גימ' (1626) ב' פעמים "ויבדל אלהים בין האור ובין החשך" (813) (בראשית א',ד').

דהיינו ע"י שניערם הבדילם מבני ישראל כאדם המנער בגדיו להפריד מהם הלכלוך, וכן כדוגמת (ישעי' נ"ב,ב') "התנערי מעפר קומי שבי ירושלים" גימ' (2189) י"א פעמים "צדקה" (199) וכדכתיב (שם א',כ"ז) "ושביה בצדקה".

והן י"א פעמים לקביל י"א סטרין אחרנין דכל מהותן ישות ולקיחה לעצמם כדכתיב (משלי ל',י"ג) "[יג]לעלוקה שתי בנות הב הב" גימ' (1423) "ואנכי הסתר אסתיר" (דברים ל"א,י"ח) והוא ענין ישות הקלי' ששם דייקא מסתתר הקב"ה.

כאמרם [יד]אם ישאלך אדם היכן הקב"ה אמור לו בכרך גדול של רומי, ושבעת הרועים ששלח להאי עלמא עוזרים לנו בגלות לגלות החשך.

וזהו "לעלוקה שתי בנות" סליק לחושבן (1409) "אברהם יצחק יעקב משה אהרן יוסף דוד"– ובתר דא "הב הב" גימ' "דוד" דאיהו חי וקים ומזרעו יבוא מלך המשיח ויגאלנו בגאולה השלמה ב"ב אבי"ר.

[יג] **תלמוד בבלי עבודה זרה דף יז עמוד א**: לעלוקה שתי בנות הב הב - מאי הב הב? אמר מר עוקבא: [קול] שתי בנות, שצועקות מגיהנם ואומרות בעוה"ז הבא הבא, ומאן נינהו? מינות והרשות. איכא דאמרי: אמר רב חסדא אמר מר עוקבא, קול גיהנם צועקת ואומרת: הביאו לי שתי בנות שצועקות ואומרות בעולם הזה הבא הבא. כל באיה לא ישובון ולא ישיגו אורחות חיים - וכי מאחר שלא שבו היכן ישיגו? ה"ק: ואם ישובו לא ישיגו אורחות חיים. למימרא, דכל הפורש ממינות מיית, והא ההיא דאתאי לקמיה דרב חסדא ואמרה ליה: קלה שבקלות עשתה בנה הקטן מבנה הגדול, ואמר לה רב חסדא: טרחו לה בזוודתא, ולא מתה; מדקאמרה קלה שבקלות עשתה, מכלל דמינות [נמי] הויא בה! ההוא דלא הדרא בה שפיר, ומש"ה לא מתה. איכא דאמרי: ממינות אין, מעבירה לא. והא ההיא דאתאי קמיה דרב חסדא, וא"ל [ר"ח: זוידו לה זוודתא], ומתה! מדקאמרה קלה שבקלות, מכלל דמינות נמי הויא בה. [יד] **משנה שכיר - מועדים ראש השנה דברי כיבושין קודם תקיעת שופר**: מבאר דברי הפסיקתא: היכן הוא הקדוש ברוך הוא, בכרך גדול של רומי רבותי! אחר כל הדברים האלה שהצעתי לפניכם, תוכלו להבין פשר דבר מדוע כל אלו הראשי - השנים שעברו עלינו, וגם ראש השנה העבר שהיינו מחכים זה כל כך עליה, לא הביאו לנו את הישועה המחכה מכולנו כל כך בכליון עינים, יען כי טח עיניהם של רבת ההמון, עם הישראלי בעוה"ר מלראות ולהכיר את המכה, מי הוא המכה אותנו בכל אלו גזירות קשות שבאו עלינו בשנים האחרונים, והתנכרו את המכה וחושבים כי הרשע הידוע שר"י, הוא הוא המכה אותנו מדעת עצמו הרעה ומשנאתו ששונא אותנו, ושוכחים מה שאמר הקדוש ברוך הוא [ישעיה י, ה] "הוי אשור שבט אפי". וכבר פירשתי הפסיקתא [איכה] שאמר, דשאלו את רבי יהושע בן לוי היכן הוא הקדוש ברוך הוא, השיב להם בכרך גדול של רומי. והוא פלא מאד השאלה והתשובה. השאלה פליאה, וכי זו שאלה היכן הוא הקדוש ברוך הוא, כי היכן הוא לא. וגם למה שאלו אותו דוקא אז בזמנו, ועד ריב"ל למה לא שאלו כן. וגם מה הוא התשובה בכרך גדול של רומי, הלא כל הארץ הוא מלא. רק פשר דבר הוא כי ריב"ל היה קרוב להחורבן, והיה אז ממשלת מלכות רומי מיצר לישראל מאד בגזירות רעות ורבות שיצאה מרומי, עד שכשל להם כח הסבל לסבול כל אלו הגזירות איומות שיצאה מרומי, עד שבאו לריב"ל ושאלו אותו היכן הוא הקדוש ברוך הוא, היינו היכן הוא ולמה שותק לזה. כמו שיש לשמוע קולות כאלו בזמנינו מרבת ההמון ששואלין ותמהין כן, היכן הוא הקדוש ברוך הוא ולמה שותק

על זה. והשיב להן ריב"ל, בכרך גדול של רומי. רצה לומר, מה אתם סבורין שגזירות אלו עשו הרומיים מדעת עצמן ומרעתם, הלא המה נעשים מרצון השי"ת והוא הוא המכה, והקב"ה ישב ברומי ב'מיניסטעררעאט' [בלשכת השר] של רומי, ורומי הוא רק שבט אפו, אבל באמת הוא כביכול הוא המכה אותנו, ותכלית המכות שיצאו ממנו הוא להדריכנו בדרך טובים, וכן הוא ג"כ בזמנינו. וזאת צריך לשנן ולחדד בכל לב הישראלי שיכיר את המכה ובעיניו יראה להכיר את זאת, ואז שב ורפא ולנו במהרה יחיש מהר. על כן רבותי! שמעו ותלבבו את דברי, אז בלתי ספק שנשיג תיכף ומיד רפואה לכל מכותינו בעזה"י

אופן לג

במדרש רבה בזו הפרשה שאר נביאים ראו מתשע אספקלריאות אבל משה ראה באספקלריא אחת, ולכן בזה הפסוק ט׳ תיבין לקביל ט׳ מראות של יחזקאל, לכן א׳ זעירא שמורה ויקר שהיא הנבואה, ודבר ה׳ היה יקר בימים ההם, אל משה בא׳ זעירא, רק במראה אחת א׳ זעירא שהיא אוהל מועד, ומסיים בקרא היא השכינה, ככל אשר אני מראה אותך דייקא, במראה אליו אתוודע.

אופן לג

[א]במדרש רבה בזו הפרשה (ויקרא רבה א׳,י״ד) שאר נביאים ראו מ״ט אספקלריות אבל משה ראה אספקלריא א׳

גלא עמיקתא

ועיין אצלנו [1]במקום אחר בפירוש ענין [ב]עשרה קבין ירדו לעולם וכו׳ תשעה לקחו וכו׳ (קדושין מט:) וכאן ט׳ לשונות נבואה דכלל הנביאים אך אינה מאירה.

---

1. עשרה קבין ירדו לעולם: אלף צורתה י׳ למעלה ו׳ ד׳ למטה, והאי ו׳ ממוצע מחבר בין י׳ לעילא דכורא ו-ד׳ לתתא נוק׳, וכסימן פרעה למילדות אם פניו למטה בן הוא ואם למעלה בת וכו׳. ובגמ׳ (קדושין מט:) מונה י״ד ענינים שירדו לעולם כולן בעשרה קבין, ומחלקם תשעה נטלו וכו׳ ואחד נטל כל העולם כולו, והוא בסוד א״ט ב״ח וכו׳

והנה הני י״ד דברים בגמ׳ (שם) שירדו לעולם, דהיינו: ״עשרה קבים: חכמה (73) יופי (106) עשירות (986) עניות (536) גסות (469) גבורה (216) כנים (120) כשפים (450) נגעים (173) זנות (463) עזות (483) שיחה (323) שכרות (926) שינה (365) ירדו לעולם״ סליק לחושבן (6815): ״דוד״ (14) פעמים ״בתהלים״ (487), דדהע״ה הוריד לעולם את ספר תהלים דכולו שירות ותשבחות ותפלות להשי״ת, ועל ידו הופכים הני י״ד בחינות דירדו לעולם לצד הקדושה, וכגון עזות דקדושה וכיו״ב בשאר המדות, ורמיזא ״גסות״ בא״ת ב״ש גימ׳ (289) ״א׳ זעירא״.

וכל הני י״ד תכונות בא״ת ב״ש סליקו לחושבן (2798): ז״פ ״אלף זעירא״ (399) עם ה׳ אותיות דזעירא, והן תקון ה-ז׳ מדות פנים ואחור, כגון: עשירות-פנים עניות-אחור, חכמה-פנים שכרות-אחור וכו׳. וכד נעביד חושבן הני י״ד תכונות בפשוט (5689) עם א״ת ב״ש (2798) בסוד או״י - ירדו לעולם, ואו״ח - דאנן מתקנן להו, סליקו כולהו לחושבן (8487): ״ענג״ (123) פעמים ״הדין״ (69), והביאור דלע״ל באלף השמיני יהיה ענג לצדיקים וכמ״ש דאין למעלה מענג (ס״י) ודין לרשעים- ובישעי׳ (י״ג,כ״ב) ״ותנים בהיכלי ענג״ ומיד כתיב (י״ד,ה׳) ״שבר ה׳ מטה רשעים״ וכו׳.

[א] **ויקרא רבה פרשת ויקרא פרשה א סימן יד:** מה בין משה לכל הנביאים רבי יהודה ב״ר אלעאי ורבנן, ר״י אומר מתוך תשע איספקלריות היו הנביאים רואים הה״ד (יחזקאל מג) וכמראה המראה אשר ראיתי וגו׳ ומשה ראה מתוך איספקלריא אחת שנאמר (במדבר יב) ומראה ולא בחידות רבנן אמרין כל הנביאים ראו מתוך איספקלריא מלוכלכת הה״ד (הושע יב) ואנכי חזון הרביתי וביד הנביאים אדמה, ומשה ראה מתוך איספקלריא מצוחצחת הה״ד (במדבר יב) ותמונת ה׳ יביט, רבי פנחס בשם ר׳ הושעיא אמר משל למלך שנגלה על בן ביתו באיקונין שלו לפי שבעוה״ז שכינה נגלית על היחידים אבל לעתיד לבוא (ישעיה מ) ונגלה כבוד ה׳ וראו כל בשר יחדו כי פי ה׳ דבר. [ב] **תלמוד בבלי קידושין דף מט עמוד ב:** עשרה קבים חכמה ירדו לעולם, תשעה נטלה ארץ ישראל, ואחד כל העולם כולו. עשרה קבים יופי ירדו לעולם, תשעה נטלה ירושלים, ואחד כל העולם כולו. עשרה קבים עשירות ירדו לעולם, תשעה נטלו רומיים קדמונים, ואחד כל העולם כולו. י׳ קבים עניות ירדו לעולם, תשעה נטלה בבל, ואחד כל העולם כולו. עשרה קבים גסות ירדו לעולם, תשעה נטלה עילם, ואחד כל העולם כולו. וגסות לבבל לא נחית? והכתיב: ואשא עיני וארא והנה שתים נשים יוצאות ורוח בכנפיהם ולהנה כנפים ככנפי החסידה ותשאנה את האיפה בין הארץ ובין השמים, ואומר אל המלאך הדובר בי אנה המה מוליכות את האיפה, ויאמר אלי לבנות לה בית בארץ שנער, וא״ר יוחנן: זו חנופה וגסות הרוח שירדו לבבל! אין, להכא נחית, ואשתרבובי הוא דאשתרבובי להתם. דיקא נמי, דקתני: לבנות לה בית, ש״מ. איני? והאמר מר: סימן לגסות - עניות, ועניות בבבל הוא דאיכא! מאי עניות? עניות דתורה, דכתיב: אחות לנו קטנה ושדים אין לה, וא״ר יוחנן: זו עילם, שזכתה ללמוד ולא זכתה ללמד. עשרה קבים גבורה ירדו לעולם, תשעה נטלו פרסיים וכו׳. עשרה קבים כנים ירדו לעולם, תשעה נטלה מדי כו׳. עשרה קבים כשפים ירדו לעולם, תשעה נטלה מצרים כו׳. עשרה קבים נגעים ירדו

ולכן בזה הפסוק ט׳ תיבין לקביל ט׳ מראות של יחזקאל לכן א׳ זעירא שמורה ויקר שהוא הנבואה (שמואל א׳ ג׳,א׳)

גלא עמיקתא

ובלשון המדרש כל הנביאים ראו מתוך איספקלריא מלוכלכת ומשה ראה מתוך איספקלריא מצוחצחת איספקלריא אחת.

והבאנו שם דסליקו הני י״ד דברים לחושבן ״דוד״ פעמים ״בתהלים״ עיין שם כל האופן וקשרהו לכאן בסוד א״ט ב״ח בנית הנוק׳ לפרצוף שלם.

ומביא רבינו דהני ט׳ אספקלריות מנביאים מרומזים בט׳ מראות בנבואת יחזקאל דהיינו (שם מ״ג,ג׳): ומונה בפסוק כל הט׳ מראות: ״וכמראה (א׳) המראה (ב׳) אשר ראיתי (ג׳) כמראה (ד׳) אשר ראיתי (ה׳) בבאי לשחת העיר ומראות (ו׳–ז׳ מיעוט רבים שנים) כמראה (ח׳) אשר ראיתי (ט׳) על נהר כבר ואפל על פני״ סליק לחושבן כולא פסוקא (7309) ט׳ פעמים ״[ג]ממשה רעיא מהימנא״ (812) ע״ה.

ובאור הענין דאפילו הני ט׳ מראות נבואה דנביאים זכו להן בזכותיה דמשה. וכדאמרינן בי״ג עיקרי אמונה העיקר ה–ז׳ (לקביל תיקון ואמ״ת): [ד]אני מאמין באמונה שלמה שנבואת משה רבנו עליו השלום היתה אמיתית ושהוא היה אב לנביאים לקודמים לפניו [האבות הקדושים] ולבאים אחריו [שאר הנביאים עד בא שיל״ה גימ׳ (345) מש״ה]. ותרגום יונתן (יחזקאל מ״ג,ג׳) מוסיף ומבאר תיבה ״באתנביותי״ שרש נבואה סלקת לחושבן (881) ״כי שמש ומגן הוי׳ אלהים״ (תהל׳ פ״ד,י״ב).

ובאור הענין דהנביאים ינקין משם אלהי״ם ומשה ינק מהפנימיות משם הוי׳ ב״ה– וכדאמרו חז״ל (בבא בתרא ע״ה ע״א) [ה]פני משה כפני חמה פני יהושע כפני לבנה, [ו]דמשה מלגאו יעקב מלבר (תקו״ז י״ג כ״ט ע״א).

ומביא הפסוק בענין יקר הנבואה ״והנער שמואל משרת את ה׳ לפני עלי, ודבר ה׳ היה יקר בימים ההם אין חזון נפרץ״ גימ׳ (3627) ט׳ פעמים ״חידה ומשל״ (403) והן ט׳ בחינות נבואה שנתנבאו כלל הנביאים– וכדכתיב (יחזקאל י״ז,ב׳) ״חוד חידה ומשל

לעולם, ט׳ נטלו חזירים כו׳. י׳ קבים זנות ירדו לעולם, תשעה נטלה ערביא כו׳. עשרה קבים עזות ירדו לעולם, תשעה נטלה מישן כו׳. עשרה קבים שיחה ירדו לעולם, תשעה נטלו נשים כו׳. עשרה קבים שכרות ירדו לעולם, תשעה נטלו כושים כו׳. עשרה קבים שינה ירדו לעולם, תשעה נטלו עבדים, ואחד נטלו כל העולם כולו [ג] **זוהר בראשית פרשת וירא דף קו עמוד א:** ועל דא לא הוה בעלמא בר נש דיגין על דריה כמשה דאיהו רעיא מהימנא. [ד] **י״ג עיקרי אמונה לרמב״ם:** אני מאמין באמונה שלמה שנבואת משה רבנו עליו השלום היתה אמיתית ושהוא היה אב לנביאים לקודמים לפניו ולבאים אחריו [ה] **תלמוד בבלי בבא בתרא דף**

עה עמוד א: ואש בחופה למה? אמר רבי חנינא: מלמד שכל אחד ואחד נכוה מחופתו של חבירו, אוי לה לאותה בושה, אוי לה לאותה כלימה. כיוצא בדבר אתה אומר: ונתתה מהודך עליו - ולא כל הודך, זקנים שבאותו הדור אמרו: פני משה כפני חמה, פני יהושע כפני לבנה, אוי לה לאותה בושה, אוי לה לאותה כלימה. [ו] **תיקוני זוהר תקונא תליסר:** ודא איהו את קשתי נתתי בענן דאיהו ברית ויעקב בההיא ירכא אתמר ביה והוא צולע על ירכו דפרח מניה י׳ ואשתאר עקב ורזא דמלה הוא ישופך ראש ואתה תשופנו עקב כד אשתלימת סוכה בירך דילה אתמר ביעקב ויבא יעקב שלם ויעקב ודאי איהו דיוקנא דעמודא דאמצעיתא מסטרא דלבר והא משה תמן

ודבר ה' היה יקר בימים ההם אל משה בא' זעירא רק במראה א' זעירא שהוא אהל מועד ומסיים בקרא הוא השכינה

גלא עמיקתא

משל' גימ' (791) ז"פ "באלף" (113) דכולהו נבואות דנביאים נמשכו מנבואת משה כנ"ל, אך במשה כתיב (במדבר י"ב,ח') "פה אל פה אדבר בו ומראה ולא בחידת ותמנת ה' יביט" גימ' (2082) ו' פעמים "במשה" (347).[2]

וכדכתיב בהמשך הפסוק (שם) "ומדוע לא יראתם לדבר בעבדי במשה" גימ' (1479) "טוב" (17) פעמים "אני הוי'" (87) ובאור הענין דמשה העביר את דבר ה' כמות שהוא- ולכן היה להם (לאהרן ומרים) לירא.

2. באור שיר השירים פרק ו' - אקדמות מילין: "אל גנת אגוז ירדתי" גימ' (1125) ג' פעמים שלמ"ה (375). האי פרקא שתיתאה דשיר השירים קודש קודשים לקביל אלף השישי דאיהו ספירת היסוד, בחינת הצדיק הכולל, והיינו דכולל כל עם ישראל כאחד.

וכדמבואר בכמה מקומות בספרים הקדושים דמשה הוא הדעת- ועל ידי התקשרות ובטול לדעת הצדיק מקבל כל אחד ואחד מישראל דעת האמת.

וזהו דסופי תיבות "אל גנת אגוז ירדתי" גימ' (447) "ואמת"- ו' אמ"ת, התקשרות לצדיק האמת דאיהו ו', וכדאיתא בזוה"ק ריש פרשת ויקרא ו' דא אות אמת ודאי. הוה אלא מסטרא דלגאו הוה דא מגופא ודא מנשמתא ובגין דא תרין ירכין דעמודא דאמצעיתא אינון נצח והוד ומתי יהיה עמודא דאמצעיתא שלים כד אתחבר בשכינתא הדא הוא דכתיב ויעקב נסע סכתה ויבן לו בית הדא הוא דכתיב ויבן י"י אלקי"ם את הצלע בההוא זמנא דאתחבר עמה ויבא יעקב שלם בההוא זמנא תהא סוכה שלימתא.

ורבו המדרשים בהאי פרקא, וכגון: נמשלו ישראל לאגוז, מה אגוז זה אתה נוטל אחד מן הכרי וכולן יורדין ומתגלגלין זה אחר זה, כך ישראל לקה אחד מהם כולם מרגישין, הדא הוא דכתיב (במדבר ט"ז,כ"ב): "האיש אחד יחטא ועל כל העדה תקצף" גימ' (1267) "והאדם ידע את חוה אשתו" (בר' ד',א'), ופרש"י הקדוש: האיש אחד: הוא החוטא ואתה על כל העדה תקצוף. אמר הקב"ה יפה אמרת, אני יודע ומודיע מי חטא ומי לא. והוא במעשה דקרח, ברם יובן אף לגבי חטא דאדם קדמאה דאף הוא היה אחד בעולמו של הקב"ה, ובעבור חטאו מתגלגלים כל הגלויות והיסורים על עם ישראל עד בוא בן דוד בגאולה האמיתית והשלמה בב"א. ולכן סליק לחושבן והאדם ידע את חוה אשתו ראשי תיבות "חויא", ותיבה אחרינא "אשתו" גימ' (707) "השבת"- דבאלף השביעי יום שכולו שבת שני ימות המשיח יתבררו הסיגים, ומשיח יעביד הכנה בעם ישראל לקראת גלוי מלכותו בעולם. וזהו דתיבין קדמאין דפס' קדמאה דפרקא דנן "אנה הלך דודך היפה בנשים אנה" סליקו לחושבן (703) "שבתא" א"נ "משה משיח". ובפסוקא תנינא "הבשם" אתוון "במשה", "לגנו" גימ' (89) "חנוכה"- הארת אור הגנוז בגאולתא שלמתא בב"א, "לרעות" גימ' (706) "בשושנים". ותרוויהו סליקו לחושבן (1412) "פסח שבועת סוכת" שלמותא ד-ג' רגלים- ס"ת חת"ת כדכתיב (בר' ל"ה,ה') "ויסעו ויהי חתת אלהים על הערים אשר סביבותיהם"- דיראת ה' תתגלה על פני העולם כולו, וכדהוה בקריעת ים סוף, בב"א. ואיהו חושבן (1412) ד"פ "שמחה" (353) - דמצוה גדולה להיות בשמחה תמיד (לקוטי מוהר"ן ח"ב סי' כ"ד). ותיבין "אנה הלך" גימ' (111) "אלף" רמיזא א' זעירא דנן ויקרא אל משה וכו' הארת הכתר דתתגלה לעתיד לבוא כדכתיב (ישעי' מ',ה') "ונגלה כבוד ה' וראו כל בשר יחדו כי פי ה' דבר" בגאולה האמיתית והשלמה בב"א.

ונבאר בעזהי"ת פסוקא פסוקא לפי חשבונו ולפי ענינו, ועל פי מה שכתבנו לעיל. פסוק א': אנה הלך דודך היפה בנשים אנה פנה דודך ונבקשנו עמך: גימ' (1516) "אתה הראת לדעת" (דב' ד',ל"ה) דאמרינן בשבת קודש בפתיחת הארון. ורמיזא הצדיק דאיהו הדעת הכולל והתקשרות עמו, ודרכו לקב"ה בדעת זך ונקי, ודלא כמעשה קרח דחלק עצמו מהצדיק, וסופו כתוב בתורה הקדושה. א"נ ר"ת אתה הראת לדעת אה"ל, וכתיב "יהושע וכו' נער לא ימיש מתוך האהל" (שמ' ל"ג,י"א) וכתיב "אדם כי ימות באהל" (במ' י"ט,י"ד)

ככל אשר אני מראה אותך דייקא במראה אליו אתודע (במדבר י״ב,ו׳).

גלא עמיקתא

וכולא פסוקא: ״פה אל פה אדבר בו ומראה ולא בחידת ותמנת ה׳ יביט ומדוע לא יראתם לדבר בעבדי במשה״ סליק לחושבן (3561) ג׳ פעמים ״ואהיה אצלו אמון ואהיה שעשועים יום יום״ (משלי ח׳,ל׳) דקאי אאורייתא קדישא – דדרשו חז״ל [ז]אל תיקרי אמון אלא

[ז] **מדרש תנחומא פרשת בראשית:** (א) [א, א] בראשית ברא אלהים, זה שאמר הכתוב ה׳ בחכמה יסד ארץ (משלי ג׳) וכשברא הקדוש ברוך הוא את עולמו נתיעץ בתורה וברא את העולם שנא׳ לי עצה ותושיה אני בינה לי גבורה (שם /משלי/ ח׳), והתורה במה היתה כתובה, על גבי אש לבנה באש שחורה שנא׳ קווצותיו תלתלים שחורות כעורב (שיר /השירים/ ה׳), מהו קוצותיו תלתלים על כל קוץ וקוץ תילי תילים של הלכות כיצד כתוב בה ולא תחללו את שם קדשי (ויקרא כ״ב) אם אתה עושה חי״ת ה״א אתה מחריב את העולם, כל הנשמה תהלל יה (תהלים ק״נ) אם אתה עושה ה״א חי״ת אתה מחריב את העולם. וכן שמע ישראל ה׳ אלהינו ה׳ אחד (דברים ו׳) אם אתה עושה דל״ת רי״ש אתה מחריב את העולם שנאמר כי לא תשתחוה לאל אחר (שמות ל״ד), כחשו בה׳ (ירמיה ה׳) אם אתה עושה בית כ״ף תחריב את העולם, אין קדוש כה׳ (שמואל א׳ ב׳) אם אתה עושה כ״ף בי״ת תחריב את העולם ואם אות אחת כך כ״ש התיבה כולה, לכך נאמר קוצותיו תלתלים, לפיכך דוד מקלס ואומר רחבה מצותך מאד (תהלים קי״ט) ואומר ארוכה מארץ מדה וגו׳ (איוב י״א), והיא היתה אומנת לכל מעשה בראשית, שנאמר ואהיה אצלו אמון (משלי ח׳) אל תקרי אמון אלא אומן, ובה נטה שמים ויסד ארץ שנא׳ אם לא בריתי יומם ולילה וגו׳ (ירמיה לג), ובה חתם ים אוקיינוס שלא יצא וישטף את העולם שנאמר האותי לא תיראו נאם ה׳ אם מפני לא תחילו וגו׳ (שם /ירמיהו/ ה׳), ובה חתם את התהום שלא יציף את העולם שנא׳ בחקו חוג על פני תהום (משלי ח׳), ובה ברא חמה ולבנה שנאמר כה אמר ה׳ נותן שמש לאור יומם חקת ירח וכוכבים לאור לילה רוגע הים ויהמו גליו ה׳ צבאות שמו (ירמיה ל״א), הא למדת שהעולם לא נתיסד אלא על התורה והקב״ה נתנה לישראל שיתעסקו בה ובמצותיה יומם ולילה שנא׳ והגית בו יומם ולילה (יהושע א) ואומר כי אם בתורת ה׳

ודרשו דאין התורה מתקיימת אלא במי שממית עצמו עליה (ברכות סג:). ויעקב אבינו ע״ה דכתיב ביה (בר׳ כ״ה,כ״ז) ״ויעקב איש תם יושב אהלים״ חיבר אהל דאברהם ואהל דיצחק דאתכללא מיא באשא ואשא במיא. ובפ׳ יתרו חזינן התקשרות שאינה מתוקנת אל הצדיק והיא התקשרותו של יתרו והיא הוראה לכאו״א מישראל דתורה מלשון הוראה- כדכתיב (שמות י״ט,י״ז): ״ויאמר חתן משה אליו, לא טוב הדבר אשר אתה עשה״ והוא פרשה שלמה שייתר יתרו בתורה כאמרם (מובא בדברי רש״י הקדוש שמות י״ח,א׳ עיין שם) למה נקרא שמו יתרו שייתר פרשה אחת בתורה וכו׳. דיתרו שזה עתה נתגייר וכקטן שנולד דמי, מוכיח את משה בחינת הצדיק הכולל, דכתיב ביה (במ׳ י״ב,ז׳) ״לא כן עבדי משה וכו׳ פה אל פה אדבר בו״. וברור לעין כל שהיא הנהגה שאינה רצויה, וכאמרם (עיין ויק״ר ט׳,ג׳) דרך ארץ קדמה לתורה. והנהגה הנכונה כדוגמת יהושע ״ומשרתו יהושע בן נון נער לא ימיש מתוך האהל״ (שמ׳ ל״ג,י״א) והאי תיבה אה״ל (שם) היא התיבה ה-י״א. ולאחר י״פ אהל דכתיב קודם לכן בתוך ד׳ פסוקים בחי׳ י׳ ספירות, וה-י״א דיהושע בחי׳ מלכות דקדושה, וכן בחז״ל בענין משה ובצלאל. ולכן מיד לאחר תוכחתו של יתרו כתיב (שם פסוק כ״ז) ״וישלח משה את חתנו״ ותרגם יונתן ״ופטר משה״ גימ׳ (640) י״פ ״דין״ (64). וזהו דחושבן תיבין ״לא טוב הדבר אשר אתה עשה״ (1541) עם ״וישלח משה את חתנו״ (1564) סליקו לחושבן (3105) י״ה (15) פעמים ״אור״ (207). והיינו דלא יכל להישאר במחיצתו דמשה עוד, ואף על פי שדבריו של יתרו תורה הן, שהרי כתובים במפורש בתורה ואף משה נענה לעצתו, אך לא היתה דרך ארץ קדמה לתורה לכן וישלח משה את חתנו וכו׳. ובעקדת יצחק כתיב (בר׳ כ״ב,י׳) ״וישלח אברהם את ידו וכו׳ ויקרא אליו מלאך ה׳ וכו׳ אל תשלח ידך״ ושם חזינן דרך ארץ קדמה לתורה בתכלית. וכדאיתא

בזוה"ק דיצחק בן ל"ז שנה הוה ויכל למבעטיה באברהם מן ההר וכו' אך לא עשה כן דשניהם הוו בבטול גמור לצווי ה' יתברך, ואז הצדיק הכולל היה אברהם, ויצחק הוה בבטול גמור אליו. ולכן כתיב ג"פ "וילכו שניהם יחדו" גימ' (1545) י-ה פעמים "נחמה" (103) כדכתיב "ביום ההוא יהיה ה' אחד ושמו אחד" וכו' (זכריה י"ד,ט'). ודרשו (פסחים נ.) דמקשה שם: מאי אחד האידנא לאו שמו אחד הוא וכו', ומתרץ: לא כעולם הזה העולם הבא, בעולם הזה נכתב בי"ה ונקרא א-דני, אבל לעולם הבא נקרא בי"ה ונכתב בי"ה- והיינו ב"פ י-ה דזו"ן יעלו למדרגת או"א.

גלא עמיקתא

אומן [ועיין [ח]לקוטי מוהר"ן תורה ל"ג אות ג'] אל תיקרי אמון אלא אומן דקוב"ה אסתכל באורייתא וברא עלמא כמעשה אומנות.

ורמיזא שם אהי"ה דנגלה למשה בסנה והוא פנימיות הכתר "א-היה אשר א-היה" (שמות ג',י"ד) והתם מדכר ג' זימנין אהי"ה – דכתיב תמן:

חפצו וגו' והיה כעץ שתול על פלגי מים וגו' (תהלים א'), שבשביל שומרי התורה העולם עומד שכן אמרה חנה כי לה' מצוקי ארץ (שמואל א' ב') ומי הם מצוקי ארץ אלו שומרי התורה שבזכותם הושתת התורה שנאמר וישת עליהם תבל. [ח] **ליקוטי מוהר"ן תורה לג אות ג:** והנה יש שני מיני ימים, ימי טוב וימי רע. כמ"ש (קהלת ז') ביום טובה הי' בטוב, וביום רעה ראה. היינו שצריך לאדם להסתכל שם היטב, בודאי ימצא שם ימי טוב, היינו תורה: והימים נקראים מדות, כמ"ש (תהלים ל"ט) ומדת ימי. והמדות הם התורה, כי אורייתא כולה הם מדותיו של הקדוש ברוך הוא, כי התורה מדברת מאהבה ויראה ושאר המדות. ובה ברא הקדוש ברוך הוא עלמין, כמ"ש (משלי ח') ואהי' אצלו אמון. א"ת אמון אלא אומן (ב"ר פ"א זוהר שמיני ל"ה ע"ב). ואותיות התורה הם המחיין את כל דבר ודבר, אלא כל מה שהמדריגה היא למטה, שם הם אותיות התורה בצמצום יותר ממה שהיו במדרגה יותר עליונה, ואינם מאירים כ"כ כמו למעלה במדרגה עליונה, כדי שלא להשפיע אור וחיותה יותר מהראוי: נמצא אפי' במדור הקליפות, היינו בימי רע, שהם מדות רעות ולשונות עכו"ם, [גם] שם יכולין למצוא אותיות התורה. אבל מחמת ריבוי הלבושים וגודל הצמצום, אינם נתראים אותיות התורה, היינו ימי טוב, ע"י ימי רע והחשך השורה עליהם. אבל מי שכופה את יצרו הרע, היינו הימי רע, היינו המדות רעות, אזי הרע נתבלבל לגמרי נגד ימי הטוב שבהם, אזי אותיות בולטות ונתראים ומאירים ביותר. כי מתחלה לא היו מאירין כל כך, כי לא קבלו אור מלמעלה, כדי שלא יקבלו הימי רע יותר מכדי חיונו. ועכשיו שנתבטל הרע, ונשארין אותיות התורה לבד, אזי מקבלין אור רב מלמעלה: נמצא, זה שכופה את יצרו, היינו שכופה את ימי רע. כשהוא מדבר עם העכו"ם או שרואה מדותיהם, אזי תיכף הרע ששוכן על הטוב היינו אותיות התורה, נתבטל ונופל, ואותיות התורה בולטין, אזי הוא יודע התורה שבאותו הדבר: וז"ש בזוה"ק (לך לך דף צ' ע"א) ברכו ה' מלאכיו גבורי כח עושי דברו, אלין אינון דמתגברין על יצריהון, אינון דמיין למלאכין ממש. עושי דברו, דעבדין להאי דבר, לשמוע בקול דברו, אינון זכיין למשמע קלין מלעילא. כי התורה נקראת דבר, כמ"ש (תהלים ק"ה) דבר צוה לאלף דור. וכל מה שאותיות התורה נתצמצם ונתלבשים בצמצומים ובלבושים יתירים, התורה הוא בהעלם ובאתכסיא יותר. ומי שמפשיט את האותיות התורה מהלבושים, הוא דומה כמי שבונה את התורה. למשל אותיות התורה שהיו מפוזרין ומפורדין בלשונות העכו"ם, ולא הי' שום אדם יודע מהם, מחמת הימי רע שהחשיך עליהם והלביש אותם. וכשבא זה האדם שהוא דומה למלאך ה' צבאות, ע"י שכופה את יצרו, היינו הימי רע. אזי הרע היינו לשונות העכו"ם נכפפין ונתבטלין כנגדו, ואזי נשארין אותיות התורה בולטין. וכשנפשטין מהלבושים הגשמיים, היינו מלשונות העכו"ם, היינו ממדות רעות, היינו מימי רע, אזי מקבלין אלו אותיות התורה אור רב יותר ממה שהיו מקבלין מתחילה. כי מתחילה לא היו מקבלין אלא כדי חיות הראוי לאותו מקום, כדי שלא להשפיע יותר מהראוי להם. כמ"ש בכתבי האר"י עד דלא ידע בין ארור המן לברוך מרדכי, היינו שימשיך שפע להקליפות כדי חיונו ולא יותר. (עי' בפע"ח בכוונות פורים פרק ו', מבואר שם שצריכין להמשיך חיות להקדושה הנעלמת בתוך הקליפות. אבל צריכין להמשיך החיות בצמצום גדול, שזהו סוד כוונות השכרות של פורים ע"ש). אבל כשנפשטין האותיות מהקליפות, אזי

גלא עמיקתא

"[ט]ויאמר אלהים אל משה אהי"ה אשר אהי"ה ויאמר כה תאמר לבני ישראל אהי"ה שלחני אליכם" ורמיזא נשמתא דמשה מפנימיות אור הגנוז ולכן נתנבא באספקלריא המאירה, [י]ונביאים ינקין מנצח והוד ולכן נתנבאו באספקלריא שאינה מאירה.

והנה רמיזא [יא]א' זעירא אספקלריא המאירה ניתנה אל משה– ובזכותו קבלו כח הנבואה ורוח הקדש אף הקודמים לו

מקבלין אור רב מלעילא. וזהו עושי דברו לשמוע בקול דברו, כשעושין ובונין להתורה שהיה מתחילה מפוזרין ומפורדין בלשונות העכו"ם ובמדות רעות ובימי רע, אזי לשמוע בקול דברו, וזוכין למשמע קלין מלעילא. היינו שהדבר, היינו התורה, מקבלין אור רב מלמעלה, וזה שמיעת התורה: וזה בחי' נעשה ונשמע, שמתחילה עושין ובונין לאותיות התורה, שיהא אותיות בולטות ומצטרפות. (יומא ע"ג ע"ב) ואח"כ נשמע, זכיין למשמע קלין מלעילא. היינו שאותיות התורה מקבלין חיות ואור רב יותר ממה שקבלו מתחילה, כשהיו מלובשין בלשונות הגוים ובימי רע. [ט] **מכילתא דרבי ישמעאל משפטים - מסכתא דכספא פרשה כ:** ושם אלהים אחרים לא תזכירו. שלא תעשנו בית ועד, לא יאמר לו, היכן אתה שרוי, במקום עבודה זרה פלונית, אתה ממתין לי אצל עבודה זרה פלונית. - רבי נתן אומר הרי הוא אומר (בראשית יא ד) ויאמרו הבה נבנה לנו עיר וגו' [שם זה אין אנו יודעים מה הוא,] נאמר כאן שם, ונאמר להלן (בראשית יא ד) שם, מה כאן עבודה זרה, אף להלן עבודה זרה - רבי אומר, ושם אלהים אחרים לא תזכירו, לשבח, אבל לגנאי, תלמוד לומר (דברים ז כו) שקץ תשקצנו; עבודה זרה נקראת בלשון פגימה, חרם, שקץ, תועבה, פסל, מסכה, אלילים תרפים, עצבים, גילולים, שיקוצים, חמנים, אבל המקום קרוי לשון שבח, אל, אלהים, שדי, צבאות, אהיה אשר אהיה, חנון ורחום, ארך אפים ורב חסד ואמת, חסין יה, ואומר (תהלים צב טז) להגיד כי ישר י"י צורי ולא עולתה בו. [י] **שם משמואל שמות פרשת תצוה וזכור:** והנה תורה נביאים וכתובים, יש לומר ג"כ שהם מחשבה דיבור ומעשה. תורה היא מחשבה כנ"ל. נביאים היא מלולא, כי כל שם נביא הוא מלשון ניב שפתים, וכתיב (שמות ז') אהרן אחיך יהי' נביאך, וידוע מדת נביאים נצח והוד תרי שפתים. כתובים נקרא ע"ש שהוא כותב והוא בעובדא, והם שורש מחשבה דיבור ומעשה, ובא הציווי למחות שמו של עמלק בכל ג' הבחי' הנ"ל שהם מחשבה דיבור ומעשה, ע"כ נזכרה מחיית עמלק בתורה ובנביאים ובכתובים. [יא] **זוהר - תוספת כרך ג (ויקרא, במדבר, דברים) דף ש עמוד א:** רבי יהודה ור' יצחק הוו אזלי בארחא עד דהוו אזלי פגעו בההוא ינוקא דהוה אזיל והוה לאי א"ל לאינא דלא אכילנא יומא דין אפיקו נהמא ויהבו ליה אתרחיש לון נסא ואשכחו חד נביעו דקיק דמיא (ס"א תחות אילנא) תחותהון שתו מניה ויתבו, פתח ההוא ינוקא ואמר (ויקרא א) ויקרא אל משה הכא אלף זעירא אמאי, בגין דהאי קריאה לא הוה בשלמיו מאי טעמא דלא הוה אלא במשכנא ובארעא אחרא בגין דשלימו לא אשתכח אלא בארעא קדישא, תו הכא שכינתא התם שלימו דדכר ונוקבא (ד"ה א א) אדם שת אנוש אדם שלימו דדכר ונוקבא הכא נוקבא, תו סיפא דקרא וידבר יי' אליו מאהל מועד לאמר בגין כך א' זעירא ותו א' זעירא מתל למלכא דהוה יתיב בכרסייא וכתרא דמלכותא עליה ואקרי מלך עלאה כד נחית ואזיל לבי עבדיה מלך זוטא אקרי כך קודשא בריך הוא כל זמנא דאיהו לעילא על כלא מלך עלאה אקרי כיון דנחית מדוריה לתתא מלך איהו אבל לאו עלאה כדקדמיתא בגין כך אלף זעירא, ויקרא הכי תנינן זמין ליה להיכליה, מאהל מועד מאן הוא אהל מועד אהל דביה תליין מועדא וחגא ושבתא לממני כדא דאת אמר (בראשית א) והיו לאותות ולמועדים וביה שריא חושבנא לממני ומאן איהו סיהרא כדא דאת אמר (ישעיה לג) אהל בל יצען בל יסע יתדותיו לנצח, לאמר מאי לאמר בגין לגלאה אבל כלא חד ושפיר הוא בגין דשלימו הוא אתר לגלאה מה דהוה סתים לגו ובכל אתר לאמר כמא דאת אמר וידבר יי' אל משה לאמר וידבר יי' אליו מאהל מועד לאמר, דאתייהיב רשו לגלאה דהא אתמני לסיהרא ההוא מלה מאתר דמשה קיימא, וידבר יי' לעילא, אל משה באמצעיתא לאמר בברייתא (ס"א בבתרייתא) אתר דאית רשו לגלאה.

גלא עמיקתא

כדבארנו לעיל– וכגון יוסף הצדיק דידע פתרון חלום פרעה שבע פרות וכו' וזכה לגדולה.

וכד נעביד חושבן ז' פעמים "פרה" (285) סליק לחושבן (1995) ה' פעמים "אלף זעירא" (399) וחזינן ברמז דמכחו דמשה זכה יוסף לנבואה אף על פי שקדם לו. וכן בחלום השבלים ראה פרעה ז' שבלים ז' פעמים "שבלת" (732) סליק לחושבן (5124) י"ב פעמים "רעיא מהימנא" (427) [יב]דאיהו משה רעיא מהימנא. וכן הוא חושבן (5124) י"ב פעמים "לכבוד יוסף הצדיק" (427) [ויש לבאר על פי מה שכתב [יג]רבינו בחיי (פרשת וישב) דהזכירה התורה מלכות ביוסף כדי לחלוק לו כבוד כדכתיב ויוסף בן שלושים שנה בעמדו לפני פרעה מלך מצרים (בראשית מ"א,מ"ו)].

ומרמז ד–ט' תיבין דפסוקא ויקרא אל משה וכו' הן לקביל ט' מראות הנבואה דנרמזין בפסוקא ביחזקאל – ונעביד חושבן שניהם יחד, דהיינו:

א'. ויקרא אל משה וידבר ה' אליו מאהל מועד לאמר (1455=אלף מם שין הי– משה במילוי יודין תנ"ה) (ויקרא א',א') ב'. וכמראה המראה אשר ראיתי כמראה אשר ראיתי בבאי לשחת את העיר ומראות כמראה אשר ראיתי על נהר כבר, ואפל על פני" (7309=ט' פעמים [יד]ממשה רעיא מהימנא ע"ה) (יחזקאל מ"ג,ג') סליקו תרוויהו לחושבן (8764) "דוד" (14) פעמים "כתרו" (626) והוא דזכה משה לבחינת הכתר–מלכות א' זעירא בסוד (זוה"ק חיי שרה) [טו]מאן דאיהו זעיר איהו רב. והנה נתבאר משהו מאופן ל"ג במגלה עמוקות, ויהי רצון דהשי"ת יאזין לשועתנו וישלח לנו גואל צדק ויגאלנו מגלותנו ב"ב אכי"ר.

[יב] **זוהר בראשית פרשת וירא דף קו עמוד א:** ועל דא לא הוה בעלמא בר נש דיגין על דריה כמשה דאיהו רעיא מהימנא. [יג] **רבינו בחיי בראשית פרק מא:** ופרעה חולם. ראוי שיאמר ופרעה מלך מצרים, אבל מפני שהיה החלום הזה בענין היאור והוא היה תחלת מפלתו, גם יש בו רמז למה שעתיד שילקה במים, על כן לא הזכיר בו הכתוב מלכות כי אם השם לבדו. ומפני זה תמצא שיזכיר בכל הפרשה שם פרעה תמיד, ולא תמצא שם כלל "מלך מצרים", רק בהיות המעלה ליוסף שהזכיר בו הכתוב מלכות לכבוד יוסף, הוא שכתוב: (פסוק מו) "ויוסף בן שלשים שנה בעמדו לפני פרעה מלך מצרים", כי אז הזכיר בו השם והמלכות לבאר כי מעלת יוסף היא סבת מלכותו, כי כל הארץ היתה אובדת לולא עצתו בחכמת פתרונו. [יד] **ספר תיקונים חדשים – תיקונא עשרין:** ולכל המורא הגדול דא כהן גדול. ודא מורא מסטרא דחכמה יראה עלאה, ודא יראת הרוממות. דאית יראה לתתא מסטרא דגבורה, אבל יראת הרוממות מסטרא דחכמה. ודא מורא גדול. ובזמנא דהוה כהנא רבא עייל לבית קדש הקדשים, אתער כהנא רבא לעילא ועייל לגו ומדכן עלמא. וכלא אתקין משה רעיא מהימנא תיקונא שלים. ות"ח כהני אשתארו, ולאו לעבודה, אלא לברכא לישראל, דהכי אצטריך לאתערא בחסד ודאי. אבל כהן גדול דא קאים לאתערא פולחנא כדקא יאות. וכיון דפולחנא אתעברת, כהן גדול אתעבר, עד דיתהדר עלמא לאתתקנא כדקא יאות, וכלהו עטרין יתובון לאתרייהו. [טו] **זוהר חיי שרה דף קכ"ב ע"ב:** זכאה איהו מאן דאזער גרמיה בהאי עלמא כמה איהו רב ועלאה בההוא עלמא. והכי פתח רב מתיבתא, מאן דאיהו זעיר איהו רב, ומאן דאיהו רב איהו זעיר, דכתיב (בראשית כג) ויהיו חיי שרה מאה שנה ועשרים שנה ושבע שנים, מאה דאיהי חשבון רב כתיב ביה שנה זעירו דשנין חד אזעיר ליה, שבע דאיהו חשבון זעיר אסגי ליה ורבי ליה דכתיב שבע שנים, ת"ח דלא רבי קודשא בריך הוא אלא לדאזעיר לא אזעיר אלא לדרבי, זכאה איהו מאן דאזעיר גרמיה בהאי עלמא כמה איהו רב בעלויא בההוא עלמא.

אופן לד

איתא בסודי רזיא שהתפילה עולה דרך ג' ענינים מתחילה דרך חשמל, ואח"כ בא מט"ט ומכניס אותו דרך הפרגוד וסימנו מפ"ח מ"טט פ"רגוד ח"שמל, ושלשתן נקראו תלת דרגין ויקר זה חשמ"ל שהוא בגי' אבני יקרה, אל משה א' זעירא הוא סוד מט"ט ואחר כך וידבר י"י אליו מאוהל מועד הוא סוד הפרגוד:

אופן לד

[א]איתא בסודי רזיא שהתפלה עולה דרך ג׳ ענינים מתחילה דרך חשמל ואח״כ בא מט״ט ומכנים אותה דרך פרגוד

גלא עמיקתא

והנה ג׳ שלבי עלית התפלה: ״**חשמל** (378) **מטטרו״ן** (314) **פרגוד** (293)״ סליקו לחושבן (985) ״**מקדש ישראל**״ (עיין אופן קצ״ח פסוק א׳ ברבועים)[1]

ועם ״**תפלה**״ (515) סליק לחושבן (1500) ד׳ פעמים **למש״ה** (375) דהוא ראשי תיבות [ב]**מ**׳זמור **ש**׳יר **ל**׳יום **ה**׳שבת (תהל׳ צ״ב,א׳)

ומרמז דארבעת הדברים ניתנו למש״ה וכנודע בואתחנ״ן אל ה׳ בעת ההיא לאמר:

1. ונעביד בס״ד באופן מקוצר רבועי התיבות- ונחברם יחד (וללא רבוע הרבועים וכדעבדינן כמה פעמים) ונצרף אחר כך חושבן הפסוק- פשוט וא״ת ב״ש, וכדלקמן:

ב בא באת באתי (821) ״בימות המשיח״ א״נ ״משלי שלמה בן דוד״ (תחלת ספר משלי).

ל לג לגנ לגני (239) ״(ויאמר) כי יד על כס י-ה״ (שמות י״ז,ט״ז-בשלח).

א אח אחת אחתי (838) ״והאיש משה ענו מאד״ (במדבר י״ב-ג-בהעלתך).

כ כל כלה (125) ״גדול יום ה׳ (ונורא מאד ומי יכילנו)״ (יואל ב׳,י״א).

א אר ארי ארית אריתי ה״פ ״ולאם מלאם יאמץ״ (בראשית כ״ה,כ״ג-תולדות).

מ מו מור מורי (588) ״ישראל בטח בה׳ (עזרם ומגנם הוא)״ (תהל׳ קט״ו,ט׳).

ע עם (180) ״בטח אל ה׳ בכל לבך (ואל בינתך אל תשען)״ (משלי ג׳,ה׳).

ב בש בשם בשמי (998) ״בריתי שלום״ (במדבר כ״ה,י״ב-פנחס).

א אכ אכל אכלת אכלתי (985) ״מקדש ישראל (והזמנים)״ בתפלת ג׳ רגלים.

י יע יער יערי (660) ״כי יד על כס י-ה מלחמה לה׳ בעמלק״ (שמות י״ז,ט״ז).

ע עם (180) ״אבטח ולא אפחד כי (עזי וזמרת י-ה)״ (ישעי׳ י״ב,ב׳).

ד דב דבש דבשי (632) ״בשירי דוד עבדך״ (מוסף לשלש רגלים).

ש שת שתי שתית שתיתי (3940) י״פ ״בדוד משיחך״ יבוא ויגאלנו בב״א.

י יי יינ ייני (180) ״וחיי עולם״ כדאמרינן (ובא לציון) ״וחיי עולם נטע בתוכנו״.

ע עם (180) ע״ב ס״ג מ״ה (ב״ן) - ד׳ מילויי שמא

[א] ספר סודי רזיא חלק א מכאן ואילך מוסרין ראשי פרקים: ואלמלא שהחשמל מקבל הקול היו החיות נשרפים מקול הכבוד, והענן מפסיק שלא יביט חשמל מקום מוצא דברו. וכתיב (שמות לג, כ) כי לא יראני האדם וחי בגמטר׳ כי לא משה שכתוב בו (במדבר יב, ח) ותמונת ה׳ יביט וחי, ואף המלאכים כי לא יוכלו לראות פן תאכלם האש, אש אוכלה הוא, ודומה למשוח בשמן אפרסמון ואש רואה ונדבק בו, לכך כי לא יראני האדם וחי. ולכך משה לא ידע מי מדבר עמו, בסוף ספרי פי׳ לא ידע איך בא לו הדיבור, לכך נקרא חשמל כשחש קול הגבורה מל הוא כי כבר יצא הקול ממקום מוצאו, הרי קול הגוזר דרך חשמל עד שיוצא דרך פרגוד, לכך אין שומעין קול הנגזר אלא אחורי הפרגוד שחשמל המקדים ממהר וחש לקבל ממלל והוא משמיע למלאכים הפנימיים בהם כתיב (ישעי׳ לג, יז) מלך ביפיו תחזינה עיניך, זהו (במדבר כד, ד) אשר מחזה שדי יחזה פנים המאושרים. ובחיצונים נאמר (שם, טז) מחזה שדי יחזה בלא אשר, ובהם כתיב (ישעי׳ מ, ה) ונגלה כבוד ה׳ וראו כל בשר יחדיו כי פי ה׳ דבר ברוך הוא וברוך שמו.:

[ב] משנה מסכת תמיד פרק ז משנה ד: השיר שהיו הלוים אומרים במקדש ביום הראשון היו אומרים לה׳ הארץ ומלואה תבל ויושבי בה בשני היו אומרים גדול ה׳ ומהולל מאד בעיר אלהינו הר קדשו בשלישי היו אומרים אלהים נצב בעדת אל בקרב אלהים ישפוט ברביעי היו אומרים אל נקמות ה׳ אל נקמות הופיע וגו׳ בחמישי היו אומרים הרנינו לאלהים עזנו הריעו לאלהי יעקב בששי היו אומרים ה׳ מלך גאות לבש וגו׳ בשבת היו אומרים מזמור שיר ליום השבת מזמור שיר לעתיד לבא ליום שכולו שבת מנוחה לחיי העולמים: סליק

וסימנו מפ"ח: מ'ט"ט פ'רגוד ח'שמל. ושלשתן נקראו תלת דרגין ויקר זה חשמ"ל שהוא בגימ' [ג]אבנ"י יקר"ה אל משה

גלא עמיקתא

ואתחנ"ן גימ' (515) **תפל"ה**- ובמגלה עמוקות אינון רנ"ב אופנים על ואתחנן- וברוך ה' לעולם ועד- דנותרו על מכונם וזכו רבים ללמדם במשך השנים ב"ה.

מסכת תמיד. [ג] ספר סודי רזיא חלק א מכאן **ואילך מוסרין ראשי פרקים:** חשמל בגמטריא דמיון צבעונים, כעין החשמל בגמטריא כאש וברד, או כאש צבעים, או כהשחר, או כזוהר אש, חשמל בגמטריא אבני יקרה, או חמה על העננים, החשמל בגמטרי' המקיף לכסא הכבוד, או המוליך המרכבה, או המליץ בין המלאכים. לפני כסא כבודו פרוכת פרוסה של אש ופלא ונהדר, וז' שמשין לפני לפנים מן הפרוכת, ומחוץ לכסא י"ב ממונים, ג' לכל רוח, והקב"ה יושב באמצע ובידו שבט של אש, על ימינו שני גבורי כח מקבלי גזירות, מרכבת יוצרינו נתונה במערב, והשכינה באה דרך שער האיתון ויושבת על כסא כבודה על כרובי הקודש העשויין דוגמא לשל מעלה.

קדישא הוי' ב"ה. **ח חל חלב חלבי** (136) "ימין ה'" כדכתיב "ימין ה' רוממה" וכו' (תהל' קי"ח,ט"ז). **א אכ אכל אכלו** "יום ה' הגדול" כדכתיב (סוף מלאכי) "יום ה' הגדול והנורא".
ר רע רעי רעים (1070) י"פ "אנכי ה' (א-להיך)" וכו' (שמות כ',ב').
ש שת שתו (1706) י"א פ' "כי גדול יום ה'" וכו' (יואל ב',י"א) כדלעיל.
ו וש ושכ ושכר ושכרו (1690) "הוי' פ' א-דני" יחודא שלים לעתיד לבוא.
ד דו דוד דודי דודים (116) "ה' מלך (עולם ועד)" וכו' (תהל' י',ט"ז). וכולהו רבועין יחד סליקו לחושבן ע"ה (17040) כ"פ "יברכך ה' יאר ה' ישא ה'" (במדבר ו'-ברכת כהנים) ויהי רצון דנזכה להארת הכתר (כ"פ) ולברכת כהנים בבית המקדש השלישי בגאולה האמיתית והשלמה וביאת משיח צדקנו בב"א. וכד עבדינן להני רבועין דכל תיבה ותיבה- נבין את הפסוק ל-כ"א תיבותיו כדלקמן תיבה תיבה (מראי המקומות הובאו לעיל):

א'. **בימות המשיח** יקוים הפסוק:

ב'. **כי יד על כס י-ה** דאין שם שלם ואין כסא שלם עד שימחה שמו של עמלק, וכדפירש רש"י על הפסוק שם.

וחזינן בתורה כולה קרינן תיבה היא וכתבינן הוא, כל שכן כשקרינן הוא דכתבינן הוא, ועמד על כך המגלה עמוקות בכמה מקומות דאיהו ענין משפיע ומקבל במלכות קרינן היא בחירק דמקבלת מז"א וכתבינן הוא ב-ו' דמשפעת בבי"ע.

ונקשרו לפרוש רש"י בפסוק הנ"ל- דאין שם שלם ואין כסא שלם וכו'- דאתוון הו"א ו"ה משם א' מכסא- ולכן כתביה רחמנא בכולהו תיבין הו"א.

ג'. **והאיש משה ענו מאד** דמשה גואל ראשון וגואל אחרון (עיין אור החיים הקדוש פרשת ויחי ד"ה אסרי לגפן וכו') ומשיח בחינת משה יהיה בו מענותנותו דמשה.

ד'. **גדול יום ה'** (יואל ב',י"א) ופירש המצודות יום ה'- יום הפורענויות הבא מה'- והוא בפסוק י"א רמיזא הכנעת י"א כתרין דמסאבותא.

ה'. **ולאם מלאם יאמץ** כשזה קם- תקומת ישראל, זה נופל- הכנעת הגויים, ולכן:

ו'. **ישראל בטח בה'.** וכפלינן:

ז'. **בטח אל ה' בכל לבך**- כפלים לתושיה.

ח'. **בריתי שלום** בריתי לישראל ו"שלום" ו' קטיעא גימ' "עשו"- יכניעם ה', וקוב"ה:

ט'. **מקדש ישראל** כקדש איש את אשתו הרי היא כהקדש ואסורה לכל העולם- וממילא נעשה שם שלם וכסא שלם, וכגון נקרא לנערה קרינן וכתבינן נער- דעד דלא נתקדשה (ע"י יצחק) כתיב נער- דאין השם שלם, ואז ממילא:

א' זעירא שהוא סוד מט"ט ואח"כ וידבר ה' אליו מאהל מועד והוא סוד הפרגוד.

גלא עמיקתא

ומרומז בראשי תיבות מפ"ח– והן ב' פסוקים בכ"ד ספרים, ושניהם בתהלים:

א'. "הוא יצילך **מפח** יקוש" (צ"א,ג') גימ' (716) ב"פ "משיח" (358) – **דיבוא ויצילנו** מצרותינו ומפחים שטומנים לנו השכם והערב. ופסוק השני:

ב'. "כצפור נמלטה **מפח** יוקשים" (תהל' קכ"ד,ז') גימ' (1124) ב"פ "לא תנאף" (562) **דהא בהא תליא מילתא**– שמירת הברית וביאת משיח צדקנו.

ושני חלקי הפסוקים דכתיב בהו מפ"ח סליקו לחושבן (1840) "תורה תפלה תשובה" עם הכולל עיין **אופן** ב'–תורה תשובה תפלה[2]

א'. מט"ט דאיהו בחינת משה היינו **תורה** [ד]זכרו תורת משה עבדי וכו'.

ב'. פרגוד בחינת **תשובה** [ה]וכמו שהציץ אחר מאחורי הפרגוד ושמע כולם מזומנים לחיי העולם **הבא** חוץ מאחר וכו'.

י'. **כי יד על כס י-ה מלחמה לה' בעמלק** ובאו מלחמות גוג ומגוג וכו'.

י"א. **כי אבטח ולא אפחד** ונהלל לבורא יתברך בגאולה:

י"ב. **בשירי דוד עבדך** כדאמרינן ב-ג' רגלים ובשירי דוד עבדך הנשמעים בעירך האמורים לפני מזבחך, אהבת עולם תביא להם וכו'. ונחזה:

י"ג. **בדוד משיחך** דילמדנו תורה חדשה מאתי תצא, והוא חדושי תורה שבעל פה בחי':

י"ד. **וחיי עולם** (נטע בתוכנו) וילמדנו מפנימיות התורה ומשמותיו דקוב"ה:

ט"ו. **ע"ב ס"ג מ"ה** (ב"ן) רזין דרזין דאורייתא מעתיקא סתימאה. ונחזה:

ט"ז. **ימין ה'** רוממה ימין ה' עושה חיל, ונחזה כי קרוב:

י"ז. **יום ה' הגדול** (צפניה א',י"ד-רמיזא דוד) וכו' מר צורח שם גבור- "מר" גימ' "עמלק" דיהיו זעקתו ושברו גדולים מנשוא אף לנו לראותו במפלתו בחי' איזהו גבור וכו' ונחזה ביחוד הנפלא אפין באפין דקוב"ה:

י"ח. **אנכי ה'** יחוד קוב"ה ושכינתיה בגאולתא:

י"ט. **כי גדול יום ה'** ואיהו יחודא מיניה וביה דכפלינן:

כ'. **הוי' פ' א-דני** "ונגלה כבוד ה'" (ישעי' מ',ה') ויתגלה לעין כל כי:

כ"א. **ה' מלך** בביאת משיח צדקנו בעגלא דידן ובזמן קריב תכף ומיד ממש אכי"ר.

2. ועתה "גל עיני ואביטה נפלאות מתורתך" גימ' (1839) "**תורה תשובה תפלה**".

[ד] **מאור ושמש פרשת חיי שרה ד"ה במדרש:** במדרש, אמר ר' אחא יפה שיחתן של עבדי אבות מתורתן של בנים שהרי פרשת אליעזר שנים ושלשה דפים הם אמרה ושינה ושרץ מגופי תורה ואין דמו מטמא כבשרו אלא מרבוי המקרא רבי שמעון בן יוחאי אומר טמא הטמא ר' אליעזר בר' יוסי אומר זה וזה עד כאן לשונו. ויש לדקדק אמאי קורא המדרש תורתן של בנים הלא תורת ה' היא או תורת משה כדכתיב זכרו תורת משה עבדי. גם יש לדקדק הלא יש כמה אלפים רבבות הלכות התלויות בשערה כדאיתא בחגיגה הלכות שבת חגיגות ומעילות כהררים התלוים בשערה, יעויין שם, אם כן למה נקט דוקא הדרש שאין דם השרץ מטמא כבשרו: [ה] **תלמוד בבלי מסכת חגיגה דף טו עמוד א:** שאל אחר את רבי מאיר לאחר שיצא לתרבות רעה, אמר ליה: מאי דכתיב גם את זה לעמת זה עשה האלהים? - אמר לו: כל מה שברא הקדוש ברוך הוא - ברא כנגדו, ברא הרים - ברא גבעות, ברא ימים - ברא נהרות. אמר לו: רבי עקיבא רבך לא אמר כך, אלא: ברא צדיקים - ברא רשעים, ברא גן עדן - ברא גיהנם. כל אחד ואחד יש לו שני חלקים, אחד בגן עדן ואחד בגיהנם, זכה צדיק - נטל חלקו וחלק חברו בגן עדן, נתחייב רשע - נטל חלקו וחלק חברו בגיהנם. אמר רב משרשיא: מאי קראה? גבי צדיקים כתיב לכן בארצם משנה יירשו. גבי רשעים כתיב ומשנה שברון שברם. שאל אחר את רבי מאיר לאחר שיצא לתרבות רעה: מאי דכתיב לא יערכנה

גלא עמיקתא

ג'. **חשמ"ל** היינו **תפלה** כדמסיימינן לצלותא המברך את עמו ישראל בשלו"ם גימ' חשמ"ל כנודע מכוונות האר"י הקדוש.

"**חשמל תפלה** (893=שבטי ישורון) **תורה מטטרו"ן** [925=ה"פ **אני** לדודי ודודי לי (185)] **תשובה פרגוד** (1006=ישראל פשוט וא"ת ב"ש)"

סליקו כולהו לחושבן (2824) ח"פ "שמחה" (353) **דבאלף השמיני** (תהל' קכ"ו,ב') **"אז ימלא שחוק פינו ולשוננו רנה" ואז תהיה השמחה האמיתית והשלמה ונגלה כבוד ה' וראו כל בשר יחדו כי פי ה' דבר במהרה בימינו אמן.**

והני תלת דרגין במלואיהן:

חשמ"ל במילוי: "חית שין מם למד" גימ' (932) "עץ הדעת טוב ורע" (בראשית ב',ט') ובאור הענין דאדם הראשון היה **לבוש לבושי אור חשמ"ל** גימ' (378) מלבו"ש, **ולאחר שחטא לבוש עור משכא דחויא.**

מטטרו"ן במילוי: "מם טית טית ריש ויו נון" גימ' (1556) ד"פ "דוד שלמה" (389) **בחינת מלכותא קדישא והוא** ד"פ **דאיהי** [ו]**דלה ועניה וכו' שלמ"ה אתוון**

זהב וזכוכית ותמורתה כלי פז - אמר לו: אלו דברי תורה, שקשין לקנותן ככלי זהב וכלי פז, ונוחין לאבדן ככלי זכוכית. - אמר לו: רבי עקיבא רבך לא אמר כך, אלא: מה כלי זהב וכלי זכוכית, אף על פי שנשברו יש להם תקנה - אף תלמיד חכם, אף על פי שסרח יש לו תקנה. - אמר לו: אף אתה חזור בך! - אמר לו: כבר שמעתי מאחורי הפרגוד: שובו בנים שובבים - חוץ מאחר. תנו רבנן: מעשה באחר שהיה רוכב על הסוס בשבת, והיה רבי מאיר מהלך אחריו ללמוד תורה מפיו. אמר לו: מאיר, חזור לאחריך, שכבר שיערתי בעקבי סוסי עד כאן תחום שבת. אמר ליה: אף אתה חזור בך. - אמר ליה: ולא כבר אמרתי לך: כבר שמעתי מאחורי הפרגוד שובו בנים שובבים - חוץ מאחר. תקפיה, עייליה לבי מדרשא. אמר ליה לינוקא: פסוק לי פסוקך! אמר לו: אין שלום אמר ה' לרשעים. עייליה לבי כנישתא אחריתי, אמר ליה לינוקא: פסוק לי פסוקך! אמר לו כי אם תכבסי בנתר ותרבי לך ברית נכתם עונך לפני.

[ו] **כתוב לגבי לבנה ולומדים לענין המלכות:** זוהר פרשת וישב דף קפא עמוד א פתח ואמר (ישעיה נ"ב) הנה ישכיל עבדי ירום ונשא וגבה מאד, זכאה חולקהון דצדיקייא דקודשא בריך הוא גלי לון ארחי דאורייתא למהך בהו, ת"ח האי קרא רזא עלאה איהו, הנה ישכיל עבדי ואוקמוה אבל ת"ח כד ברא קודשא בריך הוא עלמא עבד לה לסיהרא ואזער לה נהורהא דהא לית לה מגרמה כלום ובגין דאזעירת גרמה אתנהרא בגין שמשא ובתוקפא דנהורין עלאין ובזמנא דהוה בי מקדשא קיים ישראל הוו

והנה בריש גמ' סוכה (ב' ע"א) ג' אמוראים מנה"מ: "**רבה**" גימ' "אור" "למען ידעו דורותיכם" לקביל **תורה** ("תורה אור").

רבי זירא אמר "וסוכה תהיה לצל יומם" (ישעיהו ד', ו'), לקביל **תשובה** דיתיב מאה תעניתא דלשתכח גמרא בבלאה מיניה כי היכי דלא נטרדיה וכו' (עיין ב"מ פ"ה ע"א).

ורבא לקביל **תפלה** דאמר "בסוכות תשבו שבעת ימים" (ויקרא כ"ג,מ"ב), אמרה תורה כל שבעת הימים צא מדירת קבע ושב בדירת עראי וכו' וכתיב (שבת י'.) מניחים חיי עולם ועוסקים בחיי שעה זו תפלה. והנה, הפלא ופלא כאשר נחשב א' של רבי זירא לאלף (כמו שמביא המג"ע מהאריז"ל) אזי יהיו ג' האמוראים הנ"ל "רבה, רבי זירא, רבא" עולים לגימ' (1839) "**תורה, תשובה, תפלה**"

וכאמור ג"כ "גל עיני ואביטה נפלאות מתורתך", המרמז ג"כ ג' ענינים אלו שהוריד משה רבינו לישראל:

"גל עיני" לקביל **תשובה** כמובא בנביא (ישעי' ו',י') "השמן לב העם הזה...ועיניו השע, פן יראה בעיניו...ושב ורפא לו". "ואביטה" (גימ' "גל") לקביל **תפלה** כדכתיב (תהל' י"ג, ד') "הביטה ענני ה' אלקי", ו"נפלאות מתורתך" לקביל **תורה**, והוא חושבן (1839) ג"פ "משה רבינו" (613).

3. חיות השדה: ברוך הטוב והמטיב: גימ׳ (322) ״חלק לעולם הבא״, ולע״ל יברכו על הרעה כמו על הטובה, וקשה הרי יהיה כולו טוב, וי״ל דיחזו דכל מה שברכו ברוך דין האמת היה כולו טוב, כדאמר ר״ע כל מאי דעביד רחמנא לטב עביד.

והוא בגמ׳ (פסחים נ.) עה״פ ״ביום ההוא יהיה ה׳ אחד ושמו אחד״ (זכריה י״ד,ט׳) ״ה׳ אחד״- מאי אחד אטו האידנא לאו אחד הוא? אמר רבי אחא בר חנינא לא כעולם הזה העולם הבא- העולם הזה על בשורות טובות אומר ברוך הטוב והמטיב ועל בשורות רעות אומר ברוך דין האמת, ולעולם הבא כולו הטוב והמטיב.

והנה הוא פלא ״חיות השדה״ גימ׳ (738) ״ברוך דין האמת״- והן בעצמן מברכות ״ברוך הטוב והמטיב״ והוא מכוון לדברי הגמרא הנ״ל דבעולם הזה מברכין על בשורות רעות ברוך דין האמת ולעולם הבא ברוך הטוב והמטיב, וכן ״ברוך הטוב והמטיב״ גימ׳ (322) ״חלק לעולם הבא״ דיתגלה לעתיד לבוא דכולו טוב, במהרה בימינו אמן.

גלא עמיקתא

למש״ה בחינת יסוד מלכות, והוא גימ׳ (1556) ד״פ ״אלף זעירא״ (389) – דזכה לה **משה** ר״ת ״**מ**טטרו״ן **ש**ר **ה**פנים״ גימ׳ אלף (1000).

פרגו״ד במילוי: ״פא ריש גימל וו דלת״ גימ׳ (1120) י״פ יב״ק יחוד הוי׳ א-להים.

סליקו יחד לחושבן (3608) ז׳ פעמים **תפל״ה** (515) עם ג׳ הכוללים דרומזים דדרך ג׳ שערים אלו עולה התפלה כנ״ל.

וכשנוסיף **תפל״ה** במילוי: ״תיו פא למד הה״ (581=יסוד המלכות) להני ג׳ מילויים דהיינו **חשמ״ל מטטרו״ן פרגו״ד תפל״ה** סליקו לחושבן (4189) עם הכולל (4190) י׳ פעמים ״אור האינסוף״ (419) דהוא שופע דרך כל הבריאה להוות אותה ולקימה יש מאין.

וכשנוסיף לכל הנ״ל **תור״ה** במילוי ״תיו ויו ריש הי״ (963) דהיינו מילויי **חשמ״ל מטטרו״ן פרגו״ד תפל״ה תור״ה** סליקו כולהו לחושבן (5152) **י׳** פעמים **תפל״ה** (515) עם ב׳ הכוללים דתפלה ותורה.

והוא נפלא מאד דחזינן דתפלה ותורה משלימין ל–י׳ בחינות תפלה וכמו שנבאר לקמן דאינון י׳ לשונות של תפלה.

משתדלי בקורבנין ועלוון ופולחנין דהוו עבדין כהני וליואי וישראלי בגין לקשרא קשרין ולאנהרא נהורין, ולבתר דאתחרב בי מקדשא אתחשך נהורא וסיהרא לא אתנהירת מן שמשא וכו׳ [ז] **תלמוד בבלי פסחים דף נ עמוד א**: והיה ה׳ למלך על כל הארץ ביום ההוא יהיה ה׳ אחד ושמו אחד, אטו האידנא לאו אחד הוא? - אמר רבי אחא בר חנינא: לא כעולם הזה העולם הבא; העולם הזה, על בשורות טובות אומר ברוך הטוב והמטיב, ועל בשורות רעות אומר ברוך דין האמת. לעולם הבא - כולו הטוב והמטיב. ושמו אחד, מאי אחד, אטו האידנא לאו שמו אחד הוא? - אמר רב נחמן בר יצחק: לא כעולם הזה העולם הבא; העולם הזה - נכתב ביו״ד ה״י ונקרא באל״ף דל״ת, אבל לעולם הבא כולו אחד - נקרא ביו״ד ה״י, ונכתב ביו״ד ה״י. סבר רבא למדרשה בפירקא. אמר ליה ההוא סבא: לעלם כתיב, רבי אבינא רמי: כתיב, זה שמי לעלם, וזה זכרי לדר דר. אמר הקדוש ברוך הוא: לא כשאני נכתב אני נקרא, נכתב אני ביו״ד ה״א, ונקרא אני באל״ף דל״ת.

והנה תורה במילוי גימ׳ (963) **אח״ד** במילוי ״אלף חית דלת״ דהתורה כולה שמותיו דקוב״ה, וכתיב (זכרי׳ י״ד,ט׳) [ז] ביום ההוא יהיה ה׳ אחד ושמו אחד, ובארנוהו לעיל אופן קנ״א-פרק שירה חיות השדה אומרים עיין שם[3]

וכד מוספינן לכל הנ״ל **תשוב״ה** במילוי כזה ״תיו שין וו בית הא״ [גימ׳ (1206) כמנין ב׳ פעמים בנ״י ישרא״ל דעבדין ב׳ בחינות תשובה מיראה ומאהבה] דאז איהו שלימו

גלא עמיקתא

דכולהו ג' שלבים דעלית בקשותיהם של ישראל קמי קוב"ה ו–ג' הדברים שדרכם עולים דהיינו מילויי **חשמ"ל מטטרו"ן פרגו"ד תפל"ה תור"ה תשוב"ה**

סליקו כולהו לחושבן (6358) **כ"ב** פעמים **א' זעירא** (289) דזכה לה משה רבינו בהקמת המשכן– ד–**א'** שרש לכולהו **אתוון**– כדאמר לה השי"ת [ח]אלף אלף כל יחודא לא יהא אלא בך, **והוא** דמיעטה את עצמה בסוד תפלה ותשובה נהיתה רישא לכל אתוון בסוד תורה.

וזהו דכתב דהתפלה עולה דרך ג' ענינים והם גופא בצורת א':

חשמ"ל בחינת י' תתאה, **מט"ט** בחינת ו' דאות א', **פרגו"ד** בחינת אהל מועד דמתמן וידבר ה' אליו בחינת י' עילאה.

וכולא **א'** זעירא בסוד תפלה– שמשה זכה לבחינת תפלה בשלמות "ואתחנן" גימ' "תפלה"– והיא **א'** זעירא צורת י' [ט]וכדכתב המגלה עמוקות בכמה מקומות.

ואינון י' לשונות תפלה, [י]כדפירש רש"י ואתחנן וכו' ד"א זה אחד מלשונות שנקראת תפלה כדאיתא בספרי. [יא]ובשפתי חכמים שם מביא הני י' לישני:

שועה – צעקה – נאקה – רנה – פצור – קריאה – נפול – פלול – פגיעה – תחנה

סליקו כולהו לחושבן (2692): ג' פעמים "משה אהרן ומרים" (897) עם הכולל כדכתיב (מיכה ו,ד') "ואשלח לפניך את משה אהרן ומרים"

דשלשתן הוו בחינת תפלה, דנסתלקו במיתת נשיקה "על פי ה'" וכו' דהיא בחינת "פה אל פה" (במדבר י"ב,ח') דכתיב במשה דהוה כללות כולן.

והן שתי בחינות תפלה:

א'. תפלת משה בחינה עילאה– דמשה הוא הצדיק הכולל ומעלה תפלותיהן של ישראל מבעד לפרגוד עד לעצמותו יתברך, והוא בחינת דכורא בתפלה, יחודא עילאה.

ב'. תפלת דוד בחינת נוק' דבתפלה דמגלה פנימיות הרצון בחינת אשה כשרה העושה רצון בעלה דנשים מברכות "שעשני כרצונו" גימ' (1102) "ברוך שם כבוד מלכותו" בחינת יחודא תתאה.

[ח] **זוהר - הקדמה דף ג עמוד ב**: יהיבתא לאת בי"ת נבזבזא רברבא דא ולא יאות למלכא עלאה לאעברא נבזבזא דיהב לעבדו ולמיהב לאחרא, אמר לה קודשא בריך הוא אל"ף אל"ף אף על גב דאת בי"ת בה אברי עלמא את תהא ריש לכל אתוון לית בי יחודא אלא בך, בך ישרון כל חושבנין וכל עובדי דעלמא וכל יחודא לא הוי אלא באת אל"ף, ועבד קודשא בריך הוא אתוון עלאין רברבן ואתוון תתאין זעירין, ובגין כך בי"ת בי"ת בראשית ברא אל"ף אל"ף אלהים את, אתוון מלעילא ואתוון מתתא, וכלהו כחדא הוו מעלמא עלאה ומעלמא תתאה. [ט] **מגלה עמוקות על ויקרא אופן ע"ח**: רמז הקב"ה בכאן בצורת א' שהיא צורת י' סוד המקוה שהוא סוד שיעור קומה בהיפך אתוון הוקם המשכן אז נשלמה המקוה של מעלה. שיש ר"ם קבין במקוה. לכן היו ישראל ד' פעמים ס' רבוא שהם ר"ם רבוא. [י'] **רש"י דברים פרק ג'**: ואתחנן - אין חנון בכל מקום אלא לשון מתנת חנם. אף על פי שיש להם לצדיקים לתלות במעשיהם הטובים, אין מבקשים מאת המקום אלא מתנת חנם. לפי שאמר לו (שמות לג יט) וחנותי את אשר אחון, אמר לו בלשון ואתחנן. דבר אחר זה אחד מעשרה לשונות שנקראת תפלה, כדאיתא בספרי. [**יא**] **שפתי חכמים דברים פרק ג**: ואלו הן שועה צעקה נאקה רנה פצור קריאה נפול פלול פגיעה תחנה.

גלא עמיקתא

ובהאי ברכתא אנשים מברכים "שלא עשני אשה" גימ' (1067) "מי כעמך ישראל גוי אחד בארץ" (דה"א י"ז,כ"א) עם הכולל [יב]דכתיב בתפלין דמרי עלמא (ברכות ו.) **והוא בחינת יחודא עילאה** כנ"ל.

ותרוויהו דהיינו "שעשני כרצונו (1102 יח"ת) עם **שלא עשני אשה** (1067 יח"ע) סליקו לחושבן (2169) ג"פ "יעקב ישראל" (723) בחינת [יג]**יחודא תתאה** יעקב ורחל **ויחודא עילאה ישראל ולאה, והוא יחודא שלים.**

וזהו דרחל בחינת מלכותא קדישא בחינתו דדוד מלך ישראל חי וקים לעד, **דרח"ל** במילוי "ריש חית למד" גימ' (1002) "יראת שמים" עם הכולל.

ובמשה– דאיהו בחינת יחודא עילאה ויראה עילאה [יד]**יר"א בש"ת**

כתיב ביה (שמות ל"ג,ז') **ומשה יקח את האה"ל אתוון לא"ה וכן ויקר"א א'ל** מש'ה סופי תיבות **לא"ה.**

והנה במשה– דאיהו הצדיק הכולל מתאחדים יחודא תתאה ועילאה– "משה דוד" סליק לחושבן (359) **משיח"א.**

דאתוון נותרים "**ויקרא אל משה**" חוץ **מאה"ל לא"ה** דהן ס"ת סליקו לחושבן (657) "[טו]**חטר מגזע ישי**" (ישעי' י"א) בחינת תפלתו של משיח.

[יב] תלמוד בבלי ברכות דף ו עמוד א: אמר רבי אבין בר רב אדא אמר רבי יצחק: מנין שהקדוש ברוך הוא מניח תפילין - שנאמר נשבע ה' בימינו ובזרוע עזו; בימינו - זו תורה, שנאמר: מימינו אש דת למו, ובזרוע עזו - אלו תפילין, שנאמר: ה' עז לעמו יתן. ומנין שהתפילין עוז הם לישראל - דכתיב: וראו כל עמי הארץ כי שם ה' נקרא עליך ויראו ממך, ותניא, רבי אליעזר הגדול אומר: אלו תפילין שבראש. אמר ליה רב נחמן בר יצחק לרב חייא בר אבין: הני תפילין דמרי עלמא מה כתיב בהו? אמר ליה: ומי כעמך ישראל גוי אחד בארץ. **[יג] ריקאנטי דברים פרק ו:** ספר הזוהר [יד יח ע"א וב] יי' אחד ושמו אחד [זכריה יד, ט], תרין ייחודין, יחודא תתאה אתייחד לפום יחודא דאתייחד יחודא דלעילא. יי' אלהינו יי', גוונין סתימין דלא אתחזיין ואתקשרו אל מקום אחד ייחודא חדא עילאה, גוונין דקשת לתתאה דאתייחדת בהו חיו"ר וסומ"ק וירו"ק כגוונא דגוונין סתימין ואינון יחודא אחרא רזא ושמו אחד ברוך שם כבוד מלכותו לעולם ועד יחודא דלתתאה. יחודא עילאה שמע ישראל יי' אלהינו יי' אחד דא לקבל דא. יקוו המים מדידו דקו ומשחתא, הכא שית תיבין והכא שית תיבין משחתא בוציצא דקרדינותא כתיב [ישעיה מ, יב] מי מדד בשעלו מים ודא איהו יקוו המים. **[יד] תיקוני זוהר תקונא שביעאה:** בראשית יר"א בש"ת ווי ליה לסמא"ל כד קודשא בריך הוא ייתי הוא למפרק לשכינתא ולישראל בנהא ותבע מניה ומשבעין אומין וממנן דילהון כל עאקון דעאקו לישראל בגלותא בגין דקדם דגלו ישראל גלי ליה קודשא בריך הוא דהוו עתידין ישראל למהוי תחות שעבודייהו [טו מתחות שעבודייהו] ואחזי ליה ולשבעין ממנן דתחות ידיה אגרא דילהון אי הוו אוקרין לישראל בגלותא הדא הוא דכתיב (בראשית ל"ט) ויברך יי' את בית המצרי בגלל יוסף ואיהו וממנן דיליה לא עבדין להון יקרא אלא עבדין בהון ובשכינתא קלנא דאמרין לון כל יומא איה אלקי"ך ובגין דא קלא נפיק לגביה כל יומא מן שמיא ואמר יר"א בש"ת יהא לך כסופא מן שכינתא יר"א שמים יהא לך כסופא מקודשא בריך הוא דאיהו שמים הדא הוא דכתיב ואתה תשמע השמים ודא בראשית. **[טו] פסיקתא רבתי (איש שלום) פיסקא לג - אנכי אנכי:** דבר אחר אנכי (ה' אלהיך) [אנכי הוא מנחמכם] זש"ה אשר הראיתני צרות רבות ורעות [תשוב תחייני ומתהומות הארץ תשוב תעלני] (תהלים ע"א כ') אתה מוצא מתחילת ברייתו של עולם נולד מלך המשיח, שעלה במחשבת עד שלא נברא העולם, כן הוא [אומר] ויצא חוטר מגזע ישי (ישעיה י"א א') אינו אומר (כן) כאן ויצא אלא [ויצא], היך, אתה מוצא כתב בבריאת עולם שהוא מזכיר שיעבודם

של מלכיות ושל גואל מלך המשיח, בראשית ברא אלהים [וגו׳] והארץ היתה תהו ובהו [וחשך על פני תהום ורוח אלהים מרחפת על פני המים] (בראשית א׳ א׳ וב׳) תהו זו מלכות בבל ראיתי את הארץ והנה תהו (ירמיה ד׳ כ״ג), ובהו זו מלכות מדי שנאמר ויבהילו להביא את המן (אסתר ו׳ י״ד), [וחשך] זו מלכות יון שהיו גזירותיה קשות, כתבו על קרן השור שאין לכם חלק באלהי ישראל, על פני תהום זו מלכות אדם הרשעה, דוד רואה אותם ארבעתם היאך הם באות בכח ומשתעבדות בישראל, התחיל תמיה עליהם ואומר אשר הראיתני צרות רבות ורעות (רבים), [רבות] שתיים מלכות מדי ומלכות אדום, תשוב תחייני ומתהומות הארץ תשוב תעליני אמר תחייני מן הראשונה משיעבודה של מלכות בבל, תשוב תחייני מן השנייה משיעבודה של מדי, תעליני מן השלישית משיעבודה של יון, מתהומות הארץ תשוב תעליני זו אדום הרשע, ומנייך אתה אומר שמתחילת ברייתו של עולם היה מלך המשיח, ורוח אלהים מרחפת זה מלך המשיח, וכן הוא אומר ונחה עליו רוח ה׳ (ישעיה י״א ב׳), ואימתי מרחפת, על פני המים כשתשפכו כמים לבבכם נכח פני ה׳ אנכי אנכי הוא מנחמכם.

גלא עמיקתא

ואיהו חושבן (657) ״אהלי תורה״– תורתו של משיח צדקנו יבוא ויגאלנו במהרה בימינו אמן. ונתבאר מעט מזעיר מכונתו דמגלה עמוקות באופן ל״ד דיליה.

אופן לה

נרמז בזה הפסוק מה שאמרו בגמרא משה עומד בפסח ראשון ומזהיר על פסח שני פסח ראשון הוא לקביל אברהם פסח שני לקביל יוסף כי אלו השנים צריכים להיות יחד לפי שאברהם בגי' רמ"ח מצוות עשה ויוסף הצדיק בגימ' שס"ה מצות לא תעשה.

שניהם יחד כי זה כל אדם רמ"ח איברים שס"ה גידין וביום הוקם המשכן שהוא בהיפך אתוון קומה שהוא שיעור קומה אמר ויקר אל משה:

אופן לה

נרמז בזה הפסוק מה שאמרו בגמרא (פסחים ו' ע"ב) [א]משה עומד בפסח ראשון ומזהיר על פסח שני– פסח ראשון הוא

גלא עמיקתא

והנה מקשר הני תלת צדיקיא למקשה אחת בסוד [1]א' זעירא דויקרא: א'. אברהם לקביל י' עילאה דאות א' דאיהו [ב]אב רם [ג]שכל הנעלם מכל רעיון.

1. באור על מגלה עמוקות ואתחנן אופן קי"ט: י"ח. וַיִּתְעַבֵּר יהוה בִּי לְמַעַנְכֶם וְלֹא שָׁמַע אֵלָי וַיֹּאמֶר יהוה אֵלַי רַב לָךְ אַל תּוֹסֶף דַּבֵּר אֵלַי עוֹד בַּדָּבָר הַזֶּה (דברים ג,כו) גימ' (3169) י"א פעמים רפ"ח (288) ע"ה, דהן רפ"ח ניצוצין דנפלו בשבירה כמו שמאריך האר"י הקדוש, ובהגיע הארה הגדולה בעת הגאולה יוציאו י"א הקלי' בלעם מפיהם ויוותרו כפגרים מתים כדהוה בצבא סנחריב, ויאיר אור הגנוז בנשמת בני ישראל י"ב שבטי י"ה, ולכן ר"ב ל"ך גימ' (252) י"ב פעמים אהי"ה (21) שם הכתר יאיר ב-י"ב בחינות בני ישראל בב"א. והנה הני י"ח פסוקין דמביא המגלה עמוקות בהאי אופן, רמיזא א' זעירא דויקרא דניתנה הקב"ה למשה על ידי הקב"ה חי החיים, ונתגלה לו ענין מלכות ה' בבריאה כולה בחינת מגיד מראשית אחרית (ישעי' מ"ו,י'), ויתגלה לעיני כל לעתיד לבוא כי לה' המלוכה ומושל בגויים, ולכן כל ח"י הפסוקים סליקו לחושבן ע"ה (55,488): "א' זעירא" (289) פעמים "כי לה' המלוכה" (192) (תהל' כ"ב,כ"ט) וכן יתגלה בנשמות בני ישראל עם קדוש בביאת משיח צדקנו בעגלא דידן ובזמן קריב אכי"ר.

[א] תלמוד בבלי פסחים דף ו עמוד ב: שהרי משה עומד בפסח ראשון ומזהיר על הפסח שני, שנאמר ויעשו בני ישראל את הפסח במועדו, וכתיב ויהי אנשים אשר היו טמאים לנפש אדם וכו'. **[ב] מלבי"ם בראשית פרק יז פסוק ה:** ולא יקרא. מה שנקראת בשם אב רם, תקרא בשם אב רם של המון, באשר תהי' אב המון גוים, ולא שיהיה כן בעתיד, כי מעתה אב המון גוים נתתיך, וע"כ תיכף תשנה את שמך, ורמז לו כי ע"י מצות המילה שהיא באבר העומד במקום תקפו וחזקו של אדם ואליו ישפכו כל עורקי הגוף, שהוא האבר הנושא פרי, והטפה הזרעיית מאוספת מכל כחות הגויה והנוגע בו כנוגע בכל חלקי האדם וכחותיו, ובמצוה הזאת תשלח תושיה בכל רמ"ח אברים שהם כמספר אברהם, עד שתמלוך על כל רמ"ח אבריך וכן תמלוך על הגוף הכללי שהם כל המון גוים, כמש"פ במ"ש ומלכת בכל אשר תאוה נפשך והיית מלך על ישראל ויהודה, שע"י שתמלוך על המון הכחות שבנפשך ועל תאותך ומאויך כן תמלוך על הגוי כולו, וע"י שיהיה שמך אברהם תהיה אב המון גוים: **[ג] ר' צדוק הכהן מלובלין - פרי צדיק ויקרא לחג הפסח:** במדרש (שוחר טוב תהלים קי"א) גדולים מעשי ה' הוא גדול ומעשיו (כן צריך להיות וכן הוא בדפוס חדש) גדולים, גדול היינו בלא שיעור עד עתיקא למעלה מהתפיסה, שכל הנעלם מכל רעיון, ומהלליו גדולים דכתיב (תהלים קכ"ו, ב') אז וגו' הגדיל ה' לעשות עם אלה עם ישראל והוא כמו שאומרים ובטובו מחדש בכל יום תמיד מעשה בראשית שהעולם נברא בדברי תורה כמו שאמרו (בראשית רבה א', א') אני הייתי כלי אומנתו וכו', ואחר כך מחדש בכל יום חידוש הלכה בבית דין של מעלה (שם מ"ט, ב') ועל ידי חידוש ההלכה מחדש בכל יום מעשה בראשית, ואחר מתן תורה נמסר חידוש תורה שבעל פה לחכמים ונקראו תלמידי חכמים בנאין שעוסקין בבנינו של עולם (שבת קי"ד א) וזהו הגדיל ה' לעשות עם אלה שמופיע ה' יתברך בלב החכמים מטלא דעתיקא טל שבו עתיד להחיות את המתים (שם פ"ח ב) וזהו הגדיל וגו' ומה שכרו הוד והדר פעלו הוד והדר לבוש הראשון מעשרה לבושים שלבש ה' יתברך (דברים רבה ב', ל"ז ובשיר השירים רבה ד', כ"ב) והם כנגד עשר ספירות ובפסיקתא (פרשה ל"ז) חשב לבוש הראשון הוד והדר וכן נראה מהפסוק ה' אלהי גדלת מאד גדול מורה עתיקא וגדלת מאד בלא שיעור בודאי מורה על עתיקא קדישא וכתיב הוד והדר לבשת ואחר כך עוטה אור כשלמה שהוא מאמר יהי אור וכמו שאמרו (בראשית רבה ג', ד') מהיכן נבראת האורה וכו' נתעטף הקדוש ברוך הוא והבהיק אורו וכו' ומאמר יהי אור לבוש השני חכמה, לבוש הוד כתר וכמו

לקביל אברהם פסח שני לקביל יוסף. כי אלו השנים צריכים להיות יחד לפי שאברהם גימ' [ד]רמ"ח מצוות עשה ויוסף

גלא עמיקתא

ב'. יוסף לקביל ו' דאות א' בחינת יסודא בריח התיכון וכו'.

ג'. משה הוא בחינת י' תתאה מלכותא קדישא דכתיב ביה [ה]משה לא

שכתבו בתוס' (שבת פ"ח. ד"ה שני) של הוד היו, והדר איתא בגמרא (שם קנ"ב א) הדרת פנים זקן, דיקנא דעתיקא וזה שנאמר (דניאל ז', ט') לבושיה כתלג חיור ושער רישיה כעמר נקי שהוא כתר על הראש, וזה זכה אברהם אבינו כמו שאמרו (בראשית רבה נ"ח, ט') בוא ולבוש לבושי וזה שנאמר (בראשית כ"ד, א') ואברהם זקן שהוא ע"ה היה הראשון שזכה להשיג שיש שכל נעלם מכל רעיון וזה שאמרו (בבא מציעא פ"ז א) עד אברהם לא היה זקנה (ונתבאר כמה פעמים) ואלו השני כתרים הוד והדר נמסרו לישראל במתן תורה. [ד] **כלי יקר דברים פרק ד: (ט)** רק השמר לך ושמור נפשך מאד פן תשכח וגו'. השמר לך רצה לומר שמירת הגוף ולא הזכיר בו מאד כמו בשמירת הנפש אשר בשמירתה צריך האדם להזהר ביותר מבשמירת הגוף לכך אמר ושמור את נפשך מאד: דבר אחר שתי שמירות אלו הם על מצוות עשה ולא תעשה, אשר על ידם ישמור כל האיברים והגידין אשר הבית האנושי נכון עליהם, כי כבר אמרו חז"ל (זוהר וישלח קע ב) כי רמ"ח מצוות עשה כנגד רמ"ח איברים ושס"ה מצוות לא תעשה כנגד שס"ה גידין שבאדם כי על זה נאמר (קהלת יב יג) את האלהים ירא זה מצוות לא תעשה ואת מצוותיו שמור זה מצוות עשה כי זה כל האדם כמספר איבריו וגידיו. ואמרו עוד כל ימי רשע הוא מתחלל היינו מת חלל כי בכל עבירה הוא פוגם אחד מאיבריו או אחד מגידיו. ונראה לי לחלק בין לשון חלל ללשון מת באותו חילוק שיש בין מצוות עשה למצוות לא תעשה כי מת מעצמו משמע וחלל היינו שנהרג בידים, והעובר על מצות עשה עובר בשב ואל תעשה הרי הוא פוגם אבר אחד ונעשה מת מאליו, והעובר על מצות לא תעשה בקום ועשה הרי כאילו הוא הורג בידים איזה גיד מגידיו ועושהו חלל וחלול מן הדם שבתוכו והדם הוא הנפש, וביטולו אפילו מן גיד אחד מסוכן יותר ממיתת אבר אחד, כי על כן החמירה התורה בעונש העובר על לא תעשה מבעשה כי פגימת הגידין מסוכן מפגימת אבר. ועל זה אמר רק השמר לך זו שמירת איבריו כי הם עצמותו של אדם ושמירתם תלוי בשמירת מצוות עשה, ושמור נפשך מאד זו שמירת הגידין כי הדם הוא הנפש וצריך שמירה גדולה לכך נאמר מאד ושמירה זו על ידי מצוות לא תעשה, וזה ביאור נכון: פן תשכח את הדברים וגו'. חז"ל (אבות ג י) למדו מכאן שהשוכח דבר אחד ממשנתו מתחייב בנפשו כי גורם לעצמו שגם ה' ישכחו כמו שנאמר (הושע ד ו) ותשכח תורת אלהיך אשכח בניך גם אני. עוד דרשו חז"ל חגיגה ט ב) מן פסוק ושבתם וראיתם בין צדיק לרשע בין עובד אלהים לאשר לא עבדו (מלאכי ג יח) שאינו דומה שונה פרקו מאה פעמים לשונה פרקו מאה פעמים ואחד. ושמעתי רמז לדבר לא עבדו ראשי תיבות שלו עולה מאה לומר שהלומד מאה פעמים עדיין נקרא לא עבדו, עובד אלהים לאשר ראשי תיבות עולה מאה ואחד כי השונה פרקו מאה ואחד פעמים נקרא עובד אלהים: וזו משלי לעשות רמז יקר מזה והוא כשתסתכל במלת זכר ובמלת שכח תמצא מספר מאה ואחד ביניהם, והרוצה לבטל השכחה יחזור על לימודו מאה ואחד פעמים ובהם יפחות מן מספר שכח מספר מאה ואחד וישאר מן שכח מלת זכר על כן מאז יהיה הדבר כמוס אצלו לזכרון לא ישכח עוד. וקרוב לשמוע שהמלאך הממונה על הזכרון זכר שמו ויש לו רכ"ז כוחות, והמלאך הממונה על השכחה שכח שמו ויש לו שכ"ח כוחות, נמצא שיש לו מאה ואחד כוחות יותר מן מלאך של הזכרון על כן השכחה גוברת על האדם, לפיכך צריך הוא לחזור על לימודו מאה ואחד פעמים כי בכל פעם ופעם שיחזור הוא מחסר ומחליש כח אחד מכוחותיו וכשחזר מאה ואחד פעמים החליש כל כוחותיו היתרים ונכנס תחת יד המלאך הממונה על הזכרון ולא ישכח עוד. רמז לדבר השמר ושמור נפשך מאד ראשי תיבות מן ארבע תיבות אלו עולה למספר מאה ואחד וראשי תיבות של תיבת לך היינו למ"ד וכאילו אמר למוד תורתך מאה ואחד פעמים פן תשכח את הדברים, וזה רמז יקר. [ה] **זוהר**

הצדיק בגימ' [ו]שס"ה מצוות לא תעשה. ושניהם יחד כי זה

פרשת בראשית דף לז עמוד ב: ויאמר ה' לא ידון רוחי באדם לעולם בשגם הוא בשר וכו' רבי אחא אמר בההוא זמנא הוה ההוא נהרא דנגיד ונפיק אפיק רוחא עלאה מאילנא דחיי ואריק באילנא (דשרייא ביה מותא) (מאילנא דמותא) ואתמשכן רוחין בגווייהו דבני נשא יומין (זמנין) סגיאין עד דסלקו בישין ואתעתדו לפתח, כדין אסתלק רוחא עלאה מהוא אילנא בשעתא דפרח נשמתין בבני (מבני) נשא הדא הוא דכתיב לא ידון רוחי באדם לעולם למיהב לעולם בשעתא דפרחו נשמתין בבני נשא, בשגם הוא בשר רבי אלעזר אמר (לקמן צח.) בשגם דא משה דאיהו נהיר לסיהרא ומחילא דא קיימין בני נשא בעלמא יומין (זמנין) סגיאין, והיו ימיו מאה ועשרים שנה רמז למשה דעל ידיה תורה אתיהיבת וכדין יריק (ס"א זריק) חיין לבני נשא מההוא אילנא דחיין וכך הוה אלמלא דחבו ישראל הדא הוא דכתיב (שמות ל"ב) חרות על הלחות חרות ממלאך המות, דהא אילנא דחיי הוה משיך לתתא ועל דא בשג"ם דאיהו בשר קיימא מלה לארקא (לאתרחקא) רוחא דחיי בשגם אחיד לתתא אחיד לעילא, ועל דא תנינן משה לא מית אלא אתכניש מעלמא והוה נהיר לסיהרא וכו'

[ו] **אלשיך משלי פרק ו: (טז) שש כו' הנה שנא** ה'. ראוי לשים לב האם אלה לבד שנא ה', ומה גם שמונה שפיכות דמים ולא ע"א וג"ע, אמנם לא להזכיר כל אשר שנא ה' בא שלמה, כי הלא כל שס"ה מצוות לא תעשה שנא, אך לומר הלא כתבתי לך, כי גדלה מאד רשעת משלח מדנים אל תתמה על החפץ, כי הלא דע לך כי שש הנה מדות רעות, המשתלשלות מב' סרסורי דעבירה עינא וליבא, והקשה מכולן הלא היא משלח מדנים, והענין כי הלא רוע מדת העין הנה היא לראות ברעה, והוא עינים רמות מסתכל באסור לו, כההוא בן כהן דאמר אבא גבה עינים הוה נתן עיניו בגרושה וחילל זרעו, הנה כי להסתכלות ברע קרא רום עינים, ורוע מדה המתייחסת אל הלב, הלא היא היותו חורש רע בכל עת, ואמר הנה קשה הנמשך מן הלב מהנמשך מהעין, כי ג' ימשכו מהעין וג' מהלב שהן שש, והנם שקולים לכוללם ולומר שש הנה שנא ה', אך מהלב תמשך עוד רביעית, שימלאו בה מנין שבע והיא קשה מכולן, כי היא תועבת נפשו, ופי' ואמר (יז) עינים רמות שהוא בהביטו באשת רעהו וכיוצא, ומזה תמשך שנית והיא לשון שקר, שאם יאמר לו בעל האשה או אשר יוכיחנו למה תביט ברע, הלא ישקר ויתאנה לומר כי שקר ענה בו, וממנה אל השלישית כי מקנאת חמת גבר כי יחם לבבו יכנו נפש, או אם יתפש כגנב כי יבא הביתה לעשות רע ויראנו בעלה יקום עליו וימיתהו, כמאמרם ז"ל כי נואף אשה יתעתד על פי דרכו לעבור על לא תרצח. ועל השלישית הזאת הנמשכת מהשנים אמר וידים שופכות דם נקי, אך מהמדה המתייחסת ללב תמשך עוד רעה חולה מזו, כי זולת שהם ד' ומהעין ג' יש עוד אחרת, כי שם יהיו שופכות דם נקי א', וממנה ישפכו דם ג' נקיים, והוא כי (יח) מלב חורש מחשבות און, גם כי לא יבא אל הפועל לא יבצר מהמשך רעה שנית, והוא שיהיו רגלים ממהרות לרוץ לרעה אשר זמם לעשות, ומזה תמשך שלישית והיא כי (יט) יפיח כזבים, כי אשר יראנו במרוצתו אל מקום זמה, יכיר כי רעה בלבבו ויוכיחנו על רוע דרכו אשר ירוץ לרעה, אז יצטרך להפיח כזבים כי לא יספיק לשון שקר כאשר ברמות העין, כי שם אין צורך להרבות כזבים, כי לא היה פועל נרגש בעצם כמרוצתו לרעה, ודי לו להשמט ולומר, כי לא שם היה מסתכל רק אל מקום קרוב אליה, אך בתנועת מרוצתו כי רבה היא, יצטרך לישמט הפיח ושלשל כזבים רבים והמצאות כוזבות, ומה גם כדרך אדם כוזב שיתפס כי אין לשקר רגלים, ולתקן והעמיד כזב א' ימציא כזבים רבים, וזהו יפיח כזבים אחוזות ומשתלשלות זו בזו, כד"א אשית בישע יפיח לו, שהוא מלשון פח ואחיזה, ולא אמר שקרים כאומרו לשון שקר רק כזבים כנודע ההפרש שבין זה לזה, כי שקר יקרא האפשרי יהי כדבריו, רק שלא אירע כן וכזב הבלתי אפשרי, כן האיש הזה יצטרך להמציא כזבים אשר אין למו רגלים לתקן עותתו, ומהפחת כזבים הרבה יושקע בדבר עד שבא להיות עד שקר, ומהעידו שקר ישלח מדנים בין תובע ונתבע, כי אשר הועד עליו שקר לא ישקוט ויריב עם בעל דינו השוכרו, וגם יתלמד מזה להיות תמיד משלח מדנים בין אחים ברכילות ולשון הרע, נמצא הורג ג', האומרו והמקבלו ומי שנאמר עליו, נמצא שע"י זה נמשך שפיכות דמים משולש, מה שאין כן במשתלשל מהעין, שלא יגיע רק עד דם נקי א', הנה כי ראוי להחמיר על משלח מדנים, וגם שמה שאמר למעלה שאדם בליעל מהיותו חורש רע בכל עת שמדנים ישלח, כן הוא כאשר ביאר פה ההשתלשלות.

כל האדם [כדמסיים ספר קהלת (י"ב,י"ג) סוף דבר הכל נשמע את האלהים ירא ואת מצותיו שמור כי זה כל האדם] [ז]רמ"ח

[ז] **אלשיך דברים פרק כא:** כי תצא למלחמה על איביך ונתנו יי אלהיך בידך ושבית שביו. וראית בשביה אשת יפת תאר וחשקת בה ולקחת לך לאשה. (י - יא): לבא אל ענין הפרשה נשים שכל והבין במקרא. א. אומרו כי תצא לשון יחיד. וגם שלא אמר כי תלחם או כי תעשה מלחמה. ב. אומרו ונתנו לשון יחיד אחר אומרו אויביך לשון רבים. ג. אומרו ושבית שביו ולא אמר ושבית אותם. וידוע מרבותינו ז"ל (ספרי) שחוזר אל הכנעני הנמצא במלחמת הרשות, אך הלא כמו זר נחשב שאומרו וראית בשביה לא יחזור אל השבי הנזכר. ד. אומרו וראית כו' כי מהראוי יקצר ויאמר וחשקת אשת יפת תואר, ואם לא יבחר בקצור אשר כזה לפחות מלת בשביה מיותרת. ה. מה ענין צוותו יתברך יעשה את הדברים האלה, יביאה אל תוך ביתו ולגלח ראשה ועשות צפרניה והסירה את שמלת שביה, כי גם בפשט גם הוא לא דבר ריק הוא. ו. אומרו וישבה בביתך אחר אומרו והבאתה אל תוך ביתך. ז. אומרו ובכתה כו', כי הלא הדברים הקודמים יש לאל ידו לעשות, אך בכייתה את אביה ואת אמה אולי לא תאבה האשה לבכות ומה יוכל לעשות. ח. אומרו תבא אליה כו', יראה דבר אחד שנוי ומשולש, כי תבא אליה היינו ובעלת והיינו והיתה לך לאשה. ט. אומרו והיה כו', כי מלת והיה בלתי צודקת בעצם והיה לו לומר ואם לא תחפוץ בה כו', ולמה נמנעה ממנו מכירתה. י. אומרו כי תהיין לאיש כו', כי הנה שני ההי"ן האלה יתירות והראוי יאמר אחת אהובה ואחת שנואה, ובמלת תהיין החסירו הה"א הראויה בסוף התיבה. יא. אומרו לשניאה שהיה לו לומר לשנואה בוי"ו. יב. למה למדנו דין בכורה בבן השנואה ולא סתם בבכור אשר יולד לו מהאשה אשר הוכיח ה' אליו: אמנם נבא אל הענין בהציע, כי הנה שנים הנה סוגי קרב ומלחמה, אחת מלחמת איש באיש ממלכה בממלכה כי ישא גוי אל גוי חרב, שנית מלחמת מלך זקן וכסיל עם ילד מסכן וחכם. כאשר סופר (בספר חובת הלבבות) מאיש פרוש אשר הלך להקביל פני חיל אלכסנדרוס בבואם מלכוד עיר גדולה לאלהים שמחים טובי לב, ופיו פתח בחכמה ויען להם שמחה מה זאת עושה, הנה זה שבתם בשלום מהמלחמה קטנה הכינו עצמכם אל הגדולה. ויהי כמשחק בעיניהם באומרם אליו איה איפה מלחמה גדולה מזו. ויען ויאמר הלא היא מלחמת ה' אשר בקרב איש ולב עמוק בהלחמו עם יצר סמוך יועץ בליעל לעשות כל מצות ה' אשר לא תעשנה, כי מי יאמר זכיתי לבי נצבתי לריב עמו להלחם בו גם יכולתי, ויחד אסירים גם בני אדם גם בני איש תחת רגליו כתוא מכמר. והן אמת כי מאמריו אלה גדולים וטובים כי נעמו. ועמוד והתבונן כי היטיב אשר דבר באומרו כי מלחמת גוי אל גוי קטנה תקרא בערך מלחמת היצר הרע. והנה חשבתי למשפט כי שני טעמים בדבר: אחת, כי מלחמת אנשים לא לאדם הוא, כי אין ידי אדם עושות מלחמה, ואל יתהלל הגבור לומר כחו ועוצם ידו עשה מלחמה ונצח, כי הלא כמה פעמים קשת גבורים חתים ונכשלים אזרו חיל. כי ה' איש מלחמה והוא הפוקד את צבא המרום במרום ואת מלכי האדמה על האדמה. וצא ולמד מאברהם ועבדו זקן ביתו אשר הפילו ארבעה מלכים גדולים ועצומים, ושניהם לבדם בשדה מערכות המלחמה, ודוד לבדו את גלית, וכאלה אין מספר. אך מלחמת היצר הרע לאדם היא ולא לה' היא בעצם, כי הכל בידי שמים חוץ מיראת שמים (ברכות לג ב), כי הבחירה בת חורין היא ביד כל האדם אל כל אשר יחפוץ יטה. שנית, כי הלא הלוחם על יצרו הלא ידמה אל נער קטן יקרב אל עיר אשר לא ידע תמול שלשום, ובה מלך עז פנים זקן מלומד המלחמה מנעוריו בקי בכל מוצאי העיר ומובאיה כי כל ימיו גדל בתוכה, ואנשים בה כשש מאות איש והותר כלם כעבדים למלך זקן ההוא וסרים אל משמעתו גבורי כח עושי דברו, והעיר סוגרת ומסוגרת והמה ומלכם בקרבה. והנה זה בא נער קטן ויערב אל לבו לעשות מלחמה עם המלך זקן ההוא, ולהפילו ארצה וללכוד את העיר כלה ולשבות את כל אנשיה ולכבוש אותו ואת כל עמו, להיות לו לעבדים ולהפך לבבם אליו, לכהנו לו כמלך בגדוד. והן אמת כי כל השומע יצחק לו באומרו אליו מי אתה הר הגדול שמת לבך לעשות כדבר הזה, והלא תחת ארבע [סיבות] לא תוכל לשאת ונבול תבול ולא תוכל עשוהו לבדך. אחד כי אתה אחד והמה רבים, שנית כי הם גם מלכם תושבים בקרבה יודעים מוצאי ומובאי העיר לצאת

ולבא ואתה לא כן כי אם כי גר היית בארץ נכריה, שלישית כי נער אתה והמלך ההוא זקן ובתחבולות יעשה לך מלחמה עד רדתו אותך, רביעית כי הוא חפץ בטולך ולהשמידך בלבבו ובלב כל אשר אתו, ואתה חפץ בקיומם למען יעבדוך להפכם שפה ברורה לקרא כולם בשמך ולעבדך שכם אחד, באופן שאתה תרחמם בדין והמה יכוך מכת אויב מכת אכזרי. והן אמת כי על כל אלה לא ירך לבבו וירוץ כגבור לנתוש ולנתוץ ולהאביד ולהרוס את העיר ואת מלכה, ויתמרמר אליו בחמת כחו עד האבידו אותו ולשומו מרמס תחת רגליו ואת כל אחיו יקח לו לעבדים. הנה ילד מסכן הלז בזאת יתהלל על כל הנבראים אשר מעולם אנשי השם: והנה ככל החזיון הלז בדמותו בצלמו אשר יקרה לכל איש חכם לב הכובש את יצרו. כי הלא אך יצוא יצא איש מבטן אמו והנה לפתח חטאת רובץ, יצר סמוך יבא לעיר קטנה היא האדם ואנשיה בה רמ"ח אברים ושס"ה גידים. והנה יום יום הולך וגדל עד כי גדל מאוד, אומר ונעשה רצונו. כי כל אנשי עירו עליזי גאותו סרים אל משמעתו לעבדו בכל לבבם מולך בכל אות נפשו, וישרש שרשיו עד תום ימי שנת הי"ג. ובמלאת הימים האלה כילד יולד יבא בו היצר הטוב, מצווה ועושה מאדון הכל יצא למלחמה על אויביו היצר הרע ואיבריו וגידיו אנשי עצתו נהנים ממעשה רעתו, וילכוד את העיר בחכמתו וירם יד במלך זקן וישיתהו בתה עד הוא ואנשיו יהיו לו למס ועבדוהו, ואם ככה הוא עושה הוא תכלית הגבורה עד אין קץ. כי כל ארבעת הבחינות האמורות במשל הנה הנם בנמשל. והוא הדבר הכתוב אצלנו במשנת בן זומא (אבות ד א) איזהו גבור הכובש את יצרו שנאמר טוב ארך אפים - עובר על פשע שפושעים עליו - היא גבורה יתירה מגבור המתנקם. כמאמרם ז"ל (יומא סט ב) על סובלו יתברך בראות עובדי כוכבים מרקדים בהיכלו שאמרו הן הן גבורותיו. אבל מושל ברוחו בכל פרטים הוא יותר גבור מלוכד עיר. שהוא המשל עצמו שכתבנו באיש יחידי שבא ללכוד עיר ומלואה מלכה ועמה, ואינו מחריבה רק לוכדה למשול עליה ועל עמה ומלכה. כי בזה יוכללו כל הארבעה דברים הנאמרים באמת. היותו אחד והם רבים, והיותו גר והם התושבים, והיותו בלתי מלומד מלחמה כמלך העיר אשר הומלך מימים ושנים, והיותו חפץ בקיומם והן חפיצי רעתו. ועם כל זה המושל ברוחו - שהוא הנמשל שמושל בגופו שהוא עיר קטנה, ואנשים בה איבריה וגידיה, ובה מלך זקן הוא היצר הרע והוא ילד בא מחדש - גדול מלוכד עיר שהוא המשל. והטעם כי לוכד עיר אויביו ממנו ולחוץ אך בנמשל אויביו בקרב לבו תוך עצמותו. כלל הדברים כי משני טעמים אלו מלחמה קטנה היא מלחמת האויבים אלה נוכח אלה, וגדולה מלחמת היצר הטוב עם היצר הרע: (י) ונבא אל הענין, אמר, כי רצה הקדוש ברוך הוא להורות את ישראל היותו מתנהג בחסידות לפנים משורת הדין למען נחיה ונזכה לפניו ולא נמוט, והוא כי תנאי הם דברינו בינו יתברך ובין בני ישראל כמפורש אצלנו בשערים באר היטב, כי מהשתי מלחמות הנמצאות בעולם, אחת אשר לאדם עם יצר סמוך, ואשר לנו עם אנשים כמלחמות עם בעם ממלכה בממלכה, כי אשר היא בינינו ובין גוי אחר בארץ הוא יתברך ילחם לנו ויפרקנו מצרינו, אך במלחמתנו עם יצרנו הלא לנו היא כי הכל בידי שמים חוץ מיראת שמים, ועל כן אנחנו נלחם על דבר כבוד שמו עם יצרנו הרע ומר. ובא ויאמר הוא יתברך אל בנו בכורו ישראל עמי ראה גם ראה מה גדלה אהבתי וחסדי אתך כי אני אעשה את שלי ואתה לא תעשה את שלך. כי הלא תבאנה לך שתי אלה ביום אחד מלחמת אויביך המוטלת עלי ומלחמת יצרך המוטלת עליך. והביטה וראה מה בין נאמנותי לנאמנותך, כי הלא כי תצא למלחמה על אויביך, על ידי אחדות לבבות שיש לכם שתצאו באופן אייחס אתכם לאחדים לומר כי תצא לשון יחיד, אני אעשה המוטל עלי, וזהו ונתנו ה' אלהיך בידיך כי יעשה מדה כנגד מדה אתם. עם היותכם רבים נעשים כאיש אחד, כן עם היותם אויביך שהם רבים יתנם בידך כאיש אחד. וזהו אומרו אויביך לשון רבים ונתנו לשון יחיד, כי יהמם מהומה גדולה בידך כאסורים באופן שעם הרוג תהרוג ועם שבוי תשבה. וזהו ושבית שביו כי מה שתשבה הוא שביו של ה' אלהיך הנזכר. ויותר יצדק יחזור אומרו שביו אל ה' הנזכר מאל אויביך שבכתוב, כי ה' הוא יותר סמוך אל מלת שביו ממלת אויביך. ולא עוד כי אם שלא תצטרך להלחם ולהסתכן רק כי תצא בלבד כי היציאה לבדה תעשה, והוא יתברך יתיש כחם וכאסורים בזיקים ושבויים יתנם בידך: או יחזור אומרו ונתנו אל השר השורר על הגוי והממלכה ההיא. ושיעור הכתוב כי תצא למלחמה על אויביך שהם העם והשר, ונתנו יתברך את אחד מהנכללים הוא השר כי יפקוד על צבא המרום במרום שיפיל את השר תחלה ואחר כך ושבית שביו של השר הנזכר. כאומרו ונתנו כי העם שהיה

אברים ושס"ה גידים, וביום הוקם המשכן (שמות מ', י"ז) שהוא בהפוך אתוון קומה שהוא [ח]שעור קומה אמר ויקר אל משה.

שביו תחת ידו תשבנו עתה כי סר צלו מעליהם: (יא) הנה כי המלחמה המוטלת עלי על ידי עשיתיה כי אל נאמן אני. אך אתה לא כן כי הלא בהתימי לעשות מלחמתך מיד תבא לך מלחמת היצר הרע המוטלת עליך, ואדע כי לא תעשה עמו מלחמה למעני, כי הלא וראית בשביה אשת יפת תואר כי אז מלחמה לה' בין היצר הטוב ובין היצר הרע אם תעשה ואם תחדל, וידעתי כי לא תעשה ולא תלחם בו, כי אם מיד שהעין רואה שוראית בשביה אשת יפת כו' מיד הלב חומד יחמדנה וחשקת בה ומיד איברים גומרים, וזהו ולקחת כו' היא ביאת המלחמה. על כן לך איפא מה אעשה בני ותחטא מזיד ותאבד נפשך, לכן הנני מתיר לך ביאת המלחמה ולקחת לך לאשה. נמצאתי עושה מלחמתך מאויביך, ומגן בעדך להציל את נפשך על בלתי עשותך מלחמתי המוטלת עליך. ולא עוד כי אם בדבר אשר נתתי לך תחטא לי, כי הלא שבית שביו ואחר כך וראית בשביה אשר נתתי לך אשת יפת תואר כו' וזהו וראית בשביה: ועל פי דרכו רמז כי השמחה יתירה תהולל חכם ותחטיאנו, כי בתחלה לא היית שם לב אל אנשי אויביך, רק אחר הישועה אז וראית בשביה אשת וכו'. גם רמז כי גדול התלהבות היצר הרע, שלא די שיעור עיני שכל אדם ויחטיאנו, כי אם שגם עיני בשר לו כי לא ישקיף אם בתולה היא או בעולה אם יפת מראה היא אם אין, כי אם וראית אשת דהיינו אשת איש, וגם עם כל זה אש היצר הרע בוערה תבער בך כי מיד וחשקת בה, עם היות שעל אישות היתר דרך גבר לחפש אחר כל השלמיות, לא כן האיסור כי ילהיבך עד הראות לך כי הכל טוב למראה עיניך: עוד רמז בענין נצחון המלחמה באומרו על אויביך ונתנו ה' כו' לומר, כאשר יציאתך תהיה על אויביך ולא על כוונת תמצא שם אשה יפה, אז ונתנו ה' אלהיך בידך במה שהוא אלהיך כי עדיין לא חטאת, אלא שאחרי כן וראית כו': [ח] **תיקוני זוהר הקדמה דף יג עמוד ב:** עצם השמים לטהר ארון ודאי דא ל"ב נור דליק כליל ל"ב נתיבות ואיהו שבת וביה שכינתא עלאה דאיהי תורת חכם ובה לב מבין ואיהו נשמה יתירה דשבת ואיהו חירו דשבת דבגינה לא שלטין מארי דגיהנם על עלמא ומאי

ניהו גיהנם בגופא דא כבד ואיהו מזבח הנחשת לאעברא ליה מעלמא וכבד ביה מרה גיהנם דאוקיד ביה כפרת הלב פרישו דסכת שלום דאתמר בה הפורס סוכת שלום מנרתא דא רישא ושבעה נרותיה עליה אינון תרין אודנין ותרין עיינין ותרין נוקבי חוטמא ופומא ומנרתא לימינא ואתמר בה הרוצה להחכים ידרים בגין דתמן מוחא ברישא וחכמה ברישא במוחא שרייא וביה נהיר מנרתא בגין דאיהו משחא דאתמר ביה כשמן הטוב על הראש כנפי ריאה עלייהו אתמר והיו הכרובים פורשי כנפים למעלה סוככים בכנפיהם על הכפרת דא כפרת הלב פתורא דא לבא ואתמר ביה שלחן בצפון ודא שכינתא תתאה איהי מנרתא כד נטלא מימינא ושרייא עלה חכמה ואתמר בה הרוצה להחכים ידרים וכד נטלא משמאלא דאיהי גבורה אתקריאת פתורא ואתמר בה הרוצה להעשיר יצפין ושרייא עלה בינה דאתמר בה ברכת י"י היא תעשיר וכד נטלא מגופא דאיהו עמודא דאמצעיתא אתקריאת משכנא כליל מתרוייהו כיור וכנו אינון תרין כליין ובהון שריין תרין סמכי קשוט מוחא עליה אתמר ופני אריה אל הימין ותמן מנרתא דליק לבר ופני שור מהשמאל ותמן פתורא מתתקנא בגין דלבא איהו לשמאלא גופא עליה אתמר ופני נשר ותמן משכנא מתתקנא ושכינתא איהי דמות אחד לארבעתן ואיהי ד' דאחד ואיהי ד' אנפין דכל חיה בגין דבה ארבע אתוון נהירין דאינון יקו"ק ואיהי דמות אדם דאיהו יו"ד ק"א וא"ו ק"א ועשר אתוון אלין אינון שעור קומה דגופא דא דאיהו משכנא ועלייהו אתמר עשר אמות ארך הקרש ואמלא אותו רוח אלקי"ם בחכמה בתבונה ובדעת ובכל מלאכה בחכמה דא י' בתבונה דא ה' ובדעת דא ו' ובכל מלאכה דא ה' דבר אחר והמשכילים אלין ארבע יסודין דגופא יזהירו בהון ארבע חיוון דאינון מזל אריה מזל שור מזל נשר מזל אדם דפרצופא דבר נש אשתמודעת בהון באנפוי דבר נש ודא איהו הכרת פניהם ענתה בם כזהר דא נשמתא ומצדיקי הרבים באברין דגופא יהון נהרין מזלייהו ככוכבים לעולם ועד דבר אחר והמשכילים אלין ארבע סטרי עלמא יזהירו אלין ארבע מלאכייא דאינון מיכא"ל גבריא"ל רפא"ל נוריא"ל כזהר דא כורסייא יקרא דבר אחר

גלא עמיקתא

מת דאתכניש בסיהרא, וכאן הוא בחינת פני לבנה שבפני חמה [דאמרו חז"ל (בבא בתרא עה.) [ט]פני משה כפני חמה פני יהושע כפני לבנה]. והוא כדכתיב (תהל' פ"ד) "כי שמש ומגן הוי' אלהים" שמש היינו חמה ומגן הוא [י]הנרתק בחינת לבנה וצמצומים בחינת שם אלהי"ם. וכתיב (דברים ל"ג) "משה איש האלהים" דהויין ליה תרין בחינות– חמה ולבנה– ובשרש פני משה כפני חמה כנ"ל.

[ובפירושו על ואתחנן [יא]אופן ס"ב מבאר רבינו ענין ג' שמות שנקראו לחמה עיין שם [2]ובפירוש שכתבנו לענ"ד בהבנת דבריו הקדושים שם].

2. באור על מגלה עמוקות על ואתחנן אופן ס"ב: אקדמות מילין: רצה משה רבינו להשיג חלוקא דרבנן וסוד אור הגנוז- ולכן רצה להיכנס לארץ ישראל, ואמר ליה קוב"ה: "רב לך"- כבר זכית לרב [יותר] ממה שאתה מבקש באותו פרק של הקמת המשכן דתמן זכה לסוד אלף זעירא דויקרא אל משה [כמ"ש המגלה עמוקות במקום אחר] דמשה הוא פני חמה בחינת שמש- וזהו "ויקרא אל משה" גימ' (693) "חמה שמש", ובאמצע [חמה שמש] אתוון מש"ה, ושאר אתוון שמ"ח בסוד ישמ"ח משה במתנת חלקו (מנחה לשבת), "חמה - שמש - אספקלריא המאירה" גימ' (1436) ד' פעמים "משיחא" (359) לקביל ד' אתוון דשמא קדישא [י-ה-ו-ה] דערך הממוצע דכל תיבה הוא "משיחא" דזכה לאספקלריא המאירה כמ"ש (במדבר י"ב,ו') אם יהיה נביאכם ה'

והמשכילים אלין שפוון דאתמר בהון ושפתותינו שבח ובהון אחה"ע בומ"ף גיכ"ק דטלנ"ת זסשר"ץ דמשמשין בפומא בכ"מ אתוון ובהון חתוך דבורא דצלותא לשבחא למלכא יזהירו אלין עיינין דאתמר בהון ועינינו מאירות כשמש וכירח שבע גלדי עינא אינון דנהרין בהון שבעה ככבי לכת ושמשא וסיהרא דאתמר בהון ועינינו מאירות כשמש וכירח הא תשעה כגוונא דתשע נקודין דאורייתא והא חמה ולבנה בכלל שבעה כוכביא אינון איך חשיב לון תוספת על שבע אלא חמה איהי נוקבא לגבי שמשא לבנה נוקבא לגבי ירח ושמש וירח אינון נהרין לשבעה ככבי לכת דאינון כשבע גלדי עינא ושמשא וסיהרא הא תשעה בת עין עשירית לון כלה דכלילא מכלהו כזהר הרקיע

[ט] תלמוד בבלי בבא בתרא דף עה עמוד א: ואש בחופה למה? אמר רבי חנינא: מלמד שכל אחד ואחד נכוה מחופתו של חבירו, אוי לה לאותה בושה, אוי לה לאותה כלימה. כיוצא בדבר אתה אומר: ונתתה מהודך עליו - ולא כל הודך, זקנים שבאותו הדור אמרו: פני משה כפני חמה, פני יהושע כפני לבנה, אוי לה לאותה בושה, אוי לה לאותה כלימה. **[י] קהלת רבה פרשה א אות ב**: תני בשם ר' נתן גלגל חמה יש לו נרתק הה"ד (תהלים י"ט) לשמש שם אהל בהם, ובריכה של מים לפניו ובשעה שהוא רוצה לצאת הוא משולהבת והקב"ה מתיש כחו במים כדי שלא ישרוף את העולם, אבל לעתיד לבא הקדוש ברוך הוא מערטלו ומהשתקו ומנרתקו ומלהט אותו ברשעים שנא' (מלאכי ג') כי הנה היום בא בוער כתנור וגו', ר' ינאי ור' ישמעאל תרויהון אמרין אין גיהנם לעתיד לבא אלא שמש היא יוצאה צדיקים נהנין ממנה מניין שנא' (שם /מלאכי ג'/) וזרחה לכם יראי שמי שמש צדקה ומרפא בכנפיה, ורשעים נדונין בה, שנא' (שם /מלאכי ג'/) ולהט אותם היום הבא. **[יא] מגלה עמוקות על ואתחנן אופן ס"ב:**: איתא בספר ר' אליעזר מגרמיזא שהחמה יש לה י"ג שמות על לבה, ולכן י"ג פעמים אור במעשה בראשית, ויש לה ח' מלאכים המנהיגים אותה, ה' מלאכים מנהיגים אותה ביום, ג' בלילה, ולכן ה' פעמים אור ביום הראשון, שהם כנגד ה' מלאכים שמנהיגים אותה ביום, ח' פעמים אור ביום ד', כנגד ח' מלאכים שמנהיגים אותה ביום ובלילה. ולכן אל אדון על כל המעשים (שחרית לשבת), יש בב' חרוזות ראשונות בכל אחד ה' תיבין, וכן ב' חרוזות אחרונות בכל אחד ו' תיבין, שהם בגימטריא כ"ב, שכן שמ"ש באל"בם בגימטריא כ"ב. והנה במלת חמה, לדעתי נרמז נוטריקון ח' מ"לאכים ה"מנהיגים, ולמפרע ה' מ"לאכים ח"שובים. ר"ל אותן ה' מלאכים שכנגדן רמז ביום א' ה' פעמים אור, הם יותר חשובים מן אותן ג' המנהיגים אותה בלילה. ולפי שמשה הוא פני חמה (ב"ב ע"ה ע"א), לזה אמר אתה החלות להראות, ר"ת אה"ל, שהוא סוד לשמש שם אה"ל בהם

(תהלים יט ה), וקשה מלת בהם אמאי קאי, אבל רזא דמלת ב׳ אלפי ביתין הם שבהם נבראו כל העולמות, והם עיקר רל"א שערים, א"ת ב"ש הוא סוד עולה ויורד, אל"בם הוא סוד עולה ולא יורד, והוא כלל ועיקר הלבוש.

וז"ש (מלאכי ב י) אב אחד לכלנו אל אחד בראנו, ר"ל א"ב רומז על א"לף בית כפשוטה, אל אחד רומז על אל"בם. והנה על אלו השני אלפי ביתין רמז הכתוב שיש לשמש אהל, ורזא דמלה באלבם שמש הוא יב"י בגימטריא כ"ב, ובא"ת ב"ש שמ"ש הוא בי"ב, שם גדול שצריך לכוין בו בסוף אהבה רבה (תפלת שחרית) באמרך הבוחר "בעמו י"שראל ב"אהבה, ר"ת בי"ב, שאז מתגלה פני אריה ברקיע שהוא בגמטריא ב"וחן חשבון ארי"ה, וכשתצרף בי"ב שהוא בגימטריא י"ד, עם אותיות אל"בם שהם בגימטריא כ"ב, הרי כ"ב וי"ד בגימטריא אה"ל, ז"ש ונקדש בכבד"י (שמות כט מג). וזה סוד לשמש שם אהל, ובמה שם אהל לשמש, לזה אמר בהם, ר"ל באותן אותיות התורה שאמר אחר כך (תהלים יט ח) תורת ה׳ תמימה, שהיא נארגת על א"ת ב"ש ועל אל"בם, שהם עיקרי רל"א שערים (רל"א אלפין ביתין המוזכרים בספר יצירה), בהם תמצא סוד אהל שיש לשמש, שכן באותו אלפא ביתי"ן עולה מספר שמ"ש א"הל, וכן אמר ויזרח ל"ו השמש (בראשית לב לב), ל"ו דייקא. לכן בכל יום ל"ו חלקים מתארך היום בקיץ ל"ו חלקים בבוקר ל"ו בערב. וזה רמז משה בכאן מאחר שאתה החלות להראות שאני פני שמש, כמ"ש משה יקח את האהל (שמות לג ז), ומפרש איך יכול לעשות מן שמש אהל, מתחלה אותיות אלב"ם שהם אותיות עולות ואינה יורדת, זה נרמז במלת את גדלך, כי שם הוא גדולתו של הב"ה, ושם באותיות אל"בם חשבון שמש, הוא כ"ב כמנין אותיות התורה מא׳ ועד ת׳, זה נרמז במלת א"ת גדלך, כי אותיות אל"בם הוא מצד החסד, ואותיות א"ת ב"ש הם מצד הדין, ושם בא"ת ב"ש שמש עולה י"ד. ז"ש את י"דך החזקה, הרי כשתצרף כ"ב עם י"ד, הרי אהל של שמש. על כן בקש משה ע"ה להשיג אספקלריא המאירה, אעברה נא ואראה, במלת אעברה תמן נרמזים ב׳ נשיאים של חמה ושל לבנה, שכן נשיא של החמה גלגלי"אל, ושל לבנה אפני"אל, שניהם יחד חשבון

גלא עמיקתא

והנה שמהן דתלת צדיקיא "אברהם יוסף משה" סליק לחושבן (749) ז׳ פעמים "אנכי הוי"" (107) כדפתחין עשרת הדברות (שמות כ׳,ב׳) "אנכי ה׳

במראה אליו אתודע בחלום אדבר בו, לא כן עבדי משה וכו׳ פה אל פה אדבר בו ומראה ולא בחידות- ורק הוא זכה למדרגה זו ולא נביא אחר, ולכן פטרו הקב"ה באמרו "רב לך"- כבר זכית למדרגה גדולה מזו- ורב טוב צפון לך לעתיד לבוא בתחית המתים, דאז אתה נכנס לארץ ישראל בראש כל מתי מדבר [לדעת רבי אליעזר, אבל לרבי עקיבא דור המדבר אין להם חלק לעולם הבא] דור דעה- עלייהו איתמר "והמשכילים יזהירו כזהר הרקיע" (דניאל י"ב,ג׳) גימ׳ (1306) ה׳ פעמים "ענו מכל אדם" (261) [ע"ה] דאיתמר במשה רעיא מהימנא- דנקראים דור דעה דהקב"ה פתח להם ז׳ רקיעים ונגלה עליהם [כמ"ש (דברים ד׳,ל"ה) אתה הראת לדעת כי הוי׳ הוא האלהים אין עוד מלבדו פרש"י דבקריעת ים סוף פתח להם ז׳ רקיעים וראו שהוא יחידי] כאמרם ראתה שפחה על הים מה שלא ראה יחזקאל בן בוזי גדול הנביאים. וזהו "שפחה - יחזקאל" גימ׳ (549) ט׳ פעמים "אין" (61) דהצד השוה בשניהם שנתבטלו מחמת המראות הנשגבים שראו [אין בחינת ביטול] ראשי תיבות וסופי תיבות שמותיהן שפחה - יחזקאל שיל"ה שמו של משיח צדקנו כמ"ש דבי רבי שילה אמרי שילה שמו שנאמר (בראשית מ"ט,י׳) עד כי יבא שילה, שיל"ה גימ׳ מש"ה כנודע [ויובן על פי דברי האור החיים פרשת ויחי (ד"ה אוסרי לגפן) דמשה הוא גואל ראשון והוא גואל אחרון- וכלשון האור החיים: לפי שמשה הוא עצמו מלך המשיח והוא דוד והוא ינון ושילה עכד"ק].

ואותיות אמצעיות שפחה יחזקאל [פ"ח חזק"א] עולות בגימ׳ (204) "צדיק"- וממילא שניהם יחד גימ׳ (549) "משה צדיק" כמבואר בספה"ק דמשה הוא הצדיק הכולל- דאיתא בזוה"ק אתפשטותא דמשה בכל דרא ודרא, והתפשטות ימות המשיח לכולהו זמנין- הרי עולם שנה נפש- והוא סוד אלף זעירא דזכה לה משה בהקמת המשכן ויקרא אל משה באלף זעירא, וזהו "ארץ ישראל [עולם] ימות המשיח [שנה] משה [נפש]" סליקו לחושבן (1996) ה׳ פעמים "אלף זעירא" (399) [ע"ה] דזכה משה ב-ה׳ בחינות נרנח"י דיליה- והוספת הכללות הוא רמז להתפשטות אור אינסוף בו בנרנח"י, אור אינסוף עד לרגלין, כדכתיב (במדבר י"א,כ"א)

ויאמר משה שש מאות אלף רגלי העם אשר אנכי בקרבו ומיד (שם פסוק כ"ב) וירד ה' בענן וכו' המשכת רוח הקודש על ידי ע' זקנים וכו'.

והנה פותח האופן בענין ג' שמות דאית לשמש, דמביא רבי אליעזר מגרמיזא [בעל הרוקח] בספרו סודי רזיא סדר אלפא ביתא אות י'- ברם תמן מביא קודם לכן: ולשמש אהל נאה ושס"ה חבלים כמנין ימות החמה, לכך סופי שמות של שמותיה שס"ה "שמש - חרס - חמה" עכד"ק. וזהו "שמש - חמה" גימ' (693) "ויקרא אל משה" כדאמרינן לעיל, ובתוספת שם ה-ג' "חרס" סליקו כולהו ג' שמהן לחושבן (961) ד' פעמים "עמלק" (240) [בהוספת הכולל] דהוא א' יותר מן ד' פעמים "עמלק"- דעמלק רצה לפגום באותיות השם הקדוש [י-ה-ו-ה] ולהפרידם דישארו י"ה בבחינת מוחין [כדרשת חז"ל כי יד על כס י"ה (שמות י"ז,ט"ז) מלחמה לה' בעמלק מדר דר- מכאן שאין השם שלם ואין הכסא שלם עד שימחה שמו של עמלק] דעמלק היה מחקר ופילוסוף [נוטריקון פול-סוף דסופו ליפול כדכתיב בעמלק (במדבר כ"ד,כ') ראשית גויים עמלק ואחריתו עדי אובד] אבל ו"ה לא רצה- דהוא מעשה המצוות בפועל וכדומה. וזהו "כי יד על כס י-"ה" גימ' (239) "עמלק" חסר א'- וזהו וגבר עמלק- ברם בתוספת א' זעירא למהוי מכס-כסא שלם ולהשוות כי יד על כסא י"ה לחושבן "עמלק" וכך להכניעו [כמבואר אצלנו בהרחבה במקום אחר]. והכא "שמש - חמה - חרס" סליקו לחושבן ד' פעמים "עמלק" בהוספת הכולל- דהיינו הוספת א' יתיר כדי להכניעו- כגון סניגור א' יותר מקטיגור- בסוד הס קטיגור וקח סניגור מקומו.

ואזיל המגלה עמוקות ומביא דברי הרה"ק אליעזר מגרמיזא בשינוי לשון קצת- דהוא עצמו צריך עיון, ומסתמא שינה ולא כתב מלה במלה ככתבו וכלשונו של הסודי רזיא, דכתבו בשטף דבריו להגיע לנקודה, ונביא את לשון קדשו בספר סודי רזיא כאן: "וי"ג אותיות כתובין על לבו לכן מבראשית עד ויכלו י"ג אור" עכד"ק. והני י"ג פעמים "אור" (207) עולים בגימ' (2691) ב' פעמים "אלף משה" (1345) [ע"ה] דבלידתו נתמלא כל הבית אורה- וזהו אור"ה נוטריקון אור-ה' והן ה' פעמים אור דכתיב ביום הראשון דמעשה בראשית. וממשיך בסודי רזיא: "לכן ה' דברים נקראים שמש" (תהל' י"ט,ו'):

[א] והוא כחתן יוצא גימ' (603) "בני ישראל", "והוא" גימ' (18) ח"י, "והוא כחתן" גימ' (496) אעב"רה עם הכולל, ובמלת נ"א כשתמלא נ"א, נרמז סוד אריה כמ"ש ועתה יגדל נ"א (במדבר [יד יז]), ר"ל שתגדל אותיות נ"א ותמצא בהם כ"ח אד"ני, שהוא סוד רי"ו, וכן גם כן גבורה, וא' היותר מן מלת נא, תצרף עם גלגליאל אופניאל, כי גלגליאל הוא מצד החמה, עליו קאמר אתה החלות להראות את גדלך, שהוא מצד החסד והגדולה אספקלריא המאירה. וכנגד הלבנה שהוא מלאך אפניאל, אמר את ידך החזקה שהוא מצד גבורה, שהוא גם כן עולה רי"ו כמנין ארי"ה. ועל שנים אלו אמר מי אל בשמים ובארץ, שמים הוא סוד החמה, ארץ הוא סוד לבנה, כנגד החמה אמר כמעשיך, כי גדולים מעשי ה' (תהלים קיא ב), כנגד לבנה אמר כגבורתך. לכן אמר ואראה את הארץ, במלת האר"ץ נרמזין המרכבות של מלאך גלגליאל, שכתב ר' אליעזר מגרמיזא שיש לו רצ"ו חיילות כמנין הא"רץ, שאז היה יכולת בידו להשיג כולו, עליו אמר בלעם מראש צור"ים אראנו (שם במדבר כג ט), גלגליאל הוא ראש לכל הצורים שהן המרכבות של רצ"ו כמ"ש, וכן אמר משה הצור תמים פעלו (דברים לב [ד], והטעם אל אמונה, ר"ל צירוף אל, עולה צו"ר בריבוע כזה (א"לף א"לף ל"מד), מזה הטעם אמר מה אקוב לא קבה אל (במדבר כג ח), על שם אל שהוא אצל משה פני חמה, שכן המלאכים של החמה הם רצ"ו, לכן אמר מראש צורים אראנו, קאי על שם של אל, ועל משה שהוא פני חמה, ומזה הטעם אמר משה מאחר שהחלות להראות לי סוד פני חמה, אשר מי אל בשמים, זכר שם א"ל, שמן אותו שם של אל מתפשטין רצ"ו חיילות אלפים ורבבות המנהיגים את החמה. וזה נרמז במלת אעב"רה, שהוא בגימטריא רבו"ע, ר"ל כשאני רואה רבוע אותיות אל, ממנו מתפשטין חיילות רצ"ו כמ"ש את הא"רץ, ר"ל אותיות שמות שממנו מתפשטין חיילות של רצ"ו כמנין האר"ץ. השיב הק"בה שכבר השלים משה חלוקו בסוד אלוה שהוא חלוקא דרבנן, כדאיתא בזוהר בסבא ([ח"ב] עמוד קע"ד [זוהר ח"ב צ"ז ע"ב]) בפסוק (שמות כא ח) בבגדו בה, שהלבוש של נשמה הוא אלוה, והוא סוד אמרת אלוה צרופה (משלי ל ה), ר"ל פורפירא דנשמתא שהוא מלשון בצע אמרתו (איכה ב יז), הוא אלוה, והוא צרופי אותיות התורה. ואפשר שעל כן אמר משה מי אל בשמים ובארץ, כי שם של אלוה איתא בזוהר א"ל מסיטרא דחסד, והוא מסטרא דתפארת, שמים ה' מסטרא דמלכות ארץ. ולכן רצה ליכנס לארץ שיזכה ללבוש של

גלא עמיקתא

אלהיך" – והוא כדאמר הקב"ה לאות א' [יב]אלף אלף כל יהודא לא יהא אלא באת א' – הה"ד "אנכי ה' אלהיך" וכו' והוא בהקדמת הזוה"ק (דף ב:) ומבואר באריכות במקום אחר בבאור דברי הזוה"ק [יג]סליקו כל אתוון קמיה דקוב"ה בסדר תשר"ק.

וזהו דהני תלת צדיקיא הן בסוד שלמות היחוד וסליקו שמותיהן לחושבן ז' זימנין – שלמות הז"ת – אנכי ה' אלהיך כנ"ל. וכשעלה משה למרום צר

אלוה, והוא על דרך מ"ש חז"ל (כתובות ק"י ע"ב) כל מי שדר בחוץ לארץ דומה כמי שאין לו אלוה, וכל הדר בארץ ישראל כמי שיש לו אלוה, רזא דמלה שכר של צדיקים הוא י"ש, כמ"ש להנחיל אוהבי יש (משלי ח' [כא]), ובגד של נשמה שזוכה לשכר עולם הבא, הוא אלוה, כמ"ש אמרת אלוה צרופה (משלי ל'), שהוא לבוש של נשמה, ובו זוכה לשכר של עולם הבא, כמו שנאמר מגן הו"א לכל החוסים בו (שם), הוא דייקא אותו לבוש של אלוה, בו זוכה למגן שהוא שכר של עולם הבא, כמ"ש אנכי מגן לך שכרך הרבה מאד (בראשית ט"ו [טו א]), וזה נרמז במה שאמרו הדר בארץ ישראל יש לו אלוה, יש הוא השכר של עולם הבא, אלוה הוא הלבוש שיש לנשמה לגן עדן, ואם כן לזה היה נתאוה משה ליכנס לארץ ישראל ולהתלבש בלבוש של אלוה שהוא חלוקא דרבנן. השיב הקדוש ברוך הוא רב לך, מה רב טובך שכרך הרבה, צו את יהושע וחזק"הו, אמר בתוספות ה"ו, שישלים גם הוא שם של אלוה כשיהרוג ל"א מלאכים, אזי זוכה ללבוש של אל, ואתה תתן לו וסמכת את ידך עליו (במדבר כז יח), שסמכת בשתי ידים הם סוד חזקהו ואמצהו, והוסיף לו לתשלום חלוקא דרבנן. **[יב] זוהר - הקדמה דף ג עמוד ב:** יהיבתא לאת בי"ת נבזבזא רברבא דא ולא יאות למלכא עלאה לאעברא נבזבזא דיהב לעבדו ולמיהב לאחרא, אמר לה קודשא בריך הוא אל"ף אל"ף אף על גב דאת בי"ת בה אברי עלמא את תהא ריש לכל אתוון לית בי יחודא אלא בך, בך ישרון כל חושבנין וכל עובדי דעלמא וכל יחודא לא הוי אלא באת אל"ף, ועבד קודשא בריך הוא אתוון עלאין רברבן ואתוון תתאין זעירין, ובגין כך בי"ת בי"ת בראשית ברא אל"ף אל"ף אלהים את, אתוון מלעילא ואתוון מתתא, וכלהו כחדא הוו מעלמא עלאה ומעלמא תתאה. **[יג] זוהר - הקדמה דף ב עמוד ב:** בראשית רב המנונא סבא אמר אשכחן אתוון בהפוכא, בי"ת בקדמיתא ולבתר, ב' בקדמיתא היינו בראשית, ברא לבתר, אל"ף בקדמיתא ולבתר, אל"ף בקדמיתא היינו אלהים, את לבתר, אלא כד בעא קודשא בריך הוא למעבד עלמא כל אתוון הוו סתימין ותרין אלפין שנין עד דלא ברא עלמא הוה מסתכל קודשא בריך הוא ואשתעשע בהו, כד בעא למברי עלמא אתו (מקץ ר"ד א, ויגש ר"ה ב) כל אתוון קמיה מסופא ארישייהו, שריאת את ת' למיעל ברישא אמרה רבון עלמין ניחא קמך למברי בי עלמא וכו'

"מלכות", "יוצא" גימ' (107) "אנכי הוי'". [ב] ישיש כגבור גימ' (851) נ' פעמים "טוב" (17) עם הכולל- דזכה משה רבינו בהסתלקותו בהר נבו לשער ה-נ' נב"ו נוטריקון נ'-בו. [ג] מוצאו גימ' (143) א"ל אלהי"ם הוי' (תהל' נ',א'). [ד] ותקופתו גימ' (998) ב' פעמים "צבאות" (449). [ה] ואין נסתר מחמתו גימ' (1271) ה' פעמים "צדיקים" [ע"ה]. סליקו הני ה' שמהן לחושבן (3866) ה' פעמים "מי כעמך ישראל גוי אחד" (773) [ע"ה] דכתיב בתפלין דמרי עלמא (ברכות ו.). ושאר ח' שמהן: "גדלו - וטובו - מלא - עולם - דעת - ותבונה - סובבים - אותו" סליקו לחושבן (1765) ה' פעמים "שמחה" (353), ומתחלק: "גדלו וטובו" גימ' (72) "חסד", "גדלו וטובו מלא" גימ' (143) א"ל אלהי"ם הוי' [כחושבן "מוצאו" כנ"ל], "גדלו וטובו מלא עולם" גימ' (289) "א' זעירא", "גדלו וטובו מלא עולם דעת" גימ' (763) ז' פעמים "דוד המלך" (109) בסוד בת שבע מלכותא קדישא, כמו שמביא בסודי רזיא ענין מלאך גלגליא"ל השר הממונה על גלגל חמה וכו' [ועוד נרמז כאן א' זעירא דהיתה חקוקה על יד ימינו של דוד המלך כמבואר אצלנו באריכות מקום אחר]. והנה י"ג השמות יחד- ה' שולטים ביום (3866) ו-ח' שולטים ביום ובלילה- כמאמר הקב"ה ללבנה (חולין ס:) לכי ומשול ביום ובלילה- עולים בגימ' (5631) י' פעמים "בינה מלכות" (563) עם הכולל- דהיא השמש [בינה] המאירה בלבנה [מלכות].

גלא עמיקתא

הקב"ה קלסתר פניו כשל אברהם, וביציאת מצרים כתיב (שמות י"ג,י"ט) "ויקח משה את עצמות יוסף עמו".

ושמהן דהני צדיקיא [אברהם יוסף משה] בא"ת ב"ש דהיינו "תשגצי מפחו יבצ" גימ' (1039) "[יד]דלה ועניה דלית לה מגרמא כלום" דאיהי מלכותא קדישא. וכאן הם שמות הני תלת צדיקיא בא"ת ב"ש בסוד אור חוזר– ובאור ישר (בחושבן הפשוט) סליק ז' זימנין "אנכי הוי'".

ושמותיהן פשוט וא"ת ב"ש "אברהם יוסף משה – תשגצי מפחו יבצ" סליק לחושבן (1788) ד' פעמים "ואמת" (447) [טו]תקון ז' מ–י"ג תיקוני דיקנא – כנודע מכתבי האר"י הקדוש ד–י"ג תיקוני דיקנא נמשכים בחינת פנימיים ומקיפים בסוד [טז]אור ישר ואור חוזר. והוא חושבן (1788) ו' פעמים "רחמים" (298) ג' באור ישר ג' באור חוזר דהמשיכו הני תלת צדיקיא – משה, אברהם, יוסף.

והנה הני תיבין דמביא רבינו בריש האופן מדברי הגמרא (פסחים ו' ע"ב): "משה עומד בפסח ראשון ומזהיר על פסח שני" [פסח ראשון לקביל אברהם – פסח שני לקביל יוסף] סליקו לחושבן ל"ב (32) פעמים די"ן (64). ובאור הענין דין עצמו הוא ב' פעמים ל"ב א"כ החושבן (2048) הוא: ב' פעמים ל"ב (32) פעמים ל"ב (32). ואינון אתוון (דברים ו',ה') "ואהבת את הוי' אלהיך בכל לבבך".

וכאשר נחבר יחד האי מימרא "משה עומד בפסח ראשון ומזהיר על פסח שני" עם חושבן "אברהם יוסף משה" פשוט (749) וא"ת ב"ש (1788) סליקו כולהו לחושבן (3836) ד' פעמים "ותמונת ה' יביט" (959) (במדבר י"ב,ח') והיא מדרגת [יז]האספקלריא

[יד] **כתוב לגבי לבנה ולומדים לענין המלכות::** זוהר פרשת וישב דף קפא עמוד א פתח ואמר (ישעיה נ"ב) הנה ישכיל עבדי ירום ונשא וגבה מאד, זכאה חולקהון דצדיקייא דקודשא בריך הוא גלי לון ארחי דאורייתא למהך בהו, ת"ח האי קרא רזא עלאה איהו, הנה ישכיל עבדי ואוקמוה אבל ת"ח כד ברא קודשא בריך הוא עלמא עבד לה לסיהרא ואזער לה נהורהא דהא לית לה מגרמה כלום ובגין דאזעירת גרמה אתנהרא בגין שמשא ובתוקפא דנהורין עלאין ובזמנא דהוה בי מקדשא קיים ישראל הוו משתדלי בקורבנין ועלוון ופולחנין דהוו עבדין כהני וליואי וישראלי בגין לקשרא קשרין ולאנהרא נהורין, ולבתר דאתחרב בי מקדשא אתחשך נהורא וסיהרא לא אתנהירת מן שמשא וכו'. [טו] **ספר פרי עץ חיים - שער הזמירות - פרק ד:** ברוך שאמר והיה העולם - א"ל. ברוך הוא - רחום. ברוך אומר ועושה - וחנו"ן. ברוך גוזר ומקיים - אר"ך. ברוך עושה בראשית - אפי"ם. ברוך מרחם על הארץ - ורב חסד. ברוך מרחם על הבריות - ואמ"ת. ברוך משלם - נוצ"ר חס"ד. ברוך חי לעד - לאלפי"ם. ברוך פודה - נושא עו"ן, ברוך שמו - ופשע. ברוך אתה ה' אלהינו - וחטא"ה. ברוך אתה ה' מלך - ונק"ה. בתשבחות בחירק תחת התי"ו, על משקל תפארת. [טז] **קדושת לוי ויקרא פרשת צו:** ענין חטאת ועולה, חטאת קודמת לעולה (זבחים פט, ב). כי 'חטאת' הוא אור ישר מעולם העליון לעולם התחתון, ו'עולה' הוא אור חוזר מעולם התחתון לעולם העליון (עי' זוה"ק ח"א רמו, א), ולכן עולה כולה כליל. וזהו 'ויקרב את העולה ויעשה כמשפט' (ויקרא ט, טז), היינו כמו ראש חודש תשרי האותיות הם למפרע בסוד אור חוזר (חסר). ודו"ק. [יז] **זוהר בראשית פרשת ויצא דף קנט עמוד א:** הני סדרין תשעה כולהו מתנהגי באתוון רשימן וכל סדרא אסתכי לאינון אתוון רשימן (ס"א והא אוקמוה וכן לכל סדרא וסדרא וכלהו נטלי באתוון רשימן ואלין עלאי מאלין וקיימאן אלין על אלין) ומתחברן כולהו ואמרי שירתא וכד אינון אתוון פרחי גו אוירא דרוחא (ההוא)

גלא עמיקתא

המאירה דזכה לה [יח]משה רעיא מהימנא, והוא שעור קומה שלם בחינת כתר עליון, ושאר הנביאים נתנבאו [יט]באספקלריא דלא נהרא ב-ט' מראות נבואה כנדרש מהפסוק ביחזקאל (מ"ג,ג') ט' מראות והן ט' ספירות- והיא קומה שלמה ביום [כ]הוק"ם אתוון קומ"ה [כמ"ש רבינו

דממנא על כלא כדין אינון נטלי ושירתא אתבסם וחד את אתבטש מתתא וההוא את סלקא ונחתא ותרין אתוון פרחי עלייהו והאי את מתתא סלקא סדרא מתתא לעילא ואתחבר בהו ואתעבידו תלת אתוון כלהו לפום אתוון יה"ו דאינון תלת גו אספקלריא המאירה מאילין אתפרשו תלת סדרין ואינון תרין אתוון וההוא את דסלקא מתחברא עמהון ואינון תלת, תא חזי אינון תרין אתוון עלאין דסלקין באוירא אינון כלילן דא בדא רחמי בדינא ובגין כך אינון תרין ואינון מעלמא עלאה ברזא דדכורא והאי דסלקא ואתחברא עמהון איהי נוקבא ואתכלילת בתרווייהו כגוונא דנוקבא אתכלילת בתרי סטרי בימינא ובשמאלא ואתחברת בהו הכי נמי האי את נוקבא דאתחברת בתרי אתוון אחרנין ואינון בתרין סטרין אלין עלאין ודא לתתא וכלא איהו חד דכר ונוקבא (בר) דכד אתברי עלמא דאינון אתוון מעלמא עלאה נינהו דאינון אולידו כל עובדין לתתא כגוונא דלהון ממש, ובגין כך מאן דידע לון ואזדהר בהו רחים לעילא ורחים לתתא, רבי שמעון אמר אלין אתוון כלהו דכר ונוקבא לאתכללא כחדא ברזא דמיין עלאין ומיין תתאין וכלא חד ודא איהו יחודא שלים ובגין כך מאן דידע להו ואזדהר בהו זכאה איהו חולקיה בהאי עלמא ובעלמא דאתי בגין דאיהו עקרא דיחודא שלים כדקא יאות תלת תלת מסטרא דא ומסטרא דא ביחודא חדא בשלימו דכלא וכלהו רזא דסדרא עלאה כדקא חזי כגוונא דלעילא דההוא סדרא תלת תלת ברזא חדא, סדרא תניינא דלסטר דרום תלת סדרין אינון לההוא סטרא וכל סדרא וסדרא תלת תלת ואינון תשעה כמה דאתמר ואתוון אתפלגו הכי לכל סטרי לאתחברא כלא כחד בגין דאית אתוון ברזא דנוקבא ואתוון ברזא דדכורא ואתחברו כלהו כחדא והוו חד ברזא דשמא קדישא שלים ולגבייהו סדרין ממנן תלת תלת כמה דאתמר וכלא נפקא מסדרא דאבהן דלעילא כסדרא דאתתקנא אתוון דשמא קדישא יה"ו כמה דאתמר. [**יח**] **זוהר בראשית פרשת וירא דף קו עמוד א:** ועל דא לא הוה בעלמא בר נש דיגין על דריה כמשה דאיהו רעיא מהימנא. [**יט**] **זוהר חדש**

מגילות מגילת רות דף כט עמוד א: ויהי בימי שפוט השופטים רבי יהושע אמר כל מקום שנאמר ויהי בימי לשון צער הוא. אלימלך הוא היה כדוגמת מלך כיון שהכיר בדבר השמיט עצמו מישראל והלך לגור בין האומות דסבר שלא יהא נידון ביניהון עמדה מדת הדין והזכירו ונתפש. ויהי בימי שפוט השופטים רבי חלקיה בר אליעזר פתח קרא דכתיב [ירמי' ל"א] מרחוק ה' נראה לי וגו' כשהקב"ה מדבר עם הנביאים אינו נגלה אליהם אלא מרחוק ועל כן רואים דמות דברים כאדם העומד ממרחק חוץ ממשה. דאמר רבי אלעזר אמר רבי חנינא כל הנביאים כולם לא נתנבאו אלא מתוך אספקלריא שאינה מאירה משה מתוך אספקלריא המאירה שאר הנביאים מרחוק ומשה מקרוב שנאמר לא כן עבדי משה בכל ביתי נאמן הוא מהימנא בבית מלכא קריב הוא למלכא. (ואיתמר) [ואי תימא כיון] דכל הנביאים נתנבאו מרחוק אין אהבתו של מקום עליהם. והכתיב מרחוק ה' נראה לי ואהבת עולם אהבתיך על כן משכתיך חסד. אמר רבי חנינא יש רחוק ונתקרב וקרוב ונתרחק [יש רחוק ונתקרב דכתי' ממרחק תביא לחמה. קרוב ונתרחק] דכתיב ה' מרחוק ה' נראה לי. זה קרוב לנביאים וזה (קרוב) [רחוק] למלכות. רבי אלעזר אומר איפכא קרוב למלכות ורחוק לנביאים שרואין דמיונות של מעלה כמין (גוף) [ס"א גוון]. רבי חלקיה אמר כשרואין הנביאים בציחצוח בידוע [שהעולם נידון למיטב וכשרואים בחשיכה נידון לפרעניות ואזי פתח קרא ויהי בימי שפוט השופטים ויהי רעב בארץ. הרנ"ש]. [**כ**] **מגלה עמוקות ואתחנן אופן ק"נ:** כי סוד מקוה הוא סוד שיעור קומ"ה שבה"ם הוק"ם המשכן. ועל זה אמר משה אתה החלות להראות את גדלך, שהוא סוד שיעור קומ"ה שבהם הוקם המשכן, לכן ר"ת של "אתה "החלות "להראות, ר"ת אה"ל, ומאחר שאתה החלות להראות לי את גדלך כנגד שמות הוי"ה שהם החסדים, ידך החזקה כנגד ד' מילואי אהי"ה שהם מצד הגבורות, ולכן זכר אשר מי אל בשמים ובארץ כמעשך, לקביל מלואי ההוי"ה שהם גדולים מעשי

גלא עמיקתא

בפירושו על ואתחנן אופן ק"נ] ואז ניתנה לו למשה האי אספקלריא דנהרא בשלמות– ולכן א' זעירא בסוד כתר עליון– ומתמן נמשכו מראות הנבואה לשאר הנביאים– ואף אלה שקדמו למשה רבינו עליו השלום [כדאמרינן ב–י"ג עיקרים שמשה רבינו היה אב לנביאים לקודמים לפניו ולבאים אחריו] [3]כמבואר אצלנו במקום אחר.

ומקשר רבינו להני תלת צדיקיא דהן מקשה אחת: אברה"ם גימ' רמ"ח, ואתוון שניים מהסוף דאברהם יוסף משה הרי אתוון שס"ה, ואתוון שנשארו מיוסף ומשה דהיינו "יוף מה" גימ' (141) מצו"ה דהן [כא]רמ"ח מצוות עשה ושס"ה מצוות לא תעשה.

והנה נתבאר מעט מדברי קדשו דמורינו בעהמ"ס מגלה עמוקות, ויהי רצון דהשי"ת יעזרנו וישלח משיח צדקנו דיוציאנו מכח המדמה ויצר הרע ויוליכנו קוממיות לבית מקדשנו השלישי הנצחי בעגלא דידן ובזמן קריב אכי"ר [4ועיין עוד מה שכתבנו בהקדמת באורנו לשיר השירים].

3. באור על מגלה עמוקות ויקרא אופן ל"ג: ובלשון המדרש (ויקרא רבה פ"ד,י"ד) כל הנביאים ראו מתוך איספקלריא מלוכלכת ומשה ראה מתוך איספקלריא מצוחצחת איספקלריא אחת. והבאנו שם באופן קכ"ז סליקו הני י"ד דברים לחושבן "דוד" פעמים "בתהלים" עיין שם כל האופן וקשרהו לכאן בסוד א"ט ב"ח בנית הנוק' לפרצוף שלם. ומביא המגלה עמוקות דהני ט' אספקלריות מנביאים מרומזים בט' מראות בנבואת יחזקאל דהיינו (שם מ"ג,ג'): ומונה בפסוק כל הט' מראות: "וכמראה (א') המראה (ב') אשר ראיתי (ג') כמראה (ד') אשר ראיתי (ה') בבאי לשחת העיר ומראות (ו'-ז' מעוט רבים שנים) כמראה (ח') אשר ראיתי (ט') על נהר כבר ואפל על פני" סליק לחושבן כולא פסוקא (7309) ט"פ "ממשה רעיא מהימנא" (812) ע"ה. ובאור הענין דאפילו הני ט' מראות נבואה דנביאים זכו להן בזכותיה דמשה. וכדאמרינן בי"ג עיקרי אמונה העיקר ה-ז' (לקביל תקון ואמת): אני מאמין באמונה שלמה שנבואת משה רבנו עליו השלום היתה אמיתית ושהוא היה אב לנביאים לקודמים לפניו [האבות הקדושים] ולבאים אחריו [שאר הנביאים עד בא שיל"ה גימ' (345) מש"ה]. ותרגום יונתן מוסיף (שם) ומבאר תיבה "באתנביותי" שרש נבואה סלקת לחושבן (881) "כי שמש ומגן הוי' אלהים" (תהל' פ"ד,י"ב). ובאור הענין דהנביאים ינקין משם אלהים ומשה ינק מהפנימיות משם הוי' ב"ה- וכדאמרו חז"ל (בבא בתרא עה.) פני משה כפני חמה פני יהושע כפני לבנה, דמשה מלגאו יעקב מלבר (תקו"ז י"ג כ"ט ע"א).

ה', כגבורתך לקביל ד' שמות אהיה שהם הגבורות. **[כא] ספר עבודת הקודש (לחיד"א) - חלק א - פרק כה:** ושלמה המלך ע"ה באר זה הסוד באמרו סוף דבר הכל נשמע, את האלהים ירא, ואת מצותיו שמור, כי זה כל האדם. כי באמרו את האלהים ירא רמז כי מצות עשה כוללות מצות לא תעשה, ובאמרו ואת מצותיו שמור רמז כי מצות לא תעשה כוללות מצות עשה, ואמר כי זה כל האדם לפי שהוא כולל את כלם, שהרי רמ"ח איברים שבו כנגד רמ"ח מצות עשה, ושס"ה גידים שבו כנגד שס"ה מצות לא תעשה, והנה הוא מורכב מחומר וצורה, ולכן קיום מצות לא תעשה הוא בשכל לבד, ומצות עשה קיומם גם בחומר, ואמר כי אלה שני חלקי המצות הם כלל האדם, ואם היה חסר חלק אחד מהם אינו אדם, ולכן היתה היראה שהיא כנגד מצות לא תעשה חלק גדול באדם, וצריך אם כן שיהיה מוכתר בה בתחלה, שכן היא קודמת לכל הכתרים וממנה הפתח לשאר המעלות תורה וחכמה, והכלול ומעוטר בהם הרי הוא מיחד את השם הגדול, שכן הייחוד נשלם בהם והוא תכלית הבריאה, כמו שרמזו רז"ל באמרם פרק במה מדליקין אמר רב יהודה לא ברא הקב"ה את עולמו אלא כדי שיראו מלפניו, שנאמר והאלהים עשה שיראו מלפניו.

4. הקדמה לפירוש על שיר השירים: "שיר השירים" גימ' (1075) "ה' אלהי אברהם יצחק וישראל" (דה"א

כ"ט,י"ח). והנה ברוך שהחינו וקימנו והגיענו לזמן הזה, ונתחיל בח' אופנים הבאים בס"ד לבאר את ח' פרקי שיר השירים דאמרו חז"ל (ידיים פ"ג,מ"ה) כל השירים קדש שיר השירים קדש קדשים [ועיין עוד מה שכתבנו לעיל אופן ק"ו-שיר השירים]. ועיין אופן קנ"א לפרק שירה בהקדמה יש לקשר א' זעירא עם שירה- ד-י' מיני נגינה אינון וכו'- והאי שיר השירים דאיהו קדש קדשים דהיינו בכתר יש לקשר ביותר לא' זעירא דאיהו בסוד כתר ובסוד מאן דאיהו זעיר איהו רב (זוה"ק תחלת חיי שרה). "איל ישראל זידמן" סליק לחושבן (693) "ויקרא אל משה" והיינו האי א' זעירא- ואינו אלא רמז בעלמא להשתדלותנו בהאי חבורא ויה"ר דנכוון לאמיתה של תורה. והנה בזוה"ק לשיר השירים (דף עד:) פתח ואמר שיר השירים ש' רברבא והיא תניינא מסופא דאתוון דאלפא ביתא, ד' דבראשית רברבא והיא תניינא משירותא דאלפא ביתא מאי טעמא. ומבאר בזוה"ק (שם) דאת ש' היא בחי' חג"ת דאינון אבהן קדישין- מרכבה לאמא עילאה כתר דז"א, ולכן היא ב-ג' עמודין, וכדאמרינן לעיל בתחלת האופן "שיר השירים" גימ' (1075): "ה' אלהי אברהם יצחק וישראל" (דה"א כ"ט,י"ח). וחזינן דרמיזא ל-ג' אבהן קדישין- ובא"ת ב"ש מתחלק "שיר" בא"ת ב"ש גימ' (45) "אדם" ורמיזא לא' רבתי דאדם, וכמבואר בהמשך בזוה"ק (שם). "השירים" בא"ת ב"ש גימ' (185) "אל" במלוי רמיזא פאת הראש שרש לדיקנא קדישא- ובאר"י הק' ב"פ אל במלוי דהיינו ב' פאות הראש גימ' ש"ע נהורין, ואכמ"ל. ויחד דהיינו "שיר השירים" בא"ת ב"ש סליק לחושבן (230) "קמץ" והוא ניקודא דכתרא כנודע קמוץ פיך מדבר וכו'. "שיר השירים" פשוט (1075) וא"ת ב"ש (230) גימ' ע"ה (1306): "היה ביום ההוא יתקע בשופר גדול" (ישעי' כ"ז,י"ג) ורמיזא גאולתא עתידא בביאת גואל צדק בב"א. וממשיך בהקדמתו בזוה"ק (שם) דארבעה ספרים פותחים באת רברבא, והיינו: "בראשית (913) - אדם (45) (דברי הימים) - משלי (380) - שיר השירים (1075)" גימ' (2413): ד"פ "בני ישראל" (603) עם הכולל. והאי כולל איהו בחי' האי א' זעירתא בחי' אלופו ש"ע דנמצא עמם באשר הם ועד לכדי (ויק' ט"ז,ט"ז) "וכפר על הקדש מטמאות בני ישראל ומפשעיהם לכל חטאתם, וכן יעשה לאהל מועד השכן אתם בתוך טומאותם". ופרש"י הק' (שם) השוכן אתם בתוך טומאותם- אע"פ שהם טמאים שכינה ביניהם. והוא

נפלא דחזינן דקדושת ישראל כל כך גבוהה ומושרשת בעצמותו ית' וכמבואר בספה"ק וטומאותם אינו אלא ענין חיצוני של הנהגה ואינו מגיע לעצמו, וכמבואר בספה"ק בענין מכין אותו עד שיאמר רוצה אני. ורמיזא בהני ד' ספרין דפתחין באתוון רברבין: "אלף בית שין מם רבתי" סליק לחושבן (1575) י-ה פעמים "דוד מלכא" (105) רמיזא בהני אתוון רברבין גאולתא דמשיחא אתא מזרעיה ד"דוד מלכא". וחזינן דאת שין משונה מ"אלף בית מם" דסליקו לחושבן (603): "בני ישראל" בסוד בנים, ואת שין בסוד אבהן קדישין- רבת"י אתוון "ברית" דהיינו יוסף צדיקא- דאיהו אב-רך ממוצע מחבר בין אבהן קדישין לבנים, ואכמ"ל. ואת "שין"- בסוד אור הגנוז דיתגלה לע"ל דרך כתרא קדישא וכעת הוא בהעלם בנשמתא דישראל "שין" גימ' (360) "חלק אלוה ממעל" (איוב ל"א,ב'). ומסכם הקדמתו בזוה"ק (שם): א' [אדם שת אנוש - תחלת דברי הימים] איהי דיוקנא וסתרא דאדם וכו'. ב' [בראשית ברא אלהים - תחלת בראשית] איהי איהי ביתא דכל עלמא. מ' [משלי שלמה - תחלת משלי] איהי פתיחא לרזא דנוק' שלימתא וכו'. ש' [שיר השירים - תחלת שיר השירים] בסוד אבהן קדישין כנ"ל. ובלשונו דהזוה"ק (שם): א' "א' (תקונא דיליה) דיוקנא וסתרא דאדם" סליק לחושבן (888) ח"פ אל"ף (111) רמיזא אלפא תמינאה גלוי אור הגנוז וראו כל בשר כי פי ה' דבר וכו' ותחית המתים דבגינו דאדם קדמאה נקנסה מיתה בעולם- והאי א' רברבא דאדם בריש דברי הימים איהי תקונא דחטאו דאדם קדמאה. ב' "ב' איהי ביתא דכל עלמא" סליק לחושבן (636) "כי לה' המלוכה ומושל בגוים" [תהל' כ"ב,כ"ט, ועיין לעיל אופן קע"א-תהלים כ"ב פסוק כ"ט] דקוב"ה איהו ממלא כל עלמין וסובב כל עלמין בחי' קליטה בכלי דקדושה, ומחיה לקלי' בחי' מקיף דנצוץ הקדוש איהו בגלותא בקלי' וכמבואר באריכות בכ"מ באר"י הק' ובספה"ק. מ' "מ' פתיחא רזא דנוקבא שלימתא" גימ' (1691): "אין ערוך לך ואין זולתך אפס בלתך ומי דומה לך" (שחרית לשבת) והוא תקון כח המדמה שגרם לחטא הקדמון דלא דייקא בשנותה מצווי ה'. ובספה"ק אינון תרין חוה- ראשונה איהי לילי"ת דס"מ הטיל בה זוהמא וממילא נהיתה אשתו וחוה דקדושה דלא פגמה, ואכמ"ל. ש' "ש' דא איהי מתייחדא ברזא דכתירא עילאה" גימ' (1765): "ברכת ה' אלהיך אשר נתן לך" (דב' י"ב,ט"ו) ומה

שכעת ברכת ה' נקלטת לפי אופן הכלי בהאי עלמא- באלפא תמינאה בהתפשטות הגשמיות תתגלה ברכתו אינסופית בב"א. וארבעתן יחד דהיינו ארבעת אתוון עם מאי דאמר הזוה"ק בכל את ואת, דהיינו: א' דיוקנא וסתרא דאדם (888) ב' איהי ביתא דכל עלמא (636) מ' פתיחא רזא דנוקבא שלימתא (1691) ש' דא איהי מתייחדא ברזא דכתירא עילאה (1765) סליקו כולהו לחושבן (4980) ג"פ "אביטה נפלאות מתורתך" (1660) (תהל' קי"ט). והוא בפסוק "גל עיני ואביטה נפלאות מתורתך" ועיין לעיל אופן ב' דדרשנו תמן כולא פסוקא גל עיני וכו'. והני תיבין "אביטה נפלאות מתורתך" ר"ת אמ"ן יחודא עילאה בגאולתא שלמתא דז"א הוי' ונוק' א-דני גימ' אמ"ן כנודע מכונות אמן לאר"י הק'. ונתחיל בעזרת החונן לאדם דעת לבאר פסוקא פסוקא מפרקא קדמאה דהאי שיר השירים קדש קדשים כדוגמת דעבדינן במזמורי תהלים בעזרתו יתברך. ונזכה בעזהי"ת לתקן נשמתנו בכל מה שפגמנו ולתקן נשמות כל הקשורים בנשמתנו ונכללים בנו ועד לתקונא שלים דעם ישראל. וכדאמרינן דאין החטא מגיע לעצמותם אלא לחיצוניותם והנהגתם- וגלוי וידוע לפניך דכל רצוננו לעשות רצונך אלא מי מעכב שאור שבעיסה ואלמלא עוזרו אין יכול לו. ויה"ר דהשי"ת יקח דברינו הדלים וישתעשע בהם ויהיו לו לנחת רוח ונזכה לטייל עמו יחד בגן עדן ודוד מלכא משיחא בראשנו בגאולה האמיתית והשלמה בב"א. פסוק א': שיר השירים אשר לשלמה: גימ' (1981): ז"פ "האור הגנוז" (283), דעתידא לאתגלאה באלפא שביעאה ובאלפא תמינאה בהתפשטות הגשמיות. ורמיזא דאינון "טוב" (17) אתוון בהאי פסוקא רמיזא בריאת האור ביומא קדמאה וירא אלהים את האור כי טוב- ופרש"י ראהו שאינו כדאי להשתמש בו רשעים והבדילו לצדיקים לעתיד לבוא. ובפס' י"ז אתוון לקביל י"ז פסוקין בפרק א'. ונעביד רבוע דכל תיבה ורבוע דרבועין: ש שי שיר גימ' (1120): " (ויאמר) כי יד על כס י-ה מלחמה לה' בעמלק מדור דור" (שמ' י"ז,ט"ז) - והוא דמלחמתו של משיח תהיה בהבל פיו ונחזה דישראל אין כוחן אלא בפה וזהו דממשיך פסוקא ישקני מנשיקות פיהו וכו'. ה הש השי השיר השירי השירים: סליק לחושבן (2230): י"פ "דלפקט" (223) דהוא שם היוצא מתיבת המצרים באותיות הקודמות להן ו-מ' אחרונה אינה נחלפת כי היא שמוש, וע"י זה השם הוכו המצרים.

ואינון דבריו דר' שמשון מאוסטרופולי בהגדה של פסח- ומצטרף להכאת עמלק באותיות שיר לעיל, ואיהו חושבן (2230): ה"פ "מות" (446) דהיינו למצרים. א אש אשר גימ' (803): י"א פעמים "חכמה" (73) וכמ"ש האר"י הק' בכ"מ רא"ש בחכמה אש"ר בבינה והנה כאן הוא אש"ר דלכאורה היחה מתאים לבינה. ברם איהי חכמה מלובשת בבינה ומכנעת לקלי' וזהו דכפלינן י"א פעמים לקביל י"א כתרין דמסאבותא ועיין לעיל אופן קמ"א-תהלים י"א בענין י"א כתרין דמסאבותא. וכמו ששאל מרע"ה לקב"ה בסנה (שמ' ג',י"ג-י"ד - פרשת וארא) "ואמרו לי מה שמו מה אמר אליהם: ויאמר אלהים אל משה א-היה אשר א-היה". ויש לקשרו אשר לא-היה והוא קודש (א-היה אשר א-היה) ויש לקשרו לבינה דאיהי שם א-היה, והוא בחירת משה להיות מושיען של ישראל ותחלת מפלת הקלי' דמצרים- ע"י שם דלפק"ט כדאמרינן לעיל בתיבת "השירים". ל לש לשל לשלמ לשלמה גימ' (1525): ה"פ "קץ הימין" (305) (דניאל י"ב,י"ג) והוא הסוד החתום בפרקא אחרינא בספר דניאל למועד הגאולה בב"א. ואינון ה"פ רמיזא ל-ה' אתוון בתיבה לשלמ"ה, וברבוע ה' צרופים ל לש לשל לשלם לשלמה. והנה הוא פלא ד' צרופין קדמאין: "ל לש לשל לשלמ" סליקו הני צרופין לחושבן (1120): "ש שי שיר" דאמרינן לעיל. ואמרינן התם דסליק האי צרופא לחושבן (1120): "(ויאמר) כי יד על כס י-ה מלחמה לה' בעמלק מדור דור" (שמ' י"ז,ט"ז). והנה תלת תיבין קדם כי יד על כס י-ה "ה' נסי ויאמר" סליקו לחושבן עם ב' כוללים (405) "לשלמה" - ואינון בשמות ט"ז פס' ט"ז מסיים ה' נסי ופס' י"ז פותח ויאמר. וזהו דחושבן "ל לש לשל לשלמ לשלמה" איהו חושבן (1525): "ה' נסי: ויאמר כי יד על כס י-ה מלחמה לה' בעמלק מדור דור" (עם ב' כוללים וע"פ הקרי) והוא נפלא. והנה רבוע הרבועים, דהיינו: שיר (1120) שיר (1120) השירים (2230) שיר (1120) השירים (2230) אשר (803) שיר (1120) השירים (2230) אשר (803) לשלמה (1525) סליק כולא לחושבן (14301): ק"פ "אל אלהים הוי'" (143) ע"ה (תהל' נ'). ובאור הענין דאיהו בסוד חג"ת כדאמרינן לעיל מהזוה"ק בהקדמה לבאורו על שיר השירים ש' רבתי סוד חג"ת אבהן קדישין, והאי דמוספינן א' הכולל בסוד א' זעירא. דהני חג"ת אכלילו בכתרא דאמא עילאה, וכדאיתא בזוה"ק דאבהן הוו מרכבתא לאמא עילאה- וכפלינן

ק״פ רמיזא כתרא עילאה, וכדכתב באר״י הק׳ במנין שנות חיי שרה מאה אינון י׳ ספיראן דכתר כלילאן מ-י׳, וד״ל. והנה ״שיר השירים אשר לשלמה״ בא״ת ב״ש סליק לחושבן (777): ז״פ ״אלף״ (111) ורמיזא לאלפא שביעאה יום שכולו שבת בגאולה האמיתית והשלמה בב״א. והנה הוא נפלא דתיבה ״אשר״ בא״ת ב״ש סלקת לחושבן (405) ״לשלמה״ הפשוט, והוא יש לקשר לתיבין דפסוקא מיניה וביה. ״שיר השירים אשר לשלמה״ פשוט וא״ת ב״ש סליקו לחושבן (2758): ״דוד״ (14) פעמים ״בנקמה״ (197) (יחזק׳ כ״ה,ט״ו) נקמת ה׳ בגוים בגאולה האמיתית והשלמה בב״א כדכתיב (תהל׳ קמ״ט,ז׳) ״לעשות נקמה בגוים תוכחות בלאומים״.